KİLİSE BABALARI'NIN TARİHİ VE DOKTRİNLERİ
III. Cilt

KİLİSE BABALARI'NIN TARİHİ VE DOKTRİNLERİ
IV. Cilt

Yazan:
Prof. Fulbert CAYRÉ
(1884-1974)
Paris Katolik Enstitüsü ve Louvain Üniversitesi
Öğretim Üyesi

Fransızcadan Çeviren:
Prof. Dr. Mehmet AYDIN
Dinler Tarihi Profesörü

Kilise Babaları'nın Tarihi ve Doktrinleri
III. ve IV. Cilt

© LITERATURK academia 374
İnceleme-Araştırma 351

Bu kitap ve kitabın özgün özellikleri tamamen Nüve Kültür Merkezi'ne aittir. Hiçbir şekilde taklit edilemez. Yayınevinin izni olmadan kısmen ya da tamamen kopyalanamaz, çoğaltılamaz.
Nüve Kültür Merkezi hukukî sorumluluk ve takibat hakkını saklı tutar.

Ocak 2023

Kilise Babalarıyla ilgili 4.ciltlik bu kitabın tercümesi esnasında ve bilimsel çalışmalarım esnasında eşim Aynur AYDIN'ın gösterdiği anlayış, sabır ve verdiği destekten dolayı kendisine teşekkür ederim.

Editör: **Muzaffer YILMAZ**
Genel Yayın Yönetmeni: **İsmail ÇALIŞKAN**

ISBN 978-625-7606-90-5

T.C.
Kültür ve Turizm Bakanlığı
Yayıncı Sertifika No: **16195**

Kapak Tasarım:
Baskı Öncesi Hazırlık: **Mehmet ATEŞ**
meh_ates@hotmail.com

Baskı & Cilt: **Şelale Ofset**
Fevzi Çakmak Mh. Hacı Bayram Cad. No. 22 Karatay/KONYA
Tel: +90.532.159 40 91 selalemat2012@hotmail.com
KTB S. No: **46806** - Basım Tarihi: **OCAK 2023**

KÜTÜPHANE BİLGİ KARTI
- Cataloging in Publication Data (CIP) -

CAYRE, Fulbert
Kilise Babaları'nın Tarihi ve Doktrinleri

ANAHTAR KAVRAMLAR
1. Monofisizm, 2. Nestorianizm, 3. Monothelisme, 4. İconoclasme, 5. Patroloji
- key concepte -
1. Monophusis, 2. Nestorianism, 3. Monothéhisme, 4. İconoclasm, 5. Pathrology

" LITERATURK academia ", **Nüve Kültür Merkezi kuruluşudur.**
www.literaturkacademia.com
 / Nkmliteraturk

M. Muzaffer Cad. Rampalı Çarşı Alt Kat No: 35-36-41 | Ул. М. Музаффер, рынок Рампалы, нижний этаж № 35-36-41
Meram / KONYA Tel: 0.332.352 23 03 Fax: 0.332.342 42 96 | Мерам, КОНЬЯ, тел.: +90 332 352 23 03,
 | факс: +90 332 342 42 96

Dağıtım: **MİKYAS KİTAP YAYIN DAĞITIM** | **ORTA ASYA TEMSİLCİLİĞİ:**
Alemdar Mah. Güzel Sanatlar Sk. No: 2/A | Mikrareyon Kok Jar/23   Bishkek / KYRGYSZTAN
Cağaloğlu / İSTANBUL   Telefaks +90 212 528 95 28 | Tel: +996 700 13 50 00   -   Telefaks: +996 552 13 50 00
Распространение: **MIKYAS KITAP YAYIN DAGITIM** | **ОФИС В ЦЕНТРАЛЬНОЙ АЗИИ:**
Алемдар Мах. Изобразительное искусство Ск. №: 2/А | Микрорайон Кок Жар/23   Бишкек / КЫРГЫЗСТАН
Джагалоглу / СТАМБУЛ   Телефакс +90 212 528 95 28 | Тел.: +996 700 13 50 00 – Телефакс: +996 552 13 50 00

KİLİSE BABALARI'NIN TARİHİ VE DOKTRİNLERİ

Yazan:
Prof. Fulbert CAYRÉ
(1884-1974)
Paris Katolik Enstitüsü ve Louvain Üniversitesi
Öğretim Üyesi

Fransızcadan Çeviren:
Prof. Dr. Mehmet AYDIN
Dinler Tarihi Profesörü-Konya

III. Cilt

FULBERT CAYRÉ (1884-1974)

Fulbert Cayré, 23 Haziran 1884'te Mirandol'da doğmuştur. İlk tahsilini, Calguere'de (1889-1892) ve daha sonra da Bourguounac'da (1892-1896) yıllarında tamamlamıştır. Amcası onun rahip olmasını istediği için, SAVOİE'daki Notre-Dame des Chateaux'ya göndermiş ve 1900-1902 yıllarını orada geçirmiştir. Daha sonra Louvain'de 4 Ekim 1904'te Frérere Fulbert ismini almıştır. Aynı yıl, İstanbul'a gelerek Kumkapı'da, Katolik bir kurumda, rahiplik yemini yapmıştır. Orada 1906-1908 yılları arasında Grek seminerlerine devam etmiş ve 1908 Ağustos'unda Kudüs'e gitmiş, orada felsefe ve ilâhiyat eğitimi almıştır. Daha sonra tekrar İstanbul'a dönerek, 1908-1912 yıllarında Kadıköy'de ki bir Katolik kurumunda eğitimini tamamlamıştır.

F.Cayré, 2 Mart 1912 yılında resmen rahip olmuştur. Kadıköy'de yayımlanan **Echos d'Orient/Doğunun Yankısı,** dergisine editör yardımcısı olarak atanmıştır. 1913 yılında, "Grek, Ermeni ve Bulgar" seminerlerinin başına getirilmiştir. Bu görevde, 1914 yılına kadar devam etmiştir. Daha sonra Cayré, Bulgaristan'a ve Makedonya'ya geçmiş ve sonra da Roma'ya gitmiştir. İlâhiyat alanında iki doktora yapmıştır. Cayré, Louvain Üniversitesinde ve Paris Katolik Enstitüsünde Kilise Babaları profesörü olarak ders vermiştir. Ayrıca, Paris Piskoposuna yardımcılık yapmış ve 1962'de Papa XXIII. Jean'ın iltifatına mazhar olmuştur.

Prof. Cayré, Paris'te Augustin Vakfını kurmuş, Kilise Babaları ve Hıristiyan İlâhiyatı üzerinde çok sayıda eser yazmıştır. Roma'da, Louvain'de, Ottova'da birçok konferanslar vermiştir.

Prof. Cayré, iyi derecede Yunanca, Latince bilmektedir. Eserlerinde bu dillere ait kaynaklardan yararlanmıştır. Fransız vatandaşıdır. 1974'de Paris'te vefat etmiştir.

ÖNSÖZ

Fulbert Cayré'nin Kilise Babaları'nın Tarihi ve Doktrinleri kitabının üçüncü cildinin tercümesini, Allah'ın yardımıyla bitirdim. Fulbert Cayré'nin bu kitabı, orijinalinin ikinci cildinin iki kitabını oluşturmaktadır. Bu kitap, orijininde iki kısımlık bir kitaptır. Biz bu kitabı üçüncü cilt olarak yayımladık. Çünkü bu iki kısımlık kitap, birçok bölümlere ayrılarak, Hıristiyan doktrinler tarihi konusunda oldukça önemli bilgiler vermekte ve geniş bir bölümü ihtiva etmektedir.

Bu cilt, St. Augustin'in ölüm tarihi olan Milâdi 430 yılından başlayarak IX. yüzyılın başına kadar çıkmaktadır. Augustin'den sonraki asırlar, asırlar boyu devam edecek olan kristolojik tartışmaların, Doğu Kiliselerini, bölecek kavgaların ortaya çıktığı bir dönemdir. Yine bu ciltte, Patristik Edebiyatın yeni ve son bölümünü ele almış olacağız. Bazı yazarlar, Batı için Patristik Edebiyatın, VII. yüzyılın başını ve Grégoire'ı geçmediğini ileri sürmekteler ise de, F. Cayré, bu edebiyat çağının VIII. yüzyıla kadar çıktığını düşünmektedir. O, böyle bir düşünceye, St. Bédé'ye dayanarak vardığını belirtmektedir. Ona göre, Bédé, hiçbir sebep olmadan Patrologie'den çıkarılmıştır. Doğu'da ise bu çağı, Jean Damascéne'e, yani İconoclaste Kavga'nın sonuna kadar varabilmek için IX. yüzyılın başına kadar çıkarmak mümkündür. İşte bu dönemde, çok yüksek bir değere sahip olan St. Théodore Studite'i bulmaktayız. Aslında bu dönemde, Eski Kilise'nin Ortodoks (Doğru düşünce anlamında) Hıristiyan İlahiyatını ele almış bulunuyoruz. Burada belirtmek gerekirse bu dönem, Patristik Edebiyatın altın çağını teşkil etmektedir.

Yazar F. Cayré, bu altın çağı iki gruba ayırarak incelemektedir: **Birinci grup**, 431 Efes Konsilinden 553 İkinci İstanbul Konsiline kadar uzanmaktadır. Bu grup, **Doğuda** Yarı-Pélagienlerle ve kader üzerindeki tartışmalarda kendini göstermiştir. **Batı**'da ise, Nestorianisme'den ve Monophisisme'den kaynaklanan bölünme ile kendini göstermiştir. Bunlardan birinciler, İsa'daki beşeri ve insani tabiatın ikiliğini, ikinciler de tabiatların birliğini ilan etmeye çalışmışlardır. **İkinci grup**. Bunlar birlik oluşturmaya çalışan gruptur. Bunlar,

Doğu'da, iki itizali yanlışla uğraşmışlardır. Bu yanlışlar, **Monothélisme** ile **İconoclasme**'dır. Ancak bu dönem, çok büyük ilahiyatçıların çıkmasına da sebep olmuştur. Batı, bu konuda biraz zayıfta olsa, orada da Hıristiyan ilahiyatçıları, halka, geçmişin mirasını aktarma konusunda önemli hizmetler yapmışlar ve Orta Çağın edebi çiçeklenmesini hazırlamışlardır.

F. Cayré, ısrarla bu dönemde şunun üzerinde durmuştur: Kiliselerdeki sapma hareketlerini ve Roma piskoposu olan yegâne şefe bağlılık konusunu devamlı işlemiştir. Çünkü bu nokta, çok önemlidir. Çünkü hiçbir dönemde Papalığın otoritesi, bu dönemdeki kadar ihtişamlı olmamıştır. Bu husus, Efes (431) ve Kadıköy (451) konsillerinde açık şekilde belirtilmiştir. Bu dönemde, Kiliseler arasında birçok geçici ayrılıklar olsa da, Doğu'da ve Batı'da büyük bölünmenin arefesine kadar bu geleneksel hakikat, yani Pierre'in Makamının, Apostolik makam olduğunu, onun birlik merkezi olduğunu yüksek şekilde tasdik için, birçok fırsatlar doğmuştur. Bunun için bu dönemin yazarları üzerinde, içinde bulundukları çevrenin tesiri asla inkâr edilemez.

IV. yüzyılın sonundan itibaren bölünmüş olan Roma İmparatorluğu, Doğu'da devam ederken, Batı, V. yüzyıldan itibaren Barbarların istilasına maruz kalmış ve derin bir değişim geçirmiştir. Sürekli Barbar akınları, Batı Roma İmparatorluğunu teslime kadar götürmüştür. Doğu'da Roma İmparatorluğu devam etse de, Mısır, Suriye, Mezopotamya ve diğer yerler, sadece yüzeysel olarak Helenleşmişlerdir. Ancak deniz kenarlarındaki Siteler, Grekçe konuşuyordu ve Helenleşmişlerdi. Doğu'daki Hıristiyan bölgeler, Grek aksiyonuna düşmandılar. Doğu Roma İmparatorluğu, perestijini koruma adımları attıkça, bu acılı ırklar, milliyetçiliklerini içlerinde güçlendiriyorlardı. Roma İmparatorluğu yıkılınca da, bu ırklar, boyunduruktan kurtulma yollarını aramaya başlamışlardır. Bunu, değişik yollardan aramışlardır. Nestorianisme'i, Monophisisme'i ve Monothélisme'i, Tuna'da ve Batı'da, Fatih topluluklar olan BOURGONOES'ler ve VANDALLAR nasıl kullandılarsa; GOTH'lar da ARİANİSME'i kullanmışlardır. Görünüşte bu kırılmalar, dini görünümlü olsa da, temelde milliyetçiliğe ve politik kopuşa dayanıyordu. İşte bu kopuşlar, V. ve VI. yüzyıllarda, Ermeniler ve Suriyelilerle birlikte, güçlü komşuları olan PERS'lere dayanıyordu. Bütün bu dini ve siyasi manevralar, Müslüman Arap egemenliğine açılacak yolları da kolaylaştıracaktı. VII. yüzyılda Müslüman Arapların Fetih hareketi, bütün Doğu'ya yayılmıştı. Hatta Müslüman Araplar, Roma İmparatorluğunun başkentini tehdit etmeye bile başlamışlardı.

Artık Roma İmparatorluğu, parçalanmış olarak Bizans İmparatorluğu olarak devam edecekti. Bu dönemde, Bizansın en büyük meşgalesi, Müslüman akınlarıydı. Ancak bu dönemde Bizansta, Din-Devlet ilişkisinde, Devlet politikası egemendi. PARGOİRE, JUSTİNİEN'in özellikle kendi şahsında "ideal bir Papa İmparatoru" yarattığını söylemektedir. Çok sıkı şekilde kiliseyi, devlete bağlayan böyle bir politikanın, çok acı meyveleri olmuştu. Artık, i'tizali fırkalar, her yerde kendini göstermeye başlamıştı. Bu dönemde Vatikan'la-İstanbul her geçen gün dini bağımlılıklarını da yitiriyorlardı. Tabii ki burada baş çeken İstanbul'du. Kısaca, Papalığa meydan okunuyordu. Ancak bu çok uzun sürmemiştir. VII. yüzyılda Doğu, önceki yüzyıllarda olduğu gibi, St. Pierre'in halefleri olan Papaların önünde boyun eğmiş ve Roma'nın dini otoritesini dinlemekle yetinmişdi. Doğu, daha sonraki dönemlerde de kilise yasasının ne olduğunu öğrenerek, Bizans azizleri, kilise doktorları, yüce şefi (Papayı)selamlamaya devam etmişlerdir.

Batı'da ise, Papalık, Batı Kilisesinin başı olmaya devam ediyordu. Her şeye rağmen, harabelere dönüşen Batı'da, en sağlam olarak kalan yine kiliseydi. Büyük felaketlere rağmen, Papalık ayaktaydı. Gerçekten Batı, birçok istila ile karşılaşmıştı. Barbarlar kitleler halinde istilaya geliyorlardı. Her şeye rağmen, V. yüzyıldan itibaren kısmi mutluluk dönemleri de olmuştu. Meselâ, Batı'da Théodorie (496-526)'nin saltanat dönemi böyle bir dönemdi. Ancak bu adam Ariendi ve Ostrogoth'ların kralıydı. Afrika'da Vandallar vardı ve onlar da Ariendi. Bunlar 430 yılından beri ülkenin sahipleriydiler.

Bu dönemde Gaul, bölgenin en kültürlü insanlarına sahipti. Orada önemli bir edebi aktivite, dikkat çekiyordu. Charlemagne dönemi, yeni bir dönemin habercisi oldu. O, ilk defa, sanatlara ve ilme gelişme imkânı vermişti. Böylece Orta Çağın Skolastik gelişiminin temellerini atmıştı. İspanya ise, VII. yüzyılda Vizigotların Hıristiyanlığı kabulleriyle önemli bir gelişme yaşamıştı. Bu dönemde birçok önemli eser meydana gelmişti.

Patristik Edebiyatın bu son döneminde, derleme ve pratik eserler çoğalmıştı. Tefsirler, Antolojiler ve Teolojik eserler, art arda çıkıyordu. Diğer yandan ahlak, zahitlik ve kilise disiplinleriyle ilgili eserler de, dini şiir ve tarih çalışmalarının yanında dikkat çekiyordu.

Bu dönemde, Batı'nın en büyük üstadı St. Augustin'dir. O, dini ilimlerin ilham kaynağı olmuştur. Gréogoir de Grand onun talebesidir. Augustin'in olağanüstü tesiri, bu dönemin belli başlı karakteristik özelliğidir. Batı'ya Eflatuncu felsefeyi St. Augustin sokmuştur.

Bu dönemde ise Doğu, Mesih problemi üzerindeki tartışmalarla dikkat çekiyordu. Bu tartışmalar, Antakya-İskenderiye okullarının tartışmasının temel noktasını teşkil ediyordu. Bu tartışmalar, sonuçta Nestorianisme'le-Monofisisisme'liği doğurmuştur. Antakya, Mesihin insaniyeti konusunda ısrar ederken, İskenderiye Mesihin ulûhiyeti konusunda ısrar ediyordu.

Diğer yandan Patristik Edebiyatın sonunda iki i'tizal hareket, kiliseyi yine bulandırmıştı. Bunlar, VII. yüzyılda Monothélisme hareketiyle, VIII. yüzyıldaki İconoclasme hareketiydi. Özellikle İconoclasme hareketi, Bizans tarafından empoze ediliyordu.

Şüphesiz bu dönemde bu fraksiyonların çok kötü sonuçları olmuştur. Hıristiyan birliği ciddi şekilde zarar görmüştür. Monothélistler, açık şekilde, Mesihteki beşeri ve ilâhi iradeler üzerinde duruyorlardı. Bu alanda Léon De Byzance, Kapadokyalı Babalara dayanarak UKNUM konusuna yeni bir tarif getirmişti. Mesihteki insani iradeyi savunanlar, bu iradenin, Allah'taki ahlaki birliğin üzerinde ısrar ediyorlardı. Bu grup, St. Maxime'le, Tanrı-İnsanı, kendi ilahiyat tarihlerinin merkezine oturtmuşlardı.

İkon taraftarlarına gelince, Doğu'da, St. Jean Damascéne gibi savunucular bulmuşlardır. Bu dönem de, Damascéne, Doğu'nun çektiği bunca acıları, dini konularda, devletin elini Kiliseye uzatmasını, kralların kendilerini kral-rahip olarak görmelerini kınayarak, kilisenin dini alandaki bağımsızlığını savunmuştur.

Görüldüğü gibi F. Cayré, bu ciltte de Hıristiyan Kilise tarihinde iz bırakan birçok bölünmeye ve tartışmalara temas ederek, çok önemli malzemeler sunmaktadır. Hıristiyan Dogmaları ve Kilise Babaları konusunda entelektüel derinliğe ulaşmak isteyen araştırmacılar için böyle bir eserin çok büyük bir değer taşıyacağını ümit eder, hayırlara vesile olmasını temenni ederim.

Prof. Dr. Mehmet AYDIN
Dinler Tarihi Profesörü
KONYA-2022

III. CİLT İÇİNDEKİLER

ÖNSÖZ 7
III. CİLT İÇİNDEKİLER 11

GİRİŞ

I. GENEL BAKIŞ 17
II. SOSYAL ÇEVRE 18
    A. Doğu 18
    B. Batı 21
III. EDEBİ ESERLER-DOKTRİN 22
    A. Müşterek Özellikler 22
    B. Batı 23
    C. Doğu 24
IV. KRİSTOLOJİK TARTIŞMALARDA GREK BABALARI'NIN TERİMLERİ 25
    A. Cevher (Essentia) Kelimesi 26
    B. Tabiat/Natura Kelimesi 26
    C. Hypostase 27
    D. Personne 29

BİRİNCİ KISIM
PATRİSTİK EDEBİYAT (430-553)
BİRİNCİ BÖLÜM

NESTORİUS 31

İKİNCİ BÖLÜM
İSKENDERİYELİ AZİZ CYRILLE

I. HAYATI VE ESERLERİ 35
    A. Kişiliği ve Karakteri 35
    B. Edebi Eserleri 37
II. ST. CYRILLE VE NESTORİENNE TARTIŞMASI 41
    A. Konsil Öncesi 41

B. Efes Konsili (431) 43
C. Konsil Sonrası 46
III. ST. CYRILLE'İN DOKTRİNİ 48
A. Kilise Doktorluğu 48
B. Kristolojik Doktrini 48
C. Kutsallaştırıcı İnayet ve Hıristiyan Hayatı 51

ÜÇÜNCÜ BÖLÜM
THEODORET DE CYR

I. THÉODORET'İN HAYATI VE ESERLERİ 55
II. THÉODORET VE KRİSTOLOJİK TARTIŞMALAR 58

DÖRDÜNCÜ BÖLÜM
BEŞİNCİ ASIRDAN İTİBAREN SÜRYANİ EDEBİYATI

I. URFA OKULU 61
II. NİZİP OKULU 62
III. NESTORİEN KİLİSESİNİN RESMİ DOKTRİNİ 63

BEŞİNCİ BÖLÜM
MONOFİZİTLİK

I. MONOFİZİTLİĞİN KÖKENLERİ=EUTYCHÈS 67
II. MONOFİZİTLİĞİN MAHKÛMİYETİ 68
III. MONOFİZİT HAREKETİN ÇEŞİTLERİ 72
A. Katı Monofizitler 72
B. Esnek Monofizitler 74
IV. İSTANBUL'DA MONOFİZİTLİK 75
V. İSKENDERİYE'DE MONOFİZİTLİK 78
V. SURİYE MONOFİZİTLERİ 81
A. Yunanca Yazan Yazarlar 81
B. Süryanice Yazarlar 84

ALTINCI BÖLÜM
MONOFİSİSME'İN HASIMLARI LÉON DE BYZANCE

I. LÉONCE DE BYZANCE'DAN ÖNCE MONOFİZİTLİĞİN HASIMLARI 87
A. Piskoposlar 87
B. Keşişler 88

II. LÉONCE DE BYZANCE 89
   A. Hayatı ve Eserleri 89
   B. Kristolojik Doktrin 91

YEDİNCİ BÖLÜM
JUSTİNİEN I
I. JUSTİNİEN'İN HAYATI VE ESERLERİ-ONUN TEOLOJİK ROLÜ 95
II. JUSTİNİEN VE ÜÇ BÖLÜM 100

SEKİZİNCİ BÖLÜM
DENYS L'AREOPAGITE
I. DENYS L'AREOPAGITE'İN ESERLERİ 103
II. DENYS L'ARÉOPAGİTE'İN YAZILARI DENİLENLER 106
III. DENYS L'ARÉOPAGİTE'İN DOKTRİNİ 109
   A. Felsefe 109
   B. Mistik 110
IV. SİSTEMATİK İLAHİYAT 115

İKİNCİ KISIM
BİRİNCİ BÖLÜM
ST. LÉON LE GRAND
I. ST. LÉON'UN KARAKTERİ VE ESERİ 119
II. ST. LÉON'UN PAPALIĞI 123
   A. St. Léon ve Hıristiyan Birliği 123
   B. St. Léon ve Prensler 126
III. ST. LÉON'UN DOKTRİNİ 128
   A. Kristoloji 129
   B. İnayet 130
   C. Sakramentler 131
      1. Vaftiz 131
      2. Tövbe 132
      3. Kutsama 134
   D. Kilise 135

İKİNCİ BÖLÜM
ST. LÉON'UN HALEFLERİ: PAPALAR

I. ST. GÉLASE (492-496) 139
    A. St. Gélase Öncesi 139
    B. St. Gélase 140
II. ST. HORMİSDAS (514-523) 143
III. VİGİLE (537-555) VE PÉLAGE (556-561) 148

ÜÇÜNCÜ BÖLÜM
AZİZ BÜYÜK GRÉGOIRE

I. HAYATI VE KARAKTERİ 151
II. ESERLERİ 155
    A. Oratoire Eserleri (Hitabet Eserleri) 155
    B. Ahlâkî Eserleri 156
III. AZİZ GREGOIRE'IN DOKTRİNİ 159
    A. Genel Doktor Olarak 159
    B. Dua Disiplini 161
    C. Zahitliği ve Mistikliği 163
    D. Pastoral Doktrini 168

DÖRDÜNCÜ BÖLÜM
İSPANYALI YAZARLAR AZİZ İSİDORE

I. ST. İSİDORE'DAN ÖNCE-ST. MARTİN-ST. LEANDRE 171
    A. St. Martin de Braga 171
    B. St. Léandre-Vizigotların Havarisi 173
    C. İkinci Derecedeki Yazarlar 175
II. AZİZ İSİDORE DE SEVİLLE (+636) 176
III. AZİZ İSİDORE'UN ESERLERİ 178
    A. Ansiklopediler 178
    B. Bilimsel ve Tarihi Eserler 179
IV. AZİZ İSİDORE'UN DOKTRİNİ 181
V. YEDİNCİ ASIRDA DİĞER İSPANYOL YAZARLAR 186

BEŞİNCİ BÖLÜM
GAUL'UN VE İNGİLTERE'NİN SON YAZARLARI

I. TOURS'LU AZİZ GRÈGOIRE 189

II. AZİZ HAKÎM GİLDAS 193
III. AZİZ BÈDE LE VÉNÈRABLE (673-735) 193
IV. PÉNİTENCİENLER 197

ALTINCI BÖLÜM
KANONİSTLER-TEZKİRECİLER VE DOĞU ZAHİTLERİ

I. KANONİSTLER/KİLİSE HUKUKÇULARI 201
    A. Skolastik Jean 201
    B. Jean IV Le Jeûneur Discipline Pénitentielle 203
II. TARİHÇİLER VE TEZKİRECİLER 204
    A. Tarihçiler 204
    B. Tezkireler (Azizlerin Menkıbeleri) 205
III. DOĞULU ZAHİTLER 208
    A. Aziz Jean Climaque 208
    B. Başka Spiritualite Yazarları 210

YEDİNCİ BÖLÜM
ENKARNASYON İLAHİYATÇILARI (İSA'NIN TANRILAŞMASI)

I. MONOFİZİTLİĞİN SON HASIMLARI 213
II. YEDİNCİ YÜZYILDA KRİSTOLOJİK TARTIŞMALAR 215
    A. Monothélisme 215
    B. Honorius'un Tutumu-Mahkûmiyeti 218
III. KUDÜSLÜ ST. SOPHRONE 221
IV. AZİZ MAXİME LE CONFESSEUR 224
V. ZAHİT VE MİSTİK OLARAK MAXİME 228

SEKİZİNCİ BÖLÜM
DOĞUDA RESİM KÜLTÜNÜN SAVUNUCALARI;
SON HATİPLER VE İLAHİYATÇILAR

I. SON GREK HATİPLER 233
II. SEKİZİNCİ YÜZYILDAKİ İLAHİYAT TARTIŞMALARI 235
    A. Resim Kültü 235
    B. İkonoklasme 236
III. RESMİ SAVUNAN PATRİKLER 239
    A. İstanbullu Saint Germain 239

B. Diğer İconophile Patrikler 241
IV. DİĞER DOĞULU İLAHİYATÇILAR...243

DOKUZUNCU BÖLÜM
SAİNT JEAN DAMASCÈNE

I. SAİNT JEAN DAMASCÈNE'NİN HAYATI (RESİMLERİN SAVUNUCUSU)....245
II. SAİNT JEAN DAMASCÈNE'NİN ESERLERİ...249
    A. İlahiyat Eserleri 249
    B. Muhtelif Eserleri 251
III. DOKTRİNİ...253
    A. Encarnation Doktoru...253
    B. İlahiyat 255
    C. İnayet-Sakramentler-Kilise 257

ONUNCU BÖLÜM
SAİNT THÉODORE STUDİTE

I. SAİNT THÉODORE'UN HAYATI, KEŞİŞLİĞİ, RESİMLERİN
   SAVUNUCUSU 261
II. ESERLERİ...263
III. DOKTRİNİ...265
    A. Zahidane Doktrini 265
    B. Resim Kültü..266
    C. Apostolik Makam 267

III. CİLT İNDEKS..**269**

GİRİŞ

I. GENEL BAKIŞ

430 yılı, Batının büyük ışığı olan Saint Augustin'in ölüm tarihidir. O tarih, asırlar boyu devam edecek kristolojik tartışmaların ve Doğu Kiliselerini bölecek ayrılıkların da başlama tarihidir. Yine bu tarih, Patristik Edebiyatın yeni ve son hareket noktasını da belirtmektedir. Yine de Patristik Edebiyat terimi, oldukça kapalı bir terimdir. Bazı yazarlar Batı için bunun, VII. yüzyılın başındaki büyük Grégoire'ı geçmediğini düşünmektedirler. Biz ise, bunun VIII. yüzyıla kadar çıktığına inanıyoruz. Bunu da St. Bède'i dikkate alarak yapıyoruz. Çünkü o, kesin sebepler olmadan Patrolojiden çıkarılmaktadır. Doğu'ya gelince, hâkim olan âdete rağmen, St. Jean Damascéne kadar yani, İconoclaste kavganın sonuna ulaşmak için, IX. yüzyılın başına kadar çıkmak mümkündür. Bu yüzyılda, yüksek değerde Katolik bir Kilise Doktoru olan St. Théodore Studite'i bulmaktayız. İşte böylece, eski kilisenin Ortodoks Hıristiyan ilahiyatını incelemiş olacağız. Bu dönem, Patristik Edebiyatın en harika dönemidir.

Bu yüzyılları içine alan uzun dönemi, iki gruba ayıracağız. Bunu da inceleyeceğimiz yazarların, hâkim olan doktrinlerine göre yapacağız:

Birinci Grup: Bu grup, 431 Efes Konsiline ve 553 İkinci İstanbul Konsiline kadar uzanmaktadır. Bu grup, Doğuda, yarı Pèlagienlerle yapılan inayetin bağışlanması ve kader üzerindeki tartışmalarla belirginleşirken; Batı'da, Nestorianisme'den ve Monophisisme'den kaynaklanan iki önemli cereyan ile belirginleşmiştir. Bunlar, kiliseyi ve kilise doktorlarını, kristolojinin temel noktası konusunda şu hakikati ilan etmeye sevketmiştir: İsa'da, Şahısların birliği, tabiatların ikiliği vardır.

İkinci Grup: Bunlar, az da olsa bir birlik oluşturmaktadırlar: **Doğuda**, tartışmanın ruhu, iki yeni yanlışla beslenmiştir: Bunlar, Monothélisme (VII. yüzyıl) ve İconoclasme dır (VIII. yüzyıl ve IX. yüzyılın başı). Bu dönem, Resmi karakterine, bu itizallerin yapmacıklarına ve çok sayıdaki pratik kaygılara rağmen, gerçek ilahiyatçıların çıkmasına ve büyük eserlerin yazılmasına sebep olmuştur. Bu dönemde, **Batı'da** nadiren bulduğumuz yazarlar, oldukça az düşünceyle mücehhez olsalar da, bunlarda kendi ülkelerinde bu konuda önemli rol oynamışlardır. Onlar, doğrudan doğruya halklara, geçmişin mirasını nakletmişler ve böylece, uzaktan ortaçağın edebi çiçeklenmesini hazırlamışlardır.

Doğudaki ve Batıdaki Patristik Edebiyat konusunda yaptığımız ayırım, geçmişten daha çok, farklı önemli konular üzerine ve aynı zamanda dil endişeleri üzerine dayanmaktadır. Yine de bu konuda, şurada veya burada ortaya çıkan farklı temayülleri, aşırılıkla itham korkusuyla, çok ısrardan ve bu dönemin bütün yazarlarını, geleneksel imana müşterek bağlılık içinde birleştiren derin birliği, unutmaktan sakınacağız. Yani kilisedeki sapmayı ve Roma piskoposu olan yegâne şefe bağlılığı, unutmayacağız. Özellikle bu son nokta çok önemlidir. Çünkü kilise tarihinde hiçbir dönemde Papalık otoritesi, bu kadar muhteşem şekilde belirtilmemiştir. Yine bu dönem, özellikle Efes (431) ve Kadıköy (451) konsillerinde açıklanmıştır. Birçok geçici ayrılıklara rağmen, Doğuda ve Batıda, büyük bölünmenin arefesine kadar, bu geleneksel hakikati yani Pierre'in makamının Apostolik makam olduğunu ve birlik merkezi olduğunu hatırlatmak ve yüksekçe tasdik için çok açık birtakım yollar olmuştur. Bunun için birçok başka noktalarda olduğu gibi, bu sosyal çevrenin içinde yaşayan bu dönemin yazarlarının üzerindeki tesiri de, asla unutmamak gerekecektir.

II. SOSYAL ÇEVRE

A. Doğu

IV. yüzyılın sonundan itibaren bölünmüş olan Roma İmparatorluğu Doğuda devam ederken, Batı Roma İmparatorluğu, V. yüzyılda Barbarlara kesin olarak teslim olmuştur. Gerçekte, orada onun derin bir değişime maruz kaldığını unutmamak gerekecektir. O, önce hudutların daralmasıyla karşılaşmıştır. Tuna tarafı, sürekli akın eden Barbar akınlarına rağmen, yani önce Gothlar, sonra Slavlar, Bulgarlara rağmen, bu bölgede Roma İmparatorluğu uzun müddet az veya çok hükümranlığını sürdürmüştür. Güney Doğuya doğru ise ciddi tehlike vardı: Orada Mısır, Suriye, Mezopotamya ve diğer yerler, sadece yüzeysel olarak Helenleşmişlerdi. Bu bölgelerde sitelerin ve deniz kenarlarının dışında halkın büyük bir çoğunluğu, Grek dünyasına yabancıydılar ve onların dillerini de bilmiyorlardı. Diğer yandan, Grek aksiyonuna düşmandılar, onların üstünlüklerini kıskanıyorlardı. Her şeyin üstünde onları, Bosphore üzerine kurulmasını tasarladıkları genç başkente bağlayan zincirleri kırmak arzusundaydılar. İmparatorluk, perestijini korudukça, bu acılı ırklar, milliyetçiliklerine sessizlik içinde sığınıyorlardı. Roma İmparatorluğu sona erince, bu ırklar, boyunduruktan kurtulma yollarını aramışlardır. Tabii ki bu değişik yollarla olmuştur... Onlar, Nestorianisme'i, Monophisisme'i ve Monothélisme'i, Tuna'da ve Batıda, fatih topluluklar olan Burgondes'ların kullandıkları gibi, Vandallar ve Gothlar da Arianisme'i kullanmışlardır. Temelde, dini bahaneler öne konulmasına rağmen, onların doktrinel kırılmaları, milliyetçilik manevrası intikamını ve politik kopuşu gizlememiştir[1]. Bu halklar, bu kopuş sürecinde, V. ve VI. yüzyıllarda, Ermeniler ve Suriyelilerle birlikte güçlü komşuları olan Perslere dayanmışlardı. Perslerin egemenliği, her geçen gün, rüyalarının denizi olan Akdeniz'e doğru genişliyordu. İşte bütün bu manevralar, Arap ve Müslüman egemenliğine açılan yolları hazırlıyordu. Sonunda VII. yüzyılda Müslüman Araplar, bütün Doğuya yayılmışlar, Eski Roma'daki en güzel eyaletleri kökünden koparmışlar ve Roma İmparatorluğunun başkentine kadar tehdit unsuru olmuşlardır.

Sonuçta, Helenleşmiş, değişmiş ve daha sonra parçalanmış Eski Doğu Roma İmparatorluğu, böylece Bizans İmparatorluğu haline gelmiştir. Ancak bu Bizans İmparatorluğu, liyakatsiz bir imparatorluk değildi. O, büyük prenslere sahipti, günlerce zaferlere sahip olmuştu ve özellikle yüzyıllarca İslâm akınlarına karşı durmuşlardı. Bu duruş, ortaçağın sonuna kadar devam etmiştir. Meşgul olduğumuz dini noktada, onun çok belirgin karakterleri olmuştur. Hıristiyanlık orada çok geniş bir yer işgal etmekte ve bir anlamda her şeyi doldurmaktadır. Fakat en aşağı seviyede ve ona layık olmayan bir kölelik durumundaydı. Şüphesiz kilise, lâik iktidara hâkim olmak ve onun yerini almak durumunda değildi. Fakat üstelik kilise, görevini yerine getirememe cezası altında, Devletin basit bir çarkı da olmak zorunda da değildi. Yani, Prenslerin ve onun bakanlarının istedikleri gibi manevra yapacakları bir organizma da değildi. Bununla beraber Bizans Kilisesi, böyleydi. O, artık eski Grek Kilisesinin sadece bir kısmını temsil ediyordu[2] ve

---

[1] J. Pargoire, L'Eglise Byzantine, p.2-3.
[2] Önceleri Grek Kilisesi, bütün Doğu Hıristiyanlığını temsil ediyordu. Bkz. J. Pargoire, a.g.e. s.p.6.

bu da azalmış, köleleştirilmiş bir kiliseydi, Hıristiyan imparatorluğunda IV. yüzyıldan beri hâkim temayüller ortaya çıkmıştı ve Bizans da onu, itham ederek varlığını devam ettirmişti[3]. Pargoire, Justinien özellikle kendi şahsında "ideal bir Papa İmparator" yaratmıştı, diyor. Fakat onun birtakım modelleri vardı ve onun taklitçileri olmuştu.

Çok sıkı şekilde Kiliseyi Devlete bağlayan bu politika, birtakım acı meyveler vermekte gecikmedi. Uzak eyaletlerin ayrılığı, Bizans Hıristiyanlığının oldukça belirgin Grekliliği, çok resmi karakteriyle doğrulanıyordu. Diğer yandan şayet i'tizali fırkalar çoğalıyorsa, bunun temel sebebi de buradaydı. Saray Hıristiyanlığı, efendileri gibi farklı ve tutarsız olamazdı[4]. Sonunda, Hıristiyan birliğinin ciddi şekilde uzlaşmaya ihtiyacı vardı. Siyasi iktidarla oldukça çok sıkı bağı olan bu bağlılık, gelenekle daimi teması olmayan ve büyük Hıristiyan ruhunu gözetmeyen kişiler, birliğin merkezi olan, dini prensip üzerine oturan otorite merkezini unutturuyordu. Bu Roma merkeziyetçiliğinde yine de bir acı durum görünüyordu. Çünkü onun yönetimleri, bir düşmanlık ve rekabet saygısıyla kabul ediliyordu ve onun imtiyazları, onları inkârla ve onlarla savaşmayı bekleyerek kıskanılıyordu[5].

İşte böyle bir halet-i ruhiye içinde, çekişmeler ve bölünmeler çoğalıyordu ve bunda da başarılı olunmuştu. Bununla beraber, ona karşı savaşan bütün güçlere rağmen, antik iman, Roma kilisesinin en yüksek otoritesinde varlığını devam ettiriyordu. Bu doktrinin geleneksel sağlamlığını hiçbir şey daha iyi ispat edemezdi. VI. yüzyılda, Justinien asrında (527-565), Pargoire'ın dediğine göre, Roma piskoposunun yetki otoritesi, oldukça bilinen bir şeydi[6]. Çünkü bu, gelenekle kutsallaşmıştı. Ancak, imparatorların menfaatleri, kaprisleri veya gururları incindiği zaman, bunu pek kabullenemiyorlardı ve uygulamada dikkate almıyorlardı. Sonradan da aynı şey olmuştu: "VII. yüzyılın Doğusu, önceki yüzyıllarda olduğu gibi, St Pierre'ın halefleri önünde boyun eğmişler ve Roma'nın yüksek otoritesini ilan etmekle yetkili temsilcilerini dinlemekle yetinmişlerdir."[7] Daha sonraki asırda, Photius dönemine kadar "Sezaro-Papisme" gelişmesine rağmen Doğu, kilise yasasının ne

---

[3] Pargoire, a.g.e. I, p.283-284.
[4] Pargoire, a.g.e. p.8.
[5] Justinien'den itibaren Roma, politik olarak Bizans'a bağlıydı.
[6] Pargoire, a.g.e. p.44.
[7] Pargoire, a.g.e. p.189.

olduğunu henüz öğrenebimişti ve Bizans azizleri, kilise doktorları olarak, Roma Papasının şahsında yüce şefi selamlamaya devam etmişlerdi[8]. Geleneğin bu büyük tanıklarından bazılarını, daha sonra Doğuda dinleyeceğiz.

B. Batı

Bu birlik açısından, Batıda kilisenin durumu, daha elverişli bir durum sergilemektedir. İşte bu lâtin ülkesine, Pierre'in halefi başkanlık ediyordu. Ancak diğer yandan, imparatorluğun vakitsiz düşüşü, orada köklü şekilde olacak olan engelleri ortadan kaldırmıştı. Harabelerin arasında kilise, paramparça olmuş eski halka, yegâne istikrarlı bir güç olarak görünmüştü. Çünkü kilise, evrensel felakette ayakta kalmış ve yeni hükümdara ve onların halklarına moral desteği vermiştir. Böylece kilise piskoposlarının şahsında, gerçek bir güç ortaya çıkmıştı. Bu güç maneviydi fakat yüksek bir şahsiyetle mücehhezdi ve tesis edilen iktidarlardan da bağımsızdı. Devletin teb'ası olan ve yine de bir tarafta ondan bağımsız olan bu adamların rolü, oldukça büyük olmuştur, Papaların ki daha büyük olmuştur. Onların prestiji, Doğudaki engellerden uzaktı ve dış şartlarla daha da yükselmişti. Büyük Grégoir gibi bazı şahsiyetlerin yüksek değeri, buna çok değerli bir parlaklık ilave ediyordu.

Gerçekten Batı, Doğudan daha çok istilalara maruz kalmıştır. Oraya Barbarlar kitleler halinde gelmişlerdi. Böyece, V. yüzyıldan itibaren imparatorluk gücü dağılmadan önce, bu gerçekleşmeden Batı, ismen etkilenmiştir. Her şeye rağmen eski medeniyet birden kaybolmadı ve her yerde vardı. İtalya'da bazı mutlu dönemlerde olmuştu. Meselâ Théoderie (496-526)'nin saltanatında olduğu gibi. Bu adam Ariendi ve Ostorogothların kralıydı. Afrika'da ise, Vandallar da Ariendi. 430 yılından beri ülkenin sahipleriydiler. Ancak toleransları yoktu ve özellikle V. yüzyıldan beri. Bunlar, Katoliklerin sesini kısmamışlardı, özellikle, St. Flugence'ın. Bu iki bölgede Bizans İmparatorluğunun otoritesinin tesisi, Justinien döneminde olmuştu. Justinien, kısa bir zaman bunlara nisbi bir barış vermişti. Bu dönemde **GAULE**, imparatorluğun en kültürlü bölgesiydi. İncelediğimiz bu dönemin ilk kısmında büyük bir edebi aktivite sergilenmişti. Barbarlar tarafından kurulan ilk Katolik krallığı olan Franc Krallığı, o dönemde GAULE'a arzu edilen barışı ve-

---

[8] Pargoire, a.g.e. p.289-290.

ya entelektüel aktiviteyi sağlayamamıştı. En azından Charlemagne ile bir gün doğmuştu. İlk defa o, gayretle ilimleri, sanatları geliştirmişti ve ortaçağın büyük skolastik çiçeklenmesini hazırlamıştı. Barbarların istilasıyla önce oldukça bulandırılan İspanya, VII. yüzyılda, Vizigotların hidayetiyle bir barış asrı elde etmişti. O zaman henüz Araplar da gelmemişlerdi. Bu dönemde, birçok önemli eser de meydana gelmişti. VII. yüzyıldan itibaren, Batıda karanlıklar dağılmaya başlamıştı ve Kilise bu ortamda gelişmişti.

III. EDEBİ ESERLER-DOKTRİN

A. Müşterek Özellikler

Patristik edebiyatın bu son devresinde, ilerledikçe derleme ve pratik eserlerin çoğaldığına şahit oluyoruz. Zincirler şekli altında yapılan tefsirler, antoloji ve teolojik eserlerin yanında çoğalacaktır[9]. Bunların yanında ahlak, zahitlik veya disiplinle ilgili eserler de dini şiirin ve tarih çalışmalarının yanında, önemli bir gelişme kaydetmişlerdir. Bu eğilimler, hem Doğuda hem de Batıda müşahede edilmiştir. Bu tipler, burada tasvir ettiğimiz dönemin karakteriyle açıklanmakta ve diğer yandan da, kilisede, yeni halkların eğitiminin gerektirdiği zaruretlerle belirginleşmektedir: Bu yeni halklar için, Kilise Babalarının çalışmalarından ve önceki dönemin ilahiyatçılarından derlenen basit özlü formüller ve özet kitaplar ortaya çıkmıştır.

Doğu'nun ve Batı'nın yazarlarındaki, doktrinel düzeydeki diğer bir özellik de oldukça önemlidir. Bu özellik, ilâhiyat konularında,[10] Kilise Babalarının otoriter düşüncelerinde bulunmaktadır. Zaten, IV. Yüzyılda, büyük piskoposların, sadece kutsal kitap ve geleneğin otoritesine değil, en eski kilise doktorlarının otoritesine de müracaata davet ettiklerini görüyoruz[11]. Bu metot, V. yüzyılda oldukça güçlenmişti. Çünkü Kilise Babaları'nın perestiji, bu yüzyılı aydınlatıyordu. Bu durumda sadece Kilise Babaları zikredilmiyordu, onların tanıklıklarıyla oluşan delillerden teoriler yapılıyordu. Bu, hem Doğuda hem de Batıda oluyordu. Yani onlara güvenle müracaat ediliyordu, sayısız nakillerle delil getiriliyordu[12] ve yeni bir anlayış elde ediliyordu.

---

9 S. Prosper tarafından yapılan St. Augustin'in yazılarının özeti (p.181). Yine bkz. De Recta Fide ad Reginas, p.26.
10 J. Tixeront, Hist. Dogm, III, p.7-8; 327-330.
11 I. Cilt, Table Doctrinale, n.17.
12 St. Augustin, Contra Julianum, I, 1; St. Athanase, De Dionysii Sententia, St. Basile.

Décret Gélasien[13], kilisenin tasvip ettiği birçok yazarın yanında, güvenilmeyen bir dizi yazara da işaret etmektedir. Yine Vincent de Lérins, bütün Kilise Babalarının aynı otoriteye sahip olmadıklarını da belirtmektedir. Yine o, bir doktorun, azizin ve bir bilginin öğretisi, diğer Kilise Babalarının müşterek düşüncesine yabancıysa veya aykırıysa, onun kabul edilemez olduğunu ilave etmektedir[14]. Nihayet, Patristik dosyadan, imanı, hücum edilen noktalar üzerinde savunmakla görevli ilahiyatçılar, kutsal kitaptan elde edilenler kadar yaygın kullanımla hazırlanmış birtakım silahlar bulmakılartaydılar[15].

Doğu ve Batı, bu noktalar üzerinde birlikte yürümüşler, birçok görüş tede, birbirlerinden doktrinel konularda ayrılmışlardır.

B. Batı

Lâtin dünyasında St. Augustin, dini ilimlerin münhasıran ilham edicisidir. Bu dönemde, Barbarların istilasıyla belirsizleşmiş ilahiyatı ve geleceğin ilahiyat ilmini o, korumakla görevlendirilmiştir. Bunun için Augustin, Batının en büyük üstadıdır: O, eşsiz bir dehadır. Onun talebelerinden birisi Grégoire de Grand'dır. O, onun okulunda bilgi sahibi olmuş, onun zihinsel yapısına nüfuz etmiştir. Onun belli başlı teorilerini açıklamış ve yaymıştır. Augustin'in bu olağanüstü tesiri, bu devrin belli başlı karakteristik özelliğidir. Hatta bu, Aristocu Felsefenin yaygınlaşmasına kadar da devam etmiştir[16].

Eflatuncu Felsefe, Augustin'le Batıya girmiştir. Bu felsefe, orada sadece ortaçağın başında, yani işlediğimiz Patristik dönemin sonunda gelişebilmiştir. Hippon Piskoposunun büyük eserindeki bitmeyen kaynaktan, filozoflar, ahlakçılar, hatipler, derlemeciler sırayla yararlanmışlardır. Özellikle de herkesten çok ilahiyatçılar yararlanmıştır.

Augustin'deki İNAYET doktrini, dikkat çekmeye devam etmiştir. Yarı-Pélagienler, Augustin'in ölümünden önce ona, hücum etmişler, özellikle GAULE'de, hücumlarını yoğunlaştırmışlardır. Özellikle de onun ölümünden sonra. Fakat Roma desteğiyle onun sadık dostları, bu saldırganlara cevap vermişler ve Orangé'da (528), Augustin doktrinini kesin zafere ulaştırmışlardır. Bunu, ılımlı bir şekil altında fakat Augustin'in koyduğu temel

---

[13] Bkz. I. Cilt, p.502.
[14] Commonitorium, 28; Yine bu konuda ileriki sayfalara bakılmalıdır.
[15] Önceki sayfalara bakılmalıdır.
[16] E. Portilé, Augustinisme, dans Dict. col. 2501.

prensipleri muhafaza ederek yapmışlardır[17]. Bu dönemde, Batının tanıdığı belli başlı tartışmalardan birisiydi bu tartışma. Barbar Arianisme'ine karşı verilen savaş, birçok orijinal olmayan eserlerin meydana gelmesini sağlamıştı. Kristoloji problemleri, Latin dünyasını kesin olarak meşgul etmemişti. Ancak bu konu, **"Üç Bölüm"** mahkûm edildiğinde gündeme gelmişti[18]. Doğuda ise durum aynı olmamıştı.

C. Doğu

Bu dönemin dini edebiyatı, büyük oranda ilahiyatı teşkil ediyordu. Bu edebiyatın en temel konusu da **MESİH**'ti. Antakya ve İskenderiye okullarının farklı temayülleri[19], sonuçta birbirlerine zıt iki i'tizalle sonuçlanmıştır. Bunlar, Nestorianisme ile Monofizitliktir. Her iki okulda, Mesihin ulûhiyetini kabul etmekle beraber, Antakya, Mesihin insaniyeti konusunda ısrar ediyordu. Bu ise, kişisel bir düalizm riskini ortaya koyuyordu. Aslında bu, vaktiyle Théodore de Mobsueste tarafından öğretilen Nestorien bir hataydı. Buna karşı İskenderiye Okulu ise, Mesihin Tanrısallığı konusunda daha çok ısrar ediyordu ve böylece Mesihin beşeriyetini ortadan kaldırmaya gidiyordu. Çünkü böylece, fiziki bir birlik ortaya çıkıyordu. İşte bundan Cyrille'ın talebeleri Monophisisme'i çıkarıyorlardı. Papalar ise, baştan beri bu hataları mahkûm ediyorlardı ve gerçek doktrini, kararlılıkla ilân ediyorlardı. Özellikle St. Léon le Grand, gittikçe uzayan ve Doğuyu V. ve VI. Asırlarda harekete geçiren tartışmalara engel olamamıştı ve sonuç bölünmeyle bitmişti.

Diğer yandan Patristik Edebiyatın sonu boyunca, kiliseyi, iki itizal hareketi bulandırmıştı. Bunlar, VII. yüzyılda Monothélisme ile VIII. yüzyılda İconoclasme hareketleriydi. Bu yanlışların hâkim çizgisi, onların resmi doktrininin karakterindeydi. Bunu, sarayın ilahiyatçıları empoze ediyordu. Tabii ki politik amaçlarla ve küçük görüşlü ihtiraslarla, bu konularda yükselen polemikçilere engel olunuyordu. Her şeye rağmen, bu beşeri endişeleri reddeden ve bizzat sırları aydınlatan kabiliyetli insanlar da olmuştur.

Şüphesiz bu tartışmaların sonuçları oldukça pahalıya mal olmuştur. Monothelistler, açık şekilde, Mesihteki beşeri ve Tanrısal ilişkileri ortaya koyuyorlardı. Bu konudaki tartışmalar neredeyse, ilahiyat açısından kapanmıştı.

---

[17] İleriki sayfalara bakılmalıdır.
[18] 553, II. İstanbul Konsiline bakılmalıdır (çev.)
[19] Bkz. Kilise Babaları I. Cilt.

Léonce de Byzance, Kapadokyalıların eserini yeniden ele alarak, nihayet uknuma tam bir tarif getirmişti. Bu tarif, Boèce'ın kinden daha da tamdı. Mesihin beşeri iradesini savunanlar, ortaya konan prensiplerden şu sonucu çıkarmaya muvaffak olmuşlardı: Onlar, bu iradenin Tanrıdaki ahlaki birliği üzerinde ısrar ediyorlardı. Onlar, özellikle St. Maxime'le, TANRI-İNSANI, kendi ilahiyatlarının merkezine oturtmuşlardı. Böylece, Mesihin taklidinde, kutsallaştırmanın yegâne vasıtasını göstermişlerdir.

İkon savunucularına gelince, gittikçe çoğalmışlar. St. Jean Damascéne gibiler bu konuyu, dini ritüellerle ve kurtuluşumuzu, eserindeki duygusal eşyalarla açıklamışlardır. St. Théodore Studite ise, Doğunun çektiği acı nedeniyle, dini konuda devletin giriştiği kutsallaştırmaları kınayarak açık şekilde kilise hukukunun, genelde bütün manevi alanlardaki yetkisini belirtmiştir.

Kristolojik problemlerin ortaya çıkardığı problemlerin büyük bir kısmı, bu konuda kullanılan terimlerden kaynaklanmıştır. Çünkü kullanılan bazı felsefi kelimeler, henüz iyice yerine oturmamıştı. Bunun için bu girişe, bu konuyu açıklamak için genel bir bilgi ilave etmeyi uygun buldum. Bunu da farklı yazarların etüdünde okuyucuya kolaylık olsun diye yaptım.

IV. KRİSTOLOJİK TARTIŞMALARDA GREK BABALARI'NIN TERİMLERİ[20]

IV. yüzyılda, Teslis konusu, bazılarının iddia ettikleri gibi, sadece bir terminoloji problemi değildi. Bu konu, farklı şekilde, cevher ve hipostase kelimeleri üzerinde gittikçe ciddi bir tartışma konusu olmuştur. V. yüzyıldan itibaren kristolojik problem, doktrinel bir problem haline gelmiştir. Bu problem, terimlerin farklı anlamlarda kullanılması ve bazı kavramların kapalılığı, bu konuyu tartışmanın merkezine oturtmuştur. Burada söz konusu olan kelimeler, **Cevher, Tabiat, Hipostase-Person (şahıs/uknum)** kelimeleridir.

Teslis tartışmasının getirdiği açıklamalar, hiçbir zaman İsa'nın bedenleşmesine uygulanmamıştır. Bunlar, özellikle, kişi/personne'la sınırlı kalmıştır. Bu açıklamalar, Modalisme'e karşı geliştirilmiştir. Bunun gerçek adı, Hipostase'dır. Ancak bu, cevherden ve özden ayrıdır. Bunlar, Allah'ta bir-

---

[20] A. Michel, Hypostase, Dict. Théol. Col. 369-407; J. Tixeront, Les Concepts de "Nature" et de "Personne", dans Mélanges, p.210-227; M. Jugie, Nestorius et Controverse Nestorienne, p.174-190, DOM Chapman, Rev. Bénéd, 1914, p.194-197; V. Grumel, Léonce de Byzance, dans Dict. Théol. Col. 405-408.

likte vardır. Hâlbuki Hppostase'lar çoktur[21]. Buna göre, Öz'le ilişkilerinde, Hypostase'ın tarifinde kullanılabilir. Aslında bu bilgiler, yeterli de değildir. Çünkü bunlar, şahısla-tabiat ilişkileriyle ilgili ilişkileri çözmek için yeterli değildir. **Tabiat** kelimesi, burada anlamı belirtme noktasından oldukça önemlidir. Diğer formüllerin doğru şekilde seviyesini göstermek için bunu belirtmek zorundayız. Aslında, bu formüller, çok büyük tartışmalarda tedrici şekilde tespit edilmişlerdir. İşte bu toplu bakış açısı, her Kilise Babasının aldığı tavrın anlaşılması için ve onların pozisyonlarını takip için faydalı olacaktır.

A. Cevher (Essentia) Kelimesi

Dar anlamda alındığında cevher kelimesi, özel bir cevheri belirtir. Yani herhangi bir varlığın özel cevherini belirtir. Bu durumda o, Tabiat'tan (Natura) ayrıdır ve birinin bireysel tabiatını belirtmektedir. Bununla beraber bu son kelime, görüleceği gibi, çoğu defa cevher anlamında da kullanılmıştır. Mesih'in beşeriyeti konusu, bireysel bir gerçektir ve yaratılmıştır. Kilise Babaları, daha çok **Tabiat**'tan bahsedeceklerdir. Hâlbuki Teslis probleminde, tercihen cevher ve öz kelimelerini kullanmaktadırlar.

B. Tabiat/Natura Kelimesi

Tabiat/Natura kelimesinin ise, çok daha karmaşık bir anlamı vardır:

1. Onun ilk anlamı, bireysel tabiat anlamıdır. Bu, varlıklarda gerçekleşen öz'dür. Bu, varlıklarda operasyon prensibi olarak telâkki edilmektedir.

2. Bununla beraber çoğu defa tabiat kelimesi, öz'le aynı olmaktadır:

a. Allah'tan bahsedildiğinde, onun tabiatı, temelde Bir'dir. Teslis'de de aynıdır. Bu iki kelime, bir diğeri için kullanılmaktadır. Aslında daha çok öz, cevher anlamında kullanılmıştır.

b. Tür'ün bireyselliğini tam olarak belirttiğinde o, daha çok bireyseldir. Bununla beraber bu durumda **tabiat**'ı kesin olarak öz'le karıştırmamak gerekir. Çünkü öz, özü veya türü olduğu gibi belirtmektedir.

3. Üstelik tabiat kelimesi, bazen uknum anlamında da kullanılmıştır. Bu ifade edilme tarzları ise, birçok Kilise Babasında uknum kavramını belirsiz hale getirmektedir. İşte onlar, bu belirsizlik altında, bu kelimeyi kullanmak-

---

[21] Birinci ve ikinci cilde bakılmalıdır.

tadırlar. Fakat belirtmek gerekir ki bu anlam, tabiata, kristolojik anlamda verilmemiştir. Tabiatıyla teslis ilahiyatında hiç kullanılmamıştır. Ancak, Arien tartışmalarından sonra, Allah'taki uknumların ayırımı, daha belirgin hale gelmiştir.

C. Hypostase

Burada da Hypostase/uknum kelimesi, bir belirsizlik içermektedir. Bu kelime ve bu düşünce, bu konulardaki Doğu düşüncesi açısından yönlendirilmişlerdir.

1. Person (şahıs) burada normal olarak, çok mücerret görünüm altında kullanılmıştır: O, ilk cevherdir. Bunu, Aristo ile Skolastikler ifade etmişlerdir. Yine person (şahıs), tabiatın bütün sıfatlarına tam olarak, makul şekilde ve bağımsız olarak sahip bir varlıktır[22]. Böyle bir varlık, açıkça bir rastlantıdan daha fazlasıdır. O, bir cevherdir ve onun tam bir tabiatı vardır. O, bu anlamda bir tabiattır. Her şahıs, cevherdir. Böylece mücerret noktada yer alanlar, Grek babalarını, tabiatı, şahsa yaklaştıran her şeyi ayırmakta, daha çok açıklamaya sevk etmiştir. Asliyeti yönüyle Hypostase terimi, cevheri belirtmekte ve şahsın (personne) gerçek kavramına cevap vermektedir.

2. Her Hypostase, cevher olduğundan dolayı, her cevher de bir Hypostase mıdır? Léonce de Byzance, IV. Yüzyılda, her cevherin, Hypostase olmadığını açıklamaktadır. Fakat her **cevher**, bir Hypostase'a sahiptir. Sadece rastlantı, özdür/cevherdir. Ancak bunun özel bir varlığı yoktur. O, ancak yabancı bir Hypostase'la vardır. Bu ayırım, mücerret bir Hypostase mefhumu gerektirmektedir veya bu cevherden, formel bir unsur olmaktadır. O da personne'dan yani bizatihi tam tabiat'dan oluşmaktadır.

3. Bu mefhum, Kapadokyalılardan itibaren Léonce'dan önceki Kilise Babalarının doktrinel formüllerine dâhil olmuş, ancak bu döneme kadar çok açıklanmamıştır. İlâhi uknumlarla ilgili verilen bilgiler, pek genelleşmemiştir. Çünkü evrensel karakter yeterince anlaşılmamıştır. Şahısla ilgili yapı, diğer az cevhersel başka unsurlarla birlikte varolmuştur[23]. İşte dildeki deği-

---

[22] Bu konuda I. Cilde bakılmalıdır. Kapadokyalılara göre, Hypostase'ın karakteri cevhersel bir varlığın zatındadır. Meselâ Basile'in, Greoire de Nazianze'ın, personne'un bağımsızlığı ve akıllılığı üzerinde ısrar ettiklerini, Tixeront, Mélanges, p.212'de ve Oratio, XXXIII, 16'da zikretmektedir. Buna, Gregoir de Nysse, kendiliğini ve hürriyeti ilave etmektedir. Oratio Catech, 2.
[23] Önceki notlara bakılmalıdır.

şiklikler ve müphemlikler, bundan kaynaklanmıştır. Saint Cyrille'in bile orada kesinlik görmediğini, formüller de bir açıklık bulamadığını, Tixeront söylemekte tereddüt etmemektedir. Mücerret bakış noktası, onunkini anlamakta zorlaştırıyordu. Yine de o, hatadan oldukça sakınmıştır. Çünkü çok emin teolojik kavramlar, filozofik kavramlardan daha az ona rehberlik yapmıştı. Üstelik o, zamanının en tehdit edici noktasında, olağanüstü bir güçle geleneksel doktrini savunabilmiştir.

4. Cyrille'in benimsediği ve onu takip edenlerin benimsedikleri noktada, çok ciddi avantajlar takdim edilmiştir. Nasıl ki hypostase kelimesinin, Teslis ilahiyatında kabulü, önceki asırlarda Tanrısal şahıslarda gerçek karakterini korumuşsa, mücerret görüş açısı altında, şahıs veya hypostase da kristolojide, gerçek birliğin tasdikine imkân vermiştir[24]. Ancak bu metodun terslikleri de görülmektedir. Cevher terimi veya hypostase terimi şu anlamlara gelmektedir: 1. Bazen tabiat anlamına gelmektedir. Özellikle tabiat, bizzat önceden daha çok şeye sahip olduğunda, 2. Bazen şahıs anlamına gelmektedir. Özellikle, tabiat anlamında, ona sahip olan özneye sahip olarak.

5. Bu belirsizliklerden gerçek doktrinel bir tehlike çıkmaktadır. Çünkü birbirine zıt formüllerle sonuçlanmaktadır. Antakyalılar, Mesihte iki tabiatın varlığını söylemektedirler. İskenderiyeliler, Mesihte tek tabiatın varlığını belirtmektedirler. Böyle farklılıklar, karşılıklı anlayışsızlıkları doğurmakta ve hatalara götürmektedir. Bundan sakınmak için felsefe, yeterli rehber olmamalıdır. Fakat Kilise Babaları, önce felsefeye dayanmışlardır, özellikle St. Cyrille. Onların düşünceleri, ilk kurallarda, imana ve geleneğe sahipti. Yine gelenek adına konuşan konsillerin kararlarına boyun eğmeyi reddedenlerin, kristoloji konusundaki hatadan sakınmaları da imkânsızdı. Fakat a priori olarak onların mutlak Ortodoksluklarına karşı oldukça güçlü tahminler ve deliller de mevcuttu.

6. Bunun için, şurada veya burada birtakım hatalar vardı. Antakya grubunda, Hypostase'ın anlamı, tabiat anlamında kullanılıyordu. Ortodoks kilise doktorlarının yanında oldukça katı hipostatik düalizm taraftarlarını da buluyoruz. İskenderiye grubunda veya Cyrille'cilerde tabiat kavramı, hypostase (personne) kavramına indirgenmektedir. Orada da ilk planda, St.

---

[24] Cevher taraftarları, bir başka sağlam olmayan bir başka gerçeği ileri sürmüşlerdir. Yani Oğulun ve Kutsal-Ruhun Tanrısallığını, Arienlere karşı ileri sürmüşlerdir.

Cyrille gibi Ortodoksları buluyoruz. Onun yanında Eutychés gibi katı Monofizitleri ve Kadıköy Konsilinin güçlü hasımlarını buluyoruz.

D. Personne

Personne kelimesi, Teslis ilahiyatında, özellikle IV. yüzyıldan sonra Hypostase'ın Sinonimi olarak kullanılmıştır. Kristolojide de personne (şahıs) anlamında kullanılmıştır. Ancak şu nüanslar önemlidir:

1. İskenderiyeliler için: Cyrille ve onun ekolü, personne kelimesi üzerinde[25], tabiat kavramını ona bağlayarak kullanmaktadırlar. Bunlarda hypostase ve cevher, cevhersel şahsiyetle ifade edilmektedir. Yani, çoğu defa Person, Hpypostase'ın bir sinonimidir ve belli bir noktaya kadar da cevherin sinonimidir[26]. Bu kelime, St. Cyrille'de kesinlikle şahsın geniş anlamında kullanılmamıştır.

2. Antakyalılarda, belirli bir diyofizit eğilimi vardır. Onlar, her şeyden önce tabiat kavramı üzerinde ısrar etmektedirler. Böylece, hypostase kelimesini (cevhersel tabiat olarak tercüme edilebilir), tabiata sahip personne anlamında kullanmışlardır[27]. Personne kelimesi, az veya çok tabiat kelimesine bağlıdır. Bu kavram, Antakya'da oldukça siliktir. Bununla beraber Katolikler, bu konuda bir gerçeğe sahiptirler. Fakat Nestorienler, bunu tamamen ahlâkî olarak tasarlamaktadırlar. Prosopon kelimesi, geniş anlamda şahıslar anlamına gelmektedir. Ancak fiziki şahsiyet anlamında değildir. Muhtemelen prosopon'un, Nestorius'un fiziki prosopon ifadesinde başka anlamı da vardır. Her halükarda, onun için değerli olan, prosopon birlik formülündeki anlamdır.

---

[25] A. Michel, cl. 388.
[26] Mesihin insaniyeti için ve Apollinarisme'e karşı olmak için, onlar, hypostase demişlerdir. Bu da tabiat kelimesine oldukça yakındır. Fakat iki kelime arasında küçük farklar vardır.
[27] Bununla beraber P. Jugie, Antakya'nın, en azından Nestorius'un cevher-hypostase-personne kelimelerini, sinonim olarak kullandıklarını düşünmektedir. Onlar da, İskenderiyeliler gibi düşünmektedirler, demektedir.

BİRİNCİ KISIM
PATRİSTİK EDEBİYAT
(430-553)

BİRİNCİ BÖLÜM
NESTORİUS[1]

Germanicie asıllı olan Nestorius, tahsilini Antakya'da yapmıştır. Dini hayata Euprepios manastırında girmiştir. Bu manastır, Antakya'nın yakınında bulunmaktadır. Daha sonra rahip olmuş, başarılı şekilde vaazlarını vermiş ve bu, onun imparator tarafından 428 yılında İstanbul'a çağrılmasına sebep olmuştur. Orada piskopos makamına oturmuştur. Piskoposluğunun başından beri Arienlere ve Novatienlere karşı büyük bir gayretle Bizans başkentinde Ortodoksluğun katı bir savunucusu olmuştur[2]. 428 yılının sonundan önce Nestorius, İstanbul'da oldukça popüler olan ve Meryem'e uygulanan Theotokos ifadesine karşı tavır almıştır[3].

Antakya'dan Nestorius'un getirdiği rahiplerden birisi olan Anastase, Théotokos kavramını önererek gerçek bir skandala neden olmuştu. Nestorius, onu kınamak bir yana, bu konuda bir dizi vaaz vermeye başlamıştı. Cyzique piskoposu Proclus[4], ona karşı reaksiyon göstermişti. Saint Cyrille'in bu olaydan haberi olunca, hemen teşebbüse geçmiş ve 431 yılında Efes Konsilinde Nestorius'u sapık olarak mahkûm ettirmiştir[5]. Bunun üzerine Nestorius, önce Euprepios manastırına çekilmişti. İmparator tarafından eserlerinin yayılması yasaklanmış ve Arabistan'ın Pétra bölgesine 435 yılın-

---

[1] F. Nau, Nestorius d'aprés les sources orientales, Paris, 1911; M. Jugie, Nestorius et la Controverse Nestorienne, Paris, 1912; J. Tixeront, Hist. Dogm, III. p.22-35; A. Michel, Hypostatique (Union) dans Dict. théol, col. 471-477.
[2] M. Jugie, a.g.e. p.19-28.
[3] Theodore de Mopsueste, daha önce Antakya'da bu formülle mücadele etmişti ve geri çekilmişti. Bkz. I.II. cilt, ilgili bölümler.
[4] Daha önce, Nestorienne hata, açıkça Eusébe tarafından ifşa edilmişti. Daha sonra Dorylée piskoposu olmuş, Eutychés'i 448 Konsilinde ifşa etmişti.
[5] İlgili bölüme bakılmalıdır.

da sürgün edilmiştir. 445 yılından önce, Mısır'ın Oasis bölgesine sürgün yeri değiştirilmiştir. Nihayet Nestorius 451 tarihinde vefat etmiştir. O, "Le Livre d'Héraclide de Damas" isimli bir kitap yazmıştı. Bu kitap, takma isim sayesinde imparatorluğun sansüründen kurtulabilmişti.

"Le Livre d'Héraclide" Nestorius'un tek tam ve olan kitabıdır ve bize kadar gelmiştir. Bu kitap, Süryanice nüshasına göre, XX. yüzyılın başında yayımlanmıştır[6]. Ancak bu eserin mevsukiyeti, tam olarak ortaya konmuş değildir[7].

Nestorius'un diğer eserleri Efes Konsilinde mahkûm edilmişlerdir[8]. Yine de bazıları muhafaza edilmiştir:

1. Tragédie'nin[9] birtakım parçalarında, Nestorius, kristolojik tartışmaların tarihinden ve Efes Konsilinden bahsetmektedir.

2. Théopaskhite[10]: Nestorius'un bir müntebisiyle, Cyrille'in bir talebesinin diyaloklarıdır. Burada, Théopaskhite,[11] Monofizitlikle itham edilmektedir.

3. On İki Anathématisme: St. Cyrille'in konularına karşı yazılmıştır[12].

4. On Mektup (Bunların 4'ü St. Célestin, e, 2'si de St. Cyrille'e dir).

5. Birçok Homélies: Bunlardan birkaç parça kalmıştır. Yani otuz kadarı ve dört metin kalmıştır[13].

Nestorius'un eserlerinden muhafaza edilenler, onun doktrinini tanımamıza imkân vermektedirler. Bu doktrinler üzerine, Nestorius'un çağdaşları tarafından yazılan eski reddiyeler, bize çok yararlı bilgiler vermektedirler. Bu bilgiler, Nestorius'un sapıklığını açıkça ortaya koymaktadırlar. Bugün, **"Livre d'Héraclide"** kitabı üzerine dayanan, Nestorius'a bir rehabilite ortaya çıkmıştır[14]. Fakat bu eser, mevsuk olsa bile, elverişli karar vermeye imkân vermemektedir[15].

---

6   P. Bedjan, Le Livre d'Héraclide de Damas, Paris, 1910, trad. Fr. Par, F. Nau, Paris, 1910.
7   Meselâ J. Lebon, bu kitabın mevsukiyetine karşıdır. Rev. Hist. Eccl. 2911, p.513-519; Yine bkz: J. Jugie, a.g.e. p.71-77.
8   F. Loofs, Nestoriana, Halle, 1905, J. Lebon, Muséon, 1929, p.47-65.
9   Tragédie, ecrit Par Comte İrenée, Tyr piskoposu.
10 Dialogue ecrit 'a Euprepios, de 431'den 435'e kadar.
11 İlerideki sayfalara bakılmalıdır.
12 Manşi, Concile, V, 703-706 veya P.L, 48. col. 909-923.
13 M. Jugie, a.g.e. p.82-89; Mgr Batiffol, Nestorius'a başka vaazlar da atfetmektedir.
14 Bkz. F. Bethune-Baker, Nestorius and his Teaching, Combridge, 1908, Fendt, Die Christologie des Nestorius, Kempten, 1910.
15 M. Jugie, a.g.e. de Nestorius'un yeni savunucularını reddetmektedir.

Nestorius'un doktrini, Théodore de Mopsueste'nin[16] doktrininden daha farklı şekilde şöyle özetlenebilir[17]:

1. Mesihte iki tabiat vardır ve bunlar ayrıdırlar. Bu tabiatların her biri, kendi tabiatlarını muhafaza etmektedirler ve buna göre hareket etmektedirler. Antakyalıların hareket noktası böyledir.

2. Allah ve Mesih olan insan, birdir. Bir tek şahıstır. Onda tek proscopon vardır. Fakat Nestorienlerde Birlik, birliğin sonucu olarak tasarlanmıştır[18]. Yani birliğin varlığı yerine[19], beşeriyeti üstlenen kelimenin önceden varlığı sayesinde, birliğin var olması yerine, birliğin sonucu olarak tasarlanmıştır. Nestorius, kelimenin prosoponunun aynı olmasına rağmen, Mesihin prosoponunu inkâr etmekte ve idyomların iletişimini reddetmektedir[20]. Özellikle, Meryem'e verilen Théotokos (Tanrı Annesi) deyimini reddetmektedir. Buna göre Mesih, tabiatıyla Tanrı oğlu değildir[21], o sadece Oğulla belirsizlikle beraberdir[22]. KELİME, Tanrının oğludur[23]. Bütün bunlarda, prensip olarak kabul edilen birliğin derinliğinin az olduğu görülmektedir.

3. Mesihin bu yüzeysel karakter birliği, Nestorius'un, iki tabiat veya Tanrı ile insan arasında kurduğu birliğin müşahedesinden kaynaklanmaktadır. Nestorius, özdeki birliği (secundum essentiam) veya hypostase'daki öz birliğini (secundum hypostasim)[24] kabul etmemektedir. Böylece o, **birliği** insandaki beden ve ruh birliğinden çıkarmaktadır. O, bu anlamda belki haklıdır. Fakat sadece, bu anlamda[25]. O, buna **conjunctio** birlik demektedir[26]. Bu kelime, daha çok bağ ve rahatlıkla icra edilen yaklaştırma anlamına gelmektedir. Fakat bu durumda, insaniyetin fiziki prosoponunu ve Tanrısallığın fiziki prosoponunu ayırmaktadır. (Burada prosopon, varlık anlamında

---

[16] J. Tixeront, Nestorius'un, Théodore de Mopsueste'den daha az katı olduğunu söylemektedir. (Hist. Dogm. III, p.35. Bkz. I. Cilt.
[17] J. Tixeront, Hist. Dogm. III, p.24.
[18] J. Tixeront, Hist. Dogm. III, p.28.
[19] Yani, birliğin gerektirdiği çoğunluğa rağmen böyledir.
[20] Deyimlerin iletişimi (özellikleri), Mesihte somut olan, ilahi tabiatın özelliklerinin insana ve tabiatın özelliklerinin Tanrıya atfedilmesidir.
[21] Loofs, a.g.e. p.217.
[22] Homonymie, basit bir adlandırmadır.
[23] İbid.
[24] Secundum essentiam-secundum hypostasim.
[25] Bu cildin ilk sayfalarına bakılmalıdır.
[26] Bkz. Loofs, a.g.e. p.248-249.

kullanılmaktadır.) Ancak o, buna rağmen, BİRLİK demektedir[27]. Bu birlik, özel bir varlık içinde olmakta ve buna "prosopon de l'union" adını vermektedir[28]. Ancak bu ne önceden var olan kelimedir, ne insandır. Bir kompozedir. Buna göre, bu prosopon, fiziki bir şahsiyet değildir. Fakat bir ahlaki veya hukuki bir kişiliktir. Hakikatte o, sâde ve serapa kazaidir.

4. Gerçekte Nestorius, "Le Livre d'Héraclide" kitabında, "Prosopon physique" ifadesini kabullenmektedir. Ancak o, insaniyetin prosopon fiziğini Tanrısallığın prosoponundan ayırmaktadır[29]. Şüphesiz Mesihte onlar, birbirine muhtaçtırlar[30]. Fakat kişisel birlik, her ikisinin yani fiziki prosoponla her ikisinin birleşmesiyle olmuştur. Ancak bu birlik, tamamen ahlakidir. Böylece, fiziki prosopon, önce tabiatların varlığının bütününü belirtse de, tabiatların varlığı, kişiliğe aittir ve sadece dolaylı bir tarzda, kişilik, Antakyalılarda, az belirgindir[31]. Bu durumda, Mesihin cevhersel birliği, uzlaşmıştır. St. Cyrille'in korkuları, Efes mahkûmiyetlerini de meşrulaştırmış ve doğrulamıştır.

5. Sonuç olarak P. Jugie'nin dediği kabul edilirse, Nestorienlerde cevher ve tabiat doğrudan, sadece tabiatı değil, kişiyi de belirtmektedir. Bu durumda, prosopon fizik, gerçekte, **cevher**den, **tabiat**tan, hypostase'dan ayrılmayarak kişi anlamındadır[32]. İskenderiye'de ise, **prosopon birlik**, aksine, sadece ahlaki kişilik anlamına gelmektedir. Bu enerji yoruma tabi olarak[33], Nestorius'un sistemi St. Cyrille'in sistemine terstir. Böylece bunların arasında, görüş noktasından ve formüller açısından sadece birtakım farklar yoktur, her şey, iki doktrinin köklü muhalefetinde bulunmaktadır: Yani, bir yanda hypostatik düalizm vardır, diğer tarafta hypostatik birlik vardır[34].

---

[27] İbid, p.242.
[28] İbid, p.193-194; Le Livre d'Heraclide, p.127, 128, 132, 146, 282.
[29] Livre d'Héraclide, p.59, 194, 212, 213.
[30] Çünkü İsa-Mesih (Tanrı-İnsan) bir tek kişiliktir. Onda, Tanrısallık, insaniyetin prosoponunu kullanmakta, insaniyet de, Tanrısallığın prosoponunu kullanmaktadır. Çünkü İsa-Mesih, Allah'tır, insanda hareket etmektedir ve İsa-Mesih, insandır. Allah da hareket etmektedir. Bkz. J. Tixeront, Hist. Dogm. III, p.29.
[31] Nestorius'un kullandığı prosopon, kişiliğin oldukça müphem bir anlamına sahiptir. Bu sadece prosopon d'unionda değil; fiziki prosoponda da böyledir. Bu durumda prosopon, cevherden ve tabiattan ayrıdır. Her ikisi, tabiat anlamını ifade etmektedir. Yani, mükemmel tabiatı belirtmektedirler.
[32] M. Jugie, a.g.e. p.96.
[33] Bkz. M. Jugie, a.g.e. p.4, 91, 290.
[34] M. Jugie, a.g.e. ch. III, p.94-135.

İKİNCİ BÖLÜM
İSKENDERİYELİ AZİZ CYRİLLE[1]

I. HAYATI VE ESERLERİ
A. Kişiliği ve Karakteri

St. Cyrille, Mesihin, kişisel birliğinin geleneksel doktrinini savunan büyük kilise doktorlarından birisidir. O da Athanase gibi, Mesihin Tanrısallık dogmasını zafere ulaştıran bir misyona sahiptir. Ancak o, her şeyden önce, Origène'den sonra, Grek Kilisesinin sahip olduğu en güçlü ilahiyatçıdır. O, İncarnation doktoru'dur. Bunun için onun özellikle, doktrinini tanıtacağız. Bunun için önce, onun Kristoloji probleminin dışındaki hayatını, kişiliğini ve eserlerini ele alacağız, sonra 430 yılından beri Nestorius'a karşı giriştiği büyük savaşta, onun doktrinel aksiyonunu daha iyi tanımak için inceleyeceğiz.

St. Cyrille, Théophile'ın[2] yeğenidir. Théophile ise, İskenderiye Patriğidir. O, tarihte St. Jean Chrysostome'a karşı düşmanlığında trajik şekilde meşhur olmuştur. Téophile, 403 yılındaki CHÊNE Sinodunda onu görevden aldırmıştır. Bu konsilde, Cyrille'de bizzat bulunmuştur. Ancak onun o dönemdeki yaşı ve hangi görevi icra ettiği bilinmiyor. Ailesi, Cyrille'i itina ile yetiştirmişti ve o, İskenderiye asıllıydı. Amcasının itinalı eğitimiyle yetişmişti. Péluse'lu İsidore'un talebesi ve keşişi olması şüphelidir. Ancak ona göndereceği oldukça canlı dört mektubunda ona karşı gösterdiği tavrı da başka türlü açıklamak mümkün değildir.

Théophile, 412 yılında ölmüştür. Cyrille, onun halefi olarak kabul edilmiştir. Hâlbuki amcasının yeğenine karşı şiddetli baskısı olmuştu. Cyrille,

---

[1] P.G. 68-77; Tillemont, Mémoires, t. XIV, (1709), p.267-676, 747-795; Hefele-Leclercq, Histoire des Conciles, t.III, p.219-422; Fesler-Jungman, İnstitutionnes, II, p.13-87; J. Mahé, Cyrille d'Alexandrie, dans Dict. théol, 2476-2527; Les Anathématisme, dans. Rev. Hist. Eccl, 1906; (t. VII), p.505-542; L'Eucharistie d'Aprés S. Cyr. İbid, 1907, (t. VIII), p.677-696; La Sanctification d'après S. Cyr, İbid, 1909. (t. X), p.30-40; 469-492; A. Largent, S. Cyrille et le Concile d'Efése, dans Rev. Quest, hist, 1872, (t. XII), p.5-70; P. Batiffol, L'Eucharistie, p.454-480, Or. Chrét, 1910, (t. XV), p.365-391; 1911, (t. XVI), 1-54.

[2] I. cildin ilgili bölümüne bakılmalıdır.

girişken ve savaşçı bir karakterdi. O, buyurgandı, katıydı. Bu, aileden mirastı. Fakat amcasıyla uzun beraberliği, bunları geliştirmişti. Bütün Mısır kiliselerinin tartışmasız şefi olan Cyrille[3], haklarından feragat etmeyen ve kanaatlerine ters düşenlerle savaştan çekinmeyen birisiydi. Yaşı, tecrübesi, inayeti, bu taşkın güce, bir gün müşahede edilecek yararlı bir zıtlık veriyordu. Ancak iman, tehdide maruz kalmadığında bu hırçın İskenderiyeli, rakip bir ekolün temsilcilerine, dostlarının muhalefetine rağmen katılmakta dostları da onu, zayıflıkla ve hatta ihanetle suçlamaktaydılar.

St. Cyrille'in en belirgin karakteri enerjisiydi. O, bunu piskoposluğunun başından beri, **Yahudilere** ve **Novatienlere** karşı göstermişti. Novatienlere karşı oldukça sempatiye sahip olan **Socrate**, onu vali Oreste ile mücadelesinde, içgüdüsel olarak şiddete yatkın olarak göstererek ve yeni Eflatuncu filozof olan Hypatie'nin meşhur inayetine yabancı olmadığını ima ederek, Cyrille'den intikam almıştı. Hypatie, Oreste'in arkadaşıydı ve İskenderiye'de oldukça etkiliydi. Socrate tarafından anlatılan bu hikâyeler bir düşmanın tanıklarıydı ve özellikle İstanbul'daki İskenderiyelilere olan tabii düşmanlığı belirtiyordu. Denildiğine göre 417 yılına doğru St. Cyrille, geçmiş hatalarından dönerek, St. Jean Chrysostome'un hatırasını güdenlerle barışmış ve onun ismini İskenderiyelilerin tablosuna yeniden koymuştu. Ancak bu, kesin tarihsel verilere dayalı bir sonuçtan ziyade bir varsayımdı.

St. Cyrille'in edebi eseri, onun karakterini bize daha iyi anlamamıza yardım edecektir. Bu eser, Doğu Patristik edebiyatının en önemli eserlerinden birisidir ve verimli düşüncelere sahiptir. Böylece, St. Athanase'ın değerli halefi, sadece bir aksiyon adamı değil, verimli bir yazardır ve ilk sırada bir düşünürdür. Cyrille'in hayatında tartışmalar, çok önemli bir yer tutmaktadır. Bu türde o, bir üstaddır, onun üslubu buna tanıktır. O, bu konuda katıdır, açıktır. Oysa diğer yazılarında ona, dağınık, uzatıcı ve renksiz sitemleri yapılabilmektedir. Bu eserde belirtilmesi gereken bir başka karakter ise, Mesihin işgal ettiği önemli yerdir. Hatta bu, Nestorien tartışmalarından da öncedir. Bunun için Tanrı-İnsan, Cyrille'in düşüncesinin merkezini oluşturmaktadır ve bu konuda geleneksel imanı savunmaya başlangıçtan beri hazırlanmıştır. Bu tartışmalar, Mesih konusunda bilgi vermek değil; daha çok

---

[3] Bu tarihçilerin ona verdikleri Firavun ünvanı, büyük patriğin gücünü ve onun karakterinin mutlaklığını göstermektedir.

onun sahip olduğu bilgiyi bu doktrinel mücadelede göstermektir. Çünkü onun hedefi, İsa'nın bedenleşme gerçeğiydi.

B. Edebi Eserleri

Biz burada onun Apolojetik ve tartışma yazılarını ayıracağız. Bunlar, temelde dogmatiktirler. Diğerlerinin büyük çoğunluğu Kutsal-Ruhla ilgilidir:

1. Polemik ve dogmatik eserler: Bu kısımda en değişik ve en tanınmış edebi bir miras vardır. Onun mücadele ettiği hetérodoks gruplar şunlardır:

a. Putperestler, b. Arienler, c. Apollinaristler, d. Nestorienler. Yahudilerle ve Novatienlerle mücadelesini daha önce zikretmiştik.

b. **Le Contra Julianum İmperatorem:** Bu büyük bir reddiyedir ve otuz kitaptır. Julien l'Apostat'ın üç kitabına yazılan reddiyedir. "Contre les Evangiles et Contre les Chrétiens"[4]. Bu eser, 433 yılında yazılmış ve imparator Théodose II.'ye takdim edilmiştir. Ancak büyük oranda kaybolmuştur. Ondan sadece ilk on kitap kalmıştır[5]. Yazar, burada Grek efsanelerine karşı İncil'in yüksekliğini göstermiştir. Hıristiyanlığın, bozulmuş bir Yahudilik olmadığını ve İbrahim'e vaat edilen gerçek bir miras olduğunu ispat etmektedir.

c. **Contra Les Ariens:** Bu müşterek isim altında **"De Sancta et Consubstantialı"**. St. Cyrille, Kristolojik kavgalardan önce, şu iki önemli eseri bırakmıştır: Thesaurus-Dialogue.

1. **Thesaurus**[6]: 35 tezin bir derlemesidir. O, Teslisle ilgili geleneksel doktrini açıklamaktadır. Yazar bu eserde, Kapadokyalılardan, Epiphane'dan ve özellikle Athanase'dan ilham almaktadır.

2. **Dialogue**[7]: Bu eser, Hermiasla yazar arasında yedi konuşmayı takdim etmektedir. Burada oğulun ve Kutsal-Ruhun Baba ile olan Tanrısallığı işlenmektedir.

d. Les Apollinaristes Liber Contra Synousiastas'dan alınmış parçalardır. (Ancak bundan birtakım parçalar kalmıştır)[8]. Anthro Pomorphite'lere gelince, onlarla Cyrille'in nasıl mücadele ettiği bilinmemektedir[9].

---

4   P. Allard, Julien, Apostat, II, 107-123. Julien'in bu eseri kaybolmuştur. Ancak St. Cyrille, nakillerle kitabı, büyük oranda yeniden ortaya koymuştur.
5   P.G. 76, 503-1064.
6   P.G. 75, 9-656.
7   P.G. 75, 657-1124 (Latince).
8   P.G. 76, 1427-1438.
9   P.G. 75-77.

e. 429 yılından itibaren Cyrille'in, özellikle Nestorianisme dikkatini çekmiştir. Bundan on üç parça kalmıştır. Bunlardan ileride kristolojik tartışmalar ve doktrinler bölümünde bahsedilecektir. Orada tam bilgi verilecektir. Bunları, üç sınıfta gruplandıracağız[10]:

İlk tartışma eserleri şunlardır: 1. Scholia de İncarnatione Unigeniti, 2. De Recta Fide ad Theodasium İmp. 3. De Recta Fide ad Principissas, 4. De Recta Fide ad Augustas, 5. Adversus Nestorii Blasphemias.

İskenderiye ve Efes konsilleri vesilesiyle yazılan yazılar:

1. Les Anathématisme, 2. Apologeticus Contra Orientales, 3. Apologeticus Contra Theodoretum, 4. Explicatio Duodecim Capitum, 5. Apologeticus ad Theodosium.

Daha sonraki yazılar: 1. Quod Unus Sit Christus, 2. Quod B. Maria Sit Deipara, 3. Contra Theodoretum et Diodorum.

Cyrille'in mektupları da büyük oranda Nestorienne tartışmasıyla ilgilidir[11]. Bu mektuplar, seksen sekiz parçadır. Son mektubu ayırmak gerekir. (Hypatie'nin Cyrille'e yazdığı mektuptur. Ancak bu sahtedir) sekseninci mektup ve on yedinci mektup piskoposun haberleşmelerini teşkil etmektedir. Diğer 69 mektup, Cyrille'indir[12].

Bu mektupların tarihi ve doktrinel olarak çok büyük bir önemi vardır. Özellikle, kristolojiyle ilgili olarak. Bu konuda özellikle, birinci mektup (keşişlere yazılan İnsan-Tanrı ve Bakire), dördüncü mektup (Nestoriusa yazılmıştır. Efeste kabul edilen İznik sembolü tefsir edilmiştir.), on ikinci mektup, (Nestorius'a yazılmıştır. Anathématismes konularını işlemektedir.) otuz dokuzuncu mektup[13] (Antakyalı Jean'a yazılmıştır. Bu mektup, 433 birlik formülünü ihtiva etmektedir.) Kırkıncı mektup (Méliléneli Acace'e yazılmıştır. Bu mektup, birlikten bahsetmekte ve cevheri açıklamaktadır.), kırk beşinci mektup ve kırk altıncı mektup (Aynı formülleri açıklamaktadır.), elli beşinci mektup (İznik sembolünü tefsir etmektedir ve Arienlere, Apollinaristlere, Nestorienlere karşıdır.).

---

[10] P.G. 75-77.
[11] Birçok dogmatik yazı, yanlış olarak Cyrille'e atfedilmiştir. Bkz. P.G. 75, 1147-1190; P.G. 75, 1419-1478, P.G. 75, 1413-1420, P.G. 76, 247-256.
[12] P.G. 77, 9-390.
[13] 4, 17, 39 mektuplar, Epistolaetres Oeumenicae ismiyle Pusey tarafından 1872'de neşredilmiştir.

2. Polemik olmayan eserler: Bunlar kutsal yazılar karakterine sahiptirler ve şu şekil altında görünürler:

a. Eserler, b. Tefsirler, c. Dini bilgiler.

a. Tefsir eserleri: Bunlar, De Adoratione'in Spiritute et Veritate ve Glaphura in Pentateuchum'dur.

1. **De Adoratione'da**[14], St. Cyrille, Yasa'nın ve peygamberlerin kaldırılmadığını fakat olgunlaştıklarını göstermiştir. Çünkü Yahudiler tarafından icra edilen dini rükünler, Hıristiyanlar tarafından da Allah'ı tebcilde devam ettirilmiştir. Yahudilere ait olan müşahedeler, Hıristiyan kültünün gölgesiydiler[15]. Eski Yahudi dini tavsiyelerine dayanarak, Hıristiyanlara o, kilise doktrinini, günahtan kaçınma konusunda öğretmektedir (1. Kitap). Mesih-teki doğrulama (2-3), onların ahlaki sonuçları (4-5) Allah ve komşu sevgisi (6-8), kilise ve kutsama (9-13), Allah'a yapılan spiritüel tapınma (14-16) ve 17 kitap, bayramların, semavi sevinçlerin damak tadı olduğunu bize göstermektedir.

2. **Glaphyres**[16]: Bu kitabın hedefi, Musa'nın kitabında bulunan Mesih figürlerini araştırmaktır. Bunun için yazar, burada pentatekteki kendisine görünen sırlardan birini sunmaktadır. **Tekvinde** bulunan Âdem, Habil, Nuh, İbrahim, Melchisédech, İshak, Yakup ve Oğulları gibi. **Çıkışta** ateş ağacı, paskalya konusu, Menn gibi. **Levililer**'de bulunan insanların takdisi ve kaprisini belirten tavsiyeler gibi. **Sayılar**daki Kenan'daki aydınlatıcılar, kırmızı inek, yüzsüz yılan gibi. **Deutéronome**'da Boğazlanan düve (Böl: 21), esir kadın, sıcak taş (Böl: 27), Josué'nin seçilişi (Böl: 31) gibi.

b. Tefsirler: Bunlar, Kutsal yazıların tefsiridir. Parçaların dışında[17], bu diziden Eski Ahit üzerinde (Krallar, Mezmurlar, Atasözleri, İlâhiler, Yeremya, Baruh, Ezikel, Daniel) veya (Matta, Luka, Markos, Romalılara Mektup) Yeni Ahit üzerinde, İşaya[18], Küçü Nebiler [19] ve Yuhanna üzerinde[20] oldukça çok

---

[14] P.G. 68, 133-1126 (On yedi kitaptır).
[15] J. Mahé, a.g.e. col. 2484.
[16] P.G. 69, 13-678. Glaphyre kelimesi burada, güzel geçiş anlamındadır. Yani, pentatek üzerinde seçilmiş geçiş anlamınadır.
[17] P.G. 69, 679-1294; 70, 1451-1462; 74, 757-1023.
[18] P.G. 70, 9-1450.
[19] P.G. 71, 9-1062; 72, 9-364.
[20] P.G. 73 ve 74, 9-756. Bu on kitaptır. Ancak sadece parçalar kalmıştır.

yorum vardır. Bu tefsirlerde, önceki yazılardan daha çok, eski yasanın, sadece yeni yasaya bir hazırlığın, olduğunu göstermektedir.

Yuhanna İncili üzerindeki güzel tefsiri, Cyrille'in eserlerinden birisidir ve onun doktrinel otoritesinin tesisine en çok katkı sağlayandır. Bu eser, Nestorienne tartışmasından öncedir[21] ve Teslis sırlarının derinliğini göstermektedir. O, Teslis konusunda, Arienleri reddetmektedir ve aynı zamanda bütün Hıristiyan yaşamını bu ilkelere dayandırmak konusunda endişeli olduğunu da düşünmektedir[22]. I. Kitaptan itibaren Yuhanna'nın girişindeki oğulun Baba ile aynı cevherden olduğunu göstermekte, ikinci kitapta, oğulla-Baba'nın eşitliğini göstermekte ve diğer kitaplarda (3, 9, 10, 12) bu konuya yeniden gelmektedir. XI. Kitapta, özellikle Kutsal-Ruhun Tanrılığını göstermektedir. Yine burada IV. Kitaptaki Evharistiya konusundaki parlak açıklamayı da belirtelim. V. kitapta Ruhlardaki, Kutsal-Ruhun ikametini belirtmektedir. Böyle bir eserin yazarı, Augustin'in aynı İncil konusundaki tefsiri ile kıyaslanabilir. Bu eser, Tanrı-İnsanla birliği savunmaya yönelik, hazırlanmıştır. Bu konu, Tanrısal görünüm altındaki bedenleşmeyi, Allah'ın oğlunun kişiliği ışığında ortaya konmaktadır.

C. Cyrille'in Dini Bilgileri (Homélies): Bunlar çoktur[23]. Ancak büyük oranda kaybolmuştur. Sadece iki seri ve farklı kalıntılar kalmıştır[24].

1. Luka Üzerine Yazılanlar: Bunların sayısı 156'dır. Süryanice muhafaza edilmiştir[25]. Burada teolojiden çok az bahsedilmektedir ve daha çok dinleyicilere pratik bir istikamet gösterilmektedir. Bu eser 429'dan sonra yazılmıştır.

2. Paskalya Üzerine Yazılanlar[26]: Bunların sayısı 29'dur[27]. Bunlar St. Cyrille tarafından dostlarına, Caréme ve Paskalya vesilesiyle yazılan pastoral yazılardır. Tarihi belirtmeden önce Cyrille, Hıristiyanları tövbeye davet etmekte, hatalarından temizlenmeye, kurtuluşun meyvelerine bolca iştirake davet etmektedir. Bu vesileyle, doktrinini hatırlatmaktadır. Bu konu onu bu büyük sırrı uzlaştıracak böyle bir hataya işarete götürmektedir. Böylece 420

---

[21] J. Mahé, dans Bull. Litt. Eccl. 1907, p.41-45.
[22] Bu konuda bkz. Thesaurus.
[23] Bkz. Gennadius, De Viris, III, 57.
[24] R. Payne Smith, Oxford, 1858, İngilizceye çeviri, 1859; Corp. Or. Sect. IV, t.I, 1912, Yunanca parçalar için: P.G. 72, 475-950.
[25] P.G. 77, 401-982.
[26] Cyrille, ilk mektubu, 414 ve 415'de, 416 yılında yazmıştır.
[27] Hom. Pasc, 8.

yılından itibaren o, Mesihi ikiye bölenlere ve Mesihi ahlaki birlikle ahlaki birlik vasıtasıyla insani kelimede birleştirmek isteyenlere karşı reaksiyon göstermektedir[28]. Bu doğrudan Antakyalılara karşı bir imâ idi. 429 yılında bu doktrin orada açıktı ve Cyrille, Meryem'i "Rabbin Annesi ve Tanrının Annesi"[29] terimiyle belirtiyordu. İşte bu Nestorienne tartışmasının başlangıcıydı. Ancak Nestorius burada zikredilmemiştir.

3. Efes denilen Yedi Dini Bilgi (Homelies)[30]: Bunlar, konsil esnasında vaaz edilmişlerdir, Antikitede oldukça meşhurdurlar. Özellikle 4. cüsü 23 ve 24 Haziran'da söylenmiştir. Bunlar Meryem'e bol miktarda övgücü ünvanlar vermektedirler. Farklı konularda yedi vaazı ve birkaç konuşma parçasını da bu seriye ilave etmek mümkündür[31].

II. ST. CYRİLLE VE NESTORİENNE TARTIŞMASI
A. Konsil Öncesi

428 yılının sonunda Nestorius, **Théotokos** terimine karşı pozisyonunu göstermişti. 429 yılının başından itibaren, St. Cyrille, 17. Homélie'de, mensuplarını bu yeni hataya karşı uyarmaya başlamıştı. Onun keşişlere yazdığı mektubu oldukça kategorikti[32]. Öyleki, Nestorius belirtilmemişti ancak net olarak hissedilmişti ve öfkesini ona göstermişti. Yine de Cyrille, onu, Ortodoksluğa getirmek için iki mektup daha yazmıştır. Ancak cevap alamamıştır. Burada İskenderiye ile İstanbul arasında bir gerginliğin olduğunu da hatırlatmak gerekmektedir. Her iki şehirde birbirine karşı intikam ve hakaratle doluydu. Tixeront'un[33] dediğine göre, bu durum ortaya konulan problemlerin dostça ve açık bir tartışmayla ortaya konmasını imkânsız hale getiriyordu. Yine de bazı tarihçilerle birlikte, St. Cyrille'in gidişatının bu sebeplerle açıklanması doğru değildir. O, ilk bakışta tamamı Hıristiyanlıkla ilgili soruların önemini anlayacak kadar ilahiyatçıydı. Muvaffakiyetten ümitsiz olduğunda, otoriteyle hareket etmeye karar veren bir Ortodoksluk gayreti gösteriyordu.

---

[28] Hom. Pasc, 17.
[29] Hom. Pasc, 17.
[30] P.G. 77. 981-1116= Homiliae Diversac, 1, 2, 4, 5, 6, 7, 8, Homelilerdir. La II. Economicum in Sanctam Mariam Deiparam, VII-IX. eserlerdir. 4. Homelie taklit edilmiştir.
[31] P.G. 77, 981-1116. Bunlar Homelie Diversae ünvanı altında toplanmışlardır.
[32] J. Mahé, a.g.e. col. 2478.
[33] Hist. Dogm. III. P.37.

O, önce Nestorius'un fikrinin, talabeleri arasında yayılmasını 429 yılında yazdığı **"Scholia de İncarnatione Unigenti"**[34]de bedenleşmenin geleneksel doktrinini açıklayarak engellemeye gayret etmiştir. Bu konuyu, belirten kararlılıkla, sarayın, yazdığı üç yazıyla bu yeni fikre karşı dikkatli olmasını istemişti. Bu yazı, "De Recta Fide"[35] idi ve ard arda 430 yılında birisi imparator Théodose II.'ye (408-450), diğeri Genç Prensler olan Arcadie ve Mariné'ye ve üçüncüsü de imparatoriçe Pulchérie'ye (Théodose'un büyük kız kardeşi) ve karısı Eudoxie'ye göndermişti. Yine aynı yıl, itizalcilerin yayımladığı bir vaaz derlemesine yazdığı beş kitapla cevap vermiştir. Bu eserin adı Contre Les Blasphemes de Nestorius'du[36].

Diğer yandan Nestorius da pasif kalmamıştır. Kendisine güçlü bir hâmi bulmak için 429 yılından itibaren Papa Célestin I'e (422-432) mektuplar göndermiştir. Mektuplarının birinde kendisini haklı çıkaracak bir konsil toplamasını istemiştir. Ancak Papa, bu konuda İstanbul'dan bilgi almakla yetinmişti. Yine aynı yılın ortalarına doğru İskenderiye'den bilgi istemişti. St. Cyrille, Papaya verilecek cevabı yaklaşık bir yıl bekletmiştir[37]. 430 yılının ilkbaharında cevap vermesinin zamanının geldiğine karar vererek, "kiliselerin eski âdetinin, iman hedef alındığında uyarmayı emrettiğini"[38] belirterek Papaya yazmıştı. Cyrille, bu mektuba, tartışmaları ve yazdığı yazıları da eklemişti. 430 yılında Batılı piskoposlardan oluşan bir Roma Sinodunda Papa, Nestorius'un doktrinini mahkûm etmiş ve 11 Ağustos'ta, Doğu için dört mektubu imzalamıştır. Bu mektuplardan birisi, Nestirus'a, ikincisi İstanbul kilisesine, üçüncüsü Antakyalı Jean'a, dördüncüsü de St. Cyrille'e hitap ediyordu. Cyrille, Papanın adına bu Roma kararını icra etmekle görevlendirilmiştir[39].

Bu mektubu alınca Cyrille, 430 yılının ekim ayında, İskenderiye'de Mısırlı piskoposlarla bir konsil toplamıştı. Sonuçta hazırlanan Sinod mektubu[40], Nestorius'a gönderilmiştir. Meşhur olarak kalmış olan on iki konu ile bu mektup

---

[34] P.G. 75, 1369-1412.
[35] P.G. 76, 1132-1200; 1336-1420.
[36] P.G. 76, 9-248.
[37] J. Mahé, a.g.e. col. 2479.
[38] Epist II. Bkz. Mansi, Concil, t. IV, col. 1011.
[39] Papa Célestin, Cyrille'e şöyle diyordu: "Bizim makamımızın otoritesi, size ulaşmıştır. Siz bizim bu kararımızı sert bir şekilde, bizim yerimize kullanacaksınız." İbid, 1019. Bütün konsil dokümanları için bkz: Mansi, conc. T. IV, col. 567; M. Jugie, Ephèse, dans Dict. Théol. Col. 137-163.
[40] Epist, 17; J. Tixeront, Hist. Dogm, III, 41-42.

tamamlanıyordu ve itizalin bütün örtülerini kaldırıyordu. Maalesef bu formüller, onların yazarlarının içgüdülerine tanıklık ederek, birçok ters anlamalara yol açmıştır. Bu içgüdüler, sadece bir dizi açıklamalara değil, Papanın istemediği teferruata da sevk etmiştir. Fakat bunlar, Antakya'daki eğitimi şoke edecek birtakım terimlerle, dogmayı açıklıyorlardı. Meselâ, Hypostase kelimesi orada daha çok kişi anlamına geliyordu. Hâlbuki Antakya'da tabiatın bir sinonimi olarak kullanılıyordu. Aynı ifade, Apollinaristlerle mücadeleye alışmış olan ilahiyatçılar, tabiatların birleşimi anlamında kullanmışlar ve "Gerçek birleşme"de cevhersel anlamında kullanmamışlardır[41]. Cyrille buna, ahlaki birliğe muhalefet anlamı vermektedir.

Nestorius, Antakyalı Jean'ın ve Théodoret'in tavsiyeleri üzerine, Papaya uzlaştırıcı bir cevap vermiştir: Ancak konsille ilgili istediğini devam ettirmiştir. İskenderiyelilerin cevabını alınca, Cyrille'in, Apollinarist olduğuna inanmış ve ona **"On iki anti-anathématismes"**le cevap vermiştir. Doğulular (Antakyalı Jean, Théodoret, Samosateli André) şiddetle Cyrille'e karşı cephe almışlardır. St. Cyrille ise, yazdığı çift Apolojiyle, Apollinarisme'i reddediyordu. Bu apolojiler şunlardı: **Contre Les Orientaux**[42], **Contre Theodoret**[43]. Ancak, o da yanlış anlamaları yok edememişti.

B. Efes Konsili (431)

Bu konsil, genel konsil olarak ilan edilmiştir. İmparator Théodos II, 430 Kasım'ında Efes'te, 7 Haziran 431 tarihinde Pentecote için bir konsil toplama insiyatifinde bulunmuştu[44]. St. Cyrille'e gönderilen mektup, birkaç nüansı ihtiva ediyordu[45]. Cyrille, Papadan bazı bilgiler talep etmişti. Papa ona, konsili kabul ettiğini ve orada Nestorius aleyhine çalışacağını, geçici olarak askıya alınan mahkûmiyetlerin, ancak reddedilince başarılı olacağını bildirmişti. Papa, konsile üç özel delege göndermişti[46]. Bunlar Cyrille ile birleşmişler ve konsilde tartışmacı olarak değil; hakem olarak bulanacaklardı. Papa Célestin I'in, konsile yazdığı mektup, açık olarak Roma'nın önceliğini

---

[41] Personne, tam bir cevherdir, tam bir tabiattır. Buradaki birleşme fiziki birleşmedir.
[42] Apologeticus Pro 12 Capitulis Contra Orientales, P.G. 76, 315-386.
[43] Apologeticus Contra Theodoretum, P.G. 76, 385-452.
[44] Diğer konsillerde olduğu gibi burada da, Papa'nın bu konsile iştiraki ve tasvibi, toplanan piskoposlara otoritelerini temin ediyordu ve konsilin formel gerçek davetini sağlıyordu.
[45] St. Augustin, özel bir davet konusu olmuştu. Mansi, IV, 1208. Çünkü onun âni olarak 28 Ağustos'taki ölümü, İstanbul'da henüz bilinmiyordu.
[46] Arcadius ve Projectus, Roma'yı temsil ediyorlardı. Rahip Philippe ise şahsen Papayı temsil ediyordu ve onun adına konuşacaktı.

belirtiyordu ve Nestorius'a karşı, Papalık kararına itaatin gerekliliğini ortaya koyuyordu.

Efes Konsili, 7 Haziran 431'de toplanacaktı. Ancak bu tarihte, Antakyalı Jean ve Papa'nın delegeleri henüz ortada yoktu. Onların gelişini beklerken St. Cyrille, 159 piskoposla ve Kartaca'dan bir piskopos temsilcisiyle oturumu açmıştı. Cyrille, önceki yıl, Roma delegasyonuyla ve 68 piskoposla Nestorius'a karşı[47] alınan görüşe rağmen, Antakyalı Jean'ın beyanatıyla, daha çok beklemeksizin çalışmalara başlamaya kanaat getirmişti[48].

Birinci oturumdan itibaren (22 Haziran) imparatorluk komiserlerinin protestolarına ve Nestarius'un reddine rağmen; toplantıda, İznik Credo'sunun okunmasından sonra tartışma üzerindeki ilk belgelerin değerlendirilmesine geçilmişti. (Cyrille'in[49], Nestorius'un ve Papa'nın mektupları). Ayrıca Nestorius'un doktrinine zıt olan pederlerin muhtelif pasajları dinlenmişti. Nihayet yenilikçi Nestorius'a karşı yaşama hakkı çabası boşa gitmişti ve ona karşı aforoz ve azletme kararı, 318 piskoposun ve 160 rahibin imzasıyla ilan edilmişti. Konsil kararı şu kelimelerle başlıyordu: "Roma piskoposu, çok aziz ve meslektaşımız Célestin'in mektupları ve yasa ile ivedilikle..."[50] Bu haber Efes kentinde heyecanla karşılanmıştı. Zaten orada, théotokos=Tanrı Annesi doktrini, oldukça popülerdi. Bu doktrin, piskopos Memnon tarafından hararetle savunulmuştu. Çünkü o, Cyrille'in en hararetli danışmanlarından birisiydi.

Nestorius bu mahkûmiyeti, dört piskoposun da imzaladığı bir protesto mektubuyla saraya gönderdiği bir mektupla protesto etmişti. 26 Haziran'da, Antakyalı Jean, yardımcılarıyla gelmişti. O, toplanan 43 protestocu piskoposla birleşmişti. Protestocular, Cyrille'i mahkûm etmişler ve bütün Efes konsili üyelerini Apollinarist olarak ilân etmişlerdi. Daha sonra imparatora bir rapor göndermişlerdi. Ancak imparator önceden ajanları tarafından bunu öğrenmişti ve muhaliflere tolerans göstermişti.

Papa'nın delegeleri de Kosile, gelmişlerdi ve Cyrille 10 Haziran'da imparatorun emirlerine rağmen, ikinci genel oturumu başlatmıştı. Bu oturum da

---

[47] Roma'nın delege göndermesine rağmen S. Cyrille, Roma delegesine güvenmeye devam etmiştir. Konsilde de böyle davranmıştır. Roma'dan gelen delegeler de, ondan ayrılmama emrine sahiplerdi.
[48] Konsil raporlarına göre, (Mansi, IV, 1342), iki piskopos, Jean'ın beyanatını getirmişlerdi. Ancak bu piskoposlar, konsilin hemen açılışına muhalefet etmişlerdi. Fakat bu, onların ilk beyanatlarının geçersizliğine işaret etmiyordu.
[49] 17. mektup (3.cü Nestorius'a) gönderilmişti ve belli konuları içeriyordu.
[50] Mansi, Concil, IV, 1211.

Papa Célestin'in mektubu, kararlılıkla okunmuştu. O, mektupta, konsilin, Nestorius'a karşı Roma kararını resmen ilan etmesini istiyordu. Konsil babaları bunu şöyle diyerek karşılamışlardı: İşte gerçek yargı, yeni Paul Célestin'in inayet aksiyonundan, yeni Paul Cyrille'in imanın bekçisi olan Célestin'e"[51]. Roma delegeleri, konsilin birinci oturumunun bilgisini, onu tasdik için istemişlerdi[52]. Bu dokümanlar, onlara üçüncü oturumda ulaştırılmıştı. Onlar da bunları imzalamışlardı. Üçüncü oturumda Papanın temsilcisi Philippe, Pierre üzerine oturmuş olan Roma prensiplerinden oldukça mutlu terimlerle konuşmuştu ki bu prensipler, Pierre'ın haleflerinde yaşamıştır ve egemen olmuştur[53]. Bu ifadeler, toplantıda hiçbir muhalefetle karşılaşmamıştı. Konsile katılan bütün babalar, konsili benimsemişlerdi[54], bunu konsil tutanakları göstermektedir. Nestorius ise, kendi doktrinini, konsil kararlarını reddederek tasvip etmeye devam etmiştir[55].

Konsil, temmuz ayı boyunca dört ayrı oturum daha yapmıştı. IV-VII. oturumlar, Antakyalı Jean'ın ve bazı doğuluların katılımları için boşuna uğraşılmıştı. Sonunda VII. oturumda ve son oturumda bunlarda aforoz edilmişlerdi. Bu oturumda, altı kanun yürürlüğe sokulmuştu. Özellikle bunların şu ikisi çok önemlidir: 1. Pélagienlere karşı, 2. Nestorienlere ve Pélagienlere karşı çıkarılan yasalar[56]. VI. oturumda alınan bir karar, İznik formüllerinin haricindeki iman formüllerinin yazılmasını ve dağıtılmasını yasaklıyordu[57]. Yani özel şahısların ve piskoposların başka iman formülü yazmalarını yasaklıyordu. Ancak bu karar, kilisenin yüce otoritesini veya bir konsilin otoritesini bağlamıyordu. Nitekim bu konsilden yirmi yıl sonra toplanan Kadıköy konsili (451) yeni bir iman formülü ortaya koymuştur[58]. S. Cyrille,

---

[51] İbid, IV, 1287.
[52] İbid, IV, 1289.
[53] Havarilerin prensi ve şefi olan Pierre'ın, imanın direği olmasında hiç şüphe yoktu. O, Katolik kilisesinin temelidir. O, İsa-Mesihi, beşeriyetin kurtarıcısı, krallığın anahtarları olarak, hem şimdi hem de daima, haleflerinde o yaşamaktadır. Mansi, Conc. IV, 1296, Denzinger-B, 112; Bkz. M. Jugie, a.g.e. p.155-158.
[54] Ancak bu sözlerde bir konsil tarifi bulunmamaktadır.
[55] M. Jugie, Nestorius, p.294-303.
[56] Bkz. Denzinger-B, Ench. 126, 127 (Can. 1, 4).
[57] İbid, n.125; M. Jugie, Ephèse, col. 148-152.
[58] Bu, Efes konsili adına, Filioque kelimesinin, iman sembolüne ilave edilmesini daha sonra reddedenleri mahkûm ediyordu. İtizal grupları bu Efes yasasını yanlış anlayarak, açıkça yeni formülleri mahkûm ediyorlardı. Kadıköy konsilinde şu karar alınmıştır: "Yasa, günahkârların günahını, yargıçların yetkilerinden mahrum bırakmadan, yasaklamaktadır." Mansi, VII, 464. cf. İbid, 456-457.

konsilin bütün oturumlarının ruhu olmuştu. O, aynı zamanda vaazlarıyla da dışarda oldukça etkili olmuştu. Onun vaaz metni muhafaza edilmiştir[59].

"Her şeye rağmen Nestorius grubu, saraya etki etmişti. 431 yılında imparatorluğun emriyle, S. Cyrille ve Efes piskoposu Memnon hapse atılmıştı. Üç ay hapiste kalmıştı ve orada, ele aldığı konuların yeni bir açıklamasını kaleme almıştı: Explicatio 12 Capitum[60]. Diğer yandan Cyrille'in arkadaşları, imparatoru bilgilendirerek Cyrille, ekim ayında hürriyetine kavuşmuştu. İmparator da Nestorius'un mahkûmiyetini kabul ederek, onun makamına bir başkasını tayin etmiş ve Nestorius'un yazılarını yasaklamıştı. Cyrille, Ekim ayı sonunda İskenderiye'ye dönmüştü. Döner dönmez, kendisini imparatorun nezdinde haklı göstermeye gayret ederek kendisine isnat edilen bütün ithamlar için Apologie á Théodose'u yazmıştır[61].

C. Konsil Sonrası

Efes konsili sonrasında Doğulular, daima Nestorius'un mahkûmiyetini reddederek onun temel konularını tasvip etmişlerdir. Bu tutumlarını üç yıl devam ettirmişlerdir. 433 yılında, Papa'nın ve imparatorun müdahalesiyle, en azından Antakyalı Jean ve Doğulu önemli bir grupla S. Cyrille'in ve Mısırlıların arasını uzlaştıran bir formül bulunmuştu. Bu birlik formülüne,[62] bazen **"Efes Sembolü"**de denmiştir. Büyük bir bölünmeden sakınmak için Cyrille, en büyük tavizi vermiştir: Böylece Cyrille, cevher-personne-hypostase-tabiat kelimelerini, sadece açıklamalarla kabul ediyordu. Böylece o, Nestorius'un mahkûmiyetini tanıdığı gibi, doktrinel alanda da önemli bir durum elde ediyordu: Tanrı-insan birleşmesinin ahlaki olduğunu reddederek, cevhersel birliği kabul ediyordu. Yine deyimlerin iletişimini de benimsiyordu. Ancak, Antakyalı Jean'la olan bu uzlaşma, Cyrille'in bütün sıkıntılarına son vermemiştir. Doğuda kısaca Suriye'de birçok piskopos, Apollinaristliğe devam ediyorlardı. Bunlar, Ilımlı Théodoret gibilerinin Ortodoksluğunu kabul ediyorlardı ve Nestorius'un mahkûmiyetini de reddediyorlardı.

Mısır'da ise Cyrille, ters bir muhalefetle karşılaşmıştı. O, zayıflıkla itham ediliyordu. Yine o, Efes'te belirtilen imanı feda ederek Doğululara aşırı ta-

---

[59] Önceki sayfalara bakılmalıdır.
[60] P.G. 76, 295-312.
[61] P.G. 76, 455-488.
[62] Bu formül, Antakyalı Jean'ın, Cyrille'e yazdığı mektupta vardır: (Epist. cyr, 38) ve onun cevabında (Epist, 39). Bkz. J. Mahé, op. cit. 2481-2483 ve 2511-2515.

vizler vermekle itham ediliyordu. Böylece o, dostlarına karşı bile kendisini savunma zorunda kalmıştı. Meselâ, St. İsidore de Péluse bunlardan birisiydi[63]. Onun dostlarından bazıları, temelde gerçek monofizittiler. St. Cyrille'in bu dönemdeki her mektubu, onun temel konularını feda etmemeyi hedefliyordu. Bu dönemde, imanını doğrulamak için, kendisine itham edilen enerjik bir formülü kullanmıştır[64].

Ortodoksluğun zaferi için yorulmaz bir gayretle St. Cyrille, 433'den sonra sadece mektupla yetinmemiştir ve birçok da eser yazmıştır:

1. Quod Unus es Christus[65]: Bu teolojik bir diyalogdur. Mesihin, insani ve Tanrısallık gibi çift yönünü açıklamakta ve Mesihteki tabiatların ayrılmazlığını göstermektedir. Bu tıpkı, bir insanda birleşmiş olan beden ve ruh gibidir.

2. Adversus Nolentes Confiteri Sanetam Virginem Esse Deiparem[66]: Bu risale, Meryem'e tahsis edilen "Tanrı Annesi" unvanıyla ilgili İncil metinlerini bir araya getirmektedir.

3. Contra Theodorum et Diodorum[67]: Bu yazılar, Suriye'deki Nestorius taraftarlarının, itizali yazıları yayamadıkları, Diodore de Tanse'ın ve Théodore de Mofsueste'nin yazılarını yaydıkları döneme kadar çıkmaktadır. St. Cyrille'e göre, bu yazılar, Nestorius'unkinden daha zararlıydılar. St. Cyrille, Urfa piskoposu Rabulas'ın tahrikiyle, bu iki yazarın kristolojik yanlışlarını hararetli şekilde ifşa etmiştir[68]. Ancak o, onları birtakım dostları gibi mahkûm etmeyi reddetmiştir.

St. Cyrille, daima Ortodoksluğun uyanık bir bekçisi olarak kalmıştır. Hatta Antakyalı St. Jean'la uzlaşma sonrasında bile, onun Nestorius taraftarları karşısında gösterdiği zafiyeti protesto etmekten çekinmemiştir. Çünkü o, açık olmayan imanı belirtmekte ve onlara zahiri saflıkla itaati kayırıyordu. Bunun için Cyrille ona, "Şayet barış arzu ediliyorsa, bunun Ortodoksluk aleyhine olmaması gerektiğini" yazarak herkesin Nestorius'u ve onun dinsizliklerini mahkûm etmeleri gerektiğini hatırlatıyordu. Jean 441

---

[63] 40, 43-46, 48-50, 54, 58. cf. Isıd, Epist. I. 324.
[64] Bu formülün izahı için ileriki sayfalara bakılmalıdır.
[65] P.G. 75, 1253-1362.
[66] P.G. 76, 255-292, P.G. 76, 247-256.
[67] P.G. 76, 1437-1452.
[68] Théodore konusundaki tartışmalar için bkz: Epist, 55, 59, 63, 64, 65, 67-74 (73, de Rabulas).

yılında ölmüştü. Cyrille'de ona müteakip 444 yılında ölmüştü. Ancak kısa bir zaman sonra, onun gerçek imanı savunmak için kullandığı formülü, Monofizitlerin kullanacağından habersizdi.

III. ST. CYRİLLE'İN DOKTRİNİ

A. Kilise Doktorluğu

St. Cyrille, Hıristiyan doktrinin tarifi konusunda en etkili otoritelerden birisidir. Tıpkı St. Athanase'ın önceki yüzyılda yaptığı gibi. Athanase, Mesihin Tanrısallığını ve onun Baba ile aynı cevherden olduğu inancını zafere ulaştırmıştı. Cyrille'de, Mesihi ikiye ayıranların hatalarını reddediyordu ve bedenleştirmeyi birleştiriyordu. O, her şeyden önce kutsal metinlere ve geleneğe dayanarak bu sırrı belirtiyordu ve böylece gerçek bir kilise doktoru oluyordu.

Yine o, bir ilahiyatçıydı. O, vahyedilmiş hakikatlar üzerinde derin tefekkürlere girişiyor, akıl yardımıyla Doğulu babaların tefekkürünü geride bırakıyordu ve Batı'da da St. Augustin hariç onun eşi yoktu. Bununla beraber onun teolojik lisanının eksikliklerini itiraf etmek gerekmektedir. Onun bu eksikliği, onun felsefesinde bir boşluk meydana getirmektedir[69]. Ancak bu onun için ikinci plandaydı, çünkü o, doktrininde akıldan çok gelenekten ilham alıyordu. Hatta bu zikredilen boşlukların bir avantajı vardı: Bunlar Cyrille'i oldukça berrak bir dil kullanmaya sevk etmiş, Nestorianisme'e bütün çıkışları kapatmıştır. İskenderiye piskoposu, Cyrille'e, Teslis tartışmalarını bitirme ve bir nevi Doğuda Ortodoks doktrininin mührü olma görevini vermişti. Aynı şeyi Batıda ölümsüz eseriyle St. Augustin yapmıştı. Yine de biz bu nokta üzerinde ısrarlı olmayacağız. Bizim için sadece kristolojik problem konusunda değil, kutsallaştırıcı inayeti ilgilendiren konularda da onun düşüncesi oldukça etkilidir.

B. Kristolojik Doktrini

Yukarıda söylediğimiz gibi[70], St. Cyrille, tamamen Tabiata, hypostase'a, personne'a, aynı gözle bakmamakta, bütün bu terimlerin kristolojide aynı gerçeklikle personne'u (kişi) belirttiği eğilimini göstermektedir. Bu ifade tarzı, özellikle onun inkarnasyon etüdünde bulunduğu görüş noktasını açıklamaktadır.

---

[69] Önceki sayfalara bakılmalıdır.
[70] I'Tixeront, Hist. Dogm, III, p.60-70, M. Jugie, Nestorius, p.156-190.

İskenderiye'de[71], Mesihin Tanrısallığı dikkat çekiciydi. Bedenleşme ilahiyatında kelime, daima söz konusu olmuştur. Cyrille buna prosopon demektedir. Fakat o, buna çoğu defa da Hypostase adını vermektedir. Bu terim, IV. yüzyılın sonundan beri, Doğuda Tanrısal şahısları belirtmektedir. Yine bu, onun düşüncesinde, Teslisin sırrı ile enkarnasyonun sırrını birleştirmektedir. Yine o, kelimeyi, tanrısal tabiatı nedeniyle, Baba gibi ve Kutsal-Ruh gibi isimlendirmektedir. Bu yüksek bakış açısı, İskenderiye patriğinin; oldukça güçlü tabiatüstü bir solukta bütün eserini canlandırmaktadır.

St. Cyrille, güçlü şekilde bedenleşmiş kelimenin[72] Fonciére birleşimi üzerinde ısrarlıdır. Tanrının biricik oğlu olan kelime, enkarnasyondan önce, mükemmeldi. O, bir insaniyete ortak olmak istemişti fakat onu hiçbir şekilde zenginleştirmemişti ve ne de onu bizzat değiştirmemişti. O, zaten birleşmiş vaziyetteydi, beden oldu, yani insan olmuştur[73]. O, insan olarak doğmuştur. Fakat o, enkarnasyonda meydana gelmiş yeni bir şahıs değildir. Kelime, bir insaniyetle birleşerek doğmuştur ancak birliğinden hiçbir şey kaybetmemiştir.

Böylece, Mesihin şahsi birliği, bu birleşmeden acı çekmemiştir, bunu sözle itiraf etmek yeterli değildir. Birlik, bir kalıntı takdim etmemektedir. İşte Nestorienlerin yanlışları buradadır. İnsan ve Tanrıyı ayırarak onların arasında sadece izafi moral birliği kabul ederek, onlar Mesihi ayırmaktadırlar. İnsaniyet, kelimeye bağlı olmadan, onlarla bir bağımsızlık elde ediyordu. Bu ise, onu, kişi liyakatine yükseltiyordu.

Cyrille, kararlılıkla onlara karşı, beşeriyetle-Tanrısallık arasında bir bağ olduğunu tasdik ediyordu. Böylece gerçek bir birlik vardı. Gerçeği daha iyi karakterize etmek için, ona, Hypostase'da birlik demektedir. Ancak burada yeni bir hypostase gerekli değildir. Çünkü o, kelimenin önceden var olan hypostase'ın da oluşmuştur[74]. Daha az mutluluk verici bir formüle, o "Unio Secundum Naturam" veya "Nature Personne"[75]dur. Çünkü beşeri yön, bedenleşmiş kelime tarafından ısrarlı şekilde sahip olunmuş ve onda bir tek

---

[71] Cevher, tabiat anlamında kullanılmıştır. Böylece birleşme işinde o, iki tabiattan bahsetmektedir.
[72] Bkz. Guod Unus Sit Christus.
[73] O, 46. mektubunda, **beden** kelimesini S. Jean'a göre kullanmıştır. Bu canlı ruhu Apollinaristler gibi dışarda bırakmamaktadır.
[74] J. Tixeront, Hist. Dogm. III, 68. Bazı yazarlar, bu formülleri sadece reel birlik anlamında kullanmışlardır. Cyrille'in felsefesindeki bazı boşluklara rağmen, Cyrille gibi bir ilahiyatçının bu ifadelerde daha çok şey söylemek istediği söylenebilir.
[75] Yani "Nature Théandrique"i düşünmemiştir.

olmuştur. Yani, Allah'la birleşmiştir. Kurtarıcının insaniyeti, tam olmasına rağmen[76] bir cevher, öz değildir[77]. Kelimenin tam anlamıyla Cyrille için bağımsızlık uygundur. Yani her birinin ayrı varlığı vardır. Her şeye rağmen İskenderiye piskoposu Cyrille, Mesihin tabiat birliğinden bahsetmekten hoşlanmaktadır.

St. Cyrille'in tercih edilen formülü ve "Una Natura (Natur-Personne) Dei Verbi İncarnato" ifadesi oldukça meşhurdur[78]. Bunun anlamını görmekteyiz. St. Cyrille bunu kesinlikle gözden kaçırmıyor. Acaba neden o, bu noktaya bağlanıp kalmaktadır. Çünkü o, onun Athanase'da olduğuna inanıyordu. Hâlbuki o düşünce, Apollinaire'e aitken, İznik iman formülünün büyük savunucusunun ismi altında yayılmıştı. Diğer yandan Cyrille, Nestorius'la mücadele etmek zorunda kalıyordu. Nestorius, Mesihte iki tabiatı vaaz ediyordu ve onda ahlaki bir kişilik görüyordu. Tixeront şunu not etmektedir[79]: Cyrille, bir tabiatın, bir hypostase olmadan nasıl var olabileceğini göremiyordu. O, daha önce, Théodore de Mopsueste tarafından konulan prensiple tetiklenmişti. Bu prensibe göre, tam bir **tabiat**, bir hypostase'dır. O, bir sırrın karşısındaydı. Fakat onu, kendi felsefesine göre Apollinaire'in ve Théodore'un yaptığı gibi değiştirme yerine; o, bizim için İsa-Mesihin birliğinin temelde anlaşılmaz ve tarif edilmez bir sır olduğuna inanıyordu. Zaten bizim Tanrısal gücün nerede duracağını bilemeyeceğimizi düşünüyordu. Geleneğin, İsa-Mesihin kişisel birlik olayını bize nakletmesi, onun için felsefi düşüncelerden daha sağlam bir delildi.

St. Cyrille, Bedenleşmede insani ve ilahi yönün birleşmesi üzerindeki doktrinini, bir insandaki bedenle-ruh birliği yardımıyla açıklıyordu[80]. İşte bu kıyaslama, birleşmenin gerçek karakterini belirtmektedir. Bu birleşmede birleşmiş elemanların unsurları, ayrı olarak kalmaktadır. Bununla beraber St. Cyrille, iki unsurun birbirine yardımcı olduklarını ve ikisinden birinin eksik olduğunu ve birleşme sonucunda yeni bir tabiata dönüştüğünü kabul etmemektedir. Monofizitler, onun düşüncesini aşmaktalar ve yersiz şekilde

---

[76] Apollinarisme'i reddetmektedir.
[77] O, Mesihin insaniyetini, Caro-Propria Caro-Humanitas-Humanum v.s. olarak adlandırmaktadır. Bu insaniyet, öz değildir, proprietas natura'dır veya qualites natura'dır.
[78] Bkz. Adv. Nest, blasph, II, Epist. 40, 46.
[79] Mélange, p.217.
[80] M.jugie, Nestorius, p.169.

Cyrille'in meşhur formülü olan **"Tek Tabiat"** formülünü taciz edici şekilde kullanmaktadırlar. Görünürde haksız şekilde onu reklam etmekteler.

St. Cyrille, İnsan-Tanrı kişisel birliğini savunarak, kesin şekilde deyimlerin iletişiminin geleneksel doktrinini tespit etmiştir[81]. O, bedenleşmiş kelimeye aksiyonlar, tutkular ve her tabiata sahip olduğu özellikleri atfetmektedir. Fakat birlikteki **insaniyete** ve **Tanrısallığa**, aksiyonlar ve diğer tabiatın tutkularını da atfetmektedir. Yine o, bu ifadenin eşitliğini tasdik etmektedir[82].

Meryem'in Tanrı annesi olduğunu savunanlardan birisi St. Cyrille'dir. O, Meryem'den Tanrı Annesi olduğunu kabul etmeyenlerle ciddi şekilde mücadele etmiştir. Bunun için o, Meryem kültü konusunda ciddi bir tesir icra etmiştir. Özellikle Efes konsili sonrası, Meryem kültü oldukça gelişmiştir. Bizzat o, IV. Efes Homelisinde, Meryem'in liyakatini kutlamıştır. Şairler, vaizler, Meryem şenlikleri vesilesiyle Meryem'i tebcil etmişlerdir. IV. yüzyıldan itibaren bu eğilim çoğalmıştır. "Toute-Sainte" bayramı ünvanı, daimi bekâreti tamamlamıştır. Bunun için İmmaculée Conception=Lekesiz Hamilelik[83] doktrini, geleneksel ilahiyata dâhil olmuştur. Bu konuda St. Cyrille'in çok önemli rol oynadığı unutulmamalıdır[84].

C. Kutsallaştırıcı İnayet ve Hıristiyan Hayatı

Eski kilise doktorları, St. Paul'u takip ederek Hıristiyanlara onlarda ve göğün mirasçılarında olan "Tanrısal hayattan" bahsetmeyi seviyorlardı. Onlar, bu doktrinde, ihtiraslarla mücadelede ve mükemmel hayata girmede bir uyarı görmekteirler. St. Cyrille, daimi bir gelenekçi olarak, eskilerin bunu dediklerini tekrar etmiştir[85]. Ancak o bunu kendisine has bir şekilde tekrarlamaktadır. Aslında o, kendisinden önceki oldukça dağınık olan bu konudaki bilgileri, belirli bir sistem dâhilinde birleştirmiştir. Bunların hepsini Teslis ve kristoloji dogmasında toplamıştır. Hatta onun hararetli dindarlığı, inancını daha iyi ifade etmesi için birtakım formüller ilham ediyordu. Bun-

---

[81] Adv. Nest. blasph, I, 6; II, 3; IV, 6.
[82] Bununla beraber insandan ayrı bir kişi yapma korkusuyla İsa-Mesihteki insaniyete, bir **özne** ve İsa-Mesihin tutkularından veya aksiyonlarından bir **rejim** vermekten sakınmaktadır. Hareket eden kelimedir ve insandan daha çok acı çekmektedir. J. Tixeront, Hist. Dogm. III, p.71-72.
[83] Bu konuda bkz: M. Jugie, İmmaculée Conception, dans Dict. thèol. col. 904-936.
[84] St. Cyrille'in eserlerindeki Meryem'le ilgili doktrin, IV. yüzyılın Grek babalarının yazılarından fazla olmadığını P. Jugie belirtmektedir. Yine St. Cyrille, İsa'nın dirilmesi konusunda Meryem'e birtakım şüpheler ve bilgisizlikler de atfetmektedir. Özellikle, Meryem'in, İsa'yı çarmıhta gördüğü zamanki durumu hakkında. Bkz: Dict. thèol. col. 905.
[85] Bkz: I. Cilt, Table Doktrinale.

lar, önceden başkalarının yaşadıklarıyla, cesaret ve hakikat yönünden mukayese edilemezdi[86].

1. Eskiler, insanın kutsallaştırılmasında bir arınma, hayata ölümden bir geçiş, bir yeniden doğuş, ilk saf hale bir dönüşü görmektedirler. Günah, insanı gözden düşürmekte, onu önceki safiyetten uzaklaştırmaktadır. Kutsallaşmakla ruh, derin bir değişime, nihai bir tanrılaşmaya maruz kalmaktadır. Aslında Cyrille'in dikkatini bu son karakter daha çok çekmektedir[87]. Kutsallaşmakla Ruh, Allah'ın imajına dönüşmektedir. Basılan bir mühür gibi olmaktadır. Bu ilahi damga, oldukça gerçektir, derindir. Bunun sayesinde 2. Petrus 1,4'deki ifadeye göre, Tanrısal Tabiata iştirak ediyoruz. Yani, gerçekten tanrılaşıyoruz. Biz tabiatla Tanrı olmuyoruz. Tabiatla, Tanrısal tabiata dönüşmüyoruz. Fakat zayıflıklarımızı ve insaniyetimizi muhafaza ederek, bizi tabiatımızın üstüne çıkaran kutsallıktan gerçek bir şey elde ediyoruz[88].

İşte bu kutsallaştırmada, Kutsal-Ruh bizdeki çok önemli bir prensip olmuştur. Şüphesiz bütün Teslis'de bizi kutsallaştırmaktadır. Fakat Teslis onu, Ruhla yapmaktadır. Ruh, parfümdür ve onun kalitesidir veya kutsallaştırıcı faziletidir, kirlerimizi yakıp bitiren ateştir, kuvvetlendirici kremdir, hayat suyu kaynağıdır, ebedî hayatı verimleştirmektedir, Allah'ın benzeri olmaları için bazıları mühürdür[89]: Kutsal-Ruhun aksiyonu üzerinde St. Cyrille, IV. yüzyılın bütün babaları gibi, onun Tanrısallığı üzerinde durmaktadır. Kutsal-Ruh kutsallaştırmaktadır. Buna göre o, tabiatıyla kutsaldır ve Allah'tır. Kutsal Ruh, Tanrılaştırmaktadır, buna göre Tanrıdır. Buna göre, ışıktan ışığa iletişim kurmak gerekir. Ateşten, ateşe ulaşmak gerekir. İştirak edenleri tanrılaştırmak için Tanrı olmak gerekir. Kutsal-Ruh, Tanrıdır. Kutsallaştırdığı Ruhla basit ve izafi ahlaki birleşme ile ve fakat gerçek olarak çok sıkı ve çok verimli olarak birleşmiştir. İlk insanda birleştiği gibi o, insan Tanrılaşmıştır.

Mesihin insaniyeti, temelden farklı bir birleşimle kelimeye bağlanmıştır[90]. Bununla beraber o da, Kutsal-Ruhla kutsallaşmıştır. Fakat kelime, bizzat bu kutsallaştırmayı, onun ruhu olan Kutsal-Ruhu göndererek icra etmektedir. Diğer yandan bu Ruh, Mesihin insaniyetini de bize ulaştırılması

---

[86] J. Mahé, la Sanctification, op. cit. P.31.
[87] J.B. Terrien, la grâce et la gloire.
[88] J. Mahé, İbid, p.38.
[89] J. Mahé, İbid, p.37-38.
[90] Nestorius, derecesi farklı bir birleşme kabul etmektedir.

için onu almaktadır. Bunu da, düşen insana, aslî günahla kaybettiği yeteneği vermek için yapmaktadır. Mesih, dirildikten sonra, Ruhunu ulaştırmıştır. Bizzat peygamberler onu almaya muktedir olamamışlardır[91]. Hıristiyanların liyakati, eski atalarınkinden yüksektir.

Muhtemelen bu son tasdik, lafzen alınmamalıdır ve Eski Ahidin emrettiği fazileti veremediği şeklinde anlaşılmalıdır[92]. Ancak bütün ilahiyatçılar bu değersiz yorumu kabul etmemektedirler[93]. Diğer bir problem konusunda ilahiyatçılar, daha ciddi bir uyumsuzluk içindedirler: S. Cyrille, Kutsal-Ruhun, Kutsal ruhla "kişisel birliğini" kabul etmiyor mu? Kutsal-Ruh, doğruluğun, sadece etkili formel prensibi değil midir? Buna göre kutsallaştırma onun özel eseri değil midir?

Cyrille için Teslis, "aziz ruhta" ikamet etmektedir. Aynı zamanda o, kutsal ruhun, mabedidir. Böylece Hıristiyan, Mesihin kardeşi haline gelmekte, Semavi Baba'nın oğlu olmaktadır. Fakat Kutsal-Ruh aracı değil midir? Onunla doğrudan ve yaratılmış bir inayet olmadan bu birleşme olmuş mudur? Bu anlamda Grek babalarının çoğunun uygun birtakım tasdikleri ve özellikle Cyrille'inkiler, ortaçağda, Pierre Lombard[94] ve Petau[95]'ya yaratılmış inayeti Kutsal-Ruhun, Ruhla cevhersel birleşimine ve ona özel bir kutsallaştırma atfetmesini kabule götürmüştür[96]. Ancak bu bir haksızlıktı[97]. Cyrille'in metinleri, Appropriation'la yeterince açıklanmaktadır. Doğrulanma ile Kutsal-Ruh'un kişisel sıfatları arasında mevcut olan benzerlikleri araştırmak için, Teslis konusundaki Grek kavramına dayanmak şarttır[98]. Çünkü bu benzerlikler, Appropriation'un gerçek temelini oluşturmaktadır.

2. Cyrille'ın kutsallaştırıcı inayet doktrini, Hıristiyan hayatınının gerçek kaynaklarına kadar çıkmaktadır. Aynı şeyi Batıda bir başka açıdan St. Augustin yapıyordu. Augustin, Pélagé'ı reddetmek için inayeti ihmal etmeden, dikkati aktüel inayet üzerine çekiyordu ve gerçek kutsallığın gerçekleşmesi ve

---

[91] İn Ev. Joan; P.G. 73, 756-757.
[92] Terrien, op. cit. I, p.277-281.
[93] Petau, De Trinit, VIII, 7; S. Cyrille, Eski Ahitte, Kutsal-Ruhun aktif varlığını sadece dogmalarda kabul etmekte, Kutsal-Ruhun mükemmel varlığını Yeni Ahite tahsis etmektedir. J. Mahé, La Sanctification, op. cit. P.485-492.
[94] Sent, I, dis. XVII.
[95] De Trinitate, VIII, 4-7.
[96] Bu doktrine karşı bkz: De Régnon, Etudes Sur La Trinité, t.IV, p.537-739.
[97] Petau'nun düşüncesi burada fazla yoktur. Onun, Appropraation'a yaklaştığı görülmektedir.
[98] J. Mahé, op. cit. cvP.478-480.

faziletin tatbikinin beşeri irade üzerindeki ilahi aktivitenin zaruretini hatırlatıyordu. Cyrille, daha çok Hıristiyanın bu kutsallığının büyüklüğünü ve tabiatını Allah'ın cevhersel kutsallığına bağlayarak açıklıyordu. Bu kutsallık, Allah'a iştirak içindeydi[99]. Bu iki bakış açısının her ikisi de St. Paul'e dayanıyordu. Her ikisi de aynı şekilde, mükemmel hayata sevk etme yeteneğine sahipti.

Hıristiyan hayatının gıdası olan **Evharistiya** (Eucharistie), St. Cyrille'in düşüncesinde çok geniş bir yer tutmaktadır: Evharistiya, ruh hastalarını tedavi etmektedir. O, bizdeki bedeni istekleri frenler, Allah'a karşı dini duyguları artırır, kaprisleri değiştirir, kırılanları ayakta tutar, düşenleri kaldırır. Şeytanın azgınlıklarından ve ataklarından kurtarır. Bunun için komünyon ayininin zaruretı ve icra zorunluluğu, gerçek Hıristiyan hayatının sâfiyetine sevk eder[100]. Fakat Evharistiya doktrininin en dikkat çeken yönü, Cyrille'in Nestorius'a karşı belirttiği iki noktadır: Yani Mesihin Evharistik bedeninin, canlı bir beden oluşudur. Çünkü o, kelimeyle fiziki olarak birleşmiştir. Diğer yandan, komünyonu icra eden, doğrudan ve fiziki olarak kelime ile birleşmektedir. İşte bu beden, onun bedenidir. Bu, hypostatik birleşmeden daha aşağı bir birleşmedir. Fakat Nestorilerin ahlaki birleşmesinden daha yüksek bir birleşmedir. Cyrille, beden ve Tanrısallık gibi ikilemi[101] kabul etmemektedir. Bedenleşmede olduğu gibi Evharistiyada da her ikisi fiziki olarak birleşmiştir. İşte Cyrille bu noktadadır.

---

[99] Yine o, aktüel inayetin zaruriliğini, onsuz hiçbir şey olamayacağımızı biliyordu.
[100] J. Tixeront, Hist. Dogm. III, p.244, cf. In Jean, VI, 35, 57.
[101] P. Batiffol, op. cit. 474.

ÜÇÜNCÜ BÖLÜM
THEODORET DE CYR[1]

I. THÉODORET'İN HAYATI VE ESERLERİ

Théodoret, Antakya okulunun son temsilcilerinden birisidir. St. Cyrille de İskenderiye okulunun son temsilcilerindendi ve Théodoret'in uzun zamandan beri de hasmıydı[2]. Ancak Théodoret, teolojik nüfuz ve Hıristiyani anlamın güvenirliği yönünden, Cyrille'den gerideydi. Théodoret ise, Cyrille'i, yazar ve yorumcu olarak geride bırakıyordu. Cyrille'ci eğilimlere karşı reaksiyonla o, kendi eğilimlerinde en aşırı Ortodoks sınırlara kadar girmişti. Böylece o, daha sonra ilk Monofizitliği ifşa etme liyakatini göstermişti. Bu hizmet, onun iman davası olmuştu ancak onun hatasını unutturmamıştı. Bunun için kilise tarafından aziz olarak tebcil edilmemişti. Ancak ona, gerçek birtakım faziletler isnat edilmişti. Her şeye rağmen, sert bir mahkûmiyetten de kaçamamıştı.

Théodoret, 393 yılına doğru Antakya'da doğmuştur[3]. Zengin bir ailesi vardır. İlk eğitimini ailesinden almıştır, itinalı bir edebiyat formasyonuna sahip olmuştur. Antakya okuluyla sıkı temas kurmuştur. Orada Mopsueste'nin etkisi altında kalmıştır. Orada, Théodoret, hâkim olarak kalmıştır. O, Nestorius'un ve gelecekte Antakya Patriği olacak olan Jean'ın sınıf arkadaşıdır. Her ikisine de dostça bağlanmıştı. Bunlar, Théodoret'in doğru kararını bulandırmışlar ve onu, bedbaht polemiklere sevketmişlerdir. Nazik ve duygusal bir tabiatla, iman tehdit altında olduğunda ateşli bir savunucu olarak görünmesini bilmiştir. O, murakabe ve tefekkürî hayata düşkündü. Bunun

---

[1] P.G. 80-84 (Bkz. Schulze-Noesselt Yayını: 1768-1775; Tillemont, Mémoires, XV, Paris, 1711, p.207-340; P. Forest, Un Evéque Du V.e Siécle, Théodoret de Cyr, dans Universite Cath, 1901, (t.XXXVII), p.161-183; L. Saltet, Les Sources de Théodoret, dans Rev. Hist. Eccl, 1905 (t.VI), p.289-303; 513-536, 741-754; A. Bertram, Theodoret ep, Cyrnessis Doctrina Christologica, Hildesiae, 1883; J. Schulte, Theodoret Von Cyrus Als Apologet, Vienne, 1904; J. Lebreton, Le Dogme de La Transsubstantiation et La Théologie Antiochienne au V. Siécle, dans Etudes, 1908 (t.177).
[2] Bu iki okul için bkz: I. ciltte ilgili bölüm.
[3] Bazıları onun 396 yılında doğduğunu düşünmektedirler.

için yirmi yaşlarında 416 yılına doğru Antakya yakınındaki **NİCERTE**'de inzivaya çekilmiştir. Oradan 423 yılında ayrılmış, genç yaşına rağmen Osrhoène'da (Fırat yakınlarındaki) Cyr piskoposu olmuştur. O, bu makamı otuz yıl işgal etmiştir.

Gayretli bir piskopos olan Théodoret, pastoral fonksiyonlarında büyük bir aktivite sergilemiştir. Onun piskoposluğu, 800 köyden oluşan, dağınık ve ulaşımı oldukça sıkıntılı bir bölgeydi. O, putperestleri ve sapıkları gayretle, Hıristiyan yapmaya çalışmış ve 449 yılında Papa Léon'a şunları yazmıştır[4]: "Allah'ın yardımıyla, Marcion'un bin hasta adamını, şifaya kavuşturdum ve Arius'un, Eunomius'un birçok adamını, Rabbimiz İsa-Mesihin beşiğine getirdim." Bütün bu pastoral çalışmalar, onun büyük bir ruh çalışanı olmasına mani olmamıştır. Buna, onun bıraktığı edebi mirası şahittir. Bunlar, onun müfessir, hatip, savunmacı, ilahiyatçı ve tarihçi olduğunu göstermektedir.

Şüphesiz bu eserlerin en büyük kısmını İncil konusundaki çalışmaları teşkil etmektedir. Eski Ahidin tarih kitapları konusundaki sorulu-cevaplı didaktik eseri haricinde, (Octateuque[5], Pentateuque, İşaya-Hâkimler, Ruth-Krallar kitapları ve paralipomènesler[6]), dört tefsiri vardır:

a. Mezmurlar üzerinde[7] b. Neşideler üzerinde[8], c.Nebiler üzerinde[9], d. St. Paul'un bütün mektupları üzerinde[10] tefsirleri vardır.

Théodoret, antikitenin en iyi yorumcularından birisidir. Onun tefsirleri, saf ve zarif bir dille yazılmışlardır. Bunlar, Théodoret'in, Antakya'da almış olduğu sağlam formasyonu göstermektedir. Onun berrak ve metodik esprisi, onun hazmedilmesini kolaylaştırmıştır. Maalesef o, az orijinaldir. Yazar çoğu defa kendi görüşüyle meşgul olarak, Antakya okulunda söylenenleri birleştirmekle uğraşmaktadır. Bunun için şahsi bir eser olmamaktadır. Théodore de Mopsueste'ye saygılı olmasına rağmen, onun teşebbüsünden uzaklaşmış ve tehlikeli görüşlerinden sakınmıştır.

---

4   Epist. 113.
5   P.G. 80, 75-528.
6   P.G. 80, 527-858.
7   P.G. 80, 857-1998.
8   P.G. 81, 27-214.
9   P.G. 81, 215-1988.
10 P.G. 82, 35-878.

Meşhur bir hatip olan Théodoret, Antakya'ya, uzak piskoposluğundan sık sık geliyordu ve orada konuşmalar yapmasından dolayı seviliyordu. Ancak bütün bu konuşmaları kaybolmuştur. Sadece farklı parçalardan[11] St. Jean Chrysostome konusundaki beş vaazı[12] ve inayet konusundaki on[13] konuşması kalmıştır. Bunlar da apolojetik meyilli konuşmalardır. Yine onun konuşma eserine, kutsallık ve tanrısal merhamet[14] üzerine yazılan keşişler tarihine eklenen yazısıda ilave edilebilir.

Théodoret'nin temel apolojetik eseri "Guérison des Maladies Painnes,"[15] dir. Bu eserin alt başlığı, onun muhtevasını belirtmektedir: "Grek felsefesiyle İncil'in hakikatini bilmek" On iki kitaplık (429-437), bu uzun kompozisyonda, felsefenin ve ilahiyatın hayati problemlerini incelemektedir. Meselâ, insanın kökeni, onun tabiatı ve dünya gibi. Bu konulara paganların getirdiği çözümlerin karşısına, Hıristiyan çözümünü getirmekte ve böylece, eskilerin çözümlerini düzeltmekte ve tamamlamaktadır.

Théodoret'nin farklı teolojik yazıları, Teslisle ve bedenleşmeyle ilgilidir. Onun diğer birçok yazıları, Marcionitlik, Eunomienlerle, Macadonienlerle, Apollinaristlerle mücadeleye tahsis edilmiştir. İskenderiyeli Cyrille ismi altında bunlardan kalan ikisi şudur: De Sancta et Vivifica Trinite[16], De Incarnatione Domini[17]. Diğer üçü, kristolojik tartışmalar sırasında yazılmışlardır: Théodoret, başlangıçtan beri, "Reprehensio XII Anathematismorom Cyrille"[18] isimli eserinde Cyrille'e hasımdı. Yine bu düşmanlığı, "Pentalogium de İncarnatione"[19] da devam ettirmiştir. Daha sonra Eranistes[20], Monofizitliği ifşa etmiştir. İleride teolojik noktadan önemli olan bu yazılara yeniden döneceğiz.

Théodoret'nin meşhur olmasında en büyük katkıyı, tarihi yazılar sağlamıştır. Ancak bunlar, onun eserinin çok küçük bir parçasını teşkil etmektedirler. Bu çalışmaların hepsi, onun mesleğinin son kısmına aittirler:

---

[11] P.G. 84, 53-64.
[12] P.G. 84, 47-54.
[13] P.G. 83, 555, 774.
[14] P.G. 82, 1497-1522.
[15] P.G. 83, 783-1152.
[16] P.G. 75, 1147-1190; P.G. 83, 1167-1172.
[17] P.G. 75, 1419-1478.
[18] P.G. 76, 385-432.
[19] P.G. 84, 65-88.
[20] P.G. 83, 27-336.

1. Histoire des Moines[21]. Bu eser, 440 yılına doğru yazılmıştır. Bu eser, Doğulu en meşhur zahitler konusunda yazılan çok canlı bir derlemedir. Bu eserin sonunda "Tanrısallık ve Kutsal Merhamet"[22] konusunda çok güzel küçük bir konuşma vardır.

2. Histoire Ecclesiastique[23] (323-428): Bu eser, 450 yılına doğru Eusébe'in kilise tarihini tamamlamak için yazılmıştır. Bu eser Socrate'ın ve Sozomène'nin bir intihali değildir. Théodoret, bunların her ikisini de tanımaktadır fakat o, orijinal bir kilise tarihi yazmıştır. Onun kitabı bu laik tarihçilerden daha iyidir. Çünkü o, olanları Hıristiyanca düşünmektedir ve Ortodoksluğu zafere ulaştıran şahısların üzerinde ısrar etmektedir[24]. Fakat o, yeni belgeler ilave etmiştir. Bunlar, mektuplar, hatıralar, konsil tutanaklarıdır. O, bunları geniş şekilde değerlendirmiştir. O, Antakya patrikliğine özel bir ilgi göstermektedir.

3. 453 yılına doğru o, "Histoire Abrégé des Hérésies"[25] isimli bir eser yazmıştır. Bu kitabın ilk dört bölümünde, Simon le Mage'dan itibaren itizallerin tarihinden başlayarak, çağdaş yazarların hatalarına kadar konuyu getirmiştir (Burada Nestorius'a tahsis edilen bölüm bir başkasına aittir.). V. ci kitap, sonuç olarak Katolik ahlakının ve dogmasının sentetik bir açıklamasını ihtiva etmektedir.

Théodoret'nin mektuplarının sayısı 230'u bulmaktadır[26]. Bu mektupların tarih için, çok önemli değerleri vardır. Yazar hakkında bilgi için de değerlidir: "Düşüncelerin zarafeti ve inceliği, üsluptaki zarafet, bilgideki tevazu, bu mektupta topyekûn anlaşılmalı, diyor Berdenhewer."[27] Bu mektuplar, dönemin ilahiyat tartışmaları hakkında çok önemli bilgilerin en değerli kaynağıdır.

II. THÉODORET VE KRİSTOLOJİK TARTIŞMALAR

Théodoret tarafından icra edilen doktrin, özellikle doğan kristolojik tartışmalara bağlanmaktadır. Bunu daha iyi anlamamız için diğer noktaları bir yana bırakacağız.

---

[21] Religiosa Historia, Seu Ascetica Vivendi Ratio, P.L. 82, 1283-1496.
[22] Önceki sayfalara bakılmalıdır.
[23] P.G. 82, 881-1280, yeni baskı için: L. Parmentier, Leipzig, 1911.
[24] Bu, tarihin değiştirilmesi veya yalan bir sofuluk değildir: L. Parmentier böyle demektedir.
[25] Haereticarum Fablularum Compendium, P.L. 83, 835-556.
[26] 181 mektup yayımlanmıştır: P.G. 83, 1173-1494.
[27] Patrologie, II, p.239.

Nestorienne tartışmaları başladığında, Théodoret, bu kavganın içine, İstanbul piskoposuna duyduğu sempatiyle sürüklenmiştir. Çünkü onun o, dostuydu. 430 yılında o, Nestorius'a, papaya itaat etmesini tavsiye etmişti. Fakat Cyrille'in Anathematismes'leri göründüğünde, bunda Apollinarisme'in olduğuna inanmış ve onları bir eserinde eleştirmişti. Cyrille, cevap olarak yazdığı "Apologia Contra Theodoretum" da onları tamamen muhafaza etmiştir[28]. Efes Konsilinde o, Antakyalı Jean'ın tarafını tutmuştur. Kısa zaman sonra yeniden Cyrille'e ve Efes konsiline beş kitaplık büyük bir eserle hücum edilmişti. Bu eser, "Pentallogium de l'İncarnatione"dur (Ancak bu eserden sadece birkaç parça kalmıştır). Yine onun Teslis ve İncarnation (Bedenleşme) ile ilgili risaleleri de aynı dönemde yazılmışlardır. 433 yılında doktrinden ziyade kişisel nedenlerle birlik formülünü yazmayı reddetmişti. Hâlbuki o,ona inanıyordu. O, buna 435 yılında katılmıştı fakat Nestorius'un mahkûmiyetini uzun müddetten beri reddetmişti. 438 yılından sonra Théodor de Mopsueste'yi, Cyrille'e karşı savunmaya geçmişti. İşte o vakit Cyrille, Nestorianisme'in[29] gerçek babasına karşı kampanyayı devam ettiriyordu.

Her şeye rağmen Monophysisme, gerçekten ilerliyordu. Hem de Efes konsilini ve İskenderiyeli piskoposun otoritesini taciz ederek yayılıyordu. Bunlardan birisi, Théodoretdi ve "Eranistes" isimli eser de 447 yılında bunu ifşa ediyordu. Bu esere Versatile'de deniyordu. Yazar burada eski sapıklardan olan aptallığa benzeyen, sayısız şekillerde bir canavarlığa benzeyen bir doktrini açıklıyordu. Bu eser üç diyalogu içeriyordu. Buna göre, bedenleşmiş kelime, ilahi tabiatında hiçbir değişime maruz kalmamıştı. Yani onda, beşeri ve ilahi bir karışım yoktu ve o, hissizdi. Dördüncü bir kısım tartışmayı didaktik eser formunda özetliyordu.

Bu yazı, Théodoret'ye karşı Monophisismin kinini artırıyordu. 449'da Théodoret, toplanan "Efes Haydutluk Konsilinde" azledilmiş ve **Nicerte**'deki eski manastırına kapanmıştı. Roma'nın, St. Pierre'ın makamı olarak, evrenselliğini açıklayan bir mektupla Papaya başvurmuştu. Mektupta şöyle diyordu: "Her halükarda sizin ilk planda olmanız uygundur."[30] Monophisite'lerin pro-

---

[28] Onun eserinde Evharistiy'anın özel bir kavramına rastlanmaktadır. Bu kavram, Antakya okulunda ondan öncede kullanılmıştır. Beden olan ekmeğin, şarap olan kanın Evharistiyada birlikte olması, kristolojik diophysisme'in tesisine hizmet etmiştir, kişiliğin ikilemine değil. Bkz. P. Batiffol, L'Evharistie, p.454; J. Lebreton, op. cit.

[29] Önceki sayfalara bakılmalıdır.

[30] Epist. 113, (İnter Epist. S. Leonis, 52, P.L. 54, 847-854), cf. P. Batiffol, Le Siège Apostolique, P. 517-519.

testosuna rağmen Kadıköy Konsiline davet edilmişti. O, rehabilite olmuştu ve Romalı delegeler tarafından ve imparator tarafından makamına oturtulmuştu. Fakat sadece Nestorius ve onun doktrininin temel konuları aforoz edilmişti: "Nestorius'a, kim bakire Meryem'i Tanrı Annesi olarak kabul etmezse ve Tanrının biricik oğlunda ikilik görürse lanetlenmiştir[31], deniyordu. Konsil bu beyanata karşı, Cyr piskoposunu ve onun "Katolik Doktor"luğunu selamlayarak cevap vermişti. Théodoret 458 yılında vefat etmiştir.

Onun ismi, teolojik kavgalara oldukça karışmıştı ve o bundan muzdarip değildi. Cyrille'e karşı ve Efes konsiline karşı olan eserleri, "Üç Bölümün" birini oluşturuyordu. Justinien, 543'den 553 yılına kadar, Monofizitleri imparatorluğa katmak için, Théoderet'in "Üç Bölümünü" aforoz ettirmeye çalışmıştı. Nihayet 553'deki II. İstanbul konsilinde bu gerçekleşmişti (Bu beşinci genel konsildi). Papa Virgile, bu konsili 554 yılında genel konsil olarak kabul etmiştir. Yine de konsil, onun kişiliğini ortadan kaldıramamıştı ne de onun doktrinini ve niyetinin temizliğini şüpheye düşürememişti.

Théodoret, kristolojik konuda nasıl düşünülmektedir. St. Cyrille'e karşı mücadelesinde gerçek Nestorien midir veya sadece hasmının düşüncesinde yanlış mı anlaşılmıştır. Eskiler, genelde Théodoret'nin hatalı olduğunu belirtmişlerdir. Meselâ, Bertram, onun mücadelesini şöyle sonuçlandırmaktadır: Cyr piskoposu, gerçek olarak Nestorius'un hatasına iştirak etmiştir. O, bundan 436 yılına doğru kurtulabilmiştir. Tixeront'da bunu kabul etmektedir ve fakat bunun yumuşatılmasına inanmakta ve şöyle demektedir: "Théodoret, kesin olarak, "Nestorius'un enerjik ikiliğine" iştirak ediyordu ve bunu mubalağalı ifadelerle ve yanlış formüllerle ifade ediyordu. Yine de o, İsa-Mesihte iki şahıs kabul ederek, prensipte bilinçli bir Nestorien'den ayrıydı[32]. İnayet, rakibinin sürüklemelerine, karşı onda zıt bir yararlılık ortaya koymuştu. Bu öyle bir engeldi ki, kendi dostlarının sapık itişlerine de mani oluyordu. En azından onun, bu çift sonucu, kısmen elde ettiği söylenebilir. Fakat Roma tarafından bir konsilde iman tarif edildikten sonra, bu yüce otoriteye hücumunda ciddi şekilde haksızdı. O, bunu hayatının sonunda ancak onarabilmişti.

---

[31] Mansi, VII, 189.
[32] J. Tixeront, Hist. Dogm. III. p.102-103.

DÖRDÜNCÜ BÖLÜM
BEŞİNCİ ASIRDAN İTİBAREN SÜRYANİ EDEBİYATI

I. URFA OKULU[1]

Urfa Okulu, IV. yüzyılda St. Ephrem'le[2] oldukça parlamıştır. Ancak V. yüzyılda, Nestorienne tesirinden kendisini kurtaramamış ve böylece yavaş yavaş yok olmuştur. O, Nizip Okulunda heretik olarak yaşamaya devam etmiştir.

Orta Suriye'nin[3] belli başlı entelektüel merkezi bu meşhur Urfa okuluydu. Bu o kula **"Perslerin Okulu"** adı veriliyordu. Çünkü çok sayıda İranlı hıristiyan gençler, hududu geçerek bu okula geliyorlardı ve yüksek dini formasyon alıyorlardı. Antakyalı kilise doktorları ve özellikle Théodore de Mopsueste, Urfa'da belli başlı otorite idiler. Piskopos RABULAS (435), Efes konsili sonrası, bu Nestorienne tehlikeyi anlamıştı. O, Théodore'u, İskenderiyeli St. Cyrille'e bildirmişti ve onun için oldukça sert tedbirler almıştı. Ancak bunlar boşa gitmişti. Bir rahip olarak, sadece zahiren okula boyun eğmişti. Genel durum, 433'de, Urfalı İBAS'ın, MARİS'e (Ardaşir Piskoposu)[4] yazdığı mektupla ortaya çıkmıştı. Bu mektup, Efes Konsilini anlatmaktaydı ve St. Cyrille'le, Antakyalı Jean'ın, Nestorius lehine kısmi uzlaşmasını anlatıyordu. Yine bu mektup, Ortodoks formüllerin yanında kapalı birtakım formüller ihtiva ediyordu ve St. Cyrille'e ve Rabulas'a şiddetle tavır alıyordu ve onların, Théodore'a karşı çabalarının zamansızlığına hükmediyordu.

---

[1] R. Duval, La Littérature Syriaque, Paris, 1899; A. Baumstark, Geschichte der Syrischen Literature, Bonn, 1922; p.100-139; J. Labourt, Le Christianisme dans l'Empire Perse, Paris, 1904; M.J. Lagrange, Un Évêque Syrien du V. Siècle, Rabulas, Evêque d. Edesse, dans Mélanges d'histoire Religieuse, Paris, 1915; V. Grumel, Un Théologien Nestorien, Babai le Grand, (VI-VII Siècle), dans Echos d'Orient, 1923, (t.XXII), p.153-181, 257-280; 1924 (t.XXIII), p.9-33; 162-177; 257-274, 395-399); J. Tixeront, Hist. Dogm. III, p.53-60.

[2] Bkz. I. Cilde bakılmalıdır.

[3] Bkz. I. Cilde bakılmalıdır.

[4] Ardaschir piskoposu (Seleucie-Ctésiphon) (Keldani Patriği) o vakit Dadişo'ydu. O, Mans diye mi isimlendiriliyordu? M. Labourt, Maris kelimesinin, monseigneur (maris) ünvanının lafzından kaynaklandığını düşünmektedir. Çünkü Monseigneur ünvanı piskoposlara veriliyordu. Op. Cit. P.133-134; 254.

435'de Rabulas'ın ölümünden sonra İBAS,[5] Urfa piskoposu seçilmişti. İBAS, Théodore'un yazılarının serbestçe yayılmasına izin vermişti ve bunun için Nestorianisme'i (447) kayırmakla itham edilmişti. O da "Efes Haydutlar Sinodunda" (449), Théodoret'le birlikte azledilmiş ve fakat 451 Kadıköy konsilinde, Nestorius'u lanetlemesi şartıyla rehabilite edilmişti. Ancak konsilin tamamı, mektubunun Ortodoksluğu konusunda telaffuzda bulunmamıştı. Böylece, birçok yıl Urfa piskoposu olarak görevde kalmıştır. 467 yılında İBAS ölünce, Urfa Okulu profesörlerinden birçoğunu kaybetmişti. Nestorius taraftarı olanlar da Nizip'e[6] sığınmışlardı. Urfa Okulu buna rağmen otuz yıl daha devam edebilmiştir. 489 yılında imparator Zènon'un emriyle kesin olarak Urfa Okulu kapatılmıştır. Böylece hocalar ve öğrenciler Nizip'e giden ilk gruba katılmışlardır.

II. NİZİP OKULU

Bu Nizip okulu'nun gerçek kurucuları, ateşli Nestorius taraftarı olan ve Pers'e göç etmiş olan **Barsumas** ile Narsés'di. Nizip Okulu, Keldani Hıristiyanlarında itizalin kesin zaferini temin etmiştir.

BARSUMAS (+490), birtakım nutuklar, ilahiler, mektuplar ve bir liturji bırakmıştır. Fakat o, Nestorianisme'i, Perste yayma gayretiyle şöhret yapmıştı. O, Perste hem öğretimle hem de politika ile ilgilenmiştir. Nizip piskoposu olarak bu şehirde Nizip Okulunu[7], Urfa Okulunu taklit ederek kurmuştur ve ona ilk statülerini vererek yönetimini NARSÈS'e tevdi etmiştir. Aynı zamanda Paganist Kral PÉROZ (457-484)'u, Nestorianisme'i tanımaya ve bir başka Hıristiyanlığın Bizans imparatoruyla işbirliğinden şüphelenmesine yol açmıştır. Bu durumda, **Nestori** Kilisesi, Séleuci-Ctésiphon'a yerleşmişti[8] ve önemli bir merkez olmuştu. Hıristiyanlık oradan Doğu Asya'da Çin'e kadar yayılmıştı.

NARSÈS[9], Elli yıl boyunca yani 507 yılındaki ölümüne kadar Nizip Okulunun ruhu olmuştu ve onunla Nizip, Nestorianisme'in ışığının merkezi ha-

---

[5] İbas veya Itıbha. Bkz: İbid, p.256-261.
[6] Mgr. Duchesne, bu profesörlerin ayrılış tarihini 449-450 yılları olarak belirtir. Hist. Anc. Egl. III, 568.
[7] Nizip Okulu için bkz: J. Labourt, op. Cit. P.291-301.
[8] Muhtemelen V. yüzyıldan itibaren Séleuci'de de bir ilahiyat okulu vardı. J. Labourt, op. cit. P.200.
[9] J. Labourt, Op. Cit. P.263; A. Baumstark, op. Cit, p.109-113.

line gelmişti. Kendi talebeleri arasında büyük bir otoriteye sahip olmuştu. Ona, Kutsal-Ruhun HARPE'ı ünvanını mensupları verirken, hasımları LEPREUX ünvanını veriyorlardı. Eserleri arasında şunlar vardır:

1. Homéliler (360, Ebedjesu'ye göre)
2. Tefsirleri (Kitab-ı Mukaddesin büyük bir kısmı üzerine)
3. Bir liturji ve sırların açıklanması (Evharistik)
4. Âdetlerin bozulması üzerine bir eser.

Narsés'le Nizip Okulu gittikçe hypostatik ikiliğe doğru gelişme göstermiştir. 433 yılında bir birlik formülü elde edilmişti. Fakat bu formül, gittikçe şüpheli görülmüş (**Nersès'in Homélie**'si (485-490), Efes Konsili ile reddedilmiştir. Onun kilisesinin meşhur üç büyük doktoru, Diodore-Théodore ve Nestorius'dur[10].

Bu okul, VI. Yüzyılda Katoliklere yaklaşmıştı. Bu eğilim daha önce, MAR-ABA[11] ile görünmüştü. O, 540'dan 552'ye kadar Celeuci-Piskoposuydu. Bu Katolik eğilim, özellikle **HENENA**'da[12] da kendini göstermiştir. O, bu okulun meşhur bir hocasıydı. Bu okulun büyük üstadıydı (572). O, 610 yılına doğru vefat etmiştir. Birçok Sinodal mahkûmiyetlere rağmen o, makamında kalmıştı ve talebeleri tarafından desteklenmişti. Hasımlarının dediğine göre, üçlü heteroxe'tu. Yani Keldaniydi, büyücüydü ve Origènistti. O özellikle kristolojide Théodore de Mopsueste'nin hasmıydı. O, Hypostatik birliğin taraftarıydı. Yine o, "aslî günahı" Katoliklerin tarzında kabul ediyordu. Onun doktrinlerine karşı reaksiyon ve onların ortaya koyduğu bölünme, özellikle "Babai le Grand" tarafından yürütülmüştü ve o, Nestorianistti.

III. NESTORİEN KİLİSESİNİN RESMİ DOKTRİNİ

Babai (550-627)[13], İzla tepesindeki İbrahim manastırının büyüklerinden birisidir. VII. yüzyılın başında çok üstün bir rol oynamış ve gittikçe bölünen Nestorienleri ve doktrinel farklılıkları birleştirmiştir. Kendi kilisesi ona **Büyük** lakabını, ona duyduğu minnetten dolayı vermiştir. Manastırlar müfettişi ünvanından başka da ünvanı yoktur. Babai, zayıflayan enerjileri sağlam-

---

[10] Bu Homelie, Journal Asiatique, 1899, Par F. Martin.
[11] Mar-Aba için bkz: J. Labouret, op. cit. P.162-191, Doktrini için bkz: p.267-268.
[12] Henana ve taraftarları için bkz: J. Labourt, op. cit. ch. VIII ve IX. Özellikle bkz: p.214-216, 278-280.
[13] Bkz: J. Labourt, op. cit. 229-230, 280-287.

laştırarak bütün ülkeyi dolaşmıştır. O, Nestoriliğin uyanık bir bekçisi olmuş ve en uzak manastırlara kadar heretikleri arayarak ve onların zararlı propagandalarına bütün gücüyle muhalefet göstermiştir. Hananiens'lerle, Messalliens'lerle, Monofizitlerle savaşmak için, krallık-kapısının resmi görevlilerine bir defa daha dayanmış ve onlarla sıkı ilişkiler içine girmiştir. Onun otoritesi, mensupları arasında tartışmasız kabul görüyordu[14]. 627 yılına doğru o, başpapaz seçilmişti. Ancak o, bu görevi reddetmişti. Zaten kısa zaman sonra da vefat etmiştir. Arkasında çok önemli eserler bırakmıştır: Tefsirler, ilahiler, ilahiyat kitapları bunlardandı. Ancak bunlardan çok az şey kalmıştır[15]. Onun belli başlı temel eseri, De l'Union'dur[16]. Bu eser, onun kristoloji konusundaki dogmatiğini açıklamaktadır.

Babai'nin öğrettiği **Nestorianisme**, yeni formüller kullanmış da olsa Katolik anlamda hafifletilmiş formüllerdir[17]. O, katılma (Adhesion), ikamet (inhabitation) ve yükselme (Assomption) ile ilgili Antakyalıların formüllerini yetersiz buluyordu. O, Meryem'i, "Tanrı Annesi" olarak kabul ediyordu ve kurtarıcıdaki kişisel birlik üzerinde ısrar ediyordu. Bu ifade değişiklik göstermiyordu. Babai, diğer yandan **Tanrı-İnsan**'a, iki tabiat ve iki hypostese atfediyordu. Bu iki tabiat ve hypostaslar, bizim **"iki şahıs"** dediğimiz şeydir, diyordu[18]: "Onun biricik kişiliği, moral bir varlıktan başkası değildir. Aksine o ne yok ediyor ne de tasarlıyor ve Mesihi meydana getiren iki elemanın, ontolojik ikiliğini barındırmaktadır. Bu tabiatlar, daima kendilerini mükemmel iki varlık olarak takdim etmektedirler ve **a priori** olarak ontolojik bağımsızlıklarından yararlanırlar."[19] Babai, Ortodoks ve Katolik ifadede, Nestorios'un "Livre d'Hèraclide"deki tarzında, kilisenin temel hatasını aktarmaktadır[20]. O, böylece daha tehlikeli olmaktadır. Bu doktrin, milli konsillerde, VII. yüzyıldan beri asla değişmemiştir.

---

[14] İbid, p.230.
[15] Kalanlar şunlardır: a. Commentarii in Sermones Abbattis Marci, b.Montyrium Georgii, Paris, 1895, c. Ahlak ve liturji risaleleri, d. Expositio Libri Centuriarum d'Evagre le Pontique, édit. Frankenberg, Berlin, 1912, e. Liber de Unione.
[16] Edit. A. Vaschalde, Paris, 1915.
[17] J. Tixeront, Hist. Dogm. III. p.58-60.
[18] Babai, mücerret tabiatı ayırıyordu. Müşahhas cevher ve bireysel cevheri o, hypostase'dan ayrı bir kişilik yapıyordu. Bu Mopriété, accidentiel karakterin birliğinden başka bir şey değildi.
[19] V. Grumel, op. cit. 1924, p.273-274.
[20] Zaten onun hatası sadece kristolojik problemde değildir. Problemin bizzat ortaya konulması tarzında da hata vardır. Özellikle P. Grumel böyle müşahede etmektedir.

İlk değeri olan belge, bizim dönemimizde yayımlanmıştır. Bu belge, Nestori kilisesinin sinodal aksiyonu üzerinde sarahatle bize bilgi vermektedir. Bu, **Synodi Con Orientale**'dır[21]. Bu belge, on üç Sinode'un tutanaklarıdır. Bunların çoğu, Nestorien Sinodudur[22]. Bunların en önemlisi, içinde bulunduğumuz dönemdekilerdir. Bu koleksiyon, verdiği bilgilerle oldukça değerlidir. Çünkü bu, en uzak Hıristiyanlık hakkında kilise disiplini tarihi üzerine bilgiler vermektedir. Bu belge, patriarkal kronolojinin çok sayıdaki konularını tespit etmektedir. Yine o, özellikle Nestorien doktrinin değişikliklerini ve gelişmelerini anlamamıza imkân vermektedir. Bunu da birçok Sinodun başına konmuş olan insanî ikrarının incelemesiyle vermektedir. Nestori kilisesi, böylece Katoliklerden ayrılmış olarak, Suriye Hıristiyanlarının çoğunu temsil eden bir fraksiyonu temsil etmektedir. Daha yaygın olan diğer bir grup, Katoliklikten koparılan Monofizizm itizalidir.

---

[21] Synodicon Orientale ou Recneil de Synodu Nestoriens, J.B. Chabot tarafından, Paris, 1902 yayımlanmıştır. H. Lectercq, Hist. Des Conciles, II, 1271-1301.
[22] Bu belgeler Patrik İsaac 410; Yahbalaha I, 420; Dadjesu, 424.

BEŞİNCİ BÖLÜM
MONOFİZİTLİK[1]

I. MONOFİZİTLİĞİN KÖKENLERİ=EUTYCHÈS

Nestorianizme'le mücadele zarureti, St. Cyrille'i, İsa-Mesihte iki tabiat birliğinin fiziki reel karakterini açıklayan birtakım formüller ortaya koymaya sevk etmiştir. Aslında bu formüller, tehlikeliydiler. Bunlar cahiller için (Eutychis'de olduğu gibi) kuruntulu insanlar için kolayca yanlış yorumlamaya uygundular (Dioscore gibi).

EUTYCHÈS: 378 yılına doğru doğmuştur ve otuz yaşından beri (408), 300 kişilik büyük bir manastırda İstanbul'da şef olarak görev yapıyordu. Efes konsilinden sonra, ateşli bir Nestorien hasmı olmuştur. 441 yılında o, Bizansta oldukça güçlenmiştir. Çünkü onun vaftiz evladı hadım Chrysaphe iktidara gelmiştir. O, bu gücünü Nestorianisme şüphesiyle malul olan herkese karşı sert bir şekilde göstermiştir. Maalesef o, sağlam bir ilahiyat kültüründen, esneklikten yoksundu. Onu St. Léon, çok tedbirsiz ve çok deneyimsiz buluyordu[2]. O, Cyrille'in formüllerini, sadece lafızlara bakarak, ruhunu anlamadan onları sapık olarak değerlendiriyordu ve onları protesto ediyordu. Antakya patriği, onu, 448 yılında imparatora bildirmişti. Ancak sonuç elde edilmemişti. Fakat aynı yılın Kasım ayında piskopos **Eusébe,** ona karşı İstanbul piskoposu Flavien'in önünde ve İstanbul'da sürekli toplanan piskoposlar konseyinin önünde, gerçek anlamda bir ifşaatta bulunmuştur. Böylece Eutychtes savunmaya davet edilmiştir. Yaşlı keşiş (70 yaşındaydı)

---

[1] A. Michel, Hypostatique (Union) dans Dict. Théol. col. 477-487; M. Jugie, Eutychés et Eutychianisme, dans Dict. Théol, col. 1582-1609; Gaianite (Contioverse), col. 1002-1023; J. Bois, Chalcedoine (conc. De), col. 2190-2210; S. Salaville, Heinotique, dans Dict. Théol, col. 2153-2178, et dans Echos d'Orient, 1909, la Christologie de Timothée Aelure, dans Riv. Hist. Eccl 1908, (t.IX), p.677-702; R. Draguet, Julien d'Halicarnasse, (thése) Louvain, 1924; G. Voisin l'Apollinarisme (thése), Louvain, 1901, F. Nau, Dans Quelle Mesure les Jacobites Sont-İls Monophisites? Dans, Rev. Or. chret, 1905, (t.X), p.113-134; J. Tixeront, Hist. Dogm. III, p.80-129; J. Pargoire, l'Eglise Byzantine, p.23; Hefele-leclerq, Hist. Des Conciles, t.II, 499-951, L-duchesne, L'Eglise au VI. Siécle, Paris, 1925.

[2] Epist. XX VIII, c.1.

üçüncü çağrıda gelmişti. İki soru sorulmuştu: 1. Mesih, bizimle aynı cevherden midir? Eutychés, hayır cevabını vermiştir. 2. Onda iki tabiat var mıdır? Eutychés, şöyle cevap vermiştir: Bedenleşmeden önce Mesihte iki tabiat vardı. Ancak daha sonra, tek tabiat oldu[3]. Böylece o, babalar doktrinin böyle olduğunu tasdik etmiş ve onun mahkûmiyetini reddetmiştir. Böylece O, aforoz edilmiş, görevden alınmış ve yasaklanmıştır. Sert bir cezanın cehaleti ve dik kafalılığından dolayı hem de yaşlı olduğu için bu cezanın ona, ağır ve haksız olacağı düşünülmüştür. Fakat bu durum, onun düşüncesinin yayılması korkusunu ve mahkûmiyet propagandası teşebbüslerinin üzerine oturan korkuyu da açıklamaktadır. Zaten Eutychés, kendisine verilen cezayı kabul etmemiştir. O, Papaya ve St. Pierre Chrysologue'a[4] bu durumu yazmıştır. İskenderiyeli Dioscore, onu derhal himayesi altına almış ve imparator, Chrysaphe'a, Efeste yeni bir konsil toplamasını teklif etmiştir.

Eutychés'in şahsi düşüncesi konusunda çok şey yazılmıştır. Çünkü o, hiç durmamıştır[5]. Sert Monofizitliğin bütün formülleri ona atfedilmektedir (İşte Kadıköy Konsilinde aforoz edilen Eutychianisme, budur). Diğer yazarlar, bu söylenen hatadan hemen hemen muaftırlar. Daha çok Eutychés'in cehaleti öne sürülerek onun formülleri suçlanmıştır. Gerçekte bu cehalet, çok doğrudur ve inkâr edilemez. Mesih, bizimle aynı cevherdendir, diyordu. Çünkü bunu inkâr etmek, Mesihin insaniyetinden bir şeyi yok etmeye götürmektedir. İşte bu da gerçek bir monofizizme yol açmakta ve kendisini çok farklı şekiller altında takdim eden bir monofizitlikle ortaya koymaktadır.

II. MONOFİZİTLİĞİN MAHKÛMİYETİ

Bu dönemde Papa St. Léon Le Grand'ı: Tixeron Papanın devlet adamı olduğunu ve oldukça dengeli birisi olduğunu söylemektedir[6]. O, her şeyden önce çözülemeyen problemler üzerindeki ve basit formülleri çözüme ulaştırmak istiyordu. Eutyhés olayı, ilk bakışta onun hoşuna gitmemişti. Daha sonra İstanbul piskoposu Flavien'den bu konuda bilgi almıştı. İmparator tarafından da konsil daveti yapılmıştı ve papa konsil davetini kabul etmişti. Fakat Papa, Flavien'e gönderilen[7] oldukça geliştirilmiş "Dogmatik Bilgide",

---

[3] Mansi, Concil, VI, 741.
[4] Daha sonraki sayfalara bakılmalıdır.
[5] M. Jugie, Eutychés, I, c. col. 1589-1595.
[6] Hist. Dogm. III, p.80.
[7] İleriki sayfalara bakılmalıdır.

Katolik inancını belirlemeye itina göstermişti. Ayrıca Papa, İstanbul piskoposuna diğer mektuplarla ve Efes'e hareket eden delegelere verdiği mektuplarla "Dogmatik Bilgiyi" emanet etmişti. Bu mektup, "Tome á Flavien" ismiyle tanınmıştır ve ilk sırada dogmatik düzeyde bir belgedir[8]. Bununla beraber, ondaki teolojik nefesin, St. Cyrille'in eserlerinden daha zayıf olduğu ve orada spekülasyonun hiç yer almadığı görülmektedir. St. Léon, bunu ne tartışmak ne de ispat etmek istemiyordu: O, bunu telaffuz ediyor ve yargılıyordu. O, Tertullien'in ve St. Augustin'in doktrinlerini tekrar ediyordu. Yani Doğuluların doğru olan doktrinini alıyordu. Fakat o, onu açıklıkla ve belli şekilde Batıda olan üslup içinde açıklıyordu[9]. Onun bütün doktrini, "tek şahıs ve iki tabiat" şeklindeki formülde özetlenmiştir. Mesih, tek şahıstır ve iki tabiata sahiptir.

Dioscore, İskenderiye Patriği olarak 444'den beri, sarayın emriyle, 449 Efes Konsilini (Haydutlar Konsili) yönetmiş ve kendisini, St. Cyrille'in formüllerinin ve imanın savunucusu olarak takdim etmiştir. Fakat her şeyden önce o, 381 yılından beri Doğuda, onun üzerinde baskıya sahip olan İstanbul Patrikliğini yatıştırmak gerekiyordu. İmparatorluğun desteğiyle ve fanatik bir keşiş grubuyla, 135 terörist piskopos grubunun toplanmasıyla, isteklerini empoze etmişti. Papalığın bilgisi olmadan, 8 Ağustos'ta, Eutychés ve 22 görevden alınan piskopos onore edilmiştir: Eusébe de Dorylée, Théodoret, İbas, Domnus Dantioche, Flavien ise, maruz kaldığı yaralardan üç gün sonra ölmüştü. Papalık delegeleri ise, kaçmışlardı[10]. Bu toplantının kurbanlarının çağrı mektuplarını alarak St. Léon (Ep.95) bu toplantıyı (449

---

[8] Flavien'e yazılan papanın mektubu, dogmatik bir yasa haline gelmiştir. Çünkü o, papanın yetkisine aittir. Bu mektubu anlamak için objektif olarak okumak gerekmektedir. Çünkü onun "ex cathedra"tarifi karakteri yoktur. P. Batiffol, S. Léon, Dict. Théol. col. 251. Böylece, ilahiyatçılar arasında bitmeyen tartışma sona ermiştir. Böylece, "ex cathedra" tarifinin nasıl olması gerektiği ve onun bir genel konsilde incelenmesi ve tasdik edilmesi gerektiği anlaşılmıştır.

[9] J. Tixeront, Hist. Dogm. III, p.86.

[10] Papalığın üç delegesi olan piskopos Jules, rahip Renatus, piskopos yardımcısı Hilarus, konsilin ilk toplantısına katılmışlardı. Fakat bunlar, Yunanca bilmiyorlardı. Bunun için alınan kararların ciddiyetini anlayamamışlardı. Dioscore'un niyetleri konusunda yeterince aydınlatan papanın mektubunun okunması da reddedilmiştir. Böylece ilk oturumdan itibaren Flavien, Dioscore tarafından söz konusu edilmiş ve durumu protesto etmişti. Piskopos yardımcısı, Hilaire: Contradicitur=çelişki diye haykırmıştır. O, Efes'ten kaçarak 22 Ağustos'tan sonra Flavien'in çağrı mektubunu (Libellus Appellationis) Roma'ya taşımıştı. Bu mektup, Amelli tarafından 1882 yılında bulunmuştur.

Efes konsili) "**Efes Haydutluğu**" olarak vasıflamıştır[11]: Bu isim, o toplantının adı olarak kalmıştır. Bu toplantının kararları, haksız bir şekilde Théodos II tarafından 450 yılında ölünceye kadar yürürlükte kalmıştır[12].

Yeni İmparator Marcien (450-457), samimi bir Katolikti. Her şey birden değişmişti. Flavien'in halefi olan **Anotole**, gecikmeden St. Léon'un dogmatik mektubunu kabul etmiştir. İmparator da Doğuda yeni bir konsil toplamayı arzu ediyordu. Bunu Papa da kabul etmişti. Böylece konsil 451 yılında Kadıköy'de toplanmıştı ve 500 ile 600 arasında üye toplantıya katılmıştı. Papanın delegeleri, etkili bir üstünlüğe sahiplerdi. Papa Léon, bunu şeklen istemişti[13]. Bu toplantıda, imanın haricinde "Efes Haydutlar"ının ortaya koydukları problemler ve diğer disiplin konularıyla meşgul olunmuştu.

İman konusu, İznik konsili iman formülünün, 381 I. İstanbul Konsilinin iman formülünün, St. Cyrille'in Nestorius'a yazdığı dördüncü mektubunun, 433 toplantısı formülünün ve St. Léon'un dogmatik mektubunu açıklayan farklı belgelerin okunmasıyla ve tasvibiyle belirlenmişti. Papalık delegeleri, papayı bütün kiliselerin başpiskoposu olarak takdim etmişlerdi. Papanın mektubu, konsil tarafından alkışla kabul edilmişti[14]. Ancak bu bazı güçlüklere yol açsa da, özel konferanslarda açıklanmış ve mütereddit piskoposlar ikna olarak mektubu benimsemişlerdi. Bu belge, otoriter ve kesin bir belgeydi. Ancak konsilin resmi iman formülü değildi. İmparator bu konuda resmi bir metin talep etmişti. Bu metin kaleme alınmıştı. Ancak Papanın mektubu kadar geniş değildi, kısaydı, kapalıydı, ancak delegeleri tatmin ediyordu. Çünkü bu metnin yazılmasına onlar da iştirak etmişti[15]. Tartışma konusu olan dogma, şu terimlerle ifade edilmişti: **Mesih birdir, oğuldur, Rabdır, biricik oğuldur, onda iki tabiat vardır."**[16] **Bunlar karışmamıştır,**

---

[11] P. Martin, Les Actes du Brigandage d'Efes, Paris, 1876. S. Léone, M. L'Orient, cf. Mommsen, Neuves Arch. 1889 (V), p.362-364. Eusébe de Dorylee, de papaya bir mektup yazmıştır. Bu mektup, apostolik makamda Grek Katolik imanı konusunda daha açıktı. Théodoret'nin St. Léon'a yazdığı mektup, tam olarak bir çağrı mektubuydu. Bu üç mektup için bkz: P. Batiffol, Siège Apostolique, p.513-519, P. Bernardakis, Les appels du Pape Dans Echos d'Orient, 1903. (VI), p.39-42.

[12] Théodos II, iradeli değildi. Kız kardeşi Pulchérie onun üzerinde etkiliydi. Chrysaphe (441)'de iktidara gelince, Pulchérie'nin etkisi çoğalmıştı. Yeni imparator, Dioscore'la bütün entrikaları çevirmiştir. Théodos II. ölünce Pulcherie iktidara sahip olmuştur.

[13] Bu kitabın ileriki sayfalarına bakılmalıdır.

[14] Mansi, VII, p.9-10.

[15] J. Tixeront, Hist. Dogm. III, p.95-96.

[16] Delegeler önce, takdim edilen formülü reddetmişlerdi. Çünkü formül, çift anlam ifade ediyordu. Onu, monofizitler kabul ediyorlardı. Onlar, birliğin dışında iki unsur kabul ediyorlardı.

değişikliğe uğramamıştır, bölünmemiştir, ayrılmamıştır."[17] Bu teklif, alkışla kabul edilmiştir ve piskoposların çoğunluğu tarafından yani 355 piskopos tarafından imzalanmıştır.

Şahıslar problemi, iman problemiyle çözüme ulaşmıştı. Dioscore, disipliner düzeyde farklı sebepler için azledilmişti. Özellikle, onun Efes'teki davranışı için onun "haydutlar toplantısın"daki arkadaşları bir kenara konmuşlardı. Mağdur olanlar rehabilite edilmişlerdi. Théodoret ve İbas, Nestorius'un aforozunu benimsemişlerdir. İbas'ın, Mans'e yazdığı mektup bazı pederlerce Ortodoks kabul edilmiştir. Özellikle Papalık delegeleri bunu kabul etmişlerdi. Ancak bütün konsil, böyle kabul etmemiştir. Yine de 553 konsilinin mahkûmiyeti[18], 451 Kadıköy konsili kararlarına tezat teşkil etmiyordu[19].

Disipliner kararlar arasında konsilin son oturumunda 28 karar alınmıştır. 381 yılındaki I. İstanbul konsilinde İstanbul piskoposunun onursal önceliği tanınmıştı. Şimdi buna, küçük Asya ve Thracé[20] üzerinde "gerçek patriarkal otorite" ilave edilmiştir. St. Léon, bu metnin kabulünü reddetmiştir. Bu ancak Roma tarafından XIII. yüzyılda kabul edilmiştir. İskenderiye ve Antakya Patrikleri, 28. ci yasada, Kadıköy konsilini reddedecek bir sebep buluyorlardı.

Bu büyük Kadıköy konsili de beklenen barışı, Doğuya getirememişti. Onun doktrinel kararları özellikle suçlanmıştır. Ancak bunlar gerekliydi ve uygun kararlardı. Nestorianizm, Efes'te mahkûm edilmişti. Fakat dostlarının St. Cyrille'in formüllerine yaptıkları sert yorumlar, şimdi Mesihin beşeri bütünlüğünü tahribe yönelmişti. Bu iki temayülün arasında St. Léon'un formülü, uzlaşma olmadan yer alıyordu. Bu formül, iki kampta, hakikatle meşgul olan ılımlı kafaları birleştiriyordu: Asırlar boyunca Doğu Ortodoksluğu, bunu reklam etmişti ve onun etkisi uzun süre mutluluğa sebep olmuştur. Fakat genel bir barışa oldukça ısınmış olan zihinler, bunu takip etmişlerdir: Mahalli kavgalar, şahısların rekabetleri, politik özlem komplikasyonları, spiritüel alandan çıkamayan bir kavgayı canlandırmıştır.

---

[17] Mansi, VII, 115, cf. Denzinger, B. Enchridion Symbolorum, n.148.
[18] İleriki sayfalara bakılmalıdır.
[19] İki konsil arasındaki tavır farkı, farklı görüş açısından açıklanacaktır. 451 konsilinde özellikle İBAS'ın şahsiyeti söz konusu olmuştur. Onun mektubundaki sapık ifadeler aranmıştır. 553 konsilinde, onun mektubundaki sadece biçimsel hatalar değil, tehlikeli yönler de araştırılmıştır.
[20] Bkz: I. cilt, ilgili bölüm.

Nestorienler, Kadıköy konsilinde, özellikle Nestorius'u savunanların bir rehabilitasyonunu görmektedirler. Diğer tarafta, St. Cyrille'in sert taraftarları, 431 Efes mahkûmiyetinin zafer çığlıkları ile olsun, İskenderiyelilerin akıllı formülleriyle olsun aldanarak, Kadıköy konsili kararlarında, Efes doktrininin terk edildiğine inanarak, oldukça farklı birtakım teorilerle kendilerini takdim etmişlerdir. Yani, Monofizizmin savunucuları olarak kendilerini göstermişlerdir.

İşte şimdi bununla meşgul olacağız. Sonra Efes ve Kadıköy antlaşmasını gösteren ve yanlış anlamaları dağıtmaya çalışan Katolik ilahiyatçıların eserlerini açıklamaya çalışacağız.

III. MONOFİZİT HAREKETİN ÇEŞİTLERİ

Bütün Monofizitler, Nestorianizmle ve Kadıköy Konsilindeki Katolik doktrine karşı mücadelede hem fikirdirler. Monofizitlerin arasındaki en büyük ayrılık, kendi doktrinlerini açıklama noktasında görülmektedir. Onların ortaya koydukları sistem, birbirinden oldukça farklıydı. Bunun için, Monofizitler, birbirinden ayrı mezheplere ayrılmışlardır. Biz onları, belli başlı iki grupta toplayacağız: Katı monofizitler ve esnek monofizitler.

A. Katı Monofizitler[21]

Katı Monofizit hareket, tabiat kelimesini lafzen alarak Mesihte gerçek anlamda tabiat birliğini öğretiyordu. Böylece, "Esnek Monofizit" harekete zıt olarak telkin yapıyorlardı. Esnek Monofizit hareket ise, bu doktrini yumuşatıyordu ve farklı bir yol çiziyordu ve teolojik olmaktan daha çok politik bir yol izliyordu. Aslında Monofizitliğin radikal formu, Eutychianisme diye isimlendirilmişti. Aslında, Eutychèse'in düşüncesinin ne olduğunu bilmek de zordu[22]. İşte bu hata kendisini bize dört şekil altında ve ikinci derecede birçok şekil altında takdim etmektedir. Bunların hepsi bu hatadan kaynaklanmıştır[23]:

1. Şekil: Temel Şekiller: Bunlar dört adettir: **Biri** insaniyete, **diğeri** Tanrısallığa, **geri kalan ikisi** de bu iki elemanın birleşmelerine bağlıdırlar:

---

[21] Bunlara gerçek Monofizitler de denmektedir. Bunlar, lafzî Monofizizme karşıdırlar. Ancak bu ifadeler, ilk grubun hata içinde, diğer gruplarında tamamen Ortodoks oldukları şeklinde anlaşılmamalıdır.
[22] Bu kitabın önceki sayfalarına bakılmalıdır.
[23] Biz bunlara tarihi kökenden ziyade mantıki düzen içinde işaret edeceğiz. Bkz: M. Jugie, Eutychèsès, op. cit. col. 1601.

a. Bazı Monofizitler, İsa'nın Tanrısallığının, insaniyetini yuttuğunu ve böylece bir olduğunu öğretiyorlar. Bu tıpkı, bal damlasının deniz suyu tarafından eritilmesi gibidir[24]. Bu itizaller, Mesihin çektiği acıyı, tanrısal tabiatına atfetmektedirler. Bunlar, "Sert Théopaschites" olmaktadırlar. Çünkü bu kelime, bazen bütün Monofizitleri göstermek için kullanılmıştır. Bu da, "qui crucifixus u pronobis"=Bizim için çarmıha gerildi" formülüne, Monofizitler, **TRİSAGİON**'kelimesini ilave ettikleri içindir[25].

b. Diğer Monofizitler, İsa'daki insaniyette kelimenin gelişmesinin üzerinde durmaktadırlar[26]. Bunu da St. Paul'un, "Exinanivit Semetipsum" kelimesine göre söylemektedirler. Buna Kénose[27] doktrini denmektedir. Bu teoriler, Eutychèse'e ve Apollinaristlere atfedilmiştir[28].

c. Monofizizmin klâsik şekli, Mesihte tanrısallıkla-insaniyetin karışımı üzerinde durmaktadır. Bunun sonucunda, Tanrı-insan kompozisyonu oluşmaktadır. Mesihte bir tek öz vardır. Bu sistemin en tanınmış temsilcisi, Sergius le Grammairien'dir. Bununla, VI. yüzyılda Antakyalı Sèvère mücadele etmiştir.

d. Katı Monofizitliğin en ince şekli, bir tek tabiattaki kompozisyonu öğretmektedir. Bunda karışım yoktur. Yani Mesihteki insaniyet ve tanrısallık tabiatı, tam olmayan iki cevher olarak, kompozisyon olmuştur. Buna göre ruh ve beden insanı oluşturmak için birleşmişler ve yeni bir tam öz olmuşlardır. Fakat bedenleşmede, théandrique kompozisyon, iki tabiatın olmasını ve tam olarak kalmasını gerektirmektedir. Bu doktrin, Apollinarisme'den kaynaklanmaktadır[29]. Bu doktrin, uzun zamandan beri, sadece aklın görüntüsüyle değil; esnek Monofizitliğin temsilcilerinin prensiplerine göre, bu söylenmektedir: Özellikle Sevèrienlere atfedilmektedir[30]. Ancak bu atıf, yanlıştır. Bu konuya ileride yeniden döneceğiz.

---

[24] Théodoret'e göre, Eranistes, P.G. 83, 153.
[25] Bu formül, Katoliklerce de zaten kabul edilmişti. Bazen bir kaç değişiklik de olsa oldukça Ortodoks anlamda kullanılmıştır.
[26] Bir başka grup, kelimenin bedende yoğunlaştığını söylemektedirler.
[27] Bu doktrin, yanlış olarak S. Hilaire'e atfedilmiştir. cft. T.I. p.352.
[28] Manus Mercator'a göre.
[29] Apollinaristler, Mesihin insaniyetini kabul etmezler. cft. t.I. p.439.
[30] M. Jugie, op. cit, col. 1601, 1607.

2. Monofizitliğin Farklı Şekilleri[31]:

a. **Actistétesler:** Bunlar Mesihin bedeninin, tanrısallığının olduğu gibi yaratılmadığını iddia etmektedirler.

b. **Phantasiastesler:** Bunlar da Mesihin, zahiri bir bedeni olduğuna inanmaktadırlar. Bu, saf Docétisme'dir.

c. **Aphthartodocétesler:** Bunlar da Mesihin bedeninin "bozulmazlığını" iddia etmektedirler. Bkz: Julien d'Halicarnasse[32].

d. **Niobitesler:** Bunlar "Etienne Niobé" taraftarlarıdır. Bunlar da Mesihteki birleşmede Tanrısallığı beşeri tabiattan ayırmanın mümkün olmadığını iddia etmektedirler.

e. **Agnoètesler**[33]**:** Bunlar da Mesihteki beşeri tabiatların zayıflığını iddia etmektedirler. Ancak onlar bunları reddederken, abartmışlardır.

f. **Acèphalesler**[34]**:** Aşırı Monofizit gruptur. Bunlar Hénotique'i kabul etmeyen ve bütün Patriklerden ayrılan gruptur. Bu anlamda şefleri yoktur, sadece piskoposları vardır.

B. Esnek Monofizitler

Monofizizmin en geniş grubu bunlardır. Kadıköy Konsilinin en akıllı ve en etkili hasımlarını bunlar teşkil etmektedir. Bu grubun Patriklerinin ve büyük teorisyenlerinin ileri sürdükleri doktrinler, yukarıdaki gruplarınkinden daha az serttir. Hatta bunların doktrinleri, sadece Monofizit adını almaktadır ancak Monofizit bile değillerdir. Bunlar, St. Cyrille'in formüllerine tutunmaktadırlar ve onun doktrinini yaymaktalar. Ancak bunlar, daha da tehlikelidirler. Hakikatte bunlar, itizal olmaktan, isyanları ile değil; kilisenin muhteşem öğretme yetkisine karşı gelmekten sakınmamışlar, Kadıköy konsilinde belirlenen Katolik formüllerle inatla mücadele vermişlerdir. Bunlar, sonunda Kadıköy Konsilinin meşruiyetini kabul etmek zorunda kalmışlar, kendi özel doktrinlerini, her türlü sitemden korumuş olarak, Cyrille'in 433'de Antakyalıların formüllerini kabul ettiği gibi, özel bir dille konuşmaya devam etmişlerdir. Bunların aralarından birçokları, katı Monofizitliğin

---

[31] J. Tixeront, Hist. Dogm. III, p.112-129.
[32] İleriki sayfalara bakılmalıdır.
[33] A. Vacant, Agnoètes, dans Dict. théol. col. 586-596, J. Cebreton, les Originies du Dogme de La Trinité, Paris, 1910, p.458-463.
[34] S. Vailhé, Acéphales, dans Dict. Hist. col. 282-288.

koruyucuları ve suç ortakları olmuşlardır. Meselâ Entychése karşısında Dioscore gibi. Bunların hepsi, İsa'daki beşeri tabiatı azaltmaya yönelmişlerdir[35]. Onların öğrettileri ve Ortodoks olarak savundukları formüllerin tehlikeli olduğu kesindi. Böylece onlar, itizalin gerçek propagandistleri olmuşlardı ve herkese, Ortodoks endişeden daha çok kalplerinde bulunan düşünceyi göstermişlerdir.

IV. İSTANBUL'DA MONOFİZİTLİK

Kadıköy konsilinde belirlenen doktrin, imparator Marcien'in (450-457) himayesindeydi. Bu destek, Papa Léon I'in (457-474) desteğiyle devam etmiştir. En azından buna imparator Zénon'da (474-491), destek vermiştir. Davetsiz misafir, Basilisque (476-477) imparatorluğun bu himaye politikasına reaksiyon göstermiş, Monofizitleri korumaya yönelmiştir: Onun Encyclique'i (476)[36], tam bir dogmatik karardı ve Kadıköy konsilini mahkûm ediyordu. Ancak daha sonra çıkan muhalefet karşısında bu Encyclique'i geri çekmiştir. Çünkü keşişlerin etkisiyle, Katolik halk, bu muhalefeti desteklemişti[37]. Zénon'un bu dönüşü, Kadıköy iman formülüne, iktidarın resmi desteğiydi. O güne kadar bu imparator, menfaatlerini, başka politikalara karşı daima tercih etmişti.

482 yılında Zénon, Hénotique[38] denilen bir birlik fermanı yayımlamıştı. Bunun hedefi, Kadıköy konsilinin hasımlarını, Contre-Encyclique de Basilique" de uzlaştırmaktı. Burada, Nestorius ve Eutychèse aforoz ediliyordu ve Mesihin insaniyeti ve Tanrısallığı tasdik ediliyordu. Fakat orada **BİR** kelimesinden ve iki tabiat terimlerinden sıkınılıyordu. Ayrıca bedbaht bir olay, "her kim, ister Kadıköy'de olsun ister başka yerde olsun, başka türlü düşünürse"onu mahkûm ediyordu. Böylece Kadıköy konsili, HENOTİQUE tarafından dolaylı olarak mahkûm edilmiş oluyordu. Orada, iman kaidesi sadece İznik sembolünü içine alarak beyan edilmişti ve oraya İstanbul konsili'nin iman kararı da ilave edilmişti. St. Cyrille'in on iki aforoz konusu ve Efes konsili kararları da orada yer almıştı[39]. Hénotique'in, hètèrodoks ifade-

---

[35] Mesihteki tabiatlar problemi gibi hususlar, göz önünde bulundurulmuştur. Mesihte, bir tek enerji olduğu kabul edilmiştir. Ancak bu da, ileride Monothèlisme'i doğuracaktır.
[36] Evagre, Hist. Eccl, III, 4; p.G. 86.
[37] Contre-Encyclique (477). Bu, Nestorius'u ve Eutychéce'i mahkûm ediyordu.
[38] Evagre, Hist. Eccl. III, 14.
[39] S. Salaville, Hénotique, dans Dict. Théol. col. 2153.

yi içine almadığı görülmektedir[40]. Fakat "Kadıköy Konsili" terk edilmişti. Bu, zihinlerin mevcut durumu için de çok tehlikeliydi. Böyle bir telmihle bu durum daha da ağırlaşmıştı.

"Bu belgenin ilham edicisi **ACACE**'dı[41]. Bu adam, İstanbul Patriğiydi (471-489). O, burada İskenderiyeli Pierre Monge'la tam bir ittifak içindeydi. O, Kadıköy Konsilinin kararlı bir hasmıydı. Acace, Basilisque'in altında oldukça enerjikti ve tereddütsüzdü. Kadıköy imanının savunmasını üstlenmişti. İstanbul Katolik halkın cesaretli muhalefetiyle buna sürüklenmişti. İşgal ettiği patriklik haklarının borçlu olduğu konsili de terk etmemişti[42]. Aynı dönemde Antakya patriği Pierre le Foulon'a,[43] bir mektup yazılmıştı. Burada açık olarak, ona karşı ve onun liturjik yeniliklerine muhalefet telaffuz edilmişti. Zénon iktidara gelince, Roma ile beraber Pierre le Foulon ve Pierre Monge d'Alexandrie (478), onu, mahkûm ettirmişti[44]. Bununla beraber bizzat o, Kadıköy konsilinin 28. yasasının resmi tasdikini imparatordan aldıktan sonra o, yavaş yavaş aynı monofizitlere dönmüş ve Doğunun iki büyük Patriklik merkezi olan Antakya ile İskenderiye patrikliklerine bağlanma yollarını aramıştır. Diğer yandan o, Roma'nın otoritesini ortadan kaldırmak istiyordu. Çünkü Roma, Kadıköy konsilinin 28. ci yasasını reddediyordu ve onun gözetimi yeni patrik tarafından dayanılmaz hale gelmişti. Çünkü o, kilisenin ünvanlarıyla mağrurdu. Pierre Monge, 482 yılında, monofizit hiziple, İskenderiye patrikliğine nakledilmişti. O, İstanbul'a, Katoliklerle Monofizitler arasında oldukça geniş bir antlaşma önermişti. Acace, bunu kabule hazırdı ve imparator'a onu, Hénotique diye bilinen şeyin ismi altında taşıtmıştı. Bu, imparator tarafından ve Pierre Monge[45] tarafından imzalanmıştı. Bunu reddedenler, piskoposluk makamlarından kovulmuşlardı.

---

[40] Yeni Tarihçilerin genel kanaatleri böyleydi. Bu. Noél Alexandre'dan beri (Hist. eccl. V. C.III, a, 19) Baronius'a karşı (Ann. Ecl. A. 482) böyleydi.
[41] M. Jugie, Acace, Dict. théol. col. 244-248.
[42] İskenderiye patrikliği, Basilique tarafından desteklenmişti ve Kadıköy konsilinin 28. ci yasası iptal edilmişti. Efes kilisesine, patriklik hakları 477. konsilinde verilmişti. Bu haklar 451 Kadıköy konsilinde Bizans yararına kaldırılmıştı.
[43] Mansi, Ampl. coll. Conc. VII, 1121-1124.
[44] Acace tarafından papa Simplice'e, bir mektup (P.L. 58, 46-47) yazılmıştır. Bu mektupta o, bu çıkarmalar vesilesiyle bazı sabırsızlıkları göstermektedir.
[45] Acace'ın Pierre Monge'a gönderdiği üçüncü mektup, Monge'u eyleminden dolayı kutlamaktadır.

Papa St. Simplice (468-483), halefi St. Félix III. ü (483-492) protesto etmişti. O, İstanbul'a delegeler göndermişti ve onlar şiddetten korkmuşlar ve rüşvetle bozulmuşlarsa da o buna, aldanmamıştı: O, Acace'a karşı bir aforoz cezası vermişti ve diğer patriklik merkezlerinin haklarına karşı kanun dışı gasbın üzerine oturan hükümleri ve sapıklara verilen tavizleri kaldırmıştır. İstanbul'a karşı olan bu muhalefet, ciddi şekilde keşişler ve özellikle ACEMETLER[46] tarafından yürütülmüştü. Fakat **Acace** açık olarak isyan yollarına girmişti, tablolardan papanın ismini silmişti. Böylece bütün Doğuyu itizale sürüklemişti. Acace itizali, otuz beş yıl devam etmiştir. Bu kriz, Monofizit itizale, gelişme imkânı vermişti. Bununla beraber o, önce ve her şeyden önce bir itizaldi. Hatta Patriarkal düzeyde İstanbul'un Patriklik makamının yüceltilmesinin ilk meyvesiydi. Böylece Bizansta, bu liyakatin yaratılmasından otuz yıl sonra o, Roma'dan ayrılmaya teşebbüs etmişti. Ancak bu ayrılma, V. yüzyılda belirmesine rağmen, XI. yüzyılda başarılı olmuştu. Halkın ve geleneğin sesiyle empoze edilen[47] birlik, VI. yüzyılda temin edilmişti. Bu farklı krizlere rağmen bu durum, uzun süre devam etmişti[48].

518 yılında imparator Justin (518-527), samimi bir Ortodoks olarak Papa St. Hormisdas'la (514-523) kiliseye barışı getirmek için anlaşmıştı. Monofizit piskoposlar, makamlarını terk etmek zorunda kalmışlardı ve onların yerine Ortodoks piskoposlar oturmuşlardı. Özellikle, Antakya'ya... İstanbul patriği Jean II, birlik taraftarıydı. Onun önderliğinde, bütün Doğu piskoposları, meşhur HORMİSDAS formülünü[49] imzalamayı kabul etmişlerdi. Bu formül[50], bütün açıklığıyla Roma'nın makam imtiyazını belirtiyordu. Bu imtiyazların temeline işaret edilmiştir: O, çift yönlüdür: Mesihin sözü ve Roma Ortodoksluğunun sürekliliği: "Hz. İsa aziz Petrus için, ben kilisemi bu kayanın üzerine kuracağım" demiştir[51]. Özellikle, iki özel zaruret orada belir-

---

[46] Bir Acémète patrik, aforozunu papanın pallium'una bağlayarak not etmişti. Bu keşiş, ölümle cezalandırılmıştı. Acémèteler konusunda ileride bilgi verilecektir.
[47] 510 yılında Théophane'a bakılmalıdır. İtizal süresi boyunca birçok patrik boşuna Roma ile uzlaşmaya çalışmıştı. Bkz: S. Salaville, op. cit. col. 2170.
[48] Acace itizalini takip eden ayrılıklar, itizalin esprisinden ziyade, itizal için sebep olmuştur.
[49] Denzinger, B, Enchridion, n.171-172.
[50] Patriark, girişte çok saygılı şekilde papaya karşı eski kiliselerin ve yeni Roma'nın bir olduğunu belirtiyordu. Mansi, Conc. VIII, 451. Bu belgenin tamamı ve VI. yüzyılın tarihi, hangi anlamda bu formülün anlaşılması gerektiğini göstermektedir.
[51] Matta, 16/18.

tilmiştir: 1. Roma'nın tavsiyelerine uymak, 2. Katolik toplumunda kalmak için Roma ile birleşmek. Tablolardan bazı isimlerin çizilmesi gerekiyordu. Bunlar Nestorius, Eutychése, Dioscore, Timethée Elure, Pierre Monge, Acace ve Pierre le Foulon'du. Bu isimler, papa tarafından zikredilmişlerdi. Bu formül, P. Salaville'in dediği gibi gerçek bir Ortodoks HENOTİQUE'di[52]. Böylece birlik, İstanbul'da tesis edilmiş ve itizal tehlikesi uzun müddet bertaraf edilmişti.

V. İSKENDERİYE'DE MONOFİZİTLİK

Monofizitlik, kendisini St. Cyrille'in mirası olarak kabul etmekte ve kuvvetli bir şekilde Mısır'a yerleşmektedir. Böylece, Katolik Hıristiyanlıktan da tamamen ayrılmaktadır. Bu itizalin belli başlı temsilcilerini belirtelim. Ancak onların yazılarından çok az şey kalmıştır:

1. **DİOSCORE**[53]: Bu adam St. Cyrille'in 444'de halefi olmuştur. O, 449 "Efes'in Haydutluğu" ile meşhur olmuş ve 451 Kadıköy konsilinde görevden alınmıştır. 454 yılında Gangres'te sürgünde ölmüştür. Ondan birkaç mektup parçası kalmıştır. Muhtemelen gözden geçirilmiş olan altı yasa ve Kadıköy konsiline karşı aforozlar, daha sonra Monofizitlere, Katoliklerle mücadelede ilham kaynağı olmuştur. Eutychése'in, bütün fikirleri kabul edilmemekle bareber o, Monofizit itizalin ilerlemesini sağlamış ve savunmuştur.

2. **TİMOTHÉE AELURE**[54]: St. Cyrille tarafından rahip olarak atanmıştır. Haydut Efes konsilinde (449), Dioscore'un arkadaşıdır. İskenderiye piskoposu olarak atanmıştır (457). Çünkü Katolik piskopos Protérius, katledilmişti. Timothée imparator **Léon** tarafından İskenderiye'den, Gangres'e sürgün edilmiştir. Dioscore, da orada ölmüştü. Daha sonra Timothée, Chersonése'e, sürgün edilmiştir. O, 476 yılında Basilisque'le hatırlanmıştı, 477'de Efes Patrik yardımcısı olmuş ve kısa zaman sonra İskenderiye'ye dönmüştü ve aynı yıl orada ölmüştür. Onun doktrinini anlatan birkaç önemli yazısı kalmıştır: 1. Une Refutation du Synode de Chalcédoine et du Tome de Léon (Sürgünden Önce yazılmıştır), 2. Contre Aux Qui Disent: Deux Natures

---

[52] Op. cit. col. 2175.
[53] J. Lebon, op. cit. P.84-93; Dioscore'un hayatı için bkz: G. Bareille, Dioscore, dans Dict. théol. col. 1369-1375.
[54] J. Lebon, la Christologie de Tim. Aelure, dans Rev. Hist. Eccl. 1908, P. 677-702 ve Le Monoph. Sévérien, p.93-111.

(Sürgünde yazılmıştır). Bu, Patristique edebiyattan geniş derlemelerdir[55]. Sözde bunlar, Katolik doktrine zıddılar ve onlarla mücadele için bir araya getirilmişlerdir. 3. Livre de Récit: Bir kilise tarihidir. Bu eser, Anti-Nestorien özelliktedir. 4. Mektuplar: İstanbul kilisesine gönderilen bir mektup. İskenderiye kilisesine gönderilen diğer mektup ve Mısır'a gönderilen üçüncü mektuptan ibarettir. Onun Monofizitliği, esnek monofizitliktir[56]. O, daima şüpheli görünmüştür[57]. Monofizitliğin gelişmesinde o daima uğursuz bir aksiyon sergilemektedir. O, katı Eutychéselerden ayrılsa da böyledir.

3. PİERRE MONGE: Aslında bu dolaylı olarak meşhurdur. Fakat o, HENOTİQUE'in yazılmasında etkilidir[58]. O, 477 yılında monofizitlerce patrik olarak atanmıştır. Ancak, Zénon tarafından kovulmuştur. Yeniden makamına gelebilmek için o, 482 yılından itibaren Zénon'a benimseyeceği yeni dini politikalar telkin etmiştir. Bunlar, Acace'ın tavsiyeleri üzerine yapılmıştır. Ancak o, 489 yılında ölmüştür. Ondan üç mektup kalmıştır. Mektuplardan birisi ACACE'a[59] yazılmıştır. Onun doktrini, hissedilir şekilde, Timothée Aelure'unkine benzemektedir.

4. JULİEN d'HALİCARNASSE[60]: Bu şehrin Monofizit piskoposuydu. (IV. yüzyılın başı) 518 yılında makamını terk ederek, hayatını Mısır'da geçirmiştir. Orada, Mesihin bedeninin çürümezliği üzerindeki garip doktrinini veya Docétisme'i propaganda etmiştir. Onun doktrini şöyledir: Mesih, bedenleştikten sonra tabii olarak duyarsız ve ölümsüz bir bedene sahip olmuştur. Bu imtiyaz, karşılaştığı acılara kadar devam etmiştir. Bu, onun iradesiyle ve mucize ile olmuştur. Bu teori, oldukça garip bir teoridir. Julien bunu söylüyordu ve bu Monofizit temayülden ileri geliyordu. Onlar, Mesihin beşeriyetini, Tanrısallığa bağlıyorlardı ve prensipte aşırılığa kaçıyorlardı. Böylece Tanrının insaniyeti, imkân ölçüsünde bütün olgunluklara sahipti. Julien'e karşı, Antakyalı **Sèvére**, Mesihin dirildikten sonra duyarsız olduğunu söylemektedir[61]. Draguet'nin verdiği "daha uygun takdimine göre" Aphthartodecitisme, Me-

---

[55] P. Cavallera, le dossier patristique de Tim. Acl. Dans Bull. Litt. Eccl. 1909, p.342-359.
[56] İleriki sayfalara bakılmalıdır.
[57] P. Nau, Sur la Christologie de Timothée Aelure, dans Rev. De l'or. chrét. 1909, p.99-103.
[58] İleriki sayfalara bakılmalıdır.
[59] Monge-Acace haberleşmeleri doğru değildir.
[60] R. Draguet, Julien d'h. et sa Contreverser avec Sèvère d'Autioche sur l' incorruptibilité du corp du christ, Louvain, 1924; Julien d'h. dans Dict. théol. col. 1931-1940, M. Jugie, Julien d'Halicarnasse et Sèvère d'Antioche, dans Echos d'or, 1925 (t.24), p.129-162 ve 257-285.
[61] P. Jugie, Julien'in bu hatalı kavramını, M. Draguet'nin tezinden sonra devam ettirmiştir. Echos d'Or. loc. cit.

sihin beşeriyetinin çok gerçek zayıflıklarını benimsiyordu. Onu tabiatlar diye isimlendirmiyordu. Çünkü bunlar, diğer insanlardaki gibi değillerdi. Diğer insanlardakiler, asli günahtan çıkmıştır[62]. Onun bedeninin çürümezliği, asli günahtan tamamen ayrıdır[63]. Sèvère, bu doktrini hatalı bulmaktadır. Bu doktrinin Ortodoks olduğu, Julien'in asli günah kavramını doğru anlamadığını ve onun hatalı olduğunu söylemektedir[64]. Julianistes veya Aphthartodocètes, Gainites[65], uzun zaman en güçlü grubu temsil etmişlerdir. Bunu hem Katolikler hem de Monofizit şefler itiraf etmişlerdi.

5. Sergius le Grammairien: O, İskenderiye'de VI. yüzyılda Katı Monofizitliğin belli başlı temsilcilerinden birisidir. O, Mesihin İnsan-Tanrı olduğunu, bir tek cevher olduğunu söylemekte ve Sèvère'le mücadele etmektedir[66]. Sèvère, Kadıköy formüllerini kabul konusundaki inatçı reddi ile sapık olduğunu ve St. Cyrille ile beraber onu, suçlu bulmaktadır.

İskenderiyeli diğer Monofizit ise, Jean Philopon'dur[67]. Bu adam, VI. yüzyıl ortasına doğru yaşamıştır. Diğer Monofizit, Etienne Gobar'dır. Bunların yanlış doktrinleri, Teslis konusundaki bir başka yanlış doktrini daha karmaşık hale getirecektir. Öyle ki Mesihte hypostase nedeniyle tabiat birliği vardır. Allah'ta üç tabiat vardır. Çünkü üç hypostase vardır. Onlar haklı haksız olarak, TRİTHEİSTES[68] olarak adlandırılmışlardır. Ancak üç Allah'ı reddetmektedirler. Daha sonra İskenderiyeli Monofizit Damien (578-605), bir başka teslisle ilgili teori ortaya artmıştır. O ve taraftarları **Damianites**'ler, bazen de Modalistler veya Tetradistler[69] diye anılmışlardır (quaternite doktrini). Bunların en meşhuru TETRADİT'lerdir[70].

---

[62] Bu kelimeler için I. cilde bakılmalıdır.
[63] Muhtemelen Julien, insanın günahı tabiatıyla aldığından günahı ayırmaktadır. O, ızdırapların, insanın kaçınılmaz talihi olduğunu, ebeveynlerinden intikal eden günahın cezalandırıldığını söylemektedir.
[64] Julien görüşleri için farklı eserler yazmıştır: Tome. Additions, Adversus Blasphemios Severi, Discours Contre Les Manichéens et les Entychienns) Ancak bunlar kaybolmuştur. R. Draguet, op. cit. Kalanlar sadece birkaç mektup ve Eyub üzerindeki tefsiridir.
[65] M. Jugie, Gonnité (Controverse), Dict. théol. col. 1002-1022.
[66] J. Lebon, op. cit. P.163-172 ve 558-581.
[67] G. Bardy, Jean Philopan, Dict. théol. col. 831-839.
[68] J. Tixeront, Hist. Dogm. III, p.196.
[69] Tixeron, Hist. Dogm. III, p.196-197.
[70] Pgnoètes'in hatasını daha önce belirtmiştik. Onun yardımcısı olan Thémistius 540 yılına doğru, onun en büyük propagandacısı olmuştur. Acéphales mezhebi, uzlaşmaz monofizitleri toplamıştır. Bunlar, V. yüzyılın sonundan itibaren patriklerin liberalizmine karşı çıkmışlardır. Bu dönem Pierre Monge dönemidir.

VI. yüzyıldan itibaren Mısır'daki en büyük yerli Hıristiyanlar, Kıptilerdi. Bunlar, Monofizitliğe katılmışlar ve bütün Kıpti ilahiyat edebiyatı da Monofizit olmuştur.

V. SURİYE MONOFİZİTLERİ

Suriye'deki Monofizit temsilcilerin öncüleri Antakya'nın iki patriğidir. Bunlar, **Pierre le Foulon** ile **Sèvère**'dir. Ayrıca birçok piskopos veya keşiş vardır. Bunlar da Süryanice yazmışlardır. Suriye Monofizitleri, Kadıköy konsilinde belirlenen Ortodoksluktan ayrılmışlar ve bütün edebiyatlarını, Katolik tesirden uzaklaştırmışlardır.

A. Yunanca Yazan Yazarlar

1. **PİRRE LE FOULON**[71]: Çok yetenekli bir keşiştir. 470 yılına doğru Antakya monofizit piskoposluğuna atanmıştır. Daha sonra Basilisque'in altında 476 yılına doğru ve Zénon'un (485-488) idaresi altında, liturjik bir yenilikle özellikle meşhur olmuştur: O, ayin ilahisine, **TRİSAGİON** (Sanctus Deus, Sanctus Tortis, Sanctus İmmortalis, Miserere Nobis) ismi altında, "qui crutificus es pro nobis=Bizim için çarmıha gerilen" kelimelerini ilave etmiştir. Bu kelimeleri, PİERRE'in, Mesihten işitmiş olma ihtimali vardır ki o, üç defa aziz ünvanıyla belirtilmiştir[72]. Fakat özellikle, İstanbul patrikliğinde Trisagion, Tesliste belirtilmiştir. Foulon'un bu ilavesinden itibaren Patripassianisme veya Eutychanisme yönlendiriliyordu. Yine bütün Monofizitler, bu formül nedeniyle[73] Theopaschites'ler olarak adlandırılmışlardır.

2. **Antakyalı Sèvère**[74]: Antakya'da 512 yılından 518 yılına kadar Patriklik yapmış ve 538 yılında ölmüştür. Esnek Monofizitliğin en iyi ilahiyatçısıdır. Verimli kalemiyle ve düşüncesinin esnekliğiyle belirginleştiği kadar, kötü bir davanın hizmetinde inatla ve vazgeçmezlikle de belirgin hale gelmiştir, Pisidie asıllıdır. 488 yılında Hıristiyanlığı kabul etmeden önce, edebiyat ve hukuk tahsili yapmıştır. Filistin'de keşiş olmuş ve monofizitliğe girmiştir.

---

71 J. Tixeront, Hist. Dogm. III, p.105-106; S. Vailhé, Antioche, dans Dict. théol, col. 1405-1406.
72 İlerde, "Scythes keşişleri"nin söz konusu formülü, Katolik anlamda yaydıklarını göreceğiz. Bu kitabın ileriki sayfalarına bakılmalıdır.
73 Monofizitler şu formülü kullanmışlardır: Teslisten birisi, çarmıha gerilmiştir. Bkz: J. Lebon, op. cit. P.479-486.
74 M. Peisker, Severus von Antiochien, Halle, 1903; J. Lebon, Le Monophisisme Sèvèrien, Louvain, 1909; J. Tixeront, Hist. Dogm. T.III, p.117-127; W.E. Sèvère d'A. en Egypte, dans, Rev, Orien. Chrèt, 1923, p.92-104.

O, önce keşiş Néphalius'a, Suriye'de savaş açmış ve daha sonra da İstanbul'da **508**'den **511** yılına[75] kadar yaptığı hizmet esnasında, bu alanda propaganda yapmıştır. O, büyük eseri olan PHİLALÈTHE'i bu yıllarda, Kadıköy konsiline karşı yazmıştır[76]. O, daha sonra bu kitabı savunmak için, patrikliğinin başlarında, "Apologie du Philalèthe'i" yazmıştır. Fakat hayatının büyük polemiklerini, Antakya'da ikamet yılları olan (515 yılına doğru) yıllarda, Eutychianist **Sergius le Grammairien**'le[77] ve Mısır'a sürgün olduğunda da Ortodoks **Jean le Grammairien** (519 yılına doğru)'le, DAHA SONRA DA **Julien d'Halicarnasse** ile[78] yapmıştır. O, 533'de İstanbul'daki dini toplantıya davet edilmiştir. Orada, patrik **Anthime**'i ayartmıştı. 538 yılında da büyük bir kısmı kaybolan önemli ilahiyat eserini bırakmıştır.

Eski Grekçe yazıları[79]'nın büyük bir kısmı, bu eserde muhafaza edilmiştir. Fakat bu yazıların büyük bir kısmı, sadece Süryanice çevirilerle muhafaza edilmiştir.

Onun mektuplarının sayısı 3.759 mektubu bulmaktadır: Bunlar, farklı unsurlarla yayımlanmıştır[80]. Bazı ilahiyat mektuplarını Lebon analiz etmiştir.

125. Dini bilgiler: Sévère'in patrikliği döneminde yazılmıştır. Bunlar Yunanca muhafaza edilmiştir. Bunlar, farklı 77 Homelie parçalarıdır. Geri kalanlar Süryanice çevirilerde muhafaza edilmiştir. 52-77 Homelieler, yeni yayımlanmışlardır[81].

Liturji, Sévére'e bir Anaphore borçludur[82]. İlahileri ise oldukça çoktur[83].

Denys L. Aréopagite denilen yazılar konusunda ilk bilgiler üzerine 533 yılında iddialarda bulunulmuştur. 513 yılından beri bunlar, Tyr konsilinde zikredilmişe benzemektedir[84]. Bu yazıların yeni Eflatuncu karakteri, Sévère'le çok az uyuşmaktadır. Bunun için bu yazıların, onun tarafından yazıldıkları konusunda düşünmek gerekecektir.

---

[75] J. Lebon, op. cit. P.43.
[76] İbid, p.124.
[77] İbid, p.64.
[78] Contra Grammaticum'un III. kitabı, J. Lebon tarafından analiz edilmiştir. İbid, p.147-163.
[79] O, Julien'e karşı mektuplar yazmıştır: Bir Critique, bir Réfutation des Propositions de Julien; bkz: R. Draguet, Julien d'Halicarnasse, dans. Dict. théol. col. 1934.
[80] L.Wl. Brooks, The Sixth Book of Select Letters de Severus, 2. cilt, Londres, 1902-1904, p.0. 12, 14; 118 mektup, Lebon, op. cit. P.538-551.
[81] Kücker, Die Syrische Jacobosanphora, Münster, 1923.
[82] L.W. Brooks, dans, p.0, 6, 7.
[83] L.W. Brooks, dans, p.0, 6, 7.
[84] Diekamp, Lebon, bu konsili 514-515 yıllarına koymaktadır.

Sèvère'in kristolojik doktrini, St. Cyrille'in kristolojisinin sistematik bir takdiminden başka bir şey değildir. Bu doktrin, Kadıköy doktrini gibi, Nestorianisme'le-Eutychianisme arasında aracı bir doktrindi. Yine de bu doktrin, Kadıköy Ortodoks doktrinden, onun formüllerinden ve eğilimlerinden ayrılmaktadır.

İskenderiyelilerle beraber **Sèvère**, **Cevher-Tabiat** ve hypostase kelimelerini, Personne=kişi anlamıyla aynı görmektedir[85]. Mesih, sadece bir tek tabiata sahip değildir. O, bir tabiattır veya personne'dur=kişi'dir. Kelime, hareket noktasıdır ve bütün terim, enkarnasyon sırrının açıklanmasındadır: Tabiat veya kelimenin özü, bedenleşmiştir[86]. Bu bedenleşme, bir başka şey haline gelmek için değil; başkaca var olmak için var olmaktadır.

"Mesihin insaniyeti, Meryem'den alınmıştır ve tamdır. Kelime ile fiziki bir birleşme ile var olmuştur[87]. Bu var oluş, aynı zamanda Nestorianisme'ın düalizmini ve Eutychianiste'leri dışta bırakmaktadır ve bedenle ruhun birleşmesi gibi olmaktadır. Bu birlik, toplanan unsurların birliğine saygılıdır ve bir kompozisyondur. Kelimenin kişiliği, insaniyetin ilavesiyle kompoze olmaktadır[88]. Böylece, hepsi Allah olarak kalmakta ve Baba ile aynı cevher olmaktadır.

Bununla bareber **Sèvère**, Mesihteki iki tabiatı kabul etmemektedir. Sadece onda bulunan tanrısal özle, beşeri öz karışmadan bulunmaktadır[89]. Şüphesiz, Mesihin iki tabiatı vardır[90]. Fakat o, bir tek gibidir, bir tek tabiattır. Bununla beraber, onun reddettiği şey, tabiat ismi altındaki uyumun reddidir. Sèvère bunu büyük oranda **Propriéte** ismi altında kabul etmektedir: O, önce propriete essence spesifiki, beşeri varlıktan ve tanrısal varlıktan ayırmaktadır ve o, iletilemez. Nihayet o, sıfatları ve basit propriételeri ayırmaktadır. Bunlar, her varlığa özgüdürler fakat ayrılmazlar. İdyomların iletişimi, aynı sürede birleşmek zorundadırlar[91]. Propriéte, operasyon veya enerjiye bağlanmaktadır: Mesih tarafından icra edilen iki kategorik iş vardır. Fakat

---

[85] J. Lebon, op. cit, p.242-280.
[86] J. Lebon, op. cit, p.242-280.
[87] J. Lebon, op. cit, p.283.
[88] İbid, p.292-297 ve p.200-204.
[89] J. Lebon, op. cit, p.343-369.
[90] İbid, p.370-412.
[91] İbid, p.413-442.

icraatı yapan tektir. Böylece şu denilmek istenmektedir: İşler farklıdırlar, fakat bir tek isteyenden başkası yoktur, sadece bir tek irade vardır[92].

Bu formüllerle **SÈVÈRE**, açıktan açığa monoenerjisme'i veya monothélisme'i propaganda etmemektedir. O, sadece insana ait olan işleri bedenleşmiş kelimenin birliğine atfetmektedir. Onun bütün doktrini, Katolik doktrinden sadece idyomların iletişiminin katı kullanımıyla ayrılmaktadır[93]. Bu, kelime tarafından üstlenilen beşeri tabiatın isimlendirilmesinin yasallaşmasına kadar gitmektedir. Bu durumda denildiği gibi kristolojik bir hata burada yoktur. Fakat Mesihin insaniyetini azaltma tehlikesi vardır: Nestorianisme'ın, insanı, Tanrıdan ayırma bahanesiyle, tabiatında olduğu gibi, bu beşeriyetin de bir tarafta olması reddedilmektedir. Bu durumda burada, **Tabiat-Hypostase-Personne** terimlerinin bir olduğu çıkmaktadır. Bu ise, filozofik bir boşluğun sonucudur.

Sèvère, bireysel varlıkları tanımakla beraber, insaniyetin bireysel karakterini, onun müstakil varlığını reddetmektedir. Onun için fert ve şahıs mutlak biçimde birleşmiştir. Bunun için Léonce de Byzance, haklı olarak şu teorisini geliştirmiştir: Somut tabiat vardır, bireyseldir. Fakat hypostase yoktur[94]. SÈVÈRİEN'ler, dar kavramlarında bu ayırımı anlamada çok katıdırlar. Onların bu temayülleri, onları itizale götürmüştür ve hatta eski konsillerin büyük telkinlerine karşı başkaldıran bir itizal olmuştur. Onların tutumları, onları basit ilahiyat delillerini sunmalarını engellemiş ve monothelisme, bütün VII. yüzyılı karıştırmıştır. Bu onların küçültücü teolojilerinin direk sonucu olmuştur.

Sèvère'in bilgisi ve elverişliliği ne olursa olsun, onun zahiri Ortodoksluğuna rağmen ve iyi niyetine rağmen o, itizalin korkunç tamircilerinden ve Doğu kilisesindeki itizalcilerinden birisidir.

B. Süryanice Yazarlar[95]

Süryanice yazan birçok monofizit yazar vardır. Bunların en önemlileri şunlardır:

---

92 İbid, p.443-466.
93 İbid, p.467-486.
94 İleriki sayfalara bakılmalıdır.
95 R. Duval, La Litt, Syriaque, Paris, 1899, A. Baumstark, Geschichte der Syrischen Literature, Bonn, 1912.

1. Philoxène de Mabbough[96]: 418 yılından 518 yılına kadar Mabbough piskoposudur. 523 yılında sürgünde ölmüştür. Antakyalı Sèvère'in dostudur. Onun doktrinlerine inanmaktadır. Birçok ilahiyat alanında eser bırakmıştır. Hatta bunların çoğu yayımlanmıştır. Onun ismini taşıyan "Version Philaxénienne" onun değildir. Bu, onun yardımcısı Polycarpe'ındır[97].

2. Jaques de Saroug[98]: Saroug piskoposudur. Saroug, Fırat üzerinde bir yerdir. 521 yılında ölmüştür. Çok güzel Süryanice eserler vermiştir. Birçok şiir bırakmıştır. Meselâ, 700 homélie bırakmıştır. Bunların çoğu yayımlanmıştır.

3. Etienne Bar Sudaili[99]: Panteist temayüllü, monofizit bir keşiştir. Onunla, Philoxène ve Jaques de Saroug, onun doktrinini ekarte etmek için mücadele etmişlerdir. Ona, HİEROTHÉE isimli bir kitap atfedilmektedir. Bu kitabı, Denys "L.Aréopagite" reklam etmektedir[100].

4. Jean Bar Cursus[101]: Tella piskoposudur. 538'de vefat etmiştir. Birçok eser bırakmıştır. Özellikle o, Jaques Baradée'nin selefidir. Beradée, Suriye monofizitliğinin organize edicisidir.

Bu ilahiyatçıların veya yazarların eserleri, monofizitliği kurtarmaya yetmemiştir. Çünkü Justinien'in aldığı sert tedbirler VI. yüzyılda kaçınılmaz tedbirlerdi. Jaque de Tella, Baradée lakaplıydı[102]. 543'den 578 yılına kadar Urfa piskoposluğu yapmıştır. İmparatoriçe THEODORA'nın komplolarıyla, Tella piskoposu Jaques, Suriye'de ve daha ötelerde muhalif bir hiyerarşi teşkil etmemişti. Suriye kilisesi, monofizit olarak bu ismi almayı başarmış ve Yakubi kilisesi ismini almıştı.

Burada Jaques Beradée'den sonraki dönemin en tanınmış monofizit Süryani birkaç yazarına işaret etmek istiyoruz:

1. Jean d'Alie veya Jean d'Efes[103]: Doğulu azizlerin hayatları ile meşhur olmuştur (568). Özellikle onun kilise tarihi muhafaza edilmiştir (3 kitabı muhafa-

---

[96] Duval, 221; Baumstark, 141-144, A. Vaschalde, Threé Letters of Philoxennus, Roma, 1902; Tract de Trin et İncarn, Paris-Rome, 1907.
[97] A. Baumstark, op. cit. P.144-145.
[98] Duval, op. cit. 351-354; Baumstark, op. cit. P.148-158; E. Tisserant, Jaques de. S. dans. Dict. théol. col. 300-305.
[99] R. Duval, op. cit. 356, 358; Baumstark, op. cit. 167.
[100] L. Kuchesne, op. cit. P.106-108.
[101] Duval, op. cit. 359; Baumstark, op. cit. 174.
[102] L. Tuchesne, op. cit. P.106-108.
[103] E. Tisserant, dans dict. théol, VIII, 752-753, cf. F. Nau, dans Rev. Or. ch. II, 455-493.

za edilmiştir). Bu kitap, Monofizizmin tarihi için çok önemlidir. Jean Rufus'un[104] Apokalypslerinden daha ciddidir. Jean, 585 yılından sonra ölmüştür.

2. Paul de Tella[105]: Bu adam, 616-617 yıllarına doğru Origéne'nin Hexaptes'nı tercüme etmiştir.

3. Thomas d'Heractlée[106]: Aynı tarihte "Version Philoxénienne"i gözden geçirmiştir.

4. Jaques de'Edesse[107] (640-608): Bu adam bir ansiklopedisttir, kutsal kitapla teolojik etüdlerle ilgili çok sayıda eseri vardır.

5. Jaques Bar Salibi[108]: Diyarbakır piskoposudur (Amid). Çok verimli bir yazardır. Tefsirler, teolojiler, liturjiler bırakmıştır. 1171 yılında vefat etmiştir.

6. Gregoire Bar. Haebracus[109]. Muhtedi bir Yahudinin oğludur. Piskopostur ve büyük bir edebiyatçıdır. Çok önemli ve farklı bir eser bırakmıştır.

Burada gösterilen isimler, Suriye Hıristiyanlığını temsil hedefi gütmektedirler ve ayrıldıkları entelektüel kültürü belli seviyede devam ettirdiklerini ortaya koymaktadırlar.

---

[104] Bu yazar için bu kitabın IX. Bölümüne bakılmalıdır.
[105] A. Baumstark, op. cit. P.186-188.
[106] İbid, p.18-189.
[107] E. Tisserant, dans Dict. théol. VIII, 286-291, F. Nau, dans Dict. Bibl. III, 1099-1102.
[108] E. Tisserant, Dict. théol. VIII, 286-291; F. Nau, Dict. Bibl. III, 1098.
[109] A. Baumstark, op. cit. 312-320.

ALTINCI BÖLÜM
MONOFİSİSME'İN HASIMLARI
LÉON DE BYZANCE[1]

I. LÉONCE DE BYZANCE'DAN ÖNCE MONOFİZİTLİĞİN HASIMLARI

Monofizitlik beşinci yüzyılın ortalarında, Theodoret[2] ve Eusébe de Dorylée[3] tarafından ifşa edilmiş, Flavien de Constantinople[4] tarafından Eutychése mahkûm edilmişti. Bununla beraber, VI. yüzyılın başında Ortodoks savunma, keşişliklerde ve piskoposluklarda teolojik tartışmaları ortaya çıkarmıştır.

A. Piskoposlar

1. **Macedonius:** 496-511 yıllarında İstanbul patriğidir. Patristik bir Antoloji yazmıştır ve Sèvère tarafından tanıtılmıştır[5].

2. **Héraclien:** Kadıköy piskoposudur (VI. yüzyılın başı). Uzun reddiyesiyle tanınmıştır. Bu reddiye, yirmi kitaptır ve Manicheisme'den bahsetmektedir. Yine bu reddiye, Césarée'li Eutychien bir piskoposa karşı yazılmıştır.

3. Jean de Scythopolis (VI. yüzyıl). 515-520 yılına doğru, Kadıköy konsilinin bir savunmasını yazmıştır. Jean le Grammairien'le birlikte, Sèvère'in belli başlı hasımlarından birisidir. Ona karşı bir kitap yazmıştır[6].

4. Jean le Grammairien (VI. yüzyıl). Muhtemelen Filistin Césaréesi'nin Piskoposudur. Sèvère'in Philalethe'ine karşı yazdığı sert reddiye ile tanın-

---

[1] P.G. 86, MAI, Spicilegum roman, X; V. Ermoni, De Leontio Byzantino, Paris, 1895; F. Loofs, Leontius von Byzana, Leipzig, 1887; W. Rügamer, id, Wurtebourg, 1894; P. Junglas, id. Paderborn, 1908; J. Tixeront, Hist. Dogm. III, p.151-159; Mélange, p.223-227; A. Michel, Hypostase, dans Dict. théol. col. 397-399; V. Grumel, Léonce de Byzance, dans Dict. théol. col. 391-399; V. Grumel, Léonce de Byzance, dans Dict. théol. col. 400-426; M. Grabmann, Geschichte der Scholastischen Methode, I, 1909; p.104-108.
[2] Önceki sayfalara bakılmalıdır.
[3] G. Bareille, Eusébe de Dorylée, dict. théol. col. 1532-1537.
[4] Önceki sayfalara bakılmalıdır.
[5] L. Lebon, Le Monofiysisme, Sèvèrien, p.126-127.
[6] Photius, Bibl. col. 85, P.G. 103, 287.

mıştır[7]. Sèvère, kendisini savunmak için de bir kitap yazmıştır. "Kadıköy Konsili'nin Savunması" Jean tarafından yazılmıştır (515-520) ve patriği endişelendirmiştir. Patrik, buna Contra Grammaticum'un üç kitabını yazarak cevap vermişti[8].

5. Ephrem d'Antioche: 527'den 545'e kadar Antakya Patrikliği yapmıştır. 540'dan önce Ortodoksluğun en gözde temsilcisidir. Piskopos olmadan önce, Doğunun Kont'u idi. Onun yazdığı eserler kaybolmuştur. Sadece birkaç parça hariçtir[9]. Photius ona, dogmatik mektupların derlemesinde ve sekiz savunmasında işaret etmektedir[10].

B. Keşişler

Antakyalı Sèvère'le mücadele eden keşişler şunlardır:

1. **Néphalius (508)**[11]: Kadıköy konsilinin bir savunmasını yazmıştır.

2. Jobius: Photius, onu bir eserde tahlil etmektedir[12].

3. **Eustathe:** Bu adamın Sèvère'e karşı uzun mektubu birçok özeti ihtiva etmektedir.

De Duabus Naturisa[13]

İki grup keşiş vardı. Bunların çok farklı temayülleri vardır. Bunlar Katoliklerle-Monofizitler arasındaki mücadeleye karışmışlardır.

4. Acémes[14]. V. Asrın sonunda onun manastırı, İstanbul Ortodoksluğunun belli başlı ocaklarından birisi olmuştu. Bunlar diyofizit endişeleriyle tanınmışlardı. Bunlar da daha sonra Théotokos kavramını inkâr ettikleri için Nestorienler gibi Papa Jean II. tarafından mahkûm edilmişlerdir[15].

Scythes keşişleri, VI. yüzyılın başında, çok farklı bir temayülle ortaya çıkmışlar ve monofizitleri kazanmayı ümit ederek, Ortodoksluğa zarar vermeksizin şeklî tavizlerle onları elde etmek istemişlerdir. Böylece Cyrille'in şu formülünü kullanmışlardı: Unus de Trinitate Passus est in Carne= Teslis-

---

[7] İbid, p.128-163.
[8] İbid, 147-163.
[9] P.G. 56, (2), 2103-2110.
[10] Photius, cod. 228 (P.G. 103, 957-970).
[11] Lebon, op. cit. P.119.
[12] Photius, cod. 222 et. P.G. 103, 735-830, P.G. 86, (2), 3313-3320.
[13] P.G. 86, (1), 901-942.
[14] J. Pargoire, Acémètes, Dict. Arch. col. 307-321.
[15] İbid, 318-319.

ten biri acı çekti[16]. Bunlar, İstanbul'a ve Roma'ya sevk edilmişlerdir. Orada aralarından dört kişi, teşebbüsleri lehine Papa HORMİSDAS nezdinde savunma yapmışlardır. Onlar, kendilerine karşı başlatılan THEOPASCHİTİSME ithamlarına rağmen[17], Acémétes'lerle birlikte, sonunda Justinien'in ve bizzat Papa Jean II'nin,[18] tasviplerini elde etmişlerdir. Scythes keşişlerinin en önde gelenlerinden birisi Jean Maxence'dir. Ondan birkaç yazı kalmıştır[19]. Ancak Jean Maxence'in onlardan birisi olduğu ispat edilememiştir[20].

II. LÉONCE DE BYZANCE

A. Hayatı ve Eserleri

Léonce'un hayatı hakkında çok şey bilinmiyor. Bize sunulan birkaç bilgileri toplayarak onun biyografisi hakkında bilgi vereceğiz: "Léonce, Bizansta, V. yüzyılın ikinci yarısında doğmuştur. Gençliğinde, Nestorienne itizaline kaymıştır. Oradan Allah'ın inayetiyle, bilgili bir insan grubu tarafından çekilmiştir. Ortodoksluğu kabul ettikten sonra, Kudüs civarındaki Yeni-Laura hareketine katılmıştır. Bu harekete, Origéniste şef olan Nonnos ve birkaç keşişle katılmıştır (519-520)[21]. 531 yılında Bizansa yaptığı seyahatte St. Sabas'a refakat etmiştir. Orada, Kadıköy konsili tartışmasını yapmıştır. Fakat orada büyük kilise başkanı da Origénistti ve onu çevresinden kovmuştu. O, başkentte Efesli Hypation tarafında yer almıştır. Justinien'in emriyle Sèvèrienlerle-Katolikler arasında bir konferans düzenlenmişti. O da St. Sabas'ın, Filistin'e dönüşüne kadar İstanbul'da kalmıştı. Muhtemelen 536 yılında, Monofizitlere karşı yapılan konsilde hazır bulunmuştu ve Eusebios'la ilişkileriyle, Alcension piskopos Domitien'i ve Théodore Askidos'u kayırmıştı. 538 yılında o, Yeni-Laure hareketinin içindedir. Sonra yeniden Bizanstadır ve orada 542 yılında ölmüştür[22].

---

[16] S. Cyrille, anath. XII.
[17] Önceki sayfalara bakılmalıdır.
[18] Konsil işleriyle Acémètes'ler mahkûm edilmişlerdir.
[19] P.G. 86, 1. 75-158 (Delegelere mektuplar 75-78, Papaya 91-112; İman itirafı, 79-86, 89-90, Nestorienlere diyalog, 115-158). Onların inayet doktrini için ileriki sayfalara bakılmalıdır.
[20] Panoblia Dogmatica Pamphile de Jérusalem'e atfedilmektedir (VI. yüzyıl). Bu eser, Léonce'un yazılarıyla büyük benzerlikler içermektedir. Mai Nova Patr. bibl. II. 295-662.
[21] Bunun 519'da Roma'ya "Unus de Trinitate Passus est İn Carne" formülünü elde etmek için gönderilen üyelerin içinde keşiş Scythe Léonce'le birlikte olması doğru değildir.
[22] V. Grumel, op. cit. col. 401.

Burada hemen belirtelim ki, onun Origènistlerle ilişkilerine ve büyük İskenderiye hayranlığına rağmen, onda Origénisme bulunmamaktadır. Çünkü bunun izleri onda oldukça müphemdir[23]. Ve o, hiçbir zaman bizim meşgul olduğumuz kristolojik doktrinden asla ayrılmamıştır. Onun doktrinel tesirinin icra edildiği temel nokta burasıdır ve bu önemlidir[24]. O, gerçek bir ilahiyatçıydı ve nüfuz edici bir zekâya sahipti. Sağlam şekilde ekletik bir felsefeyle donatılmıştı. Net, açık ve güvenli mefhumlara sahipti. Diğer yandan o, geleneğe ve pederlere bağlıydı. Efes ve Kadıköy konsillerinin dogmatik mefhumlarının tarifleri arasında mevcut olan uyumu da kabul ediyordu. Bu uyumu, Nestorian olmadan, Kadıköy'lü olabilecek monofizitlere kabul ettirmeye çalışmıştır.

Bize, Léonce'un üç sağlam eseri kalmıştır. Bunların 531 ve 538 yılları arasında İstanbul'da yazıldıkları görülmektedir:

1. Libri Tres Adversus Westorianos et Eutychianos[25]: **Birinci Kitap, OUSİE ve HYPOSTASE** ayırımını ortaya koymakta ve buradan Nestorius'a ve Eutychès'e muhalif olan iki hatayı reddetmektedir. **İkinci kitap.** Aphthardocétisme'le, üçüncü kitap, Théodore de Mopsueste ile mücadele etmektedir ve Nestoriennlerin hatalarının gerçek sorumlusunun Théodore olduğunu söylemektedir. Patristik antolojiler her bir kitaba refakat etmektedir.

2. Solutio Argumentorum Severi veya Epilysis[26]: Bu kitap diyalog şeklinde teolojik bir tartışmadır.

3. Triginta Capita Adversus Severum[27]: Bu eser, EPİLYSİS'in bir devamıdır.

Léonce'a yapılan tenkitlerin çoğu, onun büyük eseri SCOLİES'e[28] karşı yapılmıştır. Onun gözden geçirilmiş üç yazısına sahibiz ve bunlar aynı ismi taşımaktadırlar. Ancak bunun doğruluğu, henüz ispat edilmiş değildir: Contra Nestorianes[29] Contra Monophysitas[30], De Sectis[31]. Uzun zaman bi-

---

[23] İbid, col. 424-425.
[24] Onun zamanının ilk ilahiyatçısı olduğu söylenmektedir. Öyle görülüyor ki Antakya Patriği Ephrem, daha az otoriteye sahipti. Hatta ilahiyat açısından da böyleydi.
[25] P.G. 86, 1267-1396.
[26] P.G. 86, 1915-1946.
[27] P.G. 86, 1901-1916.
[28] Loofs'un hipotezidir. Junglas tarafından mücadele edilmiştir.
[29] P.G. 86, 1399-1768.
[30] P.G. 86, 1769-1901.
[31] P.G. 86, 1193-1268.

rinci kitabı, Apollinaristlerin Katolik doktorlara ve onların üstatlarının yazılarına yaptıkları sahtekârlıkları ifşa etmiştir. Ancak bugün ispatlanmıştır ki Adversus Fraudes Apollinaristarum[32], ondan çok önce yaşamış olan bilinmeyen bir yazara ait olduğu bilinmektedir[33].

B. Kristolojik Doktrin[34]

Léon de Byzance'ın kristolojik doktrininin en parlak çizgisi, Enhypostaton kelimesiyle kendini göstermiştir. Aslında bu formül, ondan önce de vardı. Fakat o, bu kelimeyi, konsille ilgili tarifin uyumunda seleflerinden çok daha güzel açıklamıştır. Onun felsefesi, Yeni Eflatuncudur. O, bu felsefeyi kilise babalarıyla ve Porphyre'le tanımıştır. Porphyre, ona Aristo'yu göstermiştir. O, Aristo'nun kategorilerinden yararlanmıştır. Fakat felsefe, onun için sadece pederlerin düşüncesine nüfuz etmek için bir vasıtaydı. O, bütün doktrinini, pederlerden almıştır[35].

Katolikler, Mesihte iki tabiatın ve bir tek hypostase'ın olduğunu kabul etmektedirler.

Nestorienler, aksine iki tabiatı ve iki hypostase'ı kabul etmektedirler. Monofizitler, Mesihte, bir tabiat ve bir hypostase kabul etmektedirler. Böylece, Nestorienler ve Monofizitler, tabiatın ve hypostase'ın aynılığı için anlaşmaktadırlar[36]. Onlar, Katoliklere şöyle demektedirler: Sizin için beşeri tabiat, bir hypostase değildir. O, mevcut değildir. Léonce, onlara şu cevabı vermektedir: "O, ne hypostase'dır ne varlıktan yoksundur. O, bizzat başka bir varlıkta vardır." Onun bu cevabını anlamak için bu kelimenin anlamını, felsefi lügatte çok iyi belirlemek gerekmektedir.

Léonce, özenle şu gerçekleri ortaya atmaktadır:

1. Tepede, en geniş anlamda,1. CEVHER, 2. CİNS, 3. TÜR: Bu, cinsle ve özel farklılıklardan oluşmaktadır. Bunlara, temel kaliteler veya temel özellikler adı verilmektedir. 4. TABİAT: Müşahhas bir varlıkta gerçekleşenden

---

[32] P.G. 86, 1947-1976.
[33] P.G. 86, 1975-2004.
[34] V. Grumel, op. cit. col. 404-426.
[35] Libri Tres, P.G. 86, 1344.
[36] Ancak uygulamada aralarında bir fark vardır. Nestorienler, personne kavramını, tabiatın hâkim kavramına götürmektedirler. Monofizit Sèvèreenler, tabiat kavramını personne kavramına bağlamaktadırlar.

başkası değildir. Buna da cevher adı verilir. 5. FERO: Türün gerçekleştiği müşahhas varlıktır. Bu, bütün türleri, bireysel karakterleri ve ayrı karakterleri ihtiva etmektedir. Léonce, bunları, "ayrılmaz tesadüfler" diye belirtmektedir. Bunu da daimi olmayan basit rastlantılardan bunları ayırmak için yapmaktadır. 6. HYPOSTASE: Ayrı bir varlığı olan varlıktır[37]. Bu mefhumu daha önce, St. Basile kullanmıştır. İşte bunu Léonce, açıklamakta ve tamamlamaktadır[38]. O, özellikle bu hypostase mefhumunun, fizikman bağımsız olan bir varlığa sahip olan bireylere uygun olduğunu belirtmektedir. Sonuç olarak, bir bütünün parçalarına uygun değildir. Bu parçalar, bizzat tabiatlar veya cevherdirler: Bu parçalar, bizzat varlıklarını devam ettiremezler. Bunlar bütün olarak vardırlar: Yani bir başkasında olmamaktadırlar.

Bunları, Mesihe uygulayan Léonce, önce hypostase olmaksızın bir tabiatın, gerçeği olmayan bir tasarı olduğunu söylemektedir. Fakat o, bir tabiatın hypostase olmadığını, varlığının olmadığını ve varlığının bir başka şeyle var olduğunu belirtmektedir. Hypostasie olmuş tabiat bir hypostase değildir. Çünkü o, bizzat varlık sahibi değildir. O, bir tabiattır, bir cevherdir. Bu formül, tipik bir formüldür ki ona tabiatın varlığının, mücerret bir cevher olduğunun ispatı için kâfi gelmektedir. O, gerçektir, bireyseldir, bir hypostas'a sahip değildir. Bunun için Léonce, bu iki mefhumun aynı olduğuna dayanan iki muhalif hatayı reddetmektedir. Yani hem Nestorianisme'i hem de Monofizizmi reddetmektedir.

Nestorienler için Léonce, Kelime'nin tam bir insan olduğunu fakat bu iki unsurun tam olduğu düşünüldüğünde, bunların bedenleşmiş kelimenin karşısında böyle telakki edilmeyeceğini, onların natamam kısımlar gibi yani insandaki ruh ve beden gibi olduklarını belirtmektedir. Buna göre Mesihte sadece bir tek personne/kişi, vardır[39]. Mesihin insaniyeti, bir hypostase değildir. O sadece hypostasie (varolmuş) olmuş bir tabiattır.

Léonce'un, Monofizitliğe yaptığı hücumdaki doktrininde "Spesifik tabiat-öz kavramını" reddetmektedir. Sèvèrienler, beyanatlarına rağmen, Mesihte tanınan beşeri özellikler prensibine inanmaktadırlar[40]. Şayet Mesihin

---
[37] V. Grumel, op. cit. 405-408.
[38] Birinci cilde bakılmalıdır.
[39] J. Tixeront, Hist. Dogm. III, p.156.
[40] İleriki sayfalara bakılmalıdır.

insaniyeti, hypostasie ise (başkasıyla varsa), onun karakterinin bireysel ve müşahhas olduğu kabul edilir. Onun sadece tabiat olarak adlandırılması gerekir. Hiçbir şey onun ilahi tabiatının ayrı varlığının olmasına engel değildir. Hatta bu, birleşmede de böyledir. Léonce, monofizitlerle beraber, "ex duabus naturis" iki tabiat formülünü kabul etmektedir. Bu, Mesihin iki tabiatın birleşmesiyle olsun, Mesihin iki tabiatla kompoze olduğu şeklinde olsun, iki tabiattan varlığının kabulünü göstermektedir: Bu son formül, Kadıköy konsili formülünü, dışarda bırakmamaktadır. O formül az berrak olmasına rağmen yine de Ortodokstur[41]. Aksine iki tabiat, iki hypostase anlamında açıklanırsa, bu çok tehlikeli olmakta ve uygun olmamaktadır. Léonce, buna tolerans göstermemektedir sadece isteksiz bunu kabul etmektedir[42].

Bedenle-Ruhun birliğinin mukayesesine gelince[43], Léonce, Mesihte iki tabiatın varlığını göstermek için faydalı şekilde kullanıldığını ve cevhersel olduğunu düşünmekte ve onların karşılıklı varlıklarının dokunulmaz kaldığını ve bir tek şahsın onlara sahip olduğunu söylemekte ve daha uzağa gitmeksizin Monofizit bir birlik sonucuna varmaktadır. Mukayese, buraya kadar getiriliyor. Mesihin bedenle-ruh gibi tek tabiat olmasına mani olan gerçek sebebin verilen tabiattan geldiği yani Mesihte beşeriyetin bir hypostase olmadığı ve onun hypostasie de olmadığı, tek ve tam tabiat olduğunu kabul etmektedir. O, buna bir başka sebep de ilave etmektedir. Bu biraz da özeldir. Bir tabiat, temelde bir türle ilişkiyi gerektirmektedir[44]. Ruh ve beden, bir tabiatı oluşturmaktalar. Çünkü onlar, bir tür gerektirmekteler ki buna, birçok bireyler iştirak edebilsin. Tabiat denilen bireylerin her birine veya türe atfedilebildiği gibi, her insana da iki tabiat denilebilir. Fakat İsa-Mesihte durum aynı değildir. Birleşmenin sonucunda (ilahi+beşeri tabiat), kristik bir tabiat olmuştur. Bu iştirak edilmiş bir varlıktır: Bu bireyseldir, bir hypostase'dır-ulaşılamazdır. Bu durumda iki tabiat değildir, tek hyposta-

---

[41] Triginta Capito, III, IV, V, VI, bkz: V. Grumel, op. cit. col. 413.
[42] V. Grumel, op. cit. col. 413-414.
[43] İbid, col. 414-416.
[44] O, üç durumdan bahsetmektedir: Bir türün sözkonusu olması, türe iştirak eden bir bireyin olması ve iki türün karışımı sonucu yeni bir türün olması gibi. Bunların hiçbiri Mesihe uygun düşmemektedir. Grumel, İbid, col. 414; J. Tixeront, Hist. Dogm. III, p.157.

se'dır[45]. Bu sebep, öncekinden daha az sağlamdır. Ancak bu, yazarın bu problemi incelemesinde ne kadar inceliğe kadar gittiğini göstermektedir.

St. Jean Damascéne tarafından kullanılmış olan Léonce'un düşünceleri, onunla skolastiğe ulaşacaktır. Böylece onun Byzansa özgü ilahiyatı, uzak bir haberci olacaktır.

---

[45] J. Tixeront, Hist. Dogm. III, p.157.

YEDİNCİ BÖLÜM
JUSTİNİEN I [1]

I. JUSTİNİEN'İN HAYATI VE ESERLERİ-ONUN TEOLOJİK ROLÜ

İmparator Justinien, döneminde, önemli şekilde dini tartışmalara iştirak etmiştir. Hem de bu konuda teolojik olarak aktif rol oynamıştır. Bu rol, Doğu kilisesinin dini gelişmesi konusunda oldukça önemli olmuştur. İlk bakışta, bir Patroloji incelemesinde siyasi bir prensin, bunu kabulü garip görünse de, burada inceleyeceğimiz konu bu olacaktır.

Justinien 483 yılına doğru İllyrie'de (Makedonya)[2] mütevazı Slav bir ailede doğmuştur[3]. O, ciddi bir eğitim almışa benzemektedir. O, önce hukuk, askeri ve ilahiyat eğitimi için İstanbul'a gönderilmiştir. Aldığı bu önemli eğitimle, imparatorluğun yönetiminde amcası Justin I (518-527)'e etkili şekilde yardım etmiştir. Amcası da onu kabul etmiş ve onu ölümünden dört ay önce (Nisan 527) César ünvanıyla taçlandırmıştır. O, 526 yılında eski bir artist olan Théodora ile evlenmiştir. Théodora, ateşli bir monfizitti. Ancak İmparatoru gerçek imandan döndürmeyi başaramamıştır.

Justinien'in uzun saltanatı dönemi, askeriyede[4], politikada[5], sanatta[6] muhteşem olmuştur. Bizim burada üzerinde duracağımız konu, dini konu-

---

[1] P.G. 96; P.L. 69, 30-37; 119, 177, 328; Zacharie von Lingenthal, İmp. Just. Novellae, 2. vot. Leipzig, 1882; P.L, 72, 921-1110; Hefele-Leclerq, Histoire des Conciles, t.II, p.1120; t.III, p.1-156; G. Glaizolle, Un Empereur Théologien, Justinien, Son Role Dans Les Controverses, Sa Doctrine Christologique, Lyon, 1905; F. Diekamp, Die Origenistischen Streitigkeiten, im. VI, Jahrun dert, Munster, 1899; ch. Diehl. Justinien et la Civilisation Byzantine au VI. Siécle, Paris, 1901; Cauvet, L'Emp. Justinien et son Oeuvre Lègislative, Lyon, 1880; A. Knecht, Die Religionspolitik K. Justinians I, Wortzbourg, 1896; K. Krumbacher, Gesch. byz. lit. 1897; J. Pargoire, L'Eglise Byzantine, Paris, 1905, p.11-141; M. Jugie, Justinien I. Dans dict. théol. col. 2277-2290; L. Kuchesne, L'Eglise au VI, s. Paris, 1925.
[2] Üsküp'ün güneyinde bir köydür. Daha sonra bir şehir olmuştur. Justiniana Prima adını almış ve bir piskoposa sahip olmuştur.
[3] İlk adı Upranda'dır. Daha sonra bunu terk ederek, Flavius Anicius Julianus Justinianis olmuştur.
[4] Bu dönemde Latin Afrika, İtalya, İspanya'nın bir kısmı, Bizansa bağlanmıştır.
[5] Büyük hukuk kitabı onun tarafından tamamlanmıştı: Corpus Juris. Bu kitap Metitutes'leri, Digesteleri, Codeleri, Les Novelles'leri içine alıyordu.
[6] 532-537 yıllarında Sainte-Sophié'yi (Ayasofyayı) tamir ettirmiştir.

lardır. Ancak bu konuda da hatalar yapılmıştır. Hıristiyan imparator olarak Justinien'in üstlendiği fikir, oldukça yüksekti. O, önce gerçek bir Hıristiyan hayatı örneği sergilemiştir. Onun dini kanaatleri, oldukça derindi ve dindarlığı samimiydi. O, kilisenin oruç günlerini düzenli uyguluyordu. O, teolojik tartışmalara çok ilgi gösteriyordu. Din politikasına, Devlet gerekçesinden başka bir şey vermeyen kimse, ciddi şekilde yanılmış olacaktır. Basileus, samimi şekilde Devletin iyiliğini istediği ölçüde kilisenin de iyiliğini istemektedir. Onun zihniyetinde kilisenin refahı, Devletin talimini temin etmektedir. O, teolojik eserlerinde veya dogmatik yasalarında, Katolik imanına bağlılığı beyan ettiğinde, imparatorluğun en mükemmel koruyucusu olmaktadır. Bu kanaat, konuşan herhangi birinin ifadesi değildir. Böylece onun dini politikasının yönlendirici hedefi, imparatorluğun bütün tebaasının Katolik birliğe gelmesidir[7].

İmparatorun bu samimi Hıristiyanlığı, onun sivil veya politik icraatına kadar ulaşmıştır. Meselâ, "Corpus Juris", Rab İsa-Mesih adına yayımlanmıştır. Bu isim, bu âbidevi eserin alnına yazılmıştır. P. Pargoire şöyle yazar: Yasa, Allah'ın birliğini, Katolik imanını, Tanrısal şahısların üçlüsünü, kelimenin tanrısallığını, onun bedenleşmesinin gerçek olduğunu, onun kişiliğinin birliğini ve Mesihteki tabiat ikiliğini, medeniyetin ve Bizans politikasının temeli olarak koymaktadır. Yine yasa, Devlet yasası olarak imparatorun imanının, Roma piskoposuna/pontifine, "kiliselerin şefi" olarak hitap ettiğini dâhil etmektedir[8]. Bunun için rahip sınıfı, imparatorluğun yasama aksiyonuna ortak olmuş, kanunların uygulanışına yardımcı olmuştur. Fakat kilise düzeyinde birçok şey, birçok yasa ile doğrudan doğruya, imparatorun insiyatifine bağlanmıştır. Böylece Justinien, episkopal seçimlerine, piskoposların hak ve ödevlerine, çok sayıda ruhban sınıfına ve kilise mülkiyetlerine, manastırların teşekkülüne, idare edilmesine ve aynı türden binlerce konuya bizzat etkili olmaktadır[9]. Şüphesiz onun niyetleri şahaneydi. Çoğu zaman aldığı tedbirler de öyleydi. Bununla beraber ilahi Devletin her şeye gücü yetme fikrinin imparatorluk yasasının temelinde kaldığının sürekli bir tasdikiydi. İşte bu fikir, içerdiği hatadan ve uğursuz sonuçlarından dolayı en mutlu girişimleri geçersiz kılıyordu.

---

[7] M. Jugie, op. cit. col. 2278.
[8] J. Pargoire, op. cit. P.75.
[9] J. Pargoire, op. cit. P.76.

Justinien, Roma Piskoposunun önceliğini tanıyordu[10]. O, Justin I'in tahta gelişinden itibaren, Acace itizalinin sona ermesi için gayretle çalışmıştır. O, 519 yılında HORMİSDAS formülünü tasvip etmiş ve kabul ettirmişti. Daha sonra, Papaya yazdığı (Jean II) bir mektupta (553) ve hazırlattığı yasada da buna yer vermiştir[11]. Hormisdas'a yazdığı mektupta şöyle diyordu: "Kutsal kiliselerin birliği, sizin Apostolik otoritenizle ve öğretiminizle sağlanmıştır."[12] Yine o, Doğunun bütün rahiplerinin Roma ile birleşmelerine çalışmıştır[13].

Bazı papalarla en ciddi farklılıklarda bile o, Apostolik merkezin otoritesinden, yani Roma'dan şüphe etmemiştir. Bu, Papanın şahsı ile Apostolik merkez arasındaki meşhur ayrılıkda ve gidişatında ki farklılıklarda bile böyle olmuştur. Justinien, İstanbul patrikliğinin imtiyazlarıyla ilgili konularda mantıklı değildi. Papaların muhalefetine rağmen o, İstanbul patrikliğinin Doğudaki üstünlüğünü kabul ediyordu. O, İstanbul patrikliğine, "Diğer Kiliselerin Başı" ünvanını veriyordu ve onun patriğine ökümenik patrik olarak bakıyordu[14]. Beş büyük patriklik merkezi ve patrikleri ona göre, bütün kiliseyi temsil etmektedirler ve metropolitler, onlara itaat etmelidirler. Patriklerde bizzat, Roma piskoposuna boyun eğmelidir[15]. Justinien şunu açık olarak beyan etmektedir: "Pontifical hâkimiyetin yüceliği, Roma'ya olsun! O şüphe götürmez bir şahsiyettir."[16] Fakat bu oldukça net beyanatlara rağmen o, oldukça açık bir doktrini karartmaya, prensiplerine uygun olmayan davranışlarıyla, özellikle bizzat yüce pontiflere, hâkim temayülü ile muamele etmiştir.

O, seküler müdahalelerle bu alanda oldukça ileri gitmiştir. O, birçok doktrinel tartışmalara iştirak etmiş ve sade bir laik olarak otoritesiyle onlara doğrudan müdahalede bulunmuştur.

Justinien'in mektupları, bize, onun önce "Scythes Keşişleri" problemine müdahale ettiğini göstermektedir. Onların **THEOPASCHİTE**[17] formülüne o,

---

[10] M. Jugie, op. cit. col. 2285-2286.
[11] Code, 1, 1, 8, P.L. 66, 17-20.
[12] Ep. Ad Horm. P.L. 63, 475.
[13] P.L. 66, 15.
[14] Nov. Cix, CXXX III; Nov. III, V, VI, XVI; M. Jugie, op. cit. 2286.
[15] P.L. 66, 3.
[16] Novelle IX.
[17] Önceki sayfalara bakılmalıdır.

müdahalede bulunmuştur. Onun ilk görüşü onların insiyatifinin boş bir şey olduğuydu. Daha sonra o, keşişler tarafından kazanılmıştı. Fakat 520 yılına doğru HORMİSDAS'ın tasvibini elde etmek için boşuna uğraşmıştı. Hormisdas, ancak 533 yılına doğru Papa Jean II. tarafından (532-535) kabul edilmiştir. ACEMETES'ler, Papanın, o vakte kadar sessizliğini, idyomların iletişimi konusundaki Kadıköy doktrinini tasvip etmediği şeklinde yorumlamışlardı[18].

Justinien, iki önemli belgede Monofisisme'i mahkûm etmiştir:

1. Biri Anayasada: 536 yılında yazılmıştır. İstanbul patriği Monofizit Anthime'e karşı yazılmıştır. Bu patrik, Théodora'nın tesiriyle atanmıştı. Papa Agapet'nin kararlı müdahalesi sonucunda görevden alınmıştır. Justinien, Anthime ve onun suç ortakları olan Antakyalı Sèvère, Apomée'li piskopos Pierre ve keşiş Zoaras'a karşı müeyyideler koymuştur[19].

2. Traité Contre les Monophysitas[20]: Bu reddiye, 542 veya 543'de İskenderiyeli birçok monofizit keşişin Katolikliğe geçişi konusunda yazılmıştır. Bu dogmatik bir mektuptur ki Ortodoks imanı açıklamakta, kutsal kitapla ve pederlerle, kristolojik itizalleri reddetmektedir. Özellikle de Sèvère'in doktrinlerini reddetmektedir.

Aynı dönemde (543) Justinien, "Liber Adversus Origenem"[21] isimli eserle, Origénisme'e karşı savaşa girmiştir. Bu kitap, patrik Mennas'a gönderilmiştir. Kudüs patriği tarafından[22], Filistin Origénistlerine karşı[23] birtakım tedbirler alma tavsiye edilmiş ve bu konuda Justinien bir kilise doktoru olarak davranmıştır. Farksız şekilde bütün itizalci babalara yapıldığı gibi, bütün hatalar Origéne ismi altında toplanıyordu. O, Origéne'i, kilise babalarından özellikle St. Athanase'dan, St. Cyrille'den ve Kapadokyalılardan yaptığı nakillerle onu reddediyor ve eserini "On Anathématismé"le" bitiriyordu[24]. Bunlar, "Sinod

---

[18] S. Hormisdas'a hitaben (514-523) Justinien'in yazdığı sekiz mektup, bu konuyla ilgiliydi. Diğer iki mektup, Acace itizalinin sonunu ele alıyordu. Geriye papaya yazılan üç mektup kalıyordu. Jean II, 553'de yazdığı mektup, Scythe konusuyla ilgiliydi. Diğer iki mektup, (535-536), Agapit'ye yazılmıştır. 553'de yazılan mektup konsilden Vigile'in mahkûmiyetini istiyordu. Diğer iki mektup piskoposlara gönderilmiştir.

[19] P.G. 86, 1095-1104, Novelle, XLII.

[20] P.G. 86, 1103-1146; Tractatus Contra Monophysitas ad Monachos Qui Sunt in Nomo Alexandriae.

[21] P.G. 86, 945-994.

[22] Geleceğin papası Pelage.

[23] Onların şefleri episkoposluğa yükseltilince çok gürültü meydana gelmişti: Théodore Askidas ve Domitien.

[24] Denzinger-B, Enchiridion, n.203-211.

Permanent" (543) tarafından Mennas'ın başkanlığı altında tasvip edilmişlerdi[25]. Justinien, eserini, "Origéne üzerine Kutsal-Sinoda" gönderdiği mektupla tamamlıyordu[26]. Bu sinod, 543'de toplanan konsile benzemektedir. Başka yazarlar, bu mektubun 553 konsiline gönderildiğini düşünmektedirler. Çünkü bu konuyla başka bir konsil meşgul olmuştur. Bu konsilin ilk oturumlarında, Origénisme'e karşı on beş başka yasa kabul edilmiştir[27].

Orginénist şefler, imparatorluğun dikkatini başka konulara mahir bir şekilde çevirmişlerdi. Tavizle, Monofizitleri elde etme imkânını, Justinien'e göstermişlerdi. Meselâ, onların en çok nefret ettikleri üç kişiyi mahkûm ederek bunu yapmışlardı. Bunlar, Théodore de Mopsueste, Théodoret de Cyr ve Urfalı İbas'dı. Böylece daha sonra, ÜÇ BÖLÜM[28] denilen problem gündeme gelmişti. Bu teklif, çok sinsiceydi ve Justinien için çok iyi bir fikirdi. Çünkü Monofizitler gibi oldukça güçlü bir itizalin imparatorlukla birleşmeye gelmeleri için hiçbir şey fayda vermemişti. O, bu amaçla başarısız şekilde dini konferanslara başvurmuştu. Her iki muhalif grupların şefleri arasında toplantılar yapmıştı (531-534)[29]. Ancak başarılı olunamamıştı. Sonuçta Justinien, itizal gruplarına karşı sert tedbirlere başvurmuştu. Fakat yine de itizal grupları ilerliyordu. Çünkü onları gizlice, mahir Théodora teşvik ediyordu. İşte böylece, 544 yılında, O, **"Üç Bölümü"** mahkûm eden[30] bir ferman yayımlamıştı. Ancak yine de, "Kadıköy Konsilinin" otoritesini açıkça devam ettiriyordu. Doğunun Ortodoks patriği, bunu imzalamaktan çekinmişti. Sadece dört patrik imzalamıştı. Fakat Justinien için önemli olan konu, Papanın onun teşebbüsünü tasvip etmesiydi. Bunu elde etmek için hemen teşebbüste bulunmuştu. Hedefine ulaştıran vasıtaları ve sonuçlarının ne olduğunu bilmek gerekiyordu. Böylece tarihi çerçeve içinde, son nefesine kadar teolojiyle meşgul olan yorulmaz imparatorun, teolojik yazılarını değerlendirme imkânını bulmuş olacağız[31]. Justinien, hayatının sonunda,

---

[25] I.II. cilde bakılmalıdır.
[26] P.G. 86, 989-991.
[27] I. II.cilde bakılmalıdır.
[28] A. Théodore'un şahsı ve eserleri, b. Nestorius için Théodoret'in yazdığı yazılar. C. İbas'ın Maris'e yazdığı mektup.
[29] Hatta Monofizitler, İstanbul patriği olarak Anthime'i atatmışlardı.
[30] Bu fermandan sadece bir kaç parça kalmıştır.
[31] Confessio ve üç mektup bu konuda önemlidir. Birinci mektup, 553'de konsil babalarına yazılmıştır (P.G. 86, 1035-1042). İkinci mektup, 553'de konsile yazılmıştır. Üçüncü mektup, muhtemelen konsil sonrası yazılmıştır (555). P.G. 86, 1041-1095; V. Grumel, Echos d'Orient, 1923, p.398-418.

bütün kiliselere Julien d'Halicarnasse[32]'ın Aphtharto-Docétisme'ini empoze etmişti. Ancak ölümü bu projenin gerçekleşmesine mani olmuştur.

II. JUSTİNİEN VE ÜÇ BÖLÜM

Aslında Justinien, "üç bölümün" mahkûmiyetini Papa Vigile'den bekliyordu. Bunu elde etmek için Justinien, yazmakla yetinmedi güçte kullandı. Papa Vigile (538-555), denildiği gibi papalığa imparatoriçe Théodara'nın destiğiyle oturmuştu. Onun dini politikasını desteklemesine rağmen Papa, makamının görevlerini daha iyi anlamış ve Bepaus'un telkinlerini reddetmişti. Bu konuda bütün Batı onunla beraberdi ve "Üç Bölümü" mahkûm etmede hiçbir yarar görmüyordu. 548 yılında Mande'nin İstanbul'a zorla gelmesi hariç, Vigile, itaat ederek 11 Nisan 548'de Judicatum'unu[33] vermiştir. Bu, Kadıköy konsiline zarar vermeden "Üç Bölümü" mahkûm ediyordu. Batı kiliselerinin protestoları karşısında bu kararını papa, müteakip yıl geri çekmişti. Böylece papa ve imparator, karşılıklı olarak "Üç Bölüm" için gelecek konsile kadar hiçbir şey yapmamışlardı.

"İmparator uzun zamandan beri konuşmamıştı ve yeni bir ciddi tartışmaya fırsat verecek yeni bir doktrinel insiyatife de teşebbüs etmemişti. 531 yılında, Théodore Askidas'ın tahrikiyle o, meşhur Confession'unu neşretmişti. Bu lâik bir genelgeydi ve Devletin resmen tanıdığı imanı yürürlüğe koymayı hedefliyordu. Bu, özellikle kristolojik konularla ilgiliydi[34]. Efes ve Kadıköy Konsil kararlarıyla uyum içinde olan ilahiyatçılar, monofizit itirazlara cevap veriyorlardı. Yani, Léonce de Byzance istikametinde olanlardı bunlar: Bunlar, tabiatları bölmüyorlardı. Yani, Mesihin beşeri tabiatını, hypostase veya kişilik olarak kabul etmiyorlardı. Fakat bu tabiatın kelimenin hypostase'ında olduğunu kabul ediyorlardı. Bu açıklama, on üç Anathématisme'i takip ediyordu. Bunun son üçü, doğrudan "Üç Bölümü" hedef alıyordu. İşte bundan dolayı bu belgeye genel bir ad verilmişti. Papa, imparatorun gidişatından hiç memnun değildi ve bunu da gizlemiyordu. Bin bir şiddetle açıklanan şeye, onun sarayında güvenilmiyordu. O, 551 Ağustos'unda Hormisdas sarayının komşu kilisesine sığınmıştı ve daha sonra Kadıköy kutsal Euphémie kilisesine sığınmıştı. O, oradan Théodore Aski-

---

[32] Bu kitabın önceki sayfalarına bakılmalıdır.
[33] P.L. 69, 111.
[34] P.G. 86, (1), 193-1035.

das'ı görevden almıştı ve Mennas cemaatine çekilmişti. İmparatorun dalaveresi ona bir tatmin duygusu vermişti. 552 yılında o, İstanbul'a dönmüştü. Orada 6 Ocak 553'de Mennas'ın halefi olarak İstanbul'un yeni patriğinin iman ikrarını kabul etmişti. Böylece uzun bir çekişme yatışmıştı. Ne yazık ki yapılacak konsil, daha ciddi bir ihtilafı meydana getirecekti.

Papa Vigile, bu konsilin İtalya'da olmasını istiyordu[35]. O, Batı latin temsilcilerinin konsile katılmasını imparator engellerse bu toplantıyı reddedecekti. Özellikle Afrikalı piskoposları hariç tutarsa, bu toplantıya katılmayacağını bildirmişti[36]. Papanın bu muhalefetine rağmen konsil, 5 Mayıs'ta 1690 piskoposun iştirakiyle (çoğu Doğuluydu) açılmıştı. Üç anlamsız oturumdan sonra 4. 5. 6. oturumlarda Théodore de Mopsueste'nin, İbas'ın yazıları ele alınmıştı ve bu yazılarda birçok mahkûmiyet konusu bulunmuştu. Papa, hariçten tartışmaları dikkatle takip ediyordu ve gerekirse müdahale hakkını saklı tutuyordu[37]. 14 Mayıstan itibaren, yani beşinci oturumdan önce o, CONSTİTUM'u[38] ortaya atmıştı. O, Constitum'da tartışılan problemlerde kararını otorite ile belirtiyordu. Tixeront bu belge hakkında şöyle demektedir: "VI. yüzyılda sahip olduğumuz çok edebi bir belgedir."[39] Vigile, 548 Judicatum'unu çekiyordu ve Théodoret'in hatalarını yeniden kınıyordu ancak, onun satışının mahkûm edilmesini reddediyordu. Zaten Théodoret'nin ve İbas'ın şahısları, Kadıköy konsilinde rehabilite olmuştu. 26 Mayıs'ta, öfkeli Justinien'in önerisi üzerine konsilin yedinci oturumu, ilk defa **Sedes** ile **Sedens**'in arasını ayırıyordu. Böylece Papadan da ayrılıyordu. Ancak her şeye rağmen Roma, Apostolik merkezle birliğin muhafazasını iddia ederek bu yapılıyordu[40]. Bütün bunlara rağmen konsil çalışmalarına, Papaya rağmen devam edilmişti ve son oturum olan sekizinci oturumda, Justinien'in, Anathématisme konularını ele alarak (Confession-551) muhtelif itizaller ve Théodore de Mopsueste'e mahkûm edilmiştir: (Onun hem şahsı hem de eserleri). Yani (Théodoret'in Efes'e ve Cyrille'e karşı XIII. Anathè-

---

[35] Hefele-Leclercq, Hist. des Conc, 111, p.20-140.
[36] Bu konsilde I. oturumda altı Afrikalı piskopos vardı. Diğer oturumlarda sekiz piskopos vardı.
[37] Piskopos Yarahman Pélage onu, mukavemete sevk ediyordu.
[38] P.L. 69, 67-114.
[39] Hist. Dogm. III, p.143.
[40] Geleneksel iman kesindi. Bu çekişmeye rağmen Justinien, Roma'dan ayrılmak istemiyordu. Yani İstanbul patriklik makamına ayrı bir imtiyaz vermeyi düşünmüyordu. Patrik Jean II. tarafından Hormisdas formülünün önüne konulan giriş bunu açıklamaktadır.

me'i ve İbas'ın mektubu, XIV. Anathéme'i mahkûm edilmiştir). Görünüşe rağmen bu kararlar Kadıköy konsiliyle bir çelişki ortaya koymuyordu[41].

İmparator, konsilde hazır olan Doğulu 164 piskoposun imzasını elde etmişti. Batılılar ise, konsil kararlarını reddetmişlerdi ve birçoğu da sürgün edilmişti[42]. Vigile de sürgün edilmiş miydi? Söylenti böyleydi. Her şeye rağmen o, boyun eğmişti ve konsili tasdik etmişti. O, İstanbul piskoposuna bir mektup göndermişti (8 Aralık 553)[43] ve birinciye zıt ikinci bir Constitum[44] yazarak, Latin piskoposlara göndermişti (23 Şubat 554). Konsil 553 yılında tamamlanmış ve beşinci genel konsil olmuştu[45]. Çok sayıda Batı kilisesi bu konsili reddetmiştir. Sonuçta birçok itizal ortaya çıkmıştır. Hatta bunlardan bazıları VII. yüzyılın sonuna kadar devam etmişti.

Justinien'in dini politikasının sonuçları, mutsuz olmuştu. Onun kullandığı şiddetler ve entrikalar, spiritüel alanda iyi sonuç vermemişti. Önemli bir hedefi takip etmekle birlikte bunlar, Monofizitlere, Kadıköy konsilinin, Efes konsilini iptal etmediğini göstermiştir. Monofizitler, samimiyetten yoksundular. Onlar kısmen zafere ulaşmışlardı. Justinien döneminde, onlar lehine kampanya başlatılmıştı ve "Üç Bölüme" karşı çıkılıyordu. Bu dönemde, Monofizitlere karşı kesin bir organizasyon, Jaques Bar-Addai tarafından yapılmıştı[46].

---

[41] J. Tixeront, Hist. Dogm. III, p.147-149.
[42] Bu sürgünlerin arasında Pélage'da vardı. O, önce papaya itaat etmişti sonra papaya karşı yazmıştı.
[43] P.L. 69, 122-128.
[44] P.L. 69, 143-178.
[45] Vigile'in tutumu için, ileriki sayfalara bakılmalıdır. Denildiğine göre 451 Kadıköy konsili, Théodoret ve İbas'ı Ortodoks olarak beyan etmişti. Bu durumda 451 konsili 553 konsiline ters oluyordu. Çünkü 553 konsili onların yazılarını sapık olarak ilan etmişti. Birinci incelemede, daha ziyade şahıslar dikkate alınmıştı ve mevcut beyanatları ve yazıları özet olarak incelenmişti. İkinci incelemede, onların yazıları incelenmişti. Böylece iki anlama gelen formülün zararlarını gösteren bir asırlık mücadelenin ışığında metinler incelenmişti. Konsil beyanatları, onların söylendiği istikamette anlaşılmalıydı.
[46] Önceki sayfalara bakılmalıdır.

SEKİZİNCİ BÖLÜM
DENYS L'AREOPAGİTE[1]

I. DENYS L'AREOPAGİTE'İN ESERLERİ

Monofizit tartışmalar konusunda, ilk defa tarihte, orijinal bir eser görülmektedir. Bu güçlü eser, Denys "Aréopagite'in" adını taşımaktadır ve bu esr, Ortaçağda çok büyük bir tesir icra etmiştir. Bu çağ, bu esere ve bu eserden yararlananlara büyük bir övgü sunmaktadır. Bu eser, St. Paul'un talebesi tarafından yazılmış olarak kendisini takdim etmektedir. Bu kitapta, Allah'la ve onun bilgisiyle ilgili iki eser bulunmaktadır (Des Noms Divins et De la Thèologie Mystique). Diğer ikisi çift bir hiyerarşiye tahsis edilmiştir (De la Hiérarchie Céleste De la Hiérarchie Ecclésiastique). On mektubu (Bu mektuplar onun ismini taşımaktadır) vardır.

1. Des Noms Divins= Tanrısal İsimler[2]: Bu eser, St. Thomas tarafından şerh edilmiştir[3]. Bu eseri, Aréopagite, zihinsel temelli Théoloji ile yazmıştır. On üç bölümlük bir eserdir. İlk üç bölüm, genel bir girişi oluşturmaktadır: a. Allah'ı tanımak için tek başvurulacak yer Kutsal-Kitaptır: Allah'a verilen isimler, Allah'ın sıfatlarıdır (c.1). b. Bu isimler veya sıfatlar, bazen Tabiata uygundur, bazen de üç şahsa, bazen bir tek'e uygundur: Bu konuda takip edilecek kurallar (c.II)'de vardır. c. Allah'ı tanımak için ibadet zaruridir: Allah kendisini, kendisine yaklaşanlara gösterir. Yazar bu konuda misaller

---

[1] P.G. 3, 4, trad. Franç: G. Darboy, Paris, 1845, J. Dulac, Paris, 1865; G. Darboy, Ouvres de Saint Denys l'Aréopagite, 1845; M. Schneider, Areopagitica, Regensbourge, 1884; FR. Hipler, Dionysius der Areopagite, Regensbourg, 1861, J. Draseke, Gesamelte Patristische Untersuchungen, Alfona, 1889; H. Koch, Sur Proclus et Denys, dans Philologus, 1895; (t.54), 438-454; Sur Denys et le Néoplatonisme, Mayence, 1900; De Smedt, S.J. Rev. des quest. historiques, 1896, p.610; P. Peeters, S.J. la Vision de Denys l'Aréopagite à Heliopolis, dans. Anal. Boll, 1910; (t.29), p.302-322, İbid, 1912; p.5-10; 1921, p.277-313; G. Théry, Sur la Traduction Par Hilduin, dans Rev. Hist. Eccl, 1925, p.33-50; 197-214, O. Bardenhewer, Geschichte, IV, p.282-299; P. Godet, Denys l'Aréopagite, dans Dict. théol. col. 429-436.
[2] P.G. 3, 585-996.
[3] Opera S. Thom. Opuscule VII; ed. Parme, t.XV, p.259-405.

vermekte ve saygı gösterdiği üstadı Hierothée'nin[4] öğretisini tamamlamaktadır. On bölümlük (IV-XIII) eserin bedenini oluşturmaktadır ve kutsal kitabın, Allah'a verdiği isimleri gözden geçirmektedir, onları çok sâde fikirleriyle spiritüel ve anlaşılabilir tarzda açıklamaktadır. İşte bu, yazarın karakteristiğidir.

Bu eserde Allah sırasıyla şöyle ortaya konmaktadır:

a. İyilik-aydınlık, güzellik ve merhamet (c.IV): 11-17. Aşk üzerinedir. Onun tabiatı, karakteri, emirleri üzerinde durulmuş ve **kötülük** uzun uzun incelenmiş (18-35)'dir. Bu da Allah'a verilen iyilik vesilesiyle incelenmiştir.

b. Her şeye iştirak eden varlık olarak Allah (c.V), incelenmiştir.

c. Hayat olarak ve bütün hayatın ondan çıkması, açıklanmıştır (c.VI).

d. Hikmet ve Hakikat (c.VII) olarak, Allah açıklanmıştır.

e. Kudret, adalet, kurtuluş olarak Allah (c.VIII), açıklanmıştır.

f. Büyük olarak veya küçük olarak benzer veya benzemez, hareketsiz, hareketli olarak (c.IX) Allah, açıklanmaktadır.

g. Her şeyi kuşatan ve ölümsüz (c.X) olarak, Allah açıklanmıştır.

h. Barış olarak (c.XI) Allah'tan bahsetmektedir.

i. Yüce ve Kral olarak (c.XII) Allah'tan bahsetmektedir.

j. Mükemmel ve bir olarak Allah'tan (c.XIII) bahsetmektedir.

Bu son bölüm, her şeyi özetlemekte ve yazarın hedefi olan talebesinin, Allah'ın saf bilgisine, birçok açıklamalarıyla yükselmesini sağlamaktadır.

2. Mistik İlahiyat[5]: Bu bir kaç sayfalık ve beş bölümlük oldukça küçük bir risaledir. O bu risalede, Allah'ın bir başka bilgisini tavsiye etmekte ve öğretmektedir. Bunlar, öncekilerden daha yüksek bir sır/esrar ihtiva etmektedir. Bu bilgi, bizzat Allah'tan gelmektedir: İbadette, sırlara gömülen bir sessizliğin parlak belirsizliğinde o, kendisini göstermektedir[6]. Bu sessizliğe, mistik bilgi sayesinde hazırlanılmaktadır. Yaratılmış bütün olgunlukları

---

[4] Hiérothées, Denys'e göre temel teolojik bir eserdir. II. 9-10; III, 2-3; Bu şahıs, Havarilerin çağdaşı mıdır? Bu Denys'in iddiasıdır. Belki de daha sonraki yüzyılın bir şahsiyetidir. Belki de bir kurgudur. Bu sorulara cevap verilememiştir. "Livre de Hiérothée Sur Les Mystéres Cachés de la Divonite" Süryanice muhafaza edilmiştir.
[5] P.G. 3, 997-1064.
[6] Cilt I, n.1.

inkâr ederek kısmi olgunlukları, Allah'tan bilerek bu icra edilmelidir. Bütün kabalıklardan Ruh, en yüksek dereceye ulaşmış olarak, tam olarak kalmakta ve tam olarak yok olmayanla birleşmektedir[7]. Son bölümler, ilâhi mutlak yüceliği açıklamaktadır[8].

3. Semâvî Hiyerarşi[9]: Kiliseye Ait Hiyerarşi[10]: (De la Hiérarchie Céleste-De la Hiérarchi Ecclésiastique)

Bu iki eserin ruhu, yazarın kutsallaştırma konusundaki mistik teorileridir. Yazar buna, Tanrılaşma demektedir. Bu Tanrılaşma, ona göre üç icraatı içine almaktadır: Arınma-Aydınlanma-Olgunlaşma. Allah, doğrudan doğruya bu üç şeyi bizim üzerimizde icra etmez. O, birbirine bağımlı aracılar kullanmaktadır ve hiyerarşi teşkil etmektedir. Bunların hedefi, Allah'la birleşmektir[11]. Allah, bütün bilginin, bütün icraatın rehberidir ve başkalarında karakterlerini meydana getirebilme hedefini gütmektedir[12]. Kiliseye aittir. Bunların her birisi, bir eserin konusudur.

Semâvi Hiyerarşi üzerindeki eser, on beş bölümdür. Bu eserin temel kısmı (ch. VI-X) bölümleridir. Bu bölümler, çok önemlidir. Meleklerin taksimine tahsis edilmiştir[13]. Bunlar, üç düzeyde üç hiyerarşi teşkil ederler[14].

1. Hiyerarşi: SERAPHİNS-CHERUBİNS-TRENES: Bunlar, saflıklarını, aydınlığı, olgunluğu Allah'tan almaktadırlar. Birinci hiyerarşi, bunları, ikinci hiyerarşiye nakletmektedir.

2. Hiyerarşi: PRENCİPAUTÉS-ARCHANGES-ANGES: İkinci hiyerarşi, yaratılışı denetlemektedirler.

---

7   Théol, must. c.III.
8   Le Théologie Négative, p.94.
9   De Celesti Hiérarchia, P.G, 3.
10 Ecclesiastica hierarchi, P.G. 3, 369-584.
11 Cael. hier, III, 2.
12 İbid.
13 Denys, bütün meleklerin aynı öz olduklarını düşünmekte ve sadece onları olgunluk derecelerine göre ayırmaktadır. Cael. hier, c.V.
14 Melekler konusunda kilise babaları farklı listeler vermektedir. 7 (S. İrenée), 8 (S. Grég de Nysse) ve 11 (S. Grég de Naz.). Fakat çoğu, meleklerin IV. asırdan beri (9) dokuz olduğunu söylemektedirler. Melekler ve baş meleklerin S. Paul, beş düzeyde olduğuna işaret etmektedir (Eph. 1, 21; col.1.16). Şembinler (Tek. III, 24); Séraphinler İşaya'ya göre (VI, 2). Özellikle Kudüslü S. Cryrille'de (Cat. XXIII, 6), S. Jean Chrysostome'da (in Con, XV, 5) ve Constitution Apostoliques'de (VIII, 12)bu konuda bilgi bulunmaktadır. Denys bunu almakta ve kendi prensiplerine göre bölümlemektedir.

3. Hiyerarşi: Bunlar bize çok yakındır. Böylece her insan, kapasitesine göre, üçlü bir güç olabilmekte, saflığa iştirak edebilmekte, aydınlığı alabilmekte, Allah'ın olgunluğuna sahip olabilmektedir (ch. X). Denys, bütün eserde meleklerin, manevi, sade, zeki, anlaşılan varlıklar olduklarını anlatmaktadır.

Kilise hiyerarşisi: Bu eser yedi bölümdür. Bu eser, mistik liturjik ve sembolik bir eserdir. Birinci bölümde, kilise hiyerarşisini tesis ettikten sonra bu hiyerarşiye, yüksek hiyerarşiye benzer fonksiyonlar tevdi etmektedir (Arınma-Aydınlanma-olgunlaşma). Yazar şunları incelemektedir: 1. **Dini erkân:** Bunlarla, kilise hiyerarşisi, üçlü bir görev icra eder: Vaftiz (ch. II), Evharistie (ch. III), Confirmation veya Chrismation (ch. IV). 2. Takdis Edenler: Piskoposların, rahiplerin ve piskopos yardımcılarının ordinationlarını icra eder (ch. V). 3. Kutsananlar veya yeni Gelenler: Bunlar Hıristiyanlığı kabul edenler ve tövbekârlardır: Hıristiyan müminler, keşişler ve özel bir girişin konusu olanlar (ch. VI)[15]. VII. Bölüm cenaze merasimlerine tahsis edilmiştir.

4. Aréopagite'in[16] **Mektupları:** Bu mektupların birçoğu, Havarilerin talebelerinin isimlerini taşıyan birtakım şahıslara gönderilmiştir. Meselâ, Caius (Ep. I-IV), Dorothée (V), Sosipater (VI), Polycarpe Piskopos (VII), Démophile (VIII). Son iki mektuptan birisi, S. Paul'un talebesi TİTE'e (IX), diğeri de ilahiyatçı Havari İncil yazarı olan ve PATMOS'a sürgün edilen Jean'a (ch. X) yazılmıştır. Birinci mektup, Allah'ın bilgisi üzerinedir. Beşinci ve dokuzuncu mektup, Tanrısal müphemiyet ve hikmet üzerine yazılmıştır. Bütün mektuplar, yazarın mistik halini tanımak için faydalıdırlar.

Denys, yedi başka yazı zikretmektedir. Bunlar da teolojik yazılardır[17]. Ancak bu eserlerden hiçbir iz kalmamıştır, asla görülmemişlerde.

II. DENYS L'ARÉOPAGİTE'İN YAZILARI DENİLENLER

Yazar, bütün yazılarını talebesi ve dostu olan Timothée'ye adamıştır. O, Denys ismini almış[18] ve St. Paul'un mühtedisi, Aréopagite adını kendisine

---

[15] Bu bölümün başında, Spiritüels hayatın üç yolu hakkında daha iyi bilgi verilmektedir. Bu bilgiler, ortaçağdaki zahitlik ve mistiklik bilgilerinden farklıdır.
[16] P.G. 3, 1065-1120.
[17] Esquisses théologiques-Théologie Symbolique-De l'Âme Humain-Del Choses İntelligibles et des Choses Sensibles-De La Hiérarchie de l'Ancien Testament-Du Juste Jugement de Dieu-Sur les Hymnes Divines.
[18] E.P. VII, 3.

vermiştir[19]. Kutsal bakirenin ölümünde[20] hazır bulunduğunu söylemektedir. Bu vesileyle, İsa'nın kardeşi Yakub'u ve St. Pierre'i görmüştür. Bu, en yüksek ve en eski ilahiyat zirvesidir[21]. O, İncil yazarı Yuhanna'ya, sürgünün sonunu haber vermiştir[22]. Bunlar Havarilerin talebeleridirler ve mektupların muhataplarıdırlar.

"533 yılındaki dini konferansta, Monofizit Sèvèrienler tarafından apostolik olarak isimlendirilen bu yazılar, Katolikler tarafından apokrif olarak reddedilmişlerdir. Doğuda Maxime (662)[23] sayesinde, Batıda, Grègoire le Grand ve Papa St. Martin sayesinde Latran konsilinde (649) Katoliklere empoze edilmiştir. Hilduin'in ve Scot Arigène'nin (IX. yüzyıl) Latince versiyonları ile popülarize olmuş olan yazılar, Ortaçağda önemli bir aksiyon icra etmişler ve Patristik yazıların ilk sırasına oturtulmuşlardır. St. Thomas,[24] bütün "Aréopagitiques" yazıları, sık sık zikretmekte ve Noms Divins[25]'i şerh etmektedir (Diğer Denys'e atfedilenlerin tefsirleri apokritiftirler). **"Hiérarchie Celeste"**, Hagues de Saint-Victor[26] ve Albert Grand[27] tarafından açıklanmıştır. **"Hiérarchie Ecclesiastique"**,de St. Bonaventure tarafından açıklanmıştır. Bu durumda ilahiyatçılar, zahitler, mistikler, liturjistler, bizzat sanatkârlar, Aréopagite"'in eserlerinden ilham almışlardır.

Rönesans dönemi yeniden bu yazıların mevsukiyeti konusunda şüpheleri gündeme getirmiştir. XVII. yüzyılın çok sayıdaki Katolik âlimleri, bu yazılara karşı çıkmışlardır. Ancak diğerleri, onları savunmuştur. XIX. yüzyılda bu konudaki savaş daha hararetli başlamıştır. Baba G. Darboy (1845) gelecekte Arşevektir. O, bu yazıların tam olarak mevsuk olduğunu savunmuştur[28]. Fr. Hipler, Almanya(da (1861), en azından iyi imanı, ortaçağda oldukça saygılı bir doktorun namusluluğuna bağlamış ve IV. yüzyılda, onun tara-

---

[19] De div. nom. II, III, 11.
[20] De div. nom. III, 2.
[21] İbid, ilahiyatçılar, Denys için yeni Ahitin yazarlarıdır.
[22] Ep. X.
[23] İleriki sayfalara bakılmalıdır.
[24] J. Durantil, S. Thomas et le Pseudo-Denys, Paris, 1919.
[25] Opusc. Théol, VII. Bu kitabın ileriki sayfalarına bakılmalıdır.
[26] İleriki sayfalara bakınız.
[27] İleriki sayfalara bakınız.
[28] Aynı savunmayı Fransa'da Frappel, Cours d'élog, Sacrée, 1860-1861; Vidien, S. Denys l. A. Paris, 1889; Almanya'da Schneider, Aréopagitica, Ratisbonne, 1884; İtalya'da Bertani, Milan, 1878; İngiltere'de J. Parker, 1897, yazdıkları yazılarla yapmışlardır.

fından verilen²⁹ bütün bilgilere uygun gelen tarihi bir çerçeve aramıştır. Fakat XIX. yüzyılın sonunda Cizvit Stigl Mayr ve H. Koch kesin olarak bu hipotezin savunulamaz olduğunu ispat etmişlerdir.

Aréopagitiques yazılar, 480-530 yılları arasında kompoze edilmişlerdir. Birinci tarih, iki delile dayanmaktadır:

A. Yazar, Proclus'un (+485) talebesidir. Onu eserinde zikretmektedir. Bu "L' Existence au Mal" konusunda "Noms Devins"de ³⁰ zikretmektedir. Onun felsefesi, ona yabancı değildir³¹.

b. O, 476 yılında Antakya, Pierre le Foulon'la giren ayinde okunan Credo'yu bilmektedir³². Diğer taraftan bu yazılar, 533'de İstanbul'da da Sèvère tarafından ele alınmıştır. Daha önce de ele alınmıştır. Belirli bir dönem, azaltılmışlardır: Çünkü Tyr konsilinde, 513 yılından önce Sèvère'de, Sahte-Denys'den nakiller bulunmaktadır. Diğer taraftan Hénotique (482)'in kristolojik konuda tutumunu dikte etmiş görünmektedir: O, **BİR** ve **İKİ tabiat** terimlerinden sakınmaktadır ve yeni bir théandrique³³ operasyondan bahsetmektedir. Öyle ki Monofizitler, onun yazılarına dayanacaklardır. Fakat onun temel doktrini, bu ve diğer noktalarda tamamen Ortodokstur. Kadıköy konsili gibi bir muhalefet çevresinde yaşasa da o, tartışmalar konusunda barışçı bir tutum izlemiştir. Onun bu eserinin 500 yılları civarında yazıldığı kesindir ve onun birlik arzusu tartışmasızdır.

Proclus'un (411-485) derslerini Atina'da takip etmek zorunda kalan yazar, Suriye'de (Belki Mısır'da) yaşamaktadır. Hıristiyan olmadan önce, Yeni-Eflatunculuğa inanmıştır. Onun önce keşiş, sonra da rahip olduğuna inanılmaktadır. Bu konuda şu sonuca varılabilir: Onun sergilediği kararlılıktan ve piskoposluğun ayrıcalıklarından, manastır hayatının kutsallığına bağlılığından, lâik din adamlarıyla, keşişlerin karşılaşmalarındaki iddialarını bas-

---

[29] Ona göre yazar, IV. yüzyılda Mısır'da yaşamıştır. O, Denys diye isimlendirilmiştir (Belki de bu, Denys de Rhimocolure'dur, Sezome, Hist. VI, 31). Aréopagite ünvanı bir semboldür. St. Paul'un bir talebesi olduğu iddia edilmemiştir. Onun yazılarını gönderdiği kişilerin hepsi, kurgu isimlerdir. Gerçek şahıslar da aynı isimlerdir. Bu tez, caziptir. Fakat Stiglmayr'ın ve Koch'un delilleri karşısında mukavemet gösterememiştir. Onun belli başlı savunucuları olan Hipler, Draseke ise teslim olmuşlardır.
[30] De divin. Noms, III, 18-35.
[31] İleriki sayfalara bakılmalıdır. P.91.
[32] Eccl. Hier, III, 2.
[33] Ep. IV.

tırmaktan, yüksek bir fikre sahip olduğuna inanılabilir. Şüphesiz bu bir felsefedir ve bir ruhtur ki, orijinallikten ve güçten yoksun değildi[34].

Yazarın üslubunun çok mükemmel olduğunu ve çok arızalı olduğunu Bossuet[35] belirtmektedir. Denys'ın uzun, boğucu ve müphem cümlelerin, öfkesine sahip olduğu söylenmiştir[36]. O, karanlıktır. Onun cümleleri, yeni mantık kullanmaktadır. Bunlar da eski mistiklerin lisanından alınmıştır. Kullanılan isimler, piskopos, rahip, piskopos yardımcısı, keşiş isimleridir. Bu isimleri, HİERARQUE, HİERUS, LİTURGE ve THERAPEUTE adlarıyla değiştirmektedir. O, oldukça telaffuz edilerek yayılan deyimlerden de pek sakınmamaktadır[37]. Fakat bunlar, onun eseri tarafından tamamıyla düzeltilmişlerdir. Onun Ortodoksluğundan şüphe edilmez. Yazarın kullandığı gizliliklere gelince, orada özellikle bir edebi kurgu görmek gerekmektedir. Buna, eskiler, isteyerek müracaat ederlerdi. Yazarımızın bunları kullanmasına yetkili olması, tezinin onun dönemindeki düşünürlerin problemlerinin birine cevap vermesiydi. Bu basit bir varlığın Yeni-Eflatuncu kavramlarının, bütün varlığı ve ruhların bu mükemmel varlıkla birleşmesi özlemini göstermektedir. Bunlar, felsefeden çok Hıristiyanlıkta gerçekleşmiş bulunmaktadır.

III. DENYS L'ARÉOPAGİTE'İN DOKTRİNİ

Denys l'Aréopagite, Yeni-Eflatunculuğu, Hıristiyan imanının hizmetine vermiştir. Bunu mektubunda, Polycarpe'a bizzat açıklamaktadır[38]. Onun doktrini, mistik bir doktrindir. Fakat o, felsefeye dayanmakta ve orijinal teolojik bir sistemde geliştirmektedir. Bu konuyu, üç noktada incelemek istiyoruz:

A. Felsefe

Yazarın felsefesi, Plotin tarafından sistematize edilmiş olan ve Proches tarafından temsil edilen Yeni-Eflatunculuktur. Bu Plotien sistemin temel fikri, tedrici evrensel sudur fikridir: **BİR**, aklı meydana getirmiştir (Nous). Bu dünyanın ruhudur. Bundan derecelerle maddeye kadar bütün varlıklar meydana gelmiştir. O, saf bir yokluktur. İlk kötülük ve varlığın yaratılış gü-

---

[34] P. Godet, op. cit. col. 432-433.
[35] İnstruction sur les Etats d'Oraison, 1, a-2.
[36] P. Godet, İbid, 433.
[37] İbid.
[38] Ep. VII, 1, 2.

cünün sınırıdır. Fakat Yeni-Eflatunculuk, dindar aynı zamanda bir felsefedir: O, Ruhun, üç menzilde BİR'e mistik dönüşünü öğretmektedir: 1. Arınma veya maddeden âzât olma. 2. Aydınlanma: Muhakemeyle, dokunulabilen dünyanın veya akıl dünyasının doğrudan murakabesi ile bu olmaktadır. 3. Vecd veya Bir'le murakabede, birleşme ile olmaktadır. Bu noktada ruh, bilinçten yoksundur[39].

Proclus (411-485): Bu adam, beşinci yüzyılda Atina okulunun en önde gelen temsilcisidir. O, Plotinien felsefenin temelini oluşturmuştur. Yani, bu felsefeyi o, üç şeyle zenginleştirmiştir: Marş triadique, onun felsefesinin dinamik fikrini teşkil etmektedir[40]. Akıl, birlikler aracılığıyla (hénades) Bir'den çıkmaktadır. Fakat o, üç Sphérée bölünmüştür, üçe parçalanmıştır: Madde, **Nous**'un triadlarından meydana gelmiştir ve Plotin'de olduğu gibi dünyanın ruhunun nihai akışıdır. Ruhun, Bir'e dönüşü için Proclus, Plotin'in zihinsel çabasından başka farklı dini ritüeller tavsiye etmektedir. Daha önce Jamblique'de böyle bir şey önermiştir.

İşte Hıristiyanlığı derinleştirmek için Denys'in kullandığı felsefe budur. Bu felsefe, ona garip bir nüfuz sağlamaktadır. Diğer yandan o, Ortodoks sınırlarda devam etmek için çok sağlam bir inanca sahiptir. O, Yeni-Eflatunculuğun genel metodunu benimsemiştir. Fakat onlara tamamen başka bir anlam vererek onları düzeltmiş fakat aynı terimleri muhafaza etmiştir. Böylece iki doktrinin karışmasına imkân vermemiştir. Onun uzlaştırma teşebbüsünde birkaç zayıf nokta bulunabilir, buna hayret edilmemelidir ve teşebbüsün zorluğu önünde, böyle mutlu olmayan ifadeler, normal görülmelidir. Onun mistik incelemesi ve ilahiyatı onun pağan üstatlarının doktrinlerini hangi noktaya kadar temizlediğini bize göstermektedir.

B. Mistik

Denys'in mistik düşüncesinde, Plotinien doktrininin temel çizgisi, Entellectualisme'dır[41] (Bununla, aklın rolünün üzerinde ısrar kastedilmektedir). O, bunu zahitliğine verdiği, kendisine özgü çizgilerle şöyle fade etmiştir:

1. Dionysienne murakabenin temeli ibadettir.

---

[39] Bu konuda I.II. cilde bakılmalıdır.
[40] M. De Wulf, Hist. De la Philosophie Médiévale, p.126.
[41] Birinci cilde bakılmalıdır.

2. Allah terimi, her ne kadar ulaşılamaz olsa da, o, müşahhas bir gerçektir. Ancak ona aşkla birleşilmektedir.

3. Fazilet, sadece maddeden soyutlanmak değildir. Allah'ın birliğini taklit ederek "en mükemmel olmak" için insanın gayret etmesidir. Denys, zahitliğin klasik taksimini, üç yola ayıran bir yazar mıdır? Böyle söylenmektedir. Ancak Arınma-Aydınlanma-Olgunlaşma kelimeleri, onun eserlerinde oldukça sık kullanılmıştır. Ancak bunlar, Ruhun Allah'a doğru manevi yükselişindeki üç dereceye işaret etmemektedirler. Belki bunlar, daha çok özel üç olgunlaşma tarzıdır. Bunlara yaratıklar, melekler önce iştirak ederler, sonra da insanlar iştirak ederler[42]. Bizzat Allah, bu iştirakleri sağlamaktadır. Özellikle bunu, hiyerarşiler aracılığı ile icra etmektedir[43]. Denys'de görülen bölünme, mistik olmaktan ziyade zahidânedir[44]. Zaten onun bütün eseri ve özellikle ilahiyat doktrini, mistik meyillidir. Hâlbuki o, yazılarından sadece birine "teolojik mistik" adını vermektedir.

Onun bütün eseri, ona hazırlanmak için murakabeye doğru yönlendirilmiştir. Veya onun meyvesidir o. Bunun için ilahiyat veya "Norus Divins" doktrini, Tanrısal sıfatları aydınlatmaya yönelmiştir. Allah'ın yüceliği üzerindeki varlığının birliği üzerindeki ısrarı, okuyucuyu, Allah'ın saf fikrine sevk etmektedir. Böylece bu bilgiye daha kolay ulaşılacaktır. Bu bilgi, murakabeden veya mistik ilahiyattan daha sâde ve saftır[45]. Aynı şekilde iki hiyerarşinin sembolik doktrini, aynı hedefe yönelmiştir: Onun ruhunda olan üç operasyonun temel dayanağı, yüksek bir Allah bilgisidir: Arınma, ona hazırlamaktadır. Aydınlanma, onu ulaştırmaktadır. Kutsallaştırma onu tam olarak ruhta geliştirmektedir.

Genel karakteriyle belirtilen üç eser, geniş anlamda mistik değillerdir. Fakat derin eğilimleriyle orada yazarın dar anlamda mistik teolojiden veya tefekkürden bahsettiği görülmektedir. Böylece "Hiérarchie Ecclésiastique" başından beri, hedef olarak mistik organizasyonların tamamının Allah'a

---

[42] Bu yollar, Hiérarchie Ecchésiastique'in VI. bölümünde belirtilmektedir. Orada, Hıristiyanlığa yeni gelenler, Hıristiyan müminler, keşişler, olgunlaşmaya doğru üç menzili temsil etmektedirler.
[43] Önceki sayfalardaki analizlere bakılmalıdır.
[44] Burada zahitlik, insanın ahlâkî aktivitesinin iştirakini göstermektedir. Mistik aksiyonla, merhametin olgunlaşması gerçekleşir. Özellikle Allah'ın egemen bilgisi onda şarttır. Bkz: I. cilt.
[45] Günümüzde ilahiyat geniş anlamda alınmaktadır ve bütün imanî hakikatlerin incelenmesine işaret etmektedir. İşte bu ilahiyat, bazen mystique olabilir. Bu, konusu nedeniyle olabilir, metodu nedeniyle olabilir. Vaktiyle teoloji dar anlamda sadece "Allah'ın Bilgisi"ne işaret ediyordu.

karşı ve tanrısal şeylere karşı daimi bir aşka takdim ettiği vizyon ve kutsal hakikat ilmi, ruhu ve murakabeye kadar yükselen[46] birinin tanrılaşmasını besleyen, murakabeden yararlanan birinin basit olgunlaşmasını göstermektedir. "Noms Divins" isimli eserinde, bunu daha çok bulmak mümkündür. Orada Denys, meşhur formülünü vermektedir. Bu formül, St. Thomas tarafından, etütle elde edilemeyen sadece Tanrısal duyguyla elde edilen bilgi konusunda bir çeşit sempatiyle açıklanmıştır[47]. Daha ilerde bu bilgi, çok tanrısal bir bilgi olarak tasvir edilmiştir. Bu bilgi, zihni aşan ve hikmetin derinliklerinde ruhu aydınlatan yüksek bir ışıkla birleşmenin meyvesidir[48]. Bunun için tabiatıyla insanı benliğinden çıkararak onu hedefine teslim eden aşkın rolü üzerinde o, daha çok ısrar etmektedir: İlahi aşk, vecde yönelir[49] ve onunla bu ışığa sahip olunabilinir. Bu ışık, kendilerinden çok uzaklaşmayı sağlamaktadır. Tıpkı St. Paul gibi[50]. Diğer yandan kim boş varsayımlara sahip olmazsa, Denys eserinin ilk bölümünden itibaren onların durumunu beyan etmeye çalışmaktadır[51].

Bu mistik bilgi, Aréopagite'i çok meşgul etmektedir. Peki, bu nedir? İşte bu, "La Théologie Mystique'in" konusudur. O, sadece téologie affirmative diye ayrılmıyor, Théologie Négative diye de bölünüyor. Bu farklı bir şekildir, fakat ruhun aktivitesinin çok gerçeğidir. Sessizlik, istirahat, nisbi karanlık gibi şeyler, ruhta bu negatifliği meydana getiriyor. Bunlar, Allah tarafından biliniyor, aydınlığa sevk ediliyor. İşte biz bundan bahsediyoruz. Bunlar düşmanlardır ve bunlar verilmezler. Bunlar inayetin, Kutsal-Ruhun eseridirler[52].

Denys, bu ilahiyatı ibadette tasvir etmektedir. Bu ibadet, Supra-Essentielle Teslisi açmaktadır. Bu teslis, çok kutsaldır, egemendir, Hıristiyanların Kutsal hikmette rehberleridir. Bizi Kutsal Kitapların yüce yüksekliğine sevk etmektedir. Bu Kutsal yazılar, bütün ispatlardan uzak bulunuyor ve bütün ışıklardan yüksek bulunuyor. Orada örtüsüz, bizzat onlarda ve onların ha-

---

46 Eccl. Hier, 1, 3.
47 De div. no. II, 9, Sum, théol. II^a. II^{ae}, 9. 45. art 2.
48 İbid, VII, 3.
49 İbid, IV, 13.
50 İbid, IV, 123.
51 İbid, 1,2.
52 Myt. théol, III.

reketsizliğinde, ilahiyatın sırları, karanlığın arasında, sessizliğin aydınlığı görünmektedir. Bu derin bilgidir[53]. Bu harika bir karanlıktır ki, muhteşem bir aydınlık vermektedir ve duygusal olarak körleşmiş ruhları, onun güzelliklerle dolu yaprakları kaplamaktadır. İşte yaptığım dua/ibadet böyledir."[54]

Derhal yazar talebesine, elde edeceği bu bağışları, hangi şartlarda elde edeceğine işaret etmektedir. "Sevgili Thomothée! Siz sürekli yorulmadan mistik tefekküre devam ediniz. Böylece, maddi ve spiritüel olan her şeyi kastederek onların anlamlarını ve operasyonlarını bir yana bırakınız. Olan ve olmayan her şeyi tabiatüstü bir çabayla buradan yükselen öz ve mefhumla birleştiriniz. Zira bu samimiyetle, kendiliğinden ve bizzat kendinizi ve her şeyi terkle, Tanrısal karanlığın esrarı parlaklığına acele bırakacaksınız[55].

Bu fevkalade üslubun empatik ve karma karışık formüllerinde, ilahiyattan başka bir şey olmayan bir coşku buluyoruz. Bu temel unsurlar içinde, Allah'ın yüksek ve sâde entelleksiyonunda, aklın bütün hazırlığından bağımsız, Allah'tan onun hikmetine en üstün iştirak olarak görülmektedir. Bir kelime ile bu, dâhili murakabe veya tefekkürdür[56]. "Bu noktaların hiç biri hor görülmeksizin yazar, prensip olarak ne imanın hâkim rolünü[57], ne de merhametin rolünü[58], ne zekâ ile ve hikmetle Kutsal-Ruhun yüksek operasyonunu[59], ne de inayetle verilenleri[60] ve murakabenin, varlıkla ilk temas[61]'tan itibaren hakikate ve güzele yönelmiş olan beşeri ruhun yapısında veya samimiyetinde bulduğu tabii temeli, aydınlanmaya koymamaktadır. O, akılla elde edilen Allah'la, akıl etmeyenden çok, edinilen bilgiden, murakabeyi ayıran köklü farkla çarpılmaktadır. Bunun için o, insan için başkasını elde etmek için bundan ayrılmasının zaruretini ısrarla istemektedir. Bura-

---

[53] Önceki sayfalara bakılmalıdır.
[54] İbid, n.1.
[55] İbid, 1,1.
[56] Birinci cilde bakılmalıdır.
[57] S. Jean de la croix gibi.
[58] St. Bernard, ou S. François de Sales.
[59] S. Augustin veya S. Thomas.
[60] S. Thérése.
[61] S. Augustin.

dan onun doktrini, aydınlıkların karanlık prensibini kayırıyor[62] ve bütün şiddetli antitezleri[63], coşkuyla ve sevgiyle karşılıyor. O, orada bir başka değerli doktrinin uygulanmasını görmektedir. Bu, ilahi yüceliktir[64]. O, onu Yeni-Eflatunculuğa miras bırakmakta ve onu abartmaktadır. O, bu davranışının doğruluğunu St. Paul'de bulduğunu, Allah'ın ulaşılmaz bir aydınlıkta bulunduğunu belirterek (I. Tim. III, 6) açıklamaktadır. Onun yollarını anlamak mümkün değildir (Rom. XI, 33). Onun barışı bütün duyguları aşmaktadır (Philipp. IV, 7)[65].

Anlatılan doktrin, anlaşılması zor olarak değil, yanlış olarak görülmüştür. Öyle görünüyor ki ona, tek yönlü olarak sitem edilmiştir. Ona yapılan pantheist ithamının temeli yoktur[66]. Üstelik bu dünyadaki sezgisel vizyonla murakabe aynı değildir. Denys, bazen ispatçı ilahiyatın meşruiyetini inkâr etmekte ve Agnostisisme kaymaktadır[67]. Fakat o, hedef olarak mistik ilahiyatın avantajlarını göstermekte, bu noktada onun eserinin güçlülüğü bilinmektedir.

Özellikle onun tesiri, ortaçağda oldukça önemli olmuştur. O, o dönemde "teorik mistiğin" babası ve ilk mistik teorisyendir. Ancak kimse onu yakından henüz tanımamaktadır. Tabii ki kilisede başka mistikler de vardı. Birçokları da kutsallığa refakat eden üstün inayetlerden bahsetmişlerdir. Meselâ, S. Augustin bunlardan birisiydi[68]. Augustin, hikmet konusunda çok daha tam genel sunum vermiştir. Bu, hem mistik noktadan, hem de felsefi ve ahlaki noktadan yapılmıştır. Fakat Denys'in hikmetinin avantajları vardı. O, spesial olduğu kadar, mistik halin temel unsuru üzerine münhasıran dikkat çekmektedir. Yani Allah'ın bilgisine dikkat çekmektedir. Onun eserinin orijinal yönü buradadır. Onun prensip değeri ve zayıf noktası da oradadır[69]. Bütün beşeri eser gibi bu eser de, birtakım boşluklar takdim etmek-

---

[62] Myst, théol, II, Epist. V.
[63] O, isteyerek sessizlik fikrini, aydınlığın ve karanlığın fikrine ortak yapmaktadır.
[64] İleriki sayfalardaki théologie Demonstrative'e bakılmalıdır.
[65] Epist. V.
[66] Bu yazıların yanlış anlaşılmasına rağmen, onun birçok talebesi olmuştur.
[67] İleriki sayfalara bakılmmalıdır.
[68] I. Cilde bakılmalıdır.
[69] Onun Unilatéralisme'i.

tedir. Yazarın Platonicien eğitiminin izleri orada, oldukça açıktır[70]. Fakat orada daha açıklıkla, tanrısal görüntü bulunmaktadır. İşte bunun için bu eser, büyük bir eser olmuştur.

IV. SİSTEMATİK İLAHİYAT

Sistematik ilahiyat veya akılcı araştırmada vahyedilen gerçekler, Denys'de samimiyetle **"teoloji mistiğe"** bağlıdırlar. Bunlar, ya hazırlık olarak ya da sonuç olarak böyledir. Diğer doktorlarınkiyle kıyaslamak için, bunu ayrı inceleyeceğiz. Zahire rağmen felsefe, bu ilahiyatta, ikinci derecede bir role sahip olsa da bu, bir nüfuz vasıtasıdır. Doktrinin gerçek kaynağı, Kutsal Kitaptır. Yazar, kullandığı ve allegorisme'i taciz ettiği tefsir için durmadan şu iddiada bulunmaktadır: Onun metodu, Honiere ve Ploton'u şerheden Porphyre'in ve Proclus'un metoduyla kıyaslanabilir. Belki de onu, büyük İskenderiyelilerin metoduyla yakınlaştırmak daha hakkaniyetli olacaktır[71].

Denys'in doktrini özellikle üç nokta üzerinde zengindir:

1. İlahi sıfatlar, 2. Melekler, 3. Sakramentler. Onun kristolojisi, birtakım güçlükler ortaya koymuştur.

1. İlahi Sıfatlar: Denys'in ilahiyatının temelinde, Allah bulunmaktadır: Eserinin büyük bir bölümü, Tanrısallığa tahsis edilmiştir. Onun mistik endişeleri onu Allah'a, yüce, saf ve sâde bir fikir vermeye götürmüştür. Mutlak birlik: Ona göre, her şeyin prensibinin temel karakteristiğidir: Noksan olan çokluktur. Fakat onun ihtiva ettiği güzellik, pozitiflik, onun prensibinin mutlak birliğinin çoğulcu ifadesidir. Allah, haklı olarak birçok isimle belirtilmiştir[72]. Biz, Allah'ı aşağı varlıkların özellikleriyle tasdik etmekteyiz: İşte bu olumlu ilahiyattır. Fakat Allah, bütün bu sıfatların ve fikirlerin ötesindedir: İşte bundan dolayı onun hakkında bildiğimiz şeyi, onun aşkınlığına ulaşmak için nefyetmekteyiz. Denys'de, olumlu ilahiyat, negatif ilahiyatla tamamlanmaktadır[73]. O, mükemmel hayatın, üstün hayatın girişi veya temelidir. Ondan skolastikler bahsetmektedirler. Olumlu metod, Denys'de kullanılan kelimelerin sıklığıyla belirtilmiştir, ayrıca özel kelimelerle belir-

---

[70] Önceki sayfalara bakılmalıdır.
[71] Bkz: I.II. Cilt. İlgili bölümler.
[72] De divin. nom. 1,6; II, 3, 11.
[73] De div. nom. IX, Théol. myst, 1, 2; III, IV, Eccl. hier, II, 3; Ep. 1, IX, 1.

tilmiştir. Olumsuz ilahiyat, mistik ilahiyat değildir, fakat ona sahiptir, en azından ondan ayrılmamaktadır. Çünkü murakabeden yararlanan bir ruh, Allah seviyesine çıkacaktır. Olumlu veya olumsuz ilahiyatta ise bu fikir, daima daha sâf ve sadedir.

2. Melekler: Denys L'Aréopagite, meleklerin maneviyatla dolu doktrinini yaymaya katkı sağlamıştır. Bu doktrin üzerinde, Batılı olduğu kadar Doğulu babalar da, açıklıkla bir şey söylememişlerdir[74]. Onun için melekler, semavi varlıklardır[75]. Dünyadaki yüksek ruhlardır[76]. Onlar şekilsizdirler[77]. Onlar, daima muhakemeli bir hayat sürerler[78]. Bu doktrin, Doğuda, St. Maxime ile[79], Batıda da St. Grègoire le Grand[80] ile yayılmıştır. Kilisede bu fikir müşterek bir fikir olmuştur. Denys'in tesiri, melekler fikrinin yayılmasında oldukça etkili olmuştur. Onun sayesinde, üç hiyerarşik bölünme[81], kesin olarak site hukukunda, ilahiyatta kabul edilmiştir. O, aşağı hiyarerşiye[82] insanların iyiliğinin özenini atfetmektedir. Bekçi meleklerin rolünden bahsetmişe benzememektedir. Bu melekler, cemaat halinde veya bireysel olarak, İskenderiyeli Cyrille'nin doktrininde zaten bulunmaktadır[83].

3. Sakramentler: Denys, kilise hiyerarşisinin kutsallaştırıcı rolünü aydınlatmıştır. Denys, dini erkân üzerinde ısrar etmektedir. Bunların yardımlarıyla o, ifa edilmektedir. O, bunları altı olarak belirtmektedir[84]. Bunların dördü sakramenttir: Vaftiz-Evharistiya-Kuvvetlendirme-Ordre. Manastır girişi ve cenaze törenleri ilk üçü, Hıristiyanlığın giriş ritüelleridir. Yazar tarafından birbiri-

---

[74] S. Grègoire de Nysse, melekleri saf manevi varlıklar olarak kabul etmektedir. S. Gregoire de Naz, bu konuda müteredittir. Basile, meleklere bir beden atfetmektedir. S. Cyrille de Jurusalem, Théodoret'de ve Anastase'daki fikirle mutabık düşüncededir. O zaman, beden ve madde, kalın madde ve ince madde arasında bir ayırım yapılıyordu. J. Tixeront, meleklerdeki bedeni, reddeden yazarlarla, mutlak spiritualitenin tasdikinin görüleceğine inanmamaktadır.
[75] Cael. hier, IV, 2; X, 1.
[76] İbid, IV, 1, 2.
[77] İbid, IV, 1.
[78] İbid, IV, 2.
[79] Bu kitabın ileriki sayfalarına bakılmalıdır.
[80] Moralia, II, 8; IV, 8.
[81] İbid, IV,2,7;3,8
[82] Birçok ilahiyatçı, geniş anlamda baş meleğe yüksek melek ünvanını vererek bunu, Michel, Gabriel'de, Raphael'de görmeyi reddetmektedirler.
[83] In ps. 33, V. 8; In ps, 49, V.4, P.G. 69, 883-1078.
[84] Itier, Eccl, II-VII.

ne yaklaştırılmıştır[85]. Vaftiz konusunda Denys tarafından suyun takdisine verilen öneme[86] ve kutsal ayinin arındırma gücüne işaret edilmiştir[87].

Kuvvetlendirme: Okunan yağ, piskopos tarafından önceden belirtilmiştir[88]. Denys l'Aréopagate, Evharistiyanın varlığından şüphe etmemektedir[89]. Onun, kitabında Evharistiyayı, açık şekilde görmek zor olmasına rağmen, Denys, onu kabullenmektedir.

Ordre sakramenti, onun ilahiyatının en önemli kısımlarından birisidir. O, bu sakramente üç fonksiyon atfetmektedir: **Arınma, Piskoposa Güvenme, Aydınlanma**. Bunlarda rahipler görevlendirilmektedir. Nihayet, Allah'la birleşme, Hıristiyanı olgunlaştırma, ancak piskoposlara uygun gelmektedir[90].

Cenaze merasimleri için tasvir edilen dini erkân, son-yağlama değildir. Zira burada ölünün kadavrasına sürülen yağ söz konusudur[91]. Denys, günahların kaldırılması için rahibin gerçek gücünü bilmekte ve bu sakramentin yönetimine karışmış olan keşişleri kınamaktadır[92].

4. Mesih: Mesih konusu, Aréopagitique eserde, Tanrı kadar yer almaz. Ancak tamamen de terk edilmemiştir. İlk Sèvèrienlerde olan iddia nedeniyle olsun (ancak bu, yeterli bir sebep değildir) insan olan bir Allah'ın operation théandrique'inden bahseden IV. mektup nedeniyle olsun, Onun monofizit olduğu söylenmiştir[93]. Fakat bu formülü monofizitler ve monothelitler dejenere ederek, Katolik anlamda yönlendirmişlerdir. Tabii ki Mesihteki kişilik birliğinde, tabiatların ayırımı kabul edilirse, durum öyle olmaktadır. Şüphesiz yazar, bu formülü kullanmamaktadır. Onun doktrini, Ortodoks'tur. O, Teslisin hypostaselarından birinin Mesih olduğunu, o, bizim tabiatımızla ayrılmadan, karışıklık olmadan kompozisyonla birleşmiştir[94].

---

[85] İbid, II, 2, 7; 3-8.
[86] İbid, II, 2, 7.
[87] İbid, II, 3, 1.
[88] İbid, IV, 2, 7; 3, 8.
[89] İbid, III, 12.
[90] İbid, V, 1, 5, 6.
[91] İbid, VII.
[92] Epist. VIII.
[93] Epist. IV.
[94] De div. nom. 1, 4.

Denys l'Aréopagite, başka konularla meşgul olarak, kristolojik tartışmanın dışında kalmıştır. Bu tavır, tedbirli bir tavırdı ve konuya yer vermek doğru değildi. Onun doktrinel aksiyonu, başka noktalarda gerçekleşmiştir. Bu noktalar, özellikle ortaçağda oldukça önemli olmuştur.

İKİNCİ KISIM

BİRİNCİ BÖLÜM
ST. LÉON LE GRAND[1]

I. ST. LÉON'UN KARAKTERİ VE ESERİ

Aziz Léon le Grand (Büyük Léon)'e, haklı olarak, antikite Hıristiyanlığının en büyük Papası olarak bakılmıştır. Aziz Grègoire bile bizzat onu, geçememiştir. Onun tarihi rolü bellidir. Batıda bütün politik düzeninin çöktüğü ve Doğuda dini gruplar, kristolojik tartışmaların içinde kaybolduğu bir dönemde o, St. Pierre'in halefi olarak ve Roma piskoposluğunun üstünlüğü altında Hıristiyan birliğini devam ettirmesini bilmiştir. Bu kilise birliği dogmasından dolayı o, kilise doktoru ve savunucusu olmuştur. Böylece görüldüğüne göre onun misyonu, Allah'ın niayetiyle ilgiliydi. Onun bunu nasıl yaptığını anlatmadan önce, onun eserini anlamamıza yardım edecek olan karakterinin nasıl olduğunu görelim.

440 yılında St. Léon le Grand, Papalık tahtına oturduğunda kırk-elli yaşları arasındaydı ve sade bir piskopos yardımcısıydı. Roma'da yaşıyordu, oraya dışardan gelmişti[2]. Onun Roma'da büyük bir otoritesi vardı. Bu onun yüksek edebi kültürüne ve kendisine güveninden geliyordu. Biz bunu, Pélaganisme'e karşı verdiği savaşta bizzat müşahade etmiştik. 418 yılında geleceğin Papası olacak olan rahip Xyste'in mektubunu,[3] Kartacalı Aurèle'e götürmüştü. **532** yılına doğru St. Célestin I, Gaul'deki piskoposlara, St. Augustin'in otoritesini savunmak için yazdığında, Roma'da iki taşralı keşiş ta-

---

[1] P.L. 54-56; Tillemont, Mémoires, I.XV (1711), p.414-832; A. De Saint-Chéron, Hist du Pontificat de S. Léon le Grand, Paris, 1845; A. Régnier, S. Léon le Grand, Paris, 1910; P. Batiffol, Léon 1'er, dans Dict. théol. 218-301: Le Siège Apostolique, Paris, 1924; p.417-618, Monographics, Spéciales (en Allemand) Sur la Christologie, Par P, Kuhn, Wurtzbourg, 1894; Sur Léon et l' Orient, Par A.G. Amelli, Rome, 1882.
[2] O. Toscan'da (Tuscus milletindendi) Liber Pontificalis'e göre bu böyleydi. Ancak onun Romain olduğuna inanılmıştır. Çünkü o, Roma'yı vatanı olarak adlandırmaktadır (Ep. 31, 4).
[3] 191. mektuba göre n.1'de S. Augustin.

rafından kınanmıştı. St. Léon, o sırada piskopos yardımcısıydı ve etkili bir durumdaydı. Bu mektubun metnine[4] bugün eklenen nakillerin derlemesininin yazarının büyük ihtimalle o olduğundan şüphe edilmektedir. Şayet St. Prosper'e[5] inanılorsa, Léon 439 yılında Papa Xyste III.'in, Julien d. Eclane'la iletişimini kesmeye sevk etmiştir. Julien, bu iletişimi elde etmek için Roma'da entrika çeviriyordu. Böylece kilisede dini barış temin edilmişti. St. Prosper d'Aquitaine'nin ve Cassien'in dostu olarak o, 430 yılına doğru Nestorianisme'e bir reddiye kompoze etmesini Cassien'den talep etmiştir. Bu reddiye, De İncarnatione Domini[6] idi. Cassien eserinin girişinde bunu "Roma Kilisesinin ve İlahi Görevinin Şerefi" olarak adlandırmaktadır[7].

440 yılında Léon, Gaul'deydi. Orada Acéce'le, Albin'i uzlaştırma görevini icra ediyordu. Aynı zamanda Léon, Papa seçilmişti. Böylece o, yirmi bir yıl, St. Pierre'ın makamında oturmuştu.

St. Léon'un papalığı ve karakteri bizim için yazdığı eserlerle daha iyi ortaya çıkmıştır. Bu eserleri, nutuklar ve mektuplar olarak ayırabiliriz.

"Ondan 96 mevsuk vaaz kalmıştır[8]. Bunların hepsi, sadece 84, 91, 96'ları hariç" papalığının ilk yıllarına ait görünmektedir. İlk beşi (De Natali İpsius), onun papa seçilişini işlemektedir (Serm.1) veya yıldönümü anma merasiminden bahsetmektedir (Serm. 2-5). 6-11. ci Sermon'lar (De Collectis), sadaka ve hayırlı amellere tahsis edilmiştir. Sonuç olarak onların tamamı, yazarlar tarafından, aktüel liturjik yazılar olarak tasnif edilmişlerdir.

Oruç üzerine yapılan konuşmalar, bunların arasında en çok yer tutan konuşmalardır. Bu oruçlar, dört-zamanın oruçlarına uygun olan dört seri oruçtur: **Karem orucu:** Bu oruç kırk gündür. **Pentecate Orucu** (Çarşamba-Cuma-Cumartesi). **Eylül ve Aralık oruçları** (Bir hafta ve sadece Çarşamba ve Cuma günleri). İlk konuşma serisi, (12-20), Aralığın dört-zamanının oruçlarına uygun gelmektedir. Daha sonra, Avent'ın bir kısmı olacaktır. Di-

---

[4] Auctoritates de Gratia Dei. Bu atıf, Quesnel tarafından yapılmıştır. Mgr. Batiffol tarafından değerlendirilmiştir.
[5] Chroniq, a, 439; P.L. 51, 598.
[6] I. cildin ilgili bölümüne bakılmalıdır.
[7] Sessizliğimi koruma kararımı, övülecek gayretinle ve emperyal duygunla mağlup ettin. Mgr. Batiffol şunu ilave eder: Burada ministerium kelimesi, piskopos yardımcılığına ve Léon'un işgal ettiği makama işaret etmektedir.
[8] P.L. 54, 141-468, yirmi mektup (P.L. 54, 477-522).

ğer oruçlar, Karem oruçlarıdır (39-50). Pentecote'dan (78-81) ve nihayet Eylül (86-96) Oruçlarıdır.

Rab İsa Mesihin sırlarına St. Léon tarafından bayramlar nedeniyle birçok şey atfedilmiştir. Meselâ, Noel (21-30), Epiphanie (31-38), Passion (52-70), Paskalya (71-72), Ascension (73-74), Pentecote (75-77), mesih konusundaki konuşmalara, İsa'nın Transfigurationu ile ilgili 56. konuşmasını ve kurtarıcının iki tabiatı ile ilgili 96. konuşmasını da ilave edebiliriz.

Geriye kalan beş konuşmaya da işaret etmek gerekmektedir. Bunlardan ikisi St. Pierre ve St. Paul'un bayramlarına tahsis edilmiştir (82-83). 84. konuşma, Gensèric'in hareketinden sonra, inayet aksiyonu bayramının unutulması (Haziran 455) üzerine ilave, 85. konuşma, St. Laurent'in şehitliği üzerine ve 85. Konuşma da mutluluklar üzerine ilave edilebilir.

St. Léon'un vaazları, genelde kısa olmakla barebar, onlar klasik belagat modelleri olarak kabul edilmektedir. Çünkü onlar, ciddi ve sade bir belagata sahiptirler ve çok güçlüdürler. "Bu konuda Batiffol şöyle der: "Onun vaazları[9], noter tarafından yazılmamıştır. Şüphesiz onun tarafından yazılmıştır. Onlar, önceden onun tarafından söylenmiş olsalar da, sonra onları söylese de, durum aynıdır. Hepsini o söylemiştir. Fakat çok az yazar, onun gibi söylediğini tekrar etmekten ızdırap çekmektedir. O, temel hakikatlerle ve müşterek noktalarla yetinmektedir. O, Kutasl kitabın, bir kitabını tefsir etmemiştir. O, bir yorumcu değildir. Onun vaazları, liturjik çerçeveye dâhildirler. Onların güzelliği, tonundadır: Léon'la her şey liyakata, ihtişama bürünmekte ve oldukça hissedilen roman vurgusu, metinlerde ve liturjide görülmektedir. Léon'un cümleleri belli bir müfredata uygundur: Yani onlar, kesinlikle, antitezsiz ve sessizdirler[10]. Léon zamanının ve çöküşünün bunlar, zerafetleridir. O, her şeye rağmen şuurunun parlak bilincini asla kurban etmemiştir. O, sadece doktrinel ve pastoral hakikatleri ikna için konuşmuştur.

Onun hayatında Mesih ve onun çektiklerini, onun kurtuluşu gerçekleştirmesini, Léon'un vaaz etmesi hoşuna gidiyordu. Onun sırlarını kesin bir

---

[9] Dict. Théol. Art. cit. col. 279-280.
[10] Yazar, onun 32, C.4 vaazından bir örnek nakletmektedir:
Quem magi infantem/Venerati sunt in cunabulis
Non omnipotentem/adomemur in coelis

sadelikle, spekülatif bir ilahiyatçıdan ziyade gerçek bir Pastör olarak açıklıyordu. Tabii ki, o her şeyden önce bir ahlakçıydı. Daha önce belirtilen genel konulardan başka, birçok sayfada, deliller veriyordu. Özellikle bunlar, vicdanın incelenmesi[11], müminlerin kurtuluşunun düşmanı olan şeytan[12], zina[13], ibadet[14], bizi Allah'a yükselten iki kanat olan iman ve merhamet[15], manevi çocukluk[16] gibi şeylerdi. İnayet konusunda St. Augustin'in doktrinine sadık kalan St. Léon, hürriyet konusunda ve ahlâkî çaba konusunda fazla ısrarlı değildir[17]. Böyle bir aksiyon adamından da bu beklenebilirdi.

St. Léon'un haberleşmeleri[18], büyük papayı bize tanıtacaktır: Bu haberleşmeler, 173 adedi bulmaktadır. Bunların 143'ü bizzat papa tarafından yazılan mektuplardır[19]. Mektupların hepsinin resmi bir karakteri vardır. Hepsinin istisnai bir önemi vardır. Özellikle, Doğudaki dini problemi işleyen mektupların çoğu, onları provoke eden çağdaş olayların seviyesini aşmaktadır, ayrıca dogmaları ilgilendiren çok değerli bilgilere[20] ve disiplinle ilgili konulara sahiptiler[21]. Bu mektuplar, özenle yazılmışlardır[22] ve büyük papanın özellikle karakterini ortaya koymaktadır.

Onun vaazları onu bize, bir ahlakçı olarak göstermektedir[23]. Onun mektupları, bu karakteri pekiştirmektedir. Bütün bunlar, onun terimin tam anlamıyla bir hükümet adamı olduğunu ispatlamaktadır. Onun ruhi taşkınlıkları bile, aksiyona sahiptir: Berrak, kesin, katı şekilde içgüdüsel olarak, problemlerin uygulama tarafını araştırmakta ve boş şeylerden ürkmektedir. Kesin ve inançlı bir kararla, gecikmeden açık kararlar almayı bilmekte, orada zayıf olmayan bir tutum izlemekte ve birkaç zorluk da ortaya çıkmaktadır. Onun tanık olduğu korkunç sıkıntılar, onun eserlerinde büyük bir iz bı-

---

[11] Serm. 41, 1.
[12] Serm. 9, 1-2; 39, 3-4; 40, 2-3; 2, 41; 2; 42, 3; 48, 2; 49, 3, 57, 5, 58, 4; 90, 1.
[13] Serm. 90, 1.
[14] Serm. 12, 4; 15, 1.
[15] Serm. 45, 1.
[16] Serm. 37, 3.
[17] Bu konuya ileridi yeniden döneceğiz.
[18] P.L. 54, 581-1218.
[19] Diğerleri alınan mektuplardır.
[20] Epist. 28 (Tome à Flavien), 59, 124, 129, 139, 165.
[21] İlerdeki sayfalara bakılmalıdır.
[22] H. Grisar, Hist. De Rome et des Papes au M, A. (trad. Fr), Paris, p.330.
[23] P. Batiffol, Dans Dict. théol. col. 278.

rakmamışlardır. Ruhunun berraklığındaki sarsılmazlıkla Léon, yazdığı gibi konuşmaktadır. O, kesin olarak Romalı olarak davranmış, düşünmüştür. Valentinien III. Senatörleri, eski cumhuriyetin meslektaşlarında hiçbir delilin eğip bükemeyeceği bu yenilmez ruhu, onu duymak ve eserde onu görmek için daima düşünmüş olmalıdırlar[24]. Bununla beraber, onun karakterinin temeli orada değildi, sade ve basit bir imanla beslenen Hıristiyan duygularının derinliklerinde bulunuyordu. Katolik imanı, sapıklarla mücadelede en büyük delillerinden birisiydi. Diğeri de şu formülde açıkladığı geleneksel külttü: VETUSTATİS NORMA SERVETUR=Eski kullanılan Norm. Bütün bu liyakatlara, örneği olmayan şunlarıda ekliyoruz: Çok gerçek bir alçak gönüllülük, St. Pierre'in halefi ve Roma piskoposu sıfatıyla onun kilisedeki rolü, sahip olduğu yüksek bilincin üzerine oturan oldukça gerçek bir mütevazılık duygusuyla birleşmiştir. Bu, onun Papalığı ve doktrini incelenirken görülecektir.

II. ST. LÉON'UN PAPALIĞI

Bu konuda, St. Léon'un yorulmadan, teyyakuz halinde, hem Doğuda hem de Batıda Hıristiyan birliğini, doktrinel düzeni ve disiplin düzenini nasıl uyguladığını ortaya koymak gerekmektedir.

A. St. Léon ve Hıristiyan Birliği

1. Batı'da[25]: St. Léon, büyük bir gayretle, "imanın safiyetini" mezheplere karşı savunmuştur. Manihesitler, Afrika'dan Vandallar tarafından kovulmuşlar, İtalya'ya dağılmışlar ve Roma'ya kadar gelmişlerdir. Orada, utanç verici ahlak dışı uygulamalarla skandal olmuşlardır. St. Léon, onların kitaplarını yaktırmış, en inançlılarını kanuna teslim etmiş, bunlara karşı katı kurallar koydurmuştur[26]. Yine **Pélagien**'ler de, her yerde bulunuyorlardı. Papa birtakım suçlulardan, formel olarak geri çekilmelerini istemişti[27] ve bunların çoğu rahipti. Onları hidayetlerinden sonra, yüksek düzey rahipliğe getireceğini teklif etmişti[28]. Priscillianisme'ler (Bir nevi katı Maniheistiler), bu

---

[24] Mgr. Duchesne, Hist. anc. De L'Egl, III, p.680-681.
[25] P. Batiffol, L Siège Apostolique, p.418-492.
[26] Constitution de Valentinien III (445). İnter S. Léon. Epist. 8, Bkz: Serm. 9, 16, 22, 24, 34, 42, 47. Özellikle 76. cf. P. Batiffol, S. Léon, I, c. col. 228-234.
[27] Epist. 2.
[28] Epist. 18.

dönemde İspanya'yı karıştırıyorlardı[29]. St. Léon, bu konuda İspanyol piskoposlarını cesaretlendirmişti. Özellikle de Astorga piskoposu Turribius'u cesaretlendirmişti. Hatta onun cemaatine bu vesileyle, Priscillien'lerin hatalarıyla ilgili doktrinel bir formül göndermişti[30]. Böylece bu mezhep zayıflamıştı. Ancak bir asra yakın varlığını korumuştur.

Disiplin Otoritesi: Bu konu, St. Léon tarafından parlak şekilde icra edilmiştir. Buna, onun mektuplaşmaları şahittir. Afrika'da, düzenle ilgili yasaları takip etmiş ve rahip sınıfının sahip olacağı vasıtalar ve zaruretler üzerinde ısrar etmiştir[31]. Gaul'da, St. Léon, iki piskoposa karşı tedbirleri kırma noktasına gelmişti. Arles piskoposu St. Hilaire'in[32] Viyana eyaletinin bir kısmı üzerindeki yargı yetkisini almakta biraz acele etmişti. Yine daha sonra[33], dört piskoposluk üzerindeki yüksek yargı yetkisini devam ettirmiş ve kaybedilmiş haklarını Arles'a geri vermeyi reddetmişti[34]. Hilaire'in halefine, iyiliksever tanıklıklarını vermişti[35]. Her şeye rağmen Papa, yüksek bir otoriteyle ve tartışmasız şekilde hareket etmiştir. **İllyriceum Oriental**[36]'da Roma Patrikliğine bağlı olan St. Léon, biraz Gaule'lü gibi davranmıştır: Kendi özel vekili olan Selanik piskoposunun gidişatını mahkûm etmekten çekinmemiştir. O, papanın delegesi olma ünvanını, mahalli metropolitenlerin hukukunu tanımamakla yolsuzluk yapmıştı. Grisar şöyle diyor: Papaya, ılımlı iktidarında ve akıllı icraatındaki üstünlüğü hatırlatmak için, bu kadar ciddi, bu kadar enerjik bir ifadeyi hiçbir yerde kullanmamıştır[37].

---

[29] Bkz: I.II. cilt ilgili bölüme bakınız
[30] Epist. 15 (Priscillien'lerin hatalarının listesi 16. bölümü içine alıyordu.)
[31] Epist, 12, P. Batiffol, op. cit. col. 241-242.
[32] S. Hilaire, Papa Zosime'in Arles piskoposu Patrocle'a verdiği vekillik ünvanıyla buna inanıyordu. Fakat Boniface I, bunu geçici olarak kaldırmıştı. Bu konuda St. Léon'un, Viyana piskoposlarına gönderdiği mektuba bakılmalıdır.
[33] Viyanalı 9 piskoposun isteğine rağmen, Papa Léon, Epist 66 (5 Mayıs 450) buna cevap vermişti. Hilaire, 449 yılında ölmüştü. Yerine, Ravennius geçmişti ve Papanın güvenini kazanmıştı.
[34] Hilaire, Gauloise kilisesinin geleneğinin sözcüsüydü. Roma'ya karşı bağımsızlık iddia ediyordu. S. Léon, her yerde istilacı yeni üstünlüklere karşı, metropolitan hukukunu yerleştirmişti.
[35] O, paskalya tarihini bütün Gaul'e ulaştırma görevini almıştı. O, Flavien'e yazdığı mektubta piskoposların katılmasını sağlamakla görevliydi. Epist. 67.
[36] Balkanları'da, Roma imparatorluğu kendisine bağlı olarak görüyordu. Thrace: Doğuya aitti. İllyrium, daima Batıya aitti. Dacie ve Macedoine, 379 yılına kadar Batıya aitti. Bu tarihten sonra Doğuya ait oldu, böylece bir tek vilayet oldular. Papalar, bu eyaletleri Roma piskoposluğuna bağlamaya gayret ediyorlardı. Bkz: L. Duchesne, Eglises Séparées, p.229-279; P. Batiffol, le Siége Apost. p.245-265.
[37] Epist, 14, cf. Epist. 16, 15, 5, 13.

2. Doğuda: Doğuda, Kristolojik tartışmalarla iman, özellikle tehdide uğramıştır[38]. Doktrinel otoritesinin tam olarak bilincinde olan St. Léon, Flavien'e yazdığı mektubunda[39] vahyedilen hakikati bizzat açıklamaya özen göstermiş ve Konsile açık bilgiler göndermiştir[40]. Conciliabule d'Efes (449), onun tavsiyelerinden hiçbir şeye sahip değildir[41]. O, Théodos II'nin ölümünden sonra, yeni imparatorun ısrarı üzerine, Kadıköy'de yeni bir konsil toplamayı kabul etmişti. Ancak bu konsile onun delegeleri Papa adına başkanlık yapacaklardı[42]. Regnier[43] şöyle der: Papanın verdiği sayısız tavsiyeler, gelecek konsile damgasını vurmuştur. O, her şeyi yönetme iradesine prensip olarak sahipti. O, kararlı bir akıldı. O, delegelerin huzurunda her şeyin olmasını, birliğin ve barışın olmasını istiyordu. Hatta iman konusunda, yeni tartışmalardan sakınmalarını tavsiye ediyordu: Onun Flavien'e yazdığı mektubun genel olarak kabulü yeterliydi ve bundan böyle İznik konsili ve Efes konsili kararlarına tutunmak da yeterliydi. O, nedamet eden suçlulara karşı endüljansı tavsiye ediyordu. Ancak, isyan ruhuyla ısrar edenlere karşı oldukça sertti. O, hiçbir bahaneyle Dioscare'un, konsile katılmasını istemiyordu. Yine o, piskoposluk şehirlerinin önemine dayanan yeni hukuku gasba girişenlere karşı, mukavemet öneriyordu[44]. Yine St. Léon'un sadece iman konusunda değil, disiplin konusunda da kararlar verdiği görülmektedir.

Gerçek o, konsilde onun otoritesinden kimse şüphe etmemişti. Üstelik genelde ona itaat edilmişti. Dogmatik mektup, bizzat Pierre'in[45] öğretisi olarak kabul edilmişti. Birkaç piskopos, orada delegelerde birtakım güçlükler görmüştü. Ancak müteakip günlerde yapılan açıklamalar, onları tamamen

---

[38] P. Batiffol, le Siége Apost. P.493-589.
[39] P.L. 54, 755-782, F. Amann, le Dogme. Cath. Dans les Pires, p.344-355, P. Batiffol, S. Lebn, Dict. théol, 248.
[40] Epist. 33.
[41] Bu kitabın önceki sayfalarına bakılmalıdır.
[42] Epist, 89; Epis, 103.
[43] Op. cit. P.101-102.
[44] Epist, 89, 90, 94 á Marcien, 91 á Anatole, 92 á Juliencie cos; 93, á Concile, 95 á Pulcherie.
[45] S. Léon'un mektubu şöyle alkışlanmıştı: İşte pederlerin imanı! İşte Havarilerin imanı! Herkes ve biz Ortodokslar böyle iman ediyoruz! Böyle inanmayana aforoz! Pierre, Papa léon'la böyle konuştu. Havariler böyle öğretti! St. Léon, hakikate ve ibadete göre öğretti! Cyrille, böyle öğretti! Léon ve Cyrille aynı şeyi öğretti. Mansi, VI, p.913; Kadıköy konsili babaları, 431 Efes konsili üzerinde müttefiktiler. İşte bunda St. Léon'un rolü oldukça büyüktü.

tatmin etmişti. Konsil çalışmaları bittiğinde[46] konsil, papaya bütün kararların tasdikini, en azından delegelerin reddeddiklerini,[47] 28. disiplin yasasını tasvip etmesini talep eden bir yazı göndermişti[48]. Ancak Papa, bu isteğe red cevabı vermişti[49]. Bu yasanın Doğu Patriklerine zarar vereceği ve prensip olarak "Katolik birliğinin merkezinin yer değiştireceği" ileri sürülmüştü. İstanbul piskoposunun istekleri, onun ateşli mücadelesinin hangi boyutta olduğunu açıklamaktadır[50].

Kilisenin birliğiyle ilgili bütün şeylere karşı Papa, asla ilgisiz kalmıyordu. Bunun için o, ikinci derecede görülen Paskalya bayramının tarihi problemine bile önem veriyordu. İznik konsili, eski tartışmaları kesin olarak mahkûm etmişti (Quarto-Décimant.) (Bunlar paskalyayı, Yahudiler gibi 14 Nisan'da kutluyordu) ve bu bayramın Mart ayının dolunayı takip eden pazar günü kutlanmasını tespit etmiştir. Alexandrie, konsil tarafından bu tarihin kiliselere not edilmesi göreviyle vazifelendirilmişti. Özellikle de Roma kilisesi için. Beşinci yüzyılın ortasında Batıda, İskenderiyelilerin hesaplarının doğruluğundan şüphe edilmişti. İskenderiye Patriğinin mukavemeti önünde, Protérius ve Batının protestolarına rağmen St. Léon, Mısırlıların hesaplarına güvenmek istemişti. Bunu da her şeyden önemli gördükleri birlik endişesiyle yapmışlardı. Léon, bunu Marcien'e yazmıştı[51]. İşte bu endişe, bu büyük Papanın hayatında her şeyi yönlendirmiştir.

B. St. Léon ve Prensler

St. Léon, pozisyonu gereği, prenslerle sıkı ilişkilere sahipti ve bu ilişkiyi imkân dâhilinde samimiyetle devam ettirmişti. Doğuda, sarayla ilgili güçlükler vardı. Theodos II. döneminde durum böyleydi. Ancak onun bunda hiçbir payı yoktu. Aksine o, Théodos'un halefi olan MARCİEN'da kendisini Ortodoks imana ve papalık makamına vakfeden bir prens bulmuştur. Şüphesiz bizzat olsun, gerekli yönetimlerinin başlangıcıyla olsun, iyi niyetle

---

[46] Önceki sayfalara bakılsın.
[47] Héfele, Hist. des Conciles, II, 846; P.L. 54, 951-960.
[48] Birinci cilde bakılmalıdır.
[49] 381 konsilinin iddia edilen yasasını, tanımadığını beyan etmişti.
[50] Yasadan başka, gerçek tehlike, bu espirideydi. Papanın zaafiyeti bir kere daha ciddileşmişti. Bu noktada S. Léon, Julien de Cos'dan ayrılıyordu. Hâlbuki o, onun Doğudaki danışmanıydı. O, İtalyan asıllıydı ve Roma'da büyümüştü, Julien. Kadıköy'de delegelerin, değerli bir yardımcısıydı. O, S. Léon'u İstanbul'da 453'den 457'ye kadar temsil etmişti.
[51] Epist. 88, 121, 122, 127, 131, 137, 142. Cf. Régnier, op. cit. P.174-179.

Devletin birtakım müdahale tedbirleri, dini konularda kendisini gösterecekti (Doğuda bir genel konsil toplama, oturumları takip için laik bir komisyon kurma, 28. yasanın onanması gibi). Fakat Roma ile uzlaşma, onun tarafından hiçbir zaman sağlanamadı: Papanın ılımlılığı ve kararlılığı, elbette bu konularda etkili olmuştu. Onun İstanbul'da kabul ettiği elçi[52] olan Julien de Cos[53], çok değerli bir barış adamı olmuştu. Léon I ile (457-474) St. Léon, Kadıköy konsilinin kararlarının devamı için çalışmışlar ve büyük merkezlere göz diken monofizitleri ekarte etmişlerdi. Onların şiddetlerine mukavemet için kilise, devletten destek bekliyordu. Kilisenin bu koruyucu rolü, bir anlamda Papanın prenslere, bizzat cesaretli kutsama metaphore'u uyguladığını açıklamaktadır. Yani onlara minnet duymaktadır[54].

Yine Batıda, iki kuvvet devam etmiştir. Papanın isteğiyle, 450 yılında imparator Valentinien III, annesi ve eşi İstanbul sarayına dini zorlukları düzeltmek için yazmışlardı. Yine 445 yılında St. Léon, imparatordan maniheistlere karşı çok önemli bir ferman elde etmişti[55]. Yine o, 8 Temmuz 445 yılında meşhur imparatorluk yasasını ilham etmişti[56]. Arles Piskoposu Hilairè'in iktidar yolsuzlukları vesilesiyle[57] bu vuku bulmuştu. Bu yasada Prens, Roma imparatorluğunun zaferlerini hatırlatıyordu ve özellikle de Papalık makamının temel önceliğini ve Pierre'in önceliğini hatırlatıyordu. Bu yasa ile imparatorun Batı imparatorluğu yararına Roma'nın önceliğinden yararlanmak isteğini Batiffol[58] belirtmektedir. Tabii ki böylece Papa, imparatora verdiği destekle kendi önceliğini sağlamlaştırıyordu. Protestanlar ve Jansenistler bunda, papalığın duyduğu özlemin açık bir delilini boşuna görmektedir[59]. St. Léon tarafından, çağdaşları üzerinde alınan kararlar, bizzat Barbarlara da empoze edilmiştir. 452 yılında, Atilla'nın önünde, Montoue'ya kadar hangi cesaretli kararla gittiği bilinmektedir. Bu dönemde Atil-

---

52 J. Pargoire, Apocrisiaires, Dans Dict. Arch, 2543.
53 Not: 50. dipnota bakılmalıdır.
54 Epist. 111, 3, (á Marcien), 166, 6 (á Léon I). O, sacerdotal ruhtan ve imparatorun apostolikinden bahsetmektedir.
55 İnter S. Léon, Epist. 8.
56 İnter S. Léon, Epist. 11.
57 Bu kitabın ileriki sayfalarına bakılmalıdır.
58 Le Siège Apostolique, p.457-460, op. cit. col. 239.
59 M. Babut şöyle demektedir: 10. mektup ve Valentinien yasası, papalık monarşi yasasını oluşturmaktadır. Kilise monarşisi, imparatorluk desteğinden başka desteğe sahip olmasaydı o, imparatorlukla birlikte yok olacaktı.

la, Roma'ya yürüyordu. Allah'ın bu felaketi, bu büyük majesteleri ve sade kişiliği ve onun belagati tarafından mağlup edilmiş ve Atilla procesinden vazgeçerek Tuna nehrinin ötesine çekilmişti[60]. St. Léon 455 yılında, Roma'nın on beş gün yağmalanmasına (Génséric) engel olamamıştı. Ancak vahşi heretiklerin adamlarının yangın çıkarma, cinayetler ve faydasız eziyetlerden sakınmalarını temin etmişti[61]. Korkunç olaylar içinde tartışan imparatorluk, Roma'ya kadar istilaya girmişti ve papanın yazılarından hiçbir iz bırakmamıştı. Onun ruh gücü ona, şüphesiz birtakım şeyleri yasaklıyordu, sonunda zayıflamıştı. St. Léon, 461 yılında 11 Kasım'da vefat etmiştir. Papa XIV. Benoit, onu 1754 yılında kilise doktoru olarak onurlandırmıştır.

III. ST. LÉON'UN DOKTRİNİ[62]

St. Léon, bir ilahiyatçıdan çok, bir kilise doktorudur: Bu rol, bir Papaya uygun düşmekte ve onun entelektüel durumu ona bunu üstlenmesine imkân vermektedir. St. Léon'un sahip olduğu kültürün, St. Ambroise veya St. Augustin'le mukayese edilemeyeceği söylenirken o, küçülmemektedir. O, bu dünyanın felsefesini küçümserken de bunu saklamıyordu[63]. Onun yazdıklarında klasik okumanın hiçbir izi bulunmuyordu. O, Yunanca bilmiyordu. Üstelik Roma'da kimse Yunanca bilmiyordu[64]. Kaç kilise yazarının bildiği de bilinmiyor. Tabii ki St. Augustin bir istisnaydı. O, bütün yapmacıklıklardan soyunmuş olarak hakikatin aydınlığı içinde kulaklara hoş gelmeyi araştırmadan, doktrininin kendini ortaya koymasını istiyordu. Komşularının, doğru inancı bilmesi yeterlidir. St. Léon, her şeyden önce, doktrinel disiplin için bir otoritedir, o tartışmasızdır[65]. Bunlar, Léon için de çok kıymetlidir[66]. Çünkü bu, eski bir organizasyon hizmetidir[67]. O, üstelik St. Paul'un tane parabolunu düşünecektir. St. Léon'un çağdaşı olan Vincent de Lérins, bunu ilerleme sembolü olarak gösterecektir[68].

---

[60] Bkz: S. Prosper, Chronic, a. 432. Sonraki rivayetler, 800 yılına kadar çıkmaktadır. Denildiğine göre, Barbarların şefi, Papanın üstünde, S. Pierre'i ve S. Paul'u görerek, kılıncını çekmişti. H. Grisar, Hist. De Rome, t.I, p.332.
[61] İbid, p.79-82.
[62] P. Batiffol, op. cit. col. 278-300.
[63] Epist. 164.
[64] Epist. 113, 4.
[65] Önceki sayfalara bakılmalıdır.
[66] Epist. 129, 2.
[67] P. Batiffol, op. cit. col. 279.
[68] Bu kitabın ileriki sayfalarına bakılmalıdır.

A. Kristoloji

St. Léon'un doktrinel eğilimleri, kristolojinin gelişimini sağlamıştır. Zaten o, düşüncesinin temel esasını daha önce özetlemiş[69] ve onun formülleri, Doğuda olduğu kadar, Batıda da ciddi tartışmalara yol açmıştır. Bu tartışmalar, bir asırdan fazla şiddeti körüklemişti. Meşhur Tome à Flavien'de düşüncelerden uzaklaşmıyordu ve hatta ikincil noktalar üzerindeki tartışmalardan uzaklaşmıyordu: Onun için bizzat iman konusunu, açık birkaç formülle açıklamak yetiyordu. Bunlar zaten doğruluk alametiydi[70]. Vaazlarda onların çoğunu gördük. Bunların çoğu, Allah adamının sırlarına tahsis edilmiştir. Bu şifahi takdim, doktrinin açıklığına ve berraklığına zarar vermemektedir ve onlardan Hıristiyanlar için çıkan ahlaki sonuçlar sertçe itham edilmiştir[71].

St. Léon'un soteriologique doktrini, çok önemli değildir. İnsanın kurtuluşu, belli bir noktaya kadar[72], bedenleşmeyi gerekli kılmaktadır: Sadece, bir İnsan-Tanrı, Allah'a günahkâr beşeriyeti götürebilmektedir. Bu kurtarıcı, sadece gerçek Allah olmamıştır, gerçekten de insandır[73]. Birçok sayfalarda S. Léon, beşeri tabiatın ölümle ve günahla bozulduğunu öğretmekte ve bunun ilacının ve yenileşmesinin insani tabiatta birleşen ilahi tabiatta[74] bulduğunu söylemektedir[75]. Bu pekâlâ kurtuluşun[76] mistik teorisi taraftarı olarak takdim edilebilir. Bu anlamda bedenleşme, bizim kurtuluş fidyemizi ortaya koymaktadır. Fakat bu kurtuluş her şeyden önce onun için, passion'un ve kurtarıcının ölümü sonucudur: Bu gerçekçi teori, onun düşüncesine en iyi cevabı vermektedir. O, şöyle demektedir. "Mesihin çektikleri, bizim kurtuluşumuzun sakramentini ihtiva etmektedir."[77] İsa, bizi ölümüyle kurtarmış-

---

[69] Bu kitabın baş sayfalarına bakılmalıdır.
[70] 28. mektubun haricinde 31, 35, 59, 124, 165. mektuplar ve çok sayıda olan vaazlar 21, 25, 27, 28, 46, 47, 53, 62, 64, 65, 68, 69, 72, 91, 96.
[71] Monofizitlik öncesi birçok vaazda, çift anlamlı birkaç ifade not edilmiştir (Serm. 23, 1).
[72] S. Léon, S. Augustin'in De Trinit, XIII, 21'de söylediğinin aksini söylememiştir. Allah, bizi kurtarmak için sayısız vasıtalara sahiptir. Burada, Allah'ın merhameti üzerine oturan nisbi bir zaruret görülmektedir (Serm. 12, 1).
[73] Serm. 54, 1-2.
[74] Serm, 24, 2; 25, 5.
[75] J. Tixeront, Hist. Dogm. III, p.353-355.
[76] I. cilde bakılmalıdır.
[77] Serm. 55, 1.

tır[78]. O, gerçek kurbandır[79]. Burada S. Léon için ailevi bir konu vardır. Bunu güçlendirmek için o, isteyerek şeytanı müdahale ettirmektedir ki o, masum Mesihi öldürtmüştür. Vaktiyle elde ettiği suçlu beşeriyet üzerindeki iktidar yolsuzluğu böylece kurbanına tam olarak sahip olmakta görülmektedir[80]. Zaten, "şeytanın hakları" konusu gerçek bir konu değildir. Fakat St. Léon'a sevimli gelen fikirlerden birisi, Şeytanın, Allah'ın planını bilmediğidir. Yani bedenleşmeyi ve kurtarıcı kurbanı bilmemektedir[81].

B. İnayet

St. Augustin'in tesiri, St. Léon'un Mesih üzerindeki doktrininde görülmektedir. Yine onu, inayet ilahiyatında görmek ve günahla düşmüş ve yaralanmış beşeriyet üzerindeki[82] ısrarında bulmak veya aslî günahın intikalinde, nikâhsız yaşamada bizzat görmek mümkündür[83]. Onun bu konuda aldığı genel tavır, Roma kilisesinin tavrında görülmektedir: Büyük doktorun otoritesi ve açıkça tasdiki ortaya çıkmış ve yarı-pélagien'lerin, kutsal düşüncelerle ve iyi niyetlerle kurtuluş işine insanın başlaması imkânındaki hataları açıkça mahkûm edilmiştir. Yine insanın kendi gücüyle, Allah'ın çağrısına cevap verebilme imkânının olduğu fikri mahkûm edilmiştir. Fakat hor görülmesine cesaret edilemeyen daha derin ve daha zor sorunlar üzerindeki mutlak rezerv, bunların çözümünü gerekli görmektedir. St. Célestin'in, Gaul piskoposlarına gönderdiği mektuba, ilave olunan dokümanın seviyesi böyledir. Onun yazarının Léon olduğu görülmektedir[84].

S. Léon, inayet aksiyonunu, Augustinci terimlerle tasvir etmekte ve ona sadece **perficere** değil, **Velle** atfetmektedir[85]. İyiyi istemek ve kötüden nefret etmek, Allah'ın bizde icra ettiği bir delildir[86]. Allah bize bu duyguları

---

[78] Serm. 59, 1; 64, 4.
[79] Serm. 5, 3; 55, 3; 59, 5; 64, 3. Epist. 124, 4.
[80] Bu iktidar yolsuzluğu teorisi, S. Léon'dan önce Doğulu ve Batılı babalarda görülmektedir. S. Chrysostome, Théodoret, S. Hailaire, S. Augustin. Bkz: J. Riviére, Le Dogme de la Rèdemption, p.385-414: la Redemption dans S. Augustin, dans Rev. Sicience, Rel. 1927-1928.
[81] Serm. 69, 4 Serm. 60, 3; 62, 3.
[82] Serm. 24, 2; Serm. 23, 2; 25, 5; 30, 6; 52, 1.
[83] Serm. 24, 2-31; 25, 4; 27, 2; Serm. 22, 2-3; O sık sık Meryem'in bekâretinden bahsetmektedir. Serm. 23, 1; 24, 5; 30, 4; Epist. 35, 3. Onun tanrısal anneliği için Serm. 26, 1; 27, 2; 28, 5: 35, 1; 37, 1; 62, 1: Epist. 59, 5: 124, 9.
[84] J. Tixeront, Hist. Dogm. III, p.290-291.
[85] Serm. 38, 3.
[86] Serm. 3, 1.

vermektedir ki, bizi kurtarma vasıtalarını bize vermek istemektedir[87]. Allah'ın mabedi ki onu, biz Allah'ın yardımı olmadan ve ona ulaşabiliriz ve onu tamamlayabiliriz. Papa Léon, aynı zamanda inayetle işbirliği, üzerinde sevmenin ve bizi ilk sevenin aranması zarureti üzerinde ısrar etmektedir[88]. Bu özellikte, ahlakçı iyi şekilde tanınacak o, çoğu zaman[89] ihtiraslara karşı savaşmaya ivedi olarak girecek, sevecek ve davranacaktır[90]. Bu durumda ilerleme, zaruridir: "İlerlemek bir gerilemedir. Bir şey elde edemeyen, bir şey kaybeder."[91]

C. Sakramentler

St. Léon'un vaazları ve mektupları, bize sakramentler konusunda bilgi vermektedirler. Onun ismini taşıyan **"Sacramentaire"** bu konuda bilinen bilgileri, dolaylı ve dolaysız bu risalede tamamlayacaktır[92].

1. Vaftiz

St. Léon, vaftizden yeterince bahsetmiştir. Yine o, bize belli başlı dini erkânı tanıtmaktadır. Tekrarla iman ikrarı[93], üçlü suya dalma ile vaftiz[94] sonra Onction (son yağlama=takdis) gelmektedir[95]. Vaftiz, asli günahı silmekte ve ebedi hayatı vermektedir[96]. Sapıkları yönetmekte etkilidir ki teslis formülü kurtarıcı olsun[97]. Bunun fayda vermesi için ellerin üst üste konması gerekir[98]. Uzun zamandan beri bizzat konfirmasyon (kuvvetlendirme vaftizi) görülmektedir[99]. O bazen, yağlama ile (onction) birlikte bulunmaktadır.

Confirmation (kuvvetlendirme), ellerin üst üste konmasıyla yapılmaktadır. VI. yüzyılda Roma'da buna, aziz kremin yağlanması refakat etmektedir

---

[87] Serm. 26, 4; Serm. 3, 1; 79, 2; 94, 2.
[88] Serm. 48, 1.
[89] Önceki sayfalara bakılmalıdır.
[90] Serm. 3, 4; 4, 4; 8; 8, 1; 92, 2; 94, 2.
[91] Serm. 59, 8.
[92] Sacramentaire Léonien (p.L. 55, 21-156). Edit. Critique Feltoe, Cambridge, 1896; Bu VII. yüzyılda bir yazmada muhafaza edilmiştir. Duchesne, Orig, du cultte Chrét, 1909, p.120-152.
[93] Serm. 24, 6, Epist. 124, 8.
[94] Serm. 70, 4.
[95] Epist. 16, 6; Serm. 57, 5; 64, 6; 66, 3.
[96] J. Tixeront, Hist. Dogm. III, p.371.
[97] Epist. 159, 7.
[98] İbid.
[99] J. Tixeront, Hist. Dogm. III, p.372-373.

(Consignatio). St. Léon bunu "Sanctificatio Chrismatum" diye isimlendirir[100].

Evharistiya ile ilgili St. Léon, reel varlık doktrininin belli tanığıdır: O, İsa-Mesihin evharistik bedeninde, Monofizizme karşı bir delil görmektedir[101].

2. Tövbe

Bu konu St. Léon'un yazılarında çok sık ele alınmıştır. Bunların verdiği deliller, oldukça önemlidir. Onlar bize V. yüzyıldan VIII. yüzyıla kadar, onun maruz kaldığı gelişmenin başı konusunda bilgi vermektedir. Bunun için burada birkaç kelimeyle de olsa, bunun yapılışı ve gelinen nokta hakkında bilgi vermemiz gerekli olmaktadır[102].

Bütünüyle ele alınan **tövbe** (penitence), üç unsuru içine almaktadır: Bu sakramentin üç kısım olduğunu gösterir: **İtiraf, Bağışlanma, Temizlenme**. Gelişmede meydana gelen ikinci ve üçüncü kısımlardaki gelişmelerdir.

a. İtiraf: Bütün ciddi ve ölümcül hatalar için gereklidir[103]. Sadece üç günah için itiraf yoktur. **Dinden dönme, cinayet işleme, zina**. Bu günahları bazıları, Allah'a karşı işlenmiş telakki etmektedirler. Bu itirafın detayı, gizlidir. Açıklanacak hataların herkese açık bir bağışlanmasının, kefaretten önce olması gerektiğini iddia etmek yanlıştır. St. Léon, İtalya kilisesinde bu noktalarda karşılaştığı yolsuzlukla mücadele etmiştir. Bu kiliselerde itirafların yazılı şekli açıktan okunmaktaydı ve o, bunu gelenek adına reddediyordu. Burada gizli itiraf söz konusuydu. Yani, iddia edildiği gibi bir rahipten uzakta olması gerekiyordu. Çünkü St. Léon, bunu Aposktolik kurala zıt olarak görmektedir.

b. Bağışlanma: Merasimde özellikle katı bir kuraldı:

1. Bu merasim, kilisede piskoposun ellerini, tövbe edenin ve yas elbisesi giymiş olan tövbekârın üstüne koymakla icra edilmektedir[104]. Bağışlanma, uzun süre devam ediyordu ve hatta tamamlansa bile, bağışlanma merasimi, tövbekâra, kamu görevini, orduya girmeyi, evlenmeyi ve evliliği kullanma-

---

[100] Serm. 66, 2; Serm. 4, 1; 59, 7.
[101] Serm. 91, 2-3; Epist. 59, 2.
[102] Burada J. Tixeront'nun Hist. Dogm. III, p.387-414'deki değerli bilgilerinden faydalanıyoruz.
[103] I. cilde bakılmalıdır.
[104] Tövbe boyunca, saçlar kesilmiş, olarak bulunulmaktadır. Aksine VII. yüzyılda İspanya'da tövbe eden sakalını ve saçlarını bırakıyordu.

yı yasaklıyordu. St. Léon, bu antik âdetleri kaldırmadan, tövbekâr tarafından üstlenilen bu taahhütlerde bazı istisnalar getiriyordu[105] ve onların ihlalinde çok hafif şeyler öngörüyordu[106]. Diğer taraftan o, piskoposların katılıklarıyla da mücadele etmiştir. Çünkü onlar, tövbeyi ve bağışlanmayı, ölüm halinde bazı günahkârlarda kabul etmiyorlardı. Onlar, uzun zamandan beri, onun ne empoze edeceğinden korkuyorlardı[107].

2. Fakat işaret edilen hafifletme, özel tövbenin gelişmesiyle ilgilidir. Bu, önceden itirafı ihtiva etmektedir ve kutsal Perşembe'de büyük tövbekârlarla uzun bağışlanmayı içine almaktadır. Fakat burada, itirafı takip eden tatmin olaylarında ve bağışlanmadan önceki olaylarda tövbe, özel olarak tamamlanmış olmaktadır. Bu tövbe, açık tövbe merasimine bağlı hiçbir bağımlılığa bağlı değildir. S. Augustin de, bu çift tövbeyi[108] ve çok eski uygulamayı bilmektedir[109]. St. Léon, müminleri birçok vaazında buna davet etmektedir[110]. Zaten kesinlikle özel tövbe burada söz konusu değildir[111]. Çünkü af, sakramental yalvarışlarla verilmektedir. Resmi tövbenin bu özel şekli, IV. yüzyıldan itibaren gelişecek ve VIII. yüzyıldan itibaren de tek bir uygulamaya ulaşacaktır. Gerçi bu konuda ciddi hatalar da yapılmıştır. Diğer yandan bu konuda hararetli olanlar, müminleri hafif hatalara boyun eğmeye zorlamışlardır. Sonunda bir defa değil; birçok defa bunlara müracaat edilmiştir[112]. Ruhbaniyet bu tür uygulamanın yaygınlaşmasına katkı sağlamıştır[113].

3. Günahın kaldırılması: St. Léon'a göre[114] bu, DEPRECATOİRE formülü ile verilmektedir. Bu, bağışlanmayı takip etmelidir. Son günahın itirafından sonra deprectoire hemen verilmektedir. Fakat bu çok kötü bir uygulamadır. Bunun için St. Léon, günahkârlara, bunu yapmaları için bu durumu beklememeleri gerektiğini tavsiye etmektedir[115]. Bununla beraber diğer zaruret-

---

[105] Epist. 108 (Bu mektup, 451 yılında Théodore de Frejus'a yazılmıştır.) Epist. 167 (Bu ise, 458 veya 459 yılında Narbonne piskoposuna yazılmıştır. P. Batiffol, St. Léon, dans Dict. théol. col. 275-276.
[106] Epist. 167, ing. 10-13.
[107] Epist. 108, 4-5; Epist. 167, 9.
[108] De fide et operibus, 48, Serm. 82, 11.
[109] Hist. Dogm. III, p.395.
[110] Serm. 43, 2-3; 44, 1; 49, 1-2; 50, 1-2.
[111] Biz burada Kanonik tövbeden bahsediyoruz. Müminlerin kilise dışındaki yaptıkları tövbeden bahsetmiyoruz.
[112] Tövbe merasiminin bu antik birlik kuralı, birçok günahkârı durdurmuştur.
[113] J. Tixeront, Hist. Dogm. II, p.397-402.
[114] Epist. 108, 2; İbid, 3.
[115] epist. 108, 5.

ler, bağışlanmanın bu tavizini empoze etmektedir. Sadece piskopos, kısmi olarak kendi bölgesinde, bağışlama iktidarına sahiptir. Fakat yavaş yavaş V. yüzyıldan itibaren tövbe pratiğinin yayılması ile rahipler, itirafın normal görevlileri olarak buna ortak olmuşlardır. Bu görevlilerin, gerçek hâkim olduklarını, St. Léon düşünmektedirler. Yani tövbe eden suçluların hâkimleri olduğunu söylemektedir[116]. Buna rağmen, bilgeli rahibin eksikliğinden dolayı, bu misyonu, kabiliyetli olanlar ifa etmişlerdir. Pişmanlara ve tövbeye,[117] basit bir hafifletici uygulama eklenmiştir. Aslında bu geçici bir uygulamaydı ve rahip sınıfının zayıflığından kaynaklanıyordu.

3. Kutsama

Kutsama, bir takdisle intikal etmekte ve Léon bunu sakrament diye adlandırmakta ve sadece Pazar icra edilmektedir[118]. Kutsal hiyerarşi üç aşama ihtiva eder: Piskoposlar, rahipler, piskopos yardımcıları[119]. Alt piskopos yardımcısı veya dördüncü ordre'a daha önce, bekârlık yükümlülüğü ile işaret edilmiştir ki birçok sebeple yüksek ordre'lara gerekli olmaktadır (Yani, yüksek tarikatlara ve yüksek düzeydeki kişilere gereklidir.)[120] St. Léon, yüksek bir liyakatle, kutsamada, köleleri hariç tutmaktadır[121]. O, özellikle onları piskoposluk görevinden ekarte etmektedir: O, bunu gurur ve hor görmeden dolayı değil; kutsallaştırma görevinin büyüklüğüne saygıdan dolayı söylemektedir. Benzer bir duygu, vaktiyle halka açık kefarette, yüksek rahiplerin boyun eğmesini, kamu suçlusu olsalar bile, yasaklıyordu: St. Léon, onların pişmanların arasına konmasını savunuyordu[122]. Özel tövbe/kefaret, onlara erişebilir olarak kalıyordu. Bu yaygınlaştığı zaman, rahipler sınıfı onu icra edenlerin sonuncuları olmadı. Kutsamanın hararetli savunucuları tarafından resmi tavsiyeler olmadan önce uyarılmışlardır. Meselâ, Meta piskoposu (742-754) Chrodegand'ın resmi tavsiyeleri gibi[123]. Diğerleri görüldüğü gibi St. Léon'un endişeleridir. O, her şeyden önce kilise adamı olarak kalıyordu.

---

[116] Epist. 10, 8; 159, 5-6. Kırsal bölgelerdeki Paroisse kurumları bu gelişmeye yabancı değillerdir.
[117] İleriki sayfalara bakılmalıdır.
[118] Epist. 9, 1; Epist. 111, 2.
[119] Epist. 12, 5.
[120] Epist. 14, 4.
[121] Epist. 4.
[122] Epist. 167, 2.
[123] J. Tixeront, Hist. Dogm. III, p.404-413.

D. Kilise

St. Léon, görevinin icrasında karşılaştığı özel güçlüklerden dolayı, kendisinden öncekilerden daha çok kilisedeki birliği düşünmeye sevk edilmiştir. Onun bu konudaki doktrini, bilhassa dikkate değmektedir. O bu birliğin temellerini, kilisenin tabiatına yerleştirmektedir. Kilise, İsa-Mesihin, bakire zevcesidir (Viro Ecclesia, Sponsa Unius Viri Christi) ve onun mistik bedenidir[124]. Fakat bir aksiyon adamı olarak o, Mesihin iradesini gerçekleştirmekle meşguldür ve onu birliğin pratik şartlarına bağlamaktadır.

Onun ısrarla üzerinde durduğu bu şartların prensipleri şunlardır:

1. İman Birliği: Bilindiği gibi o, enerji ile itizallere karşı savaşarak bunu sürdürmeye gayret etmiştir[125].

3. Her birinin iktidarını tanımaya dayanan, rahiplerin özellikle, piskoposların uyumu: Öyle ki Apostolik kolejde, belli bir iktidar farklılığı vardır. Piskoposlar, kendi eyaletleri içinde hareket etmek zorundadırlar. Başkalarını rahatsız etmemelidirler. Bu prensip, Selanik piskoposuna hatırlatılmıştır[126]. St. Léon, St. Hilaire d'Arles ve Anatole de Constantinople karşısındaki tutumunu düzenlemektedir.

3. Pierre'in ve halefleri olarak Roma piskoposlarının üstünlüğü: Öyle ki havariler arasında, seçimde eşit olanlar arasında birisi, birinci oldu. Ona hepsinin üzerinde bir üstünlük verildi. Bu, piskoposlara eşitti. Önemli şefler arasında biri, daha büyük bir sorumluluğa sahipti ki, şef olma hakkına sahip olmuştu ve ona diğerleri itaat etmişti[127]. Bu şef Pierre'di. Bütün manevi yapı, iman, onun üzerine bina edilmişti[128].

Hiçbir Papa, papalığın iktidarının tanrısal kökeni üzerinde bu kadar ısrar etmemiştir: St. Léon'un beşeri sebepler veya politik sebeplerden mülhem birtakım özlemlerle mücadele etmek zorunda kalması, onun bu tavrını izah etmektedir. Bütün mektuplarında bu prensibi hatırlatmakta ve mektuplaştığı kişilere bunu hatırlatmaktadır[129]. Fakat verdiği vaazlarda bu noktada, daha geniş ve daha belagatle açıklamalar yapmıştır. Bu konuda özellikle 2,

---

[124] Epist. 80, 1-2.
[125] Bu kitabın önceki sayfalarına bakılmalıdır.
[126] Epist. 14, 11.
[127] İbid.
[128] Serm. 3, 2; 4, 1.
[129] Epist. 10, 12, 14, 69, 80.

5, 82-83 vaazları oldukça meşhurdur. Birinciler, kendi ordinasyonu vesilesiyle söylenmiştir. Yani doğuşu nedeniyle söylenmiştir. Bilinen, sadece azizin mütevaziliğine duyulan hayranlık ve onun misyonun da sahip olduğu yüksek bilinçtir. Onun etrafını kuşatan piskoposlar çok farklıydılar ve o, onları yeterince tanımıyordu[130]. Fakat bütün şeref, St. Pierre'e çıkıyordu. Çünkü Pierre, daima şunu tekrarlamıştır: "Onun liyakati iflas etmeyecektir, talepleri denetlemektedir, onun potestas'ı yaşamaktadır. Onun Auctoritas'ı mükemmeldir. O, daima kiliseyi yönetmektedir: O, bu makamın daimi piskoposudur[131]. Bütün bu Havarilerin sıfatlarının bilincinde olan St. Léon, Roma piskoposu olarak bütün bunları üstlenmiştir ve evrensel kilise onu, kabul etmektedir[132].

82-83. vaazlar, St. Pierre'in ve St. Paul'un bayramları vesilesiyle söylenmişler, aynı övgüde Roma'nın imtiyazlarını ve havarilerin imtiyazlarını birleştirmişlerdir. Ebedi şehirde, klasik hale gelen şey, hayranlıkla tanınmaktadır[133]. St. Léon da, Roma imparatorluğunun kiliselerinin, sadece Roma'ya itaatlerini görmüyoruz aynı zamanda onların onun sınırları dışında kurulduklarını da görmekteyiz.

Zaten Hıristiyan Roma'nın gücü, imparatorluktan gelmiyordu. St. Léon, Roma'nın geçmişteki büyüklüğünün farkındadır. Yine o, İncil vaazının, kâinat birliğini gerçekleştiren siteye borçlu olunduğunu bilmektedir. Yine o, zamanının imparatorlarını bilmiyordu o, onları övüyordu. Fakat Roma'nın perestici yönünden onlara hiçbir borcu yoktu[134]. St. Léon'un düşüncesinde, Roma'nın perestici, sadece Hıristiyan olmaktan geliyordu: Roma şehitlerin, tacına, onların kanına sahipti. Roma, St. Pierre'in makam faziletini muhafaza eden dünyanın başıdır: Roma, imparatorluk kalesi olduktan sonra Petrus'un kalesi olmuştur. Denilebilir ki Havari, orada daima hazırdır[135]. St. Léon, Pierre'in bu kalesine girme sevincine sahiptir. Bu sadece, Eski Roma ve Batı tarafından böyle tanındığı için değil; yeni Roma ve bütün Doğu pis-

---

[130] Serm. 3, 4.
[131] Serm. 4, 4.
[132] Serm. 5, 2, P. Batiffol, S. Léon, dans Dict. théol, col. 222.
[133] Serm. 82, 1.
[134] V. yüzyılda Roma, düşmüştü ve imparatorlar başka şehirlerde ikamet ediyorlardı.
[135] P. Batiffol, le Siége Apostolique, p.431-432.

koposları olarak da böyledir. Doğu piskoposları, St. Léon'a Kadıköy konsili sonrası böyle yazmamışlar mıdır[136]? O, Rab olan, bizzat bağı bekleme ve kilise bünyesini birleştirme görevini almıştı. Doğu, bu minneti oldukça ihmal etmiştir ve onu yargılamıştır. St. Léon'a gelince o, onu ancak çok yüksek fikre ve misyonunun ilahi karakterine ve onun ihtiva etiği hak ve ödevlere sahip olunca bunu elde etmiştir. İşte onun büyüklüğünün ve tesirinin sırrı buradadır.

---

[136] Önceki sayfalara bakılmalıdır.

İKİNCİ BÖLÜM
ST. LÉON'UN HALEFLERİ: PAPALAR[1]

I. ST. GÉLASE (492-496)[2]

St. Gélase, St. Léon'un V. yüzyıldaki en meşhur haleflerinden birisidir. Ancak onun Papalık süresi çok kısa sürmüştür. Birçok mektubu ve birçok kararları[3] özellikle, St. İnnocent ve St. Léon, papalıkları döneminde bırakmışlar bunlar çok önemli gelişmelere neden olmuşlardır.

A. St. Gélase Öncesi

St. Hilaire[4] **(461-468):** Piskopos yardımcısı Hilarus, 449 yılındaki Efes'de yapılan haydutlar sinoduna, papalık delegesi olarak gönderilmiştir. O, St. Léon'un yerine çağrılmıştı ve onun izinde yürümüştü. O, Papalığından önce, iki mektubundan başka on bir mektup ve bir kararname[5] bırakmıştı. Bunlar, İspanya ve Gaule piskoposlarına ve özellikle de Arle Arşiveki Léonce'a (Ep. IV, VI, VII, IX, XII) gönderilmişlerdi: O, Viyana arşivekine karşı, Arle'ın hukukiliğini savunuyordu. O olmasaydı, Gaul'de onun haleflerinin üstünlüğü geri çekilecekti[6]. O, onların farklı önemli misyonlar almasına vesile olmuştur. Onun Doğululularla yaptığı mektuplaşmaları ise kaybolmuştur[7].

St. Simplicius (468-483): Bu Papa, on beş yıllık papalık döneminde yirmi mektup bırakmıştır[8]. Bu mektupların çoğu İstanbul'a gönderilmiştir. Özel-

---

[1] A. Thiel Epistolae Romanorum Pontificum (ann. 461-523), Bamberg, 1868, P.L. 58.
[2] L. Duchesne, Liber Pontificalis, Paris, 1886; t.I; Jaffe, Regesta Pontificum Romanorum, Berlin, 1851; Si Loevenfeld, Epistolae Rom. Pontif İnediae, Leipzig, 1885; H. Grisar, Hist. De Rome et des Papes au nouv. Age, Paris, 1906.
[3] I. cilde bakılmalıdır.
[4] E. Amann, S. Hilaire, dans Dict. théol. col. 2385-2388.
[5] P.G. 58, 1-32, Thiel, op. cit. 126-174.
[6] Önceki ve sonraki sayfalara bakılmalıdır.
[7] İznik-Efes-Kadıköy konsillerini tasdik eden ve Doğuya gönderilen kararnamelere artık sahip değiliz. 381 I. İstanbul Konsili, Roma tarafından ancak 519 barışından sonra kabul edilmiştir. Bkz: Liber Pontificalis, I, p.242.
[8] P.L. 58, 35-61, Thiel, op. cit. P.6-9.

likle on âdeti, imparator Zenon'a, beşi Patrik Acace'a gönderilmiştir. Papa Acace'ı, itizal yolundan döndürmek için boşuna uğraşmıştı[9]. O, isyandan az önce ölmüştü.

St. Felix III[10] (483-492): Bu Papa Acace'ı aforoz etmek zorunda kalmıştır. İstanbul'a iki defa gönderdiği ve iki defa ihanet eden delegeleri de aforoz etmiştir. Fırıldak patriğin atlatılmasıyla o, gelen keşişler arasından cesur yardımcılar bulmuştu. Acace itizali, 484 yılında zirveye ulaşan aforozla açılmıştı ve otuz beş yıl devam etmişti. Papadan kalan on sekiz mektup[11]'un çoğu bu ihtilafı rapor etmektedir[12].

B. St. Gélase

St. Gélase, Afrika kökenlidir ve St. Augustin'in sadık bir talebesidir. St. Gélase, enerjik karakterli, oldukça açık fikirli bir Papa olarak hem Doğuda hem de Batıda önemli faaliyetlerde bulunmuştur. Bunu hem ilahiyatta hem de kilise yönetiminde başarmıştır (O, bize bir takım doktrin kitapları bırakan ilk Roma piskoposudur). O, bu görevlerde daima kararlı ve tedbirli görünmüştür. Onun edebi eserine, liber Pontificalis[13], Marseyli Gennadius ve onun takipçileri işarette bulunmuşlardır[14]. Eserlerinde ve mektuplarında, Gélasien denilen kararnamede çok önemli unsurlar bulunmaktadır. Gélasien denilen Sacramentaire'de bulunanlar hariçtir.

St. Gélase'ın eserleri, uzun zaman onun mektuplarıyla karışmıştır. En azından bunların altısı[15]. Bunlardan üçü, Acace bölünmesiyle ilgilidir. Bunlardan birisi, kısa bir hatıra olarak, monofizizme'in 486 yılına kadar ki gelişmesini anlatmaktadır[16]. Diğer bir mektup da, Acace'ın ve Pierre Monge'un[17] isimlerinin tablolardan silinmesiyle ilgilidir. Üçüncü mektup, Doğuluların Acace'ın aforozuyla ilgili itirazlarına cevap vermektedir[18]. Bu eserle-

---

[9] Bu kitabın önceki safyalarına bakılmalıdır.
[10] A. Clerval, Felix II veya III. Dict. théol, col. 2130-2131.
[11] P.L. 58, 893-973, Corpus de Vienne, 1895 (t.35), p.124-125 (14 mektup), Théol, cop. cit. P.222-278.
[12] Bu mektuplardan birisi, yeniden vaftizden ve dinden dönenlerin yeniden dönme şartlarından bahsetmektedir.
[13] Edit. Duchesne, I, p.255.
[14] De vir. III, 94.
[15] Thiel, bu eserleri yayınında ayırmıştır.
[16] P.L. 58, 928-934; Yazar, 58 yıl Nestorionisme'ın ortaya çıkışından sonra yazı yazmıştır.
[17] De Damnatione Nominum Petri et Acacii, P.L 59, 85-90.
[18] Tomus de Anathematis Vinculo, P.L. 59, 102-110.

ri **"De Duabus Naturis"**[19]'e yaklaştırmak gerekecektir. Bu açık şekilde kristolojik doktrini incelemekte ve ilginç bir patristik dosyada uygulamaya koymakta[20] ve teorik bilgiler nakletmektedir. Son iki eserden birisi, Pélagianisme'in reddiyesidir[21]. Papalığından önce St. Gélase, pagan senatör Adromaque'a ve diğer eski pagan kültüyle oyalananlara karşı bir eser yazmıştır. Onlar, Lupercales denilen[22] izinli kortejlerin yeniden tesisini takip ediyorlardı.

St. Gélase'ın muhafaza edilen mektupları[23] oldukça çoktur. Onun papalığı çok kısa olmasından dolayı bu mektupların sayısı 43'dür. Elliye yakın parçadan başka, 1885 yılında, 22 parça daha bulunmuştur[24]. Bunlar zarif, kısadırlar ve ona atfedilmektedirler. Bu sonuncular, daha çok kiliseyle ilgili disiplinlere aitti. Birinciler, bütün kiliselerde ortaya çıkan zorluklara karşı bize yol gösteriyordu. Batıda, Theodoric, imparatorluğun başına 493 yılında oturmuştu ve nisbeten Katolikleri kayırıyordu[25] ve Arianisme'i de nisbeten kolluyordu. Papa Maniheisme'in kalıntılarıyla, Pelagianisme'le mücadele etmek[26] zorunda kalmıştır[27]. Yine o, İtalya'da savaşın harap ettiği eyaletlerdeki dini organizasyonla meşgul oluyordu[28]. Doğuda da birçok zorluklar vardı. Doğuda Acace bölünmesi, bir yandan patriğin diğer yandan da imparatorun desteğiyle, çift komplikasyon içindeydi[29]. Gerçekte, söz konusu olan Roma'nın otoritesinden çok daha az kristolojik doktrindi ve S. Léon örneğinde olduğu gibi kararlılıkla o, bu konu üzerinde ısrar ediyordu.

Papalık makamı, imanın ikrarında yanılmazdı ve hiçbir yanlış doktrinle kirlenmesine, hiçbir hata ile temasa maruz kalmayacaktı. Bizde ne kadar talihsizlik olursa olsun her ne kadar güvene sahip olamazsak da hangi yaban-

---

[19] P.L. Bkz: Thiel, op. cit. P.530-557.
[20] 431 Efes Konsilinde bu dosya kullanılmıştır.
[21] Dicta Ravereus Pelagianam haresim, P.L. 59, 16-137.
[22] Adrversus Adromachum, P.L. 59, 110-116; Grisar, op. cit. II, p.9.
[23] P.L. 59, 13-190, Thiel, op. cit.
[24] J. Loewenfeld, Epistolae Pontificum Rom. İnedite, Leipzig, 1885, p.1-12.
[25] Grisar, op. cit. II, p.8.
[26] Liber pontific.
[27] O, kader konusunda ve inayet konusunda ılımlı bir Augustinisme'i savunuyordu. Epist. VII.
[28] Lucanie, piskoposlarına yazılan mektup (çok önemli bir kararnameydi).
[29] İmparator Anastase (491-518), Zenon'un halefi olarak, papanın isteğine rağmen Hénotique'i devam ettirmiştir. Patrik Euphémius (490-496), açıkça Kadıköy konsilini tasvip etmişti ve Roma ile birleşmeyi istiyordu. Ama Acace'in ismini silmeyi reddediyordu. Gélase, bu yarım tedbirlere karşı çıkmıştı. İmparatorun isteğine oldukça ılımlı olan Euphémius'u imparator 496 yılında görevden almıştır.

cı ayağa kalkmayı ümit edebilecektir? Başkalarının hatalarının ayağa kalkmasını neden bekleyeceğiz?[30] Bu Apostolik makamın otoritesi, Pierre'in üzerine kurulmuştur, hiçbir zaman politik büyüklüğün üzerine kurulmamıştır.

Gélase'da, Doğuda, Roma'dan sonra birinci makam olmayı isteyen İstanbul'un özlemlerinden şikâyet etmektedir. İstanbul bu isteği başkent olma vasfıyla talep etmektedir: Ancak, Ravenne, Milan, Tréves, Sirmum da imparatorluğun ikamet menzilleriydi. Bununla beraber, bu şehirlerin piskoposları, diğerlerinin zararına bir şey talep etmiyorlardı[31]. Diğer yandan papa sivil iktidarın rolünü de inkâr etmiyordu. Çünkü o, spirütüel iktidardan ayrıydı. Her ne kadar manevi iktidarın tesiri, bizzat krallara kadar uzansa da durum böyleydi[32].

"St. Gélase'ın bu kaygıları, meşhur kararname olan ve Gélasien[33] denilen fermanla, ortaya çıkan eğilimlere cevap veriyordu. Oldukça ciddi tenkitlerle[34] yenice ona karşı yapılan atıflar, ilk bakışta empozeye benziyordu. Bu ithamların düşmanları bile, "bütün belgelerin doğruluğunu ve onun otorite prensibi[35]'nin, bütün şekiller altında Hıristiyanların," o metnin yazarının beş bölümde konuyu işlediğini itiraf etmektedirler:

1. Bölümde: Mesih ve Kutsal Ruh, 2. Bölümde: Kutsal Yazılar, 3. Bölümde: Roma Kilisesi ve Roma'ya bağlı imtiyazlı merkezler, 4. Bölümde: Konsiller ve kilise doktorları, Ortodokslar, 5. Bölümde: Resmi otoritesi olmayan apokrif yazarlar. Yazar, sadece I, II, III. Bölümler için, önceki dokümanları kullanmıştır. Kalan iki bölümü kendi fikriyle yazmıştır. Bunu da, önceki bölümlerde kendisine rehber olan prensiplere göre yazmıştır[36]. Bunun yazarının St. Gélase olması imkânsız değildir. Bununla beraber bu, çok az da olsa ihtimaldir. Çünkü diğer eserlerin redaksiyonu, resmi Roma belgesi hipotezini dışarda bırakmaktadır[37]. Daha çok Roma dışında görülmektedir ki ka-

---

30 Epist. VIII, (ad. Anast), P.L. 59, 43-44.
31 Ad Epise. Dardania, P.L. 59, 82.
32 Epist. VIII, (Ad Anastase), P.L. 59, 42.
33 Bkz: I. cilt ilgili bölüm.
34 Özellikle Dom Chapman (Rev. Bein, 1913), M. Dobshäte'e karşı (texte. U. unt, 1512).
35 H. Leclercq, op. cit. col. 736.
36 Batiffol, III. Bölümün, orijinal olmasını düşünmüyor. Le Siége Apost. P. 149; Bkz: I. cild.
37 L. Leclercq, op. cit. 739-740.

rarnamenin orijinal yerinin araştırılması gerekecektir. Bu, Gaul veya İtalya olsun. Bunun VI. yüzyılın başında yazılması mümkündür. Şüphesiz bu, özel bir dokümandır ki Batıda ve Roma'da kullanılan doktrini yansıtmaktadır. Bu metnin yazarı, takip edilen âdetlerin tanınması için endişelenmektedir[38].

Eski yazarlar, St. Gélase'ın bazı liturjik eserlerine atıfta bulunmaktadırlar. Fakat bu yaygınlaşmayı değerlendirmek zordur. Kutsal kitap ve liturjik homelileri (Dini bilgiler) ve ilahileri kaybolmuştur. Bunlar sadece Sacramentaire adı altında kalmıştır. Yani eski bir liturjik kitap, bütün duaları, ayinsel ibadetleri toplamaktadır. Bunların çoğu, rahip tarafından okunmaktadır. Bugün başka formüller, ritüellere ve papalığa bağlanmışlardır. Denilebilir ki SACRAMENTAİRE GLASİEN, Léonien'lerle ve Gregorienler arasında bir aracıdır ve o, Roma kökenlidir. Bunların dışında kanaatler çok bölünmüş vaziyettedir. Mgr. Duchesne, bunun 621-631 yıllarında kompoze edildiğini söylemektedir. Yani, Gregoire'den sonra. Buna karşı farklı liturjistler, XVII-XVIII. yüzyılların eleştirilerinin tezini devam ettirmektedirler (Tommasl, Muratori, Martine) ve onun beşinci yüzyılda yazıldığını, St. Gélase'ın eseri olduğunu söylemeye devam etmektedirler. Farklı dönemlerde, farklı değişikliklere veya ilavelere maruz kalsa da, temelde böyle olduğunu belirtmektedirler[39]. Her şeye rağmen bu eser, bu büyük Papaya layık bir eserdir.

II. ST. HORMİSDAS (514-523)[40]

Papa Hormisdas, özellikle kiliselerin barışı ve Acace itizalinin yıkılışı ile şöhrete ulaşmıştır. Acace, bu dönemde başarılı bir durumdaydı. Bu konuda sadece Gélase değil, onun iki halefi de başarılı olamamıştı.

Anastase II[41] (496-498), barışı ileri götürmeye çalışmıştı. Fakat o, sadece buna imparator Anastase (491-518)'la bir giriş yapabilmişti[42]. Bu alanda sa-

---

[38] L. Leclercq, op. cit. 740-745.
[39] Bkz: Dom F. Cabrel, op. cit. col. 771-774.
[40] P.L. 63, 367; Thiel, op. cit. 733-1006; E. Amann, Hormisdas, Dict. théol. col. 161-176; S. Salaville, Hénotique, İbid, col. 2174-2178.
[41] Ondan birkaç mektup kalmıştır: Thiel, op. cit. 615-639. Özellikle altıncı mektup (Gaul'deki piskoposlara yazılmıştır.) Genératianisme'i mahkûm etmektedir. Bu belge, bu konuda resmi belgedir. Grisar, op. cit. II, p.54. Bu papanın, Clovis'e yazdığı söylenilen güzel mektup sahtedir. Bu mektup, Vignier'indir.
[42] Liber Pontificalis. Bu konuda I. cilde bakılmalıdır.

dece müzakerelere bir giriş yapılmıştı. Bu prens, Monofizitlerle-Katolikler arasında mütereddittti. Monofizitler, Hénotique barışı sayesinde güçlenmişlerdi. Katoliklerin, Hıristiyan birliğinin çok canlı anlamı, papalık makamına dayanıyordu. Orası, birlik merkeziydi. Fakat imparator, Zénon'un başlattığı politikayı takip ediyordu[43].

Anastase II'nin halefi olan Papa Summaque[44] (498-514), Bizans karşısında çok kararlı bir tavra sahipti. İmparator onu, sistematik bir düşmanlıkla cezalandırmaya gitmiştir. Hatta bültenlerle onu karalamaya kadar gitmiştir. Bunun üzerine, Papa onu reddetmek zorunda kalarak bir mektup yazmıştır (Ep. X). Grek imparator, onun seçiminde de mücadele etmişti, rahip Laurent'i desteklemiş, ancak Théodoric'in rızasını elde edememişti. Kısa bir zaman sonra boyun eğmiş ve taşralı birini kabul etmişti. Fakat onun taraftarları, daima Summaque'a muhalefet ediyorlardı. Hatta onlar, Summaque'a karşı birtakım sesler çıkarıyorlardı ve iftira ediyorlardı. 402 yılında davet edilen Palmaris[45] Konsili, Théodoric'ın rızasıyla toplanmıştı. Konsilin hedefi, Summaque'ı yargılamaktı. Bu Papadan bize, sadece bir düzine mektup kalmıştı[46]. Bu dönemde Doğu ile Batı arasındaki bölünme iyice artmıştı. Bununla beraber birlik için hazırlık yapılıyordu ve bunu Hormisdas yapmıştı.

Piskopos yardımcısı olan Hormisdas daima Summaquea'a sadık kalmıştı. Hormisdas 20 Temmuz 514 yılında Papa seçilmişti. O, kararlılık politikasını sürdürmüştü. Fakat kilise barışını, yumuşaklıkla başarmıştı. Bizansla müzakereler, 514 yılının sonunda açılmıştı. Bu konuda insiyatifi, bizzat imparator eline almıştı. Kamuoyu ile sıkışmıştı ve monofizitliğin ilerleyişinden ve onun General Vitalien'in[47] ordusuyla desteklenmesinden endişe duyuyordu. Anastase ise, zorlukların papanın da hazır olacağı bir konsilde düzeltmek istiyordu. Bu konsil, Marmara'da Héraclée de toplanacaktı. Yüzlerce Romalı delege Pavie'li Ennodius tarafından İstanbul'a sevk edilmişti. Onlar sonuç olarak, birçok piskoposla, Roma ile birleşme arzusunu canlandır-

---

[43] Bu kitabın önceki sayfalarına bakılmalıdır.
[44] H. Grisar, op. cit. P.12-33.
[45] Synodus Palmaris böyle belirtilmiştir. Bu konsilin toplandığı yer olsun, orada alınan kararın büyüklüğü karakteriyle olsun, böyle belirtilmiştir.
[46] P.L. 62, 40-80, Thiel, op. cit. 641-738. Diğer belgeler papayı, hasımlarına karşı korumayı hedeflemektedir. Bunlar Summaque yönetimi altında, davaya kendisini vermiş, anonim birisi tarafından yayımlanmıştır.
[47] Vitalien 50.000 kişilik bir orduyu İstanbul'un önüne kadar göndererek, Kadıköy konsili iman ikrarına dönülmesini talep ediyordu.

mışlardı. İmparator papanın tespit ettiği şartların kabulünü daima reddetmiştir. Ancak onun 9 Nisan 518'de ölümüyle itizal, ana desteğini kaybetmiş oldu[48] ve itizal kısa zamanda yok olmuştu.

Justin I (518-527), Anastase'dan sonra iktidara gelmişti. O, ateşli bir Katolikti ve Kadıköy imanını, zafere ulaştırmaya kararlıydı. Bunun için papalığa itaat önemliydi. Bu yol, yeğeni olan Justinien[49] tarafından destekleniyordu. Justinien bu dönemde çok etkiliydi ve Anastase'ın eski hasmı olan General Vitalien tarafından o İstanbul'a çağrılmıştı. İmparator önce, sürgündeki Katolik piskoposları rehabilite etti, sonra da Monofizit piskoposları makamlarından kovmuştu. Böylece o, Kadıköy Konsilinin kararını kabul ediyordu. Daha sonra Roma'ya hitap ederek, birleşmeyi mühürlemişti. O dönemde büyük bir problem olan Acace'da aforoz edilmiştir. Patrik Jean II, kamuoyu tarafından zorlanarak Ortodoksluğunu beyan etmişti[50]. Papanın müdahalesini elde etmek için Justin ve Justinien birleşmişti. Hormisdas iki şart önermişti: Acece'ın, isminin tablolardan silinmesi ve onun iki halefinin, Roma cemaatinin dışında kalması. Papanın gönderdiği doktrinel formülün imzalanması, Pierre'in makamının otoritesi ve kristolojisi üzerine oldukça açık bir durumdu. Her iki şartta kabul edilmiştir. Tabii ki birkaç yerde güçlükler olmuştu. Birinci zorluk, Acace'in iki halefiyle ilgiliydi. Onların yararlandığı perestij, imparator Anastase[51] tarafından kaldırılmıştı. Fakat Papanın bu piskoposlara güvenmemek için çok fazla nedeni vardı. Bu da iyi niyetli bir şekilde Acace'ın destekçilerini mahkûm etmeme hatasından kaynaklanıyordu. İkincisi bazı delegeler ve Selanik Arşeveki tarafından reddedilmişti[52]. İstanbul Patriği, Hormisdas formülünü oldukça uzun bir mektup formülüyle öncelemişti[53]. Fakat onu o ve imparatorluğun piskoposlarının bü-

---

[48] İmparator patrik Euphémius'u (490-496) ve halefi olan Macadonius'u (496-511) sürgün etmişti. Bunlar Hénotique'e az rağbet göstermişlerdi.
[49] Bu kitabın önceki sayfalarına bakılmalıdır.
[50] 15 ve 16 Temmuz'da, İstanbul'da tezahüratlar yapılmıştı. Hatta katedrale kadar uzanılmıştı. Halk itizallerin mahkûmiyetini talep ediyordu ve Acace'ın halefi olan iki patriğin ve papanın onore edilmelerini istiyorlardı. Bu iki patrik Anastase tarafından sürgün edilmişlerdi.
[51] Katolikler de onları bu sıfatla tebcil ediyorlardı.
[52] Delegelerden birisi tuzak olarak yaralanmıştı. İmparator onu, kısa bir zaman için sürgüne göndermiştir.
[53] Patrik şöyle diyordu: "Bu metinle, İstanbul makamı Roma makamının imtiyazlarına ortak olmak mı istiyordu? Bu mümkündür. Fakat bu isnat zıttı ve bütün belgelerle iptal edilmiştir. Öyle görünüyor ki patrik Jean, sadece bir otoriteye itaatin şeklini hafifletmeyi istiyordu. Bu mektupla Jean II, İznik (325), Efes (431), Kadıköy (451) ve I. İstanbul konsilinin (381) kararlarına katılıyordu.

yük çoğunluğu imzalamıştı⁵⁴. Sadece Suriye ve Mısır dışarda kalmıştı. Orada Monofizit muhalefet, Hénotique sayesinde hâlâ tehdit edici bir durum arzediyordu. Bu formül, yeni hiçbir şey sunmuyordu. Fakat sadece geleneksel doktrini, serahatle takdim ediyordu.

Hormisdas formülü, girişten başka çift bir iman ikrarı ihtiva ediyordu. Bu iman ikrarları, kristolojik problemle ve Apostolik merkezle ilgiliydi. Giriş kısmı, iki Ortodoks kuralı takdim etmektedir: Bunlar, Constituta Patrum (Babalar Yasası) ve Apostolik makamın yönetimleri. Bu makam da daima Katolik dini muhafaza edilmiştir. Bu çift otoriteye dayanan formül, Nestorius'tan, Pierre'e, Mongel Acace'a ve Pierre Foulon'a kadar kıristilojik konudaki bütün yanlışları açık şekilde mahkûm ediyordu. Diğer yandan Papa Léon tarafından, Hıristiyanlık üzerine yazılan mektupların kabulünü ve Pierre'in makamı karşısındaki gelecekteki uysallığı belirtiyordu. Bu belge, sadakat vaadiyle bitiyordu ve her piskoposun imzasını taşıyordu⁵⁵.

"Böyle bir dokümanın, Grek Kilisesinin Bizantin dönemiyle başlaması dikkat çekiciydi⁵⁶. Şüphesiz çok sayıda piskoposun katılımı, imparatorluğun tesiriyle olmuştur. İşte bu kilisenin en karakteristik özelliklerinden birisi, bu noktadadır. Gerçekte makama oturma mektuplarının mübadelesi dışında, Roma ile bizzat dört patriğin ilişkileri, hiçbir zaman sıkı olmamıştır. Birlik, imparator tarafından yapılmış ve Synode Permanent'la desteklenmiştir. Bu, birliğe adanmıştır. Yine Roma onunla, bizzat dini problemleri, delegeleriyle ele almıştır⁵⁷. Bu durum, kiliseyi Devlete tam itaate sevk etmiştir. Pierre'in halefinin üzerinde dini bir otorite yoktur. Bu otorite, Justin için, Justinien için ve onların birçok halefi için gerçek bir otoriteydi. Durum oldukça riskliydi. Çünkü dinin birçok menfaatleri bu prenslerin menfaatlerine bağlıydı.

Bu tehlikeler en gayretli Hıristiyanlar tarafından canlı şekilde hissedilmiştir. Öyle ki özellikle VI. yüzyılın başında keşişler, VII. yüzyılda St. Maxime, VIII. yüzyılda St. Théodore ve talebeleri, Roma'nın aktif müdahalesinde, Devletçiliğin ağırlığını görüyorlardı. Bununla beraber, Doğu Hıris-

---

⁵⁴ Dollinger'e göre 2.500 piskopos papalığın formülünü imzalamıştır.
⁵⁵ Denzinger-B; Enchiridion, n.171-172.
⁵⁶ Bu kitabın önceki sayfalarına bakılmalıdır.
⁵⁷ Bu kitabın St. Léon bölümüne bakılmalıdır.

tiyanlarının çoğu, katı olmayan bir Katolikliği karşılıyorlardı ve sadece istisnai durumlarda Roma'ya müracaat etmeyi düşünüyorlardı. Zaten çok sayıda Doğulu Hıristiyan isteyerek Roma'dan ayrılmıştır. Bu köklü bir milliyetçilik eğilimiydi ki XI. yüzyıldan itibaren üstün gelmeye başlamıştı. Hâlbuki bu eğilimin VI. yüzyılda çok az taraftarı vardı[58]. Fakat onlar, Acace'da ve onun eserinde cesaretli bir model bırakıyorlardı[59]. Hormisdas, bölünmenin yaptığı kötülükleri yıkamamıştı. Ayrıca bu Papanın eseri, uygun değildi veya yetersizdi. Üstelik o, çok az bir destek buldu: Bahsettiğimiz orta grup[60] Bizansta en çok olan topluluktu. Roma'nın gelenek adına ona verdiği derslerden yararlanmak yerine, çoğu zaman Roma Apostolik merkezi karşısında güvenmiyenler dikkate alınıyordu. Hormisdas'a bu tanıklık kazandırılmalıydı. Onun için zafiyet gösterilmeliydi ve bu yol açıklıkla ve güçle takip edilmeliydi. Ancak bu tanıklık, onun yakınları olan haleflerine de yapılamadı.

Hormisdas'ın en iyi tanıdığımız eseri, onun mektuplaşmalarıdır. Ondan bize yaklaşık 80 mektup kalmıştır[61]. Bu mektupların birçoğu, Doğuya gönderilmiştir. Bunlar, birlik problemini düzenlemek veya teorisyen formülü[62] incelemek için olsun, Scythes keşişleri tarafından bir uzlaşma hedefiyle önerilmiştir. Diğer mektuplar, Batı kiliselerine, özellikle İspanya kiliselerine gönderilmiştir. Bunların kanonik açıdan oldukça önemi vardı ve rahipler sınıfının düzenlenmesi, piskoposların seçimi, eyalet konsillerinin düzenlenmesi ile ilgili kuralları ihtiva ediyordu[63].

St. Hormisdas 523 yılında ölmeden önce Vandale zulmünün sona erdiği ve Trasamond'un[64] halefi tarafından Katolik hiyerarşinin yeniden tesis edilişinin sevincini yaşamıştır. M. Amann[65] şöyle demektedir: O, çok istisnai bir yöneticiydi ve yetenekli bir diplomattı. O, en başarılı Papalar arasında sayılmalıdır.

---

[58] S. Salaville, Hénotique, Dict. théol. col. 2164.
[59] Acace'da bunu görmek açık bir hataydı. Grek kilisesinin V. yüzyılda ve müteakip asırlardaki onun taklitçileri böyle değillerdi. Onlar, sadece bir fraksiyondu.
[60] Bunlar bir partiden ziyade bir eğilimdi.
[61] P.L. 63, 367-533, Thiel, op. cit. P.739-1006.
[62] Bu kitabın ilk bölümlerine bakılmalıdır.
[63] Epist. 24-26.
[64] Bu kitabın ilk sayfalarına bakılmalıdır.
[65] Bu kitabın ileri sayfalarına bakılmalıdır.

III. VİGİLE (537-555) VE PÉLAGE (556-561)[66]

Altı Papa konusunda[67] çok az mektuba sahibiz. Bu altı papa, on dört yıl Hormisdas'tan sonra Pierrre'in makamına halef olmuşlardır. Onlar hem yaşlı idiler hem de işkencelere maruz kalmışlardı. Her şeye rağmen bazıları, önemli dokümanlar bırakmışlardır. Meselâ ORANGE Konsilinin Boniface II[68] tarafından tasvip edilmesi ve Jean II tarafından Théopaschite formülünün tasvibi gibi[69]. Yine S. Jean I (325) ve Papa Agapet (536) diplomatik misyonla, İtalya Goth krallığı adına, İstanbul'a gitmek zorunda kalmışlardı. İstanbul'da daha önce Jean'da olduğu gibi Agapet de zaferle karşılanmıştı. Agapet, İstanbul'da Théodora tarafından yenice atanmış olan Monofizit Patrik olan Anthime'i görevden almış ve Mennas'ı (13 Mart 536) takdis etmişti. Alpaget, orada müteakip ay vefat etmiştir[70]. Onun halefi SİLVÈRE olmuştu. O da Anthime'in göreve gelmesini reddetmiş ve Théodora'ya şikâyette bulunmuştu. Théodora 537'de Silvère'i bir adaya sürmüştü. Orada Silvère, 538 veya 540 yılında ölmüştür. O, kötü muamelenin kurbanı olmuştur. Ona 537 yılında Vigile halef olmuştu. Böylece Vigile, Silvère'in ölümünden sonra meşru Papa olmuştu.

VİGİLE, senatör bir Roma ailesinden geliyordu. Bir konsulun oğluydu. Piskopos yardımcısı olarak Boniface II tarafından seçilmiştir ve ona da halef olmuştur. Ancak bu seçim, sürekli olmamıştır. İmparatoriçe Théodora lehine çalışmalara girmişti ve 537 yılında Papa Silvère'in makamına Papa olarak atanmıştır. Acaba onun, uzlaşma suçlularında payı var mıydı? Her ne kadar, düşmanlar tarafından ileri sürülen açık ithamlara rağmen, bunlar kesin değildi. Her halükarda Théodora, onda Monofizizmin bir savunucusu bulduğunu ümit ediyordu. Ancak hayal kırıklığına uğradı. Vigile, özellikle üç bölüm tartışmasından tanınıyordu[71]. Bu konuyla ilgili, ondan meşhur üç doküman kalmıştır: **TUDİCATUM** (11 Nisan 548), CONSTİTUM (üç bölüm

---

[66] H. Grisar, op. cit. II, p.50; Hefele-Lecrecq, Hist. des Conciles, II, p.1175-1181; Duchesne, Vigile et Pélage, Rev. Quest, Hist. 1884 (t.36), p.369; F. Savio, il Papa Vigilio (Crilta Cattolica, 1904), Revue August, 1904, (t.4), p.84-89.
[67] S. Jean I (523-527); S. Felix IV (526-530); Boniface II (530-532), Jean II (533-535); S. Agapet I (535-536), S. Silvère (536-538).
[68] P.L. 65, 9-23, 29-51.
[69] Denzinger, Enchirid. Symb. N.201-202, P.L. 6, 9-31.
[70] Ondan yedi mektup kalmıştır. Mansi, Conc. VIII, 845-860, P.L. 66, 31-79.
[71] O, Origénisme'in mahkûmiyetini tasvip etmiştir. Bu konuda bkz: I. cilt ilgili bölüm.

lehine, 14 Mayıs 553), CONSTİTUM (İkinci üç bölüme karşı, 24 Şubat 554)[72]. İlahiyat noktasından, Vigile tarafından tartışmanın farklı devrelerinde ortaya konan çelişik tutum, temelde uygun bir problem olan davanın bizzat konusuyla çözüme ulaşmaktadır[73]. Ahlaki açıdan, bir itizalin yerleşme korkusu imparatorluğun onun zafiyetinden söküp aldığı müteakip tavizlerde, Papanın sorumluluğunu kısmen hafifletmektedir. Doğuda uzun ikameti esnasındaki tecrübelerle oldukça zayıflayan Vigile, Roma dönüşündeki seyahatlerinde Sicilya'da ölmüştür (555)[74].

Pélage I, Romalı büyük bir aileden gelmektedir. Vigile'in halefi olmuştur (556). Uzun süre İstanbul'da papalık elçisi görevini yapmıştır (5236'dan beri). Vigile Doğudaki ikameti esnasında Roma'da çok etkiliydi. O, Roma'ya konsil toplantıları için ve imparatora Papanın muhalefetinde papayı cesaretlendirmek için dönmüştü. Pélage, Roma elçisi olarak uzun zamandan beri, Justinien'den ve Théodora'dan yararlanıyordu. Kararlarında cesur ve güçlü karakteriyle mahir bir diplomattı Pélage. Böylece o, İstanbul'da birinci derecede rol oynamıştır.

Üç bölüm tartışmasında onun aldığı pozisyon, imparatorun öfkesine sebep olmuştu ve onu, imparator, bir manastıra 553 yılının sonunda hapsettirmişti. Vigile, konsili kabul ettiğinde Pélage, ona karşı iki eser yazmıştır[75]. (554-555). Sonra ne olmuştur? Bilinmez. 16 Nisan 556 yılında o, Justinien'in desteğiyle, Vigile'in halefi olmaya çağrılmıştır (Altı aylık tatilden sonra) ve Papa olarak atanmıştır. O da 553 konsilini ve üç bölümün aforozunu kabul etmiştir. "Denildiğine göre, sadece Papa olmak için atılan yem onda bu değişikliği sağlamıştır. Bu mümkündür. Ancak Grisar'ın dediği gibi her şey bundan ibaret de değildi[76]. Daha asil sebepler burada katkı sağlamıştır. Şayet henüz ispatlanamayan bir zayıflığı varsa, bir piskopos yardımcısı olarak daha büyük olduğu ve bizzat papalığın sitemin ötesinde olduğu için daha esef vericidir[77].

---

[72] P.L. 69, 67.
[73] Bu kitabın ilk bölümlerine bakılmalıdır.
[74] Ondan bize on beş kadar mektup kalmıştır. P.L. 69, 15-178. Bu mektupların çoğu oldukça önemlidir.
[75] Bu eserler: refutatorium ad Papam Vigilium ve Libri VI'in Defensionem Capitulorum.
[76] H. Cerisar, op. cit. II, p.139.
[77] İbid, p.140-142.

Pélage, etkili şekilde Batı kilisesinin sulh içinde kalması için çalışmış ve İtalya'nın yeni hâkimi olan Brians imparatoruyla tam bir uyum içinde kalmıştır. Böylece o, çok harika bir yönetici olmuştur. Onun mektupları bize, bazı rahiplerin hatalarıyla mücadele ettiğini ve onların formasyonlarıyla ilgilendiğini göstermektedir. Onun kitabesi, hayırseverliğini ve icra ettiği çabaları, bütün ızdırapları dindirmek için kutlamaktadır.

ÜÇÜNCÜ BÖLÜM
AZİZ BÜYÜK GRÉGOIRE[1]

I. HAYATI VE KARAKTERİ

St. Grégoire, 450 yılında Roma'da doğmuştur. O, asil ve zengin meşhur Anicii[2] ailesinden gelmektedir. O, genç yaşında politikaya girmiştir ve 570 yılına doğru Roma valisi olmuştur[3]. Fakat dünyanın büyüklüğünün boşluğu, onun dürüst ve asil ruhunu çarpmıştır. Nihayet, inayete boyun eğerek, malının bir kısmını satarak, hayır işlerine tahsis etmiştir. Ayrıca Sicilya'da altı ve Roma'da bir manastır kurmuştur. Kendisi de bizzat Roma'daki manastırına çekilmiş ve daha sonra Aziz Benoit tarikatına girmiştir[4]. Bu durum, 575 yılına doğru gerçekleşmişti ve Papalığa yükselmesinden on beş yıl önceydi. Fakat onun dini hayatı, İstanbul'daki altı veya yedi yıllık ikametinde hiçte kesintiye uğramamıştı. O, İstanbul'da, Vatikan elçiliği yapmıştır (578-585). St. Grégoire, Doğuda Yunanca öğrenmese de, Yunanlıların karakterlerini tanımıştı ve bundan daha sonra çok yarar sağlamıştır. O, her zaman ruhen bir keşiş olarak kalmıştır. İstanbul'da büyük zahitlik çalışması olan MORALİA'ya başlamıştı. Bu eser, 590 yılına doğru tamamlanmıştı. Roma'ya dönüşünde manastıra girmek için çok acele etmiştir. O, manastıra Abbé olarak (Manastır başkanı) tayin edilmişti. Pélage II'nin ölümünden sonra Papa olarak seçilmişti. Faydasız mukavemetlerden sonra, bu görevi üstlenmek zorunda kalmıştı.

---

[1] P.L. 75-79; Denis De Sainte Marthe, Hist. De S. Grégoire le G. Roven, 1677; Ed. Glausier, S. Grég. le Gr. Lille-Paris, 1887; P. Batiffol, S. Grég. le Grand, Paris, 1928; L. Pingaud, La Politique de S. Grég. le Gr, Paris, 1872; P. Richard, La Monarchie Pontificale Jusqu'au Concile de Trente, dans rev. Hist. Eccl, 1924, p.419; J. Tixeront, la Doctrine Pénitentielle de S. Grég le Gr. Dans Mélanges de Pat, et d'hist. P.237-260; Dom U. Berlière, L'Ordre Monastique des Origines au XII. Siecle, Maredsnns, 1921, p.46; Dom Ménager, la Contemplation d'après S. Grég. le Gr. dans Vie Spirit, 1923, p.242-282; A. Somdreau, dans la Vie d'Union à Dien, p.100-129; H. Leclercq, S. Grégoire le Gr. Dans dict. Arch. col. 1753-1776; F. Cabrol, Grégorien, İbid, col. 1776-1796; P. Codet, Grégoire, dans Diet. Théol. col. 1776-1781.
[2] P. Batiffol, op. cit. P.16.
[3] Daha çok, bankacılık yaptı, P. Batiffol, İbid, p.17.
[4] Ancak bu kesin görünmemektedir.

St. Grégoire, layık olduğu üstün faziletleriyle, büyük olmayı hak ediyordu. O, Papalık makamını sadece on dört yıl (590-604) işgal etse de o yine "büyük" liyakatine layıktı. O, sert bir sağduyuya ve gerçek pratik bir zekâya sahipti. O da St. Léon gibi, çok yüksek derecede bir yönetme sanatına sahipti. Onun, haberleşmesinde hayret verici bir tanıklığa şahit oluyoruz. Onun "Registrum Epistolarum" adını alan mektuplarının sayısı, 848'i bulmaktadır[5]. Bu mektuplar, 14 kitapta toplanmışlardır. Fakat bunlar, bizzat Grégoire'ın insiyatifine bağlı olan ilk koleksiyonun sadece az bir kısmını ihtiva etmektedir. Bu mektuplardan başka hiçbir şey onun pratik yeteneklerini, yorulmaz aktivitesini ve onun esnek ve otoriter ruhunu daha iyi gösteremez. Batiffol[6] onun özellikle üç yeteneğini tanıtmaktadır. Bu üç yetenek, üç kelimeyle Grégoire'a sevimli geliyordu: **RECTİTUDO**, şeriata ve yasalara sadakati belirtmektedir. Yine eski kelimemiz olan **FİDES** kelimesinin içine Romalılara meşru olan zorlayıcı ve zorunlu olan bir şeyi nüansla yerleştiriyoruz. **DİSCRETİO**, yani sağduyu veya şeriatın tatbikinde, iyi tarafın seçiminde, en iyi olanı tespitte veya uygun olan istikamette ayırım yapabilmektir. Nihayet bir kelimeyle özetlemek gerekirse, ılımlılık göstermektir. Yani, Blandimantum=Teskin edicidir. Bu kelimeyle, görevine en bağlı şef, gereksiz yere hoşa gitmeyi aramaksızın, sevilmeyi bilir, şayet istisnai olarak bazı uyumsuzluklar olursa, bir anda, son iki çizgide birini veya diğerini hafifletir. Birinci olan rectitudo daima dokunulmamış olarak kalır ve bu asil karakterde, onun güzel üstünlüğü devam eder.

Burada belirtmek gerekir ki St. Grégoire, hararetle Barbares'i, Mesihe kazandırmak için çalışmıştır[7]. O, yeni halkın, kalın bir kabuk altında gizlediği gerçek kaynakları anlamaktadır. Gallo-Romain piskoposları, Franc'ların ve Burgonde'ların[8] Hıristiyan olmaları yolunu VI. yüzyılda açmışlardı. Grégoire, papalık tahtına oturduğu sırada, İspanya'da, kiliseye dâhil olmuştu[9]. Birçok ülkede, başlatılan hareket gelişmeye başlamıştı. İtalya'yı, 570 yılına doğru Lombard'lar istila etmişlerdi. Bunlar hâlâ putperestti veya Priendi: Grégoire, ülkesinin piskoposlarını, onların hidayeti için harekete geçirmişti.

---

5   P.L. 77, 441-1328, Mon. Germ. hist. (ed. Ewald et Hartman), t.I-II, p.1891-1899.
6   Op. cit. P.228.
7   P. Batiffol, op. cit. ch. V, VII.
8   Önceki sayfalara bakılmalıdır.
9   İleriki sayfalara bakılmalıdır.

Daha önce Sicilya'da, Sardaigne'de, Korsika'da yaptığı gibi paganizmin kalıntılarını yok etmeye çalışmıştır. Onun özellikle İngiltere dikkatini çekiyordu. İngiltere'nin hidayet şerefi, St. Augustin'e ve kırk Benediktin keşişe aitti. Aynı zamanda yorulmayan bir merhametle ve sarsılmaz bir enerjiyle St. Grégoire, bütün dünyanın içine düştüğü kötülüklere karşı aktif şekilde mücadele etmiştir. İlk mektuplarından birinde, bizzat kiliseyi, eski ve böceklerin yediği ve uçurumun kenarında, fırtına ile yıkılacak bir baraka ile kıyaslamaktadır[10]. Ancak o, her şeye rağmen, Allah'ın inayetinden ve Allah'ın kiliseye ve Papalara yeni zaferler hazırlayacağından ümit vardır. O, Fransa, İspanya ve İngiltere olarak isimlendirilecek yeni milletler ve krallıklar üzerinde yüksek bir akrabalık tesis ediyordu. Gerçeği söylemek gerekirse o, ortaçağı, modern toplumu ve Hıristiyan medeniyetini başlatmıştır[11].

Yine, Papaların dünyevi iktidarı elde etmeleri şerefi, St. Grégoire'a ait bulunmaktadır. Roma kilisesinin mülkiyetine "PATRİMOİNE De St. Pierre" denilmekteydi ve hudutsuz mülkiyete sahipti. Akıllı bir yönetim, ona, büyük gelirler kazandırmış ve bu gelirler, Roma'da yayılan sefaletleri yatıştırmak için kullanılmıştır. Halk Roma'nın bu gerçek şefini tanımakta gecikmemişti. Öyle ki o, nominal bir üstünlüğe sahip olmuştu ve Roma'da, İstanbul'daki imparator otoritesini icra edemiyordu. Duchesne'nin dediği gibi VI. VII. ve VIII. yüzyılın Papalarının, bir papanın imparatorluk kalitesi üzerinde ısrar etmesi tarihsel bir çocukluktu[12]. Pépin le Bref (756) tarafından yapılan bağış, 150 yıl önce başlayan bir eserin sadece taçlanmasıydı[13].

St. Grégoire'ın kilisedeki evrensel otoritesinde, bütün seleflerinin bilinci vardı. Bunu, St. Léon kadar güzel ifade edememiştir O. Bunu o kadar enerjik ifade etmektedir. O, Roma piskoposunun, Caput Fidei olduğunu (imanın başı) beyan etmekte ve onun, kendi hukukunu evrensel kiliseye taşıdığını söylemektedir[14]. Fakat St. Léon'la, St. Grégoire daha çok nerede birbirine benzemektedirler? Her ikisi de kendilerinden önce olan bu fikirleri, çağdaş-

---

[10] Epist. 1, 14.
[11] P. Gadet, op. cit. col. 1777.
[12] Duchesne, Les Prémiers Temps de l'Etat Pontifical, Paris, 1904.
[13] S. Grégoire, hiçbir zaman imparatorluğun otoritesinden çıkmamıştır. Politik noktada o, meşru şekilde Cumhuriyete bağlı kalmıştır. Onu, Bizans temsil ediyordu ve Roma ona bağlıydı. Roma'da barış, Bizanslılarla-Lombardlar arasında tesis edilen "Modus Vivendi" ile sağlanıyordu. Germanik olmayan eski imparatorluk devam etmişti ve Doğu ile Batının bölünmesi önlenmiştir. P. Batiffol, op. cit. P.231.
[14] Epist. 1, III, 57.

larının günlük hayatında onların bütün kiliseler için gösterdiği gerçek anlamla ve Hıristiyan dünyasının bütün kısımlarındaki onların kesin müdahalesiyle incelemektedirler. Böylece, onların genel otoritelerinden hissedilen gerçek bir realite yapmaktadırlar[15]. St. Grègoire, ökümenik Patrik ünvanını sadece İstanbul piskoposu (Jean IV) için değil, diğerlerine dolaylı olarak zarar vermemesi ve onlardan Patrik ünvanını kaldırmamak için kullanıyordu[16]. St. Grèogire, Papa olan ilk keşiştir. Bunun için onun dini hayata özel bir ilgisi vardı. Bunun için onun Benédict'in keşişliğinin gelişmesinde payı büyük olmuştur[17]. Onun sayesinde o, Roma kilisesinin fetih ordusu olmuştur. Bunanla beraber, Berliér'e[18] şöyle der: Grègoire, St. Benoit'nın keşişliğini kabul etmişti ve yeni hiçbir şey yaratmamıştı ve Mont Cassin'in yasasını sağlamlaştırmıştır. O, otoritesini Benedict'in yasasında açıklanan temel prensiplere adamıştır. Benedictinlerle ilgili fakirlik, iffetli yaşama, istikrarlı olma, ibadet, okuma ve dışarıyla ilişkiler konusunda yaşama gayretinde bulunmuştur. Böylece iç hayatı geliştirerek, değerli işbirlikçileri oraya hazırlıyordu. O, bunun önemini anlamıştı ve onlara, rahipleri ve piskoposları çağırmakta tereddüt göstermemişti. Hatta daha önce, Ravenne piskoposluğundaki; sacerdosluğa ve rahipliğe yükselmiş olmayı kabul eden rahipleri ve Apostolik görevlileri cezalandırmakla tehdit etmesine rağmen onları da çağırmıştı[19]. St. Grègoire'ın bu insiyatifi, hudutsuz bir seviyeye ulaşmıştı. Bu, sadece Benédict'in tarikatı için değildi. Çünkü o, onun tarafından Pierre'in makamına kuvvetlice bağlanmış ve parlak bir gelecek sağlanmıştı, aynı zamanda bu, bütün kilise içindi.

Bu sayısız meşguliyetlerle kanıksamış olan Papa, kendisine emanet edilen sürüyü de kesinlikle ihmal etmiyordu. Onun Homelie pastoral aktivitesine biz tanığız (İnciller ve Ezékiel üzerinde). Bunları ileride yeniden ele alacağız. Yine Dialogues'lar, 593 yılının tarihini taşımaktadır ve bütün inananlara yönelmiş bir halk eseridir. 591 yılına doğru yazılan PASTAROL, bize, kutsal papanın gerçek rahiplerin formasyonuyla meşgul olduğunu göster-

---

[15] J. Tixeront, Hist. Dogm. III, p.364-365.
[16] Bu ünvan, Acace itizaline kadar çıkmaktadır. O, Roma'nın hasmı olmayan patrikleri hakir görmüştü. P. Batiffol, op. cit. P.205, S. Vailhé, Echos d'Orient, 1908 (t.II), p.65, 161; Epist. 1. V, 43; İbid, 30; Epist. 1. XIII, 1.
[17] Genel manastır yasaları için bkz: P. Batiffol, op. cit. P.117-118.
[18] L'Ordre Monastique, p.49.
[19] İbid, p.46-50, P. Batiffol, op. cit. P.227.

mektedir. O dönemde Gaule Katoliklerinde, hiçbir şey daha önemli değildi. Çünkü orada rahipler, çoğu zaman, yeni Hıristiyan olanlardı. Bunlar tapınaklara entrika ve özlemle, hâkim olanların desteğiyle geliyorlardı ve bunların ciddi bir reforma ihtiyaçları vardı. VI. yüzyılın sonunda kötülük çok yaygınlaşmıştı. Bunun için Grègoire, bunları konsillerle tedavi etmek istiyordu. Onun bu alandaki faaliyeti hiçbir detayı dışarda bırakmıyordu ve onun organizatör prensiplerinden biri olan liturjiye kadar, kendini gösteriyordu[20]. St. Grègoire, papalığının ilk günlerinden beri, gerçek bir pastör olarak çizdiği muhteşem ideali, tam olarak gerçekleştirerek, 12 Mart 604 yılında vefat etmiştir.

II. ESERLERİ

St. Grègoire'ın mektuplarından başka,[21] Oratoire-Morale ve Liturjik konularda da eserler bırakmıştır. Onun tefsirinden bahsetmiyoruz. Çünkü Homeliler ve Moralialarda yazar temelde İncillere dayansa da, yorum çalışmaları pastoral ve ahlâkî çalışmalarından daha azdır. Aslında, onun tefsirleri de vardır[22] (I. Krallar, Neşideler Neşidesi, Mezmurlar üzerindeki tefsirler). Fakat bunların mevsukiyeti, şüphelidirler. Aynı şey, kutsal yazıların kanıtlarının uyumu için de geçerlidir[23].

A. Oratoire Eserleri (Hitabet Eserleri)

Bu konuda Homeliler için iki, İnciller için bir, Ezekiyel için bir eseri vardır.

İnciller üzerine Homeliler[24]'in sayısı kırk adettir. Yirmilik iki kitaptır. Bunlar Kilisede okunan İncil metinlerinin prensipleri üzerine Hıristiyan müminlere hitap eden bir dizi bilgilerdir. Özelikle, Pazar günü, liturjik bir âyin esnasında söylenmektedir. Bunlar, ailevi konuşmalardır ki, hazırlıksız, kolay ve samimi konuşmalardır. Bunlar, 590-591 yıllarında kompoze edilmişlerdir. Görüldüğüne göre bunların ilk yirmisi, halka, bir noter tarafından, Papanın huzurunda okunmuştur. Onun takatsızlığı, halka onu okuma-

---

[20] Bütün bu konularda onun eserlerine bakılmalıdır.
[21] Bu kitabın St. Grègoire bölümüne bakılmalıdır.
[22] P.L. 79, 9-467; 471-548; 549-658. I. Krallar üzerindeki tefsiri, Abbé Claude'un eseridir. St. Grègoire'in bir kelimesi nedeniyle buna şüpheli bakılmıştır (Epist. XII, 24); P. de la Taille'ya göre, St. Grègoire'ın resmi doktrini olarak kabul edilmektedir. O, orada onun "in utilius permutatum" duygusunu bulduğunu belirtmektedir. Cf. Recherches de sc. velig. 1916, p.472-473.
[23] P.L. 76, 659-678.
[24] P.L. 76, 1075-1312, Paris, 1665; P. Batiffol, op. cit. P.69-76.

sına engel olmaktadır. Diğer yirmisi, onun tarafından söylenmiş ve yazıcılar tarafından kaydedilmiştir. Halkın arasında dolaştığı için, St. Grègoire bizzat onların neşrine karar vermiştir (592). Liturji, onlardan oldukça alıntı yapmıştır[25].

Ezekiyel üzerindeki Homeliler[26]de 593'de halka hitap edilmiştir. Fakat Papa, her peygamberi şerh etme zamanını bulamamıştır. İlk üç bölümle yetinmiş ve dördüncü bölümün başında, birinci kitabın on iki homelisinde ve kırkıncı bölümde, on birde, onu'nun açıklaması yapılmıştır. Ahlâkî endişe burada da İnciller üzerinde olduğu gibi eğemendir. Muhtemelen bu bilgiler, genelde oldukça yüksek karakterli, daha zahidane bilgilerdir. Bu durum onları, moralia'ya yaklaştırmaktadır[27].

B. Ahlâkî Eserleri

Burada üç eser görüyoruz: Moralia, Pastoral, Dialogues'lar.

Moralia veya Expositio in Librum Job[28]: Bunlar, gerçek bir zahidane repertuardır ve çok değerlidir. Bunlar, zahitliğin sırlarını, kitabi yorumun en yüksek geleneğini geliştirerek popularize etmektedir. Yine bunlar, ortaçağ boyunca, ahlaki ilahiyatın öğretiminin temelini teşkil etmiştir[29]. Eyup Metni, Grègoire'ın kitabının çerçeve şeklini oluşturmaktadır. Onun için o, farklı gelişmelerde uygun bir konu teşkil etmektedir. Bu tıpkı, bütün boşlukları dolduran nehrin dallarına benzemektedir. O, bizzat mektubunun başında beyan ettiği gibi[30], seyrini takipten önce, boşluklarla karşılaşmaktadır. Bu sebepten dolayı, konusundan uzaklaşmak için düzeltme fırsatı doğduğunda, bunun bir görev olduğuna inanıyordu.

Onun metodu üçlü prosedür ihtiva etmektedir: Grègoire bunu bizzat şöyle açıklamaktadır[31]: Fakat lafız, çoğu defa ihmal edilmiştir. Yazar bunu, imani sırların tefekkürüne yükselttiği, spritüal anlam lehine yapmaktadır.

---

[25] İnciller üzerindeki homeliler, onlara verilen ünvanı tekzip etmemektedir. Bunlar, pastoral ve vaazın belagat modellerine layıktırlar. "Bütün ortaçağ boyunca, en çok okunan ve en çok saygı duyulan" kitaplardan birisidir. P. Batiffol, op. cit. P.76.
[26] P.L. 76, 785-1072, Paris, 1747, Bkz: P. Batiffol, op. cit. P.94-99.
[27] 593'den itibaren S. Grègoire'den vaazının artık hiçbir izi yoktur.
[28] P.L. 75, 509-1162, 76, 9-782, Paris, 1666, P. Batiffol, op. cit. 99-109.
[29] P. Godet, op. cit. col. 1778.
[30] Epistola Missorio, C.II.
[31] İbid, C.II, III, Böylece her pasaj üç defa açıklanmıştır. Özellikle ikinci ve üçüncü açıklamalar yazara aittir.

Yahut Hıristiyanın ödevlerini ve olgunlaşma vasıtalarını açıklayan ahlâkî anlam lehine yapmaktadır. Papanın bize bıraktığı bu hudutsuz çalışma, otuz beş kitabı içine almakta ve bölümlere ayrılmaktadır. Aziz'in doktrinel otoritesinin yayılmasına en çok katkı sağlayan yazısı, bu yazıdır. O, daha çok keşişlere ve ilerlemiş ruhlara hitap etmektedir. Yazar, bizzat az eğitimli Hıristiyanlar için faydadan çok zararlı olacak şeyleri hesaba katmaktadır. İstanbul'da, St. Léandre örnekleri üzerine bu esere başlamıştı. Onlar bizzat Vizigotları temsil ediyorlardı. İşte bu eser, ancak 590 yılından sonra tamamlanmış ve St. Léandre'a takdim edilmiştir. Léandre o vakit, Seville piskoposuydu.

PASTORAL[32]: 591 yılında yazılmıştı ve Ravenneli Jean'a takdim edilmiştir. O, Papaya yüksek liyakatten kaçmayı denemesinden dolayı sitem etmiştir. S. Grègoire de Nazianze veya S. Jean Chrysostome gibi büyükleri ve kutsallık liyakatini kaldırarak mazur olabilir. Fakat o, özellikle rahibin ödevleri üzerinde ısrar etmektedir. Gerçekte eser üç kısımdır: Dördüncü bölümü oluşturan emsalsiz bölüm, oldukça sade bir sonuçtur ve rahibin kendisini iyi tanıması için kendi içine girmeye davet etmektedir. **Birinci kısım:** Hiyerarşide ve tarikatlardaki geçişi gerektiren kaliteleri açıklamaktadır. **İkinci kısım:** Rahibin yaşaması gereken hayatı açıklamaktadır (Faziletleri ve eserleri). **Üçüncü kısım:** Müminlere verilecek vaaz kurallarını anlatmaktadır.

"Hıristiyan belagatinin bu problemi, daha önce St. Augustin tarafından işlenmiştir[33]. Grègoire, bu konuyu yenilemiştir. O, müminlerin farklı karakterlerini, rahibe öğretmek için çok zahmet çekmiştir. Onun yaptığı tasvirlerin çoğu, sadece genel unsurları ihtiva etmektedir. Fakat çokları, ilginç müşahedeleri ihtiva etmektedir. İlk iki kısım, kesin şekilde, rahipler sınıfının idealini daha yükseğe çıkarmaya katkı sağlamıştır. Fakat burada takdim edilenin gerçekleşmesi mümkün olanlardır. Bunlar, güçlü şekilde otoriter olarak belirtilmişlerdir. Bu eser, çıkar çıkmaz hudutsuz bir başarıya ulaşmıştır.

DİALOGUES'LAR[34]: Bu eser, ortaçağda çok rağbet görmüştür. Bu kitabın her sayfasında mükemmel Hıristiyanın hayatı görülmektedir. Bunlar,

---

[32] P.L. 77, 13-128. Trad. Fr. Prompsault, Paris, 1847, Raynand, Le Metre d. Aprés les Péres, Tonlouse, 1850; J. Bousset, Laketion Pax, Bruges, 1928.
[33] De Catechizandis Rudibus, et le IV. Liure du De Doctrina Christiana.
[34] P.L. 77, 147-430. P. Batiffol, op. cit. P.138-156.

bütün Hıristiyanlara hitap etmekte ve birtakım mucizelerden ve St. Grègoire'ın tanık olduğu harika olaylardan bahsetmektedir. İlk üç kitap, Azizlerle ilgilidir. Bunlardan St. Benoit hariçtir (O, tamamen ikinci kitabı işgal etmektedir. Azizin bu ilk biyografisi, bir şaheserdir). **Dördüncü Kitap**, öldükten sonra ruhun yaşamına yönelik harikalar serisini anlatmaktadır. Yine bu kitap, arafın varlığını, ölüleri telkini imkânını, özellikle kutsal bağış sungusunu belirtmektedir. Bu kitabın, S. Grègoire'ın olduğu konusunda çok şey söylenmiştir. Hakikatte o, anlattığı konuda tartışmaktan sakınmakta ve sadece anlatmaktadır. Dialogues'lar, ortaçağın Tezkiretü'l-Aziz modeline büyük hizmette bulunmuştur. Dialogues'lar, diğer eserlerden daha çok, St. Benoit kültünün ve onun kurallarının popularize olmasını sağlamıştır.

C. St Grègoire'ın Liturjik Eseri[35]: Bu eser, kendisini çok farklı şekiller altında takdim etmektedir. Ancak bazı verilen geleneksel bilgilere itiraz edilmiştir:

1. Onun tarafından ayine, formüller veya birçok dualar dâhil edilmiştir. Meselâ KYRİE ELEİSON ilahisinin okunması, CHRİSTE ELEİSON'la alternatif olmuştur. Bir yıl boyunca, tedrici şekilde ALLELUİA, Paskalyaya kadar muhafaza edilmiştir. Yasadan sonra,[36] PATER ve muhtemelen LİBERA Nos'a onu takiben okunmaktaydı[37]. Nihayet o yasaya, duanın sonunda HANC IGITUR'u, Diesque Nostros'dan[38] beri ilave etmiştir.

2. Yine Grègorien bir sakrament vardır. Yani, eski bir sakrament, Grégoire'a atfedilmiştir. Bütün liturjik yıl boyunca özel ayinleri ihtiva etmektedir. O, **Géllasien**'in bir çeşit özeti olarak takdim edilmektedir ve bu zamanın (VI. yüzyılın sonu)[39] liturjik şartlarında, Roma kilisesinin eski sakramentaire adaptasyonu söz konusudur. Birçok liturji tarihçisi, eserlerini bu dönemde yazmışlar ve St. Grègoire'a atfetmişlerdir[40]. Hâlbuki Mgr. Duchesne, bunun VIII. yüzyıldan önce olduğuna inanmamaktadır ve onu, Hadrien'in[41] sakramenti olarak isimlendirmektedir.

---

[35] D. Cabrol, op. cit. 1776.
[36] Epist. IX, 12.
[37] P. Batiffol, Leçon sur la Messe, 1927, p.281.
[38] Liber Pontificalis, I, I, p.312.
[39] D. Cabrol, op. cit. col. 1779.
[40] İbid, col. 1790.
[41] Onu, 784 ve 791 yılları arasında Charlemagne'a kim ulaştırmıştır. Duchesne, Les Origines du Culte Chretien, 1908, p.124-126; P.L. 78, 25-240; (Edit. Dom Ménard, 1642). Edit. Yeni eleştiri: H. Lietzmann, 1921.

3. Grègorien ilahiler topluluğu[42]: Bunları, bazıları VIII. ve IX. yüzyıla[43] kadar çıkarmaktadır. Bununla beraber, doğrudan belge olmamasına rağmen, gelenek bunu, St. Grègoire'a affetmektedir. Bu, yeterince desteklenmiştir ve bunun ciddi savunucuları vardır[44].

4. Grègoirien ilahisi[45]: Bu, kutsal mezmurlarda kullanılan, eski Romen melodisini temsil etmektedir. St. Grègoire, bunları ortaya koymamıştır. Ancak onu geliştirmiştir. Onu sadece, Schola Lantorum'un kesin organizasyonu ile değil, doğrudan bir aksiyonla, V. Asırdan VIII. Asra kadar başka papalarınkine paralel olan[46] tabiatta ve ölçüde, sadelikte ve ahenkte kilisede bu ilahiyi, St. Grègoire geliştirmiştir[47]. Buna karşı, M. Gevaert, bütün aksiyonu, St. Grègoire anlamında inkâr etmekte ve bu şerefi Grègoire II'ye veya Grègoire III'e atfetmektedir[48]. Bu yeni müdahalelere rağmen problem, tam olarak çözülememiştir[49].

III. AZİZ GREGOİRE'IN DOKTRİNİ

A. Genel Doktor Olarak

Aziz Grègoire, kilisenin büyük doktorlarından birisidir ve Ortaçağda en çok etkili olan üstadlardan birisidir. Şüphesiz onun etkisi, BOEC'inkinden, CASSİODORE'unkinden ve Seville'lli İSODORE'unkinden oldukça farklı olmuştur. O, hiçbir zaman bir filozof veya bir bilgin olmak istememiştir. Şüphesiz o, St. Ambroise gibi üstün bir ahlakçıdır. Onda, Milanolu piskoposun edebi yetenekleri yoktu: Onun üslubu iddiasızdır ve zamanının birçok yazılarının sahifesinin bekâretini bozan araştırma ve şişkinlikten uzaktır. İşte bu sadelik, piskoposlar piskoposunun ağırlığı ile cümleye canlı bir açıklık getirmekte ve bu nüfuz edici güçle ondan elde edilen düşünce, Grègoire'ın yetenekli prensiplerinden biridir. Özellikle bu, ahlaki eserlerini yazar-

---

[42] P.L. 78, 641-724: Antiphonaire, ayinde not edilen parçaların toplanmasıdır. Bu, Responsal'dan ayrılır. Benedictinler tarafından okunan 8 ilahi bugün reddedilmektedir. P.L. 78, 849-852.
[43] F.A. Gevaert, (art. Dans le Bien Public, 23-24 Aralık 1889).
[44] Dom G. Morin, Les Veritables Origines du Chant Grèg. Maredsous, 1890, Bkz: H. Leclercq, Antiphonaire, dans dict. Arch. col. 2443-2461, Dom. R. van Doren, Etude Sur Unifluence Musicale de l'Abbaye de Saint-Gall, 1925.
[45] Önceki nottaki yazarlara bakılmalıdır.
[46] P. Batiffol, Hist. du Brèviaire Romain, p.54.
[47] Dom Morin.
[48] Op. cit.
[49] C. Callewaert, De Origine Cantus Gregoriani dans Ethemerides Liteurgicae.

ken daha çok dikkat çekmektedir. O, ilahiyatta düşünen biri değildir. Batiffol, onu şöyle gözlemliyor[50]: "Aklı arayan adam onu bulamaz ve şüphe uçurumunda boğulur."[51] Fakat onu, genel kültürden ve Batıdaki ilahiyat kültürünün fakirleşmesinden ve Roma'nın çöküşünden ve Barbarların yerleşmesinden sorumlu tutmak doğru değildir[52]. St. Grègoire, İsidore'dan ve Boèce'den daha sorumlu değildir. Boèce, şayet papa olsaydı Batı, Aristotelisme'e sahip olamazdı ve VI. yüzyılda Albert le Grand'ı meydana getiremezdi[53]. Belki St. Grègoire, zamanının zihniyetinin yaratıcısı değildir. Ancak o, zamanının zayıflıklarını bilmekte ve onlarla mücadele etmektedir. Bütün ihtirasların işgalcilerin küstahlığı ve mağlupların umutsuzluğuyla açığa çıktığı bir yüzyılda, özellikle St. Augustin'in eserlerinden çok acil olan ahlâkî unsurları muhafaza etmek ve onları uyarlamak onun en büyük arzusuydu. Bunun için St. Grègoire, en yüksek St. Augustin kültünü devam ettirmiş ve Augustin'den dolaylı tarzda ve uzakta fakat güvenle VI. yüzyılın entelektüel yeniliğini, Hippone piskoposundan oldukça etkilenerek sürdürmüştür.

St. Grègoire'ın Augustinisme'i, inkâr edilemez. Bunun için talebe ile üstadın birkaç noktada uyum içinde olduklarına işaret edelim:

a. Hem S. Augustin hem de S. Grègoire sadece Mévenante inayeti, imanın başlangıcı ve iyi ameller için vaaz etmemişler aynı zamanda inayette ve kurtuluşta, iyi hırsızın ameli gibi[54] birtakım iyi amellerde ve imanın başlangıcındaki mutlak meccani olan kaderi de vaaz etmişlerdir[55].

b. Vaftizsiz ölen çocuklara, cehennemdeki pozitif cezaları mahkum etmektedir[56].

c. Melekler bedensizdirler, saf ruhturlar, liyakatte eşit değillerdir. Dokuz sınıfa ayrılmışlardır. Her bir sınıfın üstünlükleri ve fonksiyonları vardır[57]. İyi melekler, kiliseyi, insanları ve fertleri beklemektedirler[58]. Kötü melekler,

---

[50] Op. cit. P.229.
[51] Moral, VI, 19.
[52] Batiffol, op. cit, p.111.
[53] P. Batiffol, op. cit. 229-230.
[54] Moral, XVI, 30. Bu inayet, insanın operasyonunu hariçte bırakmaktadır. Öyleki amel, Allah'ın ve insanın olmaktadır. Moral, XXXIII, 40.
[55] Moral, XXVII, 63, 64.
[56] Moral, IX, 32.
[57] Moral, I, 8; IV, 8; XXXII, 48.
[58] Moral, IV, 55.

bizimle savaş halindedirler. Fakat Tanrısal izin olmadan bize zarar veremezler[59].

d. Grègoire'ın dünyanın sonu ile ilgili görüşleri, tamamen St. Augustin'in görüşleridir. O, bu fikirlere, dünyanın sonunun yakın olduğuna inandığını ilave etmektedir[60]. Onun ahiret inancı, bunun etrafında cereyan etmektedir: Toplumun üzerine çöken felaket, bu kanaati doğrulamaktadır. O bunu, asla bir inanç konusu yapmamıştır. O, Allah'ın merhameti üzerinde işlenen hata ile mücadele etmiştir[61]. O, St. Augustin'in reddinden sonra, cehennemin ebedi olduğunu inkâr etmektedir[62]. Aksine o, Arafın geçici karakterini ızdırap çeken ruhlar için yapılan duaların etkinliğini ve özellikle ayinin kutsallığını öğretmektedir[63].

St. Grègoire, özellikle ruhların bir yöneticisidir. Onun "Doctrine Spirituelle et Pastorale" isimli eserini, tövbe üzerinde birkaç kelime söyledikten sonra burada açıklayacağız. Onun bu konuda verdiği bilgiler, hiçbir zaman doğru anlaşılmamıştır.

B. Dua Disiplini[64]

St. Grègoire da birçok eski yazarlar gibi tövbenin etkinliği ve avantajları üzerinde veya tövbenin fazileti üzerinde ısrar etmektedir. Ancak bunu yaparken sakramental veya kanonik tövbeye hiçbir işarette bulunmamaktadır. Postoral isimli eserinde de[65] bu şaşırtıcıdır. Fakat papanın buradaki hedefi, günahın nasıl silineceğini öğretmek değil; günaha düşmemek ve bizi günaha sürükleyen kötülükleri düzeltmekdir[66]. Bu çağrılarında papa tedrici şekilde tövbekârı, korkunun derin duygularından mülhem olan kendindeki bu terime götürmektedir. Sonra Allah aşkıyla, ümitlenmeye sevk etmektedir. İşte gerçek konu ve hayatın değişimi budur. St. Grègoire, böyle bir tövbenin etkinliği konusunda ısrarlıdır. Bu konu üzerinde, modern ilahiyat gibi, bütün eski geleneğin onunla anlaştığında o, mükemmelleşmektedir. O,

---

[59] Moral, II, 16, 74.
[60] In Evang. hom. IV, 2; Batiffol, op. cit. P.72-73.
[61] Önceki cilde bakılmalıdır.
[62] Dialog, IV, 55.
[63] Tixeront, Mélanges, p.237-260; Hist. Dogm. III, p.387-414.
[64] Tixeront, Mélanges, p.287-260; Hist. Dogm. III, p.387-414.
[65] Past. III, 28.
[66] J. Tixeront, op. cit. P.240.

burada bir sakramentin varlığını asla inkâr etmemektedir. Şayet o, faziletten bahsediyorsa bu, onun zamanından ileri gelmektedir. Sakramental tövbe veya disiplin, o zaman, günümüzden daha nadir uygulanıyordu. Bu sakramentde veya disiplinde, tatmin veya bağışlanma ilk sırada yer alıyordu ve herkesin dikkatini çekiyordu[67]. V. yüzyıldan beri, tövbe disiplinin, çok önemli bir gelişim gösterdiği bilinmektedir. St. Grègoire döneminde daha da çok değişmiştir[68]. Bu oldukça açık olan husus, o zaman gözden uzak tutulmamalıdır. Geleneğin en mükemmel şehri olan Roma'da bile bu değişim çok geç olmuş ve Papa bile, onu kabul etmemekle karşı karşıya kalmıştır.

Bildiğimiz gibi sakramental tövbe, tövbenin faziletinden başka şeyi ihtiva etmektedir. Bu, kilise tarafından kontrol edilen tatmin edici işler olarak ifade edilebilir. İman itirafı, tövbe işini açmakta ve bağışlanma ile o tamamlanmaktadır. Bu son işlemler, sakramentin çok özel unsurlarıdır. Bu iki nokta üzerinde Tixeront şöyle demektedir[69]: St. Grègoire, yazılarının üç veya dört pasajında kendisini göstermektedir. En dikkat çekeni, İnciller üzerine yazılan (No: 4-6) Homelie'dir. O, orada tövbe disiplininin temeli olan prensibi belirtmektedir: Bu, kiliseye günahı kaldırma gücünün verilmesidir[70]. O, burada piskoposları bu iktidarın sahipleri olarak bildiriyor. Ancak rahipleri de dışlamıyor. Roma'da Papa Maral (304-309) dan beri rahipler, bu görevde önemli paya sahip olmuşlardır. Bu, iktidarı yok etmek, günahları kaldırma hukukunu tanımayı gerektirir. O zaman da, günahların onları itham hakkı ödevleri olur: St. Grègoire le Grand, sakramental itirafı içine alan terimlerle bu ithamlardan bahsetmektedir. Piskoposun, bağışlanma ile günahların kaldırılmasından önce, bu konudaki tatminin tamamlanmasını değerlendirmesi gerekir. Bu olay, sadece Allah'ın günahı kaldırmasının belirtmesinin beyanatı değildir. St. Augustin'le o, dirilen ve yaşayan LAZARE problemini çözen Havarilere itiraf edeni kıyaslamaktadır. Bu metnin, diğer metinlerle birlikte açıklanması gerekmektedir. St. Augustin gibi, paralelliği daha iyi korumak için, zorlanmışa benzemektedir. Mükemmel tövbe, tövbekâra, önceden bağışlanmada çoğu defa manevi hayatı vermektedir. Niha-

---

[67] J. Tixeront, op. cit. P.238, İbid p.244.
[68] Bu kitabın önceki sayfalarına bakılmalıdır.
[69] Op. cit. P.246.
[70] İbid, p.246.

yet bu, hayatın bir başlangıcını gerektiriyor. Bu da, rahibe müracaat basit olayı ile kendisini gösteriyor. Grègoire'ın tövbe sakramentini bilmediği belirtilebilir. O, buna hiçbir yerde özel şekilde işarette bulunmamasına rağmen, özel şekil altında kilisede gittikçe yayılmıştır.

C. Zahitliği ve Mistikliği

1. Zahitlik: St. Grègoire, murakabeden oldukça sık bahseden eski yazarlardan birisidir. Haklı olarak, "St. Grègoire'ın Ruhu", "Murakabe'nin Ruhu" olarak o yazılmıştır[71]. Aksiyon, özel hayatında bile ihmal edilmemiştir. O, papalık tahtının tanıdığı en verimli ve en meşgul papalarından birisidir. Yazılarında bile öyledir, murakabe hayatı onda, birleştirici yola, mükemmel hayata işaret etmekte ve o, daima sadece zıt bir şey olarak değil, aşağı derecede aktif hayata[72] muhalefet etmektedir. Onun için bu aktif hayat, faziletler hayatını, iyi şeyleri belirtir. O hayat, aydınlatıcı yola ve temizleyici yola cevap vermektedir. O, buna sadece işaret etmiyor, onu tanımaktadır. Çünkü o, bedensel kaprislere mukavemet etmektedir. Zaten o, bu aktif hayatı, basit hazırlık işi ve yer değiştirme işi olarak telakki etmektedir.

Grègoire için aktif hayat, mistik hayata yönelmiş bir zahit hayatıdır. O, bu konuda St. Augustin'in bir talebesidir[73]. O, St. Augustin'den, Vita Activa-Vita Contemplativa kelimelerini Julien Poméra gibi[74] almaktadır. Cassien, tercihan şöyle demektedir: Vita Actualis ve Vita Theoretica[75]da İskenderiyeli Clément, Vie de Foi (İman Hayatı) ve Vie de Gnose da(İrfan Hayatı)[76] bütün bu yazarlar, belli başlı noktalarda uyum içindedirler.

Zahitlik, menzillerle, olgunluğa doğru ilerleyen bir muhteviyata sahiptir. **Birinci menzil** de, ihtiraslara karşı mücadele edilir. Bu belli başlı kötülükleri söküp atmaktan ibarettir. St. Grègoire bunu, Cassien'den mülhem olarak tasnif etmiştir[77]. O, hafif bir değişiklik yapmıştır[78]. **İkinci menzil**, sadece

---

[71] J.C. Hedley, Les Levitarum La Formation Sacerdotale d'Aprés S. Grègoire, Le Grand, (trad. B. Lebbe), Paris, 1922.
[72] Moral, VI, 56-61.
[73] II. cilde bakılmalıdır.
[74] Bu kitabın, önceki sayfalarına bakılmalıdır.
[75] Önceki sayfalara bakılmalıdır.
[76] II. cilde bakılmalıdır.
[77] II. cilde bakılmalıdır.
[78] Moral, XXXI, 87.

dercelerle gerçekleşen faziletlere sahip olmaktır[79]. Grègoire, dört ahlâkî[80] ve üç teolojikal fazilete çok önem vermektedir. Bunlar olmadan, Allah'ın hiçbir şey hoşuna gitmez[81]. Bu faziletler, zirveye, Kutsal-Ruhun yedi yeteneğiyle ulaşmaktalar ve ruhun güçlenmesini tamamlamaktadırlar. Bunlar, **Hikmet, Zekâ, Nasihat, Güç, İlim, Sofuluk, Korku**'dur[82]. Grègoire'ın bu doktrini, net olarak mistike yönelmiştir[83]. Yine biz burada daha çok onun murakabeyle ilişkileri üzerinde ısrar edeceğiz.

O, her şeyden önce aktif hayatı, mutlak olarak gerekli görüyordu. Onu, bu noktada değerinin üzerine çıkarıyordu. Şüphesiz o, çok sık olarak, birçok bakımdan murakabenin, aksiyondan yüksek olduğunu söylemektedir. Fakat onların zaruretleriyle ilgili olarak o, aksiyonun da önemini belirtmektedir. Çünkü çalışmadan, kurtuluş mümkün değildir. Cennete, murakabeci olmadan da girilebilir[84]. Yine de o, en azından iki insan kategorisi için murakabenin gereği üzerinde durmaktadır. Birinciler vaizlerdir: Onlar, murakabede gayretin ateşini canlandırırlar. Böylece, kucakladıkları yüksekliklerle temasa geçeceklerdir.

Dış işlerin ortasında, şayet murakabenin ateşinde yeniden ısınmaya gelmeye özen göstermezlerse, çok çabuk soğuyacaklardır. Ruhlarının kuraklığı, onların vaazlarını da kuraklataktır[85].

Olgunluğa ulaşmak isteyen herkes, aktif hayatın ekzersizlerine, murakabeye dayalı hayatın feragatını ilave etmek zorundadır. Bunu onun getirdiği, üstün inayetleri elde edecek tarzda, bilhassa murakabenin, aydınlığıyla yapmalıdır[86]. Şüphesiz sık şekilde St. Grègoire, murakabenin önceliğiyle, mükemmel işler yapmaktadır. Fakat yine de o, bu işlerin aslında ancak ruhlar tefekkürün üstün ışıklarıyla aydınlandıklarında gerçek ve tam mükemmelliklerini elde edeceklerini öğretmektedir. Bu murakabenin devamı için,

---

[79] Moral, V, 33.
[80] Moral, II, 76.
[81] In Ezehc. I, II, IV, 4.
[82] Moral, II, 77; XXV, 15; In Ezeh. 1. II, VII, 7.
[83] Moral, XXXI, 102.
[84] In Ezech. 1, IV, 10.
[85] Moral, XXX, 8.
[86] Moral, VI, 58-59; İbid, 57; Bu iki hayat, iki gözle kıyaslanabilir. Gözleri olmayan adam, eksik adamdır. Zaten, herkes murakabenin meyvesinden yararlanamaz. Bilhassa endişeli ruhlar. Bunların önce, zahitlikle pasifleşmeleri gerekmektedir.

ruhun iyi işlere hazırlanması gerekmektedir ve onların ortasında, onun gücü olacak olan Allah'ın hatırası muhafaza edilecektir[87].

Ruhu, murakabenin inayetlerini almaya hazırlayacak olan genel veya uzak pozisyonlar arasında St. Grègoire, özellikle, semavi güzellikleri ve onları ona, kavuştuğunda[88] saygılı yapacak korkuyu arzu ettirecek aşkın, haricinde, daha önce işaret edilenlerin dışında[89], şunlara işaret etmektedir:

a. Tevazu: Lumen enim intelligentiae hemulitas aperif, superbia abscondit=Aydınlık için mütevazi zeka açılır, gurur için kapanır[90].

b. Meditasyon: Ruhun Allah'ı taşımak için kendisine dönmesi gerekir[91]. Bu durumda artık o, murakabeyi alan bir kalbi içinde taşımaktadır[92].

c. Dünyada ölmek yani, ölmeden ölmek. Bu durumda, murakabe, bir mezarla kıyaslanabilir[93]. Ancak bu anlayış daha çok negatiftir. Şimdi, St. Grègoire'ın pozitif fikrini görelim.

2. Mistik: St. Grègoire, bazen murakabeye (Centemplationis exercitatio)[94] doğrudan bir hazırlık ismini vermektedir. O, farklı eşyaların müşahedesinde, ruhu, Allah'a yükseltmekten ibarettir. Genel tarzda o, bu eşyaları SUPERNA-PETERNA-Sublimia veya Sacramenta Caelestia-Sacramenta Spiritualialite[95] olarak isimlendirir. Bütün bunlar, bizzat incelenen ilahi olgunluklardır. Veya yaratıklarda incelenmektedir[96]. Bizzat Ruhu bilmek, ilahi tabiatın ruhunu bilmeye götürmektedir. Bu Mesihin, kutsal insanlığıdır[97]. Fakat tam anlamıyla bu, henüz murakabe değildir. İnsanın, mümkün olduğu kadar, murakabe tepesine yükselmesi için çaba göstermesi gerekir. Fakat tırmanılması mümkün olmayan yükseklikler de vardır. Çünkü normal inayet, onun için, ona yeterince güç vermemektedir.

"Ruhla, Allah'ı arama, murakabe hayatında bile olsa, zahmetsiz olmayacaktır. O, insana, duygusallıktan kurtularak, Allah'la birleşmesine mal ol-

---

87 In Ezech. 1, II, 11, II.
88 Moral, VI, 58.
89 Moral, VI, 60.
90 Moral, XXV, 30; İbid, VI, 58; IX, 26; XXX, 64.
91 In Ezech. 1. II, V, 9.
92 In Ezech. I, II, V, 18.
93 Moral, V, 9.
94 In Ezech. 1, II, 1, 7.
95 Moral, V, 56; XXX, 53, In Ezech. 1, II, VII, 1.
96 Moral, V, 52.
97 Moral, XXXI, 104.

maktadır[98]. O'nun, Yakub'un Melekle yaptığı gibi ruhuyla savaşması gerekmektedir: Yakub, Allah'ın birdenbire murakabeyle tatlılığını ulaştırdıktan sonra bazen zafere ulaşmakta, ondan sonra da, zayıflığına yeniden düşmekte ve büyük bir yarar sağlamaktadır[99].

İnsan kutsalı düşünerek, normal olarak Allah'a yükselir. O, sadece lafzı veya ahlâkî dersleri anlamaya değil de, orada ifade edilen veya sembolize edilen seyretmeyi sevdiği iman sırlarını da bulur[100]. Bu meditasyon, murakabe ibadeti şekli altında çok rahat olmakta ve spiritüel açıdan da verimli olmaktadır[101]. Yorumlar hariç, murakabeye dayanan hikmet, spiritüel zekânın artmasını sağlamaktadır[102] (Spiritualis İntelligeutia)[103].

Rachel ve Meryem tarafından sembolize edilen (Lia'nın de Marthe'nin kız kardeşleridir. Aktif hayatı temsil etmektedirler)[104] murakabe, Grègoire tarafından bir tepeyle kıyaslanmıştır[105]. Bu da, zahidi yükselme terimi olarak onun gerektirdiği ayrılıklardan dolayı, bir mezarla kıyaslanmıştır[106]. Bunun için murakabe, bir istirahat ve sessizlik olarak adlandırılmıştır[107]. Çünkü elde edilenden daha az üretilmektedir: Hakikatte o, Kutsal-Ruhun ve Kutsal-Ruh tarafından Allah'ın bir algısıdır[108]. Bunlar sayesinde o, çok farklı şekiller altında temsil edilmektedir[109]. St. Grègoire, bunu özellikle "tabiatüstü bir hikmet" olarak tasarlamaktadır[110] veya onu yansıtan aydınlık sayesinde Allah'ın bir nevi akıl edilmesi olarak düşünmektedir. Yani bir nevi Allah'ı görme olayı[111], işitme olayı[112] olarak düşünmektedir. Kısaca bir yaratığın, Allah'ı bu dünyada görebilme veya onu işitebilmesi kadar, görebilmekte ve işitebilmektedir.

---

[98] İn Ezech, I, II, 11, 12.
[99] İbid, 12.
[100] Önceki sayfalara bakılmalıdır.
[101] St. Grègoire'ı bu noktaya yerleştirmek gerektirmektedir. Onun yorumu, çoğu zaman fantezi bir yorumdur. Bu konuda I. cilde bakılmalıdır.
[102] I. cildin başlarına bakılmalıdır.
[103] İn Ezech. 1, 1, III, 8, 9, 10; 1. IX, 30; 1, 1, X, 10.
[104] İn Ezech, 1, II, 11, Moral, VI, 61.
[105] Moral, V, 66.
[106] Moral, V, 9.
[107] Moral, XXX, 53.
[108] Moral, V, 50.
[109] Moral, V, 51.
[110] Moral, XXI, 50-51.
[111] Moral, XXIV, 11, XXX1, 100.
[112] Moral, V, 50, 51.

Gerçekte St. Grègoire'ın murakabeyi, bu kadar abartması ve onda en yüksek şekilleri tasvir etmesi dikkat çekicidir. Aslında bu, metodik bir tarzda değil, en yüksek bağışların tecrübesine ihanet eden terimlerle yapılmakta, diğer yandan, mevcut hayat için, bu bağışlarda onların sınırlarını çizmekle oldukça meşgul olarak görünmektedir. Aslında, murakabede tasarlanan bizzat ilahi öz değildir[113]: O zaman Ruh, hakikatı olduğu gibi göremez ve bu, çok büyük bir ışık gerektirir[114]. Murakabevî vizyon, Allah'ın uzaktan vizyonudur[115]. Bu, gecede görülen bir vizyondur. Çünkü bu dünyada yaşandığı sürece azizler, ilahi tabiatın sırlarını sadece birkaç imajda görebilirler[116]. St. Grègoire bunu, yine bir gözle kıyaslamaktadır. Bunu da, onun sahip olduğu belirsizlikten dolayı, ister bazen hafif, bazen güçlü bir soluklama[117], ister bir mırıldanma[118] ile Allah'ın nasıl bize nüfuz ettiğine, nasıl kulağa ve esprit ile ulaştığına işaret etmektedir[119]. Gerçek murakabe, gök içindir. Bu dünyada ona sadece bir başlangıç yapılmaktadır[120]. Zaten murakabenin inayeti, bizzat oldukça kısadır ve bazen de sadece bir an devam etmektedir[121].

Bu ibadetle ilgili noktalar, St. Grègoire'da, sadece bir hal olarak değil; murakabe hayatını genel olarak gözönünde tutmaktadır. Bunu özel bir unsur olarak tabiatüstü ve dâhili inayeti dikkate alarak yapmaktadır. Onun ısrarı onda, güçlü sonuçları onunla göstermesiyle açıklanabilir: Derin bir tevazu ile Allah'ı tanıma, gerçek olarak kendisini tanımayı meydana getirir[122]. Allah'ta yansımak için Ruhu ayıran bir ağırlık[123], sarsılmaz bir barış[124] ve semavi bir sevinç[125], yenilenmiş bir merhamet ve özellikle Allah'ı aramada hararetli bir hayırseverlik, meydana getirmektedir. Çünkü Ruh bize nefesini üflediğinde, biz yükseklere doğru taşınırız ve semavi vatanın aşkı ile o,

---

[113] Moral, V, 66, X, 13.
[114] Moral, XXIV, 11.
[115] Moral, XXXI, 101.
[116] Moral, XXI, 39. Burada Aziz Jean de la Croix'nın uzaktan kehanet formülleri görülecektir.
[117] Moral, V, 65.
[118] Moral, V, 51.
[119] İn Ezech. 1, II, 8.
[120] İn Ezehc. 1, II, 8.
[121] İn Ezech. 1, 1, V, 12; Moralia, V, 8; İbid, VIII, 49; XXX, 53; XXXIII, 43.
[122] İn Ezech. 1, VIII, 17.
[123] Moral, XXIII, 40-43.
[124] Moral, XXII, 36-38.
[125] Moral, XXXI, 101-102, İbid, XXIV, 11-12.

ateşlenmekte, onu elde eden kalp de, Allah'ın adımlarının izi gibi, yazılmaktadır[126].

Murakabede canlanan bu semavi vatan aşkı, vaizin sözüne tam olarak göz kamaştırıcılık vermektedir[127]. Çünkü onun şuuru daha derine iştirak etmektedir. Bu, hikmetle ilahi ışıkta daha önce görülmüştür. Kısaca, murakabe, sonuçlarıyla uzanmakta ve azizlerde bizzat aksiyonla, vaktiyle yararlandığı inayetlerden başka, Allah'ı arama yetersizliği kendini göstermektedir[128]. Murakabe hayatında burada, aktif hayat erimektedir.

Prensip olarak, hiçbir durumda, hiçbir mümin, murakabeden dışlanamaz[129]. Aslında onu, durumlarına bakılırsa, birkaç kişi bile ölçülü şekilde[130] uygulayamamıştır[131].

D. Pastoral Doktrini[132]

St. Grègoire'ın mistiği, pastorale'a sevk etmektedir. O, her gerçek vaizin bir murakabeci olmasını istemekte ve ayrıca murakabecilerin kendilerini, geniş aktif hayata, genelde faziletlerin pratik anlamında değil; pastorale anlamda da vermelerini istemektedir. O zaman insanlar, oraya çağırılmışlardır. Zaten gerekli kalitelere de sahip olmuşlardır. Pastorale'ın birinci kitabında bu çağrıya mukavemet edenlere karşı sert bir bölüm vardır[133]: "Birçokları, yüksek kalitelerle mücehhez olsalar da, murakabe hayatının zevkini gösteremezler, kendisine hakikati ilan eden geleceği, reddederler, pasifliği severler ve yalnızlığa sarılırlar. Şayet onların gidişatlarına dikkat edilirse, şüphesiz o daha fazla suçlu bulunacak, çünkü yapabilecekleri iyilik daha büyük olabilirdi[134]. En azından bazıları için, pastoral aksiyon, Allah'ın beklediği bu tam aktif yaşamın bir parçasıdır.

Eski Kilise doktorlarından daha çok St. Grègoire, pastoral aksiyon kurallarını açıklamıştır. Moralia'da veya mektuplarda, Homelie'lerinde sürekli incelemeyi az yapmakta ve daha çok ahlâkî ve spiritüel bir istikamet ver-

---

[126] Moral, X, 13.
[127] İn Ezech. 1. 1, V, 13.
[128] Moral, X, 31.
[129] İn Ezech. 1. II. VI, 19.
[130] Moral, V, 20.
[131] Moral, VI, 57.
[132] Hedley'e bakılmalıdır.
[133] Past. 1, 5.
[134] İbid.

mektedir. Healey'in müşahede ettiği gibi, uygulamaların teferruatına kadar vermemektedir. Bu el kitabı, basit üslubuyla daha çok verimli fikirlerin geniş bir yayılımıdır. Bunlar okuyucunun anlayışına, onları geliştirmesi ve ondan yarar sağlamasına yönelik bilgilerdir[135].

Bunlar, özellikle St. Grègoire'ın dikkat ettiği kutsallaştırma için elde edilen ahlâkî şartlardır. Şüphesiz bu, ilmi gerektirir: Ruhların yönetilmesi bir sanattır, hatta ilk sanatlardandır. St. Grègoire, pastoralın başında kim cesur, yeterli yetenekler olmadan onların sorumluluklarını üstlenecektir diye beyanda bulunmaktadır[136]. Fakat o, hemen rahibin ruhunu süsleyecek faziletlere gelmekte[137] ve münhasıran bununla meşgul olmaktadır. Birinci kitabın büyük bir kısmı, onlara tahsis edilmiştir: O, orada iğrençlikle kutsallaştırmayı kaldıranları kınamaktadır[138]. Yine o, onu gayretle aramayanlara karşı çok serttir[139]. Fakat bu, ihtiras haricinde, sonradan gelen bir özgüvenle olmalıdır[140]. Rahibin bu kişisel kutsallığı, pastoralın birinci kitabının sonunda çok güzel tasvir edilmiştir[141]. Yine ikinci kitapta sık sık tavsiyelerde bulunulmuştur[142]. Burada St. Grègoire, özellikle iç hayata[143] onu, muhafaza ve artırma aracı olarak işaret etmektedir. Bununla beraber burada o, özellikle rahibin ruhlarla ilişkilerinde bu gidişat kurallarıyla meşgul olmaktadır. St. Grègoire ona, hem sessizlikte, hem de kelamda tedbirli olmayı tavsiye etmektedir[144]. İyilere karşı yakınlık ve alınması gerekenlere karşı kararlılık büyük bir alçak gönüllülükle birleştirilmesi gereken faziletlerdir[145]. O, rahibin, başkalarının hoşuna gitmeden, kendini sevdirmesini bilmesini ve onları hakikate bağlamasını bilmesini istemektedir[146]. Nihayet o, rahibe dürüstlüğü, bazen tatlı, bazen sertlikle ama daima hikmetle ve fedakârlıkla öğretmeyi hatırlatmaktadır[147].

---

[135] Past. P.18-19.
[136] Past. 1, 1.
[137] Past. 1, 2-4.
[138] İbid, 5.
[139] İbid, 6, 7.
[140] İbid, 8-9.
[141] İbid, 10-11.
[142] Past. 11, 1-2.
[143] İbid, 5; İbid, 7, 11
[144] İbid, 4.
[145] İbid, 10.
[146] İbid, 8.
[147] İbid, 9-10.

Bütün kutsallaştırma fonksiyonlarından **vaaz**, St. Grègoire'ın dikkatini en fazla çekenlerden birisidir. O bu konuya, pastorale'ın üçüncü kitabını tamamen tahsis etmiştir. Bu bölüm, bütün eserin üçte ikisini ihtiva etmektedir. Fakat o, bu konudaki bütün tavsiyelerini şu kurala bağlamaktadır: Ortama ve ilgilendiği kişilerin karakterlerine adaptasyon sağlamak. Böylece onların hepsini, her birine uygun olan modele göre, İsa-Mesih'e kazandırmak[148]. Nihayet o, farklı kategorideki insanlara bunu uygulamakta, ikişer ikişer, kırk bölümde onlara muhalefet etmektedir: "Erkeklerin ayrı tarzda, kadınların da ayrı tarzda davet yapılması gerekmektedir. Hatta gençlerin ve çocukların da. Ortamlardan sonra, karakterler gelmektedir: Sessizler ve gevezeler, tembeller ve hareketliler gibi... Sonra günahkârlar gelmektedir."[149] Görüldüğü gibi S. Grègoire'ın, Augustin'den tamamen farklı şekilde "De Doctrina Christiana"yı yazdığını görüyoruz: O, her şeyden önce bir ahlakçı ve psikolog olarak kalmaktadır. O, bazen bu duruma sevimli bir incelikle ve çoğu zaman da, bunu genelleştirmekle görülmektedir[150]. Her halukarda, Hıristiyan belagatinin kuralları, asla pastoral da anlatılmamıştır. Fakat St. Grègoire, bu konudan uzun uzun Moralia'da bahsetmiştir. Özellikle XXX ve XXXI. kitaplarda bahsetmiştir. Yine orada, sözün görevi için, elde edilen ahlâkî şartların çok canlı aydınlığını tavsiye ettiği örnekle, ibadetin ve murakabenin önemini belirtmektedir. Bu eser, çok sık hatırlandığı gibi, bir defa daha, dâhili hayatın hangi derinlikte olduğunu, bu büyük papanın aktivitesini gıdalandıran şeyi, onun gerçek bir şef ve üstün bir ahlakçı olduğunu ispat etmektedir.

---

[148] Past. 111, Giriş.
[149] Bu kitaba bakılmalıdır.
[150] P. Batiffol, op. cit, p.87.

DÖRDÜNCÜ BÖLÜM
İSPANYALI YAZARLAR
AZİZ İSİDORE[1]

I. ST. İSİDORE'DAN ÖNCE-ST. MARTİN-ST. LEANDRE

A. St. Martin de Braga

V. yüzyılın başından itibaren (409) Barbarlar, İspanya'ya girmişlerdir. **Vandallar, Sueve'**ler, **Alain'**ler, Barbar ordusunun öncü kuvvetini oluşturmuşlardır. Kısa zaman sonra, onları, Bagaudelar, Hèruleler, özellikle Vizigotlar takviye ederek İspanya'ya girmişlerdir. Bu yeni gelenler de, muhtelif eyaletlerde İspanya'ya girmişlerdir. Bunlar, muhtelif eyaletlerde güç oluşturmuşlar ve çoğu defa da birbirleriyle savaşmışlardır. Artık V. yüzyılda orada **SUÈVE'**ler kalmıştır. Bunlar, GACİCE'e ve LUSİTANİE'ye iyice yerleşmişlerdi. Adanın diğer bölgelerinde Vizigotlar hâkimdi. Onların merkezi de **TOLEDE** idi. EURİC (467-485), 467'den 476 yılına kadar İspanya'da, Toulouse Gothique Krallığını genişletmişti ve gücünü zirveye çıkarmıştı. Franclar ve Gothlar, VI. yüzyılın başında Pyréneleri aşmışlar, bir müddet sonra, LEOVİGİLD kumandasında Galice'ya teslim olmuştu ve SUÈVE (585) krallığı yıkılmıştı. Bu durum onlara, adada tartışmasız bir güç olmayı sağlamıştı. Onların Katolikliğe bu dönemde geçmeleri, İspanya'da kilise için nisbi bir refah döneminin başlangıcını belirtmektedir. Fakat onlar, Katolikliğe Suèvelerden önce geçmişlerdi.

SUÈVE'ler, önce Katolik olmuşlar, daha sonra ARİANİSME'e 466 yılında kralları tarafından sürüklenmişlerdi. Onların kralları, bir mürtedi de ayartmıştı. Onlar gerçek imana ancak bir asır sonra (560), St. Martin de Dume veya Braga[2] tarafından getirilmişlerdir. Tours'un piskoposu olarak o, Pannonien kökenliydi. Onun hangi nedenlerle GALİCE'e yerleştiği bilinmiyor.

---

[1] Hurter, Nomenclator, 1, 1; H. Leclercq, L'Espagne Chrétienne, Paris, 1906; Hefele-Leclercq, Hist. des Conciles, t.III, 175. Not: Bu bölümde, her yazar için ayrı bibliyografya verilmiştir.
[2] E. Amann, Martin de Braga, dans Dict. théol. col. 203-207.

Orada önce manastır başkanı, sonra Dume piskoposu (563'den beri) ve nihayet Braga Archevque'i (572) olduğu bilinmektedir. Tours'lu Grègoire'ın dediğine göre, **Martin**, zamanın en bilgili adamlarından birisidir. Bu şöhretin ona kazandırdığı ahlâkî otorite, SUÈVE kralının Hıristiyan olmasını sağlamıştır. Daha sonra onu, bütün SUÈVE milleti takip ederek Hıristiyan olmuştur. St. Martin, başkanlık ettiği farklı sinodlarla da meşhurdur[3]. O, özellikle, Priscillianisme'e karşı yapılan BRAGA Sinoduna[4] başkanlık etmiş ve burada, onların hatalarına karşı on yedi yasa belirlemiştir. Bu yasalar, ona lütuf kazandırmıştır. LUGO (569) ve BRAGA II'de (672) Sinodlarında o, yeni Katolik rahipler sınıfının açgözlülüğüne karşı dinamik şekilde hareket etmiştir. St. Martin, 580 yılında da vefat etmiştir.

St. Martin de Braga'nın edebi eseri[5], yaygın olan büyük eseri ihtiva etmiyor. Fakat çok sayıda risaleler, onunla ilgili olmaktadır, en azından pratik eğilimleriyle böyledir. Yazar, özellikle bir ahlakçıdır ki, müminleri ve keşişleri idare etmektedir. Yine o, birtakım kanonik yazılar bırakmıştır:

a. Bu risaleler, müminlere hitap etmektedir (Birinci risale, Suève kralı Miran'a armağan edilmiştir): Bu risale, formula Vitae Konestae'dir[6]. Bu, muhteşem bir tabii ahlak eseridir ki dört fazileti işlemektedir: Tedbir-Yücelik-Perhiz-Adalet. Pro Repellenda Jactantia-De Superbia-Exhortatio Humilitatis[7]. Bu üç risale, kibirle mücadele etmekte ve tevazuyu yüceltmektedir. De İra[8] bu çok kuvvetli bir risaledir, Sénéque'i taklit etmektedir.

b. Keşişlere hitap eden iki zahidane derlemedir, Doğunun Laurelarından alıntılanmıştır: Sentatice Aegyptiorum Patrum[9]. Bizzat Martin tarafından tercüme edilen Anonim küçük bir derlemedir. Verba Seniorum[10], Onun adına talebesi tarafından tercüme edilen bir başka koleksiyondur.

c. Martin'in kanonik eseri, onun ahlak eserini tamamlamaktadır. I. Braga (563) Konsilinin yasalarının dışında[11] ona, 84 konsil yasası olan küçük bir

---

[3] Hefele-Leclercq, Hist. Conc. III, 174-197.
[4] Birinci cilde bakılmalıdır.
[5] P.L. 72, Bu eserin tam metni yoktur.
[6] P.L. 72, 21-28.
[7] P.L. 72, 31-36; 35-38; 39-42.
[8] P.L. 72, 41-50.
[9] P.L. 74, 381-394.
[10] P.L. 83, 1025-1065.
[11] Mansi, conc. IX, 835-841.

koleksiyon atfedilmektedir: Özellikle, Doğulular, Capitula Martini demektedirler[12]. Bu eser, iki kısma ayrılmıştır: Kilise adamlarının ödevleri, Laiklerin ödevleri. Bu disiplin yazılarına, Detrina Mersione'nun mektubu da eklenebilir. Bu mektup, Sabillienlerin vaftizde suya bir defa batma âdetlerini yargılamaktadır[13]. De Pascha risalesi, paskalyanın hesaplama kurallarını izah etmektedir.

Braga piskoposunun bir de Homelie'si vardır: "De Correctione Rusticorum"[14]. Bu eser, kırsal kesimlerde hâlâ yaşayan paganizmle mücadele etmektedir. Özellikle üç şiir[15], yazarın özel mezar şiiridir. "Bunun birkaç mısrası, barbarların ülkelerinde, Martin'in antik kültürü muhafaza ettiğine tanıklık etmektedir. Kaybolan bir medeniyet, yeni zamanların habercisi olarak takdim edilmekte ve Suève'lerin hidayete erdiricisinin durduğu yerde tam da burasıdır[16].

B. St. Léandre-Vizigotların Havarisi[17]

Vizigotlar, hemen hemen bütün VI. yüzyıl boyunca Arianisme'in fanatik savunucuları olmuşlardır. LEOVİGİLD (+586), bir dizi zaferler elde ederek, imparatorluğunu tesis etmiştir. Bizans ve Suève'ler üzerinde hâkimiyet kurmuştur ve Katoliklere zulüm yapmıştır. Bunun döneminde, Hıristiyanlaştırma faaliyeti, Séville Arşeveki Léandre sayesinde başlamıştır.

Léandre, Kartacalıdır. 549 yılında ailesi Séville'e Goth Arienlerinin istilası sırasında, göç etmiştir. Onun krallık ailesiyle akrabalığı pek mümkün değildir. İki kardeşi olan S. İsidore, Séville'de ve S. Fulgence'da Kartaca'da piskoposturlar. Kız kardeşi Florentina da rahibedir. Léandre aynı zamanda keşiştir. O, Léovigild'in oğlu Herménegild'le temas kurmuştur. Herménegild, Katolik olan ailesi tarafından kovulmuştur ve Arien olmuştur. Léandre, onu eğitmiştir. O da hemen Arianistleri savunmaya başlamış ve kurbanı olduğu zulme son vermek için, Bizanslılara katılmıştır. Onun bu tavrı, bazen sertçe yargılanmış, ancak Léandre'ın tasvibine mazhar olmuştur.

---

[12] Mansi, Con. IX, 845-866, P.L. 84, 574-586; 130, 575-588.
[13] J. Tixeront, op. cit. III, p.371.
[14] P.L. 72, 49-52.
[15] C.P. Caspari, Christiania, 1883.
[16] P.L. 72, 51-52.
[17] E. Amann, op. cit. col. 207.

Herménegild, 581 yılına doğru, İstanbul'a imparatorun yardımları için gelmişti. Herménegild, iki yıl Séville'de babasına karşı savunma yapmış ve nihayet, şehri almış ve onu Valence'a sürgün etmiştir. Muhtemelen de 585 yılında öldürtmüştür.

Léandre, bir yıl önce Séville Arşeveki olmuştur. Ancak Léovigild, 586 yılında ölmüştü ve Arien baskısına da son vermişti. Onun ikinci oğlu olan RECARÈDE (586-601) Vizigortların Katolik olmasını 587 yılında sağlamıştır. Bu olayda Léandre'ın payını tespit oldukça zordur: Bu pay, krallığın ilk rahiplerinden birinin payına düşmektedir. Her halukarda, bu dönüşü, üçüncü Tole'de (589) konsilinin ona verdiğinden yararlanmasını bilmiştir. Başlayan hareketi, hızlandırmaya özgü istisnai bir harekettir bu[18]. Zaten Léandre, hayatı boyunca onun dostu olmuştu ve kralın danışmanı olmuştu. Böylece onun üzerinde, en mutlu tesirlerden bir tesiri korumuştur. Muhtemelen o, 601 yılında gerçek Devlet adamlığını büyük bir piskopos şöhretini geride bırakarak vefat etmiştir.

St. İsidore,[19] birçok yazıda ona işarette bulunmuştur. Ancak bunların hepsi kaybolmuştur. Léandre'dan bize, bir Homelie[20] ve kız kardeşi Florentina'ya yazdığı (L'İnstifution Des Vierges et Le Mépris du Monde)[21] gerçek dini bir risale kalmıştır. Bu risale, hoş, kolay ve kararlıdır, orada yazar resmedilmiştir[22].

St. Léandre'ın temel eseri ve onun büyük şöhreti, 589 Tole'de konsilinde yaptığı açılıştır. Yeni bir dini politika, VI. yüzyıl boyunca, bu şehirde toplanan konsiller serisinde, devam edecektir. 701 yılına kadar, on sekiz Tole'de konsili tespit edilmiştir. Fakat birinci konsil, yirmi yasa ile 400 yılına kadar gitmektedir[23]. İkinci konsil (527) yılında toplanmıştır. Ancak az ses getirmiştir[24]. Üçüncü konsil (589) yılında karma toplantılar serisiyle açılmış ve bu

---

[18] Léandre, konsile başkanlık yapmamakla beraber, onun büyük ilham edicisidir. Çünkü onun prens üzerinde etkisi büyüktü.
[19] De Viris III, 41, P.L. 83, 1103-1104. Yine İsidore, Arienlere karşı iki polemik eser zikretmektedir.
[20] 589 konsilinin bitiminde okunmuştur.
[21] Regle: P.l. 72, 873-894.
[22] Onun mektupları kaybolmuştur. Onun liturjik çalışmaları bizim için, bu alanda önemli aksiyonlara sahip olmakla beraber, azdırlar.
[23] Hefele-Leclercq, Hist. Conc. II, p.122.
[24] İbid, p.1080.

konsilde, prenslerle-piskoposlar yanyana oturmuşlardır. Bu konsilde, hem kilise hem de protestocu Guizot etkilidir[25]. Bu durumda Vizigotların yasamaları, Hıristiyanlıkla iç içe girmiştir. Bu espri, ya tam olarak Barbarlara yabancı olan genel fikirlerde ifade edilmiştir (Meselâ kanun önünde insanların eşitliği gibi) ya da farklı özel kurumlarda ifade edilmiştir (Kötülüğün tedricen kaldırılması gibi). "Forum Judicum" (Kanunlar Derlemesi) ki bunu H. Leclercq, kanundan, bilimden ve vaazdan meydana geldiğini söylemektedir. Bu, XIII. yüzyılda Kastilya'da Firdinand'ın saltanatında FUERO JUZGO ismiyle ifade edilmiş ve uzun yıllar İspanyol hukukunun temelini teşkil etmiştir. Bu eski Vizigot yasası, kilise ile Devleti çok yakınlaştırdığı için eleştirilebilir. Piskoposların çabalarına rağmen bu, tam olarak tatbik edilememiş ve milletin gerilemesine mani olamamıştır. Tabii ki hata, konsillerin işi değildir. Kilise yasalarınındır. Bu yasalar, kesinlikle, Katolik dogmalara boyun eğmeyi ve bütün Hıristiyanlara yani piskoposlara, rahiplere ve Hıristiyan müminlere, İncilin en saf ahlakının tatbikini şart koşuyordu[26]. Son Tole'de konsili, 701 yılında toplanmıştır. On yıl sonra 711'de de Araplar İspanya'ya girmişlerdir.

C. İkinci Derecedeki Yazarlar

1. **İDACE**: Galiçya kökenlidir. 427 yılında Chaves piskoposu olarak takdis edilmiştir. Önemli politik bir şahsiyettir. 470 yılından sonra, 379-470 yılları arasını içine alan bir kronik yazmıştır[27]. Yazar, St. Jérôme'u takip ederek, birinci kısımda eski belgelere dayanmaktadır. Fakat 427 yılından sonra, tanık olarak konuşmaktadır. Özellikle, Galice üzerinde, İspanya tarihi için yazdıklarının değeri ve önemi bundan ileri gelmektedir.

2. **JEAN DE BİCLAR (VI. Yüzyıl)**: Bichar manastırı başkanıdır. 591'de piskopostur. 568'den 590 yılına kadar ki dönem için Victor de Tunnunum'un **Kronikini** devam ettirmiştir. İsidore onun eserini, yeniden ele alacak ve devam ettirecektir.

---

[25] Bu konsiller, şu tarihlerde toplanmıştır: 589, 633, 636, 638, 646, 653, 655, 656, 675, 681, 683, 684, 688, 694, 701. Bkz: Hefele-Leclercq, Hist. Conc. T.III.
[26] H. Leclercq, op. cit. 287.
[27] P.L. 51, 873-890; 74, 701-750. Mon. Germ. Hist. 1894, (t.XI).

3. JUSTİNİEN (+546): Valence piskoposudur. "Réponses á Risticus" isimli dogmatik bir eserin yazarıdır. Muhtemelen bu eserde, St. İldefonse'un De Cognitione baptismi muhafaza edilmiştir[28].

4. JUSTE (+546): Urgel piskoposudur. Justinien'in kardeşidir. Neşideler Neşidesinin[29] bir tefsirini yazmıştır. Bu tefsirde, mecazi ve dikkat çekici bir üslup kullanmıştır.

5. APRİNGİUS: Badajoz piskoposudur (540). Vahiy üzerinde bir tefsiri vardır[30].

6. SÉVÈRE DE MALAGA: Arienlere ve bekâret üzerine, (l'Anneau)'yu yazmıştır. Ancak hepsi kaybolmuştur.

II. AZİZ İSİDORE DE SEVİLLE (+636)[31]

St. İsidore'un, Sèville'de 560 yılına doğru doğduğu tahmin edilmektedir. Doğumundan kısa bir zaman sonra babasını kaybetmiştir. Kardeşi ve kız kardeşi Florentine tarafından büyütülmüşlerdir. Kardeşleri ondan yaşca büyüktüler. Diğer erkek kardeşi Fulgence, geleceğin Kartaca piskoposudur. İsidore, Sèville manastırında ciddi bir eğitim görmüştür ve manastır hayatını benimsemiştir. 600 yılına doğru kardeşine halef olmuş ve otuz altı yıl boyunca, Sèville Arşeveki olarak görev yapmıştır. İsidore, İspanya'nın en dikkat çekici şahsiyetlerinden birisidir. Onun sinodlara başkanlık yaptığı görülmektedir. Bu başkanlık, sadece kendi eyaleti olan Betique'de değil (619'da ve 625'de Sèville'de komşu eyaletlerde toplanan sinodlara da başkanlık yapmıştır) meselâ Tolede'de 610 yılında toplanan sinodda olduğu gibi. O, kraliyet kararnamesini ilk imzalayanlardan birisidir. Bu kararname, sarayda toplanan bir sinod tarafından tasvip edilmiş ve o güne kadar Kartaca'da tanınan metropoliten liyakati Tolede'e bildirilmiştir. Fakat IV. Tolede milli konsilinde (633) o, başkandır ve orada İsidore bütün otoritesini sergilemiştir.

---

[28] Bu eserin ileri sayfalarına bakılmalıdır.
[29] P.L. 67, 961-994.
[30] De Férotin, Paris, 1900.
[31] P.L. 81-84; (Arevalo, Rome, 1797-1803; F. Arevalo, Prolegononde aux Oeuvres, dans P.L. 81, 9-568; Bourret, L'école chrétienne de Séville, Paris, 1855; p.59-193; Valenti, S. İsidore, Noticia de Sua Vida Y Escritos, Valladalini, 1909, c.H. Beeson, İsidor-Studien, Munich, 1913; M. Menendez Y. Pelayo, S. İsidore et son röle dans l'hist. intell. De l'Esp. trad. Dans Annales de philos. chret, 1882 (t.VII), p.258-269; G. Bareille, İsidore de Sèville, dans Dict. théol. col. 98-111; J. Tixeront, Hist. Dogm. III, 322; Dom P. Séjourné, S. İsidore de Sèville, Son role dans l'histoire du droit Cannonique, Paris, 1929.

IV. Tolede Konsili, adanın en meşhur konsilidir[32]. Bu konsilde belli başlı dini, sosyal veya politik konularla ilgili çok önemli kararlar alınmıştır:

a. **Dini konuda:** Bu konuda konsil, bir sembolü yürürlükten kaldırdıktan sonra, bütün ülkede liturjik birlik empoze edilmiştir (c.2). Ayrıca, disiplinlerle ilgili farklı düzenlemeler yapılmış (7-19)'tır. Rahiplerin bekârlığı üzerinde ısrar edilmiş (21-27) ve piskoposlara, sivil yargıyı denetlemeleri ve onların yolsuzluklarını ifşa etme görevleri hatırlatılmış[33] ve rahipler sınıfının ücretten ve angaryadan muaf oldukları beyan edilmiştir (47).

b. **Yahudilerle İlgili:** Konsil, vaktiyle kral Sisebut'un tutumunu kınamıştır. Çünkü o, onları Katolisizme girmeye zorlamış ve 589 yılındaki üçüncü konsilin kararlarını empoze etmiştir. Onlara, Hıristiyanlara karşı ceza beyanını ve Hıristiyan köle kullanmalarını yasaklamaktadır. Yine o, mürted Yahudilerin mülklerini müsadere kararını yürürlüğe koymuştur.

c. **Devletle İlgili:** Konsil, yeni kral Sisenand'ı tanımıştır. O, Suinthila'yı tahttan indirmiş ve kim kendisine hücum ederse aforozla tehdit etmiştir (c.75). Böylece kilise, yeni karışıklıkları önlemek istiyor ve böylece rahiplerin politik aksiyonu sağlamlaşıyordu. Kilise-Devlet birliği sıkılaşıyordu.

d. **Eğitimle İlgili:** Konsil, her piskoposluk bölgesinde, rahipler sınıfının eğitimi için bir kolej kurulmasına karar vermiştir (c.24).

Bu kararda, St. İsidore'un özel insiyatifi görülebilir. Daha önce Braulio, VII. yüzyılda, İspanya'da etüdlerin onuncusu olarak St. İsidore'u göstermiştir. Gerçekten İsidore, Sèville'de daha önce büyük bir kolej kurmuştur. Orada geleceğin rahipleri pastorale görevlerine hazırlanıyordu. Orada eğitim yüksek bir doktrin görevlisi denetiminde yapılıyordu. Meselâ, İldefonse, orada yetişmiştir. İsidore, zaten sayısız eserleriyle buna layıktı. Çünkü o, çevresine derin bilgisini ispat etmişti. Onun ateşli gayreti sadece kilisenin iyiliği ve halkına faydalı olma arzusunu taşıyordu. Hedefi, halkını, Barbarların karanlıklarından söküp atmaktı. Ancak hayatının son günlerinde merhametinin ve feragatının olağan üstülüğünü gösterdikten sonra o, 636 yılının Nisan ayında vefat etmiştir. Onu, sekizinci Tolede, Konsili (653), Doktor Egregius ilan etmiştir. Sèville Kilisesi onu, böyle onurlandırırken, evrensel

---

[32] H.Leclercq, p.302-310
[33] H. Leclercq, L'Espagne Chrétienne, Paris, 1906, p.302-310.

kilise, İnnocent XIII (1722)'den beri onu, **Docteur Egregius** olarak onurlandırmaktadır.

III. AZİZ İSİDORE'UN ESERLERİ

Aziz İsidore'un çok sayıda eseri vardır. Biz bunları, dört grupta toplayabiliriz: Ansiklopediler, Bilimsel ve Tarihi Olanlar, Kutsal Yazılarla İlgili Olanlar, İlahiyat ve Ahlâkla İlgili Olanlar. Aslında onun mektuplaşmalarını zikretmek yeterli olacaktır[34]. Mektupların sayısı on ikidir. Bunların üçü İsidore tarafından alınan mektuplardır. Ayrıca, İsidore'a, Kanonik[35] ve liturjik çok önemli belli sayıda yazılarda atfedilmektedir.

A. Ansiklopediler

Özellikle iki eser, ansiklopedi özelliği taşımakta ve İsidore'un metodunu karakterize etmektedir. Buna, ilginç bir de risale ekleyebiliriz.

1. **Etimolojiler**[36]: Bunlara bazen ORİGİNES'ler de denmiştir. Bunlar, Sèville Piskoposunun en önemli eseridir. Ancak bunlar, tamamlanmamıştır. St. İsidore'un bizzat SARAGOSSE Piskoposu olan Braulio'ya gönderdiği yazmalar üzerinde, Braulio onları yayınlamıştır. Bunların yirmi kitap olduğu söylenmektedir. İSİDORE bunlarda şunlardan bahsetmektedir:

a. 1-4 kitaplarda, serbest sanatlar. 1-2'de önemsiz konular. Yani matematik, geometri, müzik, astronomi gibi konuları işlemektedir. 4. kitapta, tıp ilminden bahsedilmiştir.

b. 5-8 kitaplarda geçmiş evrensel tarih işlenmiştir. 5'de özellikle dini ilimler prensiplerinden bahsedilmiştir. Yani liturjiden, 6. kitapta bahsedilmiştir, 7. kitapta ilahiyattan, kiliselerden ve mezheplerden bahsedilmiştir.

c. 9-12. kitaplarda canlı varlıklar: Memleketlerine ve dillerine göre insanlar incelenmiştir (9), kelimeler (10), insandan ve tabiatından (11) hayvanlardan bahsedilmektedir.

d. 13-16 Cansız varlıklar: 13'de kozmoloji, 14-15'de coğrafya, 16'da meteorlardan söz edilmektedir.

e. 17-20. kitaplarda: İnsanın icra ettiği sanatlardan söz edilmektedir. 17'de kültür, 18'de savaş, 19'da inşaat ve maharet, 20'de eşyaların hazırlanması ve farklı şeylerden bahsedilmektedir. **İsidore**, düşüncesini birlik

---

[34] P.L. 83, 893-914.
[35] P.L. 84. (Bütün bir cilt).
[36] P.L. 82, 73-728: Yeni yayın: Beer, Leyde, 1909; W.M. Lindsay, Oxford, 1911.

şeklinde geliştirmekte ve etimolojiye müracaat etmektedir. Şayet orada tabii bir şey bulamazsa, başka yerlerde aramaktadır. Bunların bazıları fantazisttir, bazen de gülünçtür. Ancak bazıları, oldukça önemlidir. Tabii ki böyle bir eserde, çok doğru bir seçim bulmak istenmektedir. Yine de bu eser, ortaçağda hudutsuz bir hizmet vermiştir.

2. Differentiae[37] veya De Proprietate Sermonum: Kelimeleri, kendi aralarında kıyaslayarak, farklı bir bakış açısından incelemektedir. Bunun için Etymologie'den farklı bir eserdir. I. Kitap=De Differentiis Verborum: 610 anlam farkı ortaya koymaktadır. Bunlar felsefeyle ve her çeşit konuyla ilgilidir. II. kitap = (De Differentiis Rerum): Küçük bir ilahiyat kitabıdır. Aynı metodla 170 paragraf tasarlanmıştır. Bunların temel konuları şunlardır: Teslis, Mesih, Cennet, Melekler, İnsanlar, Hür İrade, Düşüş, İnayet, Yasa, İnciller, Aktif hayat ve murakabe hayatı, ilim ve hikmet.

3. De Ordine Creaturarum[38]: Bu eserde şu konular işlenmektedir: a. Allah, b. Melekler ve Şeytanlar, c. Dünya (yıldızlar, cennet, yeryüzü), d. Düşüşten sonraki insan, asli günah, onun cezalandırılması ve gelecek hayat.

B. Bilimsel ve Tarihi Eserler

1. **De Nature Rerum**[39]: Küçük bir fizik, kozmografi eseridir. Kral Sisebut'a (612-631) armağan edilmiştir.

b. **Chronicon**[40]: Etymotoloji'nin beşinci kitabı burada özetlenmiştir. 122. paragrafta dünyanın altı asrı, yaratılış (616) tasvir edilmektedir. Bu eserde yazarın belli başlı kaynağı Jules Africain, Eusèbe, St. Jerôme ve Victor de Tunnunum'dur. İsidore burada, Vizigotların Hıristiyanlığı kabullerinden ve bunda kardeşi Léandre'ın payından bahsetmektedir.

3. Goth, Vandale, Suève Kralları Tarihi[41]: Bu eser, değerli belgelerin bir araya getirilmesiyle oluşturulmuştur. Özellikle birinci kısımda, Gothlarla ilgili, onların tarihi 621 yılına kadar anlatılmaktadır.

---

[37] P.L. 83, 9-98.
[38] P.L. 83, 913-954. Bu risale, İspanyol yazar AREVALO tarafından, mevsuk olarak muhafaza edilmiştir.
[39] P.L. 83, 963-1018. Ed. G. Becker, Berlin, 1857. Cf. Schenk, De Nat. Rerum. Fontibus, Lena, 1909.
[40] P.L. 83, 1017-1058. cf. Dressel, Turin, 1874.
[41] P.L. 83, 1057-1082. Mon. Germ. Hist. Berlin, 1894 (t.XI), 304-390.

4. De Viris İllustribus[42]: Bu kitapta yazar, St. Jerôme'un[43] ve Gennade'ın[44] çalışmalarını devam ettirmektedir. Bu kitap, mevcut haliyle 45 bölümdür. Fakat ilk on iki bölümün mevsukiyeti kesin değildir. Bu bölümlerin, beşinci yüzyıldan önce yazıldığını eleştiriler belirtmektedir. Geriye kalan 34 bölüm kesin olarak St. İsidore'undur ve 616-618 yıllarının tarihini taşımaktadır[45].

c. Kutsal Kitap Üzerine Yapılan Çalışmalar: Aslında bunlar tam bir tefsir çalışmaları değil, belli noktalardaki etüdlerdir.

Burada dört çeşit inceleme görüyoruz:

1. Girişler (Proaemia)[46]: Burada Eski ve Yeni Ahidin farklı kitaplarına birer giriş yapılmıştır.

2. Biyografik Notlar[47]: Bu kitapta Eski Ahitten 64 ve Yeni ahitten 22 kişinin biyografisi verilmektedir. Bu kitapta birtakım ilavelerin olduğu belirtilmektedir (Duchesne, St. Jacques'a tahsis edilen pasajlarda müdahalelerin olduğu kanaatindedir. En az iki hata içermektedir: Jacques'in kanonik mektubunun çoğu, Jacques'a atfedilmiştir). Onun, Hérode le Tétraque veya Antipas tarafından şehit edildiği söylenmektedir. Hâlbuki onu şehit eden Filistin kralı olan (41-44) Hérode Agrippa'dır[48].

3. Spritüel Açıklamalar-Allegorik: Bu konuda ALLÉGORİES[49]'leri zikredebiliriz. Burada 129 isim, Eski ahittekileri açıklamakta ve 121'i de Yeni Ahittekileri açıklamaktadır. Bu isimler, Mesihin kinayeleri ve mucizeleriyle alakalıdır. Eski ahit üzerindeki sorular,[50] gelecekte vuku bulacak kitabi olaylarla ilgilidir. Sayılar kitabı,[51] burada kitabi sayılar olan 1'den 16'ya kadar ve 18-20, 26, 30, 40, 46, 50, 60 rakamları açıklanmaktadır. Nihayet 153 rakamına gelinmektedir ki o, 0 ile 17 rakamının toplamına eşittir (St. Augustine'e göre).

---

[42] P.L. 83, 1081-1106.
[43] I. cildin sonuna doğru bakılmalıdır.
[44] I. cildin ortalarına bakılmalıdır.
[45] Bu eser, St. İldephonse tarafından devam ettirilmiştir.
[46] In Libros Veterisac Novi Testamenti Proaemia, P.L. 83, 155-180.
[47] Der Ortu et Habitu Patrum. P.L. 83, 129, 136.
[48] L. Duchesne, S. Jacques de Galice, dans Annales du Midi, 1890 (t.XII).
[49] Allegoride Quaedam Sacrae Scriptura, P.L. 83, 99-130.
[50] Quaestiones in Vetus Testamentum veya Mysticorum Expositiones Sacramentorum, P.L. 83, 207-424.
[51] Liber Numerorum Qui in Santiis Scripturis Occurrunt. P.L. 83, 179-200.

4. Veteri'nin ve Yeni Ahidin Soruları[52]: Bu da küçük bir risaledir ve doktrin açısından zengindir. Bu eser, iki Ahidi kıyaslayarak orada karakteristik bilgi vermektedir.

d. İlahiyat ve Ahlak Eserleri: Yukarıda belirtilen üç repertuar, ilahiyatta önemli bir yer işgal etmektedir. İşte aynı konulardaki özel yazılar:

1. De Fide Catholica Contra Judaeos[53]: Bu eser, polemik bir eser olmaktan çok, Mesihle ilgili dogmatik bir açıklama (1. Kit) ve enkarnasyonla ilgilidir (2. Kit).

2. Sentences (Üç Kitap)[54]: Genelde St. Augustin'den ve St. Grègoire'dan alınan özetlerdir. Bu kitap, dogmatik, ahlak ve zahidane bir el kitabıdır. İsidore'un en faydalı eserlerinden birisidir ve ortaçağda en çok okunanlardan da birisidir.

3. **De Ecclesiasticis Officiis**[55]: Bu kitap, St. Fulgence'a (+620) armağan edilmiştir. Bu kitabın I. Kitabında tanrısal kült, ikinci kitabında, kilise fonksiyonları işlenmektedir. Bu kitap, liturjik ve disipliner açıdan çok değerlidir.

4. **Synonymes**[56]: De Lamentatione Animae Peccatricis olarak da adlandırılan bu eser, hayatın kötülükleri ve aklı açısından bunalan adam arasında geçen diyalogdur ki insanı, ümide taşımakta ve onu olgunluğa sevk etmektedir. Bu kitap, İsidore'un, ruhu yönlendirmesi açısından en ilginç eserlerinden birisidir.

5. Régle Monastique[57]: Bizzat yazarın itirafına göre bu eser, eski keşişlerin geleneklerinin özetinden ve bu konuda en yeni yazılarından birisidir. Benedict'in kuralı, onun tarafından tanınmıştır.

IV. AZİZ İSİDORE'UN DOKTRİNİ

XIII. yüzyıldan beri St. İsidore, kilise tarafından Doktor olarak şereflendirilmiştir[58]. Zaten o, ortaçağda İspanya'nın dışında, çok itham edilen entelektüel bir tesire sahip olmuştur. Bununla beraber, onun karakterini iyi an-

---

[52] P.L. 83, 201-208.
[53] P.L. 83, 449-538.
[54] P.L. 83, 537-738.
[55] P.L. 83, 737-826.
[56] P.L. 83, 825-868.
[57] P.L. 83, 867-894.
[58] Bu kitaba bakılmalıdır.

lamak önemlidir. İsidore, kişisel ve yaratıcı olarak St. Augustin'in ruhunu söndürecek birisi değildir. O, her şeye dokunduğu halde derinleşememiştir. Daha ziyade yazılarının karakteri ona, fevkalade bir açılım sağlamıştır. Buna göre, St. İsidore, bir derlemeci ve bir bilgindir. Onun bütün ilmi, geçmişten gelmektedir. Hiçbir şey, ilave etmemiştir. O, zahidane ve ilahiyat doktrinini St. Augustin'den ve St. Grègoire'dan almıştır. Onlar, eski edebiyat hazinelerinin dolu elleridir. O, bu derlemeci rol için olağanüstü bir yetenekti ve bu konuda ondan daha büyüğü de görülmedi. O, açık bir zekâya ve sağlam bir hafızaya sahip olarak berrak, hızlı ve büyük bir teşhir kolaylığı ekliyor ve birçok yabancı kelimelerle bozulmuş bir dil kullanıyordu ve çoğu defa da, şaşırtıcı bir açıklığın birtakım tariflerini veriyordu. Aziz İsidore, dönemine ve gelecek asırlara uygun bir inayet adamıdır. O, Cassiodore, Boèce ve St. Gregoire'le birlikte bir ortaçağ eğitimcisidir[59].

St. İsidore'un doktrininin sentetik bir açıklamasını vermenin yararı yoktur. Çünkü onun bu konudaki eserleri çok azdır. O, döneminin bütün ilmini özetlemiştir. O, geleneğin sadık bir yankısıdır. Hatta onun bu konudaki yazılarının paha biçilmez değeri vardır. Fakat aynı şey, yönlendirici fikirleri için düşünülemez. Çünkü onlar, ne beşeri bilgi ansiklopedisinde ne de daha kuvvetli olan birkaç düşünce eserde görülmemektedir. Her şeye rağmen, burada Dogma ve Ahlakla ilgili, farklı verilmiş bilgileri aziz doktorun düşüncesini iyi anlamak için gruplandıracağız. İsidore, döneminin geleneğini tanımak için, başkaları tarafından az kabul edilen çok önemli bir nokta üzerinde bazan deforme olmuştur.

1. Dogmatik İlahiyat: İsidore'un ele aldığı konularda onun beş eserinden günümüzde hâlâ yararlanılmaktadır. Bu eserler, **Etymologie**'nin yedi ve sekizinci kitapları, **Difference**'ın, ikinci kitabının büyük bir kısmı tamamen "gerçeklere" tahsis edilmiştir. **"Ordre des Créature"**un tamamı, Yahudilere karşı olan De la Foi ve Sentace'ın birinci kitabıdır.

Bu konuda şunlarla yetinelim:

---

[59] M. Grabmann, Die Geschiche der Scholastischen Methode, 1909, I, p.144.

1. **Melekler Konusunda**[60]: Melekler dokuz gruptur[61]. İsidore, burada St. Grègoire'ı takip etmektedir. Grègoire da, Denys l' Aréopagite'den ilham almaktadır[62].

2. **Ruhun Spiritüalitesi**[63]: Ruhun varlığı İsidore tarafından kabul edilmektedir. Ruhun yaratılış zamanında, insan bedenini canlandırdığını belirtmektedir[64]. Yine o, itiraf etmektedir ki bu zor problem, şimdiye kadar çok açık olarak çözülememiştir.

3. **Asli Günah Üzerine-Nikâhsız yaşama Üzerine**: Bu konuda inayet olmaksızın, insanın güçsüzlüğü anlatılmaktadır. O, bu konuda St. Augustin'in cari olan doktrinini almaktadır[65]. Bu kitapta, asli günah ile vaftizsiz ölen çocuklar konusu işlenmiştir[66]. İnayet, ilahi merhametin bir bağışıdır[67].

4. **Kurtuluş (Rédemption)**: Kurtuluş olayı, İsidore tarafından iki geleneksel fikre bağlanmıştır. Yani ceza[68] ve kurban[69]'a bağlanmıştır. Yine o burada, iktidar yolsuzluğunu hatırlatmaktadır.

5. **Sacrament mefhumu**, St. Augustin'den alınmıştır[70]. Fakat o, Augustininkinden daha nettir. Çünkü İsidore, işaretle, inayeti daha çok ayırmaktadır: Augustin için temel eleman olan inayet, İsidore için basit bir sonuçtur[71]. Diğer yandan o, St. Ambroise gibi, işaretle, suyu birleştirmektedir[72]. Yine o, sacrament terimini, üç Hıristiyan giriş ritüeli olan Vaftize, Konfirmasyona, Evharistiyaya tatbik etmektedir[73].

6. **Ordre**: İsidore bu konuyu De Ecclesiasticis Officiis[74] isimli kitabının ikinci kitabında özel olarak incelemiştir. O, bu kitapta Batıdaki hiyerarşik

---

[60] Etymol, VII, V, 2. Diff. II, XIV, 41. Burada şeytanlar, "Atmosferik bedenler" olarak belirtilmiştir: İbid, 42.
[61] Etym, VII, V, 4-24.
[62] Bu kitabın ilk bölümlerine bakılmalıdır.
[63] Differ, II, XXVII, 92.
[64] Sentent, 1, XII, 4.
[65] Differ, XXXII, 115, II, XXXI, 109.
[66] Sentent, I, XXII.
[67] Differ, II, XXXII, 115.
[68] Sentent, I, XIV, 4-13.
[69] De Fide, I, XLIII.
[70] Sentent, 1, XIV, 12; III, V, 30-31. J. Rivière, op. cit. p.280 ve 447.
[71] Etym, VI, XIX, 41.
[72] İbid, 49; J. Tixeront, Hist. Dogm. III, p.368. ef. tome I, p. 532, 590.
[73] İbid, 39.
[74] De Eccl. off. II, C.V-XV, cf. Etymol. VII, XII, 3.

Ordre sistemini tasvir etmektedir. Bu sistem, orada uzun zamandan beri[75] yerleşmiştir. Yine o, bu kitapta papaz sınıfının biçimini tasvir etmektedir: Rahiplerin başları tamamen traş edilmiştir. Sadece taç oluşturan dar bir band hariçtir[76]. İsidore, heretikler tarafından atanan rahiplerin doktrinini bilmemektedir. O, St. Augustin'in doktrinine bağlıdır[77].

7. **Eskatoloji:** Bu konu, İsidore'da çok kesindir, merhametlilerin günahı kesin olarak ve cehennem ateşinin ebediliğinin tasdiki açıkça reddedilmiştir[78]. Cehenneme ciddi günahı olanlar ve bağışlanmayanlar gidecektir. Gelecek hayatta bağışlananlar, geçici ateşte kalacaklardır[79]. Yani ibadette, sabırsızlıkta, beslenmede, uykuda; konuşmada, çok uyumada, gevezeliklerde, ihmalkârlıkta, aşırı gidenler bu cezaya mahkûm olacaklardır[80]. Cennete gelince Allah'ın sezgisel vizyonundan ibarettir. Cennet, bütün güzelliklerin kaynağıdır.

8. Seçkinler doğrudan cennete yöneleneceklerdir[81]. Fakat yine ölümde kader vardır. Tasvip edilenler ki onları orada, kötülüğün mahkûm etmemesini Allah istemektedir[82]. Fakat Allah, onlara üstlendikleri hatalara layık cezalar hazırlamıştır. Çünkü Allah, onları muzaffer olmaya çağırmamıştır. Bazılarının bu tür seçimi ve diğerlerinin seçilmeyişleri ilginç bir sırdır. **İsidore**, bu kısa bölümün sonunda şöyle haykırmaktadır: "İnsanın mizacı, ilahi cezayı arıyor ve bu kader sırrı oluyor."

2. **Ahlâk İlâhiyatı:** Bu kitapta ruhânî gelenek, esas çizgileriyle, Séville piskoposunun geniş ansiklopedisinde yer almaktadır. Bu konuda özellikle Difference'ın 2. kitabına ve Sentence'ın iki ve üçüncü kitabına, Synonymes'e bakılmalıdır. Bütün bunlar, ruha, günahtan, faziletin zirvelerine yükselme-

---

[75] Bu II. yüzyıldan beri Batıda vardır. Papa Corneille'in Fabius'a, Novatien konusunda yazdığı mektup. cf. J. Tixeront, L'Ordre et les Ordinations, p.87.
[76] De Eccl. Off. II, IV, 4. Fransiskenlerin aktüel traş şekli, St. Pierre'in traş şeklidir. O zaman keşişler, başlarını tamamen traş yapıyorlardı. Bu şekil, St. Paul'un traş şeklidir. Yine bu, tövbe edenlerin traş şeklidir. İsidore'un dediğine göre, İspanya'da tövbekârlar, sakal ve saçlarını uzatıyorlardı. İbid, XVII, 3. Self rahipleri, saçlarını boyunları üzerine uzatıyorlardı. Bu şekil, büyücü Simone'un traş şeklidir. J. Tixeront, op. cit. P.100-102.
[77] İkinci cilde bakılmalıdır.
[78] Deord, Cycat, XIII. 1-10.
[79] İbid, XIV, 1-7, Sentent, 1, XXV-XXX.
[80] İbid, 11.
[81] İbid, XV, 1-7.
[82] İbid, V, 13.

sini öğretmektedirler. Nihayet rahipler sınıfının ve keşişlerin, özel yükümlülükleri için, De Ecclesiasticis Officiis et la Régle'e bakılmalıdır.

Bu konuda da birkaç kısa işarette bulanacağız:

1. Ciddi günahlarla hafif günahlar arasındaki ayırıma, cehennem ve araf konusunda işaret edilmiştir[83]. Belli başlı günahların adedi sekizdir: Oburluk, zina, açgözlülük, istekler, kederler, öfke, gösteriş ve kibir. Bu, bütün kötülüklerin kaynağıdır[84]. Bütün bunlar, asli günahın sonuçlarından birisi olan, nikâhsız yaşamada, onların dayanak noktasıdır[85].

2. Kötülüklerle, faziletlerle savaşılmaktadır[86]. Ancak fazilet, hararetli bir savaşın sonunda elde edilen bir mükâfattır. Ancak bunda yavaş ve devamlılık olmalıdır ve inayetin yardımı ile olmalıdır. Temel faziletler, belli bir düzende dört ahlâkî büyük fazilette[87] ve yüksek düzeyde bulunmaktadır: İman, ümit, merhamet[88]. Bunlar ruhun, Allah'la birleşmesini güçlendirmektedirler[89]. Bütün bu faziletlerin olgunlaşması, hikmetle takdim edilmiştir[90].

3. Aktif ve Murakabe Hayatı Üzerine: St. İsidore bu konularda, St. Grègoire'ı[91] ve St. Augustin'i özetlemektedir. Bu iki hayat, olgunlaşmada eşit değildir[92]. Fakat bütün ruhlar bunlardan birine kendisini vermeden feragat edemezler: Bazıları, aksiyonda diğer bazıları da murakabede[93] iyidirler. İdeal olan, vasat bir hayatla temsil edilmektedir[94]. Bu hayat, Mesihin hayatına paraleldir ve örnektir. Yani, gündüz vaaz etmekte ve tedavi etmektedir. Gece de dua etmektedir[95].

4. Ebedi Hakikatleri Müşahede Eden Hikmet: Bu ilimden ayrılmaktadır. Bunun konusu, bedensel gerçek ve aksiyonun yönettiği murakabeyi beslemektir. Böylece ilim, tedbire bağlanmaktadır. Fakat o, yine de Allah'ı ara-

---

[83] Sentent, II, C.XVIII-XIX.
[84] Differ, II, XI, 161-168. Bkz: Gregoire'ın taksimine, I. cilt.
[85] İbid, II, XXXI, 109.
[86] Sentent, II, C.XXXVII-XLIV.
[87] Sentent, II, XXXII, 1-4.
[88] Differ, II, XXXIX, 152-158.
[89] Sentent, II, II, III, IV.
[90] Sentent, II, 1, 1-14.
[91] Differ, II, XXXIV, 130-135.
[92] İbid, 131.
[93] İbid, 134.
[94] İbid, 134-135, Sentent, III, XV, 1-12.
[95] Sentent, II, 1, 1-14.

mak zorundadır. İlim, hikmete götürmektedir. Diğer yandan Hikmetin bu dünyada sınırları vardır ve Allah'ın tam olarak bilinmediği itiraf edildiğinde Allah bilinecektir[96].

5. Dua Üzerine: İsidore bu konuda çok hikmetli nasihatlar vermektedir[97]. O, özellikle kutsal kitap okumayı tavsiye etmektedir. O, gerçek zihniyet inayetini temin etmektedir. O, kutsal dışı yazarları okuma konusunda oldukça katıdır. Özellikle şairleri[98]. O, onların âdetler üzerindeki zararlı etkilerinden şüphelenmektedir. Onun yazdığı dönem, ne St. Basile'in ne de St. Augustin'in dönemi değildi. İsidore, antik eserlerin çoğunu biliyordu. Bunun için dini bilgilerde olduğu gibi o, ortaçağın okutucularından birisi olabilmiştir.

V. YEDİNCİ ASIRDA DİĞER İSPANYOL YAZARLAR

Burada, Saragosse Arşeveki S. Braulio[99]' dan bahsedeceğiz. Bu adam yedinci yüzyılın en beliğ yazarlarından birisidir. İsidore'dan sonra kralların danışmanıdır.

Onu yedinci yüzyılın sonunda Tolede'de o dönemin en dikkat çekici insanlarından birisi olarak görüyoruz. Arşevek Eugéne[100] (+657), meşhur bir şairdir. Yine S. Taion[101]'dan da bahsedebiliriz. O, Saragosse'ludur. Ancak özellikle iki isim üzerinde durmamız gerekiyor: S. İldefonse ve S. Julien. Bunların her ikisi de Tolede Arşevekidir.

- **AZİZ İLDEFONSE**[102]: Bu adam, S. Eugène'nin yeğenidir. Gothlu bir ailede 607 yılına doğru doğmuş ve amcası tarafından büyütülmüş ve sonra S. İsidore'a emanet edilmiştir. O, yaşadığı manastır başkanıdır. O, amcasına halef olmuştur (657). İldefonse 669 yılında ölmüştür. O, çok sayıda yazı yazmıştır. Fakat ondan sadece iki mektup ve şunlar kalmıştır:

a. Perpétuelle Virginité de Marie[103]: O, bu kitabı Helvidius'un küfürlerine karşı yazmıştır. Bu kitapta yazarın imanı ve dindarlığı parlamaktadır. Kitapta Meryem'in sürekli bakireliği işlenmektedir.

---

[96] İbid, 5.
[97] İbid, III, C.VII-XV.
[98] İbid, C.XIII.
[99] P.L. 80, 649-720.
[100] P.L. 87, 358-418.
[101] P.L. 80, 727-927.
[102] G. Bareille, Dans dict. théol. col. 740-743.
[103] P.L. 96, 53-110.

b. De Cognitione Baptismi[104]: Bu kitap, yeni Hıristiyan olanların organizasyonlarıyla ilgilidir.

c. De İtinere Deserti Quo Pergitur Post Baptismus[105]: Bu çölden, manevi hayattan, iman ve amellerden bahsetmektedir.

d. De Viris İllustribus[106]: Bu kitapta o, S. İsidore'u takip etmektedir. 14 kilise yazarını tanıtmaktadır. Bunların hepsi İspanyol'dur. Bunların arasında S. İsidore ve S. Eugène de vardır.

- AZİZ JULİEN[107]: 680-690 yılları arasında Tolede Arşevekidir. Yahudi bir aileden doğmuştur. O, İsidore'la kıyaslanabilir. Orijinalitede o, İsidore'u geçmiştir. O, sadece Devlet ve Kilise adamı değil; önemli bir edebiyat adamıdır. O, ilahiyatla, tarihle, kelamla, müzikle ve şiirle ilgilenmiştir. Ondan bize kalan belli başlı yazıları, dogmatik, zahidane olarak diyaloglar şeklindedir. Pronosticom Futuri Saeculi[108]. Julien'in ölümünden kısa bir zaman sonra İspanya, Araplar tarafından feth edilmiştir.

---

[104] P.L. 96, 171-172.
[105] P.L. 96, 171-192.
[106] P.L. 96, 105-206.
[107] J. Forget, Julien de Tolede, Dans Dict. Théol. col. 1940-1942.
[108] P.l. 96, 453-524.

BEŞİNCİ BÖLÜM
GAUL'UN VE İNGİLTERE'NİN SON YAZARLARI

I. TOURS'LU AZİZ GRÈGOİRE[1]

Tours'un gelecekte piskoposu olacak Georgius Florentius, daha çok Grègoire ismiyle tanınmaktadır. Grègoire, Clermont-Ferrand'da Gallo-Romain Senatoriel ve Hıristiyan bir aileden doğmuştur. Bu aileden birçok piskopos çıkmıştır. Üç piskopos amcasını tanıyoruz: St. Grègoire (+540) de Langres, St. Gall (+544) de Clermont ve St. Nizier de Lyon. Bu üç amca, Grègoire'ın eğitimiyle meşgul olmuşlardır. Onun eğitimi, hem edebiyat hem de dini yönden tamamlanmış ve kullandığı dil klasik dilden uzak olarak, zamanının yüksek sosyetesinin dili olmuştur. Grègoire, çok ciddi bir hastalığa yakalanmış ve 563'de şifa bulduğu St. Martin'in mezarını ziyaret etmiştir. O zaman Tourangeaur'ların dikkatini çekmiş ve on yıl sonra da onu, piskopos olarak seçmişlerdir. Grègoire, bu görevi biraz tereddütten sonra kabul etmiş ve yirmi yıl yapmıştır. Grègoire, 593 veya 594 yılında 17 Kasım'da ölmüştür. Grègoire, ülkesinin dini merkezi olan kiliseyi, ülkesinin insanlarını, cismani ve ruhsal yazarlarını yorulmadan gözetmiştir. O, kilise tarafından onurlandırılmıştır.

"Grègoire, "Fransa'yı yapanlar" denilen piskoposlar arasında en büyüğüdür (Gibbon) ve bal yapan arı gibi (Maistreli Jost gibi). Gaul'deki Roman hakimeyetinin son zamanlarında, Hergennoether[2] şöyle demektedir: Piskoposlar, şehrin başında belediye başkanları gibi idiler, onlar yönetime iştirak etmekteydiler ve belediye görevlerini yerine getirmekteydiler. Daha sonra onlar, Gallo-Romaine toplumunun tabii organları haline gelmişlerdir. Hatta onun, VI. yüzyılın sonuna doğru bir parçası olarak devam etmişlerdir. Böy-

---

[1] P.L. 71 (éd. Ruinart, 1699; W. Aent, et Dr. Krusch, dans Mon Germ. Script, Meriv. Hannov, 1884-1885; A. Dupuy, We de S. Grég de Tours, Paris, 1861; G. Monud, Etudes Critiques Sur l'Epoque Mérovingienne, Paris, 1872. M. Bonnet, Le Latin de Greg. De Tours, Paris, 1890; H. Leclercq, Grègoire de Tours, dans Dict. Arch. col. 1711-1713.
[2] Hist. Gen. De l'Egl. trad. Belet, 11. p.676.

lece onlar, işgalcilerin önünde, onlara Roma hukukunun devamını ve kilisenin idaresinde yeni bir sivil yasamanın kabulü"nü elde etmişlerdi. Bu konu, sayısız konsillerin dini, politik konusu olmuştur. Bu konsillerde piskoposlar, Franklar, Gallo-Romain senyörler, kilisenin ve Devletin menfaatlerinin tamamını ele almışlardır. Bu toplantılar, VI. ve VII. yüzyıl boyunca devam etmiştir. Bunlar 683 yılından sonra artık sona ermiştir. Bu tarihte Franclar, rahipler sınıfına girmişlerdir.

Grègoire'ın tesirini doğru şekilde değerlendirmek ve onun kişisel değeriyle yükselen icraatini, onun makamının önemini ve Franc krallarıyla olan ilişkilerini anlamak için, Ruhta mevcut olan değerlere sahip olmak gerekir. Savaşın ve kötülüklerin durmaksızın devam ettiği bir dönemde ve Neastrie ve Austrasie gibi iki eyaleti temsil eden iki kaprisli ve kan isteyen iki kadın olan Frédegonde (+597) ve Brunchant (+613)'un kaprislerinden Grègoire, Tours'u büyük felaketlerden sakındırmakla yeterince mutlu olmuştur. Tours'a, eski refahından bir şeyler vermiştir. Yine Grègoire, Neastrie Kralı olan Chilpéric'e (+584) mukavemet göstermesini bilmiş ve bu prensin ölümüne kadar ona bağlı kalmıştır (Bu prens, karısı Frédegonde tarafından 584'de asılmıştır). Tours, Austrasie'ye bağlandığından itibaren Grègoire, Sigebert'in (+557) dostu olmuştur (O da Fregonde'un emriyle asılmıştır). Grègoire, 584'den itibaren onun oğlu olan Childebert II'nin (575-596)'in danışmanı olmuştur. Grègoire, Childebert'le, Bourgogne kralı olan amcası arasında barışı devam ettirmiştir. Böylce o, hem piskoposluğunun hem de bütün Gaul'un takdirini kazanmış ve Guizot, Grègoire'ın ölümünde şöyle yazmıştır: O, bütün Batı Hıristiyanlığında meşhurdur[3].

Tours piskoposu, politik hayata karışmış da olsa, yine de o, zamanının en verimli yazarlarından birisidir. O, edebi noktadaki boşlukların bilincindeydi. Yine o, üslub[4]undan, kültürsüz dilinden dolayı mazur görülebilir. Çünkü orada insanlar ve olaylar karışmıştır. Bazı eleştiriler, bu itirazlarda sadece retorik bir süreç veya etkilenmiş bir tevazu görmektedirler. Diğer bazıları Grègoire'ın, klasik bilgisi için onun aşağılığının derin duygusuna sahip olduğuna inanmaktadırlar. Onların seviyesine yükselmek için gösterdi-

---

[3] Guizot, Histoire de la Civilisation en France depuis la chute de l'Empire Romain, XVIII, conf.
[4] Glor. conf. Hist. Franc. X, XXXI.

ği çabalara rağmen böyledir. Onun üslubu, kullanılan konuşma şekilleriyle, açık ve katı orijinalite arasında garip bir zıtlık takdim etmektedir[5]. Orada filologlar için daha büyük bir ilgi vardır. Filologlar orada, Latinceden çıkan Romalıların dillerinin ilk karakterlerini bulmaktadırlar. Bizim için onun edebi eserinin muhtevası her şeyden daha önemlidir. Onun muhtevası çift bir karakter takdim etmektedir[6]: Bir yandan Francların Tarihinde olduğu gibi, zahiren din dışı yazılarda, dini meşguliyetler dikkat çekerken bile Grègoire, Hıristiyan müminleri inşa etmekte ve özellikle dini geleneklerle ve kilise işleriyle ilgilenmektedir: Orada piskoposun dini reddeden tek bir sayfası bile yoktur. Diğer yandan, hemen hemen onun bütün yazıları, tarihi düzeydedir. Hatta dini yazılarının çoğu, azizlerin hayatını anlatmakta veya onların mucizelerini nakletmektedir. Bu tür etüdler, yazarın içinde yaşadığı ve hitap ettiği topluma daha uygun gelmektedir.

St. Grègoire'ın, azizlerin hayatlarıyla ilgili olan eseri, sekiz kitaplık bir müstakil bir dizi oluşturmaktadır. Yazar topladığı bu derlemelere, "LİVRES DES MİRACLES=Mucizeler Kitapları" adını vermiştir:

a. Gloire des Martyrs[7] (107 bölüm): 590 yılı civarında yazılmıştır.

b. Julien de Brioude[8] (50 bölüm): Bu eser, S. Juven'in faziletlerini anlatmaktadır (+304) (581-587).

c. Gloire des Confesseur[9]: Mucizelerin özelliklerini anlatmaktadır. 590 yılından sonra.

d. S. Martin[10]: Bu kitabı, S. Grègoire'ın, Episkoposluk döneminde yazmıştır.

e. Vies de Pères[11]: Bu kitap, dikkat çekici bir koleksiyondur.

Bu uzun seri'ye[12], münferid kitapları da ilave etmek gerekir. Ancak bu kitaplar, özenle muhafaza edilememişlerdir: Miracles de S. André[13] isimli eserin sadece bölüm isimleri ve birkaç parçası kalmıştır. **"Miracles de S.**

---

5   M. Bonnet, op. cit. P.751.
6   O. Bardenhewer, op. cit, p.751.
7   P.L. 71, 705-800.
8   P.L. 71, 801-828.
9   P.L. 71, 827-910.
10 P.L. 71, 1009-1096.
11 P.L. 71, 913-1008.
12 Libri Miracularum. trad. Franç. H. Bordier, Paris, 1857-1863 (4. Vol. Sac. Hist. France).
13 Ed. Mon. Germ. Hist. P.821-846.

Thomas[14] tamamen kaybolmuştur. Histoire des Sept Dormants d'Efes[15]'in, tercümesi tam olarak muhafaza edilmiştir: Grègoire bu rivayeti, Suriyeli bir yorumcudan almıştır.

Görüldüğü gibi Tours piskoposunun dini hayatında bu mucize olayları, çok önemli bir rol oynamaktadır. Grègoire, eleştiri yapmamaktadır, sadece nakletmektedir. Eserinin bazı başlıkları, zayıftır.

"Şüphesiz onun inandırıcılığı, bizi şaşırtmaktadır. Onda birden çok hata bulabiliriz. Bu, sahip olunan kaynakların biraz hakir görülmesinin meyvesidir. Buna rağmen bugün, tarihçinin mükemmel meşruiyetine saygı duyulmaktadır[16].

Gregoire'ın dini eserinin kalanı çok azdır.

a. Messes de Sidoine Apollinaire, kaybolmuştur[17].

b. Commentaire du Psautier: Bu eserin sadece parçaları kalmıştır[18].

c. De Cursibus Ecclesiasticis veya De Cursus Stellarum Ratio[19] (575-582): Bu kitabın hedefi, tanrısal hizmeti özenle yapmak için hangi saatlerin uygun olduğunu göstermektir.

Franc Tarihi[20], Grègoire'ın en önemli eseridir ve onu şöhrete ulaştırmıştır. Bu eser, on kitap ihtiva etmektedir. Birinci kitap, bir nevi giriştir. İkinci kitap, Clovis'e kadar (+511) Frankların tarihini anlatmaktadır. Üçüncü ve dördüncü kitap, Sigebert'in ölüm tarihi olan 575 yılına kadar geçen tarihi anlatmaktadır. Geriye kalan kitap, 575-591[21] yıllarını içine almakta ve daha çok bir hatıra karakteri göstermektedir: Âdeta bu, bir tanığın bitmeyen nakilleridir ki, hiçbir detay atlanmamıştır. O, tarafsız, iyi bilgili ve eleştirel yönden mücehhezdir. Kilisenin düşmanlarına karşı şiddetli hoşnutsuzluk bütünü içinde hakikate zarar vermez[22]. Bu tarihin zayıf noktası, bizzat tarihi

---

[14] Ed. Bonnet, Leipzig, 1883.
[15] Bkz: Anal. bolland, 1893 (t.XII), p.371-387, P.L. 71, 1405-1118.
[16] O. Bardenhewer, patr. III, p.198-199.
[17] Hist. Franc. II, XXII.
[18] P.L. 71, 1097-1098.
[19] Haase, 1853'de neşredilmiştir.
[20] P.L. 71, 161-572. Trad. Franç. Par Guizot, 1823, Gaudet et Taranne, 1836-1838.
[21] Childebert II'nin saltanatının büyük bir kısmını içine almaktadır.
[22] Grègoire, kötülükleri ve cürümleri açıklıkla ifşa etmektedir. O, bu kötülüklere prenslerde, rahiplerde karşılaşmaktadır. O, bazen kiliseye hizmeti dokunanlara aşırı endüljans göstermiştir. Burada karakter zaafı değil, tarihten elde ettiği apolojetik kavramın mübalağa etkisi vardır.

kompozisyondur ki tamamen hatalıdır. Orada, sebeplere göre saplantı veya ondan çıkan genel fikirleri belirtme boşuna aranacaktır. Onun genel değeri, hudutsuzdur ve rapor edilen sayısız olaylara ve anlatımlarının doğal ve sadeliklerine dayanmaktadır[23].

II. AZİZ HAKÎM GİLDAS[24]

Aziz Hakîm Gildas, özellikle De Excidio Britanniae[25] isimli eseriyle liber querulus (569)'la tanınmıştır. Breton Jereme, onun ülkesini Bretagne adası olarak göstermektedir. Saxonneların istilası anında o, daha karanlık bir tablo çizmektedir. O, sıra ile halkı ve bizzat sekulier rahipler sınıfını ele almaktadır. Sadece onun küfürlerinden, keşişler kurtulmuştur. Gayretli bir yorumcu onu, Savien tarzında haksız mübalağalara sürüklemektedir. Bu, yergi yazarı, tarihçi keşiştir. Onun hayatı, çok sonra yazılan iki tezkere ile bilinmektedir. Bunlardan birisi, XII. yüzyılda yazılmıştır ve hiçbir otoriteye sahip değildir. Diğeri XI. yüzyılda Vital (Ruis manastır başkanı) tarafından yazılmıştır. O, 1050 yılına doğru bunu, elindeki az bir belgeyle yazmıştır. Bunun rivayetine dikkat etmek gerekir ki aziz Gildas, İrlanda'yı Hıristiyanlaştırmıştır. Vital'ın düşündüğü gibi İrlanda, Barbarların istilasından uzak kılmıştır. Mahalli geleneğe göre, St. Gildas, Pireton göçmenlerini Armorique'de takip etmiş ve Ruis'de ölmüştür. Orada, kendi adını taşıdığı meşhur bir manastır kurmuştur. Başka eleştiriler, iki Gildas'ı ayırmaktadır. Onlar yazarımızı İrlanda'da veya büyük Britanya'da öldürmektedirler. M. Fonssagrives Britanya kıtasının Hıristiyanlaştırılmasında St. Gildas'ın hararetli savunucularından birisidir. Ancak o, herkesi ikna edememiştir. Ancak en azından Bretonyalı azizler olan bu sert azizlerin efsanelerini hatırlatmıştır.

III. AZİZ BÈDE LE VÉNÈRABLE (673-735)[26]

İtalya'da Cassiodore'un oynadığı rolü, St. İsidore İspanya'da, St. Grègoire Fransa'da, Bède le Vénèrable, İngiltere'de oynamıştır. O, Tanrının inaye-

---

[23] Onun tanıklığının değeri için bkZ. H. Leclercq, op. cit. col. 1750-1753.
[24] J. Fonssagrives, S. Gildas de Ruis et la Société Bretonne an VI. Siécle, Paris, 1908.
[25] P.L. 69, 329-392.
[26] P.L. 90-95; (éd. De Giles, Londres, 1843-1844; Montalembert, Les Moins d'Occident, V, (1867), p.59-104; K. Werner, Beda der Ehrwürdiğe und Seine Zeit, Vienne, 1881; F. Plaine, Le V. Bède, Docteur de l'Egl. Dans revue Anglo-Romaine, 1896; (t.III), p.49-96; Bède, dans Dict. bibl, col. 1538-1542; P. Godet, Bède Le Ven, Dans, Dict. théol. col. 523-527; H. Wuentin, Bède le Vén, dans Dict. Arch. col. 632-648.

tiyle, patristik antik Hıristiyanlığı milletine öğretmeye yönelmiştir. O, Anglo-Saxonların kendilerini kiliseyi tamamlamaya verdiklerinde ortaya çıkmıştır. Aslında onların hıristiyanlaşmaları 600 yılına doğru, S. Cantorbéry'li S. Augustin'le başlamış ve ancak o, yüzyılın sonuna doğru tamamlanmıştır. O zaman bütün topluma Hıristiyan imanı nüfuz etmiştir. Bu büyük eserin, büyük bir kısmı, St. Théodore'un[27] aksiyonu ile gerçekleşmiştir. Théodore, Silisya kökenlidir ve Contorbéry arşevekidir (668-691). O, büyük bir teşkilatçıdır ve İngiltere'ye, Hıristiyan, entelektüel, sağlam bir kültürü yerleştirmiştir[28]. Fakat bunun birinci derecede önderi Bède olmuştur. Bède, Anglo-Saxon bir ailede doğmuştur. Genç yaşında **IARROW** manastırına girmiştir. Orada, eğitim bir onur meselesiydi. Çünkü orada, çok hayret verici bir program uygulanıyordu. O, otuz yaşlarına doğru yazmaya başlamıştır. Bu yaş, onun ordre sakramenti geçirdiği bir dönemdi. O, ölünceye kadar (735) yorulmak bilmeyen bir çalışma içinde olmuştur. O, bütün İngiltere'nin danışmanıdır. Hem de bütün rahiplerin, piskoposların ve kralların danışmanı olmuştur. Onun Roma'ya gittiği konusunda, iddia edildiği gibi bir delil yoktur. Manastırından uzaklaşmışa benzemiyor. Oradan, faziletle ve bilimle aydınlatmıştır. Vénérable=saygı değer ünvanını o, Antikiteden beri almıştır. Bu ünvanı kilise, Léon XIII'nün onayı ile müeyyideleştirmiştir. Bu bir nevi, halk ermişliğidir. Böylece aziz, kilise doktorlarının arasına girmiştir (1899).

Bède'in edebiyat eseri, oldukça yayılmıştır. Ölümünden üç yıl önce, yazdığı eserlerin listesini vermiştir. Onun kırkbeş eseri vardır. Eserin büyük bir kısmı, kutsal ilim çizgisindedir (Hist. Eccl. V, 24). Fakat genel ilgi problemleri veya hatta kutsal dışı problemler, orada geniş şekilde takdim edilmiştir. Bu yazıları konularına göre üç grupta toplayacağız:

1. Genel Sorular ve Farklı Eserler:

Bu kategoriye yazarların Didactiques (Opera Didascalia) dedikleri yazıları sokacağız. Bu kategoride, Orthografi[29], Metrique[30]'i ve Les Figures de Réthorique'i görüyoruz[31]. De Natura Rerum, küçük bir kozmografi eseri-

---

[27] A. Hummert Angleterre, dans Dict. Hist. col. 164-166.
[28] Lérinli keşiş Benoit Biscop.
[29] P.L. 90, 123-150.
[30] P.L. 90, 149-176.
[31] P.L. 90, 175-186.

dir[32]. Bu eser zaman, takvim[33] ve gök gürültüsü[34] ile tamamlanmaktadır. De Temporum Ratione isimli uzun eser, dünyanın altı çağı, bir Chronique'le[35] tamamlanmaktadır. Bunlar, St. İsidore tarzında yazılan yazılardır.

Bu kategoriye, St. Bède'in[36] mektuplarını da ilave edebiliriz. Ancak bunların sayısı sadece on altıdır. Fakat bunlar, hem kutsal hem de kutsal dışı farklı konulara dokunmaktadır.

Bède'in şiirleri kaybolmuştur. Özellikle de Epigrammes'lar. Onun ismini taşıyan ilahiler[37], yazarın bahsettiği ilahiler kitabı olduğu şüphelidir. Fakat Libellus Precum'la[38], Tarihin içinde, Bekârlıkla İlgili Bir İlahi[39] ve St. Cuthbert'in Mısralarındaki Bir Hayat muhafaza edilmiştir. Bu adam, Lindisfarn, piskoposudur[40].

2. Tarihi Eserler:

St. Cuthbert'in hayatı,[41] nesir halinde yazılmıştır ve şiirlerinden çok daha tamdır. Bu çok değerli bir belgedir ve beş İngiliz manastır başkanının hayatının bir derlemesidir. Fakat onun şaheseri şüphesiz Histoire Ecclesiastique'dir. İşaret edilen Chronique'i onunla zor bağdaştırabileceğiz.

İngiliz Milletinin Kilise Tarihi[42]: (Historia Ecclesiastica Gentis Anglorum) Bu kitap, sosyal ve politik bir tarih olmakla beraber bir dini tarihtir. Bu kitap yazarına, "İngiliz Tarihinin Babası" ünvanını kazandırmıştır. O, beş kitaptır. Bretonlarla-Romalıların ilk ilişkilerine değinilmiş ve Gildas'ın, Oreseun ve Aquitanili ani Prosper'in yankıları yayıldıktan sonra bu kitap, kişisel bir ton ve tavır almakta ve 731 yılında durmaktadır. Kilise işleri ve sivil işler, dini gelenek ve her türlü olaylar, orada bir tek anlatımda yığılmışlardır. Üstelik St. Grègoire de Tours, Bède, laiklerin ve rahipler sınıfının kaderinden ayrılmamaktadır. Temelde o, bir tarihtir. Hıristiyan çağına göre, ta-

---

32 P.L. 90, 187-278.
33 P.L. 90, 277-292 (De Temporibus), 293-578 (De Temporum Ratione), 579-600 (De Ratione Computi), 599-606; (De Celebratione Paschae), 607-610)De Ordinatione Feriarum Paschalium).
34 P.L. 90, 609-614. Diğer ona atfedilen yazıların kesinliği yoktur.
35 P.L. 90, 520, cf. Mon. Germ. Hist. 1895 (t.XIV); éd. Momsen.
36 P.L. 94, 655-710.
37 P.L. 94, 606-638.
38 P.L. 94, 515-529.
39 Hist. Eccl. IV, 20.
40 P.L. 94, 575-596.
41 P.L. 94, 735-790.
42 P.L. 94, 713-730.

rihi düzeyde, bir tarih derlemesidir. Fakat en yetkili hâkimler, Bède'de bilgili bir tarihçi ve sorumluluğunu bilen bir tarihçi, mahir bir tenkitçi, açık bir yazar, zarif bir yazar görüyorlar. Bu adam, zevkle okunmakta ve inanılmaya hakkı olan birisidir.

3. Tefsir Eserleri:

Tefsirle ilgili eserleri, onun edebi mirasının en önemli kısmını oluşturmaktadır. Bunlar, Homelis'ler veya tefsirler şeklinde takdim edilmişlerdir.

St. Bède'in mevsuk Homelieleri, her biri yirmi beş bölümlük iki kitapta toplanmıştır. Bu, Mabillon'un[43] yayınına göredir. Bu yayın, haksız olarak Larrow[44] keşişine atfedilen 109'unu ayırmaktadır. Bunlar, Abbaye keşişlerine yöneltilmiş vaazlardır: Bunlar, İncili, yılın belli başlı bayramlarına göre tefsir etmektedir. Burada mecazi ve ahlâkî yorumlar egemendir. Bunlar hem bilgilendirmeye hem de yapılandırmaya yönelik eserlerdir.

Tefsirler hemen hemen bütün Kitab-ı Mukaddesi içine almaktadır.

Eski Ahit: Tekvin'in başından, İshak'ın doğumuna kadar Kiltexaemevon'dan[45] başka **Bède**, pentateque'in her bir kitabının açıklamasını yapmaktadır[46]. Ayrıca, Tabernade üzerinde ve kutsal elbiseler üzerinde[47] açıklamaları vardır. Samuel'in[48] Allegorik açıklamasını ve krallara tahsis edilen birkaç problem boyunca[49], Süleyman Mabedini incelemekte ve Ezra'yı ve Nehémie'yi[50] genişçe açıklamakta, sonra, hızlıca Tabie'ye gelmektedir[51]. Didaktik eserler arasında, atasözlerini Allegorik açıklamalarla şerh etmiş[52] ve De Muliere Forti[53]'yi, Neşideler Neşidesini[54] ve nihayet Habacuc'u açıklamıştır[55].

---

[43] P.L. 94-, 9-268. Bu yayında bir Homelie eksiktir. Mabillon'un çalışması, D. Morin tarafından tamamlanmıştır. Rev. bén. 1892 (t.IX), p.316-326; Bkz: H. Quentin, op. cit. col. 633-636.
[44] P.L. 94, 267-516.
[45] P.L. 61, 9-190 (Basile'den, Ambroise'dan, Jerôme'dan, Augustin'den çıkarılan, 4. kitap).
[46] P.L. 91, 189-394.
[47] P.L. 91, 393-498.
[48] P.L. 91, 499-714.
[49] P.L. 91, 715-736.
[50] P.L. 91, 735-808.
[51] P.L. 91, 807-924; P.L. 91, 923-938.
[52] P.L. 91, 937-1040.
[53] P.L. 91, 1039-1052.
[54] P.L. 91, 1065-1236.
[55] P.L. 91, 1235-1254.

Yeni Ahit: Bède, dört İncili, Resullerin İşlerini, Mektupları ve Vahyin tefsirini bırakmıştır[56]. Bède, S. Paul'un mektupları üzerindeki tefsirinden oldukça geniş bir özet yapmıştır. Fakat onun bu çalışması daha sonra eklemelere maruz kalmıştır[57].

Bugün ona ait olanı bilmek imkânsız hale gelmiştir.

St. Bède'in tefsirini değerlendirmek için, kullandığı seleflerinin tefsirini kendi yaptığı tefsirlerden ayırmak gerekir. İlk durumda, Anglo-Saxon tefsirci nadir bir nitelikle her ayetin lafzı ve ahlakı anlamını ayrı ayrı almaktadır. Fakat St. Augustin'in, St. Jerôme'un ve kendisinden önce aynı konuda çalışma yapan pederlerin basit bir yankısı olmakla yetinmektedir. İkinci durumda bunun aksine, lafzı anlamı bir kenara bırakarak, Eyüb üzerindeki **Moraller**inde, Grègoire le Grand gibi mecazi ve mistik anlamı bol bol kullanmaktadır. Bununla beraber, Grègoire kadar sözü uzatmamaktadır[58]. Boşluklarına rağen St. Bède, yorum eseriyle, ortaçağın belli başlı üstadlarından birisidir. Böyle olmaya da o, layıktır.

IV. PÉNİTENCİENLER[59]

Burada çoğu anonim olan bir grup eserden bahsedeceğiz. Bu eserler, Batıda patristik edebiyatın bittiği bir dönemde ortaya çıkmışlardır. Bu eserlere, Pénitentiels=İstigfarlar denmiştir. Bu isim, her günahın bağışlanmasını elde etmek için ifaya yönelik eserlerin işaretini ihtiva eden risalelere verilmiştir. Bu eserler, işlenen hatalarda, sertlik ve sürede orantılanmıştır. En ciddi günahlar olan enssestlik, ana-baba katilleri, yalan yere yemin edenler için, saintlere göre sürgün, bir manastıra on, yedi, üç yıl gibi kapatılma cezaları önerilmektedir. Hafif hatalar için, uzun veya kısa oruç tutma veya kırk gün veya yıllarca dua etmek, sadaka vermek, kırbaçlamak gibi cezalar önerilmiştir[60].

---

[56] P.L. 92, 9-132; 131-302: 301-634; 633-938; 937-996; P.L. 93, 9-130; P.L. 93, 129-206.
[57] P.L. 119-279-419.
[58] F. Plaine, Dict. Bibl. col. 1539; Cornely, İntr. Gén. N.244.
[59] A. Boudinhon, sur l'histoire de la pénitence, dans Rev. Hist. litt. rel. 1897 (t.II), p.496. P. Fourner, Etude sur les pénitentiel, İbid, 1901-1904; A. Wassersch Leben, Die Bussordnungen der Abendlichen Kirche, Halle, 1851; J. Schmitz, Die Bussbucher u. d. Bussdisciplin der k. 1883; Die Büssbücher u. ol. Kanonische Bussverfaharen, 1898; B. Brat, les livres pénitentiaux et la pénitence tarifée, Brignais, 1910, L. Gougand, les Chrétientig Celtiques, Paris, 1911, p.274-278.
[60] L. Gougaud, op. cit. P.274-275.

Bu eserler, Batıda kökenleri itibariyle Roma'ya bağlı oldukları iddia edilmiştir. Bunlar, önce Roma'da kullanılmışlardır. Fakat bu tez, pek kabul edilmemektedir. Bu belgelerin dikkatli bir etüdü, büyük Britanya ve irlanda Celtik Hıristiyanlarının doğduklarını ve geliştiklerini ispat etmektedir. Bilinen en eski Pénitentiel[61] Celtik Britanyalıları için David'e ve Gildas'a bağlanmaktadırlar. İrlanda ise, St. Finnian'a bağlanmaktadır. Ancak bu atıflar, oldukça problemlidir. Daha sonraki atıflar daha güvenlidir. Her ne kadar onların ilk şeklini tespit, çoğu defa kopyalanmış ve düzeltilmiş olsalar da böyledir. Bu Pénitentiellerin en tanınmışı Celtlerin CUMMEAN'ıdır[62] (VII. Yüzyıl). Bunların içinde Anglo-Saxon kilisede Théodore de Cantorbery[63]'nin ki, St. Bède'in[64] ki, Yorklu Egbert'in[65] ki tanınanlardandır.

Celtik kilisenin kullandığı pénitentieller, Saxon kilisesine geçmişlerdir. Gaul'e göç eden İrlandalı keşişler, onları adaya getirmişlerdir. Yine St. Colombau'nun (+615) bir pénitentieli vardır ki bu, en azından temel unsurlarda daha mevsuk görünmektedir. Frank kilisesi, misyonerlerinin getirdikleri pénitentielle yetinmeyerek (Britanya adasından gelenler) ve yasal disipline alışmış olduklarından, pénitence'ın, bu disipline uygun tariflerini yapmışlardır. Bu tarifler, kanonik serilerdir ki az veya çok aylık serilerle karışmıştır. IX. yüzyılda, Frankların fethiyle, pénitentiel kullanma, tepeleri aşmış ve İtalya pénitentielle karşılaşmıştır. Bunların en eskisi, Frankların pénitentiellerinin üst üste konmuş şeklidir. En modern olanlar, Franc unsuruna belli özel materyalleri, adadaki derlemelere ilave etmiştir[66].

Denildiğine göre özel tövbe ve onun tekrarı, pénitentie'li gerekli kılmaktadır. Temelde bu uygulama tamamen keşişlerin uygulamasıdır ve daha sonra bu uygulama, Hıristiyan müminlere nüfuz etmiştir[67]. Tabii ki Colomban'ın etkisi bir gerçektir[68]. Fakat bu, kesin değildir. Ona atfedilen değişik-

---

[61] P.L. 96, 1315-1324. cf. Wasserschlebon, op. cit. 103.
[62] P.L. 87, 978-998, cf. Schmitz, op. cit. 1883, p.602-676.
[63] P.L. 99, 901-1231.
[64] Marténe, Theaurus Novus Anecdotorum, 1717, IV, p.31-56.
[65] P.L. 89, 401-431.
[66] P. Fournier, op. cit. 1904, p.103.
[67] E. Loening, Geschichte des Deutschen Kirchenrechts, Strabsourg, II, p.468; Yine bkz: A. Malnory, Quid Luxovienses Monachi, p.62.
[68] Bu kitaba bakılmalıdır.

lik, onun işi değildir⁶⁹. Uzun bir evrimin sonunda, sürekli düzeltmelerle bu gerçekleşmiştir⁷⁰. Bu da farklı sebeplerle olmuştur⁷¹. Bu konuda, tarif edilen tövbe ve tövbe itirafında olduğu gibi rahibin rolünden çıkan pénitentieller de mübalağa söz konusudur. Bu Judicium Sacerdotis'de, çok farklı belgelerde, önceden işaret edilmiştir⁷². Burada daha çok, mutluluk eserlerinin yer değiştirmesi ve sistemin benzerine işaret etmemiz gerekmektedir: Bu uygulamalar muhtemelen, endüljansların girişine katkıda bulunmaktadır⁷³.

---

[69] Duchesne'nin işaretine göre, Franc piskoposları, yenilikleri kabule pek uygun değillerdi. Bulletin Critique, 1883, (t.IV), p.306.
[70] P. Batiffol, Etudes d'hist et théol. Pos. 1. série, p.192-193.
[71] Bu kitabın ilk sayfalarına bakılmalıdır.
[72] P. Batiffol, cop. cit. P.166-169.
[73] L. Gangaud, op. cit. P.276, 277.

ALTINCI BÖLÜM
KANONİSTLER-TEZKİRECİLER VE DOĞU ZAHİTLERİ

I. KANONİSTLER/KİLİSE HUKUKÇULARI
A. Skolastik Jean[1]

Bizans'ın kilise yasasının en karakteristik çizgilerinden birisi, sivil hukuka sıkıca bağlılığı ve dünyevi iktidarın kilise alanına sıkça müdahalesidir. Bu özelliğin yaşayan sembolü, Nomo-Canon'dur. Bu iki sistemin karışıklığının en acı meyvelerinden birisi, gittikçe zina ve diğer sebeplerden dolayı boşanmanın Bizans hukukunda gittikçe daha tam kabul edilmesi olacaktır. Bazen Jean Skolastik'e, ilk Nomo-Canon'un kompozisyonu atfedilmektedir. Ancak bu bir hatadır. Jean'ın böyle bir eserinin olması, uzak ihtimaldir.

Skolastik Jean, Antakya'da bir avukattır[2]. Kırk yedi yaşında, 550 yılında rahipler sınıfının arasına girmiştir. Antakya piskoposu, onu, Bizans sarayına temsilci olarak göndermiştir. Esnek ve ihtiraslı bir adam olarak hızlı bir şekilde birtakım lütufları elde etmiş ve 565 yılında İstanbul Patriği olarak atanmıştır. Jean III, bu makamda on iki yıl kalmıştır. 577 yılında da vefat etmiştir. Bu Jean skolastik, Jean Mahatas'la[3] (Bu kelime Arapçada, hatip veya avukat anlamına gelmektedir.) aynı kişi olsa gerek. O, Histoire Unvireselle veya Chronographie'nin ilk on yedi kitabını 550 yılından önce yazmıştır. Daha sonra İstanbul'da buna devam etmiş ve 574 yılına kadar olayların naklini getirmiştir[4]. Fakat o, daha ziyade hukukçu olarak şöhrette kalmıştır[5].

Antakya'da o, çok önemli kanonik bir eser meydana getirmiştir. 535'den beri konsil yasalarının sistematik bir derlemesi mevcuttu. Doğuda tanınan

---

[1] Mgr. L. Petit, Jean le Scholastique, dans dict. théol. col. 829-831; J. Pargoire, L'Eglise Byzantine, Passim.
[2] Scholastique, kelimesi ilk dönemlerde avukat anlamına geliyordu. Ancak bu dönemde skolastik ünvanlı çok sayıda Jean bulunuyordu.
[3] Thése de J. Haury, dans Byzantinische Zeitschrift, 1900 (t.IX), p.337-356, Par L. Petit, op. cit. col. 829.
[4] Bu kitabın ileriki sayfalarına bakılmalıdır.
[5] Fr. Biener, De Collectionibus Canonum Ecclesione Graece, Berlin, 1827, p.12-14; Zachoriae, Von Lingenthal, Historiae Juris Graeco-Romani Delineatio.

ilk yasa buydu. Jean, bu eseri St. Basile'ın yasalarının ilavesiyle tamamlamıştır. Bu yasayı, elliye kadar çıkarmıştır. İşte onun eserinin, Collection de 50 titre"[6] ismini alması bundandır. İstanbul'da çalışmasını yeniden bastırmıştır ve dini problemlerle ilgili prescriptions imperiales için bir başka eser meydana getirmiştir (Yenilenen 6, 5, 84, 46, 120, 56, 57, 3, 32, 131, 67, 123, 83): Bu 87. Bölümün koleksiyonudur[7]. Bu koleksiyon, 570 yılına doğru yayımlanmıştır. Böylece Jean III, ilk Nomo-Canon'la yolları hazırlamıştır. Fakat onu, bizzat o yapmamışa benzemektedir[8].

50 ünvanlı denilen ilk Nomo Canon[9], İmparator Maurice (582-602) döneminde ortaya çıkmıştır. Bu, Jean III'ün, sivil ve Kanonik eserinin bütününden başkası değildir[10]. Ancak büyük bir etkiye de sahip olmamıştır. Çünkü Heraclius'un (610-641) döneminde bunun yerine "Nomo-Canon des 14 Titre" geçmiştir. Bu eser, muhtemelen Enantiophane'ındır. Photius bunu sadece yeniden neşretmiş ve tamamlamıştır. Bu son eserdir[11].

Nomo-Canon'lar, dediğimiz gibi dini ve sivil hukuka çok çok katkı sağlamışlardır. Bunlar, Bizans hukukunu karakterize etmektedir[12].

Trullo konsil yasası (691-692)[13], bu eğilimi artırmıştır. Yani Anti-Romain eğilimini artırmıştır. Bu eğilim, SYUTAGMA (Yasaların kronolojik koleksiyonu) da, hissedilir şekilde hissedilmektedir: SAROİK Konsili, onu son sıraya koymuştu. Aksine orada bazı Afrika konsil kararları, Roma için elverişli değildi. Bütün bunları tasdik etmeyen **Trullo** konsili buna yeni 102 yasa ilave etmiştir[14]. Burada Doğu uygulamaları, Latin uygulamalarına muhaliftirler. Hatta bunlara nefretle bakılmıştır. P. Pargoire şöyle demektedir: Bizanstaki disiplin yasasının iki kısmının birleşmesi, uzun müddet uğursuz bir tesire sebep olmuştur.

---

[6] G. Vell et H. Justell, Bibl, Juris Can. Veteris, Paris, 1661, II, p.499-660 (Collectio Canonum Eccl. İn L. Titulos Devisa).
[7] G.E. Heimbach, Anecdota, Leipzig, 1840, II, p.202-234 (Collectio LXXXVII, Capitulorum. Bkz: Pitra, 1868.
[8] Photius'a göre Jean III, Discours Cathéchétique Sur le Trinité hazırlamıştır (Bibl, cod. 75). Jean de Nikiou, kristoloji konusunda konsille ilgili eğilimlerde Mystagogie'ye işaret etmektedir.
[9] Voell-Justell, op. cit. II, 603-660.
[10] Yirmi iki bölümlük diğer bir koleksiyon, bu Nomo-Canon'a çok benzemektedir (Voell-Justell, İbidr, 660-672). Bu, Pitra tarafından Jean'a atfedilmiştir. Fakat daha çok 50 ünvanlık olan Nomo-Canon'dan çıkarılmıştır.
[11] Voell-Justell, op. cit. II, 813-1140.
[12] J. Pargoire, L'Eglise Byzantin, p.78-79.
[13] İbid, p.200-203.
[14] Rall ve Potli, 6. cilt, Athènes, 1852-1859; vol. II, p.295-554.

B. Jean IV Le Jeûneur Discipline Pénitentielle[15]

Jean IV Le Jeûneur, 582'den 595 yılına kadar Bizans Patrikliği yapmıştır. Sertliğinden dolayı Doğuda saygı duymuştur. Özellikle Batıda, Ökümeniklik konusunda[16] Grègoire le Grand'la giriştiği tartışma ile tanınmıştır. Yine o, Penitence üzerinde yazdığı farklı yazılarla meşhurdur. Ancak bu yazıların mevsukiyeti şüphelidir. Bunlardan üçü, Migne[17] tarafından yayımlanmıştır. Bu yazılardan birincisi, **Penitentiel**'dir. Bu çok sonraki yüzyıllara aittir. Yani XI. veya XII. yüzyıla ait görünmektedir. İkincisi, tövbe üzerine bir vaazdır. Bu da aynı tarihi taşımaktadır. Üçüncüsü, bir Homelie'dir. Bu da tövbe üzerinedir. Aynı zamanda perhiz ve bekârlıkla da ilgilidir. Bu, Jean IV'ün olabilir. Başka birkaç risale de Pitra[18] tarafından ona atfedilmektedir. Ancak bu atıfların kesinliği yoktur.

Bu yazıların mevsukiyeti ne olursa olsun, bu yazılarla bu dönemdeki Pénitentielle disiplinin durumu hakkında bilgi sahibi oluyoruz[19].

Yazarlar, temelde Allah'ın affı üzerinde ısrar etmelerine rağmen, piskoposun şahsında insanlar onun işbirlikçileri olmaktadırlar. Bu affetme iktidarı, kilisede evrensel olarak kabul edilmiştir. Rahipler, daha önce piskopostan, hataların itirafını ve cezaları denetlemeleri gücünü almışlardır. St. Basile, onlara bu saçma iktidarı atfetmektedir: Ona göre keşişler, hatalarını söyleyen kişiye bu affı itiraf etmektedirler[20].

Bu Apostolik kanun (N.52), aynı doktrini popularize etmektedir. Bununla beraber zahidane yazarların itirafçının sahip olduğu ahlâkî kaideler üzerindeki ısrarı daha çok, manastırlarda ve dışardaki yolsuzluğa onları getirmiştir. Spiritüel ünvanıyla şereflenmiş, sade keşişler itiraf etme ve affetme hakkını münhasıran iddia etmektedirler[21].

Günah itirafı, prensip itibariyle sırdır. Buna, açık itiraf ilave edilmiştir. Tabii ki büyük ve önemli cürümler için, ölümcül denilen günahların itirafını kolaylaştırmak için bazı yazarlar, onları 7 veya 8 tipe götürmektedirler (Eski

---

15 R. Janin, Jean IV le J. Dans Dict. théol. col. 828-829.
16 S. Vailne, Constantinople (Eglise de), dans dict. théol. col. 1133-1135.
17 P.G. 88, 1889-1978.
18 Spicilegium Solesmense, IV, p.416-444.
19 J. Pargoire, op. cit. P.94, 226-347; J. Tixeront, Hist. Dogm. III, p.252-260; E. Vacandard, Confession dans dict. théol. col. 861-874.
20 Burada söz konusu olanın rahipler olduğunu J. Tixeront belirtmektedir.
21 Bu kitabın baş taraflarına bakılmalıdır.

zahidane yazarların zikrettikleri belli başlı günahlar). Diğerleri uygun cezaları işaretiyle, günahların detaylı listesinden yararlanmaktadırlar[22].

Tatmin veya hoşnutluk yavaş yavaş tatlılaşır. Bundan önce, günah çıkarma olması gerekir. Cezalar, genelde, vaktiyle olandan daha azdır. Tabii ki, açık cezaların tamamen kaybolduğunu söyleyemeyiz. Onları, bu dönemin kanonik belgelerinde bulmak mümkündür. Onların bazıları çok katıdır. Özellikle, keşişler için olanlar. Günah itirafının kullanımı özellikle keşişler için genelleşmiştir. Ancak bunun olduğu söylenemez.

II. TARİHÇİLER VE TEZKİRECİLER

A. Tarihçiler

Bu dönemin gerçek tarihçisi, Evagre le Scholastique'dir. Diğer tarihçiler, değer yönünden ona eşit değildir.

Evagre le Scholastique[23] (+600 yılına doğru), Antakya'da avukattı. Coele-Suriye asıllıdır. Antakya'da 560 yılına doğru doğmuştur. Antakya patriği Grègoire'e (570-593) çok saygılıdır. Onu savunmak için birçok defa İstanbul'a gitmiştir ve bugün kaybolmuş olan çok sayıda rapor kaleme almıştır. Sarayla da arası oldukça iyiydi, imparator Tibère II, onu mali işlerin başına getirmiş ve Maurice ona, onursal vali ünvanını vermiştir. O, özellikle yazdığı kilise tarihiyle[24] tanınmıştır. Bu altı kitaptır ve 431'den 594'e kadar ki dönemdeki kristolojik tartışmalara tahsis edilmiştir. Bu konular, özellikle yazarın ele aldığı dini olaylardır. Ancak yeri geldikçe, din dışı tarihten de bahsetmektedir. Onun verdiği bilgiler en iyi kaynaklara dayanmaktadır, mektupları resmi raporlardır. Diğer yazılarında bazı sayfalarda mübalağaya kendini kaptırsa da değerlidirler. Photius'un[25] kanaatine göre o, gerçek ve tarafsız bir tarihçidir ve biraz kapalı olmakla birlikte hoş bir üsluba sahiptir.

Diğer tarihler, bu dönemde Doğuda yazılmışlardır ve bunların karşılığında Batıda, İsidore de Séville veya Bède Vénérable, tarih yazmışlardır. Gerçekten bazıları, uzaktan kilise edebiyatıyla ilgilidir. Meselâ, Jean Malalas

---

[22] Meselâ S. Basile gibi eski yazarların verdiği cezalar listesi için (t.I, p.404, 432). Bunlar açık itirafla ilgilidir. VIII. yüzyıl ve sonraki günah itirafları, özel tövbe için itirafçıya verilen birtakım istikametlerdir.
[23] S. Vailhe, Evagre le Schr dans Dict. théol. col. 1612-1613; J. Pargaire, op. cit. p.138.
[24] P.G. 86, 2415-2886; J. Bidez ve L. Parmenties, dans Byzantine Text, Londres, 1899.
[25] Bibliotheca, cod. 29.

veya Jean le Rhéteur'un Chronographie'si gibi[26]. Bu yazarlar, kültürlü insanları bilgilendirmekten çok, halkla ilgileniyorlardı. Bu kronografi, başlangıçtan Justinien'in ölümüne kadar ('565) ve 574'e kadar olayları işlemektedir.

Antakyalı Jean başkaları tarafından hiç bilinmeyen VI. yüzyılda bir evrensel tarih yazmıştır. Ancak ondan sadece birkaç parça kalmıştır[27].

Dönemin en önemli kronografik eseri anonim bir eser olan Chronicom Pascale'dır[28]. Bu eser, biraz daha dini problemle ilgilenmektedir. O, 610-638 yıllarında Patriklik yapan Sergius'un çevresindeki Bizans rahipler sınıfına ihanet etmektedir. Pascale ismi bu kitaba, onu etüde açan Pascale'a göre Hıristiyan kronolojisi üzerine yapılan tezden ileri gelmektedir. Bu kronikin orijinalitesi yoktur. Sadece VI. yüzyılın başıyla ilgili olayların kısmi değeri bulunmaktadır. Aksine, Jean de Nikiou'nun "Evrensel Tarihi", 700 yılına doğru yazılmıştır, zengin bir içeriğe sahiptir ve çok değerlidir. Özellikle VII. yüzyılın tarihi konusunda. Bu eserin sadece Habeş'çe bir versiyonu muhafaza edilmiştir[29].

B. Tezkireler (Azizlerin Menkıbeleri)

Tezkireler şekli altında yazılan tarih, Doğuda gelişmiştir. Bunun temsilcileri oldukça çoktur ve hemen hemen bütün rahipler ve keşişler sınıfında görülmektedir. P. Pargoire, eserinde kullandığı elli kişiye işaret etmektedir[30]. Buraya Doğudaki tezkire hareketi hakkında tam bir fikre sahip olmak için MARTYRİA'yı da eklemek gerekmektedir ki aynı dönemde Batıda Fortuna ve Gregoire de Tours'la eşit değerdedir. Hatta Doğudaki bu konudaki faaliyetler, Batıyı çok aşmıştır. Doğuda VI. yüzyılda en tanınmış aziz tezkiresi Cyrille de Scythopolis'tir. Zaten bundan daha önce bahsedilmiştir[31]. Bunu takip edenler, fazla dikkat çekememişlerdir. VII. yüzyıl, Jean Moschus'la ve onun arkadaşı St. Sophrone'la açılmıştır. Sophrone, enkarnasyon ilahiyatçısı olarak tanınmıştır[32]. Bundan ileride bahsedeceğiz. Şimdi Moschus'dan biraz bahsedelim:

---

26 P.G. 97, 65-718 (éd. Dinolorf), 1833.
27 Muller, Fragm. Hist. Graec, IV, 536-626.
28 P.G. 92, 9-1160.
29 H. Zotenberg, Paris, 1883, Journal Asiatique, 1877, n.15.
30 L'Eglise Byzantine, Bibliogr. P.XVIII-XX.
31 Bu eserin baş kısımlarına bakılmalıdır.
32 Bu kitabın VI. bölümüne bakılmalıdır.

Jean Moschus[33], Pré Spirituel[34] isimli eseriyle tanınmıştır. Zira bu eser, onun yazdığı keşişlerin portreleriyle belirgindir. Bu hayat serisi, bizim sahip olduğumuz bir hayat seviyesidir. Fakat daha çok olayların bir derlemesidir ve onların her birinin tarzı hakkında bilgi vermektedir. S. Vailhe'nin dediği gibi, faziletler ve kötülükler, Hıristiyan müminin avlusunda yansımaktadır. Yapı tarifleri, kahramanlığa bağlı sertlik, çocuksu vizyonlar, bunak hikâyeleri orada karışıktır ve safça nakledilmiştir. Yazarken hiçbir üslup aranmamaktadır ve fakat bir favori görülmektedir. Gerçekten, Filistin manastırlarında olan dini hayatın manzarası gözler önündeydi. Perslerin ve Arapların istilaları, bu hayata öldürücü darbeyi vurmuş ve onu çökertmiştir[35]. Bu keşiş hayatını, Muschus, dini manastırların prensiplerinde uzun zaman yaşayan birisinden daha iyi bilmektedir.

P. Vailhé, faziletlerin yeni örneklerini araştırmada daima manastırları dolaşan Yahudinin bu varlığının prensipçi tarihini tespit etmiştir. VI. yüzyılın ortalarına doğru Şam'da doğmuş, Filistin'de keşiş olmuş ve orada uzun yıllar yaşamıştır. 578 yılında arkadaşı Sophrone'la, Mısır'a hareket etmiştir. Orada, Thébaide'i ziyaret ettikten sonra ve Sina'da uzun müddet ikametten sonra 594 yılına doğru Filistin'e gelmiştir. 604 yılına doğru, Perslerin ülkeyi tehdit etmesiyle birlikte, kuzey Suriye'ye girmiştir ve oradan tekrar Mısır'a gelmiştir. Mısır'da birçok patriğe danışmanlık yapmıştır. Özellikle St. Jean L'Aumonier'e (+619) danışmanlık yapmış ve onun hayatını yazmıştır. 614 yılında, Sophrone'la birlikte Roma'ya gitmiş ve orada muhtemelen 619 yılında ölmüştür. Notlarının neşrini ve St. Jean L'Aumonier'nin hayatını tamamlamasını arkadaşına bırakmıştır (Onun bıraktığı notlar, Préspirituel isimli eserinin 219. bölümüydü).

İkinci derecedeki aziz tezkirelerinin sayıları da oldukça çoktur[36]:

1. Eustrate, İstanbul rahibidir (Vı. Asır). St. Eutychius'un Hayatı, Patrik[37] (582)'dir.

---

[33] S. Vailhé, Jean Mosch. Dans Echos d'Oncut, 1902 (t.V), p.107-116.
[34] P.G. 87, 2855-3112 (P.L. 74, 119-240).
[35] Op. cit. P.107.
[36] J. Pargoire, op. cit. P.247-248, 378.
[37] P.G. 86, 2273-2390.

2. S. Jean Aumonier (+617): St. Tychon'un Hayatı[38]

3. Léonce de Néapolis (Kıbrıs), VII. Asır: St. Jean'ı Aumonier'nin Hayatı ve St. Siméon Le Simple'in Hayatı[39]

4. Léonce de St. Sabas (Roma): St. Grègoire d'Airigente'ın Hayatı[40]

5. Etienne de Mélode (VIII): Bedeviler tarafından öldürülen (769), Yirmi Sabaist Keşişin Hayatı[41]

6. Ignace de Nicée (IX. Asır): İstanbul patriği, St. Taraise ve St. Nicéphore'un[42] Hayatı.

843'den 847'deye kadar Patriklik yapan St. Metode, birçok azizin hayatını yazmıştır. Üstelik o, bir azizler koleksiyonu veya Martyriea[43] yazmaya teşebbüs etmiştir. Bir asır sonra, Siméon le Métayphraste, aynı projeyi yeniden ele almış ve azizlerin hayat koleksiyonunu yazmaya teşebbüs etmiştir. Bu adam, Bizans sarayının büyük şahsiyetlerinden birisidir. Böylece o, 120 azizin hayatını derlemiştir fakat onun metodu eleştirel değildir[44]. Sadece onun üslubu değil, basitliği de insanı hayrete düşürmektedir. O, eski rivayetleri özetlemekte ve abartmaktadır. İşte bir eserin nisbi küçüklüğü buradan kaynaklanmaktadır. Ancak bu kitap, uzun süre Hıristiyan müminleri eğitmiştir[45].

---

[38] H. Usener, Sonderbare Heilige, I, Leipzig, 1907.
[39] P.L. 93, 1613-1160 ve 1669-1748, H. Gelzer, Fribourg, en B, 1813; Buna S. Spyridön eklenmelidir. Bu Yahudilere karşı bir eserdir 8P.G. 93, 1597). Et Deux Discours (1565-1158).
[40] P.G. 98, 549-716.
[41] Acta Sacnt. Mont. III, 2-12; Pargoire, op. cit. P.378.
[42] Edit, 1880, 1881. Pargoire.
[43] J. Pargoire, op. cit. P.378.
[44] P.L. 114-116. Bkz: Hurter, Nomenclator Literarius, I, col. 918-921.
[45] Barlaam ve Joasaph'ın Hayatı: Bu kitap, ortaçağda oldukça popüler hale gelmiştir. Bu, dini bir romandır. Dini yönden bir Hindu efsanesi ve aristiole'in apolojisini kullanmıştır (Bkz: I. cilt). Bu rivayet şöyledir: Hind kralı Abenner, oğlu Joasaph'ın doğumunu öğrenir ki bu Hıristiyan olacaktır. Onu önlemek için ona dünyadan uzaklaştırır ve gözünün önünden yok eder. Fakat aldığı bütün tedbirlere rağmen Joasaph hastalığı, ihtiyarlığı ve ölümü müşahede eder ve düşünür. Hıristiyan keşiş Barlaam, Joasaph'a yaklaşır ve onu Hıristiyan yapar. Şüphesiz bu hikâye, Buda'nın hidayete ermesiyle ilgili bir Hindu efsanesidir. Bu hikâye, bir keşiş olan St. Sabas'ın, XII. yüzyılın başında Hıristiyanlığa adaptasyonu ile Hıristiyanlaşmıştır. Bkz: J. Van De Gheyn Barlaam et Josaphat, Dans dict. théol. col. 410-416. cft. Rev. Quest. Hist. 1880, (t.28), p.579-600. Hıristiyanlığa Budist tesirlerinin olduğuna gelince, burada birinci efsaneyi çok aşan yeni bir efsane bulunmaktadır.

III. DOĞULU ZAHİTLER

A. Aziz Jean Climaque[46]

Aziz Climaque, incelediğimiz dönemin en popüler doğu zahitlerinden birisidir. Ancak doğunun diğer yazarları olan St. Maxime le Confesseur ve St. Théodore Studite de onun eserlerinden geride kalmayan birtakım eserler yazmışlardır.

Aziz Climaque'ın hayatı hakkında çok şey bilmiyoruz. Grek liturjisine göre o, 16 yaşında Sina manastırına girmiştir. Yirmi yaşında ermişlerin hayatını benimsemiş ve kırk yıl sonra da Sina manastırı başkanı olmuştur: O zaman o, meşhur Echelle isimli eserini yazmıştır. Daniel de Raithou onun hayatını yazmıştır[47]. Hiçbir açık belge, azizin yaşadığı dönemle ilgili bir şey söylemeye imkân vermemektedir. Genelde onun, VI. yüzyılda yaşadığı bugüne kadar kabul edilmiştir. Bardenhewer onun 600 yılına doğru öldüğünü tespit etmiştir. Bazıları onun, VII. yüzyıla yerleştirmektedirler. St. Naou, yeni belgelere göre onun ölüm tarihini 649 yılına çıkarmaktadır[48]. Böylece, Jean'ın ve St. Grègoire "Pastorale"ının eserinin sonunda mevcut olan çarpıcı benzerlikler böylece açıklanmaktadır: Bunun sebebi, Sina manastır başkanının, papanın eserini tanımış ve kullanmış olmasıdır[49].

Mgr Petit, azizin hayatının birinci kısmını, liturjininkinden farklı belgeler üzerinde yeniden yazmaya teşebbüs etmiştir. Scholastique (Avukat) ünvanına dayanarak bütün yazmaları, Jean Climaquea'a vermiştir. O, Jean le Scholastique'la aynı kişidir. Rahip (Abbas) ondan Jean Moschus diye bahseder[50] ve Jean le Rhéteur'den (Bu kelime Scholastique'in sinonimidir) Sphrone[51] bahsetmektedir. Bu şahıs, İskenderiye'de bir mucizeye tanık olmuştur. Bu bizzat Scphrone'nun 610 yılına doğru konusu olmuştur[52]. Sophrone'a göre bu

---

[46] P.G. 88, 691-1210; Sophronos, İst. 1883, 190; L. Petit, Jean Climaque, Dans Dict. théol. col. 690-693; F. Nau, Byzantinische Zeitschrift, 1902 (t.XI), p.35-38; J. Pargoire Eglise byz. P.251; Echos d'Orient, 1905, (t.8), p.372-373; S. Salaville, S. Jean Climaque, Sa Vie et Son Oeuvre, dans Echos d'Orient, 1923, (t.22), p.440-454; A. Saudrean, Doct. Sprit de. S. Jean Climaque, dans Vie Sprit, 1924, (t.9), p.353-370; P. Peurrat, la Spiritua Erté Chret, p.453.
[47] P.G. 88, 595-608.
[48] Tixeront, bu tarihi kabul etmektedir. J. Pargoire, 631'den 645 yılları arasına onun ölümünü koymaktadır. Egl. Byz. P.251.
[49] Jean tarafından "Grègoire le Théologienne" olarak zikredilmiştir (Grad. XXII, col. 949). Bu büyük Grègoire'dır, Grègoire de Nazizanze değildir. L. Petit, op. cit. col. 692.
[50] Pré Spirit, c.102.
[51] S. Vailhe, Dans L'Orient Chret, 1902, (t.VII), p.375-379.
[52] Bu kitaba bakılmalıdır.

Rhéteur Jean, 580'den 607 yılına kadar İskenderiye'de patriklik yapan EULOGE'un tercihli talebesidir. O, onunla beraber Antakya'dan İskenderiye'ye gelmiştir. Orada karısını kaybetmiştir. İşte o vakit, mecburen keşiş olmuştur (600 yılından önce keşiş, 607 yılında rahip olmuştur (Mosdus'a göre). Buna göre VI. yüzyılın ortalarında Suriye'de doğmuş olmalı ve Jean de Raithou'nun isteği üzerine meşhur zahitlik eserini yazmıştır. Böylece Jean'a verilen Scholastique ünvanının şöhreti ve eserinde bulunan Mısırlı keşişlerin âdetleri ve karakterleri anlaşılmaktadır. Çünkü Jean, bunları şahsen biliyor. Çünkü bunlar, geleneksel liturjik hayata göre anlaşılmamaktadır. Yazarın bizzat üslubu, bizzat reel bir kültürü gerektirmektedir. Bu kanaatin verilerine iyi şekilde uymaktadır. Aslında bu, basit bir tezdir. Fakat çok gerçekçidir ve büyük azizin karakteri üzerine çok öğreticidir.

Jean Climaque'ın eseri, bizzat yazar tarafından Jacob'un Echelle'li ile kıyaslanmış veya İsa'nın hayatının otuz yılıyla kıyaslanmış, onun tarafından Echelle diye adlandırılmıştır. Latince Scola Paradisi[53], yazar tarafından bizzat zahitlik eseri olarak vasfedilmiştir. Bu kitapta mantıki bir tasvir aramak ve olgunluğa ulaşmak için atlanılacak birbirini takip eden menziller aramak haksızlık olacaktır. Bu eserin otuz basamağı, otuz bölümden (nutuktan) başka bir şey değildir. Eserin büyük bir kısmı, Cénobitlere hitap etmekte ve zahitliğe tahsis edilmiş durumdadır.

İlk üç bölüm, bir nevi genel giriştir. Burada şu konular işlenmiştir:

1. Dünyadan feragat, 2. Dâhili kopuş, 3. Dini hayata giriş. Burada rüyalar üzerine bir ilave vardır. Bu da illusionlara karşı bir uyarı içindir[54].

Eserin 23. bölümü, eserin bünyesini oluşturmaktadır. Faziletlerle ve kötülüklerle, meşgul olunmaktadır. İtaatten bahsettikten sonra (4) ki itaat, Cenobitik hayatın temelidir ve bütün zahidane gayretlerin hareket noktası üç şeydir: **Tövbe** (5), **Ölüm** (6), sevinci doğuran **keder** (7). Aziz Jean, komşuyla ilgili (tatlılık (8), kin (9), dedikodu (10), gevezelik (11), yalan (12) üzerinde durmaktadır. Yine o, insanın bizzat kendisiyle ilgili olan, tembellik (13), oburluk (14), iffet 815), cimrilik (16), fakirlik (17) üzerinde durmakta ve nihayet Allah'a karşı olan vazifeleri belirtmektedir: Ruhsal duygusuzluk (18),

---

[53] P.G. 88, 631-1164 (Yunanca ve Latince metin ve farklı tefsirler).
[54] Bilindiği gibi eski keşişler, toplumdan kaçışı ve inzivayı tavsiye etmemektedirler. Bunun için zahitlik toplum içinde icra edilmiştir. Birçok dilde Cénobite kelimesi başlayan ve noksan anlamına gelmektedir. Anachorète ise, tam veya tefekkürle ilgili olan anlamına gelmektedir.

ilahiler okuma (19), uyanıklık (20). Ayrıca, olgunluğa ulaşmak için çok önemli olan faziletleri göstermektedir: Korkaklık (21), boş şöhret (22), kibir (23), sadelik (24), tevazu (25). 26 Bölüm, faziletlerin ve kötülüklerin ayrılmasına tahsis edilmiştir. Daha sonra önceki bütün bölümlerin özeti ve mukayesesi yapılarak öğretici bilgi verilmiştir.

Eser 27-30. bölümlerle, küçük mistik bir eser olarak tamamlanıyor. Burada, münzevi hayattan ve murakabeli hayattan ve kutsal istirahatten ve özel ibadetten bahsediliyor (28). İhtiraslardan kurtulmuş olan ruhun istirahati anlatılmaktadır 829). Son bölümde, üç teolojik faziletin gelişimindeki olgunluğun taçlanmasından ve özellikle, merhametten bahsedilmektedir. Yazar, merhameti, mükemmel şekilde övmektedir. Bütün eskiler gibi St. Jean Climaque'da bütün keşişlere, kitabının son bölümünde tasvir edilen bu olgunluğu önermekte ve onların ilahiyatın, yüksek mistik inayetlere atfettiği duyguları ve aydınlığı kaplayan bu olgunluğa yönelmelerini istemektedir[55].

Eser, bir eke sahiptir. Bu, Liber ad Pastorem'dir[56]. Bu, on beş bölümlük bir risaledir. O, manastırın yüksek ödevlerini belirtmektedir. Bu eserde Jean'ın, S. Grègoire'ın Regula Pastoralis'den ilham aldığı doğrudur. Grègoire'ın eseri, 600 yıllarına doğru Yunancaya bir Antakya patriği tarafından tercüme edilmiştir.

Bu eser çıkar çıkmaz, çok büyük bir başarı elde etmiştir. Jean de Raithou onun ilk yorumcusudur. Ancak tamamının değil[57]. Elie de Crète (VIII. Asır), onu tefsir etmiştir ve o, anonim birtakım taklitçilere sahip olmuştur. Jean Climaque'ın[58] üslubu, bazen kapalıdır. Ancak bu durum istisnaidir. Bu özlülük, cümleye bir düşünce zenginliği vermektedir. Böylece onun özdeyişleri, konuya uzun düşünmeler sağlamaktadır. O, bazı eski yazarları zikretmektedir. Fakat onun en önemli bilgi kaynağı, kişisel tecrübesi ve ufkudur.

B. Başka Spiritualite Yazarları[59]

1. S. Zozimas (Tyr): Bu zahidane konferansların yazarıdır[60].

---

55 I. cilt, Giriş.
56 P.G. 88, 1165-1210.
57 P.G. 88, 1211-1248 (Scholia in Climacum) Jean de Raithou, ancak bu yazı ile mektupla tanınmıştır (İbid, 624-625).
58 S. Salaville, op. cit, p.450-452.
59 J. Pargoire, Eglise Byz. p.136-137, 250.
60 P.G. 78, 1679-1702. Bkz: S. Vailhé, Echos d'Or, 1901, (t.IV), p.359-363.

2. S. Jean le Prophète: S. Barsanuphe'un talebesidir ve çok sayıda spiritüel mektubun yazarıdır. Bunlar üstadının mektuplarıyla yayımlanmıştır[61].

3. S. Dorothée: Barsanuphe'un talebesidir (VI. yüzyılın ortası). Gaza yakınlarında bir manastır başkanıdır. Üstadının doktrinine varis olmuş ve 24 spiritüel konferansları ve 8 mektubu sayesinde, çok büyük bir şöhrete sahip olmuştur[62]. Evagre tarafından ona karşı yöneltilen monofizitlik ithamını doğrulamaktadır (H, E, IV, 33).

4. S. Siméon Stylite le Jeune (+596): 30 kadar zahidane tavsiye ona atfedilmektedir[63].

5. Thalassius: 650 yılına doğru Libya'da manastır başkanıdır. Merhamet, cinsel perhiz ve ruh yönetimi üzerine yüzlerce risale yazmıştır[64].

6. Jean de Carpathus (VI. yüzyılın sonu). Hind keşişlerine tavsiyeleri vardır[65].

Antiochus de Saint-Sabas'dan ileride bahsedilecektir.

---

[61] S. Vailhé, Jean le Prophète, Dans Echos d'Orient, 1905, (t.VIII), p.154.
[62] P.G. 88, 1611-1838 ve 1837-1842, bkz: S. Vailhé, İbid.
[63] Edit, J. Cozza-Luzi, Dans Nova Patrum Bibliotheca, VIII, 1871, Rome, 4-156.
[64] P.G. 91, 1427-1470.
[65] P.G. 85, 791-812.

YEDİNCİ BÖLÜM
ENKARNASYON İLAHİYATÇILARI
(İSA'NIN TANRILAŞMASI)

I. MONOFİZİTLİĞİN SON HASIMLARI

Beşinci genel konsilde, monofizitlerle tartışmaları sona erdirememişti. Monofizitler, varlıklarını VII. yüzyılın sonuna kadar devam ettirmişlerdir. Ancak onlar, ilahiyat noktasından orijinal eserler ortaya koyamamışlardı: En azından onlar, Katoliklerin pozisyonlarının, birtakım mezheplerin erimeleriyle sağlamlaştığını ortaya koyuyorlardı:

1. **Eusébe de Thessalonique**[1]: Selanik Arşevekidir. Aziz Grègoire'ın[2] ifşa ettiği bir keşişi, on kitaplık uzun bir eserde eleştirmiştir. Ancak bu eserden sadece Photius'un yaptığı analiz kalmıştır[3].

2. Euloge d'Alexandrie: Antakyalı bir rahiptir ve 580 yılına doğru, İskenderiye'de patrik olmuştur. Monofizitliğin amansız düşmanlarından birisidir. Photius ona, Novatienlere[4] karşı yazdığı birçok yazıda, işarette bulunmuştur. Aynı işareti, Sévérien monofizitlere, Théodosienlere veya Gainitelere karşı yazdığı reddiyelerde yapmaktadır[5]. Yine, Teslis ve enkarnasyon konusunda birçok eser yazmıştır. Ondan önemli parçalar kalmıştır[6]. Bütün bu eserlerden sadece kısmi parçalar[7] ve Rameauxluların pazarı için bir konuşma kalmıştır[8].

3. Timothée de Constantinople (VII. yüzyılın başı): Şehirde bir kilisenin rahibidir ve maliye işlerine bakmaktadır. Heretiklerin uzlaşması üzerine bir risale yazmıştır[9]: Heretiklerden birçoğu, ona göre yeniden vaftiz olmalıdır.

---

[1] G. Bareille, Eusébe de th. Dans Dict. théol. col. 1551-1553.
[2] Epist, 1. XI, 74.
[3] Bibl, col. 162.
[4] Biblioth. cod. 182, 208, 280.
[5] İbid, cod, 225, 226, 227.
[6] O. Bardenhewer, théol. Quartalschrift, 1896, (t.88), p.353-401.
[7] P.G. 86, 2937-2964.
[8] P.G. 86, 2913-2938.
[9] De Receptione Haereticorum, P.G. 96, II, 74.

Özellikle Gnostikler, Maniheistler, Sabellienler ve genelde Teslis müzakerecileri ve pélagienler. Ayrıca, Quartodécimantlerin, Novatienlerin, Arienlerin, Apolinaristlerin ve nihayet Mélécienlerin, Nestorienlerin, Monofizitlerin, Euchitlerin hatalarını terk ettikleri için, aldıkları sakramentler geçerlidir[10].

4. Théodore de Raithou (VII. yüzyıl): Sina'da bir keşiştir. İncarnationla ilgili bir risale yazmıştır[11]. O, bu risalede, gerçek doktrinleri açıklayarak kristolojik hataları reddetmektedir. Muhtemelen De Sectis[12] isimli bir eseri daha vardır.

5. Anastase I. Antakyalı: Sina'da bir keşiştir. Orada ona, Sinaite ünvanı verilmiştir. 549'dan 570 yılına kadar ve 593'den 599 yılına kadar Antakya patrikliği yapmıştır[13]. Onun ismi altında dört vaaz neşredilmiştir. Fakat onların mevsukiyetleri şüphelidir[14]. Fakat birkaç teolojik risale, muhafaza edilmiştir. Bunlardan beş kitap, Teslis problemini ve kristoloji konusunu işlemekte[15] ve Hıristiyan doktrininin bir özetini vermektedir[16]. Bu yazarın doktrinel otoritesi, diğer bir Anastase (Sinaite) tarafından yazılan doktrinle gölgelenmiştir.

6. Anastase Le Sinaite[17] (630-700): Sina'da bir manastır başkanıdır. Asrının ilahiyatçılarından önde gelenlerindendir. Maalesef onun eseri önemli olmakla birlikte, istenilen ölçüde kesinlik kazanamamıştır. Onu şöhrete ulaştıran üç büyük eseri ona borçluyuz:

a. **Guide**[18]: Bu eser, 24 bölümdür. Monofizitlere karşı yazılmıştır. Bunlarla mücadele için yazar, birçok defa Mısır'a ve Suriye'ye gelmiştir. Akli ve felsefi deliller açısından bu reddiye çok önemli bir yer işgal etmektedir.

---

10 J. Tixeront, Hist. Dogm, II, p.232-233.
11 P.G. 91, 1483-1504.
12 P.G. 86, 1193-1268. Bu eseri J. P. Junglas, Théodore'a atfetmektedir.
13 Justin II onu görevden almış ve onun yerine Sinaiste Grègoire'ı (570-593) koymuştur. Ondan birkaç vaaz kalmıştır (P.G. 88, 1847-1886). İkinci defa Anastase'ın Antakya patrikliğine getirilmesi, S. Grègoire de Grand'ın isteğiyle olmuştur.
14 P.G. 89, 1361-1398. Burada dördüncü vaaz tamamen uydurmadır. Fakat 593 yılında tahta oturuş nutku ilave olunmalıdır. Bu Pitra tarafından Juris Eccl. Gr. hist. 1868, II, p.251-257.
15 P.G. 89, 1309-1362.
16 P.G. 89, 1399-1404. Anastas I için bkz: R. Janin, dans Dict. Hist. col. 460.
17 P.G. 89, Pitra, Juris, II, 257-275; J.B. Kumpfmueller, De Anastasio S. Wircebourg, 1865; Spacil, la théologiea di S. Anast Sin. Rome, 1923; S. Vailhé, Anast. le S. Dans Dict. théol. col. 1107; R. Jan'ın, dans Dict. Hist. col. 1482-1483.
18 P.G. 89, 35-310.

b. **Sorular ve Cevaplar**[19]: Bu kitapta sorular, kutsal kitapta ve farklı pederlerin imanla ilgili görüşleriyle cevaplandırılmıştır. Maalesef bugünkü haliyle bu esere birçok ilave unsurlar girmiştir.

c. **Hexaeméron**[20]: Bu kitap, **TEKVİN**'in başlarının alegorik bir tefsiridir. Mesihin ve kilisenin yorumu, mektuplar şeklinde bulunmaktadır ki o, bu konuda zorluk çekmektedir.

Ona isnat edilen risaleler, oldukça çoktur[21]. Bu risalelerin çoğu mevsuktur. Meselâ kommunyonla ilgili bir dua[22] ve itizaller ve sinodların küçük tarihi gibi risaleler[23]. Doctrina Patrum[24] isimli patristik antolojinin yazıldığı, az güven vermektedir. Anastase şaire benzemektedir. Yine ona, bir cenaze marşı atfedilmektedir[25].

Anastase'ın takip ettiği monofizitliğin şu veya bu şekli altında, daha çok VII. yüzyıla has olan bir hareket de Monothélisme'dir. Bu itizal, uzlaşma rengi altında yenileşmiş ve bu hata Kadıköy konsilinde (451) mahkûm edilmiştir. Burada onun iki amansız düşmanı olan St. Sophrone ve St. Maxime'den bahsedeceğiz.

II. YEDİNCİ YÜZYILDA KRİSTOLOJİK TARTIŞMALAR

A. Monothélisme

Justinien'nin[26] teşebbüsleri, Monofizitlerin muhalefetini sona erdirememiş, aksine Suriye'de ve Mısır'da, Monofizit Yakubi kiliseleri daha da güçlenmişti. Bu Monofizit Hıristiyanlar, Heraklius'un (610-641 Bizansına da düşmandılar. Diğer yandan Bizans imparatorluğu, İran'ın ve 634 yılından beri de Arapların tehdidi altındaydı. Bunun için Monofizitlerin, düşmanlarla ittifak yapmalarından korkuluyordu[27]. Böyle bir felaketin önüne geçmek için, kilise adamından daha çok Devlet adamı olan Patrik Sergius[28] (610-638) Monofizitleri, imparatorluğa bağlanmaları için onlara hafifletilmiş şekil al-

---

[19] P.G. 89, 329-824.
[20] P.G. 89, 851-1078 (12 kitap: 12.ci sadece Grekçedir).
[21] P.G. 89, 1077-1288, Pitra, op. cit; F. Nau, dans or. christianus, 1903, p.56-98.
[22] P.G. 89, 825-850.
[23] Pitra, op. cit.
[24] F. Diekamp, Munster en W. 1907.
[25] E. Bouvy, Echos d'Or, 1898, p.262-264, S. Petridès, dans Rev. Or. Chret. 1901, p.444.
[26] Bu kitabın baş kısmına bakılmalıdır.
[27] Hefele-leclercq, Hist. conc, III; J. Tixeront, Hist. Dogm. III, 160-180; J. Pargoire, L'Eglise Byzantine, p.157-167; A. Chillet, Le Monothelisme, Exposéet Critique, Brignais, 1911.
[28] Sergius'un birçok mektubu Mansi, Concil, XI'de muhafaza edilmiştir.

tında Katolikliği takdim etmiştir. Bunu, Heretik Monofizitlerle-Duofizit Katolikler arasında orta bir terimle yapıyordu: Bu Monothélisme'di. Buna göre, Mesihte tek bir irade vardı[29]. 620-630 yılları arasındaki yakınlaşma çalışmaları, 631 yılındaki ilerlemeyle, İskenderiye patriği Cyrus'un makamında taçlanmıştır. Cyrus, Sergius'un fikirlerine kendini adamıştı ve nihayet 633 yılında Mısır'da dokuz maddelik bir Aforoz formülü üzerinde birlik sağlanmıştı[30]. 634 yılında, Ermeniler aynı yolu taklit etmişlerdi[31].

633 yılından itibaren zeki Katolikler, Sergius'un verdiği tavizleri protesto etmişler ve böylece kristolojik alanda yeni tartışma başlatmışlardı. Bu tartışmalar, VI. Konsilin yapılacağı (680-681) zamana kadar elli yıl devam edecekti.

Bu tartışmaların gelişme menzilleri şunlardır:

a. St. Sophron'un muhalefeti karşısında Sergius, suçlama formülleri üzerinde susmayı empoze etmeye teşebbüs etmiştir. Papa Honorius'un (621-638) iyi niyeti karşısında o, hayret etmiştir. Bu taktikle[32] o, kazanmıştır ve Heraclius'a, kaleme aldığı Euthèse'i yayınlatmıştır[33]. Bu, çok belgirin şekilde Monothelist eğilim imanını ikrar ediyordu (638). Bunu, bütün Doğu kabul etmiş görünmektedir.

b. Gerçek Mukavemet Roma'dan gelmiştir: Jean IV. (640-642), Théodore I (642-649) bu mukavemeti yönetmişlerdir. Héraclius'un halefi olan Constant II (641-668), Echèse'i (648) kaldırmıştır. Fakat onun yerine Typéi[34] koymuştur. Bu yeni ferman, bir ve iki irade konusunda sessizliği isteyerek yirmi yıl boyunca imparator, hararetle şiddeti empoze etmeye yönelmiştir. Papa Martin I (649-655), bunu Roma konsilinde (649) mahkûm etmiştir. St. Maxime, bu zulmün en meşhur kurbanlarından birisi olmuştur.

c. Constantin IV. Pagonat (668-686) döneminde, sükunet yavaş yavaş gelişmiş ve özellikle St. Agathon (678-681) Papa olunca, onun otoritesini ta-

---

[29] Daha önce bu doktrin Antakyalı Sèvère tarafından açıklanmıştır. Bu doktrin 600 yılına doğru İskenderiye'de öğretilmiştir. Patrik Euloge, bu doktrini Teslis için yazdığı yazıda reddetmiştir. O Bardenhewer, op. cit. P.372, 374, 375; Sergius'un müdahalesi, bu doktrine politik bir seviye vermiştir.

[30] Mansi, Concil, XI, 564-568.

[31] Ancak Ermeni kilisesinin, Bizans kilisesiyle antlaşması çok kısa sürmüştür.

[32] Bu kitaba bakılmalıdır.

[33] Mansi'nin metni, Concil, X, 992-997. Bu ferman, operasyon terimini kullanmayı tasvip etmiyordu. Bunun yerine irade terimini empoze etmektedir.

[34] Mansi, Concil, X, 1029-1032. Bu ferman, operation ve irade terimini kullanmayı tavsiye etmektedir. Bu da, tartışmalara son vermek için yapılmıştır.

nıtmış ve VI. Konsilin gerçek iman formülünü kabul etmiştir. VI. Konsil, İstanbul'da 7 Kasım 680 ile 26 Eylül 681 yıllarında toplanmıştır. 691 yılındaki Trullo Konsili, Doğuda, V ve VI. Konsillerin tamamlayıcısı olarak kabul edilmektedir. Bu tamamlayıcılık, disiplin açısından da kabul edilmiştir[35].

2. Şimdi Monothelit doktrinin pozisyonunu ele alalım: Bu inancın savunucularının düşüncesini, daha iyi tanımak için bunu yapacağız. 633 toplantısının formülü[36], eski monofizit tariflerin çoğunu kabul ediyordu. Üstelik 7 Aforoz, Monoénergisme'i açıklıyordu. Bu aforoz, bir tek Mesih ve Oğul vardır diyeni inkâr ediyordu. Buna göre, S. Denys'in[37] dediği gibi, hem beşeri aksiyonlar hem de ilahi aksiyonlar bir tek THEANDRİQUE operasyonla icra ediliyordu. Birliğin unsurları, ruhun müşahedesi ve aklın ayrılığı ile belirginleşmektedir. Böylece orada, aklın ayırımı ile ilâhi ve beşeri operasyonun arasının ayrılığı kabul edilmektedir.

a. Monothélitler, Théandrique Opération'a dayanmaktadırlar. Onlar, ilahi ve beşeri bir tabiat karışıklığından bahsetmektedirler[38]. Fakat onlardan birçoğu, bu istikamette Mesihte sadece bir tek aktif, dinamik, kelime ve ilahi tabiat olduğunu söylemektedirler. Beşeri tabiat hareketsizdir, özel hayatı yoktur, bir âlete ve ruh isteyen bir bedenin organlarına benzemektedir[39]. Onun tabii yeteneklerinin hareket kaabiliyeti yoktur ve mevcut değiller gibidirler. İşte buna Monoenergisme denmektedir. Bu da bir çeşit, Monofizitliğin varisidir. Sergius, sadece başlangıçta bu bakış tarzını kabul etmiştir. Ancak bir şey kesin değildir[40]. Çünkü operasyonun aktif prensibi nedeniyle o, bazen enerji, aktif prensip operasyonu ve daha çok operasyon anlamı ile kullanılmıştır. Bunun için o, bu formülden iki anlama gelen bir başka formülü benimsemek için vazgeçmiştir. O zaman bu, onun hedeflerine daha uygun gelmiştir.

b. Bu irade terimi, 634 yılından beri, Sergius'un Papa Honorius'a[41] yazdığı mektupla en iyi cevabı vermiştir. Bu mektup, Monothélisme denilen

---

[35] Bu kitaba bakılmalıdır.
[36] Mansi, Concil, XI, 564-568.
[37] Bu esere bakılmalıdır.
[38] Bu kitabın baş kısımlarına bakılmalıdır.
[39] J. Tixeront, Hist. Dogm. III, p.175-176.
[40] Hatta bu konuda ihtimal de yoktur.
[41] Mansi, Concil, XI, 529-537; J. Tixeront, İbid, p.166-168; E. Amann, Honorius I, dans Dict. théol, vol. 99-101.

akımı derlemiş, Sophrone ile tartışmayı özetlemiş ve papayı yeni taktiğiyle kazanmaya çalışmıştır. Şöyle demek kâfi gelecektir: "Bir tek ve biricik Allah'ın oğlu Efendimiz İsa-Mesih, ilahi ve beşeri aksiyonları icra etmektedir."

Kilise Babalarında bulunan bu enerji terimi için, ondan sakınmak gerekmektedir. Çünkü o, şaşırtmaktadır. Fakat iki enerji formülüne gelince o, yeni bir formüldür. O, tehlikelidir ve skandalisttir. Çünkü o, Mesihte iki zıt iradenin varlığına götürmektedir. Hâlbuki Mesihin beşeriyeti, sadece kelime ile harekete geçmektedir. Bu, kelimenin ilahi iradesine uygundur. Nihayet Sergius, Honorius'a, sessizlik taraftarı olduğunu açıklamaktadır. O, imparatora, Mennas'ın Papaya yazdığı mektubu göndermiştir. Bu mektupta, pederlerin, Mesihteki tek irade ve tek enerji konusundaki şehadetleri belirtiliyordu[42].

Bu mektubun bizzat terimleri dikkatlice kullanılmış, tarihi çerçeveleri içine yerleşmiş ve Ecthèsé'e bağlanmıştır. O, resmi bir müeyyide olarak, Sergius'un hatasından şüphe etmeye izin vermemektedir. Mesihteki iradenin ahlâkî birliğini devam ettirmek için[43] o, onun beşeri varlığını ve hür irade aktivitesini reddetmektedir[44]. Mesihin beşeriyeti, iâhi iradeye, özel bir işte değil; kelimeden alınan bir nevi itişle uygun düşmektedir. Beşeri irade yok gibidir. Tabii yetenekler, açıkça reddedilmemişlerdir. Fakat onların icraatı, kelimenin iradesine bir çeşit mekaniklikle bağımlıdır[45]. Bu doktrinal pozisyon, Monofizitlere bağlanabilir. Onlar, daima Mesihin beşeri tabiatını azaltmaya hazırdırlar. Fakat Kadıköy Konsilinin karalarıyla uzlaşabiliyordu. Bunun için, o, önemli bir nokta üzerinde mücadele ediyordu. İşte tehlike de buradaydı.

B. Honorius'un Tutumu-Mahkûmiyeti

Honorius'un cevabı[46], yanlış bilgilendirilmiş bir adamın cevabı gibi olmuştu ve açık değildi[47]. İlk mektubunda[48] (634) o, bir veya iki operasyon

---

42 Bu mektup, daha önce Sergius tarafından İskenderiyeli Cyrus'a gönderilmiştir. Mansi, Conc. XI, 529, 532. bu mektup 680 konsilinde yasalarla reddedilmiştir.
43 Sergius'da samimi irade, geleneksel Ortodokslukta kalmaktadır.
44 J. Tixeront, Hist. Dogm. II, p.175.
45 Beşeri taraf üzerindeki kelimenin bu aksiyonu, bizatihi kişiliğin sıfatlarında değil, tabiatındadır. Denilebilir ki Monothelisme, Mesihin beşeri operasyonlarını ilahi tabiata ve bununla kişiliğe bağlamaktadır. Hâlbuki kutsal ilahiyata göre, iki tabiat, ayrı ayrı icraat yapmakta ve her ikisi de kelimeye bağımlıdır. J. Tixeront, Hist. Dogm. III, p.172-174.
46 Bunun için bkz: E. Amann, Honorius I, dans Dict. théol. col. 1262.
47 J. Bois, Constantinople (III conc. de), dans dict. théol. col. 1262.
48 Mansi, Cons. XI, 577-581 (P.L. 40, 474-475).

formüllerini reddettiğini beyan etmekte ve iki kategorik aksiyondan çıkan Uknumun birliği üzerinde ısrar etmekte ve şunu ilave etmektedir: Efendimiz İsa-Mesihte bir tek iradenin olduğunu ikrar ediyoruz. Çünkü bütün açıklığa göre, tanrısallık, bizim tabiatımızı almıştır. Fakat onda olan günah açısından değildir. Bu son kelimeler, ispat ediyor ki Papa, beşeri bir muhalefeti, ilahi iradede dışlamaktadır. Kesin şekilde bu anlamda kayıtsız olarak patriğin önerisini kabul etmektedir. Açıktır ki bu tasvip, Sergius'un formüllerine atfettiği anlamda değil, fakat Papanın gördüğü istikamettedir. Honorius'un, Bizans dokümanının ihtiva ettiği her şeyi görmediği kesindir. Onun tasvip ettiği sessizlik, bir taktikdi. Yeni teoriye karşı St. Sophrone'un protestosunu oldukça kötü kabul etmiş ve ona iki enerjili formülden vazgeçmesini de tavsiye etmiştir. Honorius'un, Sergius'a ikinci mektubu bize, bu olaylar hakkında bilgi vermektedir. Mektup, suçlanan formüllerden sakınmanın zaruretini kabul etmekte, fakat iki tabiatın her birinin kendisine özgü operasyonunu kabul ettiğini beyan etmektedir[49]. Bütün bunlara rağmen iki enerji formülünü o, reddetmektedir ve bunun tehlikesine işaret etmektedir[50].

Bu iki mektubun hudutsuz tesiri olmuştur: Bu mektuplar, Sergius'u teşebbüsünde ve Bizans politikasında, kırk yıl cesaretlendirmiştir. 680 Konsilinde Monothélistler, Honorius'u reklam etmişlerdir. Aslında bu bir haksızlıktı. Bunu açıklamamız gerekmektedir: Bazen bunlar, özel belgeler olarak görülmek istenmiştir. Fakat bu kanaatin dayanağı yoktur. Onları daha çok papalığın resmi mektupları olarak telakki etmek gerekir. Bunlar, doktrin konularıyla ilgilidir ve objektiftir. Fakat sessizlik taktiğini ilgilendiren kuvvetli tedbirsizliğin, bazı formüllerini yetkili olduğu yanlı tefsirleri unutmaksızın ve Papanın önceden haberdar olabileceğini düşünmek gerekir[51]. Niyetlerine ve Ortodoksluğuna rağmen o, itizale silah vermektedir. Bütün bunlar, 680 konsilinin katılıklarını, en azından kısmen açıklamaktadır.

680-681 (III. İstanbul Konsili, VI. Genel Konsil) Konsili, dogmatik bir kararla monothélit hatayı mahkûm etmiştir. Bu dogmatik yasa, iki tabiat ko-

---

[49] İki tabiat, tek Mesihte sıkıca birleşmiştir ve hareket halindedirler. Her tabiat, diğeriyle birleşmiş vaziyettedir. İlahi tabiat tanrıdır. Beşeri tabiat, bedendekini tamamlamaktadır. Her iki tabiatta değişim ve dönüşüm yoktur.
[50] Burada St. Sophrone'nun ona gönderdiği bilgiler vardır.
[51] Papa Jean IV, Honorius'un tek irade formülünü, Mesihin insaniyetinde iki zıt eğilimin olamayacağı şeklinde açıklamıştır. Asli günah nedeniyle bizde olduğu gibi. P.L. 129, 561-566. Ancak bu yorum, kesinlikle muhtevaya uygun değildir.

nusundaki Kadıköy konsili metninden alınarak, Mesihte, ayrılmayan, değişime uğramayan, bölünmeyen, birbirine karışmayan iki tabii operasyona iki fiziki iradenin olduğu ilave edilmiştir[52]. Bu karar okunmuş, XVII. oturumda kabul edilmiş ve XVIII. oturumda yazılmıştır. Bu konsil, on ay devam etmiştir. Geçmiş oturumlar, suçla ilgili doktrinlerle, pederlerin tanıklıklarıyla ve itizalin yeni hatalarıyla ilgili dosyaların incelenmesine tahsis edilmişti. Papa Agathon'un delegeleri (678-681), Konsile başkanlık yapmışlar ve hiçbir Doğu Konsili, Roma papalık makamının doktrinel otoritesi için bu kadar saygıyı gösterememiştir[53]. Papanın düşüncesinde itham edilen prensipler, mevcut Antakya patriği Macairé'le, eski İskenderiye patrikleri olan Cyrus'la ve İstanbul patriği olan Sergius'la ve Pyrrhus'la[54] ilgiliydi. Fakat XIII. oturumda, Honorius'un, Sergius'a mektupları okununca, konsil eski Papayı, şu terimlerle mahkûm etmiştir: Onlarla birlikte[55], vaktiyle Papa olan Honorius'u aforoz etmede ve Allah'ın kutsal kilisesinden sürgün etmede aynı fikirdeyiz. Çünkü o, Sergius'a gönderdiği mektuplarda, bu kanaatini devam ettirmekte ve kötü öğretilerini müeyyideleştirmektedir[56]. Son oturumda, bu tür suçları işleyenler de aforoz edilmişlerdir[57]. Sonuçta Honorius, Sergius tarafından önerilen "sessizlik takdiğini" tasvip etmiş ve öğretilere gelince o, sadece doktrini, ahlâkî birliği ve Mesihteki irade objektifliğini müeyyidelemişti. Heretiklerin, Ortodoksluğa karşı kullanabilecekleri birtakım yazıları da vermemiştir. Bütün bunlar, meşrulaşabilir ve aforozların ve heretik vasıflandırmaların, eskiler için, mahkûm edilen bir doktrinin inatçı taraftarının bugün bir anlamı yoktur ve ciddi olmayan sebeplere maruz kalmış durumdur[58]. Konsilin, Honorius olayı ile mahkûm edilen heresie olayının arasını ayırması doğru bir yol değildi. Kullanılan formüller, konsili engellemiş ve gerekli olanlar yapılmıştır. Papa Léon II (682-683), VI. Konsilin tasvibiyle, konsile kesin bir değer vermiş ve selefine karşı alınan bir tedbiri, benimsememiştir[59]. O, Honorius'un işinin ne kadar ciddi olursa olsun, diğerlerinden

---

[52] Denzinger-B, Ench. N.289-292, Mansi, Conc. XI, 635.
[53] Denzinger-B, İbid, n.288.
[54] E. Amann, op. cit. col. 112-113.
[55] Sergius, Cyrus herétiquesler.
[56] Mansi, Concil, N. col. 556.
[57] İbid, 665.
[58] E. Amann, op. cit. col. 117-119.
[59] Papa Léon II'nin mektubuyla, konsil metni arasında mübalağa yapılmıştır.

hissedilen şekilde ayrı olduğunu teklif etmiştir[60]. Bu teklif şöyleydi: "Biz, yeni hataları icat edenleri aforoz ediyoruz. Tabii ki Honorius'u da... O, Apostolik geleneğin öğretisiyle, Apostolik kiliseyi aydınlatmak için yeterli çabayı sarfetmemiştir. Böylece, lekesiz kilisenin, kirlenmesine izin vermiştir[61]. Léon II'nin, açıkça beyan ettiği gibi, hata büyük ihmaldir[62]. Şayet kirlenme heresie'nin formel öğretileri neticesinde olmamışsa, çok da önemli değildir. Ancak lekesiz kilisenin kiri, Honorius'un yazıları ile hatanın yayılmasına katkı sağlamıştır[63].

III. KUDÜSLÜ ST. SOPHRONE[64]

Monothelismi ilk defa ifşa etme şerefi, Kudüslü Sophron'a ait bulunmaktadır. Bugün eleştiriler ittifakla, Moschus'nun, Pré Spirituel'in muhtelif pasajlarında[65] bahsettiği sofist kimliğini kabul etmektedirler. Kudüs patriği Sophrone, yeni doğan monothelisme'e hücum etmiştir. Şayet bu tespiti kabul etmezsek, Sophrone'nun piskoposluğuna kadar hayatı hakkında hiçbir bilgiye sahip olamayız. P. Vailhé, Sophrone üzerinde uzun bir inceleme yapmış, onun kimliği üzerine eğilmiş ve onun kariyerinin belli başlı menzillerini özetlemiştir[66]. Sophrone, 550 yılına doğru Şam'da doğmuş, retorik öğretmenliği yapmış ve genç yaşta Filistin'de keşiş olmuştur. 578 yılında, Moschus ile birlikte Doğuya, Mısır'a seyahat yapmıştır. Bu vesileyle Sina'ya, Filistin'e, Kuzey Suriye'ye gitmiş ve 604 yılına doğru Moschus ile birlikte İskenderiye'de kalmıştır. Orada patrik Jean Aumônier'nin dostluğundan yararlanmıştır. 615 yılında iki dost Roma'ya gelmişler ve Moschus 615 yılında vefat etmiştir. Sophrone, Filistin'e tekrar dönmüş ve artık kesin olarak oraya yerleşmiştir. 634 yılında da Kudüs'te patrik makamına oturmuştur.

---

[60] Mevcut durumda papanın yapacağı bundan ibaretti. Barışın iyiliği, ona uzlaştırıcı bir pozisyonu empoze etmiştir. O, metnini daha fazla hafifletemezdi. Bu şartlar, onların açıklanmasını gerektirmektedir.
[61] Mansi, Concil, XI, col. 733.
[62] Kısa bir zaman sonra, İspanya piskoposlarına yazılan mektup. Mansi, Concil, XI, col. 1050.
[63] Honorius problemi çok sayıda literatür meydana getirmiştir. Bkz: E. Emann, op. cit. col. 123-132.
[64] P.G. 87, 3147-4014; S. Vailhé, Sophrone le Sophiste et Sophrone le Patriarche, dans Rev. Orient Chret, 1902, p.360-385; 1903, p.32-69 ve 356-387; J. Tixeront, Hist. Dogm. III, p.164-166; E. Amann, Honorius I dans dict. théol. col. 105; E. Bouvy, Poètes et Mélodes, p.169-182; P. Emereau, Hymnogriphi Byz, op. cit. 1925, p.173.
[65] Pré Spir, c.21, 69, 92, 102, 106, 157, 162.
[66] Op. cit. 1903, p.368-369.

Sophrone, Moschus'un yalnız arkadaşı değildi. Aynı zamanda onun çalışma arkadaşıydı. 619 yılından sonra Sophrone Pré Spirituel'i[67] yayınlamış ve S. Jean l'Aumônier'in hayatını son defa elden geçirmiştir[68]. Sophrone, tezkere yazarlığında acemi değildi. 610 yılından önce Vie de St. Marie L'Egyptienne[69]'ni yazmıştır. Daha sonra, Mısır şehitleri üzerine Cyret Jeani yazmıştır. Bu eser, İskenderiye'de çok rağbet görmüştür (610). Oldukça uzun olan bu eser, iki azizin övgüsünü ve 70 mucizeyi ihtiva etmektedir[70].

S. Sophrone, birtakım şiirler de yazmıştır. Bu şiirler, eski ölçülere uygundur. Özellikle 23 odes anacréontique'e uygundur[71]. Bunlar kilise bayramları için kompoze edilmelerine rağmen, liturjide kullanılmamışlardır. Sadece, Noel'de, Epiphanie'de ve Kutsal Cumada okunmuşlardır. Triodion[72] onun değildir.

Daha önemli olan pastorale eserler şunlardır:

a. 10 Homelie[73]: Bunun 3'ü piskoposluğa aittir. Çoğu Mesih, Bakire veya Azizler bayramında okunmuştur. Meryem'in hamileliğini, Cebrail'in haber vermesi üzerine (Annonciation) söylenen Homelie, kristolojik doktrinle ilgilidir.

b. İki Disiplin Yazıları: Bunlar, günah itirafları[74] ve Havarilerin vaftizi üzerine yazılmışlardır[75].

c. Monothelisme'e karşı, Sophrone'nun iki yazısı: La Lettre Synodale d'İntronisation[76] (634)-Recueil de textes patristique (600). Bu iki kitap halinde gruplanmıştır. Bunlar, papa Honorius'a gönderilen mektuba eklenmiştir. Ancak bu derlemeye maalesef sahip değiliz.

St. Sophrone henüz basit bir keşişken dostu Maxime ile 633 Cyrus'u Ortodoksluğa getirmek için boşuna çaba harcamıştı. Yine Sergius'u doğru yola getirmek için İstanbul'a boşuna gitmişti. 634 yılında Kudüs'e döndüğünde,

---

[67] Bu esere bakılmalıdır.
[68] Ancak bu eser kaybolmuş sadece Métaphraste tarafından alanında birkaç parça kalmıştır. P.G. 114, 896.
[69] P.G. 87, 3697-3726. P. Delmas, dans Echos d'Orient, 1901 ve 1902.
[70] P.G. 87, 3379-3424, 3423-3676, S. Anastase (P.G. 92, 1679-1730).
[71] P.G. 87, 3733-3838.
[72] Bu kitaba bakılmalıdır.
[73] P.G. 87, 3201, 3364 ve 4001-4004.
[74] P.G. 87, 3365-3372.
[75] P.G. 87, 3371-3372 ve 92, 1075-1078, Pré, 176; Clément A.L. Hypotypose, V.
[76] P.G. 87, 3147-3200.

Patrik seçilmişti[77]. Hemen bu konudaki tartışmaları bırakarak, otoriteyle sinodda görünmüştü. İntronisation mektubuyla, yeni tezlere karşı sertçe tavır almıştı. Diplomat piskoposların karanlıkta aradıkları problemlerde, nihayet dalga dalga ışık parlayacaktı.

Mektup, Doğu patriklerine ve papaya gönderilmişti. Ayrıca papaya yukarıda işaret edilen bir dosya da takdim edilmişti. Fakat Honorius, Sergius tarafından Sophrone'a karşı daha önce bilgilendirilmişti. Bunun için gönderilen bilgilerden yararlanmak uzak bir ihtimaldi. Papa, Kudüs piskoposundan Sergius'a[78] karşı muhalefetinden vazgeçmesini talep etmişti. Sophrone, yaşlı olmasına rağmen, durumun ağırlığını papaya bizzat giderek anlatmıştı. Çünkü papa, olayı tamamen bilmiyordu. Arapların yaklaşması, onun piskoposlukta kalmasını zorlamasa da, Kudüs 635-636 yıllarına doğru kuşatılmıştı. Patrik şehrin savunmasına bizzat katkı sağlamıştı ve nihayet Hz. Ömer'le Kudüs'ün teslim olmasını müzakere etmişti. Kudüs Hıristiyanları için, dini ve sivil hürriyeti, yıllık cizye karşılığında elde etmişti[79].Ancak O, bu acı olayları yaşamadan, 638 yılında vefat etmiştir.

St. Sophrone'nun kristolojik doktrinine dikkat etmemiz gerekmektedir. O, vaazlarda ve lettre d'intronisation'da açıklanmıştır. İntronisation, yüksek değerde teolojik bir belgedir. "Teslisin ve incarnationun" tam bir açıklaması yapıldıktan sonra, tatmin edici tarzda problemi çözmeye imkân veren yegâne prensibi net bir şekilde ortaya koyarak problemi çözmeye başlamaktadır: Mesin, bir ve ikidir. O, hipostase ve şahısla ilişkileri altında BİR'dir. O, karşılıklı sıfatları ve tabiatlarıyla ilişkilerde İKİ'dir. O, tabiatıyla eserleri var etmekte ve hatta bunu, her tabiata bağımlı kaliteye uygun olarak veya onun için gerekli olan sıfatlara uygun olanla yapmaktadır. Böylece o, ilahi işlerle, beşeri işleri tamamlamaktadır. Ancak farklı prensiplerle bu olmaktadır. Çünkü iki tabiatın her biri, her türlü karışımdan ayrı olarak aktif güçlerini muhafaza etmektedir. Bu sağlam temel üzerine, Sophrone korkusuzca, Mesihteki iki operasyon teorisini oturtmaktadır. Sinodla ilgili mektubunun büyük bir kısmını bu fikri geliştirmeye tahsis etmiştir. Burada belirtmek gerekir ki iki irade problemi de burada kaldırılmamıştır[80]. Sadece bu anlamdaki

---

[77] S. Vailhé, op. cit. 1903, p.32.
[78] Bu kitabın ilgili bölümüne bakılmalıdır.
[79] S. Vailhé, İbid, p.65-66.
[80] J. bois, Constantinoble (III. Conc. de), dans Dict. théol. cool. 1262-1263, E. Amann, op. cit.

tartışmalar, henüz ortaya çıkmamıştı. Sophrone'nun birbirinden ayrı iki fizik operasyondan başka biricik hipostatik bir iradeyi kabulü biraz mübalağa olacaktır[81]. 680 konsili, Sophrone'nun doktrinini kabul etmiştir. Patrikin ölümünü takip eden tartışmalarda, **"İki Fiziki Enerji Formülüne"**, "iki fiziki irade formülü"nü konsil ilave etmiştir.

St. Sophrone, geleneksel imanın savunucusu olarak büyük bir rol oynamıştır. Sergienne belirsizliğini yok etmek için, ona nâdir bir nüfuz gerekmekteydi. Bununla beraber o, ondan daha filozof olan St. Maxime tarafından geride bırakılmıştır. Sophrone'a, üslubundaki şatafat ve uzatmalardan dolayı sitem edilmiştir. Her şeye rağmen, onun şiiri, çoğu defa klasik bir safiyette daima beğenilmiştir[82].

IV. AZİZ MAXİME LE CONFESSEUR[83]

St. Maxime, sarayın ilahiyatına sert mukavemetiyle "Confesseur=İnancını Açıkça Söyleyen" ünvanını almıştır. Onun bakışının garip nüfuzu da ilahiyatçı ünvanını doğrulayacaktır. Maneviyat konusundaki yazılarının derinliği ve onların sayıları onu, Doğunun belli başlı mistik yazarlarından biri yapmıştır.

Vita Sahcti Maximi[84] sayesinde onun tarihi yeterince tanınmıştır. Boşluklarına ve övgü havasına rağmen bu eser değerlidir. Maxime 580 yılına doğru İstanbul'da doğmuştur. Ailesi koyu Hıristiyandı ve yüksekti. Yönetim mesleğine girmişti ve Héraclius döneminde, imparatorluğun ilk sekreteri olmuştur. 613 yılına doğru, dünya şerefinden bıkmış olarak, dünyayı terk etmiş ve Chrysopolis'in manastırlarından birine kapanmıştır. Muhtemelen o, manastır başkanlarından birisidir[85]. Tanrı onu, inayetiyle imanı savunması için kilisesine göndermişti. Çünkü Hıristiyan imanı, Monothelistlerce tehdit altındaydı. Bu inanç önce, Mısır'da 633 yılında gelişmişti. Orada St. Sophrone, o dönemde bulunuyordu. Constant II'nin saltanatı döneminde o,

---

[81] J. Tixeront, Hist. Dogm. III, p.166.
[82] E. Bouvy, op. cit. S. Vailhé, op. cit. 1903, p.383-384.
[83] P.G. 90-91 ve P.G. 4; V. Grumel, Notes d'Histoire et de Chronologie Sur La Vie de St. Maxime Le Confesseur, dans Echos d'Orient, 1927 (t.26), p.24-32; Maxime de Chrysopolisou Max. le Conf. Dans. théol. vol. 448-459; J. Tixeront, Hist. Dogm. III, p.188-192; H. Straubinger, Die Christologie des hl. Maximus Conf. Bon, 1906; P. Pourrat, la Spiritualité, Chrétienne, I, p.474-477; A. Saudreau, La Vie d'Union á Dieu, p.67-76; J. Pargoire, L'Eglise Byzantine, p.240-245; L. Duchesne, L'Eglise du VI. Siécle, Paris, 1926, p.431; R. devresse, la vie de S. Maxime, dans Anal, bolland, 1928, p.5-49.
[84] P.G. 90, 67-110. Bu konuda bkz: P. Grumel, Echos d'Onout.
[85] Eskiler bu ünvanı kullanıyorlardı. Fakat burada **abbe** kelimesi, bir saygıyı ifade etmektedir.

imparatorluğun en gözde Katolik muhalefetinin en büyük temsilcisiydi. O, aydınlığı en uzaklara taşıyordu. Hatta onun aydınlığı bu dönemde İstanbul'da bile yoktu[86]. O, uzun süre, Latin Afrika'da kalmış ve Monothélisme'e karşı tavrını sergilemiştir. O, Kartaca'da Pyrrhus'la zıt bir konferansa girmiştir. Pyrrhus 638'den 641 yılına kadar Bizansta Sergius'un halefi olmuş, sonra makamını bırakmış, politik nedenlerle mahkûm olarak kaçmıştır. Maxime, Katolikliğini beyan eden hasmına karşı zafer elde etmiştir. Konferansın sözlü davası[87] Maxime tarafından kaydedilmiş ve muhafaza edilmiştir. Bu belge, tartışılan konu hakkında, ilk derecede dogmatik bir belgedir. Pyrrhus, St. Maxime ile 646 veya 647 yılında sözünü geri almak için Roma'ya gelmişti. Fakat aforozu gecikmemişti. St. Maxime, Roma'da gerçek imanı savunmaya daha hararetli şekilde kendini vermiştir. Onun 649 konsilinde çok önemli bir payı vardı[88]. O, Romalılar gibi Monothelisme konusunda patristik bir dosya teşkil etmiştir. Fakat onlarınkinden daha az gelişmiştir. Onun dikkatini merkezileştirdiği felsefi problemin yanında, entelektüel problemleri çözmeye de kendini vermektedir. Çünkü o, onun önemini diğerlerinden daha fazla biliyordu. Polemik ve teolojik risalelerinde bu çok açık görülmektedir. Bunlar genelde Monofizitliğe ve Monothelisme karşı yöneltilmiş yazılardı. Ancak, bunların yazılış tarihleri bilinmemektedir. Onun tartışmasız tesiri, Doğulu yenilikçiler, onun, kendileri için korkunç bir hasım olduğunu açıklamaktadır.

653 yılında o, Roma'da yakalanmış ve zorla İstanbul'a getirilmiştir. Onun Type'i reddetmesi üzerine 655 yılında, iki arkadaşı ve talebeleri ile birlikte sürgüne gönderilmiştir. Bunlar, Anastase l'Apocrisiaire ve Anastase le Moine'dı[89]. Dava evrakları, muhafaza edilmiştir[90]. Yedi sene sonra üç confesseur yeniden valinin karşısına çıkmışlardır. Onlar davalarında ısrar ettikleri için kırbaçlanma, elini ve dilini kesme cezasına mahkûm edilmişler ve Kafkasya'ya sürgün edilmişlerdir. Maxime orada, maruz kaldığı işkencelerden sonra, vefat etmiştir (13 Ağustos 662).

---

[86] İran istilası sırasında Anadolu'daki manastırını terk etmiştir.
[87] Disputatiocum pyrrho; P.G. 91, 287-354.
[88] St. Maxime, Roma'nın Apostolik otoritesi üzerine, çok açıklayıcı bilgiler vermiştir. Bkz: V. Grumel, l'Union des Englires, 1927, p.295-311.
[89] Anastase l'apocrisiure, bir mektup ve Monothélite harekete karşı da derlenmiş bir metin bırakmıştır (P.G. 90, 173-194), Anastase le Moine. İki mektup bırakmıştır (P.G. 90, 133-136).
[90] P.G. 90, 135-170.

Aziz Maxime büyük bir ilahiyatçıydı. Onun tercih edilen üstadları St. Grègoire de Nazianze'dir. Ondan pasajlarda çok açıklama vardır[91]. Denys l'Aréopagite'i, o, St. Paul'un talebesiyle aynileştirmiş ve ona büyük hayranlık duymuştur. O, Denys'i yaptığı tefsirlerle Katolik muhitlere dâhil etmektedir[92]. Bu yazarla o, Eflatunculuğa bol bol girmekte ve Aristo'yu bilmektedir. Ondan dilde ve tariflerinde ilham almıştır. Aynı zamanda o, bir skolastiğin sertliğine ve açıklığına sahiptir. Ona, birkaç eserde sentez yapmadığı için esef edilmemelidir. Bunun için biz onun De Anima[93] risalesinin takdim ettiği Antropoloji denemesi üzerinde ve Grègoire ve Denys'in işaret edilen tefsirlerinin ihtiva ettikleri ilahiyat üzerinde ne de procession du Saint-Esprit[94]'e tahsis edilen kısa eserden bahsetmeyeceğiz. Ancak onun kristolojisinden kısaca bahsedeceğiz:

St. Maxime'in, Mesih konusundaki eserleri, özellikle önemlidir: Bunlar, discussion Avec Purrhus ve Teolojik Risaleleridir.

Maxime'in 45 mektubu muhafaza edilmiştir[95]. Bunlar ilahiyat risaleleridir. Bunlar incelenen sorularla yayılmıştır. 12-15 arasındaki mektuplar gibi. 2.ci mektup, merhameti, 4 mektup, kaderi işlemekte ve zahitlikle ilgilenmektedir. Bütün mektupların yüksek bir değeri vardır ve azizin dindarlığını açıklamaktadır.

İlahiyat ve polemik risaleler[96], kısa bir inceleme derlemeleridir. Bunlar, Katoliklerle, Monofizitlerin veya Monothilitlerin arasındaki tartışmalardır. Bunlar, çok otantik görünen ve sonradan yazılan bir yorumla rahip Marin'e bir adresle gelmiştir. Bütün bu yazılar, doğrudan ve dolaylı olarak kristolojik problemle ilgilidir. Birçok açıklamalar, didaktik olarak verilmiştir.

Onun kristolojik doktrini[97], Katoliklerle Monothelistleri aynı konu üzerinde belirginleşmiştir. Bunlar, ayırıma imkân veren iki mefhum etrafında toplanabilir: Operasyon ve irade mefhumları gibi.

---

[91] P.G. 91, 1061-1418.
[92] Denys l'Arèopagite'in eserleri yayımlanmıştır. P.G. 4, 15-432, 527-576. Maşime'in diğer yazısı için: Ambiguorum liber (De Dionysio et Grègorio), P.G. 91, 1031-1060.
[93] P.G. 91, 353-362.
[94] Risalelerin arasında P.G. 91, 133-138.
[95] P.G. 91, 363-650.
[96] P.G. 91, 9-286 (opuscula theologica et polemica ad Maximum).
[97] J. Tixeront, Hist. Dogm. III, p.188-192.

a. **Operasyon:** Temelde bu, tabii bir şeydir. O, onun zaruri prensibidir[98]. Şahıs, eyleme özel bir ahlâkî değer verse bile o, fiziki olarak kaynak değildir. Bu rol, tabiata aittir. Böylece her tabiatın kendine özgü operasyonu vardır. Mesih, iki tabiata sahiptir. İki operasyon ve birbirinden tamamen ayrı iki aktiviteye sahiptir: Kelimenin aleti olarak beşeriyeti azalmaktadır.

Bu Apollinarisme'e veya Nestorianisme'e kaymaktır[99]. St. Maxime, pederlerden gelen itirazları çözmektedir. Şüphesiz St. Cyrille'de, bir operasyondan bahsetmiştir. Fakat o, Mesihin iki tabiatının iştirak ettiği bir tek işe işaret ediyordu. Beşeriyetin rekabetiyle kelimenin gücü tarafından icra edilen bir mucizeyle olan işe[100].

Théandrique operasyona gelince, ondan Denys bahsetmektedir. Maxime, nüfuzla ve iletişimlerinin faziletiyle iki tabiatı birleştiren ve onların karşılıklı ani iştirakiyle St. Cyrille'de olduğu gibi bir işe katılımıyla olmasını talep etmektedir[101].

b. **İrade:** Maxime, Mesihin beşeriyetinde, irade yeteneğini ve bizzat iradeyi ve hürce iradeyi kabul etmektedir. Hem de bunu, tabii zekâya özgü olarak kabul etmektedir. Fakat o, iradeyi reddetmektedir. Yani istenen şeyin seçimini, tespitini ve tasvibini reddetmektedir[102]. Çünkü bütün bunlar, önceden bir incelememizi gerekli kılmaktadır. Yani eşyanın noksan görünüşünden gelen bir nevi tereddüdü gerekli kılmaktadır. Çünkü daha çok bir insiyatifi ihtiva etmektedir. Doğuda, genelde bu (personne)'a atfedilmektedir[103]. Yenilikçilerin, beşeri fizik iradeyle ilahi irade arasında iddia ettikleri gibi, tartışmadan[104] korkmamak gerekir. Çünkü bir tek isteyen vardır, bir tek operasyon vardır, bedenleşmiş kelime vardır: İnsaniyet, ilahi iradeye uyacaktır. Fakat serbest bir eylemle, kendiliğinden olmaktadır.

---

[98] Şayet operasyon, şahsa bağlanmak istenirse, Allah'da üç operasyonu ayırmak gerekecektir. Bu ise, açıkça sapıklıktır. Disputatio cum pyrrho: P.G. 91, 289.
[99] Opusc. théol, P.G. 91, 64.
[100] Disp. Cum pyrrho, P.G. 91, 344-345.
[101] İbid.
[102] Opus théol. Başlangıçta St. Maxime, ayırımları ortaya koymaktadır. Fakat biraz karmaşık olarak belirtmektedir. Onu, S. Jean Damascéne tekrar almaktadır. Bkz: M. Jugie tarafından belirtilen liste: Dict. théol. col. 713 ve 734.
[103] M. Jugie, İbid, 713.
[104] Opus. théol. Disp. Cum Severianus, P.G. 91, 30.

Birliğin bir çeşit dizaynında[105], Maxime, daha geniş bir dizayn ortaya koyuyor. Buna göre, insaniyetin ve ilahi yönün ahlâkî ahenginde ve fiziki bir ikiliğin gerekli olduğunu ileri sürmektedir. Sırayla bu, iki iradenin aheninin zenginliğinden çıkmaktadır. Mesih onunla, bize yakın bir model olmaktadır. Maxime, zahit, mistik ve ilahiyatçı olarak, Hıristiyan hayatlarında bunu meydana getirmeye, her şeyden önce talebelerini davet etmektedir.

V. ZAHİT VE MİSTİK OLARAK MAXİME

Maxime'in spiritüel eseri bize, oldukça yayılmış görünmektedir. Diğer onun ismiyle derlenen farklı yazılarının mevsukiyeti oldukça şüphelidir. Bu eserlerin ilk sırasına kutsal kitap üzerine yazılan yazıları yerleştireceğiz. Bu yazılar, spiritüel olduğu kadar da tefsire ait bulunmaktadır.

1. Kutsal Kitapla ilgili eserler, Mesihin hayatının kronolojisinden başka[106] azizin arkadaşı olan **Thalassius**'a büyük bir eser gönderilmiştir. Bu kitap, Thalassius'un, Maxime'e, Kutsal Kitap üzerine sorduğu 65 sorunun cevaplarından derlenmiştir[107]: Yazar burada övgü ile spiritüel anlamı veya gizemi teşhir etmekte ve bize, kendisinin murakabeli hayatının endişelerini anlatmaktadır. Théopempte'nin[108] risalesi, bir avukat tarafından, İncilin birtakım ayetleri konusundaki sorulan üç zor soruya cevap vermektedir. Tefsir yönünden ve spiritüel yönden, 59. mezmura tahsis edilen iki açıklama çok önemlidir. Bu eserler, Deus repulisti repulisti nos et destruxisti nos[109] ve Pater[110]'dir. Bu son tefsir, tamamen teolojik tavrıyla eskilerin problemlerini ve aynı zamanda ahlâkî problemleri çözmektedir: Yedi konu ele alınmıştır: 1. Allah'ı bilmek, 2. Tanrısal evlat edinme, 3. Meleklere benzeme, 4. Allah'ta Hayat, 5. İnayetle tabiatın yükselmesi, 6. Günah yasasının tahribi, 7. Şeytanın bozgunluğu.

2. Zahidane Eserler, belli başlı dört prensibe indirilebilir:

---

[105] J. Tixeront, op. cit. 192.
[106] Bratre tarafından, Zeitsch für Kirscheng, 1892 (XIII), p.382-384'de neşredilmiştir.
[107] Questiones ad Thalassium de Scriptura: P.G. 90, 243-786; yapılan yorumlar başkasına aittir. Thalassius (Libya'da bir manastır başkanı) zahidane bir derleme bırakmıştır.
[108] P.G. 90, 1393-1400.
[109] P.G. 90, 855-872.
[110] P.G. 90, 871-910.

a. **Liber Asceticus**[111]: Bir manastır başkanı ile genç bir rahibin, dini hayat üzerinde ödevler konusundaki diyalogundan ibarettir. Bu ödevler, bir şahaserde şeklin basit aydınlığı kadar, doktrinin hikmeti olarak da geçmektedir.

b. **Capita de Caritate**[112]: Bu eser, 400 numarada gruplanmış bir özeti ihtiva etmektedir. Fakat cevher dolu bir özettir. Bunlar, spiritüel, zahidane ve mistik bir doktrinin, merhametin gelişmesi olarak takdim edilmiştir.

c. 200 Capita Theologica et qeconomica et les capita Alia (343 Capita)[113]: Bunlar önceki esere, hem şeklen hem de konu olarak bağlıdırlar.

Benzer bir derleme St. Maxime'e de atfedilmektedir. Ancak bu kesin değildir[114].

3. **Mistik Eserler**[115]: Mistik kelimesinin eski anlamını, Denys'in daha önce işaret ettiği tefsirler olsun, aynı yazardan mülhem bir eser olan Mystagogie'de olsun, St. Maxim, takdim etmektedir[116]. Mystagogie'nin 24 pasajında o, farklı sembolleri takdim etmektedir. Onlarla Ruh, Allah'a yükselmektedir. Özellikle kilise konusunda ve orada icra edilen ayinler konusunda, Denys'in "Hiérarchie Ecclesiastique"inde yaptığı gibi...[117] Maxime, bu kadar büyük bir üstadın eserini yeniden alma cesaretinin olmadığını beyan etmektedir. O, büyük bir bağımsız fıkhı, pozitif ve negatif ilahiyat doktrinini belirttikten sonra onu, taklit etmektedir. Bu eseri, Hıristiyan bayramlarının ve tarihinin mistik bir açıklaması olarak görebiliriz[118].

Maxime'ın spiritüel doktrini, geleneksel doktrinin güzel bir yankısıdır: O, eski yazarların eserlerini okumuş ve tefekkür etmiştir. Kendisi bizzat Capita de caritate'nin başında[119], peder Elpide'i beyan etmektedir. Şüphesiz, l'Aréopagite'in etkisi çok derindir. Fakat sadece o değildir. Ancak, onun onda çok ayrıcalıklı bir yeri vardır. O, onun düşüncesinde büyük bir yer tutmaktadır. Onunla o, başkalarından daha iyi bir şekilde beşeri tabiatının

---

[111] P.G. 90, 911-956.
[112] P.G. 90, 959-1080.
[113] P.G. 90, 1083-1176.
[114] P.G. 90, 1177-1392; M. Soppa, Dresde, 1922, cf. Rev. Hist. Eccl. 1924, (t.XX), p.126-127; Loci Communes, P.G. 91, 721-1018.
[115] Bu konuda I. cilde bakılmalıdır.
[116] P.G. 91, 657-718.
[117] Bu kitabın ilk bölümlerine bakılmalıdır.
[118] P.G. 91, 1217-1280; Yine Maxime'e üç ilahi atfedilmektedir. P.G. 91, 1417-1424.
[119] Cap. De Carit, Prolog.

bütünlüğünü savunmak için sırları daha iyi tefekkür etmiştir. Denys gibi[120], inayetle tanrılaşmamızı öğretmektedir[121]. Fakat bunu, kurtarıcının rolü üzerinde daha çok ısrar ederek yapmaktadır.

Mesih, bizim sadece kurtuluşumuzun yegâne sebebi değildir. O, bizim için örnek bir davadır: O, bizim tanrılaşmamız için ideal bir tiptir. Çünkü onun beşeri iradesi, ilahi iradeden fiziki olarak ayrılmaktadır. Onun beşeri iradesi, tamamen kelimeye bağlıdır. Böylece Tanrı ile tam bir ahlâkî birleşme olmaktadır. İşte o, ondan itibaren "Mesihin Taklidi", Hıristiyan ilahiyatının en büyük yasasıdır. Özellikle Maxime'in "Livre Ascétique"in başında beyan ettiği gibi[122]. Bu kitap, bu konuyu incelikle ve kararlılıkla geliştirmektedir: Bu taklit, ruhun düşmanlarına karşı savaşın, murakabenin ve duanın yasası olacaktır. Kısaca, faziletin ve merhametin yasası olacaktır.

Maxime'in zahitliğinde, özel aşk[123], çok geniş bir yer tutmaktadır ve eski keşişlerin sekiz kategoride açıkladıkları bütün kötü temayülleri özetlemektedir. O, onları çok iyi bilmektedir. Bu engeller, nikâhsız yaşamadan gelmektedir ve kötü ruhların müdahalesiyle ağırlaşmaktadır: Hıristiyanlar, daima bu igvaları, Mesihin yaptığı gibi cesaretle, sabırla, ibadetle yenebilirler[124]. Bu çabalar, inayetin yardımıyla Ruhu, dâhili barış haline sevk edecektir[125]. Bu hal, nikâhsız yaşamayı hafifletecek ve hiçbir kirin ve kötülüğün dâhili olarak kendisine çekemediği bir tabiat bütünlüğüne dönecektir: Bu formül, bizzat Maxime tarafından, inayetin ve duanın sonuçları konusunda verilmiştir[126]. Oruçla ve sükûnetle[127] yapılan dua, ruhun en büyük güçlerinden birisidir ve dini düşüncelerin uygulanması için dikkatsizliği ekarte etmeyi gerekli kılmaktadır: Tapınağa böylece girilir. Fakat sadece sessiz dua, azizler azizine dâhil etmektedir[128]. Bu, mükemmellerin duasıdır.

Üç sınıf Hıristiyan mümin vardır: **Başlayanlar**. Onlara korku rehberlik etmektedir. **İlerleyenler**. Onları vadedilmiş mükâfatların ümidi çekmekte-

---

[120] Ciel, hier, 1, 3; Eccl, hier, 1, 3.
[121] Ex. Orationis Dominicae.
[122] Liber asc, 3.
[123] Quaest ad Thalas, Prolog, Cap. De car, II, 9; III, 7, 8, 18, 20, 56, 57.
[124] Liber asc. 13-25, yine bkZ: Exp. Arat. dom.
[125] Cap. De Car. 1, 36, IV, 13, 92; Cap. Alia, 71, 72, 121.
[126] Expos. Orat, Daminicae.
[127] Alia cap. 124.
[128] İbid, 102, 180-182.

dir. Mükemmeller. En saf dindarlık duygularıyla hareket edenler[129]. Bu mükemmeller, iç barışa sahiptirler ki bu, zahitliğin hedefidir. Daha önce bundan bahsedilmiştir. Onlar, ibadetlerinde, onları murakabeye götüren en yüksek aydınlığı elde etmektedirler. Bundan Maxime, oldukça sık şekilde, De Caritate'ın[130] ilk kitabının sonunda veya Capita Alia'nın sonunda[131] bahsetmektedir. Bu aydınlıklar, hikmete bağlıdırlar ve bu, Ruhun bağışlarından biridir ki yazar bunu "imanın gözleri" olarak isimlendirmektedir[132]. Yine bununla ruha, Allah'ın bilgisi veya duanın meyvelerinden birisi olan ilahiyat bilgisi verilmektedir[133]. Fakat mükemmellerin en değerli armağanı olan bu, her şeyi düzenleyecektir. Geriye merhamet kalmaktadır. O da azizin maneviyatında çok büyük bir yer tutmaktadır[134]. Merhamet, gerçekten Ruhu, ona evlat edinmenin gerektirdiği duyguları vererek onu, ahlâken Allah'la birleştirmektedir. Öyle ki bu derinlik, eş ünvanını ortaya koymaktadır[135]. Bütün bu armağanlar, Mesihten gelmektedir[136]: O, ruhlarda imanla yaşamaktadır. Onunla hikmetin bütün hazineleri ile ve onda gizlenmiş ilimle, Hıristiyan onu, bulamasa da, onlar onu, yalnızlıktan kurtaracaklardır[137].

---

[129] Mystagogie, c. XIV.
[130] Cap. De Caritate, I, 86-100. O, bu konuda Denys'e ve Grègoire le Grande'a atıfta bulunmaktadır. cft. İbid, IV, 79.
[131] Capita Alia, 141.
[132] Ad Thalass, 94. 44, cf. capita de car. 69.
[133] Expos. Oral. Dominicae.
[134] Capita de Caritate, Le Liber Asceticus et la Lettre, IV.
[135] Capita Alia, 171.
[136] Cap. De Caritate, IV, 77.
[137] Cap. De Caritate, IV, 69-72.

SEKİZİNCİ BÖLÜM
DOĞUDA RESİM KÜLTÜNÜN SAVUNUCALARI;
SON HATİPLER VE İLAHİYATÇILAR

I. SON GREK HATİPLER

Belağat konusu, St. Grègoire de Nazianze, St. Basile, St. Grègoire de Nysse ve bilhassa St. Jean Chrysostome gibi belagatçılardan sonra gerilemiştir. Fakat Bizansta vaaz gibi konuşmalar, devam etmiştir. Bu konuşmalar, tabiata, hayata, ahlaki aksiyona ve gerçek belagate çok zarar vermiştir. Yukarıda zikredilen büyük doktorların ekolü ve özellikle son ikisi gerçek belağat yönünden önemlidir. Cyrysostome'daki düşüncenin ve duygusallığın bitmeyen zenginliği, temelde az yetenekli olan hatiplerde, sözlü abartma zevkini, çoğu defa düşüncenin aleyhine geliştirmiştir. Hatip Grègoire de Nysse'e, Bizans vaazını karakterize eden ve etkileyen bu şatafatlı türün yaratılmasına yabancı değildir. Hatiplik aksiyonu, dogmatik konulara çok eğilme ile zayıflamıştır. Bu ahlâkî ve pratik konularda da olmuştur. Bunun için hatiplik aksiyonu, derin ispatla, sebatla takviye edilememiştir. Bunun için o, gerçeklikten çok, sözde kalmış, parlak imajlar ve biriken antitezler, kanaati güçlendiren birçok akli açıklamanın yerini almıştır. Zaten bu hatalar, özellikle incelediğimiz bu asrın sonlarında bulunmaktadır[1]. Ancak bunlar, doktrinel yönden çok önemli olan Grek hatiplerinin eserlerine engel olmamıştır. Bazı ilahiyat konuları ve özellikle Meryem ilahiyatı[2] konusunda bu eserlerde çok geniş belgeler bulunmaktadır.

Bu dönemin hatiplerinin birçoğu, ilahiyatçıdırlar. Bunlar doktrinal aksiyon konusunda, belagatlarından daha çok meşhurdurlar. Bunlar şunlardır: St. André de Crète. Bu özellikle şairdir. St. Sophrone de Jérusalem; Monothélisme'i deşifre etmiştir. St. Germain de Constantinople: İkonoklazmın ilk

---

[1] Daha sonra S. Cyrille'den Théodoret'den bahsedilmiştir.
[2] Bkz: V, VI, VIII ve IX. bölümler.

hasmıdır. St. Jean Damascène ve St. Théodore Studite, bu ikisi meşhur keşişlerdi. Bunları inceleyeceğiz. Ayrıca birkaç hatibe daha işarette bulanacağız. Bunlardan, farklı konularda nutuklar kalmıştır.

Jean de Thessalonique[3] Selanik Piskoposudur (VII. yüzyılın ilk yarısı)[4]. Özellikle Démetrius[5] konusundaki bir dizi nutkuyla tanınmıştır. Yine ona, Mesihin dirilmesiyle ilgili İncil yazarlarının ortak fikirleri konusunda bir Homolie atfedilmektedir[6]. Bu İncil, homelielerinin bir kısmını teşkil etmektedir. Dormition üzerinde olan diğer homelie, apokriflerin dışındadır[7]. Eski Grek geleneği konusunda St. Vierge'ın, Dormition'u üzerindeki yazısının detayına sahip olmaktayız[8].

Modeste de Jérusalem (+634)[9]: St. Sophrone'nun halefidir. Onun nutkundan sadece tam ve uzun bir nutuk olan Dornition üzerindeki St. Vierge[10] kalmıştır. Bu eserde, Hiérosolqmitaine gelenek net olarak VII. yüzyılın başında, Meryem'in mezarı üzerinde tasdik edilmiştir[11].

Tezkereci Léonce de Néapelis[12]: Dört nutuk sahibi olarak görülmektedir. Fakat bunların mevsukiyeti kesin değildir[13].

Piskopos Jean d'Eubée (+750): St. İnnocent konusunda[14] ve Conception de Marie[15] üzerinde birer nutku vardır. P. Jugie, bunların[16] yeterince açık metinler olduğunu belirtmektedir. Bu eserde Tanrı Annesinin kutsallığı anlatılmaktadır.

---

[3] M. Jugie, Vie et Oeuvre de Jean de Thess. Dans Echos d'Or, 1922; (t.21), p.293-307; Jean de Thess. Dans Dict. théol. col. 819-825; Homelies Mariales Byzantines, X, dans, p.0, 19, 344-349, 349-373.
[4] Bkz: Jugie, İbid.
[5] Actes de S. Dèmetrius, P.G. 96, 1203-1304.
[6] P.G. 59, 635-644.
[7] De Transitu Mariè I, n.156; Jugie, Echos d'Or, 1926, p.300.
[8] M. Jugie, op. cit. P.0, 19, p.349.
[9] Photius. Bibl. cool. 275, P.G. 86, 3273-3278.
[10] P.G. 86, 3277-3312.
[11] S. Epiphane zamanında bu gelenek Kudüs'te yoktu. Ne de VI. yüzyılda vardı. Bkz: M. Jugie, La Mort et l'Ascomphon de la St. Vierge dans la Tradition du Cinq Premiers Siécle. Dan Echos d'Orient, 1926, p.138.
[12] Bu eserin bölümlerine bakılmalıdır.
[13] Contra Judaeos et de İmaginibus.
[14] P.G. 97, 1501-1508.
[15] Sermo in Conceptionem Deiparae, P.G. 96, 1450-1500.
[16] İmm. Conception, Dans Dict. théol, col. 921-922.

II. SEKİZİNCİ YÜZYILDAKİ İLAHİYAT TARTIŞMALARI
A. Resim Kültü[17]

Resimler kültü, onların kullanımlarıyla karıştırılmamalıdır. Resimler, kilise süslemelerinde olsun, halka bilgi vermek için olsun veya dindarlığı uyarmak için olsun kullanılmış olabilirler. Onların yararlılığı bu üç noktada kesindir. Resim kültü ise, daha ileriye götürülerek, bu eşyalara dışardan saygı gösterilmesidir. **İkonoklastlar**, bazan resimlerin kullanılmasına karşı daima reaksiyon göstermişler ve onlara karşı yapılan kültle mücadele etmişlerdir. İmanın savunucuları, bu mücadeleyi enerjiyle ve resmin, dinin temel unsuru olmadığını bilerek devam ettirmişlerdir. Gerçekte, kült konusunda dinin bütün değerleri söz konusu ediliyordu. Kilise, evrensel olarak kabul edilen bir uygulamanın sükûnetine sahipti ve bunun da doktrinel bir seviyesi vardı. Buna hücum edilerek, putperestlikle itham ediliyordu ve resim kültünün, imanda bir bozukluk olduğu ileri sürülüyordu. Çok sayıda Doğulu piskopos, St. Germain'in uyarılarına rağmen, ileri sürülen problemin önemini anlamamışlardır. Hiéria (753)'daki konsile genel katılmama probleminin nedeni budur. Keşişler ve papalar, bu zor ve çetin savaş boyunca, geleneksel imanın gerçek savunucuları olmuşlardır ve bunda da başarılı olmuşlardır.

Resim kültünün kullanılması ve kültü konusu, kilisenin ilk yedi asrında oldukça yayılmıştı[18]. Bu konuda sadece birkaç muhalefet sesi, iman konusunda yolsuzluk bahanesiyle yükselmişti. Ulûhiyette Mesihin insaniyetini yok etme temayülünde olan Monofizitlik, bu muhalefetin artmasına sebep olmuştur. Fakat Hıristiyanlığa İkonoclaste krizi getiren daha çok yabancı nedenler olmuştur[19]. Bunun için, insan yüzünün bütün resimlerine hasım olan Yahudilerin baskıları ve imparatorluğun farklı mezheplerinin (Paulicienler ve Maniheistler gibi) baskıları bu yönden önemlidir. Müslümanlar da dışarıdan bu eğilimleri desteklemişlerdir. Aynı yöne yönelen bu tesirler[20], İsaurienne hanedanlığının kurucusu tarafından takınılan bu yeni tutumu

---

17 J. Tixeront, Hist. Dogm. III, p.435-483; C. Emerau, İnocociasme, dans Dict. théol. col. 575-595; V. Grumel, İmages, dict. théol. col. 766-844.
18 J. Tixeront, op. cit. P.435-454.
19 J. Pargoire, L'Eglise Byzantine, p.253.
20 İsauryalı Léon, ekonomi ve zirai politikasının başarılı olması için kırsal kesimi boşaltan keşişliği yok etmek istiyordu.

açıklamaktadır. O, imparatorluğu dini yönden ve siyasi yönden yeniden teşkilatlandırmak istiyordu. Bunu da maharetle ve sert şekilde yapmıştı. Fakat onun dini politikası, imparatorluğu birleştirmeden uzak olarak yaklaşık 124 yıl boyunca (725'den 842'ye kadar) karışıklığa neden olmuştur[21].

B. İkonoklasme

Normalde İkonoklaste çekişmenin tarihinde, iki şiddetli savaş safhası, Katolik restorasyonunun kısa devresiyle ayrılmaktadır[22].

a. İlk baskı safhası: Bu safha 725 yılından 780 yılına kadar, Léon III'ün saltanatında (717-740) devam etmiştir. O, resimlerin yıkımına 725 yılında başlamıştır. Constantin V. Copronyme'un (740-755) saltanat döneminde ikonoklasme konusu Hiéria (753) konsiline sunulmuştur. St. Germain ve St. Jean Damascène, imanın en meşhur savunucuları olmuştur.

b. Katolik Restorasyon safhası (780-813). Bu safha, imparatoriçe İrène ve St. Taraise sayesinde açılmış, II. İznik Konsilinde, 787 yılında kesin olarak resimlere kült konusu kabul edilmiştir.

c. İkonoklasme'ın Saldırgan Safhası (813-842): Bu safha Ermeni Léon'la başlamıştır (813-820). Bu konudaki tartışma, otuz yıl devam etmiştir: St. Nicéphore, St. Théodore Studite, resim konusunu savunmuşlar ve geleneksel Ortodokslukla kesin olarak 842'de zafere ulaşmıştır.

Bu kısa tarihi notlar, Kilise Babalarını anlamak için zaruri olan birtakım açıklamaları ilaveye bizi mecbur etmektedir. Bazen Doğu ile Batı arasında oldukça ciddi kırılmalar olmuştur. Tabii ki bu, karşılıklı anlayışsızlıklardan kaynaklanmıştır. Bunun birinci sebebi, çok gerçekçi görüş noktası farklılığından gelmektedir. Bu konuda kullanan kelimelerin anlamını iyi anlamak, özellikle her iki taraf içinde değişmektedir. Bu güçlükleri temelden kaldırmak için Doğuda ve Batıda resim kültünün, kültün genel teoride işgal ettiği yere işaret etmek yeterli olacaktır.

Doğuda[23], formel noktadan resim kültü takdis edilmiş ve üç çeşit kült tespit edilmiştir:

---

[21] Maneviyatın azalması, maddi yönden de telafi edilememiştir.
[22] Burada bir kaç isimle ve tarihle yetineceğiz. İşaret edilen olayların nakli, özel tarihlerde bulunacaktır.
[23] E. Grumel, op. cit. 787 sq; 807-810; M. Jugie, S. Jean Damascène, dans Dict. théol. col. 738-740.

1. Sadece Allah'a tahsis edilen mutlak kült. Bu açıdan Allah, bizzat tebcil edilmekte ve onun sonsuzluğu başkasında bulunmamaktadır.

2. Nisbeten izafi kült: Bu kült, azizlere yapılan külttür. Azizler, olgunluklarını Allah'tan almaktadırlar. Bunu da ilimle ve aşkla ona benzemek onun gibi olmakla yapmaktadırlar.

3. Tamamen izafi kült: Eşyalara yapılan külttür. Bunların olgunluğu bir başkasından gelmekte ve ona sadece maddi olarak sahip olunmaktadır.

Kültü belirtmek için kullanılan terimler, **Latrie** (tapınma), **Dulie** (hizmet), **Honneur** ve nihayet saygı gösterme (tapınma) gibi terimlerdir. Bütün terimler, Allah'a kült için uygulanabilirler. Fakat **LATRİE**, sadece Allah'a tahsis edilmiştir.

Oldukça müşterek olan ADORATİON/Tapınma, terimine gelince, Fransızcada veya Latincede latrie, kült anlamındadır. Fakat her kült, saygı duyma kelimesine uygun düşmektedir. Bu kelime, Allah'a uygulandığında bu, vénération latreutique veya sadece latrie olmaktadır. Onun altında sade vénération d'honneur (şeref saygısı) vardır. Bu da azizlere veya resimlere tahsis edilmiştir.

Resimler, belli bir noktaya kadar azizlerle aynı kabul edilmiştir. Çünkü bu izafi külttür. Fakat gerçekte, resimlere tahsis edilmiştir. Bunlar ikinci derecededirler ve daha aşağı seviyededirler. Yani bizzat eşyanın bizatihi şerefinin dışındadır. Resimleri, azizlerin kalıntıları, haç ve heykellerine benzetmek gerekecektir. Bütün bu eşyalar kutsaldır. Fakat cansızdırlar. Bunlara ikinci derecede izafi kült icra edilmektedir. Bunların aralarında da bir liyakat hiyerarşisi bulunmaktadır. Ancak bunlar, doğrudan doğruya eşyadırlar ve geniş anlamda kült terimine[24] sahiptirler. Bu kült, Allah'a ve azizlere gösterilen saygıdan ibarettir. Onlar, resimleri saygıyla öpmektedirler ve onların önünde secdeye kapanmaktadırlar. Allah bizzat, resimlere verilen bu saygıyı ödüllendirmektedir[25]. Çok kötü eğitilmiş bazı Hıristiyanların aşırı dindarlığı, bu sapma uygulamasının meşruluğuna meydan okuyamamıştır, bilakis verimli olmuştur.

---

[24] Bu durum, ilk prototipe'e çıkmaya engel değildir. Allah veya Azizler için nisbi külte Latinlerin verdiği anlamda Décret Conciliaire'e bakılmalıdır.

[25] Doğululara, çoğu defa eşyaları kutsallaştırdıklarından ve onlara ilk prototiplerindeki kutsallığı verdikleri için sitem edilmiştir. Jean vaftiz babası için oğluna S. Démétrius'un ve S. Théodore Studite'in resimlerini vermiştir. P.G. 99, 962-963.

Batıda resim kültüne daha az yer verilmiştir. Kültün sebebi üzerine oturan formel ayırım, sadece iki derece ihtiva etmektedir: **Allah'a yapılan kült.** Bu bir nevi latrie'dir veya tapındadır. Bir de **azizlere yapılan kült** vardır: Bu da saygı gösterme veya dulie'dir. Birincisi (latrie) mutlaktır, ikincisi (dulie) izafidir. Özellikle, Doğuda gösterilen formel anlamda izafidir. Bununla beraber, bir başka ilişki altında bu iki kült, azizlerin de Allah gibi tebcil ve saygılı oldukları kabul edilmektedir. Ancak sadece Allah'a tapınılmalıdır. Azizler, olgunluklarını Allah'tan almaktalar ve ona samimiyetle sahip olmaktadırlar. Bu aşağı kültü doğrulamaktadırlar. Ancak bu kült, onların şahıslarınadır. Bu külte mutlak denebilir. Ancak resimlere gösterilen külte muhalefet olarak, izafidir. Bu sadece formel olarak değil, model anlamda da böyledir. Allah ve azizlere yapılan kült, resimlere gösterilen saygı değildir. Resimlerin temsil ettiklerine kült yapılmaktadır. Burada resim, sadece bir aracıdır[26]. Gerçekte resim kültü, sadece bir modalite'dir ve Allah'a ve azizlere yapılan kültün bir aksesuar şeklidir. Kelimenin tam anlamıyla izafi bir külttür.

Resimler kültü, böyle tasarlanınca, anlam yönünden önemini kaybetmektedir. Yine de o yükselmiş ve büyümüştür. Çünkü bu kült, sıkı şekilde Allah'a ve azizlere yapılan külte bağlıdır. İşte Doğu ile Batı arasında görülen ifade farklılığı, buradan kaynaklanmaktadır. Batıda, Allah'ın ve Mesihin resimlerine tapınma veya latrie asla gösterilmemektedir. Meselâ St. Thomas[27], haçın kalıntısına, resimlere, Mesihin heykellerine, kutsallığı temsil eden bütün eşyaya gösterilen saygıdan bahsetmektedir. Onlar için bütün saygı, şahsa yönelmiştir. Çünkü onun resmi, sadece bir aracıdır. Bu gerçek görüş ayrılıklarına rağmen, bu konuda Doğu ile Batı arasında bir prensip antlaşmasının olduğu inkâr edilemez. Bununla beraber, Latin ilahiyatçılarının ifade tarzı, İznik Konsilinin tariflerine tam olarak uygundur. Fakat Greklerinkinden daha az lafzidir.

İkinci İznik Konsili (787): Bu konsil, Doğuda kendini gösteren ikonoklaste yanlışı mahkûm etmiştir. Böylece, resim kültlerine karşı yöneltilen putperestlik ithamı artık yok olacaktır. Ancak bu kültün aşağı karakteri üzerinde ısrar edilecektir. Değerli ve canlı haçın yanına azizlerin resimlerini yerleşti-

---

[26] Bununla birlikte prototip kültü için saf bir fırsat değildir.
[27] Sum. théol. 111ª, 9. XXV, a. 3; V. Grumel, op. cit. col. 825-836.

riyoruz. Yani Rabbimiz İsa-Mesihin, kurtarıcımız ve Allah'ımız olanın, Tanrı annesi kutsal Meryem'in ve kutsal meleklerin ve bütün kutsal şahısların resimlerini yerleştireceğiz. Çünkü resmin temsil ettiğine uzun müddet bakıldıkça, onlar tefekkür edildikçe hatıralar hareketlenir ve saygı ve tapınma meydana gelir. Bu tapınma **latrie** değildir. Çünkü gerçek tapınma imandan gelir ve sadece Allah'a uygundur. Fakat haça, İncillere ve diğer eşyalara gösterilen saygı, onları, tütsüye ve ışıklara yaklaştırmaktır. Bu tıpkı eskilerin dindarlık âdetleri gibidir. Çünkü resme gösterilen saygı, onun temsil ettiğine yönelmektedir[28]. Görüldüğü gibi, resme gösterilen saygı, kelimenin Latince anlamına göre oldukça izafidir. Bununla beraber bunu, resmin aslına yapılan kültle karıştırmamak gerekir. Allah'ın bir temsiline saygı gösterildiğinde bu latrie olur. Yani gerçek tapınma olur. Diğer yandan bütün resimler, azizlerinki dâhil aşağı kültü temsil ederler.

Papa Hadrien I (772-795), konsilin yapılışını kayırmış ve oraya delegelerini göndermiştir. Bu delegeler, konsil kararlarını tasvip etmişlerdir. Bu doktrin kararları, bütün kiliseler için kural olmuştur. Bununla beraber onların terimleri, oldukça lafzi olan bazı çevirilerle, önce Batıda doğru anlaşılmamış ve bunlar birtakım tartışmalara yol açmışlardır[29]. Bunun için ikonoklasme'a karşı geleneksel imanı savunan Doğulu Kilise Babalarının aksiyonuna işaret etmemiz gerekmektedir.

III. RESMİ SAVUNAN PATRİKLER
A. İstanbullu Saint Germain[30]

St. Germain otoritesiyle, politik İconoclaste'a ilk meydan okuyan piskopostur. O, o dönemde mesleğinin en yüksek noktasında bulunuyordu, O, 635 yılına doğru İstanbul'da doğmuştur. Babası, Justinien, Héraclius ve Constant II döneminde sarayda memurdur. Constantin IV Poganat'ın tahta geçmesiyle (668), ölüme mahkûm edilmiştir. Germain bu dönemde rahiplere katılmıştır. 680-681 konsilinin hassas ve uzun tartışmalarındaki payını bilmiyoruz. Bu konuda bilinen, Monothélisme'in mahkûmiyetini tasvip etmiş olmasıdır. O, VIII. yüzyılın başında Cyaique piskoposudur ve o, bu ünvanla imparator Philippique'in (711-712) İstanbul'da topladığı bir konsile

---

[28] Mansi, Concil, XIII, col. 377-380.
[29] J. Tixeront, Hist. Dogm. III, p.473-483.
[30] P.G. 98, 39-454; F. Cayré, Germain (Saint) dans dict. théol. col. 1300-1309; V. Grumell, L'İconologie de St. Germain, dans Echos d'Orient, 1922, (t.21), p.165-175.

katılmıştır. Bu konsilde daha önce mahkûm edilen yanlış, yeniden mahkûm edilmiştir (681).

Germain de, St. André de Créte gibi, büyük kötülüklerden korkarak, imparatorun kaprislerine boyun eğme zayıflığını göstermiştir. Ancak imparator kaybolmuş ve her şey düzene girmiştir. Germain, kısa zaman sonra patrik olarak, mukavemet kabiliyetini gösterecektir. Çünkü iman, gerçek anlamda tehdit altındaydı.

715 yılında İstanbul patrikliğine getirilmiş ve 14 yıl bu görevi icra etmiştir. İconoclasme'ın başlangıcında (725) onun patrikliği oldukça meşhur olmuştur. İsauryalı Léon'u, İconoclaste politikasından döndürmek için boşuna çaba sarfetmiştir. O, kilisenin açıkça tavır koyduğu bir konudaki yeniliklerin tehlikelerine sahip olan imparatoru, bazı piskoposlara ifşa etmişti. Onun yazdığı üç mektup, Germain'den resimler konusunda bize kalan yegâne belgelerdir: Onun diğer eserleri, Léon'un emriyle tahrip edilmiştir. Patrik, yaşına rağmen Léon'la çekişmeye girmiş ve makamından (729) alınmış, üç veya dört yıl sonra da 733'de vefat etmiştir. St. Germain, St. Jean Domascène ve Kıbrıslı George Hiéria'da (753) toplanan konsilde aforoz edilmişlerdir. Fakat 787 II. İznik Konsilinde rehabilite edilmişlerdir.

St. Germain, hatip olarak sonraki nesillerce ve bilhassa kutsal bakirenin tezkirecisi olarak tanınmıştır. Ondan bize 9 nutuk kalmış ve bunun 7 tanesi Meryem konusundadır[31]. O, özellikle şu iki konuyu, tercihan geliştirmektedir: Tanrı Annesinin kıyas kabul etmez safiyeti. Tabiatüstü lütufların dağılımında onun evrensel aracılığı. Birinci konuda, St. Germain'in tanıklığı, André de Créte'de yankı bulmaktadır. Meryem'in lekesiz hamileliği doğmasının gelişmesinde o, büyük bir şanstır[32]. Onun üslubu çok renkli, Bizanslılar gibi dağınık, biriken resimlere göz kamaştırıcı düşüncesini geliştirmeyi, uzatarak, aydınlatmaktan çok mutluydu.

Bu şifahi ve liturjik şiirsel eserlerinin dışında[33], onun ismi altında muhafaza edilen yazılı eseri, dört teolojik risaleyi ve üç dogmatik mektubu ihtiva etmektedir.

---

[31] M. Jugie, daus Echos d'Orient, 1913, (t.XVI), p.219-221.
[32] M. Jugie, İmmaculée Conception, dans Dict. théol. col. 919-920.
[33] Pitra (Juris Eccl. Graeci hist. II, 296) ona 104, 22 kanon Contakia atfetmektedir. Emerau, dans Echos d'Or, 1923; p.428-431. Yine ona bir dua tesisi atfedilmektedir. Orada, Acathiste bir ilahi okunmaktadır. Th éarvic, dans Echos d'Or, 1904-1905.

Bu dört risale, farklı konuları işlemektedirler: **Birisi**, Kadıköy konsilini destekleyenler. Bu Ermenilere gönderilmiştir[34]. **Diğer risale**, diyalog şeklindedir ve inayetin İncillerle ispatını içermektedir. Ayrıca ölüm konusunu işlemektedir[35]. **Üçüncü risale**, 726 yılından sonradır. Bu sinodlar ve itizaller üzerine tarihi bir denemedir[36]. **Dördüncü risale**, Doğulu ayinlerin mistik izahını yapmaktadır[37]. Sonradan bu esere, bazı ilaveler yapılmasına rağmen bu risale Germain'e aittir.

Bütün bu yazılar, doktrinal açıdan ilgiye sahip yazılardır. Onların önemi, işaret edilen mektuplara boyun eğmektedir. Onlar, resim kültünün ilk savunucularının düşünceleri konusunda bilgi vermektedir.

St. Germain'in, resimler konusundaki doktrini, onun mektuplarına göre yeni bir yazar tarafından şöyle özetlenmiştir:

"Geleneksel İkonolojinin esası konusunda her şey orada bulunmaktadır. İlk etapta, kiliseye yönelik putperestlik ithamının reddi vardır: Çıkış'ın XX/4 pasajının akıllıca bir yorumu ile İconomique'ları değerlendiriyor ve kültün birçok derecesinin ayırımı ile onların ilkinin Allah'a tahsis edilen LATRİE olduğunu belirtiyor. İkinci etapta, resim kültünün tabiatı ele alınıyor: Önce gerçek kült, gerçekten resme ulaşıyor. Sadece ilk prototype'e ulaşmıyor. Nihayet izafi kült, Hıristiyanlığın temel kültünde, izafi olarak kalıyor. Çünkü o, sadece bir süsleme ve bir aksesuardır ve bizatihi izafidir. Çünkü o, resmin maddesine, hitap edilmemektedir. Fakat resim, resim olarak ilk prototype'i temsil etmektedir[38]. St. Germain'i takip eden Kilise Babaları, bu doktrini açıklamışlar ve geliştirmişlerdir.

B. Diğer İconophile Patrikler

1. **SAİNT TARAİSE**[39]: 784-806 yıllarında İstanbul piskoposu olmuş, İrène'nin 780-799, 792-802 yıllarındaki saltanatı döneminde dini barışın belli başlı üyelerinden birisi olmuştur. Özellikle ikinci İznik Konsilini hazırlamış ve Papanın delegeleriyle birlikte konsile başkanlık yapmış ve çalışmaları

---

[34] Epistola ad Armenos, P.G. 98, 135-146.
[35] De Vita Termino Dialogues, P.G. 98, 89, 132.
[36] De Haeresibus et Synodis, P.G. 98, 39-88.
[37] Rerum Ecclesiasticarum Contemplatio, P.G. 98, 383-454; S. Pétrides, dans Rev. Or. Chrét. 1905, (t.XI), p.287-309, 353, 364.
[38] V. Grumel, op. cit, p.175.
[39] Hefele-Lectercq, Hist. conc. III, p.741-798; P.G. 98, 1385-1424; P.G. 98, 1423-1500.

yönetmiştir[40]. Konsilin akabinde o, Papa **Hadrien**'e konsil konusunda şunları yazmıştır: "Bana gönderdiğiniz gerçek iman ikrarına tamamen katılıyoruz."[41] Papaya yazılan ikinci mektupta, bazı Simoniaque Piskoposlara karşı tutumunu açıklamaktadır[42]. Onun bu tavrını, birçok keşiş, aşırılıkta bir müsamaha olduğunu düşünmüştür. Bize Tarase'den dört başka mekktup[43] ve iki nutuk kalmıştır. Bu konuşmalardan birisi, Patrikliğe yükseltildiğinde[44] söylenmiştir. Diğer nutuk, bakire Meryem üzerinde söylenen bir Homelie nutkudur[45]. Burada Meryem'in lekesiz hamileliği belirtilmektedir.

22. SAİNT NİCEPHERE LE CONFESSEUR: 806-815 yıllarında patriklik yapmıştır. Önce öğrencilerle bazı güçlükler yaşamış[46] ve kısa sürede onlarla anlaşmış ve büyük manastır başkanı olan Théodore'la silah arkadaşı ve dostu olmuştur. Bu olay, 815 yılında başlayan yeni ikonoklaste politikaya mukavemette gerçekleşmiştir. Bu yılda o, patriklikten alınmış ve ölünceye kadar resim kırıcılarına karşı (829) yazı yazmıştır. Ondan bu konuda üç uzun eser kalmıştır: Antirrhéticus: Üç kitaptır. Constantin Copronyme'e karşı yazmıştır. **Grande Apologie** ve Petite Apologie[47]. Yine 602'den 769'a kadar[48] iki tarihi içine alan Abrége d'Histoire[49] da bunlara yakın olabilir. Yine ondan Papa Léon III'e yazılan uzun bir mektup[50] kalmıştır. Onun diğer mektupları kaybolmuştur[51]. Bütün yazıları, onun gidişatı kadar, onun confesseur ünvanına layık olduğunu göstermektedir.

3. **SAİNT METHODE:** St. Nicéphore'un talebesidir ve keşiştir. Onun gibi o da İkonoklasme düşmanıdır. İmparatoriçe Théodora'nın iltifatına mazhar olmuş ve 842-847 yıllarında Patrikliğe atanmıştır. Resim kültünün kabul edilmesinde yardımcı olmuş ve bütün itizallere karşı, kilisenin zaferini sembolize eden LA FETE DE L'ORTHODOXİE[52] bayramını tesis etmiştir.

---

[40] Hefele-Leclercq, İbid, p.775-792.
[41] Epist, 1ª ad Hadrianum, P.G. 98, 1435-1442.
[42] P.G. 98, 1441-1452.
[43] P.G. 98, 1423-1480.
[44] Apalogeticus ad Populum, P.G. 98, 1423-1428.
[45] P.G. 98, 1481-1500.
[46] Bu kitabın sonuna doğru bakılmalıdır.
[47] P.G. 100, 205, 534, 533-824, 833-850.
[48] Breviarum Historicum, P.G. 100, 875-994.
[49] P.G. 100, 1061-1068.
[50] P.G. 100, 169-200.
[51] P.G. 100, 169-200.
[52] J. Pargoire, L'Eglise Byzantine, p.270-272.

Yine o, küçük bir tövbe yasası bırakmıştır. Bu yasa, imanda yanlış yapanların dönüş yasasıdır[53]. Yine ondan iki mektup[54], iki nutuk[55] ve S. Denys l'Aréopagite'in[56] bir Martyriumu kalmıştır. Ancak bütün bu eserler kesinlik arz etmemektedirler.

IV. DİĞER DOĞULU İLAHİYATÇILAR

Kutsal kitap konusunda veya eskilerin çoğu defa açıkladıkları ilahiyat konularındaki tartışmalar, tartışma eserlerinde bulunmaktadır.

Bu dönemin tefsirlerinde incelenen konuların sayısı oldukça azdır ve orijinaliteleri pek yoktur[57]: Bunlar, halk kitaplarıdır, zahidane yazılarda daha çok, kutsal kitabın ahlâkî metinlerinin kişisel açıklamalarını bulabiliriz. Onların yazarları, bu yazılara kendi kişisel tecrübelerini veya başka keşişlerin tecrübelerini ilave etmişlerdir[58]. Bununla beraber, bu tür denemeler bütünü içinde ilahiyat eserleri olarak telakki edilemezler. Bu konuda bir tek istisna, keşiş Antiochus'un eseridir.

ANTİOCHUS: Filistin'de Saint-Saba keşişlerindendir. VII. yüzyılın başında PANDECTES SCRIPTURAE SACRAE isminde bir eser bırakmıştır. Bu eser daha sistematik ahlâkî bir eserdir ve diğerlerinden daha da didaktiktir. Bazı yönlerden daha sonraki ahlâkî ilahiyatı düşündürmektedir. Bu eser 130 bölümü ihtiva etmektedir[59]. İlk iki bölüm, imana ve ümit konusuna ve Hıristiyan hayatının temellerine tahsis edilmiştir. Son üç bölüm, merhamete, cennete ve ondaki taçlanmaya tahsis edilmiştir. Eserin geri kalan kısmı yani 3-127 bölümleri, ahlâkî fazileti işlemektedir. Yazar önce, sakınılacak hatalara işaret etmektedir: O, açıkça bilinen belli başlı kötülüklerin kısımlarını takip etmektedir. Bunlar, açgözlülük, cimrilik, kirlilik, öfke, keder, kibir, gösteriştir. Sonra konularına göre özel konulardaki faydalı gelişmeleri ilave etmektedir. 66. bölümden sonra tatbik edilecek faziletleri, bizzat kendisine karşı pozitif vazifeleri, komşuya veya Allah'a karşı ödevleri ele almaktadır. Sayısız kutsal kitap nakilleri, her bölümü doldurmakta ve bütün esere veri-

---

[53] P.G. 100, 1299-1326.
[54] P.G. 100, 1291-1298.
[55] P.G. 100, 1271-1292, P.G. 18, 397-404.
[56] P.G. 4, 669-684.
[57] Bu esere bakılmalıdır. P.101.
[58] Bu esere bakılmalıdır. P.281.
[59] P.G. 89, 1431-1850. Yine bkz: S. Vailhé, Les écrivains de Mar-Saba, dans Echos d'Orient, 1808, (t.II), p.8-9.

len ünvanı doğrulamakta ve onu, en yeni ahlâkî ilahiyat eserlerinden, düşüncenin gelişmesine bağlı olarak ayırmaktadır. Bu ilginç eser özellikle, VIII. yüzyılın Saint-SABA keşişi olan aziz Jean Damascène'den esinlenmiş gibi görünmektedir.

THEODORE ABOUKARA (VIII. yüzyıl): Saint Jean Damascène'nin talebesidir. Kara veya Harran piskoposudur ve Arapça yazmıştır. O, özellikle bir tartışmacıdır. Bölgesindeki bütün eski itizalleri reddetmiştir[60]. Bu itizaller şunlardır: Origenisme, Nestorianisme, Yakubi Monofisizmi veya Sévérienlerdir. Bunların içine, Yahudiler ve Müslümanlar da girmektedir. Müslümanlar, devlet desteğiyle Hıristiyanlığın gerçek tehlikesini temsil ediyorlardı. Ondan bize 42 derleme risalesi kalmıştır. Bunlar Grekçe yayımlanmışlardır: Opuscua Contra Haereticos, Judaeos et SARACENOS[61]. Bunlara DE UNİONE ET İNLARNATİDNE risalesi de ilave edilmiştir[62]. Oldukça çok olan bu risaleler, sadece birkaç satırı ihtiva etmektedirler. Bunların hepsi birtakım diyaloglardır. Bir iman düşmanı, bir soru sormakta veya bir görüş ileri sürmektedir. Yazar ona güncel bir cevap vermektedir. Bu yazıların en önemlileri üçüncü bölümde görülmektedir. Burada Allah'ın varlığının akli ispatı yapılmaktadır. İlk iki bölümde ve DE UNİONE ET İNCARNATİONE bedenleşmeyi ve onun meyvesini[63] işlemekte ve 22. bölümde (Bir müslümanla diyalogda) Evharistiya konusu işlenmektedir. Bu bölüm açıkça cevher değişikliği hakkında bilgi vermektedir.

---

[60] Abou: Baba demektir, piskopostur. Onun Kara veya Chonuchora piskoposu olduğu bilinmemektedir. Bunu Théodore'dan ayırmak gerekir. Théodore, Carie'de (Anadolu'da) Photius (IX. Siécle) döneminde piskopostur. Çoğu defa bu, Théodore Aboukara ile karıştırılmıştır.

[61] P.G. 97, 1461-1602.

[62] P.G. 97, 1601-1610. Buna Arapça basılan on risale daha ilave edilebilir. Bkz: E. Bacha, Oeuvres d'Aboukara, Evaque de Harran, Le Plus Ancien écrivains Arabe Chrétient (Arapça), Beyrut, 1904.

[63] Mesih bizi beş düşmandan kurtarmıştır: Ölüm, Şeytan, mahkûmiyet, günah, cehennem. (Op.1).

DOKUZUNCU BÖLÜM
SAİNT JEAN DAMASCÈNE[1]

I. SAİNT JEAN DAMASCÈNE'NİN HAYATI (RESİMLERİN SAVUNUCUSU)

St. Jean Damascène'nin hayatı, şimdiye kadar pek bilinmedi. Ancak ondan iki asır sonra Jean de Jerusalem'in (X. yüzyılın sonu) yazdığı bir biyografiyle Jean Damascène tanındı[2]. Bu yazılara kadar kimse Jean Damascène'nin dağınık eserlerinden ve bilgilerinden yararlanmamıştır. P. Jugie, yukarıda işaret edilen etüdlerde nadir bir açıklama ile bunu gerçekleştirmiştir. O, bu konuyu tamamen yenilemiştir. Biz sadece onun çalışmasını özetleyeceğiz. Her şeye rağmen, Doğunun son kilise doktorunun hayatı, birçok noktada karanlık olarak kalacaktır.

Jean, Şam'da doğmuştur. Onun Damascène lakabı buradan gelmektedir. Yine ona Chrysorrhoas da denmektedir. Bu lakap da doğduğu şehri sulayan nehre nisbetle verilmiştir. Ancak onun eserlerinin dolu olduğu manevi hazineler de az değildir. Şayet 749'da ölmüşse[3] (o zaman o, tam bir ihtiyardı), onun 675'de dünyaya gelmesi gerekir. Onun ailesi çok zengindi ve iyi bir Hıristiyandı. Babası **SERGİUS MANSOUR** (Arapça muzaffer anlamına gelmektedir. Büyük babası, 634'de Şam'ın hazinesine bakıyordu. Mansour ismi de buna nisbetle verilmiştir). Şam'da Emevi Halifelerinin muhasebe işlerini yürütüyordu. O, bu görevi Hıristiyanların temsilcisi olarak, onlardan cizye toplamakla icra ediyordu. Bilindiği gibi Araplar, bu vergi karşılığında

---

[1] P.G. 94-96; M. Jugie, Jean Damascène, Dans Dict. théol. col. 693-751; Aynı yazarın: Vie de S. Jean Damascène, dans Echos d'Orient, 1924; 8t.23), p.137-161; Perrier, S. Jean D, Sa Vie et écrits, Strasbourg, 1863; V. Ermoni, S. Jean D. (Coll. La Pensée Chrèt), Paris, 1904; J. Tixeront, Hist. Dogm. III, 458-462 ve 484-513; J. Langen, Johannes V. Damaskus, Gotha, 1879; H. Lupton, St. John of Damasius, London, 1883; Makaleler: Dict of Christian Biography; J. Bils, Die Trinitaetslehre des hl. J.V. D, Paderborn, 1909; P. De Regnon, Etudes de théol, pos, t.I, II, IV, K. Krumbacher et A. Ehrhard, Gesch. Byz. Litt, 1897; p.68-71; 674-676; J. Pargoire, L'Eglise Byzantine, p.370-372.

[2] P.G. 94, 429-490.

[3] Bu tarih P. Vailhé tarafından tespit edilmiştir. Echos d'Orient, 1906, (t.9), p.28-30 (Damascène'nin ölüm tarihi için bakılmalıdır).

Hıristiyanlara nisbi bir hürriyet veriyorlardı. Jean, Arapların kölesi olan İtalyan bir keşişin öğretmeniydi. Kölenin adı Cosmas l'Anglen'di. O, bir başka Cosmas ile büyümüştü. Bu daha gençti ve yetimdi. Jean'ın babası onu evlatlık edinmişti. 742'de Saint-Sabas?'da keşiş olan Jean'a benzedikten sonra Maiouma piskoposu olmuştu. Aslında bunu söylemek zordur. Aksine Jean, babasının muhasebe işleriyle görevine halef olmuştu. 787 konsilinin işleri, aziz konusunda St. Matta'ya telmihte bulunarak, onun benzer bir iş yaptığını gerekli kılmakta, onun Halifenin büyük veziri olmasını doğrulamamaktadır[4].

VIII. yüzyılın başında Jean, çok yüksek görevler icra etmek zorunda kalmıştır. 725 yılındaki İkonoklaste kavganın başlaması ile birlikte biz Jean'ı Filistin'de, Kudüs Patriğinin sözcüsü ve rahibi olarak buluyoruz. Jean IV (706-734). Bu tarihi nokta, P. Jugie tarafından saglamca tespit edilmiştir. Resimlere karşı (726-730) üç nutku, o böylece temellendirilmektedir. Bunların yazarları orada, rahipten, Sion rahibinden veya Kudüs rahibinden bahsetmektedirler. Hatta bir piskoposun temsilcisi olarak sapık bir imparatorun aforoz tehdidinden bahsetmektedirler. Diğer yandan Jean'ın, Ordre'u sırasında kendi söylediği açık bir iman ikrarına sahibiz. Exposito et Declaratio Fidei[5]. Burada İkonoklasme'a en küçük bir telmih yoktur. İma, daha sonra gerekli olacaktır. Şu sonuç açıktır ki Jean, 726'da Filistin'de bir rahipti[6].

Emevi sarayındaki görevini terke gelince, VII. konsilin tutanakları, Arapların zenginliklerine karşı, o nun, Mesihe uygunluğu tercih ettiğini belirtmektedir. Günahkârlara karşı kötü muamele, onu böylece Mesihle görevi arasında bir seçime zorlamışa benzemektedir. Böylece 710 yılına doğru Halifeler, Hıristiyanlar karşısında iz bırakmak durumundaydılar. Ömer II (717-720), onlardan bütün sivil görevleri kaldırmıştı. Bu sırada dinden dönmeler ve şehitler olmuştu. İşte o zaman Jean, saraydan ayrılmış ve Saint-Sabai

---

[4] O, Hıristiyanların şefiydi. Damas'da Hıristiyanların önderiydi. Halifenin yanında onların temsilcisiydi.
[5] Eserler kısmına bakılsın.
[6] Geleneksel kesilmiş el rivayeti ve Meryem rivayeti konusunu bize anlatan Vita (X. asır)'nın haberini, çağdaş tanıklar ve 787 konsili bahsetmemektedir. Böylece Vita tarafından işaret edilen haber de meydana gelmemiştir. Şüphesiz Jean'ın gayretinden ve bir Bizans imparatorunun hatasından veya Halifenin emriyle çolak kalmasi mümkündür. Jean'ın Meryem'e karşı saygısı ve ona karşı olan imanı bilinmektedir. Bütün bunlar, bu rivayeti aydınlatmaktadırlar. Fakat olay, Sacerdose'dan önceye konamaz onu teyid de zordur. Vita'nın naklinde birçok merkezi muhteva, birkaç yanlışı ilham etmektedir. Bkz: M. Jugie, Echos d'Orient, 1924, p.143-144.

manastırına çekilmiştir. Bütün hayatını orada geçirmese de en azından orada, ibadet edecek ve etüd yapacak bir zaman bulmuştu. Artık onun hayatı buydu. Edebi kültürü ve sahip olduğu felsefe, ona, çok hızlı şekilde ilahiyatın sırlarına nüfuz etmeyi sağlamış ve büyük bir üstad olmuştur. Artık o, bir profesördür. Bir vaiz gibi o, kürsüde eğitim veriyordu. Kudüs kilisesinde, Saint-Sépulcre bazilikasında dikkat çeken bir vaizdi[7]. Kudüs patriği, yeni rahibin yeteneklerinin yararına iyi niyetliydi ve resimler için kült konusunda sorular soruldu mu ona yöneltiyordu.

Kutsal resimleri reddedenlere karşı, onun, üç savunmacı nutkuna sahibiz[8]. O, bunları Patrik adına kompoze etmiştir. Birinci savunma 726 yılının tarihini taşımaktadır. Diğer ikisi, onun tarafından yeniden gözden geçirilerek 729-730 yıllarında görünmüşlerdir. Bunların Doğuda oldukça önemli yankıları olmuş ve yazarını, Ortodoks İkon taraftarlarının temsilcisi haline getirmiştir. 730 yılına doğru Doğunun Patrikleri, İkonoklaste olan imparatora karşı aforoz çağrısını başlatmışlardır. Ancak imparator, onlara zarar verememiştir. Jean, yazılarıyla bu mahkûmiyete iştirak etmiştir. İlahiyat konusundaki üç nutuktan belli başlı şu unsurları özetleyebiliriz:

a. Allah'ın tasvirini yapmak imkansızdır. Çünkü o, saf Ruhtur. Fakat Mesihin, Meryem'in, azizlerin ve meleklerin tasviri yapılabilir. Bunlara izin verilmiştir. Kutsal kitaplar, sadece putları yasaklamaktadır.

b. Bu resimlere kült meşrudur. Çünkü bu resimler, asıllarını temsil etmektedir. Bu kült, bütün iyiliklerin kaynağı olan Allah'a gitmektedir. Resimlere yapılan kült, bir tapınma değildir. Sadece basit bir saygıdır. Bu saygı, Allah olmayan her şeye gösterilebilir. Bu saygı, Allah'a az veya çok yakın olacak şeye göre farklı olacaktır. Meselâ, azizlere veya basit eşyalara göre farklı olacaktır.

c. Resmin ve onlara kültün avantajları: Bunlar, oldukça çoktur. Çünkü bunlar, öğreticidirler, Tanrısal lütufları hatırlatırlar ve dindarlığı harekete geçirirler. Resimler, bir inayet kanalıdırlar, bir çeşit resmin temsil ettiğiyle müminler arasında aracıdırlar. Resim kültü yukarıdan belli bir paya sahip olmaktadır[9].

---

[7] Eserler bölümüne bakılmalıdır.
[8] P.G. 94, 1231-1420.
[9] M. Jugie, op. cit. col. 738-740; J. Tixeront, Hist. Dogm. III, p.458-462.

Jean Damascène'nin reddettiği sadece İkonoklasme olmamıştır. O, zamanın belli başlı itizalleriyle mücadele etmiştir. Bilhassa Doğuyu bölen kristoloji konusunda mücadele etmiştir. Bunun için Nestorienilere, Yakubilere ve Monothelistlere karşı birçok şey yazmıştır[10]. Bu eserler onun boş zamanlarını işgal eden basit çalışmalar değil, yanlışların taraftarlarını hedef alan mücadele eserleridir. Jean Damascène, kendisine müracaat eden Suriye piskoposuyla sıkı ilişki içindeydi. Meselâ Yakubilere karşı yazdığı eserini, Şam metropolitinin isteği üzerine kompoze etmiş ve DARA Yakubi piskoposuna göndermişti. Katolikler ve Yakubiler, TRİSAGİON üzerinde çok bölünmüşlerdi: Jean, bu konuda Ürdün piskoposuna bir mektup göndermişti. Piskopos Elie için de geniş bir iman ikrarı yazmıştı. O, Katolikliğe geri dönmüştü (Libellus de Recta Sententia).

Hıristiyan olmayan mezhepler de, ciddi şekilde dikkat çekiyordu. Mesela Maniheisme, yeniden **Paulicianisme** ismi altında hayat bulmuştu. Ülkenin hâkimiyetini elinde tutan İSLAMİSME'de dikkat çekiyordu. Bu gidiş tabii ki tehlikesiz değildi. Şam metropoliti Pierre'ın, Halifenin emriyle dilinin kesildiğini Théophane anlatmaktadır. Pierre, Jean Damascène'nin dostuydu. Sebebi de bu iki yanlışı yazmasıydı. Jean Damascène, Maniheisme'e karşı iki diyalog yazmıştı. Bunlarda, en yüksek metafizik müşahedeleri ve ilahiyat düşüncelerini ortaya koymakta ve özellikle Tanrısal varlık ve kader konusundaki düşüncelerini belirtmektedir. Yine diyalog ismi altında, İslâm'a karşı iki kısa reddiyesine sahibiz. İtizaller konusundaki kitabının küçük bölümü, aynı hataya tahsis edilmiştir. Mezheplere karşı bu iki savunmaya, Sur les Aragons et les Fees üzerine olan iki garip parçayı da ilave edebiliriz. Bunlar, halk hurafelerine karşı yazılan yazılardır[11].

Saint-Sabas keşişi olan Jean Damascène'nin hayatı, oldukça doludur. Onun tartışmalarını, eserlerinden sonra, onun diğer faziletlerini sayarak onu sevenlerin gözlerine, onun bilgisinin parlaklığını ulaştıracağız. Tarih[12] onu, sırayla mütevazi ve itaatkar göstermekte ve sadece onun yüksekliklerinin formel düzeyini ve dostlarını yazarak hararetli şekilde merhamete nüfuz etmiş, tanrısal sıfatların arasında merhameti yüceltmiş, Meryem'e, kili-

---

[10] Eserler kısmına bakılmalıdır.
[11] Bu kitabın ilgili bölümüne bakılmalıdır.
[12] P. Jugie, Echos d'Orient, 1924, p.150-158.

seye, azizlere karşı bir tapınma sunmuştur. Böylece, hakikatin dağılımı, barışın devamı ve kilisenin birliği ve ruhların selameti için büyük bir çabayı canlandırmıştır.

St. Jean Damascène, muhtemelen 749 yılında ölümüştür. Hieria İkonoklaste Konsili 753 yılında toplanmıştı. Konsil onu, St. Germain ve St. George de Chypre[13] gibi Tanrının çarptığı biri olarak beyan etmiştir. Fakat yedinci genel konsil (787), her üçünü de rehabilite etmiştir[14]. Léon XIII, 1890'da Jean'a kilise doktoru ünvanını verdi. Kamuoyu onu, uzun zamandan beri meşrulaştırmıştır. İkonoklaste imparatora karşı halkın mukavemeti, sürekli karşı karşıya gelmiş, Halifelerin nezdindeki verimli bir makamı terk ederek, ismi etrafından bir efsane oluşmuştur. Ona, onun devam ettirmesi zor olan birçok eser atfedilmiştir[15]. Onun mevsuk eseri, oldukça zengindi ve geniş şekilde güven vermekteydi. O, bu güveni hem Doğuda hem de Batıda elde etmişti[16].

II. SAİNT JEAN DAMASCÈNE'NİN ESERLERİ
A. İlahiyat Eserleri

Onun edebi mirasının en önemli kısmını dogmatik ilahiyat konusundaki eserleri teşkil etmektedir. Bu konuda önce, onun bizzat hayatında bahsettiği tartışma eserlerini belirtelim:

1. Discours Apologètiques Contre Ceux qui Rejettent Les Saintes İmages[17].

2. Contres Les Nastoriens, Deux Traités[18].

3. Contres Les Jacobites: İki eserdir. Bir muktupta, Trisagion üzerinde Archimandrite Jordanès'e yazılmıştır[19].

4. (Contre Les Monothélites) De Duabus Voluntatibus[20].

---

[13] George de Chypre ismi (+754) daima St. Germain ve S. Jean Damascène'le birlikte kullanılmaktadır. Çünkü o, onlarla birlikte XIII. yüzyılın ilk yarısında resimler kültünü savunmuştur. Allatius, De Georgiis dans Fabricius, Bibl. G. X, 613-617 (2. éd, XII, 14-16).
[14] Mansi, Concil, XIII, 356, 400.
[15] Meselâ, La Vie Des Saints Barlaam et Joasaph, P.G. 96, 859-1240.
[16] S. Jean Damascène'nin tesiri çin bkz: Jugie, dans dict. théol, op. cit. col. 748-751.
[17] P.G. 94, 131-1284; 1283-1318; 1317-1420.
[18] P.G. 95, 187-224; et Théol. Quartalschrift, 1901, (t.83), p.555-595.
[19] P.G. 95, 111-126 (Contra Acephales), 94, 1435-1502 (Contra Jacobitas), et 95, 21-62 (De Hymno Frisagio).
[20] P.G. 95, 127-186.

5. Dialogue Contre Les Manichéens[21].

6. Dialogue Entre un Chrétien et un Sarrasin (Musulmane)[22].

7. Sur le Dragons et les Fées[23].

St. Jean Damascène'nin büyük ilahiyat eserini ele almadan önce, yazarın daha az önemli olan dört risalesinden bahsedelim:

1. İntruduction Elèmentaire Aux Dogmes[24]: Bir gençlik denemesidir. Aynı konuyu işleyen kaynağın birinci kısmından aşağıda bulunmaktadır.

2. Livret Sur la Vraie Doctrine[25]: Bu bir iman ikrarıdır. Muhtemelen hidayete gelen Monothélite bir piskopos için yazılmıştır.

3. Sur la Saint Trinité[26]: Teslis üzerinedir ve kristolojik bir doktrin özetidir. Jean'ın kitaplarından derlenmiştir. Fakat bir başkası tarafından yazılmıştır.

4. L'Exposé et Explicationde la Foi[27]: Bu eser, Arapça bir tercümede muhafaza edilmiştir. Yeni bir rahibin iman ikrarıdır. Bu ikrar, onun ordre sakramentinde okunmuştur. Bunu, Source'un üçüncü kısmında küçük şekilde görebiliriz. Yani Expose'de la Foi Ortodoxie, Jean Damascène'nin ilahiyat eserinin bilgi kaynağı[28], sadece onun ilahiyatını değil, diğer yazılarının tamamını ve en iyilerini ihtiva etmektedir. O, Grek geleneğine en iyi şekilde ve Doğu dogmatiğinin en karakteristik doktrini tezlerine yoğunlaşmaktadır. Jean Damascène, eserini eski Saint-Sabas manastır mensubu ihvanı olan Cosmas'a armağan etmiştir. Cosmas 742 yılında MAİOUMA piskoposu olmuştu. Böylece onun eseri bu tarihten sonraki tarihi taşımaktadır. Belki de tam o vakit tamamlanmıştır. Bu yazı, St. Jean Damascène'nin son yazılarından birisidir. Bu eser üç kısımdır: İlk iki bölümü felsefi, tarihi bir giriş mahiyetindedir. Üçüncü kısım daha uzundur, daha önemlidir ve aşağı yukarı tam olan bir dogmatiktir.

---

[21] P.G. 94, 1505-1584. Diğer diyalog 96, 1319-1336 (éd. Mai).
[22] P.G. 94, 1585-1596; 1595-1598.
[23] P.G. 94, 1599-1602 (De Draconibus), 1603-1604 (De Strygibus).
[24] İnstitutio Elementaris ad Dogmata, P.G. 95, 99-112.
[25] Libellus de Recta Sententia, P.G. 94, 1421-1432.
[26] P.G. 95, 8-18.
[27] P.G. 95, 417-436.
[28] P.G. 94, 521-1228.

Filozofik bölümler ünvanını taşıyan I. kısım[29], Aristo, Porphyre gibi eski filozoflardan alınmış bir dizi tarifleri ihtiva etmektedir. Ona göre, kilise babaları, Aristo'dan daha çok onun felsefede gerçek üstadlarıdır. Jean Damascène, felsefeyi ve beşeri ilimleri gerçek felsefenin hizmetçisi olarak telakki etmektedir. Onun da gerçek doktoru İsa-Mesih'tir.

II. kısım olan **Livre des Hérésies**[30], ilahiyata tarihi bir giriştir. Burada 103 itizal yani 103 yanlış dini doktrin işlenmiştir. Bunların içinde ikonoklasme ve **İslâmiyet**'te vardır. O, St. Epiphane'dan St. Germain'e kadar Doğudaki seleflerinin fikirlerini tekrar etmiştir. Onun orijinalitesi son çalışmalarında görülmektedir.

III. kısım, Exposé de la Foi Orthodoxe[31]. Bu kısım 100 bölümdür. Bunu Latinler, P. Lombard'ın Sentences'larının bölümlerine uygun olarak 4 kitaba ayırmışlardır. I. kitap (1-14. bölümler) De Deo Uno e Trino"dur. **İkinci kitap** (15-44. bölümler) Allah'ın eserleri olan yaratılıştan, meleklerden, dünyadan, insanlardan ve inayetten bahsetmektedir. Bu kısımda, felsefe ve tabiat ilimleri, oldukça geniş bir yer tutmaktadır. III. kitap (45-73. bölümler), incarnation doktrinini ve itizallerin yanlış bilgilerine muhalefeti açıklamaktadır. IV. kitap (74-100. bölüm) düzensiz olarak yukarıda belirtilmeyen çerçevede dogmatik konulara girmektedir. Bu kısımda iman, sakramentler, Meryem, kutsal kitap, azizler kültü ve resim kültü ele alınmıştır. Ayrıca geçen konular üzerinde, son değerlendirmeleri belirtilmektedir. Temelde Exposé de la Foi Orthodoxie, İznik-İstanbul konsillerinin iman sembollerinin metodik bir açıklamasından başka bir şey değildir.

B. Muhtelif Eserleri

1. **Tefsirler:** St. Jean Damascène, arkasında çok hacimli bir tefsir bırakmıştır. Bu tefsir, kısadır fakat St. Paul'un mektuplarının tamamını içine almaktadır[32]. Gerçekte kelime, kelime Jean Crysostome'un homelie'sinden, Théodoret'in veya İskenderiyeli Cyrille'in tefsirlerinden alınmış bilgilerdir.

2. **Zahitlik/Ascétisme:** Jean gibi bir keşişin, zahitlik konusunda yazmaması olmazdı. Belli başlı kötülükler konusundaki risaleleri (De 8 Spiritubus

---

[29] P.G. 94, 521-676, Dialectique ünvanı bu esere pek uygun değildir.
[30] P.G. 94, 677-780.
[31] P.G. 94, 789-1228, Prologue et İnolex: 781-788.
[32] P.G. 95, 441-1034.

Nequitiae[33] ve Vertus et les Vices[34] üzerindeki risaleleri, oldukça özet eserlerdir. Oruç üzerindeki mektubunda, çok özel bir konuyu işlemekte ve Carême'in süresi hakkında bilgi vermektedir. Parellèles Sacrés[35] diye de bir risalesi vardır. Aziz Jean Damascène, bu risalede zahidane ve ahlak ilahiyatıyla bir compendium'un ilk maddelerini bir araya getirmiştir. Şayet bu eseri o yazmışsa, Ortodoks imanın dogmatik ilahiyatın bir el kitabıdır[36]. Bu eser, kutsal kitap ve Patristik metinlerin basit bir derlemesidir. Hassas bir tablolarla, kaynaklar rahatça bulunabilmektedir. Yazar, eserini üç kitaba ayırmıştır: I. kitap: Allah konusunu, ruhlarımızın aydınlıklarını işlemektedir. Yani Allah'ın sıfatlarını ve ona karşı ödevlerimizi işlemektedir. II. kitap: İnsanla ilgili bilgileri ve işleri konu edinmiştir. III. kitap: Fazaletler veya kötülükler etrafında dolaşmakta ve her kötülüğün karşısına bir fazilet konmaktadır. **Parellèles** ismi de buradan kaynaklanmaktadır. Hatta bu ünvan, üçüncü kısma verilmiş ve bütün kitaba teşmil edilmiştir[37]. Burada da St. Jean, Sabait keşişi Antiochus'un eserinden esinlenmiştir[38].

3. Belagat: Jean, bir polemist olduğu kadar beliği de bir hatipti. O, Kudüs'te büyük törenlerde konuşması istenen birisiydi. Meselâ bir günde muhtemelen GETHSEMANİ'de, Meryem'in mezarı üzerine ve Meryem'in yurdu üzerine üç nutuk vermiştir. Diğer konuşma, Meryem'in doğuşu üzerinedir. Üç homelie de, İsa'nın veçhe değişimi, kuruyan incir ağacı, kutsal Cumartesi'ne aittir. İki de övgü yazısı vardır. Birisi, Jean Chrysostome'a aittir diğeri de St. Barbe'a aittir. Bütün bu eserler, şifahi konuşma eserleridir[39]. Bunların dışında ona isnat edilen nutuklar, ona ait değillerdir. P. Jugie,[40] onun nutukları konusunda şunları yazmaktadır: Onun nutukları doktrinal bir mühür taşımaktadır ve onun olduğunu tam olarak bildirmektedir. Çünkü onlarda, daima Teslis ve enkarnasyon konuları bulunmaktadır. O, bu konuda birçok Bizantin'e nazaran özet olarak yazmayı bilmektedir. O, daima bir şeyler söylemektedir. Onun Homelie'lerini daha kişisel yazdığı görülmektedir. Çünkü onlar zengin doktrinlere sahiptir.

---

[33] P.G. 95, 79-86.
[34] P.G. 95, 85-98.
[35] P.G. 95, 1038-1588; 96, 9-442. Ancak bu eser bazı değişikliklere uğramıştır.
[36] M. Jugie, op. cit. col. 702-703.
[37] İbid, col. 702.
[38] Bu kitabı için diğer doğulu ilahiyatçılar bölümüne bakılmalıdır.
[39] Dokuz homelie için bkz: P.G. 96, 545-814, diğer dördünün muhtevası, biraz şüphelidir.
[40] Op. cit. col. 703.

4. **Şiir:** Jean Damascène, ayrıca bir şairdir. İlahileri zevkle dinlenen gelenekçilerden birisidir. Bu ilahiler, okunmakta ve herkese zevk vermektedir. X. yüzyılda yazılan heyecanlı biyografide belirtildiği gibi... Yine Jean Damascène'e şunları borçluyuz:

1. Normal pazar ayini kanunları: Hepsi onun olmasa da, 8 Octoé de onun çok payı vardır[41].

2. Métriques şiirler: Noel, Epiphanie, Pentacôte için yazılmıştır[42].

3. Rythmiques şiirler: Paskalya, İsa'nın göğe kaldırılması, İsa'nın yüzünün değişimi, duyuru, yurt, cenaze[43].

4. Başka Evharistik parçalar: Metriques veya Ritmiques.

III. DOKTRİNİ

Tabii ki Jean Damascèn'e bir derleyici demek haksızlıktır. Tahlil ettiğimiz kitap, bilakis onun gerçekten kişisel bir eser yapmayı bildiğini ispat etmektedir. O, geçmişin sadık bir özetini vererek, seleflerinin doktrinini daha açık, kesin, kararlı şekilde, mantıki bir metoda göre yeniden düşünmektedir. O, St. Léon'u tanımıyor. O, sadece Lettre á Flavien'i tanımaktadır. O nun üstadları, münhasıran Doğulu Doktorlardı. Bu konuda Kapadokyalılar öndeydi. St. Grègoire de Nazianze, bilhassa çok sık zikredilmektedir. Kristoloji konusunda St. Jean Damascène, şu üstadlardan etkilenmiştir: Léonce de Byzanice, S Maxime, S. Anastase le Sinaite. Allah konusundaki eseri için o, isteyerek S. Paul'un talebeleriyle aynileştirilen Pseudo-Denys'i takip etmektedir. Belli bir ilahiyatçı olarak, Doğudaki St. Cyrille'den ve Batıdaki St. Augustin'den aşağıda bulunmaktadır. O, icra ettiği gerçek tesire rağmen, bir St. Thomas değildir. O, muhtemelen şartlara göre çağdaşlarının yeni ruhsal problemlerine doğru yönelmiştir[44].

A. Encarnation Doktoru

Kristoloji, onun doktrininin en merkezi noktasını teşkil etmektedir. Saint Jean Damascène[45], İncarnation'un mükemmel bir ilahiyatçısıdır. Bütün yazılarında bu konu üzerinde uzun uzun durmakta ve bahsetmektedir. Onun

---

[41] Bu kitabın önceki sayfalarına bakılmalıdır.
[42] P.G. 96, 817-840.
[43] P.G. 96, 843-852, 1363-1370.
[44] J. Tixeront, Hist. Dogm, III, p.485.
[45] M. Jugie, op. cit. col. 730.

sentezi, gerçekten önceki Grek ilahiyatının temsilcisidir. Bu kristolojinin özelliklerinden birisi, A. Michel'in[46] beyanatına göre; "Hypostatique birliğin dogmatik ve teolojik sonuçlarını sert bir şekilde S. Jean Damascène'nin ortaya koymasıdır. Bu noktada o, XIII. yüzyıl ilahiyatçılarının Hypostatique birlik dogmasının sonuçlarını açıklamada öncülerindendir."

St. Jean Damascène'nin bu konudaki vardığı sonuçlar şunlardır:

a. Tapınma: İsa-Mesihin insaniyetine bağlı olan tapınma, Kelime'den ayrı değildir. Fakat kelimeyle, hypostatique olarak birleşmiştir[47].

b. Filiation divine des jésus-christ: Oğul ismi, bir kişi ilişkisini belirtmektedir. **Filiation** (oğulluk) İsa-Mesihten, Baba karşısındaki kulluk ilişkisini dışarda bırakmaktadır[48].

c. Communication des idiomes: O, bunun kurallarını açıklamakta ve kullanımlarını doğrulamaktadır[49].

d. Compénetration Mutuelle des Natures Unies (Birleşmiş tabiatların karşılıklı Compénétrationu). Tanrısallıkla, beşeriyetin tanrılaşması, insaniyetin cevhersel değişimini değil, ilahi bağışın imkânı ölçüsünde, aksiyon gücünün ve tanrısal operasyonun ulaştırılmasıdır: Bu Tanrısal enerjiye bir iştiraktir[50].

e. İsa-Mesihte cehaletin yokluğu: Onun hikmetinin ilerlemesi sadece zahiridir[51]. İnsaniyetin olgunlaşması, bunların hepsini paralel olarak dışarda bırakmaktadır. Yani beşeri ihtirasları ve acıları yok etmektedir. Çünkü bunlar, bu olgunlukla uyuşmuyor. Kötü ihtiraslar mutlak surette iradede aşağı kısma bağımlıdırlar. Bunun için, beden için ızdırapla, onun liyakatine zıt bir bozulmaya maruz kalmaktadır[52].

f. Dualité d'Opération ve İrade Operasyonu[53].

---

[46] A. Michel, Hypostatique (Union), dans dict. théol. col. 504-505.
[47] De Fide Orth. III, VIII, col. 1013.
[48] İbid, XXI, col. 1085.
[49] İbid, Iv, col. 997-1000.
[50] İbid, VII, col. 1012, cf. İbid, XVII; col. 1068-1074 Contra Jacobites n.52, col. 1461.
[51] De Fide Orth, III, c.XIV, XXI, XXII, col. 1044, 1044, 1088, De Duabus Volunt, n.38, P.G. 95, 177.
[52] De Fide Orth, III, c.XX, XXI, XXIII, XXVIII, col. 1084, 1088, 1089, 1097, 1100, De Duabus Volunt, n.36, 37, col. 173, 176, 177.
[53] A. michel, 100 cit. cf. Tixeront, Hist. Dogm. VII, p.496-501, p.295. Mesihin kurtarıcı olarak rolü için bkz: M. Jugie, op. cit. col. 736-737.

Resimlerin savunucusu olarak St. Jean Damascène'nin rolü, oldukça meşhurdur. Bununla beraber resimler kültü konusunda, onun ortaya koyduğu sentez de merkezi bir şey yoktur. Yukarıda bundan bahsetmiştik[54]. Biz burada daha çok Doğuluların "İlahiyat" adını verdikleri[55] temel noktaların tespitiyle meşgul olacağız. Bunlara inayet, sakramentler ve kilise konusundaki en karakteristik sonuçları ilave edeceğiz.

B. İlahiyat

Saint Jean Damascène, Theologia Unita'yı veya De Deu Uno'yu Théologia Discreta'dan veya De Deo Trino'dan ayırmaktadır. Ancak yine de iki eser, onun eserinde karışmış durumdadır[56]. Özellikle onun prescience (ön bilgi), providence (inayet), prédestination (kader) üzerindeki doktrinine yeniden döneceğiz. Çünkü bu konular, Latinleri en çok meşgul eden konulardır ve bunlar üzerinde St. Jean Damascène, doğunun bakış açısını sarahatle takdim etmektedir. Tabii ki onun görüşleri, St. Augustin'in bakış açısından biraz farklıdır. Onun için Allah, iyidir. Bu konuda Denys'in tesiri açık olarak görülmektedir. Zaten P. Jugie'nin[57] dediğine göre, Jean Damascène, onun doktrinini ve ilahiyatını kendisinin doktrini yaparak, Allah'ın birliğine nüfuz etmeye çalışmıştır. Bu sıfat, en canlı şekilde belirtilmiştir. Onun Teslis konusundaki doktrinine gelince, Jugie'nin şu genel işaretiyle yetineceğiz: Damascène'nin Teslis doktrini, bütünü içinde, önceki asırların Grek ilahiyatıyla özetlenebilir. Fakat bazı formüller, tercihan Kapadokyalı Kilise Babalarına aittir. Meselâ Gregoire de Nazianze'nindir. Latin Kilise Babalarının ilahiyatına gelince, Damascène bunları hiç bilmemektedir. Çünkü eserlerinde St. Augustinci teoriye hiçbir işaret bulunmamaktadır. Bazı yerlerde Damascène, ona değiniyor, ancak onun anahtarına sahip değildir. Dâhili kelamdan bahsetse de o, Kutsal-Ruhta "Processio Amoris"i göremiyor. Bu durum onun ikinci procession'da, mutlak bir agnostisizm içinde olduğunu açıklamaktadır[58].

---

[54] Bu kitabın St. Jean Damascène bölümüne bakılmalıdır.
[55] Bu kitabın baş taraflarına bakılmalıdır.
[56] M. Jugie, op. cit. col. 717.
[57] Op. cit. col. 718.
[58] cit. col. 719. St. Jean Damascène, Teslisin üçüncü unsurunun çıkışı konusunda geleneğin tahsis ettiği formüllere tutunmaktadır.

Evrensel Allah ilmi, prescience des Futur libre=Gelecek hürriyet ilmini içine almaktadır. Bu konu, zaten kısa işlenmiştir. Biz, Allah'ın bizim hür hareketlerimizi önceden görmesi, hareket nedenimiz değildir. Fakat onun gördüğü, bizim yapacağımızı önceden görmesidir. Çünkü biz onu yapmasaydık, Allah onu önceden göremeyecekti. Allah'ın onu, önceden bilmesi, gerçektir ve doğrudur. Fakat bu, gelecekte işin olması nedeni değildir. Çünkü şunu veya bunu yapmak zorunda olduğumuz için Allah onu bilmektedir[59]. Damascène için Allah, bütün iyinin nedenidir. Allah, eylem kalitesi üzerindeki hürriyetinin payını, iyilikte ve kötülükle göstermektedir.

İnayet veya özen ki Allah onu, yaratılmış birtakım varlıklardan alarak onları, tabiatlarına göre sevk etmektedir. Jean Damascène için yaratıkların karşısında, Allah'ın bütün pozitif tavırları, yaratıkların iyi şeyler yapmalarını ihtiva etmektedir. Bu Allah'ın onlar için pozitif olarak istediği şeydir. Bunun için Damascène, hür irademizin Allah'ın inayetine bağlı olmadığını ilave etmektedir. Ona göre biz, hür irademize bağlıyız. Çünkü buna teşebbüs eden Allah değil, bizzat kendimiziz. Bunun için Allah, onları önceden görmüyor ve pozitif bir iradeyle önceden tespit etmiyor[60]. Allah, ayırım gözetmeden herkese inayetini sunarak fazületiyle oraya istediğini ulaştırıyor. Onun burada reddettiği şeyler, tanrısal dikkat konularıdır ki onların kesin talihleri ölümle sona erecektir.

Kader, Damascène tarafından seçkinlere, denenmişlere kadar uzatılmıştır. Fakat o, kaderle her bir insan üzerinde layıklar ve layık olmayanlara tahmin sonucunda Allah'ın telaffuz ettiği ebedi yargıyı belirtmektedir[61]. Prèdestination Antécédente (ön kader)'dan o bahsetmemektedir. Öyle ki bu isim, evrensel inayete verilmek istenmiyor. Onu o, herkese ve kurtuluş vasıtalarına, eşit olmayan vasıtalara hazırlamaktadır. Bu evrensel kader, hür irade davasında şartlara bağlıdır. O, meccanidir. Allah'ın iradesinin saf bir sonucudur. Zira tabiat, kurtuluş düzeninde bu küçük şeye köklü şekilde yeteneksizdir.

Bu doktrin ne Pelagianisme'dir ve ne de Yarı-Pelagianisme'dir. Bu doktrin kendisine özgü bir yer işgal etmektedir. O, bir beşeri görüş noktasıdır. Maniheistlere karşı bir eserde bu doktrin açıklanmıştır. Jean Damascène'e

---

[59] M. Jugie, op. cit. 719.
[60] M. Jugie, op. cit. col. 728.
[61] Cont. Manich. 78, 73.

karşı Augustin'de olduğu gibi, özellikle ve hür irade savunulmaktadır. Bütün Doğu geleneği, bu görüştedir. Yazarımız, böylece Allah'ın adaletini açıklamıştır[62]. Bununla beraber onun doktrini veya en azından kullandığı terminoloji, problemin özel bir vechesini karanlıkta bırakmaktadır. Bu veçheyi oldukça canlı şekilde Augustin, Pelagianisme'e karşı savaşta belirtmiştir: Özellikle iyi ve güzel bakış açısını ve Allah'ın seçkinlerle ilgili sevgisini[63] belirtmiştir. Bu özel bakış, asla başkalarının talihine zarar vermemektedir. Batıda, buna kader ismi verilmiştir. Fakat bu görüş noktası, Allah'ın hukukunu ve esrarını ilk plana koymaktadır. Bu nokta, fevkalade bir hassasiyetle açıklanmış ve beşeri hürriyete zarar vermeden veya denenmişlerin talihini ağırlaştırmadan ortaya konmuştur. Augustin'in bütün talebeleri bu hassasiyete sahip değillerdir. Bazıları, onaylanmış bir kaderde denenmişlerde bunu görmektedirler. St. Jean Damascène'nin doktrini, farklı bir yere oturmakta, güçlüklere girmemekte ve eksik ve verimsiz olarak kalmaktadır[64].

C. İnayet-Sakramentler-Kilise

1. İnsan ve İnayet[65]: Bu noktada, hâlâ Batı ile Doğu arasında mukayese elzem bir konudur. İnsan, madde ve ruhtan teşekkül etmiştir ve onda bütün yaratılış özetlenmiştir. Bu bakımdan o, küçük bir dünyadır. Jean Damascène'nin açıklamayı sevdiği bir Grek ifadesine göre insan, küçük dünyadır[66]. İnsanların yaratılışı konusunda belirtelim ki, onun tarafından büyük fark net bir şekilde resimle, Allah'ın Âdem'de yazdığı benzerlik arasındaki Grek ilahiyatı olarak belirtilmiştir: Resim, aklın ve hür iradenin, bazı doğal türlerin, Allah'ın olgunluklarına iştirakini belirtmektedir. Benzerlik, ahlâkî düzeni ve tabiatüstünün tanrısallığa iştirakini belirtmektedir. İlk ebeveynler, onları Tanrılaştıran inayetle, tanrısal alana iştirak[67] etmişlerdir. Onlar ayrıca tabiat öncesi imtiyazlar olan çürümezlik, ölümsüzlük ve duygusuzluktan yararlanmaktadırlar[68].

---

[62] İyilikten çok fazla.
[63] İkinci cildin sonuna bakılmalıdır.
[64] J. Tixeront, Hist. Dogm. III, p.485.
[65] M. Jugie, op. cit. col. 724-727.
[66] De Fide Orth. II, 12.
[67] İbid.
[68] İbid.

Jean Damascène, diğer Doğu Babaları ile Petan tarafından Batıda kabul edilen ön yargıya aykırı olarak, asli günahı sık zikretmekte ve onu cezalardan ve günahtan sonraki durumdan ayırmaktadır. O, onu sadece günah, lanet veya mahkûmiyet olarak isimlendirmektedir[69]. Bu günah, insanı Allah'la benzerlikte olan her şeyden ve imtiyazlardan mahrum bırakmaktadır. Bizzat tabiat, Aversio a Dev=Allah'tan uzaklaşmakla ve Conversio ad Creaturas=Yaratılışa dönüşle Allah'a benzerlik açısından küçültülmüştür. İşte bunu Damascène, açık olarak izah etmektedir[70]. Her şeye rağmen düşmüş insan, hürriyetini muhafaza etmektedir.

Aktüel inayet konusundaki Jean Damascène'nin doktrini, Pèlagianisme ithamını ekarte etmektedir. Bu eğilim, Batıda, Greklere karşı yöneltilmiştir[71]. O, mutlak inayetin gerekliliğini kabul etmekte ve genelde, her iyiyi layık ve kurtarıcı yapmak için ve özellikle nikâhsız yaşamayı yok etmek için inayetin gerekliliğini kabul etmektedir. Bu aktüel inayete sadece concomitante=eşlik etmiyor, prévenante'da=teşvik eden'de iradenin hür kabulüne eşlik etmektedir. Onun inayet konusundaki düşüncesini şu formül en iyi şekilde özetlemektedir: Allah tarafından tabiata verilen fazileti ve bizzat her iyinin nedeni ve prensibi olduğunu bilmek gerekmektedir. Onun yardımı ve iştiraki olmadan, bizim iyiyi yapmamız mümkün değildir. Allah'ın bizi teşvik ettiği faziletle kalmak ve kendimizi ona bağlamak gerekir. Yahut fazileti kendimizden uzaklaştırarak, kötülükte kalmak ve bize vesvese veren Şeytanın, şiddet kullanmadan bize hâkim olmasına fırsat vermek gerekecektir[72].

2. Sakramentler[73]: St. Jean Damascéne, bütün geleneği temsil etmemektedir. Hatta sakramentler doktrininde Doğuyu da temsil etmemektedir. O, hiçbir zaman **Evlilikten** ve **Son yağlamadan** bahsetmemiştir. O, sadece confirmation'a (kuvvetlendirme vaftizine), tövbeye ve ordre sakramentine işarette bulunmuştur. Foi Orthodoxie kitabında sadece **VAFTİZ** ve **EVHARİSTİYA** incelenmiştir. Özellikle Evharistiya bölümünde[74] Damascène, şunları

---

[69] De Fide Orth. IV, 13; De Duabus, vol. 44.
[70] İbid, II, 30.
[71] M. Jugie, op. cit. 741-742.
[72] De Fide Orth. II, 30.
[73] M. Jugie, op. cit. col. 742-745.
[74] De Fide Orth. IV, 13; M. Jugie, op. cit. col. 743.

yazmaktadır: Mesihin, Evharistiyadaki varlığı açıklanmıştır. Sembolik bir yorum korkusuyla, hemen hemen aşırı bir realizmle bu konu belirtilmiştir: O, burada cevher değişimini kabul etmektedir. O, bu konuda Mesihin bedeninin ekmeğe dönüşmesini değil, onun bedeninin değişimini tasarlamaktadır. O, Evharistiya sırrına eğilmekte ve Evharistiya'nın, kanlı olmayan ve evrensel bir kurban olduğunu söylemektedir. Bu, Malachi'de haber verilmiş ve Melchisédes tarafından figure edilmiştir. Evharistiya bizi, tanrısal tabiata iştirak ettirmektedir. İşte bunun için, semavi ekmeğe participation/iştirak ismi verilmiştir. Aynı zamanda bu, İsa-Mesihle ve Hıristiyan kardeşlerle bir communion teşkil etmektedir.

3. Kilise[75]: St. Jean Damascène'nin muhtelif yazılarında özellikle, veche değişikliği üzerindeki Homelie'lerde bu konuda önemli bilgiler bulunmaktadır. Maalesef Foi Orthodoxie kitabında bu konuya bir bölüm ayırmamıştır. Aslında bu konuyu, Doğu Bizans biraz ihmal etmiştir. Onun bu konudaki doktrini oldukça serttir:

a. Kilise, imparatorluk iktidarından bağımsız bir cemaattir. Damascène bunu açıkça beyan etmektedir.

b. Kilise, monorşik bir cemaattir. Monorşi, bir tek barış prensibidir. Sakinliktir ve ilerlemedir. Poligarchie, savaşa götürür bölünmeye götürür ve anarşiye götürür[76].

c. Bu kilise monarşisi, sadece kısmi veya tam bir piskopos monarşisi değildir. O, evrenseldir. Pierre, bütün kilisenin yönetimini üstlenmiştir[77]. Havarilerin şefinin imtiyazları, muhteşem bir şekilde Katolik anlamda yoğunlaşmıştır.

d. St. Pierre'in Halefleri de Roma'da olmalıdırlar. Jean Damascène şöyle demektedir: Havari Petrus, Néron döneminde ölmüştür. Piskoposlar ve Kudüs patrikleri [Kiliseleri Mesihe ve Meryem'e, Elie'ye yeryüzünde yükseltenler ve özellikle Filistin'de yükseltenler] hepsi Pierre'in talebeleridir. Koyunları Mesih, ona emanet etmiştir[78]. St. Jean Damascène'nin doğrudan

---

[75] M. Jugie, op. cit. col. 715-717; Echos d'Orient, 1924, (t.23), p.400-406: (Doktrine de S. Jean D. Sur l'Eglise).
[76] Contra Manich. 11.
[77] Ham in Transif, n.2, 6, 16.
[78] İbid, 16.

Roma ile iletişimi asla olmamıştır. Bunun için onun yazılarında Papalarla ilgili en küçük bir telmih bulmak zordur. St. Théodore Studite gayet net bir şekilde onun uğradığı adaletsizlikleri açıklıkla belirtecek ve onun, kilisede olan evrensel adalete müracaatını zaruri kılacaktır.

ONUNCU BÖLÜM
SAİNT THÉODORE STUDİTE[1]

I.SAİNT THÉODORE'UN HAYATI, KEŞİŞLİĞİ, RESİMLERİN SAVUNUCUSU

Doğu Katolik keşişlik dünyası[2], IV. yüzyıldan itibaren oldukça gelişmişti ve VIII. yüzyılda zirveye ulaşmıştı. Mısır, zaten Monofisisme'in av yeri olmuştu. Suriye'de keşişlik, Müslüman Arapların önünde tamamen yok olmaya mahkûm olmuştu. Bizans imparatorluğunda durmadan, İkonoklast İmparatorlar hücumdaydı ve resimleri (ikonları) şiddetle ve ağır vergilerle gülünç şekilde tahribe yönelmişlerdi. Belli bir keşiş grubu mukavemet etseler de, onlar da sürgünle, kamçılanmakla ve hapisle cezalandırılıyordu. Bu keşişlerin düşüncesi yani resimlere saygılı olma fikri, **İRÈNE**'nin saltanatı döneminde başarıya ulaştığı söylenmektedir[3]. Artık bundan sonra, meşhur manastırlar inşa edilmiştir. Ancak 813-842 yılları arasında yeni bir ikinci İkonoklast dönemi başlamıştır. Ancak Ortodoks zafer, 842'de başarıya ulaşmıştır. Bu dönemden sonra İkonlar korunmuştu ve keşişler, Hıristiyanlığın en kutsal haklarını muhafaza ediyorlardı. Artık keşişler, Hıristiyan ruhunun gerçekten son muhafızları gibiydiler. Çünkü daima imparatorların kaprisleri önünde eğilmeye hazır, köle bir piskoposluk karşısında bulunuyorlardı. Bu keşişler, hararetle kilisenin, hakikatin ve geleneğin mutlak savunucuları olarak dimdik durmuşlardı. Zafere ulaştıktan sonra, geçmişte ifa edilen vazife gururu, onların gözlerinde; görev bilincini daha da açık hale getirmişti. Çünkü bu bilinç, gelecekte Allah'ın haklarını zayıflatmaya her kim teşebbüs ederse onun karşısında onların mukavemet göstermeleri, bi-

---

[1] P.G. 99; Marin, S. Théodore (coll. Les Saints), Paris, 1906; G. Schneider, Der hl. Theodore von Studion, Münster, 1900; V. Grumel, L'İconologie de S. Théodore Studite, dans Les Echos d'Orient, 1921, (t.20), p.257-268; S. Salaville, La Primauté de S. Pierre et du Pape, D'Après S. Théodore St. Dans Echos d'Or, 1914, (t.17), p.23-42; J. Hergenroether, Hist. gén. De l'Eglise, (trad. Belet), t.III, p.81-95; Pargoire, L'Eglise Byzantine, p.265; Marin, De Studio Coenobio Constantinopolitano et les Maries de Constantinople, Paris, 1897; C. Emereau, Hymnographi Byzantini, dans Ednos d'Or, 1925, p.177-179, 1926, p.178.
[2] J. Pargoire, L'Eglise Byzantine, p.307-316.
[3] A.g.e. p.309.

linçlerinin gereğiydi. Bu konuda Doğunun büyük piskoposlarının baş tutması gerekiyordu. İşte bu hararetli keşişliğin, VIII. yüzyılın sonunda ve müteakip yüzyılın başında en belirgin temsilcisi St. Théodore Studite olmuştu. Öyle görünüyor ki, yeni bir bölünmenin arefesinde ve onun merkezi olacak olan şehirde o, en saf Katolik ruhuyla bedenleşmek için Allah'ın inayetiyle seçilmişe benziyordu.

Théodore[4], 759 yılında, çok zengin ve Hıristiyan bir ailede doğmuştur. 781 yılında Mont Olympe'in meşhur keşişi olan St. Platon, anne tarafından Théodore'un dayısıydı. Théodore, dini bir hayat yaşamak için bütün malını fakirlere dağıtmıştı. Bu tarihte Théodore, 22 yaşındaydı. Böylece o, kardeşleri ve dayısıyla, Olympe tepesinin yamacındaki ailesinin bir mülkiyetine çekilmişlerdi. Burası SACCOUDİON'du, bir manastıra çevrilmişti[5]. İşte burada St. Platon tarafından mükemmel dindarlık için Théodore eğitilmişti. Böylece o, 787'de veya 788'de rahip olmuştu ve 794'de de dayısının yerine oturmuş ve çok verimli olmuştu. Dayısı hastaydı. Hem dayısı hem de Théodore kendilerini zahitliğe vermişlerdi. Ancak imparatorun dini işlerini de yakından takip ediyorlardı. İstanbul Patriği St. Taraise (784-806), onlara, konsil konusunda aşırı görünüyordu. Onlar ise, 787 konsilini birçok tereddütten sonra ve Roma'nın onu benimsemesinden sonra kabul etmişlerdi.

İmparator Constantin VI, 795 yılında karısını boşamıştı[6]. Buna iki keşiş baş çekerek muhalefet etmişlerdi. İmparator, akrabalarından biriyle evlenmek için ilk karısını göndermişti. O, keşişleri yatıştırmak ve onları elde etmek için boşuna uğraşmıştı. Keşişlere dayak cezası verilmişti. Ancak geri dönmemişlerdi. Théodore'un ilk sürgün yeri Selanik'ti. Orada, Papaya müracaat etmişti ve Papa, onun kararlılığını övmüştü fakat onun lehine hiçbir şey yapamamıştı. 797'de İRÈNE, yeniden iktidar olmuştu. Hemen keşişlerin sürgününe son vermişti. Onlar, patrik St. Taraise'in cemaatinden ayrılmışlardı. Çünkü o, bu evliliği takdis eden rahip Joseph'i cezalandırmakta tereddüt etmişti. Daha sonra keşişler, rahip Joseph'i aforoz ettikten sonra patrikle uzlaşmışlardı.

---

[4] Marin, op. cit. ch.1.
[5] İbid, ch. II.
[6] İmparatorun bu boşama işine, affaire Méchienne denmektedir. Çünkü imparator yeni evlilikle zâni oluyordu. Théodore'un tutumu için bkz: Marin, İbid, ch. III ve ch. VI.

Théodore, St. Taraise'le sadece uzlaşmamıştı. Ondan 798 yılında V. yüzyılın tarihini taşıyan eski bir manastır olan İstanbul'daki STUDİUM manastırına, Saccoudion manastırındaki cemaatini taşıma iznini de elde etmişti. Çünkü Seccoudion manastırı, sık sık müslümanların akınına maruz kalıyordu. Böylece **Studium** çok kısa zamanda Théodore'un yönetimi altında, Bizansın belli başlı manastırlarından biri haline gelmiş ve bin keşişe sahipti. Manastırın başkanı olan **Théodore**, başkentin en gözde kilise adamlarından birisi olmuştu. 806 yılında imparator, NİCÉPHORE'u, Taraise'in yerine seçeceğini halef olarak ona danışmıştı. O, laik birisini tavsiye etmemişti. Böylece onun arzusu kabul edilmemiş ve devlet adamı olan Nicéphore, patrik olarak atanmıştı[7]. İşte böylece Théodore'la, yeni patrik arasındaki kavga başlamıştır. Patriğe, seçiminden başka rahip Joseph karşısındaki küçük düşürülmesi de dile getiriliyordu. On yıl önce Josephe, imparatorun yeni evliliğini takdis etmişti. Patrik, onları 809 Sinodunda mahkûm ettirmiş ve onları dağıtmıştır. Onlar ise, papaya müracaat etmişlerdi. Papa onları teselli etmişti. Fakat bu konuda resmi bir karar da vermemişti. 811 yılında da zaten barış hâkim olmuştur. Théodore, tekrar manastırına dönmüştü. Nicéphore da, önceki kararlarını geri çekmişti ve Théodore'la ilgili suçlama tedbirleri olmadığını beyan etmişti. Bunu da daha büyük kötülüklerden sakınmak için yapmıştı. Patrik'in karakteri, bu insanlarla temasa uygundu. Kısa zaman sonra onlarla beraber, yeni resim kırıcılarına karşı Ortodoksluğun şampiyonu olacaktı.

II. ESERLERİ

Théodore'un edebi eserleri, oldukça önemlidir. Yayımlanan kısım, polemik ve zahidane yazıları, mektupları, konuşmaları ve şiirleri ihtiva etmektedir.

1. **Polemik Yazılar:** Bunlar 813 yılından sonra resimlerin savunması için kompoze edilen yazılardır:

a. l'Antirrhètique Contre les İconoclastes[8] en 3. Livres: Bu kitaplardan ilk ikisi, diyaloglardır.

---

7   İbid, ch. IV.
8   P.G. 99, 327-436.

b. Réfutation de Poémes İconomaques[9]: Bunların yazarları bizzat İsa-Mesihin düşmanlarıdır.

c. Kısa Risaleler[10].

2. Zahidane Yazılar: Bunlar da çok önemli yazılardır. Bunlar birtakım mektuplardır, zahidane risalelerdir. Manastırda dini hayatın organizesiyle ilgilidirler: Bunlar bir nevi, Constitutions Studites=Studite Yasaları[11]'dır ve çift tövbe'dir[12]: Bunlardan birisi, genel ahlakla ilgilidir. Diğeri kurallara aykırı olanlara verilen cezalarla ilgilidir. Théodore'a isnat edilen diğer risaleler, çok manevi bir seviyeye sahiptir[13]. Onun Testamentimini'de[14] burada zikretmek gerekmektedir.

3. Mektuplar: Théodore'dan 278 mektup kalmıştır. Eşit olmayan iki kitap halinde bu mektuplar toplanmıştır. I. kitap: 57 mektubu ihtiva eder. Bunların tarihi 796 (I. sürgün)'den 815'e kadar devam eder (Bu tarih 3. Sürgünün başıdır). II. kitap 221 mektubu ihtiva eder (815'den 826'ya kadar)[15]. Bu mektuplar, tarihi, dogmatik ve zahidane bir renge bürünmektedir. Théodore, onu harika bir renkle boyamaktadır. M. Marin bu mektuplar için şöyle der[16]: Bu mektuplar hayattan ve ateşli imandan ve gözü pek cesaretten, en yüksek ve en asil görüşlerle karışık bakıştan fışkırmaktadır, aradaki bütün konular, zahitlikle sonuçlanmaktadır. Bunlar, en farklı şahıslara, papalara, imparatorlara, piskoposlara ve sade keşişlere hitap etmektedirler. Bütün bunlarda yazarın bir tek hedefi vardır: "Ruhları hidayete erdirmek veya ruhları teselli etmek, onları cesaretlendirmektir." O, bunu bir yazarın inceliğiyle ve bir havarinin yorulmaz gayretiyle yapmaktadır. Daha ileride aynı yazar, bu mektupların muhtevası içinde, nasihatlerini hikmetiyle, üslubun tadını çıkarırcasına, François de Sales'in şiirsel lisanını ve inayetini düşündürmektedir[17].

---

[9] P.G. 99, 435-478.
[10] Dört risale: P.G. 99, 477-486; 485-498, 499-506; 173-182.
[11] P.G. 99, 1703-1720.
[12] P.G. 99, 1721-1730 ve 1737-1738. Responsiones, 1729-1734.
[13] P.G. 99, 1681-1690.
[14] P.G. 99, 1813-1824.
[15] P.G. 99, 903-1670. Yayımlanmayan 277 başka bir liste var. P.G. 99, 1669-1680, editée par Gozza-Luzi, Nova Bibl. Pal. Rome, 1871, t.VIII, 1. p.1-244.
[16] Op. cit. P.168.
[17] M. Marin, op. cit. 178.

4. Şifahi Eseri: a. Merasim konuşmaları: Bunlar yayımlanmıştır[18]. Bunlar birtakım övgü yazılarıdır ki vurgu ve doğallıktan yoksun kasideleridir.

b. Dini bilgiler veya cemaate yönelik ailevi konuşmalar: Bu konuşmaları Théodore, haftada üç defa yapmaktadır ve büyüleyici sadeliktedirler. Bu konuda Marin şöyle demektedir: "Sade bir dil, şiirsel bir biçim, kutsal kitapların balı ile beslenmiş, tatlı ve nüfuz edici bir üslup." Bunlar, mektuplarla, eserinin en ilginç kısmını teşkil etmektedir. Petite Catéchèse[19]'in yani küçük ilmihal'in 136 koleksiyonu en çok zikredilenidir. Diğer 173'u daha uzundur. Grande Catéchèse=Büyük ilmihali oluşturmaktadır ve uzun müddet yayımlanmamıştır[20].

5. Şiirsel eserleri: a. Poesies Metriques[21]: 24 mısradır. Farklı konularda yazılmıştır. Özellikle manastırın görevlileri için yazılmıştır.

b. Deux Canon[22]: Birisi, Haç diğeri de resimler konusundadır.

c. Triodion, Selanik Arşeveki Joseph'in eseriyle kendisinin eseridir[23].

d. Pentekostarion: Studite'in bazı eserleri, Théodore'a ait değildir.

III. DOKTRİNİ

St. Théodore Studite, aslında bir filozof ve bir ilahiyatçı değildir. O, bir zahittir ve doktrin adamıdır. O, durmadan resimler kültünün meşruluğu için mücadele etmiş ve Apostolik makamın otoriter savunucusudur. Onun karakterini üç nokta üzerinde belirleyeceğiz:

A. Zahidane Doktrini

Burada onun risalelerindeki, mektuplarındaki ve dini ilmihallerindeki dağınık spiritüel sonuçların bir sentezi yapılmayacaktır. Bütün bu yazılar, aşağı yukarı zahidane bir ilahiyatın temel konularını verecektir. Böylece orada, farklı kategorideki şahıslara ve özellikle keşişlere uygulanan St. Basile'in, St. Jean Climaque'ın ve St. Maximine'in önceki meşhur maneviyat eserlerinin öz doktrini bulunacaktır. Théodore, mistikten çok zahit görünmektedir. O, murakabeciden daha aktif bir durum sergilemektedir. O nun

---

[18] P.G. 99, 687-882 (12 vaaz ve övgü konuşması) ve 883-902, (annesinin cenazesinde övgü): Bu tür yazılar Livres des Panégyriques.
[19] P.G. 99, 509-688. Edit, Récent, Auvray et Tougand, Parra Catechesis, Paris, 1891.
[20] Cozza-Luzi, op. cit. T.IX, 2ª, p.1-217; 77.si yayımlanmıştır. İbid, IX, 1ª (1888), p.1-318.
[21] P.G. 99, 1779-1812.
[22] P.G. 99, 1757-1780.
[23] Bu kitaba bakılmalıdır.

hararetli gayreti, onu sürgüne maruz kalıncaya kadar imparatorun boşanmasıyla en ciddi öfkesi karşısında, Hıristiyan ahlakının safiyetini savunmaya kadar götürmüştür. Her şeye rağmen o, dini hayatın organizasyonunda en iyi şekilde kendisini göstermiştir. Onun geliştirdiği faziletler, ibadet ruhuyla, canlı kalmıştır. Çünkü o, dini hayatın temelidir. Onun resimler kültü sadece bir itaat veçhesi taşımaktadır[24] ki enerjileri disipline etmekte, manastırın sükûnunu dâhili barış olarak sağlamaktadır. Çalışma, herkesin pratik ve entelektüel yeteneklerine uygun olarak ayarlanmıştır[25]. Eski manastır kavramını takip ederek[26]. O, dini hayata bir savaş gözüyle bakmaktadır. Bu savaş, ihtiraslara, Şeytan'a karşı savaştır. Bu savaş, Hıristiyan imanının, Hıristiyan ahlakının bütünlüğünün savaşıdır[27]. Bu bir nevi tavizlere ve çöküşlere karşı bir reaksiyondu ve çoğu zaman o zamanın konusuydu. Hatta bunu savunma misyonuna sahip olanlar bile sık sık konu edinmişlerdir[28].

B. Resim Kültü

St. Théodore'un bu konudaki doktrini, diğer Doğulu Kilise Babalarınınkine uygundur. O, onlarla aynı görüştedir[29]. Bu fikirleri şöyle özetleyebiliriz: Çünkü resim, temsil ettiği ilk resmi temsil etmektedir. O halde resmi tebcil etmek gerekir. Çünkü:

1. Resmin meşruiyeti: Çünkü resim, şahıs değil, sadece bir şahsın resmidir. Çift değildir[30], o tektir. Bir asil resmin, temsilidir.

2. Sonuç olarak ilk şeklin resminde bir öz yoktur. Sadece ilk prototipe'e benzemektedir. Böylece resim ve ilk şekil farklıdır. Fakat resim, ilk prototipi takdim etmektedir.

3. Resimle ilk prototip farklıdır. Bunlar farklı şekilde isim almaktadırlar. Hatta resmin ilk prototipe benzemesi bile izafidir. Meselâ, bizzat Mesihe ulaşılarak, bizzat ona ulaşılmış olmaktadır. Onun ilahi cevheri için, latreutique[31] denmiştir.

---

[24] Catéch, 48, 77, 98, 125, 126, 128.
[25] Manastırın teşkilatı için bkZ. Marin, op. cit. P.46; cf. les Paenae Monasteridles.
[26] II. cilde bakılmalıdır.
[27] Cf. Epist, 1. 39.
[28] Cf. J. Pargoirè, l'Eglise Byzantine, p.300; Bizans piskoposlarının ikanoklasme döneminde genel bozulmalarını bu manastır teşebbüsleri bile yeterince anlatamaz.
[29] V. Grumel, op. cit. P.257-268.
[30] Bu kitaba bakılmalıdır.
[31] V. Grumel, op. cit. P.265, St. Théodore'un mübalağaları için VII. Bölüme bakılmalıdır.

C. Apostolik Makam

Sivil iktidar karşısında kilisenin bağımsızlığı ve hürriyeti konusunu Théodore, giriştiği bir dizi çekişme içinde en iyi şekilde açıklamaktadır. Bu bir nevi kilise ve Devlet arasındaki çekişmelerdir. O, bu tutumunu sadece eylemleriyle değil[32] yazılarıyla da göstermiştir. O, bu sivil iktidar karşısında kilisenin tavrını şaşırtıcı şekilde belirtmektedir. Bu bağımsızlık, Papanın yegâne manevi şef ve evrensel otorite olması şartıyla kabul edilmektedir. O Papaya yazdığı birçok mektubunda bu konuya ışık tutmuştur. Doğunun eski Kilise Babalarının tanıklıklarıyla bunu yazmıştır. P. Salaville bunları incelemelerinde gruplara ayırmıştır[33]. Biz bunların belli başlılarını burada vereceğiz:

a. St. Pierre'in üstünlüğü, Haleflerine geçmiştir. Bu Roma'nın önceliğidir[34]. Bu ilahi bir haktır[35].

b. Roma'nın yargı alanı, bütün dünyaya uzanmıştır[36]. Ona itiraz edilemez[37].

c. Konsiller, bizzat papa tarafından davet edilir ve kararlarının papa tarafından tasdik edilmesi gerekir[38]. St. Taraise ve 787 konsili karşısında Théodore'un tutumu, bu konuda onun tasdiklerini ispat etmektedir. O, şöyle demektedir: "Papa, genel konsillerin otoritesini elinde tutandır."[39]

d. İman konusunda ve kommunion'da Roma piskoposu (papa) yanılmazlığa sahiptir. O, asla hata yapmaz[40]. Bizans Patriği yapabilir. Bizans Patrikliği, sapıklığın kalesidir. O, yaşama alışkanlıklarında Katoliklerle kırılmaya açıktır[41].

e. Sonuç olarak papalık, iman ve kommunion birliğinin merkezidir. 821 yılında Théodore, Bizansın kilisenin geri kalanıyla kommunion'a girmesi için iki vasıta görmektedir: Papanın bir konsil toplayarak, bu konsile ökü-

---

[32] Bu kitabın ilgili bölümüne bakılmalıdır.
[33] Echos d'Orient, 1914, p.23-42; Cf. J. Pargoire, L'Eglise Byzantine, p.290-291.
[34] Epist. II, 12, 13, 86.
[35] Roma piskoposu, ilahi bir önceliğe sahiptir. Epist. 1, 33.
[36] Epist, 1. 33; II, 12, 13; Cf. İbid, II, 66, 129.
[37] Epist. II, 13, 8, 6.
[38] O, papa Léon III'e şöyle yazmıştır: Başlangıçtan beri uygulamaya göre, sizin bilginiz olmadan Ortodoks bir konsil toplama hakkı yoktur.
[39] Epist. II, 129.
[40] Epist. II, 63.
[41] Epist, II, 8, 62.

menik bir otorite vermesi veya Konsilin doğrudan papa ile birleşmesi. Bu sadece, bütün kiliselerin şefi olan Roma Kilisesiyle kiliselerin ve patriklerin birleşmesiyle olmaktadır[42].

St. Théodore, yalnız değildir. Bizzat İstanbul kiliselerinin şefleri IX. yüzyılın başında, patrik[43] olan St. Taraise ve St. Nicéphore'da aynı şeyi ifade etmişlerdir[44]. Meselâ, St. Nicéphore bilhassa şu beyanatı vermiştir: 787 konsili toplantısı daha meşru ve daha düzenli olamazdı. Çünkü başlangıçtan beri ortaya konulan ilahi kurallara göre o, yönetilmiş, Batı kilisesi tarafından başkanlık edilmiştir. Yani Roma'nın eski kilisesi tarafından başkanlık yapılmıştır[45]. Böylece VII. Genel konsil, bizzat Roma piskoposunun müdahalesiyle olmuştur[46]. Bunun sebebi, Apostolik makamın çok gerçek imtiyazlarında bulunmaktadır. Bu kilise olmadan (Roma kilisesi), kilisedeki her dogmaya[47], kabul edilmiş gözle bakılamaz. Çünkü kutsallığı elinde tutan Roma'dır ve o, Apostolik şef olma liyakatine sahiptir. Bu karar, kanonik yasaların müeyyidesine sahip olsa ve kilisede kullanılsa bile böyledir[48].

IX. yüzyılın başında 842'de muzaffer olacak Ortodoksluğun belli başlı savunucularının doktrini böyleydi. Hatta bu Ortodoks ismi, Bizans kiliselerinin tamamı için bir sembol isim olarak kaldı. Bu geleneksel Ortodoksluğu St. Théodore temsil etmekteydi ve onun muzaffer olmasını da o, sağlamıştı. Photius onu yok etmeye hazırlanırken, görüldüğü gibi Katolik Ortodoksluk zafere ulaşmıştı.

---

[42] Epist, II, 74.
[43] Papa Hadrien'e yazılan mektup.
[44] J. Pargoire, L'Eglise Byzantine, p.291-292.
[45] Apolog, I, col. 597.
[46] 760 yılında şehit S. Etienne, Hiéria konsilini şöyle diyerek reddetmişti: Roma piskoposunun onaylamadığı bir konsile nasıl ökümenik denilebilir? Papasız kilise işlerini savunmanın mümkün olmayacağına dair bir yasa vardır. Vita, P.G. 100, 1144, Cf. J. Pargoire, op. cit. P.290.
[47] Dogma, burada doktrinel bir kararı belirtmektedir. Yine o, disipliner bir kararı da içine alabilir.
[48] S. Nicéphore, Patr, Apolog, 1. col. 507.

III. CİLT İNDEKS

A

Aboukara, 244
Acace, 38, 76, 77, 78, 79, 97, 98, 140, 141, 143, 145, 146, 147, 154
Amann, 125, 139, 143, 147, 171, 173, 217, 218, 220, 221, 223
Anastase, 31, 116, 141, 142, 143, 144, 145, 214, 215, 222, 225, 253
Anthime, 82, 98, 99, 148
Apomée, 98
Areopagite, 103
Athanase, 22, 35, 36, 37, 48, 50, 98
Augustin, 5, 7, 9, 17, 22, 23, 40, 43, 48, 53, 69, 113, 114, 119, 122, 128, 129, 130, 133, 140, 153, 157, 160, 161, 162, 163, 170, 181, 182, 183, 184, 185, 186, 194, 196, 197, 253, 255, 257

B

Bar Salibi, 86
Baradée, 85
Barsumas, 62
Basilique, 75
Bepaus, 100
Braga, 171, 172, 173
Brunchant, 190

C

Caius, 106
Cassin, 154
Cassiodore, 182, 193
Cevher, 11, 25, 26, 28, 49, 83

Charlemagne, 9, 22, 158
Chrysostome, 35, 36, 57, 105, 130, 157, 233, 252
Climaque, 15, 208, 209, 210, 266
Constitum, 101, 102

D

Damascéne, 7, 10, 17, 25, 94, 227, 258
Darboy, 103, 107
Doktrine, 259
Dorothée, 106, 211

E

Efes Konsili, 7, 12, 17, 31, 32, 43, 44, 59, 61, 63, 69, 141
Epiphanie, 121, 222, 253
Eranistes, 57, 59, 73
Eudoxie, 42

F

Flavien, 67, 68, 69, 70, 87, 122, 124, 125, 129, 253

G

Gangres, 78
Gennadius, 40, 140
Gildas, 193, 195, 198
Gothlar, 18, 171
Gregoire, 86, 116, 143, 182, 185, 192, 205, 255

H

Helvidius, 186

Hilduin, 103, 107
Honiere, 115
Honorius, 15, 216, 217, 218, 219, 220, 221, 222, 223
Hormisdas, 77, 97, 98, 100, 101, 143, 144, 145, 146, 147, 148
Hypatie, 36, 38
Hypostase, 11, 25, 26, 27, 28, 29, 43, 49, 84, 87

İ

İconoclasme, 2, 8, 10, 17, 24, 240

J

Jaque de Tella, 85
Jean Maxence, 89
Justinien, 20, 21, 60, 85, 89, 95, 96, 97, 98, 99, 100, 101, 102, 145, 146, 149, 176, 205, 215, 239

K

Kilise, 2, 5

M

Macedonius, 87
Marcien, 70, 75, 125, 126, 127
Mariné, 42
Mersione, 173
Mobsueste, 24
Modalistler, 80
Monofisisme, 98, 261
Monothelisme, 2, 215, 218, 222, 225
Mont, 154, 207, 262
Moralia, 116, 156, 167, 168, 170
Moschus, 205, 206, 208, 221, 222

N

Nestorius, 25, 29, 31, 32, 33, 34, 35, 38, 41, 42, 43, 44, 45, 46, 47, 48, 50, 52, 54, 55, 58, 59, 60, 61, 62, 63, 70, 71, 72, 75, 78, 90, 99, 146
Niobitesler, 74
Nizip Okulu, 61, 62, 63
Noel, 121, 222, 253
Novatienler, 214

O

Oreste, 36

P

Pargoire, 19, 20, 21, 67, 88, 95, 96, 127, 201, 202, 203, 205, 206, 207, 208, 210, 215, 224, 235, 242, 245, 261, 267, 268
Paskalya, 40, 121, 126, 253
Petau, 53
Polycarpe, 85, 106, 109
Porphyre, 91, 115, 251
Priendi, 152
Proclus, 31, 103, 108, 110, 115
Prosopon, 29, 34
Pulcherie, 70, 125

R

Rabulas, 47, 61, 62

S

Scola Paradis, 209
Scythes, 81, 88, 97, 147
Slavlar, 18
Sosipater, 106

T

Tabiat, 11, 25, 26, 51, 83, 84, 93
Theodore, 31, 261
Thrace, 124
Tourangeaur, 189
Trasamond, 147
Trisagion, 81, 249

Trullo, 202, 217

U

Urfa Okulu, 61, 62

V

Vandallar, 9, 19, 21, 123, 171

Vizigotlar, 171, 173

X

Xyste, 119

KİLİSE BABALARI'NIN TARİHİ VE DOKTRİNLERİ

Yazan:
Prof. Fulbert CAYRÉ
(1884-1974)
Paris Katolik Enstitüsü ve Louvain Üniversitesi
Öğretim Üyesi

Fransızcadan Çeviren:
Prof. Dr. Mehmet AYDIN
Dinler Tarihi Profesörü-Konya

IV. Cilt

ÖNSÖZ

Fulbert Cayré'nin, "**Kilise Babaları'nın Tarihi ve Doktrinleri**" kitabının dördüncü cildi, Hıristiyan düşüncesi ve inançları açısından oldukça zengin bir muhtevayı ihtiva etmektedir. Aşağı yukarı sekiz yüz sayfayı aşan bu ciltte, Kilise Babalarının takipçileri, kullandıkları metodolojik yöntemler, bu alanda oluşan ilahiyat okulları, bu dönemde ortaya çıkan tarikatlar ve zahitlik ekolleri konusunda oldukça önemli bilgiler verilmektedir. İki kısımdan oluşan IV. Cilt, birçok bölümlerle desteklenmiştir. Böylece birinci kısım, on dört bölümü ihtiva etmektedir. Birinci bölümde, skolastiğin geçmiş kökenleri, Carologien Rönesansı, IX. ve XI. yüzyılın dini tartışmaları, ilahiyat-felsefe ilişkileri ve XI. yüzyılın kilise yazarları hakkında bilgi verilmiştir. İkinci bölümde, Saint Anselme de Cantorbéry'nin hayatı, eserleri, onun Hıristiyan Felsefesi, Doktrinleri konusundaki ortaya koyduğu teoriler belirtilmiştir. Üçüncü ve dördüncü bölümlerde Abélard hakkında, Saint Bernard hakkında, hayatı, eserleri, mektupları ve doktrinleri konusunda genel bilgiler verilmiştir. Beşinci bölümde, Saint Victor Okulu, onların doktrinleri, konuları işlenmiştir. Altıncı bölümde, Pierre Lombard-Somme yazarları, konusundaki gelişmeler işlenmiştir. Yedinci ve sekizinci bölümlerde, XIII. yüzyılın ilâhiyatı, Augustinci Felsefe, Arap Aristoculuğu, Séculier ilahiyatçılar ve Dilenci Tarikatlarının ilk ilahiyatçıları, ilk Dominicain ilahiyatçıları, Augustinciler ve Albert le Grand konularında bilgiler sunulmuştur. Dokuzuncu ve onuncu bölümlerde, Saint Bonaventure'un hayatı, eserleri, doktrini, felsefesi, tefekkür hayatı, mistik hayatı ve Aziz Thomas d'Aquin'in hayatı, eğitimi, papalıkla ilişkisi, felsefesi, Somme Theologique'i, doktrinleri, ahlâkı, Allah-İnsan, melek ve enkarnasyon konularındaki entelektüel fikirleri aktarılmıştır. On birinci bölümde, Thomisme akımına karşı oluşan muhalefet okulları anlatılmış ve XIII. asırdaki diğer ilahiyatçılar konusunda bilgiler verilmiştir. On ikinci bölümde, Jean Duns Scot'un hayatı, eserleri, felsefi prensipleri, ilâhiyatı, Allah-İnsan-Meryem konusundaki analizleri ve sentezleri anlatılmıştır. On üçüncü bölümde, XIV. yüzyıl ilâhiyatı ele alınmış, Occamisme konusu, bu dönemdeki ilâhiyat okulları olan Fransiskenler, Dominicainler, mevcut olan diğer tarikatlar ve kilise ilâhiyatı konuları analitik olarak sergilenmiştir. Birinci kısmın son bölümü olan on dördüncü bölümde, orta çağdaki maneviyat okulları, XII. yüzyılda yenilenen eski okullar, Bénédictin Okulu, Cistercien Okulu, Saint-Victor Augustin Okulu ve XIII. yüzyılda beliren yeni okullar olan Fransiskenler, Dominicainler, XIV. yüzyılın Dionysienne Okulu, Windeshein Okulu, Carthesien Okulu, Gersonien doktrini konularında geniş bilgiler verilmiştir.

IV. cildin ikinci kısmı ise, on bölümden meydana gelmektedir. Birinci bölümde, Rönesans ve Reform, Humanisme, Protestan Reformu, Katolik Reformu konuları işlenmiştir. İkinci bölümde, XVI. yüzyıldaki teolojik yenilik ele alınmış, eski okulların ilâhiyatçıları, Almanya'da ve Almanya dışındaki bu alandaki tartışmalar dile getirilmiştir. Üçüncü bölümde, Trente konsili öncesi Rönesansın Dominicain ilahiyatçıları, Rönesansta Dominicain tarikatının doktrinel hayatı, İspanya dışındaki Dominicain ilahiyatçıları, Cajetan ve diğer yazarlar konusunda, bilgiler verilmektedir. Dördüncü bölümde, inayet konusundaki Thomist ilahiyatçıları olan Bannez Okulu, Augustinci okullar, Thomisme Commin, Augustinci Congruisme, Augustianisme konuları işlenmiştir. Beşinci bölümde, XVI. yüzyılın Cizvit ilahiyatçıları, Monisme, Genel ilahiyat, pratik ahlak ilahiyatçıları konuları ele alınmıştır. Altıncı bölümde, François Suarez'in hayatı ve eserleri, felsefesi, Allah, inayet, mesih, kilise ve manevi ahlak konuları incelenmiştir. Yedinci ve sekizinci bölümlerde eski okullar, farklı temayüller, yeni okullar, zahitlikler ve ignatienne Okulu konuları ele alınmış ve St. Thérèse'nin hayatı, manevi doktrini, zahitliği, mistiği, birliğe hazırlayan mistik inayetleri, birliğin inayetleri korularında analitik bilgi verilmiştir. Dokuz ve onuncu bölümlerde, Aziz Jean de la Croix'ın hayatı ve eserleri, mistik doktrini, teorik görüşü, doktrininin karakteristik çizgileri ve Aziz François de Sales'ın hayatı, eserleri, manevi doktrini, Salesien maneviyatın teorik temelleri ve Salesien Zahitlik ve dindarlık konuları ele alınmıştır.

Görüldüğü gibi Fulbert Cayré, IV. ciltte de Hıristiyan düşüncesinin ve inançlarının gelişim süreçlerini, bu alandaki tartışmaları ve Hıristiyan maneviyatının oldukça önemli dinamiklerini büyük bir vukûfiyetle açıklamıştır. Özellikle günümüzü de etkileyen Rönesans hareketleri, Reform hareketleri ve Hümanizm konularındaki verdiği bilgiler, hem Hıristiyanlığın hem de Hıristiyanlık dışı aydınların üzerinde düşünsel olarak duracakları çok önemli konulardır. Rönesans döneminin bir sonucu olarak ortaya çıkan ateist hümanizm taraftarlarıyla, Hıristiyan inancını korumaya gayret eden Hıristiyan Hümanistlerinin çatışmaları yine bugün için ayrıca üzerinde durulacak bir konu teşkil etmektedir. Hıristiyanlığı koruma gayreti içinde olan, ERASMUS'un hümanizminin bugün açısından analizinin ve sentezinin yapılması da ayrı bir önem arzetmektedir. Bu açıdan üniversite bünyelerindeki öğrenci mübadelesinde hâlâ ERASMUS'un kullanılması da dikkat çekici bir konudur.

Hıristiyan düşüncesinin ve inançlarının bu gelişim süreçlerinin, özellikle İslâm ilâhiyatçılarının entelektüel derinliği kazanmalarında ve Kur'an-ı Kerim'deki Hıristiyanlıkla ilgili ayetlerin derin şekilde anlaşılmasında bu kitabın büyük katkı sağlayacağını ümit ederek hayırlı olmasını temenni ediyorum. 10.4.2022

Prof. Dr. Mehmet AYDIN
Dinler Tarihi Profesörü
KONYA-2022

IV. CİLT İÇİNDEKİLER

ÖNSÖZ 275
IV. CİLT İÇİNDEKİLER 279

GİRİŞ
KİLİSE BABALARI'NIN BÜYÜK TAKİPÇİLERİ
(XII-XVI. ASIR)

I. KİLİSE BABALARI'NIN TAKİPÇİLERİ 289
II. İLAHİYAT-METOTLAR VE EKOLLER 292
    A. Metotlar 292
    B. İlahiyat Okulları 294
III. MANEVİYAT-MUHTELİF AÇIKLAMALAR 298
    A. Genel Mefhumlar 298
    B. Zahit ve Mistik 300
C. Farklı Görüş Noktaları 303
IV. EDEBİ VE FELSEFİ DÜZEYDE GENEL NOTLAR 304
    A. Felsefi Notlar 304
    B. Edebi Notlar 306
V. DÖRDÜNCÜ CİLDİN GENEL BİBLİYOGRAFYASI 308
    A. Din ve Kilise Edebiyatıyla İlgili Eserler 308
    B. İlahiyat ve Kilise Tarihi ile İlgili Eserler 309
    C. Felsefe-Edebiyat ve Hıristiyan Sanatı ile İlgili Eserler 310

BİRİNCİ KISIM
ORTA ÇAĞ
BİRİNCİ BÖLÜM
SKOLÂSTİĞİN GEÇMİŞ KÖKENLERİ

I. IX. YÜZYIL 311
    A. Carolingien Rönesansı 311

B. IX. Yüzyıl İlâhiyatı ve Belli Başlı Tartışmalar 314
C. IX. Yüzyılın En Önde Kişileri 321
II. XI. YÜZYIL 324
A. Dini Tartışmalar 324
B. İlahiyat-Felsefe İlişkileri 327
C. X. ve XI. Asırlarda Meşhur Olan Kilise Yazarları 329

İKİNCİ BÖLÜM
SAİNT ANSELME DE CANTORBÉRY

I. HAYATI (1033-1109) 333
II. ESERLERİ 337
A. Hıristiyan Felsefesi 337
B. Allah Konusundaki Eserleri 338
C. Teslis Konusundaki Eserleri 340
D. Kötülük ve Kurtuluş Konusundaki Eserleri 340
E. Başka Muhtelif Yazılar 343
III. DOKTOR VE DOKTRİN 344
A. Doktor 344
B. Doktrin 347

ÜÇÜNCÜ BÖLÜM
ABÉLARD'LAR

I. ABÉLARD 353
II. PİERRE EBÉLARD (1079-1142) 356

DÖRDÜNCÜ BÖLÜM
SAİNT BERNARD

I. SAİNT BERNARD'IN HAYATI-ONUN TARİHİ ROLÜ 361
II. ESERLERİ 365
A. Vaazları 365
B. Eserleri 367
C. Mektupları 369
III. DOKTRİN 371

A. Doktor 371
B. St. Bernard'ın Zahitliği 373
C. St. Bernard'ın Mistikliği 378

BEŞİNCİ BÖLÜM
SAINT-VICTOR OKULU

I. HUGUES DE SAINT-VICTOR 383
   A. İlahiyat Eserleri-Doktrini 384
   B. Spritüal Eserleri 387
II. RICHARD DE SAINT-VICTOR 390

ALTINCI BÖLÜM
PİERRE LOMBARD-SOMME YAZARLARI

I. PİERRE LOMBARD (+1160) 399
II. SOMME YAZARLARI 402
   A. Anonim Somme'lar 402
   B. Somme Yazarları 404

YEDİNCİ BÖLÜM
XIII. YÜZYILIN BAŞINDA İLÂHİYAT

I. İLÂHİYAT VE ÜNİVERSİTELER 407
II. XIII. YÜZYILDA İLAHİYAT VE FELSEFE HAREKETİ 410
   A. Augustinci Felsefe 410
   B. Arap Aristoculuğu 413
   C. Muhtelif Hatalar 417
III. BELLİ BAŞLI SEKÜLİER İLAHİYATÇILAR 418

SEKİZİNCİ BÖLÜM
DİLENCİ TARİKATLARI'NIN İLK İLÂHİYATÇILARI

I. DİLENCİ TARİKATLARIN'DA İLÂHİYAT 423
II. İLK DOMİNİKEN İLÂHİYATÇILARI 425
   A. Augustinciler 425
   B. Albert le Grand (1206-1280) 426
III. İLK FRANSİSKEN İLÂHİYATÇILARI 429

A. Alexandre de Halés (1180-1245) 429
B. Diğer Parisli Fransisken Üstadları 431
C. Daha Bağımsız Olan İlahiyatçılar 433

DOKUZUNCU BÖLÜM
SAİNT BONAVENTURE

I. HAYATI 435
II. ESERLERİ 438
    A. Yorum Eserleri 439
    B. İlahiyat Eserleri 439
    C. Şifahi Eserleri 441
III. DOKTRİNİ 442
    A. Doktor Olarak 442
    B. Felsefi Doktrin 446
    C. İlahiyat 452
        1. Allah'ın Varlığı 452
        2. Teslis 453
        3. Bedenleşme (İncarnation) 454
        4. Bonaventure'un Dindarlığı 454
        5. Sakramentaire Doktrini 454
        6. İnayet 455
        7. Bonaventure'un Ahlakı 456
    D. Tefekküri İlahiyat Veya Mistik Felsefe 458

ONUNCU BÖLÜM
AZİZ THOMAS D'AQUİN

I. S. THOMAS'IN MİSYONA HAZIRLANMASI (1225-1252) 463
II. PARİS'TE EĞİTİM (1252-1259) 465
III. ROMALI CURIE'LERİN İLAHİYATÇISI (1259-1268) 469
IV. PARİS'TE SON EĞİTİM (1269-1272) VE NAPLES (1272-1274) 470
V. ST. THOMAS'IN ESERLERİ 473
    A. Felsefi Eserleri 473
        1. Aristot'nun Şerhleri 473
        2. Orijinal Felsefi Eserler 475

B. IV. Sentences Kitaplarının Şerhi 475
C. Yabancılara Karşı Somme (1258-1261) 477
D. Tartışılan Sorunlar ve Quodlibétales Sorunlar 478
    1. Le De Veritate (1256-1259) 478
    2. Le "De Potentia Dei" (1259-1263) 480
    3. Le "De Malo" (1263-1268) 480
    4. Tartışılan Diğer Problemler 480
    5. Quodlibétiques Sorunlar 481
E. Risaleler-Vaazlar 482
F. Kutsal Kitap Çalışmaları 485
G. Somme Théologique 487
    1. Genel Karakteri 487
    2. Kısa Bir Analiz 490
        a. Prima Pars (119. Soru) 490
        b. Secunda Pars (114 ve 189. Sorular) 494
        c. Tertia Pars (9. Soru) 501
    3. Somme Theologique'in Kullanılması 503
    4. St. Thomist Doktri'nin Sentezi 505
        a. Thomisme 505
        b. Felsefi Thomisme 505
        c. Thomist İlahiyat 508
        d. Felsefi Prensipler 511
        e. Entelektüel Bilgi 512
            ii. İlk Mefhumlar 513
            iii. İlk Tespitler veya Varlığın Bölünmesi 515
        c. Allah-Teslis 518
            i. Allah-Varlık ve Tabiat 518
            ii. Kutsal Teslis 523
        d. Meleğin ve İnsanın Yaratılışı 524
            i. Varlıkların Yaratılışı ve Yönetimi 524
            ii. Melekler 526
            iii. İnsan 528
    5. Thomist Ahlak 532
        a. Genel Prensipler 532

  b. Özel Ahlak 540
 6. İnayet İlahiyatı 541
  a. İnayetin Genel İlahiyatı 541
  b. Mistik İlahiyat 546
 7. Zahitlik İlahiyatı 550
 8. Kurtarıcı ve Eseri 555
  a. Bedenleşme 555
  b. Kurtuluş 558
  c. Bakire Meryem-Arabulucu 560
  d. Sakramentler-Kilise 561
 9. Mutluluk-Güzellik 564

ONBİRİNCİ BÖLÜM
VIII. YÜZYILDA THOMİSME KARŞISINDAKİ İLÂHİYATÇILAR

I. THOMİSME'E MUHALEFET 567
II. DOMİNİCAİN TARİKATI VE THOMİSME 569
III. XIII. ASRIN DİĞER İLAHİYATÇILARI 572

ONİKİNCİ BÖLÜM
JEAN DUNS SCOT

I. HAYATI VE ESERLERİ 577
II. İLÂHİYATÇILAR VE FİLOZOFLAR 580
 A. İlâhiyatçılar 580
 B. Felsefi Prensipler 583
III. DUNS SCOT'UN İLÂHİYATI 585
 A. Allah-Tabiatüstü ve Tabii İlâhiyat 585
 B. İnsan-Allah-Meryem 588
 C. İnsan-İnayet-İyilik 590

ONÜÇÜNCÜ BÖLÜM
XIV. YÜZYILDA İLÂHİYAT

I. SKOLÂSTİK'İN GERİLEMESİ OCCAMİSME 595
 A. XIV. Yüzyılda Genel Gerileme 595
 B. Occamisme 597

II. İLAHİYAT OKULLARI 602
   A. Fransiskenler 602
   B. Dominicainler 604
   C. Augustinciler 605
   D. Diğer Dini Tarikatlar 607
   E. Seculier Olanlar 608
III. KİLİSE İLAHİYATI 609
   A. Kilise ve Devlet İlişkileri 609
   B. Kilisenin Merkezi Yönetimi 618

ONDÖRDÜNCÜ BÖLÜM
ORTA ÇAĞDA MANEVİYAT OKULLARI

I. GENEL MANEVİYAT OKULLARI 625
II. XII. YÜZYILDA YENİLENMİŞ ESKİ OKULLAR 628
   A. Bénédictin Okulu-Culuny 628
   B. Cistercien Okulu 629
   C. Saint-Victor Augustin Okulu 631
III. XIII. YÜZYILDA ORTAYA ÇIKAN YENİ OKULLAR 632
   A. Franciscain Okulu 632
   B. Dominicain Okulu 634
IV. XIV. YÜZYILIN DİONYSİENNE OKULU 636
   A. Büyük Dionysienne Okulu 636
   B. Ilımlı Dionysienne Okulu 639
V. ORTA ÇAĞIN SONUNUN OKULLARI 640
   A. Windesheimin Okulu 640
   B. Carthusienn Okulu 642
   C. Gersonienn Doktrini 643

İKİNCİ KISIM
BİRİNCİ BÖLÜM
RÖNESANS VE REFORM

I. HUMANİZM 647
II. PROTESTAN REFORMU 652
III. KATOLİK REFORMU 658

İKİNCİ BÖLÜM
XVI. YÜZYILDA TEOLOJİK YENİLİK

I. ESKİ OKULLARIN İLÂİYATÇILARI 663
II. TARTIŞMACILAR 667
    A. Almanya'da 667
    B. Almanya Dışında 670

ÜÇÜNCÜ BÖLÜM
TRENTE KONSİLİ ÖNCESİ RÖNESANS'IN DOMİNİCAİN İLÂHİYATÇILARI

I. RÖNESANS'DA TARİKATIN DOKTRİNEL HAYATI 675
II. İSPANYA DIŞINDA DOMİNİCAİN İLÂHİYATÇILAR 676
    A. Cajetan (1468-1534) 676
    B. Diğer Yazarlar 679
III. İSPANYOL OKULLARI 681
    A. Salamanque ve Eski Thomist Okulu 681

DÖRDÜNCÜ BÖLÜM
İNAYETİN THOMİST İLÂHİYATÇILARI

I. BANNEZ VE OKULU 687
II. XIV. YÜZYILIN TARTIŞMALARINDA AUGUSTİNİSME VE THOMİSME 689
III. DİĞER AUGUSTİNCİ OKULLAR 693
    A. Thomisme Commun 693
    B. Augustinci Congruisme 697
    C. Augustinianisme 700

BEŞİNCİ BÖLÜM
XVI. YÜZYILIN CİZVİT İLÂHİYÂTÇILARI MOLİNİSME

I. CİZVİT TOPLULUĞUNDA İLÂHİYAT 703
II. XVI. YÜZYILIN CİZVİT İLÂHİYATÇILARI 705
    A. Genel İlahiyat 705
    B. Pratik Ahlak İlahiyatı 710
III. MOLİNİSME 711

ALTINCI BÖLÜM
FRANÇOIS SUAREZ (1548-1617)

I. SUAREZ'İN HAYATI VE ESERLERİ 719
II. SUAREZ'İN FELSEFESİ VE ETKİSİ 722
III. TABİİ VE TABİATÜSTÜ İLÂHİYAT 725
    A. Allah 726
    B. İnayet ve Sakramentler 727
    C. Mesih, Kilise, ahlak, Spritüalite 729

YEDİNCİ BÖLÜM
RÖNESANS'TA SPRİTÜALİTE

I. FARKLI TEMAYÜLLER 731
II. ESKİ OKULLAR 733
    A. Bénédictinler 733
    B. Dominicainler 734
    C. Fransiscainler 735
    D. Augustinsler (Ermites De S.A.) 735
III. YENİ OKULLAR, ZAHİTLİK, IGNATİENNE OKULU 736

SEKİZİNCİ BÖLÜM
SAINTE THÉRÈSE

I. SAİNT THÉRÈSE'NIN HAYATI (1515-1582) VE ESERLERİ 745
    A. Sainte Thérèse'nin Bizzat Yazdığı Eserler 745
    B. Diğer Eserleri 749
II. MANEVİ DOKTRİNİ 751
    A. Genel Bakış-Azize'nin Zahitliği 751
    B. Genel Olarak Sainte Thérèse'nin Mistiği 757
    C. Birliğe Hazırlayan Mistik İnayetler 760
    D. Birliğin İlk İnayetleri 762
    E. Transformant Birlik-Mükemmel Tanrısal Dostluk 765

DOKUZUNCU BÖLÜM
AZİZ JEAN DE LA CROIX

I. HAYATI (1542-1591) VE ESERLERİ 769

II. MİSTİK DOKTRİNİ 774
   A. Aziz Jean De la Croix'nın Bakış Açısı 774
   B. Doktirininin Karakteristik Noktaları 778

ONUNCU BÖLÜM
AZİZ FRANÇOIS DE SALES

I. AZİZİN HAYATI VE ESERİ 787
II. MANEVİ DOKTRİNİ 792
   A. Salesien Maneviyatın Teorik Temelleri 793
   B. Salesien Zahitlik ve Dindarlık 796
   C. Allah Aşkı ve Salesien Mistik 802

SONUÇ 807
IV. CİLT İNDEKS 815

GİRİŞ
KİLİSE BABALARI'NIN BÜYÜK TAKİPÇİLERİ
(XII-XVI. ASIR)

I. KİLİSE BABALARI'NIN TAKİPÇİLERİ

Kilise Babaları hem Hıristiyanlığın ilk düşünürleridirler hem de antik imanın tanıklarıdırlar. Tabii ki Mesih'in dini de vahyin üzerine kurulmuştur. İşte o andan itibaren kiliseye emanet edilen ilahi mirasın ilk derleyicileri, özel bir dikkatle dinlenilmeye layık olmuşlardır: Bunlar, kaliteli tanıklardır ve bu sıfatla bir otoriteye sahip olmaktadırlar. Artık bu sıfata, daha sonraki yazarların tamamı sahip olamayacaklardır. Geleneğin elit organlarının bu rolüne, birçok eski yazar, bir başka şey ilave etmişlerdir: Onlar, zamanlarının gerçek düşünürleridir. Vahyedilmiş hakikatte ileri sürülen hatalar karşısında, gereken savunmayı yaptıktan sonra onlar onu, derinlemesine incelemişlerdir. Hatta bu konudaki tartışmalar, birkaç yüksek düşünce eseriyle sonuçlanmıştır. Bunlar, prensiplere kadar çıkmışlar ve doğmayı akılcı ve teolojik olarak açıklamışlardır. Özellikle ikinci görüş noktasından Kilise Babaları, birtakım takipçiler olmuşlar veya daha çok onların takipçileri gözüyle onlara bakılmıştır. Çünkü bu sonuncular da eskiler gibi, **"emaneti"** kalplerinde muhafaza etmişlerdir. Fakat düşünülen doğma, yeterli şekilde patristik tanıklar tarafından geliştirildiğinden, Hıristiyan düşüncesinin sonraki üstatları, buna birtakım açıklamalar da getirmişlerdir.

İşte bu takipçilere teolog pederler veya manevi üstatlar adı verilmiştir. Onların eserlerinde hâkim olan doktrin, sergi metoduyla veya faziletleri tatbike ve mükemmel Hıristiyan hayatının uygulamasına doğrudan davetle de olsa bu böyledir. Hakikatte, şunda veya bunda üstün gelen bu karakterler, normal bir durumdur. Meselâ, Bernard, manevi üstattır. St. Thomas ilahiyatçıdır. O, ilahiyatta Somme'da manevi hayatı incelemektedir. St. Bonaventure gibi şahıslarda bu iki karakter ahenkli şekilde birleşmiştir ve hayretamiz bir bütünlük gerçekleştirmiştir. Burada karşılaştığımız en büyük ilahiyatçılar veya manevi üstatlar, doktor ismini almışlardır: Bu unvan, kilisenin açık bilgisiyle, pederlerin arasında büyüklükleriyle[1] çok geniş anlamdan uzak olarak Baba ünvanı, bazen birkaç kişiye verilmektedir.

Bunlar, babalardan sonra Hıristiyan düşüncesinin üstatlarıdırlar. Onlar dini ilimlere, bugün hayran olunan sistematizasyonu vermişlerdir ve onlar, bilginin bütün kollarında bulunmaktadırlar. İtina ile ilâhiyat, tefsir, hukuk, tarih, ayrılmıştır. Bu alanların her biri metodik olarak bölümlenmiştir. Böylece, dogmatik ilâhiyat, ahlâk, skolâstik, pozitif, zâhidâne, mistik ve pastoral dallar ortaya çıkmıştır. Doktrin açıklamalarında, bir tasnif ve bölümleme endişesi bulunmaktadır. Fakat ilâhiyat tarihinde daha önemli olan, ekollerin formasyonudur: Bunlar, bazı temel noktalarda, birtakım prensipler koymaktadırlar. Bu prensipler, bütün doktrinel bünye üzerinde birtakım yankılara sahiptirler. Tabii ki burada söz konusu olan, zorluklara cevap vermek veya hakikati rasyonel şekilde açıklamaktır. Bu farklı sistematizasyonun farklı şekilleri, incelediğiniz yazarların birçoğunda farklı derecelerde bulunmaktadır. Meselâ, bunların arasında St. Bernard, pederlerin daha serbest metodlarına sadık kalmıştır[2]. O, bu konuda devrinin doktorlarından ayrılmaktadır. Hakikatte, bütün bu metodlar, yenidirler ve onları, pederlerin yazılarında aramak boşuna olacaktır. Bunları, iyi şekilde anlamak için birkaç devri bilmek ve hangi tesirler altında, doktrinel sistemlerin doğduğunu ve onların reklamlarını nasıl yaptığını bilmek önemlidir[3].

Biz burada, sadece entrikalı doktrinel sistematizasyonlarla ilgileneceğiz. Özellikle, bunlardan kilise doktorunun reklamını yapanlarla ve diğer taraftan zamanın tecrübesine maruz kalanlarla ilgileneceğiz. Bu konuda, XVI. Yüzyılı da geçmeyeceğiz. Bu dönemde, ilahiyatta ve maneviyatta, çağdaş Hıristiyan düşüncesinin gerçek öncüleri ortaya çıkmıştır. IX. yüzyıldan XVI. yüzyıla kadar bu uzun dönemde, ilk üç yüzyıl, Skolâstik edebiyatın formasyonunu, menzil menzil takip etmek isteyenler için oldukça önemlidir. Özellikle, orijinal ve doktrinel eserleri araştırmak isteyenler için bu, önemlidir. Yine konuya giriş olarak bundan sadece özet olarak bahsedeceğiz. XII. yüzyıldan XVI. yüzyıla kadar büyük ilahiyatçılar ve manevi üstatlar, patristik

---

[1] Kilise doktoru için I. cilde bakılmalıdır.
[2] Mabillon buna, Kilise Babalarının sonuncusu demektedir.
[3] Bu konuda St. Augustin önemlidir. Orta çağın bütün doktorları, ona müracaat etmektedir. Onlar, onun düşüncesini tamamlamışlardır.

edebiyatı en iyi şekilde değerlendirmişler ve büyük doktrinel okulları oluşturmuşlardır.

Bu çalışmaları, iki grupta toplayabiliriz: Birincisi orta çağ, diğeri Rönesans'tır. Ancak bunlar açıklamayı gerektirmektedir. Bu iki zaman dilimi, gerçekten Hıristiyan düşüncesinin yenilenmesinde çok verimli olmuştur.

1. Önce XII. ve XIII. yüzyıllar orta çağın zirvesini teşkil etmektedirler. Bu dönemde Batıda dört büyük kilise doktoru ortaya çıkmıştır: XIV. Yüzyıl da bu yüzyıla bağlanacaktır. Ancak XIV. Yüzyıl, orta çağ skolastiğinin, felsefe de olduğu kadar ilahiyatta da ve hatta maneviyatta da gerilemesini göstermektedir.

2. Nihayet XV. yüzyılın kısır tahriklerinden ve reformun tahriplerinden sonra XVI. yüzyıl, Hıristiyanlığın büyük Rönesans dönemi olmuştur. Yani bütün alanlarda muhteşem bir doktrinel verimlilikle, bu dönem kendisini göstermiştir.

Bizim bu incelememiz, tam bir tarih incelemesi değildir, ilahiyatın ve maneviyatın bizzat bir özetidir[4]: Bunun için bu inceleme, sadece patrolojinin özetini tamamlayacak unsurları verecektir. Bu incelemelere, pederler tarafından ortaya konan doktrinel yapının taçlanması olarak bakılabilir. Her şeye rağmen bu inceleme, az verimli düşünce akımlarını belirtmeye imkân verecektir. Bu akımlar, patristik döneme işaret edeceklerdir. Bunlar, antikite Hıristiyanlığındaki araştırılması gereken uzak bir kanaldan başka bir şey değillerdir. Fakat burada, onların karakterlerini belirtmekle ve geniş olarak gelecek nedenlerine bunları bağlamakla yetinilecektir. Tabii ki bu hudutsuz konuda her şeyin söylendiği ve açıklandığı iddia edilmeyecektir. Benimsenen metoda göre ve eserin başlığına uygun olarak, en verimli doktrin adamları takdim edilecektir. Ancak birkaç ikinci derecede yazarların çoğu da kendi çevrelerine yerleştirilecek ve bu çerçeve, kısmen onlara tahsis edilen çok kısa notu tamamlayacaktır.

Ekollerin ve insanların eğilimleri ne olursa olsun, samimi olarak Katolik kalmaları için imkân ölçüsünde objektif takdim edilmişlerdir. Bu konuda başkalarının aleyhine olan bir şeyle meşgul olunmamıştır. Farklı derecelerde bütün okullar ve kiliselerde onlardan yararlanmışlardır. Onları tanımak için ekletisizmde yapılmamıştır: Bir ekole, kesin olarak bağlanılabilir ve onun dokt-

---

[4] Bu konu sadece geniş değil; oldukça karmaşıktır. Ancak bugüne kadar incelenmiş de değildir.

rini bütüncül hakikatin ifadesi olarak da telakki edilebilir. Bu konuda bu hakikatin kısmen fark edildiği de unutulmamıştır: Başka bir ekolün doktrini, şayet Katolik ise ona yakınlaştırmak için samimi bir gayret gösterilmektedir. Tabii ki başka bir görüş açısından bu yapılmaktadır. En azından geçici olarak daha canlı bir ışığı yakalama durumunda olmayan ruhları bu tatmin edebilir. Bunun için samimiyetle ve açıklıkla, ilahiyatta ve maneviyatta meydana gelen farklı temayüllerde açıklama ve metot endişesi, bu ruh içinde takdim edilecektir.

Tabii ki bu farklılıkların başka bir avantajı vardır: Bunlar, doktrinin değişikliğini ve zenginliğini göstermektedirler. En azından kilise tarafından belirlenmeyen konularda bırakılan serbestlik içinde. Şayet bunlardan biri, muhtemelen diğeri tarafından çok az işaret edilmiş hakikatin bir veçhesi üzerine dikkat çekmişse, bunlar bazen paralel temayülün çok mutlak takdim edeceği bir şeyi de düzeltebilirler.

II. İLAHİYAT-METOTLAR VE EKOLLER

A. Metotlar

Orta çağda ilâhiyat, özel bir ilim olarak oluşmuştur. Diğer dini ilimlerden de ayrılmıştır. Kilise Babaları, doktrinlerini, kutsal kitap tefsirleri altında açıklamışlardır. Hatta bu metot, orta çağ Üniversitelerinde Rönesans'a kadar devam etmiştir. Üstatların derslerinin ilahiyatta normal konusu, ya Eski Ahidin veya Yeni Ahidin bir kitabı oluyordu. Onlar bunlarda derinleştirilmiş bir doktrin ortaya koyuyorlardı[5]. Bunlar, bizzat sistematik basit bir ön girişler olarak telakki ediliyordu. Tabii ki bunun konusu ilâhiyattı. Orta çağın başından beri bunlar, birtakım **Sommes**'ları oluşturmuşlardır. Fakat Dogma ve ahlak kadar hukuku ilgilendiren metinlerin derlemelerinin temelinde kimler vardı? İşte, XII. Yüzyıl, bunlar için büyük bir ilerlemeyi belirtiyordu. Bundan en geniş şekilde P. Lombard'ın eseri yararlanmıştır. Onun **Livres de Sentences'ı**, çırak üstatlar tarafından açıklanmıştır[6]. St. Bonaventure ve St. Thomas gibi dâhiler karşısında, onların tefsirleri, belki kişisel ilahiyat sentezleri olacaklar, ancak mükemmel olmayacaklardır. **"Sommes Théologique" de**, St. Thomas, vahyedilmiş hakikatin akılcı sistematikleşmesi yönünde bir adım atmıştır. XVI. yüzyıldan beri, onun meydana getirdiği büyük tefsirler, onun tesirini, spekülatif ilâhiyat ilmi konusunda daima genişletmiştir.

---

[5] Denifle, Rev. Thom, 1894, p.149-161.
[6] Bunların sayıları oldukça çoktur. Onların yazmaları muhafaza edilmektedir.

Bu büyük sentezlerin yanında, özel noktaların derinleştirilmesine yönelik birtakım eserlere de işaret edelim. Burada, St. Anselmo'nun bütün monografileri, dikkat çekicidir. Çünkü bunlar, verimli bir yol açmışlardır: Bunların en meşhuru, **Rédemption'la**=Kurtuluşla[7] ilgilidir. XII. yüzyıldan beri, Sacramentaire Doctrine'nin sistemleştirilmesi de, oldukça önemli olmuştur[8]. Diğer yandan, ahlâk ilâhiyatı, bizzat XVI. yüzyılda büyük gelişmelere yol açacak, pratik düzeydeki denemelere neden olacaktır[9]. Aynı zamanda, "**Théologie Morale du Grace Mystiques**" de çok farklı temeller üstüne oturmuştur[10].Bunun için, XVI. yüzyılda kilise ilahiyatı,[11] ihtiraslı şekilde incelenmiştir. Yani kilisenin devletle ilişkilerine kadar bu konu ele alınmıştır. Sahte reformatör müzakereciler, ilâhiyatçıları, kilisenin doktriner otoritesini en iyi şekilde açıklamaya sevk etmişlerdir. Çünkü kilise, imanın tarihi kaynağıdır. İşte buradan yeni bir pozitif ilahiyat ortaya çıkmıştır. Melchior Cano tarafından yazılan **Lieux Théologiques**[12]'in sistemleştirme hedefi ise, ayrı bir konu teşkil etmektedir.

Sözü edilen bu ilâhiyat eserleri, kendi aralarında, doktrini incelemede kullanılan metotla ayrılmaktadırlar. İlâhiyat, vahiyle bilinen Allah'ın sistematik ve akılcı bir araştırmasıdır. Bu ister vahyedilen hakikatlerin bütünü için olsun, ister birkaç özel nokta için olsun fark etmemektedir. Fakat bu konuda farklı ilerlemeler de olabilir. İşte belli başlı üç ilahiyat ilmi buradan kaynaklanmaktadır. Bunları orta çağda şu ilimler temsil etmiştir: **Pozitif ilâhiyat, Mistik ilâhiyat, Spekülatif ilâhiyat.**

a. Vahiyle bilinen imani hakikatleri incelemek için, önce belirli bir otoriteye dayanılmalıdır. Patristik ve Kutsal kitap verilerinin sistematik grubu, belli bir bilgi sağlayabilir. Bu, bu metodu kullanan sanata göre, az veya çok derin olabilir. İşte bu pozitif ilahiyatın konusudur[13].

b. Yine Allah'la daha samimi bir sevgi birliği içinde, vahyin ışığı konusunda birtakım aydınlatmalar araştırılabilir. Buna tam bir Allah aşkı refakat eder. Allah konusundaki fevkalade aydınlığın, hikmetin ve üstün bağışların

---

7   Bu kitabın ileri sayfalarına bakınız
8   Bu kitabın ileri sayfalarına bakınız
9   Bu kitabın ileri sayfalarına bakınız.
10 Bkz. p.686.
11 Bkz. p.672.
12 Bkz. p.740.
13 Bu özellikle orta çağda gelişmiş ve XVII. yüzyıldan beri de bilimsel bir metotla incelenmiştir.

sayesinde, yüce hakikat, hakikatlerin temeli olarak ve bütün tabiatüstünün prensibi olarak ortaya çıkacaktır. İşte bu da mistik ilâhiyatın konusudur[14].

c. Vahyedilmiş hakikate nüfuz etmek için, akılcı düşünceye müracaat etmek gerekir. İşte bu, temelde iman konusundaki prensipleri, akla dayandırmaktadır. Bu da elimizdeki belgeleri, insan aklının ulaşabileceği derinlikte anlamak ve uygun nedenleri ortaya koymak hedefini gütmektedir. İşte bu metot, bizatihi objektiftir. Bu objektif metot, mistik aydınlıkları, orta çağın büyük düşünürlerini, dışarda bırakmamaktadır. Fakat o, sadece aklın objektif aydınlığını belirtmekte[15] ve bunu, imanın hizmetine vermektedir. Bu ise, spekülatif ilâhiyatın konusudur. Buna skolâstik ilahiyat da denir. St. Thomas, bu metodu parlak şekilde kullanmıştır. Onun bu konudaki yenilikleri, Augustinci denilen ilahiyatçılarla onun arasında ortaya çıkan belli başlı tartışmalardan birisi olmuştur.

B. İlahiyat Okulları

Bugün, St. Thomas'dan önceki orta çağ ilahiyatçılarının tamamına Augustinciler denmektedir. Aslında bu belirleme, faydalıdır çok da yerindedir. Çünkü bir yandan Thomisme, ilahiyat tarihinde bir tarihi belirtmektedir. Bu dönem orta çağın en önemli doktrinlerinin belirlendiği dönemdir. Diğer taraftan bu dönem, Hıristiyan düşüncesinde, St. Augustin'in icra ettiği önemli tesiri ortaya koymaktadır. Bu tesir, yeni sistemlerle durmamıştır. Fakat daha da düzenli hale gelmiş ve onlar tarafından yönlendirilmiştir. Hâlbuki önceleri, St. Anselme'den, St. Bonaventure'e kadar, dindarlıktaki düşünce, çok eğemendi. Şüphesiz birkaç Doğulu Babalar[16] ve Latinlerin arasında en büyükleri olan Papa St. Grègoire biliniyordu. Fakat St. Augustin'in prestiji tekti ve bütün düşünürler onu reklam ediyorlardı. Gerçekten belli bir entelektüel akrabalık bu yazarları birbirlerine bağlıyordu ve onları müşterek üstatları olan Augustin'e ulaştırıyordu.

Bununla beraber, birtakım Augustinciler vardı. Ancak gerçek anlamda Augustinisme yoktu. Çünkü bu, doktrinin bütünü ile koordineli, gerçek bir bağlılık gerektiriyordu. Fakat böyle bir sistem yoktu. St. Augustin, sadece bir

---

[14] Bu, Théologie á La caractére Mystique=Mistik karakterli ilahiyat anlamındadır.
[15] Mistik aydınlık, yeni vahiy konuları ortaya koymaz. Fakat iman konusunda aklı aydınlatır.
[16] Onların eserleri Rufin (t.1, p.551) tarafından tercüme edilmiştir. Denys l'Aréopagite (IX. yüzyılda tercüme edilmiştir). S. Jean Damascéne'in, de Fide Orthodoxa'sı XII. yüzyılın ortasında tercüme edilmiştir.

aksiyon adamı değil; filozofik düzeyde bir adamdı. Hatta skolastikte S. Augustin'in mirası, Allah konusundaki doktrininde mevcuttu. İlahi fikirler, yaratılış, ruhun maneviyatı, Aristocu tabiatçıların eğilimlerini, Platoncu anlamda düzeltmeye yöneliyordu ve skolastik pekâlâ aynı temayüllerle koordinede de oldukça başarılı olmuştur[17]. Zaten Augustin, didaktik bir zekâ değildir. Onun felsefi doktrinleri, dini meşguliyetlerde birtakım olaylardır ve çekirdeklerdir. Orta çağ, St. Augustin'den bunları sistemleştirmeyi öğrenmiştir[18]. Augustin tarafından talebelerine ne Platon kültü aktarılmıştır ne de Platoncu ilham orada yeterince görülmüştür. Onun talebelerine aktardığı şey, temel fikirler ve sadece metodunun ruhudur.

Augustinisme kelimesi, Augustinci denilen ilahiyatçıların felsefi doktrinlerinin tamamını belirtmek için kullanıldığında iki anlama gelmektedir: Bununla, Augustin'e ait olmayan birtakım doktrinler, St. Augustin'e atfedilmektedir. Bu belirtme altında toplanan teoriler arasında, St. Augustin'in otantik düşüncesine muhalif olan birçok teori bulunmaktadır. Bu teoriler, genelde yabancı teorilerdir veya Yahudilerin veya Arapların etkisiyle oluşan teorilerdir[19]. Zaten orta çağ Augustincileri, felsefede çok farklı kavramlara sahiptirler ve çok sayıdaki Augustinisme'den sakınmak için bunlardan bahsetmek gerekecektir. M. de Wulf[20] şöyle demektedir: Bazı durumlarda yararlı olan formül kullanılabilir. Fakat kesin olarak tedbirli olunmalıdır[21].

Buna göre dar anlamda bir Augustinisme'cilik yoktur. İster tam bir genel sistemle olsun, ister felsefi doktrinel bünye ile olsun geniş anlamda bir Augustinisme'cilik vardır[22]. Bu da St. Augustin'in teolojik esprisi içinde ve talebelerinde vardır[23]. Bu anlam, artık iki anlam ihtiva etmez ve o sadece her zamanın Augustincilerine uygulanabilir. Bu adlandırma, belli bir sistemleştirmeye imkân vermektedir. Fakat bu, geniş ve doktrinel bünyenin tamamından ziyade prensiplerle ilgilidir. Söz konusu espri, St. Augustin'deki alışılmış olan aşağıdaki tezlere dayanmaktadır. Ona bu tezler, Platonisme'den veya Hıristiyanlıktan ilham edilmiştir:

---

17 M. De Wulf, Hist. Phil. Mèd, 1, p.28-29.
18 İbid, p.29.
19 İbid, p.318-321.
20 İbid, p.320.
21 Bu kitabın ileri sayfalarına bakılmalıdır.
22 Buna gerçek Augustincilik veya temel Augustincilik denmektedir. Çünkü Augustin'de bulunan bütün unsurlar onda vardır.
23 İkinci cilde bakılmalıdır.

1. İlahiyatta, felsefede ve bütün düşüncelerde Allah fikrinin temel rolü.

2. Örnek Doktrin: Yaratıklardan, Allah'a yükselmeye bu doktrin imkân vermektedir. Onun bu ebedi örneğidir.

3. Allah'ın Hakları: Yaratıkların inayetsel idaresinde daima tasdik edilmiştir.

4. Mistisisme: Burada insan için bu dünyada, sevgiyle bütünleşmiş hikmetle, Allah'ın görülmesi olayı anlatılmaktadır.

5. Ahlakçılık: Bu, kararlı ahlâkçılıktır. O, insan için tam olarak inayete boyun eğinceye kadar inayetle davranmak zorunluluğudur.

Fakat bu tezler evrenseldir ve St. Thomas bunları kabul etmektedir[24].

Elbette bunlar, Augustincileri, Thomistlercilerden ayırmak için yeterli değildir. Fakat bu, onlara özel bir güç vermektedir. Bu ise, temel öneme haizdir ve Augustinci düşünceye özel karakterinin damgasını vurmaktadır. Onlar, dinamik adı verilen bir görüş noktası meydana getiriyorlar[25]. Bunlar, düşünceyle ahlaki endişeyi birleştirmektedirler. Onlar, yine de tabiat düzeni ile tabiatüstü düzeni ayırmaktan daha çok birleştirmeye davet etmektedirler. Onlar, yaratıklarda Allah'ın aksiyonunu aydınlatmaktadırlar. Onlar, onları ayırdıkları yerlerde onların kafa karışıklığını ortaya çıkarmaktadır. St Thomas'ın büyük yeniliklerinden birisi, itina ile bilimsel açıdan akıl düzeyi ile iman düzeyini ayırmasıdır. Zaten bu iki metot, bu anlamda birbiriyle bağdaşmamaktadır. Onlar, birbirinden oldukça ayrıdırlar. Ancak onları, gerçek bir ilahiyatçı kullandığında, onlar birbirini tamamlamaktadırlar[26].

Belirtilen karışıklık, orta çağda birçok kişi de fikirlerin kökeni konusunda olmuştur. İşte, Augustincilerin hepsinde bulunan "**Aydınlanma**" teorisi, buradan kaynaklanmaktadır. Fakat bu, çok farklı anlamlardadır[27]. Hemen hemen hepsi, zihnin ilk fikirlerinin meydana gelmesini açıklamak için Allah tarafından tabiata ilave edilen ek yardımı talep etmektedirler. Bu felsefi nokta, Augustin düşüncesine cevap vermemektedir: İlahiyatta ve mistik ilahiyatta

---

[24] Bu geniş anlamda, Augustinciliktir. Fakat onun eserinin ruhu, bilimsel biçimde tamamen başkadır.

[25] St. Thomas'nın statik görüş noktasına aykırı olarak St. Thomas, bilimsel bir hedef içinde, varlıkları bizatihi incelemektedir. Bu varlık mefhumu ise, onun bütün düşüncesini yönetmektedir. S. Augustin ve Eflatunculuk bunun aksine varlıkları, ulvi nedenle ilişkileri içinde telakki etmektedirler. İşte hakikat ve iyilik üzerindeki ısrarları buradan gelmektedir.

[26] Bu kitabın ileriki sayfalarına bakılmalıdır.

[27] Bu kitabın 500. cu sayfalarına bakılmalıdır.

aydınlanmadan bahsetmektedir. O, bununla, bu üstün ilahi eserin istisnai önemini, insanın ilk fikirleri veya mefhumları olarak belirtmek istemektedir. Çünkü onlar, onu, Allah'ı tabii olarak ve tabiatüstü olarak tanıma durumuna getirmektedirler[28].

Augustinciler, bir okul teşkil etmemektedirler. Gerçek okullar, uygun bir felsefi sistem yardımıyla, bir doktrinin genel bağlantısını gerekli kılmaktadır. XIII. yüzyıldan itibaren iki okul teşekkül etmiştir: Thomisme ve Scotisme... Diğer okullar sonradan oraya eklenmişlerdir.

THOMİSME: Bu ekol, St. Thomas'ın okuludur. O, Aristo felsefesine dayanmaktadır. Fakat melek doktor tarafından yenilenmiştir[29]. Daha sonra birtakım açıklamaları, sözleri, özel noktalarda Bannez tarafından kullanılmıştır. Ancak bunlar, bizzat sistemin cevherine ulaşmış değildirler[30].

SCOTİSME: Bu okul, XIII. yüzyılın sonunun Fransiscaine sistemini temsil etmektedir. St. Bonaventure, St. Thomas döneminde, Augustinisme'i, filozofik alanda belirtmişler ve tam ve ahenkli bir sistem oluşturmuşlardır[31]. Bununla beraber, asrın sonunda, Duns Scot tarafından Auğustinisme, düzeltilmiş ve o, Aristo'dan daha çok yararlanmış ve St. Thomas'dan farklı şekilde kullanmıştır. Bu, XIV. yüzyıldan itibaren Fransisken tarikatında değerlendirilmiş bir sistemdir[32].

OCCAMİSME: Bu okul, yapıcı sistemden daha negatif bir sistemdir ve eski skolastiki[33] ayrıştırmaktadır.

ECOLE EGİDİENE (Gille de Rome): Bu Okul, yumuşak bir Thomisme'ci okuldur. Bazı noktalarda St. Augustin'deki özel doktrinin benimsenmesiyle düzeltilmiştir[34]. Bunun için bu okula, Augustinianisme[35] veya Augustinci tarikatın doktrini denmiştir. Bu kelime, özellikle Augustin Noris (+1704) ve Berti (+1766) tarafından sistemleştirilen inayet doktrinine uygulanmıştır[36].

---

[28] F. Cayré, La constructione ou Vision Médiate de Dieu d'Après S. Augustin, dans les Ephemerides Théolog. Lov, 1929, p.23-39 ve 205-229.
[29] Bu kitabın 506. sayfasına bakılmalıdır.
[30] Bannezianisme doğrulanmamıştır.
[31] Bkz. p.502.
[32] Bkz. p.648.
[33] Bkz. p.659.
[34] Bkz. p.637.
[35] Bkz. II. cilt, p.695.
[36] P. Portalié, Augustinianisme, dans Dict. Théol. Col. 2485-2501.

SUAREZİSME: Bu okul, çok kişisel yeni bir sistemleştirmedir. XVI. yüzyılda SUAREZ tarafından meydana getirilmiş ve Scotisme ile Thomisme arasında bir ara yoldur[37].

Burada özel noktalar üzerinde oluşan okullardan söz edilmeyecektir. Bu okullar, Molinisme veya Probabbilisme okullarıdır.

III. MANEVİYAT-MUHTELİF AÇIKLAMALAR

A. Genel Mefhumlar

İlahiyatta olduğu gibi maneviyatta da Kilise Babalarından sonra belli bir sistematizasyon meydana gelmiştir. Ancak bu, çok karakterli olmuştur. Hâkim olan eğilimlere göre bunları farklı spiritüel ekoller olarak ayırabiliriz. Zaten bunlara işarette bulunacağız[38]. Burada daha çok, kullanılan formüllerin seviyesi ve ortaya atılan problemlerin genel tabiatı konusunda birtakım açıklamalar yapacağız.

En çok açıklama isteyen kelime, mistik kelimesidir. Bu kelime, eşit değerde olmayan bunca cari olan kabullere sahiptir. Daha önce, ilahiyat noktasından kabul edilenlerin[39], temel ve farklı anlamlardan ayrıldığına işaret etmiştik. Mistik kelimesinin temel anlamı, ruhta, Kutsal Ruhun üstün operasyon anlarıyla görünmektedir. Bu, belli bir Allah tecrübesiyle, mükemmel hayır işlerinin onda meydana getirdiği hikmetle ve zihinsel yetenekle olmaktadır.

Çıkan ilk anlam, çok önemlidir ve ona sıkıcı bağlıdır ve başka noktadan yeni bir takdimdir. Bu, Allah'ı hissettiren ve Allah'a dokunan bir aşk aktivitesidir. Öyle bir aktivite ki tam olarak kendiliğindendir. Böylece, insan tarafından ele alındığında mistik inayetler, iki temel unsuru içine almaktadır: Saf bilgi ve canlı tanrısal olgunluklar. Bu, Allah aşkının çok özel yoğunluğudur (Amour İnfus).

Diğer anlamlar, uzak da olsa onlar da meşrudurlar. Çünkü onlar da bazen dolaylı da olsa bu temel inayetlerle gerçek ilişkileri gerektirmektedir. Özellikle mükemmel ruhlarda aktif olan bütün yeteneklerin egzersizi, mistik olarak adlandırılmaktadır. Bizzat Hıristiyanlar da mistik diye adlandırılabilirler. Çünkü Hıristiyanların ruh halleri, alınan üstün inayetlere uygundur. Yine mistikler,

---

[37] Bkz. p.6776.
[38] Bkz. p.686.
[39] II. cilt, p.20.

extraordinaire olaylar olarak bazen normal olarak, en yoğun temel inayetlere refakat etmektedirler. Fakat onlar, muntazam olarak gerekli olmaktadır. Aşktan yoksun vecd olaylarına şüphe ile bakılmalıdır[40]. Bu mistik inayetler, Allah'tan alınmaktadır ve bütün insan faaliyetlerini dışarda bırakmaktadır. Onun gerektirdiği Allah'ın aksiyonuna olan sevgi iletişimini, Allah'a hizmette, daha büyük bir aktiviteyi ortaya koyar. Bunlar ahlaki düzeyde[41] ve zihinsel düzeyde[42] olsun bir zahitliği ortaya koymaktadır. Bütün bu aktivite şekilleri, mistik olarak isimlendirilmişlerdir. Mistik kelimesinin bu farklı isimlendirilmesi oldukça geniştir. Bunları sağlamca yerleştirmek gerekmektedir.

Bu meşru kabulleri, bazı muhitlerde mistik kelimesine atfedilen ikili anlamlara ayırmak önemlidir. Böylece o, sevgi aktivitesinin samimi hayatında ve entelektüel muhakemede, üstün gelmektedir. Yahut bu isim, bazı dâhili-harici durumlara da verilebilmektedir. Böylece, sahte dinlerin mensupları, Hıristiyanlarınkine benzer bir Allah kavramına yükseleceklerini iddia etmektedirler[43]. Bu yakınlaştırmalar, sadece harici benzerlikler üzerine kurulmuşlar ve sadece en ciddi ikili anlamları meydana getirmişlerdir. Bir yandan tabii duygusallık hiçbir zaman mistik olmamıştır. Onu, geliştirmekten çok onu daha aza indirerek Allah'ın aksiyonuna hazırlanıyoruz. Şayet bu, Allah için ve yakın için büyük bir aşkı meydana getiriyorsa, işte bu aşk tamamen manevidir ve diğerinden oldukça farklı bir karaktere bürünmüştür[44].

İşaret edilen uygulamalara gelince onlar, bizzat onları meydana getirmektedirler[45]. Bu ister aydınlatıcı eylemlerle olsun, ister feragat yoluyla olsun, söz konusu olan, Allah'a sahip olmaktır. Aksine, Hıristiyan zahitliğinin pozitif veya negatif uygulamaları, ilâhi aksiyona bağlıdırlar: Onlar, sadece Allah'ın sözüne dayanmıyorlar, etkinlikleri için ilahi operasyonu beklemektedirler. Vahyin yegâne sahibi, Allah'tır: O, iradesinde hürdür. Yine Hıristiyan pratiklerini canlandıran zihniyet, diğerlerinden oldukça farklıdır ve onları asimile etmek tehlikelidir[46].

---

[40] Azize Thérèse ve S. François de Sales'ın kriterlerine bakılmalıdır.
[41] Bütün yoğun dindarlık ve sevgiye, bazıları tarafından mystique denmiştir.
[42] Augustinciler, Allah'a yükselme metotlarında, sembolleri kullanmaktadırlar. Sembol kullanımı Allah fikrinin safiyetini dışarda bırakmıyor.
[43] Böylece, yeni eflatuncu ve Müslüman mistiklerden söz edilebilir.
[44] Bu konuda Ste Thérèse'nin, yakın için olan aşka tahsis edilen sayfalara bakılmalıdır.
[45] Burada mistik kelimesi doğru değildir.
[46] Mistisizmin çok farklı kavramları vardır: 1. Bu kelimeyi ayırım gözetmeden bütün mistiklere verebiliriz. 2. Hıristiyan mistiği olan her şey kastedilebilir.

B. Zahit ve Mistik

Zahitlik ilâhiyatı ve mistik ilâhiyat, konularıyla belirlenmişlerdir[47]. İnsanın olgunluğunu aramadaki bütün beşeri aktiviteye zahitlik dâhil olmaktadır. Hâlbuki mistiğe, yüce ilâhi inayete atfedilen her şey girmektedir. Bu noktada şu ciddi soru sorulabilir: Zahit veya normal inayetle desteklenen insanın ahlaki aktivitesi her ruhu, bu dünyada en yüksek olgunluğa ulaştırabilecek mi? veya mistik inayetlere mi ihtiyaç duyulacaktır?

Başka bir ifadeyle, mistik inayetler, olgunluğun temel ve zaruri unsuru mudur veya üstün liyakatlerine ve yüksek değerlerine rağmen sadece birer aksesuar mıdırlar? Burada, zahitlik kavramı için verilecek cevaplar, temelteşkil edecektir. Çünkü olumlu bir cevabın hipotezinde bu cevap, zıt hipotezdekinden tamamen ayrı bir espriye sahip olacaktır.

Günümüzde, bu konuda iki zıt çözüm söz konusudur: Bunlar, çok farklı muhitlerden gelen yazarlar tarafından desteklenmişlerdir. Aynı zamanda iki ekol oluşturmuşlardır: Bunlardan birisi, olgunlaşmak için, mistik inayetleri gerekli görmektedir. Diğer ekol ise, olgunlaşmak için mistik inayetleri şart koşmaktadırlar.

Birinci ekol, XIX. yüzyılda olan bir akımdır. Bu akımın en belirgin temsilcisi P. Poulain'dir. Eseri olan **Graces d'Oraison,**[48] bu okulun prensiplerini kodlamaktadır. Bu ekol, bu inayetlerin olağanüstü ve üstün karakterini özellikle açıklamaktadır. Öyle ki onlar, azizlerin bıraktıkları tasvirlerden kaynaklanmaktadırlar. Diğer yandan, bu okul, Hıristiyan zahitlik yeteneği konusunda ısrarlı davranmaktadır. Bu zahitlik, normal inayetle desteklenmiş olarak, ruhları kutsallığa götürmektedir. Aniden meydana gelen mistik unsur, olgunluğa, ilâhi bir ışık ilave edecektir. Ancak O, temel bir neden oluşturmaz. Bu kanaat, bazı farklı nüanslarla, birçok çağdaş Cizvit yazarların[49] ve dini ve lâik yazarların[50] bilhassa, P. Pourrat'nın kanaatidir. Pourrat, bu noktadan hareket ederek, eski manevi üstatların doktrinlerini açıklamıştır[51].

---

47 İntroduction, t.I, p.19.
48 Aug. Paulari, Des Graces d'Oraison, Paris, 1901. Bu kitabın birçok baskısı yapılmıştır.
49 Bu konuda Bainvel'i, Billot'yu, Maumigny'i, La Revue a'Ascetique et de Mystique.
50 Mgr. Le jeune; Mgr. Farges.
51 La Spiritualite Chrétienne, t.1, Préface.

XX. yüzyıldan itibaren inayetin zaruretini kabul eden ekol, oldukça önemli bir gelişme göstermiş ve ilahiyatçıların arasında müşterek bir konu olmuştur. Bu ekolün en önde gelen temsilcisi SAUDREAU'dur. Bir dizi incelemede[52], Pourrat'ın tezinin zıddı bir tezi ortaya koymuştur. Bu tez, nispeten yenidir ve XVI. yüzyıla kadar olan eski gelenek, mistik bağışların zarureti doktrinine daha uygundur. O, bunlardaki temel unsurları ayırmaktadır. Bu tez, St. Thomas'nın, Kutsal-Ruh'un bağışları doktrinine daha çok dayanmaktadır. Bu tez, iki menzilli kutsallığa doğru gidişi kabul etmektedir. Bu menzillerden birisi, hazırlık menzilidir. Orada zahitliğe, insan aksiyonu hâkimdir. Diğer menzil, ruhta, Allah'ın hâkimiyeti'nin olduğu menzildir. Bu doktrin, oldukça katı ilahiyatçılara sahip olmuştur. Hatta bunların çoğu Dominicain'dir ve özellikle P. Garrigou-Lagrange'dır[53]. Bu tez, birçok Benediktin, Fransiscain, Carmes'ler ve Jésuites'ler tarafından savunulmuştur. Hatta lâik rahiplerce de savunulmuştur. Bununla beraber, farklı birçok modern yazar, her iki ekolün de dışında kalmışlardır. Bunlar, pratik veya teorik uğraşılarına uygun bir ekletizm kullanarak tedbirli olmaya devam etmişlerdir[54].

İncelediğimiz orta çağ, bugünün bölünen bu ekolleri üzerinde tartışmamıştır. Fakat bu, aslında gözden kaçmış olan önemli bir problemdi. Orta çağ düşüncesi olarak, derin bir mistik düşünce, problemin karşısında bulunmuştur ve onu tartışmasız çözüme ulaştırmıştır. Orta çağ maneviyatı, temelde murakabeye ve mistiğe doğru yönelmiştir. Bunun için, bu unsur kaldırılırsa, o anlaşılmayacaktır[55]. Diğer yandan, bu dönemin yazarlarından, açık bir formül veya yukarıda sorulan soruya doğru bir cevap istemek biraz aşırılık olacaktır. Çünkü problemler, bu açıdan göz önünde bulundurulmamışlardır. Zahitlik ve mistik arasındaki muhalefet, bazı takdimlerde en azından günümüzdeki kadar itham edilmemiştir. Yukarıda verilen mefhumun yani zahitlik ilahiyatının ortaya koyduğu eskilerin görüş noktasını daha rahatça ortaya koymak bize düşmektedir[56].

Bu kavramdaki birleştirici yolun karmaşık karakteri, en iyi şekilde açıklanmıştır. Gerçekten, her şeyden önce bu yolun mistik karakteri üzerinde ısrar

---

52 Arintéro-Gardeil-Joret La Vie Spirituelle.
53 Perfection Chrétiene et Contemplation d'Après S. Thomas et S. Jean de La Croix, Saint-Maximin, 1923.
54 Bkz: Ad. Tanquerey, Précis de Théologie Ascetique Ou Mystique, Tournai, 1925, (p.866-987).
55 Bkz: Les Ecoles de Spritiualite au M. A. p.688.
56 Bkz: I. cilt, p.19.

edilebilir[57]. Bu da onu, karakterize eden yüksek riayetlerin yüksek liyakatleri nedeniyle olmakta ve onun tesiri, bütün hayatı ilgilendirmektedir. Böyle bir takdimin pratik büyük avantajları vardır: Üstelik geçmiş mükemmel yolu ayıran farklılıkları artırmaktadır (Purgative-İlluminative). Fakat bir başka görüş noktası da belirtilebilir[58]. Birleştirici yolun zahitlik karakteri aydınlanabilir ve o, oradan manevi hayatın devamlılığını gösteren eskilere bağlanabilir. Orada, doğrudan doğruya ruhların hareket tarzının gidişatına işaret edilmektedir[59]. Çünkü ilahi operasyon[60], beşeri aksiyonu kaldırmıyor, ona kumanda ediyor ve yönetiyor: Dua, belli bir aktivite içinde ona, gerekli olmaktadır:

a. Ruh, ilahi inayetleri almak ve onları muhafaza etmek zorundadır ve hatasıyla ondan mahrum kalmamalıdır.

b. O, bu inayetlere, rahat bir iletişim, bir sevgi, irade vermelidir. İlahi operasyon anında, ruhun bütün aktiviteleri askıya alınmış olması çok nadirdir ve oldukça kısadır. Aziz Bernard şöyle der: Hora rara, perva Mora= Bir saatlik gecikme nadirdir.

c. Mistik inayetler esastırlar, onlar tabiatüstüdürler ve aşağı derecede fakat önemli olarak zihnin ılımlı bir aktivitesiyle birliktedirler. Bu bazı ibadetlerde ve mükemmel bir merhametle canlandırılmış etütte gerçekleşir. Tabii ki bu, Kutsal-Ruh'un özel bir operasyonunu gerekli kılmaktadır[61]. Bütün bu başlıklarda birleştirici yol sadece mistik veçhe altında değil, zahitlik veçhesi altında telâkki edilmiştir. Bu bizim, açıklık hedefinde, benimsediğimiz bir metottur. Bununla beraber, burada zahitliğin özel olduğuna işaret etmek önemlidir. O, mistiğe nüfuz etmiştir[62]. Bu metot, bize mükemmellerin yolunun kompleks karakterlerini aydınlatmak için özel görünmektedir[63]. Bu karmaşıklık, eski doktrin eserlerinin en belirgin özelliklerinden birisidir. Bu hem maneviyatta, hem de ilahiyatta, özellikle Augustincilerde böyledir[64].

---

[57] Manevi hayatın menzilleri üç geleneğe ayrılır:
1. Etât Ascétique=Temizlenme yolu
2. Etât Ascétique=Aydınlanma yolu
3. Etât Ascétique=Birleştirici yol.
[58] Burada sadece bir takdim metodu farkı vardır.
[59] Contemplation Augustinienne bölümüne bakılmalıdır.
[60] I. cildin, p.25-27 sayfalarına bakılmalıdır.
[61] Bak, I.cilt s,25-27
[62] Biz buna Mèdiation Contemplative diyoruz.
[63] Manevi hayatın menzillerine bakılmalıdır.
[64] I. cilt, p.654.

C. Farklı Görüş Noktaları

Eski maneviyat yazarlarının tamamında, yukarıda belirtilen doktrinel muhalefet bulunmasa da; şu veya doktrine uygun bir temayül bulunabilmektedir. Bazı manevi üstatlar, özellikle, insanın aktivitesindeki, zahitliği aydınlatmaya yönelmişlerdir. Biz onların bu temayüllerine ahlakçılık adını veriyoruz: Bu konuda Windesheim ve St. Ignace de Loyola okullarının temsilcilerini örnek gösterebiliriz. Diğer başkaları, bunun aksine, mistik unsurla dikkat çekmekte ve bunu açıklamaktadırlar. İşte bu temayüle de Mystisizm adını veriyoruz[65]. Bu konu, St. Bernard'da ve St. Térèse'de çok tenkid edilmiştir. Aslında bu temayüller, hiçbir zaman tekelci değillerdir. Onların en -spiritüel açıklamaları[66], zahitliğe en geniş şekilde iştirak etmekte ve zahitlerden Thomas à Kompis gibi zahitler, mistik birliği vecdle terennüm etmektedirler[67].

Yazarlar arasındaki görüş farklarından bir başka şeyi not etmek de önemlidir. Bu da, her bir yazarın tercihan incelediği özel konudur. Çünkü manevi hayat, sonsuz şekilde karmaşıktır: Onun en yüksek noktası, Allah'la birleşmektir. Bu özel konu, çok farklı veçheler altında kavranmıştır. Bir tek yazarın onları bir anda kucaklaması imkânsızdır. Fakat belli bir görüş açısından doktrini temsil edenler, diğerlerini normal olarak dışarda bırakmak istememektedirler. Bu konuda zıtlıkları itham etme yerine, onları farklı açıklamalarla tamamlamak gerekmektedir. Özellikle farklılıkları belirleyen metot, en dikkat çekendir. Fakat o, maneviyata garip bir uygulama ile tatbik edilmiştir. Allah'la birleşme konusunda büyük yazarlar arasındaki birtakım önemli farklar, kolayca tespit edilebilir ve bunu muhalefette tercüme aşırılık olacaktır. St. Augustin[68] bunu, isteyerek sentetik metodunda hikmet-i ilahi, beşeri hikmet, sevgi ve aydınlık, insanın olgunluğu ve Allah'a iştiraki olarak kavrayacaktır. St. Thomas[69] daha çok Kutsal-Ruh'un bağışları üzerinde ısrar etmektedir. Bu özel bir hikmettir. St. Jean de la Croix[70], prensip olarak aktif ve pasif arınmayı işlemektedir. Ona göre bu, Allah'la birleşmenin şartıdır. St. Thérese[71], daha çok dâhili inayetleri tasvir etmektedir.

---

65 Bu konuda 357. sayfadaki birinci nota bakılmalıdır.
66 Büyük mistik, Jean de la Croix, zahitliğe bir cilt tahsis etmiştir. La Montée du Carmel, Allah'la birleşmek için aktif arınmayı işlemektedir.
67 Bu kitabın ileriki sayfalarına bakılmalıdır.
68 Bkz. I. cilt, p.668-670, 685.
69 Bkz. p.609.
70 Bkz. p.824.
71 Bkz. p.809.

Onlarla ruhlar, tedrici şekilde, Allah'la birleşmeye yönelirler. Bu tabiatüstü yolun menzillerini itina ile birlemektedir. St. François de Sale[72], bütün bu bağışları, Allah aşkına bağlamaktadır. Bağışlar, ona doğru yönelmekte ve bu konu, onun üzerinde durduğu temel konudur. Bossuet[73], çok elverişli bir mistiğin arınmasını takip ederek haklı olarak, ilahiyat faziletlerinin önceliği zarureti üzerinde ısrarla durmaktadır. Tercih edilen bu bakış noktasıdır, ancak inhisarcı değildir. Bunlar, ya zevkle seçilmişlerdir veya zaruri olarak seçilmişlerdir. Ancak doktrininin bütünlüğünde özel bir biçim göstermektedir. Orada bir muhalefet görmek aşırılık olacaktır[74]: Bunlar sayesinde, geniş ve hakkaniyetli bir sentezle, en anlayışlı ve en zengin maneviyat kavramına ulaşılabilir.

IV. EDEBİ VE FELSEFİ DÜZEYDE GENEL NOTLAR

A. Felsefi Notlar

Maneviyat ve ilâhiyat eserleri, diğer asırlardan daha çok bu asırda, felsefi edebiyata bağlıdırlar. Bunların özelliklerinden birisi, Kilise Babalarının takipçilerinin, eskilerden ayrıldıkları taraf, onların eserlerinde yer alan felsefelerdir. Bu konuda onun rolü, gerçekten karakteristiktir. Bu felsefe, düşünce sisteminin işlemesini ilâhiyatçılar, güçlü sentezlerinde hazırlayacaklardır. İlâhiyat okulları, bunun tabii uzantısını teşkil edecektir. Eflatun Felsefesi, bu tür sentezin temel unsurlarını vermektedir. St. Thomas öncesinin bütün Augustincilerin de olmasa bile, St. Bonaventure de böyledir. Böyle bir sentez, Aristo üzerinde bir başka şekilde Fransiskenlerde de yer almıştır. Ancak buna esef edilebilir. Gerçekte, düzeltilmiş Aristoculuğa, skolastik büyük sistemler borçludurlar. Bu konuda Thomisme'i ve Scoctisme'i ve daha sonra da Suarézisme'i örnek verebiliriz. Bu akılcı spekülasyon, imanı açıklamada hiçbir zaman muhtevayı değiştirmemiştir. Fakat onun takdiminde, derin ve sürekli bir tesir icra etmiştir. İlâhiyat, çok önemli şekilde, felsefeye minnettardır. Bunu da bu inceleme ortaya koyacaktır.

Fakat felsefe de, ilâhiyattan birçok şey almıştır ve ilâhiyat ona, olduğundan daha çoğunu, orta çağda ona, vermiştir. İlâhiyatta, ilâhiyatçılarla en yüksek metafizik problemler ele alınmış ve akıl yoluyla çözüme ulaştırılmıştır.

---

[72] Bkz. p.850.
[73] Bkz. p.860.
[74] Zaten birtakım gerçek muhalifler meydana gelecektir. Hatta bu azizler arasında bile olacaktır. Meselâ, S. Bernard ile Pierre arasında olduğu gibi.

Şüphesiz evrensel problemler, bu kadar hiç tartışılmamıştır. Çünkü o, felsefenin temellerinden biridir. Onun ilâhiyatta Teslise uygulanması, onun en küçük uyarlamalarından birisidir. Bunu, Roscelin'in, Abélard'ın ve Perre'ili Gilbert'in dönemlerinde görmekteyiz. Hatta bu yaklaşım, St. Anselme ve St. Bernard tarafından düzeltilmiştir. Özellikle, Evharistik ve Sakramenter tartışmalar, konunun doktrinini, şeklen ve cevhersel olarak açıklamaktadır. St. Anselme'in mükemmel bir fikir konusundaki cesur düşüncesi, en güçlü düşünürlerin dikkatini bizzat Thèodicée'nin temelleri üzerine çekecektir. Şayet orta çağın büyük felsefi sentezlerine dönersek, bunları, ilahiyat konusundaki tefsirlerde yani P. Lombard'ın **Livres des Sentences**= Kurallar kitabı'nda formüle edilmiş olarak buluruz. İlâhiyatın olmadığı bir dönemde, tabii ilimler de yoktu. Filozoflar sadece çoğu zaman saf diyalektikle yetiniyorlardı. Aklın yüksek kültüründen yararlanma da yoktu. Orta çağda, iman, aklın pedagojisiydi ve o, bu istikamette bizzat cesur ve güven bulmuştu. Yani iman, sert bir düşünce ve kesinlikle aşılamayacak bir nüfuz içinde bulunuyordu.

Skolastik felsefenin yapılan tarifi ne olursa olsun[75], onun imanla uyumunu ve onun imana bağımlılığını bilmek gerekecektir. Onun konusu, çok yüksekti. Fakat bu orta çağın Hıristiyan düşünürlerinde, eserleriyle akıl arasında bir değersizlik içermez. Orada diyalektiğin hasımları da vardır. Fakat bunlar, onların işledikleri gerçek suçlardı. St. Bernard gibi mistikler, düşman olmaksızın bunlara, meydan okumuş görünmektedirler[76]. Diğerleri ise, daha cesur bir güven göstermişlerdir. Meselâ, St. Anselme veya St. Bonaventure bunlardandır. Bonaventure, imandan ayrılmış bir aklın icraatını reddetmektedir. Çünkü o, felsefeyi, tabiatta-tabiatüstünü ahenkleştiren, boşluksuz ve zayıf olmayan gerçek bir bütüncü akılcılık olarak açıklanmasını istemektedir[77]. Gerçekte, düşünce geliştikçe yani felsefe geliştikçe, gerçek ilâhiyatçılar skolastik veya dogmaların açıklamasını birbirine karıştırmazlar. XII. yüzyıldan itibaren[78] ilâhiyat, kendi metotlarına ve kendi prensiplerine sahip olmuştur. Bu konuda, münhasıran rasyonel birtakım eserler bulmak mümkündür. XIII. yüzyılda melek doktor olarak ilâhiyatçıların, prensi olan St. Thomas, iki

---

[75] M. De Wulf, Hist. De la Phil. Méd. I, p.10-30.
[76] Bu kitabın ileriki sayfalarına bakılmalıdır.
[77] Bu kitaba bakılmalıdır.
[78] Felsefe önce ilahiyatla karışmıştır. Ancak XII. yüzyıldan itibaren felsefe ile ilahiyat ayrılmaya başlamıştır. Bu defa, her iki ilim, paralel olarak yürümüş ve birlikte dayanışmaya girmişlerdir. M. De Wulf, Op. Cit. p.22.

alanın ayrılması prensibini net olarak ortaya koymuştur[79]. Bu tespitle o, skolastik düşünceyle, felsefenin bağımsızlığını tespit etmiş ve modern düşüncenin habercisi olmuştur. St. Thomas için bu bağımsızlık, ilâhiyatın ayrılması zaruretini de zaruri görmez. En azından imana muhalefeti gerektirmez[80]. Bu temayüller, modern felsefenin daha çok negatif yönüdür. Ancak bunlar, St. Thomas'dan değil; Occamisme'den, bir antitez olarak çıkmıştır. Occam'ın eseri, Luther tarafından devam ettirilmiştir. İşte bu zıtlıklar, skolastikin meyve vermesini engellemiştir.

B. Edebi Notlar

Maneviyat ve ilâhiyat açısından incelediğimiz eserler, büyük oranda Latince yazılmıştır. Latince, XVI. yüzyıla kadar, bütün rahipler sınıfının, edebiyatçıların dili olmuştur. Bu dili kullanan toplum, Avrupa'nın farklı milletleriyle, sosyal şartlar arasında entelektüel ilişkileri geliştirmiş ve belli bir noktaya kadar, ciltlerle nadir kültüre karşı olan muhalefeti gidermiştir. İşte bu orta çağ, Latin edebiyatından her türlü eseri muhafaza etmiştir. Bu konuda ilâhiyat, felsefe ve spiritüalite eserleri çoğunluktadır. Bununla beraber, diğer konular, yazılarla temsil edilmiştir. Yorum, ilahiyata bağlıdır. Kilise hukuku de önce, ilahiyata bağlıydı, daha sonra ondan ayrılarak sivil hukuka bağlanmıştır. Aristo'da incelenen ilimler, XIV. yüzyıldan beri oldukça orijinal eserler meydana getirmiştir. Bu konuda, vaazları, tarihleri, edebiyatı[81] ve şiiri zikredebiliriz. Bu konularda, "DİES İRAE"yi, "AVE MARİS STELLA"yı ve "JESUS DULCİS MEMORİA"yı şaheserler olarak gösterebiliriz. Çoğu yayımlanmamış olan bu eserlere olan ilgi, bizim burada meşgul olduğumuz ilahiyat ve ilave yazılardan daha aşağı durumdadır[82].

"Bütünü içinde bu orta çağ edebiyatı, sanat yönünden patristik edebiyattan aşağı derecededir. Aslında bu, bir nüans farkıdır: Hakikatte, birtakım istisnai şahıslar ve farklı türler ve farklı dönemler önemlidir. IX. yüzyılın Carolingienne Rönesansı ile XV. ve XVI. yüzyılların Rönesansı arasında önemli bir fark vardır. IX. yüzyıl Rönesansı bir temel hazırlık çalışmasına kendini adamışken ve XII. yüzyılın büyük entelektüel verimliliğini haber verirken, XV. ve XVI. yüzyıl Rönesansında üsluba gösterilen özen, yazarların temel özelliğidir[83].

---

[79] Bu kitabın ileriki sayfalarına bakılmalıdır.
[80] Bu kitabın ileriki sayfalarına bakılmalıdır.
[81] Ecclesiasticis Scriptoribus, p.L. 160, 547, 588; Honorius d'Autun, De Lumunatibius Ecclesia, p.L., 172, 197-34; Jean Trithème (+1516); De Scriptoribus Ecclesiasticius.
[82] Bu konudaki en geniş liste Hurter'in Nomenclator'unda bulunmaktadır.
[83] P. Pourrat, op. cit, III, p.76-93.

Okulların dışında yaşayan St. Bernard, çoğu zaman dehasının gücüyle ve kutsallığı ile edebi güzelliğe ulaşmıştır. Bu ise, oldukça az araştırılan bir edebiyat yönüdür. Skolastiklere gelince, onlar, özellikle doktrinel temele, açıklığa, açıklama metoduna, dürüstlüğe ve formüldeki belirginliğe dikkat etmişlerdir. Onlar, dil uydurma karşısında da tereddüt etmemişlerdir. Bütün ilimler gibi, felsefe ve ilâhiyatta kendisine özgü, teknik üsluba sahip olmuştur. Bu görüş noktasını olduğu gibi değerlendirmek gerekmektedir. St. Thomas'ın "Metalik yoğunluk üslubundan, bahsedilmiştir". Bu üslup, bütün eserlerin form değerini harika biçimde göstermektedir. Ancak onun okuyucuya verdiği fon zenginliği önünde o, silinip gitmektedir. Büyük Skolastikler bu kısır alanı zenginleştirmişlerdir. Onlar, birçoklarındaki samimi bir aşkın ve saf hakikatin sirayetinin bir meyvesi olan belli bir belagati dışarıda bırakmamışlardır.

Orta çağ, klâsik antikiteyi tam olarak bilmemektedir ve onu hakir de görmemektedir. Gerçi bazıları böyle görmekteler. Ancak bu, bilgi eksikliğindendir. Özellikle, Grek edebiyatı konusunda orada düşünceden çok sanat aranmıştır: Eskilerin eserlerindeki estetik güzellik ona, genellikle kapalı kalmıştır. İşte bu nokta üzerine Rönesans, en faydalı şekilde dikkat çekmiştir. Zaten bu dönemde skolastik düşünce gerilemiştir. Bu güzelliğin cazibesiyle başı dönmüş birçok hümanist, birden imanlarını kaybetmişlerdir. Bunların sayıları oldukça çoktur. XIV. yüzyıl İtalya'sının Rönesans öncesinde, Boccace'ın (+1376) yanıbaşında, Dante'yi (1321), Petrarqué'ı (+1374) ve Augustin Louis Margisli (1394)'yi buluyoruz. Şayet bir an pagan hümanisme üstün gelmişse de özellikle XV. yüzyılda, Hıristiyan zihniyeti, üste çıkmakla en azından neden olan felaketlerin bir kısmında düzeltilmekle sonuçlanmıştır. Daha sonra, Hıristiyanlığa tahsis edilmiş hümanist eserlere işarette bulunacağız. Artık Azizlerin eserlerini ayıran tabiatüstünün bolluğunu burada bulamıyoruz[84].

St. Fançois de Sales'ın hümanizmi gerçekte, onun apostolik gayretiyle veçhe değiştirmiştir[85].

Hümanisme, Avrupa milli edebiyatının kesin şekliyle karşılaşmakta ve Latincenin ayağını kaydırmaktadır. Bu önce üniversite dışında vukuu bulmuş, sonra da bizzat üniversitede meydana gelmiştir. Eskilere en bağlı olan edebiyatçılar bile, bu hareketin öncüleri olmuşlardır. Meselâ Danté ve

---

[84] İbid, III.76-93
[85] Bu kitabın ileri sayfasında başka karakterlere işaret edilecektir.

Petrarque bunlardandır. Latince kültüne rağmen kilise, bu bölgesel dile yatkın görülmüştür. Bunun için, modern dillerde yazılmış birçok dini eser görüyoruz. Meselâ, Almanya'da Eckart, Tauler, Suso yüksek kültürlü Almanların temsilcisi olarak geçiniyorlardı[86]. XIV. yüzyılın İngiliz mistikleri, İngiliz edebiyatının kökeninde ilginç bir yer tutmaktadırlar[87]. Aksine, İspanya'nın büyük edebi asrında St. Thérèse'e görünmekte ve o, bu tür yazarların ilk sırasına yerleşmektedir. Protestan tartışmaları, halk lisanında, dini eserlerin dağılımı oldukça çok olmuştur: Meselâ, Luther ve Calvain bu konuda işaretler vermiştir. İmanın savunucuları, onları belli bir yere kadar takip etmişlerdir. Bunu, ya doğrudan tartışma ile yapmışlar ya da Katolik hakikatin en geniş yayılımı ile yapmışlardır. Fransa'da, St. François de Sales[88], eserini, vaazı ve tartışmaları, ahlakı ve mistiki birleştirmeyi bilmiştir (Yani orta çağın ruhu ile Rönesans ruhunu birleştirmiştir). O, eserinde tabiatüstünün[89] ve sembolizm aşkının veya Allegorik aşkın[90], estetik zevkin ve psikolojik niceliğin sentezini başarmıştır: O, Fransız ruhuna ve diline sürekli bir etki icra etmiştir. Bunun için o, tarihinin belli bir dönemini tamamlamıştır. Özellikle biz onun doktrini üzerinde duracağız. Çünkü bu doktrin, ona hâlâ çok açık bir aksiyon sağlamaktadır. Çünkü onun evrensel bir seviyesi vardır.

V. DÖRDÜNCÜ CİLDİN GENEL BİBLİYOGRAFYASI

A. Din ve Kilise Edebiyatıyla İlgili Eserler

1. H. Hurter, S.J. Nomenclator Litterarius Theologiae Catholicae, t.II (1109-1563).

2. O. Legipont, O.S.B. Historia Rei Literariae, Vienne, 1754, 4. cilt.

3. J. Quetif et J. Echard, O. P. Scriptores Ord. Prèaedicatorum, 2. cilt, Paris, 1719-1721.

4. L. Wadding, O.F.M. Annales Minorum (8. cilt), Lyon, 1625-1654.

5. F. Ossinger, O.S.A. Bibliotheca Augustiniana, Munich, 1776.

---

[86] Bunlar, mükemmel Alman mistikleridir.
[87] Bu kitabın ileriki sayfalarına bakılmalıdır.
[88] Ondan önceki eserleri belirtmedik.
[89] Orta çağda, dini duygu, her şeye nüfuz etmiştir. J. Bèdier, Les Légendes Epoques, 4. cilt, 1908-1913.
[90] Orta çağ Fransız edebiyatı hemen hemen tamamiyle kilise edebiyatıdır. Bu edebiyat allegorie ye geniş yer vermiştir.

6. Cosme de Villiers, O. Carm, Biblioth, Carmelit, (2. cilt), Orleans, 1752.

7. C. Sommervogel, S.J. Bibliothèque des Ecrivains de La Campagnie de J. (9. cilt), Paris, 1890-1904.

8. P. Feret, La Faculté de Thèologie de Paris et Ses Docteurs le Plus Celébres, (7. cilt), Paris, 1890-1900.

9. H. Denifle, O.P. et Chatelain, Chartularium Universitatis Parisiensis, (4. cilt), Paris, 1889-1897.

10. M. Grabmann, Geschichte der Scholastischen Literatur, 3. cilt, Fribourg, 1909-1911.

11. A. Clerval, Les Ecoles de Chartres au Moyen âge du XVI. s. Paris, 1895.

12. P. Mandonnet, Siger de Brabant et L Averroisme Latin Aux, XII. s. Fribourg, 1899.

13. P. Edouard d'Alençon, Fréres Mineurs, dans Dict. Théol, Col. 809-863.

14. Le Bachelet, Jésuites, Dans Dict. Théol. Col. 1012-1108.

B. İlahiyat ve Kilise Tarihi ile İlgili Eserler

1. J.A. Schwane, Dogmengeschichte, 1862-1890, tr. Fr. Degert, Histoires des Dogmes (IV-VI. cilt), Paris, 1903-1904.

2. Ph. Troeilles, Le Mouvement Théologiques en France de Paris Ses Origines Jusqu a' Nos Jours, IX-XX. s. Paris.

3. Th. Heitz, Essai Historique Sur Les Rapports Entre La Philosophie et La Foi de Berenger de Tours â S. Thomas d. A. Paris, 1909.

4. G. Robert, Les Ecoles et l'Enseignement de la Théologie Pendant la Prémiere moitié du XII. s. Paris, 1909.

5. J. de Ghellinck, S.J. Le Mouvement Théologique au XII. s. Paris, 1914.

6. P. Pourrat, La Théologie Sacramentaire, Paris, 1907.

7. L. Saltet, Etudes Sur Le Sacrement de l'Ordre, Paris, 1907.

8. Dom Lottin, Les Eléments de la Moralité des Actes, Revue Néoscol, 1922, p.25-65, 281-313; 1923, p.20-56.

9. J. Rivière, Le Dogme de la Rèdemption, Essai d'Etude Historique, Paris, 1905.

10. L. Salembier, Le Grand Schisme d'Occident, Paris, 1900.

11. Hefele-H. Leclercq, Hist. Des Conciles, t.V.

12. Noel Valois, La France et le Grand Schisme d'Occident, (4. cilt), Paris, 1896-1902.

13. J. Guirand, L'Eglise et les Origines de la Renaissance, Paris, 1902.

14. A. Dufourq, L'Avenir du Christianisme, (t.V-VII), Paris, 1925.

15. G. Coyan, Histoire Religieuse, (t.VI), de l'Histoire de la Nation Française de G. Hanotaux, Paris, 1923.

16. A. Van Hove, Prolegomena (t.I) du Commentarium Lovaniens in Cod. Juris Can. Malines, 1928.

C. Felsefe-Edebiyat ve Hıristiyan Sanatı ile İlgili Eserler

1. M. de Wulf, Histoire de la Philosophie Médievale, Louvain, 1924.

2. B. Haureu, Hist. De la Phil. Scolast. (3. cilt), 1872-1881.

3. Gard, Gonzalez, Historia de la Filosofia, (3. cilt), Madrid, 1879.

4. F. Picavet, Esquisse d'Une Hist. Générate et Comparée des Philosophies Médiévales, Paris, 1905.

5. Wilmann, Gèschichte des İdéalismus, (t.II), Brunswick, 1907.

6. Cl. Baeumkar, Die Europaische Philosophie des Miltelalters, Berlin, 1913.

7. E. Gilson, La Philosophie au Mojen Age, Paris, 1922.

8. Fabricius (XVII s), Bibliotheca Latina Mediae et İnfimae Aetatis, Padou, (6. cilt), 1754.

9. De Cange, (XVII s.), Glossarium Mediae et İnfimae Latinitates, (3. cilt), Paris, 1678.

10. Petit de Julleville, Histoire de la Langue et de la Literature Française des Origines á 900, 8. cilt, Paris, 1895-1899.

11. J. Bèdrer, Les Légendes Epiques, (4. cilt), Paris, 1908-1913.

12. E. Mâle, L'Art Religieux du XII. s. Paris, 1923, du XII, 1898, de la fin du Moyen Age, 1908.

13. A. Fabre, A.A. Pages d'Art Chrétien, Paris 1917.

BİRİNCİ KISIM
ORTA ÇAĞ

BİRİNCİ BÖLÜM
SKOLÂSTİĞİN GEÇMİŞ KÖKENLERİ

I. IX. YÜZYIL

A. Carolingien Rönesansı

Hıristiyan nefesinin nüfuz etmiş olduğu bu antik felsefenin Rönesansını, skolâstikin altın çağı olarak telâkki etmek ve onun entelektüel ve birkaç büyük dehanın XII. ve XIII. yüzyıllarda Allah tarafından uyarılmasıyla geçmişle bağı olmadan kendiliğinden olduğuna inanmak oldukça hatalıdır. Bu dönem, IV. yüzyılın patristik asrıyla kıyaslanabilir. Çünkü bu dönem yani Hıristiyanlığın ilk üç asrı, Kilise Babalarının gayretleri olmadan meydana gelmemiştir. Skolâstik dönemin zirvesi, VIII. yüzyıldan XI. yüzyıla kadar, üç asırlık kapalı ve fakat verimli uzun ve yavaş hazırlanma dönemi hatırlanmadan açıklanamaz. Barbar istilaları, Roma dünyasının bütün yapılarını tahrip etmiştir. Yeni gelen halklar, eskilerin yerlerini işgal etmişlerdir. Onların formasyonları, temel olarak, her alanda, vaktiyle olduğu gibi, dini noktadan, ilk asırlarda Hıristiyan olmuş olan halklarınki gibiydi. Kilise Babalarının eserleri, bu yenileşmenin âletleri olacaklardı. Barbarların Hıristiyanlaşmaları, bu uzun ve zor çalışmanın başlangıcını belirtmektedir. Fakat Charlement, onda hudutsuz bir ilerleme göstermiştir. Onun tarafından okullar açılmış, onları o himaye etmiştir. İşte bu okullar, skolâstik hareketin gerçek merkezleri olmuştur. IX. yüzyılda bunun hızlanmasına en fazla katkı sağlayan adamlar Alcuin ve Raban Maur olmuştur.

Bu isimleri, diğerlerinden ayırmamak gerekmektedir. Bu kişiler, skolastiğin atalarıdırlar: S. Augustin, Boèce, Cassiodore, S. Grègoire le Grand, S. İsidore de Sèville, S. Bède le Vénérable. Bunlara, doğudan Denys l'Aréopagite[1],

---

[1] İki ve üçüncü cilde bakılmalıdır.

S. Jean Damascène ilave edilebilir. XII. yüzyılın ortasında oldukça kötü tercüme edilen bu kişiler, skolastiğin gelişmesini geciktirmişler ve az derinleştirmişlerdir. Diğeri, Boèce'in tesiridir. Ona ilk skolastik denmiştir[2]. Onunla, orta çağ XII. yüzyıldan önce Aristo'yu tanımıştır. O, St. Augustin'den daha tesirlidir. Augustin, döneminin düşünürlerine Eflatun'un mirasını nakletmiştir[3]. Bu en hassas noktalar üzerinde itina ile arındırılmış, başkalarıyla tamamlanmış, öyle ki bu Eflatunculuk, Hıristiyan düşüncesinin ihtiyaçlarına en iyi felsefi sistem olarak görülmüştür. Eskilerin getirdiği birkaç değerli katkılar, büyük **Ecolatnes** diye adlandırılanların çalışması olmaksızın, zayıf sonuçlara sahip olacaktır. Bunların ilki ise, Alcuin'dir.

ALCUİN[4] **(735-804):** Anglo-Saxon'dur. Ülkesinin Bénédict'in Manastırlarında eğitim görmüştür (Aslında onun Bénédict'in olduğu kesin değildir). 766 yılından itibaren York piskoposluk okulunu yönetmiştir. Onunla Charlemagne 781 yılında karşılaşınca o, İtalya'da resmi bir görev icra ediyordu ve Charlemagne onu, sarayına çekmişti. Ona birçok manastırın yönetimini vermşti. Meselâ, St. Martin de Tours (796) manastırı gibi. Gunzot'un dediğine göre, onu "ilk entelektüel bakan" yapmıştır. Alcuin, Palotine okulunu yönetmiş ve orada, Charlemagne, oğulları, kızları, onun derslerine devam etmişler ve onun tarafından kurulan edebiyat akademisine Charlemagne bizzat devam etmiştir. Alcuin, eğitim lehine alınan bütün imparatorluk tedbirlerinin ilham edicisi olmasa da, onun yardımcısı olmuştur. Cassiodore'a göre o, TRİVİUM ve Quadrivium'u okula dâhil etmiştir. Onun programındaki diyalektiğin işgal ettiği programın önemi, oldukça derin etkiye sahip olmuştur ve bu görüş açısından, Picaret'le, Alcuin'e, Almanya'da ve Fransa'da felsefi Rönesansın gerçek yazarı olarak bakılabilmiştir[5].

Yazıları, onun aksiyonunu devam ettirmektedir[6]:

1. La Théologie (Özellikle evlat edinme tartışması).

---

[2] M. Grabmann, Die Geschicte der Scholastischen Methode, I, p.148.
[3] İbid, p.125; E. Portalié, S. Augustin, Dans Dict. Théol. Col. 2325-2331, Augustinisme, İbid, Col. 2501-2506.
[4] P. moncelle, Alcuin, Dans Dict. Hist. Col. 30-40, Dom Cabral, l'Angle Chrét, Avant Les Normands, Paris, 1909.
[5] Ona, zamanının **Erasme**'ı denildiğinde, bu dönemin bir barbar dönemi olduğu unutulmamalıdır. Yine de o, gerçek bir öncüdür: Onun bizzat ilim kavramı, gerçekten orijinaldir. Onun metodu diyaloga açıktır, P. Moncelle, op. cit. Col. 35.
[6] P.L. 100 ve 101.

2. Ecriture Sainte: (birçok tefsir, farklı eserler ve Latince Kitab-ı Mukaddeslerin gözden geçirilmesi).

3. La Liturgie (Liturjik reformunda o, imparatora destek vermiştir)[7.]

4. La philosophie et la Morale (Kötülükler ve faziletler).

5. Hagiographie (4. Azizin hayatı).

6. Enseignements (Farklı eserler).

Bunların dışında muhtelif şiirlere ve mektuplara (300 kadar) da işaret etmemiz gerekiyor. Bunlar, Charlemagne'nin tarihi için çok önemli kaynaklardır. Confession, (savunma eseri), onun zaruretini savunmak için yazılmıştır. "Çocuklar için sorular ve cevaplar", bilinen ilk din dersidir. Bunlara, "Livres Corolins" leri de atfletmek gerekecektir. Bundan ileride bahsedeceğiz. Alcuin'e, Charlemagne, saraydan gitmesine izin vermiştir: Böylece 801 yılında TOURS'a gitmiştir. Orada manastırı tamir etmiş ve orada etüdü canlandırmıştır. Tours'daki okul, onun şöhretine borçludur: Alcuin, orada 804 yılında ölmüştür. O, sade bir piskopos yardımcısı olarak kalmıştır. Onun talebesi Raban Maur, Martyrolog'un da ondan bahsetmektedir.

RABAN MAUR[8] **(776-856):** Almanya'nın Alcun'i olmuş ve bütün imparatorluk için dini etüdün ilham edicisi olmuştur. Mayence'de doğmuştur. Fulda keşişidir. Tours'da, Alcuin'in talebesi olmuştur. Onun metodunu, ülkesine taşımıştır. Daha sonra 822 yılından 842 yılına kadar manastır başkanı olmuştur. Kendisini etüde vermek için her şeyi terk etmiştir. Fakat 847 yılında, Mayence piskoposluğuna yükselmiştir. Bu makamı, 856 yılına kadar işgal etmiştir.

Raban Maur'un edebi eseri[9], oldukça meşhurdur. O, Kitab-ı Mukaddesi tamamen tefsir etmiştir. Yine ona, büyük bir ansiklopedik eser borçluyuz: **De Universo**. Yine felsefi bir eseri vardır: (De Anima). Ayrıca, De İnstitutione Clericorum, Homeliéler, çok sayıda risaleleri, Un Eloge de la Croix ve Martyrologie (Burada Lazara'nın kız kardeşleri'nin Kudüs'teki ölümünü zikretmektedir, 14 Ocak) eserleri vardır. Raban Maur, her şeyden önce bir bilgindir. Ancak orijinal düşünceden yoksundur.

---

7 F. Cabriol, Les Écrits Liturgique d'Alcuin, Dans Rev. Hist. Eccl. 1923.
8 F. Cabriol, Les Écrits Liturgique d'Alcuin, Dans Rev. Hist. Eccl. 1923 (t.XIX), p.507-521.
9 Hurter, Nomenclator, 1903, I. Col. 794-801.

B. IX. Yüzyıl İlâhiyatı ve Belli Başlı Tartışmalar

Charlemagne tarafından verilen itişten kaynaklanan edebi aktivite, oldukça önemlidir. Fakat bu dönemin yazarlarını en iyi karakterize eden nokta, onların kişiliksizlikleridir. Onların arasında en büyükleri bile, geçmişin yankılarıyla kuşatılmışlardır. Tek metot, derlemeciliktir[10]. Parça çalışması, Flores, Sententia, Excerpta derlemeleriyle kolaylaşmakta ve hayret verici oranda çoğalmaktadır. Bu kuralları, üç grupta toplayabiliriz: Sadece patristik eserlerin dinamizmini takip edenler. Kutsal Kitap düzenine göre tasnif edilenler. Nihayet, konuların mantığına göre tasnif edilenler. Bu son gruplama, doktrine daha uygundur ve gerçek ilâhiyat el kitaplarını hazırlayacaktır. Meselâ, XII. yüzyılda P. Lambard'ın ki gibi. Özellikle tefsirde o, uygulanabilir (Alcuin Walafrid Strabon). Zahitlikte (De Amore Caelectics Patriae, De Haymon d'Alberstadt; De Virtutibus et Vitiis, d'Alcuin, De Fide, Spe et Carirate, d P. Radbert), felsefi konularda (Boèce, evrensel tartışmaların tamamını özetlemektedir) görüldüğü gibi.

İlâhiyat tartışmaları, metodu tamamlamanın sonucu için, daha çok şeye sahip olamadı. Tartışmalar, alıntılara göre devam etmiştir. Bu konudaki belli başlı konuların neler olduğuna işaret edelim. Bu tartışmaların birçoğu, Batı kilisesiyle Bizans kilisesi arasında artan ayrılıklarla, ortaya çıkan tartışmalar olmuştur.

1. Greklerle Tartışmalar: Bu konuda belli başlı üç prensip dikkat çekmektedir. Bunları açıklayalım:

a. **Resimler Kültü**[11]: Bu konu, ikinci İznik Konsilinde (787) kesin sonuca bağlanmıştır. Ancak belli bir zaman diliminde, Franclar, Charlemagne'nın kışkırtmasıyla bunu reddetmişlerdi. Onu buna iten sebepler ise, 787 konsilinin kararlarının tercümelerinin, Latinlere iki anlamlı tanıtılmasından başka, dini süslemelerdeki beşeri figürün bütün temsillerine karşı Germanik güvensizliktir. Yine, Bizanslılar karşısında artan tiksinti de bunun sebepleri arasındadır. Bu savaşın belli başlı resmi prensipleri şunlardır:

---

[10] G. De Ghernick, Le Nouvement Thèologique du XII. s. Paris, 1914, p.20-28, G. Robert, Les Ecoles et l'Enseignement du la Thèologie (XII. s.), Paris, 1909, p.126-130.
[11] J. Tixeront, Hist. Dogm. III, p.473-483.

1. Carolins Kitaplarının Yazılması[12]: 790 yılında, imparatorun isteğiyle, Alcuin tarafından yazılan kitaplardır. Bu kitaplar, resimlere yapılan kültü, reddetmektedirler. Ancak onları kullanmak caizdir.

2. Francfort Konsili (794): Resimlere saygı, göstermeyi mahkûm etmiştir. İznik Konsilinde (787) buna izin verilmiştir.

3. Paris Konsili (825): Livres Crolins kitaplarının doktrinini aşağı yukarı yeniden kabul etmiştir.

Bu muhalefete ve ikonoklast aşırılıklara rağmen,[13] resimler konusundaki gerçek doktrin, yavaş yavaş IX. yüzyıldan itibaren Batıya nüfuz etmeye başlamıştır.

b. **Filioque'un ilave edilmesi**: İznik-İstanbul iman formülleri metinlerinin içine[14] Kutsal-Ruhla ilgili olarak, QUİ EX PATRE FİLİOQUE PROCEDİT = Baba ve oğuldan gelen, ifadesi birçok tartışmaya neden olmuştur. Bu doktrine göre, Kutsal-Ruh, sadece BABA'dan değil; OĞUL'dan da çıkar doktrini Batıda müşterek bir doktrindi. En azından S. Augustin'den beri. Onun açıklamasına göre, prensip olarak Kutsal-Ruh, babadan sudur etmektedir[15]. Yani, originaliter, primordialiter, o gerçek olarak iki prensipten sudur etmektedir. Fakat aynı tarzda sudur etmemektedir. Latince proceder=sudur etmek kelimesi, her iki şekle de uygundur. Fakat Grekçe olan kelime, daha çok Baba'yı göstermektedir. Bunun için yanlış anlaşılma tehlikesi vardır. Özellikle Doğuda böyle olmuştur. Sudurun şekli konusunda farklılıklar üzerinde ısrar edilmiştir. Bunun için Doğuda, QUİ A PATRE PER FİLİUMPROCEDİT= Oğul aracılığıyla Baba'dan çıkmıştır, formülü kabul edilmiştir. Aslında iki görüşün birbirine karşıt olmadığı gösterilebilir. Nitekim VII. yüzyılda St. Maxime, bunu yapmıştır. Papa S. Martin I'in benzer bir metni konusunda, Maxime, Doğuluları hayrete düşürmüştür[16]. Bu problem, Gentilly (767) konsilinde ortaya çıkmıştır. Ancak bir sonuç alınamamıştır. İspanya'da ve Gaul'de yerleşen alışkanlığa göre, âyinde, Credo, Filioque'la söylenmekteydi. Bu olay, durumu daha da ağırlaştırıyordu. Les Livres Carolins, Kutsal-

---

12 P.L. 98, 995-1350.
13 A. Turin, á l'İnstigation de l'Eveque Claude.
14 M. Jugie, Theologie Dogmatica Christianorum: Orientalium, I, Paris, 1926, p. 154-179; XV, C. XVIII, et. C. XXVI, M. Jugie, op. cit. 157-158.
15 De Trinit, XV, C.XVIII, etc. XXVI, M. Jugie, Op. Cit. 157-158.
16 İbid, 158-160.

Ruhun çıktığı yer konusundaki formülleri, reddediyordu[17]. Kısa zaman sonra, Bethléem Grekleri, Filioque konusunda sapık Latin keşişleriyle görüşmüşlerdi. Papa Leon III, bu doktrini mahkûm etmeden, sembole ilave edilen Filioque'un kaldırılmasını denemiştir. Papaya, bu konuda itaat edilmemiştir. Aynı şeyler kalmıştı. Fakat Photius, kısa bir zaman sonra bir başka tartışmayı canlandırmıştı. Bu tartışma, barış ve ruhların sükûneti içinde düzelebilecekti.

c. **Photienne Tartışması:** Bu tartışma IX. yüzyılın en ciddi tartışmalarından birisi olmuştur. Esasta bu tartışma, kişisel bir kavgaya bağlıdır. Photius (820-897)[18], parlak bir entelektüeldi. Bizans sarayı, entelektüelleri ve sanatkârları boğazda, IX. yüzyılın ortasında topluyordu. Tam da bu dönemde Photius, İstanbul patriklik makamına oturtulmuştu. O, bu makama iki defa ayrı ayrı zamanda oturmuştu (858-867; 878-886). Ancak iktidarı yoktu. Bütün manevralarına, isteklerine, politikalarına, tehditlerine ve isyanlarına rağmen patrik makamını elde edememişti. Asıl patrik olan St. Ignace (+878), istifa etmemekte ve ona bu makama oturmaya da izin vermemektedir. Bu makamı elde etmek için ortaya konulan vasıtalarla Photius, derin şekilde kırılmıştı. Bu aşağılamanın neden olduğu kırgınlık onu, elde edemediği bu otoriteye karşı diretmeye sevk etmiş ve o, çok esnek bir zekânın korkunç kaynaklarını, kuruntusuz bir ruhun hizmetine sokmuştur.

Photius'un edebi eseri[19], onun geniş kültürünü, düşüncesinin derinliği olmaksızın doğrulamaktadır. Onun kütüphanesi,[20] on bin ciltten az değildir. O, biraz kendini beğenmiş olarak bunu söylüyordu. Fakat 280 cilt, okunmuş ve onun tarafından özetlenmiştir. O, geçmişle ilgili mukayese kabul etmez bir bilgi ocağıdır. Onun haberleşmeleri,[21] 264 mektubu ihtiva etmektedir ve bunlar, IX. yüzyıl Bizansının ikinci yarısı için birinci derecede tarihi belgelerdir. Onun hitabet eseri olan birkaç nutuk, 128 vaazı veya Homolies'si kısa bir zaman önce yayımlanmıştır[22]. Onun gerçek doktrin eseri üç yazı ile temsil edilmiştir:

---

[17] Liv. Carolin, IV, C.3.
[18] J. Hergenrother, Photius Patriarch Von Konstantiniopel, 3. Cilt, Rasitbonne, 1867-1869; Photii De Spiritus Sti Mystagegia, 1857; M. Jugie, Op. Cit. P.101-256; Hurter, Nomenclator, I, Col. 780-785.
[19] P.G. 101-104.
[20] P.G. 103-, 104, 956'ya kadar.
[21] Epist, 1,1 (24.epit)), 11 (102), III (67), Plus 71 ep, dans Amphibchiama.
[22] P.G. 102, 547-576; Papadopoulos-Kerameus et Aristarchès, Leipzig, 1901, (t.2).

1. **Amphilochiana**[23]: Bu 324 cevabı ihtiva eden bir derlemedir. Bunlar, Cyzique piskoposunun sorularına, cevap teşkil etmektedir. Amphiloque, tefsirle, ilahiyatla, felsefeyle ile ilgilidir. Bu bilgilerin birçoğu, Kilise Babalarının edebi eserlerinden alınmıştır veya onlardan mülhemdir.

2. **Contra Manichaeos**[24]: Bu kitap, Mancheisme'e karşı üç reddiyeyi ihtiva etmektedir.

3. **De Spiritus Sancti Mystagia**[25]: Bu kitap, Kutsal-Ruhun suduru konusunu işlemektedir.

Nihayet, oldukça hacimli kanonik bir eseri daha vardır. Bu eser, kanonik olan bir derlemesidir (Syntagma Canonucum)[26] ve bir Nomo-Canon'dur[27]. Bunlar, orijinal eserler değillerdir. Eski çalışmaların birer adaptasyonudur. Onları unutmamak için birkaç şiire işaret edelim[28].

Bizim için oldukça önemli olan eser, Mystagia'dır. Ancak bu eser aldatıcıdır veya yüzyıllar boyunca Grek polemikçileri, Latinlere karşı Filioque konusunda, bu eserde malzeme bulmuşlardır. Çünkü onlar, **Procéder** kelimesini (sudur etmek) anlamında kullanmışlardır. Yani, bir prensipten prensipsiz sudur etmek anlamında almışlardır. Photius, Latinlerin, bunu oğulla ilişkisinde Kutsal-Ruha uyguladıklarını ve yanlış bir Teslise sahip olduklarını göstermiştir. Hatta bunları o, sapık ilan etmiştir. Bu hayali itizale karşı, patristik ve kitabi bir saldırı aracı organize etmiştir[29]. Bu eser, Photius'un son günlerinin tarihini taşımaktadır (895-896). Onun tesiri, bilhassa öldükten sonra kendini göstermiştir. Onun Canonique eseri, böylece uzun süre uğursuz olmuştur. Bu eser, Devlet karşısında kilisenin kölelik durumunun resmi bir kutsamasıydı. Bu durum için, onun tarafından sinodlarda takdim edilen çok sayıda karar alınmıştır. O hayattayken daha gürültülü olan şey mektupları olmuştur. O, Latinlere karşı, basit kullanımlar hakkında popüler tahayyülü vurmaya müsait Filioque'u, iman formülüne dâhil edenlere benzer

---

[23] P.G. 101, 45-1172-1296.
[24] P.G. 102, 15-264.
[25] P.G. 102, 279-400.
[26] P.G. 104, 441-976.
[27] P.G. 104, 975-1218.
[28] P.G. 102, 575-584.
[29] M. Jugie, Op. Cit. P.184-223.

yenilikler olarak vasıflandırılan bu gibi şeyleri ve aynı zamanda tiksindirici bir dizi şikâyetleri sıralamaktadır[30].

XI. yüzyılda Rum Ortodoks kilisesini, Roma'dan ayıran bölünme, tabii ve uzak bir isyana çağrının sonucu olmuştur. Bizzat bu, Photius örneğiyle doğrulanmıştır[31].

Tabii ki Photius'un hücumları, cevapsız kalmamıştır. Papa Nicolas I (858-867), Reims'li Hinemar'dan yenilikçi Photius'a karşı yazmasını ve piskoposların yazmasını istemiştir. Bu konuda yazılan üç reddiye, günümüze kadar gelmiştir[32]:

1. **Liber Adversus Ceraecos**[33] **d'Enée de Paris (+870)**
2. **Contra Graecorum Opposita**[34] **de Ratramme. Corbie keşişi.**
3. **Responsio de Fide S. Trinitatis Contra Graecorum Haeresim** [35] **Worms'da toplanan Alman piskoposlarının.**

Papa, Bizanslı patriğin gayr-i meşru manevralarına oldukça sert cevap vermiştir. Onun yazışmaları buna tanıktır[36]. Bunlar bize, onun imanı her yerde dikkatlice savunduğunu ve geleneksel disiplini gösterdiğini belirtmektedir[37]. Papa HADRİEN II (867-872) daha da ileri giderek, Photius'u IV. İstanbul Konsilinde (869-870) mahkûm ettirmiştir (Bu konsil, VIII. Genel Konsildir). Papa, bu konsilin kararlarına onaylamıştır[38]. Sonraki papalarda Photionne'nin eserine karşı bu savaşı devam ettirmişlerdir. Fakat onların bu konudaki icraatları bunlar gibi gösterişli olmamıştır.

2. Batıdaki Tartışmalar: Bu tartışmalar, öncekiler gibi geniş değildirler ve yankı uyandırmamışlardır. Burada sadece Mesihin kişiliğiyle ilgili (Adoptianisme) olan tartışmaları yani kader ve Evharistie ile ilgili olanları vereceğiz:

---

[30] Epist. Encyl, ad Archiepiscopos Or. (867), P.G. 102, 721-742; M. Jugie, Op. Cit. P.104-108 ve 186; Bkz. İbid, p.223-224.
[31] Photius, Roma'nın Apostolik önceliğini biliyordu. Hem de yeterince biliyordu. Bkz: M. Jugie, Op. Cit. P.119-153.
[32] Epist. 152. P.L. 119, 1155-1157. Papalık, on sitem saymıştır. Bunlar, disiplinle ilgiliydi. Grekler, Bulgaristan'da, Latinlere karşı propaganda yapıyorlardı. Photius, Doğulu piskoposlara Encyclique bir mektup yazmasına rağmen bir yazardı. Bkz: M. Jugie, Op. Cit. P.104-106.
[33] P.L. 121, 685-762.
[34] P.L. 121, 225-346.
[35] P.L. 119, 1201-1212.
[36] P.L. 119, 769-1200.
[37] İmparator Michelin yazdığı mektuplar: Ep. 4. 13, 46, 86, 98. Photius'a, Eph. 12, 99, Bizans rahiplerine (Ep. 104). Özellikle Ad Consulta Bulgarorum (Ep. 97; P.L. 119, 978-1016).
[38] Denzinger-B, Enchiridion, n.336-341.

a. **Adoptianisme**=Çocuk edinme[39]: Burada Teslisi inkâr eden III. yüzyılın Uniter Adoptianisme'den değil[40], Nestorianisme'den bahsedeceğiz. Nestorianisme, Teslisin ikinci uknumu olan kelimenin (oğulun) bedenleştiğini kabul ediyordu. Fakat onun iddiasına göre, incarnationla Mesih, tabiatıyla Allah'ın oğlu idi. Oğul edinilerek bu insaniyet, evlat edinmeyle mücehhez olarak gerçek bir şahsiyetti.

Tolède (+809) Arşiveki olan Elipand'ın, bu doktrini hayal ettiği görülmektedir. Muhtemelen Nestorien yazıların tesiriyle bu olmuştur[41]. Fakat bu sistemin en önemli savunucusu, piskopos Fèlix d'Urgel (+818)'dir. Bu adam, Charlemagne konusunda birçok konsil toplatmıştı ve 799 yılından itibaren de Liyon'a, Arşevek Leidrade'ın gözetimi altına çekilmişti. Onun daha önce düştüğü hatalara düşmemesi için ona engel olunuyordu. En azından zahiri olarak ona itaat ederek ölmüştü. Çünkü arkasında şüpheli bir doküman bırakmıştı. Bunu Leidrade'ın halefi olan Agobard reddetmişti. Katolik yazarların en önemlileri bu tartışmaya katılmışlardır. Bunlardan birisi, Alcuin'dir. Hacimli eseri olan Contra Feliceum Urgel, ep. Libri VII[42]'dir.

b. **Prédestinatianisme**[43]=Kadercilik: IX. yüzyılda, Gotescalc (Gottschalk) tarafından yenilenmiş 840-860 yılları arasında, Almanya'da ve Fransa'da kiliseyi harekete geçiren en şiddetli tartışmaları ortaya çıkarmıştır. St. Augustin ve St. Fulgence'ın eserlerine dayanarak ve onun birçok mektubunu muhafaza ederek bu Saxon keşişi 848 yılına doğru iki kaderi kabul ediyordu: Bunlar birbirine benziyordu. Yani, hayattaki güzel şeylerin kaderiyle, ölümdeki kötü şeylerin kaderi. O, evrensel kurtuluş iradesini ve insan hürriyetini inkâr ediyordu.

Hıncmar De Reims, bulunduğu piskoposlukta onu, Kiery-sur-oise konsilinde 848'den itibaren mahkûm etmişti. Daha sonra 853 yılında Kiersy'de ona karşı dört yasalık müeyyide koymuştur. Bunlar, tek kadercilik, hürriyet,

---

[39] H. Quillet, Adoptianisme, Daw Dict. Théol. Col. 408-418, M. Jugie, Adoptiens, Dans Dict. Hist. Col. 586-590, J. Tixeront, Hist. Dogm. III, p.526-540.
[40] I. cilde bakılmalıdır.
[41] Muhtemelen bu bilgiler, Arapça çevirileriyle gelmiştir. Bu çevirilerle Elipand, İspanya'nın güneyinde temasa geçmiştir.
[42] P.L. 101, 219-230. Adoptianisme'in diğer hasımları: Beatus, Aquile piskoposu Paulin (P.L. 99) ve Agohard (P.L. 104)'dır.
[43] E. Portalie, Augustinisme, Dans dict. Théol. Col. 2527-2530; Hefele-Lecrecq, Hist. Conc. IV, 137-235; P. Godet, Gotesciale, Dans dict. Théol. Col. 1500-1502.

evrensel kurtuluş iradesi ve kurtuluşun evrenselliği yasalarıdır. Bununla beraber, birtakım etkili şahıslar[44] Troyes piskoposu Ratramne gibiler, Gotescale tarafını tutuyorlardı. Belki bütün fikirlerde olmasa bile, iki kaderi savunmaya kadar gitmişlerdi ve birtakım konsillerde (Valence 855, Langres 859)[45] 853 Kiersy konsilinde bunlar mahkûm edilmişlerdi. 859 yılındaki Savonnières sinodunda birinci deneme başarısız olmuş fakat sonuçta Tuzey'de sonuçlanmıştır: Oldukça müphem bir şekil altında, Augustinisme'in zaferi Hincmar tarafından çok hafifletilmişti. Onun hasımları, Gotescale'dan başkaları, sözde doktrinden daha çok ondan ayrılıyorlardı. Fakat bütün bu tartışmalar, ilahiyatta pek ilerlemişe benzememektedir. Meselâ, ruhları yeni bir takdime yönlendirmekle beraber, büyük problemin çözümüne katkı sağlamamıştır.

c. **Evharistie**[46]: IX. yüzyılda, Evharistiya konusu ciddi bir inceleme konusu olmuştur. Özellikle iki Corbie keşişi tarafından bu yapılmıştır: Bunlardan birisi, Poschase Radbert'dir. O, De Corpore et Sayguine Domini[47] isimli kitabın yazarıdır. Bu kitap 831 yılında yazılmış ve 844 yılında yayımlanmıştır. Diğeri ise, Ratramne'dir. Bu adam, 859 yılına doğru aynı isimde bir başka eser yazmıştır[48].

Paschase'ın kitabı, Evharistiye tahsis edilen ilk bilimsel monografidir. Onun yeniliği açıkça, Mesihin tarihi bedeniyle ve onun Evharistik bedeniyle tasdik edilmiştir. Olma şeklinde, bir fark olmakla beraber öyle olmuştur: Evharistiya'da Mesihin bedeni karma karışık olarak anlaşılmamalıdır. Onun varlığı, spiritüeldir, bu dışarda görülen (exterius sentitur) gerçek figürdür. Zihniyet olarak ona nüfuz edilmektedir (İnterius recte intelligitur aut creditur). S. Thomas metafizik açıklamalarını beklerken, bu takdim ılımlı bir realizmle, belirli bir şekildedir.

Bu aşırı realizm bile yargılanmıştır. Ratramne, yazılarında bununla mücadele etmiş ve Mesihin Evhairistik bedeninin görünmezliğini ve bu bedenin Mesihin tarihi bedeniyle aynı olmadığını belirterek gerçek varlığı inkâr

---

[44] Scot Erigène, Hıncmar tarafından kışkırtılarak olaya müdahil olmuştur. Fakat onun kaderciliği, akılcı ve Pèlagienne temayülleri ile uzlaşmıştı. 851 (P.L. 121), Hefele, L. Op. Cit. p.175-176.
[45] De Praedestinatione d'Hincmar, Ecrit en 859; P.L. 125-55, 474.
[46] F. Vernet, L'Eucharistie (du IX. s. XI. yüzyılın sonu), Dict. Théol. Col. 1209-1233, R. Heurtevent, Durand de Troarn, p.165-199.
[47] P.L. 120, 1259-1350.
[48] P.L. 121, 125-170.

etmeden, Evhairistie'nin sembolizmi konusunda daha çok durmaktadır. Raban Maur'da onun gibi düşünmektedir[49]. Her hâlükârda onları, XVI. yüzyılın[50] saf Protestan sembolistlerinin habercisi olarak takdim edebiliriz. Scot Erigène'de savaş alanına girmiş ve XI. yüzyılda Bérenger'ın reel varlık üzerindeki ilk gerçek tartışma çıktığında yaptığı gibi, muhtemelen az tedbirli olmuştur.

C. IX. Yüzyılın En Önde Kişileri

Önceki dönemin tartışmalarına iştirak edenlerin arasında üç isim oldukça meşhurdur: Bunlar ikisi, Lyon'un ve Reims'in iki Arşeveki olan Agobard ile Hıncmar ve Scot Erigèn'dir.

AGOBARD[51]**:** 816 yılından 840 yılına kadar Lyon Aşreveki olan Agobard, gayretli, atılgan fakat ölçüsüz bir adamdı. O, döneminin bütün olaylarına karışmıştır. Onun edebi eseri[52], İspanyol adoptianisme'ine, Yahudilere, hurafelere karşı birtakım yazıları içermektedir. Yine o, resim kültüyle mücadele etmiş ve bunu hurafe korkusuyla yapmıştır. Eserinin en iyi tarafı, muhtelif pastoral eserlerindeki rahiplere yönelik yazılarıdır. Bunlar, Hıristiyan müminlerin icra ettikleri ahlaki yazılarıdır. Yine liturjik eserlerinde de aynı şeyler bulunmaktadır. Bunlar çok değerli yazılardır. Meselâ, Amalaire de Metz'in yazıları bunlardandır. O, liturji üzerinde çok hararetli tartışmalara girmiştir. Agobard, Louis le Dèbonnaire ailesinin güçlüklerine karışmakla üzüntü duymuştur. Ona karşı, muhtelif yazılar için pozisyon almıştır. Lyon piskoposu bize, özellikle bir savaş adamı ve mutlu olarak görünmektedir.

HİNCMAR[53] **(806-882):** Asil bir Frank ailesindendir. Louis Le Dèbonnaire ve Charles le Chauve saraylarında yaşamıştır. 845'de Reims Arşeveki olmuştur. O da Agobard gibi, zamanının bütün politik olaylarına karışmıştır. Ancak bu, onun çok yazmasına engel olmamıştır. Ondan 70 eser kalmıştır. Kanonik konularda o, daha parlaktır. **Lothaire**'e karşı savaşta, Teutberge ile

---

[49] Raban Maur'a ve IX. yüzyılın bazı yazarlarına, Stercorianismenisme adı altında tanınan bir hata atfedilmektedir. Ancak bu itham ispat edilememiştir. F. Vernet, Op. Cit. Col. 1221-1224.
[50] F. Vernet, İbid, 1221-1224.
[51] M. Besson, Agobard, Dict. Hist. Col. 998-1001.
[52] P.L. 104.
[53] H. Netzer, Hincmar, dans Dict. Théol. Col. 2482-2486. Farklı Monografiler: C. Noorden, Bonn, 1863; Loupot, Reims, 1869; A. Vidien, Paris, 1879; H. Schvrors, Fribourg-en-B, 1884; Lesne, Paris, 1905.

boşanmasında ve onun yeğenine karşı savaşında ve piskoposa bağlı Hincmar de Laon'un, metropolitainler karşısında,[54] piskoposların bağımsızlığını ilan eden ilanında, özellikle ilmini göstermiştir[55]. O, Roma ile ilişkilerinde mağrur karakterini daima göstermiştir. İlâhiyat noktasında, Hincmar Gaul'e, resim kültünü kabul ettirmiştir ve kadercilik tartışmasında önemli katkılar sağlamıştır[56]. Gottsahalk'ın mutlak kaderciliğini reddetmek için toplanmış olan Katolikler, gerçek doktrini açıklamak söz konusu olduğu zaman, Hincmar'la ayrılanlar, pratik noktaya yerleşenler, hürriyet üzerinde ısrar ederek, başkaları Ratramne ile ilâhi gücün hukukunu koruma tarafını tutmuşlardır. Bu problem üzerindeki Hincmar'ın yazısı, ilâhiyat noktasından oldukça zayıftır[57]. Onun gerçek alanı, hukuktur. O, o alanda üstaddır. O, bu konuda döneminin en iyisidir.

JEAN SCOT ERİGÈNE[58]: Erigène, nüfuz edici bir zekâya sahiptir ve zamanının en şahsiyetli bir adamıdır. Hayatı, biraz karanlıktır. İçkoçya'da veya İrlanda'da doğmuştur. Doğum tarihi, IX. yüzyılın başlarıdır. Onu 847 yılında Charles le Chauve sarayında, saray okulunun yöneticisi olarak görüyoruz. Yine Papa Nicolas I (858-867)'ın gözetimi altında bulunuyordu. Papa, Charles'i onun doktrinlerine karşı bekçi olarak koymuştur. Onun bu makamı ne zaman terk ettiğini ve nasıl öldüğünü bilmiyoruz. Denildiğine göre o, bir İngiliz manastırında kalmıştır.

Jean Scot'un yazılı eseri oldukça yayılmıştır[59]. Onun Evharistie üzerinde[60] özel bir eser yazdığı kesin değildir. O, bu konuda hatalar da yapmıştır. Onun kadercilik konusundaki kitabı, birtakım orijinal görüşlere sahipti. Ancak, yanlışlar da, eksik değildir[61]. O, Denys l'Arèopagite'in tercümesiyle, beş kitaplık büyük eseri olan De Divisione Naturaé[62] ile düşüncesine büyük katkı yapmıştır. Bu eser, cesaretli bir sentezdir ve güçlüdür. O, bu kitabın I. kitabında Allah'tan, II. kitabında ilk varlıklardan yani Tanrısal fikirlerden veya

---

[54] P.L. 125-126.
[55] H. Netzer, Hincmar de Laon, Dans Dict. Théol. Col. 2486-2487.
[56] Bu kitabın ilgili bölümüne bakılmalıdır.
[57] H. Netzer, Op. Cit. Col. 2484; Vefele, Op. Cit. p.220-227.
[58] F. Vernet, Erigène veya Eriugène (Jean Scot), Dans Dict. Théol. Col. 401-434.
[59] P.L. 122; (éd. J. Floss), á Completer.
[60] R. Heurterent, Durand de Troarn, p.253-285.
[61] Bu kitabın önceki sayfalarına bakılmalıdır.
[62] Ondan önce Hilduin'in çevirisi vardır. Hilduin, Saint Deny Manastırı üyesidir. Bkz: J. De Ghellinck, Le Mouv. Théol. du XII, s, p.70-72.

Eflatuncu örneklerden bahsetmektedir. Bu fikirler, kelime ve Kutsal-Ruhla, ebedi olarak vardırlar ve onlardan diğer cinsler çıkmaktadır. Üçüncü kitapta, yaratılıştan bahsetmektedir. Yani, aşağı yaratıklardan ve düşen Âdem'den bahsetmektedir. IV. kitapta ve V. kitapta, her şeyin Allah'a dönüşünü anlatmaktadır. Yaratılışın sonu, kurtuluş, kutsama vasıtaları ve son hedeflerden bahsetmektedir. Dini konuların veya teolojik konuların birçoğu, bu kocaman çerçevede kapatılmışlardır.

Bu eser, büyük görünmektedir. Aslında o kadar büyük değildir[63]. Scot'un büyük liyakati, Dogmaya nüfuz etmek için felsefeyi davet etmesindedir. O, Eflatuncu üstadlarıyla Tanrısal aşkınlığın üzerinde ısrarla durmaktadır. Aslında bu kısmi Agnostisisme, onun bütün hatalarının kaynağını teşkil etmektedir. O, denildiği gibi akılcı değildir. O, iyi bir Hıristiyandır. Kilise Babalarının otoritesine onun müracaat etmesi de bunu ispatlamaktadır.

O, birçok patristik formüllere rağmen, panteist değildir. O, Allah'a dönüşle meşgul olan bir mistiktir. Kelimenin dar anlamıyla o, bir sapık da değildir. Fakat o, heteredokstur. Kutsal Kitap ve Kilise Babalarının, birçok büyük zihinlere hitap etmesi bahanesiyle o, açıklamalarında mecazı kullanmakta ve onların düşüncesini hesaba katmamakta ve onun yerine felsefe geçmektedir. Onun hataları arasında, Allah'la ilgili iddiasına örnek olarak yer verelim. O cehennemle ilgili cezaları açıklamasında, bütün cezaları kaldırmaktadır. O, akıl konusu ile iman konusunu karıştırmakta ve bu nokta üzerinde, asrının gerisinde bulunmaktadır.

Gerçek kalitesine rağmen, Erigène'in, ilahiyata düşünceyi sokma teşebbüsü başarılı olmamıştır. Onun boşlukları, sadece yazarına değil, bizzat davasına da zarar vermiştir. Derleyiciler, Scot'un bu aşırılıklarında bizzat metodu suçlayacak geniş sebepler bulmaktadırlar. İlâhiyat, iki asır daha münhasıran pozitif kalacaktır. Jean Scot'un tesiri onunla birlikte tamamen kaybolmuştur. XI. ve XIII. yüzyıllardaki mahkûmiyetler, onun hâla birtakım okuyuculara sahip olduğunu göstermektedir. Bunlardan bazıları, Ortodoksluk ta devam etmişler ve birçokları da Panteizme kendilerini kaptırmışlardır. Onların sulandıkları kaynak, zehirli olmasa da, sağlıksız olduğunu ispat etmektedir.

---

[63] F. Vernet, Op. Cit. Col. 422-426.

II. XI. YÜZYIL

X. yüzyıldan bahsetmeyeceğiz[64]. Bu yüzyılı, Baronius "**demirden yüzyıl**" olarak vasıflamaktadır[65]. Şöhretli bir yazarın bulunduğu yerde, gerçek yazarlar olmaz. Ancak birtakım okullar olabilir. Çok sayıda manastır okulu IX. yüzyılda kurulmuştur. Bu okullar, elverişsiz şartlara rağmen devam etmiş ve çok sayıda katedral okulları, onlara paralel olmuş veya onları geride bırakmıştır. Özellikle Fransız okulları, yabancı gençliği çekmeye başlamışlardı. Orada, klasik kültür, diyalektik bir formasyon verilmekteydi. Bunlar, ruhu arındırmaya ve müteakip yüzyılların felsefesini yenilemeye hazırlıyordu. Böylece ilâhiyat, olduğu gibi kalmıştır: Kutsal Kitabın ve Kilise Babalarının akıllı okumaları, sembollerin tanınması, yasaların ve ritüel merasimlerin varlığı devam etmiştir[66].

XI. yüzyıl daha canlıdır. Fakat bu yüzyıl da, bir geçiş yüzyılı olarak kalmıştır. "Yaşlı Venedictin kurumların, son parıltılarıyla parlamaktaydı ve kesin olarak katedrallerin büyük ekolleri alanına kesin olarak buyun eğecekti."[67] Çınlayan birkaç tartışmalara, önce işaret etmek gerekecektir. Sonra bu dönemin ilahiyatının genel karakteri etüd edilecek ve sonra, bilgileriyle en fazla aydınlatan insanlar tanıtılacaktır.

A. Dini Tartışmalar

1. Sonuçları en ciddi ve en meşhur olanlar, Grek bölünmesiyle (1054) sonuçlanan tartışmalar olmuştur. Bu tartışma kısa sürmüş fakat şiddetli olmuştur: Michel Cérulaire[68], İstanbul patriği olarak (1043-1054) insiyatifi 1053 yılında ele almış ve küçümseyici bir mektupla, kırgınlığını piskopos Léon d'Achrida ile Jean de Trani'ye ve Batı piskoposuna göndermişti[69]. Bu mektup, Evharistiyada mayalı ekmek kullanmayı ve diğer meşru olmayan âdetleri mahkûm ediyordu (Meselâ, Cumartesi oruç tutmayı, boğulmuş hayvan etleri yemeyi ve Carèm'deki ayinde ALLELUİA'yı kaldırma gibi). Bu tür sızlanmalar, Latinlerin kinini canlandırmış ve ihtirasıyla kuşatmıştı. O, onları

---

[64] J. De Ghellinck, Le Mouvement Théologique du XII. s. Paris, 1914, p.29-41.
[65] Annales, Eccl. A. 910.
[66] J. de Ghellinck, Op. Cit. P.34.
[67] İbid, p.50.
[68] M. Jugie, Theol. Dogmatica Christianorery Or. p.101, 104, 268-279, 282-284, 298-300, 368-372.
[69] Ad. Universos Episcopos Francorum et Monaches et Populos et ad İpsum Reveren Dissimum Rapam, P.G. 120, 855-844, P.L. 143, 929-932.

kendisine mal etmişti ve onlara başka şeylerde ilave etmişti. Bunlar, Photius'un mirasından çıkarılmış, zayıf şeylerdi. Sinodal Fermanında[70] ve Antaka patriği Piere'e yazdığı ilk mektubunda bunlar vardı[71]. Yine keşiş NİCATAS PECTORATUS[72]'da bizzat Latin rahiplerinin bekârlığına ve Batıda uygulanan başka şeylere karşı yazdığı bir risale ile bu alana bizzat girmişti.

Kardinal Humbert, 1054 yılında Papa Léon IX. tarafından gönderilen üç delegeden birisiydi. O, bir Responsia'da[73] onu reddetmişti. Onun delilleri, aşağılayıcı düzeyde ve aşırı esef vericiydi. Onları o, zamanın âdetlerine ve delegenin karakterine atfediyordu. NİCETAS, açıkça mağlubiyeti itiraf etmiş ve boyun eğmişti. Cérulaire aksine inat etmişti. O, papadan bütün Doğu üzerine, açık bir otorite önceliği elde etmek istemişti. Humber ise, onu ve suç ortaklarını 26 Temmuz 1054'de[74] aforoz etmişti. İşte o andan itibaren Grek Kilisesi, Photius'dan az sonra, yeniden Roma ile birleşme yolları aramaya başlamıştı[75]. Ancak git gide daha da çok Roma'dan ayrılmıştı ve bu bölünmeyi daha da ağırlaştırmak için, Doğulu polemikçiler, eskisinden daha çok Photius'dan, bilimsel, popüler deliller istemeye kadar gitmişlerdi. Bu delilleri, bizzat Cérulaire, başarı ile kullanmıştı. Kilise Birliğini savunanlar, Doğuda az da olsa, hiçbir zaman tamamen kaybolmamışlardı.

2. **BÉRENGER**[76] **(1000-1088)**: Tour'lu St. Martin'in okul arkadaşıdır (1040 yılına doğru). Angers başpiskoposudur. XI. yüzyılın ikinci kısmı boyunca yeni evharistik teorileriyle, Fransa'yı, İtalya'yı ve hemen hemen bütün Batıyı karıştırmıştır. O, Chartres okulunun öğrencisi ve diyalektikçisiydi. O, aklının potasından imanın sonuçlarını geçirdiğini iddia ediyordu. O, 1047 yılına doğru, açıkça, Paschase Ratbert'in realist doktrinine karşı çıkmıştı. Radbert, aptalca yazıyordu ve İsa'nın veçhe değiştirmesini inkâr ediyordu[77]. Hakikatte onun için bütün bilgi, duygusal tecrübeye ve işitmeye dayanıyordu. "Duygular, aynı anda kazai ve cevhersel olanı fark ediyorlardı. Onlar, bir-

---

[70] P.G. 120, 735-748.
[71] P.G. 120, 781-796.
[72] P.G. 120, 861-1028.
[73] P.L. 143, 929-1004; P.G. 120, 1021-1038; Humbert'in diğer yazıları için P.L. 143, 931-1272; Response á Léon d'Achrida, Brénger'e karşı mektup: Simoniaqueslara karşı üç kitap.
[74] Bu aforoz konusunda bkz: M. Jugie, Op. Cit. P.275-276.
[75] Bkz: M. Jugie, Op. Cit. P.264-268.
[76] F. Vernet, Bérenger de Tours, Dans, Dict. Théol. Col. 722-742; Eucharistie, İbid, Col. 1217-1219; R. Huertevent, Durand de Troarn et la Controverse Bérengarienne, Paris, 1912; p.115-216.
[77] Henüz bu fikir yoktur.

birinden ayrılmamaktadırlar ve sadece, mantıki ayırımla farklılaşmaktadırlar. Göz, rengini fark ederek, renkli olanı yakalamaktadır. Bu, var olan ve görülendir. Bu durumda, görülen ve dokunulan vardır. Kişi, dokunup görmez ve sadece doğuştan gelen cevherin erişimi söz konusudur[78].

Evharistiyaya uygulanan bu teori, geleneksel doktrini derin şekilde değiştirmektedir. Bu teori, derhal, kilise otoritelerine açıklanmış ve 1050'den itibaren de bir Roma konsilinde papa Léon IX tarafından mahkûm edilmiştir. Hatta aşağıdaki birçok konsiller veya sinodlar tarafından bu mahkûmiyet yenilenmiştir: Verceil 1050, Tours, I054, Florence 1055; Rouen, 1055.

1050 yılında Nicolas II'nin saltanatı döneminde, yeni bir Roma konsili Bérenger'e bir iman formülü önerilmiş ve o bunu kabul etmiştir. Fakat o, bir müddet sonra birinci kitabı olan De Sacra Caene (Bu eser kaybolmuş) da hücuma geçmiştir. Bu dönemde ona karşı farklı eserler de kompoze edilmiştir. Özellikle üç Benedietin'in eseri zikredilebilir: Durand de Troarn (1058)[79]-Lafranc[80] (1063 ile 1070 arasında yazılmıştır)-Guitmond d'Avena[81] (1075). Başka polemikçiler de vardır. Fakat Bérenger'in en fazla hücum ettiği adam Lafranc olmuştur. O, ona karşı, 1073 yılına doğru İkinci De Sacra Caena'yı yazmıştır. Yeniden konsiller, Poitiersde (1074) veya (1075)'de Saint Maixent'de (1075) veya (1076)'da ve özellikle Roma'da (1078-1079)'da, bu konu ile meşgul olmuşlardır. Denildiğine göre, Roma konsili onun bitmeyen dönüşlerinin sonu olmuştur. Bérenger, orada veçhe değişmeyi ihtiva eden bir doktrini ve gerçek varlığı[82] kabul etmiştir.

Yenilikçinin inat sebeplerinden birisi, Katolik doktrini yanlış anlamasıydı. O, haksız olarak Mesihin bedeninin, parçalara ayrılacağını ve takdis edilmiş kurbanlar olacağını ileri sürmektedir[83]. Diğer taraftan bu ona, açık olmayan bir tarzda ve hatta bazen felsefe noktasından da doğru olmayan şekilde takdim edilmiştir[84]. Yani en azından geleneği devam ettirme avantajı takdim edilmektedir. Oysa Bérenger'in formülleri, ne felsefeye ne de Hıristiyan ge-

---

[78] F. Vernet, Op. Cit. Col. 728-729.
[79] De Corpore et Sanguine Domini, P.L. 149, 1375-1424, R. Heurtevent, Op. Cit. P.217-251.
[80] De Vorpore et Sanguine Domini, P.L. 150, 407-442.
[81] De Corporis et Sanginis, J.C. Veritate in Evharistiya, P.L. 149, 1427-1468.
[82] P.L. 148, 811-812, cf. Denzinger B, Enchir, n.355.
[83] 1059 Roma Konsili iman ikrarı şöyle demektedir: Mesihin bedeni hissedilebilir.
[84] Şarap ve ekmeğin Mesihin bedeniyle ve kanıyla cevhersel birlikteliği, insaniyetin ve ulûhiyetin, mesihteki incarnationla birlikte olduğu gibidir.

leneğine uygundur. O, birçok teşebbüste, yanlış öğreti sunmuştur[85]. O, Communion konusuna basit bir şekilde değinmiştir.

O, gerçekten onun reel varlığını inkâr etmiş midir? Bu konu tartışmalıdır. 1059 yılına kadar inkâr etmişe benzemiyor. Fakat bu tarihten sonra o, sisteminin parlak çizgilerini belirtmiş ve bazı şartlarda her şeyi, onun inkâr ettiğini göstermektedir[86]. Bérengarienler hiçbir zaman bir mezhep oluşturmamışlar ve Katolik savunmasının önünde gerilemişlerdir. Bu, tartışmanın sonuçlarından birisidir. Diğer yandan, Evharistiya Dogmasının takdiminin önemli bir gelişmesi de olmuştur. St. Thomas'nın evharistik eserinin kararlılığına ve onun yazmasına yardım edecek materyaller hazırlanacaktır.

B. İlahiyat-Felsefe İlişkileri

XI. yüzyılın ilâhiyatının en belirgin karakterlerinden birisi, patristik nakillerdeki önemli uygunluktur. Bunların çoğu, kanonik derlemelerden alınmışlardır[87]. Bu pratik alan üzerinde daha doğrusu, felsefi okulların ve episkopal çevrenin dışında kanoniklerden alınanlara sentetik bir açıklamaya doğru ilk adımın atılması eklenmiştir. Burada karşılıklı mübadeleyle, orta çağ ilâhiyatı ve oluşmakta olan kilise hukukunun meydana getirdiği bir dizi hizmetler gerçekleşmiştir[88]. Böylece, Burchard de Worms'un kanonik derlemelerinde, çok önemli kısımlar bulunmaktadır. Bunlar az veya çok, ilâhiyat konuları üzerinde sistemleştirilmişlerdir. Meselâ, kader, kıyamet, vaftiz, tövbe ve kutsal merasimler gibi...[89] Yetki kavgaları, kanonik derlemeler bu alanı zenginleştirmiş, sakramentlerin geçerliliğinin şartları veya Roma kilisesinin üstünlükleri konusunda daha sonra ilâhiyat eserleri, bu tartışmalara varis olmuşlardır[90]. Böylece, Kilise Babalarının metinlerinin ve vahyedilmiş unsurların sistematik koleksiyonlarının maddeleri hazırlanmıştır. Öyle ki birbirine zıt görünen birtakım metinlerin uzlaştırılması ihtiyacı daha canlı şekilde kendisini hissettirmiştir. Çünkü onlar, burada muhtevaları dışında ayrı olarak takdim edilmişlerdir[91]. Az veya çok "Sic et Non"sunu uzaktan görmemizi sağlamaktadır.

---

[85] F. Vernet, Op. Cit. Col. 727-737.
[86] İbid, 737.
[87] J. De Ghellinck, Le Mouv. Théol. An XII. Siède, p.41.
[88] İbid, p.41, 42.
[89] İbid, p.43.
[90] İbid, p.44.
[91] İbid, p.311-338.

XI. yüzyıl ilâhiyatının karakterlerinden birisi de, Dogma'da, düşüncenin hasımlarıyla, düşünme taraftarları arasındaki çekişmelerdir. Daha doğrusu dogmatik açıklamadaki, diyalektik tartışmalardır. Çünkü henüz, sadece düşünce söz konusu değildi[92]. Diyalektiğin en ateşli hasımlarından birisi Pierre Damien'dir. Onun her yerde birtakım tatbikçileri veya rakipleri olmuştur. Bu konudaki mücadele de ısınmıştır. Fakat bunu tanımak da gerekmektedir. Çünkü o, diyalektiğin müdahalelerine vahyedilmiş bir alanda, kötü gözle bir fatih veya hakimane bir tavırla bakmaya imkân vermektedir. Dogmanın, gerçek felsefi ve etüdle incelenmesine sahip olmayan önemsiz incelemeleri yanında, birtakım yanlışlarla ve aşırılıklarla da karşılaşılmaktadır. Bunun için acil önlemler almaya çağrılmaktadır[93]. Bunlar, özellikle Bérenger'de ve takipçilerinde görülmektedir. Bunlarda Katolik dogmasının etüdünde beşer aklının uzlaştırıcılığını, canlı reaksiyon ve riskle provoke etme riski vardır[94].

Bizzat ilâhiyat XI. yüzyılda birçok büyük felsefi tartışmalara maruz kalmış ve birçok büyük dehaları orta çağda evrensel tartışmalara ayrıştırmıştır[95]. IX. yüzyıldan beri ortaya çıkan problemler, daha çok evrensel mutlak realitenin tasdikiyle çözülmüştür: Kavramlarımızın konuları, meydana gelen tabiat realiteleriyle uyumluydu ve bunlar, cevhersel realitelerdi. Scot Erigène, bunun hararetli taraftarıydı ve sistemi, bütün gerçeklerin bir tek varlıkla karıştırılmasına kadar götürmüştü. Diğer yandan daha az sert olanlar, her cinse ve türe, evrensel bir cevher isnat ediyorlardı. Buna bütün bireyler bağlıydılar. Bu doktrinin basitliği ve Erigène'nin otoritesi, ona ilk favorileri sağlamıştı[96]. Odon de Combra[97] gibi olan bazıları da, birçok dogmaların akli bir açıklamasını orada bulduklarını düşünüyorlardı. Meselâ, özellikle, **"Aslî Günahın"** intikali konusunda olduğu gibi...

Fakat realizm, IX. yüzyıldan beri birtakım muhaliflerle karşılaşmıştır: Meselâ, Raban Maur, (Evrenseller), **Nuda Entelecta**, saf zihinsel yapılar gibi...

---

[92] İbid, p.51.
[93] İbid, p.54.
[94] İbid, p.56. Bu maceraperest diyalektisyenler arasında, Peripatecien denilen Anselme de sayılabilir. Bkz: Dümmler, Anselme le P. Halle, 1872.
[95] M. De Wulfe, Hist. De la Phil. Mèdiavale, Louvain, 1900, p.167-189.
[96] İbid, p.171.
[97] De Peccato Originali (P.L. 160, 1071, 1102, de B. Odon de Combrai (+1113) şöyle düşünmektedir: İlk atalarımızın şahsında, gelecek bütün nesiller günah işlemişlerdir. Çünkü onların cevherleri, Âdem ve Havva'nın cevherinde önceden yaşıyorlardı (Col. 1079). Bu yazar, Orléans'da doğmuştur ve kısa bir süre Tournai'de oturmuştur. O, başka ilginç eserler de bırakmıştır.

Heiric d'Auxerre, X. yüzyılda aynı şeyi düşünüyordu. Fakat Antirealisme'in en parlak temsilcisi Bretonyalı Roscelin (1050-1120)'dir. O, Compiègne piskoposluk üyesidir ve orada başarılı bir eğitim vermiştir. 1092 yılında Soissons'da mahkûm edilmiştir ve eğitim işinden uzaklaştırılmıştır. Daha sonra, Tours'da, Loches'da, Berançon'da yeniden eğitim işine başlamıştır. O, cevherlerin birtakım realiteler olduğunu inkâr etmekte ve onlara birtakım kelimeler adını vermekteydi. İşte sistemine verilen Nominalisme ismi buradan geliyordu. Onun sistemi unsurlarında zaten az uyumlu görünüyordu. Bunun için ılımlı realizmin, onun düşüncesiyle cevap verip vermediği soruluyordu. Her halukarda o, evrensel lafızların veçhesi üzerinde ısrarında haksızdı. Hatta bunu, Kutsal-Teslisin sırrına uygulaması daha da yanlıştı. Gerçekten o, söylendiği gibi Üç Tanrı (Tritheisme) olduğunu öğretmiş midir? İddia edildiğine göre: Hayır. Burada hata düşünceden çok ifadedeydi. O, sadece Allah'ı tasdik ediyordu. Üç uknum, üç ayrı cevherdi. Tıpkı üç melek gibi[98]. Ancak, bu formül kesinlikle kabul edilemezdir ve heretiktir[99].

Bu tehlikeli ve yanlış ilâhiyatın yanında XI. yüzyılda, daha çok Ortodoks olan dogmatik bir başka spekülasyon gelişmiştir[100]. St. Anselme'in oldukça güçlü ve oldukça orijinal olan eseri, dehasının yüksekliği ile onu, aşacaktır. O, orada derece derece zihinleri buna hazırlamaktadır.

C. X. ve XI. Asırlarda Meşhur Olan Kilise Yazarları

Gerbert (935-1003) veya **Sylvestre** II[101] (Papa, 999-1003) Papa olarak XI. yüzyılı açmış ve döneminin en dökkat çekici adamlarından birisi olmuştur. O, bilimsel bilgisiyle, evrensel bir şöhret elde etmiştir. Aurillac kökenli, çok mütevazı bir aileden gelerek, 991 yılından itibaren Reims piskoposlar okulunu idare etmiş ve 998'de Ravenne başpiskoposluğuna atanmış ve müteakip yılda papa olmuştur. O, ilahiyatla asla ilgilenmemiş[102] ve döneminde bilinen bütün Aristotelisyen eserleri şerh etmiştir. Göründüğüne göre, evrensellerin

---

[98] Onun hasımlarına göre özellikle S. Anselme, De Fide Trin, III, de bizzat Abélard'a şöyle yazıyordu: Başka bir şey ise, o zaman bir tür kanalizasyona sahip olsa bile, bir kişi tarafından cevherini de aynı değildir. Her ne kadar bu, belirli bir kullanıma sahip bir kişi tarafından alıştığımızın üç katına neden olsa bile... P.L. 178, 365.
[99] Onun mahkûmiyetinden sonra bile, teorilerini savunduğunu görmek endişe verici bir olaydır.
[100] J. De Ghellinck, Op. Cit. p.56-58.
[101] Hurter, Nomenclator, 1, COl, 939-943.
[102] P.L. 139, 85-287. Nouv éd. A. Olleris, Paris, 1867, Evharistiya konusundaki eserinin mevsukiyeti şüphelidir.

mutlak realizmine doğru meyil göstermiştir. Ahlakla, bütün Hıristiyanların politik bağımlılığının kilise birliğinde olmasını tavsiye etmektedir[103].

Saint Fulbert[104] (966-1028): İtalyan asıllıdır ve Reims'de, Gerbert'in talebesidir. Sonra Chartres'a gelmiştir. Orada talebe olmuştur, sonra da 1007 yılında piskopos olmuştur. Robert le Pieux'nun arkadaşıdır. O, kilise ve devlet işlerinde önemli rol üstlenmiştir. Yazdığı 123 mektup, tarih için çok değerlidir. Onun diğer yazıları (Yahudilere karşıdır), bazıları vaazlarıdır ve şiirleridir. Fulbert, özellikle ilâhiyatçıdır. O, temelde kutsal kitapları, pederleri, kanonistleri ve litürjistleri tavsiye etmektedir. Onun ilâhiyatı skolastik olmaktan çok pozitiftir. O, aynı zamanda filozoftur (Acer Philosophus). Evrensel kavgalarda o, realizme meyyaldır ve talebesi olan Bérenger'in hatalarından sorumlu değildir[105].

Saint Pierre Damien[106] (1007-1072): XI. yüzyılın en güçlü şahsiyetlerindendir. Kilisenin büyük hizmetkârlarından da birisidir. 1046'dan itibaren reformcu papaları desteklemiştir. 1035'den beri keşiştir. 1057'de Ostie'de kardinal-piskopostur. O andan itibaren enerjik şekilde reform için kampanyaya katılmıştır. Artık şimdi, devlet göreviyle buna katılmak zorundadır. O, bu görevde sayısız teşebbüslerde bulunmuş, birçok görevler ifa etmiş ve papalar adına icraatta bulunmuştur. Diğer yandan yazılarıyla[107] kilisede her yerde katı disiplinin devamını sağlamıştır.

Yazılı eserinin en önemli kısmını mektuplar derlemesi teşkil etmektedir (8. Kitap halinde gruplandırılmıştır)[108]. 60 risale dizisi,[109] özellikle Canonik açıdan ve tarih ve ilâhiyat açısından değerlidir. Yine ondan elli kadar vaaz[110] ile birkaç azizler biyografisi kalmıştır. Ayrıca litürjik yazıları, kitabi yazıları ve şiirleri vardır[111].

---

[103] M. De. Wulf, Hist. ph. Méd. I, p.99-100.
[104] A. Clerval, Fulber, Dans Dict. Théol. Col. 964-967; Les écoles de Chartres ou M. A. Paris, 1895, p.30-40.
[105] Bu kitabın 383. sayfasına bakılmalıdır.
[106] G. Bareille, Damien, (S. Pierre), Dans Diet, Théol. Col. 40-54; Dom R. Brion, S. Pierre Damen, Paris, 1928.
[107] P.L. 144-145.
[108] P.L. 144, 205-498.
[109] P.L. 145, 19-858.
[110] P.L. 144, 505-548.
[111] P.L. 144, 925-1032, P.L. 145, 801-968.

St. Pierre Damien, her şeyden önce bir ahlâkçıdır ve zahittir. Onun acımasızca üzerinde durduğu düzensizlik, onu çok meşgul etmektedir ve rahipler sınıfında entelektüel kültürü kayırmayı düşünmektedir. O, çok açık şekilde, ilâhiyatta, diyalektiğe girişe karşı tavır almıştır. O, iman felsefesinden başka bir felsefe kabul etmemektedir. İmanın dışında he şey ona, yersel, hayvansal ve şeytani görünmektedir. Onun için, liberal sanatlar, aptallıktır[112]. Bu tip önlemler, Damien'in özel misyonunu açıklamaktadır. Ancak bunlar, teolojik spekülasyona az elverişlidir. Kardinalın tesir icra ettiği diğer alanlarda o, Doktor ünvanına daha geniş şekilde layıktır[113].

Bx Lanfranc[114] (1005-1089): Pavie asıllıdır. Önce hukuk danışmanı, sonra hukuk profesörü veya Avranches'da edebiyat profesörüdür. 1042 yılına doğru Bec'de keşiştir. Orada, üç yıl sonra duacıdır ve manastır okulu direktörüdür. 1063 yılında, Saint-Etienne'de Caen'de manastır başkanı olmuştur ve kısa zaman sonra da Cantorbéry'ye (1070) Normandie veya Conquérant tarafından Arşevek olarak atanmıştır. Onların üzerinde daima büyük bir tesiri olmuştur. Lafranc'ın şöhreti, Bec okulundan gelmektedir. O, oraya çok sayıda talebe çekmiştir ve St. Anselme onu meşhur etmiştir. Onun yazılı eseri[115], St. Paul'un bütün mektuplarının tefsirini ihtiva etmektedir. Ayrıca, Berenger'e karşı Evharistiya konusunda bir eseri[116], itirafın sırrı konusunda bir risalesi, farklı Monacal reçeteler ve 44 kısa mektubu vardır. Lafranc ilahiyatta eski metodlara bağlıdır ve bu konularda, felsefenin geniş şekilde müdahalesine az elverişlidir. Yine de o, tedbirli diyalektisyenlerin varlığında, Ortodoks spekülasyonu beklerken ve bir St. Anselme güvenliğini veya St. Thomas güvenliğini beklerken o, zamanının en iyi ilâhiyatçılarından birisidir. Geleneğin tanıklarından birisi olarak, sırrın önünde eğilmekte tereddüt etmemektedir.

---

[112] De Sancta Simplicitate, 5; P.L. 45, 861-986.
[113] Papa Léon XII. 1828 yılında bu ünvanı almıştır.
[114] E. Amann, et A. Gaudel, Lafranc, Dans Dict. Théol. Col. 2558-2570.
[115] P.L. 150, 101-516.
[116] Liber de Corpore et Sanguine Domini Adversus Berangarium, P.L. 150, 407-442. Lafranc'ın temel eseri için bkz: Dict. Théol, Col. 2565-2569, cf. ci-dessus, p.384.

İKİNCİ BÖLÜM
SAİNT ANSELME DE CANTORBÉRY[1]

I. HAYATI (1033-1109)

Piéman'da, Lombardlı anne babadan Aoste'da doğmuştur. Anne ve babası asil bir aileye mensupturlar. Anselme, çocukluğundan beri, dağların zirvesinde oturduğuna inandığı Allah'a ulaşmayı hayal ediyordu ve o, dağın tepesi, vadiye hâkim durumdaydı[2]. O, bu güzel projesini, mistik olarak daha sonra gerçekleştirmiştir. Gençliğinin ilk yıllarında kendisini etüde ve dindarlığa vermiştir. Annesinin ölümünden sonra, on beş yaşına doğru kendisini dağıtmıştı. "**Çünkü kalbinin kayığı, demirini kaybederek, asrın dalgaları tarafından sürüklenmişti.**" Eadmer, ondan böyle bahsediyordu[3]. Ancak ızdıraptan ona selamet gelmişti.

Babası Gondulphe, iyi bir Hıristiyandı ve papazlık mesleğinde ölecekti. Çoğu zaman haksız ithamlardan kurtulmak için Anselme, baba evinden kaçıyordu. Fransa'da ve Bourgogne'da üç yıl geçirdikten sonra Normandie'ye gelmişti ve nihayet Bec'e, ünlü Lanfranc tarafından çekilmişti. Lafranc'ın okulunda, keşiş olma fikri belirmişti ve öyle de oldu. Ancak yine de Mec'de kalıp kalmamakta mütereddüti. Çünkü orada etkili bir makam elde edememekten endişe ediyordu. Önemli makam, büyük üstad Lafranc tarafından işgal ediliyordu. Cluny'de onu korkutuyordu. Çünkü orada okumamıştı. Kısa

---

[1] P.L. 158-159 (éd. Gerberon-1675; P. Ragey, Hist. De S. Anselme, Paris, 1890; ch. De Rémusat, S. Anselme de Cantorbéry, Paris, 1853, c.h. De Montalemert, Les Moines d'Occident, t. VII, Paris, 1877, 174-315; A. Möhler, Anselme Erz Bischof Von Canterbury, Tubingue, 1827; Card. D. Aguirre, S. Anselmi Théologide 3. Vol. Salamanque, 1678-1681; J. Bainvel, Anselme de Cantorbéry, dans, Dict. Théol. Col. 1327-1350; Anselme, İbid, Col. 1350-1360; P. Richard, Anselme de Cn. Dict. Hist. Col. 464-485; J. Riviere, Le Dogme de la Rèdemption, p.291-323; A. Von Weddingen, Essai Critique Sur la Philes de S. Anselme, Bruxelles, 1875 (VI), 408; Domet De Virges, S. Anselme, Paris, 1901; M. Filliatre, La Philosophie de S. Anselme, Paris, 1920; A. Koyre, L'İdée de Dieu dans S. Anselme, Paris, 1923; E. Gilson, la Phil bu M. A. 1, p.41-56; M. Grabmann, Die Gesch der Schol. Methode, I, p.258-339; Th. Heitz, Les Rapports Entre la Phil et la foi, p.52-64; Dom A. Wilmart, La Tradition des Prieres de S. Anselme, Dans Revue Bènèd, 1924 (t.36), p.52-71; Revue de Philosophie, Dic. 1909.

[2] Vie, Par Eadmer, 2; P.L. 158, 50-51.

[3] İbid, 4. Col. 52.

zaman sonra inayet, bu yaşlı adamın bu kalıntılarında muzaffer olmuştu. O, Bec'de keşiş olmuştu. "Benim istirahatim orada olacaktı" diyor. Orada Allah'la baş başa olacağım. Onun aşkı, benim murakabemdir. Mutluluğum ve sürekli hatıra benim tesellim olacaktır ve beni doyuracaktır." Nihai kararı vermeden önce, Roven piskoposuna danışmaya gitmiştir. Son kitabında Bairvel buna incelikle şöyle işarette bulunmaktadır: **Görülüyor ki bu ideal ve duygusal ilkel adam, pratik olmayı ve düşünen adam olmayı biliyordu[4].**

1060 yılında Anselme, Bec'e yerleşmişti. Onun o zaman yaşı yirmi yediydi. Üç yıl sonra, Lanfranc "Saint-Etienne'de Caen"i kuracaktı. O, orada manastır duacısı olmuştu ve manastır başkanının sağ koluydu. Zaten 1078 yılında da bizzat başkan o, olmuştu. O, bu görevi 1093 yılında Cantorbéry'ye tayin edileceği zamana kadar devam ettirmişti. Böylece Anselme, Bec'de otuz yıldan fazla kalmıştı. Ancak bu yıllar, onun en verimli yıllarıydı. Bu dönemde ibadet ve semavi ilimlerin etüdü, onun bütün zamanını işgal ediyordu, dua ve okul görevleriyle pek meşgul olamıyordu. Aslında onun bu görevindeki şöhreti, çok uzaklara kadar da gitmişti ve Bec'e, elit bir gençliğin gelmesini sağlamıştı. Çünkü o, orada emsalsiz bir eğitimci ve parlak bir profesördü. Onun yumuşaklığı, büyük bir faziletiydi ve cazibeli gücünün sırrını icra ediyordu.

Bu dönemdeki yazılarının içinde[5], dört yüze yakın mektubunun büyük bir kısmı (130), bu dönemin tarihini taşımaktadır. Bu mektuplar bize, duacıyı veya dogmatik ilâhiyattaki problemlerde derinleşen manastır başkanını göstermektedir. Bu hem ahlak, hem de hukuk alanı için geçerlidir. Yine keşişleri için küçük reçeteleri de vardır. Bütün bu eserler, bize onun gerçek bir ilâhiyatçı olduğunu göstermektedir. Burada bir tek istisna vardır: Bu da saf felsefi bir eserdir[6]. Diğer diyalog risaleleri, ilâhiyat konularını işlemektedir[7].

Anselme'in piskopos olmadan önceki şaheseri, MONOLOGİON ve PROSLOGİON'dur. Bir gün Tanrısal cevher veya ona bağlı konular üzerinde konuşurken keşişler ondan bu meditasyonu yazmasını istemişlerdi. O da; onlar için Monologion'u kompoze etmişti. Genelde bu, vecdle derlenen bir

---

[4] J. Bainvel, Op. Cit. Col. 1328.
[5] Bu kitabın ileri sayfalarına bakınız.
[6] De Grammatico.
[7] De Veritate, De Libero Arbitrio, De Casu Diaboli.

kitaptı. Bununla beraber, Lanfranc bunu asla tadmamıştır. "**Bu, iman sahasında aklın atılgan akımıdır**" ki onu, korkutmaktadır. Anselme, aksine onu, karıştırmaktan ziyade eserini, bir dizi delillerle tamamlamaya çalışmıştır ki bu deliller, Monologue'u bir tek delille kompoze etmektedir. O, bir delille, Allah'ın, yüce hâkim olduğunu ortaya koymaktadır. O, bir dua olan ve bir etüd olan Proslogion'da da bunu yapmaktadır. Allah'ın varlığının a priori delili, eserin en belirgin noktasını teşkil etmektedir. Gerçekten bu kısmen, Marmoutier keşişi olan Gaunilon tarafından alınmıştır. Fakat Anselme, pozisyonlarını devam ettirmekte ve yeniden gerçek varlıktaki fikrin Allah söz konusu olduğunda gerekli olduğunu tasdik etmektedir. Şüphesiz problem sorular, yüzyıllardır insanlığı meşgul etmekte ve çok büyük zihinleri bölmektedir[8].

Anselme'in bir diğer polemiği, Roscelin'le olan polemiğidir. Anselme, "De Fide Trinitatis" isimli eserinde onu reddetmiştir. Anselme bu eseri, Bec'de yazmaya başlamıştı. 1092'de Roscelin'in boyun eğmesiyle ara verilmiştir. Daha sonra, Roscelin'in hatalarını tekrar etmesiyle Anselme, Cantorbéry piskoposu olarak eserini tamamlamıştır.

1093 yılında Anselme, Cantorbéry Arşevekliğine atanmıştır. Ancak Guillaume II Le Roux (1087-1100) bu seçimden hoşnut olmamıştır. Lafranc'ın ölümünden dört yıl sonra, o, ciddi bir hastalığa yakalanmıştı. Sağlığına zor kavuşan Guillaume, nedamet duymuştu. Çünkü Anselme, iktidarını laiklere karşı diretiyordu. Onları, Gregoire VII. destekliyordu. Fakat Anselme, şiddetle hükümdarın iddialarına muhalefet ediyordu. Hiçbir şey ona boyun eğdirememişti. Yani ne konsiller ne de piskoposların ona isyanları çare olmamıştı. 1097 yılında Anselme, akıllıca çekilmeye karar vermişti. O, İtalya'da ve Gaul'da uygun bir vakti beklemiş, Bari konsilinde (1099) genel reformu aktif hale getirmişti[9]. Bu gerilimler, onun ruhundaki sükûneti bulandırmamıştı ve hararetli incelemelerini de bırakmamıştır. 1100 yılına doğru Cluny'ye geçmişti, semavi mutluluk üzerine bir konferans vermişti. Keşişlerle ilgili birçok redaksiyon kalmıştı[10]. İncarnation üzerindeki motifler konusundaki büyük

---

8 Bu kitabın ileri sayfalarına bakılmalıdır.
9 Richard, Op. Cit. Col. 470-473.
10 Bu kitabın ileriki bölümlerine bakılmalıdır.

eseri olan Cur Deus Homo'yu İtalya'da tamamlamış ve Lyon'da bir başka eseri olan "Mesihin Doğumu ve Asli Günah" isimli eserini tamamlamıştır. Yine o, Bari'de, Greklerin teslis teorilerini reddetmiştir. Onun bu eseri Kutsal-Ruhun çıkışı üzerinedir[11].

İngiltere'de Henri Beauclerc (1100-1131) tarafından Guillaume'un ölümünden itibaren hatırlatılmış ve o, lâik onur belgesiyle ilgili yeni kralla bazı iddialarda karşılaşmıştır. O, mukavemet etmiş 1103'de Roma'ya yeni bir sürgüne maruz kalmıştır. 1106 yılında, üç yıl sonra döndüğünde Roma'da Arşevek'e imparator tatmin duygusu vermişti[12].

Barış kesinleşmişti. St. Anselme, mesleğinin zirvesine ulaşmıştı. Hayatının sonuna kadar zihni tefekkürle meşgul olmuştu[13]. Ölüm döşeğinde okuduğu tek nedamet, ruhun kökeni problemine erişememiş olmasıydı. O, 21 Nisan 1109 tarihinde, 76 yaşında vefat etmiştir.

St. Anselme, kilise tarihinin bize takdim ettiği en sempatik figürlerinden birisidir. O, bu açıdan birtakım avantajlara uygun geliyordu. **"Herkes beni sevmişti ve tanımıştı. Bu beni samimi olarak tanımaları için avantajdı."**[14] Onun cazip olan iyiliğiydi. Yani güçlü spekülatif yönü değildi, onun iletişimi bunu ispat ediyordu. Guillaume II, dahada sertleşmişti. Zamanının dini savaşları onun hükümdarlığını karıştırıyordu. Bu eserleri okuyanlar, Protestan olsun bir düşünür olsun, bugün hâlâ onun cazibe gücüyle karşılaşmaktadır. Bainvel[15] şunu not etmektedir: Sanatkârların ve yazarların nadir yeteneklerindeki sıfat, okurla sade sevimli bir kelimeyle, başta olsun veya çalışmasının sonunda olsun, okurla özenle ilişki kurmasıdır[16]. "Onun eserlerinin her yerinde bize, sevimli, ciddi, açık, şefkat ve güzellik dolu, büyük bir düşünürün, mistiğin ve azizin ruhu görünmektedir, diyor, bir başka yazar. İşte bu tatlılık, Anselme'i, kilise hukukunu saldırı görüldüğünde, kilise hukukunu savunmak için onu asla engelleyememiştir. İşte o bu örnekle vaaz etmektedir. O, bugün dikkat çeken bir doktordur. Onun yazılı eseri ilk sıradadır.

---

[11] Bu kitabin ileriki sayfalarına bakılmalıdır.
[12] Richard, İbid, 473-476.
[13] Onun eseri olan De Concordia, son günlerinin temsil etmektedir.
[14] Epist, III, 7.
[15] Op. Cit. Col. 1341-1342.
[16] Koyré, Op. Cit. P.5.

II. ESERLERİ

St. Anselme, aynı zamanda mükemmel bir monografi adamıdır. Her ne kadar o, ilâhiyatın bütünü üzerinde bir Somme yazmamış da olsa, kendisini doktrinel problemlere adamış, bir dizi inceleme yapmış, kısa ve hayret verici derinlikteki birçok çalışması, ilâhiyat tarihinde çok önemli bir tarihi belirtmektedir. O, dini felsefeyi, Allah'ı, Teslisi, Mesihi ve onun eserini işlemektedir. Bütün bunlara, farklı risalelerini ve hacimli mektuplarını da ilave edebiliriz.

A. Hıristiyan Felsefesi

1. **De Grammatico**[17]: Önce görüldüğü gibi bu eser, basit bir mantıki egzersiz değildir: Aristocu kategorilerin incelemesine bir giriştir (Çünkü Anselme, Aristo ile haşir neşirdir). Yani diyalektiğe ve ilahiyata bir giriştir.

2. **De Veritate**[18]: Diyalog kitabıdır. Müphemliklerine rağmen, önemli ve değerlidir. O, bu eserde Allah'ın yüce realite olduğunu gösterdikten sonra, mantıki realiteyi (Ventos Ementiationis), ahlaki realiteden (Rectitude Voluntatis veya Veritas Actionis) ve ayrıca Ontolojik realiteden (Veritas Essentiae Rerum) ayırmaktadır. Genelde hakikat, şöyle tarif edilmiştir: **Aklın kabul ettiği doğruluk ve adalete dayanan şey veya adalet için muhafaza edilen irade doğruluğu**[19]. Yaratıklarda kısmi hakikatler mevcuttur. Yine mutlak bir hakikat da mevcuttur. Bir doğruluk, bir adalet vardır. Bu Allah'tır."[20]

3. **De Libero Arbitrio**[21]: Bu eser, özellikle ahlakla ilgili hürriyeti işlemektedir. Kullandığı mefhumun içine, kötülüğü dâhil etmeden Anselme, bunu şöyle tarif etmektedir: "**İradenin doğruluğunu, bizzat bu doğruluk için muhafaza etme gücü.**" Sonunda o, iradeyi, Allah'a, meleklere ve nihayet insanlara mevcut halde, masum haldeki gibi göstermektedir. Böylece onlar, kötülüğe temayül etmekteler veya onu yenerek zafere ulaşmaktadırlar. Konu, büyük bir nüfuzla işlenmiştir. Bununla beraber, yazar, hürriyeti, iradeden ayırmamaktadır. Öyle ki modern ilahiyatçılar, Baius'un ve Luther'in hatalarına

---

[17] P.L. 158, 561-582.
[18] P.L. 158, 467-486.
[19] P.L. 158, 480, 484.
[20] Saint Thomas, St. Anselme'den yararlanmıştır. Onu, tamamlamıştır. Hakikat mefhumunu en iyi şekilde belirtmiştir. Der Ventate, q.1, Somme Théol, 1, q.XVI.
[21] P.L. 158, 489-506.

karşı dikkatli olmak zorunda kalmışlardır. Çünkü bunlar, haksız yere St. Anselme'ye dayanarak iki mefhumu karıştırmışlardır.

B. Allah Konusundaki Eserleri

1. **Monologien**[22]: 79 bölümlük, rasyonel bir Hıristiyan doktrinidir. Bu eserin (1-29) bölümü, ilâhi tabiat üzerindedir. 30-76 bölümleri, Teslis üzerinedir. Yazar, önce Allah'ın varlığını ispat etmektedir. Allah; yüce kudret, yüce sebep, mükemmel cevherdir (1 ve 4. böl.). O, Allah'ın dışındaki bütün varlıkların **per illum** ve **ex nihilo** olduğunu göstermektedir. Allah ise, ebedidir ve herşeyin sebebidir (5-11. böl.). O, daha sonra bu yüce cevherin (summa substantia) mükemmelliğini açıklamaktadır. O, onu ya bizzat müşahade etmektedir veya başka varlıklarla ilişkilerini müşahede etmektedir (11-29. bölüm). Teslis Dogmasını ele alarak, **kelâm** ilahiyatını geliştirmektedir. Kelâm, yaratıcı sözdür. Fakat özellikle, Kutsal-Ruhun Ebedi Sözü (Kelamdır)'dür (30-48. bölüm). Kutsal-Ruh, Babadan ve Kelam'dan (Kelime=Logos) aşk yoluyla çıkmıştır (49-58). Sonuçta üç uknumun hepsi (59-76), muhteşem şekilde insanı nasıl tanıdığını ve nasıl bu üç uknumu sevdiğini öğretmektedir. 77-79 bölümlerde şu sonuca varılmaktadır: Canlı bir imana inanmak gerekir. Yani merhametle canlanmış bir imana. Bu üç uknumada inanmak gerekir. Bunlar, yüce cevherdirler. O, Allah'tır. "**Saf iyiliktir, saf ruhtur ve her yerde hâkimdir ve hazırdır.**" Monologue, Allah konusunda yazılan en makul eserlerden birisidir.

2. **Proslogion**[23]: Bu eser, Monologdan daha meşhurdur. Alloquium, onu tamamlamaktadır. O, alt başlık olarak "Fides quarens intellectum"dur. Bu formül, bütün skolastikin dövizi olmuştur ve bizi eserin hedefi konusunda aydınlatmaktadır. Kısa bir girişle, Anselmè, Allah'ın var olduğunu ve onun ne olduğunu göstermek için bizzat yeterli bir delil bulduğunu ve monologun uzun ispatlarının yerine geçtiğini göstermektedir. O, bir müminin dudakları üzerine onu koymaktadır ki o, onun zihnini, Allah'ı müşahedeye yükseltmeye çalışmakta ve inandığını anlamaya yöneltmektedir. Gerçekten eser, parlak ve uzun bir dua ile başlamaktadır. Eserde yazar, inandığını anlamak için tabiatüstü bir aydınlık talep etmektedir (1. böl.). 2. ve 3. bölümlerde

---

[22] P.L. 158, 141-224.
[23] P.L. 158, 223-242.

yazar, Allah'ın a priori delilini vermektedir. Eserin kalan kısmında (4-26. bölüm) ilâhi sıfatların muhteşem bir sentezini takdim etmektedir.

Filozofik görüş açısından ne düşünülürse düşünülsün, iki ve üçüncü bölümler, eserin tamamının büyük bir seviyede olduğunu göstermekte ve onun mistik ve teolojik değerini muhafaza etmektedir. Kısaca, Allah'a güzel bir yükselmeyi göstermekte ve tefekkürü bir aracılık yapmaktadır. Yazar da bunu itiraf etmektedir. İman ışığının atılımı, bu sayfaları canlandıran merhametin saflığı, gösteriyor ki yazar, onları yazarken çok parlak ve çok gerçek bir Allah fikrine sahiptir. Bu parlak Allah fikri, merhameti olgunlaştıran ve tamamlanmış hikmetin meyvesidir[24]. Hakikatte eserin ruhu, murakabeye yükseltmeye elverişlidir ve bunu hissettirmektedir. Allah'ı pratik olarak anlatmaktadır. Deliye, Allah'ın varlığını ispat etmek için ileri sürülen delil (2-3. bölüm) burada yeterli görülmemektedir[25]. Bu nokta üzerinde yazara, birkaç illüzyon yapılmış gibi görünüyor. Şüphesiz, Anselme'in sahip olduğu Allah fikri, sadece spiritüel değil; aynı zamanda realisttir. Çünkü o, bir mistiktir. O, andan itibaren Anselme'in, delilinde bir tarz gerçekleştirmeye gittiği görülmektedir. Yani ideal düzeyden, gerçek düzeye geçmektedir. Onun mistisizmi, ispatın evrensel diyalektik değerini tasdikten uzak olarak onu, daha da şüpheli hale sokmaktadır. Mistiklerde, Allah fikrinin realizmi, muhtevadan daha çok ona tecrübe ettirdiği hikmet yeteneğinden gelmektedir. Fakat proslogion delilini ikna edebilmesi, kesin değildir. Gaunilon gibi akılcı müminibile. Aksine, Anselme gibi bir mütefekkir, bir inananı, ateist deliden hareketle ikna etmektedir[26]. Çünkü o, deliyi, varlık realitesini daha iyi tasarlayacak bir hale getirmektedir. Böylece o, daha büyük tasarlanacaktır. Bu noktada eserin çok büyük bir değeri vardır. Muhtemelen yazarın eserinden ve savunmasından keşiş Gaunilon'un etkili ve mahir ataklarına karşı beyanatlarına rağmen, belki de bilinçsiz belli başlı meyve burada bulunmaktadır.

3. **De Concordia**[27]: Bu eser, St. Anselme'in son eseridir[28]. O, bu eserde felsefenin ve ilâhiyatın en zor konularını incelemektedir. Hür irademizle, ilâhi ön iradenin uyumu, kader konusu ve inayet konusunu işlemektedir. O, bu

---

[24] Bkz: I, p.22.
[25] Bu kitabın ileriki sayfalarına bakılmalıdır.
[26] 2 ve 3. bölümlere bakılsın.
[27] P.L. 158, 507-542.
[28] O, bu eserde Allah'ın inayetini anlayabildiği için mutlu olduğunu beyan etmektedir.

kitapta metodik olarak ve açıklıkla St. Augustin'in gerçek talebesi olarak, Allah'ın bağımsızlığının ve yüce hukukunun bağımsızlığı ile meşgul olmaktadır. Ancak bunu, onu karakterleştiren ılımlılıkla yapmaktadır.

C. Teslis Konusundaki Eserleri

1. **De Fide Trinité**[29]: Bu eseri Anselme, Roscelin'e karşı bir tartışma eseri olarak hazırlamıştır. Anselme bu eserde önce, imanı, akla bağımlı kılan saçmalığı göstermiştir. Bu daha çok gereken bir tavırdır: Gerçek ilâhiyatçılar, tevazuen Kutsal Kitap'ın verilerine dayanmak zorundadırlar (1-2. bölüm). Daha sonra, güçlükleri çözerek yenilikçiyi reddetmekte ve Tabiat (Nature) ve Uknum (personne) mefhumlarını özenle, Mutlak (Absolu) olanı, vazıh olandan ayırmaktadır. Eserin başlığına rağmen, zimnen enkarnasyonu işlemektedir[30].

2. **De Processione Spiritus Sancti Contra Graecos**[31]: Latinlerin, Greklerin ithamlarını reddine karşı tahsis edilen ilk hacimli eserlerden birisidir. Bu ithamları, Grekler XI. yüzyıldan beri sık sık tekrar etmektedirler[32]. Anselme'in ispatı, oldukça serttir. Teslis konusunda genel bilgilerden sonra (1-3. böl.) o, Kutsal-Ruhun sadece babadan değil, oğuldan da sudur ettiğini göstermekte (4-7. böl.) ve Kutsal Kitap üzerinde (8-12. böl.) ısrar etmekte ve sonra da muhtelif itirazlara cevap vermektedir. Bu cevaplar, bizzat doktrin üzerinde olduğu kadar (13-21. bölüm) Filioque (oğulun da ilavesi)'un iman sembolüne ilavesini de içine almaktadır (22. böl.). Son bölümler (23-29.), delillerin bir sentezini ve bir deliller topluluğunu vermektedir. Burada not edelim ki St. Anselme, formüllere karşı bir şeyler söylemektedir. Bu formüller, Kutsal-Ruh'un prensip olarak Baba'dan sudur ettiğini veya oğul aracılığıyla Babadan (15-16. bölüm) sudur ettiğini beyan etmektedir. Bu formüller, gerçekte kapalı anlamdadırlar ve fakat anlaşılmaktadırlar[33].

D. Kötülük ve Kurtuluş Konusundaki Eserleri

1. **De Casu Diaboli**[34]: Bu eser, özellikle De Libero Arbitrio ve De Concordia isimli eseri tamamlamaktadır. Hayretâmiz bir derinlikle, St. Anselme

---

[29] P.L. 158, 259-284.
[30] De Fide Trinitatis et de İncarnatione Verbi.
[31] P.L. 158, 285-326.
[32] Bu kitabın önceki bölümüne bakılmalıdır.
[33] Bu kitabın önceki sayfalarına bakılmalıdır.
[34] P.L. 158, 325-360.

orada, düşmüş melekler konusunu ve kötülük ve iyiliğin kökenini açıklamaktadır. Onun bu konudaki işaretlerinin birçoğu, insana olduğu kadar meleklere de uygulanmaktadır. Bu eserin oldukça telkin karakteri, işte buradan gelmektedir. Bu eser, Anselme'in gerçek bir şaheseri olan "Cur Deus Homo"ya bir girişi teşkil etmektedir.

2. **Cur Deus Homo**[35]: Kurtuluşla/kefaretle ilgili ilk eserdir. O, bu konuda hayret verici bir vukufiyetle, bu konudaki klâsik ilahiyat doktrinini hafif bir düzeltmeyle açıklamaktadır[36]. Bu eser, Anselme'in talebesi olan Boson'la diyalog şeklinde takdim edilmektedir. Bu eser iki kitaptan oluşmaktadır:

Birinci kitap; bizzat yazarın dediğine göre, Hıristiyanlığın kurtuluş dogmasını açıklamaktadır. Bu kitap, tamamen makuldür ve gerekli nedenlerle, insanın kendi kendisini kurtarmasının imkânsız olduğunu ispat etmektedir. O, bu konuyu üç kısma ayırmaktadır: Konuya girdikten sonra, orada imanın gereği bu sırrın anlaşılması için (1-2. bölüm) hatırlatılmaktadır. Yazar, cari olan kurtuluşla ilgili itirazlara cevap vermektedir (3-10. böl.). Bir meleğin bizi kurtaramayacağını göstermektedir (5. böl.). Şeytanın da beşeriyet üzerinde hakkı yoktur (7. böl.). Nihayet o, günah konusunda tatmininin gereğini uzunca anlatmaktadır (11-19. böl.). Günahı, cezasız bırakmak ise bir düzensizlik doğuracaktır. Böyle bir durum doğru ile günahkârı aynı seviyeye koyacaktı. Allah, kendisine layık olan onuru (12-13) ve onun eskimeyen hukuku, cezayı gerekli kılmaktadır (14-15). Diğer yandan ilahi plan muhafaza edilmelidir (16-18) ve semaya asla hiçbir pislik girmemelidir ve tatmin olmak gereklidir (29). Fakat bu tatmini elde etmede insan güçsüzdür (c.20-25). Çünkü her saygı, Allah'adır[37] (20). Günah tarafından yapılan taarruz sonsuz bir ağırlığa sahiptir ve insanın onarılması da onu eşit hale getirememektedir[38] (21). Üstelik insan, fethinde şeytanı kökten yok edememektedir (22) ve Allah'a layık olan tebcili yerine getirememektedir (23). Saf affa gelince, Allah tarafından ve insani yönden o, imkânsızdır (24). Selamet, sadece güçlerine teslim olmuş insanlık için imkânsızdır. Onu sadece Allah kurtarabilir: İşte gelecek kitabın konusu budur.

---

[35] P.L. 158, 359-432. Trad. Fr. Par Josson (Charleroi, 1873). Analyse Dans J. Rivière, Le Dogme de la Rédemption, p.292-303.
[36] J. Rivière, Op. Cit. P.291.
[37] Bkz: Rivière, Op. Cit. P.298.
[38] Yazar burada tamamen tövbeyi ve Allah'ın verdiği kısmi tatmini tamamen ihmal etmektedir.

İkinci Kitap, bu tezin pozitif kısmını takdim etmekte ve insanın bedeninin ve ruhunun ölümsüz güzelliklerinden yararlanarak bu hedefe ulaşacağını ispat etmektedir. Yazar bunu kitabın önsözünde bizzat söylemektedir: O, İnsan-Tanrı tarafından kurtarılmalıdır. İnsan-Tanrı tarafından tatminin zarureti tezi özellikle, 4-9. bölümlerde açıklanmıştır. Allah bizi sadece samimi bir fazileti gereğiyle değil ve sabit olan iradenin faziletiyle kurtaracaktır. O, insanı yaratarak hedefine sevk etmiştir (4-5). Diğer yandan selamet, tam bir tatmin gerektirmektedir: Tanrı-İnsan, onun sağlaması için o gereklidir (6). Bu kurtarıcı, mükemmel Tanrı, mükemmel insan olmalıdır (7). İnsanın Âdem ırkından olması ve bir bakireden doğması (8) ebedi kelâm olması gerekir (9). İşte Mesih, bizim için buna layık oldu. O, bizzat adaletini elinde tutmaktadır (10). O, isteyerek ölmüştür (11, 17-19). Bunu da Allah'ı memnun ederek bize örnek olsun diye yapmıştır (11-13). Onun etkinliği evrenseldir (14-16). Bizler, Mesihin kardeşleriyiz ve kurtuluşa iştirak etmekteyiz (20). Şeytanlar, hariçte kalmışlardır.

Kısmi zayıflığa rağmen,[39] Cur Deus Homo, Hıristiyan düşüncesine en iyi sahip olan eserlerden birisidir. Bu eser, hem orijinalliği yönünden hem de etkili olması yönünden St. Anselme'ye, Kilise Babalarının yanında çok büyük bir mevki sağlamıştır. Bu eser, bugün de, kavramların gücü ve icra gücü yönünden varlığını korumaktadır. Yine bu eser, bize, kurtuluşun sırrı konusunda en güçlü şekilde Hıristiyan edebiyatını takdim etmektedir[40].

3. De Conceptu Virginali et Originali Peccato[41]: Bu eser, Cur Deus Homo'da işlenen eksik konuları yeniden ele almaktadır. Anselme, bu kitapta, Mesihin bir bakireden doğduğunu ve asli günaha sahip olmadığını açıklamaktadır (1, 11, 18). O, burada asli günahın orijinalini ve onun geçiş tarzını ortaya koymaktadır. Tabii ki asli günahın ve lekesiz hamileliğin kimliğini tam olarak açıklamaksızın bunu yapmıştır[42]. O, döneminin bütün ilahiyatçılarıyla birlikte, genel olarak ırsi günahın normal intikal şartını kabul etmektedir. O, andan itibaren **Mesih,** bir bakireden doğmuş, örnek olmuş, Meryem ona, kurtarıcının doğumu anında sahip olmuştur. O, muhteşem bir şekilde Baba Allah için ve onun oğlu için, Allah Annesi olmuştur[43].

---

[39] Bu eserin ileriki sayfalarına bakılmalıdır.
[40] J. Rivière, Op. Cit, p.291.
[41] P.L. 158, 431-464.
[42] De Conceptu, 4. cilt, Col. 437. De Concordia, 8, Col. 530.
[43] De Conceptu, p.407.

E. Başka Muhtelif Yazılar

Anselme'in geri kalan eserleri, yeni bir eleştirel etüde ihtiyaç duymaktadır.

1. **Opuscules:** Onun birçok risalesi vardır. Bunlar, felsefeyi ve ilahiyatı işlemektedirler. Bunlar şunlardır: De Voluntate, De Azymo et Fermentato, De Sacramentorum Diversitate[44], De Malo et De Corpore et Sanguine Christi[45], Offen Oliculum Sacerdotum, De Nuptiis Consangeuneorum, Admonitio Morienti[46], Jidicium de Stabilitate Monachi[47], De Beatitudine Caelestis Patriae, De Similitudinibus[48], De Pace et Concordia[49]. Anselme'in diğer zahitlikle ilgili risalelerinin mevsukiyeti şüphelidir[50].

2. **Homolies**[51]: Anselme'in ismiyle on altı adet Homelies yayımlanmıştır. Sadece dokuzu kesindir. Diğerleri şüphelidir.

3. **Méditation**[52]: Bu eserleri Anselme, farklı dönemlerde yazmıştır. Bunlardan 21.'i, onun ismini taşımaktadır. Ancak sadece üçü (2, 11, 3) yazmalara göre ona ait görünmektedir. Diğerleri, farklı kalemlerle yazılmışlar ve daha sonra tek koleksiyonda gruplandırılmışlardır. P. Bainvel'e göre[53] "fikirlerin ve duyguların, yükselen dalgaya, Anselme tarzında itilmesi ve spekülatif aktiviteye ve etkili duaya yönlendirilmesi orada görülmektedir."[54]

4. **Prières (Orationes)** [55]: Aktüel derlemede 75 adet dua tespit edilmiştir. Sadece bunlardan yirmi kadarı S. Anselme'ye ait bulunmaktadır[56]. Bu konuda yapılan bütün tenkitler, onların düşünce ve duygu yüksekliğini beğenmektedirler. 40, 61. parçalar reddedilmelidirler. Kutsal Doktora atfedilen şiirler, muhtemelen mevsuk değillerdir. Yine güzel bir orta çağ derlemesi olan Mariale[57] da mevsuk değildir.

---

[44] P.L. 158, 487-490; 541-548; 551-555.
[45] Mektupları arasında: 11, 8; IV, 107.
[46] P.L. 158, 555-556; 557-560; 685-688.
[47] P.L. 159, 333-335.
[48] P.L. 159, 587-606; 605 708.
[49] P.L. 158, 1015-1021.
[50] P.L. 158.
[51] P.L. 158, 585-674.
[52] P.L. 158, 709-820.
[53] J. Bainvel, Op. Cit. Col. 1333.
[54] Birçok Anselme'e ait Mediation, S. Augustin'e atfedilmiştir.
[55] P.L. 158, 855-1016. Bkz. Dom Wilmart, İbid.
[56] Bunlar, 9, 20, 23, 24, 34, 41, 51, 52, 63, 64, 65, 67, 68, 69, 71, 72, 74, 75'dir. Bkz: Dom Wilmart, İbid.
[57] Ragas tarafından yeniden yayımlanmıştır ve bu eserin mevsukiyeti savunulmuştur.

5. Lettres: Anselme'in haberleşmelerinin sayısı 447'dir. Bunlar, dört kitaba ayrılmışlardır[58].

Bu mektuplar, sadece tarihi olarak değil, doktrinel olarak da oldukça önemlidir. Bunlardan bazıları, gerçek anlamda bir ilahiyat risalesidirler. Bunların birçoğu, zahidane davetiyeleri ve yönetim nasihatlerini ihtiva etmektedir. Hepsi, meşhur doktorda mükemmel bir şekilde görülmektedir. Yine de onun üstün ve evrensel ilmi kadar dikkat çekici değildirler.

III. DOKTOR VE DOKTRİN

A. Doktor[59]

St. Anselme, orta çağın ilk gerçek Hıristiyan düşünürüdür. O, yeni düşünce yolları açmıştır. Fakat onun cesareti bir gözü peklik değildir. Çünkü hiçbir ilahiyatçı, patristik geleneğe ondan daha fazla bağlı değildir. O, bu gelenekten daima özenle ilham almaya çalışmıştır. Onun sahip olduğu güç, Hıristiyani anlamla artmıştır ve emin şekilde sahip olduğu teolojik anlam, alışık olduğu murakabesinin mistik ruhunu canlandırmıştı[60]. Bu espri ile çok sayıdaki doktrinleriyle St. Anselme, Augustinci okula bağlıdır ve onun en mükemmel temsilcilerinden birisidir[61].

Bérenger'in veya Roscelin'in bilinçli veya bilinçsiz akılcılığından ve tasvibinden, aklın gerekli iddialarına göre iman sahasının daraltılmasından uzak olarak o, önce net bir şekilde vahiy edilmiş temeli ortaya koymaktadır. Sonra, onun üzerinde akıl yükselmektedir. Nihayet sanatlarına çok güvenen diyalektikçilerin aksine o, inananın, imanını canlandırmasını istemektedir[62]. Teslis konusundaki esere göre, yaşanmış, itaat edilmiş, tecrübe edilmiş, iman, Hıristiyan düşünüre "manevi kanatlar" verecektir. Çünkü yükselmek için ona ihtiyacı vardır. Kalbi, iman, temizlemektedir. Kurallara riayet ruhları aydınlatmaktadır. Tevazu ile itaat, bizi küçültmekte ve hikmeti almaya yeteneklı kılmaktadır. Ruha göre yaşamalı ve spritüal gerçekleri anlamak için, spritüal gerçekleri anlamak için spritüal olmak gerekir. Anselme, tamamen Augustinci olan bu doktrini şu formülle yoğunlaştırmaktadır: **"Kim inanmazsa, akıllı değildir. İnanmayan tecrübeli de değildir. Tecrübeli olmayan**

---

[58] P.L. 158, 1059-1208; 159, 9-272.
[59] J. Baiinvel, Op. Cit. Col. 1343-1344.
[60] I. cildin başlarına bakılmalıdır.
[61] I. cilde bakılmalıdır.
[62] Bkz: De Fide Trinitatis, Col. 263-265.

akıllı da değildir." Bunlar, büyük mistik inayetlerdir. Biliyoruz ki bu mistik inayetler, Hıristiyan hayatını, tabiatüstü tecrübelere kadar taşımaktadır. Bunlarda, onun işlediği konu üzerinde birtakım aydınlıklarla beraber bulunmaktadır. Böylece burada bütün muhteva, bu yoruma bağlı bulunuyor[63]. Cur Deus Homa isimli eserin başında Anselme, akıl ve murakabe kelimelerini ortak etmektedir[64]. O, başkalarının istediğini uygulamaktadır. Proslogion, çok mükemmel bir örnektir. Bizzat bu eserin karakteri, yazarın sadece hararetle Allah'ı aramadığını göstermektedir. Çünkü zaten onun ruhu, Allah'ı bulmuş ve onda rahatlamıştır. O, merhametle ve hikmetle ondan onu yararlandırmaktadır.

Anselme ilhiyatının bu mistik temeli, aklın atılımına engelden uzaktır. Aksine onu, takviye etmektedir. Anselme, sırların veya vahyedilmiş gerçeklerin makuliyetini hararetle aramaktadır. Onun eseri buna şahittir ve daima da şahit olmaktadır. O, vahyedilmiş hakikatlerin içine nüfuzû istemektedir. O, onların son esrarını çözüp yakalayamasa da, en azından onu yakalamayı denemektedir ve onun pozisyonu ona ulaşmaya imkân vermektedir. Aslında Anselme, aklına aşırı güven beslemektedir. O, onda tabiatüstülük görmekte ve imanın spritüal kanatlarıyla desteklendiğini düşünmektedir. Onun sınırları ona net olarak belirgin değildir. Üstelik Allah'ın varlığı konusundaki o priori delilde de ve bedenleşmenin sebeplerinin açıklanmasında da ve belli bir noktaya kadar Teslis konusunda da aynı şey söz konusu olmaktadır[65]. Onun zamanında kullanılan bir formüle göre, sırların gerekli sebeplerini o, aramakta ve çağdaşlarının bu endişelerine onları daha mütevazı parçalara indirerek daha kaygılı cevaplar vermektedir. Zaten onun getirdiği sebepler, çok yüksek düzeydedir ve Allah tarafından telakki edilmişlerdir. Yine Anselme, mükemmel bir Dogma metafizikçisidir[66]. Anselme ile o, metafizik, ilahiyata yerleşmiştir. Artık o, oradan çıkmayacaktır. Özellikle St. Thomas'dan Sonra, Cantorbéry Arşevekinin eseri, muhteşem bir şekilde Somme théologique'le bütünleşecektir.

---

[63] Ahlaki şartlar, kullanılan terim için tabiatüstü bir aydınlamaya sahiptir. Bu da imanı olgunlaştırmaktadır. Buna göre burada hiçbir tabii irade yoktur.
[64] Op. Cit. 1, c.1. Burada murakabe kelimesini, mistik anlamda kullanmak gerekmektedir.
[65] Bkz: T.H. Heitz, Les Rapports de la Raison et de la Foi, Paris, 1919, p.589; J. Bainel, Op. Cit. 1545-1546.
[66] J. De Ghellinck, Le Mouv. Théol. au XII, s, p.59-60.

St. Anselme, muhteşem metafizik yeteneklerine, diyalektik yeteneklerini ilave ediyordu ve onun eseri, bunun izlerini taşıyordu. Şayet onun delilleri, St. Thomas'dan daha serbest ve bağımsız da olsa, Bainel'in dediğine göre[67] o, katı ve sert değildir. Muhtemelen skolastiklerde hiçbir yerde prensipten veya hakikatten, onun akıl için ihtiva ettiğini çıkaran bu kadar ileri muhakemeler ve dedüksiyonlar yoktur. Bainel, Anselme'in metodunun St. Thomas'ınkinden daha araştırma metodu olduğunu söylemektedir. O, bir prensipten hareket ederek, muhakemeyi sonuca kadar götürmektedir. İşte diyalektik hareketin genişliği ve sıkı birliği buradan ileri gelmektedir. Onun Monologion'u bir model türdür. CUR DEUS HOMO'da aynı şekildedir. Bunlar bir keşif seyahatleridir. Bu prosedür, St. Thomas'a meçhul değildir. Ancak o, St. Anselme'de daha çarpıcıdır. Muhtemelen yazılarındaki monografik karakter nedeniyle konuyu metod ve genişlikle sınırlandırmamaktadır. St. Thomas ile mukayese edilen tek olay, Anselme'in diyalektik değeri olabilir.

St. Anselme, akıllaca, skolastiğin öncüsü olarak görülmüştür[68]. Yani skolastik ilahiyatın öncüsü demek istiyoruz. Yani bizzat skolastik felsefenin ilahiyatı ile demek istiyoruz. Bu ona, olaylarda imkân ölçüsünde yardımcı olmuştur[69]. Gerçek bir Hıristiyan düşünür olan Anselme, vahyedilmiş hakikatlerle, aklın belli doneleri arasında bir muhalefetin olmadığını prensip olarak ortaya koymaktadır: Yani Hakikat (tabii olan), tabiatüstüne muhalif olmamaktadır. İnsan bunu aramalıdır ve onu bulacaktır. St. Anselme, bu mecburiyetin herkesten çok bilincindedir ve proslogionun ölümsüz başlığı olan Fİ-DES QUAERENS INTELLECTUM, bu skolastiğin dövizi olmaktadır. O, bununla akla muhteşem bir güven vermiştir. Cüretkârlığa kadar varan düşüncede, metafiziğe olan zevkiyle, zihnin ulaşabildiği en yüksek prensiplerden çözümler üretmek için geliştirmek gayretiyle, onu düzenleyerek, diyalektik sanatını, çoğu zaman sofistler hatalı kullanacaklardır.

Anselme'in eserinin güçlü orijinalitesi, önceki asırlarda benzeri bulunmayan bir olaydan çıkmaktadır. Bu, uzun bir hazırlığın tabii ve kendiliğinden olan bir meyvesi değildir. İnsanın dehası sayesinde düşünce, burada olağanüstü bir sıçrama yapıyor ve bizzat bu üstünlük, onun XII. yüzyılın sorunun-

---
[67] Op. Cit. Col. 1343.
[68] M. Corabmann, Op. Cit. P.263.
[69] Bu kitabın önceki sayfalarına bakılmalıdır.

dan beri, bütünlük içinde etkisinin gerçek olarak icra edilmediğini gösteriyor. **"Ne onun eserleri, ne doktrinleri ne de onun tarzı, hemen okullara nüfuz etmişe benzemiyor."** Bunun için, Mesihi felsefenin (Philosophus Christi)[70] okullara girişi için XIII. yüzyılı beklemek gerekecektir. Bu döneme kadar onun yazıları, bir nevi yazanın kalemine veya sekreterlerinin kalemine alınmış ve açgözlülükle, o eskilerin Katolikleri gibi okunmuş, sessiz şekilde büyük doktorun şöhreti yayılmış ve entelektüel yayılmaya geniş şekilde katkı sağlamış ve XII. yüzyıl boyunca bu büyümüştür[71]. St. Anselme tarafından icra edilen tesir, uzun süreli olmuştur ve genel düzeyde olmuştur. Bununla beraber, onun taşıdığı birçok ilahiyat problemleri, belirgin hale gelmiştir.

B. Doktrin

1. Allah'ın Varlığı: St. Anselme, bu konuyu varlıkların olgunlaşma dereceleriyle düzene koymuştur. St. Augustin'in bir metodunu[72], düşüncenin dikkat çekici sertliğiyle kullanmıştır. O, bu prensibi, varlığın net zekâsına ve olgunluğa sahip olan için kabul etmektedir. Yani noksan bir tarzda bir olgunluğa sahip olmak. Bu ise, mutlak olan bu olgunluğa, iştirak etmektir. Bu prensip, duygusal realitelere uygulanmış ve tespit edilmiştir. Önce o, oldukça idealist görünmekte ve çok net bir temele oturmaktadır. Monologion (c.1-4)'un başında bu deliller bütün sayfalarda en derin şekilde açıklanmıştır.

Onun ispatı, üç yol takip etmektedir:

Birincisi: Burada varlıkların özelliklerine dayanılmaktadır. İyi ve büyükleri gibi (c.1-2). Burada çok sayıda iyinin olduğunu müşahede ediyoruz. Onlar, kendilerini farklı derecelerde takdim etmektedirler. Onlar, ancak bir şeye iştirakleriyle varlık olabilmektedirler. O zaman o varlık, muhteşem şekilde iyidir ve zatından dolayı da iyidir. Bu ise, Allah'tır. Ahlaki doneler için St. Anselme'in zevki, ona bu yolu tercih ettirecektir. Bu yol ise, St. Augustin'in sevdiği bir yoldur.

Daha yeni olan **ikincisi**, bizzat varlık üzerine oturmaktadır (c.3). Bütün gerçekler, en azından bu müşterek şeye sahiptirler ki onlar varlık olabilmektedirler. Bu varlık, bir sebeptir ve tek sebeptir, varlıkların tamamı için. Zira çok sebep vardır. Ancak onlar, bir tek sebebe varmaktadırlar. Onlar orada

---

[70] Henri de Hungtindon'un dediği gibi. Hist. Angl, VII, 27.
[71] J. De Ghellinck, Op. Cit. P.58-68.
[72] II. cilde bakılmalıdır.

zatıyla var olmaktadır. Veya birbirlerini meydana getirmektedirler. Fakat bu sonuncusu, saçmadır. Terimler bir ilişkiye bağlı olsalar da (üstad ve hizmetçi) birbirini meydana getiremezler. Eğer bizzat birçok sebep varsa da bu, müşterek mülktür ki onlara var olmayı sağlamaktadır. Şimdi tek sebebe geliyoruz. Bu sebep, zatıyla vardır ve ona Allah diyoruz.

Farklı tabiatlar, tespit edilebilen olgunlaşma hiyerarşisine göre, biri birinden üstündürler. Taş, ağaç, hayvan akıl gibi. Bu hiyerarşi terimleri, sonsuz değillerdir. Bu ise saçmadır. Orada, en mükemmel bir varlığın diğerlerine nazaran bir zirvesi olmalıdır. Burada o, çok olamaz. En azından onlar, özde esir değillerdir. O zaman bir tek tabiata sahiptirler. Şayet onların özünün dışında müşterek bir şeye sahiplerse, onlar bir şeyden aşağıda olacaklardır. O şey, tabiat veya özde mükemmeldir. Yani bu Allah'tır. Buradan Allah'ın var olduğu sonucuna varıyoruz. Buna göre **Allah**, yüce iyidir, ilk sebeptir ve mükemmel özdür.

İşte bu deliller, hiç dokunulmadan St. Thomas tarafından alınacaklardır. Birinci ve üçüncüsü, dördüncü yolda (Degrés de Perfection) ve ikincisi, ikinci yolda (Causes Efficientes) alınmışlardır. Şüphesiz bunların değeri tartışmasızdır. St. Anselme'in denilen diğer delillere çoğu zaman bağlanılmıştır. A priori delili, proslogionda[73] geliştirilmiş ve imanın sağladığı Allah mefhumundan hareket ederek onun gerçek varlığıyla sonuçlanmıştır.

Allah tasarlanamadığı kadar büyük tasarlanmıştır. Bu düşüncede ve reel varlıktakini ihtiva etmektedir. Artık düşüncede sadece o vardır. Realitede var olarak en büyük olarak tasavvur edilecektir. Allah'ın gerçek bir varlığı vardır. Evet, zaruri olarak dışarda değil, benim düşüncemde vardır cevabını, espriyle ve etkili şekilde keşiş Gaunilon'a diyalektiğe elverişli olarak savunmasında vermektedir[74]. Onlar, düşüncemde çok güzel bir zenginliktir, bunlar tatlı hayaller değildir. St. Anselme, gerçekten Allah fikrinin apayrı bir fikir olduğu cevabını vermektedir[75]. Allah fikriyle, ne varlıklar, ne de başka bir fikir kıyaslanamaz. Allah fikri, gerçek varlığın bir iç zarureti fikrini ihtiva etmektedir. Allah tektir. Onun yokluğu tasarlanamaz. Tasarlanabilen en büyük varlık, realitede vardır.

---

[73] Bu eserin önceki sayfalarına bakılmalıdır.
[74] Liber Pro İnsipiente, P.L. 158, 241-248.
[75] Liber Apologeticus Contra Qaunilonem Respondentem Pro İnspiente, P.L. 158, 247-260.

St. Thomas, hayır diye cevap vermektedir[76]. O, realitede olan şeyin sonucu değildir. Fakat o, sadece zihinsel tasavvurda vardır.

St. Thomas'ın bu eleştirisi, bugün genel olarak kabul edilmektedir[77]. Bununla beraber bu delil, büyük zekâları uzun zaman etkilemiş ve düzeltmelerle müthiş bir kabul görmüştür. Meselâ, Duns Scot, orada özellikle mükemmel varlığın imkân delilini görmektedir. Descartes ve Leibnitz, onu kendi görüşlerine göre değiştirmişlerdir. Ontolojistler, buraya Anselme'in düşüncesine yabancı olan yeni bir unsur dâhil etmektedirler: Fikirde, eşyanın görünümü veya Allah'ın görünümüyle fikirlerin elde edilmesi gibi...

Elbette bu düzeltmeler, ciddi şekilde Anselme'in orijinal düşüncesini değiştirmektedir. Onun deliline gelince, orijinal halde devam etmektedir. İdeal düzeyden reel düzeye meşru olmayan bir pasajın girmesine benzemektedir bu değişiklikler. İdealin var olması zorunlu ve gereklidir. Bu pasajın yetkili olması için, orada verilen olay eksiktir. Meselâ, bu fikir, bir adamda varsa o, fikri sonuna kadar yönetiyor. Ancak böyle bir fikir varsa bile bu fikrin varlık nedeni yoktur. Yahut bu fikir kesinlikle dünyada açıklanamaz, ona tabiatüstü düzeyde küçük bir şey veya mistik dâhil edilebilir. Yani varlığın varlığı, ruhla meydana gelenden, tabiatüstü sonuçlarda en büyük şekilde görülende tasarlandığı gibi. Yani derin bir sükûnetin ve göz kamaştıran hikmetin ruhta meydana gelmesi gibi tabiatüstü olaylarda... Hakikatte, burada delilin yazarı, bir hatanın kurbanı olmaktadır. O, sadece Allah fikrine, şartlara uygun gelen sıfatlar atfediyor. Bu sıfatlarda bu fikir, aydınlanmış müminde takdim edilmektedir. O halde bu delil, değerlendirilebilir. Fakat onun nisbi ve sübjektif bir seviyesi vardır, onun evrensel diyalektik bir değeri yoktur[78].

2. Tanrısal Sıfatlar: Bu konu, monologionda ve proslogionda geniş şekilde işlenmiştir. Monologionda VI. bölüm, Allah'ta özün ve varlığın, yüce bir birlikte birleştiğini göstermektedir. VIII. ve IX. Bölümler örneklemenin prensiplerini ortaya koymaktadırlar. Yani kâinat, yoktan yaratılmıştır, zaman içinde var olmuştur. Zaman içine konmadan önce, Allah'ın düşüncesinde form olarak, imaj olarak vardı. Yani bir örnek vardı[79]. O, kelamının veya sözünün

---

[76] Sum Théol. 1, q, II. a, 1, ad, 2.
[77] Bkz: J. Bainvel, Anselme, Dans Dict. Théol. Col. 1350.
[78] Bu kitabın önceki sayfalarına bakılmalıdır.
[79] Col. 157.

sonucundan çıkmıştır. Anselme, St. Augustin'in ilahiyatını uzunca geliştirerek, ona çok şey ilave etmemektedir.

3. Teslis konusu, Anselme'in düşüncesinde ve monologionda oldukça uzun bir yer işgal etmektedir. O, orada bu doktrini beşeri ruhun benzeşimiyle yani Allah imajıyla[80] açıklamakta ve özellikle de özel iki eserde açıklamaktadır[81]. O, sırlara gerekli makuliyeti getirdiğine inandığı için, mübalağa yaptığından sitem edilmektedir[82]. O, sadece yüksek bir ihtimalle görüşe sahip olduğundan emin değildir[83]. Her halükârda bu konuda "rasyonalisme"den bahsetmesi doğru değildir. Çünkü Anselme, sadece keşfedebilen ve büyük sırrı ispat edebilen sebebin üzerinde durmaktadır. Aksine, iman hipotezinde o, yer almaktadır ve dediği gibi ilâhi bağışlarla aydınlanmış bir imanda[84] o, beşeri ruhun güçlerin de mübalağa etse bile, bu şartlarda biz rasyonalismeden uzakta bulunuyoruz. O, biliyor ki bu **sırra**, beşeri zekâ ile nüfuz edilemez[85]. O, onun anlaşılabileceğini garanti ediyor. Onun beyanatlarıyla ilgili nisbi bir değer gerekmektedir. Öyle ki o da bizzat Roscelin'e ve diyalektisyenlere, sırrı onların seviyesine getirdiklerinden sitem etmektedir.

4. Kurtuluş konusunda, St. Anselme'in doktrini, oldukça dikkat çekicidir. Bu konu, Cur Deus Homo[86]da tam olarak vardır. O, orada sırrı, şeytan üzerinde bir başarı olarak takdim etmekten vazgeçmektedir. Bu olay, şeytanın iktidarının yoksunluğu ile doğrulanmış ve şeytan, masum Mesihi ölüme mahkûm ettirmiştir. Onun için şeytanın insan üzerinde nisbi bile olsa, hiçbir hakkı yoktur. Onun hak iddiası, sadece Allah'ın bir tavizidir ki onu Allah istediği zaman geri çekebilir[87]. St. Anselme, inayet kupasını ikinci kanaate vermektedir. Bu yüzyıllardan beri kabul edilmiştir. Bununla beraber onun büyük liyakati, kurtuluş üzerindeki geleneksel delillerde gerçek temel unsurları yakalamakta ve onları derinleştirmektedir: O, kurtuluşu, Allah'a karşı bir hakaret telakki edilen günahın onarılması olarak göstermiştir. O, temelde bu günahın ağırlığını ve ilâhi adaletin gereklerini analiz etmiştir.

---

[80] Monol, c.46.
[81] Bu kitabın ilgili bölümüne bakılmalıdır.
[82] Bkz: Th. Heitz, Op. Cit. p.60-64.
[83] Aguire, ona bu düşünceyi atfetmektedir.
[84] Bu kitabın önceki sayfalarına bakılmalıdır.
[85] Monol, 64.
[86] J. Rivière, Op. Cit. P.303-307.
[87] J. Rivière, Op. Cit. P.450-453.

Onun hatırlattığı prensipler, enkarnasyon için ve kurtuluş için zaruri olmasa da, onları uygun bir hâkimiyetle yerleştirmektedir[88]. Yine de ona, ispatında birkaç aşırılık sitemi yapılabilir. Allah'a çift zaruret empoze edilmişe benziyor: Bizi kurtarma zarureti ve tatmin zarureti. Bunu da sadece İnsan-Tanrı sağlayabilir[89]. Şüphesiz zaruret, büyük bir uyumla duyulacaktır. Fakat bu iyi yorum eserin bütünüyle terstir. Bazı ifadelerin hafifletilmesi ve düşünceye nüansların dâhil edilmesi daha iyi olacaktır. Daha sonra gelen Kilise Doktorları bunu yapacaklardır[90]. Yine de Anselme'in liyakatleri ilk düzeyde kalmamıştır.

5. Meryem'in lekesiz hamileliği üzerindeki doktrin kesin olarak açık değildir[91]. O, şu harika cümleyi yazmıştır: "Bakirede parlayan Allah'ın aşkında, daha büyüğünün tasarlanamadığı bir safiyet vardır. Bu bakireye, Baba Allah, kalbinden doğan biricik oğlunu verecektir. O, oğul ona eşittir, onun gibi sevgilidir. Oğul, tek olacaktır ve Baba Allah'ın ve Bakirenin oğlu olacaktır."[92] Böyle bir cümle bizatihi, lekesiz hamileliği belirtmektedir. Anselme'in, onu fark etmesi kesin değildir. Öyle görünüyor ki biraz daha ileride[93] bakirenin, hamile kalmadan önce imanıyla temizlendiğini yazdığında, bunun aksini ileri sürmektedir. Fakat bu temizlenme, doğumdan önce olmalıdır. Bu bizzat, nikâhsız ve orijinal bir hatanın dışında olduğunu ispat etmiyor mu? Yahut bunun dar anlamda bir temizlenme olduğunu göstermiyor mu? Anselmeci düşünce, bütün bu konularda açık değildir. Arşevek Anselme, en azından, bu problemi net olarak ortaya koymaya layık olmuştur. Meryem'e uygun bir anlam içinde uzaktan çözümü hazırlamıştır.

6. St. Anselme'in spritüalitesi, onun doktrinel karakteri söz konusu olunca özellikle dikkat çekicidir. Onun dindarlığı samimidir ve derindir. Ona atfedilen spritüal eserler, yoğun bir dindarlık duygusuna nüfuz ederek ona böyle bir şöhret bırakmıştır. Bu türdeki güvenilir eserlerinin sayısı çok değildir. Fakat ilahiyatla ilgili yazıları ve mektupları, onları tamamlamaktadır. Onların yazarları özellikle bize, dua ilminin meditasyonunu öğretmektedirler. O, bize

---

[88] İbid, p.316.
[89] İbid, p.314.
[90] İbid, p.315-316; J. Bainvel, Op. Cit. 1316.
[91] Bkz: X. le Bachelet, İmmaculée Conception, Dans Dict. Théol. Col. 995-1001.
[92] De Conc. Virg, c.18.
[93] İbid, 18, Cur Deus Homo, 11, 16-17.

birkaç yazılı model vermektedir ve onları çok güzel nasihatler geride bırakmaktadır. Onlar, öfkeyle okunmamalıdır. Fakat sakince okunmalıdır. Hızlı değil, yavaş yavaş okunmalıdır ve uzun bir murakabe de tatbik edilmelidir. Çünkü söz konusu olan aşktır veya Allah korkusudur. Yahut kendi kendisini dikkatli tetkiktir. Bunların hepsini okumak şart değildir. Fakat duada, aşk ateşini canlandıracak kadar olması gerekir.

Zaten Anselme'in dindarlığı, yüksek müşahedeleri dışarda bırakmıyor. Mesihte, sofuluğun en gerginini ikrar için daha çok ilahi veçhe ile dikkat çekilecektir. Bu gibi Allah konusundaki en derin tetkikler proslogionda vardır. Proslogion, uzun bir dua etüdüdür. Başından beri yazar sanki ateşli bir davetle, tabiatüstüne nüfuz eden bir atmosfere dalmaktadır. Bütün eserde bu vardır. Son bölümlerde, ebedi mutluluk konusunda Anselme, mutluluk tatlarını tahrik etmekte, o onları daha önce bildiğini duyurmaktadır. Yazının tamamı, murakabeci güzel bir meditasyon tavrını ve çok yüksek bir ilham tavrını muhafaza etmektedir.

"Benim Allah'ım! Benim Rabbim! Diye yazar haykırmaktadır. Benim ümidim ve kalbimin sevinci! Kalbime bu sevinci söyle! Onu biz size, oğlumuzla söylüyoruz: İsteyiniz ve elde edeceksiniz. Sizin sevinciniz olması için (709, XVI, 24). Çünkü tam bir sevinç buldum, tamdan daha fazla. O, kalbimin, ruhumun tamamıdır. Bütün insanlık bu sevinçle dolsa o, daha da çok olacak ve bütün ölçüleri aşacak. Oh! Efendimiz, kulunuzu konuşun, onun kalbine söyleyin. Şayet böyle bir sevinç olursa, onun içine kullarınız girecektir. Allah'ım rica ediyorum ki sizi tanıyayım, sevincinize iştirak için sizi seveyim. Şayet bu hayata ulaşamazsam da ona doğru her gün tam oluncaya kadar ilerlerim. Burada, bende bilgin artacaktır. Tamlığım daha da yükselmesi için. Aşkım artacaktır, onun daha yüksek olması için sevincim, bu dünyada daha büyük olsun ve bir gün gerçekte daha yüksek olsun."[94]

St. Augustin ise, belki daha ateşli sayfalar yazmıştır. Fakat proslogionun cümleleri, bir okuldur. Çok az talebe, böyle bir üstadı bu kadar yakından taklit etmiştir. Anselme'in onuru, St. Bonaventure ile spritüalitede, ilahiyatta olduğu gibi, orta çağda Augustinci en saf temsilcilerinden biri olmasındadır.

---

[94] Proslog, c.26.

ÜÇÜNCÜ BÖLÜM
ABÉLARD'LAR

I. ABÉLARD[1]

St. Bernard ve Abélard, XII. yüzyılın ilk yarısında Hıristiyan düşünce tarihinin dikkat çeken iki simasıdır. Bu iki adam, her ne kadar birbirinden farklı da olsalar, müşterek olan iki zihinsel halin farklı derecelerini temsil etmektedirler. Her ikisi de birbirine müdahale etmeden, dirsek dirseğe gitmekteler ve sonunda şiddetli bir muhalefetle karşılaşmaktadırlar. Abélard, özel hayatından soyutlanarak özel bir tip olmuş ve onu birtakım okul adamları temsil etmiştir. Onun oynadığı rolü anlamak için, ona musallat olan zamanın entelektüel endişelerini hatırlamak gerekecektir.

Klasik antikite zevkiyle, sebepsiz yere Rönesans'ınkiyle kıyasladığımız bir yüzyılda, eski Grek felsefeleri ondan artan bir hevesle yararlanmışlardır[2]. St. Augustin tarafından onurlandırılan **Platon**, rakipsiz otorite olarak tanınan St. Augustin tarafından yararlı hale getirilmiş ve okullarda, özellikle Chartres'da üstad olarak saltanat sürmüştür. Bununla beraber, Aristotelisme, en azından onun tezlerinden bazıları, meselâ bilgi tezi gibi şeyler, en açık zihinlerin dikkatini çekmiştir. Fakat hâlâ onun lehine müteakip yıllarda olacak olan devrimden uzak bulunuyordu.

Fransa'da entelektüel aktivite, XII. yüzyılın başında oldukça yoğundu. Bütün Fransız ekollerinden CHARTRES ekolü en parlağıydı[3]. Orada egemen

---

[1] P.L. 178, (1853), Victor Cousin, Ouvrages İnédits d'Abelard, 1836; R. Stolzef, De Unitate, 1891; B. Geyer, P. Abael, Schriften, I, 1919; ch. De Rémusat, Abélard, Sa Vie Sa Philosophie, Sa Théologie, 2. Vol, Paris, 1855; Vacancard, Abélard, Sa Doctrine, Sa Methode, Paris, 1881, Dans La Vie de S. Bernard, t.II, p.118-176; E. Kayser, Abélard Critique Fribourg, 191; E. Portalie, Abélard, Dans Dict. Théol. Col. 36-55; J. De Chellinck, Le Mouvement Théol, au XII s. p.126-150; T. Heitz, Les Rapports Entre la Phil, et la Foi, p.7-30; G. Robert, Les Ecoles et l'Enseignement de la Théologie Pendant La Premiere Moitié du XII s. Paris, 1904, p.149-178; J. Riviére, Le Dogme de la Rédamption, Paris, p.324-330; 460; M. Grabmann, Geschichte der Scholasticshen Methode, II. (1911), p.168-229.
[2] E. Gilson, Etudes de Philosophie Médievale, Strabsourg, 1921, ch.1. La Philosophie au M, A, I, p.91-95.
[3] A. Cherval, Les Écoles de Chartres au Moyen Age du V,s, au XVI s. Paris, 1895; M. De Wulf, Op. Cit. P.139; E. Gilson, Le Platonisme de Bernard de Chartres, Dans Rev. Néo-Scol, 1923, p.5-19.

olan Eflatun'un etkisi, evrensel problemde, üstatlarının birçoğu Realizmde çok itham edilmişti. Bunların en tanınmışları okulun üç şahsiyetidirler: Bernard De Chartnes (+1130'dan önce), Gilbert De La Porrée (+1154'den önce) o, Bernard'a 1141 yılına kadar okulun şefi olarak halef olmuştur. Bu tarih onun Paris'e hareket ettiği tarihtir. O, müteakip yıl Poitiers'de bir makam elde etmiştir. Gilbert (1141)'den sonra onun ölümüne kadar (1155) THIERRY DE CHARTRES bu okula bakmıştır. Yine İngiliz Jean De Salisbury[4] (+1180) de Chartres okulunda eğitim görmüş ve 1176'da piskopos olmuştur. Bu son entelektüel, aynı zamanda hümanistti ve etüd tarafını canla başla Cornificius'a ve benzerlerine karşı savunmuştur. O, aynı zamanda bir filozoftu, kararlıydı ve fakat tedbirliydi. O, Aristotelisme'le, Platon doktrinini tatlandırmıştı. Chartrenci bir başka eğitimci Guillaume De Conches'du (1080-1145). Onun coşkulu realizmi, Kutsal-Ruhu dünyanın ruhu ile aynileştirmeye kadar gidiyordu. Hatta bunu, Hıristiyan imanından uzaklaştırmadan şöyle diyerek yapıyordu: "CHRİSTİANUS SUM, NON ACADEMİCUS". Bu panteist temayüller, Bernard De Tours[5] ile hazırlanan gerçek sistemde kristalleşecektir. Bu adam, Thierry de Chartres'ın arkadaşıydı. 1145 ve 1153 yılları arasında De Mundi Universitate veya Megacosmus et Microcosmus[6] isimli bir eser yazmıştır. Jean Scot Erigène'in De Divisione Naturae'si, Monist doktrinlerin gelişmesine yabancı değildir. Bu panteisme, XIII. yüzyılda Chartres ekolünün haricinde yeni taraftarlar bulmuştur. Ancak ondan da tam bağımsıza benzemiyor.

Gilbert de la Porrée[7]'yi de Chartres'ın üstadları arasında görüyoruz. Özellikle, o, metafizik teorilerini, ilahiyata tatbik etme bedbahtlığından tanınmaktadır. Zaten onun felsefesi, az nettir. Tarihçiler, onu bazen aşırı realizimci bazen de ılımlı realizimci yapmaktadırlar. Her hâlükârda o, müşterek öz ve bireysel öz arasında gerçek ayırımda mübalağa yapacaktır. 1148 yılında REİMS konsili, St. Bernard'ın baskısı ile, ona atfedilen dört teklifi reddetmiş ve maruz kalacağı formel bir mahkumiyeti de geri çekmişti. O, Allah'la (Deus), Tanrısal Öz ve sıfatlar (divinitas) arasında gerçek bir fark tesis etmekle itham

---

4 M. De Wulf, Op. Cit. P.166-170.
5 İbid, p.180.
6 Edit. Baroch et Wrobel, Dans Bibl. Philos. Mediae Aetatis, 1876.
7 F. Vernet, Gilbert de la P. Dans Dict. Théol. Col. 1350-1358; Gilbert'in yazılı prensipleri Boèce'in ilahiyat eserlerinin birer tefsiridirler. P.L. 64, Meşhur Risale olan De Sex Principirs (P.L. 188, 1257-1270) ve diğer Kutsal Kitap tefsirleri.

ediliyordu (1. teklif). Diğer yandan Tanrısal özle, Tanrısal Uknumlar arasında (2. teklif) sadece üç uknumun ebedi olduğunu itiraf ediyordu. Fakat aralarında ilişki yoktu (3. teklif). Nihayet ilâhi tabiat, bedenleşmemişti (4. teklif). Bu sonuncu, Nestorianisme'e gidiyordu. Konsil şu teklife de muhalefet etmiştir: **"Tanrısallığın ya da kutsal tabiatın veya özün bedenleşmiş olduğunu ancak oğulda olduğuna inanıyoruz."**[8]

"Çok ekol meydana gelmiştir[9]. Bu ekoller, XII. yüzyılda çok meşhur olmuşlardır. Ancak bunlar, Chartres okullarıyla eşit değillerdir. Manastır okurları geçmişten daha az etkilidirler[10]. Aksine, piskoposluk ekolleri, Batıda entelektüel Rönesans hareketinin başını çekiyordu. Denildiğine göre bu ekoller, insana inhisar ediyordu. Göründüğüne göre de münhasıran, özel bir parlaklıkla orada eğitim veren meşhur üstada ve onun taraftarlarına dayanıyordu ve gelişiyordu. Böylece ilâhiyatçı Anselme de Leone (+1117), ülkesinin okulunu Reims okulu gibi başarıya ulaştırmıştı. Bu okul, Gerbert'den sonra düşmüştü ve XII. yüzyılda Albéric'le yeniden Tours okuluyla ayağa kalkmış, Bérenger'le uzlaşmıştı ve Bernard Silvestris'le yeniden meşhur olmuştu. Tabii ki Chartres okulları gibi ortaya çıkan zaferler nadirdi. Fakat XII. yüzyılın başından beri Chartres Okulları Paris'te, korkunç bir rakiple karşılaşmışlardı. Avrupa'nın her yerinden kozmopolit gençlik bu rakip okula akın ediyordu. Böylece Paris'te iki okul dikkat çekiyordu: Notre-Dame Okulu ile Montagne Sainte-Gènéviève Okulu. Özellikle iki meşhur hoca, gençliği oraya çekiyordu. Bunlar, Guillaume de Champeaux ile Abelard'dı.

Guillaume de Champeaux[11] (1070-1122): Guillaume 1150 yılına doğru Paris Katedral okulundaki kürsülerden birisine atanmıştır. Çok ciddi bir şöhretle, onun derslerine öğrenciler akın etmişlerdir. Compiègne'de Roscelin'in eski bir öğrencisi de olsa, evrensel problem konusunda o, katı realizmle ve heyecan uyandıran bir yetenekle Abélard ona muhalefet oluncaya kadar şöhreti devam etmiştir. Genç rakiplerinin tenkitlerinden sonra, 1108 yılında Guillaume St. Victor'a çekilmişti ve orada yeni bir okul açmıştı. Orada, muha-

---

[8] F. Vernet, Dans Dict. Théol. Col. 1353.
[9] G. Robert, Les Ecoles et l'Enseignement de la Théologie Pendant la Prémiere Moitié du XII, s. Paris, 1909é
[10] İbid, p.15-20.
[11] E. Michaud, Guillaume de Champeaux, Paris, 1867; G. Lefévre, Les Variations de G. de ch, Lille, 1891; Grabmann, Op. Cit. II, p.136-168; TH. Heitz, Op. Cit. P.65-67; M. De Wulf, Hist. Phil. Mèd, I, p.139-141.

lefete rağmen eğitim veriyordu. Bunu 1113 yılında Chalons piskoposu oluncaya kadar devam ettirmişti. Guillaume, başlangıçta, evrensel özün tek olduğunu ve bütün bağımlılarda aynı olduğunu ikrar ediyordu. Onlardan her birinde, genel realitesine göre o mevcuttur. Birey, özel cevherin bir değişiminden başka bir şey değildir. Uzay, jenerik özün bir olayıdır[12]. Bundan dolayı, her adam, beşeri türdür. Bu, Platon'da ve Socrate'da vardır. Abélard, bu doktrini gülünçlendirmek için boşuna uğraşmaktadır. Rakibinin iddia ettiği gibi, Guillaume'un bunu terk ettiği kesin değildir. Zaten ilahiyatta bütün vakitsiz uygulamayı muhafaza etmiştir[13]. O, Chalons'da onunla bir piskopos olmuştur. O, St. Bernard için dostluğunu tebcil etmektedir.

II. PİERRE EBÉLARD (1079-1142)

Pierre Abélard, Nantes yakınlarındaki Pallet'de doğmuştur. İlk eğitimini Nominalizm felsefe profesörü Roscelinus'dan almıştır. Abélard, 1100 yılına doğru Paris'e gelmiştir ve Guillaume de Champeaux gibi realist şeflerin derslerini takip etmiştir. Fakat kısa zaman sonra, bu iki üstadın kararlı bir hasmı olacaktır. Bunlar, Melun'la (1102), Corbeil'dir. Daha sonra Sainte Geneviève'de kendisine hayran olan yüzlerce kişiyi yanına çekmiştir. Fakat meşhur Anselme de Leon derslerinde ilâhiyatı öğrenmek için Picardie'ye gelmiştir. O, bu üstada da muhalefet etmiştir. O, bu şehri 1113 yılında, Paris'te Notre-Dame Okulunun şefi oluncaya kadar terk etmemiştir. İşte o zaman, evrensel bir şöhrete sahip olmuştur. Fakat ahlakı, ilmine eşit değildir. Héloise isimli genç, bir kızın baştan çıkarılması, Paris'teki bu eğitime birkaç yıl ara verdirmiştir (1118).

Bretagnéya'ya kaçtıktan sonra, Héloise'dan ayrılması Argenteuil'de dini bir konu olmuştu ve Abélard, sessiz ve sakin Saint-Denis manastır başkanlığına dönmüştü. Orada yeniden eğitime başlamıştı ve özellikle Roscelini ele alıyordu ve onun Nominalizmini ve bilhassa TRİTHEİSME'ni, De Unitate et Trinitate isimli eserinde reddediyordu[14]. Abélard, evrensel problemlerde net olarak Roscelinus'dan ayrılıyordu. Fakat onun muhtevası temelde sadece kılık değiştirmiş bir Nominalizmden başka bir şey değildi. O, ondan bütün mümkün olan kısmı çıkarmasını bilememiştir. Teslis için, şahıslar üzerinde

---

[12] M. De Wulf, Op. Cit. I, p.40.
[13] Ruhun orijini üzerindeki eserleri sadece parçalar halinde kalmıştır. P.L. 163, 1039, 1045.
[14] Bu eser, R. Stolze tarafından bulunmuş ve yayınlanmıştır. 1891.

ısrar yerine, tabiat üzerinde daha çok ısrar edebilirdi. Bu durumda o, şahıslar arasında artık sadece sözel bir ayırım tesis edebilirdi[15]. Bu da Soissons (1121) konsilinde mahkûm edilmiştir. Bu durumda o, güce itaat etmiştir. Fakat görüşünü korumuştur. O, görüşünü Theologia Christiana[16] isimli eserinde teşhir etmiştir. Abélard, kısa zaman sonra, Saint-Denis'den kovulmuştur. Sebebi de, manastırın Aréopagitique kökenini inkâr etmesidir. Daha sonra Abélard, Nogent-Sut-Seine yakınındaki PARACLET'in yalnızlığına çekilmiştir. Binlerce talebe orada onu takip etmiştir. 1125'den 1129'a kadar S. Gildas de Rhuys[17]da manastır başkanı olan Abélard, 1129'da tekrar PARACLET'e gelmiştir. Oraya Héloise'ı da getirtmiştir ve onu onun için yaptırdığı bir kadın manastırı başkanı yapmıştır. 1136 yılında yeniden Paris'e gelmiş ve Saint-Genève'de parlak bir şekilde eğitim vermeye devam etmiştir. İşte, burada, Ortodoksluğu üzerine temellendirdiği ciddi ifşaatları, burada onu yaralayacaktır.

Abélard'ın eserinin temel konusu ilâhiyattır. O, Dialectica dışında saf felsefeye kendisini vermemiştir. Ancak Porphyre (Glossulae)[18] tefsiri ve bir ahlak eseri olan Scito Tenpsum dini olmaktan daha çok felsefi eserlerdir. Abélard'ın geriye kalan bütün eserleri imanla ilgilidir. Bir filozof ile Yahudi bir Hıristiyan arasındaki diyaloğu bile,[19] açık akılcı eğilimlerle mülhemdir. Vaazları[20], oldukça soğuk kompozisyonlardır ve paraclet dindarlığına yöneliktirler. Hexaemeron üzerindeki notlar haricinde o, çok önemli bir tefsir bırakmıştır. Bu tefsir, Romalılara mektup konusunda beş kitabı içine alan bir tefsirdir[21]. Fakat onun teolojik eserleri daha çok tanınmıştır: Önce, Roscelin'in iki reddiyesine işaret edilmelidir[22]. Geniş bir ilahiyat Somme'u ile ona introduction ad Theologiam (üç kitap halinde) adı verilmiştir[23]. Bu eserin tamamı okunmalıdır: a. **İman** (ve sırları), b. **Sacramentler** (incarnation), c. **Merhamet** (ahlak). Bundan çok değerli bir özet kalmıştır: Epitome theologiae Christiancae[24].

---

[15] Sabellienne Eğilim. Bkz. I. cilt.
[16] P.L. 178, 1123-1330.
[17] Ed. Cousin.
[18] Ed. Geyer.
[19] Ethica. P.L. 178, 633-678.ir.
[20] Otuz dört adet vardır. P.L. 178, 379-610.
[21] P.L. 178, 731-784 (Hexaem), 783-978.
[22] De Unitate et Trinitate; Theologia Christiana.
[23] P.L. 178, 979-1114.
[24] P.L. 178, 1685-1758.

Bu eser, onun talebelerinden birinin eseridir. Onun icra ettiği tesirle, daha önemli olan Sic et Non'dur[25]. Bundan ileride bahsedeceğiz.

Bu yüklü eserde, Bernard'ın nüfuz edici ve nazik gözü, onu örten birçok öneri bulmaktadır. 1140 yılından az önce onun dikkati, üstad Pierre'in hatalarına çevrilmişti[26]. O, önce onunla bir görüşme yapmış ve çekilme veya tedbirli olma vaadini elde etmişti. Fakat kısa zaman sonra Abélard, bizzat Clairveaux'lu babayı, 1140 yılındaki Sens konsilinde bir açık oturumda tahrik etmiştir. Bernard ise, biraz tereddütten sonra bu vaadi kabul etmişti. Fakat Abélard toplananları, Britanyalı üstadın yanlış doktrin noktalarını mahkûm etmeye davet ederek, onun eserlerinden alınan 18 öneriyi düzeltmeye özen göstermiştir. Abélard'ın bu iş kafasını karıştırmış ve aklanmayı reddederek Papaya müracaat etmişti. Konsil ise, önerileri, Roma'ya Papa İnnocent II'den bizzat mahkûm etmesini rica etmişti. Bernard, konsilin sözcüsü olarak gerçeği, gerçek bir iddianame olan bir mektupla (Ep.197) bildirmişti. O, davayı kazanmıştı. Capitula Haeresum P. Abaelarddaki, 18 öneriden 12.si sapık olarak mahkûm edilmişti. Bu hatalar, özellikle Teslis (modalisme), yaratılış (aşırı iyimserlik), Mesih (Nestorien temayüllü), Kurtuluş, inayet, ahlak konusunu ilgilendiriyordu. Özellikle kurtuluş üzerinde ciddi hata vardı. Çünkü o, Mesihin çektiklerinin objektif değerini kaldırıyordu[27]. Abélard, davasını savunmak için Roma'ya gidiyordu. Ancak 1141 yılında Lyonda, Papanın Sens konsili (1140) kararını tasdik ettiği haberiyle şaşırmıştı. Böylece Cluny'ye yönelmişti. Orada Pierre le Venerable onu, çok güzel kabul etmişti ve onu, bir iman ikrarını imzalamaya götürmüştü. Bu iman ikrarı, görülen acılı izlere rağmen, samimi şekilde Katolik'ti[28]. O, St. Bernard ile de onu uzlaştırıyordu. Abélard, birkaç ay Cluny'de kalmıştı ve sonra murakabeye ve tövbeye çekilmişti. 1142

---

[25] P.L. 178, 1339-1610.
[26] Bkz: Vacancard, Hist. De S. Bernard, ch. XXII ve XXIII. E Portalié, Op. Cit. Col. 43-48.
[27] J. Rivière, Op. Cit. p.324-330. Haklı olarak Abélard, şeytan hukuku teorisini eleştiriyordu (466-461). Bu konuda mübalağa yoktu (470-471). Kristoloji konusunda, katı bir Nosterien değilse de, idiomların iletişimini redle oraya yöneliyordu. Çünkü bu, Nihilisme Christologique diye adlandırılıyordu ve şu formülde özetleniyordu: İsa, cevhersel bir realite değildir. Yani, bedenleşmiş kelimenin cevhersel realitesidir. Fakat bu son hüviyetten sakınmak için, iki tabiatın birliği hafifletilmektedir. Bu sadece kazai olmaktadır. Bu formül Abélard'ın muhtelif talebeleri tarafından benimsenmiştir. Hatta Pierre Lombard bile bunu kabul etmiştir. P.455. Dict. Théol. Art Adaptianisme, Col. 413-417.
[28] E. Portalié, Op. Cit. Col. 38.

yılında da, hatalarının gerçek bir nedametiyle ve sağlam bir kiliseye bağlılıkla vefat etmiştir.

Abélard'ın bu sonu, hızlı inkârı ile ve Tanrısal bilgimizin sınırlarına dokunan açık beyanatlarıyla[29], onun hür düşünürlerin rasyonalizminden uzak olduğunu ispatlamaktadır. Aklın derinleştirdiği prensip, mükemmeldir. Fakat tabii atılganlığı ile sürüklenen Abélard, özellikle, Teslis konusunda sapıtmıştır[30]. O, inadıyla ve tedbirsizlikle hataya düşmüş, inançsızlıkla değil. Şüphesiz, hayatının düzensizlikleri, imanının onun gidişatını yönetmediğini göstermektedir. Üstelik o, düşüncesini de düzene koymamıştır. Fakat çok gerçek olan onun tavrı, onun mutlak surette imanını kaybettiğini ispatlamamaktadır. **Sic et Non** iddia edildiği gibi, pederlerin gözden düşürülmesine yönelmiş de değildir. Gerçekten insiyatif cüretkârdı: İlâhiyatın önemli 150 sorusu üzerinde bir dizi patristik tanıkları, aynı konuda **Evet** diyenlerle, **Hayır** diyenleri gruplandırarak, niyeti açık olarak Ortodoks olmadığı takdirde, tehlikeli olacaktır. Fakat Abélard şöyle açıklama yapmaktadır. O, problemi kararlılıkla ortaya koymak istemektedir. Bunu da, araştırmada çözüme en uygun gelmesi ve ona varmaya yönelik birkaç prensibi bizzat vermek için koymaktadır[31].

XII. yüzyılda, Abélard'ın entelektüel düzeydeki tesiri oldukça önemlidir. O, skolastik ilahiyatın gerçek kurucusudur. Fakat aslında bu şeref, tartışmasız St. Anselme'e aittir. Şüphesiz, Arşevekin dini aksiyonu, Parisli profesörün aksiyonundan az dikkat çekicidir. Dini aksiyon oldukça yavaştır ve gizlidir. Fakat o, durmadan devam etmektedir. Abélard, en azından gerçek ilahiyat okulunun ilham edicisi ve yaratıcısıdır. O, metodlarını, sakınmadan takip etmektedir. Bir Somme'da[32] gerçek bir teolojinin sentezini yapma fikri, onun değildir. Daha önce Anselme de Leon tarafından kompoze edilmiştir[33]. Fakat Abélard buna teşebbüs etmemişse de, o bu fikrin, ilk gerçekleştiricisidir. Diğerleri onun metodundan mülhemdirler. Hakikaten bugün, XII. yüzyılın ilk

---

29 Kayser, Op. Cit. P.91; T. Heitz, Op. Cit. P.13-20. Comprehendere, Allah'a aittir. Cognoscere, o, göğün mutluluklarıdır. İntelligere, bu dünyanın kültürlü insanına özgüdür. Özellikle bkz: M. Grabmann, Op. Cit. p.177-199.
30 Bkz: Heitz, İbid, p.20-30.
31 G. Robert, Op. Cit. P.167-168.
32 L'İntroductio ad Theologiam.
33 Bu kitabın önceki sayfalarına bakılmalıdır.

yarısında dört Sommes'a işaret edilmektedir. Şüphesiz bunlar ona bağlıdır[34]. O metoduyla ilâhiyatta ve Canonique hukukta[35] bir ekol olmuştur. Şayet **Sic et Non** ile Skolastiği Disputatio'ya dâhil ederek ekollerde, skoler egsersizi yaratamamışsa o, uzaktan bu yeniliği hazırlamış, üstadları, patristik metinlerin daha sert takdimine, yani diyalektiğin daha katı kullanımına taşımıştır. Onun şerefi için bu liyakatler yeterlidir. Gerçekte bunlar onun gözü pekliğiyle azalmışlar, metodla uzlaşmışlar, Victorrins gibi, Abélard'ın akıllı taklitçileri, tedbirli ilâhiyatçıların lütuflarını, muhafaza etmemişlerdir[36].

Felsefede, Abélard'ın prensipal değeri, onun zamanında bilginin Aristocu doktrini, ondan daha iyi kimsede özümsenmişe benzemiyor. O, orada etkili şekilde ve gerçekten Guillaume de Champheaux ile ve Roscelins'in Nominalizmi ile savaşmak için birtakım silahlar bulmuştur. Fakat onun benimsediği vasat yol ve Conceptualisme geçmişinin temeli üzerine uzun süredir tereddüt ettiğini, karakterize etmektedir.

M. de Wulf, ılımlı realizm anlamında onu yavaş yavaş okullara empoze etmek istemektedir. XIII. yüzyılda gelişen iki entelektüel teori, onun doktrininin mantıki uzantısından başkası değildir. Abélard, oldukça açık mutlak bir görüşe sahipti ve o, gerçek bir sistemin dâhisi değil miydi? Bu konuda şüphe edilebilir. O, özellikle kıyaslanamaz bir profesördü. XII. yüzyılın bütün ekolleri, onun tesirine maruz kalmıştır. Felsefede de o, boşluklarına rağmen mutludur.

---

[34] Bağımlılık P. Denifle tarafından işaret edilmiştir. Onun Abélard üzerindeki etüdleri, Archiv für Literature, 1885'de t.1'de bulunmaktadır. Abélard'a atfedilen Epitome söz konusudur. Yine Roland Bandinelli'nin Sententiası P. Gietl tarafından 1891'de yayımlanmıştır.
[35] G. Robert, Op. Cit. P.170-178; M. Grabmann, Op. Cit. II, p.217-221. Bu son yazar, Abélard'ın tesirinin yanında Aristo'nun da tesiri konusunda daha çok ısrarlıdır.
[36] O, Meryem'in lekesiz hamileliğinin imtiyazını savunmuştur: X. le Bachelet, İmm. Conc. Dans Dict. Théol. Col. 1015-1019. Bernard'ı itiraz durduruyordu. Ebeveynlerin işinde, nikâhsız karakter, Abélard için yoktu. O, bu eyleme katı bakmıyordu ve mutlak şekilde iyi görüyordu.

DÖRDÜNCÜ BÖLÜM
SAİNT BERNARD[1]

I. SAİNT BERNARD'IN HAYATI-ONUN TARİHİ ROLÜ

İlim için ihtiraslı bir ekol adamının karşısında Saint Bernard, kendisini moderatör olarak takdim etmektedir. Garip bir güçle o, cesur düşüncelerin tehlikesine işarette bulunmaktadır. O, onları daha çok skolastik görüşlü üstadlardan gayretle almıştır. Fakat bu özel aksiyon, Clairveaux babasının tarihi rolüne hasredilemez. O, bütün alanlarda hareket etmektedir ve özellikle her yerde dinlenilmiştir. O, keşiş ve seküler reformunu en yüksek seviyeye kadar götürmüştür. O, kiliseyi, şefi şahsında ve Hıristiyan Avrupa'yı Müslümanlara karşı savunmuştur. Onun tercih edilen alanı mistikti. Fakat bu mistik, XII. yüzyılı ayıran büyük entelektüel hareketten uzak bir izolasyon değildir. Bu mistik, doktirinel düzeyde, daha çok belli bir dönemde üstün bir pay almaya yardım etmiştir. Öyle ki ilmin profesyonel payından daha büyük bir pay almaya yani ona rehberlik eden güçlü bir zihniyetle bunu yapmıştı. Bunu eserinde görmekteceğiz.

St. Bernard, Fontaine Dijon'da 1090 yılında doğmuştur. Bernard ilk eğitimini, Bourgogne dükünün subayı olan babası Tescelin'den ve annesi Alett'den almıştır. Aldığı eğitim, kendi seviyelerinde bir eğitimdi ve özellikle de çok sağlam Hıristiyan imanının bir eğitimiydi. Yine o, gençliğinde nadir bir dindarlık tecrübesine sahip olmuştu ve yaşı 22 idi. O, bu yaşta Citeaux'ya gitmiştir.

Onun bu dindarlık tarihi özellikle dikkat çekicidir. 20 yaşında, önce nedametle, sonra biraz zevkle, başıboş arkadaşlarıyla sıkı ilişkiler içinde geçmiş-

---

[1] P.L. 182-185, éd Mabillon, 1667; Trad. Fr: Antoine de Saint Gabriel, Paris, 1678; E. Vacancard, Vie de S. Bernard, Paris, 1895; Article, Bernard, Dans Dict. Théol. Col. 746-785; S. Bernard Orateur, Paris, 1877; Abélard, Sa Lutte Avec S. Bernard, Paris, 1881; G. Goyau, S. Bernard, Paris, 1928; G. Salvayre, S. Bernard Maitre de la Vie Spirituelle, Avignon, 1909; A. Saudreau, La Vie d'Union á Dieu, Paris, 1921; P. Pourrat, la Spiritualité Chrétienne, II, 1921; Paris, p.34-118; T. Heitz, Les Rapports Entre La Philosophie et la Foi, p.67-70; J. Rivière, Le Dogme de la Rédemtion, p.333-339; et 465-471; X. Le Bachclet, İmmaculée Conception, Dans Dict. Théol. Col. 1010-1015; J. Rivière. Mérite, Dans Dict. Théol. Col. 671-675.

tir[2]. İki şiddetli inziva onu uyandıracaktır. Birincisi dışardan olmuştur (yabancı bir şahıs tarafından bir kötülük tahriki olmuştur). Diğeri içerden olmuştur. Tedbirsiz bir bakıştan gelmiş ve kendisini donmuş bir göle atarak kahramanca onu mağlup etmiştir. İşte o zaman bekâr kalmaya ve dünyayı terk etmeye karar vermiştir. Kendi fikrine, amcası Gandry'yi de çekmişti. Böylece dört firére ve yirmi beş kadar genç insanla küçük bir cemaat olmuştu. Chatillon'da altı aylık bir inziva hayatından sonra, hep birlikte 112 yılında CİTEAUX'ya gitmişlerdir. En genç kardeşi olan Nivana ve babası, ona Clairveaux inzivasında katılmışlardır.

Bernard, Citeaux'da[3], üç yıl kalmıştı (1112-1115). Bu yıllar, onun sprituel formasyon ve ilerleme yıllarıdır. Aynı zamanda, sessizlik ve dua yıllarıdır. 1115 yılında zaten bir üstad olma kabiliyetindeydi. Manastır babası Etienne Hardinig onu, Clairveaux'yu kurmakla görevlendirmişti[4]. Citeaux'yu kurtarmak için üç yıldan beri oraya girmek isteyenler akın ediyorlardı. Clairveaux'ya akınlar, çok hızlı şekilde üç yeni manastır kurmuşlardı. İşte o andan itibaren Cisterciennelerin propagandası St. Bernard'ın ölümüne kadar durmayacaktı. 1153 yılında bu manastırda 350 manastır üyesi vardı. Bunlardan 146 adedi, Clairveaux tarafından ve kızları tarafından kurulmuştu. 190 adedi, sadece diğer dört anne Abay'lar tarafından kurulmuştur. Bazı manastırlar mensuplarını yüzlerle ifade ediyorlardı (Clairueaux'da 700). Bernard, bütün bu hareketin hazırlayıcısıydı.

Aynı zamanda onun diğer tarikatlar üzerinde de tesiri vardı. Meselâ, Clunisien'ler birinci derecede buna maruz kalıyorlardı. Onlar kendilerine, Cistercienlerin verdiği çok zor derslerden, bazen dolaylı bazen de doğrudan acı çekiyorlardı. Bu konuda birtakım tartışmalar vukuu bulmuştu. Bernard, sert bir Apologie[5]'de reformu savunmuştur[6]. Orada giyim, gıda konusunda Benedictinelerin gevşekliğini ayıplamakta ve Lüxü mahkûm etmekte ve kutsal mekânların sanat eserlerini tavsiyeye kadar gitmektedir. Bu konudaki eleştiri, Cluny'nin büyük rahibi Pierre le Vénérable tarafından gerçekleştirilen

---

[2] E. Vacancard, Vie 1, p.18.
[3] İbid, p.34.
[4] İbid, p.61.
[5] Bazı Cistercien keşişleri, Cluny dini hayatını tedbirsiz şekilde alay konusu ediyorlardı. Pierre Le Vénérable yazdığı bir mektupta bu eleştirilere işaret etmiştir. Vie, 1. p.100-105.
[6] Bu kitabın ileriki sayfalarına bakılmalıdır.

reformun ciddi şekilde ilerlemesiyle sona ermektedir. O genelde, daha geniş dini bir kavrama doğru eğilim göstermekte ve net olarak sanat kültleri lehine görüş bildirmektedir[7]. Vacancard şöyle der: "**İki eğilim belirlenen prensiplerden daha çok ahlaki noktada devam etmiştir ve hâlâ da devam etmektedir. Her iki manastır rahibi, hemen uzlaşmışlar, oldukça farklı olan ruhları, aynı sonuca sahip olmuştur. Bernard'ın müdahalesi, Cluny'yi tehlikeli bir inişte durdurmuştur**[8]. Onun sayesinde yüzlerce manastır papazı daha dindar bir hayata gelmiştir. Meselâ, bütün bu büyükler arasında Saint-Denis manastır başkanı Sugeri[9] gösterebiliriz.

Yine o, sekulier'lerin de reformu ile uğraşmıştır. Bunlar ister rahip sınıfı olsun ister yüksek sınıf olsun fark etmemiştir. Sens Arşevekine yazdığı mektup, gerçek anlamda kilise disiplini üzerine gerçek bir eserdir[10]. Laiklerde onun aksiyonunun sonuçlarına maruz kalmışlardır: O, herkese adaleti, merhameti vaaz etmektedir. Mabed tarikatını[11] cesaretlendirmektedir. O, şövalye Hıristiyanlığı ruhunu yükselten bir örnektir. Yine o, Fransa kralları olan Louis VI Le Gros'a ve Genç Louis VII'ye görevlerini hatırlatmıştır. Çünkü onlar, sebepsiz yere, kilise yönetimine müdahale etmişlerdi[12].

1130-1138 yıllarında, Papa İnnocent II'nin (1130-1138) seçiminde patlak veren Anaclet II, ihtilafında St. Bernard'ın ilk planda rol oynadığını görmekteyiz. Bernard, Etampes (1130) konsilini inceledikten sonra, İnnocent ve anaclet'in taç ünvanları konusunda, Roma'yı bölen her iki seçimin, düzensizliğin dışında olmadığına kanaat getirmiştir. Fakat daha büyük bir kötülükten sakınmak için, kötülükleri pas geçerek, İnnocent lehine kanaat belirtmiştir. Çünkü onun ahlaki kaliteleri Bernard'a, kilisenin liyakati ve refahı için bir teminat olarak görülmüştü. Louis le Gros, onun kararını kabul etmişti. İngiltere'de Henri I'den sonra ve kral Lothaire de ona katılmıştı. Fakat Anaclet'in taraftarları Roma'da, Milan'da ve Güney İtalya'da oldukça fazla idiler. Onlar, buna boyun eğmemişlerdi. Bernard 1133, 1135, 1137 yıllarında Alplerin ötesine üç defa seyahat yapmıştı ve İnnocent davasını zaferle sonuçlandırmıştı.

---

7   E. Vacancard, Vie, 1. p.115-123.
8   İbid, p.124.
9   İbid, p.174; Suger'in yazılı eseri (1081-1151) için bkz: P.L. 186. O, özellikle VI. Louis'nin hayatını ve 187 mektupluk bir derlemeyi ihtiva etmektedir.
10 De Officio Episcoporum.
11 De Laude Novae Militiae.
12 E. Vacancard, Vie, I, 265; II, 177.

Hatta 1137 Aralık'ın dan 1138 Haziran'ına kadar da Roma'da kalmıştı. Bu esnada, Anaclet vefat etmişti. Ona karşı papa olan Victor IV, halef olmuştu. Fakat Clairveaux manastır rahipleri yavaş yavaş yeni karşı papadan bütün Romalıları koparmışlardı. Victor, düştüğü gülünç durumu hissetmiş ve İnnocent II'nın ayaklarına kapanmıştı. Böylece, ihtilafta sona ermişti[13].

Bu ihtilaftan sonra, Bernard sapıklıkla mücadeleye davet edilmişti. Onun Fransa'ya dönüşünden sonra dikkati, Abélard'ın cesur ilahiyat eğitimi konusuna çevrilmişti. Onun tehlikeli olduğunu anlayarak onu, önce Sens konsilinde (1140) mahkûm ettirmiş, sonra da Roma'da Papa İnnocent II'ye mahkûm ettirmişti[14]. Poitiers piskoposu olan meşhur bir başka profesör olan Gilbert de la Porre'e[15], birkaç sene sonra (1148), Reims konsilinde geri çekilmek zorunda kalmıştı. Rhin de olduğu kadar Langueduc'da da, Manicheennes hataların ortaya koyduğu tehlikeler daha da ciddiydi. Bunun için Bernard, 1145 yılında bu eyalete Apostalik bir seyahat yapmıştı. Bu seyahat bu kötülüğü, köküne kadar yok etmişti[16].

Müteakip yıl Bernard, Eugène III'ün, ikinci Haçlı seferini vaaz etmesini kabul etmişti. Bunun insiyatifini Louis VII almıştı[17]. 1146 yılında Vezalay'daki vaazı, bütün kalpleri ateşlemişti. O, her tarafa yazarak bu büyük Hıristiyan davası için, gönüllüler arıyordu. Bunun için Rhin sahillerini ziyaret etmişti ve ziyaretle Kral Conrad III'ün 1146 Aralık'ında ve 1147 Ocak ayında hareketini sağlamıştı. Gönderilen Louis ve Canrad orduları, organizasyon bozukluğu yüzünden başarısız olmuşlardı. Bernard, bu felaketin sorumlusu olmuştu. Kendisini savunmuştu fakat oldukça çok hücumdan acı çekmişti. Onun gayreti yeniden başlamıştı ve SUGER'le birlikte yeni bir ordu hazırlamaya teşebbüs etmişti ancak başarılı olamamışlardı.

Evrensel Kilisenin menfaati, onu, son nefesine kadar meşgul etmiştir. Çükü onun talebelerinden birisi Vatikan'da bir makamın sahibiydi. Bu, geleceğin papası Eugène III'dü (1145-1153). Eugène, Pise katedralinin başkanı olduktan sonra Clerveaux'da keşiş olmuştu. Bernard, onu Roma yakınındaki Saint-Paul-Trois-Fontaines'a tayin etmişti. O, Romalıların yıllarca devam etmesini istedikleri Cumhuriyet için isyan ettikleri sırada Papa seçilmişti.

---

[13] E. Vacancard, Dans Dict. Théol. Col. 747.
[14] Bu kitabın önceki sayfalarına bakılmalıdır.
[15] a.g.e. bakılmalıdır.
[16] E. Vacancard, Vie, II, p.217.
[17] İbid, 259, 415.

Eugène III, 1145 yılının sonunu ve 1149 yılının son altı ayını zorlukla geçirmişti. Roma isyanının gerçek organizatörü ARNAUD DE BRESCİA idi[18]. Eugène III, bu adama şüpheli geçmişi için tedbirsiz bir af vererek şehre dönmesine izin vermişti. Sens'da (1140) Abelard taraftarı olan rahip ve dindar **Arnaud** kilisesinin reformunu isteyerek kilisenin saf ruhani alana çekilmesini ve kilisenin prenslere boyun eğmesini talep ediyordu. Ayrıca o, artık gerçek kilisenin olmadığını da telkin ediyordu. Bunun üzerine, Eugène III, onu 1148 yılında aforoz etmişti. Artık Eugène III, hayattayken otoritesini tam olarak tesis edememişti. Ancak o, bu işi, 1155 yılında onun halefi olan Adrien IV döneminde gerçekleştirebilmişti.

Eugène III, hareket ettikçe, Bernard diğer tarafta kilise reformu konusunda düşünüyordu. Ancak onun reform düşüncesi, Arnaud'dan tamamen farklıydı. 1149 ile 1153 yılları arasında yazılan DE CONSİDERATİON, Vatikan ruhani meclisinin ve kilise disiplinin bir restorasyon planını ihtiva ediyordu. Bernard, bu kitapta, farklı yolsuzlukları açıklamaktadır. Ancak kilisenin temelini sarsmamaktadır: Arnaud'u mahkûm eden papalar bile, onun programını beğenmişlerdir. Bu kitap, Bernard'ın, Eugène III'e veya heleflerine bıraktığı bir vasiyet gibiydi. Çünkü Eugène, 1153 Temmuz'unda vefat etmişti. Bir müddet sonra Bernard'da vefat etmişti (1153). 1174'den itibaren o, aziz ilan edilmiş ve 1830 yılında da kilise doktoru ilan edilmişti. Fakat yüzyıllardan beri gelenek ona, Doctor Mellifluus ünvanını vermiştir.

II. ESERLERİ

St. Bernard'ın eserinin büyük bir kısmı olan doktrin, eserinin en zengin kısmıdır ve o, onun hatiplik eserinde bulunmaktadır. Fakat 14 eser veya risalesi de oldukça değerlidir. Özellikle, spritüaliteye tahsis edilen beş risalesi dikkat çekicidir. Diğer dört eseri, kilise reformuyla ilgilidir. Geri kalan beşi de farklı konularla ilgilidir. Onun mektuplarının sayısı 500'ü bulmaktadır.

A. Vaazları

St. Bernard'dan 332 vaaz kalmıştır. Bunlar dört grupta toplanabilir:

a. **Tempore**[19] **denilen 86 vaaz vardır:** Bunların çoğu pazar günü ve bayramlar hakkındadır. 4 adedi "De Laudibus B.M.V. Super Missus Est, İnnocent

---

[18] E. Vacancard, Vie, II, p.235.
[19] P.L. 183, 35-360.

Azizleri konusundadır[20]. 17.si, 90.cı mezmur konusundadır: Qui Habitat[21]. Bu sonuncuların tarihi muhtemelen 1140 yılıdır. Bu son grubun 11-14. vaazları, özellikle 12. Cisi, "**Anges Gardiens**"[22] = Bekçi Melekler konusundadır.

b. **Sanctis'in 43 vaazı**[23]: Birçok azizi övmekte ve özellikle Meryem'i övmektedir. Burada Meryem'in belli başlı sırları açıklanmıştır. Özellikle "De Aquaeductu"[24] denilen NATİVİTE konusundaki vaazı belirtelim. Bu Meryem üzerindeki meditasyon doktrinini geliştirmektedir. Diğer cenaze duaları, özellikle kardeşi Gerard'ın duası (26. vaaz in canat), övgü nutuklarına benzemektedir.

c. **117 çeşitli vaazlar**[25]: Bunlar öncekilerden kısadırlar.

d. **Neşideler Neşidesi konusunda 84 vaaz**[26]. Birincileri, rahip 1135 yılında kompoze etmiştir. Son altısı, ölümünden az önce yazılmıştır. Orada onun mistik doktrini açıklanmaktadır.

St. Bernard'ın şifahi eseri, Hıristiyan ve havari belagatinin çok güzel bir modelidir[27]. Bu nutukların birçoğu, papazlar toplantısında söylenmiştir[28]. Bütün bu eserler, şekil olarak doğaçlama ile yapılan konuşmalardan oluşuyordu. İşte klasik bölümlemenin eksikliği ve sözün uzatılması bundan kaynaklanmaktadır. Yine yüksek düşünce ile konuşmanın hararet, bu nutukların en belirgin karakteriyle buradan kaynaklanmaktadır. Vacancard bu konuda şöyle demektedir: Bunlar, Fransız kürsüsünün şaheserleridir[29]. Bernard, bu tür doğaçlamaya, düşüncesini olgunlaştırmadan asla gitmemiştir. O, daima şöyle diyordu: "**Dinleyicileri kırmadan önce, ekmeğini pişirmek gerekir.**" Yine o, kötü bir aşçı olmaktan çok korkuyordu. Onun nutukları,

---

[20] P.L. 183, 55-88.
[21] P.L. 183, 185-254.
[22] Bekçi meleklere olan inanç, yüzyıllardan beri bu beliğ sayfalarda beslenmiştir. En hararetli dindarlığa nüfuz etmiştir. St. Bernard, başkasından daha çok bunun yayılmasına katkı sağlamıştır. Bkz: L. Pourrat, Op. Cit. p.89-92. XIII. Homeli, 2 Ekim'de dua kitabında zikredilmiştir. Zaten Bernard birçok vaazında ve eserinde meleklerle meşgul olmuştur. Bkz: Vacancard, Dict. Th. 769-770.
[23] P.L. 183, 359-536.
[24] P.L. 183, 437-448.
[25] P.L. 183, 537-748.
[26] P.L. 183, 785-1198.
[27] E. Vacancard, Vie, 1. ch. XVI. Hatip Bernard, p.453-470.
[28] Bunlar yazılmamışlardır. Fakat yukarıdaki birçok vaaz, XII. yüzyılın sonunda Fransızcaya çevrilmiştir. Bu metinler, muhafaza edilmiş ve Fransızcanın ilk şifahi abidelerini teşkil etmiştir. Bkz: 8. Des Granges, List. Litt. Franç, 1910, p.158.
[29] İbid, p.470.

daima güçlü bir doktrinel cevher takdim etmektedir. Ona bu kelime oyunları ve antitezler için belli bir zayıflık sitemi yapılmaktadır. Fakat onun bu zayıflığı, asrının zayıflığıdır. Yine de bu onu, muazzam bir hatip yapmaktadır. Her ne kadar üslup yönünden yeterli olmasa da, fikirlerinin yüksekliği ve hararetli gayreti için yeterlidir. Bu bakımdan Bernard, rakiplerinden korkmamaktadır[30].

B. Eserleri

a. St. Bernard'ın en meşhur eserleri spritialiteye bağlıdırlar. Bunlar, SOMME ASCETİQUE tarzında gruplandırılmışlardır. Bunu, ileride göreceğiz. Ancak bunlar, önceden tasarlanan bir plana göre kompoze edilmemişlerdir. Genelde bunlar, zamanın şartlarının yazılarıdır.

1. **De Gradibus Humilitatis et Superbiae**[31]: Bu kitap 1121 ile 1125 yılları arasında Fontenay rahibi Godefroid'ın isteği üzerine hazırlanmıştır. O, Benedict'in tarikatının, tevazu üzerindeki 12 derecesini açıklayan bir bölüm arzu ediyordu. Bernard ona, kendi keşişlerine 21. bölümde verdiği derslerin bir özetini göndermiştir.

2. **De Diligendo Deo**[32]: 1126 yılına doğru bir dostunun isteği üzerine yazılmış bir risaledir. Bu dostu, Roma kilisesinin başkanı olan AİMERY'dir. Böyle bir konu, Bernard'ın hoşuna gitmektedir. O, onu önemli bir eser olarak kabul etmiştir.

3. **De Gratia et Libero Arbitrio**[33]: Bu eser, 1127 yılına doğru bir dinleyicinin sorusu üzerine kaleme alınmıştır: Şayet liyakat, inayetle Allah'tan geliyorsa hür irade ne yapmaktadır? Buna verilen cevap St. Augustin'den mülhemdir.

4. **De Praecepto et Dispensatione**[34]: Bu eser, kendisine danışan keşişlere verilen cevaplardır[35]. Bernard, burada özellikle dinî doktrininin açıklamasına bağlı kalmaktadır.

5. **De Considevatione**[36]: Bu kitap, Papa Eugène III'e hitaben yazılmıştır. Ancak onun yazılması, birçok yıl sürmüştür: 1. Kitap 1149; İkinci kitap 1150;

---

[30] İbid.
[31] P.L. 182, 941-972.
[32] P.L. 182, 941-972.
[33] P.L. 182, 973-1000. Bu risale, Pax koleksiyonu içinde tercüme edilmiştir.
[34] P.L. 182, 1001-1030.
[35] P.L. 182, 859-894.
[36] Manastır rahipleri, üstadlarından bilgi istemişlerdir. Bernard bir manastır dostuna cevabını göndermiştir. O da bu bilgileri, ilgililere ulaştırmıştır.

Üçüncü kitap 1152; Dördüncü kitap 1153. Bu eser, pastoral olduğu kadar da yüksek zahitlik eseridir.

b. Bernard'ın reformla ilgili eserleri, toplumun bütün sınıflarındaki yolsuzlukları açıklamaktadır:

1. **Apologie**[37]: Bu eser, Guillaume de Saint-Thiérry'ye hitaben 1127 yılında yazılmıştır. Burada, hücum edilen tarikatını savunmaktadır. Fakat Cluny Benedictin'in bir rahibine, sert ve mahirane bir saldırıyla bunu yapmaktadır. Şayet bu beliğ eser, Bernard'ın bütün iddialarını zafere ulaştırmasa da o, en azından Culny keşişini, Pierre le Venérable'ın ona yönelttiği ateşli hayatı sağlamlaştırmış ve Cistercien'lerin, kurucularının onları sevk ettiği katı yolda gitmelerini sağlamıştır.

2. **St. Bernard, De Moribus et Officio Episcopovum'da**[38], seküler elit rahipler sınıfına dersler vermektedir. Sens Arşeveki olan Henri ile Sanglier'yeye hitaben yazılan bir mektup, olgun bir hayat yaşamak için kararını sağlamlaştırmıştır. Bernard, ona iffetli olmayı, merhameti, mütevazı olmayı öneriyor. Lükse ve bağımsızlığa karşı uyarıyor ve ona Papaya itaatin zaruretini hatırlatıyor. Henri'den sonra birçok piskopos bu nasihatlerden yararlanmışlardır.

3. **De Conversione ad Clericos**[39]: Rahiplere ve okulların genç öğrencilerine hitap etmektedir. Bu, Paris'te verilen bir vaazdır. Ancak daha sonra yazar tarafından düzeltilmiştir. Kısa bu eser, bir ihtida eseridir.

4. **De Laude Novae Militiae ad Milites Templi**[40]: Bernard, bu eserde Temple tarikatını kuran kurucuya cesaret vermektedir. Bu yeni şövalye tarikatı, diğer dünyevi şövalyelerden ayrılmaktadır. Bunu konu edinmektedir: Dünyevi şövalyenin savaş huyu, Hıristiyan savaş teorisine muhalefet etmektedir. Onun feodal âdetleri, uzun müddet yaşamıştır. Eserin sonu (6-13), kutsal mekânlar üzerindeki ahlâki düşünceleri geliştirmektedir.

c. St. Bernard'ın diğer risaleleri oldukça farklı konuları işlemektedirler: Meselâ, ilahiyat-ibadet-methiyelerle ilgili konular dikkat çekmektedir:

---

[37] P.L. 182, 727-808; P.L. 182, 95-918.
[38] P.L. 182, 809-834.
[39] P.L. 182, 833-856.
[40] P.L. 182, 921-940.

1. **De Baptismo Aliisque Quaestionibus**[41]: Bu eser, Bernard'ın arkadaşı Hugues de Saint-Victor tarafından vaftiz, Eski Ahidin pederleri, enkarnasyonun sırları hakkındaki bilgiler ve melekler hakkında sorulan sorulara bir cevap olarak hazırlanmıştır. Burada karşılaşılan güçlükler, Abélard tarafından Clairevaux rahibinin yaptığı eleştirilerden kaynaklanmaktadır.

2. **Contra Capitula Errorum Petri Abélardi**[42]: Bu, Bernard'ın papaya, yenilikçiyi ifşa etmek için gönderdiği bir mektuptur. "Bu yazı, Bernard'ın en iyi yazıları arasında bulunmaktadır." Ona, Abélard'ın doktrinlerinin tamamını içine almadığı için sitem de edilmiştir. Yine de onu tanımamak ilginçtir. Bernard'ın ifşa ettiği şey spekülatif metodun yolsuzluğudur. Bu, Abélard'ın ilâhiyatının karakterini ve tehlikesini karakterize etmektedir[43].

3. **Dialogue Sur l'Antiphonaire Cistercien**[44] **veya Tractatus de Cantu:** Bu yazı, Antiphonaire reforme'yi takdim için ber mektubun ön sözüdür.

4. **Office de Saint Victor**[45]: Bu eser, Bernard tarafından yazılmış ve muhafaza edilmiştir. Burada özellikle üç ilahiye dikkat çekilmiştir. Ancak şair Kantite'yi ihmal etmekte, heceleri anlam olarak takip etmektedir. M. Vacancard, "onun mısralarının, nesir değeri yoktur" demektedir.

5. **Vie de Saint Malachie**[46]: Şahane bir övgü eseridir. Bernard'ın arkadaşı Armagh'ın İrlandalı Arşevekidir. Bu, Clairevaux rahibinin tamamlanmış yazılarından birisidir. Onun üslubu, saf, açık, beliğ ve orijinaldir. Bunu hiçbir yazar, onun asrında Jean de Salisbury dâhil geçememiştir[47].

C. Mektupları

S. Bernard'ın iletişiminin sayısı 354 mektubu bulmaktadır[48]. Muhtemelen diğerleri, yazmalar halinde muhafaza edilmiştir. Bu mektuplardan bazıları, ayrılmışlar ve risalelere eklenmiştir: Ep.42. Henri de Sens'a (De Moribus) yazılmıştır. 77 mektup, Hugues de Saint-Victor'a (De Baptismo) yazılmıştır. 190

---

41 P.L. 182, 1031-1046.
42 P.L. 182, 1053-1072; P.L. 182, 1049-1053. Bkz: Dict. Théol. Art. Abélard, Col. 43-45..
43 E. Vacancard, Op. Cit. Dict. Théol. Col. 760.
44 P.L. 182, 1121-1132.
45 P.L. 183, 775-780.
46 P.L. 182, 1073-1118.
47 E. Vacancard, Vie, II, p.373. Bkz: 29. chap. P.348-377. S. Bernard'ın yazısında, S. Malachie'ye atfedilen meşhur kekanete hiçbir telmih yoktur.
48 P.L. 182, 67-662, diğerleri için bkz: Vacancard, Dict. Théol. Col. 757-758.

mektup, Papa İnnocent II'ye (Contra Abaelardum) yazılmıştır. Bu son mektuplardan, 188. 192. 193. 331-336. ve 338. mektuplar hep aynı konuyu işlemektedirler.

Guigues le Chartreux'ya yazılan on birinci mektup, merhamet üzerinedir. De Deo Diligendo risalesinin mükemmel bir tamamlayıcısıdır.

Bütün bu mektupların tamamının, çok büyük bir değeri vardır. Bu değer, hem XII. yüzyıl tarihi için, hem St. Bernard için hem de onun doktrini için geçerlidir. Bu mektupları konularına göre[49] tasnif edebiliriz: Kilisi ile ilgili mektuplar (ilahiyatla, disiplinle, papa ile ve piskoposlarla ilgili olanlar), ahlakla ilgili mektuplar (faziletler, Hıristiyan müminin ödevleri, prenslerin ödevleri ile ilgili olanlar), zahidane mektuplar (dini durumla ilgili olanlar). Bu kategorinin dışında kalan çok sayıdaki mektuplar, farklı problemleri işlemektedirler. Bu geniş belgelerin tarihi, henüz kesin olarak ortaya konmamıştır[50].

Yine yüzden fazla nesir, yanlış olarak S. Bernard'a atfedilmiştir[51]. Meselâ, İmtitation de J.C. birçok alıntılara rağmen onun değildir[52].

Mémorare isimli eser, geç vakitlerde S. Bernard'ın Assomption[53] üzerine olan iki vaazından alıntılarla kompoze edilmiştir. Her halükârda, dindar olan yazar, bundan ilham almıştır. Ona, haksız olarak 50'den fazla dini şiir atfedilmiştir. Meselâ, özellikle Alma Redemptoris Mater (a'Herman Contract), Ave Maris Stella, Salve Regina, Laetabundus Exullet Fidelis Chorus, bunlardandır[54]. Bu ilahilerin birçoğu Clairveaux rahibinin vaazlarından mülhemdir. Meselâ, (Jesus) İsa, Dulcis Memoria[55] gibi. Muhtemelen bunlar, Bernard'ın şifahi cümlelerinden üretilmişlerdir[56].

---

[49] P.L. 182, Col. 1197-1200.
[50] Vacancard, Vie, II, p.564-567.
[51] P.L. 184.
[52] Bu kitabın ileriki sayfalarına bakılmalıdır.
[53] Vacancard, Vie, II, p.94-95. IV. Vaaz. 8 de S. Bernard şöyle demektedir: "Ey kutsal bakire! Senin sırrın konuşulmuyor. Kim senin zaruretlerini söyleyecek? İşte bu, Memorate'nin konusudur. Yine 15. vaaza bakılsın. P.L. 183, 428-438.
[54] Vacancard, Vie, II, p.80-81, 95; Haureau, Les Poémes Latins attribues a' S. Bernard, Paris, 1890; Vacancard, Rev. Quest. Hist. 1891, p.218-231.
[55] Muhtemelen XIV. yüzyılın Benedictin bir rahibesidir.
[56] De Diversis, Serm. IV, n.1; Bkz: Vacancard, Vie, II, p.101.

III. DOKTRİN

A. Doktor

Mabillon, Bernard'ı Kilise Babalarının sonuncusu ve en büyüğü olarak yazmıştır[57]. Bu hüküm bir abartma değildir. Bu, doktorun bütün şahsiyetinden, eserinden ve düşüncesinden çıkarılan harika bir intibadır. O, önce Hıristiyanlığın antikite kültüne sahiptir. Orada o, münhasıran üstadları olan St. Grègoire'ı, St. Ambroise'ı ve özellikle St. Augustin[58]'i aramaktadır. Onun inayet misyonlarından birisi, özel bir güçle diyalektiğin rağbette olduğu bir asırda, geleneksel ilâhiyatta kalma zaruretini hatırlatması olarak görülmektedir. Zaten o, bizzat çok uyanık ve derin bir ilâhiyatçıydı. Okulların boş kavgaları ondan kurtulsa da, gerçek metafizik onun için bir sır değildir. O, oraya uzun bir muhakemeden sonra, karanlık labirentler içinde, çoğu defa el yordamıyla şaşıran diyalektisyen tarzında girmemektedir. O, oraya uçuşla yükselmekte, teolojik istikametinin güvenliği sayesinde oraya sezgiyle nüfuz etmektedir. Tek kelimeyle o, problemleri aydınlatmaktadır. En mahir olanlar bile, uzun yıllar, ihmal edilen zorlukları onun çözdüğünü görerek hayret etmektedirler[59].

Bu derin ilahiyatçı, her şeyden önce, bir mistiktir. Bunun için ona Doctor Mellifluus denmiştir. Gerçek bir mistiğin karakteristik çizgilerinden birisi olan bu kutsamayı ifade etmek için bu kullanılmıştır. Kutsama (Onction), şefkat karışık bir mutluluktur ki, karakterde tatlılığı, güçlü nüfuzu çekmektedir. O, stili harekete geçirmekte, onu tatlılaştırmaktadır ve onu ruhun derinliklerine kadar iâhi inayet tarzında, nüfuz ettirmektedir. İşte Bernard, bu yüksek dereceye sahiptir[60]. Zaten Kutsal Kitabın dini etüdü ve onun icra ettiği tefekkür, felsefeden daha fazladır. Düşünceden daha çok Allah'a ulaşmak için görünen yol, tevazu olarak görülmektedir. Tevazu, hakikatin kız kardeşidir ki ilk derecede insan olma bilgisini vermekte, ikinci derecede de komşu için merhameti ilham etmekte, üçüncü derecede de Allah'ı müşahede ettirmektedir[61]: Hıristiyan zahitliğine girişin bu üç derecesi, Bernard'ı bu tefekkür

---

[57] Opera, Praef. Gen, 23, P.L. 182, 26.
[58] E. Vacancard, Dict Théol. Col. 761.
[59] İbid, 782.
[60] İbid, 783.
[61] De Grad, Huml, 4-7.

bilgisine sevketmektedir. Bu, onun eserinde mükemmel bir şekilde ifade edilmiş ve ona, çok katı bir ilim için birkaç sertlik ilham edilmiştir.

Tabii ki onun ilmi hor gördüğü, doğru değildir. O, kendisini takip eden insanları dört kategoriye ayırmaktadır: **Değerlendirmeyi arayanlar-Onu satmak istiyenler**. Bunlar aşağılık tüccardır. **Başkalarına iyilik yapmak isteyenler**. Onlar, merhamet içindedirler. Nihayet **kendilerini yapılandırmak isteyenler**. Bunlar tedbirli insanlardır[62]. O, bu son iki grubun iyi olduklarını ve meşru olduklarını beyan etmektedir. Fakat o, özellikle spritüal gıdadan yapılan yolsuzluklarla sarsılmıştır. Onların çoğu, hazmedilinceye kadar harcanmaktadır[63]. O, yeniden karakteristik bir ısrarla favori konusuna gelmektedir. Bu konu ise, tevazu ve kendini bilme zaruretidir.

Karşı önlemlere rağmen, St. Bernard, doğan skolastiğin üzerinde bizzat mistisizm ile çok güçlü bir teori icra etmemektedir. Burada muhalefet değil, mistikle skolastik arasında, uyum ve paralellik söz konusudur. Bunu, M. Grabmann, haklı olarak belirtmektedir[64]. Üstelik ikinci grup, ilk sırada ilahiyatta ciddi avantaj bulmaktadır: O, diyalektik antremanlara, karşı bir ağırlık sağlamakta, ilim ve imanın temel problemini aydınlatmak için aydınlıklar getirmektedir. Yine o, geleneksel delillerin kıskanç bekçisi olmaktadır. Bunlar olmamış olsaydı, ilahiyat, serapa beşeri bir ilim olacaktı. Nihayet o, tatlılığıyla, skolastik metodun açıklamalarında oldukça soyut ve soğuk takdim edeceği şeye de düzeltiyor. Grabmann, şöyle demektedir[65]: St. Bernard, bütün bu noktalar üzerinde oldukça etkili bir aksiyon icra etmiştir. O, şiddetle diyalektikçilerin bütün ilahiyatı maceracı bir metodla uzlaştırmalarını ifşa etmektedir[66]. Bizzat o, bazen oldukça zor problemlere davet edilmiştir. Gerçi bunlar oldukça azdır. Orada, onun şahsi aksiyonu mutlu şekilde hissedilmektedir. Tehlikeli ve endişeli rastyonalistlere olan muzafferane muhalefeti, çabuk bir şekilde skolastiği uzlaştırmıştır. Nehrin yatağında gitmesini sağlayan bu bend rolü taşmaya hazırdır[67]. Belki bu verimsiz bir roldü, ancak çok değerliydi.

---

[62] Neşideler Neşidesi, 36/3.
[63] İbid, 4, 5.
[64] Geschichte der Schastischen Me Hadde, II, p.94-97.
[65] İbid, p.98-100.
[66] İbid, p.104.
[67] İbid, p.108.

St. Bernard'ın aksiyon doktrini, özellikle bir spritüal doktrindi. Onun spritüalitesi, onun genel tesirini açıklamaktadır. Bu spritüalite çerçevesinde onun bütün doktrini yanlış veya cansız değildir. Zaten bu alanda Doctor Mellifluus, kilisede öğretmeye devam etmiştir. Antikitede, St. Augustin gibi o, Batı dindarlığının en tatlı ve en güçlü markasıdır. Orta çağdan beri o da St. Augustin'e kadar[68] okunmuş ve düşünülmüştür. Günümüzde en çok okunan "İnitation de Jesus-Christ" gibi dindarlık kitabını ilham etmiştir. Buna çok sayıda mutluluk karakteri sağlamış,[69] özellikle, ona Ama Nesciri[70] kelimesi yön vermiştir. Şimdi onu, Katolik ruhaniyetinin en otoriter üstadlarından birisi yapan doktrininin temel noktalarını görelim.

B. St. Bernard'ın Zahitliği

1. Bernard'ın zahitliği, sağlam bir zahitlik üstüne oturmaktadır. Onun zahitliği, insanın Allah'la birleşmesi için aktivitesini sergilemesine borçludur. Onun zahitliği, hür irade ile inayetin ilişkileri üzerine dayanan çok sağlam teolojik bir doktrine sahiptir. O, bunu "De Gratia et Libero Arbitrio" isimli eserinde açıklamaktadır. O, doktrininin ismini St. Augustin'den almıştır[71]. St. Augustin'le Bernard, "insanın liyakatlerinin sadece Allah'ın lütuflarıyla olduğunu" kabul etmektedir. Fakat onlar, irade işbirliğini de hesaba katıyorlar. Bizi ne kurtarıyor? Allah'ın inayeti. O zaman hür irade ne oluyor? Buna şöyle cevap veriyor: O, kurtulmuştur, hür iradeyi kaldırınca, kurtulacak hiçbir şey kalmaz. Bunun için her ikisi de gereklidir. Birisi almaktadır, diğeri icra etmektedir[72]. O, hür iradenin tabiatını belirtmeye uygundur. Bu, bizzat onda olsun veya insanlığın bulunduğu tabii halde, inayet altında olsun fark etmez. O, düşmüş insanın, tam bir hür iradeye sahip olduğunu (etsi miserum, tamen integrum)[73] belirtmektedir. İnayet aksiyonunun altında, iradenin rolünün payı bulunmaktadır. Bu, bütün liyakatin ondan geldiği demek değildir. Çünkü biz kendi kendimize iyi bir düşünceye sahip olmaya kabiliyetli değiliz. İşte iyi bir onayın nedeni budur. Fakat bu onay, bizden değil, Allah'tan gelmektedir. Yine de bizsiz o, meydana gelmez. Allah'ın inayeti ve hür irade,

---

[68] E. Vacancand, Dict. Théol. Col. 784; Vie, II, p.538.
[69] İbid, II, p.538-539.
[70] İmit. J, C, I, c.II, Bernard, in nativ. Domini, p.667.
[71] Bkz: I. cilt, p.619 ve 667.
[72] De Grat et Lib. Arb. 1,2; bkz: E. Vacancard, Dans Pensée ch. P.249-256.
[73] İbid, VIII, 24.

birbirine karışıktır. Öyle ki onların operasyonları bölünmezdir, inayet aksiyonu ve hür iradenin işi beraberdir[74]. Biz de iyi düşünceyi, isteği ve mükemmel aktiviteyi meydana getiren Allah'tır. Biri, biz olmadan vardır, diğeri bizimle vardır. Sonuç yine bizimle vardır[75]. Bu tanrısal inayetle, hür iradenin işbirliği doktrini, St. Bernard'ın, en kesin doktrinidir. Bu da St. Augustin'in düşüncesinin bir yankısıdır. Bu teori, amelsiz imanla kurtulma şeklindeki Protestan teorisinden oldukça uzaktır. Protestan düşüncesini, Clairveaux rahibi reddetmektedir. Her ne kadar bazıları onun reforme olduğunu söyleseler de[76].

İnsan ahlakının, Allah'ın inayetiyle bu işbirliği zarureti, Bernard tarafından düşünülmektedir. Zahitlikte, ruhları olgunluğa sevk etmek kaygısında o, aksine ilerleme kanunu üzerinde ısrar etmektedir. Aslında bu, onun öğretisinin en temel konularından birisidir. Ona göre, bir kimse daha mükemmel olmak istemiyorsa mükemmel olamaz ve daha yüksek bir mükemmelliği arzularken kendimizi daha mükemmel olarak görürüz[77]. Üstelik bu, daha yükseğe çıkmayı redden ziyade, bütün güzelliği kaybetmektir. Şüphesiz, bu durumda o, en iyi olmayı reddedenden de daha iyi olamaz. O andan itibaren en iyi olmak reddedilmek ve iyi olmakta sona ermektedir[78]. Bernard uzun uzun rahip Guarin'e ilerlemeyi istememenin gerileme olduğunu ispat etmektedir (Nolle Profiure Deficere Est)[79]. Sürekli, olgunluğa ulaşmayı sevmek bir nevi onu elde etmektir[80]. Jacob'un mistik basamağı üzerine, melekler çıkmaktalar ve inmekteler. Fakat hiç durmamaktadırlar ve insana bu dünyada, hiçbir orta noktanın olmadığını öğretmektedirler[81].

2. Bernard'ın en çok tavsiye ettiği yükselme vasıtalarından birisi tevazudur. Bu, ona, olgunluğa ulaşmak için en güvenli fazilet olarak görülmektedir.

"Onun küçük eseri olan "De Gradibus Humilitatis et Superbice", St. Benoit'ya göre, bu faziletin on iki derecesini açıklamaya çalışmaktadır. Bu eser, dokuz bölümlük uzun bir girişle başlamaktadır. Tabiatı ve avantajları

---

[74] İbid, XIV, 47.
[75] İbid, XIV, 46.
[76] E. Vacancard, İbid, p.253-258.
[77] Epist, 34, 1.
[78] Epist, 91, 5.
[79] Epist, 254, 4.
[80] İbid, 3.
[81] İbid, 5; Epist, 91, 3.

göstermektedir. Tevazuyu tarif etmektedir (Birinci bölüm). Burada daha çok mükemmel tevazu mefhumu anlatılmaktadır. Fakat onun için avantaj olan ruhlara yüksek bir hedef göstermektedir ve kalbi tutan karakter üzerinde ısrar etmektedir. Bu, tevazunun meyvesi olan bu hakikat, üç derecedir: **Birincisi, kendisinin sefaletini bilmektir (ch. IV). İkincisi, başkasının sefaletini gidermektir (ch. V). Üçüncüsü, Allah'ı müşahede için, ruhu temizlemekdir** (ch. VI). Teslis bizde, üç hakikat derecesini meydana getirmektedir. Bu üç derece, hakikate giden yoldur (ch. VII). Bernard, bu ilk tasnifte[82] on iki dereceye bir başka şey ilave etmek istiyordu. Fakat düşüncesini değiştirerek, olgunluktan nasıl tedrici şekilde iniliri göstermeyi tercih etmiştir: 1. Merak, 2. Ruh hafifliği, 3. Çılgın sevinç, 4. Övünme, 5. Tuhaflık, 6. İnat, 7. Kibir, 8. Kendisini beğenme, 9. Riya, 10. İsyan, 11 Laubalilik, 12. Günah alışkanlığı (ch. 9-27). Bunlar onun işaret ettiği gururun dereceleridir. O, keşişlerin şahsında gururu meydana getiren katı kuralları tespit etmiştir. Olgunluğa ulaşmak isteyen bir kimse, bunları teker teker silmesi gerekir.

Bernard için dini hayat, tam olarak bir olgunlaşma okuludur. Onun gerektirdiği feragatlerle ve onun icra ettiği fazilet öğretileriyle özellikle itaatle o, mükemmel bir okuldur[83]. Clervaux rahibi dini tarikatlar arasında ahlaki hiyerarşiyi bununla tesis etmektedir. O, Chartreux'leri, regülüler piskoposların üstüne koymakta tereddüt etmemektedir. Benedict'in tarikatında, Cisterciens'leri, birinci sıraya koymaktadır. Çünkü onların hayatları, diğer tarikatlara göre oldukça serttir. O, bu temel üzerinde az katı olan bir tarikattan, daha katı kurallı bir tarikata geçmektedir. Aksi asla söz konusu değildir. Çünkü gerilemeden düşme olmaz[84]. Dini hayatın zorunlulukları arasında en kutsallaştırıcı olanlar itaattir. St. Bernard, bunu net ifrata kaçmadan, unutmanın sonucu olan basit ihlalleri (VIX Peccatum reputatur), otoriteyi şeklen hakir görmekten ayırmaktadır. Bu hakir görmeler, kibirden gelmektedir ve onu ihmalden ayırmak gerekir. Çünkü ihmal, tembellikten kaynaklanmakta ve daha az suçlu görülmektedir[85].

---

[82] Bernard bununla üç yol veya sprütüel hayatın üç menzilini belirtiyor.
[83] Bkz: De Praecepte et Dispcusation, cf. Vacancrd, Dans Penseé ch. p.42-44; Dict. Théol. Col. 755-756.
[84] De Praecepteetdisp, c.15.
[85] İbid, c.5-15.

3. St. Bernard'ın doktrinini, bir sentezde, Allah aşkına geniş bir yer vermeden belirtmek ciddi bir hata olacaktır. St. Bernard'ın katılığına her yerde bir tebessüm refakat etmektedir. Onun için perhizin dikenleri merhametin güzel kokulu gülünü muhafaza etmektedir. Onun eserinin tamamında aşk ayrı bir yere sahiptir. O, Neşideler Neşidesi üzerine verdiği vaazlarda, mistik zirveyi muhteşem parlak terimlerle tebcil etmektedir[86]. Fakat o, sadece mükemmellere konuşmaz. Spritüal hayatta ki ilk adımdan itibaren o, Hıristiyanı, aşka doğru itmekte ve orada sarahatle yaratılışı ve Guigues le Chartreux'ye[87] yazdığı mektupta bu alandaki gelişmeleri tasvir etmektedir. Yine o, güzel kitabı olan "De Diligendo Deo"da, St. Augustin'in inandığı bir kelimeyi tefsir etmektedir[88]. Allah aşkının ölçüsü, ölçüsüz olmaktır: Causa diligendi Deum Deus, modus, sine Modo diligene'dir.

Bu kitabın ilk yedi bölümünde, Allah'ı sevme sebeplerini belagatle açıklamaktadır. Yani Allah'ın sonsuz olgunluklarını ve Onun bize olan özel aşkını açıklamaktadır. Kitabın sonunda (8-15. böl), özellikle yaratılışı, ruhlarımızdaki bu aşkın olgunlaşmasını ve gelişmelerini açıklamaktadır. Bunun temeli kendimizde taşıdığımız tabii aşkta bulunmaktadır. Allah'ın inayeti bu aşkı tabiatüstü hale getiriyor ve naklediyor: Bu aşk, sıra ile Allah'ı sevdiriyor: a. Lütufları nedeniyle, b. İyiliği ve lütufları için, c. Sadece kendisi için. S. Bernard'a göre aşkın dört derecesi vardır: 1. Özel aşk, 2. Paralı aşk, 3. anne ve baba aşkı, 4. Saf aşk[89].

Aşkın şekillerinden veya güçlerinden birisi, dindarlıktır[90]. İsa-Mesih insaniyeti, St. Bernard'ın ruhunu çekme yeteneğine sahiptir: Bu kült, onda Meryem'e karşı bir sevgi dindarlığı olmaktadır. Modern spritüalite üzerinde bu noktalarda hudutsuz tesir icra etmiştir. "Orta çağ dindarlığıyla kıyaslanmayacak olan büyük yenilik yazılmıştır[91]. Bu zekâ ve aşktır. Daha doğrusu, Mesihin insaniyetinin çektikleridir. Bedenleşmiş kelime olan "Homo Christurs Jesus" sadece taklit edilecek bir şey değildir. O takip edilmesi gereken bir rehberdir. Diğer yandan o, ruhun içini aydınlatan bedenleşmiş aydınlıktır. O,

---

[86] İlerideki Mystique bölümüne bakılmalıdır.
[87] Epist, XI.
[88] Bu kelime Sévère de Miléve'dendir. İnter epist. Augustini, Ep.109.
[89] İn Cautic. Serm. 20.
[90] P. Pourrat, Op. Cit. p.59-76.
[91] Christus, éd. 1906, p.1119-1121.

insanlığına kadar dâhil olmuştur[92]. O, ruhun eşidir ki onunla hareket eder, onda bulunur ve onun dostudur. İşte ruhları, İnsan-Allah olan Mesihle samimiyetle götüren bu hareketin öncüsü, S. Bernard'dır. Aziz François d. Assise ve taklit, sadece bunu hızlandıracaktır. Liturjik zaman konusundaki vaazlarında aziz rahip, bu düşüncelerini geliştirmektedir. Mesihin hayatının bütün sırları, onu çekmektedir. Ancak Mesihin çocukluğu daha da dikkat çekicidir[93]. O, bunu çok tatlı şekilde passionunda terennüm etmiştir. Onun bütün detayları aşkı ateşlemektedir[94]. Onun isminin heceleri bile insanı titretmektedir[95]. İsa'nın passion'da bizi tahrik için gösterdiği aşk üzerindeki vaazlarında aynı ateşli terimlerde bunu göstermiştir. Hatta o, bunu, sadece kurtuluş dogmasına tahsis etmeksizin, Abélard'a karşı bütüncül savunmasında da yapmıştır[96].

Meryem'e olan saygı[97], onun İsa'ya olan saygısının bir uzantısıdır. St. Bernard'ın sahip olduğu ve uyguladığı bu saygı, Lyon'da yayılmaya başlayan lekesiz hamilelik bayramına girişe karşı bir protestoydu. Ayrıca mektubunda sadece bu bayramı reddetmiyordu. Bu tür bir hamileliğin karakterini de inkâr ediyordu[98]. Bernard, Meryem'in bütün imtiyazlarını, onun anneliğine bağlamaktadır. O, özellikle iki faziletin Allah'ın nazarını Meryem'in üzerine çektiğini söylemektedir. Onun tevazuu ve bekâreti. Meryem bekâretiyle beğenilse de, tevazuu ile hamile kalmıştır[99]. Meryem, sadece inayetlerle dolu değil, o bizim içindir[100]. O, bizzat inayet dogmasıdır[101]. Göklerin bütün sırları, onun kanalıyla bize gelmektedir. O, günahkârların merdivenidir: Bernard, nihayet şöyle demektedir[102]: "Benim yüce kanaatim, bütün ümidimin nedenidir."[103]

---

[92] Communion'da olduğu gibi gerçek varlıkla değil, sprütüal bir varlıkla vardır. Ruhların kutsallaşmasında bu insaniyetin evrensel aksiyonu üzerine tesis edilmiştir.
[93] Özellikle, Noel ve Epiphanie konusundaki vaazlarına bakılmalıdır.
[94] Kutsal hafta vaazına bakılmalıdır.
[95] Sünnet üzerindeki vaazlara bakılmalıdır. In Cantic, Sermon, XV, 3-6; Jesus Dulcis Memuna konusundaki ilahi için, önceki sayfalara bakılmalıdır.
[96] Bu konuda bkz: J. Rivère, Op. Cit. P.333-339.
[97] P. Pourrat, Op. Cit. P.76-89; E. Vacancard, Penseé ch. P.226-234.
[98] X. Le Buchelet, İmm. Conc. Dans Dict. Théol. Col. 1010-1015.
[99] Super Missus est, hom. 1, 5.
[100] In Assumpt, 11, 2.
[101] In Nativ, Maria, 7.
[102] İbid.
[103] Vacancard, Vie, II, p.87-96.

4. Özellikle eski Benedict'in maneviyatta dua, liturjik hayatla birliktedir. Fakat Bernard, hayatının sonunda, görevinin harici zorluklarıyla oldukça meşgul bir adam olan Papa Eugène III'e iç hayatındaki daimî yenilenme vasıtalarını göstermek isteyerek, St. Ignace'ın tedvin ettiği, meditasyon yollarını doğrudan hazırlayan bir egzersiz tasarlamıştır. Bu, Consideration'dur.

Birinci kitapta St. Bernard, bunun gerekliliğine ve avantajlarına işaret etmektedir. İkinci kitabın başında (c.3) o, dört konuya işaret etmektedir ve bunları eserin sonunda işlemektedir: Tibi Consideranda Reorite (liv.III); Quid es? Quis? Qualis? Devlete karşı ödevlerin bilgisi) ve V. kitapta doktrin konularındaki bilgi. Bunu okurken bu egzersizin çok farklı şekilde iki konuda yer aldığı fark edilecektir. Ödevler söz konusu olduğunda müşahede bir ön inceleme ve gözetim olmaktadır. St. Bernard, (2. kit. 2. bölüm), murakabeyi ayırmakla haklıdır. Fakat Allah (V. kit) ve sprituel gerçekler söz konusu olduğunda, onların durmadan sabitlenmesi gerekir. Böylece o, müşahede ile murakabeyi ayna görmektedir. O zaman onun için yazarın dediği anlamda değildir[104]. Yani aydınlık, hayat veya dua, anlamında değildir. Fakat aşk etüdü, yüksek bir dua, gerçek bir meditasyon, Allah'ı aramaktadır ve onu, etüdle veya duayla verimleştiren inayet geldiğinde bulmaktadır[105]. Bu inayet, müşahededen daha çok mistiktir. En azından o, orada vardır ve bu liyakat zaten büyüktür.

C. St. Bernard'ın Mistikliği[106]

1. Onun bütün eserlerinde mistik durum belli bir yer almaktadır. Fakat bu, metodik olmaktan ziyade şifahi tarzda Neşideler Neşidesindeki tefsirde açıklanmıştır. Yazarın yorumu, mecazi bir yorumdur. O, Neşidelerde İnsan-Tanrı mistik birliğini, Kilise ve müminin ruhuyla söylenen bir düğün şarkısı görmektedir. Yine burada, zahitlik, geniş bir yer tutmaktadır. Bernard, birliğe hazırlanan ve oraya götüren vasıtalara işaret etmektedir. Mesihin aşkı, orada çok büyük bir rol oynamaktadır[107]. Aziz Bernard, kurtarıcının insaniyeti konusuna sahip olanla, bizzat Mesihte olanı ayırmaktadır. Birincide hissedilen

---

[104] Müşahede geniş anlamda kullanılmıştır.
[105] Consid, V, 14.
[106] E. Vacancard, Vie, 1, p.471-474; Dict. Théol. 479-480, dans Pensée Chrétienne, p.266-275.
[107] Bkz. İn Cantic, Serm, 20.

aşk, ikincisinden daha mükemmeldir. Bu, Allah'la birliğin gerçek prensibidir[108]. Bu iki aşkın, birbirini dışlamadığına işaret edelim: Hissedilen aşk, spritüal aşka götürür. Şayet bu bir ruhta doğarsa o, orada beşeri aşkı meydana getirir. Bernard buna hissedilen aşk demektedir. Fakat derinliğiyle, zarafetiyle, gücüyle, spenritüel aşkı tutmaktadır. Ona samimiyetle karışmaktadır ve tamamen nüfuz etmektedir[109]. Clairveaux rahibinin eseri, bunun canlı bir delilidir.

2. Bu spritüal aşk, en dikkat çekici unsurlarıyla mistiktir. Onun özel konusu, bedenleşmiş kelime değil; hikmet, adalet, hakikat, kutsallaşmış, dindarlaşmış, güçlenmiş kelimedir[110]. Yani tek kelime ile Allah, bizim insanlığımızı, bizim hikmetimiz için, adaletimiz için, kutsallaşmamız için ve kurtuluşumuz için almıştır[111]. Yüksek aşk, özel konusuyla en güçlü sonuçlarıyla ondadır[112]. Onun gerektirdiği ve üstün olan ruhun tamlığıyla değildir[113]. Çünkü Allah, sadece tanıyan ruhlarla sevilir, üstelik ruhani şeyleri sezer: İşte cismaniyet için güçlü besinler ki, spritüal ruha uygun gelmektedir. Bunu sağlayan Kutsal Ruhtur: O, bizi ekmekle-şarapla, akılla beslemektedir ve bizi hikmetin selamet suyu ile sulamaktadır. Zira görünmez ve spritüal gerçeklerin zekâsı, ruhun gerçek ekmeğidir[114]. Bu ekmek, hikmet yeteneğiyle[115], ruhun orada zevk almasından itibaren sıvılaşmaktadır. Zaten ruh, sevdirmeksizin aydınlatmaz. Hikmetin ve zekânın ruhu, mum ve bal taşıyan arıya benzemektedir[116]. O, tanrısal bir öpüştür ve bu öpüşte, aşk alınmaktadır. Zira bu aşkı, öpüş ifade etmektedir[117]. Bu öpme, Kutsal-Ruhla Allah'ın bağışıdır. Bu bir murakabedir ki dar anlamda mistik inayetle hissedilmektedir[118]. O, ruhta spritüal aşkı ateşlemektedir ki bu hedeftir ve bunu devam ettirmektedir.

---

[108] Sermon, 6-9. Bernard, insanlık aşkından bahsettikten sonra (N.6) bunun spritüal aşktan konusu ve sonuçlarıyla aşağıda olduğunu beyan etmektedir. (N.8)
[109] Bernard, bedeni aşkın spritüel aşkta olabileceğini söylemektedir.
[110] İbid, n 8
[111] İbid, n.9.
[112] İbid, 8.
[113] İbid, 9.
[114] İn Annunt, Sevm. 11, 4.
[115] İbid.
[116] İn Cantic, VIII, 6.
[117] ibid.
[118] Bu konuda yukarıda bilgi verilmiştir.

Çok özel olarak Mesih (kelime), murakabede ortaya çıkmakta[119] St. Bernard onu, kutsal ruhun eşi olarak görmektedir. O, spritüal aşkla ruhlarla birleşmektedir. Onun iradesiyle, onların iradelerinin tam uygunluğu ile ilerlemelerine cevap vermektedir[120]. Bu uygunlukta daha tatlı ne olabilir? Aşktan daha arzulu olarak, beşeriyetleriyle yetinmeyerek, ruhun güvenle seni, kelimeye yaklaştırmakta seni kelimeyle birleştirmekte, kelimeyi sorgulamakta, onu zekâ ile olduğu kadar arzu ile de nüfuz etmektedir. Hakikatte, bu spritüal ve kutsal bir evlilik akdidir[121]. Aziz Bernard, birçok pasajda nazik olduğu kadar da cesaretle bu sırrın tatlılığını tasvir etmektedir. Bunlardan en çok nakledileni, Cantık üzerindeki 83 vaazdır. Vacancard şöyle demektedir: İşitilen en güzel ilahidir. Onu tamamen okumak gerekir[122].

St. Bernard lezzetleri tatmış bir adamdaki kutsallaşmış ruhun Allah'la, aşkın canlandırdığı dualarda mistik karşılaşmaları tasvir etmektedir. Bu karşılaşmalar, bizzat ruhta vukuu bulmaktadır[123]. Bunu ruh, sadece arındığında değil; kabul edildiğinde ve barış içinde olduğunda almaktadır. Bu hal ruhun en samimi halidir ki orada hikmet saltanat sürmektedir ve orası Allah'ın istirahat yeridir[124]. O, tezahür ediyor ve her şeyi sakinleştiriyor: Tranquillus Deus Tranquillat Omnia[125]. İşte burada Mesih, ruha, ruhunu vermektedir. Yani öpüşünü vermektedir[126]. Bu ağzından öpüştür[127]. Bu ilahi öpüş layık olan, tadı alacaktır[128]. St. Bernard, bütün büyüklüğü bilmekte ve ruhu, kendisini tanımaya davet etmektedir. O, bu lütfu tanımaya sevk etmekte ve teşvik etmektedir. Nihayet dualardan ve gözyaşlarından sonra, zaferin bu dudağına doğru başı kaldırmaya cesaret edebileceğiz. Ona titreyerek, onu öpmesi için bunu söylüyorum[129]. Şayet bu dindar arzuya Mesih cevap verirse, Bernard şöyle haykırmaktadır: Ne mutlu öpüş, onunla sadece Allah bilinme-

---

[119] De Diversis, Serm. 87, n.3.
[120] İn Cantic, 83, n.3.
[121] İbid.
[122] Pensée ch. Op. Cit. P.267. Yine bkz: İbid, p.273-275.
[123] İn Cantic, Serm. 46, n.5-8.
[124] İbid, Serm. 23, n.14-15.
[125] İbid, 16.
[126] İbid, Serm. 8, n.2.
[127] S. Bernard, öpücüğü üçe ayırıyor: **Ayağın öpülüşü.** Mesih bunu, hidayete gelen ruhlara veriyor. **Ellerin öpülüşü**, bundan ilerlemiş ruhlar yararlanmaktadırlar. **Ağızdan öpülüş**, bu mükemmele tahsis edilmiştir. Serm, 3, 4.
[128] İbid, Serm. 3.1.
[129] İbid, 5-6.

mektedir, bir BABA sevilmektedir[130]. Yine o, fevkalade güzel pasajları, Mesihin samimi konuşmalarına ve bu inayetin mutlu anında ruha tahsis etmektedir[131]. Yine o, en yüksek şekilde birtakım lütufları tasvir etmekte, en azından onların yoğunluğunu tasvir etmektedir. Yani, hayranlıkları veya trans hallerini[132]. Orada tanrısallıktan daha çok şey vardır. Ancak bu uzun sürmez. Sadece bir an olmaktadır. Çok çabuk bir ışıktan geçiş gibidir[133]. Ruha nüfuz eden bir ışıktır sanki Allah onu yüz yüze vermektedir[134]. Şayet imtiyazlı Ruh, günaha karşı uzak olduğunda[135]. İşte bu lütuf sadece geçici olmaktadır[136].

3. Bu son inayetler, birçok fevkalade unsurlar içermektedir ki bunların arzusu bir cesarettir. Fakat Bernard, onu söylerken bunu düşünmemektedir. Öyle ki o, ihtiraslı dindarlarına ilham vermekle meşguldür. O, onları bu olgunluğa sevk etmektedir. Aslında ona Allah, bütün ruhları davet etmektedir. O, bunun gerçekleşmesi için onlara, lütuflarını yönlendirmektedir. St. Bernard, Neşideler üzerindeki bütün tefsirinde bıkmadan usanmadan bunu tasvir etmektedir. Şüphesiz, gözetilecek ve takip edilecek yollar vardır. Bernard herkese Mesihi göstermektedir. Biz onunla kutsal bir öpücükle birleşiyoruz. Bunu da onunla bir tek ruh olalım diye yapıyoruz[137]. O, bu lutfu şöyle açıklar: **Allah onu, mümin olmanın bedbahtlığına sahip olana takdim etmektedir**[138].

Şayet o, murakabeye sevk etse de o, orada bir belağat okulu görmekte[139] ve Apostolik hayat için bir destek görmektedir[140]. Rahip, kanal olmadan önce, hikmetin bitmeyen kaynağını beslemek için bir gıda haznesi olması gerekmektedir[141]. Bu, tabiatüstü verimliliğin şartıdır. Bernard, örneğini vermektedir. Yüzyıllardır devam eden onun doktrinel aksiyonu, onun murakabe hayatının uzatılmasından başka bir şey değildir.

---

[130] İbid, Serm. 8, n.9.
[131] Serm. 45.
[132] Serm. 41, 3: 52, 4.
[133] İbid, 41, 3.
[134] Serm. 18, 5.
[135] İbid, Serm. 52, 4.
[136] Epist. 11, n.8.
[137] İbid, Serm. 3, 5.
[138] İbid, Serm. 84; Bkz: A. Saudreaux, Op. Cit. P.133-140.
[139] İbid, Serm. 41, 5.
[140] İbid, Serm. 85, 13; Serm. 50, 57, 8-9.
[141] Serm. 50, 57, 8-9.

BEŞİNCİ BÖLÜM
SAİNT-VİCTOR OKULU[1]

I. HUGUES DE SAİNT-VİCTOR

XIII. yüzyıl, eski piskopos okulunun yanı başında iki başka okul görecektir. Orta çağın en büyük üniversite şehri olan Fransa'nın başkenti Paris'te, bu okullar eski piskopos okulu ile eğitimde rekabet edeceklerdir. Bu okullar, Saint-Victor okullarıdır. Bu okulları kuranlar, realist şeflerden ve diyalektik savaştan yorulan, Guillaume de Champaux (1109)'dur. Abélard kısa zaman sonra oraya yerleşerek, eski üstadının emekli olmasını sağlayarak hırpalamıştır. Saint-Victor Okulu, iki adam tarafından temsil edilmiştir: HUGUES ve RİCHARD.

HUGUES, 1100 yılından az önce doğmuştur ve 18 yaşında 1115 ile 1118 yılları arasında Saint-Victor'a gelmiştir. Muhtemelen o, Saxe kökenledir[2]. 1133'de o, manastır yönetimini üstlenmiş, orada başarılı bir eğitim vermiştir. Ancak görüldüğüne göre sadece birkaç Victorinli öğrenci vardır. Eserlerinin listesi, onun bilgisinin genişliğini ve araştırmaya kendisini verdiğini ispat etmektedir. O, St. Bernard ile temastaydı ve ona Abélard'ın teorileri ile ilgili problemleri soruyordu ve bunların cevabını küçük bir eser olan De Baptisma'da buluyordu. Böylece gerçek doktrinde bir sempati, Victor okulunu Bernard'la birleştiriyordu. Hugues'un hayatı, pek bilinmemektedir. Muhtemelen o, manastırda duacıydı ve kendisini etüde vermişti. O, 1141 yılında aziz olarak ölmüştü.

---

[1] P.L. 175-177; B. Hauréau, Hugues de S.V. Paris, 1859; Les Oeuvres de H, Essai Critique, Paris, 1886; A. Mignon, Les Origines de la Scol. et Hugues de S.V. Paris, 1895; M. Grabmann, Die Gerch der Schol, Methode, II, Fribourg, 1911; J. De Ghellinck, Le Monvement Théologique du XII Siècle, p.112-121; 355-369; G. Robert, Les Ecoles et l'Enseignement de le Théologie; Th. Heitz, Essai Historique, p.71-84; U. Baltus, Dieu d'Après H. de S.V. dans Rev. Ben. 1898; P. Pourrat, La Theologie Sacramentaire, Passim; S.A. Saudreau, La Vie d'Union á Dieu, p.154-168; F. Vernet, Hugues de S. Victor, Dans Dict. Théol. Col. 240-308; P.L. 196; Daunou, Dans Hist. L.H. France, XIII (1814), p.472-488; E. Kulesza, La Doctrine Mystique de R. de S.V. Dans Vie Spirit, 1924 (Serie d'Articles).

[2] Bu konuda bir görüş onun Flandre'da doğduğunu söylemekte, diğer bir görüşte Lorraine'de doğduğunu söylemektedir. Bkz: F. Vernet, Op. Cit, Col. 240-241.

A. İlahiyat Eserleri-Doktrini

St. Victor'lu Hugues'un büyük şöhreti ona "De Sacramentis Christianae Fidei"[3] isimli eserinden gelmektedir. Bu eser, orijinal ve güçlü mimarisiyle, edebi şekliyle ve özellikle, muhtevasının derinliğiyle, yukarı skolastik çağın ilk büyük dogmatik sistemini temsil etmektedir[4]. Bu eserde, Kutsal Kitapların etüdüne bir giriş mevcuttur. Bu giriş, mecazi yorumları ele alan rahiplere hitap etmektedir. Yani Kutsal Kitabın doktrinel yandan bir etüdünden sonra, tarihi görüş açısından konu ele alınmıştır. Eser, iki kitaba bölünmüştür. **Birinci kitap**, bedenleşmenin etüdüne bir hazırlıktır. **İkinci kitap**, bedenleşmeyi ve devamını açıklamaktadır. Burada takip edilen sistem hem tarihidir hem de teoriktir.

Birinci kitap, on iki kısma ayrılmıştır: Kutsal kitapların bilgisi üzerine uzun bir giriş vardır: A.1. Yaratılış, 2. Yaratılışın sahibi, 3. Tanrısallığın bilgisi, 4. İlâhi, ebedi ve anlamlı irade. B.5. Meleklerin yaratılışı ve onların düşüşleri, 6. İnsanın yaratılışı ve onun masumiyetinin kökeni, 7. İnsanın düşüşü, 8. Allah'ın istediği onarım, C.9. Sakramentlerin oluşumu, 10. İman, 11. Tabii kanun, 12. Yazılı kanun.

İkinci kitap, on sekiz kısma ayrılmıştır: A.1. Mesih, 2. Kilise, 3. Kilise düzeni ve fonksiyonları, 4. Kutsal süslemeler sembolizmi, 5. Kiliselerin vakfı, B.6. Sakramentler, 6. Vaftiz, 7. Confirmation, 8. Evharistiya, 9. Küçük sakramentler, 10. Bunların kutsallaştırılmaları, 11. Evlenme, 12. Adaklar, faziletler, 14. İtiraf ve tövbe, 15. Son yağlama, C. Son hedefler: 16. İnsanın sonu, 17. Dünyanın sonu, 18. Gelecek asır.

Hugues, Sacramentle, çoğu zaman Kutsal kitapla anlamlandırılmış şeyleri kastetmektedir. Kısaca bu bütün bir teolojidir (tota dirinitas)[5]. Bu, onun büyük eserinin başlığının anlamıdır ve kısa bir Dialogue'dur. De Sacramentis legis Naturalist et Scriptae. Yine o, bu kelimeyi, ruhun kutsallaşmasına hizmet eden, kutsal şeylerin dar anlamında kullanmıştır[6]. Böylece o, sakramenter ilahiyatın gelişmesine çok katkı sağlamıştır. Yine de o, sakramentin konusu üzerindeki mefhumda ısrar etmekte haksızdır. Bu onu, açık bir şekilde kutsal dini erkânın kompozisyonunda ve sakramentlere tam bir sayı verme-

---

[3] P.L. 176-, 173-618.
[4] M. Grabmann, Die Geschichte, 11, p.259.
[5] Erud didasc, VI, 4.
[6] De Sacrament, 1, p.IV, c.2.

de engellemektedir. Ancak en azından o, kutsal törenlerin tasnifiyle sakramentlerle onların nihai hedeflerini hazırlamıştır. Bu tasnifler, büyük ve küçük sakramentler olarak ayrılmışlardır. Böylece özel bir önemle kısa bir zaman sonra bunlar, yedi olarak gruplanacaklardır[7].

De Sacramentis yazılarının haricinde Hugues, çok sayıda ilâhiyat eseri bırakmıştır[8]. Bu eserler, Dogmalara ve ahlakla ilgilidir:

1. **Eruditio Didascalica**[9]: Bu eser, serbest sanatlara ve kutsal yazılara bir giriş çalışmasıdır. Altı kitaba ayrılmıştır: Yedinci kitap, ayrı bir kitaptır: De Operibuh Trium Dierum[10].

2. **De Quingue Septenis Seu Septenariis**[11]: Bu risale, özet olarak şu sonuları işlemektedir: a. Yedi günah, b. Babadan istenen yedi şey, c. Kutsal-Ruhun yedi bağışı, d. Yedi fazilet, e. Yedi mutluluk. Burada yedi sakrament söz konusu edilmemiştir.

3. **Diğer Risaleler**: Bunlar, Mesih konusunda[12] veya Meryem konusundadırlar[13] veya bir kısım ahlaki problemler üzerindedirler[14].

4. **Yorum Yazıları**: Bunlar da ilahiyata bağlıdırlar. Bunların bir kısmı açıklamalardır. Bir kısmı da homelie'dir ve tefsirdir[15].

Birkaç zayıf ve kaçınılmaz boşluklara rağmen[16] Hugues ilahiyatı, ele alınan problemlerin çözümü için seleflerine göre gerçek bir ilerlemeyi temsil etmektedir. Biz burada, sadece onun kilisede ki iman-akıl ilişkileri üzerindeki doktrinini zikredeceğiz.

---

[7] P. Pourrat, La Théol. Sacr. P.34-37; 60-62; F. Vernet, Op. Cit. Col. 280-281.
[8] Bu eserlerin listesi, bir indiculum tarafından bilinmektedir. Bu eser, J. De Glellinck, Rech. Scienc, rel. 1910; p.277-283; İbid, p.270-289.
[9] Bu eserin ilk ismi, Didascalione, P.L. 176, 739-812.
[10] İbid, 811-838.
[11] P.L. 175, 405-414.
[12] De Verbo İncarnato, P.L. 177, 315-324; De Quatuar Voluntatibus in X, De Sapientia Animae Ch, P.L. 176, 841-846; 845-856.
[13] De Virginitate, De Annunciatione, De Assumptione, P.L. 176, 857-876; 177, 656-657; 1209-1222.
[14] İnstitutiones in Decalogum, P.L. 176, 9-18; IV. Bölüm ayrı bir eserdir: De susstantia Dilectionis et Caritate Ordinata (İbid), 5-18.
[15] P.L. 175.
[16] O, nikahsız yaşamadaki asli günahın inayetten mahrumiyetle olduğunu düşünüyor. Çünkü o, Adem'in tabiatüstü yeteneklere sahip olduğuna inanmıyor. Çünkü bu yetenekler, Allah'ın ona verdiği bilgiye dâhil değildir. Onun kristolojik doktrini, büyük zenginliktedir. Yine de, Mesihin bilgisini ilahi bilgiyle aynı gördüğü zaman, Apollinarisme'in izi olmaksızın mübalağa yapmaktadır. Kurtuluş için o, S. Anselme'i takip ediyor. Fakat Allah'ın bedenleşme olmadan kurtarabileceğini belirtiyor. F. Vernet, Op. Cit, 274-286.

Hugues de Saint-Victor'un[17] düşüncesinde bu konular, merkezi bir yer işgal etmektedir ve bu noktada o, ateşli bir Augustinci olarak bilinmektedir. O da St. Augustin gibi, kiliseyi Allah'la, Mesihle ilişkiler içinde düşünmektedir. Kilisenin, Allah'ın evi, kralın sitesi, Mesihin bedeni, kuzunun zevcesi, Kutsal Kitabın temel konusu olan Mesihin yaratılış terimi, Allah'ın insanla birleştiği gerçek taht olarak takdimi konusu işlenmektedir[18]. Yine, inayet ve merhamet ona, tam olarak kiliseye aidiyetin gerekli şartı olarak görünmektedir. Fakat lütuf insanları, sadece kilisededirler[19].

Lütuf kilisede birliğin temelidir[20]. Zaten o, iman olmalı, hem de müşterek iman olmalıdır ve Kutsal-Ruhun canlandırıcı aksiyonu ile kutsallığa eklenmelidir: İşte, işaret edilen bütün karakterleri gruplandıran şu tariftir: Kutsal kilise, canlandırıcı ruhla birleşmiştir[21]. Yine de Hugues, serapa ruhani bir kilise tasarlamaktan uzaktır. O, mükemmel şekilde hiyerarşinin[22] ödevlerini ve haklarını tasvir etmektedir. Bu, dünyevi güçten çok ayrı bir güçtür. Onun aynı zamanda, cismani gücün üstünde, gerçek üstünlüğü vardır. Hugues, iki alanı karıştırmamaktadır[23]. Bununla beraber basit ahlaki direksiyonu geçmekte ve yine dolaylı iktidarı da geçmektedir. Devletin karşısında kilisenin çift rolü vardır: Öğretmek ve kötülük olduğu zaman yargılamak[24]. Bu formüller, orta çağda kurulan sosyal düzene cevap vermekte ve bu ciddi problemde devrin başka tanıklarının bütünüyle yakınlaştırılmalıdır[25]. Yine Hugues, kilisede, doktrinel bir otorite görmektedir. Bunu ilâhiyatçıların önemle dikkate almaları gerekir. Bu otorite, konsillerde ve müşterek öğretide görülmektedir[26]. O, pederleri nadiren zikretse de o, onların doktrininden gıdalanmaktadır. Ancak ona, onları özümsemediği için sitem edilebilir[27].

---

[17] De Sacramentis.
[18] De Arca Noe Morali, II, 8, Col. 642.
[19] De Arca Neo Mystica, V, Col. 690.
[20] De Sacr, I, II, p.XIII, II, col. 544.
[21] De Sacr, I, II, p.II, 2. col. 416.
[22] İbid, p.III.
[23] De Sacr, II, p.II, 7.
[24] De Sacr, II, p.II, 4. col. 418.
[25] F. Vernet, Op. Cit, Col. 269-271.
[26] Eruditio Didascalica, Livres, IV-VI.
[27] F. Vernet, Op. Cit. Col. 271-273.

Hugues, her şeye rağmen ilahiyatçı, gelenek adamı, mistik ve filozoftur[28]. O, net olarak akılla-iman arasındaki ilişkilere işarette bulunmuştur[29]. Tabiatüstü bilgi ile, tabii bilgiyi birbirine, ona yapılan ithama rağmen, karıştırmamaktadır. O, çok açık şekilde, beşeri ilimlerle, ilâhi ilimleri ayırmaktadır. O, şöyle demektedir: Allah, ya akılla bilinebilinir, ya vahiy ile. Her iki durumda da iki model vardır. Birisi tabiata aittir, diğeri tabiatüstüdür[30]. Allah'ın varlığının akılcı ispatında Hugues, a priori'leri bir kenara bırakmakta ve tecrübeye dayanmaktadır. Bu tecrübeler ya dâhili tecrübelerdir (ruh, varlığın bilincindedir ve kendisini tanımaya başlamıştır. Böylece Allah'ın varlığını tanımaya başlamaktadır). Veya harici tecrübelerdir[31]. Bu ispatlar, serapa rasyoneldirler ve vahye müracaat etmemektedirler[32]. İmani hakikatlerin vahyi de, ya dâhili ilhamla ya harici öğretim ile meydana gelmektedir[33]. Hugues, Teslisin sırrı için bile, gerçek bir ispat vermeye çalışıyor[34]. Fakat önce o, imanın gerekli olduğuna işaret etmektedir. Bu konudaki delil, basit bir şeye dayanmaktadır. Bu delil, uygun bir delil kurmaya yeteneklidir. Buna göre, bazı radikal formülleri lafzen almamak gerekecektir[35]. Buna benzer şeyleri, bütün ilahiyatçılarda ve hatta St. Thomas'da bile bulmak mümkündür.

B. Spritüal Eserleri

Hugues'un spritüel eserleri, Denys L'Aréopagite [36] 'in, Hièrarchie Cèleste'in uzun tefsirinin dışında formation monostique'le ilgili iki, dua ile ve dâhili hayatla ilgili üçlü risaleleri vardır.

Manastır hayatı için:

1. **De İnstitutione Novitiorum**[37]. Bu harici özellikleri işlemektedir: Tevazu, nezaket, tutum gibi.

2. **Expositio in Regulam B. Augustini**[38]: Bu eser, Regle'in ruhunu ve lafzın moderasyonunu açıklamaktadır.

---

[28] Arca Noe Mot, III, 4. col. 650, De Sacr, II, p.XIV, 9, col. 570.
[29] F. Vernet, Op. Cit. Col. 258 263.
[30] De Sacram, 1, p.III, 31.
[31] İbid, c.6-10.
[32] F. Vernet, İbid, 259.
[33] De Sacr, İbid, c.31.
[34] İbid, 19-31.
[35] F. Vernet, Op. Cit. 267-269.
[36] P.L. 175, 923-1154.
[37] P.L. 176, 925-952.
[38] P.L. 176, 881-924.

Dua ile ilgili eserleri şunlardır:

1. **De Meditando**[39]: Bu eser, metidasyonu üç sınıfa ayırmaktadır: Yaratılış, kutsal yazılar, âdetler üzerine dayanmaktadır. Yazar, konularına pratik müşahedeleri de dâhil etmektedir.

2. **De Mudo Orandi**[40]: Bu eser, gerçek dua derecelerini ve şartlarını işlemektedir. Bunlar, iki kanat üzerinde yükselmektedir: İnsanın sefaleti ve kurtarıcının merhameti (c.1).

3. **Soliloquicum de arrha animae**[41]: Bu eser, Allah aşkına düşkün ruhla, semavi eşi ile çok tatlı bir konuşmayı ihtiva etmektedir. Semavi eş, ona spritüel lütuflardan şefkatinin teminatını vermektedir. Bu lütuflarla, zaman zaman birliğin vukuu bulacağı semavi vizyonu beklerken tat alacaktır.

Hugues tarafından dâhili hayat üç eserde, mantıki ve uyumlu olarak işlenmiştir:

1. **De Vanitate Mundu et Rerum Transeuntium Usu**[42]: Bu eser, insan için kötülük nedeni olan dünya aşkına işarette bulunmakta ve onun ilacının, Allah aşkı olduğunu belirtmektedir.

2. **De arca Noe Morali**[43]: Bu eser ruhta, spritüal tahtı göstermektedir. Bu taht, Allah'ın tahtıdır (1,1, c, 2). Kilisede onun krallığı vardır (1. 1, c.4). Özellikle, hikmette (1.II-III). IV. kitapta, Allah aşkının nüfuz ettiği ruhlarda, Allah'ın tezahür şartlarına işarette bulunmaktadır.

3. **De Arca Neo Mystica**[44]: Bu eser, sembolizm yardımıyla aynı doktrini açıklamaktadır.

Diğer başka spritüal yazılar da aşağı yukarı burada işaret edilen konuları işlemektedirler:

1. Mistik tahtın allegorizmi, müşahedeci bir tefekkürde olağanüstü görülmektedir: Bu, De operibustrium Dierum (ernditio, 1, VII)[45]'da dır.

---

[39] P.L. 176, 993-998.
[40] P.L. 176, 977-988.
[41] P.L. 176, 951-970.
[42] P.L. 176, 703-740.
[43] P.L. 176, 617-680.
[44] P.L. 176, 681-704.
[45] P.L. 176, 811-838.

2. Aşkla, mistik birlik: Soliloque'da Amore Sponsi ad Sponsam[46]'da ve De Laude Caritatis'de[47] tasvir edilmiştir.

3. Homelie Sur l'Ecclésiaste[48]: Bu eserde on dokuz homelie vardır. Bunlar özellikle, ahlakı işlemektedir ve sayısız mistik uygulamaları göstermektedir. Bunlar, birinci homelieden itibaren[49] bulunmaktadır.

Diğer spritüal eserler, Saint-Victor'un duasına atfedilmektedir. Ancak bunlar mevsuk eserler değildir[50].

Onun doktrinine göre değerlendirirsek, Hugues bir mistiktir[51]. Bunu murakabe de yeterince ispatlamaktadır. Fakat onun bu kelimeye atfettiği açık anlamı, çok iyi bilmek gerekir. O, bunu şöyle tarif etmektedir. "Murakabe, her şeye net bir şekilde sahip olan, açık bir vizyona sahip olan zekânın canlılığıdır."[52] Dini bir murakabede, söz konusu olan aşkın, esas bir paya sahip olmasıdır. Fakat burada önce murakabe ile tefekkürü birbirinden ayırmak gerekir. Bunu bizzat, yazar yapmaktadır. Tefekkür, bir çaba, bir araştırma ihtiva eder. Murakabe, sahip olmayı gerektirir. Tefekkür, dindarlıkla elde edilen bir dua olmak istemektedir. Böylece o, hedefine ulaşmaktadır ki ilahi aşk ateşi yakılmış olsun. İşte bu aşk, bütün düzensiz kaprisleri yok etmektedir ve aklı güçlendirmekte, yatıştırmakta ve ona murakabeyi uygulamaktadır[53].

Bu, önce noksan bir tarzda takdim edilmektedir. Buna Hugues, düşünce adını vermektedir. O, bunu şöyle açıklamaktadır: O, hayranlıkla karakterleşmiştir. Bu durum, hakikate, aydınlanmaya başlayanlara özgü bir durumdur. Onun yenilikleri onları sarmıştır[54]. Daha mükemmeli, murakabedir. Buna önceki egzersiz hâkimdir: Ruh, orada derin sükûnetten yararlanır. Hakikati bulur ve onda mükemmel bir merhametle rahatlar. Bu durumda kalp, aşka döner. Allah'ın her şeyde olduğunu hissederiz. Artık kalpte, sadece Allah kalmıştır. Harikulade olarak hissedilen bu tatlı durum, bütün ruhu sevince ve

---

[46] P.L. 176, 987-994.
[47] P.L. 176, 969-976.
[48] P.L. 175, 113-256.
[49] Müşahede, meditasyondan ayrılmaktadır.
[50] Ona haksız olarak başka felsefi yazılar da isnat edilmiştir.
[51] Mistik kelimesi, ona göre sembolizm anlamına gelmektedir. Onda buna en uygun kelime murakabe kelimesidir. Buna bugün mistik lütuflar denmektedir.
[52] İn Eccles, Hom, 1, Col. 117.
[53] İbid, Col. 117-118.
[54] İbid, Col, 118.

mutluluğa boğmaktadır[55]. Bu öyle bir lütuf ki ruhu, Allah'ın eşi kılar[56] ve zamanla[57] orada aşk canlanır. Bu ruhani lütuflar, gerçek murakabedir. Bunlar, mükemmel olanların imtiyazıdır. Semanın tadıdır. Bunlar artık bu hayatta Allah'ı bulmak için gösterilen çabaları mükâfatlandırmaktadır. Yine bunlar, olgunluğu belirtmektedirler[58] Bu dua, tamamen tabiatüstüdür[59]. Bu, önceki düşüncenin tam tersidir. Aktiftir, tefekkürün yerine geçmektedir. Hugues şöyle müşahedede bulunur: Ruhun yakaladığı ve ona dünyanın faniliğini hissettiren canlı ve spritüel sevinç refakat etmektedir[60].

Açıklanan Mistik murakabe doktrini, Hugues'un spritüalite ruhudur. O, Ecclesiaste konusunda Homelie'lerin başında bunu prensipler olarak takdim etmektedir. Ahlakın tamamını veya Hıristiyan zahitliğini geliştirmekte ve Allah'ı tanıyan hikmetin karşısında, dünyayı sürekli hakir görmektedir. Genelde onun zahitliğinde bulunan önemli yer, feragatler, faziletler ve özellikle merhamettir ki onları heyecanla, **o bona caritas, co cara caritas** diyerek terennüm etmektedir[61]. Buna zekâ, geniş şekilde katkı sağlamaktadır ve bu, Saint-Victor okulunun karakteristik çizgilerindendir. Rönesansın hazırlıkları olacak sistematik formlara ulaşmadan[62] o, bu tefekkür üzerinde veya murakabe üzerinde ısrarla durmaktadır. Tefekkür, duadan ve sade okumadan, sofulukla ayrılmaktadır. Mukarabe ise, serapa mistik dualara oldukça yakındır. Fakat bunlardan ayrıdır[63]. Hugues burada isteyerek sembolizme müracaat etmektedir. Bu metod, onun talebesi olan ve manevi mirasçısı olan Richard de Saint-Victor tarafından geliştirilecektir[64].

II. RİCHARD DE SAİNT-VİCTOR

Richard Ekosya kökenlidir, Saint-Victor'da yaşı ve tarihi bilinmeyen bir dönemde, keşiştir. 1159 yılında manastırda alt duacı olmuştur. Daha sonra

---

[55] İbid.
[56] De Amore Sponsi.
[57] De Amore Sponsi, Col. 987.
[58] Erud, did, 1, V.9.
[59] Mukarakebe, Allah'ın görülüşünü temin etmektedir. Bu Hugues'a göre belli bir aydınlanmadır. F. Vernet, Op. Cit. Col. 264-265.
[60] İn Eccl. Hom. 1, Col. 118.
[61] De Laude Caritatis, Col. 976.
[62] O, prensipler koymakla yetiniyor.
[63] Bu müşahedeler, St. Bernard'ın müşahedelerine yaklaştırılabilir.
[64] Bu kitabın ileri sayfalarına bakılmalıdır.

da duacı olmuştur. O dönemde, manastırda vukuu bulan düzensizlikten çok acı çekmiştir ve ona karşı reaksiyon göstermiş ve yazılar yazmıştır.

1. Onun belli başlı ilahiyat alanındaki eseri, Traité de la Trinité'dir[65]. Bu eser, on kitaptan oluşmaktadır. İlk kitabın başından itibaren, sadece imanın hakikatiyle o meşgul olmaktadır. Aynı zamanda o, daha çok otoritelerin düşüncelerine muhakeme uygulamayı istemektedir (ch:4). O, orada tabiat birliğinin sürekliliğini (1, 1 ve II) ve uknumların çokluğunu (1. VI-V), daha çok St. Anselme'ın ve St. Augustin'in metodunu hatırlatarak işlemektedir. O, çok özel olarak güzellik ve aşka, sırrı açıklamak için dayanmaktadır. Bazı zayıf kısımlarına rağmen bu eser için la Forét şöyle demektedir: **Orta çağın bize miras bıraktığı en önemli ilahiyat düşüncelerinden birisidir.**

Bunun dışında Richard, bir düzine dogmatik risale bırakmıştır[66]. Bunların arasında özellikle De Verbo İncarnato[67]'yu zikredeceğiz. Bu risale, oğulun bedenleşmesini ve zaruretini ispata yönelen bir risaledir, St. Anselme tarzındadır.

Diğer ahlakla veya zahitlikle ilgili eserleri, ilahiyatla ilgilidir ve bunlar da önemli eserlerdir:

1. **De Exterminatione Mali et Promotione Boni (üç eser)**[68].

2. **De Statu İnterioris Hominis (üç eser)**[69]: Bu eser, düşmüş insanın üç yaraya sahip olduğunu açıklar: **Güçsüzlük-cehalet-şehvet** (1,1). Bunlardan üç çeşit günah sudur etmektedir: **Zayıflık-hatalar-kötülük** (1.II). Bunların üç ilacı vardır: **Allah'ın emirleri-vaadleri-tehditleri** (1.III).

3. **De Gradibus Caritatis (4 bölümlük)**[70] **ve De Quatuor Gradibus Violentae Caritatis**[71]: Bu iki sprituel risale[72], mükemmel merhamet konusunda yazılan en güzel methiyeler arasında yer almaktadır. Aynı konu, aynı hararetli ve aynı metodla işlenmiştir. **Birinci risale**, ilâhi aşkın gücünü göstermek-

---

[65] P.L. 196, 887-992.
[66] P.L. 196, 991-1074.
[67] P.L. 196, 995-1010.
[68] P.L. 196, 1073-1116.
[69] P.L. 196, 1115-1160.
[70] P.L. 196, 1195-1208.
[71] P.L. 196, 1115-1160.
[72] Bunlar şu dört risaleden ayrıdırlar: De Potestate Ligandi et Solvendi; De Judiciaria Potestate in Feniali Judicio; De Spiritu Blasphemiae; De Differentia Pecccanti Mortalis et Venialis, P.L. 196, 1159-1194.

tedir (c.1), onun açgözlülüğü doymaz (c.2), onun yeteneği konusu, espriye (c.3) ve kalbe sabitlenmiştir. (c.4). **İkinci risale**, bir başka sınıfta aynı özelliklere sahiptir: Bu risale, ilâhi aşkın her insanı nasıl büyülediğini göstermektedir: Sevgi veya arzu (1. derece), Esprit (2. derece), bizzat aktivite onda askıya alınmış (3. derece) ve bu aşk, değişmez olarak kalmaktadır (4. derece).

4. De Evuditione Lüterioris Homnis[73]: Bu eser, Kutsal Kitap sembolizmi üzerine dayanan spiritüal bir eserdir. Daha çok mistik tarzda yazılmıştır. Buhtunnasr'ın rüyasına ve Daniel'in vizyonunun iç hayatına uygulanmaktadır (Dan, II, IV, VIII). Richard'ın on beş kadar yazısı, Kutsal Kitap konusunu işlemektedir. Fakat onların çoğu, mistik eserlerdir. Bu türün en meşhurları iki tanedir: **İki Bünyamin ve Neşideler tefsiri.**

5. Benjamin Minor[74]: Bu eserin konusu, şu alt başlıkla belirtilmiştir: Liber de Praeparatione Animi Ad Contemplationem. 87 bölümden meydana gelmiştir, mukarabeye hazırlanmak için faziletlerin elde edilmesinin ve arınmanın zaruretini açıklamaktadır.

6. Benjamin Major[75]: Bu eser, mukarabenin lütuflarını işlemektedir. Bunun için Richard, murakabeyi, olgunlaşmanın temel unsuru olarak düşünmektedir. Bunun için bütün dini eğilimleri ona dayandırmaktadır. Bu eser, beş kitaptan oluşmaktadır. **Birinci Kitap**, genel mefhumlara tahsis edilmiştir. Sade düşünce geçicidir ve meditasyon, hakikatı aramaktadır. Onun karşısına murakabeyi koymaktadır. O, bu hakikata nüfuz etmekte ve onu kavramaktadır. Onun konusu veya konuları, çok değişiktir. Bu konuda Richard, altı prensibe işaret etmektedir: Üç kitap bunlarla meşgul olmaktadır. **İkinci Kitap**, aşağı yaratıklar üzerinde durmaktadır. Richard, bunları şöyle belirtir: a. Hissedilen güzellikler: I. Murakabe (1-16 böl.), b. Aklın keşfettiği hakikatler: II. Murakabe (7-11. bölüm), c. Onların temsil ettikleri veya ifade ettikleri ilâhi hakikatın payı. III. Murakabe (12-27. böl). **Üçüncü Kitap**: IV. cu murakabenin konusu olan ruhu, tabii veya tabiatüstü kavramaya çalışmaktadır. Bunlarla biz, spritüal varlıkların bilgisine yükselmekteyiz. **Dördüncü Kitap**: İki yüksek murakabeyi (V ve VI) incelemektedir. Onun konusu, tamamen aşkındır: Yani bizzat Allah'tır. Bu ister imanla bilinsin, ister sıfatlarıyla telakki edilsin

---

[73] P.L. 196, 1229-1366 (üç kitap).
[74] P.L. 196, 1-64.
[75] P.L. 196, 63-202.

veya isterse bizzat Teslis'le olsun fark etmemektedir. **Aynı** kitap, aşkın realitelerini daha iyi anlamak için ruhtan çıkarılan (c.20-27) kısmı göstermektedir. **Beşinci Kitap**, diğer murakabe şekillerini, bir başka açıdan incelemektedir. Bu açı, onların sebepleri veya prensipleridir. O, onları, üç sınıfa ayırmaktadır: Bunların bazıları beşeridir. Diğerleri ilahi-insanidir veya karışıktır. Geri kalanları ilahidirler. Sondakiler de (5-19)'de (5-19. bölüm), sofulukla meydana gelen bir coşku vardır. Neşideler Neşidesinin Tefsiri[76]: Bu eser bir tefsirdir. Mesihin kiliseyle ve Ruhlarla birleşmesini isteyen Serapa mistik bir anlam taşımaktadır.

Diğer yorum eserlerinde[77], tamamen sembolizm hâkimdir:

1. **Vision d'Ezéchiel** (20.böl)[78]
2. **Emmanuel**[79]
3. **Apolacypse**[80]

Richard de Saint-Victor, Hugues gibi dikkat çekici bir ilâhiyatçıdır. Onun Teslisle ilgili eseri, orta çağın en derin eserlerinden birisidir. Onun kullandığı metod, St. Augustin tarzında spekülatiftir. O, isteyerek sembolizmi kullanmaktadır ve Allah'a eserleriyle ulaşmaktan hoşlanmaktadır.

Allah'ın varlığını, Richard, sebep-sonuç prensibiyle ispat etmektedir. Onun eserinde psikoloji oldukça gelişmiştir. O, ahlaka mistisizmle yönelmektedir. O da Hugues gibi, ruhun üç gözünü birbirinden ayırtetmektedir. Dünyayı görmek kendisini görmek ve Allah'ı görmek[81] Richard, bedenlerin hissedilen bilgisini onların özünün akılla bilinmesini ve gayr-i bedeni bilginin zekâ ile bilinmesini, zihne atfetmektedir. Zihin, kendi kendisini tanımakta ve bu yolla Allah'a yükselmektedir. Akıl, bütün spritüal işlemlerde dâhili tanrısal bir ışıkla hazır olmaktadır. Ancak bunun tabiatı iyi bir şekilde tarif edilmiş değildir[82]. Richard, açık olarak tabir ve tabiatüstü düzeni ayırmamaktadır. Onları karıştırdığı da söylenemez: Onun mistik metodu, onu, özü ayrı unsurları ayırma yerine birleştirmeye sevk etmektedir.

---

[76] P.L. 196, 405-524 (41. bölüm).
[77] P.L. 196, 201-404, 523-528, 628-684.
[78] P.L. 196, 527-600.
[79] P.L. 196, 601-666.
[80] P.L. 196, 683-888.
[81] De Sacramentis, 1. p.X, 2.
[82] M. De Wulf, Hist. Phil. Méd. 1, p.164.

Richard esasta bir mistiktir. Hatta orta çağın en büyük mistik teorisyenidir. Böylece o, St. Bernard'dan ayrılmaktadır. St. Bernard bundan pratik açıdan bahsetmiştir. Richard, bizzat zahitliği incelemiştir: O, insanın zayıflıklarını ve onların ilaçlarını açıklamaktadır. Yine o, Allah'la birleşmek için zaruri olan faziletleri açıklamaktadır[83]. Fakat onun zihni, kendisine rağmen onu sürüklemektedir. Bu, ister Allah aşkını terennümle olsun, ister murakabenin analizleriyle olsun fark etmez. O, bu son noktada bitmeyen bir bolluk, bazen kalabalık ama daima anlaşılması zor bir durumdadır. Fakat orta çağ spiritüalitesi üzerinde, kıyas kabul etmeyen bir bilgi kaynağı teşkil etmektedir. Saint Bonaventure ve St. Thomas, Victorin çerçevesini devam ettirmektedirler.

Onun murakabe kelimesiyle kastettiği şeyi belirtmek oldukça önemlidir. Çünkü bu konu, onun eserinde oldukça yer işgal etmektedir. O bunu şöyle tarif etmektedir: "**Merakla, bilge bir adamın aklının özgür görüşlülüğü**"[84] o, anda iki karakter tanımaktadır. İşte oradan, meditasyonu aşmaktadır: Eşyayı görmek için arama kolaylığı ve onun hayranlığının meydana getirdiği sevinç[85]. Burada sözü edilen Allah'tır. Aranan hikmettir. Bunun için verilen tarif, genel olarak kalmaktadır. Hikmet, elverişli ve bilgili birtakım tasnifleri belirtmektedir.

Biz bu konuda iki şey elde ediyoruz: Bunlardan birisi, zihinle müşahede edilen eşyalara dayanmaktadır. Diğeri prensipler veya murakabe bilgisini meydana getiren sebeplerdir.

Objektif tasnif, altı murakabeye ayrılmaktadır. Bunlar, üç grupta toplanabilir. Bizzat bunlara yazar işaret etmektedir[86]. Her murakabe, Allah'a hayranlık uyandırır. Bu ya eserleriyle olur ya da bizzat kendisiyle. **Birinci grup,** ruhta aşağı yaratıkları murakabe eder ve onlar kendi tarzlarında ilahi olgunlukları yansıtırlar. **Dördüncü murakabe,** ruhta durur. Çünkü ruh, Allah'ın benzeridir. O, üçüncü ile birinci murakabe arasında bir aracıdır. Bunda iki yüksek murakabe, bizzat ilahi hakikati tespit eder, tıpkı imanın onu gösterdiği gibi.

Bunlar, öncekilere, faydalı şekilde ortaktırlar[87]. Allah'ın spritüel imajı, bizzat Allah'ı tanımada yardımcı olmaktadır. Bu tedrici yükselme metodunun,

---

[83] Bkz: De Statu İnterioris Hominis et Benjamin Minor.
[84] Benjamin. Maj. 1, 4.
[85] İbid.
[86] Bkz: Benjamin Major, 1, II, (Cont.1-3), 1, III (cont.4) 1.IV (Cont.526).
[87] Benjamin. Maj. 1, IV, c.20.

büyük avantajları vardır ve zihni, çaba sarfetmeden Allah'ın yüksek saf fikrine sevk etmektedir.

Murakabeyi karakterleştirmek için, eşyayı doğrudan tanımak yeterli değildir. Daha fazla özenle, tabiatın bilgisini müşahede etmek gerekir. Onu, muhakeme, prensip olarak vermektedir. Bu görüş noktasında Richard, murakabeyi üçe ayırır: **Birisi insanidir. Diğeri Tanrısal-insanidir veya karışıktır. Üçüncüsü ilahidir.** Birinciye insani denmiştir. Çünkü o, sade bir açılmadır, ulvidir, birtakım entelektüel güçlerdir. Sanatla, egzersizle ve dikkatle geliştirilmişlerdir[88]: O, gerçek bir zevk meydana getirmektedir. İkincisi olan Tanrısal-İnsani olandır. Çünkü o, insanın zihni üzerinde ilahi bir yayılmanın meyvesidir. Diğer yandan o, lütufla hareket etmektedir. Ona o, birtakım kanatlar vermekte ve ona, spritüel problemler için yüksek bir nüfuz kazandırmaktadır[89]. Nihayet üçüncüsü ilâhi meditasyondur. Çünkü o, güçlü bir lütfun sonucudur. Lütuf ki zihnin aktivitesiyle kuşatılmıştır. Onun sıradan operasyonu, çok yüksek bir operasyon bakışına bağlı gibidir ve **"excessus-menitus"** vecddir[90]. Bu formüller, modern çerçevedekilere bağlanabilirler[91].

Dar anlamda alınan murakabenin gerçek unsuru, tanrısal eser olarak bu **excessus-menti**=vecd olarak görülmektedir ki o, hafifletilmiş olarak ikincide mevcuttur[92]. Bu kelime, bazen **vecd** kelimesiyle ifade edilir. Fakat Richard'da, bu kelimenin daha geniş bir seviyesi vardır. Üstelik o, özel bir aktiviteden bağımsız bir zihnin elde ettiği entelektüel bir nüfuzdur. Yani bilhassa sevgi, lütufla ve vecdsiz elde edilmektedir[93]. Bu zevk, genel sebep için hakikatte lütuf olarak ya dindarlığın müşterek şekli altında (prae magnitudine devotionis)[94] ya da meydana gelen hayvanlıkla aynıdır (prae magnitudine admirationis)[95] veya onun tahrik ettiği coşkudur (prae magnitudine exsul-

---

[88] İbid, V, 3.
[89] İbid, V, 4.
[90] İbid, V, 5.
[91] Bunlar, meditation contemplative imparfaite et parfaite veya contemplation proprement dite (III). Bkz: t.I, p.22-27. Bu kitabın ileriki sayfalarına bakılmalıdır.
[92] Benjamin Maj. V, 2.
[93] İbid, IV, 22.
[94] İbid, V, 5-8.
[95] İbid, V, 9-13.

tationis)⁹⁶. Zevkin prensibi olarak lütuf, bizzat Kutsal Ruhun bağışıdır ve onun ruhta özel varlığının işaretidir⁹⁷. O, ilahi murakabeyi meydana getirendir. Hatta karışık murakabeyi de o meydana getirmektedir. Orada Allah'ın aksiyonu ve insanın aksiyonu, mükemmel bir eserde birleşmektedir.

Murakabenin farklı konularına tatbik edilen bu prensipler, mistik olan duaların hangi türden olduklarını görmeye imkân vermektedir. Richard'a göre, bunlar sadece beşeri olanlardır. O, ilk dört murakabeyle daha yüksek olan ikisi arasındaki ayırıma çok önem vermektedir. Konularına göre eşyayı bizzat ele alarak birinciler, şayet imandan mülhemseler, tabii değillerdir, beşeridirler, müşterektirler, mistik değillerdir. Çünkü onların konuları, görülmek için bedeni olmayı gerektirmektedir. Diğer iki yüksek olanın konusu ilahidir. Onlar, sadece beşeri murakabede elde edilemezler. Richard şöyle demektedir: "Orada her şey lütfa" bağlıdır⁹⁸. O, bu konuda bir prensip koymaktadır. Bunun istisnaları olsa bile⁹⁹. Eşyanın aşkınlığı, onun elde edilmesinin imkânsızlığını açıklar. Özel bir lütuf olmaksızın biri hakkında bilgi de olmaz. Fakat gerçek murakabe bilgisi, lütfun eseridir¹⁰⁰. Bu lütuf, onu vecde kadar ve hatta daha öteye sevk etmektedir¹⁰¹.

Hiçbir şey, karma bir murakabenin doğrudan konusu olan ilâhi hakikatlere karşı değillerdir. Burada spekulation terimi (düşünce), en yüksek derecede kullanılmış ve bu görme tarzına cevap olarak kullanılmaktadır¹⁰². Bütün Agustinci ilahiyat, bu metoddan mülhemdir ve Richard ise bunun en parlak temsilcisidir. Zaten bizzat ilk dört konu, ilahi-insani bir aktiviteyle böylece müşahede edilebilir. Dördüncü murakabe, Richard'a göre diğer ikisine yardımcıdır. Onların oldukça sık uygulaması daha yüksek lütuflara sevk etmektedir¹⁰³. Diğer yandan serapa ve beşeri olan murakabe şekilleri, şayet mistik olmasalar da, murakabeye dâhil olamazlardı.

---

96 İbid, V, 14-18.
97 De Trinitate, VI, 14.
98 Ben. Maj. 1, 12.
99 İbid, IV, 22.
100 Sur la charte konusuna bakılmalıdır.
101 Richard murakabeye, özün görülmesini atfetmektedir. Bu iddialar oldukça tartışmalıdır.
102 İbid, 1, IV, 19-21.
103 İbid, 21.

Her gerçek mistik (Excessus Mentis), insani güçleri aşmaktadır. O, onu sadece Allah'tan beklemektedir[104]. Yine de o, sonuçları hissetmesek de o, gereklidir. Biz onu, az olan Allah aşkımıza atfediyoruz[105]. Bu lütuf, bazen ruh hazırlamadan verilmektedir. Bazen de ruhun ciddi gayreti sonucunda meydana gelmektedir[106]. Bazıları da onu iradeli olarak elde etmek için akt alışkanlığındadırlar[107]. Arzu edilen dindarlık, Allah'ın lütfunu elde etmeye yeterlidir[108] ve murakabeci, onu alma durumundadır[109]. O, geçici bir delil ünvanına çekilebilir. Şayet sadık kalınırsa, özellikle Allah sevilirse o, daha sonra daha büyük ölçüde ona sahip olabilir[110]. Çünkü hararetli aşk, görülmez[111]. Murakabenin her iki unsuru üzerindeki ısrarıyla yani Allah'ı ve onun aşkını bilmek ısrarıyla Richard, orta çağda Augustin'in en iyi talebelerinin arasında yer almaktadır. Ondan sonra zaten Saint-Victor Okulu, çok hızlı şekilde gerilemiştir.

---

[104] İbid, V, 15.
[105] İbid, V, 5.
[106] İbid, IV, 5.
[107] İbid, IV, 23. Bu formülü yazarın doktrininden izole etmemek gerekir.
[108] İbid, IV, 20.
[109] İbid, IV, 13.
[110] De Erud. Hom. İnt. C.1, Col. 1231.
[111] De Gradibus Caritatis, c.3, Col. 1203.

ALTINCI BÖLÜM
PİERRE LOMBARD-SOMME YAZARLARI[1]

I. PİERRE LOMBARD (+1160)

Pierre Lombard'ın icra ettiği olay, XII. yüzyılın ilahiyatçılarından birisinin teşkil ettiği olaydır. Skolastik ilahiyat, onun zamanına kadar bu alanda takip edilecek yolda mütereddit davranırken, onunla emin ve kararlı olarak takip edilecek bir istikamet bulmuştur. Onun istikameti, derin dehalara bir lütuf olmuştur. Onun liyakatinden başka hiçbir sebep, Pierre Lombard'ı bu istikamette değerlendiremez. O, Lombardie'de, Novare'da[2] doğmuştur, ismi de buradan gelmektedir. Mütevazı bir ailesi vardır. Eğitimini tamamlayınca İtalya'dan ayrılarak, Reims'e geçmiş ve Paris'e gelmiştir, S. Bernard'ın tavsiyesiyle Victorin'ler onu kabul etmişlerdir. Böylece o, Hugues ile temasa geçmiştir. Muhtemelen Abélard'ı da duymuştur. Her halükârda onun eserlerin görmüştür. Bir müddet sonra, Notre-Dame'da ilahiyat öğretimine başlamıştır. Orada Mezmurları[3], St. Paul'un mektuplarını tefsir etmiş ve özellikle "Livres des Sentences" (1150 yılına doğru tamamlanmıştır) kitabını yazmıştır. Roma'ya bir seyahat yapmış, Jean Damascène'nın yenice tercüme edilen bir eserini bulmuştur. 1159 yılında Paris piskoposu olmuştur. Müteakip yıl yerine halefi geçmiştir. Muhtemelen ölmüştür. Fakat bıraktığı hacimli ilahiyat eseri, yüzyıllarca onun aksiyonunu devam ettirmiştir.

Les Livres Des Sentences, gerçek anlamda bir Somme-Théologique'dir. Bu eser, dört kısımdır: **I. Kitap** 48 bölümdür. Üç uknumu ve Allah'ın iradesini işlemektedir. **II. Kitap** 44 bölümdür, yaratılıştan, meleklerden, Hexaeméron'dan, insanın düşüşü ve lütuftan bahsetmektedir. **III. Kitap** 40 bölümdür.

---

[1] P.L. 191-192; F. Protois, P. Lombard, Son Épogque, Sa Vie, Ses Écrits, Son İnfluence, Paris, 1881; N. Espenberger, Die Philosophie Des Petrus Combardus, Munster, in. W.1901; M. Grabmann, Die Geschichte der Schol. Methode, II, p.359-407; J. De Ghellinck, Le Mouvement Théol. Au XI s. p.126-169; Th. Heitz, Les Rapports Entre la Phil. Et la Foi, p.42-48, Hurter, Nomenclator, II, Col. 91-96.
[2] Hayatı için bkz: J. De Ghellinck, Op. Cit. P.126.
[3] P.L. 191, 61-1296.

Bedenleşme ile faziletlerle, günahlarla, emirlerle, ilgilidir. **IV. Kitap** 50 bölümdür. Sakramentlerle ve son hedeflerle ilgilidir. Bu taksim, St. Augustin tarafından **Res** ve **Signa**[4] arasında yapılan meşhur taksim olarak takdim edilmektedir. Ancak bu yakınlaşma oldukça yüzeyseldir ve bir başka Sentences yazarı Quicumque[5]'un baş tarafına dayanarak yaklaşık benzer bir eser düzeni tesis edecektir.

Bu eser, çok hızlı şekilde yazarına istisnai bir otorite kazandırıyor ve ona Sentence'lar üstadı veya sadece üstad veya magister ünvanını sağlıyor. Elbette bu eser, eksiksiz değildir ve modern eleştiriler ondaki boşlukları göstermektedir: Bu eserde, ne St. Anselme'in derinliği ne de Abélard'ın inceliği ne Hugues'un orijinalliği yoktur[6]. Fakat o, istisnai bir didaktik kaliteye sahiptir. Eskiler, onu değerlendirmesini bilmektedirler. Onda ilahiyatı ilgilendiren bütün konular üzerinde tam bir doktrinel açıklama bulunmaktadır. Kısaca o, patristik tanıklığın çok adil bir seçimidir. O, çok geniş şekilde otoriter deliller takdim etmekte ve diyalektik müdahaleyi, zamanının tartışılan problemleri konusunda işlemektedir: Yazar, onları çok iyi bilmekte ve onlara çözüm iddiasında bulunmadan işaret etmektedir. Bu çok farklı deliller, kısaca açık şekilde ve bir metodla, belli bir düzeyde uzatmadan ve konuyu dağıtmadan açıklanmaktadır. Bu eser, ılımlı bir ilhamdır. Lombard, aşırı diyalektikçilere karşı çıkmaktadır. Onlar ilahiyatı bozmaktalar ve onlar gevezeliğe çağırmaktadırlar[7]. Fakat o, aklın yardımını hakir görmüyor ve hatta bu alanda, Abélard'a şiddetli bir tartışma ile yardımcı olacaktır[8]. O, aklın ve imanın ilişkileri gibi nazik bir konuda oldukça tedbirli davranıyor[9]. Aslında bu tavır, bir hikmet tavrıydı. Pierre Lombard, genelde geleneksel çizgide ve Ortodoksluk ta kalma endişesi taşıyordu: Her ikisi için de o, en elverişli tanıklar elde etmişti ve kilise otoriteleri tarafından en layık olanları, rehber üstad olarak edinmiştir. Onun emin olunmayan kanaatleri üzerinde yeni tartışılmalar[10] başlatılmıştır.

---

[4] De Dec. Christ, 1, 2-3.
[5] Les Sententiae de Gandulfe, ch. J. De. Ghellinck, op. Cit. p.131.
[6] İbid, p.132.
[7] Garruli Ratiocinatores, Préface.
[8] Gauthier de Saint-Victor, p.48.
[9] T. Heitz, Op. Cit. P.42-48.
[10] Bu kitabın ileri sayfalarına bakılmalıdır.

Pierre Lombard tarafından yararlanılan metod, onun hedefine iyi adapte edilmiştir. Bu hedef, geleneksel doktrini ahenkli bir bütün içinde takdim etmektir.

Otorite delilleri, birinci plandadır. Diyalektik sonra bu metinler arasında uzlaşma için veya çağdaş görüşleri tartışmak için yahut buradan biraz daha spekülatif bir notu kaldırmak için müdahale edecektir. Diğer konular için bazen sık sık diyalektiğe çağıracak, bazen Kilise Babalarının metinleriyle yetinecektir[11]. İlk üç kitapta işlenen konular, daha çok IV. yüzyılın tartışma konularına bağlıdır. Burada yazar, Evharistiya gibi birkaç konu hariç, hemen hemen alıntılara dayanmaktadır. Genelde felsefi bir esere konan şey, yalındır ve oldukça yüzeyseldir. Birçok yerde derinlikte eksik değildir. Lombard felsefede eklektiktir. Eserinin bütünü içinde Abélard'a, Hugues'a ve Gratien'e[12] bağlıdır. Yine o, Jean Damascène'nin De Fide Orthodoxa'sından[13] da yararlanmıştır. Damescène'nin kitabı bu dönemde Latinceye tercüme edilmiştir[14].

Pierre Lambard'ın eserini yazma tarzı, onun eserinin karakterinden ziyade ona büyük bir orijinalite sağlayamıyor. O, skolastik ilahiyatın gelişmesinde büyük bir tesire sahip değildir. O, kiliseyi onore eden büyük ilahiyatçıların formasyonunda payı vardır ve bu liyakat az değildir. Doktrininin gelişmesine gelince o, ona daha az minnettardır. Sadece sakramenter ilahiyatta, Lombard'ın rolü basit bir profesörünkini aşmaktadır ve ona kesin bir şekil vermektedir[15]. Seleflerinin doktrinini sistemleştirerek onları üç noktada geride bırakmıştır:

1. Onlardan daha iyi bir şekilde sebep felsefesi fikrini uygulamıştır.

2. O, iki unsuru ayırmıştır. Onun birliği, sakramentel dini erkânı meydana getirmektedir.

3. O, sakramentleri, basit işaretlere ayırmaktadır. O, onları rasyonel olarak yedi grupta toplamaktadır. Bu nokta Harnack'ın dediği gibi yeni bir dog-

---

[11] J. De Ghellinck, Op. Cit. P.137-138.
[12] Le Sic et Non d Abélard, ona her eser için büyük oranda metin sağlamıştır. Aynı şekilde, Hugues'un De Sacramentis'i de Le Décret de Gratien'den özellikle Sakramentler için yararlanılmıştır. Bkz: J. De Ghellinck, op. Cit. P.140.
[13] J. De Ghellinck, (Op. Cit. P.240-241).
[14] 1148-1150 Mısralar, Cf. J. De Ghellinck, Op. Cit. P.246.
[15] P. Pourrat, Op. Cit. P.40, 60, 247.

manın formel yaratılışı değildir. Fakat geleneksel belgelerin basit bir açıklamasıdır[16].

Pierre Lombard'ın eseri, okullarda evrensel bir lütuftan yararlanmadan önce, inatçı birtakım muhalefetle karşılaşmıştır[17]. Bazı dar görüşlü mistikler[18], onun metodunu çok spekülatif olarak yargılamışlardır. Diğer bazıları da ona, Abélard'ın, nihilisme christologique[19] öğretisi formülünü benimsediği için sitem etmektedirler. Bu formül Papa Alexandre III (1177)[20] tarafından tavsiye edilmiştir. İki yıl sonra Üçüncü Latran (1179) konsilinde eserin mahkûm edilmesi boşa çıkmış ve IV. Latran konsilinde 1215 yılında bu istikametteki teşebbüsler de[21] aksine kitabın muhteşem bir tasvibiyle, bizzat yazar zikredilerek sonuçlanmıştır. Bu, konsiller tarihinde tektir[22]. O, andan itibaren Sentences'in üstadı, artık tartışma konusu yapılmamıştır. Sadece yayılan bazı kanaatlere işaret edilmiş ve artık bunlar öğretilmemiştir[23]. Pierre Lombard'ın fikirlerinden birisini son ilahiyat gelişmeleri reddetmiştir. Bu fikir, Kutsal-Ruhu, lütufla aynı kılan görüştür. Bu, ilahi şahsiyetten, doğrulamanın formel nedeni yapan bir görüştür[24].

II. SOMME YAZARLARI

A. Anonim Somme'lar

XII. yüzyılda ve XIII. yüzyılın başında çok sayıda **Somme** yazılmıştır. Bu anonim eserlerin özellikle ikisi meşhurdur:

1. **Les Sentantiae Divinitatis**[25]: Bu eserler, 1141 ile 1148 yılları arasında yazılmıştır. Bunlar, Gilbert de la Porrée'nin[26] bir talebesinin eseridirler. Reims konsilinde reddedilen mektup en karakteristik noktalar üzerinde

---

[16] İbid, p.246-251.
[17] J. De Ghellinck, Op. Cit. p.150-169.
[18] Gauthies de Saint-Victor gibi.
[19] An Christus Secundum Homo Sit Persona Vel Aliquid.
[20] Alexandre III, papa olmadan önce, Abélard'ın formülünü, meşhur Sententiae'de kullanmıştır.
[21] Muhalefet edenler, Gerhoch de Reinchenberg, Gauthier de St. Victor'dur. O, Liber de Vera et Falsa Philosophia, teslis doktrinini suçlamakta ve Joozohime de Flore'u aydınlatmaktadır. Bkz: F. Vernet, Gilbert de la P. Dans Dict. Théol. Col. 1054-1055.
[22] İbid, p.163.
[23] S. Bonaventure, bu konuda sekiz işarette bulunmuştur.
[24] Bu doktrin, S. Bonaventure (In Sent, IV, 1,1, dist. VII, art. 1.91.) tarafından ve S. Thomas (Sum. Théol, II-III, 9.23.9-2).
[25] B. Geger tarafından Die Sentantiae Divinitatis, Münster, 1909; M. Grabmann, Op. Cit. II, p.437-438.
[26] Bkz: F. Verner, Gilbert de la P. Dans Diet. Théol. Col. 1054-1055.

yeniden ortaya konmuştur[27]. Özellikle Teslis ve kristolojik konular üzerinde...[28] Burada bütün ilâhiyat sistematik bir tarzda altı eserde toplanmıştır: De Creatione Mundi-De Creatione Primi Hominis et de Libero Arbitrio-De Pecceto Originali, De Sacramento İncarnationis-De Sacramentis-Dev Divinitate et Trinitate. Meçhul yazar, sadece Gilbert'ten ilham almıyor. O, Guillaume de Champeaux'dan ve Anselme'de Laon'dan da ilham almaktadır[29].

2. **Summa Sententiarum**[30]: Bu eserde önceki altı eser gibi altı eserden oluşmaktadır. Bunların üçü, sakramentlere tahsis edilmiştir: 1. İlahi Faziletler, Teslis-Bedenleşme, 2. Melekler, onların yaratılışı, şimdiki durumları, 3. İnsan, yaratılışı, düşüşü, onun şimdiki durumu, 4. Genel sakramentler, 5. Vaftiz, 6. Herkes için gerekli diğer dört sakrament: Konfirmasyon-Evharistiya-Tövbe ve Son Yağlama. Ordre Sakramentine sadece tek kelimeyle işaret edilmiştir (tr.VII, 15). Fakat eser tamamlanmamış ve yazar, uzun uzun doktrini açıklamak niyetindedir. Evlilik eseri (tr.VII), cildi tamamlamaktadır. Bu eser daha sonra, Gauthier de Mortagne'a borçlu olunan bir ilaveye sahiptir. Bu durumda bu değerli derlemenin yazarı kimdir? Bu problem, oldukça tartışmalıdır.

XII. yüzyılın diğer yazmaları, Hugues de Saint-Victor'un bir eserini ona atfetmektedirler. Bu aidiyete uzun müddet kesin olarak bakılmıştır[31]. Ancak bugün bu şüpheli durumdadır[32]. Bu kullanılan metodun, Abélard'ınkinden daha çok Hugues'in ki ile benzerlikte olmasındandır. Gerçekte Saint-Victor'un üstadı De Sacramentis'de Anselme'i takip ettikten sonra Abélard'ın yeniliklerinden yeni bir eserde yararlanmıştır[33]. Yine de kronolojik müşahedelerin ötesinde, Summa ile De Sacramentis arasındaki doktrinal farklılar, Hugues tarafından bu eserin kompozisyonuna az ihtimal vermektedir. Diğer yandan yazar, Hugues'un belki de belirli bir Othonun müridi ise bazı el yazmalarının işaretleri ve diğerlerinin sessizliği açıklanabilir[34]. Fakat burada bir

---

27 Bu kitabın önceki sayfalarına bakılmalıdır.
28 B. Geger, Op. Cit. P.10-28.
29 Bu kitabın önceki sayfalarına bakılmalıdır.
30 P.L. 176, 31-174, G. Robert, Les Ecoles, p.212-237; Bkz: Rev. August, 1908, (t.XII, p.529).
31 Bu fikir bugün, nünslarla P. Fournier. E. Kaiser, Ostler, B. Haure'an, Mignon, Vernet, Grabmann tarafından desteklenmiştir.
32 Denifle dans Arch, İ.tt. U. Kirsheng. Mitt, III, 1887, p.634.
33 Sacramentis üzerinde Summa'nın önceliği F. Fournier ve başkaları tarafından kabul edilmiştir. Buna karşı bkz: G. Robert, Op. Cit. P.221-234.
34 Sententiae Magistr; Ottonis Ex Dietis Magistri Hugonis, XII. yüzyılın bir yazmasıdır. Ancak bunun sadece nisbi bir değeri vardır.

başka problem daha vardır: Summa Sententiarum, P. Lombard'ın Libri Sententianum'undan önce midir, sonra mıdır? Hâlâ, birinin değeriyle bağlılığı vardır. Çok sayıdaki doktrinel ve sözel iki eser arasındaki benzerlikler buna tanıktır. Acaba ikisi arasında hangisi diğerine katkı sağlamıştır? Summa karşısında Lombard'ın bağlılığı, buraya kadar ortaya konmuştur[35]. Bu eserin 1150 yılından önce kompozisyonunu ortaya koymaktadır. Yeni bir yazar La Somme des Sentences'ın Hugues de Mortagne'nın 1155 yılına doğru[36] yazdığı eser olduğunu ispata çalışmıştır. Bu durumda bu, P. Lombard'dan sonradır. Her şeye rağmen bu tez, birçok güçlükle karşılaşmış[37] ve Summa'nın orijini ile ilgili sır çözülememiştir.

B. Somme Yazarları

Saint Anselme'den P. Lombard'a kadar çok sayıda teolog bu alanda belirtilen eserlerden ilham almışlardır. Bu eserlerin en tanınmışlarını burada belirtelim:

1. Gandulte de Bologne[38] **(XII. yüzyıl 1150'den sonra):** Gandulfe, bir dizi Sentence koleksiyonunun yazarıdır[39]. Bunlar, uzun zamandan beri P. Lombard'ın birinde geçmiştir. Fakat bu daha çok ona bağlıdır: O, fikirlerinin birçoğunun özetleyici ve varisi olmuştur[40]. O, zamanında oldukça çok okunmuştur.

2. Pierre de Poitiers[41] **(+1205):** Bu yazar P. Lombard'ın ilk tefsircilerinden birisidir ve onun en büyük talebesidir. Çünkü o, onun eserinin yayılmasına en çok katkı sağlayan kişidir. O, Paris'te profesördür ve üniversitede başkandır. O, Sentence'la ilgili beş kitap ve Lombard'ın eserlerinin şerhlerini yazmıştır: Glossae Super Sententias. Özellikle bu eser, XII. yüzyılın sonunun ilahiyat etüdü için oldukça dikkat çekicidir. Pierre, hocasıyla birlikte, diyalektiğin hasımları yanında yer almıştır.

---

[35] Zamanının adetlerine sadık kalarak P. Lombard, Suma'yı çok kullanması hata değildir. Ancak yeni bir yazar, bu alıntıların eserle akrabalığına inmkan verdiğine inanmaktadır. J. De. Ghellinck, op. Cit. P.121.

[36] M. Chossat, S.J. Paris-louvain, 1923; P. de Ghellinck'in yazısı ile.

[37] 1151 yılında bir Ketelog, Summa'yı muhtevasına almıştır. Bkz: Ruvue Néo-Scol, 1928, p.242-245.

[38] J. De Ghellinck, Op. Cit. P.178-244; M. Grabmann, Op. Cit. 11, p.388-391.

[39] Denifle Abaelerds Sentenzen und die Bearbeitungen Sciner Tehologie, dans Arch. Für Litt, etc, 1885. t.1.les Sentences de Gandulfe, J. De Walter, Vienne, 1924.

[40] J. De Ghellinck, Op. Cit. P.223.

[41] M. Grabmann, Op. Cit. II, p.501-524.

3. **Maitre Martin:** 1200 yılına doğru Paris'te profesördür. Questiones Théologiae isimli bir eser bırakmıştır. Bu eseri, onun çağdaşı olan Martin de Fugeriis'in Summa'sından ayırmak gerekir[42].

4. **Robert de Melun**[43] **(+1167):** XII. yüzyılın sonundan itibaren, unutulmuş olmasına rağmen o, oldukça sert bir şahsiyetti. İngiliz kökenlidir ve Paris'e okumaya gelmiştir. Orada öğretmen olmuş ve sonra Melun'a gelerek bir okul açmıştır. Jean de Salisbury, Jean de Cornouilles, Thomas Becket gibi öğrenciler yetiştirmiştir. 1163 yılında Herefor'a piskopos olarak atanmıştır ve az sonra da vefat etmiştir. O, üç ilahiyat eseri bırakmıştır[44]. Bunlardan birisi ahlak kitabıdır: Questiones de Divina Pagina. Diğerleri dogmatik eserlerdir veya tefsirlerdir. Questiones de Epistolis Pauli gibi. Bazıları da sistematik eserlerdir, Sententiae gibi. O, Hugues'un ve Abélard'ın talebesidir. O, eserlerinde oldukça ölçülü iki teolojik metod kullanmaktadır: Bunlar otorite ve spekülasyondur. Hem Pierre Lombard'dan alıntı yapmakta hem de onu, tenkit etmektedir. Reims konsilinde 81148) o, Gilbert de la Pornée'nin hasmı olmuştur. O, oldukça bağımsız bir ilahiyatçıdır ve eserinin okunması gerekir[45]. Burada hatırlatalım ki, M. Grabmann'la birlikte St. Augustin ve St. Anselme tarzında o, imanın entelektüel karakteri üzerinde ısrar etmektedir. İman, belli bir zekâ gerektirir. Fakat o, bizzat hakikatin gerçek zekâsına götürmektedir. Ancak bu gelecek hayatta verilecek olandan aşağıdadır[46].

---

42 M. Grabmann, op. Cit. II, p.524-530, 530-531.
43 M. Grabmann, op. Cit. II, p.323-358; R. Martin, L'Oeuvre Théol de R. de M. Dans Revue, Hist. Eccl, 1920; (t.IX), p.456-999; Pro Abelardo, Dans revue Sc. Phil. Théol. 1923; (t.XII), p.700-725; 1919; (VIII), p.439-466, 1920, (IX), p.1/3-120; 1922; (XI), p.390-415.
44 Bunlar kısmen Denifle, Boulay ve Grabmann tarafından yayımlanmıştır.
45 Bkz: P. Martin, O.P. Asli günah üzerine.
46 M. Grabmann, Op. Cit. II, p.338. Yazar, hem bu sayfada hem de müteakip sayfalarda özellikle Sentence'ı incelemekte ve birçok yayımlanmamış metin vermektedir.

YEDİNCİ BÖLÜM
XIII. YÜZYILIN BAŞINDA İLÂHİYAT

I. İLÂHİYAT VE ÜNİVERSİTELER

XIII. yüzyılın büyük entelektüel hareketi üniversitelerin kurulması hareketidir[1]. Özel okullar, XII. yüzyılda gençleri şu veya eyaletteki okullara çekiyordu. Bu okullarda şöhretçi bir üstad veya özel bir sanat kültü tarafından meşhur edilen hocalar eğitim veriyordu. Bunlar, meydanı, farklı üstadlara ve talebelerden oluşan farklı okullara bırakıyorlardı. Bunlar, Universitas Magistrorum et Scolarium du Paris'te, 1200 yılına doğru[2] dört fakülte bulunuyordu. Bu fakülteler ilahiyat, sanat veya felsefe, insan hakları ve tıp fakülteleriydi. Asrın başından beri bu fakülteler, Philippe-Anguste'un[3] yardımıyla işbirliği olarak tanınmıştı. Paris Üniversitesi, Papa tarafından 1215 yılında Robert de Courçon[4] tarafından ona verilen statülerle kesin bir organizasyona kavuşmuştu. Bu üniversite, hızlı şekilde kurulan diğer ülkelerdeki üniversitelere modellik görevi yapmıştı[5]. Tabii ki hepsi aynı değerde değildi[6]. Papalar, bu büyük entelektüel merkezleri yakından takip ediyordu ve orada ilahiyat eğitiminin şerefinin devamı için gayret gösteriyorlardı. Bu amaçla, oralara Dominikenlerin ve Frnansiskenlerin girerek kültürlerinin artması için 1230'dan beri çaba sarfediyorlardı.

Bunun için ilâhiyat orta çağda Paris Üniversitesinde daima ilk planda yer işgal ediyordu. Şüphesiz sanatlar daha gerekli bir anlam taşıyordu. Çünkü

---

[1] M. Grabmann, Die Geschichte der Scholastischen Methode, II, 1911, p.9-13; M. de Wulf, Op. Cit. 1, p.237.
[2] Abélard'ın tesiri altında eğitime dâhil edilen metodların prestiji, Paris'teki okulların başarısına XII. yüzyılda çok katkıda bulunmuştur. Özellikle Bologne'daki hukuk okuluna. Bkz: G. Robert, Op. Cit. p.179.
[3] Denifle-Chatelain, Chartularium Univ. Parisienis, 1, 1889, p.59-61.
[4] İbid, p.78-79.
[5] XIII. yüzyılların başında Bologne hukuk okulu, üniversite olarak organize edilmişti. Az sonra **Padoue**'da "Studia Generalia" (1222), **Waples** (1224) kurulmuştu. 1229'da Toulouse kurulmuş ve İngiltere'de 1240 yılında Oxford açılmıştır. Ancak Cambridge, yüzyılın sonunda açılabilmiştir. XIII. yüzyılda, İspanya'da Salamanque, Seville açılmıştır. Cft. M. De Wulf, Op. Cit. 1. p.246; II, p.151.
[6] Paris Üniversitesi, orta çağın entelektüel hayatının merkeziydi. P. Mandonnet, Siger de B, p.XLI.

onlar, diğer fakültelere giriş için gerekliydi. Onların üyeleri, oldukça çoktu ve kalabalıktı. Onlar, rektörlerine bu konuda baskı yapıyorlardı. Ancak bu mücadelelerden bir buçuk yıl sonra bu gerçekleşmişti. Bu yönetim üstünlüğü, sanatların derslere ve daha yükseklerine sevk eden sade bir adım atmaya mâni olmuyordu[7]. Ancak özellikle ilahiyatta yine de bir üstünlük vardı. Felsefe, branşların taçlanmasıydı. O, kraliçe olan ilahiyatın hizmetindeydi: Philosophia Ancilla Theologiae, Théologia Regina Scientiarum[8]. Gerçekte felsefeden en geniş şekilde yararlanan ilahiyatçılardır. Onların eserlerinde, felsefeyle ilgili birçok bilgi bulunuyordu[9]. Onların ilahiyatının rütbesi diğer ilimlerle aynıydı. Fakat çok sayıdaki onlara ait model, ilahiyatın zikredilmesine imkân veriyordu[10]. Bakalorya, birçok dereceleri ihtiva ediyordu: Önce, Kitab-ı Mukaddesin anlamının açıklamasıyla ve okunmasıyla başlanıyordu (Baccalarius Biblicus), ancak bu safha basit bir hazırlık safhasıydı. Gerçek Bakalorya'da, Lombard'ın Sentence'ları okunuyordu (Baccalarius Sententiarus). Bu egzersizle, aday, Baccalorya'ya sahip oluyordu (Baccalarius Formatus). Daha sonra birçok kamu delilinden sonra, bir formalık imtihanı ile bu tamamlanıyordu. Böylece rektörden lisans belgesini alıyordu. Artık resmen, ortaya konan işleri icra etmeye çıkarak ünvanı ile icra ediyordu. Üstad olmaya gelince o, daha onurlu işlerle tamamlanıyordu. Artık üstadlar, Kitab-ı Mukaddesi doktrinel yönden açıklayabiliyorlardı.

Eğitim iki ana temelde verilmekteydi: Ders (lectio) ve tartışma (Dispitatio) şeklindeydi.

Ders[11], şekli bize kadar Kutsal Kitap ve Sentences'lar kitabı üzerindeki büyük tefsirlerden gelmiştir. Ancak bu tür eserlerin hiçbiri düzgün biçimde değillerdi. Meselâ, P. Lombard'ın Distinctionunun açıklaması, St. Benavunture'den[12] gelen tarzdaydı. O, sırayla metne ve doktrine bağlıydı. Önce metin tam olarak okunuyordu. Daha sonra metin metodik olarak tahlil ve derinden inceleniyordu. Daha sonra bu konuda itirazlar yapılıyordu ve çözüme

---

[7] M. De Wulf, Op. Cit. I, 238.
[8] Bkz: J. De Ghellinck, Op. Cit. p.67-70.
[9] Paris'te ilahiyatçı olmayan filozoflar da vardı. Bunlar Suger de Brabant, Boèce de Dacie'dir. Bkz: P. Mandonnet, Op. Cit. P.XLII. Yazar ilahiyat fakültelerinde doktrinel hayat, diğer fakültelerden daha üstündü.
[10] Bkz: J. de Ghellinck, Op. Cit. p.67-70.
[11] XII. yüzyılda Ders için bkz: G. Robert, Op. Cit. p.52-56.
[12] Bu eserin ileri sayfalarına bakılmalıdır.

ulaştırılıyordu. Önce doktrin ele alınıyordu ve gruplara ayrılıyordu. Her madde bir dizi soruları topluyordu veya çözülecek problemleri ihtiva ediyordu. Yazar burada önce benimsediği çözüm lehine sebeplerini takdim ediyordu ve sonra karşı itirazları veriyordu. Sonuçta kesin bir tavır alıyordu ve zor sorulara cevaplar bularak etüdünü tamamlıyordu. St. Thomas bazı farklılıklara rağmen, buna benzer bir yol izlemiştir: Onun metodu daha yalın görünmektedir. Metin okunduktan sonra o, çok hızlı bir şekilde söz konusu edilen konuyu bölümlere ayırıyordu. Her problemde doktrin üzerinde her noktada yoğunlaşan maddelere bölünüyordu. Bu da şu tarzda yapılıyordu: İtirazlar takdim edilmektedir ve bunlara bazı zıt nedenler refakat etmekteydi. Genel bir çözüm, itirazlara cevap verdikten sonra verilmekteydi. Maddelere yapılan itirazlar, küçük sorular halinde gruplandırılıyordu ve her birine, maddenin sonunda bir cevap veriliyordu[13].

Tartışma (Disputatio) şeklindeki ders 1230-1240 yıllarına doğru ilahiyatta benimsenmiştir. Bu ders, iki işlemden meydana geliyordu: Birinci işlem, bir veya birçok itirazdan geçiyordu (opponens) ve cevaplar veriliyordu (Respondens). Tartışmaya gelince o, oldukça derine gidiyordu ve üstad sahnede veya oturumun bir başka kısmında (Pelster) veya bir başka gün (Mandonnet) her soruyu metodik olarak ele alıyordu. Bu konudaki kanaatleri ve delilleri gruplandırıyordu ve itirazları özetliyordu ve cevaplar veriliyordu. Çözülemeyen problemler, askıya alınıyordu. Nihayet kesin sonuç ve çözüm takdim ediliyordu[14]. Aşağı yukarı her kategorinin planı böyleydi[15]. Genelde iki tip tartışma vardı[16]: Normal tartışma (Disputationse Ordiriane): Burada bizzat hoca, uygun gördüğünde eğitiminden gelen teknik problemleri çözüyordu. Genel Tartışma (Disperationes Generalis): Burada asistanlar hocaya ilahiyat problemleri olan Paskalya ve Noel konularını soruyorlardı. Bu metod herkesin dikkatini çekiyordu ve hatta harişçeki öğrencilerin bile[17]. Daha muhteşemi ve daha istisnaisi, hocalar arasında organize edilen tartışmalardı (Disputationes Magistrales). Burada özellikle okulların temsilcileri ve karşı

---

[13] Bu üçlü süreçti: Teşhir-çözüm-cevap. Bu XII. yüzyılın geleneğiydi. Bkz: M. De Wulf, Op. Cit. 1, p.246.
[14] M. De. Wulf, İbid, p.242-243.
[15] Üstadlar cevaplarında gruplandırmayı uyguluyorlardı.
[16] İbid, p.242.
[17] St. Thomas, bu tür tartışmaların yaratıcısıdır.

doktrin mensupları karşı karşıya geliyordu. Bu tartışmalardan meydana gelen edebi abideler bize Questiones (Qucest. Disputatae. Pucest. De Pualibet, Ect) veya Reportationes adı altında takdim edilmişlerdir. Yani bir hocanın hizmetinde olan bir dinleyici tarafından çoğaltılan yazılardır bunlar[18].

Orta çağın ilahiyat literatürü, gittikçe skolastik karakterle itham edilmiş ve bu XIII. yüzyılda doruk noktaya ulaşmıştır. Büyük tefsirler, hocaların verdikleri derslerin bir meyvesi olmuştur. Onların soruları, onların tartışmalarından bize kadar gelmiştir. **Somme'**lar da onların öğretilerinden çıkmaktadır. Ancak, "Somme Contre Les Gentils" gibiler bir istisnadır. Buna benzer, okul kökenli olmayan felsefi bir konunun etüdünden veya bir ilahiyat etüdünden olanlar da vardır. Bunlar eserlerdir veya Pamphlets'lerdir[19]. Bunlara, vaazlar[20] veya konferanslarda ilave edilebilir. Çünkü St. Bonaventure, eğitimden uzaklaşarak birçok defa, felsefi problemlerde bile bu şekil altında tavır almıştır[21]. Burada felsefeden daha çok ilahiyatı etüd ediyordu. Fakat didaktik süreç ve okul metodu orta çağın ilahiyat eserlerinden çoğunu ayırmaktadır. Onların skolastik karakterleri daha çok felsefede yapılanlardan gelmektedir.

II. XIII. YÜZYILDA İLAHİYAT VE FELSEFE HAREKETİ
A. Augustinci Felsefe

XII. yüzyılda ilahiyatta binemsenen spekülatif metodun benimsenmesi, XIII. yüzyılda kesin olarak kırılmıştır[22]. XIII. yüzyılda bu konuda kiliseyi onurlandıracak büyük eserler görülecektir. İlahiyatta tartışmasız üstad, St. Augustin'dir. Bunun için St. Thomas'dan önceki ve Augustin'den ilham alan ilahiyatçılara Augustinciler adı verilmiştir. Bunların hepsi Augustinciliği karakterize eden ilahiyat doktrinlerini, farklı derecelerde de olsa benimsemişlerdir. Augustin'in tesiri onların dini düşüncelerinde devam etmiştir. Augustin gibi onlar da Allah'ın varlığını oldukça saf bir fikirle aramaktaydılar. Ancak bu oldukça kompleksti[23]. Bu onların ilahiyatına, aynı zamanda teorik ve pratik karakterini veriyordu ve aynı zamanda buna spekülatif ve duygusal

---

[18] Bunlara Lectura-Reportata-Reportatio deniyordu. Bunlar Expositio'ya muhaliftiler.
[19] Meselâ, Dilenciler konusundaki tartışmada 1254 yılından beri.
[20] Bu kitabın ileri sayfalarına bakılmalıdır.
[21] Bu kitabın önceki sayfalarına bakılmalıdır.
[22] IV. cildin giriş kısmına bakılmalıdır.
[23] IV, p.353.

metod adı veriliyordu. Onlar da St. Augustin gibi sembollerle allah'ı bulmayı seviyorlardı ve Allah'a farklı yollarla yükseliyorlardı. Augustin sayesinde onlar, Platon'u değerlendirmeyi öğrenmişler ve ondan doktrini almışlardı[24]. İşte bu Hıristiyan Platonisme'ine çoğu zaman Augustincilik adı veriliyordu.

Augustincilik, doktrinel anlamda, teolojik doktrinler anlamında anlaşılmalı ve büyük oranda da böyle olmuştur[25]. Şüphesiz burada da felsefi bir Augustincilik söz konusudur. Fakat onu böyle ithamdan sakınmak gerekir. Çünkü Augustin her şeyden önce bir filozoftu. Ancak felsefe onun veya sadece büyük Hıristiyan düşüncesinin bir hizmet aracıydı. Yine de orta çağdaki onun uzak talebelerinin bütün felsefi sistemlerini ona atfetmekten sakınmak gerekir. Felsefi düşüncenin sayısız çoklu tesirleri altında felsefi düşünce XII. ve XIII. yüzyıllarda çok farklı istikamette gelişme göstermiştir. Bunun için bir doktrin altında sonuçları gruplandırmak ne de Augustinciliği, rezerv ifadelerin vasıtası olarak isimlendirmek, bir tedbir değildir. Bunu M. De Wulf[26] ifade etmektedir.

Orta çağda, Augustinci felsefe olarak isimlendirilen şeyde, önce orta çağ Augustincilerinden çıkmakta olan önemli felsefi dönemlerin belli başlı problemi üzerindeki ciddi farklılıklara işaret edebiliriz[27]. Gerçekten hepsi bunu, ilahi bir aydınlanma ile açıklamaktadırlar. Fakat bu formül altında, farklı kavramlar gizlenmektedir. Buna Fıtriyye, Ontalogisme, aydınlanma, entelektüel yarış veya normal yarış denebilir. Thomist formüle göre bunun savunucuları St. Augustin'e dayanmaktadırlar. Görünüşe göre bu formüllerden herbiri, bizzat Augustin'in düşüncesini nüanslarıyla vermemektedir. Onun sistemi daha çok sezgicilik olacaktır. Yahut mistik temayüllü fikirlerin sezgi doktrinidir. Onda kavranan ilk sezgi fikirlerinde onun varlığını tespit ona yeterlidir. Çünkü o, onlara tabiat ve tabiatüstü düzeyde önemli bir rol atfetmektedir[28].

Diğer noktalara gelince, çok sayıda onun doktrinine belirli şekil altında ilaveler yapılmıştır: Augustincilerin tamamı, ruhun ve yeteneklerin hüviye-

---

[24] Yeni Eflatunculuğu, I. cilt, p.624-627.
[25] IV. kitabın girişine bakılmalıdır.
[26] Hist. De Les Phil. Méd. 1.p.320. Yine bkz: İbid, 318-321.
[27] Bkz: E. Portalié, Augustin, Dans dict. Théol. Col. 2334-2337 ve Augustinisme, İbid, Col. 2509-2514, E. Gilson, la Philos. De S. Bonaventure, p.346.
[28] Bu kitabın önceki sayfalarına bakılmalıdır.

tini kabul etmektedirler. Bununla beraber fark, Hugues de Saint-Victor tarafından net olarak yapılmıştır. S. Bonaventure tarafından ise, daha hafifini yapılmıştır[29]. Bonaventure, ona, diğer Augustincilerden daha yakındır. Hugues ve Benaventure, iki entelektueli ayırmaktadırlar[30]. Bu açık şekilde, Augustinci teoride bulunmamaktadır. O, Raisons Séminalesi=manevi sebepler hipotezini yaymaktadır[31]. Fakat çok sayıda uygulama, onu aşmaktadır. Ona dayandırılan şekillerin çokluğu, Yahudi veya Arap tesirinden gelmektedir[32], spritüel madde doktrini gibi. Bunun ilham edicisi, Avencebrol'dır[33]. Eylemin ve gücün Aristocu teorisi, orta çağda her yere nüfuz etmiştir. Varlık ve aydınlığın aynı olması, Augustin'de şüpheye imkân vermektedir[34]. Ona XIII. yüzyılın bazı yazarları fiziki bir anlam atfetmektedirler.

Bu örnekler, orta çağ felsefesinde işitilen Augustincilik formülünün, birçok eş değeri olduğunu ispat etmektedir. Zaten bu ifade oldukça yenidir[35]. Bunun yegâne avantajı, olağan Thomist'e muhalefet eden temayüllerin tamamına işaret etmesindedir[36]. Fakat aynı hedefe, Augustinci terime işaret edilen teolojik anlam bırakılarak da verilebilir. Tabii ki diğer tersliklerden sakınılmalıdır.

Orta çağın Augustinci ilahiyatçılarının Yeni-Eflatunculuğu, oldukça karmaşıktır. St. Augustin'den gelenlerin büyük bir kısmı, diğer tesirlere maruz kalmıştır. Özellikle, Araplarınkine bağlı bulunmaktadır. Bu düşünce ekletikti fakat Yeni-Eflatuncu doktrin konusunda geniş şekilde bağımsız olarak ve Allah'a vecdle dönüş olarak bilgi veriyordu. Bunun için değerlerinin önemi yoktu. Bunların birçoğu kesin olarak Anti-Hıristiyandı ve diğerleri kısmi bir toleransla imanla uzlaşabiliyordu. Arap edebiyatı, Batıya nüfuz edince, özellikle XII. yüzyıldan itibaren ilahiyatçılar bu yolla, bilhassa İbni Sina aracılı-

---

[29] Bu kitabın ileri sayfalarına bakılmalıdır.
[30] a.g.e.
[31] Birinci cilde bakılmalıdır.
[32] Arencebrol teorisi, bkz: Bu kitabın önceki sayfalarına bakılmalıdır. S. Thomas, bunu Araplara atfetmektedir. M. De Wulf, Op. Cit. 11, p.10.
[33] M. De Wulf, Op. Cit. 1, p.320, cf. E. Gilson, Phil. De S. Bonaventure, p.229, Augustin'in quasi-materia'sı bundan ayrı anlam taşımaktadır.
[34] E. Gilson, İntrod. á l'étude de S. Augustin, Paris, 1929, p.106.
[35] Bu P. Ehrle'nin 1889'da yayımladığı der Augustinismus u. Aristotelismus in d. Scholastik gegen Ende der XIII J. Dans archiv. F. litt. etc. 1889, (t.V), p.603-635, bkz: P. Mandonnet, Op. Cit. P.LXII.
[36] St. Augustin Thomismer'in ortaya çıkmasından çok sonra felsefi ve teolojik tarafın patronu olmuştur. Augustincilik isminin polemik bir anlamı vardır ve ancak 1270 tarihlerinde doğrulanmıştır. Wolf, Op. Cit. p.320-321.

ğıyla[37] Yeni-Eflatunculuğun yeni unsurlarını almışlardır. Bununla beraber bu katkıların Latin düşüncesi üzerindeki etkisi, sadece Arapların XIII. yüzyılda Avrupa'ya Aristocu eserlerin büyük bir kısmının girişiyle kıyaslanabilir.

B. Arap Aristoculuğu

Araplar, Aristo'ya büyük saygı göstermişlerdir. Ona, mükemmel bir filozof gözüyle bakmışlardır. Bunun için onlar, ilim kavramını, olayların gözlem değerini ve bir yığın özel doktrinleri ona borçludurlar. Bu noktada onlar skolastiği rehber edinmişlerdir. Fakat Arap felsefesini, Aristoculuğun bir taklidi olarak görmek yanlıştır. Arapların bozuk Aristocu metinleri kullanmaları biryana bırakılırsa, onlar iradeli olarak, Grek tefsirleri arasında Aristo'yu şerh etmişlerdi. Onlar, Aristo'nun kapalı metinlerini zorlayarak doktrinleri değiştiriyorlardı. Özellikle beşeri zihinle ilgili olanları. Onlar kendi Aristoculuklarına Yeni-Eflatuncu unsurları da ilave ediyorlardı. Meselâ, sudur ve vecd doktrinleri gibi[38].

Böylece onlar bir çeşit özel bir felsefi senkretism'e ulaşıyorlardı. M. de Wulf'a göre üç doktrin, onların açıklamalarına, ayrı bir özellik vermiştir. Bu üç doktrin, kürelerin suduruyla, beşeri zihinle ve maddeyle ilgiliydi. Sudur, net olarak Aristo ilahiyatında açıklanmıştı[39]. Sudur yüce varlıkla, zihinler arasında bir bağ kurmaktadır[40]. Bu zihinler, semavi kürelerle birleşmiştir ve yerel hareketlerinin prensibidir. Beşeri zihniyet, saf akılların en noksanı ve en sonuncularıdır[41]. O, gayr-i müşahhastır, beşeri varlıktan izoledir. O, tek cinstir. O, son basamağı meydana getirmekte ve aynı sirkülasyonunun temel motorudur. Madde, Yunan felsefesine göre ebedidir. Yüce prensipten bunları yapanlar açık şekilde Panteisttirler. Fakat bazıları, Allah'tan ayrı bir maddenin varlığı fikrini devam ettirmektedirler (İbni Sina-İbni Rüşt)[42].

---

[37] Bkz: E. Gilson, Pourquoi S. Thomas a Critiqué S. Augustin? Paris, 1927. Yazar, orta çağ Augustinciliğine İbni Sina tarafından icra edilen tesirler üzerinde ısrar etmektedir ve bu konuda S. Thomas'ın aldığı insiyatif ile Platoncu olmayan yeni bir sistemi açıklamaktadır.
[38] M. De Wulf, Op. Cit. 1, p.208.
[39] Ennéades (1, IV, V, VI)'de Plotin derlemeleri. Bunlar, III veya IV. yüzyılda Arapçaya tercüme edilmişler ve Stagrite'e atfedilmektedir. M. De Wulf, Op. Cit. 1, p.208; Liber de Causis Proclus'un eserinin özetidir.
[40] Buna, İbni Sina, aracılarla sudur demektedir.
[41] Aristo'nun müphem bir metnidir. Orada şöyle denilmektedir: Zihin, tanrısal bir prensiptir ki dışarıdan gelmektedir. O, ölümsüzdür. Ta ki pasif akıl organizmle pasif olarak doğmakta ve onunla kaybolmaktadır. M. De Wulf, İbid, p.208-209.
[42] M. De Wulf, İbid, p.208-209.

Arap felsefesi, Doğuda yapılan eserlerin tercümeleri sayesinde VIII. yüzyıldan itibaren Abbasilerin himayesi altında normal olarak gelişmiştir. Bu okulun temel filozofi İbn Sina'dır (980-1037). O, el-Kindi'nin habercisidir (870). Kindi, özellikle bir ansiklopedisttir. Farabi (950) ilme büyük bir düşünce orijinalitesi ilave etmiştir. Mutezile ve İhvan-ı Safa gibi iki önemli ekol ortaya çıkmıştır. Özellikle İhvan-ı Safa, 51 ansiklopedik eserle tanınmıştır. İbni Sina'nın doktrini, özellikle 18 ciltlik felsefsefi Somme bir eserde açıklanmıştır. Ancak İbni Sina'nın yüzden fazla eser yazdığı söylenir. Allah'tan ilk akıl çıkmıştır. Bu, Saturne'dur. Ondan Jupiter çıkmıştır. Bu sudur, dünyamızda ve beşeriyette hareket eden akla kadar devam etmektedir. Ebedi olarak madde, Allah'ın bir yaratığı değildir ancak ona şekiller verendir. Ara akıl ayrıdır, ferdi aklı (passif) aydınlatır ve o, beş devreden geçer: Maddi akıl-mümkün akıl-fiili akıl, elde edilmiş akıl[43]. Doğuda XI. yüzyıldan itibaren bu cüretkâr düşünceye karşı canlı bir reaksiyon meydana gelmiştir. Bu reaksiyon mütekellimin denilen Müslüman ilahiyatçılar arasında meydana gelmiştir. Gazali (1058-1111) bu akımın en meşhur temsilcilerinden birisidir. Bu felsefe Arabistan'da yıkılmış ve İspanya'da yeniden çiçeklenmiştir.

Batıda Arap filozofları arasında[44] en meşhuru İbn Rüşd'dür[45] (1126-1198). İbn Rüşd, doktordur ve ilim adamıdır ve Aristo hayranıdır[46]. O, Aristo'yu şerh etmiştir. O da direk sudur taraftarıdır. O da maddenin ebedi olduğunu düşünmektedir. Ancak onda varlığı olmayan saf madde olarak değil, aktif güçle alınan olarak kabul etmektedir. Onu, ilk motor, tedrici şekilde yaymıştır. Beşeri akıl, dünyamızı idare etmektedir. Küremizdeki en küçük akıllar, madde dışı, ebedi ve bireylerden ayrı, sayısal birlikle mücehhezdir. Bu akıl, aynı zamanda, aktif, maddi veya mümkün akıldır. Beşeri akıl, tamamen gayri müşahhastır ve objektiftir. O, bireysel ruhları aydınlatan ve beşeriyetin, ebedi hakikatlara bozulmaz iştirakini sağlayan ışıktır[47]. Bu andan itibaren akıl, bireylerle sadece tedrici, kazai bir birlikle herkesin sahip olduğuna göre uyumlu olmaktadır[48]. Beşeri vicdan, bu doktrinde kaybolmaktadır, bireysel

---

43 İbni Sina, Yeni Eflatunculuğun ve hatta Hıristiyanlığın tesirine maruz kalmıştır.
44 Avempace, İbn Bassa (+1138), İbn Tuyfl, (1185).
45 M. Horten, Die Metaphysik de Averros, Halle, 1912, Renan, Averros et l'Averroisme, Paris, 1867.
46 Orta çağda Commentator.
47 M. De Vulf, Op. Cit. 1, p.215.
48 İbni Sina'nın anlayışına benzer.

ruh bozulmaktadır. Fakat beşeriyet, objektif aklın ebediliğinde ölümsüzdür[49]. Ancak Arap düşünce gücü, çok hızlı şekilde İbn Rüşd'den sonra gerilemiştir.

Arap düşüncesi, Doğuda ve Batıda etkili olan Yahudi felsefesine yakınlaştırılabilir. Doğudaki en tanınmış Yahudi yazarlar, İsaac İsraeli (+955) ve Saadia (+942)'dır. İspanya'da İbn Gabirel (1020-1058)[50] ve Maimonide (1135-1204)'dir. Özellikle iki teoriyi hatırlatalım: Aynı fertte, maddenin ve şekillerin çokluğu ve spritüal cevherlerin maddesinin ve şeklinin oluşumu. Maimonide[51], Delaletü'l-Hairin'in yazarıdır[52]. O, gerçek Yahudi skolastik some'dur. O, diğer yazarlardan çok daha fazla Aristo'ya yakındır. Tevrat'ın öğretileriyle Meşşailiği düzeltmiştir. O, taşra Yahudileri ve Hıristiyan skolastikleri tarafından çok okunmuştur.

Genelde XIII. yüzyılın başında Latin Batıda Aristo, büyük oranda bunlar vasıtasıyla tanınmıştır. Bunların eserleri özellikle, **Toléde**'de, XII. yüzyıldan itibaren Hıristiyanlar tarafından tercüme edilmişlerdir. Bununla beraber, şüpheli meşşailik böylece yayılmıştır. Aristo'nun yazıları, genelde yanlış tercüme edilmiş ve çoğu zaman Yeni-Eflatunculuk yorumlarının metinleriyle tamamlanmıştır. Tamamen Yeni-Eflatuncu eserler, Aristo'ya atfedilmiştir[53]. Diğer yandan aynı dönemde Arap tefsirleri, metinleri kilisedeki anlamlara ters istikamette yorumlanmışlardır. Şüphesiz XII. yüzyılda Gundisalvi, Toléde'de Arap tesirine maruz kalmış, eklektik bir Aristoculuğu oluşturmuş, Eflatuncu olan ve Boèce ve St. Augustin sayesinde bütün Monist anlamdan arındırılmış olarak, St. Augustin'den ilham alınmıştır[54]. Her şeye rağmen tehlike gerçekti ve bir reaksiyon gerekliydi.

Bu tartışma Paris'te meydana geldi. 1210 yılında Paris'te bir konsil toplanmış ve Aristo'nun tabii felsefesinin özel veya kamuda öğretilmesini (yani, fizik ve metafizik) ve tefsir edilmesini yasaklamıştır[55] (İbni Rüşd'ün ve İbni Sina'nın tefsirlerini) 1215'de, Aristo'nun eserlerine karşı yeni bir kınama[56]'ya,

---

49 M. De Vulf, Op. Cit. 1, p.216.
50 Skolastikler, Avicebron veya Avicebrol, Avivcembron demektedirler.
51 Munck, Mélanges de Phil. Juive et Arabe, Paris, 1859.
52 L.G. Lévy, Maimonide, Paris, 1911.
53 Theologia Aristotelis et Liber de Causis: Bu kitabın bu bölümüne bakılmalıdır.
54 M. De Vulf, Op. Cit. 1, p.312, 312-324.
55 Chartule. Univ. Par. 1, p.70.
56 İbid, p.78.

Benes'li Amaury ve Dinant'lı David'ın özellikle heretik yazılarının tasvibi ve belli oranda İspanyalı Maurice'inki (muhtemelen Averros) ortak olmuştur[57]. Bu yaklaşımlar, yeterince yasağın seviyesinin, iman tehlikeleri tarafından motive edildiğini göstermektedir. Diğer bir sebep de 1231 yılından itibaren papaların bazı kararları uygulamamaları[58] ve Grègoire IX'nın Aristo'nun eserini temizlemekle meşgul olma gibi yeni bir yola girmeleridir[59]. Bu amaçla görevlendirilen komisyon[60], bu problemi çözememiştir ancak belli bir prensip konmuştu[61]. Le Bx. Albert le Grand, bunu daha çok ilim düzeyinde çalışmıştı ve St. Thomas onu, felsefe alanında tamamlamıştı. Bu dev çalışma, Hıristiyan imanında meşşailiğin benimsenmesiyle tamamlanmıştır. Fakat önce, gerçek Grek Aristo'yu bulmak ve onu, Arap tefsirlerinden soyutlamak gerekmekteydi.

Latin İbni Rüşdcülüğü[62], 1255 yılına doğru Paris'e nüfuz ettiğinde Arap tesiri tehlikesi kendini göstermiş ve orada hararetli savunucular bulmuştur. Bu hareketin 1270 yılına doğru lideri Singer de Brabant'dı[63]. Bu adam, Liége'de sanatlar fakültesinde profesördü. Sistemin temel doktrini[64], monofizitlikti. Bu sistem, bütün insanlık için zihin birliğini öğretiyordu: Bireysel ruh, serapa duygusaldı ve ölümlüydü. Sadece ırkçı ruh, ölümsüzdür. O, fertlerle sadece kazai bir birlikte sözleşebilir. İşte bu maceracı teoriler, beşeri kişiliği tahrip ederek, panteizme yolları açarak ciddi şekilde imanı bozuyordu. Bunun için Katolik ilahiyatçılar olan Albert le Grand ve St. Thomas tarafından şiddetli şekilde tenkit edilmiştir. Ayrıca bu teoriler, açık şekilde kilise tarafından mahkûm edilmişlerdir. Bu konuda ilk zorlayıcı kararname 10 Aralık 1270'de Paris piskoposu Etienne Tempier tarafından ilan edilmiştir. Bu kararname, İbni Rüşdçü on üç görüşü reddediyordu[65]. Diğer tedbirler, müteakip yıllarda alınmıştır. Bu tedbirlerin en tanınmışı 7 Mart 1277'de alınan

---

[57] Hypothése de Mandonnet: Mauritius Hyspanus.
[58] Yasak, Toulouse'a 1243 yılında girmiştir. Kararnameler, Paris kökenli İbn Rüşdçülük nedeniyle yenilenmiştir.
[59] Chartul, Univ. Par. 1, p.138, 143.
[60] Üç ilahiyatçıyı ihtiva ediyordu: Guillaume d'Auxerre, Simon d'Authie-Etienne de Provins.
[61] 1255 yılına doğru Aristo okutulmuştur. Buna aleyhte olanlar ve papalar göz yummuştur.
[62] M. De Wulf, Op. Cit. II, p.90-105.
[63] P. Mandonnet, Siger de Brabant, Fribourg, 1899. Diğer İbni Rüşdçüler, Boèce de Dacie ve Bernier de Nivelles, M. De Wulf, Op. Cit. II, p.100.
[64] İbni Rüştçülük iki hakikat kabul ediyordu: Felsefede doğru olan, ilahiyatta yanlış olabiliyordu veya ilahiyatta doğru olan felsefede yanlış oluyordu.
[65] Chart. Univ. Par. 1, p.486.

tedbirdir. Bununla Tempier, yeniden İbni Rüşdçülüğü ve diğer hatalar ve kanaatlerle birlikte 219 öneriyi reddediyordu[66]. Oldukça acil olan bu müdahaleden başka[67] o, az homojen olan bir doktrinal bloka kısmen de bizzat meşşailiğe dayanıyordu. St. Thomas'ınki de dâhildi[68]. Böylece, İbn Rüşdçülük, yavaş yavaş önemini kaybetmişti. Ancak tam olarak kaybolmamıştı. Fakat bağımsız bir mezhep de hiçbir zaman teşkil etmemişti[69].

C. Muhtelif Hatalar

XIII. yüzyıl ilâhiyatçıları, Hıristiyan imanını muhtelif hatalara karşı da savunmuşlardı ve bunların başında Panteizm geliyordu. Bunun gelişmesini, Chartrains üstadları dışında, onların bazı talebeleri sağlamıştı. Bernard de Tours, kainat ve sudur taraftarları üzerine bir kitap yazmış ve Panteizmle işi sonuçlandırmıştı[70]. Amaury De Bénes[71] (+1207)'de Chartres kökenliydi ve o da Paris'te diyalektikte ve ilahiyatta substansiyatif bir ponteizmi öğretmişti: Buna göre, her şeyde Allah vardı. O, her şeyin biçimsel prensibiydi. Bu gibi doktrinlerin, ahlakta, dinde yankıları vardı ve onu Aumauriciensler yayıyordu. Bu akım, 1208-1210'dan itibaren anonim bir eser tarafından reddedilmişti[72]. Amaury'nin öğretisi de 1215 yılında Paris'te papa tarafından yasaklanmıştı[73]. David de Dinant'ın (XII-XIII) Panteizmi daha da ileriydi[74]. O, ilk madde ile Allah'ı aynı kabul ediyordu[75].

Catharisme Manicheen veya Albigéoislılar, Avrupa'da Hıristiyanlığa karşı oldukça muhalif olan metafizik ve ahlaki bir metafizik düalizmi yayıyorlardı. Fakat anti-sosyal doktrinlerine, zorlayıcı birtakım tedbirlerle karşı konmuştur. 1215 yılında icra edilen IV. Latran konsili, bu hataların birçoğunu reddetmiştir[76].

---

[66] İbid, p.543.
[67] Bu, Papa Jean XXI'nin müdahelesini önlüyordu. Papa o zaman, üniversitenin doktrini üzerinde anket yapıyordu. Mandonnet, Op. Cit. P.CCXXVIII.
[68] Bu kitabın St. Thomas bölümüne bakılmalıdır.
[69] M. De Wulf, Op. Cit. 11, p.104.
[70] Buna Bernard Sylvestre veya Bernard de Chartre da denmiştir.
[71] M. De Wulf, Op. Cit. 1, p.181-182.
[72] Contra Amaurianos, edit, Baeumker, 1893. Bu yazar bu eseri Langres (+1215) piskoposu olan Cistercien Garnier de Rocherfort'a atfetmektedir.
[73] Bu kitabın ilgili bölümüne bakılmalıdır.
[74] M. De Wulf, op. Cit. 1, p.132-184; G. Théry, David de Dinant, Dans Mélanges Thomistes, 1923, p.361-408.
[75] Sum Théol. I, q. III, 9.8.
[76] Denzinger-B, Enchrérid, n.428-430, Cathareslar için bkz: E. Brocck, le Catharisme, Louvain, 1916.

Orta çağda, Panteizm temayüllü bazı mistik heterodoks hareketlere de değinilebilir. Ancak bunlardan ileride söz edeceğiz.

III. BELLİ BAŞLI SEKULİER İLAHİYATÇILAR

Guillaume d'Auvergne[77] (+1249): Guillaume, XIII. yüzyılın ilk yarısının en önemli temsilcilerinden birisidir. 1190 yılına doğru Aurillac'da doğmuştur ve Paris'te ilâhiyat profesörlüğü yapmış ve Paris'e piskopos olarak atanmıştır (1228). Bu makamda yirmi yıldan fazla kalmıştır. Oldukça hareketli olan piskoposluğu, öğretimi sırasında teşebbüs ettiği etüdleri tamamlamasına engel olmamıştır. Geride, oldukça dikkat çekici ve herkesin okuduğu bir ilahiyat eseri bırakmıştır. Bu eser de, Somme Théologique'in bütün konuları hakkında bilgi verilmektedir.

Bu eser, otuz kadar Monografi içermektedir. Hıristiyan ansiklopedisinin bir kısmını teşkil eden bölüme, Magisterium Divinale adı verilmiştir ve 1223 ile 1240 yılları arasında kaleme alınmıştır. Bu eser, skolastiği inşa eden en geniş abidelerden birisidir, diyor Vernet. Bu eser, Allah, kâinat (maddi ve manevi), ruh, dinin hakikatı (De Fide et Legibus), sakramentler, ahlak (Summa de Virtutibus et Moribus) gibi konuları işlemektedir. Diğer yirmi kadar başka eserler[78] ise, dua sanatı gibi konuları işlemektedirler. Bu eserler şunlardır: De Rhetorica Divina ve De Faciebus Mundi. Ayrıca De İmmortalitate Amma (1228'den önce) isimli eser, hemen hemen Gundissalinus'dan mülhemdir.

Birçok yazara göre değerlendirmek gerekirse o, Maimonide'den yararlanmaktadır. Ancak Guillaume, çok bilgili ve uyanık bir bilim adamıydı[79]. O, döneminin Hıristiyan düşüncesi üzerindeki bütün bilgileri, Aristoculuğu, Eflatunculuğu, Arap felsefesini biliyordu. Fakat özellikle, Hıristiyan Ortodoks ilahiyatını çok iyi biliyordu. Yine o, Cathanisme'le ve Arap felsefesiyle ve onun Aristo üzerindeki egemenliğiyle mücadele etmiştir[80]. O, aynı şekilde Eflatunu'da kullanmış ancak birçok noktada onu tenkid etmiştir. Yine o,

---

[77] N. Valois, Guillaume d'Auvergne, Paris, 1880; M. Baumgartner, Die Erkenutnislehre des W. von A, Munster, 1893; T. Heitz, Rapports Entre la Philos. et la foi, Paris, p.99-105; M. De Wulf, Hist. Phil. Méd. 1, p.323-328; F. Vernet, Guillaume d'Auv. Dans dict. Théol. Col. 1967-1976; : Kramp, Des Wilhelm von A. Magisterium Divinale, Dans Gregorianum, 1920-1921; Ziesché, Die Sakramentenlchre des W. Von A, 1911.

[78] Bunların birçoğu yayımlanmamıştır. cf. Vernet, Op. Cit. 1968-1969.

[79] İbid, Col. 1970-1971.

[80] İbid, Col. 1974.

zamanını kirlendiren bütün hurafe çeşitleriyle ve astrolojiyle[81] mücadeleyi gerekli görmüştür[82].

Allah'ın varlığıyla ilgili verdiği deliller, St. Augustin'e, eski skolastiğe ve hatta Araplara dayanmaktadır. O, var olan varlığın varlığa, iştirakiyle bizzat var olduğu sonucuna varmaktadır (ens per participationem) ve (ens per essentiam). Bu Kozalite prensibinin uygulanması değildir. Fakat iki kavramın paralelliğinin faziletidir[83]. O, Allah'ı varlık olarak düşünmektedir. O, saf varlıktır. Bu açıdan o, yaratıklardan onu ayrı düşünmektedir. Onda, varlık sınırlıdır ve özden ayrılır[84]. Yine o, Allah'ı ebedi hakikat olarak tasarlamaktadır. Onda bütün varlıklar, onun örneğinde önceden vardır. Onun aydınlığı, varlığın özlerini desteklemektedir.

Entelektüel bilgi teorisinde Guillaume, St. Augustin'in yanında yer almaktadır. Zekâyı, faydasız olarak reddetmektedir[85]. Çünkü onun için zekâ bizzat duygusal temsilciler münasebetiyle, makul şekilde vardır. O, zekâ teorisini[86] ruhun reel ve yeteneklerin reel ayırımını[87] reddetmektedir. Ruhun sadeliğini, aktivitesini azaltmadan itham etmektedir. Diğer yandan şuurun açık aracılığının değeri üzerinde durmaktadır (Augustin). Çünkü şuur doğrudan doğruya, sadece ruhun varlığını değil, onun özelliklerini, maddesini, sadeliğini ve bölünmezliğini de kavramaktadır. Üstelik şuur, rasyonel bilgiler kategorisini de keşfetmektedir. Yani ilk prensipleri[88]. Bu prensiplerin kontenjan varlıklarının varlığından bağımsız bir değeri olduğu için, Guillaume'a göre onlar doğrudan, özel bir aydınlık sayesinde, Allah'ta görülmektedir.

Guillaume d'Auvergné, kilise doktoru olarak ilginç bir bilgindir. Sert karakteriyle, geleneksel metoda bağlı kalmıştır. Fakat o, yeni teorilere açıktır ve onları güvenli gördüğünde almaktadır. Onun doktrini, bütünlüğüyle, eski-

---

[81] O dönemde Astrologlara çok ilgi gösteriliyordu. Guillaume, onların teorilerini reddediyordu. Çünkü bu teoriler, hür iradeyle ve inayetle bağdaşmıyordu. Yine de bazı yıldızların bazı eşyalar üzerindeki belli bir etkisini kabul ediyordu. Meselâ bitkilerin özü ve aya bağlı olan deniz gibi.
[82] O, "De Universo" isimli eserinde kimya, büyü, cinler gibi konuları reddediyordu.
[83] M. De Wulf, Op. Cit. 1, p.324.
[84] Guillaume tarafından Aristo'nun teorisi benimsenmiştir. St. Thomas, ondan en iyi kısmı çıkaracak ve onu amel ve güç kısmına ilave edecektir. Guillaume, Allah eşyaların formel varlığıdır. Fakat onun düşüncesi Panteizmden ayrıdır. Cf. Vernet, Op. Cit. Col. 1972.
[85] De Anima, VII, 3.
[86] O, Aristo'nun inandığı Arap doktrinidir.
[87] De Animia, III, 6.
[88] M. De Wulf, Op. Cit. 1, p.327.

miş birkaç fikre rağmen eklektiktir. Her şeye rağmen, St. Thomas'ın güçlü sentezindeki derinliği ve sağlamlığıyla kıyaslanamaz.

Guillaume d'Auvergne[89] (+1231): Beauvais başpapazı ve Paris ilâhiyatçısı olarak, 1231'de Papa Gregoire IX tarafından, Aristo'nun eserlerini Hıristiyan imanı için tehlike arz etmemek üzere düzeltmekle görevlendirilmiştir (ne utile per inutile vitietur)[90]. Yine o, P. Lombard'ın sentencelarının tefsiri altında bir Somme (Somma Aurea)[91] bırakmıştır. Bu eser XIII. yüzyılda çok okunmuştur. O, metod ve eğilimleriyle Augustinci okula bağlıdır ve Aristo'dan daha çok Augustin'i hatırlatmaktadır[92].

Aynı temayüldeki Sommes yazarları şunlardır[93]:

1. **Robert De Tournai (+1219):** Paris'te hocadır. Grabmann'a göre, gerçek problemlerle ilk ilgilenen yazarlardan ilkidir.

2. **Robert De Courçon[94] (+1218):** Paris'te profesördür, 1211 yılında kardinaldir.

3. **Etienne Langton[95] (+1228):** İngiliz asıllıdır, Paris'te ilahiyat profesörüdür, Conterbery Arşevek'idir, birçok yazı bırakmıştır.

4. **Pierre de Capoue:** Parisli profesörtür ve 1219'dan itibaren Antakya 'da kilise patriğiir.

5. **Philippe de Grève[96] (+1236):** 1218 yılına doğru Paris'te kilise başkanıdır ve **Somme**'unda özellikle Allah'ın iyiliği üzerinde ısrar etmektedir.

6. **Robert Sorbon[97]:** St. Louis kilisesinin kilise doktorudur. Kutsal kitap üzerinde eserler bırakmıştır. Diğer ilahiyat kitapları ahlak üzerinedir. Fakat o daha çok, ismini ölümsüzleştiren kurduğu kolejle meşhurdur. O, daha çok açtığı kolejde, ilahiyat okumak isteyen fakir öğrencilerle ilgilenmiştir.

---

[89] Denifle Chatelain, Chart. Univ. Par. 1, p.132-146; T. Hetiz, Op. Cit. P.92-98; J. Strate, Die Schol. Methode in di Summa Aurea, Dans Théol. U. Glaube, 1913, p.459-557; Hurter, Noment, II, 264.
[90] Chart. Univ. Par, 1. p.143.
[91] 1900 yılında Paris'te yayımlanmıştır. Daha sonra yayımlanan Régnault, iyi bir yayın değildir.
[92] Ancak o, Aristo'nun metafiziğinden ve İbni Rüşd'ün tefsirinden Alani de Lille'in Anticlaudiane'nın tefsirinden yararlanmaktadır.
[93] Her biri için M. Grabmann, Geschichte des Sch. Meth, II, ch. VII ve VIII.
[94] Hunter, Col. 222-223.
[95] İbid, Col. 223.
[96] İbid, 269-271.
[97] İbid, 272-273.

XIII. yüzyılda, çok önemli olan papaların doktrinel aksiyonları konusuna birkaç kelimeyle değinmek istiyorum. Bu dönemde mayalanmaya başlayan entelektüel mayalanma, zihinler üzerinde, görüşlerin yüksekliği kadar da kararlı davranmıştır. İşte onların sırrı burada yatmaktadır. Bu entelektüel mayalanmalar, o dönemin hatalarını sadece mahkûm etmemişler, gerçek ilmi, üniversitelerde ve yeni tarikatların (Fransisken ve Dominicain) himayesinde ilahiyata verilen özel destekle daha da ileriye götürmüşlerdir. Hatta bunun en hararetli yayıcıları bu tarikatlar olmuştur. Bu tarikatlar, çok sayıda kurallar bırakmışlardır. Bunların çoğu, disiplinle ve birçoğu da özellikle sakramentlerle ilgilidir. Bunların gerçek dogmatik bir seviyesi vardı. İnnocent III[98]'ın eseri (1198-1216), bu açıdan özellikle önemlidir. Zaten İnnocent III, orta çağın en meşhur papalarındandır. Onun eseri mektuplardan ve birçok eserden (De Contemptu Mundi-Dialogus İnter Deum et Paccatorem-De Eleemosyna) ve 80'ne yakın vaazdan meydana gelmektedir[99]. Honorius III (1216-1217)'de kararname mektuplarının dışında birkaç eser bırakmıştır. Fakat en dikkat çekici olan Gregoire IX (+1227-1241)'ın aksiyonuydu. Bu papa, İnnocent III'ün yeğeniydi. O, sadece kararların derlenmesine gözcülük etmemiş, aynı zamanda Dominicainler ve Fransiskenleri de ilahiyat eğitimine sevk etmişti ve onları Paris üniversitesinde desteklemişti. O, aynı zamanda Aristo'nun eserlerinin temizlenmesiyle meşgul oluyordu[100]. Bu papaların halefleri de aynı hedefe farklı yollarla yönelmişlerdi. XIII. yüzyılın bütün papaları, papalık gücünü, doruk noktada temsil etmektedirler. Boniface VIII'ın (1294-1303)'in [101] mektuplarında enerjik doğrulama, büyük orta çağı kapatmıştır. Ancak bu konudan ileride bahsedeceğiz[102].

---

[98] Hurter, Op. Cit. 11, 243-245, E. Amann İnnocent III, Dans dict. Théol. Col. 1961-1981.
[99] P.L. 214-217. Bu ciltler son koleksiyonlardır. Migne'nin Latince eseri, büyük papanın XIII. yüzyılın eşiğindeki yazılarıyla bitmektedir. Mektuplar, 214-216. ciltlerdedir. Bkz: Denzinger-B, Enrichid Symb. N.404-407; IV. Catran Konsilinin kararları ve doktrin özetleri n.428.
[100] Hurter, Op. Cit. 293-296.
[101] Hurter, Op. Cit. 507-510.
[102] XIII. Bölüme bakınız.

SEKİZİNCİ BÖLÜM
DİLENCİ TARİKATLARI'NIN İLK İLÂHİYATÇILARI[1]

I. DİLENCİ TARİKATLARIN'DA İLÂHİYAT

XIII. yüzyılda Dilenci Tarikatlarının kurulması, sadece spiritüel moral yönünden değil; doktrinel yönden de birinci derecede önemli bir hadisedir. Çünkü kilise, bu tarikatların bünyesinde önemli ilâhiyatçılar bulacaktır. Özellikle bu anlamda Dominiken Tarikatı özel bir tesir icra etmiştir. Dominiken Tarikatının kurumları, etüdü teşvik etmiş ve ilk baştan beri o, geniş bir okul olarak kurulmuştur[2]. Her Dominiken manastırı, bir üstadın dini dersler verdiği bir eğitim kurumuydu. Bu dersleri tarikat mensupları ve isteyen tarikat dışından gelenler izliyorlardı. Bu manastır, şehir merkezlerinde ve birçok büyük şehirde Paris'te (1229), Oxford'da, Cologne'da, Montpellier'de, Bologne'da (1248), Üniversiteye bağlı genel bir eğitim yuvasıydı. Bu eğitim kurumunda, ilâhiyat ve kutsal kitap öğretileri öncelik teşkil ediyordu. Tarikat mensuplarının serbest sanatlar eğitimi almaları yasaktı ve birçoğu derinleşmeden felsefe eğitimi alamıyordu. Özellikle bunların ilâhiyat eğitimi daha gecikmeli ve daha az seviyede veriliyordu. Ancak bu durum tedrici şekilde kalkmıştı. Bu durumda felsefe eğitimine istisnai bir ünvanla izin veriliyordu[3]. Kısa zaman sonra da istisna, normal bir rejim haline geliyordu. XIII. yüzyılın ortalarından itibaren eyaletlerde sanat okulları açılmıştı. Tarikat mensupları

---

[1] Douais, Essai Sur Organisations des Études dans L'Ordre des Frères Prêcheur, Paris, 1884; H. Denifle, Quellen Zur Gelehrtengeschichte des Predigerordens im 13.u.14 1, dans Arch. Für Littr. U. Gesch, II, 165; P. Mandonnet, Siger de Brabant, İntrod. Ch. II, De l'İncorporation des Dominicains dans l'Anc. Universite de Paris, Dans Rev. thom, 1896; (t.IV), p.133-170; la Crise Scolaire au Début du XIII. et la Fond. De l'O des Frères-Précheurs, dans Rev. Hist. Eccl. 1914 (t.XV), p.34-49; Frères Precheur (la théol. Dans l.O, des) dans Dict. Théol. Col. 863-874; R. Martin, Quelques "Premiers" Maitres Dominicains, Dans Rev. Scienc. Phil, Théol, 1920, (t.IX), p.556-580; P. De Martigne La Scolastique et les Trad. Franciscaines, Paris, 1888; Evangéliste De Saint-Bèat, S. François et la Science, Paris, 1895; H. Felder Geschichte, Fribourg, 1904, trad. Par Eusèbe De Barle-Duc, Histoire des Etudes dans l'O, de S. François, Paris, 1908; Edouard, D'Alencon, In Philosophie de S. Bonaventure, p.46-69.
[2] P. Mandonnet, Frères Prècheurs, Dans Dict. Théol. Col. 865.
[3] Constitution de 1228.

çağlarının insanları arasında önemli bir felsefi kültürü almak zorundaydılar ve dönemlerinin Albert de Grand ve Thomas d. Aquin[4] gibi en meşhur filozoflarını çıkardılar. Onlar, 1229 yılından itibaren Paris Üniversitesinde bir kürsü elde ettiler ve iki yıl sonra ikinci kürsüyü (1231) kurdular. Onların üniversiteye nüfuzlarını papalık daima savunmuştur.

Fransisken tarikatında etüd gelişmeleri başlangıçta önemli zorluklarla karşılaşmıştır. Saint François, buna iyi gözle bakmıyordu. O, ilmi kesinlikle asla mahkûm etmemekle beraber, ilmin tarikatında parlamasını arzu etmiyordu. Aslında o, ilme kötü gözle bakmıyordu fakat onu faydasız ve tehlikeli görüyordu. Bununla beraber hayattayken, tarikatın olağanüstü yayılışı ve birçok önemli ruhbanın tarikata katılışı (Hâlbuki François'nin tarikatın kuruluşundaki arkadaşlarının hepsi lâiklerdi) kardinal Hugolin'in temsil ettiği Roma Currie'sinin tesiri altında, tarikat içinde etüd resmen organize edilmiştir[5]. Bu konudaki birlik, hızlı şekilde rahipler sınıfı arasında yayılmıştır[6]. Ancak yine de birçokları buna karşı çıkıyordu. Çünkü ilim, yolsuzluğa ve gurura yol açabiliyordu. Bazen heretik mezhep üyelerinin vaaz etmediği başka vaaz türü için öğrenme zarureti, bazen de Fransiskenlerin, Dominikenlerden aşağıda görülmemeleri, bazen de dilencilik yapan cahil mezheplerin karşısında müşterek bir cephe oluşturmak için bu fikir destekleniyordu. Nihayet bütün bu karmaşık tesirlerden, Assisli François'nin istemediği bir tarikat ortaya çıkmış[7] ve kiliseye St. Bonaventure'un şahsında çok tanınmış kilise bilginleri yetiştirmiştir. Fransisken tarikatının eğitim merkezleri, Bologne (Orada eğitimi St. Atnoine de Padou veriyordu.), Paris'ti. Orada da seküler bir üstad olan Alexandre de Halès ders veriyordu. O, tarikat mensuplarının tarikat elbisesini giymeden önce dersler veriyordu. 1230 yılına doğru tarikat, üniversitede bir ilahiyat kürsüsü elde etmişti ve nihayet onu Oxford takip etmişti. Papalar da bunların üniversite bünyesine yerleşmelerini destekliyorlardı.

---

[4] P. Mandonnet, İbid, 807.
[5] Bizzat o, S. Antoine de Padoue'ya Bologne'da ilahiyat öğretme yetkisini o mu vermiştir? Her ne kadar bu izin yazısının mevsukiyetinin birtakım ciddi sebepleri olsa da, bu mümkündür.
[6] François'nın halefi Elie, tarikat mensuplarını etüde sevk ediyordu. Ancak o, laiklerin de tarikat ödevlerini kabul etmelerini istiyordu.
[7] E. Gilson, Op. Cit. P.51-52.

Tarikatın üniversiteye sızışı, seküler profesörlerin muhalefetiyle karşılaşmıştı. Bu muhalefeti, üniversitenin bağımsızlığını savunmak ve bütüncül düzenlemelerinin bozulacağına inanmalarından yapıyorlardı. Guillaume de Saint-Amour (+1272), onları savunmak için dilenci keşişliğinin kaldırılmasını ve bunun hem ahlaka hem de dine aykırı olduğunu ileri sürüyordu: Bu, De Periculis Novissimorum Temporum[8] teziydi ve onu Papa Alexandre IV, müteakip yıl mahkûm etmişti (5 Ekim 1256). 1268 yılında Gèrard D'Abbeville (+1271)'in Contra Adversarium Perfectionis Christianae'yi yayımlamasıyla savaş yeniden başlamıştı. Nicolas De Lisieux, daha sonra onu yeniden yansıtmıştı ve 1274 yılında Lyon konsili, dilenci tarikatlarını zafere ulaştırmıştı. Dilenci tarikatları bu konsilde çok beliğ konuşan savunmacılara sahip olmuştu[9].

Diğer dilenci tarikatları da, onların çizdiği yola girmişlerdi. Ermites de Saint-Augustin'leri, 1285-1287 yıllarında, Romalı Gilles'lerle öğretme yetkisini elde etmişti[10]. Böylece bütün tarikatların ilahiyat kürsüleri yavaş yavaş çoğalıyordu. Cistercien'ler gibi en geride olanlar bile kutsal ilme doğru zihinleri sürükleme hareketine katılmışlardı. Sadece bu bile, devrin entelektüalizminin katılığının en önemli bir işaretiydi.

II. İLK DOMİNİKEN İLÂHİYATÇILARI

A. Augustinciler

Augustinciler okulundan bahsetmeden, ilk Dominiken ilahiyatçıları, aşağıdaki geniş tarif anlamında Augustinci olmuşlardır[11]. Onlardan burada bahsedeceğiz[12].

Paris Üniversitesinde:

Roland de Crémone (+1271): Bu adam, ilk Dominiken üstaddır (1229-1230) ve onu bu yıldan itibaren Toulouse'da buluyoruz[13].

---

8   Denifle-Chatelain, Chart. Univ. Paris, 1. p.331.
9   Bu kitaba bakılmalıdır.
10 Denifle-Chatelain, Chart. Univ. Par, 1, p.406, 556, 626.
11 P. Mandonnet "Augustinci Dominiken Okul"dan bahsetmektedir. Op. Cit. dict. Théol. Col. 869-871; P. Martin şu sonuca varmıştır: "Augustinci okul" yoktur p.580. Burada iki yazar farklı düşünmektedir.
12 Bunun birçok eseri yayımlanmamıştır. Mandonnet'ye bkz: Dict. Théol ve Martin.
13 P. Ehrle, Le origini del Primo Studio Gen. E la Somma Théologica de P.M. Rolando de Crémiona, Dans Miscellanea Dominicano, Rome, 1923, p.85-134.

Jean De Saint Gilles (+1258): İngiliz kökenlidir, Paris'te, Toulous'da hocadır (1233) ve nihayet Oxford'dadır (1235).

Hugues De Saint-Cher (+11263): 1230 yılından beri Paris'te hocadır. 1244'de kardinaldir. O, çok önemli doktrinel tesir icra etmiştir ve St. Thomas'ın 1252'de Paris'e gönderilmesine yabancı değildir.

Pierre De Tarantaise (1225-1276). O, papa İnnocent V'dir. 1276 yılında Paris'te hocadır (1259-1265). Liyon Arşevekidir (1274). 1276 yılında da papa olmuştur.

Oxford Üniversitesinde: Bu üniversitede Domincaien'lerin temsilcisi Robert Bacon'dur (+1248). O, tarikata Richard Fashacre ile (1248) girmiştir. Robert De Kulwardby (+1270), Fishacre'dan sonra ilahiyat hocasıdır (1248-1261). 1272-1278 yıllarında Cantorbéry'de piskopostur. 1278 yılında Kardinal olmuştur. Roma'da yaşamış ve orada ölmüştür (1279). Bu adam asrının en meşhur Augustincisidir ve zamanının Augustincileri arasında ilk sırayı işgal etmektedir. Mandonnet şöyle demektedir: Edebi aktivitesiyle olsun, doktrinlerinin katılığıyla olsun Kilwardby, bu okulun şefiydi. Onun kilisede ve tarikatta işgal ettiği yüksek görevler ona diğer tesirleri icrada yardım etmiştir[14]. Onun doğan Thomismée karşı şiddetle pozisyon aldığını görüyoruz[15]. Albert le Grand'ın tutumu daha başka olacaktır[16].

B. Albert le Grand (1206-1280)[17]

Albert, 1206 yılında, Segnör büyük bir aileden Souabe'da doğmuştur. 16 yaşına kadar eğitimini Padoue'da (1223) yapmıştır. Tarikatın ikinci generali olan Jourdain de Saxe'ın vaazıyla birçoklarıyla birlikte Dominiken tarikatına girmiştir. Eğitimini tamamladıktan sonra, Almanya'da muhtelif manastırlarda ilâhiyat eğitimi vermiştir. Nihayet 1245 yılında üç yıllığına eğitimini tamamlamak için gönderilmiştir. Dominicainler, Saint-Jaques'da, 1229 yılından itibaren üniversitede bir ilahiyat koleji elde etmişlerdir. Albert orada

---

[14] P. Mandonnet, İbid, 871.
[15] Onun bazı yazılan için: Les Notes de M. D. Chenu, O.P, Dans Rev. Sco Phil. Théol, 1926 ve 1927.
[16] Üniversite dışında: Saint Raymond de Pannafort (+1275). Bu adam, Kanonisttir ve ahlakçıdır. Dècrétates (1234) ile ve Summa Penitentiae (1235) ile meşhurdur. 1235 yılında Tarragone piskoposudur. İspanya Mauresların havarisidir.
[17] Opera Omnia, ed. Janimy, O. P. Lyon, 1651; P. Mandonnet, Albert le Grand Dans dict. Théol. Col. 666-674; Dict. Hist. 1515-1524; P÷ Von Loe, Devita et Scriptis B. alberti M. Dans analecta Boll, 1900-1902; 8t.XIX-XXI), M. Weiss, Primordia Novae Bibliographie B. Alberti M. Paris, 1898; M. De Wulf, Hist. Phil. Méd. 1, p.376-388.

başarılı bir eğitim vermiştir. Tarikat, 1248 yılında dört yeni ilahiyat okulu açmıştır. Bu okullardan birisine Cologne sahipti. Albert bunun için oraya çağrılmıştır ve orayı yönetmiştir. Bu on iki yıllık dönemde (1248-1260), hararetli bir çalışmaya girmiştir. Bu çalışmaya 1257'den 1257'ye kadarki dönemde ara verilmiştir. Hatta 1252'de şehirle-piskopos arasındaki ciddi kavgada hakemlik görevi yapmıştır. 1256 yılında İtalya'ya bir seyahat yapmıştı ve tarikatın savunmalarını değerlendirmişti. Çünkü bu dilenci tarikatlarına Parisli sekulier üstadlar hücum ediyorlardı. O vakit o, İbni Rüşdçülüğe karşı, De Unitate İntellectus'u yazmıştı ve Aristo'nun yeni bir eserini keşfetmişti. Aynı dönemde Paris'te teşebbüs ettiği bilim ansiklopedisini tamamlamıştır. 1259 yılında, St. Thomas ile ve Pierre de Tarantaise ile birlikte, Dominikenlerin genel etüdünü hazırlamıştır. 1260 yılında Katisbonne'a piskopos olarak atanmıştı ancak iki yıl sonra kendisini araştırmaya vermek için istifa etmiştir. Ancak bu istifa, Almanya'da onun diğer görevler yapmasına mani olmamıştır. 1268'de yeniden Cologne'a dönmüştür ve orada eğitim vermeye yeniden başlamıştır. 1270 yılında yazdığı bir yazıyla İbni Rüşdçülüğe karşı çıkmış ve 1277 yılında Paris'e bir ziyaret yapmıştır. Dönüşünde gün geçtikçe zayıflamış ve 1280 yılında da vefat etmiştir. 1622'de kutsal ilan edilmiştir.

Albert le Grand'ın eserleri oldukça çoktur. Bunları burada belirtmek için iki gruba ayıracağız: Bunları, kutsal dışı ilimler ve kutsal ilimler olarak belirtebiliriz[18]:

1. Kutsal dışı veya felsefeyle ve mantıkla ilgili eserlerin sayısı ondur.

2. Tabiat ilimleriyle ilgili olanlar yirmi iki eserdir.

3. Metafizikle ilgili olanlar, on üç kitaptır.

4. Ahlakla ilgili olanlar, on kitaptır.

5. Politikayla ilgili olanlar, sekiz kitaptır[19].

Bunlara İsagoji'yi ve İbni Rüşdçülüğe karşı yazılan bir özeti de ilave etmek gerekiyor (1256 ve 1270).

Kutsal ilimlere gelince:

1. Tefsirler: Eski Ahidin, Mezmurlar'ın, Yeremya'nın, Daniel'in, Son Nebilerin veya Yeni Ahidin (dört İncil ve vahyin) tefsirleridir.

---

[18] Bkz: Mandonnet, Dict. Théol. 1.c.
[19] Ahlakın tefsiri üzerine olan eser, genç Thomas tarafından incelenmiştir.

2. İlahiyat eserleri: Sentences'ların tefsirleri (1249'dan önce) ve Summa de Creatures[20], Summa Théologia (1270'den sonra). Denys Aréopagite'in eserlerinin tefsirleri, hem ilahiyat hem de mistiktir. Onlar vaazlarla beraberdir. Sadece mevsuk olan yegâne eserlerdir. De Adhaerendeo Deo'da uzun zamandan beri ona atfedilmektedir. Ancak onun olmama ihtimali de vardır[21].

Albert le Grand'ın tarihi rolünü, bilimsel, felsefi ve teolojik olarak düşünmek zorundayız.

Onun ilmi yönü, onun etkisinin en iyi karakterini bize göstermektedir. Onun gerçek şeref ünvanı, yeni bir çağda kültürlü bir toplum bilgisini taşıma gayretinde ve daha önce elde edilmiş beşeri bilgiyi özetlemekte, çağında yeni ve sert şekilde entelektüelliği yaratan ve orta çağın en iyi beyinlerini Aristo'ya kesin olarak kazandırmasında yatmaktadır[22]. Gerçekten Aristo, oldukça geniş bilim ansiklopedisinde geri gelecektir. Şüphesiz o, Vincént de Beauvais tarzında alıntılar ve özetlerle yetinmiyordu ve Grek filozofunun teorilerini, Hıristiyan imanına aykırı olduğu yerlerde düzeltiyordu ve tamamlıyordu. Fakat bütünü içinde metne sadıktı. O, sadece ilimleri bölümlemesiyle (1. Mantık, 2. Fizik. Yani tabii ilimler, metamitik, metafizik, 3. Morale) değil, onların gelişmelerini ona göre takip etmesiyle biliniyordu. O, Aristo'nun ilmini özümsedikten sonra yayıyordu.

Böylece o, Meşşai felsefesinin tanınmasına katkı sağlıyordu. Meşşailik bu dönemde kilise tarafından ciddi itirazlara neden olmuştu: Onun tabiatçılığı, imanla uyuşmuyordu. Albert, bu güçlüklerin alt edilemez olduğunu anlamıştı. Aristo da Platon gibi Mesihin hizmetinde olamayacaktı. Bunun için bizzat onun doktrinlerini birçok noktada düzeltmişti. Fakat temelden imanına uygun hale getirmek için onun sistemini gözden geçirememişti. Bunu Saint-Thomas yeniden ele alacak ve tamamlayacaktı. Bu durumda Albert, sadece bir öncü olmuştu. Zaten o, geniş oranda ekletizmi icra ediyordu. Oldukça bol şekilde Arap kaynaklarından veya başka kaynaklardan gelen Eflatuncu unsurlar devam etmiştir[23]. XIV. yüzyılda spritüel Dionysienne Okulu

---

[20] Bunun sadece iki kısmı basılmıştır.
[21] Felsefi tefsirler, daha çok iki Sommes arasında aracılık yapmaktadır.
[22] Bu konuda bu kitabın 690. sayfasına bakılmalıdır.
[23] M. De Wulf, op. Cit 1, p.382-383.

reklamını yapacaktı[24] ve XV. yüzyılda Cologne'da bir kolej göreceğiz. Komşu bir kolejde hâkim olan Thomisme'in egemen olduğu bir okul kurmuştur. Bu teşebbüs ise, bu dönemde araştırmaların gerilemesinin ve tam bir başarısızlığının tanığıydı[25].

Bx. Albert'in ilahiyattaki aksiyonu, önceki alanlardan daha az parlaktı[26]. O, bütünüyle geleneksel Augustinciliğe bağlıydı. Fakat o, cari olan felsefi noktaları, Aristocu kavramlara dâhil ediyordu. Yine o, doğrudan doğruya Saint-Thomas'ın eserini, ilim ve insan arasındaki ilişkiler üzerindeki fikirleriyle hazırlamıştır. Onların formal ayırımlarına ve aynı zamanda hakikati bilmenin imkânsızlığına inanma imkânsızdı. İmanın karşısında ilmin ikna ediciliğini ve aklın sırlarını göstermesindeki temeldeki yeteneksizliği de müşahede edilmiştir. Albert tarafından önerilen bu çözüme, melek doktor genelde hiçbir şey ilave etmeyecektir[27]. Buna rağmen onun ilahiyata getireceği Augustincilik, Aristocu olacak ve dahi talebesinin düşüncesi olacaktır[28].

III. İLK FRANSİSKEN İLÂHİYATÇILARI
A. Alexandre de Halés (1180-1245)[29]

Alexandre de Halés, üniversitede ilâhiyat etüdlerinin ilk öncülerinden birisidir ve tarikatta önemli bir şöhrete sahip olmuştur. Henüz hayatı ve eserleri konusunda bütüncül bir araştırma yapılmamıştır[30]. Alexandre, İngiliz kökenlidir, eğitimini tamamlamak için Paris'e gelmiştir. Orada 1210 yılına doğru sanatlar profesörü olmuştur ve aynı zamanda hukuk bilginidir. 1231 yılında Fréres Mineurs'lerin tarikatına girmeden önce, Paris'te ilâhiyat hocalığı yapmıştır. Üniversitede ilk Fransisken ünvanlı kişi olmuştur. Jean de la Rochelle ve St. Bonaventure gibi talebeleri olmuş ve onlar da ona halef olmuşlardır. Rochelle, 1235 yılına doğru ona yardımcı olarak verilmiştir ve

---

[24] Bu kitabın ileri sayfalarına bakılmalıdır.
[25] Bkz: Mandonnet, Dict. Hist. Col. 1523.
[26] P. Mandonnet, Dict. Hist. Col. 1523.
[27] T.H. Heitz, Les Rapports entre le Phil et la foi, p.144, cf. İbid, 132-144.
[28] İbid, p.144.
[29] Wadding, Op. Cit. t.I, III, VI, Férere, Op. Cit. 1, p.311; 824; Enders, Des Alex v. Halesleben u. Psychalogische Lebre, Dans, Phil, Lahrb, 1888, (1), p.24; Proster De Martigne, La Scolastique et les Trad, Francisaines, 1888, p.41-76; Hilarin De Lucerne, Hist de Études d. l'Ordre de S. Fr., Paris, 1908; A. Vacant, Alex de H. Dans Dict. Théol. Col. 772-785; A. De Sèrent, id, Dans Dict. Hist. Col. 259-261; M. De Wulf, H.Gt. ph. Miol, 1, p.328-333.
[30] Quaracchi'nin yayımcıları, daha sonra genel eleştiri cildini geri göndermişlerdir. Alexandre'ın biyografisini de ele alacaktır.

daha sonra onun yerine geçmiştir. Alexandre, tarikatta spiritüeller karşısında etüd grubunu temsil ediyordu (1240) ve bu anlamda büyük rol oynamıştır[31]. 1245 yılında da vefat etmiştir.

Alexandre de Halés'in bazı mevsuk eserleri, Aziz François'nın Commentaire de la Règle'inde Somme Thèologique'in de yeniden belirtilmiştir. Yine o, kutsal kitapların tefsirini bırakmıştır. Fakat kaybolmuştur. Ona atfedilenler de ona ait değildir[32]. Yine ona Aristo'nun tefsirleri[33] ve bir Concord'a Utriasque Juris da atfedilmiştir. Manak Magnum ve Expositio Missae'da onun eserleri arasında bulunmaktadır. Hatta Summa de Virtutibus Somme Théologique (9.27-69) III. kısmıyla bütünleşmiştir. Bunları ayırmak gerekmektedir. Bu da Guillaume de Méhton'un eseri olarak görülmektedir. Bu eser, Bonaventure'den sonradır. Ancak ondan esinlenilmiştir. Alexandre, Sentence'lardan başka sadece büyük Somme'u bırakmıştır. Onun eseri orada belirtilmiştir.

Alexandre d'Halése'in Somme Théologique'i, abidevi bir eserdir. P. Lombard'ın Livres des Sentencesdaki planı üzerine planlanmıştır ve dört kitaba bölünmüştür. **Birinci kitapta,** Allah'tan, **ikinci kitapta** yaratıklardan, **üçüncü kitapta,** Mesihten ve faziletlerinden, **dördüncü kitapta,** sakramentlerden bahsedilmektedir. Ancak ölüm, yazara IV. kitabın tövbe kısmını tamamlamasına izin vermemiştir. 1256 yılında Papa Alexandre IV, bu eserin tamamlanmasını tavsiye etmiştir[34]. Bu görevi, Guillaume de Méliton'a vermiştir. Ancak çok büyük zorluklar ortaya çıkmıştır: Hangi eser, Alexandre'ın dı? Onun takipçisi hangisiydi? Yazarı tarafından düzeltilen kısımlarda onun ilavesi yok muydu? Roger Bacon'un müdahalesi hangi noktaya kadardı? Yeni tenkitli yayım,[35] çözüm unsurlarını verecektir. Bu eserin yayımını beklerken, bu metin, emin bir metin olacaktı ve böylece eserin doktrinel değerinin belirtilmesine imkân verecekti.

Alexandre de Halés'in doktrini, ancak Somme tamamlandığında ve kritik problem çözüldüğünde tamamlanmış olacaktır. Görülen eserler, ilginç tespitlere imkân verecektir. İtiraz edilemeyen tercihli bilginler, Augustin, Ansel-

---

[31] Bu dönemde onun faaliyeti için bkz: A. Callebaut, O.F.M. Alex de H, et Ses Confères en Face des Condamnations Parisiennes de 1241 et 1244, Dans La France Franciscaines, 1927, p.1-16.
[32] Psautier ve Apocalyps.
[33] Denifle, Chart. Univ. Par, 1, 328.
[34] Denifle, Chart. Univ. Par, 1, 328.
[35] R. Bacon Opus Merias, p.326.

me ve Hugues de St. Victor'dur[36]. O, aydınlanma doktriniyle, Augustincidir. Bu doktrin, Bonaventure ve talebelerinkiyle uyuşmaktadır[37]. O, psikolojisinin tamamıyla Fransisken okulunun gerçek kurucusudur[38]. O, denilenin aksine, felsefeyle ilâhiyatı ayırmaktadır (Bu ayırım, metod, konu yönündendir.). Ona göre bu iki ilmi o, uzlaştıramamaktadır[39].

Alexandre de Halés'in düşüncesi, pratik özelliğini kaybetmemektedir: Bu özellik, iyilik fikriyle nüfuz etmiştir ve bizzat bu fikir en iyi şekilde onun bütün teolojisiyle sentezleşmiştir. Allah, orada ilk sebep olarak iyidir[40]. Yine de sonuçlarıyla ve varlığının gerçek tespiti sebep-sonuç prensibiyle verilmektedir. Böylece, Allah'ın varlığına, belli bir doğuştan gelen bilgiyle sahip oluyoruz[41]. Bütün bu noktalarla ve başka diğer birçoklarıyla Alexander de Halés Bonaventure'e yolları hazırlamaktadır.

B. Diğer Parisli Fransisken Üstadları

Bunlar Saint Bonaventure'un haricinde olanlardır. Bunlardan müteakip bölümde bahsedeceğiz:

1. **Jean De la Rochelle**[42] **(1200-1245):** Alexandre de Halés'in 1238 yılına doğru ilk halefidir. De Vitiis, de Virtutibus, De Proeceptis, De articulis Fidei ve Anima'ın yazarıdır. Bu son kitap Summa de Animadır[43]. Bu kitap, özellikle önemlidir. Alexadre'ın talebesi olan Jean, ondan maddelerin kompozisyonu ve esprilere uygulanan şekil konusunda ayrılmaktadır. O, yaratıklarda olan öz ve varlığın reel ayırımı konusunda oldukça nettir.

2. **John Peckam**[44] **(+1292):** Paris'te Bonaventure'un doğrudan en parlak talebelerinden birisidir. O, Thomisme'e muhalefetiyle tanınmıştır. Bu hem Paris'te hem de Roma'da hem de İngiltere'de böyledir. O, İngiltere'de

---

36 Doctoris irrefragabilis Alexandri de Helés O. Suma théologica, Quaracchi, 1, (1II, (1928); yayımcılar kitabın eski bölümlemesini kaldırmışlardır. Yeni faydalı şeyler eklemişlerdir. Yayında temel alınan yazma, anonimdir ve tarihsizdir. Tahminen 1250 yılına kadar çıkmaktadır. İki kitabın girişleri, kritik problemleri işlememektedir. Fakat değerli doktrinler vardır.
37 Mitrod. T.I, p.XXVIII, İbid, p.XXXII-XXXIV.
38 İntrod, t.I, p.XLII-LII.
39 İbid, p.XXVI-XXIX.
40 İntrod, 1. I, p.XXXV-XXXVIII.
41 İbid, p.XXXI, 6.
42 M. De Wulf, Op. Cit. 1, p.333-334; P. Minges, De Scriptis Quibusdam Dans Arch. Franc. Hist. 1913; p.597-622; Zur Erkenntnislehre, Dans Phil. Lahrb, 1914, p.461-477.
43 Domenichelli, Prato, 1882.
44 Özellikle Ehrle tarafından yayımlanan mektuplara bkz: Dans Zeitschrif.

Kilwaraby'nin yerine, Cantorbéry piskoposu olmuştur (1279-1292). Mistik eğilimlidir ve daha çok St. Augustin'in otoritesini devam ettirmekle meşgul olmuştur. O, uzlaşmaya ve ilahiyatın geleneksel karakterine inanmaktaydı[45]. Çok sayıda tefsir ve yazı yazmıştır. Bunların birçoğu kısa bir zaman önce yayımlanmıştır.

3. **Guillaume De La Marv**[46] **(+1298):** Bu da İngiliz kökenlidir, Saint Benavunture'un talebesidir. Özellikle, 1277 ve 1282 yılları arasında Correctorium Fratris Thomae[47]'u yazmıştır. Bu eser, Thomism'e karşı eski skolastik savaşın çığlığıdır ve Fransisken okulunun gerçek manifestosudur.

4. **Mattieu De Aquasparta**[48] **(+1302):** Bonaventure'un diğer talebesidir. Paris'te ve Bologne'da üstaddır. 1287'de Fransisken tarikatının başkanıdır, Porto piskoposudur ve kardinalidir. Birçok yazısında Thomisme'i eleştirmiştir.

5.**Robert Grosse-Téte**[49] **(+1253):** Oxford'da, Fransisken Studium'u ve felsefe etüdü kuran kişidir. Üniversitede başkandır, 1235'den beri Lincoln piskoposudur[50]. Çok sayıda felsefi eser bırakmıştır. İlim adamı olarak şöyle düşünmektedir. "Matematiksel delil, mükemmel bir diyalektik süreçtir" demektedir Wulf. Onun sayesindedir ki matematiksel zihniyetin üstünlüğü, Oxford üstadlarının zihniyetinin ayırt edici bir özelliğidir[51].

Oxford Fransiskenlerinin ilk hocalarının arasında en dikkat çekenler şunlardır[52]:

1. **Thomas d'York**[53] **)+1260):** Sur le Méta Physique d'Aristote, isimli eserin yazarıdır. St. Thomas'ın kendi sistemini gerçekleştirdiği bir dönemde bu eser, metafizik sistemin orijinal ve gerçek bir denemesidir.

2. **Guillaume de Ware**[54] **(+1267en sonra):** Uzun zaman haksız yere Duns Scot'un üstadı olarak bahsedilmiştir. Ondan geriye henüz basılmamış IV. Kitabın Sentences'ları üzerindeki birtakım sorular kalmıştır.

---

[45] Questiones de Anima de Beaitudine Corporis, et Animae, für kat, Théol. 1899, p.172-193, cf. Chartul, Univ. Par. 1, p.624, 627, 634.
[46] M. De Wulf, Op. Cit. 1, p.363, II, p.34; E. Lonpré, G, de la Mare, dans la France Francise, 1921-1922.
[47] 118 noktada Thomist doktrini eleştirmiştir.
[48] M. De Wulf, Op. Cit, 1, p.358-361.
[49] M. De Wulf, Op. Cit, 1, p.358-361.
[50] İbid, 1, p.335-339; Hurter, Hommanclator, 1.
[51] Hurter, Op. Cit.
[52] Op. Cit. 1, p.336.
[53] Diğer isimler için bkz: M. De Wulf, Op. Cit. 1, p.339-340; 371-372.
[54] M. De Wulf, Op. Cit. 1, p.340.

3. **Richard Miadletıown veya Mediavilla**⁵⁵ **(+1307-1308):** St. Bonaventure'un talebesidir. Fakat bazı Thomist tezlerin kabulünde oldukça bağımsızdır. Fransisken tarikatı içinde büyük bir otoritedir. Zaten Bonaventure'dan sonra XIII. Yüzyılın sonunda tarikatın üstadı olmuştur. Duns Scot, onları tamamlamış ve bazılarını kaldırmıştır.

C. Daha Bağımsız Olan İlahiyatçılar

Bunlar her okulun daha bağımsız ilâhiyatçılarıdır:

1. **Guibert De Tournai**⁵⁶: Eğitimcidir ve ahlakçıdır⁵⁷. Ruhun, Allah'la birleşmesine kadar varan birleşmeden bahsetmektedir: "İnsan kendi içine kapanarak ruh, Allah'ı bulur ve onun yaratma ışığında, kendi bilgilerinin temelini görmektedir. Bilginin taçlanması⁵⁸, Allah'la mistik temas içinde bulunmaktadır ki yazar bu konuyu Victorinler tarzında işlemektedir⁵⁹.

2. **Olivi veya Pierre de Jean Olivi**⁶⁰ **(1248-1298):** Fransisken tarikatı hareketinde büyük payı vardır⁶¹. O, bir filozoftur ve bağımsızdır. "Onun Augustin'e saygılı olmasına rağmen Olivi, bir nokta üzerinde doktrinlerini reddetmektedir: Bunun için o, Augustinci değildir. Thomas d'Aquin'le mücadele etmiştir, ancak isim vermemiştir. Yeni-Eflatunculuğun sudur nazariyesine karşıdır. O, Alexandre de Halés'i ve Bonaventure'u kendisini tanıyan kişiler olarak göstermektedir⁶².

3. **Raymond Lulle**⁶³ **(1225-1315):** R. Lulle, orta çağın en parlak yazarlarından birisidir. Filozoftur, mistiktir. Özellikle, İbni Rüşdçülüğe karşı Hıristiyan imanını savunandır ve bu konuda onu, değerlendirmeye koymak gerekir.

---

55 W. Lampen, Dans Arhivum Franc. Hist, 1925 (XVIII), p.298-360, E. Hocedez, Richard de Middleton, Louvain, 1925; D.J. Lechner, Die Sakramentenlehre, Munich, 1925.
56 M. De Wulf, 1, p.372-373.
57 Genel eğitim kitabı olan Erudimentum Doctrinae yazarıdır. Bu kitabın III. kısmı, De Modo Discendi ismiyle ayrılmıştır ve 1250 yılına doğru Kompt Flandre'ın oğlu için yazılmıştır. 1259'dan önce Saint Louis'nin isteği üzerine L'Erudetio Regum et Principum yazılmıştır.
58 Moral ve entelektüel formasyon kastedilmektedir.
59 M. De Wulf, Op. Cit.
60 İbid, 1, p.364-370.
61 Postilla in Apocalypsim'in içinde Olivi, yeni bir açıklama vermektedir. Bunu da Joachimin kitabından vermektedir.
62 İbid.
63 İbid, II, p.143-146, J. Probst, Caractère et Origine des İdies es Raymond Lulle, Toulouse, 1912; La Mystique de R. L. et l'Art de Contemplation, dans Beitrage, XIII, 2-3, E. Longpré, Lulle, dans dict. Théol. Col. 1072-1141.

Onun mekanik ispat sürecindeki girişimlerinden bahsetmesek de[64] o, entelektüel bilginin ilk şartı olarak imanın zaruri olmasını kabul ettiği için haksızdır. Yine o, imanın aydınlattığı aklın gücü konusunda mübalağa yapmaktadır. Çünkü o, şöyle demektedir: Böyle bir akıl, tabii ve tabiatüstü hakikatleri, a priori olarak çıkarmaya müsaittir." Felsefesinin geri kalanını, skolastik geleneksel doktrinleri yeniden ele almaktadır. Fakat onları, verimli yazarın hayaliyle yaratılan suni çerçevelerde darma dağınık buluyoruz[65].

4. Roger Bacon[66] (1210-1292): Bacon, felsefeden ve ilimlerden çok bütün yazılarında ilahiyatla ilgilenmiştir. Özellikle, Opus Masus (1267)'da ve Compendiem Studi Theologiae (1292)'da metodla da ilgilenmiştir. Cehaletle suçladığı ilahiyatçıların hatta Alexandre de Halés ve büyük Albert gibi büyüklerin bile İncili daha mantıklı ve bilimleri daha geniş şekilde kullanmasını istemektedir. O, zamanının ilahiyat etüdlerinin belli başlı yedi günahla kirlendiğini belirtmektedir[67]. Fransisken tarikatında kendisine karşı yükselen muhalefetin önündeki öfkeleri buradan kaynaklanmaktadır. Ona ait olan doktrinlerin arasında burada işarette bulunmamız gereken şey gelenekselliktir ve aydınlanmadır[68]. Yahut beşeri ruhta[69] Allah'a atfedilen entelekt faktördür. Bu büyük düşüncenin ve lisanın aşırılıkları, onun tesirine çok zarar vermişlerdir.

5. Roger Marston[70] (+1298): Yeni terimlerle, Bacon'un aydınlanmasına yakın bir aydınlanmayı öğretmektedir. Ancak bu, Ontolojozim'den ayrıdır[71]. Onun teorisi, St. Bonaventure[72] veya diğerleri tarafından redddedilmiştir. Bu teoriler, Etienne Tempier'in gayretleriyle 219 öneri de 1277 yılında reddedilmiştir[73].

---

[64] Özellikle Ars Magna.
[65] M. De Wulf, Op. Cit. P.144-145.
[66] G. Dolerme, Bacon, Dict. Théol. Col. 8-31, M. De Wulf, Op. Cit. 11, p.127-143.
[67] Opus Minus, Ed. Brewer, 1859, p.322; Cf. G. Delorme, Op. Cit. Col. 27-29.
[68] Felsefenin ve ilmin imkânını açıklayan ilk vahiydir.
[69] R. Carton, L'Expérience Mystique et l'illumination İnterieure de R. Bacon, Paris, 1924; Yine bkz: l'Expérience Phisique, et la Synthése Doctrinale, İbid, 1924.
[70] M. De Wulf, Op. Cit. P.139-141.
[71] Bu kitabın önceki sayfalarına bakılmalıdır.
[72] De Hum Cognitionis Vatione, Edit. Opera Omnia, t.V, p.22.
[73] Bu kitabın önceki sayfalarına bakılmalıdır.

DOKUZUNCU BÖLÜM
SAİNT BONAVENTURE[1]

I. HAYATI

St. Bonaventure ve St. Thomas, Hıristiyan ilâhiyat okulunun en önemli isimlerindendir. O, ilâhiyatta yeni yollar açarken, Séraphique Doktor, bizzat cari olan Augustinci ilahiyatı sistematikleştirmeye kendini vermiştir. İşte, eserine gösterilen büyük ilginin kaynağı buradan gelmektedir. Alexandre de Halés'i takip etmekte ve Duns Scot'u hazırlamaktadır. O, Fransiscain Augustinciliği tamamlıyordu. St. Bonaventure'ün sentezi, Augustinciliğin ruhuna oldukça sadıktır. Bu sistem, bu sisteme dokunulmamayı tasarlayarak ortaya konmuştur. İşte tezlerin birçoğundaki mistik ve felsefi orientasyonun kaynağı burasıdır. Bunun için ilahiyattaki iyilik fikri üzerindeki ısrarın kaynağı da burasıdır. Onun karşısında St. Thomas'da bizzat geleneksel ilahiyatı yeni bir plan üzerinde sistemleştirmektedir. Melek Doktorun güçlü sentezi, Augustinci ilahiyata şeklen uygundur. O, onun içerdiği tezlere sadıktır ve bu psikoloji onların üstüne oturmaktadır. Fakat o, entelektüel metodla ve Aristotelesci felsefeyi benimseyerek, ondan kararlı şekilde ayrılmaktadır. Parlaklığıyla, tutarlılığıyla, derinliğiyle ve sadeliğiyle kilisede bütünleşmiştir: Onun okullardaki resmi karakteri, bizi, onu bütünü içinde büyük çizgilerle takdime

---

[1] Opera Omnia, Par Les Fransiscains du Collége S. Bonav, Quaracchi Peés Florence. 10. Vol. 1882-1892; C. Alix, Théologie Séraphique Extraite et Traduite des Oeuvres de S. B, 2. Col, Paris, 1853-1855; Berthaumier, Oeuvres Sprituelles de S. Bo Non. 6. vol. Paris, 1854-1855; E. Smetts, S. Bonaventure, Dans Dict. Théol. Col. 962-986; G. Palhories, S. Bonaventure, Paris, 1913; Prosper De Martigné, la Scolastique et les Traditions Fromscaines: S. Bonaventure, Paris, 1888; Evangeliste De Saint-Bèat, Le Séraphin de l'Ecole, Paris, 1900; L. De Chérancé, S. Bonav, Paris, 1899; E. Clop, S. Bonav, Paris, 1922; L. Lemmens, Der hl. Bonav Munich, 1909; Jules D'Albi, S. Bonav et les Luttes Doct. de 1207 á 1277, Paris, 1923; E. Gilson, La Philosophie de S. Bonaventure, Paris, 1924; J.M. Bissen, L Exemplarisme divin Selon S. Bonaventure, Paris, 1929; J. Jeiler, S. Bonaventure Prencipia de Concursu Dei Generali, Quarrachi, 1887, T.H. Heitz, Essai Hist. Sur Les Rapports Eutre la Phil et la Foi, p.107-115; M. De Wulf, Hist. ph. Méd. I, p.345-358; T. De Régnon, Etudes Sur le Trinité, II, p.435-568; A. Stohr, Die Trinitatslehre des hl. Bonav, Munster, 1923; B. Rosenmöller, Religiose Erkenntnis Aach Bonav, Münester, 1925; E. Longpré, la Théol, Mystique de S. Bonaventure, Arch. Fronc. Hist, 1911, (t.XIV), p.36-108; A. Saudreau, La Vie d'Union á Dieu,. P.187-199; P. Pourrat, La Spiritualite Chrètienne, 1921, II, p.261-277.

zorlamaktadır. Ancak o, oldukça faydalı olan diğer sistematisasyonu da ihmal ettirmemektedir. Bunun için burada, özellikle metod üzerinde ısrar ederek St. Bonaventure'u, hem insan, hem de doktrinel aksiyon adamı olarak takdim edeceğiz.

Jean de Fidanza'ya, Bonaventure denilmektedir. O, Viterbe civarında küçük bir şehirde 1221 yılında doğmuş, Aziz François'nın müdahalesiyle ciddi bir hastalıktan kurtulmuştur. İsminin lütufkâr mucizesinin kaynağı da burasıdır. Özellikle Séraphique tarikatına meyili buradan kaynaklanmaktadır. Oraya o, 1238 yılında veya 1243 yılında girmiştir[2]. Paris'e eğitime gelmiştir ve Alexandre de Halés'i tanımış (+1245) ve onu "Pater et Magister Noster" diye adlandırmıştır. 1248 yılından itibaren İncilin ve Sentences kitaplarını tefsir ederek öğretmiştir. Onun birçok ilahiyat yazıları da bu döneme aittir. 1257 yılına kadar bu görevi devam etmiştir. Bu esnada, St. Thomas Cologne'a geri gelmiştir (1252). Orada bizzat Saint-Jaques da, Pierre Lombard (1253-1256) tefsiriyle öğretime başlatılmıştır. Onlar dindarları öğretme haklarını savunmuşlardı. Önce Dominicainlere (1252) sonra da Fransiskenlere (1254) karşı ve nihayet bütün dilenci tarikatlarına karşı Guillaume de Saint-Amour tarafından itiraz edilmiştir. Buna karşı, Bonaventure mükemmel kitabı olan De Paupertate Christi'yi yazmıştır[3]. Dindarlar davası, Thomas ve Bonaventure'un muhteşem müdahelesiyle bitmiştir ve bu zaferin sembolü olmuştur (23 Ekim 1257). Fakat Bonaventure 1255'den itibaren, sekulierlerin muhalefetiyle öğretimi bırakmış ve kesin olarak kürsüsünü terk etmiştir. 36 yaşında, Fransisken tarikatının genel başkanı seçilmiştir. Artık bundan böyle yüksek görevlerin sorumlusudur[4] ve istisnai olarak ilahiyatla ilgilenmektedir. Zor zamanlarda tarikatı, başarıyla yönetmiştir. Tarikat arkadaşları arasında iki eğilimi vardı: Bir grup Regula Prima'ya[5] ve St. François'nın Testament'ına dayanıyordu. Diğer başkaları da Regula Bullata'ya dayanıyordu. Bunu bizzat François

---

[2] A. Gallebeaut, O.M. L'entrée de S. Bon. Dans l'Ordre, en 1243, dans France, Francis, 1291.
[3] De Paupertate Christi, Questiones Disputate'nin bir kısmını meydana getirir. Diğer üç risalede bu tartışmanın tarihini taşımaktadır: Epistola de Tribus Quastionibus, Determiniationes Questionum et Quare Fratnes Minores Pracdicent et Confessiones Audiant, Opera, t.VIII, 331-336, 337-374; 375-385. L'Apologia Pauperum (İbid, p.230-330), 1269 yılına doğru yazılmıştır. Prof. Gerard d'Abbeville, Guillaum de Saint-Amour'un delillerini aldığında, dilenci tarikatlarına karşı yazılmıştır.
[4] Onun diğer yazıları için bu kitabın ileri sayfalarına bakılmalıdır.
[5] İnnocent III. Şiafhen beğenmiştir.

1223'de[6] kabul etmiş ve aynı yıl, Roma tarafından kabul edilmiştir[7]. Bonaventure, başlangıçtan beri Regula Bullata tarafını tutmuştur ve herkese tavsiye etmiştir. Birliği devam ettirmek için, St. François'nın hayatını yazmıştır. Bu eser, Leganda (Major) Sancti Francisci'dir, 15 bölümdür. François'nin inayeti ve dindarlığı, bir dini biyografi modelidir. Bu eser, Leganda Mineur tarafından tamamlanmıştır. Bu da, kurucunun ölümünden sonraki onun müdahelesiyle elde edilen mucizelerin naklidir. Onun hayatı Mont Alverne'ye, Bonaventure'un seyahetinden sonra 1259 yılında yazılmıştır. Genel bölüm 1263 yılında Pisse'de kabul edilmiştir.

Aziz diğer genel bölümlere başkanlık etmiştir. Onlarda, tarikatın yönetimini kesin olarak düzenlemiştir. Orada Meryem kültü geliştirilmiştir ve muhtemelen 1263 yılında Conception Bayramı ihdas edilmiştir[8]. O, papaların güvenini kazanmasını bilmiştir. Papalar da ona, piskoposluk makamını vermişlerdir. Ancak o, daima bunları reddetmiştir. O, her ne kadar öğretimden uzaklaşsa da, entelektüel hareketten ilgisini kesmemiştir. Onda daima aktif bir payı olmuştur. Tarikatındaki araştırmaların gelişmesine yardımcı olmuştur[9]. Fevkalade derinlik ızhar eden muhtelif risalelerde düşüncesinin sentezini tamamlamıştır. 1270 yılına doğru Thomisme tarafından uyandırılan tartışmaya doğrudan katılmamıştır. Fakat zımnen Fransisken muhalefetini tasvip etmiştir[10].

1273 yılında, Grègoire X'nin arzuları ile mensuplarını, Byzance'a bölünmeyi müzakere için göndermişti. Böylece Roma ile birleşme hazırlığına katkı sağlamıştır. 1274 yılında Lyon'da bu konuda bir antlaşma yapılmıştı ancak geçici olmuştu.

Saint Bonaventure, bir ilâhiyatçı olduğu kadar bir vaizdi. Hatta zamanının ilk vaizlerinden birisidir. Paris'te de kendisini ve dinleyicileri arasında doktor, kardinaller, krallar ve papalar gibi seçkin şahsiyetler bulunuyordu. Ondan bize birçok nutku kalmıştır[11]. Şayet St. Antoine de Padolie ve birçok

---

6 Testament, ölümünden az önce 1226 yılında yazılmıştır.
7 Honorius III. Yazım işi, Kardinal Hugolin'den mülhemdir. O da geleceğin papasıdır.
8 Bu kısım tartışma konusu olmuştur. Ancak "Conception de Marie" kutlanmaya devam etmiştir. Ancak bazıları, Meryem'in hamileliğini takdis ederken, diğerleri lekesizliğini takdis ediyorlardı. X. Le Bachelet, İmm. Conc. Dans, Dict. Théol. Col. 1064-1072.
9 E. Gilson, Op. Cit, p.43.
10 İbid, p.29-34.
11 Bu eserin ileri sayfalarına bakılmalıdır.

meşhur Frères Minèure'un, bu dönemde dadikodu kalabalığı olmasaydı onun belagati bu kadar güçlü olmayacaktı. Bu olay, Frönçois de Fabriano'ya bu şöyle dedirtiyor: **O konuştuğu zaman, bütün dil susuyordu**[12]. Onun vaazları, doktrinle besleniyordu. Fakat berraklıkla ve metodla ve canlı şekille yumuşaklıkla onu herkesin seviyesine takdim ediyordu. Bunun için onun nutuklarında unsurlar, bütün vaaza nüfuz ediyordu: Konu, metin, bir veya birkaç noktada misalle ve nihayet sonuçla bitiyordu[13]. O, dinleyicisiyle birleşmeyi biliyordu ve hassas konuları ele almaktan korkmuyordu. Özellikle bunu, konferanslarda yapıyordu. 1273 yılında Paris'te üniversitelerin önünde Hexaémèron üzerine konferanslar vermiştir. Bu konferanslar, özellikle son noktada çok değerlidir. Bu konferanslar bize, aziz doktorun son düşüncesini sunmaktadır. Yine o, Tekvinin altı günü serisini tamamlayamamıştı. Bu konu, bu konuşmaların ana konusunu teşkil ediyordu.

Hakikatte Grègoire X, Haziran 1273'de Bonaventure'ü kardinal yapmış ve Albona'ya onu piskopos atamıştır. Bu görevi kabul etmesini emretmiştir. Bonvanture'un Lyon konsilinde özellikle katkısı büyük olmuştu. Formel bir arzu önünde aziz bunu kabul ediyor ve Lyon'a geliyor. Böylece tarikatın genel başkanlığını terk ediyor (Mayıs 1274) ve bütün gayretini sadece konsil işlerine Roma ile Greklerin birleşmesine veriyordu. Böylece birleşme, 6 Haziran 1274 yılında gerçekleşiyor. Bundan sekiz gün sonra da Saint Bonaventure ruhunu Allah'a teslim ediyor (14 Haziran 1274). St. Bonvanture 1482 yılında aziz ilan ediliyor ve 1587 yılında Papa Sixte V tarafından Kilise Doktoru olarak ilan ediliyor[14].

II. ESERLERİ

St. Bonaventure'un eserlerinin yarısı yayımlanmıştır ve bunların içinde "teolojik yazılar" da yer almakta ve oldukça önemlidir (Op. Omn. t.1-V). Diğer eserleri (İbid, t.VI-X) yorumlar, şifahi konuşmalar veya zahitlikle ilgili yazılardır. Bunun için önce Kutsal Kitapla ilgili eserlere işaret edelim.

---

[12] E. Clop, Op. Cit. P.104.
[13] İbid, p.97.
[14] Papa Sixte V, Roma'da manastırlarında Collège Saint Bonaventure'u tesis etmiş ve Doktor Séraphique'in eserlerinin etüdünü yaymıştır.

A. Yorum Eserleri

Özellikle Dört İncil'in tefsirine ve Eski Ahidin iki tefsirine (Ecclèsiaste et Sagesse)[15] ve Yuhanna'nın ve Luka'nın İncillerinin[16] iki tefsirine sahibiz. Luka İncili, dört incilin en az skolastik olanıdır. Yazar bu İncil'de yorumdan çok vaizi bilgilendirmeyi denemektedir. Ona haksız yere, spritüel anlam aramada çok haksızlık ediyorlar. O, kendisine göre bir prensibe göre lafzi anlama dayanmaktadır. Bu eserlerde 79 konferansın veya Yuhanna İncili üzerindeki konferansın planlarına sahibiz[17].

B. İlahiyat Eserleri

Burada özellikle üç eseri veya risaleyi görüyoruz. Bunlarda özellikle skolastik ilahiyata aittir. Diğer üçü de daha çok mistik karakterdedir.

1. **Commentaires Sur Les IV Livres Des Sentences**[18]: Bunlar, Bonaventure'un temel ilahiyat eseridir. Daha sonra yazdıklarının hepsi bu sağlam temele oturmaktadır. O, üstadın metnine, kitapların düzeni içinde sadık kalmaktadır. Her ayırım, analiz edilerek takdim edilen doktrin, metodik olarak alt bölümlere soru şeklinde bölünmüş bir dizi makalelerle derinleştirilmiştir. Böylece sonuç, bu sorulara cevap vermektedir. Doktor, en nazik metafizik ve ilahiyat problemlerini ele almaktadır ve ona şekil vermektedir. Bonaventure'un tefsiri, derinlikle dikkat çekmektedir. O, St. Thomas'ınkiyle, en büyük edebiyat eserlerindendir ki bu eser, Pierre Lombard'ın eserini ortaya koymasını sağlamıştır. Bunun için Bonaventure, selefi olan Alexandre de Halés'i kopya etmekle itham edilmiştir. Özellikle III. kitabın sorununun faziletlere tahsis edilmesinde (Dist. 27-69) ve Somme d'Alexandre'ın mektubunda bu bulunmaktadır. Fakat bu faziletler kitabı, bu son eserde bir sorgulamadır ve Bonaventure'un yazılarının bir özetidir[19]. IV. kitap sakramentlere tahsis edilmiştir. Bu herkes için yazılmıştır ve diğerlerinden zayıftır. Orada doktrinde ve desteksiz olan kanaatlerde dalgalanma bulunmaktadır[20]. Açıklanabilir olan bu boşluklar, tefsirinin bütün kalitesiyle telafi edilmiştir.

---

[15] Op. Amnia, t.VI, p.1-103; 105-235.
[16] İbid, t.VI, p.237-532, et t. VII, p.1-604.
[17] İbid, t.VI, p.532-634.
[18] İbid, t.1-IV. Bu kitap 1248-1255 yılları arasında yazılmıştır.
[19] Bu kitabın önceki sayfalarına bak.
[20] Bu kitabın ileriki sayfalarına bak.

2. **Breviloquim**[21], küçük bir ilahiyat Somme'udur. Bu eserde Bonaventure, önceki eserin özüne yoğunlaşmıştır. Kutsal kitaba tahsis edilen giriş hariç, yedi ilahiyat konusuna yedi kısımda değinilmiştir: 1. Teslis, 2. Yaratılış, 3. Günah, 4. Bedenleşme, 5. İnayet, 6. Sakramentler ve 7. Son hedefler.

3. **Wuestiones Disputae**[22]: Bu kitap uzun süre yayımlanmamıştır. Bu kitap, onun doktrininin bazı noktalarına çok değerli aydınlıklar getirmiştir: Burada De Scientia Christia[23] ile ilgili yedi soru, De Mysterio Trinitatis'le ilgili sekiz[24] ve De Perfectione Evangelica[25] ile ilgili dört soru vardır.

4. Karmaşık karakterine rağmen Bonaventure'un en meşhur ve en derin ilahiyat yazıları arasına, **"İtinerarum Mentis ad Deum"**[26] konabilir. Bu kitap, Bonaventure tarafından 1250 yılında Alverne dağında, ruhları, tefekküre sevk etmek için yazılmıştır. Bu kitabı anlamak için iki aşırılıktan kaçınmak gerekir: Bu kitap saf mistik bir eser değildir, felsefi bir eser de değildir. O, köküne kadar mistiktir. Bu, yazarın takip ettiği hedefle ve bütün sayfaların canlandırdığı ruhla böyledir. Bonaventure, düşüncesinin gelişiminde en ince felsefi ve ilahiyat mefhumlarını kullanmıştır. Bunları on yıllık öğretim ona kazandırmış ve eserinin yapısını oluşturmuştur. Bu güçlü eserin analizini ileride yapacağız[27].

5. **De Reductione Artium ad Theologiam**[28]: Bu kitap altı farklı aydınlığa işaret etmektedir. Bunlarla insan, bu dünyada aydınlanmaktadır ve zafer ışığını beklemektedir. Bu ışıklar, kutsal kitabın, duygusal bilginin, mekanik bilginin, felsefenin, tabiat felsefesinin, ahlak felsefesinin ışıklarıdır. Mevcut isim[29] yazının ana meşguliyetlerine de cevap vermektedir: Burada Allah, evrensel merkez olarak tasarlanmaktadır ve bütün ilim ona bağlanmaktadır. Bütün eserler, Allah'ın aydınlatıcı aksiyonu olan insan düşüncesinin meyvesidirler.

---

[21] Opera, t.V, p.199-291.
[22] Opera, t.V, p.1-198.
[23] İbid, p.1-43.
[24] İbid, p.44-115.
[25] İbid, p.117-198.
[26] Opera, t.V, p.293-314.
[27] Bkz: Doctrine, p.519-522.
[28] Opera, t.V, p.317-325.
[29] Bu isim yenidir. Yazma, sermo, Sermo de Septem Artibus Mecanicis veya Tractatus de Origine Scientiarum, de Ortu Scientiarum diye isimlendirilmiştir.

6. **Collectiones in Heaémenon**[30]: Bu eserde, Bonaventure'un insana atfettiği "Yedi tedrici aydınlanma" hatırlatılmaktadır. O, onları Musa'nın günleriyle kıyaslayarak takdim etmektedir ve eserin adı da buradan kaynaklanmaktadır. Bunlar, 23 konferansın burada toplanmışıdır. Bunlar, en yüksek ilahiyat ve mistik hakikatleri ortaya koymaktadır. Bunlar, üniversite öğrencilerine yöneltilmişlerdir. Yani onları yaygın yanlışlara karşı silahlandırmak gerekmektedir. Bu yanlışlar, çoğu zaman özellikle Paris'te profesörler tarafından yayılmaktadır.

C. Şifahi Eserleri

St. Bonaventure'un şifahi eseri, oldukça yayılmıştır. Özellikle, Quaracchi yayımcıları tarafından yayımlanmamış vaazlarının birçoklarının yayımlanmasından sonra yayılma olmuştur. Bu eser, birtakım konferanslar ve vaazları ihtiva etmektedir.

Konferans türlerinin içinde, daha önce 79 Collationes in Evangelium Joannis'i, yorumları arasında zikretmiştik. 23 Collationes'in Hexaémeron' da ilahiyat eserleri arasında zikretmiştik. Burada bunlara, 9 Collationes de Septem Donis Spiritus Sancti'yi[31] ve 7 Collationes de Decem Praeceptisi[32] de ilave edebiliriz. Zaten onların başlıkları, işlenen konuyu belirtmektedir.

Vaazların birçoğu, beş sınıfa ayrılmıştır: 5 ilahiyat vaazlarından Collatione, ilahiyat eserlerine aittir[33]. Daha sonra 4 seri ayrı olarak yayımlanmış ve 475 vaazı içine almıştır. Bu şöyle bölümlenmiştir:

1. Sermones de Tempore
2. Sermones de Sanactis
3. Sermones de Beata Ezaria Virgine
4. Sermones de Diversis[34]

Bunların çoğu sadece bir şemadır. Dinleyiciler tarafından toplanmıştır ve yazar tarafından gözden geçirilmiştir. Bunun için birçok boşluk vardır. Sermones de Tempore'nın başında 53'ü basılmıştır. Bu vaazlar, Pazar vaazlarıdır. Bunlar bizzat Bonaventure tarafından yazılmışlardır ve bunlar bize

---

[30] Opera, V, p.327-454.
[31] İbid, p.455-503.
[32] İbid, p.505-532.
[33] İbid, p.532-579; Sermones Selecti de Rebus Theologicis: De Plantatione Paradisi.
[34] Opera, t.IV, p.23-461; 463-631; 633-721; 722-731.

büyük vaazın yeteneklerini izhar etmektedir. De Arte Praedicandi[35] risalesinde, Hıristiyan belagati üzerindeki prensiplerini açıklamakkadır. Ancak bu eserin mevsukiyetinin bazı problemleri vardır.

III. DOKTRİNİ

A. Doktor Olarak

Hıristiyan dindarlığı[36], Bonaventure'un ve St. Thomas'ın hoşuna gitmektedir[37]. Bu yakınlaşma, her birisinin yüksek doktrinel hâkimiyetiyle açıklanabilir. Kilise Babaları çağından sonra gelenlerin arasında onlar, ilk sırayı işgal etmektedirler. Her ikisi de üstün ilâhiyatçılardır. St. Bonaventure, St. Thomas'ınkine benzer bir Somme kompoze etmemiştir. Fakat o, Livres Des Sentences'ları yorumladığı için ve derinliğe nüfuzu ile bu âbidevi çalışma, yazarı hazır çerçevelere bağlı kalmaya zorlayan yönteme rağmen Bonaventure'un dehası, bize takdire şayan bir seri görüşte ortaya çıkmaktadır. St. François'nin değerli oğlu olarak eklediği duygusal sayfalarda bize, duygusal karakterini göstermektedir.

Doktor Séraphique bir mistiktir. Eserinde böyle görünmektedir ve St. Thomas'dan ayrıldığı noktalardan birisi burasıdır. St. Thomas, açıkladığı doktrinlerde kutsal kitaba ve geleneğe ve akla dayanmaktadır. Aksine Bonaventure, St. Augustin'in gerçek talebesi olarak kutsal ruhun bağışlarının yüksek aydınlıklarına müracaat etmekte ve onlarla, mükemmel bir Hıristiyan fazileti hazırlamaktadır. Gerçekte onun eseri, oldukça spritüaldir ve az yaygındır. O, St. Bernard ile kıyaslanamaz. Onun eğilimleri, her şeyden önce pratiktir. Bu ister öğretide olsun, ister tabiatüstü inayetlerin tasvirinde olsun böyledir. Fakat St. Anselme gibi ve Victorienler gibi muhtemelen onlardan daha fazla, ilâhiyat eserinde mistik yoğunluğu göstermiştir. Onun bizzat doktrini, her şeye nüfuz etmiştir. İşte onun orijinliği buradan gelmektedir.

St. Bonaventure teriminin tam anlamıyla, bir düşünürdür, bir filozoftur. O, iman açıklamalarına, Allah'ın kelamına ve inayetin aydınlıklarına esir olan bir düşünce cesareti getirmiştir. Şüphesiz o, ilahiyattan bağımsız problemleri işlememiştir. Bu problemleri akıl, serapa onun alanındaki konularda ortaya

---

[35] İbid, t.IX, p.1-21.
[36] Léon XIII (Lettre du 13 Aralık 1885 au Fréres mineurs. Bkz: E. Semeets, Op. Cit. Col. 975-982.
[37] Dostlukla birbirlerine bağlıdırlar.

koymaktadır. Onun işlediği konular dünya, madde, ruh, ahlakın ve bilginin son temelleridir. Fakat onların hepsini ele almış ve felsefi açıdan incelemiştir. Onları, onların düzeyindeki prensiplerle açıklama endişesindedir. Fakat asla, inayetin yüksek düzeyini gözden kaçırmamaktadır. Onun zamanında sorulan temel problem, bilgi problemidir. Aslında bu, diğerinden ayrılmaz ve bir Hıristiyan için oldukça önemlidir. Bu akılla-imanın ilişkileri problemidir. Aristoculuk açık bir şekilde tabiatüstü prensipler aksiyonuna dâhil olmayan bir bilgi doktrini getirmektedir. St. Thomas, bu tabiatçı felsefede, iki tabiat düzeyini ve inayeti, aklı ve imanı özenle ayırarak kendine düşeni yapmıştır[38]. St. Bonaventure böyle bir tavizi tehlikeli görmektedir: O, prensip olarak iki düzenin ayrımını kabul etmektedir. Fakat onu, insana tabiatüstü düzeyi empoze eden Allah'ın iradesine mahkûm ediyordu.

Bu temel konuda Bonaventure'un aldığı pozisyonun çok iyi anlaşılması gerekmektedir. Bu konuda beşeri akla dört farklı rol isnad edilebilir ve O, kullanılabilir:

1. Ya bizzat tabiat, onun düzen prensipleriyle açıklanabilir, onu aşan sebeplere başvurmaksızın ve hakikatte kalma endişesinden başka endişeler olmaması için.

2. Yahut tabiat onun düzeninin sebepleriyle açıklanır. Fakat bu durumda açık veya kapalı, yüksek bir düzene doğru yönelinmiştir ve ruhun Allah'la mistik birliğine doğru ilerlenmiştir.

3. Yahut imani hakikatler, önceden tesis edilen otorite akıllarıyla ortaya konmuştur.

4. Yahut dünyanın süper görüşlerinin açıklanması, mistik yetenekle Allah ve dünya üzerinde Allah'ın eseri veya Allah'a giden eserler olarak düşünülmektedir. Aklın bu farklı ilk egzersizleri saf felsefecilerdir, ikincisi özel eğilimli felsefedir. Burada mistik temayüllü bir felsefe vardır. Üçüncüsü serapa ilahiyattır. Dördüncüsü, tefekkürü ilahiyattır veya mistik felsefedir. Saint Bonaventure, aklın bu son üç kullanımını benimsemektedir. Fakat birinciyi reddetmekte ve bu konuda St. Thomas ile tartışmaktadır. Şüphesiz o, insanın, serapa tabiatın rasyonel bir ilmini yaratma gücünü reddetmiyor. Yani sadece beşeri bir felsefeyi Aristo veya Eflatununki gibi yaratmaya kadir olduğunu

---

[38] Bu kitabın ileri sayfalarına bakılmalıdır.

reddetmiyor. Fakat o, onun meşruiyetini inkâr ediyor[39]. Özellikle bunun bir Hıristiyan için öyle olduğunu düşünüyor. Akıl, çok serbestliği muhafaza ediyor ve işaret edilen üç şekil altında aktivitelerini sergiliyor. Özellikle ilahiyatta sergiliyor. Fakat felsefede de onunla çok itham edilen mistik bir şekil almaktadır.

Herkes Bonaventure'un mistik bir filozof olduğunda müttefiktir. Fakat formülün anlamını açıklamak gerekir. Felsefesine sıkıca mistik unsurlar sokarak, mistik filozof olabilir. Meselâ, dünya üzerinde sadece aklın doneleriyle değil, imanla bilinen hakikatlere dayanarak özellikle aydınlık Tanrının bağışlarıyla aydınlanmış bir imana dayanılarak elde edilir. Böyle bir düşünce, sadece vahyedilen hakikatlere dayanmaz, dünyaya, yaratıklara dayanmaktadır. Felsefe ismi, burada mistik felsefedir. Yine de o, imanın ışığında aydınlandığı için o, ilahiyat ismine daha layıktır. Uygulamalı ilahiyatçı daha uygundur. Murakabeli ilahiyat denilen terime sevk etmektedir. Bonaventure'un belli sayıdaki sayfaları, bu türe girmekte ve en meşhur risaleleri de buna dayanmaktadır[40]. Fakat onun eserinde başka şeyler de vardır.

Serafik Doktor, bizzat felsefesinin yönlendirilmesiyle de mistiktir[41]. Bir Somme yazmaksızın o, bir şekilde sistematik belirginlikle koordineli bir felsefi doktrinel bünye bırakmıştır[42]. Fakat diğer yandan bu felsefe, Bonaventure tarafından endişeyle organize edilmiştir. St. Thomas'ın aksine o, bizatihi tabiat felsefesini yaratmıştır. Bu felsefe, serapa akılcı ve tabiatçı bir felsefedir. Fransiscain doktor, kendininkini, yüksek bir bilgine yönlendirmektedir ve Ondan ayrılmaktadır. Fakat buna doğrudan yönelmiştir. Onun için bu onu temel görevi yapmaktadır. Tabiat problemlerine getirilen çözümler, bu eğilimin karşı darbesine maruz kalmaktadır. Bunu ileride göreceğiz. Şayet bu özel yönlendirme nedeniyle onun doktrini, sakıncasız takdim edilememiştir, tıpkı felsefe gibi[43]. O, gerçek felsefe olarak, mistik temayülleri alarak kalmaktadır. Diğer yandan bu eser bir zaafiyettir. Bir başka görüş açısından da oldukça

---

[39] O, bu gibi felsefeleri inkâr ediyor. Bkz: E. Gilson, op. Cit. P.94-114.
[40] Bu kitabın 498,499 ve 518-520. sayfalarına bakılmalıdır.
[41] Ancak bunu önceki mistik veche ile karıştırmamak gerekir. Mistik bir felsefe, mistik inayetlerin açıklanmasını ihmal edebilir. Bunu geciktiren yazar, tamamen gerçek mistiği belirleyen özelliklerden yoksundur.
[42] E. Gilson, Chap. 1, p.11-12.
[43] Bu anlamda o, felsefeyi söz konusu etmektedir.

güçlüdür[44]. Burada belirtilen doktrinin büyük avantajı vardır. Çünkü büyük murakabenin riyasetlerini ve oraya ruhların hazırlamalarını kolaylaştırmaktadır. Yine de bu ünvanlarda mübalağa yapmamak gerekir ve Bonaventure'un felsefesi, mistik hayattaki sağlam bir akli temeli vermesi mümkündür. Her gerçek felsefe, ruhun gerçek bilgisi üzerine oturmaktadır. St. Thomas'ınki bu bakımdan özel bir garanti takdim etmektedir[45].

Bu sonuçlara göre St. Bonaventure'un tercih edilen üstadlarının kimler olduğu görülmektedir. Bizzat o, "Herkesin üstadı mesihti" üzerindeki meşhur vaazında bu açıklanmıştır[46]. O, Aristo'daki ilmi bilmektedir. Bu tabii şeyleri yorumlama yeteneğidir. O, onu bu yönden diğerlerinden daha iyi bir filozof olarak kabul eder[47]. Fakat ona, daima alttan baktığı için sitem eder[48]. İşte büyük hatalarının kaynağı burasıdır: Örnek cehalet, ilahi inayet bilgisizliği, dünyanın sonu hakkındaki bilgisizlik[49]. Eflatun, kısmen bilgi sahibidir. O, fikirleri bilmekte ve yüksek sebepleri bilmektedir. Bununla beraber o da hatadan sakınmamaktadır. O ve talebesi gerçek imandan yoksundur[50]. Gerçek üstad olan Mesih, Augustin'de gerçek yorumunu bulmuştur. Ona, Kutsal-Ruh tarafından hikmet dili ve bilim dili verilmiştir. Bundan dolayıdır ki Bonaventure, bütün doktrinel açıklamalarda ona müracaat etmektedir. Bunun için o, ilahiyatın önemli konularında ve iç hayatın konularında ona müracaat etmektedir. O, onu tarikatının okulu yapmıştır. Fransisken ilahiyatçıları, Bonaventure'un, St. Augustin'in talebeleri arasında olmasıyla övünmüşlerdir.

Doktor Séraphique daha çok şey yapmıştır: Augustinien Fransiskenleri kesin olarak tespit etmemişse de, onların bir nevi kodlamasını yapmıştır[51]. Onun okulu, Augustinien ruhuna münhasır bir monopol olmaksızın, çok yüksek derecede ve bazı veçheler altında ona sahiptir. Bonaventure tarafından tesis edilen doktrinel bünyede o, sadece birçok noktada üstadı yeniden ortaya çıkarıyor ve fakat birçok noktada da onu aşıyor. Bu, onun felsefede oldukça sık şekilde kullandığı, Hippon piskoposunu özetle verdiği derin

---

44 M. Gilson, bu iki unsurun sentezine çok katkı sağlamıştır.
45 Bu eserin ileri sayfalarına bakılmalıdır.
46 Serme de Christe Une Omnium Magiste, opera, t.V, p.572.
47 Excellentionem İnter Philosophos: İn Sent, 1, II, Dist, 1.p. t-a, q.2.
48 Serm Iv, De Rebus Théol, 18, Opera, V, p.572.
49 In Hexaem, VI, 1-5.
50 İbid, VII, 3-12.
51 Duns Scot, Bonaventurienne tezi derinlemesine sentez yapmıştır.

donelerin tamamlanmasını açıklamaktadır. O, oraya bazen şaşırtıcı şekilde elverişli sistematik tasnifler getirmektedir. O, Aristotalisme'den ödünç aldığı önemli unsurla mücadele etmektedir[52]. O, Yahudi ve bizzat Arap filozofların tesirine maruz kalmaktadır[53]. Özellikle de. Denys L'Aréopagite'in tesirine maruz kalmıştır. Nihayet o, iki yüzyıldan beri Hıristiyan düşüncesinin sağladığı hudutsuz entelektüel çabadan yararlanmaktadır. Bunun için onun eseri bu uzun çabanın bir taçlanmasıdır. O, tam bir güçlü sentezdir. Şüphesiz onun dehası, St. Augustin'inkiyle aynı olmamakla beraber, o da muhteşem bir yoruma sahiptir. Şüphesiz başka meşruiyetler de bulunmaktadır[54].

B. Felsefi Doktrin

Bonaventurien felsefeden burada sadece, en dikkat çekenlere işarette bulunacağız. Bunlar, Homogene bir sistemin kısımlarıdırlar. Şüphesiz, St. Thomas'ın kinden farklıdırlar. Bu, asla iki doktrini kıyaslamaya izin vermemektedir. Onlar, karşı karşıya gelseler de, hareket noktası genel espriasyon ve eğilimler onlara paralel yollarda özel bir hareket sağlamaktadır[55]. Hatırlatalım ki yaratıcı Allah'ın varlığı, bu felsefe tarafından düşünülmüştür. Onun varlığını akıl ortaya koyamaz. Fakat daha çok ona muhtaçtır. Bu hakikatin açık karakteri nedeniyle[56] ve yine imanın garip şekilde aklı sağlamlaştırması nedeniyle hatta alanında olan tabii düzenin hakikatleri üzerine bu gerçek oturmaktadır.

1. Saint Bonaventure'un felsefesinin temel tezi, Examplarisme'dir. Onun için onun, E. Gilson metafizik öz olduğunu söylemektedir[57]. Bu noktada o, St. Thomas'dan ayrılmaktadır. St. Thomas'da, Exemplaire fikirlere metafiziğinde yer vermektedir. Fakat o, bunu taçlandırmak veya bağlantı için yapmaktadır[58]. St. Bonaventure, bu probleme öylesine önem vermektedir ki muhtemelen Aristotelisme'i daha iyi dışarda bırakmak için yapmaktadır. Fakat bilhassa dünyaya felsefeyle bir açıklama getirmek istemektedir. Bu parça

---

[52] Meselâ, iki Nitellect Teorisi gibi. Bu teori, uzun zamandan beri onun döneminde cariydi.
[53] Hylémorphique Des Substances Spirituelles Doktrini gibi. Bu ona Avencebrol'dan gelmektedir.
[54] Augustin'in eserlerindeki karmaşıklık onun tek sentezde ele alınmasına muhalefet teşkil etmektedir.
[55] E. Gilson, Op. Cit. P.472-473.
[56] Bu kitabın ileri sayfalarına bakılmalıdır.
[57] Op. Cit. P.157. Yine bkz: P. Bilsen'in etüdüne bakılmalıdır.
[58] İleriki sayfalara bakılmalıdır.

olarak değil, inhisarcı şekildedir. İmkânı ölçüsünde bunun için aklın ve imanın bütün kaynaklarından yararlanmaktadır. Yine yaratılmış varlıklar davaları nedeniyle tanrısal öz ve özellikle tanrısal fikirler onda ebedi örnektirler[59]. Ayırdığımız bu fikirler, ilahi düşüncede özleriyle karışmaktadırlar[60]. Her şeyin modeli ve sebebi, ilahi özün her birindeki ağırlığıdır. Onlar, onun düşüncesine silinmez şekilde yerleşmiştir. Bu bazen basit gölgeler şeklindedir. Şayet ilahi temsil uzaksa ve izlerle karışmışsa, o zaman benzerlik, uzakta da olsa ayrıdır. Bu, bazen de resimler halinde olur. Genelde benzerlik, yakın olduğunda ve ruhta olduğu gibi ayrı olduğunda ruh sadece sebep olarak Allah'a sahip değildir. Allah da spesifik operasyonun konusuna sahiptir[61]. Bu ilahi benzerlikler, varlıkların üniversal analojisinin temelidirler[62]. Bunlar, bize Allah'ı temsil ederler[63] ve bunlara sadece Allah'ın bu temsilleriyle ulaşılabilir. Onları gerçekleştiren de ilahi fikirdir[64].

2. Genel tabiatın koyduğu problemler, Bonaventure tarafından bağımsızlıkla ele alınmıştır. İşte onun bu konuda getirdiği prensiplerdeki çözümler:

a. O, yoktan (ex nihilo) yaratılışı tasdik etmektedir. Bu yaratılış in tempore yaratılışı gerektirir ve bu noktada o, St. Thomas tarafından takip edilmemektedir. St. Thomas yaratılışı inkâr etmeksizin ebedi bir yaratılışı kabul etmektedir ve Aristo'ya bu konuda saygı göstermektedir. Aristo'nun bu kanaati, Bonaventure tarafından zıt görülmüştür. Çünkü o, ex nihilo üzerinde ısrar etmektedir. O, bu yaratılışla önceki ve sonraki ilişkilerin hareket noktasını bulduğunda ısrar etmektedir[65]. O, buraya beş delil daha ilave etmektedir. Özellikle sonsuz sayının imkânsızlığını, böyle bir doktrin düşünecektir. Zira dünya insan içindir. O, orada sayısız insana sahiptir. Metampsikoz veya intellect birlik doktrini[66] gibi saçma hipotezleri kabul etmedikçe bu böyledir.

---

[59] E. Gilson, Op. Cit. ch. IV, p.141-159.
[60] S. Bonaventure ve S. Thomas temelde birdirler. Sadece Gilson tarafından belirtilen bir farkla. Melek doktor, ilahi fikirleri, eşyaların temsilcileri olarak kabul etmektedir. S. Bonaventure ise onları, olduğu gibi kabul etmektedir.
[61] Bkz: In 1 Sent. Dist. III, I re. P. Art. 1, 9-2; Yine bkz: In 1, 2; In Alexaem, II, 20.
[62] E. Gilson, Op. Cit. ch. VII, p.196-227.
[63] Hıristiyan, Teslisin izlerini yaratılışta bulabilir.
[64] Analoji doktrininde S. Bonaventure, yaratık ve yaratıcının yakınlaşması üzerinde ısrar etmektedir.
[65] Creatio Ex Mihila Ponit Esse Post No Esse, 1n II. Sent. D.1, p.1, a; q.2.
[66] E. Gilson, Op. Cit. P.183-188.

Burada Doktor Seraphique'in, İbn Rüştçülükle 1270 yıllarındaki büyük tartışmadan önce, mücadele ettiği görülmektedir.

b. Daha önemli noktalardan birisi de, "Yaratılmış varlıkların oluşumudur". Burada üç unsur ayrılmaktadır: Madde-Şekil-onların konjoksiyonları. Bu son prensip, sembolizmi burada mümkün kılmaktadır. Özellikle, filozofun, Teslisin yaratılmış benzerliklerini aradığı zaman[67]. Fakat madde ve şekil, yaratılmış bütün özlerde birbirinden ayrılmış realitelerdir. Bu hem özde ve varlıkta, işte ve güçte de böyledir. Uygun üç çift uygun fikirlerdir. Bu andan itibaren melekler, bizzat maddeden ve şekilden kompozedirler ve onları artık "form subsistantes" olarak adlandıramayız[68]. Burada madde, meleklerin saf spritüalitesini gerekli kılmaz[69]. O, sadece değişebilirlik ve hassaslık prensibidir. Aksiyon ve güçten oluşan bütün kontenjanlarda ayrılmaz[70]. Bu individuasyon prensibinden daha fazla bir prensiptir. S. Bonaventure böylece, aşırı tezden sakınmaktadır ki St. Thomas ona gitmektedir. O, her meleğin bir tür teşkil ettiğini belirtmektedir[71].

c. S. Bonaventure'e göre şekil, St. Thomas'ınki gibi şekil değildir. O, kesin şekilde bir tabiatı ona substansiyel bir olgunluk vererek sınırlamaktadır. Fakat o, daha ziyade yeni olgunluklar almak için cevheri güçlendirmektedir. İşte aynı zamanda "şekillerin çokluğu doktrini" buradan kaynaklanmaktadır[72]. Özellikle bütün aydınlanmış bünyeler, yapılı formun dışında, bu cevhersel tamamlayıcı şıkka sahiplerdir ki bu aydınlıktır[73]. Diğer yandan madde de birçok şekle bürünmeye müsaittir. Bu onları almak için basit bir kapasite değildir. Bonaventure bunun ikinci nedenlere gerçek bir yaratıcı güç verdiğini düşünmektedir. Buna göre madde de bir tohum hali kabul etmek gerekmektedir. Yani, sanal bir canlılık, şekilleri tabii ajanlar geliştirecektir: Bunlar, "Raisons Séminales"dirler. Yani bunlar madde ile şekil arasında bir çeşit bağdırlar[74]. Bunlar, Thomist doktrinden, Bonaventure felsefesini ayıran temel noktalardır.

---

[67] Hıristiyan Kutsal Teslisin izlerini yaratılışta bulabilir. Buradan üçlü bölünme S. Bonaventure'un eserinde bulunmaktadır: Madde-Şekil-İkisinin konjonksiyonu.
[68] E. Gilson, Op. Cit. P.225-227.
[69] Creatio Ex Nihilo Ponit Esse Post No Esse, In II Sent, D.1, p.1, a; 1, 2.
[70] Gilson, Op. Cit. P.226, p.228.
[71] Gilson, Op. Cit. P.236-237.
[72] İbid, p.266-267.
[73] İbid, p.264-265.
[74] İbid, p.281-290.

3. **Ruh:** Mistik bir felsefede ruh, çok geniş bir yer tutmaktadır. Doktor Seraphique, bu gerçeklerle tatmin olmakta ve ruha özel bir hakikat atfetmektedir:

a. Beşeri ruh, bir cevherdir. Bizzat bedensiz tamamlanmaktadır. O, spritüalitesini kaybetmeksizin, meleksel özle kompoze olmuştur. Madde ve şekil, onun bireyselliği için kâfi gelmektedir[75]. O, yine de bedenle birleşmiştir. Onun şekli bir bütünsel cevher olmuştur. Seminal sebeplerle bu canlılık, bir komplement olarak isimlendirilecek, bizzat bedenin canlılığı özel şekline rağmen, onların tamamlanmasını bekleyecektir[76].

b. Bonaventure, ruhta farklı yetenekleri ayırmaktadır. Onların ruhun özüyle ilişkilerinin tespitinde, St. Augustin'in tesiri, De Trinitate'da görülmektedir. Hippon piskoposunun bu yazısında görülen, onun özellikle Ruhun, Allah'ın bir imajı olduğunu tesliste göstermektir. Bunu da Teslisin sırrını aydınlatmak için yapmaktadır. Tabii ki onun belli başlı endişesi, mistik ve teolojiktir[77]. St. Bonaventure, ona sadıktır. Fakat doktrinini felsefi düzeyde açıklayarak cari hataları reddetmektedir. O, ruhun ve yeteneklerin aynı olduğunu kabul etmemektedir[78] ve St. Thomas tarafından tesis edilen sert ayrımı da kabul etmemektedir[79]. St. Thomas, bunlara basit accidentlar veya en azından, cevherden ayrılmaz birtakım özellikler olarak bakmaktadır. Bunun için, onlar yetenekler olarak ruhtan ayrılmaktadırlar. Fakat onlar, onunla varlıklarının pozitif muhtevasıyla aynıdırlar. Onları accident'dan daha ziyade cevher türüne götürmek gerekir. Onlar, "cevherin doğrudan promosyonlarıdırlar."[80] Çünkü beşeri ruh, hatırlamanın üçlü gücü olmaksızın tasarlanamaz, tanınamaz ve sevemez.

c. Hafıza, bir operasyon yeteneğidir. İnsanın esas yetenekleri, zekâ ve iradedir. Bunlar, makul ruhun kısımlarıdır. Bunların dışında St. Bonaventure, iki aşağı yetenek kabul etmektedir. Bunlar, Végétative ve Sensitive'dirler. Yani bitkisel ve hassasiyettir. Bunun operasyonları[81] makul ruha çok bağlıdırlar ki onların üzerinde hareket etmekte ve onları tamamlamaktadır. Fakat

---

[75] In II Sent. D. 17.
[76] Bu doktrin Arencebrol'dan alınmıştır. Bu kitabın önceki sayfalarına bakılmalıdır.
[77] Birinci cilde bkZ. 1/630-632.
[78] E. Gilson. Op. Cit. P.328.
[79] Ondan önce bir Augustinci bunu belirtmiştir. Hugues de St. Victor. Dr. Sacram, 1. IV, 25.
[80] Formule d. M. Gilson, Op. Cit. P.332, İbid, p.328-333.
[81] İbid, p.335-346.

diğer yandan duygusal şeyler, ruhun spritüal aktivitesinin ayrılmaz şartıdırlar. Müşterek hakikatler olduğu zaman anlayışlılık, duygusaldan zihinle çıkmaktadır. Zekâ, operasyonunu iki harekette tamamlamaktadır[82]. Akıl, duygusal realiteden azade değildir. O, bu özeti hazırlamakta ve possible akıl tarafından tamamlanmaktadır. Diğer yandan bizzat o, dokunmaya doğru dönebilir. Fakat onun mücerretliği duygusaldan azade değildir. Böylece, iki akıl aynı operasyonda iki uygun veçheden başka bir şey değildir[83].

4. Gerçek Augustincilikte, St. Bonaventure, prensiplerin formasyonuna büyük bir önem atfetmektedir. Bu prensipler formasyonu, ruhun ışığı ve Allah'ın imajını ortaya koyan bir imtiyazdır. O, bunları sık sık "doğuştan" diye beyan eder. Bu terim, Doktorun birçok yorumlarında vardır. Fakat bu açıklama, en hafif şekilde bile olsa, Augustinci sistemin en derin hakikatine karşıdır, diyor M. Gilson[84]. Zira bu doğuştan fikirler, yeteneklerin egzersizinde Allah'ın spesial yarışını dışarda bırakacaklardır. Bonaventure'un kabul ettiği yegâne doğuştanlık, aklın doğuşkanlığıdır: Fakat prensipler, elde edilmişlerdir. Prensipler, aklımızı şekillendiren ilk bilgilerdir. O, onları eşya ile ilk temastan itibaren kendiliğinden kolayca şekillendirmektedir ki biz onları, şekillenmeden önce hayal bile edemezdik[85]. Prensipler o halde kendiliğinden şekillenmektedir. Onlar, bilinen hakikatler üzerinde sezgiyle tanınmışlardır. Bunlar, ilk hakikatlerdir ki yukarıdan insanın bütün rasyonal operasyonlarını idare etmektedir. Bu sadece spekülatif veya teorik düzeyde değildir. Aynı zamanda da ahlaki veya pratik düzeydedir. Burada tabii eğilim söz konusudur. O, ruhun en yüksek oranından bir kısım taşımaktadır veya bilinçle iyi ve kötüyü ayırma söz konusudur[86]. Kendini bilmek de böyledir. Akıl, doğrudan doğruya hareket ettiğinde bunu elde etmektedir[87]. Kendini bilmekle Allah'ı bilmek elde edilmektedir[88]. Allah'ın ruhu, imajdır, prensiplerle onu aydınlatmaktadır. Daha ziyade, Allah'ın yarattığı prensiplerle o, aydınlan-

---

[82] Bonaventure iki zekânın ayrımını zorluk çekmeden benimsemiştir. O, bunu St. Augustin'e ilave etmektedir. Fakat tamamen St. Thomas'dan farklı şekilde. Bkz: E. Gilson. Op. Cit. p.347-353.
[83] İbid, p.353.
[84] Op. Cit. p.356, p.354-356.
[85] İbid, p.357. Bu konuda Bonaventure ile St. Thomas ayrılmaktadır. Bkz. In II Sent. Dist. 39, a, 1, q, 2 Concl.
[86] Bkz: E. Gilson, Op. Cit. ch. XIII, ahlaki aydınlanma.
[87] Bonaventure'un felsefesinin eksenlerinden biridir.
[88] Bu kitabın ileri sayfalarına bakılmalıdır.

maktadır. İşte bu bizi, Augustin'in special aydınlanma problemine götürmektedir.

Ancak bu aydınlanma, çoğu zaman yanlış anlaşılmıştır. St. Bonaventure, ontologisme'in habercilerini reddetmiştir. Çünkü onlar, insanın bu dünyada Allah'ı cevherinde gördüklerini iddia etmişlerdir. O, bu konuda fazla bir şey öğretmemiştir. Sadece Allah, insanın bakışında akıl ajanının rolünü doldurmaktadır. Yani prensipler bilgisiyle. Bunu aşağıdaki açıklama ispat edecektir[89]. Onun bu doktrinine Contuiton (Contuitus) adı verilmektedir[90]. Bu Allah'ın, dolaylı bilgisidir. Bu özel İlahi bir yarışmanın üstüne oturmuştur ki bizim bilgimize ilk doğru prensipleri temin etmektedir. Bu zaruret ve bu değişmezlik hakikatin alametidir. Bu özellikler, ne eşyadan ne de bizden gelmektedir. Onların yeterli sebebi yoktur. Ancak ilk fikirlerimiz üzerinde ilahi fikirler aksiyonunda bulunmaktadırlar. Bu aksiyon, ne Allah'ın açık vahyinde ne de saf yaratıkta ve basit bilgimizde mevcut değildir. Fakat harekette (motion) ve directionda vardır: O, prensip olarak "La Ratio Aeterua ut Regulans et Motion"[91]'a sahiptir. Bu aksiyon, acil olmalıdır[92]. Bununla beraber, Allah'ın eseriyle fark edilmektedir. Sadece Contuition vardır[93]. Bu elverişli analizlerin niceliğinden hoşlanılacaktır. Fakat onlar, bir doktrinin diğer veçhelerinden izoleden sakındırıllacaklardır. Çünkü onun karmaşıklığı zenginliğe denktir[94].

Augustincilerin özel aydınlanmasının tezahürü, bu tabi şartlara indirgenemez[95]. St. Augustin için, aydınlanmanın anlamı bundan daha azdı. Zira onun açıklaması o kadar felsefi açıklamaları ihtiva etmez. Fakat o, bir başka noktada bundan fazladır ki Bonaventure'un derin düşüncesine cevap vermektedir ve XIII. yüzyılın okul savaşının içinde her ikisi de, doğan Thomisme'e karşı spritüel hayatın merkezinin savunulmasına inanıyordu[96]. Onlar, ilk prensiplerin ilâhi kesinliğine öylesine tutunuyorlardı. Çünkü onlarda

---

[89] Bu yanlışlık için bkz: p.469.
[90] E. Gilson, Op. Cit. p.379-387.
[91] De Scientia Christi, Iv, Concl.
[92] İbid.
[93] Contuition, endirek bir Allah bilgisidir. E. Gilson, Op. Cit. p.385.
[94] P. Bissen Bonaventure'un özel aydınlanmasını aynı şekilde kabul etmektedir. O, entelektüel düzeyde, tabii spesial bir yarışmanın anlamında bunu kabul etmektedir.
[95] M. Gilson'un bütün eseri bu minimisation'a karşıdır.
[96] Bkz: Jean Peckham'ın mektubuna cf. E. Portelité, Augustinisme, Dans Dict. Théol. Col. 2508; Bonaventure, sadece tasvip etmiyor, Thomisme'e karşı muhalefeti de benimsiyordu.

Allah, insana görünmektedir. Prensiplerin sevgisi, dolaylı olarak zimnen Allah'ın sezgisini ihtiva etmektedir. Bu tabiidir, **Contuition**'dur, imanın ve hikmetin temelidir. Bunlar, onda başka bir şey meydana getirirler ki bu tabiatüstü düzeydedir. Bütün bunlar, St. Augustin için ilâhi aydınlıktır. Şüphesiz onun gözlerinde **hakikat**, bu dünyada insanın büyük aydınlanmasıdır ki bunu, iman ve hikmet vermektedir. Bu da, Ruhta Allah'ın eseridir. Fakat çünkü o, onları mümkün kılmakta ve uzaktan onları hazırlamaktadır. Aydınlanma olarak isimlendirmeye ilk layık olan ruhtur. O, zaten ilahi inayetin çok özel bir eseridir. O, müşterek tabii yarışı aşmasa da böyledir[97]. Hakikatin ruhtaki tabii tezahürü, ilk prensiplerin sezgisiyle, özel bir aydınlanmadır. Bu prensiplerin, Allah'ın ruhunu oluşturduğunu telakki edenler ve onun tabii imajını, hikmetle almaya müsait hale getirenler için bu böyledir[98]. Böylece kavranan aydınlanma, bir ilahiyatla ve mistikle bedenleş. mektedir. İşte bu Augustincilerin gözlerine oldukça önemli görünüyor ve özellikle de S. Bonaventure'e önemli görünüyor[99].

C. İlahiyat

Açıkladığımız felsefe, St. Bonaventure'un ilâhiyatının orijinalitesini bize verecektir. Biz böylece onun tezinin birkaç karakteristik özelliğini belirteceğiz:

1. Allah'ın Varlığı

Onun için, Allah, ispata gerek olmayan bir hakikattir. Hakikatte, Allah'a yükselmek için o, üç yol işaret etmektedir: Birincisi bir delilden ziyade direkt bir tespittir. Hikmete, mutluluğa, barışa olan tabii meylimiz, Allah'ın bilgisini gerekli kılmaktadır. Bu ise, doğuştan gelmektedir. Orada prensipler vardır: Allah'la, ruhun samimi benzerliği vardır[100]. O, ruhumuzun en asil özlemlerine, derinliklerine nüfuz etmiştir.

Bu psikolojik doneler, ikinci yol için hareket noktası teşkil edeceklerdir. Bu yol, kozalite yoludur. Fakat Bonaventure, daha ziyade duygusal donelere dayanmaktadır. Zaten bunların seçiminde de ilgisizdir. Bunun için o, St. Thomas

---

[97] Bonaventure, tabii speciale yarışı tezinde haklıdır. M. de Wulf gibi birçok yazar, Bonaventure'un tabii aydınlanmasından, genel basit yarışmayı kastetmektedirler.
[98] Bkz: La Contuition et la Vis. On Mediate de Dieu d'apres, S. Augustin, Dans Les Ephemendes Theolog Lovau, 1920, p.23-39, 205-229.
[99] St. Thomas, bu doktrinin temelini muhafaza etmektedir. Augustinciler, haksız yere onun, bu metodu uzlaştırdığına inanmışlardır.
[100] Ruh, tabii olarak her şeyi bilmeye müsaittir. Çünkü o, herşeyle özdeş olabilir. O, özellikle Allah'ı tanımaya müsaittir. Çünkü ruh, Allah'ın imajıdır, ona benzemektedir. E. Gilson, Op. Cit. p.124-125.

tarzında tasnif yapmamaktadır. Temel olan, dokunma düzeyinin prensibidir. Bunun içinde gizlice Allah'ın bilgisi bulunmaktadır. Kusurlu olmanın rolü, onu bize göstermekten ziyade, ilminde var olduğunu göstermektir[101]. Böylece ikinci yol, birinciye bağlanmaktadır. Onun gibi Allah'ın gizli bilgisi üzerinde ısrar etmektedir. Üçüncü yolda, Allah'a bizzat Allah fikriyle varılır. Aksine burada gizli bir bilgi söz konusudur. Bu da, öncekine dayanmaktadır. Fakat düşünceyle, muhakemeyle veya imanla geliştirilmiştir. Spritüel güçler meydana gelmiştir ve entelektüel hayatı yönetmektedir. Mükemmel varlık fikrimiz, onun varlığını oraya koymaktadır. Zira mükemmel varlık fikrinin özü vardır[102]. İşte bu gibi psikolojik varsayımlarla, St. Anselme'in delili değer kazanmaktadır[103]. S. Bonaventure'ün üç yolu mantıken tamamlanmaktadır. Bunlar, insanı, derecelerle, daha net bir Allah fikrine sevk etmektedir[104]. İman, bu akli verileri tasdik ederek tamamlamaktadır[105]. İman oraya yeni hakikatler ilave etmektedir. Onun temeli şüphesiz Allah'ta üç uknumun varlığıdır.

2. Teslis

Teslis konusu, en dikkat çeken sırlardan birisidir[106]. Bu konu, Commentaire'de oldukça uzun işlenmiştir. Hatta Allah'ta doğmak ve nesli geliştirmek ve ondaki aşk eğilimi ve Spiritus Amoris olan[107] aşkı belirterek bu yapılmıştır. Güzergâh[108] birçok teşebbüste bu sırra gelmektedir. III. Bölümde, St. Bonaventure, insanın üç yeteneğini de Teslis imajının takdim ettiğini belirtmektedir. Bu açıklamayı o, bir başka düzeyde belli sayıdaki sembollerin belirtilmesiyle tamamlamaktadır. Fakat kitabın en dikkat çekici pasajı, Teslisin açıklanması noktasındadır. Burası, VI. bölümdür. Burada Doktor Serafik, Denys l'Aréopagite'den ödünç aldığı prensipten hareket ederek, **sırrın** en yüksek anlayışını vermeye çalışmaktadır: Bonum Est Diffusirum Sui=İyiliğin kendi kendine yayılması."[109] Bazı zahiri şeylere rağmen, burada vahyedilen dog-

---

[101] Bu eğilim, ispatı ve kozaliteyi hariçte tutmamaktadır.
[102] Şayet o, olmasaydı, entelektüel hayatımız gelişemezdi. O halde bunun altında kozalite vardır.
[103] Bu kitabın p.404-405. sayfalarına bakılmalıdır.
[104] M. Gilson, Bonaventure'un Allah'ın mündemiç bilgisinin, hiçbir şekilde S. Thomas'ınkiyle kıyaslanamayacağını belirtmektedir.
[105] Bu kitabın ileri sayfalarına bakılmalıdır.
[106] Bkz: T. H. De Règnon, Op. Cit.
[107] Opera Omnia, t.I, p.40.
[108] Bu kitabın 519-520. sayfalarına bakılmalıdır.
[109] Bu kitabın 520. sayfasına bakılmalıdır.

manın ispatı teşebbüsünün gerçek bir değeri yoktur: Bonaventure sırrın akılla ispatını mutlak olarak bilmiyor ve bizim Allah için, sadece analojik bilgiye sahip olabildiğimizi bildirmektedir.

3. Bedenleşme (İncarnation)

Bedenleşmeye (incarnation), Bonaventure işaret etmekte ve bu konuda Alexandre de Halès ve Albert le Grand'dan ayrıldığını beyan etmektedir. Ona göre Allah, mükemmel samimiyeti nedeniyle incarnation konusunda bizzat karar vermiştir. Bu, insanın düşüşünden bağımsız, Duns Scot ile Fransisken okulunun kanaatidir. S. Thomas gibi Bonaventure de kurtuluşun (Rédemption), Mesihin gelişinin nihai prensibi olduğu kanaatindedir. Her şeye rağmen, zıt kanaati de inkâr etmiyor[110]. François'nın gerçek oğlu, yazılarında ve özellikle de Lignum Vitae'de, kurtarıcının çektiği işkencede dini boyutun gelişmesine çok katkıda bulunmaktadır.[111]

4. Bonaventure'un Dindarlığı

Bonaventure'un en hassas dindarlığının konusu, Meryem'dir. O, bu konuda 27 vaaz bırakmıştır. Sofu doktor, bütün imtiyazları tebcile koymuş ve özellikle de her taraftan onun muaflığını belirtmiştir. O, doğrudan önce kutsaldır. Ancak o, Meryem'in lekesiz hamileliğini kabul etmemektedir. Sadece kurtarıcının şahsı, S. Paul tarafından formüle edilen yasadan muaf tutulacaktır. **Omnes in Adam Peccaverum**=Hepsi Âdem'de günah işledi[112]. Fransisken Tarikatı bu noktada doktrinini gözden geçirmek zorunda kalmış ve gerçeği zafere ulaştırmıştır: Bu noktada onun büyük zaferlerinden biri bulunmaktadır.

5. Sakramentaire Doktrini[113]

Bu konu, Pierre Lombard'ın 1248 yılına doğru kaleme aldığı Commentiure des Sentences'ın IV. kitabında açıklanmıştır. Bu kitap, Sacramentlerin institutionunu ve tövbe scaramentinin etkinliğini ihtiva etmektedir. III. Kitapta, genel sakramentler konusundaki etkinlik üzerindeki düşüncesini açıklamaktadır. Sakramentler, onun için, inayetin basit şartları değillerdir. Fakat

---

[110] Denilebilir ki o, tarikatını oldukça dikkat çekici olan bu doktrini benimsemeye yönlendirmektedir.
[111] Bu kitabın 520-521. sayfalarına bakılmalıdır.
[112] In IV Sent. 1, III, D. 111, 90, q. cf. X Le Bachelet, İmm. Concept. Dans dict. Théol. Col. 1049, J. Bittremieux, Dans Etudes Franc. 1928, p.367-391.
[113] J. Bittremieux. İbid, 1923, p.129-152, 225-240, 337-355.

onlar, gerçek sebeplerdir. Bununla beraber bu kozalitenın tabiatıdır. Ancak bunu telaffuz etmiyor. O, bir kozaliteye veya ahlaki veya dispozitif kozaliteye meyillidir.

6. İnayet

İnayeti bize Mesih, sakramentlerde vermektedir. Bu bizzat Kutsal-Ruhtur. Mükemmel bir bağıştır. Fakat yine de yaratılmış bir realitedir ki Ruhu şekillendirmektedir[114]. Kutsal Ruhtan güneşten çıkan ışık gibi gelmektedir. S. Bonaventure, isteyerek bizi şekilsiz kılan inayet ışığıyla bunu kıyaslamaktadır. O, onu ona doğuştan vermektedir. Elbette münhasıran ruhun cevherinden değildir. Fakat yeteneklerin cevheriyledir[115]. İnayet, Allah'a benzemektedir. Bu ruhtur, tabiatıyla, Allah'ın imajıdır. O, onu daha yüksek bir benzerlikle Allah'tan almakta ve onunla birleşmek durumundadır. O, insanın doğrulanmasının ilk sonucudur ve bu Allah'ın hoşuna gitmektedir. İşte kutsallaştırıcıya verilen **Gratia Gratum Faciens'in** kökeni budur[116]. Onun hedefi bu dünyada insana, en azından kısmen günahla kaybettiği doğruluğu vermektir. O, en yüksek operasyonlarla kolaylıkla yapılmaktadır. Bunlar, bir yandan her şeyi insana emretmektedir, diğer yandan gerçekten bizzat Allah'a boyun eğmektir. Yeteneklerin gerçek derecelendirilmesi, gittikçe mükemmel eserlerin meydana gelmesinde gerçekleşecektir. O, şöyle isimlendirilecek: İlkler, aracılar ve sonuncular. Böylece tabiatüstü bilgi düzeyinde **credere-intelligene credita, vidure intelliecta** ayrılacaktır. Bu hiyerarşiyi tesis etmek için, yeteneklerde, eserlerde, inayet, fazilette farklılaşacaktır ki bağışlama onları doğrulayacaktır. Mutluluk olgunlaşacaktır[117].

Bu bağışlara ve özellikle Bonaventure'un mistik inayetlere bağladığı hikmet bağışına, bilhassa "Allah'ın tecrübi bilgisine" veya murakabesine o, çok işarette bulunmaktadır[118]. Hikmet bağışı, tabiatüstü hakikatlerin ebedi sebeplere göre bilgisine sahiptir. Fakat bu sebepler, zevke ve ilahi tatlılığı tecrübeye götürmektedir[119]. Hinéraire'in son bölümü, muhteşem bir şekilde, en

---

[114] In II Sent, D. XXXI, a. 1, q. 1-3. Bu noktada Benoventure, P. Lombard'dan ayrılmaktadır. p.455.
[115] O, S. Thomas'ın ruh hakkındaki görüşünden ayrılmaktadır.
[116] Actuelle Gracei'a gelince, S. Bonaventure buna, Gratia Gratis Data demektedir.
[117] Bkz: Breviloq, V, c.IV bağış ve mutluluk, olgunluğu karakterize etmektedir. Birinciler onu meydana getirmektedir ve ikinciler onu tezahür ettirmektedir.
[118] In III Sent. D. XXXV, a.1, q.1, Concl.
[119] İbid, p.3 ad 1.

mükemmel amellerinde de bu murakabe tasvir edilmektedir. Şüphesiz bu durum, mutlu görüşten aşağıdadır[120]. Tanrısal öz, bu dünyada fark edilemez[121]. Fakat bu hal, normal bir insana göre elde edilen en yüksek Allah bilgisinden yüksektir. Bu bilgi, ona sadece duygusal donelerle gelmekte veya spritüal ruhla gelmemekte, fakat yüce hakikatler üzerindeki muhakemeden ve iyilikten gelmektedir[122]. Her şeye rağmen, insanın aktivitesi üstündür. Allah, murakabe ile ruhumuzun aydınlığı olan ilk mefhumlarla görülmez. Fakat o, bizim düşüncemizden bağımsız olarak görülür. Bu da Kutsal-Ruhun operasyonuyla bulunmaktadır. Bu operasyon, insan operasyonunu durdurmaktadır. İnsanın tarif edilemez şekilde kendi üstüne yükselmesi, doğrudan Allah'a aittir. Burada gerçekten tecrübe, temas, zevk vardır. Şüphesiz bilginin payı büyüktür[123]. Hikmet işi, onun başlangıcında entelektüeldir. Fakat o, duyguda zevkleri tamamlanmaktadır. Bu, burada murakabenin özüdür[124]. Bonaventure'un tasvir ettiği şey, tamamen aşılanmış bir pasifliktir. O, bunu **Excessus** diye isimlendirir. Bu da bir nevi, vecd çeşididir. O, onu fevkalade olarak telakki etmemektedir[125]. O, sadece esas ameli tasvir etmektedir hem de en yüksekte olmayan formu içinde tasvir etmektedir[126]. En azından en yüksek emici şekilde tasvir etmektedir. Fakat şüphe yoktur ki onun için **hikmet**, ruhta, beşer üstünden az bir şekilde hareket etmektedir. Önce azizlerde, bu yoğun saatlerin dışında bulunmakta sonra da, ona sahip olan faziletli ruhlarda bulunmaktadır. Aziz doktorun bizzat nasihatlerine göre bu böyledir. Çünkü o, onlara hazırlanma ödevini yapmaktadır. İyi düşünüldüğünde onun bütün zahitliği ve onun ahlakı, mistike doğru yönlendirilmiştir.

7. Bonaventure'un Ahlakı

Bonaventure'un Ahlakının dayanak noktası, ruhun doğuştan özlemlerinin hedefi, iyiliktir. Bunlar öyle özlemlerdir ki, ilahi fikirlerin bir yansıma-

---

[120] Onun amelleri mutluluk olarak isimlendirilir.
[121] Muhtemelen bu, S. Paul'e verilmiştir. İstisnai bir durumdur.
[122] I-VI İtinérairé'in bölümleri için bkz: Birkaç sayfa ileriye bakılmalıdır.
[123] Nisbi aydınlık. İtineraire, VII.
[124] In III Sent. D. XXXV, a.1, q.1, Concl. St. Thomas bunun aksini söylemektedir: Sum Théol, II-uae, q.45, a, 2. Burada S. Thomas felsefi olarak konuşmaktadır. Bonaventure ise daha çok tecrübi doneleri takip etmektedir.
[125] Bkz: E. Gilson, Op. Cit. p.69-88. O, bunu geçici bir özlem olarak görmüyor. O, ateşli ruhları ona itmektedir.
[126] St. Thérèse için, hikmetin en büyük işidir bu. VII. derecede durmaktadır. Bunu bu şiddetle takdim etmemektedir.

sıdır ve insanı sona doğru yöneltmektedir. Ahlaki faziletler, burada tohum halindedirler ve egzersiz onları geliştirmektedir. Fakat onlar tamamen tabiidirler, noksandırlar ve ta ki inayet aşısına ve teologales faziletlere kadar, Allah için onların değeri fazla değildir[127]. Bunların rolü, önce ruhu, en yükseğe çıkarmak ve onda Teslis imajını, Allah'la gerçek birleşmeyi gerçekleştirerek restore etmektir. Ahlaki noktayı nazardan onların üç türlü rolü vardır: Fazilet alışkanlıklarını kayırmak. Şayet onlar yoksa mevcut olan faziletleri yükseltmek ve onların mükemmel eserler gerçekleştirmesine imkân vermek. Aslında dört temel ahlaki fazilet vardır. Bunlara bütün diğerleri bağlıdır[128]. Onlar, ruhu doğrulamakta ve ilahi bağışların desteğiyle, eserleri ahlaki olgunluğa sevk etmektedir. Fakat buna, üç menzilli bir tedrici yürüyüşle veya yolla ulaşılır: Bonaventure, Batıda Aréopagite'ın (Purgatio, İlluminatio, Perfectio) formüllerini kesin olarak uyarlamıştır[129]. Fakat çok itham edilen zahidane bir anlamda bunu yapmıştır[130]. Bu ahlaki yükselme terimi, bu dünya için murakabeli hayattır (La Vie Contemplative). Onun esasına işaret etmiştik. Bonaventure'un tavsiye ettiği vasıtalar arasında ona ulaşmak için, feragate, faziletlerin pratiğine mesihin dindarlığına, genel ibadete ve bizzat onun etüdüne işaret edelim[131]. Yöntemin çok karakteristik özelliği olan ve oldukça Augustinci olan özel bir araştırma bile tasarlanmıştır, Les Elévations gibi.

Bu yükselmeler (Les Élévations), Victorins kiler üzerine[132] katmanlaşmıştır ve bunlar "İtinéraire de l'Âme á Dieu"diye tasvir edilmiştir. S. Bonaventure, bize orada birtakım modellerden ziyade düşünme konusunda düzenli bir plan vermektedir. Bu dindar etüd, üç menzilde gelişecektir. Hem de Ruhta, gittikçe spritüal bir aktiviteyi kayıracak ve böylece, Kutsal-Ruhun aksiyonuna sahip olacaktır. Ruh önce duygusal gerçekleri tasarlayacak sonra, dâhili entelektüel özel hayatında duracak ve nihayet, Allah'ın temel isimlerini bize veren ilk fikirleri tespit edecektir. Bu ilk fikirler, hakikat ve iyiliktir. Birtakım cesur düşünceler de yüksek zahidane bir metoda ortak olmaktadır. Bunu da ruhları, bir çeşit aktif murakabe ile aşılanmış bir murakabenin kapı-

---

[127] S. Bonaventure'un merhameti için bkz: J. Kaup, Die Théol. Tugend der Liebe, Munster, 1927.
[128] In III Sent. D.39, a.1, q4.
[129] Bkz: P. Pourrat, Op. Cit.
[130] Denys l'Aréopagiteden farksız.
[131] E. Gilson, Op. Cit. p.82.
[132] Bu kitabın 449. sayfasına bakılmalıdır.

larına taşıyacaktır[133]. Onlar, çok canlı birtakım aydınlıklardır, hikmet ışıklarıdır. Bunlar muhtemelen, ancak aynı espride okundukları zaman iyi anlaşılabilecektir. Onlar, oldukça ilerlemiş birtakım ruhlara hitap etmektedirler. Haklı olarak hâlâ hakkında konuşmamız gereken bir tür üstün spekülasyon anlamına gelmektedir.

D. Tefekküri İlahiyat Veya Mistik Felsefe

1. Buna, yüksek düzeyde doktrinlerin açıklanması diyebiliriz. Bunlar sadece temayülleriyle, mistik değillerdir, aynı zamanda konularıyla mistiktirler. Bunun için mistik inayetler, teorik olarak etüd edilmemişlerdir[134] aynı zamanda onlar orada takdim edildikleri bakış açısından da kullanılmışlardır. Bunlar, alışılmış görüşlerdir. Özellikle kültürlü zihinler için. Bunlar, Allah'a ve onun yüksek perfectionlarına sahiptirler[135] ve oldukça farklı konulara, Allah'ın aydınlığında hükmetmek için uygulamaktadırlar. Bu üstün görüşler içinde felsefi ya da teolojik unsurların faaliyete geçirildiği karmaşık bir karaktere sahip, takdire şayan sentezlerin verileri olmuştur[136]. Buna da ayırt etmekten çok birleşmekle ilgileniyoruz. Her şeyi, Allah'a teslim etmek ve böylece mümkün şekilde ruhları Allah'a yönlendirmek hedeftir. İşte bu noktada Bonaventure'un zihniyeti en iyi şekilde tezahür etmektedir. St. Thomas'dan ayıran karakterle en açık şekilde kendisi ortaya koymaktadır. L'İtineraire de l'Âme a' Dieu'den birkaç sayfanın bariz bir analizi, bunu çok kolay şekilde gösterecektir. Fakat muhteşem muhteviyatıyla bu eser, yazarın dehasını ve harika türünü ortaya koyacaktır[137].

2. L'İtinéraire de l'Âme á Dieu: Bu eserin hedefini yazar, girişte Ruhları Allah'a yükselten farklı egzersizleri öğretmekten ibaret olduğunu beyan etmektedir. Bu egzersizler, bazen Elévations (Ascensiones)[138] bazen aydınlanma (İllumination)[139] veya düşünceler (Speculationes) olarak adlandırılmıştır. Bu incelemelere zihin büyük oranda iştirak etmektedir. Fakat Bonaventure,

---

[133] S. Jean de La Croix, bir başka metod tavsiye etmektedir. Aslında iki doktrin arasında köklü muhalefet yoktur. İki paralel yolun takdimi vardır.
[134] Théologie Mystique'e bugün verilen anlam.
[135] Murakabe sayesinde. Bkz: I. cilt, p.22.
[136] Burada tabiat ve tabiatüstü karışık değildir. Bunu çok az dikkat sahipleri rahatça göreceklerdir.
[137] Bu eserin ontolojist yorumu, katı mistik çerçevede çileci, felsefi doktrinin yerini almadığı gerçeğinden kaynaklanmaktadır.
[138] Aliquas Mentales Ascensisnes in Deum.
[139] Sex İllumuniationum Suspensiones.

kutsanmaksızın inançsız düşünme olmadan, hayranlık olmayan araştırma olmaksızın kalpte sevinç olmadan derin dikkat eksikliğiyle, sofuluk alışkanlığı yokken, merhametsiz ilimden, tevazu olmayan akıldan, inayet uygulaması yokken, ilahi hikmetin özlemi olmayan aydınlıksız okuyucusunun okumakla yetinmeyeceğine inanmaktadır. Altı Elevation (yükseliş) düşüncenin hareket noktasına göre iki şekilde gruplanabilir. Bu duygusal düzeydedir (Bölüm: 1-2), psikolojiktir (Bölüm: 3-4) veya metafiziktir (Bölüm: 5-6).

a. Duygusal Düzeyde Yükselmeler (Bölüm: 1-2)

Birinci bölüm: I. Bölümün birinci kısmında işaret edilen sonra, ahlaki şartlar ve gereken tabiatüstü şartlar bu egzersizi gerektirmektedir. Bonaventure, bizde dış dünyayı takdim ederek beş istikamet göstermektedir. Bunlar, ruh için, güce, güzele ve orada parlayan ilahi hikmete hayranlık için bir fırsattır. Yüzeysel olarak bile müşahede edildiğinde, özellikle orijin ve son büyüklük, sayı, güzellik, mükemmellik müşahede edildiğinde operasyon ve yaratıkların düzeni tamamlanacaktır.

İkinci Bölüm: II. Dış dünyanın duygusal imajı ile elde edilen bilgi ve ona nüfuz bir sevinçtir ve onun değişmez kanunlarda seviyesine karar veririz. Bu bilgi, bizi Allah'a kadar yükseltir. Allah bir imaj meydana getirir (onun kelamı). Bu, bizimle bizi Babaya sevk için birleşir. Allah bizim yegâne sevincimizdir. Allah ebedi hakikattir ki biz onunla anlamları operasyon yapıyoruz ve hakikate ulaşıyoruz.

b. Psikolojik düzeyle yükselmeler (Bölüm: 3 ve 4)

Üçüncü Bölüm: Ruhun tabii yeteneklerinin üç temel prensipleri (Hafıza, akıl, irade) bunlar bize, Allah'tan bazı şeyler ifade etmektedir. Bunların her biri için özel operasyonlar vardır:

a. **Hafıza:** Bize, Allah'ın ebediliğini ve onun varlığını hatırlatır.

b. **Akıl:** Bu tam olarak asla, varlık bizzat tanınmadan tarif edilemez. Bu, birin bilgisini, hakikati, iyiliği, ilahi yardımı gerektiren tam bilgiyi gerektirmektedir[140].

c. **İrade:** Eğer ruhta, Yüce varlığın bilgisinin izi yoksa, irade kendi konusuna taşınamaz. İrade olmadan, ödevinden kurtulamaz ve doğruyu değerlendiremez ne de iyiyi güçle arzu edemez. Bütün bu, ruhun ne kadar Allah'a

---

[140] Bu kitabın 510-511. sayfalarına bakılmalıdır.

yakın olduğunu göstermektedir[141] ve onunla birleşmeye müsait olduğunu ortaya koymaktadır. Zaten bizim birleşmiş üç yeteneğimiz, bizzat Teslisin sembolüdür. Yazar felsefede, her biri için başka şeylerde bulmaktadır.

Dördüncü Bölüm: Teolojik erdemler yoluyla, onlara getirilen Mesih sayesinde, kendisi Allah'ın mükemmel bir sureti haline geldiğinde, Ruh da kendi içinde Allah'ı düşünmekte ve bütün doğal güçlerini düzeltmektedir. Doğru ahlakı (temizlenme-aydınlanma-olgunlaşma) ona, imanı getirmektedir. Ümit ve merhamet Allah'la, hayretamız bir şekilde birleşmede, hakikate sahip olmasını ona temin etmektedir. Bu durumda her şey, Ruh'ta böylece Mesih tarafından tamir edilmiş ve onu bize Kutsal Kitap vahyetmektedir. Böylece Allah'la birleşmenin yeni tasviri bölümde tamamlanmaktadır.

c. Metafizik düzey tarafından Allah'a yükselmeler (Bölüm: 5-6)

Beşinci Bölüm: Ruh, Allah'ı varlık mefhumu içinde müşahede etmektedir. Burada sembolik ilahiyatı terk ederek, sadece ilahiyata yanaşacağız (Böl:1). Allah'ın var olduğunu biliyoruz. Bunu, ne yaratıklarla ne de onun veçhesiyle değil; fakat "per lümen quod est signatum supra mentem nostram=Aklımızın üzerinde mühürlenmiş ışık tarafından Allah'ı biliyoruz. Böylece zihnimiz, doğrudan bizzat hakikat tarafından şekillendirilmiştir. Bu ışık, varlık ışığıdır ki, onu iyi şekilde telakki etmek ve ondan oldukça anlayışlı bir fikir elde etmek gerekir. Böylece orada, bütün ilahi özün bütün sıfatlarını bulabiliriz.

Altıncı Bölüm: Nihayet, iyilik mefhumu, **Teslisi** düşünmeye izin vermektedir. Bonaventure, açıkça iyilik mefhumunun varlık ve hakikat mefhumunu içine aldığını düşünmektedir. Aslında bunlar, mantıken öncedirler. O, yüce iyiliği şöyle tarif etmektedir: Bonum Quo Levi Nihil Melius Cogitari Ne Qeuit=İyiyi bırakmamayı düşünmekten daha iyi bir şey yapmadım." O, şöyle ifade etmektedir: O, sadece **bir** ve **üçle** ifade edilmektedir. Hakikatte, iyi mefhumu, kendisinin bizzat iletişimi ihtiva eder ve bunun mükemmel olması, herkesin kendisine eşit bir ilkeye armağanı olmalıdır. Bonaventure, nihayet insanların kendi aralarındaki ilişkiler prensibini ortaya koymakta ve onların ilişkilerini, İsa-Mesih incelemektedir.

---

[141] İmpresia Notitia Summi Boni, Bkz: 509. sayfaya.

Yedinci Bölüm'de, yükselmeler artık sona ermiştir. Artık Ruh en yüksek bilgiye ulaşmıştır. O, bunu ilahi destek aktivitesiyle elde etmiştir. Ruh, pekâlâ, onu bir yüksekte tasarlamaktadır. Fakat bir başka düzeyde: Bu konu geçen sayfalarda tasvir edilmiştir. Mevcut egzersizlerin rolü sadece ona hazırlanmaktır. Mistik düşünceyi, ona yönettikten sonra taçlandırmalıdır.

3. Mesih: Bonaventure'un zirveye doğru yönelen tercihli konularından birisi de Mesih konusudur. Şayet Doktor Serafik tüm Fransisken okulunun kanaatini benimsemişse de Dun Scot'dan sonra enkarnasyonun sonunda Mesihe verdiği yer düşünce sisteminde belirtilmiştir. O, evrenin merkezi olarak onu telakki etmeyi sevmektedir: Kelime olarak o, ilahi hayatın merkezidir. O, enkarnasyon aracılığıyla dünyanın merkezi olmaktadır. İnsanlar gibi melekler de onu, şef tanımakta ve tarih onun etrafında dönmektedir. O, hoca vasıtasıyla herkesin merkezidir. Çünkü Calvair ve Hac'tandır. Ancak ilkesi olduğu tabiatüstü aydınlıkla bu olmaktadır[142]. O, özellikle bütün hikmetin ve ilmin kaynağıdır[143]. İşte bu, Bonaventure'un temel fikirlerinden biridir ve onun exemplarisme'inin taçlanmasıdır.

4. İşte müşterek felsefeden daha yüksek olan mistik felsefe budur. Aynı zamanda yeni birtakım fikirler alarak gerçek Hıristiyan Allahı hakkında gerekli olanı bilmektedir. Hıristiyan, Allah'ın aydınlığını ve vahyi böylece değerlendirmek istemektedir. İşte Bonaventure'un her yerde ve birçok risalesinde açıkladığı felsefesi budur. O, buna Hıristiyan düşüncesinin zorunlu tacı olarak bakmaktadır. Hikmetin aydınlığında ilahiyat ona, sadece konusuyla ilimlerin en yükseği olarak değil; beşeri spekülasyonu düzenleyen yegâne unsur olarak görünmektedir[144]. Bütün tabiat ona, Allah'la insanın ilahi birleşme planını gerçekleştirmeye yönelmiş görünmektedir. İşte temel olan exemplarisme'nin Analojisi buradan gelmektedir. Ruh da gerçek bir dünyadır. Orada her şey, tanrısal plan gereği hiyerarşileşmektedir. Yani, elverişli bir ilişkiler sistemine göre. İşte Bonaventure bunu açıklamaktadır[145]. Böyle bir felsefenin tehlikesi, bizzat verimliliğinde olacaktır. O, sadece belirli tabiat ve inanç gerçeklerine göre önlenebilir. İki düzen karışımının tehlikesi söz

---

[142] M. Gilson tarafından belirtilen farklı noktalara bkz: M. Gilson, Op. Cit. P.453-456.
[143] Bkz: In Hexaëmeron, Le De Scientia Christi, (q.IV) L. İtinerairé (bölüm: IV), etc. cf. J. M. Bissen, Op. Cit. P.176.
[144] cf. In Hexaëmeron, De Reductivne, etc.
[145] Bkz: E. Gilson, Op. Cit. P.366, 435, 436.

konusu olduğunda, bu üstün görüşlerin tam anlamıyla bir felsefeden çok, uygulamalı bir teoloji olduğunu ve saf rasyonel bir doğa nicelemesini dışlamak bir yana, onu, Bonaventurun varsaydığını ve adını koyduğunu hatırlarsak dışlanmış olur. Bunun için Mukaddes Kitabın manevi uyumu, kutsal metnin sağlam bir lafzî yorumunu gerekli kılmaktadır.

Bütün alanlarda, Bonaventure'un düşüncesinin derecelerinde her şey, Allah'a doğru yönelmektedir. Hatta denilebilir ki her şey murakabeye ve vecde yönelmektedir. Onun karşısında, Aziz Thomas ateşli yardımseverliğine rağmen çalışmalarında sadece kendi içinde düşünmekle meşgul olmaktadır. Şayet orada, hakikatte kalırsa, kişinin Allah'ı bulacağına inanmaktadır. Elbette bu iki zihniyet gerçekte uzlaşmamaktadır[146]. Fakat onların bu zıtlığıdır ki çok açık olarak görülmektedir. Bununla birlikte bütün gelenek için yeterince Bonaventur, tutumunu rezerv ederek, bu farklılıkları görmezden gelmiş ve özellikle Doktor Serafik ve Dr. Angélik'i birleştiren dostluğu koruyarak, ortak dehalarının ve aziz ruhunun arayışının altını çizerek hakikati aramada, aynı hikmetin bütüncül ilhamını aldıklarını göstermiştir.

---

[146] Doğanın kendisinin felsefi nicelenmesi, St. Thomas'nın düşündüğü gibi, doğayı Bonaventure'un uyguladığı gibi doğaüstü bir çerçeveye yerleştiren daha karmaşık bir etüde giriş gibi görünmektedir.

ONUNCU BÖLÜM
AZİZ THOMAS D'AQUIN[1]

I. S. THOMAS'IN MİSYONA HAZIRLANMASI (1225-1252)

Gullaume DE Tocco'ya göre, Thomas, ellinci yaşının başında 7 Mart 1274'de vefat etmiştir. Buna göre, onun, 7 Mart 1225 yılında doğması gerekir. Muhtemelen ya bu yılın başında veya 1224 yılının sonunda da doğmuş olabilir[2]. Ailesi İtalya'nın en önemli yedi veya sekiz ailesinden birisidir. Babası Compte Landolfo d'Aquin bir imparatorluk ailesiyle bağlantılıydı. Annesi,

---

[1] Seçme Bibliyografya: A. Touran, La Vie de S. Th. d'Aq. Avec an Exposé de Sa Doctrine et de Ses Ovurages, Paris, 1737; J. Aidot, S. Thomas d'Aq, Paris, 1874; J. V. De Groot, Het Leven v.d.h. Thomas, 1882; CH. Joyau, S. Thomas d'Aq, Patron des Ecoles Cath. Poitiers, 1886, J.A. Enders, Thomas v. Aq. Mayence, 1910; H. Petites, S. Th. d'Aquin Vocation, Oeuvres, Vie Sprituelle, Paris, 1923, M. De Rubeis, De Gestis et Scrpitsi ac Doctrina S. Thumase A. Dissertationes Critice et Apologetica, Venise, 1750; J. Garddir, La Paison et la Foi d'Après St. Th. D. A. Paris, 1896; A. Gardeil, la Crédibilité et l'Apologetique, Paris, 1908; P. Rousselot, L'Intellectualisme de S. Th. Paris, 1908; Th. Heitz, Essai Historique Sur les Rapports Entre la Philos et la Foi, Paris, 1909; H. Dehove, Essai Critique Sur le Réalisme Thomiste Comparé á İdealisme Kantien, Lille, 1907; A. Legudre, İntrod á l'Etude de la Som. th. D St. Th. d'Aq, Paris, 1923; J. Durantel S. th. d'Aq. Et le Pseudo-Denys, Paris, 1919; J.J. Berthier, L'Etude de la Somme th. De S. Thomas, Fribourg, 1813-Paris, 1905; O. P. Summa S. Thome, Liége, 1740-1751, (19. Cilt); Th. Pégues, O.P. Commentaire Franç. Littera de la St. Th. De S. Thom. d'Aq, Toulouse, 1907-1928; A. Farges, Etudes Philosophiques Pour Vulgariser Les Theories d'Anistote et de S. Thomas et Leur Accord Avec Les Siences, Paris, 1885-1907; M. D. Schwalm, O.P, Leçons de Philosophie Sociale, 2. vol. Paris, 1911-1912; D. Mercier-D. Nus, Cours de Philosophie, Louvani, 1894; A.D. Sertillanges, S. Thomas d'Aq, Paris, 1910; P. Ceny, S. J. Questions d'Enseignenent de la, Philosophie Scolastique, Paris, 1913; H. Petitot, İntroduction á la Philos. Traditionelle ou Clasique, Paris, 1914; E. Gilson, Le Thomisme, İntroduction au Systeme Thomiste et de Propédeutique, Paris, 1927; E. de Bruyne, la Philosophie de S. Th. Paris, 1928; P. Garrigou-Lagrange, Dieu, Son Existence et sa Nature, Paris, 1915; J. Mantain, Art et Sclostatique, Paris, 1920; P. Gardeii, Crèdibilité et Apologetique, Paris, 1908; A. D. Sertillanges, La Source de la Croyance en Dieu, Paris, 1905; R. Garrigou-Lagrange, De Revelatione Supernaturali, Sevindum S. Thoma doctrinam, Paris, 197; J. V. De Groot, Summa Apologetica de Ecclesia Cath. ad Montem S. Thomas, Ratisbonne, 1890; H. Gayraud, O. P. Le Thomisme et le Molinisme, Paris, 1869; R. Garrigou-Lagrange, S. Thomas et Néo-Molinisme, Paris, 1923; J. B. terrien, S.J. S. Th. Aq. doctrina Sincera de Unione Hyposfatica, Paris, 1894; A. Villard, O.P. L'İncarnation d'après S. Th. D. Aq, Paris, 1908; M. Schwalm, O.P. Le Christ d'après S. Th. Paris, 1910; L. Bail, Theologie Affective Selon S. Thomas an S. Thomas en Meditations, 1654; D. P.L. Exposition de la Morale Catholique, Paris, 1903-1924; A. D. Sertillanges, O.P. La Philosophie Morale de S. Tth. d. Aq. Paris, 1916; A. De La Barre, S.J. La Morale d'Après S. Th. Et Les Theologiens Scolostiques, Paris, 1911; R. Beaudoin, Tractatus de Concilientia, Paris, 1911; E. Gilson, S. Th. d'Aquin, Paris, 1925.

[2] P. Maudonnet, Dale de la Naissonce de S. Th. D.Aq. Re v. thom. 1914, p.652-662.

Robert Guiscond'ın neslindendi. Bu, Normandiya ve İtalyan kan karışımı, onun gürbüz ve kuvvetli mizacını etkileyecekti. İlk eğitimi manastırda almıştı. Beş yaşından itibaren babası onu Mont Cass'ın manastırına koymuştu. Onu manastır rahibi yapmak arzusundaydı. Thomas bu manastırda 1230 yılından 1239 yılına kadar kalmıştı. Oldukça genç olan Thomas hocasına sık sık şu soruyu soruyordu: Allah nedir? O, daima liturji anlamında Benedict'in çocukluğunu muhafaza etmişti. Yani sanatlar kültünü ve hümanizm zevkini korumuştu. 14 yaşında Frédeiric II, Grègoire IX tarafından aforoz edilmişti. 1239 yılında manastır boşaltılmıştı. St. Thomas Benedict'in elbisesini muhafaza etmişti ve ailesine dönmüştü. Ailesi, Montlassin ile görüşlerinden vazgeçmeyerek Thomas'yı Naptes'a göndermişlerdi. Thomas orada üniversite kurlarını takip ediyordu. İşte orada Thomas, Fréres précheur kardeşlerle ilişki kurmuştur. Onların ideali, Thomas'ın hoşuna gitmişti ve ailesi tarafından gelecek zorluklara rağmen, onların tarikatına girmeye karar vermiştir.

Gerçekten Thomas'ın mesleği test edilmiştir. Babası 24 Aralık 1243'de ölmüştü. O, Dominicain elbisesini giymişti (Nisan 1244). Fakat ebeveyninden gelen müdahalelerle, tarikat yöneticisi olan Jean le Tentonique, onu Bologne'a götürmeye karar vermişti. O, oradan Paris'e gitmişti. Çünkü Paris Dominiken tarikatının yüksek eğitim merkeziydi. Complesse olan annesi dindardı ve otoriterdi. Thomas'yı Roma'ya kadar takip etmişti ve o, şehrin kuzeyinde Thomas'ın kardeşleri olan Raynald ve Landolfe tarafından durdurulmuştu. Bunlar imparatorluğun ordusundaydılar. Kardeşleri, Thomas'yı Aquin'e getirmişlerdi. Bir akşam bir baştan çıkarma teşebbüsünün konusu olmuştu. O, yanan bir elbiseyle fahişeyi kovmuştu ve bunun için tabiatüstü bu zaferden dolayı mükâfatlandırılmıştı ki bu başka bir yerde olmamıştı. Bu mükâfat, sabahın ve gençliğin şeytanına karşı uzun savaşlarla taçlanmaktı. Roccasecca Manastırına Thomas sevk edildi. Orada sadece enkarnasyonla, yalnız kalmayla değil, belli bir inziva onu, bütün Dominicain aktiviteden ayırarak, Mont Cassin'e doğru yönlendirmeye boyun eğmiştir. Ancak, kız kardeşleri ve dostları bunu boşuna denemişlerdi. Nihayet 1245 yılının sonunda Thomas, Dominiken tarikatını takip etme hürriyetini elde etmişti[3].

---

[3] P. Mandonnet, Thomas d'Aq. Novie Préchur, Dans revue. Thom. 1924, Yedi Makale, H. Petitot, La Vocation de S. Thomas, Dans Vie Spiril. 1922, (t.VII), p.605-635.

Artık Thomas, 1245 yılının sonundan itibaren Paris'tedir[4]. Orada Albert le Grand'ın derslerini dinleyerek ilerlemiş ve onun entelektüel dostluğu sayesinde ve onun üzerinde merkezileşmesi sayesinde Thomas, "Sicile'in Tat Öküzü" sıfatıyla değerlendirilmiştir. Bu, Thomas'ın fiziki yapısını kısmen açıklamaktadır. Büyük-İri-Kahverengi bir bedene sahipti. Albert le Grand, bu fevkalade yüksek öğrencinin değerini ve doktrinlerinin olgunlaşmasını keşfetmiştir. Onu 1248 yılında Cologne'a götürmüştür. 1250 yılından itibaren de ona çalışmalarında Thomas yardımcı olmuştu. Ona, Albert, "Commentaire des Noms Divins'i"[5] yazdırmıştır. 1250 yılındaki takdisinde Thomas, ailesi tarafından yeni gaddarlıklarla karşılaşmıştır. Frederik II'nin emriyle, şato yıkılmış, Raynald öldürülmüştür. Böylece gelecek anlaşılmıştır. Thomas'ın ebeveynleri atlatılmıştır. Papa, Thomas'a, Mont-Cassin rahipliğini takdim etmiştir, sonra da Naples başpiskoposu olmuştur. Kahraman bir halet-i ruhiye ile Thomas, her şeyi reddetmiştir. Allah, bu yeni rahibi daha yüksek bir misyona yöneltiyordu. Tamamen doktrinal bir havarilik, onu baştan çıkarıyordu.

1252 yılında, sadakatli Albert, onu, Paris'e göndermişti. Oldukça genç olmasına rağmen o, hızlı şekilde üstadlığa yükselmişti. Thomas için yeni bir dönem başlamıştı ve o, 22 yaşındaydı (1252-1274). Bu dönem, ilmi ve edebi bir dönemdi ve oldukça da verimliydi. Bu dönemi belli başlı üç temel menzile ayırmak mümkündür:

a. Paris: 1253-1259, b. İtalya: 1259-1268, c. Paris ve Naples: 1269-1274.

II. PARİS'TE EĞİTİM (1252-1259)

Thomas, Kutsal Kitap bakaloryasıyla Paris'te eğitim vermişti. Onun açılış nutku 14 Eylül ile 9 Ekim arasında yapılmıştır. Fakat "Les Livres Des Sentences"ın açıklamasını da ihmal etmemiştir (1252)[6]. Ondan bize büyük tefsir kaldı ve bu tefsir 1256 yılında tamamlanmıştı. Bu onun denemesi gibiydi. Daha başlangıçta fevkalade bir yetenek gösterisi göstermişti ve herkesi şaşırttı. İşte bu Thomas daha sonra bu pozisyonları biraz değiştirmişti. Tale-

---

[4] Tocco'ya göre, Guidonisi Mandonnet takip etmektedir. Bu eski tarihçi, Thomas'yı doğrudan Cologne'a göndermektedir.
[5] Bu eserin Manuscrit'si kalmıştır. Yine Albert'in Sur la Morale á Nicemâque'nı derlemiş ve S. Thomas kaleme almıştır. cf. A. Petzer, Dans, Rev. Néo-Scol. 1922, p.333-361.
[6] Seminer Bakolaryası.

beleri derhal, cüretle yenilikleri belirten yeni profesörün gücünü hissetmişlerdi. Onun tarihçisi, bu noktadaki izlenimi yaygınlaştırmak için, türevleriyle birlikte Novus sıfatını tüm biçimleriyle belirtmeye koyulmuştur. Bunun için Petitot şöyle der: Derslerinde yeni maddeler ortaya koyuyordu. Onları yeni bir tarzda ve daha açık tarif ediyordu, onları yeni nedenlerle çözüyordu. Öyle ki yeni tezleri ve onları yeni metoda göre işlemek isteyenler, Allah'ın onu yeni aydınlığın ışığıyla aydınlattığından şüphe etmiyorlardı. O, ise daha başlangıçtan beri güvenle öğretime cesaretinde tereddüt etmiyordu, yeni fikirler yazmaktan çekinmiyordu[7]. İşte ilk derslerinden itibaren göze çarpanlar, yeni metodlar, yeni tezler, yeni kanaatlerdi. Eflatun'a nazaran tercihan Aristocu felsefenin sık kullanılışı, felsefenin ilahiyatla net ayrılışı, nihayet ilahiyatın ılımlı açık bir entelektüalisme ile mistikten ayrılışı gibi konular, Thomisme'in itham edilen temel çizgileriydi.

İşte genç Dominicain profesör, üniversitede bütün elitlerin dikkatini kısa zamanda çekmişti. Ancak bu başarı, ortalığı yatıştıracağı yerde, Paris'teki sekülier proflarla dini grupların profesörleri arasındaki tartışmayı daha da ağırlaştırmıştı[8]. 1252 yılının Şubatından itibaren üniversite, üniversitede işgal ettikleri iki Dominicain kürsüsünün kaldırılmasına karar vermişti. 1253 Nisan'ında seküllier proflar, bir grev vesilesiyle, kim olursa olsun, korporatif yemini etmeyen öğretim üyelerini reddeden bir kararname yayımladılar. Dilenci tarikatın profları, her iki tarafa, Roma'ya müzakere için gelmeleri çağrısında bulunmuştu. Dört seküllier profdan Guillaume de Saint-Amour, dini gruplara karşı kin doluydu. O, aynı zamanda Beauvais Chanoine'i idi. Entrikaları sayesinde kinine, Curie'nin etkili üyelerini ve papanın bizzat korkusunu da ortak etmişti. 1254 Mayısından itibaren bir dizi olumsuz tedbirler, dini gruplara karşı alınmıştı. Özellikle, Mineur le Prècheur'e karşı... Hatta bu olumsuz tedbirler, onların imtiyazlarını kaldırmaya kadar gidiyordu. Dilenci tarikatlarının bizzat geleceğinde uzlaşılmıştı. Alexandre II, (Mayıs 1261-Aralık 1264), seçilişinden itibaren aşırı olan rahip sınıfına güvensizliğini ilan ederek, tedricen dini gruplara imtiyazlarını yeniden vermişti. Hatta onları artırmıştı. Planlarının başarısızlığı nedeniyle küsmüş olan Guillaume, meşhur "De Novissimorum Temporum Periculis" isimli bir broşür yayımlamıştı. Bu

---

[7] Bkz: Art. IV, p.566.
[8] Bkz: H. Petitot, S. Thomas d'Aq, p.61-80.

broşürde, sahte peygamberlerin çoğaldığını ve şeytanın yaklaştığını açıklıyordu. İftiranın açıklığına rağmen sağlam bir redd gerekiyordu. St. Bonaventure, Guillaume'a, De Paupertate Christi'de sorularına cevap vermişti ve Fransisken Tarikatının onda, yorumcuların en sertini ve en parlağını buluyordu. Bunun üzerine Dominicain generalleri Anagne de bir araya gelerek, tarikatın iki dâhisi olan Albert ve Thomas'ya özel bir çağrıda bulunmuşlardı. Özellikle tehdit altında bulunan dini hayatı savunma görevi Thomas'ya emanet edilmişti. Çünkü sonunda saldırıya uğrayan kurumun kendisiydi. St. Thomas, generallerin isteği üzerine, birkaç günde Guillaume'un broşürüne karşı sert bir reddiye kompoze etmişti. Bu reddiye "Contra İmpugnantes Dei Cultum et religionem"di. Bu kitabın içinde büyük satırlarla bu konu yer aldı ve hararetle benimsendi[9]. Petitot şöyle der: "Bütün suçlamalara, Thomas sertçe cevap vermektedir. O, zorla ve ölçülü şekilde ve el emeğinin muafiyetini ve terk edilmesini meşrulaştırıyordu. Fakirlik, sadece bireysel değildi, kolektifti. Edebi vaaz, öğretme, tövbe, cenazeler, ailelerin idaresi, araştırma ve profluk hatta Paris üniversitesinin iki kürsüsü içindi. O, genel bir prensipten sonuçlarının çoğunu çıkarıyordu ve birçok ön yargıları düzeltme liyakatine sahipti. Kim bir dini tarikatı mükemmel icra ederse, her şeyden önce inanıldığı gibi, riayetlerin sertliği, oruç, tövbe, önerilen mükemmel hedeflerdir. İşte dini hayatın bu savunmaları, çok hızlı şekilde dini şahsiyetleri ve papayı ikna etmişti. Guillaume de Saint-Amour, Alexandre IV tarafından mahkûm edilmişdi ve krallığın emriyle üniversiteden sürülmüştü.

St. Thomas, Anagni'den zaferle Paris'e dönmüştü (1256 yılının yazının sonu). 1256 yılının başında lisansını aldı ve kısa bir zaman sonra Mart veya Nisan ayında tamamladı[10] ve ona verilen dersler, ona "Maitre en Théologie" ünvanını kazandırdı. Biz onun yenice yayımlanan açılış nutkuna ve tartışılan sorulara sahibiz[11]. Saint Thomas, Paris'te üç yıl görev yaptı (1256-1259). Bunu bir üstad olarak yapmıştı. Araştırma fonksiyonlarıyla, eğitime canlı bir ivme verdi ve üniversitedeki düzensizliği gidermişti. Böylece ilahiyat fakültesindeki tartışmalar aşağı yukarı bitmişti. Thomas, kendisine düşeni fazlasıyla ifa

---

[9] Ancak bu eser, müteakip yıl ortaya konmuştu (1257).
[10] Bu tarih, P. Mandonnet tarafından tespit edilmiştir. Şüphesiz birkaç yönetimle ilgili formaliteyi doldurması gerekiyordu. Bu, Papanın müdahalesi için bir yıla yakın bir süreydi. Alexandre IV'ün mektubu 23 Ekim 1256. Denifle-chatlain, Chartul. Univ. Par.1, p.339. cf. İbid, p.369. Hem Bonaventure'un hem de Thomas'ın üniversiteye kabullerinin tarihi 23 Ekim 1257'dir.
[11] Bu konuda bkz: P. Mandonnet, Dans, Rev. Sc. ph. th. 1927, p.30.

etmişti. O, haftalık iki tartışma ihdas etti. Bu uygun seanslarla yapılacaktı ve haftanın dört sabahı icra edilecekti. Bundan üç eğitim yılında 253 tartışma çıkmıştı. Bu tartışmalar, Questions de Veritate'yi[12] meydana getirmiştir. St. Thomas, daha sonra tartışmaları on beşe indirdi[13]. Fakat o, ondan ya talebelerinin zevklerini tatmin etmek için veya düşman keşişlere karşı zafer elde etmek için çoğaltıyordu.

St. Thomas'ın Quodlibetique tartışmasını başlatmaya yönlendirildiği açıkça aynı fikir ve endişeler sırasındaydı. Normal bir tartışmanın ortaya koyduğu ilgi ve onun konusu, üstad tarafından tespit ediliyordu. Tartışma, konusunu önerme insiyatifini dinleyicilere bıraktığımızda on kat dersten ve sayı olağanüstü çoğalıyordu. "**Quodlibétique Tartışma**" muhtemelen Thomas d'Aquin'in, yüksek lisans derecesinden önce hayalini kurduğu **Quodlibétique** tartışmaydı. Bu yeni biçimde, olağan tartışmanın doğasında bulunan güçlüklerin kıyaslanamayacak kadar arttığını söylemeye gerek yok. Çünkü üstad, herhangi bir felsefi problemin ve kutsal ilmin karşısında âniden bulunabilirdi. Quodlibétique Tartışma, üstadın bilgisini ve zihniyetinin zerafetini istisnai şekilde özellikle ortaya koyuyordu."[14] St. Thomas, bunun yaratıcısı olmuştur. Bu kurum, seküler profları önlemenin ve doktor keşişlere karşı yeni bir savunma misillemesiydi.

Bu dönemde, bu tartışmalar sadece St. Thomas'ın çalışmalarının çok zayıf bir kısmını teşkil ediyordu. Yüksek lisansından itibaren onun ilahiyat eğitiminin temelini Kutsal Kitap teşkil ediyordu. Biz onun derslerine ya kendisinin yazdıklarıyla veya bir dinleyicinin seçerek rapor etmeleriyle sahip oluyoruz[15]. O, alternatif olarak Eski ve Yeni Ahitten açıklamalar yapıyordu. Onun ilk devrede tefsir yaptığı kitaplar, İŞAYA olmuştu. Daha sonra MATTA İncili oldu[16]. Yine o, bu dönemde ilk eseri olan "Dini Hayatı" (1257) tamamlamıştı. 1258 yılından itibaren, St. Raymond de Pennafort'un isteği üzerine muhteşem savunma kitabı olan "Somme Contre Les Gentils"i 1261 yılına doğru İtalya'da tamamlamıştı. Raymond, İspanya ve Afrika SARASİN'lerinin uyanık bir havarisiydi.

---

[12] İbid, p.13.
[13] O, Naples'da onları tamamen geçici sıfatıyla kaldırdı.
[14] İbid, p.13-14.
[15] Bu kitabın 467. sayfasına bakılmalıdır.
[16] Par Pierre d'Andria et Un Autre Auxiliaire İnconnu. cf. Mandonnet İbid, p.238-239.

III. ROMALI CURİE'LERİN İLAHİYATÇISI (1259-1268)[17]

Paris'te üç yıl etüd hocalığı (1256-1259) yaptıktan sonra St. Thomas, Vatikan'a davet edilmişti. Ona, Papa Alexandre IV, büyük saygı duyuyordu[18]. O, Vatikan'da iki yıl kalmıştı (1265-1267). Yani 1268 yılının sonbaharına kadar. Bu dönemde Papalar, çok sık şekilde değişmişti (Alexandre IV, 1254-1261; Urbain IV, 1261-1264; Clément IV, 1264-1268). Yine muhtelif şehirlerde sıra ile **CURİE**'ler oluşmuştu: Anagni (1259-1261), Orvieto (1261-1265); Viterbe (1267-1268). İtalya'da onun bu ikameti, iki sebepten dolayı fevkalade önemliydi. **Birincisi**, St. Thomas sürekli kardinallerle ve papa ile ilişki içindeydi. Curie'nin ilahiyatçısı, Kutsal-Vatikan meclisinin ilahiyatçısı olarak bulunuyordu. **İkincisi**, bu süreçte St. Thomas'ın daha derin, daha sağlam ve yeni temeller atması için bolca zamanı vardı. Yani Aristo'yu ve Kilise Babalarını araştırmak için zaman uygundu[19].

Özellikle bu son sebepten dolayı, Papa Alexandre IV, St. Thomas'ı yanına çağırmıştı. Grégoire IX'un yeğeni (1227-1241), orta çağda yüksek kilise etüdlerinin büyük habercisi olan Alexandre IV, en önemli projelerinden birini en iyi şekilde sonuçlandırmaya karar vermişti. Bu proje, **"Expurges Les Ouevres d'Aristote"** idi. Grégoire anlamıştı ki, Aristo'nun bu eserlerinin aforozu, onun fikirlerinin entelektüel çevrelere ve özellikle üniversiteye girmesi için yeterli değildi. Bunun için Sens (1210) piskoposunun ve delege Robert de Courcon (1215) tarafından onaylanan Aristo'nun Paris'teki felsefi eserlerinin aforozunu, yasaklayan kararnameyi, Paris üniversitesine bu eserleri gözden geçirmek üzere göndermiş ve bu amaçla üç kişilik bir komisyon kurmuştur[20]. Bu komisyon, onların boyunu aşan bu çalışmanın altından kalkamadı. Öyle ki Stagirite yazılar, Arap şerhciler ve aracılar tarafından yayılmıştı. Özellikle İbn Rüşd onları daha da tehlikeli hale getirmişti. Bu durumda Aristoculukla-

---

[17] **Curie**: Vatikan meclisinin ruhban heyeti.
[18] Papa İnnocent IV, papalıkta 1246 yılında bir "Studium Generale" tesis etmişti. Burası Précheurslerin geleneksel okulundan başka bir şey değildi. Buraya dini tarikatlar ve sekulier gruplar sık sık geliyorlardı. İşte burada St. Thomas'nın sekreterliğini Raynald, Piperno yapmıştı. Aslında büyük doktorun, Aristo'nun Animasını, mezmurları, Yuhanna İncilinin ve S. Paul'un mektuplarının tefsirlerini ertelemişti. Fakat St. Thomas, ona birçok yazı vakfetmişti. Ölümünden sonra Raynald, onun Naples'daki kürsüsüne varis olmuş ve üstadın bıraktığı bütün yazıları gruplandırmakla uğraşmıştır. Raynald, onun genç talebesiydi ve çok etkili dostuydu. Böylece Raynald ile St. Thomas'ın tespiti konusunda çok detaylı bilgiler muhafaza edildi. cf. Mandonnet, Dans Rev. th. 1927, p.123-124, cf. İbid, 1928, p.145.
[19] H. Petitot, Vie, p.82.
[20] Bu kitabın 474. sayfasına bakılmalıdır.

İbn Rüşdçülük aynıydı. Albert le Grand, Aristo felsefesinin Hıristiyanlığa uydurulmasına inanmıştı ve bu uğurda çalışmıştı. Ancak o da, genel etüdleri ile bu sahayı hazırlayamamıştı. Onun eseri olan **"De Unitate İntellectus Contra Averroen"**, Papa Alexandre IV'ün isteğiyle yazılmıştı. 1556 yılında yazılan bölüm, kısmen tehlikeli görüldü. Paris'te sanatlar fakültesinin programında Aristo'nun resmen kabulüyle bu daha da artmıştı (19 Mart 1255). Bunun için gecikmeden harekete geçmek gerekiyordu.

Bu özel araştırmalar ve diğer kompozisyonlar ve bazen yüksek müdahaleler [21] St. Thomas'ya, normal öğretim çalışmalarına ilaveyi empoze ediyordu. O zaman temel konu, Eski Ahitte Neşideler Neşidesi, Ağıtlar ve Yeremya bölümleriydi. Yeni Ahitte ise, St. Paul ve mektuplarıydı. Yine onun dersleri arasında, muhtelif şekillerde bu derslerin büyük bir kısmında aynı şeyleri buluyoruz. De Potentia'da (1259-1263) ve De Malo'de (1263-1268), bu dönemde tartışılan problemlerin büyük bir kısmı yer alıyordu. Roma'daki görevinde (1265-1267) bir "Studium Generale" organize etmişti. St. Thomas ikinci defa "Sentences"ları şerhe koyulmuştu ve yeni derslerini yaymıştı. Fakat Lombard'ın kitapları çerçevesinde kendisini kötü hissediyordu. Bu çalışmadan vazgeçti, notlarını geri çekti ve yeni bir plan üzerinde yeni bir doktrinel senteze girişmişti[22]. Bu onun diğer çalışmalarından daha çok, onun ismini ölümsüzleştirecekti. Bu doktrinel çalışma, **"SOMME THEOLOGIQUE"**di. Bunu yazmaya 1267 yılında başlamıştı. Öğrencilerin el kitabı olmasını sağlayacak bu dev eseri yazmaya sevinçle başlamıştı. Bu eser Lombard'ınki gibiydi. Bunun için hayatının son altı yılında, birçok meşguliyetlerinin kendisine bıraktığı bütün boş zamanı bu eseri yazmaya vermişti.

IV. PARİS'TE SON EĞİTİM (1269-1272) VE NAPLES (1272-1274)

1268 Kasım'ında St. Thomas, aniden Paris'e gelme emri almıştı. 1269 Ocağında Paris'e geldi. Tabii ki bu dönüş ihtiyatlı bir dönüştü[23]. Büyük doktor, fikir hareketinde muzaffer görünüyordu. Çünkü o, onu ilk başlatandı ve

---

[21] Papa Urbain IV'ün davetine cevap vermiş ve "Exposition Continue" des Evangiles (Chaine d'Or)'i ve "Contre Les Erreurs des Gnes"i ve l'Office du Saint-Sacramenti'yi(1264), Tanrı Bayramı için kompoze etmişti. Hatta bu konuda muhteşem bir konuşma yapmıştı. Bkz. p.547. Hatta 546-548'deki risalelerde bunlar olacaktır.

[22] Somme'un girişinde bu konu belirtilmiştir.

[23] 1269 yılının başında Paris'e gelmişti. Çünkü proflardan birisi hastalanmıştı. Böylece, St. Thomas üç yıl Paris'te kalmıştı. O, durumunun öneminin farkındaydı. Bkz: La Distribution Des Disputes Quodlibétal, p.545, N.t:3.

Paris üniversitesinde "**güçlü bir mukavemetle**" karşılaşmıştı. St. Thomas, sert İbn Rüşdçülüğe karşı koymuştu. Çünkü İbn Rüştçülük, temizlenmiş, Aristoculuğun kabulünü reddediyordu. Ayrıca St. Thomas, Augustinciliğe de karşıydı. Kendi tarikatında fakat özellikle Fransiskenlerde ve laiklerde, Augustincilik, eski metodları ve doktrinleri savunuyorlardı[24]. Nihayet Dilenci Tarikatlarının düşmanlarına karşı koymuştu. Çünkü onlar, St. Thomas'ya başkaldırıyorlardı. Bunun için St. Thomas, önce "**De Perfectione Vitae Spiritualist**'i (1269) yazmıştı. Daha sonra, çift enerjiyle "**Le Contra Pestiferam Doctrinam Retrahentium Homines a Religionis İngressu**" (1270)'yu kaleme almıştır. İbni Rüşdçülüğün mahkûmiyeti (Aralık 1270) St. Thomas'ın belli başlı hasımlarının bozgununu ortaya koyuyordu. 1272 yılı akademik dönemin sonunda, büyükler onu, İtalya'ya çağırmışlardı. Aynı yılın sonbaharında Naples Üniversitesinde öğretime başlamıştı. Orada bizzat kral Charles d' Anjou, onun giriştiği yeniden organizasyonun başarısını temin için onun varlığını arzu ediyordu[25].

St. Thomas'ın son yılları, dolu dolu ve dehasının olgunlaşmasıyla geçmişti. Fakat özellikle, "**Somme Théologique**'le geçmişti. Bu kitabın birinci bölümü, 1268 yılında tamamlanmıştı. O zaman Paris'teydi. Yine Paris'te ikinci kısmın 303 sorusunu yazmıştı. 1272-1273 yıllarında üçüncü kısmın 90 sorusu kompoze edildi[26]. Ne kadar önemli olursa olsunlar, diğer çalışmalarının onun gözünde önemi yoktu. Aslında onlar hakkında haksızlık yapılıyordu. Çünkü Paris tartışmaları onu, az yayılmış birkaç risaleyi kompozeye sevk etmişti. Bunlar, "De Unitate İntelletus Contra Averroistas"[27] ve "De Aeternitate Mundi Contra Murmurantes (Les Augustiniens)'lerdi. Fakat St. Thomas, bütün tefsirleriyle hokkabazlık ediyordu. Yani Aristo için yazdığı kadar Eyub ve Mezmurlar, Yuhanna İncili ve S. Paul'un mektupları için de aynı şey söz konusuydu. O, daima okul tartışmalarına katılıyordu. Muhtelif soruların tanıklığı, bu dönemden kalmıştır. Bu olağanüstü aktivite, onun vaaz vermesine engel olmuyordu. Tarikatının geleneğine göre, kutsallaşmasının (1254) başlangıcında vaaz planının yanında hâlâ bu muhafaza edilmektedir. Onun (Carème,

---

[24] Bkz: Art. IV, p.573.
[25] P. Mandonnet, Siger de Brabant, p.CCXV.
[26] Bu tarihler doğrudur. cf. M. Grabmann, La Somme th, p.3094.
[27] Bu eser De Anima De Siger'in reddiyesiydi. Tabii ki bu, Mandonnet'ye göre. Diğerleri De Amma'nın ona karşı yazıldığını düşünmektedir. cf. M. De Wulf, Hist. Phil. Med, II, p.97.

1274)'de Pater l'Ave, Le Credo ve On Emir ve kıymetli metinler konusundaki talimatları, onun belagati hakkında doğru bir fikir de vermemektedir.

Bu günlerde St. Thomas'ın fizyonomisini, özellikle ahlaki özelliklerini tespit eden özelliklerini bir araya getirmek hoşumuza gidiyor[28]. Petitot'nun belirttiği gibi o, muhteşem varlığıyla etkilemek zorunda kalmıştı. O, çok belirgin bir obeziteden çirkin bir karakteri kaldıran heybetli bir boyuttaydı. Biraz sertti, dimdikti, yüksek ve geniş bir alna sahipti. Başını büyüten tehlikeli bir kellik daha da büyütüyordu. Ahlaki yönden St. Thomas, zahitti ve mistikti. O, sadece Cassien'in konferanslarını ilgiyle okumuyor, onları tatbik ediyordu. Bununla beraber, onun zahitliği[29], çağdaş Dominiken azizlerinde olduğu gibi, olağanüstü bedensel eziyetler ile karakterize edilemezdi. Genellikle kurallara bağlıdır, oldukça doğrudur, sadedir, alçak gönüllüdür, şiddet yanlısı değildir, aşırıya kaçmaz. Hayatı boyunca bile, daha yüksek bir itibara sahip olduğu için daha da saygıya layıktır. Kadınlar karşısında çok çekingendir, önemli kişilerin ziyaretlerinden sakınmaktadır. O, sadece bir defa St. Louis'nin davetine icabet etmiştir. O, aynı zamanda merakını, ılımlaştırmayı bilen ve gerekli özelliklerde gerekli fedakârlığı öne çıkaran birisidir. Böylece o, kendisini etüde ve Allah'la birleşmeye veriyordu: O, etüdü, ibadet gibi geçiriyordu. Onun duasına, büyük mistik bağışlar refakat ediyordu[30]. Hatta fevkaladelikler, vecdler, vizyonlar bulunuyordu. Onun ayininde, gözyaşları akıyordu. Bütün bu inayetlere, büyük aydınlıklar refakat ediyordu. Bazı güçlükler, onu engellediğinde derin bir duaya dalıyordu. Bu konuda Petitot şöyle der: "**Somme Théologique**" **duanın, murakabenin; etüdün ve düşüncenin meyvesidir.**"[31] Etüdde onu kuşatan ve bütün meşguliyetlerinde olan güç, ancak tabiatüstü bağışlarla açıklanabilir.

St. Thomas'ın ilâhiyat faaliyeti, vakitsiz ölümüyle aniden bitmişti. Papa Grégoire X, St. Thomas'ın Lyon konsilinde (1274) olmasını istemişti. St. Thomas, ocak ayının başında Raynald ile yola koyulmuştu. Somme'un yazılmasına devam için gerekli yazmaları da yanına almıştı. Fakat yolculuğun meşakkatleri onu yormuştu[32] ve ciddi şekilde onu hasta düşürmüştü. Fossa-

---

[28] Bkz: Petitot, H. Vie, p.107-155; Bkz: M. Grabmann, La Somme Théol, p.129-134.
[29] Petitot, İbid, p.107-126.
[30] İbid, p.126-134.
[31] İbid, p.132.
[32] Petitot, S. Thomas'ın bu yorgunluğunu, 6 Aralık 1273 ona verilen fevkalade lütufla ilişkilendirmektedir. Ayin esnasında, Tocco'nun dediğine göre o, garip bir tüketime maruz kalmıştı (Mira

Nuova Cistercien manastırına ocak ayı başında yatışı ile bir ay sonra (7 Mart 1274)[33] orada vefat etmişti. Papa Jean XXII, onu 18 Temmuz 1323'de aziz ilan etmiştir. Yine Papa, Pie V, onu, 11 Nisan 1567 yılında **"Kilise Doktoru"** ilan etmiştir. Nihayet Papa Léon XIII'den itibaren bütün son papalar, onu felsefe ve ilahiyat etüdleri rehberi olarak önermişlerdi[34].

V. ST. THOMAS'IN ESERLERİ
A. Felsefi Eserleri

St. Thomas'ın bütün ilahiyat eserleri, felsefeyi çağrıştırmaktadır ve onlar bu noktada onun düşüncesini açıklamaktadırlar. Yine de, onun felsefi yazılarında tam açıklamaları bulmak da mümkündür. Bunlar, Aristo'nun şerhleri olarak veya şahsi eserler olarak, bazı özel problemler üzerindeki açıklamalardır. Belki bunların bazıları az yaygındır.

1. Aristot'nun Şerhleri

Bu çalışmalar, sadece yaygın olmalarından dolayı değil; onun gerçekleştirdiği yorum tarzından da önemlidir. Aristot'nun popülerleştirme çalışması olan kapsamlı şerhi yerine, metni sıklaştıran lafzi yorumu, daha eleştirel bir takdiri belirtmektedir. "Quodam Singulari et Novo Modo Tradenti Utebatur" olarak bundan Pitolémee de Lucques bahsetmektedir. İyi bir şerhi sonlandırmak için, sadık versiyonların temininde oldukça özen göstermiş ve Guillaume de Moerbeke'yi mevcut tercümeleri gözden geçirmesi için teşvik etmiş veya yeni çevrilen düzeltmeye yönlendirmiştir. Bunlar, şerhlerin yazılmasında hazır olmuştur. Bunlar, Thomas'ın, Aristot'yu daha derinden anlamasına yardımcı olmuş ve daha yüksek bir uzaklıkta Aristot'dan ayrılmasına katkı sağlamıştır. Birçok şerh için o, Vermi Stagrite doktrini tanımakta ve başkalarının ona yüklediği birçok hatanın sorumluluğunu reddetmektedir. Belirtmekte yararlı olan şey, Thomas'ın şerhleri, kendine ait şahsi fikirleri ihtiva etmektedir ve bunlar rahatça bilinmektedir. Eserlerinin ve kitaplarının girişleri de onun eseridir[35].

Mutatione Commotus). Bu vecdi bir vahiyle yayılmıştır. Petitot, şu sonucu varmıştı: O, Allah'ı görerek öldü. H. Petitot, La Mort de S. Th. d'Aq, Dans Vie Spirit, 1924) t.X), p.312-336.

[33] S. Thomas'ın oldukça hareketli olan kalıntıları için bkz: Revue August, 1908 (t.XII), p.195-206.
[34] cf. Codex Juns Can. 589, 1, et 1366, 2.
[35] M. De Wulf, Hist de la Phil. Médiéval, II, p.5; Bkz: M. Grabmann, Les Commentaires de S. Th, d'Aq. Sur Les Ouvrages d'Aristot, Extrait des Annales de l'Institut Sup. De Phil, Louvain, 1914, p.231-281.

Aslında Aristo'nun eserlerinin bütün kısımları, şerhin konusu olmuştur. Tabii ki bazı eserler çıkarılmıştır. Şerhlerde Aristo'nun eserleri[36] en azından kısmen açıklanmıştır[37].

a. Logique ou Organon: 1. De l'İnterprétation ou Peri Hermenias (1269-1271); 2. Deuxième Analytique (1268 sonrası). Kategoriler, ilk Analitikler, Les Topiques ve Refutations'lar çıkarılmıştır.

b. Physique (Genel prensipler ve ilimler felsefesi): 3. Les VIII kitaplar (1265).

c. Sciences Naturelles: 4. De Caelo et Mundo. İlk üç kitap (1272-1273); 5. De Generatione et Corruptione[38]. İki kitap (1272-1273); 6. De Méteores: İlk iki kitap (1269-1271). Tabiat ilimleriyle ilgili birçok kitap açıklamasız kalmıştır.

d. Psychologie: 7. De Animo, üç kitap (1266); 8. De Sensu et Sensato Risalesi (1266); 9. De Memoria, diğer yedi risale çıkarılmıştır.

e. Métaphysique: 10. İlk 12 kitaplar (1265).

f. Philosophie Pratique: 11. L'Etique á Nicomaque, on kitap (1266). Les Grandes Morales et la Morale á Endème, unutulmuştur.

g. Politique: 12. I, II, III. kitabın şerhi, bölüm 1-6 (1268). Son kitaplar açıklanmamıştır[39]. Yine Poétique ve Rhétorique gibi.

St. Thomas, Aristo'ya ait olan De Causisi[40] daha çok şerh etmiştir. O, onun menşeinin Yeni-Eflatunculuğun kaynağı olduğunu göstermiştir (1269). Yine St. Thomas, Boéce'in kitabı olan De Hebdomadibusu (1257)[41] şerh etmiştir.

Bütün bu yorumlar, Yunan felsefesinin şimdiye kadar yapılmış en nüfuz edici yorumlarıdır. St. Thomas tarafından onun eserine getirilen düzeltmeler, onların değerini azaltmaktan ziyade, onun değerini yükseltmiştir. O, Aristo'nun tabiatçılığını kaldırarak, farklı noktalarda onları belirgin hale getirmiştir.

---

[36] Edit. Vivès, t.22-26; Parme, t.18-21; Léonine, t.I-III.
[37] Bu şerhlerin birçoğu eksiktir. cf. Mandonnet, Bibl. thom. P.XIX-XXI.
[38] Birinci kitabın sadece 17 dersi mevsuktur. Bkz: Mandonnet, İbid, p.XX.
[39] Şerhin basılan devamı, Pierre d'Auvergne'dir. M. Grabmann, dans Phil. Lahrbuch, 1915, p.373-378.
[40] Ed. Vivès, t.26; Parme, t.21; De Causis, Yeni-Eflatuncu bir eserdir. Proclur'un özetleriyle kompoze edilmiş ve orta çağda Aristo'nun ismiyle dolaşmıştır. cf. O. Bardenhever, Die Pseudo-aristotelische Schrift... Liber de Causis, Fribourg, 1882.
[41] 62. Risale.

2. Orijinal Felsefi Eserler

Bu konuda sekiz felsefi risaleye sahibiz[42]. Bunlar, bize, St. Thomas'ın şahsi düşüncesinin meyvelerini vermektedirler. Bu eserlerin çoğu, polemiklerin tahrikiyle duruma göre yazılan yazılardır:

1. Risale, 27: De Principiis Nature (1255).

2. Risale, 26: De Ente et Essentia[43] (1256).

3. Risale, 15: De Unitate İntellectus Contra Averroistas (1270).

4. Risale, 23: De Aeternitate Mundi, Contra Murmurantes (1270).

5. Risale, 14: de Substantiis Separatis veya De Natura Angelorum (1272-1273). On dokuz bölümde: Melekler konusundaki St. Thomas'ın doktrinini belirten çok önemli bilgilerdir.

6. Risale, 29: De Mixtione Elementorum (1273).

7. Risale, 30: De Occultis Operationibus Nature (1269-1273).

8. Risale, 31: De Motu Cordis (1273).

Yazar bütün bu eserlerinde ekspozitif metod kullanmaktadır. Bunlar oldukça açıktır ve derindir[44].

B. IV. Sentences Kitaplarının Şerhi[45]

Bu eser, hem St. Thomas'ın zamanında hem de daha sonraki dönemlerde oldukça değerli ve çok okunan bir eserdir. Bunu, yazmaların çokluğu ispat etmektedir. "Somme Théologique," St. Thomas'ın gençliğinin bu büyük eserini, asla değersiz hale getirmemiştir. Hatta Sentences'ların üzerindeki şerh, Somme'dan daha da açıklayıcıdır. Üstelik Sentences'lar konusundaki şerh çalışması, Thomas'ın Somme Théologique'de gerçekleştirdiği açıklamaları, özellikle hissedilir ve ölçülü hale sokmaktadır[46].

Muhtemelen sonunda yazılmış olan girişten itibaren, bu güçlü zihnin sentez ihtiyacını belirli hale getirmektedir. Üstadın eserini dört kitap halinde

---

[42] Bu risalelerin numaralanması için 546. sayfaya bakılmalıdır.
[43] Bu gençlik eserinde, Thomist felsefenin bireyselleşme ve yaratılmış cevherlerdeki özün ayrılışının prensipleri bulunmaktadır. cf. D. Roland-Gosselin, O, P, eleştiri ve şerh, Kâin, 1926, Edit. Bruneteau, 1914.
[44] Thomist felsefenin temel prensipleri için bkz: p.573.
[45] Edit. Vivès, t.7-11; Parme, t.6-7.
[46] M. Grabmann, La Somme Th, p.42.

bölmeyi isteyerek o, özellikle Allah'ın oğluna atfedilen "ilahi hikmete" kadar çıkmaktadır. Aşağıdaki dört madde bu hikmette rol oynamaktadır:

1. Allah'ı ve özellikle ilâhi şahısları tanıtmak.

2. Yaratılmışları ortaya koymak.

3. Eserini yeniden onarmak. Bu durumda burada kurtuluştan ve onun meyvesi olan inayetlerden bahsetmek gerekir.

4. Eserinin olgunlaşması: IV. kitabın konusu çifttir. Yani sakramentlere ve dirilmeye aittirler.

Somme Théologique'in bölünmesi, bir önceki esere göre, doktrinin kendisinde daha az fark edilmeyen muazzam bir ilerlemeyle karşı karşıyadır. Birçok noktada, genç profesör, ne kadar yenilikçi olursa olsun[47], geleneksel Augustinciliğe sadık kalmaktadır. O, nihai düşüncesini Somme'da sabitleyinceye kadar geliştirecektir. Petitot şöyle demektedir: Bu, sakramentlerin kozalitesi, Anologie, akıl faktörü[48] üzerinde sentences'ların şerhinde onun belirttiği bir kanaati St. Thomas'ya atfetmek bir hatadır. Fakat o, onu sonraki eserlerinde düzeltmiş ve ona, Somme'da son şeklini vermiştir. Burada bazı hallerde belki de sakramentlerin kozalitesinde görüş açısından görüş değişikliğinde fazla değişimin olmadığını belirtelim[49]. Diğer noktalarda, muhalefet, hemen hemen tamdır: Meselâ, sarhoşun suçluluğu[50] gibi. Diğer hallerde farklı kanaatler arasında alınan pozisyon, daha kesindir, daha katiidir. Meselâ, Mesihte, cevher birliği gibi. St. Thomas şerhinde bu birliği, tanınan diğer iki kanaati dışlamadan bir fikir olarak kabul etmektedir: Somme'da bu sapıklıkları işlemektedir[51]. Biraz tereddütle önerilen doktrin, tedricen, nihai sabit fikrin oluşacağı son formüle kadar belirginleşiyor: Böylece, mutluluğun özel işi, gittikçe şerhte onu birleştiren sevgi unsurlarından kurtulmuş olmaktadır. Bu da temelde bir akıl işi, bir bilgi işi olmak içindir[52]. Bu örnekler, Thomist düşüncenin ciddi şekilde anlaşılması için şerhin ne kadar faydalı olduğunu

---

47 529. sayfaya bakılmalıdır.
48 574. sayfaya bakılmalıdır.
49 540. sayfaya bakılmalıdır.
50 Sarhoş olma eylemi doğası gereği küstahçadır ve yalnızca kişinin sonu olarak ona tutunduğunu gösteren tekrarlarla ölümcül hale gelir. In II Sent. D. XXIV, q.3, a.6. Somme'da sarhoşluk bizatihi ölümcüldür. Ancak tesadüfi olarak organik de olabilir. I-II, p.88, a.5. ad. 1; II-II, p.150.
51 cf. P. Mandonnet, dans Rev. Sc. Phil. Th. 1928, p.229-235.
52 In IV Sent. D. XLIV, p.1.a, Sum. Th. I-II, q.3.a.4, cf. Mandonnet, Dans rev. Sc. Ph. Th, 1926, p.497-506.

göstermektedir. O, zincirin ilk halkasını takdim etmektedir. Somme Theologique ve compendium, bunların sonuncusudurlar. Yabancılara karşı Somme, sorular ve yazılı eserler, farklı derecelerde ara halkaları temsil etmektedirler[53].

C. Yabancılara Karşı Somme (1258-1261)[54]

Aslında bu dev esere, Somme Philosophique adı verilmiştir. Hâlbuki bu eser, kelimenin modern anlamında felsefi bir eser olmaktan çok uzaktır. Aslında bu eserde, bizzat ilahiyat çok büyük bir yer tutmaktadır. St. Thomas burada aynı zamanda felsefi temeller ortaya koymuştur. St. Thomas temelde, tabiat ile tabiatüstünün ve akılla, imanın ahenkli ilişkilerini açıklamaktadır. İşte bu durum, Somme'a, yabancılara karşı tamamen özel bir sevimlilik vermekte ve o, mükemmel ve tutarlı güçlü bir düşüncenin meydana gelmesini sağlamaktadır. Fikirler ve deliller orada ortaya konmuşlar veya büyük hakikatlerden, prensiplerden veya metafizik düzeydeki temel mefhumlardan çıkarılmışlar, onlara durmadan müracaat edilmiş ve tamamına etkili olmuş ve desteklemiştir. Tıpkı binayı destekleyen iskele gibi[55].

Somme'un hedefi ve metodu, birinci kitabın ilk dokuz bölümünde belirtilmiştir. Burada söz konusu olan, inançsız birinin, Hıristiyan dogmalarını yavaş yavaş kabul etmesidir. Yine de bu dogmalar, hemen verilmemektedir. Yazar önce, aklın keşfettiği hakikatleri açıklamaktadır. Tabii ki bunları vahiy benimsemekte ve anlaşılmasını kolaylaştırmaktadır. Daha sonra yazar, daha yüksek hakikatlere yükselmektedir. Bunu III. Kitabın sonundan başlayarak yapmaktadır. Ahlaki düzeye dokunarak bunlara daha kolay ulaşılabilmektedir. Böylece, büyük sırlar eserin sonuna bırakılmaktadır. O, tabii hakikatleri açıkladığında, birtakım ispatlara başvurmaktadır. Fakat değerleri için, sadece onların saçma olmadıklarını ortaya koymak istemektedir. Bu, pozitif ve faydalı bir ispat denemesidir ki birtakım hasımlar için tehlikeli olacaktır. Tabii ki bunun da yetersizlikleri vardır.

Dört kitabın konuları şöyle bölümlere ayrılır:

---

[53] Some'un tarihi etüdü için bu sonuçlar önemli görülmektedir.
[54] Edit. Vives, t.12; Parme, t.5; Léonine, t.13 (Rome-1918), t.14 (1926). Bu son yayım için bkz: A. Pelzer, Dans Rev. Néo-Scol, 1920, p.27-245. Yine bkz: P. Destrez, Bulletin Thom. Mayıs, 1929, p.501-515.
[55] M. Grabmann, Somme th. P.43.

I. Kitap (120. Bölüm) önce, Allah'ın varlığını (10-14), sonsuz olgunluğu (15-43), onun bilgisini (44-71), onun iradesini (79-96) ve nihayet onun hayatını ve güzelliğini (97-102) işlemektedir.

II. Kitap, Allah'ın eserlerine tahsis edilmiştir (101. Bölüm). Takip edilecek metod (1-5) belirtildikten sonra o, Allah'ın kudretinden ve Allah'ın yaratıklarla ilişkilerinden (6-14) ve genel yaratılıştan (15-30) bahsetmektedir. O, yaratılışın zaman içinde çirkin olmadığını belirtmektedir (31-38; Allah bizzat, varlıkların ayırımcısıdır (39-45); o, bizzat entelektüel cevherlerin incelenmesini sona bırakmaktadır (44-55); onlar bedenleriyle birlik içindedirler (56-72); bilgileriyle beraberdirler (73-78); orijinleriyle (79-90) beraberdirler ve ayrılmış özlerle sona ermektedirler (9-100).

III. Kitapta (163. Bölüm) S. Thomas, Allah'ı, nihai son olarak takdim etmektedir. Kötü ve iyi üzerindeki (1-24) genel mefhumlardan sonra o, insanı, sadece Allah'ı seyirde mutlu olabileceğini göstermektedir (25-37). Bunun ise, sadece öbür dünyada (38-63), mutlu görüşle olması mümkündür. Allah, her şeyi inayetiyle yönetmektedir (64-97), mucizeler buna ters değildir (98-110); Allah, kanunlarıyla (111-146) yaratıkları hedeflerine sevk etmektedir. S. Thomas, özellikle, evlilikle ilgili ve dinin istekleriyle ilgili yasa üzerinde ısrar etmektedir. Nihayet ilahi inayet, insana hedefine ulaşmaya yardım etmektedir (147-163).

IV. Kitap (97. Bölüm)de, felsefi ve savunmacı metoda göre, Hıristiyan sırlarını işlemektedir: Yani, Teslisi (2-26), bedenleşmeyi (27-55), sakramentleri (56-78) ve nihayet ebedi hayatı işlemektedir (79-97).

Yabancılara karşı Somme, oldukça derindir ve güçlü bir savunma kitabıdır. St. Thomas bu kitabı, geçmişte olmayan bir sanat gücüyle yazmıştır.

D. Tartışılan Sorunlar[56] ve Quodlibétales Sorunlar
1. Le De Veritate (1256-1259)[57]

Şüphesiz bu eser, Somme'a paralel bir eser değildir. Fakat Paris'te tartışılan konuların tamamını ihtiva etmektedir. S. Thomas, bu kitapta, birtakım

---

[56] Tartışılan konuların genel tarihi için bkz: P. Mandonnet, Rev. Thom, 1918, p.266-287, 341-371; P. Synave, İbid, 1926, p.154-159; Tartışılan bütün problemlerin yeni baskısı için bkz: P. Mandonnet, S. Th. Aq. Questiones Disputate, Paris, 1925.
[57] Edit. Vivès, t.14; Parme, t.9.

sayfalarda görüş derinliğini, gelişme genişliğini ve bazen de belagatin sıcaklığını diğer eserlerindeki gibi hissettirmektedir. Biz burada sadece talebelerinden değil; üstadlarından da bahsederek, sadece ders çerçevesinde durmamaktayız. Böylece okulun meleği, uçuşunu en yüksek noktaya kadar yükseltmektedir. Yirmi dokuz problem, maddelere ayrılmıştır[58]. Her madde, 10, 15, 20 veya 25 itirazla başlamaktadır. St. Thomas, bunlara, kısaca genel cevaplar vermektedir. Tabii ki bunlar, Kutsal Kitaplara veya Kilise Babalarına dayanmaktadır. O, her şeyi, akılla açıklamaktadır. Orada prensipler, güçlü şekilde konmuşlardır. Böylece belirtilen güçlüklerin her birine rahatça kesin çözümler getirilmektedir.

En yüksek konular, Allah ve insanla ilgili olarak, hakikat vesilesiyle etüd edilmiştir. İlk yirmi soru, doğrudan işlenmektedir. Geri kalan dokuz soru, akıllı yaratığın ahlaki gidişatını hedef almaktadır. Aslında bu gidişat; hakikat kuralıdır. Hakikat araştırıldıktan sonra (1. Soru), S. Thomas onu, Allah'ta (2-7): Allah ilmi, 2. Allah fikri, 3. Kelam (kelime), 4. İnayet, 5. Kader, 6. Hayat kitabı, 7. Melekler (8-9) ve nihayet [İkinci Kısım], insan 810-20) olarak açıklamaktadır. Burada S. Thomas, Aristocu anlamda nokta koymaktadır. Yahut buna Thomistçe de denir. Zira açıklamalarında birçok yenilikler de vardır. Hatta Kilise Babalarında bulduğu formüller vardır. Özellikle St. Augustin'de... Böylece o, sıra ile "yalandan" (10), büyücüden 811), peygamberlikten (12), kendinden geçmeden (13), imandan (14), yüksek ve alçak akıldan (15), (cf. S. Bonaventure), Synderese'den (16), ilimden (17) bahsetmektedir. 18-19-20. Sorular daha ziyade ilk insanın bilgisiyle meşgul olmaktadır. Yine ayrılmış ruhtan ve Mesihin ruhundan bahsetmektedir. Son kısım, daha çok "iyilik" mefhumu (21) ile ilgilenmektedir. **İyilik,** esas olarak sondan sonra diğerini mükemmelleştirmektedir. İyilik, varlığı gerektirir ve oraya, iradenin takip ettiği sonla bir ilişki ilave eder (22) ve ilahi irade (23), sonra insanın tabii psikolojisini tamamlamaktadır (hür irade, 24; duygusallık (25), ruhun ihtirası

---

[58] Bunlar tartışmaya uygundur. Üç yıl için 253 problem vardır. Her yıla 84 problem düşmektedir. Her sayfaya iki problem düşmektedir. Maddelerin sayısına veya tartışmaya göre De Veritate, 29. Soruya ayrılmıştır:
a. 1256-1257 yılı: Quest. 1-8 (84. madde)
b. 1257-1258 yılı: Quest. 9-20 (84 madde)
c. 1258-1259 yılı: Puest. 21-29 (85 madde)

(26), tabiatüstü psikoloji (Grace, 27; kötülüğün doğrulanması, 28); nihayet o, bütün bu mefhumları Mesihe uygulamaktadır (29).

2. Le "De Potentia Dei" (1259-1263)[59]

Bu grup eserler, "De Veritate" ile aynı şartlar içinde, Allah ve Teslisi birlik üzerinde on soruyla ilgilenmektedir[60]. Allah'ta olan gücü ve mutlak kudreti gösterdikten sonra (Quest.1), ondaki "La Potentia Generativa"yı araştırmakta ve onu, "Potentia Creativa" ile kıyaslamaktadır. Şüphesiz onlar, aynıdırlar ve farklıdırlar. Aslında yaratma işlemiyle, anlama işlemi, temel işlemdir. Doğurma işlemi, mefhumsal bir eylemdir, relatiftir veya şahsidir (2). Yine St. Thomas, müteakip dört soruda yaratılışın ortaya koyduğu problemleri incelemektedir (3-4). Varlıkların korunması (5), mucizeler (6) gibi. Son dört soru Teslisin ortaya koyduğu sırra (7), Allah'la ilişkilere (8), kutsal şahıslara (9), bu şahısların tamamına tahsis edilmiştir (10).

3. Le "De Malo" (1263-1268)[61]

Bu eser, ahlakın ortaya koyduğu temel problemlerin çözümünü sunmaktadır. 16 Soruyu ihtiva eder[62]. Burada, iki kısım tanınmaktadır. İlk yedisi, günah konusunu işlemektedir. Yani kısaca kötülük konusunu (1); günah ve onun sebebini (2-3); aslî günahı (4-5) ve bedensel günahı (7) işlemektedir. İkinci kısım, (8-15) belli başlı günahları işlemektedir. Önce geneli (8) sonra boş zaferi (9), arzuyu (10) tembelliği (11), öfkeyi (12), cimriliği (13), oburluğu (14), lüksü (15) ele almaktadır. 16. Soru kitabın, mükemmel bir sonucudur.

Cassien'i ve Saint Grègoiré'ı[63] Doktor St. Thomas tamamlamakta ve burada, belli başlı günahların kesin bir tasnifini vermektedir[64].

4. Tartışılan Diğer Problemler[65]

"De Unione Verbi İncarnati" serisinin noksanlığından sonra diğerleri, onun Paris'teki ikinci öğretiminde (1269-1272)'de yer almaktadır. Yukarıdaki

---

[59] Edit. Vivès, t.13; Parme, t.8.
[60] Yani 83. Madde, Scolaire tartışmaya uygundur (yani, on beş günde bir) İtalya'daki eğitim-öğretim yılının ilk dört yılı P. Mandonnet'ye göre.
[61] Edit. Vivès, t.13; Parme, t.8.
[62] Yani, 101. Madde, 5 yıllık okul tartışmalarına uygundur.
[63] Bkz: t.1, p.582, p.242.
[64] Sum. Th. 1.a, 11ae, p.84.
[65] Edit. Vivès, t.14; Parme, t.8.

eser, S. Thomas'ın Vatikan'daki görevi sırasında (1268 sonbahar) yazılmış olabilir. Paris'teki çalışmalar:

a. **On bir madde:** "De Spiritualibus Creaturis", Ocak'tan-Haziran'a kadar olan okul tartışmalarına cevap vermektedir (1269).

b. **Yirmi bir madde:** "De Anima" (1269-1270) yılını doldurmaktadır.

c. **Otuz altı madde:** "De Virtutibus", 1270-1272 yıllarındaki tartışmaların büyük bir kısmıyla ilgilenmektedir (Genel fazilet, Kardinal faziletleri, merhamet, kardeşlik, ümit).

Manevi yaratıklar konusundaki ve ruh konusundaki soruların seçimi, İbni Rüşdçü teorilere karşı zarureti açıklamakta ve ilâhiyat fakültesindeki hocaların hücumlarına karşı savunmaya yönelik bir cevap teşkil etmektedir. Tabii ki bu, Augustinisme bağlı olarak yapılmaktadır.

Diğer yandan üç ayrı soru, **Quodlibet**'e bağlıdır ve Kutsal Kitabın anlamı (Quodl, VII, a.14-16) ve manuel bir çalışma (İbid, a.17-18), çocukların dine girişleri (Quodl, IV, a.23-24)[66] üzerinedir.

5. Quodlibétiques Sorunlar[67]

Quodlibétal on iki soru arasında bir ayırım yapmak gerekirse onları, iki gruba ayırabiliriz: I-VI. Sorular ve XII. Sorular. Bu sorular, 1269-1272 yıllarındaki S. Thomas'ın Paris'teki ikinci ikameti sırasında yapılan fevkalade tartışma konularının konusunu teşkil etmektedir. VII-XI. Sorular, Paris'teki ilk ikameti sırasındaki (1256-1259) öğretiminden kalmaktadır. Bunlar yıllık iki okul dönemine ayrılabilir. Yani Noel öncesi ve Paskalya sonrası gibi[68].

Bu birinci gruptakiler (XII. hariç)[69], halka teslim edilen ve yazarın hayatta olduğu Paris'teki çalışmalarıdır. Diğerleri S. Thomas'ın çalışmaları arasında kalan ve onlara ilave edilen çalışmalardır. Bu metinler, İtalya dönemine

---

[66] Bu son çalışma, 1271 yılının Mart ayında yapılmış, önceki ikisi 1256 yılında yapılmıştır. Yine mutluluk/güzellik (1266) üzerine bir tartışmanın raporu vardır: ed. Dans Rev. Thom, 1918, p.366-371.

[67] Ed. Vives, t.15; Parme, t.q; cf. P. Mandonnet, S. Th. Createur du Quodlibet, Dans rev. Sc. Ph. Théol. 1926, p.477-506, 1927, p.5-38.

[68] P. Mandonnet bunları böyle tasnif etmektedir: Paris'te ikinci ikamet (1269-1272, üç buçuk yıl: S. Thomas, Ocak'ta Paris'e gelmektedir. Quodlibet1, 1269, Paskalya, II, 1269, Noel, III, 1270; XII, 1270; IV, 1271; V, 1271; VI, 1272; İlk ikameti (1256-1259); Quodlibet, VII, 1256, VIII, 1257; IX, 1258; X, 1258; XI, 1259, Op. Cit. p.38.

[69] XII. Quodlibet, basit bir rapordur. S. Thomas'ın kâğıtları arasında kalmıştır. Daha sonra da ikinci gruba dâhil edilmiştir.

aittirler. Muhtemelen onun İtalya'daki öğretiminden gelmektedirler. Bu Quodlibet'ler, onun papanın yanındaki ikameti dönemine ait bulunmaktadırlar. Onların daha önce olması da mümkündür[70]. Tabii ki bu durum, tarih açısından istisnai bir öneme haizdir. Çünkü onlar, ilk gerçek Quodlibet'lerdir[71]. Gérard d'Abbeville'inkiler, daha önce olabilirler. Onlar taklitten başka bir şey değillerdir. Görüldüğü gibi, **Quadlibet**'i meydana getiren S. Thomas'dir [72]. Şüphesiz onun derlemelerinin özetini ve analizini vermek imkânsızdır.

E. Risaleler-Vaazlar[73]

S. Thomas adına yayımlanan risaleler oldukça çoktur. Fakat dağınıktır ve birçok serileri vardır[74]. Fakat bunların arasında sahte olanlar da vardır. Bu uydurmaların, mevsuklardan ayrılması oldukça zor bir konudur. Bu konuda, en sağlam temel, Azizleştirme (1319) davasında takdim edilen resmi katalogdur ve S. Thomas'ın ölümünden sonra sekreteri Raynald de Piperno'nun ortaya koyduğudur (1274)[75]. Bu katalog 70 risaleyi ortaya koymaktadır. Bunların arasında sadece ilk yirmi beşi, risale olarak belirtilmiştir. Oldukça hızlı şekilde ilk grup 6.ya, müteakip sayıları ekleyerek ve 7.yi geçerek daha tam bir katalog oluşturduk (Bu koleksiyon, 32 risaleyi ihtiva etmektedir). XIV. yüzyıldan beri, birçok ilave koleksiyonlar ortaya çıkmıştır. Ancak onların muhtevaları hep uydurmadır. Tabii ki XVI. yüzyılın ilk yazarlarının hepsini böyle kabul etmek bir haksızlıktır. Resmi katalog adına[76] Mandonnet, belirtilen 32'ye yapılan eklemelerin çoğunu reddediyor. Bu konuda Grabmann'da dâhil olmak üzere tutulanların on tanesinden daha fazlası sağlam garantiler sunan birkaç kişiyi memnun etmektedir[77].

---

[70] Bkz: P. Mandonnet, Op. Cit.
[71] Grabmann, XII. yüzyılda bunların gerçek Quodlibet olmadığını belirtir. Bkz: P. Glorieux, La Literature Quodlibétique de 1260 á 1320, Kâin, 1925.
[72] Meşhur ve muhteşem Sorbonik quodlibet'in uzak gelişmeleri olarak telakki edilebilir. Hatta Pic de la Mirandol'un meşhur savunmasını bile, De Omni ve Scibili gibi.
[73] Ed. Vivès, t.27-32; Parme, t.15-17; Paris, 1927; P. Mandonnet, Les Opuscules de S. Th. D'Aq. Dans Rev. Thom, 1927; p.121-157; Yine bkz: M. Grabmann, Die Echten Schriften Des Hl. Thomas, V. Aq. Münster, 1920.
[74] Bunları belli başlı üç gruba ayırabiliriz: a. Opuscules Théologiques Burada yedi risale vardır: Op. 1, II, b. Büyük Seri: 69 risale vardır (Op. 1.2.3....). Yukardaki grubu tamamlayan bir seri: 3. Seri: Mandonnet'nin yayımı, en mantıki metinleri meydana getirmektedir.
[75] Mandonnet, Rev. Th. 1927, p.123-125.
[76] İbid, p.146.
[77] Toplam kırktır, Mandonnet'nin listesi, Mandonnet, Rev. Th. 1297, p.156-157.

Şimdi mevsuk olarak bilinen risalelerin konularını tasnif edebiliriz:

1. **Felsefi Risaleler**: Bu konuda sekiz orijinal risale ile iki tefsir dikkat çekmektedir: De Hebdomadibus de Boéce ve De Causis. Bunlara şunlar ilave edilebilir. 1. De Regno Ou De Regimine Pirincipum (Op.16), politik eser, dört kitap halindedir[78]. Bu 1265-1267 yıllarına doğru kral Chypré'ye hediye edilmiştir. Bu kral, Lusignan ailesindendir (2). De Regimine Judaeorum (Op.17). Bu eser sosyal ve ekonomik düzeydeki sorular konusunda Brabant düşesine (1269-1272) verilen cevapları oluşturmaktadır[79].

2. **İlahiyatla İlgili Risaleler**: Bunlar farklı başlıklara sahiptirler:

a. Op. 63: In Boetium de Trinitate'nin tefsiridir (1257-1258)

b. Op. VII: In Dionysium de Divinis Nominibus (1259'dan sonra)

c. Op. 4: De Articulis Fidei et Sacramentis (1261-1262)

d. Op. 2: De Rationibus Fidei (Contra Graecos, Armenos et Saracenos (1261-1262)

e. Op. VI: Contra Errores Graecorum (1261-1262)

f. Op. 1: Compendium Theologiae (De Fide et Spe), Raynald de Piperno'ya (1272-1273) yıllarında hediye edilen ilahiyatın özetidir.

3. **Ahlaki ve Kanonik Problemler**: Muhtelif danışmalara cevaplar:

a. İki décrétales üzerine (Op. 19, 20: 1260'a doğru)

b. De Emptione et Venditione (Op. 60: 1260)

c. De Judiciis Astreorum et De Sortibus (Op. 21, 22: (1269-1272)

d. Responsio de Articulis XXXVI ve Resp. De Articulis VI (Op. 10, 11, 1271. Tarikatın genel başkanına S. Thomas'ın üç önemli cevabı.

a. Pierre de Tarentaise'in doktrini üzerine (Resp. De CVIII Articulis: Op: 8; 1264'den sonra);

b. Muhtelif felsefi sorular üzerine (Op. 9: Resp de XLII art. Hayatın sonu);

c. Mutlak şekil üzerine (Op. 18; 1269-1272) Les Articulis İterum Remissi[80]. Bu üçüncü seride zikredilen danışmalara cevap veren mektubun bir parçasıdır. Yine aynı seride, l'Abbé'du Cassin'e verilen bir cevap bulunmaktadır.

---

[78] S. Thomas tarafından bitirilememiştir. Ptolémée de Lycques tarafından tamamlanmıştır.
[79] cf. Pirenne, Clans Revue Néo-Scol, 1928, p.193-205.
[80] P. Mandonnet, Ecrits Auth. p.137-139.

Bernard, S. Thomas'ın en son yazdığı (Ocak-Şubat 1274) kişidir. Bu cevabi derlemelere, S. Thomas'ın mektuplarını da ilave edebiliriz. Bunlar Epistola de Modo Studendi'dir ve muhtemelen mevsuktur (3. Seri)[81].

4. Dini Hayat ve Liturgie: Dini hayatın savunması için yazılan üç eser, belirtilmiştir[82]: Contar İmpognantes Dei Cultum (Op. 1; 1257); De Perfectione Vitae Spiritüellis (op. II; 1269); Contra Retrahentesa Religionis İngressu (Op. III, 1270). S. Thomas'ın liturjik eseri Féte-Dieu (op. V; 1264)'ye sahibiz. Bu eser, Papa Urbain IV'ün isteği üzerine yazılmıştır. Muhtelif dualar mevsuktur (3. Seri). Ayrıca L'Adore te (veya Ore te Devote)'de öyledir. Kutsal sakrament bayramının tesisi vesilesiyle S. Thomas, Consistaire'un önünde muhteşem bir konuşma yapmıştır. Bu konuşma, muhafaza edilen nadir şifahi parçalardan birisidi (3. Seri).

5. Şifahi Eserler: Büyük günahkârın bu eseri bize, onun tarafından yapılan konuşmaların raporu içinde ulaşmıştır (Bunların çoğu yayımlanmıştır ve mevsuktur). Planda veya Canevas'larda az gelişmiştir. Ancak bunlarda, risaleler arasında bulunmuştur. Böylece IV. risale, 142 Dominiken konuşma planı serisi ihtiva etmektedir. Ayrıca 83'de muhtelif bayramlar için plan vardır (Mesih veya azizler için): Bu bilgiler, kutsallaşma (1254-1264) yıllarının tarihini taşımaktadır. Yine onun Naples'da, son Carém'de verdiği konuşmanın özetine sahibiz (1273). S. Thomas, on emri (Op. 3), Le Pateri (Op. 5), L'Aveyi (Op. 6) ve Credo'yu şerh etmektedir (Op. 7). Bütün bu metinler bize, S. Thomas'ın belagati hakkında bir fikir vermektedir. O, topluluğu heyecanlandırmasını biliyordu. Birgün **passion** konusunda konuşurken, dinleyicinin ağlamasını kesmek zorunda kalmıştı[83]. Yine burada derslerin başlama döneminde 1252'de ve 1256'da yaptığı açılış konuşmalarına da işaret etmek gerekir[84].

Diğer Risaleler: Mandonnet'nin kesin olarak mevsuk gördüğü bütün risalelere işaret ettik. Diğerleri reddedilmiştir[85]. Bununla beraber Grabmann, tamamı felsefi olan on tanesinin belirli bir kısmını elinde tutabileceğine

---

[81] P. Mandonnet, Bibl. Thom. p.XVIII.
[82] Bu kitabın 529 ve 534. Sayfalarına bakılmalıdır.
[83] H. Petitot, S. Th. d'Aq. p.142-145.
[84] F. Salvatore, Due Sermoni İnediti di S. Tommase d'Aq, Rome, 1912, (27 sayfa).
[85] Le De Secrete (Vivès, t.32, p.816), sade bir sözlü davadır. cf. P. Mandonnet, Ecrits Auth, p.139-141.

inanıyor ve Mandonnet'ninkinden sadece ikisinin gerçekliğini kabul etmektedir[86].

İttifakla reddedilenlerin arasında bazıları oldukça yayılmıştır ve önemlidir. Bunlar, felsefi düzeydedir (De Cruditione Principum Op. 37; De Totius Logicae Aristotelis Summa, Op. 44, Sekiz eserde vs.)'dir. Bunlar, ilahiyat düzeydedir (De Venerablii Sacramento Altans, Op. 51; De Sacramento Eucharistia, Op. 52; De Humanitate Christi, Op. 53; De Dilectione Dei et Proximi, Op. 54).

F. Kutsal Kitap Çalışmaları[87]

Aslında S. Thomas'ın Kutsal Kitap çalışmaları, bütün hayatının çalışmalarını teşkil etmektedir. Bu çalışmalar, onun üstad olarak öğretiminin meyvesidir. O, bu açıdan sıra ile Eski ve Yeni Ahit kitaplarını açıklamaya yönelmiştir. Onun tefsir çalışmaları bize iki şekil altında gelmiştir: **Exposition** şekli altında gelenler tamamen S. Thomas tarafından yazılmışlardır. Okuma (lecture) şekli altında gelenler yani raporlar şeklinde olanlar[88], üstadın bir seçilmiş metnin üzerinde verdiği dersleri dinleyenlerden birisi tarafından tutulan notlardır. Aslında S. Thomas'ın yorum çalışmalarının büyük bir kısmı bize bu şekil altında ulaşmıştır. Bu konuda özellikle İnciller ve St. Paul'un Romalılara ve Korintoslulara birinci mektubunun VII. bölümü özellikle zikredilebilir. Uzun zaman onun dört İncil üzerine lafzi bir tefsir yazdığına inanılmıştır. Fakat bu doğru değildir[89]. Catena Aurea'nın[90] haricinde (Bu da bir tefsir değildir) o da bir **Glose**'dur (Bu eski dokümanların ona verdiği bir isimdir) veya İncil metinleri üzerinde eski bir derlemedir[91]. S. Thomas, Yuhanna ve Matta İncilleri üzerinde sadece iki okuma (lectures) bırakmıştır. Başka İncil

---

[86] De Fallaciis, Op. 35; De Propositionibus Modalibus, Op. 36; Grabmann tarafından kabul edilenler: De Differentia Verbi Divini et Humani, Op. 12; De Verbo, Op. 13; De Principio İndividuationis, Op. 25; De Nature Materia, Op. 28; De İnstantibus, Op. 32; De Quatuor oppositis, Op. 33; De Demonstratione, Op. 34; De Natura Accidentis, Op. 38; De Natura Generis, Op. 39.
[87] Edit. Vivès, t.16-17; (Chaine d'Or), 18-19 (Aric. Test), 19-21 (Nouv. Test) éd. Parme, t.11-12 (Chaine), t.14 (Anc. Test); t.10 ve 13 (Nouv. Test) P. Mandonnet, La Chronologie des Écrits Scripturaires de S. Th. d'Aq. Dans Rev. th. 1928, 1929.
[88] Bu konuda geçmiş bölümlere bakılmalıdır.
[89] Yanlışlıkla bir raportör resmi kataloğun içine birtakım kelimeler yerleştirmiştir: 1. Expositionem Super "Job" ad Litteram, Par 2. Expositionem Super "Quatnor Evangelia" ad Litteram. Quatuor Evangelia, önceki satırda bulunmaktadır.2. Glossae Super Quatuor Evangelia. Kopyacı dalgınlıkla onları "Job" kelimesinin yerine yazmıştır. Bkz: P. Synave, Le Contement Sur Les 4. Ev. Dans Mélanges, th. p.109-122; cf. Mandonnet, Op. Cit.
[90] 1263-1267 yıllarında verilen dersler. cf. Mandonnet, Op. Cit.
[91] Vie Spirituelle, 1923 (t.VIII), p.462-464.

açıklaması yoktur. O. Naples'da, ikinci defa St. Paul üzerinde bir şerhe daha teşebbüs etmiştir ancak ölümü buna mâni olmuştur. Az yayılmış olmasına rağmen, Eski Ahit üzerinde şerhleri daha çoktur. İşaya, Neşideler Neşidesi, Ağıtlar, Yeremya, Eyub, Mezmurlar üzerinde ki şerhleri vardır. Bütün bu yazılar, onun tarafından yazılmışlardır ve nakledilmişlerdir.

Bu tefsirlerin tarihi: Bunlar daha yeni tespit edilmişlerdir[92]. Bunlar S. Thomas'ın mesleki kariyerinin farklı dönemlerine ait bulunmaktadır:

a. Paris: (1256-1259): İşaya, Matta

b. İtalya: (1259-1268): neşideler Neşidesi[93], Ağıtlar, Yeremya, S. Paul.

e. Paris: (1269-1272): Eyub, Yuhanna.

f. Naples: (1272-1273): Mezmurlar, S. Paul.

Bu tarihler, muhafaza edilen yazıların tabiatlarına uygundur. Belki sadece St. Paul ile olan hariç olabilir. Çünkü sadece bir tek metin vardır veya bir tek şerhi oluşturan iki metnin daha çok unsurları vardır: Birinci kısım (In Rom ve In 1 Cor, ch. 1-VII, 9), Naples'da Thomas tarafından açıklanmıştır. Korintoslulara mektubun sonu üzerinde XI. bölümden itibaren (Commentaire de VII, 20-X, 33) Pierre de Tarentaise'inkinden çıkarılmıştır ve diğer mektuplar İtalya'daki ilköğretimin raporlarından gelmektedir. Ölümün engellediği bu eser, muhafaza edilmiştir. Geri kalanlar terk edilmiştir[94].

Üstadın ilahiyat alanındaki bu açıklamaları, ilâhiyat eserlerini meydana getirmektedir[95]. Aslında S. Thomas, önce lafzî anlama zaruretine inanmaktaydı ve bizzat bunu tatbik etmekteydi: Hatta bu, onun ilk çalışmasıdır. Anlamı çıkardığında o, onu çözmeye çalışmakta geleneğe dayanmakta, akıldan yardım almaktadır. Böylece, lafzın ortaya koyduğu güçlükleri, Allah'ın genel kavramı fonksiyonunda hakiki değerini göstermeye yönelmektedir. Burada yaratıkların ve beşeri hayatın[96] fonksiyonu da dikkate alınmaktadır. O, pederlerin tartışmaya yol açabilen kanaatlerini imana uygun gelecek tarzda

---

[92] P. Mandonnet, Op. Cit. p.240-245.
[93] Mandonnet, Rev. th. 1928, p.136.
[94] Mandonnet, Op. Cit. Raynald de Piperno, bizzat (1259)'dan itibaren S. Thomas'ın bütün okul derslerini rapor etmiştir. Mandonnet ile birlikte bu raporları başlatanın ve sadık dostuna soran ve onları **Socius**'a emanet edenin S. Thomas olduğuna inanabiliriz.
[95] Bkz: A. Gardeil, Les Procédés Exégétiques de S. Thomas, Dans La rev. th. 1903, p.428-457; P. Synave, Les Commentaires Scripturaires S. Th. d'Aq. Dans Vie Spirit, 1923, (t.VIII), p.455-469.
[96] P. Synave, İbid, p.457.

yorumlamaktadır. Böyle bir metod, büyük avantajlara sahiptir. Çünkü kutsal metne, sadece lafzî açıklamayı değil, büyük kilise doktorlarının seküler düşüncelerini geleneksel olarak hesaba katmakda bu metodu ihtiva etmektedir. Kutsal yazarların düşüncesini birçok unsura bölen birçok alt bölümle karşılaşmamak için, ustaca düzenlenmiş bir ilahiyatta, yüklü olan ilk vahiy ve ilhamını büyüleyen cazibeyi bu metod ortaya çıkarmaktadır[97].

St. Thomas'ın doktrinel endişeleri onu, başka gizli gerçekleri aramaya sevk etmektedir. Yani lafız tarafından doğrudan anlamlandırılmanın ötesinde, Allah'ın işaret ettiği gerçeklere sevk etmektedir: Eski şeriat, yeni kanunun figürüdür. Mesihin aksiyonları, bizzat bizim tamamlamak istediğimiz anlamdadır: Militan hayat, muzaffer kiliseyi sembolize etmektedir. **Mecazi, ahlâkî** ve **Anagogique** üç anlamın keşfi, ayrı olarak kutsal sayfalarda bulunmaktadır[98]. Lafzî anlam altında S. Thomas, sentetik dehasının aydınlıklarını ve zamanının inceliklerini getirmektedir. Kutsal metinlerin telkin ettiği farklı uygulamaların bol zenginliğiyle karşılaşmak için onun tefsirlerini açmak yeterlidir. Manevi hayat, yazardan mülhem formüllerle beslenmeyi sevmekte ve orada geleneksel tadı bulmaktadır. Hatta ilahiyatın suyunu çıkarmaktadır. İlham veren yazarların nihai zevklerini yeniden keşfetmek ve onlardan tüm teolojik özü çıkarmak için formülleriyle beslenmeyi seven manevi yaşam, Thomas d'Aquin'in Kutsal Kitap yorumlarında ilk tercih edilen bazı gıdaları görmekten geri durmamaktadır[99].

G. Somme Théologique
1. Genel Karakteri

Somme Théologique, bütünüyle ele alındığında, en geniş şekilde ve en açık şekilde Thomist ilahiyatın sistematik bir açıklamasını teşkil etmektedir. Bu eserin yazarının düşüncesinde o, tam bir açıklamadır. Hatta spekülatif ilahiyatın tamamına sommaire/özet bir giriştir[100]. Bu eserin girişinden itibaren St. Thomas, ilahi ilimde, fazilette olduğu gibi "yeni başlayanlarla", "ilerde olanları" ayırarak, birincileri özellikle bilgilendirmeyi beyan etmektedir.

---

[97] İbid, p.458.
[98] Quodlibet VII, a, 15 ad.5, Bkz: Sumith, 1, q. 1, a.10.
[99] P. Synave, İbid, p.458-459.
[100] M. Grabmann, La Somme Théol. p.39-40.

Bunlar, ilahiyatta, acemidirler (Doctrinae Novitii yani sağlam gıdadan ziyade süte ihtiyacı olan çocuklardır.) (I. Kor. III/1). İşte bu didaktik amaca bir başka genel karakter ilave edilebilir ki bu Thomist eseri, önceki bütün somme'lardan ayırt etmektedir: Aristocu felsefenin sistematik açıklaması, dogmanın ve ahlakın akliliğinin kullanılması; kilisenin geleneksel doktrinini hiçbir dâhili değişime maruz bırakmaması[101] gibi. Aristotelizmin yüksek kalitelerinin ilahiyatından yararlanma arzusu, aynı zamanda onu temizleme arzusu, St. Thomas'ın teşebbüsünün temel prensibi değildi. Aslında o, önce açık, kısa ve belli bir bilgi vermeyi arzu ediyordu. Bunun için o, önceki somme'ların üzerine diğer şekilde yüklenen üç hatadan eserini korumakla meşgul olmuştu: Bu hatalar şunlardı: Yararsızlık, planda düzensizlik, uzunluktu[102]. Bunun için o, ikinci derecedeki birçok soruyu bir kenara bırakmıştır. Bunları işlemek için her maddede zaruri delillerle yetinmektedir. Böylece o, tekrardan sakınmak için oldukça çok maddeye sahiptir. Diğer yandan, en yüksek metafizik görüşler, her bölümü ve onların farklı unsurlarını sağlamca bağlamaktadır[103]. Yine biz Thomas'ın hiçbir eseri, Somme Théologique'deki dehayı göstermemektedir. Yani, ondaki analiz ve sentez kapasitesini göstermemektedir[104].

Somme Théologique'deki analitik metod, okullarda cari olan metoddu. Melek doktor, bunu hayretamiz şekilde yumuşak olarak kullanmaktadır. Ancak bunu, sadece düşünce düzeyindeki sorular için değil; pratik hayat ve gözlem alanları için de kullanmıştır. Düşünce ilimlerinde, münhasıran dedüksiyon hâkimdir. O, tarif etmekte bölümlemekte, ustalıkla sonuç çıkarmakta, doğru sınırlarda durmakta, belirsizliklerden sakınmaktadır[105]. Psikoloji alanında, "Bütün ruhi hayata" emin şekilde ve incelikle hâkimdir: Dâhili yetenekler ve operasyonlar olarak, vijdan/şuur, kaprisler, duygular veya zekâ ve irade söz konusudur[106]. Fakat ahlakta, St. Thomas'ın analiz ruhu zafere ulaşmaktadır: "Ahlaki ve sosyal gerçekler, genel ilkelerin önemli olduğu, ancak gerçeklerin ve deneyimin egemen öneme sahip unsurlar haline geldiği karma

---

[101] M. Grabmann, İbid, p.61-72.
[102] Giriş kısmına bak.
[103] M. Grabmann, uzunca Thomist metodun farklı işlemlerini açıklamaktadır. Op. Cit. p.73-134.
[104] P. Mandonnet, Frères Prècheurs, Dans dict. Théol. Col. 878.
[105] İbid, Col. 878.
[106] İbid, Col. 878-879.

bir zeminde olduğunda kurulur."[107] İşte bu yeteneklerle Doktor Thomas, II^a-II^{ae}'de kıyas edilemeyen bir şekilde faziletleri işlemektedir.

Hâkim olan analitik metoda rağmen Somme, bir sentez olarak isimlendirilmiştir. Önce bütünün genel dağılımına hâkim olan yüksek metafizik anlam, tezlerin açıklanması ve itirazların çözümü nedeniyle sentez olarak isimlendirilmiştir. Şimdi ise, konuların çok büyük çeşitliliği arasında daha sağlam birlik vardır. Thomas'daki sentez ruhu, onun analiz ruhundan daha yüksek değildir. Ancak bu, oldukça nadir şekilde bizi şaşırtmaktadır[108]. Thomas'daki olağanüstü bir içgüdüsel gücün yanısıra, birinci sınıf bir organizasyon dehası bunu gerçekleştirmektedir. O, Antikitenin ve zamanının en iyi esprilerini meydana getiren her şeyi, aşağı yukarı biliyordu. Fakat o, bu geçmişin bütün bu raporlarının ayağa dolaşması yerine, çabasız şekilde ondan şahsi ve orijinal bir eser çıkarmaktadır. Çünkü o, bu geleneksel mirasın en saf özünü ihtiva etmektedir. Zira net olarak ilahiyatı, felsefeden ve mistikten ayırarak, dogmatik, ahlaki zahidane ve mistik ilahiyatın bu yegâne eseri üzerinde yoğunlaşmaktadır. Buna göre Somme, pekâlâ bir sentezdir. O, teorik olarak ve özet olarak böyledir. Çünkü o, yeni başlayanlara yönelmiştir. Fakat o, öyle bir sentezdir ki, kutsal ilmin belli başlı prensiplerini kucaklamaktadır.

Eserin genel bölünmesi, sade olduğu kadar da büyük planlanmıştır. Allah konusu, Somme Théologique'in daimî konusu olmuştur. Fakat Allah, orada üç veche altında, üç farklı görüş noktasından telakki edilmiştir:

1. O, önce varlık (Etre) olarak incelenmiştir. Fakat bizatihi değil, bizzatihiliğin dışındadır, prensip olarak böyledir: "Principalis İntentio Hujus Sacrae Doctrinae Est Dei Cognitionem Tradere, Et Non Solum Secundum Quod in Se Est, Sed Etiam Secundum Quod Est Princépium Rerum" (19, p.2)= Bu kutsal doktrinin temel amacı, Tanrı bilgisini sadece kendi içinde olduğu ölçüde değil, aynı zamanda eşyanın ilkesi olduğu ölçüde vermektir. İşte Deo et de Operibus dei eserleri buradan kaynaklanmaktadır. Yani Tanrı ve Tanrının işleri hakkındaki eserler buradan kaynaklanmaktadır.

2. Allah, nihayet iyi olarak takdim edilmiştir. Yani yaratıkların sonu ve özellikle makul yaratıkların sonu olarak takdim edilmiştir= Finis Carum et

---

[107] İbid, Col. 879.
[108] İbid, Col. 879.

Specialiter Rationalis Creaturae". İşte "Rasyonel yaratığın, Tanrıya doğru hareketi hakkındaki" etüdün kaynağı burasıdır.

3. Nihayet Allah, Allah'a doğru insanın yolu olarak gösterilmiştir. Fakat bu herhangi bir insan değil; lanete uğramış insandır. Böyle bir insanın, bedenleşmiş Allah'a ihtiyacı vardır. İşte Somme'daki üç kısım buradan kaynaklanmaktadır.

2. Kısa Bir Analiz

Burada böyle bir eserin özetlenmesi söz konusu değildir. Ancak bu eserin ihtiva ettiği zenginliklerin birkaç detayını bir envanter olarak ortaya koymak faydalıdır. Bu çalışma bugün gereklidir. Çünkü içindeki unsurlar, dağınıktır, açık olarak farklı branşlara aittirler. Yani felsefeye, dogmaya, ahlaka ve spiritüaliteye aittirler. Şayet her metni, kendi muhtevasında göstermek önemliyse, her soruyu ve her eseri geniş olan Somme'da doğru şekilde yerleştirmek de o kadar zaruri değildir. Bu çerçeve onları gerçek çevreye sabitlemekte ve böylece yazarın doğru fikrini daha iyi tespite imkân vermektedir. Böylece, müteakip maddeye, her eser için, belli başlı tezler ve Thomist ilahiyatın gerçek karakteristiği, bizzat Somme'un düzenine göre ortaya konacaktır. Fakat burada, bu eserin basit bir analiziyle yetinilecektir:

a. Prima Pars (119. Soru)

İlahiyata genel giriş olan birinci sorudan sonra[109] La **Prima**, St. Thomas tarafından Tanrının genel bir etüdü olarak takdim edilmiştir (De Deo). Tanrı burada, her görüş noktasından değil, yalnız varlık olarak veya varlık prensibi olarak[110] takdim edilmiştir[111]. Böylece tespit edilen konu, oldukça geniştir ve üç eseri ihtiva edecektir:

1. De Deo Uno (p.2-26);

2. De Deo Trino (q.27-43);

3. De Deo Creante et Gubernante (q.44-119).

- **De Deo Uno (p.2-26)**[112]

---

[109] Bkz: IV, p.570.
[110] II^a, Allah'ı son olarak düşünmektedir.
[111] I^a-II^{ae} girişe bakılmalıdır.
[112] Trad. Sertillanges, Traité de Dieu, 3. Vol. (Coll. Revue Des Jeunes).

Bu eser, Allah'ın varlığıyla ilgili eşit olmayan üç uzun kısım ihtiva etmektedir (q.2). Allah'ın özü (q.3-13) ve onun operasyonları (q.14-26).

a. **Allah'ın Varlığı**[113]: Bu konu oldukça özet şeklinde, tek soruda üç madde ile tespit edilmiştir (q.2).

b. **Allah'ın cevheri üzerine (q.3-13)** işarette bulunmaktadır. Bu Allah'tan başka bir şeye işaret eder: En azından o, olmayan şeye[114] zira tanrısal cevher bir kenara bırakılmalıdır:

I. Bütün kompozisyon, onda sadeliği beyan etmektedir (q.3). İşte bu onun olgunluğunu ve güzelliğini tasarlamaya imkân vermektedir (q.4-6).

2. Sonsuz olarak belirtilen her sınır (q.7), onun her yerde hazır olduğunu çağrıştırır (q.8).

3. Hareketsiz olarak bilinen her hareket (q.9) ebediyyen (q.10) vardır.

4. Nihayet, özdeki çoğulculuk bir olarak ilan edilmiştir (q.11). Bu açıklama, insanların Allah'ı bilmelerine tahsis edilen iki önemli soruda (q.12) ve ona verilen isimlerde ifade edilmiştir (q.13).

c. Tanrısal operasyon burada etüd edilmiştir (q.14-26). Bunlar ilimdir ve iradedir ki hareket eden de olandır ve güçtür ki dışarıda eserleri meydana getirendir.

I. İlim üzerindeki soruya (q.14) ve ilâhi fikirler üzerindeki soruya (q.15) sadece hakikat üzerine olan etüd bağlanmamış bu vesileyle, yanlışta bağlanmıştır (q.17). Ayrıca hayat fikri de (q.18) bağlanmıştır. Çünkü bazı eylemleri anlamak bir hayattır.

2. İlahi irade (q.19), aşka bağlanmıştır (q.20), adalet ve merhamet (q.21), inayet (q.22), kader (q.23-24), zekâya ve birleşik iradeye aittirler.

3. İlahi güç (q.25) yüce şekilde aktiftir ve sınırsızdır. Allah'ın tabiatıyla ilgili olan bu eser, Tanrısal mutlulukla ilgili soru üzerinde tamamlanmaktadır.

-**De Deo Trino (qb27-43)**

Burada St. Thomas, açıklamasını bir nevi girişte Processions (q.27)'la, Allah'la ilişki (p.28) konularını açıklamaktadır. Nihayet 29. soruyu ele almaktadır ve iki kısım ihtiva etmektedir:

---

[113] IV. maddeye bkz: p.582.
[114] (q.12), (q.3-11).

a. Bizzat şahıslar (p.29-38). Bu önce, müşterek bir etüddür. Şöyle takdim edilmektedir.

1. Şahıs kelimesinin Allah'taki anlamı (p.29).
2. Şahısların Allah'taki ayrılıkları (q.30).
3. Birliği ve çoğulculuğu ifade eden formüllerin seviyesi (q.31).
4. Mefhumların gerçeği veya şahıstan ayıran özel karakterler (q.32). Peder (q.33), oğul (q.34-35), Kutsal-Ruh (36-38) üzerinde özel bir etüd.

b. Muhtelif ilişkiler (q.39-43): Burada kıyaslamaya imkân veren şahıslar tasarlanmıştır. Yani Tanrısal cevher (q.30). İşte burada, kullanılan kelimeler sorunu çıkıyor. Yani ilişkiler veya özelliklerle (q.40) mefhumsal eylemler arasındaki (q.41) ilişkiler ortaya çıkıyor. Şayet şahıslar, kendi aralarında kıyaslanırsa, bir yandan onların eşitliği ve benzerliği (q.42) tanınacaktır. Diğer yandan gerçek misyonların varlığı ortaya çıkacaktır (q.43). İşte bu eser, bu soruyla bitmektedir.

- De Deo Creante et Gubernante (q.44-119)

Teslisten sonra St. Thomas, yaratıkların bizzat Allah'tan sudur tarzını incelemektedir. O, sürekli konuşmaktadır.

a. Bizzat yaratılıştan (q.44-49)

b. Farklı eserlerden (q50-102)

c. Yaratıkların yönetiminden (q.103-119)

a. Yaratılış (q.44-49)[115]: Her şeyden önce varlıkların ortaya çıkışı konusu ile ilgilidir. İlahiyat onların sebeplerini tanıtmaktadır (q.44). Onların sudur tarzlarını (q.45), sürülerin prensiplerini (q.46) tanıtmaktadır. Yine bu bölümde varlıkların ayırımının kökeni araştırılmaktadır. Özellikle iyi ve kötülüğün dünyadaki kökeni incelenmektedir (q.48-49).

b. Allah'ın Muhtelif Eserleri (q.50-102). Bunlar üç gruba ayrılmaktadır: Melekler (Tamamen manevi yaratıklardır). Bedensel varlıklar. Bu dünyayı teşkil etmektedir. Hem beden hem de ruhtan oluşan varlıklar. Bu da insandır[116].

1. Melekler (q.50-64)[117]: Burada önce, onların cevheri (q.50-53); onların zekâsı (54-58), iradeleri (59-60) alınmıştır. Sonra formasyonları (q.61), tabiat-

---

[115] Nouv. Trad. Sertillanges, Traité de la Création, (Coll. Rev. Jeun).
[116] 50. soruya bakınız.
[117] Le Traité Des Anges, dokuz soru ihtiva eder. Bu konuda bkz: q.106-114.

üstüne yükselmeleri (q.62) ve lanetlenmiş olan melek (şeytan) ele alınmıştır (q.63-64).

2. Bedensel Dünya: Bu eserde altı gün veya Hexaémeron (q.65-74) incelenmiştir. St. Thomas, önce yaratılış eserini genel olarak incelemektedir. Bunu o, Opus Créationis (q.65-66) olarak adlandırmaktadır. İlk üç günün eserine muhalif olarak veya Opus Distinctionis (q.67-69) veya müteakip üç günün eserine veya Opus Ornatus (q.70-72)'a muhalif olarak işlemektedir. O, bu konuyu 7 gün üzerinde (q.73) ve Hexaémeron (q.74) üzerindeki müşahedeleriyle tamamlamaktadır.

3. İnsan (q.75-102): St. Thomas, burada doğrudan ilahiyatla ilgilenmemekte sadece insanın ruhuyla ilgilenmektedir. O, insanın tabiatını açıklamaktadır (q.75-89). Onun formasyonundan önce bunu yapmaktadır (q.102). Bu konuda sürekli olarak ruhun spritüel özünü etüd etmektedir (q.75-76), sonra onun yeteneklerini (q.77-78), özellikle aklını (q.79), iştahını, bilhassa iradesini ve hür iradesini (q.80-83) incelemektedir[118]. Onun amellerine ve alışkanlıklarına gelince sadece iradesi ve zekâsıyla ilgili konular sonraki bir eserin konusu olacaktır. Bunun için burada sadece bilgiden bahsedilecektir (q.84-89). İlk adamın (Âdem'in) formasyonu, muhtelif açılardan göz önüne alınmıştır: Meydana gelmesi (q.90-92), Allah'a benzemesi (q.93), ruhunun tabii ve tabiatüstü durumu (q.94), bedeni veya uzaydaki durumu (q.97-100), nihayet onun yaratılışı veya yersel cennet (q.102) incelenmiştir.

c. Tanrısal Yönetim (q.103-119): Bazen aksiyon direkt icra olunmaktadır (q.103-105). Fakat yaratıkların aksiyonunu kullanmaktadır:

1. **Melekler** (q.106-114). Bunlar sadece diğer melekler üzerinde hareket etmezler (q.106-107). Çünkü aralarındaki hiyerarşi böyledir (q.108), şeytanlara kadar (q.109) böyledir. Fakat onlar, bedenlerin aksiyonları ve insanlar üzerinde (q.111-112) hareket ederler. Önemli olan hafaza melekleri (q.113) ve şeytanların (q.114) önemidir.

2. Bedenler ve onların aksiyonları (q.115). O, aynı zamanda kaderciliği açıklamaktadır.

3. Diğer yaratıklar üzerinde icraat yapan insan ve onun aktivitesi. İster ruhsal olsun ister bedensel olsun (q.117) ve (q.118-119). Böylece birinci kısım Allah'a hamd ile tamamlanmaktadır.

---

[118] Nouv. Trad. Wébert, Traité de l'Âme Humaine (Coll. Rev. Jeun).

b. Secunda Pars (114 ve 189. Sorular)

İkinci kısımda doğrudan doğruya insanın Allah'la ilişkileri incelenmiştir. Ancak bu inceleme, Allah'ın sadece yaratıcı olması yönünden ve O'nun ebedi bir imaj olması yönünden değil, O'nun her şeyden bağımsız ve işlerinin hâkimi olması yönünden yapılmıştır (Giriş Kısmı). Başka bir ifadeyle Allah burada insanın nihai hedefi olarak tasarlanmıştır. Çünkü hür yaratıkların bütün aktivitesi, Allah'a aittir. Bunu St. Thomas, küçük eseri Béatitude (q.1-5)'de ortaya koymuştur. Bu eser, SECUNDA'ya giriş görevi yapmakta veya ahlakın etüdünü işlemektedir. Bu eser altıncı sorunun başında **genel ahlak** ve **özel ahlak** olarak bölünmüştür. Birincisi, birinci kısımda (I[a]-II[ae]), ikincisi de ikinci kısımda incelenmiştir (II[a]-II[ac]).

Prima Secundae (114 Soru)

Giriş bölümünde, mutluluğa veya insan amellerinin son amacı incelenmesinden sonra (q.1-5) St. Thomas, doğrudan bu soruları incelemektedir. Bu inceleme, bizzat amelleri (q.6-48) veya dâhili prensipleri (q.49-89) veya sadece dâhili prensipleri (q.90-114) ele almaktadır:

1. Ameller: İki çeşit amel vardır. Beşeri ameller (q.6-21) ve kaprisler (q.22-48). Buna insanlar, hayvanlarla müştereken sahiptirler.

a. Beşeri ameller (q.6-21)[119]. Bunlar önce iradeli amellerdir (q.6). Tabii ki bunlar farklı şartlara bağlıdırlar (q.8-17). Bunlar önce, psikolojik noktadan (q.8-17) ortaya çıkanlar ve istenilen ameller olarak ikiye ayrılırlar. İradeyle ortaya konan ameller sonuç olarak iyi olmalıdırlar. Bunun hedefi:

1. Basit istek (q.8) veya iyi ile olgunlaşan irade amelidir (q.9-10)

2. Elde edilenden yararlanma (q.11)

3. İyiye doğru eğilim (q.12)

Bunlar, vasıtalara dayanmaktadır:

1. Seçim (q.13) ki nasihat gerektirir (q.14)

2. Rıza (q.15)

3. İcraat veya tatbikat (q.16)

Bu amellerin haricinde, irade başka amellere de yeteneklidir. Bunlara İmpèrés (q.17) denmektedir. Bu ayırım bizi, daha önemli olan bir başkasına

---

[119] Nouv. Trad. Gillet, Traité Des Actes Humains (Coll. Rev. Jeun).

götürmektedir. Yani ahlaki ayırım, iyi ve kötü amellere götürmektedir: Bu ahlak, önce genel olarak incelenmiştir (q.18). Sonra dâhili amelde (q.19) ve harici amelde (q.20) nihayet sonuçlarında incelenmiştir (q.21).

b. İhtiraslar (q.22-48). Genel bir bakıştan sonra (q.22-25), özel etüd yapılmaktadır: Önce, **"Appetit Concupiscible"**,

1. Aşk (q.26-28) ve kin (q.29)

2. Arzu (q.30)

3. Sevinç (q.31-34)

4. Keder (q.35-39)

Appetit İrascible:

1. Ümit ve ümitsizlik (q.40)

2. Korku (q.41-42)

3. Cesaret (q.45)

4. Öfke (q.46-48)

2. Amellerin dâhili prensipleri (q.49-59): Bunlar, yeteneklerdir ve alışkanlıklardır. Fakat yetenekler, birinci kısmın konusunu teşkil etmektedir (q.77-83). Artık burada işlenecek konu, sadece alışkanlıklardır.

Genel Alışkanlıklar (q.49-54): Bizzat bunlar ele alınmıştır (q.49) veya onların olgunlaştırdıkları yetenekler (q.50), sonra onların sebepleri, kökeni, gelişmeleri ve gerilemeleri (q.51-53) incelenmiştir. Nihayet ayrılmışlardır (q.54). Alışkanlıkların ayrılması iyi veya faziletlilerdir. Kötü alışkanlıklar, eserin tamamını kapsamaktadır.

a. Faziletler (q.55-67): Bunlar da alışkanlıklar gibi etüd edilmişlerdir. Fakat daha derince incelenmişlerdir. Çünkü burada özel ahlakın gerçek temeli bulunmaktadır (II^a-II^{ae}). Bunlar büyük faziletlere dayanmaktadır. Genel bilgiden sonra (q.55-56) St. Thomas şu taksimi yapmaktadır:

1. Entelektüel Faziletler (q.57)

2. Ahlaki Faziletler (q.58-59). O, bunları belli başlı dört fazilete dayandırmaktadır (q.60-61)

3. Teolojikal Faziletler (q.62). Sonra o, bunların sebeplerini etüd etmektedir (q.63). İşte onların taksimi buradan kaynaklanır. Böylece tabii faziletler ve dâhili faziletler ve onların özellikleri ortaya çıkar: Orta, bağ, eşitsizlik, süre (q.64-67).

Kutsal-Ruhun Bağışları (q.68): Bunlar,h bizzat dâhili faziletlerden temelde ayrı alışkanlıklardır. Onlar mükemmel amellerin prensibidir. Bunlara mutluluk denir (q.69) veya meyveler denir (q.70). Bunların her biri bugün mistik ilahiyatta incelenmiştir[120]. Fakat St. Thomas, onları faziletlere yaklaştırmakta ve onlarla birlikte incelemektedir[121].

b. Kötülükler (q.71-89): Bunlar, günahların veya kötü amellerin alışılmış prensipleridirler. St. Thomas bunu, özellikle birinci sorudan (q.69) itibaren işlemektedir. Bizzat günahları işleyerek (q.72-74) onların sebeplerini işleyerek (q.75) sonra da dâhili sebepler olan cehaleti, zayıflığı ve kötülüğü (q.76-78) işlemektedir. En sonda dış sebepleri işlemektedir ki bunlar Allah'tan değil (q.79) şeytandan (q.80) ve insandandır: Burada, "asli günah"ı işlemektedir ki bu bize Âdem'den gelmiştir (q.81-83). Yine günahlar, başka günahların sebepleridir. Özellikle bunlara **"günahlar"** veya "belli başlı günahlar" (q.84) denmektedir. Günahın sonuçları, kirlilik ve meşakkattir (q.85-87). Bu sonuçlar öldürücü veya organsal günahlara göre çok farklıdırlar (q.88-89).

3. İyi Amellerimizin Dâhili Prensipleri (q.90-114): Bunlar Allah'ın bize öğrettiği yasaya ve inayete bağlıdırlar. Bunlarla O bize, en samimi amellerimize kadar yardım eder.

a. Yasa (q.90-108): Önce genel olarak tabiatı içinde ele alınmıştır (q.90). Türleri (q.91) ve sonuçları (q.92) gösterilmiştir. St. Thomas, sonunda her kanunu ayrı olarak işlemiştir (q.95-97): Ebedi kanunu (q.93), tabii kanunu (q.94), beşeri pozitif kanunu (q.95-97), eski ilahi kanunu (q.98-105), yeni ilahi kanunu (q.106-108).

b. İnayet (q.109-114)[122]: Bu konu, Somme'da oldukça özet olarak işlenmiştir: Konunun zarureti belirtildikten sonra (q.100) St. Thomas, tabiatı veya özü (q.110) ve türleri (q.111) incelemektedir. Yaratılışı o, sadece Allah'a tahsis eder (q.112) ve ona iki büyük minnette bulunur: Kötülüğün aktüel aksiyonu (q.113) ve iyi amellerle, Allah'ın önünde layık olduğu liyakatlere sahip olma imkânını (q.114) incelemektedir.

---

[120] 609 ve 616. sayfaya bakınız.
[121] Kötü amellere şeytan itmektedir. Bundan daha önce bahsedilmiştir.
[122] Nouv. Trad. Mulard, Traité de La Grâce (Col. Rev. Jeun).

Secunda Secundae (189 Soru)

Son sorular (q.171-189) belirli durumlarla ilgilidir. Hâlbuki II[a] - II[ae] tamamen "müşterek ahlaki zorunluluklara" tahsis edilmiş ve bunlar teolojikal faziletlerin kardinal faziletlerin etrafında toplanmışlardır (q.1-46); (q.47-170). St. Thomas uzunca her fazileti işlemektedir (konusunu, amellerine ve yerini[123] işlemektedir) ve Kutsal-Ruhun bağışını işlemektedir. Kötülükler veya günahlar onu tahrip etmektedir. Nihayet[124] kurallar konuya götürülmektedir. Fakat özellikle faziletlerin tabiatı, onun dikkatini çekmektedir. Hatta kardinal faziletlerini daha iyi belirtmek için, her konuda birkaç unsur aramaktadır. O, unsur bu faziletlerin konusunda formel olarak vardır. Nihayet ilave faziletler (Partes Potentiales) oraya bağlanabilirler. Bütün bu bağlantılarla St. Thomas, bu sonsuz dünyanın ahlaki alışkanlıklarına teorik bir ünite yerleştirmektedir. Bu, onu olgunlaştıran bağışın merhametin faziletiyle ruhta oluşan pratik ünitenin sonucundan başka bir şey değildir.

1. Teolojikal Faziletler (q.1-46):

Faziletlerin ve kötülüklerin tasnifi, özellikle öğreticisidir. Buna özet olarak işaret edeceğiz:

a. Kanun (q.1-16): Bu bir fazilettir ki onunla ruh, kararlılıkla, ilk hakikatin bize bildirdiği hakikatlere kararlılıkla katılmaktadır. Zihinsel ve bilimsel bağışlar, imana dayanır: Zihinsel bağış (q.8), yüksek bir anlayışla, aynı hakikatlere nüfuz eden bir bağıştır. İlim bağışı (q.8), bir düşünce bağışıdır ki yaratıklara, tabiatüstü hakikatlerin aydınlığında dayanmaktadır. İmana muhalif olan kötülükler, samimiyetsizlik, riyakârlık, küfürdür (q.10-14). Bunlar akla kör ve katı şekilde muhalefet etmektedir (q.15).

b. Ümit (q.17-22): Allah'a imanda ebedi mutluluğu beklemedir. Bunu bizzat Allah vadetmiştir. Bu da takva bağışına (q.19) bağlıdır ki O, bütün dünya korkularını evlatlık duygusuyla dışarıda bırakarak dikkatli olmaya onu sevk eder. İki kötülük onu yıkar: Ümitsizlik ve varsayım (q.20-21).

c. **Merhamet (q.23-46):** St. Thomas, bunu şöyle tarif etmektedir: Allah'ın ve insanın dostluğu[125]. O, bu konuyu subjektif noktalardan (q.23-24) ve

---

[123] Subjectum, onu söz konusu fazilet olgunlaştırmaktadır.
[124] Dostluk üzerine bkz: Sertillances, La Philos, Morale de S. Th, d'Aq÷ p.337-407. Yazar burada Somme'un donnelerini kullanmaktadır.
[125] a.g.e.

objektif noktalardan incelemektedir (q.25-26). Özellikle belli başlı amelini araştırmaktadır. O, bir dilection'dur (q.27): Dilection, saf bir lütuf değildir. O, aklın hüküm verdiği iradenin basit bir eylemidir. O, belli bir sevgi eğilimi ihtiva eder. Merhametin sonuçları dahilidir (sevinç, barış, merhamet) dışarıda olanlar, (lütuf, sadaka, kardeşlik, dürüstlük ((q.28-33)'dır.

Kötülükler, bunlara muhaliftirler: Bunlar, kin (q.34), tembellik (q.35), arzu (q.36), uyumsuzluk (q.37), kısıtlama (q.38), ayrılma ruhu (q.39), savaş (q.40), kavgalar (q.41), isyanlar (q.42), skandallar (q.43)'dır.

Bağış hikmete uygundur (q.45). Buna **Stultitia** ve **Fatuitas** muhalefet etmektedir (q.46).

2. Kardinal Ahlâkî Faziletler (q.47-170)

a. Tedbir (q.47-56)[126]: Bu yegâne ahlaki fazilettir ki doğrudan aklı, pratik hükümlerinde olgunlaştırır. Ameller, nasihati, yargıyı içine almakta ve onu Thomas bir kavram yapmaktadır. Onu, Sertillange[127] **Génial** diye adlandırır (q.47, madde 8).

Elemanlar veya inayetin dâhili şartları hafızadır, akıldır, öğrenme yeteneğidir, aksiyon yolunu keşfetmektir, dedektif, akıldır, güç yeteneğidir ve geleceği düzenlemektir, ihtiyatlı ve uyanık olmaktır.

Tedbir konusuna göre, roiyale'dır, politiktir, uysaldır, militairedir:

1. Nasihatin tabi bağışı
2. İyi anlamı
3. Gerekli istisnanın anlamı (q.51)

Nasihat bağışıyla, Kutsal-Ruh, aklı, pratik hükümlerinde idare eder. Basiret karşıtı kusurlar, pervasızlık ve ihmaldır (q.55). Yani bedendeki basiret, kurnazlık ve endişedir.

b. Adalet (q.57-122): Bu konu, uzunca incelenmiştir. Önce genel unsurlarıyla incelenmiştir. Yani adalet (q.57), adaletin konusu. Buna göre, bu ikiye ayrılır: Genel veya özel olarak (q.58) Adaletsizlik (q.59) nihayet yargı (q.60) olarak. Özel hukuk uzunca incelenmiştir (q.61-120) ve bu konudaki açıklama, dindarlık, bağışlama ve adaletle ilgili kurallara tahsis edilmiştir (q.121-122).

---

[126] Nouv. Trad. Noble, Le Traité de la Prudence (Coll. Jeun).
[127] Op. Cit. p.221.

Genel sonuçlar özel hukuku ilgilendirmektedir:

a. Onun türlerini, dağılımını ve değişimini (q.64-78), hayat üzerindeki şahıs ve komşuya iyilik (q.64-66), yargılar (q.67-71), ahlaki saldırılar (q.72-76), nihayet hile ile ve kurnazlıkla ihlalleri işlemektedir. İlave faziletler arasında (q.80-120), dokuz tanesi dinde ayrı bir yer tutmaktadır. Bunlar burada bol ve gelişmelere layık olmuştur.

Din (q.80-100): Adalete ilave edilen fazilet. Bu da birinci ahlaki fazilettir. Çünkü o bizi Allah'a götürmekte ve Allah'a ait olan tapınmayı ve onuru sağlamaktadır. Bunun eylemleri ondur. Önce iki dâhili eylem vardır:

1. Dindarlık (q.82): Bu Allah'a layık olan kültü sağlamaya götürmektedir (a1) ve bu bir sevinç kaynağıdır (a.4).

2. İbadet/Dua (q.83): Bu konu 17 maddede incelenmiştir ki tam bir eser meydana getirmektedir.

Tövbe fazileti de burada yer almaktadır. Fakat St. Thomas, bundan III. kısımda bahsetmektedir. Orada tövbe sakramenti ele alınmıştır.

Diğer dini eylemler, dış kültün kısımlarıdırlar. Bunlar tapınma (q.84), kurban (q.85), takdime (q.86), öncüller (q.87) ve diğer özel eylemler, adaklar (q.86), yeminler (q.89), andlar (q.90), hamdlar (q.91)'dır. Bu son üçü, dış eylemlerdir ve sakramentlere bağlıdırlar (q.89). Bunlar TERTİA'da işlenmişlerdir.

Dine karşı günah, 92-100. Sorularda ele alınmıştır.

Adalete ilave olan başka faziletler (q.101-120): Bunlar, komşu ile ilgilidirler ve sayıları çoktur:

1. Sofuluk (q.101): Bu bir aşk gösterisidir ki ebeveynlere ve vatana aittirler.

2. Saygı (q.102): Layık olan kişilere karşı gösterilen saygıdır:

a. Onlara ait olan şeref (q.103)

b. Onların emirlerine itaat (q.104-105)

3. Minnettarlık (q.106-107) ve intikam (q.108). Bu, komşuya karşı yapılan iyiliği veya kötülüğü düzenleme tarzıdır.

4. Doğruluk (q.109): Bu yalanı, riyakârlığı yasaklamaktadır (q.110-113).

5. Açgözlülük (q.114): bu iltifatı ve tartışmayı önler (q.115-116).

6. Hürriyet (q.117): Bu cimriliği (q.118) ve savurganlığı (q.119) dışarıda bırakır.

7. Epikie (q.120)/eşitlik: Eşitliğe sevk eder.

Dindarlık bağışı (q.121) adalete uygundur. Çünkü o, bu kültü sadece Allah'a değil, bütün insanlara yapmaktadır.

Adaletle ilgili kurallar, özellikle Decalogue'da (q.122) ele alınmıştır.

c. Güç (q.123-140): Burada özel iki eylem vardır:

1. Teşebbüs (q.123, a.3)

2. Dayanmak (a.6)

Şahitlik (q.122), bir kahramanlık eylemidir.

Ona muhalefet eden kötülükler, korkudur (q.125) inattır veya cesarettir (q.126-127).

Çok özel bir konuya sahip olan gücün alt çeşitleri yoktur. Fakat ona dört fazilet ilave edilmiştir. Bunlardan ikisi **Aggredi** ile ilgilidir. Diğerleri "**Sustimere'e** yakındırlar:

1. Magnanimite (q.129): İnsanı taşımaktadır (q.130, 131, 133).

2. Magnifiance (q.134): Büyük işleri gerçekleştirir ve küçüklerden sakındırır.

3. Sabır (q.136): Kederi ılımlaştırır ve uzun ömre sahip olur.

5. Sebat (q.137): Güçlükleri def eder.

Sebata muhalefet edenler: Yumuşaklık ve dik kafalılık (q.138).

Güç inayetiyle (q.139) Kutsal-Ruh, ruha bir güven verir ve bütün korkuyu giderir.

d. **Ilımlılık** (q.141-170): Bu güçten ayrıdır, ihtirasları ılımlaştırır ve sevke götürür (q.141)[128].

Bu fazilete, duygusuzluk muhalefet eder (q.142).

Onun iki şartı vardır: Faziletli utanç (q.144) ve namussuzluk (q.145). O, konu olarak uygun olmayan gıdayı (Perhiz: q.146-148), içkiyi (q.149-150), iffeti ve bekârlığı kontrol eder (q.151-154). Buna göre ılımlılığın üç türü vardır:

Buna bağlı olan faziletler:

1. Perhiz (q.155-156): Bu bedenin tabii hareketlerini düzenleyen fazilet anlamında açıklanmıştır. Ilımlılığın gerektirdiği mükemmel düzen için;

2. Merhamet (q.157-159): Bu öfkeyi durdurur.

---

[128] La Tempérance (Coll. rev. Jeun).

3. Tevazu (q.161): Bu kibri giderir (q.162-165).

4. Studiosite (q.166): Bu aşırı merakı önler (q.167).

5. Alçak gönüllülük, bedensel teni düzenler (q.169).

Modestie/tevazu terimi, burada en geniş anlamıyla alınmıştır (q.160). Bu da işaret edilen son üç fazileti belirtmek için yapılmıştır: Tevazu-Studiosite ve Modestie.

3. Bağışlar ve Özel Durumlar (q.171-189)

a. Burada işlenen, inayetler/bağışlardır (q.171-178) veya istisnai lütuflardır. Bunlar inayetlerden ayrıdırlar[129]. Bunlar, kehanet (q.171-174), gözden geçirme (q.175), lisanın bağışı (q.176), sözün bağışı (q.177) ve mucizenin bağışı (q.178).

b. Hayatın İki Derecesi: Bu murakabeli hayat ve aktif hayat olarak (q.179-182) belirlenmiştir. Bunların arasında meşguliyetler farkı vardır. Yani daha çok meşguliyetler ve ameller farkı vardır[130].

c. **Hayatın Halleri** (q.183-189): Bunlar, farklı görüş açısından farklı olabiliyorlar (q.183) ve yine mükemmellerin oluşumu birçok model içerir (q.184). Bu olgunluk durumunda, farklı ünvanlarla, piskoposlar (q.185) ve tarikatlar (q.86-189) bulunmaktadırlar: St. Thomas, burada bir dini hayat mefhumu vermektedir (q.186) ve üyelerin ödevlerine ve haklarına işaret etmektedir (q.187). Bu mefhumun hayallerine (q.188) ve onların şeraitlerine (q.189) işaret etmektedir. Bu gelişmeler, acele ile aktif tarikatların hasımlarının prensiplerinde reddedilecek şeyleri göstermektedir, özellikle XIII. yüzyılda[131]. Böylece SECUNDA, primayı kapatan formülle tamamlanmaktadır. Burada Mesihe şöyle hitap edilmiştir: **"Sonsuza kadar her şeyin üstünde olan Tanrı."**

c. Tertia Pars (9. Soru)

Üçüncü kısım bizim yolumuz olarak Allah'ı işlemektedir. Bedenleşme ve müteakip şeylerle Mesih, bizim yolumuzda (in seipo) ve onda olan lütuflarla görünmüştür. Hatta ölümsüz hayatın mutluluğuna kadar o, bizi götürmüştür[132]. Burada şunlardan bahsedilmiştir:

---

[129] Q.141, a.1, a(3).
[130] Bkz: Theologie Ascétique, p.614.
[131] Nouv. Trad. Son sorular (179-189) Par Lecomonier, Traité de la Vie Humaine (Coll. Rev. Jeun).
[132] III. Kısmın girişi, cf. 19, q.2.

a. Bedenleşme sırrı (q.1-26)

b. Mesihin hayatının sırları (q.27-57)

a. **Mesihin Sırrı** (q.1-26): Bu konu, bedenleşmenin uygunluğu üzerine öncelikli bir soru koymaktadır (q.1). Fakat birliğin tabiatı üzerine ilahiyatın dikkatini çekmektedir[133] ki bu birlikte, Allah'tan beşeriyete olan birlik gerçekleşmektedir: 2-15. soruların konusu budur. Özellikle ilk beşte, Thomas birliği bizzat (q.2) telâkki etmekte, ilâhi uknum, beşeriyetle birleşmektedir (q.3). Yani tabiat Allah tarafından üstlenilmiştir (q.4-6). Fakat böyle bir birliğe verilen imtiyaz birtakım çözülecek problemler ortaya koymaktadır. Meselâ, üstlenilen tabiatın özellikleri nelerdir? 7-15. sorular onun olgunlaşmasını etüd etmektedir. (q.7-8), ilim (q.9-12), güç (q.13) ve zayıflıkları (q.14-15) incelemektedir. Ortaya konan birliğin tabiatı, St. Thomas tarafından sırrın en derin bilgisini vermeye, ortaya konan prensiplerin sonuçlarını çıkarmaya yaramaktadır. Burada ister bizzat Mesih işlensin, ister Baba ile kıyaslansın ister tapınmamızdaki hukuku göstersin (q.25) ve onun aracı rolünü göstersin, durum fark etmez.

b. Mesihin Hayatı[134] (q.27-59): Bu kısım dört safhada takdim edilmiştir:

1. Allah'ın oğlunun dünyaya gelişi (q.27-39). Bu kısım St. Thomas'yı Meryem'den ve onun imtiyazlarından bahsetmeye getirmektedir (q.27-30), sonra onun bakire olarak hamileliğinden (q.31-34), İsa'nın çocukluğundan ve onun vaftizinden (q.35-39) bahsetmektedir.

2. Onun dünyaya takdimi (q.40-45): Yani yaşam tarzı, igva, doktrin, mucizelerden bahsetmektedir.

3. Dünyadan çıkışı (q.46-52): Passion, ölüm, cenaze, cehennemlere inişten bahsedilmektedir.

4. Onun tebcili veya muzaffer hayatı (q.53-59): Dirilme, yükselme, Baba'nın sağındaki yeri, yargılama gücünden bahsedilmektedir.

2. Sakramentler (q.69-90):

Tamamlanmamış bu eser, yine de gerçek hazineleri ihtiva etmektedir. Önce genel kısım (q.60-65) ki bu kısım, orta çağda bu konudaki ilâhiyat gelişmelerinden yararlanmaktadır. Vaftiz sakramentinin etüdü (q.66-71),

---

[133] Nouv. Trad. Heris, Le Verbe İncarné (Coll. Rev. Jeun).
[134] Nouv. Trad. Synave, Vie de Jésus (İbid).

konfirmationun (q.72) ve Evharistiyanın (q.73-83) etüdü tamamlanmıştır. Bu konu, fevkalade derince işlenmiştir. Bu kısım, onun kaleminden çıkan son eserdir. Tövbe (q.84-90), altı noktadan incelenecektir yani, onun tabiatıyla ilgili sorular (q.84-85) ve onun sonuçları (q.86-89) kaleme alınmıştır. 90. Soru tövbenin kısımlarını veya unsurlarını ele almaktadır ve konuyu genel olarak göz önünde bulundurmaktadır (Madde, 1-4). Ancak bu büyük şaheser noksan olarak kalmıştır[135].

3. Somme Theologique'in Kullanılması[136]

Burada verilen analiz, Somme Théologique'in mukayese edilemez zenginliğini ortaya koymaktadır. Bu eserin teorik biçimi, onun bir okul kitabı olduğuna inanmaya götürmektedir. Şüphesiz onun öğretici kalitesi ona, ilahiyat öğretiminde istisnai bir yer vermektedir. Bu hem bugün için hem de geçmiş için geçerlidir. Onun pratik seviyesi, her zaman ruhları yönetenlerce kabul edilmiştir. Bunlar, en farklı hallere tatbik edilebilen ve emin bir spritüel doktrin talep etmişlerdir[137]. En büyük Hıristiyan hatipleri/vaazları bu eserden ilham almışlardır[138]. Somme'un kullanılması, modern hayatı ve düşünceyi harekete geçiren büyük problemlere ve büyük sorulara kadar uzanmaktadır. Özellikle felsefi açısından[139], bilgi problemi açısından, ahlak problemi açısından, sosyolojik, politik açıdan problemlere uzanmaktadır. Bütün bu alanlarda II^a-II^{ae}'de St. Thomas, çok sağlam temeller atmıştır. Çünkü o, Hıristiyan ahlak düzeyini en geniş şekilde ortaya koymuştur[140]. Fakat bu bakış açılarının değeri ne olursa olsun, Somme Théologique'in kullanılması, teolojik bir açıklamayı gerekli kılacaktır. Bu durumda o, spekülatif ilahiyatın yüksek öğrenimi için ideal bir el kitabı olarak kalmaktadır.

Bu kitabın yorumu için çift metod kabul edilmiştir. Önce orada sistematik bir etüd vardır. Bu metodla, bütün anlamları, her maddenin fikriyatını eserin tamamındaki bütün doktrini temelden anlamaya ulaşılmaktadır[141]. Bu metod, önce metnin analitik etüdünü ihtiva etmektedir. Bunu sadece lafız olarak

---

[135] Reginald de Piperno, ekin yazarıdır (Mandonet, Ecrits Autent, p.13, St. Thomas Les Sentences'larda bazı unsurları almıştır. Ancak onları Somme'un şekline göre takdim etmiştir.
[136] M. Grabmann, İntroduction, p.135-163.
[137] Kaynaklara bakılmalıdır, 10.
[138] Grabmann, Bossuet'yi, P. Monsabré'yi ve P. Janvier'yi zikretmektedir. Op. Cit. P.154.
[139] İbid, p.155-156.
[140] İbid, p.160.
[141] İbid, p.136. cf. P.136-139.

değil, Somme'un bütünü ile ilişkileri içinde icra etmektedir. Maddelerin mantıki bağı, sorular, eserler, kısımlar, St. Thomas'yı kim etüd ederse derince kafasına yerleşmiş olacaktır. İkinci olarak onun doktrini, St. Thomas'ın diğer eserlerindekilerle, Massoulie'nin formülüne göre kıyaslanması gerekir: Divus Thomas Sui İnterpres=St. Thomas'ın tercümanı[142]. Ayrıca eserlerin kronolojik sırasına dikkat edilerek, yazarın bizzat kaydettiği ilerleme dikkate alınması gerekir. Nihayet eski tefsircilerin etüdü modern müfessirlerin en büyük rehberlerde lafzın anlaşılması ve eserin ruhi için rehberler bulmasına yol açacaktır[143].

Bu eserde kullanılan ikinci metod, tarihi metoddur. Bu metod, önceki metodu kuvvetli şekilde tamamlamaktadır[144]. Bu metod, metinlerin ve fikirlerin oluşumundan ziyade Thomist doktrinin varlığını koruma peşindedir[145]. Bu metodla, Thomas'ın eserleri gözönüne alınıyor ve değerlendiriliyor. Bu, skolasatiğin tümüne bağlayan hayati bir bağa göre yapılmaktadır. Öyle ki nihayet, net olarak orta çağ Hıristiyan kültürünün temeli üzerinden uzaklaşılmaktadır[146]. İşte bu metod, St. Thomas'ın yazılarının mukayese ölçüsüdür. Özellikle Somme Théologique'i kaynaklarıyla, modelleriyle, habercileriyle değerlendirmektedir. Onları çağdaş eserlere bağlayan bağları bu metod çözmektedir. Nihayet St. Thomas'ın müteakip zamanda icra ettiği tesiri, bu metod ortaya koymaktadır[147]. Onun ilham ettiği etüdler, sabırlı araştırmaların meyveleridir. Ancak bunlar, ilâhiyat tarihinde Thomist eserleri meşgul eden istisnai yerin ortaya konmasını değil, tartışılan ve karanlık noktaların açıklanmasını da ortaya koymaktadırlar[148]. Böyle benzer bir kıyaslama sadece didaktik amaçla sadece Somme Théologique sayesinde olabilir. Thomist eserlerin karakteri olan temel noktalar, hemen hemen tanınmıştır. En azından

---

[142] Op. Cit. cf. Bibliog. 7.
[143] Bibliog. 4.
[144] Bkz: Grabmann, Op. Cit. p.139-151.
[145] İbid, p.140.
[146] İbid, p.141.
[147] İbid, p.141.
[148] S. Thomas'ın eserleri özellikle Doğuda, Katolik olmayan çevrelerdeki tesiri oldukça faydalı ve ilginçtir. Meselâ,, XIV. yüzyıldan itibaren iki Somme Grekçeye, bir Katolik olan D. Cydonés tarafından tercüme edilmiştir. Bu konuda 585. Sayfaya bakılmalıdır. Fakat bizzat ayrılıkçılar bu eserleri okumaktalar ve ilham almaktalar. Meselâ, Georges Scholarios (+1472) bunlardandır. Bu adam Gennad II adıyla İstanbul patriği olmuştur (1453). İlahiyatçı ve filozoftur. Somme, C. Les Gantiles ve Somme Théologique'in geniş bir özetini kompoze etmiştir. Bu özetler, Mgr Petit et M. Jugie'nin hazırladığı Oeuvres Completes'in IV ve V. cildinde vardır.

okul, St. Thomas'ın münhasıran reklamını yapmaktadır. Takip edilen sentez doktrinde bunlar görülecektir. Thomist sistematizasyonu göstermek yeterli olacaktır. Çünkü o, en güçlü eski düşünce eserleri karşısında bir gelişmeyi temsil etmektedir. Hatta St. Augustin'in eserleri karşısında bile... Bunlar bize, yeterli şekilde Dr. Anjelik'in diğer büyük doktorlardan ayrıldığını göstermektedir: Meselâ, St. Bonaventure'dan, Duns Scot'tan, Suarez'den ayrıldığını göstermektedir. İlâhiyat alanında ise St. Thèrése'den, St. François de Sales'den ayrıldığını göstermektedir[149].

4. St. Thomist Doktri'nin Sentezi

a. Thomisme

Burada, St. Thomas'ın doktrinine ve kullandığı metoda Thomisme adını vereceğiz. Bu durumda Thomisme kelimesi, özellikle bir teolojiyi belirtmektedir. Şüphesiz Dr. Thomas, dehanın bir filozofudur. Çünkü o, felsefesiyle, eski ilâhiyatı yenilemiştir. Üstelik o, orta çağın doktorlarının arasında bağımsız felsefeye hakkını veren kişidir. Bununla beraber onda, ilâhiyatçılık filozof olmaktan daha öndedir. Bu eserinin genişliği, kalitesi ve onun ihtiva ettiği espri yönüyle, böyledir. Bu yönden felsefe onda ilâhiyata, önemli bir yardımcı olarak bağlıdır[150].

Thomas, iman edene yardım etmektedir[151]. O, her şeyden önce bir ilâhiyatçıdır. Hatta ilâhiyatçıların prensidir. Thomisme, kelimenin tam anlamıyla bir ilâhiyata işaret etmektedir (Bu hem sentez hem de metod yönündendir). Kelimenin dar anlamında, felsefi Thomisme'den de söz edilebilir. Çünkü onun Aristo'nun eserini yenileyerek gerçekleştirdiği kıyas kabul etmez koordinasyon, onun eserine özgüdür ve ona münhasırdır.

b. Felsefi Thomisme

St. Thomas, felsefede, Aristo'yu kopya etmekle yetinmez. O, gerçek bir yaratıcıdır. Çünkü o, Hıristiyan öğretimiyle bütünleşmeye yetenekli ilk ve yegâne büyük Hıristiyan sistematiğidir. O, ilk defa kararlılıkla, rasyonel bilginin bağımsızlığını ilan etmiştir. Bu bilginin kendisinden önce teoride ve prensipte, teolojik spekülasyonlarda, özellikle theodice'de, psikolojide ve

---

[149] Bu konuda II. cilde bakılmalıdır.
[150] Sum. Théol. Iᵃ, p.1, a.5, ad.2, cf. İn Boe De Trinité, q. IIᵃ, 3, ad.7.
[151] Karşılıklı olarak iman eden düşüneni yönetmekte ve S. Thomas'ya, Aristo'yu birçok zayıf noktada düzeltmesine imkân vermektedir.

ahlakta bulunduğunu da taahhüt etmiştir. Örneği, teoriye ilave ederek o, bilimsel sonuçlarını oluşturmak ve savunmak için deneyim ve akıl dışında hiçbir otoriteyi asla kabul etmemiştir. O, net olarak bilimsel gelişme teorisini formüle etmiş, tarif etmiş ve ilimleri tasnif etmiş, her birine ait espriyi tesis etmiş ve özel felsefi bilimler programını icra etmiştir. Bu felsefi ilimler şunlardır: Mantık, metafizik ve ilâhiyat, kozmoloji, genel fizik, psikoloji, ahlak ve politikadır. Felsefi eserlerinin prensipleri, Aristo'nun büyük eserlerinin şerhi altında takdim edilmiştir. Fakat onun teolojik ve kitabi eseri güçlü şekilde felsefenin izini taşımaktadır. Her adımında, düşüncenin bütün problemleri konusunda en aydın, en zengin formüllerle karşılaşmaktayız. Böylece Thomas d'Aquin'in felsefi çabası, Aristo'nun asimilasyon problemini çözmekte, güçlü şekilde oluşan bir felsefeyle kiliseyi çeyizlemektedir[152].

Aristo konusunda St. Thomas, sadece onun doktrinini bazen Arap filozoflarından arındırmakla meşgul olmamıştır[153]. Stagirite'ın ilk düşüncesi konusundaki farklı noktaları da düzeltilmiştir. Hatta ona, birçok özel hatalar konusunda sitem etmiştir[154]. Aslında Hıristiyan imanının hücum ettiği konu, tabiatçılık ve frenlenemeyen akılcılıktı. Aristo'nun inkâr ettiği, Eflatun'un fikri üzerine tesis edilen örnekçilik (Exemplarisme) uzlaşılabilecek bir konu olarak görülmektedir. Fakat şayet Eflatun'un felsefesi, Hıristiyan doktrinine oldukça yakın çok sayıda teoriler ihtiva ediyorsa da, Aristo'nun felsefe tarzı yüksektir, inanmaya daha uygundur ve kiliseyi makul hale getirmektedir[155]. Genel bir şekilde özellikle skolastiğe göre, yani Filozof Stagire'e göre o, evrensel bilgiye sahipti, teorilerini çok sert ve diyalektik tarzda açıklıyordu. Muhakeme metodu yönünden olsun Aristo'nun yüksekliği daha sağlamdır. Nihayet o, mantığında, felsefe ilmine mükemmel bir ilerleme âdeti getirmiştir[156]. St. Thomas'ın büyük liyakati böyle bir gücü, kilisenin ve imanın hizmetine koymasındadır. Böylece Aristotelisme, bir üstad tarafından düzeltilmiştir. O, ruhuyla ve endişesiyle bir anlamda orijini itibariyle yüksektir. Haklı olarak o, felsefede Thomisme olarak isimlendirilmiştir[157].

---

[152] P. Mandonnet, Frères Precheurs, Dict. Théol. Col. 881.
[153] Bu konuda 473. sayfaya bakılmalıdır.
[154] Gille de Rome (De Erroribus Philosophorum, C.I-II, Aristo'nun 13 hatasını göstermektedir: Bkz: Mandonnet, Siger de Brabant, Append. 1, p.5-8.
[155] A. Chollet, Aristotélisme, Dans Dict. Théol. Col. 1878.
[156] İbid.
[157] Temel prensipler için birkaç sayfa ileriye bakılmalıdır.

Selefleri olan Augustinci ilahiyatçılardan daha iyi bir şekilde St. Thomas, net olarak inayet düzeyini, tabii düzenden ayırmaktadır. Thomas ona, özel bir konu olarak insanın sadece gücüyle tanıyabildiği hakikatleri tahsis etmekte ve bilhassa onu, akli prensiplerle yani her şeyden önce dünyanın ilk oluşumunun, evrenin genel yönetiminin ve ruhsal ruhların yaratılmasından öte, Allah'ın özel müdahalesine başvurmadan tamamen rasyonel ilkelerle açıklamaya gitmektedir[158]. Burada özel bir probleme verilen çözümde bu, çok iyi bir şekilde görülmektedir. Bu yaklaşım, bütün felsefeye yani fikirlerin orijinine yön vermektedir: Yani o, başka herhangi bir doğal işlem dışında, Tanrı'yı dâhil etmeden aklın doğal bir etkinliğiyle açıklamaktadır. Tabii ki Aristoculuğun burada çok desteği olmuştur. Aristoculuk ona, prensipler bütünü sağlamıştır. Bu durum onun seleflerinde yoktur veya o, bunu daha iyi kullanmıştır.

Onun çift zihinsel teorisi oldukça kompleks olan Augustin'in aydınlanma teorisinin yerini almaktadır. Şüphesiz St. Thomas, aydınlığı, tabiiliği veya meccaniliğin ruhumuzdaki varlığını devam ettirmekte ve bunun ilk hakikatin bir etkisinden başka bir şey olmadığına inanmaktadır[159]. İşte buradan hareketle St. Thomas, Allah'ın, ruhun ve fikirlerin yaratıcısı olduğunu hatırlatmak istemektedir. Bunlar Özlerin Transandans temelidirler, gerçek bilginin son kaynağıdırlar[160]. Fakat St. Thomas tarafından kabul edilen tabii ve tabiatüstü olan bu ilişkiler, St. Augustin'in yaptığı tarzda temel eleman olarak bilgi teorisiyle bütünleşmiştir[161]. Onlar daha ziyade felsefi bağlantılardır[162] veya teolojik tamamlamalardır[163]. O, haklı olarak az veya çok mutlu olarak hazırladığı felsefi sistemini[164] orta çağın ilk düşünürlerinin Augustinci doktrine ilave ettikleri teolojiden ziyade tabiilik sisteminden ayırmış mıdır? Seleflerinden daha pozitif olan St. Thomas, tabiat problemlerinin çözümünde akla daha özen göstermiştir.

Böylece Thomisme'de felsefe, bağımsızdır. Bu anlamda onun özel alanında bizzat o, yeterli olarak tanınmıştır. O vakte kadar ilâhiyat karşısında

---

[158] Mucize konusunda bkz: İşaret edilen araştırma (Bibliog, 6)'de A. Van Hove.
[159] Summ Théol. 1, q. LXXXVIII, q.3 ad.1.
[160] Bkz: Summ Théol. 1, q. LXXXIV, q.5.
[161] Dördüncü cildin girişine bakılmalıdır.
[162] Özellikle tabii ilişkiler için.
[163] Özellikle tabiatüstü ilişkiler için.
[164] In II Sent. Dist. 17, q.2.a, Mandonnet, Siger de Brabant, p.CCLIX.

onun yardımcı rolü üzerinde ısrar edilmiştir. Çünkü hakikat, iman noktai nazarından prensip olarak gelişmiştir. Fakat bu yeterli değildir. Bunun için sadece rasyonel konular üzerinde birtakım eserler yazılmıştır. Bu eserler, Aristo ve St. Thomas sayesinde çoğalmışlardır[165]. Fakat elbette hiçbir şey, Dr. Thomas'ın düşüncesinde, akla verdiği özerklikten daha zıt olamazdı. Bu, hiçbir zaman hatasız imana karşı olmayacaktır. Çünkü doğru olan, hakka karşı değildir. İmanın bilinen gerçeği spekülasyonda hesaba katılsa bile, hakikat, hakikate karşı olmayacaktır. O, asla imanın yerini almayı iddia etmeyecektir. Laicisme dönemimizde Thomist eser, tam bir entelektüel kurtuluş haline doğru bir menzil olarak telakki edilebilir. Orada akıl, ilahiyata varis olmuştur. Fakat bu terim bir ilerleme yerine bir sapmadır. Orada akıl, zenginleşmekten ve kesinlikten uzak olarak azalmaktadır. Bu ister kendi sınırlarına gözlerini kapayarak olsun, ister onu aşan alanları ihmal ederek olsun değişmez. Bu dar gurur, hiçbir zaman St. Thomas tarafından ne hazırlandı ne de istendi. O, aklı muhteşem şekilde teolojik eserine adapte etmiştir[166].

c. Thomist İlahiyat

Felsefe, düzeninin en yüksek nedenleriyle, bütün tabii dünyaya hükmeden bir hikmettir. Bu hikmet, doruk noktasına, metafizikte ve tabii ilahiyatta ulaşmıştır. Bundan kutsal doktrini[167] veya ilahiyatı ayırmak gerekir. İlahiyat yüce konuyu vahyedilmiş prensiplere göre işlemektedir[168] ve o da bir hikmettir. Hatta bütün hikmetlerin en yükseğidir[169].

Şüphesiz ilahiyat gerçek bir ilimdir[170]. Uygulamadan çok spekülatiftir. Zira prensip olarak Allah'la meşgul olmakta ve ikinci planda da insan amelleriyle meşgul olmaktadır[171]. O, konusuyla evrensel bir ilimdir. Bununla beraber onun ilk konusu Allah'tır. O, yaratıkları Allah'la olan münasebetleriyle incelemektedir[172]. İlahiyat, bazı yönleriyle, en yüksek ilimdir: Önce o, imana dayanmaktadır. Onun formel konusu vahyedici Allah'ın otoritesidir. İşte buradan bizatihi bir inanç çıkmaktadır. Diğer yandan o, en yüksek gerçekleri

---

[165] Bu kitabın önceki sayfalarına bakılmalıdır.
[166] Bu konuda bu kitabın birkaç sayfa ilerisine bakılmalıdır.
[167] Sum. Théol. 1. Q.1, art. 1-10; St. Augustin'in mefhumu için bkz:, t,I, p.652.
[168] İbid, a, 1, ad.1.
[169] İbid, a, 6.
[170] İbid, a, 2.
[171] İbid, a, 4.
[172] İbid, a, 3, ad.1.

incelemektedir. Bunları ya spekülatif düzeyde ya da pratik düzeyde[173] incelemektedir. Fakat bu yüksek ilahiyat, konusu itibariyle ona özel bir liyakat sağlamaktadır: Bunun için o, sadece bir ilim değil, bir hikmettir. Çünkü o, en yüksek sebebi vahyedilmiş prensiplere göre incelemektedir.

Aslında burada ilahi şeylere hükmeden hikmet bağışı, söz konusu değildir[174]. Burada söz konusu olan hikmetin faziletidir ki o, doğruyu ilham etmektedir[175]. Bağış, oraya iştirak etmektedir[176]. Fakat bu onun, vahyedilmiş ilim olarak kurduğu ilahiyat değildir.

İlahiyatta aklın rolü oldukça önemlidir. Bunu zaten görüyoruz. Şüphesiz bu, bizzat prensipleriyle tesis edilmiyor vahyedilmiş donnelerle tespit ediliyor. O, onları yukardan almaktadır. Yani denilebilir ki bizzat Allah'ın ilminin bir intibadır denilebilir[177]. Bununla beraber bu görüş ne kadar büyük de olsa, aklı geçemez. Öyle ki bunun böyle bir konuya uygulanması imkânsızdır veya faydasızdır.

St. Thomas buna üçlü bir aktivite atfetmektedir: O, imanın öncüllerini göstermektedir. Yani ikna edici delillerle onun uygunluğunu göstermektedir. Nihayet hasımlarının itirazlarını çözmekte, onların yanlışlarını ortaya çıkarmaktadır ve bunu ondaki sırrı yok etmeden yapmaktadır[178]. Hiçbir şey, bu üçlü misyonu ifa etmeye dahi iyi yardımcı olamayacaktır. Vahyedilen donnelerin sistematik grublaması ve ondan çıkan sonuçlar ona yardımcı olacaktır. Yine teolojik yapı, imanı anlamaya uygulanan aklın mükemmel eseridir. Yahut aklı arayan imanın, skolastik formüle göre işlemesidir[179]. Burada tabiatüstü hakikat söz konusudur. Bu konuda hiç kimse, böyle bir sistemazisyonda St. Thomas'ya eşit değildir.

İlahiyatçıların daha spekülatif metodunda otorite, aklın yanında, önemli bir yer işgal etmektedir. Bizzat ilahiyatın tabiatı, ona bir ödev görevi yapmaktadır. Fakat onun oldukça pozitif ruhu, oraya taşınmaktadır. Bunu onun bizzat felsefi eseri açıkça göstermektedir. Bu eserin dörtte üçü, metinlerin detaylı

---

[173] İbid, a.5.
[174] İbid, a.6, ad.3; (Sum Théol. 1-II[ae], q.68, a.1 ad 4).
[175] İbid, a.6, ad 3; İbid, II-II[ae], q.45, a.2.
[176] İleriki sayfalara bakılmalıdır.
[177] İbid, 1.q.1.a.3, ad 2.
[178] In Boet, De Trinit, q.II, a.3.
[179] Bu eserin 402. Sayfasına bakılmalıdır.

analiziyle yazılmıştır[180]. Onun yorumu, patristik açıklamaların en iyi ürünlerinden birisidir ve oldukça önemlidir. Sentences'ların yorumu, kilise babaları tarafından gerçek yorum olarak kabul edilmiştir. Aynı tarzda o, Boèce'in ve Denys'in eserlerini açıklamıştır. Somme'da diğer bütün yazılarındakiler gibi, metinler kısaltılmış demektedir P. Gardeil[181]. Abélard'dan beri okullarda kullanılan metoda göre onlar, bazen itiraz şekli altında bazen de güçlüklere cevap olarak takdim edilmişlerdir. St. Thomas'nın bilgisi oldukça boldur. Genişlik ve eleştirel yönden, çağdaşlarının bilgisinden daha ilerdedir[182].

Akli düşünce, işbaşındadır ve otoritenin delilini tamamlamaktadır. Bu durum, her şeyden önce, St. Thomas'ın sürekli müracaat ettiği prensiplerin yüksekliği ve sadeliğidir. İşte bunlar, bir dini ilimler ansiklopedisi olan Somme Théologique'e oldukça dile getirilen sentetik bir karakter vermektedirler. Bu ise onun güçlü birliğinin temel faktörüdür. Diğer yandan her nokta, karışıklığı önleyen daimî analitik bir metoda göre işlenmiştir. Burada belirtelim ki, St. Thomas, ruhi hayatı, hayret verici bir hâkimiyetle müşahede ve analiz etmektedir: Dâhili operasyonlar ve melekeler gibi, söz konusu olan ihtiraslar, duygular, akıl, irade ve şuurdur[183]. Ahlaki ve politik ilimlerdeki aynı gelişmelerden hoşlanılmıştır. Fakat onun esas zafere ulaştığı alan, düşünce alanıdır. Orada münhasıran dedüksiyon hâkimdir[184]. Yine o, özellikle aklın ölçüsünü, imanın gerçek ispatının imkânsızlığın da ısrar ederek tespit etmekte[185] ve sırrın dengeli bir anlayışına ulaşmaktadır[186]. Augustinciler, bu sınırları inkâr etmemişlerdir. Fakat onlar bunu, yeterince açıklamamışlardır: Onların mistizmi onları, yüksek anlayıştan çok Hıristiyana güven veren imanı geliştirmeye işaret etmektedir.

St. Thomas'ın metodu, doğrudan mistik aydınlanmaya çağırmamaktadır. Tabii ki St. Thomas, onları bilmiyor değildir. O, entelektüel aktivite formunun olduğunu, bunun murakabe hayatına bağlı olduğunu ve orada söylemsel bir hareketin olduğunu bilmektedir[187]. Bu tip ilahi yardımlara hazırlanan

---

[180] Gardeil La Documentation de S. Th. Dans Revue Thomist, 1903.
[181] İbid, p.205.
[182] P. Mandonnet, Fréres Précheurs, Dans Dict. Théol, Col. 876-878.
[183] İbid, Col. 878.
[184] İbid, Col, 878.
[185] In Boet, De Trinité, q.II, art.3, Sum. Théol. 1.q.1 a.8.
[186] Summ. Théol, 1.q.32, a.1, In Boet, De Trinit. q. 1.a.4.
[187] İbid, ad 2.

rasyonel bir çaba vardır ki bu ilahiyatçının çabasıdır. Yine de bu aydınlıklar, ne kadar değerli olursa olsunlar, sübjektif şartlara bağımlıdırlar. Çünkü Allah, normalde inayetleriyle müdahale etmemekte sadece uzun bir arınma ile veçhe değiştirmiş ruhlarda müdahalede bulunmaktadır. Bu açıklama bütünleştirici kısım olarak ve zaruri olarak, genel bilimsel metoda girebilir. Onun temel kalitesi, objektif olmak ve evrensel olmaktır[188]. St. Thomas ısrar etmeksizin, ilahiyatın, bir murakabe olduğunu söylemektedir[189]. Özellikle teolojiyi, hikmetin tabiatüstü faziletine ilahi bağışı dışlamadan bağlamaktadır[190].

Augustinciler genelde teoride, bağışın payı için murakabenin payından daha geniş açıklamalarını yapmaktadırlar. Çoğu zaman XIII. Yüzyılın sonunda, Fransiscainler ve Dominicainler arasındaki muhalif çekişmeleri St. Bonaventure bizzat not etmiştir[191]. Aslında çok itham edilmeyen basit temayüller, her birinde meşrudur. Thomist metod[192], net olarak spekülatiftir ve entelektüeldir. O, kiliseye, yazılan en güçlü teolojik sentezi vermiştir. Böyle bir eser, tek başına değerli olmaya yetmektedir.

d. Felsefi Prensipler

Allah, ruh, dünya ve ahlak üzerindeki tabii hakikatler, bu konularla ilgili ilahiyat açıklamalarına St. Thomas'ın metoduna göre bizzat Somme Théologique'e ilave edilecektir. Sadece burada onun bütün eserlerine dâhil olan büyük metafizik prensipleri hatırlatmamız gerekiyor. Bu da her düzeydeki güçlüklerin çözümü için gereklidir. Bunlar, tabiatüstü, tabii, ilahiyat ve saf felsefede olan konular için geçerlidir. Bunlar, Thomizmin ruhudur ve ona güçlü bir tutarlılık sağlamaktadır. St. Thomas'ın düşüncesi, genel sentez fonksiyonunda ve bilhassa bütün eserlerine hâkim olan metafizik fonksiyonunda yayılmış olmalıdır. Thomist doktrinlerde, ekletizm bir kenara bırakılmış değildir. Onların değeri ve gücü, temel olarak onların birliğinde bulunmaktadır[193].

---

[188] Diğer sübjektif şartlar ahlakın ve tabiatüstünün propédeutique kısmını teşkil etmektedirler.
[189] Sum. Théol. II^a-II^{ae}, q.188, a.6.
[190] Bu konuda önceki sayfalara bakılmalıdır.
[191] In Hexaêm, Coll. XXII, (Op. Om, v.440).
[192] P. Mandonnet, Fréres Prêcheurs, Dans dict. Théol. Col. 883. Felsefedeki Thomizmin temel prensipleri günümüzde yirmi dört tezde toplanmıştır. Bunlara papalık, öğretim açısından özel bir önem vermektedir. Meselâ Papa Pie X, 29 Haziran 1914'de Principia et Pronuntiata'yı, Acta Apos. Sediis, VI, p.383'de kabul etmektedir.
[193] Bak, M.de Wulf, II,s,19-20,

e. Entelektüel Bilgi

Orta çağın ilk skolastikleri tarafından Augustin'in öğrettiği ilahi aydınlanmaya verilen felsefi yorumu reddeden Thomas, felsefesine yön veren oldukça özel bir teoriyi, özenle hazırlamıştır.

Genel olarak aklın özel nesnesi varlıktır. Diğer yandan akıl ve madde dışılık birbirine bağlantılıdır. Akılla mücehhez olan insan ruhu, varlığa ulaşabilir. Fakat onun bedenle birliği nedeniyle sadece duygusal olarak ulaşabilir. O zaman burada parçalanmış ve ruhumuza yeterli olan nesne, duygunun mücerret varlığıdır.

İnsan aklı, etken akıl denilen aktif bir gücü anlamaktadır. Etken akıl, dâhili imajda dokunulabilen türden olarak bilgiyi hazırlamaktadır[194]. Fakat temelde bilme eylemini o meydana getirmektedir ve zihin pasiftir. Algılanan, dokunulabilen uzay, bilgi sahibidir. Zihin, nesnenin temsilcisi olmaktadır. Yeni dokunulabilen uzay, onu mükemmel şekilde ifade etmektedir ve expresse türler veya kelime olarak isimlendirilmektedir[195].

Zihin her şeyi tanıyabilir fakat aynı tarzda tanımaz. Bu onun özel nesnesi olan ve ilk olan mücerret evrenselliktir[196]. O, önce karışıklıkları yakalamakta, sonra özel aktivitesiyle ve bu aktivitenin ölçüsü içinde daha ayrı bir tarzda yakalamaktadır. Mücerret ve bireysel varlığa gelince o, anlamların nesnesidir. Akıl onu ancak resimlere müracaat ederek tanımaktadır. Çünkü bunlar ilk aracılardır[197]. Spritüel varlıklar, insanın bilgisi dâhilindedirler. Fakat bu, analojiyledir. Aslında ruh, bizzat sezgiye sahip değildir. O, ancak eylemleriyle kavranabilir. Onların üzerinde düşünerek, derecelerle net bir bilgiye yükselinir. Bunu yetenekleri ve özüyle gerçekleştirir. Saf ruhlar, tabiatı, ancak analojiyle ve bizzat Allah'la tanınmaktadır.

Zihnin evrensel nesnesi, reeldir ve mücerrettir. O, olduğu ölçüde mücehheztir. Zira zihin düşüncesiyle ona karakter kazandırmaktadır ki onlar onun eseridir ve güçlüdürler. Çünkü onlar, evrene özel formalitesini vermektedirler. İşte evrenlerin meşhur Thomist probleminin çözümü, burada bulunmak-

---

[194] St. Thomas, Sentences'ların tefsirinde bunu mümkün olarak kabul etmektedir (Dist. 17. q.2, a, 1, in c). Bu konuda bkz: M. De Wulf, Op. Cit, II, p.19-20.
[195] St. Thomas, buna species veya l'espèce impresse demektedir.
[196] Scot için varlık, insan zihninin ilk nesnesidir.
[197] Scot aksine, bireysel sezgiyi, zihinle kabul etmektedir.

tadır. Evrensel olduğu gibi, zihnin bir üretimidir. Fakat onun kökü, zihin ötesi bir reeldedir[198].

Fikir veya nesnenin entelektüel temsili, onun oluşumuyla gerçektir. Bu mantıki bir gerçekliktir ki şöyle tarif edilmiştir: Adaequatio İntellectus ad Rem"[199]. Zaten tarif iyice yayılmıştır. Bu fikirde, yargıda onunla zihin, fikirden nesneyi bu uygunluğu kavramakta ve tasdik etmektedir. Zihnin kesin hakikate iştiraki, başka açıklamaları değil, ilk prensiplerin kesinliğini gerektirmektedir[200]. Böylece tabii entelektüel bilgi, Allah'ın doğrudan müdahalesi olmaksızın açıklanmış bulunmaktadır. Ayrıca onunla bütün yaratıkların, özel hedeflerine ulaşmalarına yardım etmektedir. Burada, Augustin'in ilahi aydınlanma doktrini minimum noktaya indirilmiştir[201]. Ancak bu doktrin tamamen kaldırılmamıştır. Yüce hakikat unvanıyla yaratıcı, nihai temel olarak[202] ve özlerin örneği olarak kalmaktadır ki o, var olmaya devam etmektedir. Ruhun yaratıcısı, ona, hakikate ulaşma kabiliyetini vermiştir. Ona operasyonunda rehberlik yapmaktadır. Bununla beraber, tartışılabilen bu tezler, Allah'ın varlığı ve tabiatı tezinin bir sonucudur ve daha ziyade bu ispatın bir temelidir. Bunlar, St. Thomas'ın düşüncesinde onun dayanağından ziyade[203] bilgi doktrininin bir taçlanmasını temsil etmektedirler.

ii. İlk Mefhumlar

Zihin tarafından kavranan mefhumların en yükseği olan varlık mefhumu[204], metafiziğin en yüksek noktasını temsil etmektedir. Fakat ona zaruri olarak refakat eden aşkın özellikleri asla varlıktan ayrılmamaktadır[205]. Bunlar bir (umim, aliquid), hakikat (adaequatio rei ad in tellectum)[206], [divino vel humano][207]'dır. Bu mefhumlar, varlık mefhumu kadar evreseldirler. Bunlar onun ontolojik değerine iştirak etmektedirler. O, ilk prensiplerden varlığın sade kavramını telkin eden hükümlere kadar gitmektedir: Yani, hürriyet prensibi, contradiction prensibi veya contradiction olmayan prensip, yeterli

---

198 In I Sent. Dist. XIX, q.5, a.1, sol. Bu ılımlı realizm XII. yüzyıldan beri okullarda bulunmaktaydı.
199 Bu ontolojik bir hakikattir=Adaequatio Vei ad Rütellectum. In I Sent. İbid.
200 Bu kitabın ileriki sayfalarına bakılmalıdır.
201 Bu kitabın ileriki sayfalarına bakılmalıdır.
202 De Verit, q.1, art. 2: q. 21, art.4.
203 Card. Mercier, Métaphysiq, Gen. Louvain, 1905, p.220-222.
204 De Verit, q.1, a.1.
205 Quodlib, VIII, a.4. Bkz: Garrigou-Lagrange, Dieu, p.152-153, 203.
206 Sum. Théol. 1, q.14, a.1, 2, 3.
207 İbid, q.5. a. 1, 2.

akıl prensibi gibi varlık nedeni olan prensiplere kadar gitmektedir. İşte buradan bir başka formül çıkmaktadır: Anlaşılabilen her şey aynı prensibe cevap vermektedir. Dâhili aklın bu prensibi her varlığa uygundur, esas olmayan varlığa bağlıdır. İki dâhili aklın prensibi olan causalité, varlığı açıklamaktadır. Finalité prensibi ise, çoğulculukta nizamı açıklamaktadır.

Bütün ilk mefhumlar, bu açık önerilerden kaynaklanmaktadır. Ancak bu ilk mefhumların gerçek bir ontolojik değeri vardır[208]. Önce onlar, basit bir zihinsel yapı değillerdir. Onlar, zihindedirler. Fakat denildiği gibi dışardan gelmektedirler. Diğer yandan onlar, duygusal ve dış fenomenlerin saf temsilcileri de değillerdir. Onlar fenomenlerin ötesine hatta bizzat varlığın ötesine ulaşmaktadırlar. Varlık, bizim tarafımızdan sadece duygusal olarak kavranabilir. Fakat bu, tesadüfidir. Bizatihi varlık hissedilmez, o zihinseldir ve zihinsel kaynaklıdır[209]. Fenomenal ötesi bu realitede, ontolojik olarak adlandırılan şeye, insan aklı ile nüfuz etmektedir. Varlık denilen, başka mefhumlara uygulanabilir. Çok açıktır ki birlik, hakikat, güzellik, doğrudan doğruya varlığa bağlıdırlar. Birlik, bireysel varlıktır. Hakikat, akla uygun olanı varlıktır. Yahut akla uygunluk onu ölçen varlıktır. Güzellik/iyi, arzu edilen varlıktır. Bu mefhumlar, duygusal fenomenleri belirtmezler. Fakat daha derin bir şeyi belirtirler. Yani bizatihi varlık gibi anlaşılırlığı empoze etmektedir. Bunlar, hiçbir maddeyi ihtiva etmemektedirler[210]. Onlar, mücerret aklın gerçek bir sezgisiyle varlığı kavramaktadır[211]. İlk prensipler, görüldüğü gibi varlığın bu kavramına gitmektedirler ve orada, doğrudan bir uygulama ve ontolojik düzeyde olmaktadırlar.

Acaba ilk mefhumlar, ontolojik değerlerinin dışında gerçek aşkın bir değerine sahipler midir?[212] Yani bizim dünyamızda aşkın bir varlığa kadar yükselmeye imkânları var mıdır? Vardır. Bir taraftan bu mefhumlar mutlak olgunlukları ifade etmektedirler. Yani formel aklın, hiçbir noksanlığı içermeyen birtakım olgunlukları[213]. Diğer taraftan bu olgunluklar analojiktirler. Yani farklı temel modellere göre var olmaya elverişlidirler. Bu bir türde tasnif

---

[208] Rip. Garrigon-Lagrange, Dieu, p.108-191.
[209] İbid, p.124.
[210] İbid, p.125-125.
[211] İbid, p.107, 132.
[212] İbid, p.191-223.
[213] İbid, p.199. Yazar ilk mefhumlara olgunluklarının mutlak karakteri için sadece kozalite ve amacı değil aklı ve iradeyi de bağlamaktadır. İbid, p.203-206.

edilenlerin aksine olmaktadır ve onlar açıktırlar: Tür, bütün türlerin içinde mutlak benzerliği olan şeye işaret eder. Bu durumda bireyler, onun kısımlarıdırlar. Varlığın ve özelliklerinin türde aşkın olgunlukları oldukları tasdik edilmektedir. Bu tasdik, onların benzerliklerini[214] ve bütün varlıklarda müşterek olduklarını hatta benzer anlamda olmasa, Allah da bile müşterek olduklarını tasdik etmektedir. Fakat bunu kesin bir benzerlik, analojiyle ve orantı ile yapmaktadır. Mutlak olgunluk adına, yüce metafizik realiteler, Allah konusunda bazı şeyleri bize bildirmektedir. Bununla beraber, benzer analojik karakterleriyle, pozitif realitelerinde olgunluklarını bize gösterememektedirler. Bunun için biz sadece bir imaj yani basit bir analoji de proportionnalite'yi görüyoruz[215].

iii. İlk Tespitler veya Varlığın Bölünmesi

1. Varlığın en evrensel bölünmesi, amel ve güçtür. Bunlar aynı zamanda ilk prensiplerdir ve dâhilidirler. Bu katı bölünme öyle ki saf eylem veya saf güç değildir. Her ne kadar eylemden ve güçten olsa da... Eylem, bir olgunluktur. Güçte veya kapasitede olgunluğun sınırı yoktur. Öyle ki saf eylem/amel tektir ve onun çoğalması ve sona ermesi için zaruri olarak güç ve eylem gereklidir. Bunlar varlığın bütün türlerinde, sonsuz ve mükemmel varlığın dışında bulunmaktadırlar.

2. Varlıkta, varlığın ve özün ayırımı, eylemin ve gücün ayırımını tamamlamakta ve belirgin hale getirmektedir. Öz varlıktır. Varlık, olduğu gibi nihai olgunlukta onu sabitlemektedir. Cevher/öz, bir olgunluktur, bir eylemdir. Fakat o, varlığa nazaran güçlüdür. En azından o, varlığın özü değildir. Tıpkı saf eylemde olduğu gibi... O, zaruri varlıktır. Onun dışında her varlık, contengent'dır. Varlık ona, öz olmamıştır. Şüphesiz contengent varlıklar için, ideal özle, aktüel öz arasındaki reel ayırım belirgindir. Üstelik aktüel olarak varlıkla, özle varlık arasında, akli bir ayırım değil, gerçek bir ayırım vardır. Özün realitesini, eylemle karıştırmamak gerekir[216].

3. Tesadüflerle-cevher/öz ayırımı, belirli kategoriyle varlıkların en yüksek bölünmesidir: Cevher, mantıksal düzeyde, bir türü oluşturur hem de yüce

---

[214] Duns Scot, varlığı açık olarak düşünür. Bu konuda bu eserin ileriki sayfalarına bakılmalıdır. St. Thomas, açıklığı kabul etmemektedir.
[215] De Veritate, p.11, art. II, cf. Garrigon-Lagrange, Op. Cit. p.530-548.
[216] Bazıları hariç, bütün Thomistler bu tezi Thomisme'in en önemli tezi olarak kabul etmektedirler. Ancak o, birçok okul tarafından inkâr edilmiştir.

türü. Bizatihi öze, akılla ulaşılır[217]. Akıl onu kavrar. Dâhili anlamların ilkinden itibaren dış anlamların her birinin sonuçlarını toplamaktadır[218]. Aklın bakışında cevher ancak varlığın ilk tespitinden başka bir şey değildir. Bu, varlığın fonksiyonunda anlaşılmak için zaruridir. Burada fenomenal bir grup, kendisini bağımsız olarak takdim etmektedir. Akıl, karışık olarak varlığı sezer. Yani var olan şeyi sezer. Akıl tarafından tanınan bu ilk nesne, belirli şekilde bir sujet ve permanent olacaktır. Akıl, fenomenlerin ve onların değişimlerini çoğulculukla belirlediğinde[219] bu olmaktadır. Kelimenin tam anlamında cevher varlıktır. Bu bizzat vardır. Fenomenin var olması fonksiyonunda veya tesadüfen vardır[220].

Cevher, bireysel ve bağımsız olarak (sui juris) tamamlamakta ve kişi olarak isimlendirilmektedir. Tabii ki bu, akılla mücehhez ise kişidir[221]. S. Thomas, varlığın bu nihai olgunluğunu prensip olarak incelemez. Ancak onun okulundan çok sayıda ilahiyatçı onu gerçek olarak özden ayırmakta ve onu az veya çok varlığa bağlamaktadırlar[222].

St. Thomas, ilahiyat açısından, tesadüfü, uzunca metafizik düzeyde incelemiştir. Bu noktadaki öğretileri üç şeye bağlar: **Önce**, tesadüf bir şekildir ve objektif varlıktır ki cevherden ayrılmaktadır ve onunla gerçek bir kompozisyona girmektedir. Özellikle yeteneklerde, alışkanlıklarda, eylemlerde. Bunu tartışmasız şekilde bu ayırımı tezahür ettirmektedir[223]. İkinci olarak tesadüf, cevherî şekilde özden ayrılmaktadır. Şayet o, bizzat belli bir bireyselliğe sahipse, hiçbir dayanak olmaksızın vardır. İlahi fazilet tarafından desteklenmiştir. Sonuç, ilk[224] nedene bağlıdır ki tesadüf yaratılma yoluyla meydana gelmemektedir. Fakat o, sujet'den zaruri olarak sudur etmektedir. Yahut sujet'nin tabii güçten çıksın; ister sonsuz aksiyonla obédientielle güçten çıksın fark etmemektedir[225]. İşte bu ilahiyat, sakrament ilahiyatında ve inayet ilahiyatında ruhun tabiatüstülüğünde sayısız uygulama bulmaktadır[226].

---

[217] Sum. Théol. III\ª, q. 76, art. 7.
[218] Comm. De Anima, 1. II, t.13.
[219] R. Garrigou-Lagrange, Op. Cit. P.167-168.
[220] Sum. Théol. 1, q. 85, a.5.
[221] S. Thomas, bunu Subsistance olarak kullanır. Sum. Théol. 1, q.29, a.2.
[222] Bu konuda ileriki sayfalara bakılmalıdır.
[223] Hugon, Les 24 Thèses, p.41-43.
[224] Sum. Théol, 1. Q. 27, a.1 ve 2.
[225] E. Hugon, Op. Cit. p.41-42.
[226] İbid, p.41-42.

Madde ve formel ayırımı yine de özden ve tesadüften daha az geneldir. O, ancak hissedilir varlıklarda bulunmaktadır[227]. Cismani varlık, diğer contingent varlıklar gibi, güçten ve eylemden mürekkeptir. Fakat ona göre güç, madde demektir. Eylem form olarak isimlendirilmiştir, maddi şekildir. Onlar cevhersel unsurlardır ki her biri o ve şu şekilde adlandırılmaktadır. Form, aktivite, enerji, birlik prensibidir. Bütün olgunluklar, bedenlerde bulunmaktadır.

Bu olgunluklar/tamlıklar aslında maddenin açık nedeniyle çok izafidirler. Maddenin formu, temelde, çoğulculuğa, bölünmeye passivite prensibiyle bağlıdır[228]. Bununla beraber, kompozisyon gereği, maddi cevher, bizatihi bütünleştirici kısımlarda bölünebilir[229]: Bunlar kantideden gelmektedirler ki bu sadece bir tesadüftür, her şeyin ilkidir o, gerçektir ve en önemlidir. Çünkü mucize ile cevherin yerini, kalitelerin ve diğer tesadüflerin desteğiyle almaktadır[230]. O, cevhere genişlik vermektedir. Kısımların bölünmesiyle o, bazılarını diğerlerinin dışında belirtmekte ve böylece ayırmaktadır. Kantitenin başka sonuçları vardır: O, maddeyi bölmekte ve böylece cevherlerin spiritüel olmayan bireyselleşmesi olmaktadır[231]. Diğer yandan o, bir yerde bedeni çevirmektedir. Öyle ki o, varlığın birde veya kantite tarafından çevrili varlığının modasına göre çoklukta kabulü bir tezad olacaktır[232]. O, her ne kadar bedenlerin tabii nüfuz edilemezliğinde muafta olsa, aklın nüfuz mucizesiyle mümkün olacaktır[233].

Cevhersel formlar, maddidirler ve entelektüeldirler. Maddi şekiller tabii etki nedeninin aksiyonu ile maddenin gücünden azaltılmışlardır. Fakat makul ruh, var olarak, Allah tarafından yaratılmıştır[234]. Bununla beraber, sadece cevhersel bir form vardır. Hatta insanda bile, bedenle ruhtan oluşan bir form vardır[235]. Tamamlanan bir varlığa ilave edilmiş olan her form, tesadüfidir[236]. O, kalite olarak adlandırılır. Bu oldukça türsel bir terimdir ki o, pozisyon,

---

[227] Bonaventure, bunun aksini düşünmektedir. Bu konuda önceki sayfalara bakılmalıdır.
[228] Madde ve form kelimelerinin ilahiyatta özel anlamı vardır.
[229] Sum. Théol. 1. Q, 50, a. 2. Contra Gentes, IV, 65.
[230] Evharistiyada.
[231] Sum. Théol. 1, q.50, a.4. Cont. Gent. II, c.92-93. De Ente et Ess, c.2.
[232] Scot, Suarez ve onların okulları, burada bir tezad görmektedirler, Quodl, III, a.2.
[233] Quodl, 1. Q.22. Wuodl, X, a.3.
[234] Sum. Th. 19, q.90, a, 2, ad 2.
[235] İbid, p. 76, a.4. Bu, Augustincilere karşı, St. Thomas'nın ileri sürdüğü temel tezlerden birisidir.
[236] Sum. Th. III\u1d43, q.2, a.6, ad 2.

birtakım şekillere, faziletlere ve meleklere kadar işaret etmektedir. Bu cevhersel form, bütün varlıkta aksiyonun ilk prensibidir. Fakat tesadüfler ona ortak olmaktadırlar. Onlar, sonuca cevherle, faziletle ulaşmaktadırlar. Bunlar, vasıtalardır[237]. Bu konudaki operasyon, onu meydana getiren cevhere uygundur: Operari Sequitur Esse[238]. O, onu meydana getiren özneye, ilk prensip olarak aittir. Fakat tabiatıyla, prensip gibidir ki onunla meydana gelmektedir: Her biri temeldir. Operasyonun gelecek prensipleri aksine, bu aktif prensipler, bir bakıma yeteneklerdir, sade tesadüflerdir[239]. Tabiatüstü operasyonlara gelince insan onları meydana getirmeye, alışkanlıklara davet edilmiştir ki bunlar parçalanmış prensiplerdir. Onlar, beşeri tabiatta, gerçek obédientielle bir güce dayanmaktadırlar. Bu, bir kavrama kapasitesidir ki ona, ilahi yeteneğin karakteri belli bir tarzda adapte olacaktır ve tabiatüstü bu operasyonlarda hayati işbirliğiyle tamamlanacaktır[240]. Bütün inayet hayatı, bu prensiplerde sağlam bir akli temel bulmaktadır.

Hissedilebilen varlığın prensipleri arasında, işaret edilen en önemlisi harekettir. Hareket, S. Thomas için, Allah'ın varlığının ilk delilinin dayanak noktasıdır. Özel anlamda, hareket fizikidir. İster hayati olsun ister kalitatif olsun isterse bilhassa lokal olsun böyledir. Şu veya bu şekil altında o, şu prensiple açıklanır: Quidquid Movetur ab Alio Movetur= Başkası tarafından hareket ettirilen her şey taşınır. Zaten bu prensip, en geniş anlamda harekete uygulanmaktadır. Hem metafizikte hem olgunlaşmada veya bizzat spritüal veya entelektüel aktivitede uygulanmaktadır. Hakikatte o, kozalite prensiplerinin basit bir adaptasyonudur. Yahut yeterli sebebidir. Bunlar kesin şekilde varlığın evrensel mefhumuna bağlanırlar[241]. Bütün bu metafizik sonuçlardan ilahiyat geniş şekilde yararlanacaktır.

c. Allah-Teslis

i. Allah-Varlık ve Tabiat

1. St. Anselme'in a priori delili, St. Thomas tarafından kabul edilmemiştir. O delil, Allah'ın varlığını bizzat açık bir hakikat olarak gerektirmektedir veya

---

[237] İbid, 1ª, q. 77, a.1, ad 3-4; q.115, a.1, ad 5.
[238] IIIª, q.77, a.3.
[239] İbid, 1ª, q.77, a, 1 v.s.
[240] A. Gardeil, La Puissance Obedientielle au Surnaturel Selon S. Thomas (p.268-348) dans La Structure de l'Âme.
[241] R. Garrigou-Lagr, Dieu, p.241-248.

en azından realite Contingente'a başvurmadan o,var olmaya kabiliyetlidir[242]. Melek doktor, ilk tezini Somme'da önermektedir. Ona göre "Allah vardır" bizatihi açıktır. Ancak bizim için açık olmamıştır[243]. Bununla beraber, ispat edilebilir. A posteriori olarak sonuçlarıyla, bunların nedenine kozalite prensibiyle çıkarak[244] bu ispat, metafizik olarak kat'idir. "Şayet onun özel nedeninin sonucuna yükselinirse, yani ona zaruri olarak bağlı olan sonuca yükselinirse, bu delil açıktır."[245]

St. Thomas, Allah'a yükselmek için beş yola dikkat çekmektedir. Yani onun varlığını ortaya koymak için beş delil ortaya koymaktadır. Bu deliller, mücerret objet ile yaratılmış olarak farklıdırlar. Bunlar ispat için hareket noktası teşkil etmektedir:

a. Varlıkların hareketleri bizi çevrelemektedir. Burada söz konusu olan harekettir veya her anlamda değişimdir.

b. Etkili aktiviteleridir. Yeni varlıkların daimî yaratılışı ile tezahür eden.

c. Onların beklenmedik durumları. O, onların derin realitelerini çevirmektedir. Hatta varlığa varıncaya kadar.

d. Onların varlıklarının izafi noksanlığı: Birbirinden ayrılan sayısız derecelerle tezahür etmektedir.

e. Kâinatın düzeni: Detay olarak bütünün nizamı. Hem en küçüklerde hem de en büyüklerde olan nizam. Bütün bunlar, varlığın aklını çağrıştırmaktadır. Diğer yandan, sebepler dizisi içinde sonsuza varılmamaktadır: Böylece iki temel prensip ki delilin ruhudur ve sonuca götürmektedir: Bir ilk prensip vardır ki o, Allah'tır[246].

Her şeyden önce burada dikkat çeken şey, hareket noktası olarak mücerret olan objektif karakterdir. Şüphesiz, sadece metafizik prensip Allah'a yükselmeye imkân vermektedir. Fakat St. Thomas, özellikle sağlam bir temelin ve herkes için rahat bir tespitin dışında onu, teminle meşgul olmuşa benzemektedir. Bunda net olarak Augustincilerden ayrılmaktadır. Onlar, psikolojik gerçeklerin realitesi üzerinde daha istekle ısrarlıdırlar. Özellikle onlar, daha yüksek metafizik hakikatlerle meşgul olmaktadırlar. Bunlar, aynı zamanda

---

[242] Bu kitabın önceki sayfalarına bakılmalıdır.
[243] Sum. Théol. 1ª, q.2, a.1.
[244] İbid, a.3.
[245] İbid, 1, q.104, a.1. Bkz: R. Garrigou-L. Dieu, p.72-76 ve 763-773.
[246] Sum. Théol. 1, q.2, a.3, bkz: R. Garrigou-Lagrange, Dieu, p.241-338.

psikolojik olay ve objektif ispat prensibi olarak telakki edilmişlerdir. Bu, ebedi hakikatlerin delilidir[247]. St. Thomas, onu, dördüncüde açıklamaktadır. Fakat onu, hafifçe devrik olarak bunu yapmaktadır. Subjektif donnelere az bağlı olarak, onun ispatı daha yalındır ve Allah'ın varlığında oldukça nettir. Muhtemelen Augustinci metod, bir anlamda daha zengin ve daha karmaşıktır.

2. İlahi tabiatın yapıcı formelliğinde, St. Thomas'nın öğretisi[248], bizzat Thomistler arasında tartışılmıştır[249]. Bazıları için bu var olan bir zekâ olacaktır[250]. Diğerleri için, Aseité veya bizzat varlığa göredir[251]. Fakat bu var olan varlık, onun düşüncesine iyi cevap vermektedir[252]. Böylece melek doktor, diğer ilahi sıfatları, varlıktan çıkarmaktadır. Onlar, Allah'ın tabiatını veya onun operasyonlarını bizzat veya dışardan icra etmektedir:

a. Bizzat Allah'ın varlığıyla ilgili sıfatlar, önce genelde varlığın özellikleridirler ve onlar, yüce olgunluklarına taşınmıştır. Bunlar, sadelik veya birlik, hakikat, güzellik veya mükemmelliktir. Nihayet sonsuzluktur. O, bütün özü hariçte tutmaktadır. Yani immensite'yi ve ubiquite'yi. O da bütün spatial sınırı hariçte tutmaktadır. Ebedilik, bütün zamanı ve nihayet bizim tabii bilgimizin izafiliğini dışarda bırakmaktadır. Allah'ın varlığı görülmez, anlaşılmaz, buna rağmen analojiyle bilinebilir.

İlahi operasyonlarla ilgili sıfatlar, ilahi operasyonlarla ilgili olarak bölünüyorlar veya Allah'ın haricinde bir sonucun etkisindedirler. Birinciler, hikmettirler, akıl için inayettirler. İrade için aşk ve iki büyük fazilet olan merhamet ve adalettir. Harici ilahi eserlerin doğrudan prensibi, yaratıcı güçtür, türün muhafaza edicisidir. Bütün varlıkların amaçlarına ulaşmaları ve hareket etmeleri için gerekli ilâhi yarışa onlar bağlıdırlar[253]. Pozitif ve negatif olarak ilâhi sıfatların ayırımı, öncekinden daha az önemlidir. Çünkü onlar, ikinci görüş açısından ve bizim bilgimizin izafi moduna göre yapılmışlardır.

---

[247] Bu konuda S. Anselme'le ilgili bölümü ve Augustin'le ilgili bölüme bakılabilir.
[248] R. Garigou-Lag, Dieu, p.343-370.
[249] Scot, Thomas'dan ayrılmaktadır ve temel sıfat olarak **infinite**'yi sunmaktadır.
[250] Thomas düşüncesi, bu gruba bağlıdır. O, hakikate ve hikmete özel bir önem atfetmektedir. Jean de St. Thomas-Billuart.
[251] Capreolus-Bannez-Contenson.
[252] Bkz: R. Garrigou-Lagrange, Op. Cit, p.356-370.
[253] R. Garrigou-Langrange, Op. Cit. P.371.

Bu olgunlukların Allah'tan olma modunu, yaratıklarla biliyoruz bu, iyi anlaşılmalıdır. Onlar, yalnız, onları meydana getirmiyorlar (causaliter-viftualiter)[254]. Fakat formel akıllarına göre onlar, orada mündemiçtirler. Yani yaratılmış moddaki sonsuz yüksek bir moda göre. Onlar, bizi tanınmazlar. Öyle ki negatif ve izafi bir tarzla... Onlar, Allahlaşmış formel nedeniyle yok olmaksızın aynı olmaya onlara izin vermektedirler[255]. Bu mod, bizim bilgimizin analojik karakteriyle açıklanır. Bu, çift anlamı aşar fakat birliğe ulaşamaz[256]. Bunlar ilahi özde aynıdırlar. Onlar, virtüellement olarak onlardan ayrılırlar. Başka bir tabirle, realitede kurulmuş makul nedenden ayrılığa göre... Fakat ruhun müşahedesinden sonra... Bu ayırımın temeli çift şeye dayanır:

1. Tanrılaşmanın büyüklüğü ki bizatihi, yaratıklarda ve reel alarak olgunlaşma ile aynıdır.

2. Bizim zihnimizin eksikliği ki Allah'ın mutlak varlığına ulaşmamaktadır[257]. Bununla beraber, bu virtüel ayırım, Allah'a atfedilecek olan potentialite'ye dayanacağında kabul görmeyecektir. Böylece özle-varlık, akılla-entellek, irade ile istemek arasında fark olacaktır[258].

b. Yaratıklardaki Allah'ın operasyonları, Thomist ilahiyatın en karakteristik noktalarından birisidir. Allah'ın ilmi evrenseldir. O, ilk objet olarak tanrısal öze, bütün sıfatları ve teslis ilişkilerini ihtiva ederek sahip olmaktadır. Fakat o, mümkün olan ve geçmişte şimdi veya gelecekte var olan varlıklar olsun başka objelere de uzanmaktadır[259]. Bu sadece onlarda değildir. Fakat bizzat Allah bu sonuçları onları varlığa çağıran iradede tasarlamakta ve gelecek kontenjanlar Allah tarafından onları var kılan ve ebedileştiren iradede bilinmektedir[260]. Bu, Allah'a önemli bir kabul atfedecektir ki onlardan ona gelen şeylerin bilgisine o, sahiptir[261]. Sonsuz akıl, sonsuza bağlanacaktır. Zaten hürriyet, bu evrensel sezgiyle insanda azdır[262]. Hatta bir iradeye dayansa bile... Zira ilahi irade esas olarak aşkındır. Onun etkiliği yücedir ve sonuçlara

---

[254] Maimonid'e karşı De Potentia, q.7, a. 7; Sum. Th. 1. Q. 13, a. 2, R. Garrigou-Lag. İbid, p.516.
[255] İbid, p.521.
[256] Duns Scot, Allah'a uygulanan aşkın mefhumları birliğini kabul etmektedir.
[257] R. Garrigou-Lag. İbid, p.521, S. Thomas In Sent. D.II, q.1, a. 3.
[258] İbid, p.552-558, Sum Théol. 1. Q.3, a. 4; q. 14, a, 1-2.
[259] Sum. Th. 1. Q. 14. A. 2, 9. De Verit, q. 3. A; ad. 8. C. Gentes, 1, c.60, 69.
[260] Sum. Théol. 1. Q. 14, a. 8. R. Garrigou-Lag, Op. Cit. p.402.
[261] İbid, p.408, Sum. Théol. 1. Q. 14. A. 13.
[262] C. Gentes, 1, c, 68.

gelince o, bu sonuçların varlık moduna kadar ulaşmaktadır. Allah gerekli olanları, yaratıkları yaratmaya kadirdir ve parçaların nedenlerine sahiptir[263]. İlahi kozalite, yaratıkların tamamına uzanmaktadır. Allah, hareket yeteneğini yaratmakta, onu muhafaza etmekte, onu eyleminde tatbik etmektedir. Nihayet onu ilk ajan olarak hareket ettirmekte, her şeyi tabiatına göre bizzat bunun varlığı olan en müşterek sonucu yaratmaktadır[264]. Bu ilahi hareket, Somme'da iyi şekilde ortaya konmuştur ki o, üçlü kozalite olan, finalde etkili olmaktan, formelden bahsetmektedir[265]. Bu hareket, ikinci nedenin aksiyonunu dışarda bırakmaz. Fakat ilk neden aksiyonu adıyla ona bağlanır[266]. O, sonucun total nedenidir. Onun nizamında ikinci nedenidir[267].

Bu önemli prensipler, temelde başka ilave sorunların çözümüne, yakından ilme ve ilahi iradeye bağlı olarak hizmet edecektir. İnayette öyledir ki akıl, irade, evrenin düzeni ile nizamı tanımaktadır. Fakat yine de bütün detayları içinde[268] o, ilahi hikmetin bir yoğunluğundan başka bir şey değildir. O veya diğeri, kadere bağlanmaktadır. Bu özel inayet, seçkinlerle ilgilidir ki onu, Allah bilmekte ve ona zaferi ve ona ulaşma vasıtalarını hazırlamaktadır. Diğerleri ön yargısız, oraya ulaşamazlar. Sonraki ilahiyat, yegâne zaferde, kader konusunda tartışacaktır[269] (Tabiatüstü eserleri tamamlamak için insana verilen aktüel inayet, bir ilahi hareket olarak tasarlanacak ve onun etkinliği, işaret edilen varlıktan gelen prensiplerle açıklanacaktır)[270].

Bu muhteşem Thomist sistematizasyon, özellikle felsefi noktadan Augustinci anlamda iyi olmaktadırlar. Bu doktrin, Allah'ın tabiatından çıkarılan onun bağımsızlık, evrensel aksiyonunun en yüksek prensiplerine dayanmaktadır. İlâhiyatçı burada sırla karşılaşmaktadır. Fakat o, ondan ve beşeri zihnin zayıflığından korkmamaktadır. Onun güçsüzlüğü, ilk nedenin aşkın aksiyonunu yakalayamamaktadır[271]. Molinist ekol, başka prensipten hareket ede-

---

[263] Sum. Th. 1, q, 19, a.8.
[264] De Potentia, q. 3, a.7. cf. C. Gentes, III, c.67.
[265] Sum. Théol. 1, q. 105, a. 5.
[266] İbid, ad. 2.
[267] Molina ve onun ekolü, genelde ilahi kozaliteyle beşeri kozaliteyi paralel kozalite olarak düşünmektedirler.
[268] İbid, q.23.
[269] Bu eserin ileriki sayfalarına bakılmalıdır.
[270] Bu eserin ileriki sayfalarına bakılmalıdır.
[271] Bu eserin ikinci cildine bakılmalıdır.

rek²⁷² farklı sonuçlara ulaşacaktır. Bununla birlikte onu, ağırlaştırmasa da o, bazı takdir edilebilir avantajlara rağmen, sırrın zorluklarından sakınmayacaktır.

ii. Kutsal Teslis

St. Thomas, eskilerin ve özellikle de ilham aldığı St. Augustin'in düşüncelerini birkaç soruda harika şekilde sentezlemiştir²⁷³. O da St. Augustin gibi enerjiyle, sırra, gerçek bir ispat vermenin imkânsızlığını kabul etmektedir²⁷⁴. O da açıkladığı mantıki sertliğin zahiriyle bütün seleflerini geçememiştir. St. Augustin, mükemmel bir görüntü elde edene kadar yavaş yavaş ruhu yükselten kademeli bir dizi sembolle ilerlemişti. St. Thomas ise, bir tek görüntü almaktadır ki zihni tanımakta ve sevmektedir. Fakat ispatının bütün unsurlarını ondan elde etmektedir. O, onu eserinin ilk sorusundan itibaren önermektedir. Buna göre, Kutsal Kitap ve üç şahsın varlığının geleneğiyle o tesis edilmektedir²⁷⁵. O, sırra, belli bir zekâyı, analojiye dayanarak vermek istemektedir. Bu analoji, insanî ruhla ve Allah arasında önerilmiştir. Allah ise sonsuz ve mükemmel ruhtur.

İlahi şahıslar (q. 27)²⁷⁶ nedene karşı (Arianisme) sonuç ya da aklın ruhunun basit varlığı (modalisme) olamazlar. Ancak ilahi şahıslar, ruhsaldırlar, gerçektirler ve entelektüeldirler (Art. 1). Bir nesil olarak isimlendirilebilir tıpkı, ruhla tasarlanan zihinsel kelime gibi (Art. 2). Orada aşk yoluyla (Art. 3) bir başka şey olabilir ki bir nesil olamaz (Art. 4). Fakat orada daha çok şey olabilir (Art. 5). Bu süreçler en azından birtakım ilişkileri içermektedir (q. 28)²⁷⁷, gerçektirler (Art. 1), onların temel varlıklarına gelince, özden ayrı değillerdir (Art. 2)²⁷⁸. Fakat muhalif ilişkiler olarak onlar arasında gerçek ayrılık vardır (Art. 3). Allah'ta şu dört ilişkiden başkası olamaz:

1. Babalık, 2. Evlatlık, 3. İlham, 4. Sudur (Art. 4).

---

272 Bu eserin ileriki sayfalarına bakılmalıdır.
273 İkinci cilde bakılmalıdır.
274 Sum. Théol. 1, q. 32, a. 1.
275 St. Augustin, De Trinitate eserinin ilk yedi kitabında bunun aksini söylemektedir.
276 Sum. Théol. 1, q. 27, a. 1-5.
277 İbid, q. 28, a. 1-4.
278 Allah'ta ilişki bir tesadüf değildir.

Bütün bunlar, Allah'taki uknum/şahıs mefhumunun üzerine oturduğu ön hazırlık donneleridir (Quest. 29)[279]. Şahıs, Boéce tarafından şöyle tarif edilmiştir: Rationalis Naturae İndividua Substantia = Rasyonel doğanın bireysel maddesi (Art. 1). O, hypostase veya subsistance olarak isimlendirilir. Substance/cevher, ayrıdır (Art. 2)[280]. Cevher olarak onda daha mükemmeldir. O, Allah'ta olabilir (Art. 3). Çünkü Allah'ta birçok şahıs vardır. Bu ise onları bir şekilde özden veya tabiattan ayırmaktadır. Bu ise sadece ilişkidir. Bu ise olduğu gibi şahıs değildir. Fakat ayrı bir varlıktır. Bu durumda ilahi şahıs şöyle tarif ediliyor: Relatio ut Subsistents (Art. 4) = Var olmak için ilişki veya Distinctum relatione Subsistens in essentia divina= İlahi özde var olan bağımsız ilişki[281].

20. soruda verilen şahıs mefhumu, sırrın farklı veçheleri üzerinde bir dizi teolojik gelişmeler hazırlamaktadır[282]. Burada, Melek doktorun markasını taşıyan sorular arasında beş mefhum konusunda veya şahısları karakterize eden ve onları birbirinden ayıran[283] konulardaki açıklamalara işaret edelim. İki mefhumsal veya şahıssal eylem yani şahısların meydana geldiği eylemler hakkında[284], şahıslara özgü isimler üzerinde ve uygun isimler üzerinde[285] veya Teslisten bahsetme tarzı üzerindeki kurallar[286] ve nihayet genel olarak, ilahi misyonlar üzerinde[287] ve bilhassa ruhlardaki Kutsal-Ruhun ve Oğulun görünmeyen misyonu üzerinde burada işarette bulunalım[288].

d. Meleğin ve İnsanın Yaratılışı
i. Varlıkların Yaratılışı ve Yönetimi[289]

St. Thomas, Allah'ın tabiatını ve Teslis operasyonlarını inceledikten sonra, Allah'ın, evrenin yaratıcısı olduğunu ortaya koyarak, Allah'ın varlığını ispat etmektedir. O, onun operasyonlarını ad extra olarak telakki etmekte ve önce

---

[279] Sum. Théol. 1, q. 29, a.11-4.
[280] De Potentia, 9. q. A.4, cf. In III Sent. D. 5. q. 1. a.3.
[281] De Potentia, , 9. q, a.4; De Trinitate, I, V.
[282] Somme th. P.555.
[283] İbid, q. 92. Beş mefhum: İnnascibilité/paternite-Filiation-Spiration-Procession.
[284] İbid, q.41.
[285] İbid, q.33-38.
[286] İbid, q.39, a.7.
[287] İbid, q. 39, a.1-8.
[288] İbid, q. art. 3, 5, 6.
[289] Sum. Théol. 1. q. 44-49, 103-119.

yaratılışın bizzat eylemi olarak kavramaktadır[290]. Bu eylem, Allah'ın dışında var olan her şeyin gerekli ve tek açıklamasıdır. Bu sadece varlıkların evrenselliğini değil, onların bütünü içine almaktadır. Burada yaratılış, yoktan meydana getirişitir[291]. Orada, önceden tasarlanan madde yoktur. Ne de ilahi cevherin yaratılan şeyde türemesi vardır. Burada yaratılış onun varlığının prensibi olarak yaratıcı ile olan bir ilişkiden başka bir şey değildir[292]. Bu eser, üç şahısla tamamlanmıştır. Yani ilahi tabiatta[293] ve o, başka bir şahısla var olmamaktadır: Yaratmak, varlığı olduğu gibi meydana getirmektir, bu, evrensel sonuçtur ve bu güç, tanrısallığa münhasır imtiyazdır, yaratıklara sirayet etmeyendir[294]. Kutsal Kitaba göre yaratılış, zaman içinde olmuştur. Fakat akıl, böyle olması gerektiğini ispatlayamaz. Çünkü ispat prensipleri yaratıklar tarafından olduğu kadar Allah tarafından da bizden kaçmaktadırlar[295].

Yaratıcı Allah, evrensel örnek nedenidir. Her şey, Allah'ın varlığına belli bir iştirakle bitmektedir. Yüksek neden olarak onda her şey, önceden vardır. Her tam olan yaratılmıştır. Özellikle o, Allah'ın ebediliğindeki fikre bir iştiraktir. Onu belli bir zamanda hikmetiyle gerçekleştirmektedir[296]. O zamandan beri her yaratık Allah'ın benzerliğini taşımaktadır. Orada Teslisten birkaç iz bulunmaktadır[297]. İnsan, Allah'ın ve Teslisin çok özel bir suretidir[298]. Diğer yandan yaratılışın, bir hedefi ve amacı vardır. O da bizzat Tanrının kendisidir. Mükemmel olarak Allah, hiçbir şeye muhtaç değildir. Daha ziyade, olgunluğunu, iyiliğini ulaştırmaktadır. Yaratılanlar, onun ilahi iyiliğine asimilasyonla, mükemmel olmayı aramak zorundadırlar[299].

Allah sadece yaratıcı ve örnek değildir. O, evreni yöneten bir inayettir[300]. Evren, özel varlıklar gibidir. O, onları bizzat varlıkta muhafaza etmektedir[301]. O, onları hareket ettirmektedir. Zekâ ve yaratılmış iradeye ulaşan bir

---

[290] İbid, q. 44-46.
[291] İbid, q. 44. a.1-2.
[292] İbid, q. 45. a.1.
[293] İbid, q. 45, a.3.
[294] İbid, q. 45, a.6.
[295] İbid, q. 46, a.2.
[296] Sum. Théol. 1. q. 44, 3; cf. İbid, q. 15, a.1.
[297] İbid, q.45, a.7.
[298] İbid, q. 93, a. 1-9.
[299] İbid, q. 44. a.4.
[300] İbid, q. 103-119.
[301] İbid, q. 104, a.1-2; cf. IIIa, q. 13, a.2.

hareketle[302] o, her şeyi yapıyor, tek başına değil. İkincil nedenlerle her şeyde en mahrem olan varlığın bizzat kendisini meydana getirir[303]. Bu ilahi aktivite için, St. Thomas şöyle der: Bu ilahi aktivite, akıl ve nedensellik, yaratma eyleminden önce gelmektedir[304]. Allah, oldukça sık şekilde, yaratıkların yönetiminde aracılar kullanmaktadır. Özellikle, melekleri kullanmaktadır. Kutsal Kitap doktrinine göre ki o, Denys l'Aréopagite tarafından sentezlenmiştir. Ondan St. Thomas ilham almaktadır[305].

ii. Melekler

Melekler konusunda kompoze edilen eser, ilk büyük ilahiyat sentez eseridir. Acaba bu konudaki doktrinin yüceliği, St. Thomas'ın Melek Doktor unvanını almasını mı sağladı? Şüphesiz onun metafizik, psikolojik olan güçlü dehası, bu konuda rahatlıkla açıklama yaptı ve böylece bütün parçaları ortaya koydu. Öyle bir doktrinel sistem ortaya koydu ki hem Kutsal Kitabın hem de geleneğin donnelerini mükemmel şekilde koordine etti. Denys'in otoritesi ona, semavi hiyerarşileri empoze etmiştir. Fakat onun genel psikolojisini almıştı. Özellikle meleklerin bilgisini almış ve onu geniş şekilde açıklamıştır. Duns Scot ve daha sonra Suarez, farklı felsefi prensiplerden hareket ederek, her bir melek konusunda tarafgirliklerini koruyan bir başka teolojik sistem ortaya koymuşlardır[306]. Burada sadece Thomist doktrinin en sivri çizgilerini hatırlatalım:

Melekler saf Ruhlardır. Onlarda madde ve şekil yoktur[307]. Onlar bireyler olarak, madde ile ayrılmamışlardır. Kendilerine özgü türleri ile ayrılmışlardır[308]. Onlar belli bir yerde değillerdir ve her birinin bedeni yoktur. Fakat onlar lokalizedirler. Ancak bedenle değil, bölgeseldirler. Fakat onların faziletlerinin tatbiki ile bir obje de lokalleşmişlerdir (localisation difinitive)[309]. Onlar, aksiyonlarını bir şeyden başka bir şeye taşıyabilirler[310].

---

[302] İbid, q. 8, a.1; q. 45, a.5; q. 105, a.3-4.
[303] İbid, q. 105, a.5.
[304] C. Gentes, III, c.149.
[305] Bu kitabın baş taraflarına bakılmalıdır.
[306] Bkz: A. Vacant, Angélologie, Dans Dict, Théol. Col. 1328-1348.
[307] Sum. Théol. 1, q.50, a.1-2.
[308] İbid, a.4.
[309] İbid, q.52, a.1.
[310] İbid, q.53, a.1.

Melekler, akılla ve iradeyle mücehhezdirler, özleriyle aynı olmayan güçtürler[311]. Melek, kendisine dokunulmadan tanınır[312] ve bizzat Allah'ı bilir. O, onun benzeridir. O, doğrudan görünmez ve konuşmaz[313]. O, özel bir bilgiyle, diğer objeleri tanımaz, diğer melekleri de bilmez. Ancak dâhili türlerle tanırlar. Melekler, en yüksek hiyerarşik ruhlarda oldukça evrenseldirler[314]. Bu bilgi, çok mükemmeldir, sezgiseldir[315]. Bununla beraber, gelecek kontenjanlara, kalplerin sırlarına, inayetin sırlarına kadar uzanmaz[316]. Bilgisinin mükemmelliğine ve iradesinin evrensel iyiliğe doğru olmasına rağmen, melek hürdür ve günah işleyebilir. Fakat bir defa iyilikte veya kötülükte kaldığında, nihai sonla ilgili kaderi, artık geri döndürülemez[317].

Melekler, gerçek bir olgunlukla veya mutluluk halinde yaratılmışlardır[318]. Fakat onların, Allah'a dönmeleri için inayete ihtiyaçları vardır. Şüphesiz onların tecrübeleri kısadır, onların tabiatı, tespit edilen bir zamandadır[319]. Zafer, inayet, onların tabii olgunluklarına orantılanmıştır[320]. Mesih, meleklerin şefidir, o, onların üzerinde etkilidir. Ancak onlar için bedenleşmeden ve onlar lütfa layık olmadan etkilidir[321].

Denys l'Areopagite'i takip ederek St. Thomas, melekleri dokuz gruba ayırmaktadır ve o, onları bir tarzda, Allah'ın evreni yönetmesine bağlamaktadır[322]. **Birinci grup**, evrenin düzeninin yüce sebeplerini görmek için Allah'ı temaşa etmektedirler. **İkinci grup**, evreni, genel sebeplerle yönetir. **Üçüncü grup**, teferruatta ilahi düzenin icraatını gözetlemektedirler[323]. İnsanlar, inayetin çok özel itina konusudurlar ki bu inayet, onları çoğu defa meleklerin vazifeleriyle yönetmektedir. Bekçi melek, onlara vekildir[324]. Onları şeytanın

---

[311] İbid, q.54 ve q.59.
[312] İbid, q.56, a.3.
[313] İbid, q.55, a.2; İbid, q.55, a.3.
[314] İbid, q.58, a.3.
[315] Sum. Théol, q.57, a.3-5.
[316] İbid, q.59, a.3; q.60, a.5; q. 74, a.2.
[317] İbid, q.62, a.1.
[318] İbid, q.62, a.2-3.
[319] İbid, q.62, a.5.
[320] Bu yaratılıştan ayrıdır.
[321] Sum. Théol. III, q.59, a.6, De Ventate, q.XXIX, a.4, a.7; Düşen melek için bkz: Sum. Théol. 1. q.63, q, 64.
[322] Sum. Théol, 1. q.106-114.
[323] İbid, q. 108, a.6.
[324] İbid, q. 113.

ataklarına karşı korumaktadır[325]. Her insanın meleği vardır[326]. Hem de insanın yaratılışından beri[327] veya doğumundan beri[328]. Bu melek onu, asla bu dünyada terk etmez[329].

iii. İnsan

Serapa spritüal yaratıklar üzerindeki esere, St. Thomas bedensel varlıklar konusunu da ilave etmiştir. Hatta altı günlük yaratma işinden de bahsetmiştir[330]. Bu konu, HEXAÉMERON'da, insanın yaratılmasıyla tamamlanmaktadır. İnsan, beden ve ruhtan teşekkül etmiştir. İnsan bütün yaratılmışları sentezlemektedir. Saf ruhların sonuncusundan daha aşağı bir bedende yaşayan insan, ruhuyla her şeyi aşmaktadır. Bitkilerin ve hayvan ruhları temelde maddeye bağımlıdırlar. Parçalandıklarında telef olmaktadırlar[331]. Entelektüel ve var olan insan ruhu, ölümsüzdür[332]. O, insanda cevhersel formda bulunmaktadır ve o, tektir: O, bütünlüğünde bitkisel ve duyarlı ruhların veya alt formların bütün potansiyellerini ihtiva eder ve noksan formların diğer varlıklarda yaptığını kendisi yapar[333]. İşte Thomist felsefenin temel noktalarından birisi buradadır. Bunlardan birine, Augustinci ilahiyatçılar şiddetle hücum etmişlerdir. Çünkü onlar, Eflatun'dan mülhem bir başka kavrama alışıktılar. Seleflerinden daha iyi bir şekilde kararlılıkla St. Thomas, yetenekleri, ruhun cevherinden ayırmaktadır[334]. O, en yüksek yetenekleri, zekâ ilkelerini ve iradeyi özel bir dikkatle inceleyerek, onları hemen gerçekleştirmeleri[335] amaçlanan çeşitli işlemlere göre tasnif etmektedir[336].

Beşeri akıl, pasiftir, bilinebilen bütün objeleri kavramaya yönelmektedir[337]. Fakat yine akıl, ayrı gerçek aktif bir gücü anlamaktadır[338]. Aksine aklı,

---

[325] İbid, q. 114.
[326] İbid, q. 113.
[327] İbid, q. 113, a.2.
[328] In II Sent, D. X, q.1, a.3.
[329] Sum. Théol, q. 113, a.5.
[330] İbid, q.65-74.
[331] İbid, q. 113, a.6.
[332] İbid, q. 75, a.1, 2, 6.
[333] Sum. Théol, q. 76, a.1-4.
[334] İbid, q. 97-83.
[335] İbid, q.78.
[336] İbid, q.79.
[337] İbid, q. 79, a.2.
[338] İbid, q. 79, a.3-4.

hafıza ve akıldan ayırmaya gerek yoktur[339]. Aynı şekilde yüksek akıl, hikmetle karakterize olmuştur ve aşağı akıl, ilme başkanlık etmektedir. O, sadece fonksiyonlarının farklılığı ile ayrılmaktadır[340]. Syndéres'in kendisi, yüksek aklın tabii alışkanlığından daha az belirgin bir yetenektir. Yüksek akıl, bize ahlaki yaşamın ilk ilkelerini göstermektedir[341]. Buna, bazen şuur/vicdan denilmektedir. Ancak ikinci terim neyse ki ilkelerin alışkanlığını, günlük yaşamdaki mevcut uygulamalardan daha az belirtmektedir[342]. Bu ayırımların netliğine rağmen St. Thomas, zaruretsiz varlıkları çoğaltmamaktadır. O, daha yukarıda bizzat bilgiden veya aklın konuya uygulanışından bahsetmiştir[343].

İrade, bizzat zekâdan aşağıdadır. Çünkü hareket modu nedeniyle böyledir[344]. Eylem tarzı ve eyleminde bulunduğu yere bağımlı olması nedeniyle doğası gereği zekâdan daha aşağıdadır[345]. Bununla beraber, bazı bakımlardan irade yüksektir: Meselâ, Allah aşkı, onun bilgisinden yüksektir. Zira Allah, bu dünyada sadece fikirlerle bilinir. Hâlbuki tabiatüstü irade ile derhal ona ulaşılmaktadır. Aynı şekilde irade, amacı gereği zekâyı diğer birçok yetenek gibi harekete geçirmektedir. Bu ona, nisbi bir üstünlük vermektedir[346]. Fakat açık konuşursak akıl, liyakatle üstündür. Thomist entelektüalizm, hür irade açıklanmasında belirtilmektedir. Bu eylem, prensip olarak hür iradeye sahiptir ki o, sadece basit bir alışkanlık değil; gerçek yetenektir, iradedir[347]. Zira hür iradenin özel eylemi, bir seçimdir[348]. İrade tabii olarak evrensel ve mutlak olarak belirtilmiştir. Ancak nihai amaçla gerekli bağlantısı olmayan özel iyiliklerle ilişkili değildir. İrade, bir[349] seçim yapabilir. Bu seçim, pratik son kararla daima özelleşmiştir. Bu son karar, son tespittir. Onu tutmaya irade karar verir. Fakat karar ancak akli bir eğilimle alınır[350]. Böylece hürriyet, şekil olarak iradedir ki o, köklerini akla uzatmaktadır[351].

---

[339] İbid, q. 79, a.7-8.
[340] İbid, q. 79, a.9.
[341] İbid, q. 79, a.12.
[342] İbid, q. 79, a.13.
[343] Bu kitabın önceki bölümlerine bakılmalıdır.
[344] Sum. Théol. 1, q.82, a.2. cf. İbid, q. 16, a.1; q. 27, a.4.
[345] İbid, q. 82, a.4.
[346] İbid, Art. 3-4.
[347] Sum. Théol. 1, q. 83. a.4.
[348] İbid, q.83, a. 1, 2, 3.
[349] İbid, q. 82, a. 1-2, ef. deverit, q. 23, a.5.
[350] İbid, q. 83, a.3; q. 105, a.4, cf. 1ª,-IIae, q. 9-10, 13-14.
[351] G. Gentes, II, 47, 48.

İnsanın liyakati, onun ruhundan gelmektedir. Ruh, Allah'ın doğrudan yarattığıdır[352]. Allah'ın cevherinden değildir[353]. Onun bedeni, bütünü içinde hayvanlarınkinden daha mükemmeldir. Çünkü o, her noktadan bu ruha ve onun operasyonlarına adapte olmuştur[354]. İnsanın bu liyakati, Kutsal Kitabın onun formasyonunu anlatmasıyla belirtilmiştir[355]. Kutsal Kitap onu, Allah'ın imajı olarak göstermektedir. Bu ilâhi benzerliğe, imaj denmektedir[356] ki o, sadece akıllı yaratıklar içindir[357]. Melekler, insanlardan daha fazladır. Şüphesiz ikinci noktalar üzerinde böyledir. İnsan, melekten daha çok yapmaktadır. Hazır olmaları ve nesil üretmeleri için[358], akılla ve aşkla Allah'ı taklidi olarak bu imaj, her insanda yetenektir, gerçektir. O, mutlularda mükemmel bir realitedir[359]. İnsan, Teslisin de imajıdır. Bu ruhunun manevi kısmıyladır. Onun amellerinde bu, telakki edilmiştir. Bilgi eylemi, bir kelimede, aşk eyleminde belirtilmiştir[360]. Teslis ilahiyatı, bu sembolde, St. Augustin'den alınan muhteşem bir tasdik bulmaktadır[361]. İnsanın liyakati, onun tabiatüstü hale yükselmesinden kaynaklanmaktadır: St. Thomas bu etüdü masum insanın imtiyazlarıyla bitirmektedir[362]. Onların asli günahla kayıpları, ikinci kısımda incelenecek ve üçüncü bölümde tartışılacaktır[363]. Bunu sadece Allah sağlayabilir[364]. Fakat insan, onu liyakatleriyle elde etmektedir[365]. Herkes, mutluluğu aramaktadır, hatta gerçek mutluluğu aramayanlar bile, aramaktadır[366]. İşte bütün ahlakın sağlam temeli böyledir. Bu açık iyimserlik, St. Augustin'in talebelerinden birisinin iyiliğidir[367].

2. Beşeri eylemleri, St. Thomas, özellikle nüfuz edici bir analizle, iradenin eylemleriyle açıklamaktadır. Ahlakçı ilahiyatçılar, bütünü içinde onu bütün-

---

[352] Sum. Théol. 1, q. 90, a.2-3.
[353] İbid, Art. 1.
[354] İbid, q. 91, a.3.
[355] İbid, Art. 4.
[356] İbid, q. 93, Art. 1-9.
[357] İbid, Art. 2.
[358] İbid, q. 93, a.3.
[359] İbid, q. 93, a.4.
[360] İbid, Art. 5, 6, 7, 8.
[361] İkinci cilde bakılmalıdır.
[362] Sum Théol. 1, q. 94-102.
[363] Bu kitabın ileri sayfalarına bakılmalıdır.
[364] İbid, Art. 6.
[365] İbid, Art. 7.
[366] İbid, Art. 8.
[367] İkinci cilde bakınız.

leştirmeye devam etmişlerdir. Bunu da tam irade eyleminin yapısını göstermek için yapmışlardır. Zaten bundan farklı bir plan üzerinde unsurları gruplandırabiliriz. Onları Somme Théologique tespit etmiştir. Bunu, analizin katı kurallarına göre yapmıştır. Burada Melek doktorun entelektüalizmini rahatça göstermek kolay olacaktır[368]. Zira onun için her irade eylemi, akıl eyleminden önce gelmekte ve akıl eylemi onu hazırlamakta ve mümkün kılmaktadır[369].

Tek iradede, altı şeyi sayabiliriz:

1. Basit irade veya genel irade. Bu, böyle kabul edilen her iyi şeyde içgüdüseldir[370].

2. Niyet bir iradedir. İlk hükümde icra edilmektedir. İyiye, aranan vasıtalarla yönelinmektedir[371].

3. Rıza gösterme. Konseyin verdiği vasıtaları, arzu etmek ve tasvip etmek[372].

4. Pratik yeni bir yargıya müteakip seçim. En müsait vasıtayı seçmek[373].

5. Yeteneklerin uygulanması. Bu da, aklın buyurganlığını takip etmekte ve icraata götürmektedir. Buna her şey iştirak etmektedir. Fakat iradeye has olan her şey[374].

6. Mükemmel güç, amaca refakat etmektedir ve o, iradeye aittir[375]. İlk iki eylemler, bizzat iyi ile veya sonla ilgilidir. Müteakip ikisi, vasıtaları işlemektedir. Sondakiler, icraatla ilgilenmektedirler. Bu eylemlerden başka, iradeye farklı eylemler de bağlanabilir. Buna diğer yetenekler kumanda etmektedir. Buna kumanda edilen eylemler denilmektedir. Onlar serapa dâhildirler veya haricidirler[376].

Ahlak, beşeri eylemlerin temel özelliklerinden birisidir[377]. St. Thomas, bu eserin sonunda tabiatı ve şartları incelemektedir[378]. Burada eylemlere, ahlaki

---

[368] St. Thomas, bkz: İkinci cilt.
[369] Sum. Théol. Iª-IIªᵉ, q. 9, a.1.
[370] Sum. Théol, q. 8, a.2.
[371] İbid, q.12.
[372] İbid, q.14 ve 15.
[373] İbid, q.13.
[374] İbid, q.16.
[375] İbid, q.11.
[376] İbid, q.17.
[377] İbid, q.1, a.3, ad 3.
[378] İbid, q.18-20.

özelliklerini veren şeyin obje olduğunu hatırlatalım[379]. Amaç orada, motor görevi yapmaktadır[380]. Şartlar, ikinci unvanla, onu değiştirmektedir. Kayıtsız işler sadece mücerrettir. Gerçeklikte, amacına göre hiçbir ahlaki olmayan somut kısıtlı fiiller fiilde bulunanın niyetinden dolayı olacaktır ve ahlak sahibi olması gereken kimse günah işleyene kadar[381].

5. Thomist Ahlak[382]

a. Genel Prensipler

St. Thomas, Somme'un "**Prima Secundae**"sinde ahlakın genel prensiplerine en iyi şekilde yoğunlaşmıştır. Yani aktivite ile ilgili kuralların tamamı açıklanmıştır. Allah'ın yarattığı insan, onunla, nihai hedefi olan yaratıcısına geri gelmektedir. Gerçekte, bu açıklamanın hareket noktası budur. Allah bizim mutluluğumuzdur, son hedefimizdir. İşte melek doktor, insana bu amacı keşfettiriyor. Onu yavaş bir psikolojik yükselişle, insan amellerinin yüce kaidesi olan yasaya kadar yükseltmektedir. Somme'un bu kısmı kadar hiçbir şey âlimane şekilde düzenlenmemiştir. Onun bütün unsurları vardır. Diğer yandan her incelemede felsefi veriler büyük bir yer işgal etmesine rağmen, kapsamında onda yalnızca doğal bir ahlak görmek onu daraltmak olacaktır:

1. Mutluluğun bilgisi, kendini bilmenin meyvesidir. İnsan akıllı tabiatına ve hürriyetine layık gerçek eylemler meydana getirmek istemektedir. Yani tek kelimeyle beşeri eylemler. Bunların bir amacı olmalıdır[383]. İşte bu amaç, amellere ahlaki ve beşeri ameller gibi özellikler vermektedir[384]. Bu düzen içinde, varlığın düzeni gibi orada, bağımlı hedefler olabilir, olmalıdır da. Aksiyon, desteksiz olmamalıdır[385]. Yani sonuçsuz, nihai amaçsız olmamalıdır. O, her insanı olgunlaştırır ve herkesin gücünü ona doğru olmasını sağlar[386].

St. Thomas'ın devamlı ilham aldığı Beati de,[387] eserinde St. Augustin'den ilham almakta, sonra güzel yaratıkların insana mutluluk veremeyeceğini

---

[379] İbid, q.18, a.2.
[380] İbid, Art. 4.
[381] İbid, Art. 8-9.
[382] II[a], 3 eseri şöyle gruplandırabiliriz: 1. Ahlak ilahiyatı, 2. İnayet ilahiyatı. Buna dogmatik ilahiyat da denir. Biz inayeti mistik ilahiyata bağlıyoruz. 3. Zahitlik ilahiyatı. Bu tasnif faydalıdır ve ilahiyatın temeline zarar vermemektedir.
[383] Sum. Théol, I[a]-II[ae], q.1, a.1.
[384] İbid, Art. 3.
[385] İbid, Art. 4.
[386] İbid, Art. 5-8.
[387] II. cilt, p.680.

göstermektedir[388]. Çünkü iradenin konusu, evrenseldir. Gerçek üniversel olarak, onun aklının konusudur. Bu ise Allah'tan başkası değildir[389]. Allah, objektif noktadan bizim mutluluğumuzdur. Bununla beraber, onu özü içinde almak gerekir. O, yaratılmıştır[390]. Bu insanı, sonsuz iyilikle birleştirerek mükemmel yapmaktadır[391]. Bu operasyon spekülatif bir akıl operasyonu olacak, Allah'ı özü içinde kavrayacaktır[392]. Esasında mutluluk, akıl eylemi ile oluşturulmuştur. Ona zevk, refakat etmektedir[393]. Ayrıca dâhili veya dış avantajları[394] ve cemiyeti bile[395] bu ihtiva etmektedir. Bu mutluluğun elde edilmesi, farklı derecelerde mümkündür[396]. Bu dünyada her şey eksiktir, gelecek hayatta mükemmeldir[397]. İnayet yardımıyla, ilahi özün görünmesi sağlanabilir. St. Thomas'ın burada bahsettiği hayati bir niyettir. Fakat o, sonuncunun geri çekilmemiş iradesini gerektirmez[398]. O zaman bütün ahlaki eylemler, ister iyi ister kötü olsun, sadece insanın değil, Allah'ın da önündedirler. Adiller için kötü olmayan bütün eylemler, tabiatıyla değerlidirler. Allah'la ilişki hali nedeniyle ilgisiz ameller de öyledirler. Orada onların ruhu alışılmış inayetle bulunmaktadır[399].

St. Thomas, beşeri eylemlere, insanlarda ve hayvanlarda müşterek olan amelleri, ihtiraslara bağlamaktadır[400]: Bu ihtiraslar, duygusal iştahın hareketidirler. Onlar, ahlakiliğe düzenlenmiş olarak iştirak etmektedirler ve akılla harekete geçmektedirler. Bizatihi ahlak dışılık[401], onlar kötü amellerin kötülüğünü ağırlaştırmaktadır. Yine iyi ameller, onun mükemmelliğine ilave edilebilirler. Çünkü iyi ahlaki olgunluk insanı sadece iradesindeki iyiye değil, duygusal iştahında da iyiye taşımış olur[402]. St. Thomas, Péripatéticienne

---

[388] Sum. Théol. I^a-II^{ae}, q.2, Art. 1-7.
[389] İbid, Art. 8.
[390] İbid, I^a-II^{ae}, q.3, a.1.
[391] İbid, Art. 2.
[392] İbid, Art. 3-8.
[393] İbid, I^a-II^{ae}, q.4, a.1-2.
[394] İbid, Art. 3-4.
[395] İbid, Art. 5, 6, 7.
[396] İbid, Art.1; İbid, Art. 2..
[397] İbid, Art. 3, 4.
[398] İbid, ad. 2.
[399] Quaest. Disp. De Malo, q.2, a.5; q.a.2.
[400] Sum. Théol, I^a-II^{ae}, q.6.
[401] Sum. Théol, I^a-II^{ae}, q.24. a.1. Bu doktrin, Stuasizme karşıdır. Çünkü o, bütün ihtirasları kötü görmektedir.
[402] İbid, Art. 3.

metoda göre, ihtirasları aşk, kin, arzu, sevinç ve keder olan concupiscible iştaha veya ümit, ümitsizlik, cesaret, korku, öfke olan irascible iştaha bağlamaktadır[403]. Prensip olarak birinci grup ihtiraslar, konu olarak iyidirler. Bunlar ikincilerden üstündürler. Çünkü birinciler, zor olan iyilikle ilgilidirler. Bununla beraber, genel nizama göre, sevinç ve keder, son noktada, bu nizam içinde aşağıdaki ikili tasnifi gerekli kılmaktadır:

1. Aşk ve kin
2. Arzu ve isteksizlik
3. Ümit ve ümitsizlik
4. Cüret ve korku
5. Öfke
6. Sevinç ve keder[404].

Bu son ikisi, St. Thomas tarafından takdim edilmektedir. Bunlar, ümitle-korkudur. Bunları o, en önemli ihtiraslar olarak takdim etmektedir[405]. Bununla beraber, her ihtirasa tahsis edilen açıklamalarda[406], daha çok aşk, arzu, korku ve öfke üzerinde durmuştur. Bir başka bakış noktasında, bunlar özel bir dikkate layıktırlar.

3. Ameller, yetenekler, tarafından doğrudan çıkarılmaktadır. Ancak onların meydana gelmesine dâhili ve harici prensiplerde yardımcı olmaktadır. Bütün dâhili prensipler, daimi şekilde yeteneklere ilave olmuşlardır. Onlar, eylemlerin mükemmel veya kolay olması için bu olmaktadır.

St. Thomas, bunlara alışkanlık ismini vermektedir. Bu terim, bazen tüzel kişilikli bir realiteye işaret etmektedir[407]. Ancak burada "Qualité Opérative" anlamında kullanılmıştır. Fakat bu, geniş anlamdadır. Çünkü o, tabii ve günaha sevk eden kötülüklere bile uzanmaktadır. Farklı şekillerde tasnif edilen alışkanlıkları[408], özellikle ahlak noktasından, iyi alışkanlıklar ve kötü alışkanlıklar olarak veya faziletler ve kötülükler olarak ayırmaktadır[409].

---

[403] İbid, q.25, a.1.
[404] İbid, Art. 3.
[405] İbid, Art. 4.
[406] İbid, q.26-48.
[407] Sum. Théol. I^a-II^{ae}, p. 49-54.
[408] St. Thomas, alışkanlıkların tabiatını, konusunu, sebeplerini/söyledikten sonra, onları farklı noktadan ayırmaktadır.
[409] Sum. Théol. Art. 3.

a. **Fazilet:** St. Thomas tarafından şöyle tarif edilmektedir: Doğru yaşayan kimsenin kötüye kullanmadığı, Allah'ın bizde çalıştırdığı iyi bir zihinsel kalite[410]. Bu son nokta, dâhili faziletlerle sınırlı dar bir tarif vermektedir. Şüphesiz bunlar, St. Thomas tarafından tesis edilen faziletler hiyerarşisinin zirvesidir. Ancak yine de doğrudan doğruya, onun tarafından işaret edilen bütün türleri temsil etmemektedir. Bütün bunlar, tarifin birinci kısmında iyice anlaşılmaktadır. Kişinin herhangi bir kötülüğü, hatta aşırılığı, kötüye kullanamayacağı, münhasıran iyi işleyen bir alışkanlık ve iyilik ilkesi, onu reklam etmekten uzaktır.

Yeteneklere ulaşma imkânı veren objeye göre faziletler üç sınıfa ayrılırlar: Bunlar, entelektüel-ahlaki ve teolojiktirler. Entelektüel faziletler özellikle[411] sadece sanattan değil tedbirden ayrılırlar[412]. Onlar, zihnin, hakikati elde etmesinde işlevseldirler. Bunlar, ilk prensipleri tasarlayan akıldır, ilimdir. Ondan özel sonuçlar çıkarılmaktadır. Hikmet, Allah'a kadar yükselmektedir[413]. **Tedbir**, entelektüel bir fazilet olarak, zihni olgunlaştırmaktadır, aynı zamanda onu idare eden ahlaktır. Ahlaki faziletler[414], iyiliği aramada, iradeyi olgunlaştırmaktadır[415]. Bunlar, eskilerle, dört faziletin etrafında toplanmaktadırlar[416]. Bunlara Kardinal denmektedir[417]. Bunlar, iyi olan beşeri amelin genel şartlarını değil[418], özel bir obje karşısında özel bir yeteneği olgunlaştıran farklı alışkanlık hakikatidir. Tedbir, pratik zihne, iyiyi yapmak için vasıtaların seçiminde rehberlik yapmaktadır[419]. Adalet, iradeyi her birine getirmeye meylettirir. Güç, geri çevrilemeyen iştahı sağlamlaştırır. Ölçülü olmak, bedensel iştahı ılımlaştırır[420]. Onlar aracılığı ile ruh, imanını açığa vurduğu gibi, bir gün kendisine sahip olunan bir hayır olarak vermeyi vaat ettiği için Allah'ı tanır[421]. Bu son erdemler, insanı doğaüstü bir sonla orantılamak zo-

---

410 İbid, q.55, a.4; İbid, q.63, a.2. Bu tarif, Augustin'in metinleri yardımıyla yapılmıştır.
411 Sum. Théol. 1ª-IIIᵃᵉ, q.57, a.1.
412 İbid, Art. 3-6.
413 İbid, Art. 2.
414 İbid, q.58-61.
415 İbid, q.58.
416 Bu konuda ikinci cilde bakılmalıdır.
417 Sum. Théol. Iª-IIᵃᵉ, q.61, a.1-4.
418 İbid, a.4.
419 İbid, q.57, a.4-5
420 İbid, q.61, a.2.
421 Sum. Théol. Q.61, a.1-4.

runda olduğundan, özünde bu vardır[422]. Fakat Kardinales faziletler, bizzat egzersizle elde edilmektedir. Bunlar, dâhili alışkanlığı aynı amaçla, ahlaki aktiviteyi düzenli olmaya yönlendirmektedirler[423]. Bütün bu tabiatüstü organizm, kutsallaştırıcı inayete sıkıca bağlıdırlar. Bundan zaten bahsedilecektir[424]. O, oradan Kutsal-Ruhun bağışlarına ve ona bağlı olan inayetlere geçmektedir.

İçsel faziletlerin gelişmesi, ilahi bir aksiyona bağlıdır. Fakat diğer faziletler, alışkanlıklar gibi, eylemlerin tekrarı ile gelişmektedir. Şu şartla ki onlar, mevcut alışkanlıklardan daha yoğun olmalıdır[425]. Dört Kardinal fazilet birbirlerine sıkıca bağlıdırlar[426]. Bunlar gelişmelerinde ve bütün ahlaki hayatın amellerinde, bütünleştirici kısım namına onlara bağlıdırlar. Bu ister sübjektif olsun ister potansiyel olsun böyledir[427]. Zaten hepsi, sıkı bir bağlılık içindedirler. Tabiatüstü noktada teolojikal faziletler, özellikle merhamet[428] böyledir. Ahlaki ve entelektüel faziletler, aşırılıklar ve hatalar arasında, ortada yer alırlar. Şu özdeyiş buradan çıkmıştır: İn medio stat virtus= Gücün merkezinde[429]. Fakat o, orada teolojikal faziletlerde aşırılıktan söz edemez[430].

b. İnsanı iyiliğe götüren alışkanlıklar faziletlerinin yanında St. Thomas, kötü alışkanlıkları bulmaktadır ki onlar, insanı çevirmektedir. Bunlar, kötülüklerdir. Bu vesileyle o, onun meyvesi olan günahı işlemektedir[431]. Şüphesiz, günahın başka nedenleri de vardır[432]. Melek doktor şöyle demektedir: 1. **cehalet**[433]: Hatayı veya kısmen mazur görebileceği için günaha yol açabilen ve günahın bizzat kendisi olan cehalet.

2. **İhtiraslar**[434]: Bu dolaylı olarak ruh üzerinde, bazen günahı ağırlaştıran ve bazen de günahı azaltan bir faktördür.

---

[422] İbid, q.62, a.1.
[423] İbid, q.63, a.2-3.
[424] Bu kitabın ileriki sayfalarına bakılmalıdır.
[425] İbid, q.52, a.2-3.
[426] İbid, q.65, a.1.
[427] İbid, q.57, a.6; ad.4, p.48, a.1.
[428] İbid, I^a-II^{ae}, q.65, a.2-5.
[429] İbid, q.54, a.1-3.
[430] İbid, Art. 4.
[431] İbid, I^a-II^{ae}, q.71-89.
[432] İbid, q.75.
[433] İbid, q.76, a.1-4.
[434] İbid, q.77, a.1-8.

3. **Kötülük**[435]: İstisnai bir ağırlığa bürünmüştür.

4. **Şeytan**[436]: Bu insanı, belki doğrudan değil ama birtakım telkinlerle kötülüğe götürmektedir ve ruhun üzerinde hissedilir yeteneklere tesir etmektedir. Allah, hiçbir zaman günahın nedeni değildir.

Bu anlamda o, kör ve yaramazlara karşı katıdır[437]. Bununla beraber, işaret edilen nedenlere bazı tesirler etki etmektedir. En yakın prensipler ve günahın en güçlüleri bu kötülüklerdir. Bunlara kötülükler veya Capitaux günahlar denmektedir[438]. Kötülük, alışkanlık gibi ve eylem gibi telakki edilebilir. Bu alışkanlıktan daha kötüdür[439], O, doğmakta ve eylemlerle gelişmektedir[440]. Kibir ve açgözlülük, bunun kaynağıdır. Fakat başkaları da vardır. Bunların sayısı, St. Grègoire'a göre yedidir:

1. Övünme

2. Arzu

3. Öfke

4. Cimrilik

5. Üzüntülü olmak

6. Doymazlık

7. Şehvet

Bu taksim, her ne kadar tam adaletli olmasa da, St. Thomas, bunu doğrulamakta ve bu listede, günahın belli başlı prensiplerini bulmaktadır[441]. Yine o, bunları daha geniş şekilde incelemektedir[442].

Günah, burada sebepleri içinde kötülüğün belli başlısı olarak telakki edilmiştir. Fakat o, eylem olarak incelenmiştir[443]. St. Thomas, St. Augustin'in verdiği tarifi benimsemektedir: Günah, ebedi yasaya aykırı bir eylemdir veya

---

[435] İbid, Iª-IIae, p.78, a.1-4.
[436] İbid, q.q.80, a.1-3.
[437] Sum. Théol. Iª-IIae, q.79, a.1-4.
[438] İbid, q.84.
[439] İbid, q.71, a.3.
[440] İbid, q.51, a.2.
[441] İbid, q.84, a.1-4.
[442] Iª-IIae, cf. Quaest. Dipp; De Malo, q.8-15.
[443] İbid, q.71, a.3.

söylenen veya arzu edilen bir şeydir[444]. O, günahları konularına göre türlere ayırmaktadır[445].

Aynı konuda o, iki eylem arasında, ağırlık noktasında önemli bir fark görmektedir[446]. Bu tıpkı ölümle hastalık gibi: Öldürücü günah, son hedeften ayrılır. Damarsal günah, bir düzensizliktir. Bundan kaçınmak gerekir. Ölümcül günahın temel sonuçları, bir yandan, insanın tabii noktadan hakikatinin azalmasını sağlamaktadır[447]. Fakat özellikle, tabiatüstü nizamda, kirli olmak[448] veya suçlu olmak, günahtan gelmektedir. O, hali kutsallaştırıcı inayetler mahrumiyettir ve cezaya müstahak olmayı gerektirir[449]. Günah, süresiyle belli bir sonsuzluğa sahiptir. Yani günahın nisbi bir sonsuzluk nedeni vardır[450]. Zaten bütün günahlar, öldürücü olsalar da aynı ağırlığa sahip değillerdir. Bu da günahın ikinci unsurlarının pozitif farklılığı nedeniyledir ki buna onları karakterize etmek için Allah'ın sakındırması ilave edilir[451].

Damarsal günah, ölümcülden, tamir edilebilen, edilemeyen diye ayrılabilir[452]. O, bir hastalıktır, bir ölüm değildir[453]. O, Allah'tan ayrılamaz veya Allah'tan döndürülemez. Fakat o, Allah'a doğru gidişi geciktirir[454]. O, ruha faziletlerin verdiği ışığı karartır. Tabii ki sadece inayet ışığını değil[455]. Bununla beraber o, sonuç yoluyla ölümcül günaha, hissedilmeden girebilir[456]. Üstelik ölümcül günah gibidir fakat tamamen muhafaza edilen orantıyla. O, sonuç olarak doğrudan "reatus puenae"ya sahiptir[457]. Bu organik günahın karakterleri onu, net olarak noksanlıktan ayırmaya imkân verecek mi? Bu konu Thomistler arasında canlı şekilde hâlâ tartışılmaktadır. Bu, St. Thomas'ın bu konuda düşüncesinin ne olduğu konusudur[458].

---

[444] Contra Fanstum, 1, XXII, c.17; P.L. 42, 418.
[445] Sum. Th, I^a-II^{ae}, q.72, a.1.
[446] İbid, Art. 5, ad.1.
[447] İbid, q.85, a.1-5.
[448] İbid, q.86, a.1-2.
[449] İbid, q.87, a.1-8.
[450] İbid, Art.4. cf. III. q.1, a.2; ad.2.
[451] Sum. Th. q.72, a.6-9.
[452] İbid, q.88, a.1.
[453] İbid, q.72, a.5.
[454] In II Sent. D.42, q.1, a.3, ad.5.
[455] İbid, q.89, a.1.
[456] İbid, q.88, a.3.
[457] İbid, q.87, a.5.
[458] Bkz: Revue th. 1928, et. Bull. th. p.393-398.

Aslî günah[459] özellikle aktüel günahtan ayrılmaktadır. Bu konu, birazdan açıklanacaktır. O, bir tabiat günahıdır ki o, tabiat olarak nakledilmektedir[460]. O, günah, alışkanlıktır, bir lekedir, kendi yolunda isteklidir, iradeyi Allah'a teslim etmekle emrolunan aslî doğruluğun, mahrumiyetinden ibarettir. Bununla beraber, nikâhsız yaşama, buraya maddi unsur olarak girmektedir[461]. Günah, sadece bedende ve yeteneklerde bulunmaz, ruhta[462], onun özünde de bulunur. Ancak iradeyi ve diğer güçleri enfekte etmeden önce bulunur[463].

Amellerin meydana gelmesinde, içsel olarak katkı sağlayan (faziletler veya kötülükler) alışkanlıkların yanında, yetenekler üzerinde hareket eden dış faktörler de vardır. Şeytan, kötülüğe meyillidir. Allah ise, ruhta etkilidir ve ona iki tarzda etkili olur: Şeriatıyla ve inayetiyle. Bunlardan zaten bahsedilecektir[464]. Şeriatın incelenmesi[465], temelde ahlakidir. İlahi yasa, insana empoze edilen yüksek ilahi bir aklın tavsiyesidir. St. Thomas, yasayı şöyle tarif etmektedir: "Topluluktan sorumlu kişi tarafından ilan edilen ve ortak yarar için bir tür sebep sıralaması."[466] Bu yasa, birtakım emirlerle, yasaklarla, caiz olan şeylerle, cezalarla işlev yapmaktadır[467]. Çok sayıda yasa türü vardır. Başka bir yasanın türediği ve herkesin bildiği en yüksek yasa olarak tarif edilen şu tariftir[468]: "İlahi hikmetin, aklı, bütün fiil ve hareketlerin yönlendirildiği yasadır."[469] Bu, doğrudan tabii yasaya bağlanır. Bu tabii aklın meyvesidir ki bizde ilahi aydınlığın etkisidir[470]. İnsani ve ilahi pozitif kanunların bu temel konunun üzerine oturmaktadır[471]. Her şeyin birinci sırasında ilahi pozitif yasalar olarak, Eski Ahit veya yeni Ahit vardır. Bunları sonra geniş şekilde St. Thomas işlemektedir[472]. Bu onu, inayetten bahsetmeye götürmektedir. Onunla Allah, ruhun dışında prensip olarak, ruhtan temelde ayrılmak-

---

[459] Sum. Th. Iª-IIªᵉ, q.81-83.
[460] İbid, q.81, a.1.
[461] İbid, q.82, a.3.
[462] İbid, q.83, a.1.
[463] İbid, Art. 2-4.
[464] Bu kitabın ileri sayfalarına bakınız.
[465] Sum. th. Iª-IIªᵉ, q.90-118.
[466] İbid, q.90, a.4.
[467] İbid, q.92, a.2.
[468] İbid, q.93, a.1-16, cf. Q.91, a.1.
[469] Sum. th. Q.93, a.1.
[470] İbid, q.91, a.2.
[471] İbid, q.94, a.1-4; q.95-97.
[472] İbid, q.98-105 ve 106-108.

tadır. Onun üzerinde hareket etmekte, içerde yasayı gözetmek için ona yardım etmekte ve adaleti yerine getirmektedir.

b. Özel Ahlak

Özel ahlak, II[a]-V[ae]'de işlenmekte ve bu konuya, St. Thomas girişte önemli demekte ve genel prensiplerin açıklamasının yeterli olmayacağını söylemektedir. Zira aksiyonlar, özelde hareket etmektedirler. Melek doktor, bu zarureti inkâr etmemektedir. O, uzunca evrensel verilerin faydasını takdim etmektedir. Fakat o, ahlaki formasyonu tamamlamak için bunun uygulama zaruretini açıkça belirtmektedir. Bununla beraber onun metodu, esas olarak doktrineldir. Tabii ve tabiatüstü aydınlıkların, onu tanıtmak için iyi şekilde dâhil olacakları belli çerçeveye onu yerleştirerek her objenin aydınlattığı vicdani hallerin pratik çözümünü vermek de fazla meşguliyet göstermemektedir[473]. İşte, onun tarafından tesis edilen tasniflerin önemi, buradan gelmektedir. Bizim burada göstereceğimiz yegâne nokta, detayı özel eserlere bırakmaktır.

St. Thomas, ahlaki sahada gruplandırdığı bütün konuları, yedi faziletin etrafında açıklamaktadır: Bunlar üç ilahiyat fazileti ile dört kardinal faziletidir. Bu tasnif, bilimsel bir temel üzerinde sert bir sentez tesis etmektedir[474]: Farklı formel konuların ayırımı, eylemlerde ve eylemlerin çıktığı faziletlere onların özelliklerini vermektedir[475]. Bazı konuların üstünlüğü, çaba göstermeden geri kalana onları bağlayabilir. Bu şekildeki bölünme yeterlidir ve tekrardan sakındırmaktadır. Şüphesiz o, bilhassa teoriktir, ruh tarafından elde edilen iyi alışkanlıkların düzeninden ziyade, konuları tabiatlarına göre sınıflandırmaktadır. Fakat faziletler teorisi, doğrudan pratik düzeyde en geniş zahidane gelişmelere rahat şekilde hazırdır. Bundan dolayı, Thomist eserde bütün bir zahidane ilahiyatı elde edebiliriz.

Birkaç sentez sert de olsa, beğenilmese de, ince analizlidir ve nüanslıdır, insani tabiattan, faziletin harika değişimini ortaya çıkarmaktadır. Yani her yaşın, her cinsin, her şartın, şeflerin, tebaalarının, ücretlilerin ve kralların,

---

[473] XIII. yüzyılda, Sommes Pratiques'ler vardı. Bkz: İleri sayfalar.
[474] Bu bölünme, Allah'ın emirleri veya amellerin dokunduğu kişiler üzerine oturan bölünmeden daha üstündür.
[475] Fakire verilen bir altın, sadakadır. Fakat katile verilirse, bu ona yardımdır. Bunun için eylemler farklı olabilmektedir.

savaşçıların, halkın yöneticilerinin, zenginlerin, fakirlerin, bilginlerin ve cahillerin nihayet bütün dünyanın faziletlerini, her insanın bizden her birimizin faziletlerini elde etmektedir. Çünkü onlar, tabiatımıza, onu dengelemek, ahenkleştirmek, olgunlaştırmak, onu aksiyoner kılmak için en yüceliğinde uygulanmaktadırlar.

İşte büyük ruhların faziletleri bu güçtür veya yiğitliktir ki ruhu, tehlikelerin ıstırapların ve hatta ölümün karşısında dimdik durdurur. Bu yüce gönüllülüktür, yeryüzünün büyük faziletidir ki şereflilerin aklının kullanımını düzene kor. Bu ihtişamdır ki talihin iyiliklerinin ihtişamlı kullanımına başkanlık yapar. Bu, sebattır ki zorlukların ve uzayan işin önünde, geri çekilmez.

Şimdi küçük ruhların birkaç faziletine gelelim. Thérèse, İsa'nın çocukluğuna tahsis ettiği ifadeye bakalım: Bu, hoşgörülüktür. Bu öfke hareketini bastırmaya yarar. Tevazudur ki bu hayatın normal eyleminde oldukça özel olmaktadırlar. İşte St. Thomas açıklamasını böylece tamamlamaktadır[476]. Orada, inayetin veya zahitliğin en karakteristik unsurlarına işaret edilecektir. Şayet doğru bir fikir elde etmek veya Allah'a doğru giden ruhun dönüş hareketi konusundaki Thomist düşünceyi tamamlamak, çok önem taşımaktadır. Bu, onun son hedefidir ve prensibidir.

6. İnayet İlahiyatı
a. İnayetin Genel İlahiyatı

St. Thomas, Somme Théologique'in I^a-II^{ae}'de, inayet konusunu, Ruh'taki Allah'ın bir dış prensibi olarak işlemektedir[477]. Buna göre inayet, ruhtan ayrıdır. Sadece ona iyi davranmada yardım etmektedir. Bu, St. Thomas'ın takdim ettiği genel ahlakın son prensipleridir. O, sadece aktüel inayetten değil, bütün inayetten bahsetmek niyetindedir. Onun bu konuya tahsis ettiği altı problem kısalıklarıyla birlikte, onun dehasının güzel liyakatine işaret etmektedir. Burada sadece onun düşüncesinde takip ettiği seyri hatırlatalım. Bunu, geçen ahlak konusundaki senteze birkaç noktada ilave edeceğiz.

Genelde inayetin zarureti[478], onun takdim ettiği birkaç form altında, düşen insan için özellikle tesis edilmiştir. Tabii hakikat, sadece akılla bilinir[479].

---

[476] II^a-II^{ae}, q.171-189. Bkz: Bu kitaptaki Somme Théologique'in analizi kısmına.
[477] Sum. Théol. I^a-II^{ae}, q.109, a.1-10.
[478] Sum. Théol. I^a-II^{ae}, q.109, a.1-10.
[479] C. Gentes, 1, c.4. Bkz: Carrigou-Langrange, De Revalatione, p.411-412.

Fakat tabiatüstü hakikat bilinemez[480]. Akıldan ziyade, iradenin, iyiye gitmesi için yardımcıya ihtiyacı vardır. İnayet olmadan, düşen insan, birkaç iyilik yapabilir. Fakat bütün kurallara riayet için özellikle, merhamet için, onun tabiatüstü inayete ihtiyacı vardır[481]. İnsan, mutlak surette, ebedi hayata bizzat layık olma kabiliyetinde değildir. O, meccani bir inayet olmadan oraya hazırlanamaz ve ne de günahtan kurtulamaz[482]. Bütün günahlardan sakınmak, düşmüş insanın gücü üstündedir. Çünkü böyle birisi, kutsallaştırıcı inayetten mahrumdur[483]. Doğrulara gelince onlar, alışılmış inayetin ötesinde, ciddi igvaları yenmek ve bütün günahlardan kaçınmak için özel yardımlara ihtiyacı vardır[484]. Böyle bir halde nihai sebat, özel bir bağıştır ki adaletli olanlar onu talep etmektedirler. Çünkü o, herkese verilmez[485].

Bize işaret edilen inayetin özü, bizzat ona verilen isimle belirtilmiştir[486]. Hangi tarzda istenilse istenilsin o, ruhta gerçekten birkaç şey gerektirir: İnayet kelimesi, mutluluğu veya onda olan bağış meyvesini belirtir veya onun isimlendirdiği minneti belirtir. Oysa ilahi inayet ruhtaki, gerçek şeydir. Elbette bu, ikinci ve üçüncü anlamda değil, birinci anlamdadır. Çünkü St. Thomas'ın derin işaretine göre, Allah aşkı, bizim aşkımızdan farklıdır. Allah aşkı, onun dışarda bulduğu iyilikten kaynaklanmaz. O, onu daha çok meydana getirir ve o, yardım severliğe etkilidir[487]. İşte inayet, ruhun üzerindeki Allah'ın doğrudan olan aksiyonuna işaret etmektedir. Bu ister ruhun özüne uygulansın ister eylemin üretiminde doğrudan rekabetle olsun[488]. İşte esas ayırım onlara bağımlı olan başkalarındadır[489]. Hatta işlevsel inayetle, ortak inayet arasındaki fark oldukça önemlidir[490].

Aktüel inayet, St. Thomas tarafından yeteneklerin hareketi olarak tasarlanmıştır. Mecaanidirler ve sonuç olarak tabii rekabetten ayrıdırlar[491]. Yine,

---

[480] Sum. Théol. I^a-II^{ae}, q.109, a.1.
[481] İbid, Art. 2-4; İbid, Art. 3.
[482] Sum. th. Art. 5-7.
[483] İbid, Art. 8.
[484] İbid, Art. 9.
[485] İbid, Art. 10.
[486] İbid, q.110, a.1-4.
[487] İbid, Art. 9.
[488] İbid, Art. 2; Sum. Théol. III^a, q.62, a.2. St. Thomas dâhili faziletleri alışkanlık konusunda işlemektedir.
[489] İbid, q.111, a.1-5.
[490] İbid, a. 1, 4, 5.
[491] İbid, q.109, Art. 1.

alışılmış bağıştan da ayrıdır[492] ki o, insana, tanımaya, istemeye davranmaya yardım etmektedir. Hareket, sadece istemenin tamamlayıcısı olarak özellikle, hakikati, akla ve iradeye takdim eden aktüel inayetlere işaret etmektedir[493]. İşlevsel inayet, ilk eylemlerin meydana gelmesine katkı sağladığında, onu tahrik etmektedir. Burada bir anlamda, Allah icraat yapmaktadır. Zira ruh henüz harekete geçmemiştir. İlahi hareket, iradenin serbest aksiyonuna iştirak ettiğinde o, işbirlikçi olarak adlandırılmıştır. Burada irade, Allah tarafından hareket ettirilmekte ve o, hareket etmektedir. Zira o, bizzat diğer dâhili amellerin üretimiyle hareket etmektedir. Yine o, ona bağlı olan dış amelleri meydana getirmektedir[494]. İşte Thomas'ın insanın tabiatüstü operasyona katkı sağladığı ilahi aksiyon şeklinde tesis ettiği belli başlı ayırım budur.

Bu aksiyonun tabiatına gelince o, hareket terimiyle belirtilmiştir ve bu kelime, St. Thomas tarafından hareket konusunda bizzat ortaya konulan prensiplere davet etmektedir[495]. O, açık şekilde iradenin, hareket halinde olduğunu söylemektedir. Bu ister, aklın ona takdim ettiği bir konunun cazibesiyle olsun ister dâhili bir eğilimle olsun fark etmez. Dâhili eğilim, bizzat iradeden veya Allah'tan gelmektedir[496]. İrade üzerindeki bu son ilahi aksiyon, etkili neden olarak hareket eden, Allah'ın hareketinden bahsetmektedir[497]. Bu verileri açıklayarak, Thomist ilahiyat onu, **Prèmation Fizik** ve **Prèdetermination fizik** olarak isimlendirmektedir[498]. Bizzat bu ilahiyat tarafından bu inayetin tesiri aynı zamanda öğretilmiş ve etkili inayetle yeterli inayet arasındaki meşhur ayırım, melek doktorun prensiplerine uygun olarak ortaya konmuştur[499].

Alışılmış inayet ne bir cevherdir ne de cevhersel bir formdur[500]. Fakat accidentelle bir formdur. Daimî bir kalitedir ki Allah tarafından ruhun özüne konmuştur. O inayet ona, benzerlikle ilahi tabiata iştiraki sağlamaktadır[501].

---

[492] İbid, q.110, Art. 2.
[493] Geçmiş sayfalardaki inayetin zarureti kısmına bakılmalıdır.
[494] İbid, q.111, a.2, Bkz. İkinci cilt.
[495] Bu kitabın önceki sayfalarına bakınız.
[496] Sum. Théol. I^a-II^{ae}, q.9. a.1; q.80, a.1. cf. 1, q.105, a.4; q.106, a.2.
[497] De Vente, q.22, a.9.
[498] Bu kitabın ileri sayfalarına bakılmalıdır.
[499] Sum. th. I^a-II^{ae}, q.110, a.2; P. Lombard, İbid, II^a-II^{ae}, q.23, a.2.
[500] Sum. théol. I^a-II^{ae}, q.110, a.2.
[501] İbid, q.110, a.4.

Buna göre inayet merhamet gibi bir fazilet değildir. Fakat o, dâhili faziletlerin temelidir. Onun düzeyinde elde edilmiş faziletlerin temeli olan aklın tabii ışığına paralel olarak inayetin aydınlığı, ilahi tabiata iştirak olarak, dâhili faziletlerden ayrıdır. Dâhili faziletler, ondan sudur etmekte ve orada düzenlenmektedirler[502]. O, bir bağıştır, onunla, insan tabiatı bir liyakate yükselmektedir ki onu, amacına orantılı yapmaktadır[503]. Nasıl tabiattan, yetenekler sudur ediyorsa ki onlar operasyonun prensipleridir. İnayetler de ruhun yeteneklerinden onları eylemlere hareket ettiren faziletler sudur ettirmektedir[504]. Bunun için ilahiyatçılar, alışılmış inayete yarı-doğal diyeceklerdir. Allah'ın yegâne meydana getirdiğinin yanında telâkki edilebilen şeydir bu[505]. Bununla beraber o, işlevsel olarak, ilk sonucuna izafeten işlevsel olarak adlandırılmıştır ki o, ruhun kutsallaştırılmasıdır ve mümkün kıldığı değerli eserlere izafetinde ortak işlevseldir. Fakat onlara insan, aktif olarak katkı sağlamalıdır[506].

Alışılmış inayetin sonuçları çoktur:

1. O, günahı yıkmaktadır[507]. Öyle ki kaldırılan hataların inayete karışması uygun olmayacak şekilde[508], onu formel olarak dışarda bırakmıştır[509] hem de köklü tarzda[510].

2. O, ruhu Allah'a birleştirmektedir. Yaratık, şekil değiştirerek benimsenen bir soy bağına iştirak etmektedir[511].

3. Allah'ın özel varlığını o, tesis etmektedir. Buna, inhabitation[512] denmektedir: Bu sadece doğanın değil, aynı zamanda lütfunda yaratıcısı olarak ruha sunulan Tanrı'dan ibarettir[513]. Burada en azından potansiyel olarak, bir bilgi nesnesi, meyve verme sevgisi olarak kendisini ona vermektedir[514].

---

[502] Sum. Théol. Art. 3.
[503] De Veritate, q.27, a.2.
[504] I^a-II^{ae}, q.110, a.3; III^a, q.62, a.2.
[505] İbid, q.112, a.2.
[506] İbid, q.111, a.2.
[507] İbid, q.113, a.1-10.
[508] İbid, Art. 2.
[509] De Verit, q.28, a.5.
[510] Bu kitabın ileri sayfalarına bakılmalıdır.
[511] I^a-II^{ae}, q.110, a.3; q.114, a.3.
[512] Bkz: A. Gareil, La Stmurature, II, p.1-87; Van der Meersch, De Gratia, p.116-121.
[513] S. Thomas bu üç varlık modeli, bütün yaratıklarda bulunur diyor. In I Sent. D. 37, q.1, a.2.
[514] Sum. th. 1. q.8, a.3; w.43, a.3.

4. Nihayet o, liyakatin esas temelidir[515].

Alışılmış inayete, dâhili alışkanlıklar bağlanabilir. Bunlar şekillerdir veya tabiatüstü kalitelerdir. Onlarla bizzat Allah, çabuklukla ve tatlılıkla, ebedi iyiliğin elde edilmesini harekete geçirmektedir[516]. Bu alışkanlıklar, iki çeşittir: Dâhili faziletler ve Kutsal-Ruhun bağışları[517].

Dâhili faziletler, prensip olarak inayetten ayrılmaktadır. Zira bunlar doğrudan tamamlanmaktadır. Tabiatüstü açıdan yetenekler, onların makamıdırlar[518]. Yine elde edilen faziletler, onları tabiatüstü açıdan tamamlamaktadır[519]. Bununla beraber bunlar, hareket kolaylığı vermektedirler. Diğerleri tabiatüstü düzeyde icraat vermektedirler. Üç temel fazilet vardır: **İman-Ümit-Merhamet veya Teolojikal Faziletler**[520]. Bunlar kutsallaştırıcı inayetten gerçek olarak ayrıdırlar[521]. Hatta merhametinde ayrıdırlar. Bu durumda dâhili ahlaki faziletleri de tanımak gerekir. Bunlar en az dört kardinal faziletlerdir.

Kutsal-Ruhun bağışlarının, nisbi bir aşağılığı telafi etmeye yöneldiğini St. Thomas belirtmektedir. Orada yeteneklerin tabii organizmi karşısında birtakım tabiatüstü faziletler organizmi bulunmaktadır. Bu aklın eğitimi altında tabii amacı tam olarak orantılamaktadır. Burada insandaki amaçtaki zaruri yetersizlik, tabiatüstü amaçtan yüksektir. Bu aklın yönetimiyle olmaktadır: Eşitliği tesis için Allah'ın doğrudan müdahalesi olmaktadır. Bu da ruhun, aksiyonuna sahip olması içindir ki o, onda bu dâhili yüksek alışkanlıklara sahip olmaktadır. İşte bunlar bağıştır[522]. Bunlar sayesinde ruh, ilahi itişin altında hareket etmektedir. Tıpkı Kutsal-Ruhun yüksek içgüdüsel hareketinin hareket ettirmesi gibi[523]. Onlar, ilahi aksiyondurlar. Bunlar normal aktüel inayetten daha yoğundurlar. Fakat bu gibi o da ister aklın hikmetini ilmin bağışlarıyla ruhsal olsun, ister korkunun ve gücün merhametinin iradesiyle ulaşmaktadır[524].

---

[515] Sum. th. I^a-II^{ae}, q.114, a.1-10; Bkz: J. rivière, Merite Dans Dict. Théol. Col. 678.
[516] Sum. th. Q.110, a.2.
[517] Bu kitabın önceki sayfalarına bakınız.
[518] İbid, q.110, Art. 4.
[519] İbid, Art. 3.
[520] İbid, q.62, a.1-4.
[521] İbid, q.110, a.3-4.
[522] Sum. th. q.68, a.2.
[523] İbid, a.2, ad.2.
[524] İbid, Art. 4.

Kutsal-Ruh ruha, sadece bütün faziletlerin daha mükemmel olması için boyun eğmektedir[525]. Onun mükemmel eylemleri, eylemlerine göre, mutluluk ve meyveleri olarak isimlendirilmektedir[526]. Aynı şey, mistik ilahiyat konusunda da söylenecektir. Çünkü bağışların egzersizi, her halde gerçekleşmektedir. O, mükemmel durumlarda mistik inayet şekli altında daha normal gerçekleşmektedir.

b. Mistik İlahiyat[527]

Genel bir tarzda buna, inayetler mistiği denmektedir. Bu, ruhu Allah'la samimi bir iletişime yöneltmektedir. Bu, sadece bu ruhu, özü, yetenekleri ve eylemlerinde tabiatüstüne çıkarmıyor, ona Allah'ı tecrübi olarak bilme veya nüfuz imkânı da vermektedir ve hatta ona iradelerini sağlamlaştırmayı sağlamaktadır. Bu bilgilerden, onlar gerçekte, sadece tasarlanan varlık olmaktadırlar. Çünkü Allah, sonsuz aşkın varlıktır. Fakat onunla, üstün inayetlerle iletişim kurulabilir. Kutsal-Ruhun bağışları, insanı, Allah'a yöneltmeye götürmektedir. Bu ister alışılmış tarzda olsun ister onun aydınlıklarını veya ilhamlarını alarak olsun fark etmez. Allah başka fevkalade başka şekillere göre müdahalede bulunabilir. Bunlar, azizlerin hayatında görülmektedir.

Kutsal-Ruhun bağışları, insanı, ilâhi ilhamın etkisi altında hareket ettirmektedir. Fakat herkes onunla doğrudan iletişime onu geçiremez. Çünkü herkes, obje olarak Allah'a sahip değildir. Önce bunlardan üç bağış, iradeyi etkilemektedir: Korku, doğrudan objet olarak kötülüğe sahiptir. O, günahtan gelmektedir, kötülük, zahmetten gelmemektedir fakat kötülük, Allah'a yapılan bir saldırıdır (Crainte Filiale)[528]. Dindarlık, amacı için Allah'a olan soy kültüne sahiptir[529]. Güç, iyilikte, sebatın güçlüğüne ve kötülüğe dayanmayı hedefler[530]. Entelektüel bağışlar arasında iki şey pratik aklı olgunlaştırır, onun konusu doğrudan yaratılmış olandır: **Nasihat**, Allah'a gitme vasıtalarının doğru bilgisini elde etmeye yardım eder[531]. **İlim**, yaratıkların doğru de-

---

[525] S. Thomas II^a-II^ae'de bağışları faziletlere bağlamaktadır: İman, akıl ve ilmi, korkuya, ümidi, hikmete, merhamete, tedbiri nasihate, adaleti acımaya, gücü, güç bağışına bağlamaktadır.
[526] Sum. th. I^a-II^ae, q.69-70.
[527] Bu konuda bu eserin I. cildinin giriş kısmına bakılmalıdır.
[528] Sum. th. II^a-II^ae, q.19, a.2.
[529] İbid, q.121, a.1.
[530] İbid, q.139, a.1.
[531] İbid, q.52, a.2.

ğerlerini değerlendirmeye yaramaktadır[532]. O, bu konuda hikmetten ayrılmaktadır. Sadece hikmet ve zekânın bağışları, doğrudan konu olarak Allah'a sahiplerdir[533]. Onlar sadece insanı ilahi aksiyona boyun eğdirmezler aynı zamanda insanı, doğrudan Allah'la iletişime sokmaktadırlar: Bir anlamda onlar, mükemmel mistik bağışlardır. Bunlar, mistik denilen lütufların birçoğunu açıklamaktadırlar ki bunlar, azizlerin hayatında bulunmaktadır. Diğer bağışlar, bizzat faziletler gibi, bu yüksek bağışların egzersizinde ruha sahip olmaktadırlar[534]. Üstelik onlar bizzat onların yüksek aydınlıklarından yararlanmaktadırlar. Çünkü akıl ve hikmet, ebedi sebepleri tanıtmakta ve tattırmaktadır. Böylece her şey, pratiğe yönelmektedir[535]. Ancak bu iki bağış spekülatiftir.

Akıl (bağışı), kalbin iç gözünü, bir tarzda Allah'ı göstermek için arındırmaktadır. Artık bu hayatta bile, anlayış armağanı aracılığıyla Allah, bir şekilde görülebilir[536]. Kalbin genel arınması[537], faziletlerle ve iradeyi etkileyen bağışlarla başlar. Fakat Allah'ın görünmesinde onların işini tamamlama aklın bağışına aittir. O, rolünü iki şekilde tamamlar. Önce cismani tarzda Allah'ı tasarlama imajını zihinden uzaklaştırmaktadır. Sonra da onu itizale sürükleyen hatadan sakındırmaktadır[538]. Allah'ın zekâsı, mükemmel bir vizyondur ki ancak o, gelecek hayatta, Allah'ın özünü bizzat görmekle gerçekleşecektir. Fakat bu dünyada da Allah noksan olarak görülebilir. Tanrı'nın özünün doğrudan görünüşüyle ve olmadığını görerek ve anladığımız her şeyi aşan şeyde daha iyi gördüğümüzü görüyoruz. İlk vizyon yaşanılan bağışın ki olacak, ikincisi ise bağışın başladığı yer olacaktır[539]. Zaten onun izafi karakterine rağmen bu bilgi, yine de ilahiyatın keskin bir vizyonu değildir[540]. Eşsiz bir bakış, onun samimiyetine kadar nüfuz eder yani iman konusu olarak[541]. Böylece akıl bağışı, zekâyı arındırarak ve aydınlatarak ona, vahyedilmiş hakikate

---

[532] İbid, q.9, a.2.
[533] İbid, q.8, a.2; q.45, a.2.
[534] Sum. th. I^a-II^{ae}, q.8, a.7; q.180, a.2.
[535] İbid, q.8, a.3; q.45, a.3.
[536] İbid, I^a-II^{ae}, q.69, a.2, ad.3.
[537] Ruh, akıl ve irade.
[538] İbid, II^a-II^{ae}, q.8, a.7.
[539] İbid, a.7.
[540] ibid, q.49, a.2, ad 2.
[541] İbid, q.8, a.1 ve 2.

nüfuz etme yeteneğini tedrici basit eylemle veya duygusallıktan kurtularak vermektedir[542].

Aklın anlaştırdığı şey, hikmet bağışıdır ki onu tattırmaktadır, değerlendirmektedir. Bunu sadece basit rasyonel bilgiyle değil, bir iç eğilimle, belli bir doğallıkla yapmaktadır[543]. Bu ruhla ilahi hakikat arasında tesis edilmiştir. St. Thomas bu doğallığı, Denys l'Aréopagite'a telmihle "**merhamet**" olarak isimlendirmektedir[544]. O, bunu merhamet olarak izah etmektedir (I. Kor. VI, 17)[545]. Buradan, hikmetin, merhamete nisbetle bağımlılığı, temel sebep olarak hikmetin, zihinsel eylem olma sebebi olmaktadır[546]. O, ilahi hakikatin, tatlı bilgisidir. Bu bilginin özel şekli ki, onun sebebi merhamettir. Buna göre bizzat objenin bilgisi değildir. O, imanla vahyedilmiştir ve akılla nüfuz edilmiştir[547]. Bütün bağışlarda olduğu gibi ilahiyat faziletlerinden ve özellikle merhametten aşağıdadır. Entelektüel karakteri ve özel yargısında, merhametle olan sıkı ilişkisi nedeniyle hikmet bağışı, bütün bağışların ilkidir[548]. Zaten onun pratik önemi, istisnaidir. Çünkü o, doğrudan ebedi hakikatler uygun olarak, bütün insan amellerini düzenlemeye yönelmektedir[549].

Hikmetin en üstün eylemi murakabedir[550]. Yine akılda, oraya müdahale ettiği ölçüde önemlidir. St. Thomas için hikmet, akla aittir[551]. Onun eylemi basittir[552], prensiplerin nüfuzuna benzemektedir[553]. Bununla beraber bu sezgi, en azından istisnai bir gözden geçirme ile ilahi özün bir vizyonu değildir[554]. Bu anlaşılır hakikatin duygusal imajlarla basit bir kavranmasıdır[555]. Bu öyle bir nüfuz edicilik ki aklın bağışının özellikle rolüdür[556]. Fakat muraka-

---

[542] Akıl bağışı, mükemmel bir arındırıcıdır. Fakat bu önemli rol, mistik inayetlerde hikmete bağımlı kalmaktadır. St. Thérèse'nin işaret ettiği ilk işaretlerde, ilahi zevkler bizi harekete geçiren hikmettir. Akıl bağışı, onun yanında, sondakilerde daha aktif rol oynamaktadır.
[543] Sum. th. Q.45, a.2.
[544] Divine Patiens. Geçmiş sayfalara bakınız.
[545] Sum. th. II^a-II^{ae}, q.45, a.2.
[546] İbid, a.2.
[547] Akıl, daha önce merhamet sayesinde nüfuz eder. Fakat nüfuz, bizzat aklın bir bağış eylemi olarak kalır.
[548] Sum. th. I^a-II^{ae}, q.68, a.7-8.
[549] İbid, I^a-II^{ae}, q.45, a.3.
[550] Sum. th. I^a-II^{ae}, q.68, a.7-8.
[551] Sum. th. q.180, a.1.
[552] İbid, a.3.
[553] İbid, a.3, 6, cf. q.8, a.1, ad 2.
[554] İbid, a.5.
[555] İbid.
[556] Sum. th. q.8, a.7.

benin entelektüel karakterini belirttikten sonra, St. Thomas, onun, merhamete gelen önemli payı üzerinde ısrardan hoşlanmaktadır: İşte onun terimi ve hareket noktası burada bulunmaktadır. İşte ona refakat eden tad ve murakabenin aranmasında gelen hararetli katkı, merhametten gelmektedir[557]. Bu zevk, bütün sevinçleri aşmaktadır. Çünkü o, manevidir ve onun bütün konusu mezmurların kelimesine göre (ps. 33, 6)[558] tatlıdır. Allah'ta olan bu nefis birliği, murakabe ile mükemmellerin imtiyazıdır. St. Thomas'ya göre o, Allah'tan yararlanmak için merhametle uygulanmalıdır[559].

Murakabe üç çeşit altında takdim edilmektedir: Bunlar eşit olmayan olgunluktadır. St. Thomas, üç hareket çeşidini mukayese etmektedir: Mükemmel-mükemmel olmayan-karma[560]:

1. Mükemmelin en yüksek şekli, murakabe denilendir. Onun karakterleri St. Thomas'ya göre görülebilir.

2. Noksan şekil, sade bir tefekkürdür. Yani dindarın murakabeye sahip olan ruhudur. Bu anlamda[561], St. Thomas, Richard de Saint-Victor[562] tarafından kurulan serinin ilk derecelerini talep etmekte ve ondan kendisininkini yapmaktadır.

3. Ayrıca o, bir murakabe şekli daha tanımaktadır. Bu murakabede geçen iki şeyin unsurları birleşmektedir. Böylece onlar, karma diye adlandırılmıştır[563]. Bir yandan, çalışan, düşünen zihnin söylemsel çabası, diğer yandan, yüksek aydınlıkların kullanılması söz konusudur. Bu tefekküri bir murakabedir. Fakat birinci murakabe şekline yaklaşan her şey sayesinde, önceki gibi bu da mükemmeldir[564].

Murakabe, bağışların ruhlarda meydana getirdikleri mükemmel amellerden başka bir şey değillerdir[565]. O, merhametin üstün egzersizi olarak en yükseklerindendir. Fakat mükemmellerin bütün aktiviteleri, Allah'tan merha-

---

[557] İbid, q.180, a.1.
[558] İbid, Art. 7.
[559] Theologie Ascétique, p.616.
[560] St. Thomas'nın düşüncesini anlamak için iki plan takdim edilmiştir. Birisi yüksek veya ilahi, diğeri aşağı veya yaratılmış.
[561] Sum. th. II^a-II^{ae}, q.180, a.4.
[562] S. Bonaventure, p.518.
[563] Com Positum, diyor, St. Thomas; İbid, a.6, ad 2.
[564] Birinci cilde bakılmalıdır.
[565] Burada söz konusu olan birinci ve üçüncü şekildir.

metle yararlanırlar[566]. Böylece veçhe değiştirebilirler ve nefis bir karaktere o, bizatihi zorda olsa, sahip olurlar. Başka bakımlardan bu eylemler, iyi insanın amellerindendir[567] ki son görüş açısından meşru olarak Kutsal-Ruha, meyveler adı altında atfedilmişlerdir[568]. Bunların arasında bazıları, özel bir objektif olgunluğa sahiptirler ki bağışların daha itham kâr bir müdahalesini ister görünmektedir. Yine St. Thomas, St. Augustin'in görüşlerini sistemleştirerek, onları ona sıkıca bağlamaktadır. Bunlar mutluluklurlar[569] ve yedi adettirler[570]. Onlar, onlara bağışlar olarak cevap vermektedirler: Akıl bağışına, saflık (II^a-II^{ae}, q.8, a.7) ilme, gözyaşları (q.9, a.4), korkuya, birlik (q.19, a.12) hikmete, barış (q.45, a.6), nasihate merhamet (q.52, a.4), sofuluğa tatlılık (q.121, a.2) nihayet güce, adalet aşkı (q.139, a.2) cevap vermektedir. Bu amellerde Hıristiyan hayatı, zirvesine ulaşıyor. Onu, temel mistik bağışlar onların dağılımlarını temin ediyor.

St. Thomas'ın dikkatini çeken fevkalade bağışlar, Kutsal Kitap nedeniyle uzunca işlediği kehanetlerdir[571]. Özellikle St. Paul konusunda[572] kendinden geçme ve inayetler veya St. Paul tarafından zikredilen karizmalar gibi[573]. St. Thomas onları net bir şekilde kutsallaştırıcı inayetlere ayırmakta ve farklı gruplara ayırmaktadır[574]. O, burada özellikle diller karizmasını[575] ve hikmeti ve ilim karizmasını incelemektedir[576]. Kilisenin temelinde bu gibi bağışların tamamen kaybolması çok nadirdir.

7. Zahitlik İlahiyatı

1. Zahitlik ilahiyatı, tedrici şekilde olgunluğu elde etme vasıtalarını özenle inceleyen ahlak ilahiyatıdır[577]. Hıristiyan olgunluğunun ölçüldüğü merhamettir bu: Diğer faziletler, bunun için gereklidir. Ancak bunu, merhamet gibi oluşturamazlar. Onun özelliği, Allah'la birleşmektir[578]. Zaten o, en asil ve en

---

[566] Bkz: Théologie Ascetique.
[567] Bu kitabın ileri sayfalarına bakınız.
[568] Sum. th. I^a-II^{ae}, q.70, a.1; İbid, a.2.
[569] İbid, a.2 ve q.69, a.1-4.
[570] İbid, q.69, a.3.
[571] İbid, II^a-II^{ae}, q.171-174.
[572] İbid, q.175.
[573] I. Korint. XII, 8-10.
[574] İbid, I^a-II^{ae}, q.111, a.1, 4, 5.
[575] İbid, II^a-II^{ae}, q.176.
[576] İbid, q.177.
[577] I. cildin girişine bakılmalıdır.
[578] Sum. th. IIa-II^{ae}, q.184, a.1, 2.

güçlü olandır[579]. Onsuz, gerçek fazilet olmaz[580]. Kim ki ona sahip olursa, diğerlerinin tamamına sahip olur[581]. Buna göre, bütün ahlaki etüdü, merhametin tedrici formasyonuna göre düzenlemek yerinde bir harekettir. Yedi fazilete göre objelerin tasnifinin büyük teorik ve bilimsel avantajları vardır. Fakat bütün faziletleri, doğrudan merhamete bağlamak, pratik düzeyde çok faydalıdır. Zaten merhamete verilen bu pratik önem, hiçbir iradeyi dâhil etmez. Allah konusundaki bilgimizin noksanlığı nedeniyledir ki, aşk ona bilgide üstün gelmektedir. Yani Allah sevgisi bilgiden daha üstündür[582].

St. Thomas, Hıristiyan hayatında, merhameti üç dereceye ayırmaktadır[583]. Bu aksiyonlara veya hâkim olan meşguliyetlere dayanarak Allah'la mükemmel birleşmeye doğru onu götürmektedir. Tabii noktadan, insanın gelişmesi farklı yaşlara ayrılmaktadır. Yine farklı mecburiyetlere göre, merhametin farklı dereceleri vardır ki merhametin gelişimi, insana gerekli olmaktadır. Ona düşen ilk görev, günahtan sakınmak ve nikâhsız yaşamanın cazibelerine mukavemet göstermektir. Nikâhsız yaşama, merhametin zıddı anlamındadır. Bu merhametin kaybolmaması için beslenilmesi gereken müptedilere ait olan bir olaydır. İkinci ödev şudur: İnsan prensip olarak, iyiliği arttırmaya özen göstermelidir. Bu ilerlemeye uygundur ki özellikle onu elde etmek için çalışır. Böylece merhamet, artarak onlarda güçlenir[584]. İnsanın üçüncü ödevi, Allah'la birleşmeyi ve ondan yararlanmaya dayanmaktadır. Mükemmellerin imtiyazı burada bulunmaktadır. Onlar, Allah'a gitmek ve Mesihle birlikte olmak arzusundadırlar (Filip. 1/23)[585].

2. Şayet Hıristiyan günahtan sakınırsa, kötülüklere karşı yönelen ilk çabası olacaktır: O, kötülükleri kökünden sökerek, önleyecektir. St. Thomas, onun kötülüklerle arasına tesis ettiği sıkı bağa, açıklamasında işarette bulunmaktadır[586]. Burada söz konusu olan kaprislerden çok, kötülüklerdir[587]. Çünkü

---

[579] İbid. II^a-II^{ae}, q.66, a.6; II^a-II^{ae}, q.23, a.6; q.30, a.4.
[580] İbid, I^a-II^{ae}, q.65, a.2, 4; II^a-II^{ae}, q.23, a.7
[581] İbid, I^a-II^{ae}, q.65, a.5.
[582] İbid, I^a, q.82, a.3; II^a-II^{ae}, q.23, a.6; q.27, a.4; Bkz.: R. Garrigou-Lagrange, Perf. Chret. et Cont. I, p.164-170.
[583] Sum. th. II^a-II^{ae}, q.24, a.9.
[584] 24 soru, gelişen tabiatüstü merhameti açıklamaktadır.
[585] Böylece, İncipientes-Proficientes-Perfecti.
[586] Bu kitabın önceki sayfalarına bakılmalıdır.
[587] Sum. th. II^a-II^{ae}, q.24.

kaprisler ılımlaştırılırsa ve düzene konulursa iyi için birtakım güçler olabilir[588]. Aksi takdirde onlar serbest bırakılırsa, rahat bir şekilde kötülüğün yardımcısı olabilirler: Konu olarak kötülüğe sahip olan temayüllere kötülük ismini verebiliriz[589]. Kötülükler, çok çeşitlidirler. St. Thomas, onları fazilete karşı muhalif olarak saymaktadır[590]. Fakat St. Thomas ana kötülüklere özel bir önem atfetmektedir. Çünkü bunlar, bütün günahların kaynağı ve destekçisidirler[591]. Bunların arasında özellikle gurur, cimrilik, şehvete düşkünlük önde gelmektedir[592].

Kötü alışkanlıkların bozgunluğunu tamamlamak için, olgunluğa gözü aç Hristiyan'ın gecikmeden onlara karşı zıt alışkanlıkları kazanması gerekir. Tabii ki bunlar, faziletlerdir. Önce onlara doğrudan hücum eden ahlaki faziletler gelmektedir[593]. Her şeyden önce, ılımlılık ve güç, iki açgözlülük olan, cazibe ve öfkeliliği ılımlaştırmaktadır. Bunlar, ihtirasları yatıştırır. Çünkü onlar tedrici olarak ruhsal hayatı tehlikeye sokarlar. Diğer yandan, nefsi sağlamlaştırarak onu, adalette veya hayırda kendisine yüklenen ödevleri yerine getirecek bir konuma sokarlar. Çünkü sağlıksız ihtirasların büyüdüğü günahlardan sakınma olumsuz ödeve ilave olarak, özellikle komşuyla ilgili olarak olumlu erdem eylemleri gerçekleştirme yükümlülüğü de vardır. Aynı zamanda ahlaki faziletler, bağışların desteğiyle, düzenden ve kopukluktan, düzensiz sevgilerden arınır ve böylece onu, Allah'ı görmeye sevk eder[594]. Çünkü Hıristiyan hayatını yöneten tedbir, imandan mülhem olmalıdır. Onun sonuçları kalbin arınmasıdır[595]. St. Thomas tabii faziletlere muhalefet olarak onları, Hıristiyan ahlaki faziletleri olarak isimlendirmektedir. Azizlerde olan bu dünyadaki faziletler, özellikle cennette, her zaman onları yüce örneği olan ilahi mükemmelliklerden daha aşağıdadır.

Ahlaki faziletler, özellikle Hıristiyan faziletleri olan ilahiyat faziletlerini tam olarak gelişmeye hazırlamaktadırlar. Fakat bir başka noktada onlar, ona samimi olarak icraatlarında bağlıdırlar. Önce St. Thomas'ya göre dâhili

---

[588] İbid, a.3, ad 1.
[589] İbid, II^a-II^{ae}, q.127, a.1, ad 3.
[590] İbid, II^a-II^{ae}, p.559-562.
[591] Bu kitabın önceki sayfalarına bakınız.
[592] Bu kitabın önceki sayfalarına bakınız.
[593] Sum. th. II^a-II^{ae}, q.181, a.1.
[594] İbid, q.8, a.7.
[595] İbid, q.7, a.2.

alışkanlıklar, temel faziletlere refakat etmektedirler⁵⁹⁶. Bunlar, inayetin ve ilahi faziletlerin uzantısı gibidirler. Diğer yandan bunlar, Hristiyan'a farklı motifler ve tabiatüstü enerjiler sağlamaktadırlar. İnsan orada samimi bir bağımsızlık ve ilahi aksiyonla dolu olarak görülmektedir: İşte inayetin, sakramentlerin, Mesihe ibadetin⁵⁹⁷ genelde bütün şekilleri altında ibadet zarureti buradan kaynaklanmaktadır⁵⁹⁸. Bu ister istek duası olsun, ister yüksek murakabe duası olsun, tamamen kendiliğinden hayırla dolu olan onun meyvesidir⁵⁹⁹.

3. Hakikatte St. Thomas'ya göre mükemmel hayat, birleştirici sadaka ile karakterize edilmiştir⁶⁰⁰. Bu hikmete refakat etmektedir. Murakabe onda, mükemmel eylemdir⁶⁰¹. Bu eylem, üç eşit olmayan olgunluk şekli altında takdim edilmektedir: Duygusallıktan yükselen esprisi, zihnin yegâne operasyonuyla maneviyata yükselmesiyle olmaktadır. Diğer yandan bu eyleme, ilahi aydınlıklar refakat etmektedir. Üçüncü olarak, zihnin operasyonu sadece Allah'a sabitlenerek olmaktadır⁶⁰². Bu murakabe hayatının temel unsurudur. Şüphesiz ahlaki faziletler, onun kısımlarındandır. Fakat daha çok ona sahip olma pozisyonuyla⁶⁰³ bu olmaktadır. Kutsal-Ruh, dua anında mükemmellerde hareket halindedir. Onları başkalarından daha çok şekilde harekete sevk etmektedir. Çünkü pratik faziletler onlara uygun gelen bağış egzersizlerinde ruha sahip olmaktadır⁶⁰⁴.

Fakat ilahi aksiyon karşısındaki bu daha yüksek alıcılık, beşeri aksiyonu yok etmemektedir. O, onu bazen mutluluk denilen yüksek kahramanlık eylemlerine kadar yükseltebilir⁶⁰⁵. Fakat bütün fazilet eylemleri, Kutsal-Ruhun özel işbirliğiyle, manevi seçimin refakatiyle oluşmaktadır. Onlar, o vakit, Kutsal-Ruhun meyveleri ismini almaktadır⁶⁰⁶. Aziz Pavlos, bağışlarının ve faziletlerin ilham ettiği eylemlerin genelinde olan aşağıdaki dokuz şeyi

---

596 Bu kitabın önceki sayfalarına bakılmalıdır.
597 Bunun için bkz: II^a-II^{ae}, q.82, İbid, q.82, a.3, ad 2.
598 Sum. Théol, II^a-II^{ae}, q.83, a.1-17.
599 İbid, q.180, q. a.3-5.
600 İbid, q.24, a.9.
601 İbid, q.45, a.1-6; q.180, a.1.
602 İbid, q.180, a.6.
603 İbid, II^a-II^{ae}, q.180, a.2; q.181, a.1, ad. 3.
604 Bu kitabın önceki sayfalarına bakınız.
605 Bu kitabın önceki sayfalarına bakılmalıdır.
606 İbid, q.70, Art. 1, ad 1, Art. 2.

saymaktadır. Hatta bunların sayısı artırılabilir. Yine onlar üçe de indirilebilir: sadaka, sevinç, barış gibi[607]. Bu Kutsal-Ruhun meyveleri, genelde bedensel arzulara muhaliftirler[608]. Murakabe hayatına en uygun olan aktivite, ilahiyatın öğretilmesi ve vaaz edilmesidir[609]. Fakat ahlaki faziletler tarafından emredilen insan faaliyetlerinin tamamı, yine oraya bağlanabilir. Ancak bu onları ruhun Allah için ameller yaratmaya az yöneldiklerinde olmaktadır[610].

Aktif hayat, insanın hayatıdır. Onun faaliyeti, doğrudan murakabeye yönlendirilmiş değildir. Bu ister faziletlerle yeterince arındırılmamış olduğundan olsun ister onlara teslim oldukları dış meşguliyetlerle yutulmuş olduğundan olsun durum aynıdır[611]. Aktif hayat, bizatihi burada murakabeden aşağıdadır. Fakat ona sahip olabilir[612].

Zahitlik ilahiyatı, bütün Hıristiyanları ilgilendirmektedir. Özellikle, dini grupları ilgilendirmektedir. Onlar, mükemmel sadakaya yönelmişlerdir: Dini hayat, bu anlamda bir olgunlaşma halidir[613]. Onun kullandığı vasıtalar, fakirlik, iffetli olmak[614], bir istek konusu[615]'dur. Bunlar dini organizasyonun üçlü hedefine cevap vermektedirler. Bu üç şey, bir sadaka eylemi, ruhsal barış prensibi, saf soykırım[616]. Yuhanna'ya göre (1. Yuhanna, II, 16)[617], dünyadan ayrılan üçlü şehvete onlar muhaliftirler[618]. St. Thomas, dindarların murakabe hayatına, aktif hayata[619] girmelerini kabul etmektedir. Hatta o, askeri tarikatların meşruiyetini bile kabul etmektedir[620]. O, dindarların nezdinde etüdü desteklemekte[621] ve eğitime ve vaaza kendini veren tarikatları ilk sıraya yerleştirmektedir. Onlar vazifelerini liyakatle tamamlamak ve murakabeyi aksiyonla birleştirmek için buna mecburdur[622]. Fakat murakabeci

---

607 İbid, Art. 3.
608 İbid, Art. 4.
609 İbid, q.181, a.3.
610 İbid, q.180, a.2; q.181, a.4; q.182, a.3; q.181, a.4.
611 İbid, q.170, a.1-2; q.180, a.2; q.181, a.1-4; q.182, a.1-4.
612 İbid, q.182, a.1 ve 4.
613 İbid, q.184, a.5.
614 İbid, q.186, a.3.
615 İbid, Art. 6.
616 Sum. th. Art. 7.
617 İbid, I^a-II^{ae}, q.108, a.4.
618 İbid, I^a-II^{ae}, q.108, a.4.
619 İbid, q.188, a.2.
620 İbid, Art. 3.
621 İbid, Art. 4, 5.
622 İbid, Art. 7.

tarikatları, aktifler üzerinde üstün tutmaktadırlar. Aktifler, kendilerini sadece dış eserlere verirler ve bu açıdan çok yoğun tarzda organize edilmişlerdir[623].

8. Kurtarıcı ve Eseri
a. Bedenleşme

Kilise Babaları zamanında, enkarnasyon/bedenleşme, uzun tartışmaların konusu olmuştur ki bu dogma, itizalleri red için derinliğine kadar incelenmek zorunda kalmıştır. Ancak burada onların düşüncelerinin, teolojik olmaktan ziyade dogmatik eğilimli olduğunu belirtmek önemlidir: Onlar, metafizik açıklamaları hazırlamaktan daha çok, imanı korumakla meşgul olmuşlardır. Léonce de Byzance ve daha sonraki ilahiyatçılar, zar zor bir teori taslağı denemişlerdir[624]. Kilise Babaları, insani tabiatın İsa'da olmadığını ilan etmişlerdir. Onun tabiatının, kendine has bir varlığı olduğu sonucuna varmışlardır. Böylece İsa'da, insani tabiatın olmadığı kavramı, dokunulmayan skolastik bir problem olarak kalmıştır[625]. Aslında bu konu, bedenleşmenin bütün veçhelerini ilgilendirmektedir. Fakat özellikle, hypostatique birliği daha çok ilgilendirmektedir. Birlik üzerindeki kristolojik problemin teolojik gelişimi, özel bir şekilde kendini hissettirmektedir. Bu problem, Katolik ilahiyatta iki şekilde takdim edilmiştir: İlahiyatçılar, Léonce'ın ve Damascène'nin bıraktığı noktada, problemi daha da derinleştirmek için, İsa-Mesihte beşeri tabiat, niçin bir şahıs değildir? Şeklinde ele almışlardır. İkinci noktada ilahiyatçılar, İsa-Mesihteki iki tabiat birliğinin ve cevherinin karakterlerini belirtmeye gayret etmişlerdir. Böylece problemi ilk plana koymaktadırlar ki pederler, ilahiyata sadece şöyle bir dokunmuşlardır[626]. Oysa St. Thomas, her iki problemi özel bir açıklıkla çözmüştür[627].

1. Birinci nokta, hypostatik birliğin temel formel oluşturuculuğudur. Bu XIII. yüzyıldan beri, bizzat bedenleşme eserinin skolastik kısmını absorbe etmiş ve ilahiyat ilerlemesinin konusu olmuştur[628]. Bu konuda, St. Thomas, özellikle katkı sağlamıştır. Onun bu konudaki doktrini, iki temel metafizik

---

[623] İbid, a.6; İbid, q.181-182.
[624] Bu eserin önceki sayfalarına bakınız.
[625] A. Michel, Hypostatique (Union), Dans Dict. Th. Col. 528, cf. İbid, Col. 407.
[626] İbid, Col. 525.
[627] Bu konuda Terrien, Villard, Schwalm, Hugon'un zikredilen eserlerine bakınız.
[628] A. Midhel, İbid, Col. 525.

prensibe dayanmaktadır: Cevhersel form birliği ve varlıkla-özün reel ayırımı konusuna dayandırılmaktadır.

Melek doktor, kristoloji konusunu kısmen, beşeri kompoze ile Théandrique kompozisyon arasındaki paralelliğe dayandırarak oluşturmaktadır[629].

Onun için beşeri kompoze esas olarak, bir cevhersel formla oluşmuştur. Augustinciler birçok form kabul etmektedirler. Çünkü onlar, her şeyden önce ruhun dinamik karakteri üzerinde ısrar etmektedirler. Eflatuncularla birlikte onlar, ruhu, bedenin motoru olarak telakki etmeyi seviyorlardı[630]. Fakat onlar onun bedenle bağlarını oldukça geriyorlardı. Çünkü mobil motorun birliği, serapa tesadüfiydi. Kararlı péripaticien de St. Thomas özellikle dikkati, ontolojik bakış noktasına çekmektedir. O, spritüal ruhu, insanda, hayatın biricik prensibi olarak düşünmektedir. Yani cevher prensibi ve var olma prensibi, birlik prensibi olarak telakki etmektedir. Onun sayesinde ruh ve madde kompozisyonunda sadece tam bir tabiat vardır. Yani bir tek bireysel ve mücerret cevher mevcuttur[631].

Böylece mesihteki ilahi ve insani birlik, muhafaza edilmiştir. Ancak şu sakıncayla ki buradaki iki birleşen, birtakım tam tabiatlar olduğundan, birlik tabiatta vuku bulmamaktadır[632]. Bununla beraber o, reel ve cevher olarak kalacaktır[633]. Cevhersel varlığın birliği, kelimeden başkası değildir[634]. Ruhun bedende yaptığı, beşeri oluşumdur. Yani kelimenin varlığı, Mesihte insaniyeti içindir. Kelimenin kişisel varlığı, onun mutlak tabiatında telakki edilen ilahi varlıktan hayati olarak ayrılmamaktadır. Yani onun üstlendiği beşeriyeti desteklemektedir: Eğer Allah'ın erdeminin derinliklerine nüfuz etmemiş olsaydı, kendi varlığının onda yapacağı her şeyi yapardı. Zaten bu biricik varlık, canlılıklara katılabilmektedir. St. Thomas, tabiatın varlığından bahsetmektedir. Ancak o, çok değildir. Çünkü o, bizzat birçok fonksiyonu doldurmaktadır[635].

---

[629] Sum. th. III[a], q.2, a.6, ad 2; q.17, a.2, cf. De Unione Verbi İnc, Art. 4; Quod IX, q.2, a.2
[630] Qu. Disp. De Spritualibus Creaturis, a.3.
[631] İbid.
[632] Bu Monophisisme olacaktır.
[633] Nestorianismeden de sakınmak gerekir.
[634] In III Sent. D. VI, q.2, a.2; Quodl, IX, a.9; De Unione V. İnc, a.4; Sum. th. III, q.17, a.2; Comp. th. c.212.
[635] Bkz: De Unione Verbi İnc. a.4. cf. P. Synave, Dans Bulletin Thomist, 1926, Ocak, p.1-2; F. Felster, Qu. Disp. De Un V. İnc. Dans Arch. de Phil. 1925, p.198-245.

Bu birinci nokta, bedenleşmenin koyduğu büyük metafizik problemi çözmeye yardımcı olmaktadır: Niçin Mesihteki kişiliği, tabiat tamamlamıyor? St. Thomas şöyle demektedir: Çünkü onun özel varlığı yoktur. O, bir başkasında, bir başkasıyla mevcuttur. Kişilik veya cevher tam cevhere bizatihi ve tam olarak ayrı var olma özelliği vermektedir[636]. O, özün varlık çizgisinde mükemmel yüksekliğidir. Tabii ki sadece tabiat olarak öz değil, operasyon düzeyindedir. Onun prensip olarak, özel varlığı vardır. O, iletişimsizdir. Öyle ki o, tam cevher olarak cevhere sahip olmak için var olmaya yetecektir. Öz, bizzat bir şahıstır. Onun özel varlığı vardır[637]. Fakat yüksek öz, bir varlığın varlığıyla esnek hale getirilmiştir. Böylece kişilikten mahrum bırakılmış, ona varlık ve hayat verenin kişiliği ile var olmuştur[638]. İşte mesihin, insaniyeti böyledir. O, bir şahıs değildir. Çünkü o, mevcut değildir ve ancak bedenleşmiş kelimenin varlığıyla vardır. Bu var olma kavramı, yaratılmış varlıktaki varlıktan ve özden gerçek farklılık üzerine dayanmaktadır[639]. Daha sonraki ilahiyatçılar bu tezi reddetmişlerdir. Onlar, St. Thomas gibi hypostatique birliği tasavvur edememişlerdir. Yani bizzat Allah'ın varlığıyla, beşerî varlığın kaldırılmasını tasavvur edememişlerdir[640]. Onlar bunu ilaveyle açıklamaktadırlar (Scot-Tiphaine)[641]. Burada belirtmek gerekir ki, St. Thomas da kilise babaları gibi hypostase veya subsistance birliğin soyut şekilden çok müşahhas varlığı belirttiğini kabul etmektedir. Yani bedenleşmiş kelimenin biricik varlığı bizatihi ve bizzat vardır[642].

2. St. Thomas açık bir şekilde hypostatique birliğin karakterlerini açıklamıştır[643].

a. **O, âcildir/İmmédiate:** Melek doktor, çevrenin benimsediği kanaatleri reddetmektedir. Yani ilahiyatla-insaniyet arasında olan cevhersel tabiat bağını kabul etmiyor ve D. Scot ve Suarez tarafından ileri sürülen şekli hariçte tutuyor[644].

---

[636] Bu kitabın önceki sayfalarına bakınız.
[637] Sum. th. I^a, q.29, a.2; q.30, a.4; hkz: A. Michel, Hypostate, Dict. Théol. Col. 424-429.
[638] Sum. th. III^a, q.2, a.6, ad. 2.
[639] In III Sent. D, V, q.3, a.3.
[640] A. Michel, Hypostatique (Union), İbid, Col. 527.
[641] Bu kitabın ileri sayfalarına bakılmalıdır.
[642] A. Michel, İbid, Col. 529.
[643] İbid, Col. 529-541.
[644] In III Sent. Dist. II, q.2, a.1 (q.111), İbid, q.2, ad 3. Sum. th. III^a, q.2, a.10; q.6, a.6; De Verit, q.XXIX, a.2.

b. İki terim sonsuz şekilde farklıdır (İnsaniyet-uluhiyet). Fakat şahsa göre, birlik gerçekleşmektedir: O, bu noktada ontolojik görüş noktasını aşmaktadır. Cevherin ve tesadüflerin maddenin ve formun, ruhun ve bedenin birliğini aşmaktadır[645].

c. Hypostatique birlik, bununla beraber İsa'nın tabiatında tabii olarak kalmaktadır. Çünkü o, hamilelikten itibaren kelimenin şahsında birleşmiştir[646]. Bu haksız yere Adopticusler tarafından inkâr edilmiştir.

d. O, birlik ayrılmaz birliktir. Bu prensibe göre: Allah'ın lütfunun bize bahşettiği şey, bizim hatamız olmadan asla elimizden alınmaz[647]. Yine St. Thomas, St. Jean Damascéne'le birlikte birçok kilise babasına rağmen, ruhtan ayrılan bedende nisbeten hypostatik birliğin, ölüm halinde devam ettiği fikrindedir.

b. Kurtuluş

St. Thomas bedenleşmeyi, kurtuluşa bağlamaktadır. Bu sadece kelimenin, insanı kurtarması için bedenleşmesiyle değil; bedenleşmenin insanın günah işlememesiyle vuku bulmayacağındandır[648]: Tabii ki günah, bedenleşmenin sebebi değildir. Fakat bu akli düzenin zıddı da değildir[649]. Zaten Mesih, evrensel üstünlüğünü korumaktadır: O, bizim kaderimizin sebebidir ki onun üzerinde modelleşmiştir[650]. O, kilisenin, insanların ve meleklerin şefidir[651]. Bütün tabiatüstü ve tabii dünya onun emrindedir[652]. Böylece, Thomist doktrinde, bedenleşmiş kurtarıcı örneğin, sebep olarak etkililiği ve kaderimizin nihai hedefi olarak kalmaktadır[653].

St. Thomas, insan neslini kurtarmak için bedenleşmenin izafi zaruretini, sadece bütün hypostase'da değil[654], Allah'ın istediği eşdeğer onarım halinde de açıklamaktadır[655]. Bu doktrin, sadece günahkâr insanı ve onun doğuştan zayıflığının böyle bir onarımı temin edemeyeceğinden değil, buna herkesin

---

[645] Sum. th. III[a], q.2, a.9.
[646] İbid, q.2, a.12, q.33, a.3.
[647] İbid, q.50, a.2.
[648] In IIII, Sent, D.1; Sum. th. III[a], q.1, a.3.
[649] İbid, a.3, ad 3.
[650] İbid, q.23, a.3-4.
[651] İbid, q.8, a.106. De Verit, q.29, a.7.
[652] Contra Gente, IV, c.27; Sum. th. III[a], q.23, a.3-4.
[653] A. Michel, İncarnation, Dans dict. th. Col. 1502-1506.
[654] Sum. th. q.1, a.2.
[655] İbid, q.2, ad 2.

boyun eğmesindendir (Scotistler bile). Fakat hiçbir yaratık inayetle, Allah'a bu eş değerde bir tatmin takdim edemez. St. Thomas, buna birçok sebep göstermektedir. Özellikle Allah'a yapılan hakaretin ve günah tarafından yok edilen iyiliğin sonsuzluğu bunun sebeplerindendir[656].

Kurtuluş doktrini, St. Thomas tarafından günümüzde olduğu gibi, ayrı bir eserde sistematize edilmemiştir. Bunun sebebi, Mesihin şahsına tahsis edilen eserinin içinde kurtarıcının olmasıdır. Bedenleşmenin nedenleriyle ilgili ilk izafi sorudan itibaren bu fark edilmekte veya kilisenin başı olarak Mesih, etüd edilmektedir (q.VIII) ve eserin son kısımlarında özellikle, kutsallaştırma ile ve kurtarıcının aracılığıyla onun itaatiyle, ibadeti ve tapınmasıyla ilgili yerler vardır[657]. St. Thomas, ikinci kısımda kurtuluş bahsini açık bir şekilde etüd etmektedir. Bunu Mesihin hayatı vesilesiyle yapmaktadır. O, bu tarihçilerden daha çok, ilahiyatçıları ilgilendirdiğini düşünmektedir. O, passion konusunda özellikle sotériologique doktrinini açıklamaktadır.

Bu konuyu passion'un[658] sonuçlarına tahsis edilen sorularda yoğunlaştırılmış olarak buluyoruz. St. Thomas, bu konuyu şu terimlerle özetlemektedir: Onun kıyaslanmış ilahiyatında, Mesihin passion'u etkili bir şekilde hareket etmektedir[659]; Mesihin iradesindeki mukayesede o, liyakatle hareket etmektedir[660]; bedenle mukayesesinde o, tatmin şekliyle hareket etmektedir[661]. O, bizi zahmetten, kurtuluş modeliyle kurtarmaktadır[662]. O, bizi Allah'la uzlaştırmaktadır. Bunu da kurban modeliyle yapmıştır[663]. Mesih, Allah'a sadece eş değerde bir tatmin değil; surabandante bir tatmin vermektedir[664]: Onun inayeti, liyakati, acısının büyüklüğü sayesinde Allah'a takdim ettiği şey, nefret olmayan hakaretten daha sevimlidir[665]. St. Thomas, kurtarıcının hudutsuz ıstıraplarını göstermiştir. Fakat o, daha çok kurbanın ahlaki kaliteleri üzerinde ısrar etmektedir. Bu karakterler, hürriyet, aşk, itaattir. Bunlarda zah-

---

[656] Cont. Gent. IV, 54; De Verit, q.28, a.2; Sum. th. III^a, q.1, a.2, ad 3.
[657] Sum. th. III^a, q.25 ve 26; İbid, q.20, 21, 25.
[658] İbid, q.48-49.
[659] İbid, q.48, a.6, ad 3; İbid, a.6.
[660] İbid, a.1.
[661] İbid, a.2.
[662] İbid, a.4.
[663] İbid, a.3.
[664] İbid, q.48, a.2.
[665] İbid, q.48, a.2.

metten çok tatmin ruhu görülmektedir[666]. Mesih bizi, günahtan[667] ve şeytandan kurtarmıştır[668]. O, bizi Allah'la uzlaştırmıştır ve cenneti bize açmıştır[669]. O, yegâne kurtarıcıdır[670] fakat evrensel kurtarıcıdır[671]. Herkes ondan kutsallık almıştır, Meryem bile.

c. Bakire Meryem[672]-Arabulucu

Kurtuluşun evrenselliği meşguliyeti, St. Thomas'yı da zamanının birçok doktorları gibi Meryem'in, asli günaha boyun eğdiğini kabule götürmüştür. Ancak o, doğumundan itibaren temizlenmiştir[673]. Yani hamile kalmadan ve ruh verilmeden çok önce[674].

Gerçekte St. Thomas, akdedilen kiri silecek bir kurtarma fikrini değil, Meryem'e isnad edilecek bir lekeden onu koruyacak bir fikre sahiptir. Çünkü Meryem, doğruya itaat etmiştir. Bu nokta üzerindeki aydınlık, daha sonra oluşmuştur. Zaten melek doktor, düşüncesini çok yüksek uygun aklın yardımıyla açıklamıştır ki bunlar, lekesiz hamilelik olayını ve nikâhsızlığı dışarda bırakmakta ve kolayca bu dogmaların kabulünü sağlamaktadır[675]. Kutsal bakirenin yararlandığı kutsallaştırma, bir arınma değil, gerçek anlamda asli günahtan korunmadır. Bu dogmatik hareket noktasında, St. Thomas'ın 1. maddede getirdiği deliller, bütün değerini korumaktadır[676]. 2. maddedeki nikâhsızlık üzerine olan maddeler bütün olarak anlaşılmalıdırlar.

St. Thomas'ın evlilikle ilgili ilahiyatı, diğer noktalar üzerinde mükemmeldir[677]. O, Meryem'in, inayetle dolu olduğunu açıklamaktadır. Böylece o, inayet prensibi olarak, Mesihin şahsına daha yakındır. Onun annelik rolü, spritüal düzeyde, tanrısal inayetin annesidir. Bu ister Mesihin kurtuluştaki Coadjutrice'de olsun ister inayet dağıtıcısında olsun fark etmez. Zaten onun

---

[666] İbid, a.2.
[667] İbid, q.49, a.1.
[668] İbid, a.2; q.48, a.4, ad 2, 3. cf. J. Riviere, Le Dogme de la Redemption, p.478-480.
[669] İbid, a.4-5.
[670] İbid, q.48, a.5.
[671] İbid, q.27, a.2, ad 2.
[672] Bkz: P. Synave, O.P. Vie de Jésus, 1. p.282-289.
[673] Sum. th. III[a], q.27, a.1-2, Comp. thl. c.224, In III Sent. D. III, q.1, a.1, q.1-2.
[674] Quodl, VI, q.5, a.1.
[675] P. Synave, Op. Cit. P.288-291.
[676] İbid, p.13.
[677] Sum. th. III, q.27-30; Opusc. Ave Mance.

Tanrının annesi rolü, bu bolluğa çağrıda bulunmaktadır[678]. O, bizim maneviyatta annemizdir. Yani ilahi inayetin annesidir. O, bütün insanlık üzerinde, Mesihe tabi bir neden olarak bir şekilde üremeyi sağlayan odur. Bunun için o, tam bir aracıdır[679].

d. Sakramentler-Kilise

1. Kefaret, bize uygulanan sakramentler aracılığıyla olmaktadır. St. Thomas'ın sakramenter doktrini, orta çağda bu konuda gerçekleşen ilahiyat sistematizasyonun büyük satırlarında tamamlanmıştır. Sakrament etkinliğiyle ilgili birkaç açıklamayı ona borçluyuz. Yani madde ve şekil teorisiyle, sakramentlerin varlık nedeni doktrinlerini.

St. Thomas için sakramentler önce, birtakım işaretlerdir[680]. Fakat bunlar etkili sembollerdir. XIII. yüzyılda şöyle bir atasözü meşhurdur: "Şekillendirdiklerini uydur."[681] XII. yüzyıldan beri o, tanınmış bir formülü belirtmektedir[682]. Bu formül, ex opere operato'dur ve yeni ittifakta sakramentlere, ex opere opereutis'e zıt olarak uygulanmıştır. Bu eski sakramentlere uygundur[683]. O, yeni Ahittekilerde, etkili bir gerçek kozalite tanımaktadır[684]. Bu belli başlı neden olduğu için değil; enstrümental neden olduğu içindir[685]. Melek doktorun bu açık beyanatları orta çağın diğer farklı yazarlarının savunduğu tesadüfi kozaliteyi bir kenara bırakmaktadır[686]. Bu gerçekten bir kozalite değildir. O, bizzat önce Dispositive kozalite teorisini benimsemektedir: Sakrament, enstümental fazileti vasıtasıyla, inayeti davet eden bir disposition meydana getirmektedir ki o, doğrudan Allah'ın aksiyonundan gelmektedir[687]. O, bu spritüal enstümental faziletten meydana gelmiştir. Buna, Somme Théologique, inayetin meydana gelmesini ona atfetmektedir: İşte o ondan itibaren bu, sakramentin faziletiyle doğrudan sırasıyla ona ulaşmaktadır. Bu

---

[678] P. Synave, Op. Cit. P.289-291.
[679] İbid, p.299-302; Sum. th. III^a, q.30, a.1. In Joav. II. Lect. 1, n.3; bkz: R. Bernard, Mater Diviae Gratiae, Dans Rev. Sc. Ph. Th. 1927, p.405-424.
[680] Sum. th. III^a, q.60, a.1-2.
[681] İbid, q.62, a.1.
[682] Bu, Pierre de Poitiers'de bulunmaktadır. Buna St. Thomas, Opus Operatum et Opus Operans demektedir.
[683] In IV Sent. D.1, q.1, a.5, Sum. th. I^a-II^{ae}, q.103, a.3; III^a, q.62, a.6.
[684] Sum. th. III^a, q.62, a.1-5.
[685] İbid, a.1, 4.
[686] Cf. P. Pourrat, la Théol. Sacram, p.151-153.
[687] In IV Sent. D.2, q.1, a.

durumda, bu noktada St. Thomas'ın düşüncesinde büyük bir evrim vardır[688]. Pekiyi bu durumda kozalite dispositive'i reddererek, kozalite perfective mi kabul etmektedir? Bu düşünceyi dışarı atarak ve o zamandan beri bütün Thomistler, kutsallığın yanı sıra karakterin de doğrudan meydana getirilmesini sakramentlere atfetmektedirler[689]. XVI. yüzyıldan beri, Mechior Cano'nun teorisine reaksiyonla, sakramentlere sadece bir ahlaki kozalite atfetmektedirler. Onlar, sakramentlerin aksiyonunun fiziki karakteri üzerinde ısrar etmektedirler. Her ne kadar St. Thomas, fiziki kozaliteden bahsetmemiş de olsa, bu yeni bir kelimedir. O da fiziki kozalitenin inayet üzerindeki reel etkisini kabul etmektedir. Hatta o, metinlerin sonuna kadar kozalitede anlamın rolünü aydınlatmaktadır[690]. Bununla beraber, bu metinler ilahiyatçılar arasında canlı tartışmaların daima konusu olmuştur.

Madde ve şekil teorilerinin sakramental uygulanışı, Guillaume d'Auxerre tarafından telkin edilmiştir[691]. Bu konu, Some Théologique'de geliştirilmiştir. 60. soruda[692] o, mevcut olan genel bir analojiyi doğrulamaktadır. Yani sakramentin sözleriyle, eşya arasında ve bedensel formun ve madde arasındaki anlam düzeyindeki analojiyi doğrulamaktadır. Her sakrament konusunda o, bu klasik terminolojiyi benimsemektedir. O, delilinde hylémorphiste doktrini özellikle madde karşısında, formun rolünü kullanmaktadır[693]. O, hızlı şekilde bütün sakramentlere uygulanabilir. Bu onların her birinin tabiatı dikkate alındığı için değil, böyle bir uygulamada hepsinin eşit olmadığı içindir. Böylece, P. Lombard'a karşı, St. Thomas, tövbenin temel kısmı olarak[694] absolution/bağışlanmayı temel unsur olarak kabul etmektedir[695]. Evlenmeye gelince eşlerin rızası maddeyi ve şekli içermektedir[696]. Prensibin uygulanışı, geleneksel verilere saygı için esnek kalmaktadır. O, sadece bu şartlarda meşrudur. Sakramentler, hylémorphique'in diğer ilahiyat sonuçları arasında, aşağılayıcı şekillerin yeni elementlerine işaret edilebilir. Bunların yerini

---

[688] Sum. th. III^a, q.62, a.4.
[689] III^a, q.63, a.3, ad 2; a.4, ad 1; q.69, a.10, q.26, a.1, ad 3.
[690] Sum. th. III^a, q.60, a.8; İbid, q.75, a.7; ad 3; De Un. Verbi İnc. a.5.
[691] Bu Somme th. d'Alexandre de Halès'de bulunmaktadır.
[692] Sum. th. q.60, a.6 (ad 2), a.7, a.8.
[693] İbid, q.60, a.7.
[694] In IV, Sent. D, 1, a.3.
[695] P. Lombard, orada bütün sakramentleri görmektedir. D. Scot, öbür aşırı uçtadır.
[696] In IV. Sent. D. XXVI, q.2.

tamamlayıcı bazı ritüellerin kabulü ve gösterilerde yer almıştır[697]. Şüphesiz bu yenilikleri inkâr edemeyiz. Ancak, Dogmanın cevhersel değişimlerini orada görünceye kadar abartmaya da gerek yoktur. Geleneksel doktrinin yeni sistematizasyonunda yenilikler özellikle mevcuttur.

Bir başka anoloji, tabii hayatın analojisidir. Bu da St. Thomas tarafından-sakramenter doktrini açıklamak ve birçok sakramentleri özellikle doğrulamak için kullanılmıştır.

Tabii hayatında veya cemiyet hayatı karşısında insanın kişisel olarak olgunlaşma ihtiyacı vardır.

a. Şahsen insan yaşamalıdır, onu artırmalıdır ve orada ihtiyacını, sağlığını devam ettirmeli ve sonra tabiatüstü düzende var olan bu ihtiyaçları tesis etmelidir. Bir Hıristiyan için vaftiz, kuvvetlendirme ve Evharistiya diğer yandan tövbe, son yağlama uygundur.

b. Sosyal ilişkiler ağı içinde insan, ister halk gözünde olsun ister yayılma gözüyle olsun olgunlaşmaktadır. Bu çift hedef, manevi alanda, düzene ve evliliğe cevap vermektedir[698]. Özellikle bu sakramentlerin her biriyle ilgili ilahiyat doktrininin detayı açıklanmıştır[699]. Bu açıklama, ister yukarıda verilen genel prensiplerin yardımıyla olsun ister özel prensipler yardımıyla olsun fark etmez. Böylece bunları en açık şekilde görmüş olduk[700].

2. St. Thomas'ın sentezinde kilise, ayrı bir yer tutmaz. Bu konudaki geleneksel eğitim, açık bir reddin konusu olmamıştır. İlahiyatçılar, henüz bu konuyu XIV. yüzyıldaki ve XVI. yüzyıldaki gibi özel bir tarzda etüd etmemişlerdir[701]. Şüphesiz Thomist eserde bu konu eksik değildir.

Özellikle üç noktanın belirtilmesi gerekmektedir:

1. Melek doktor, inkarnasyon eserinde, Mesihi, kilisenin başı olarak incelemektedir[702]. O, orada ondaki inayetin bolluğunu belirtmiştir. O, bunun için kilisenin başındadır: Kilise, onun bedenidir. O, inayete iştirak eden bütün insanların bünyesine almaktadır[703].

---

[697] P. Pourrat, Op. Cit. p.71-74.
[698] Sum. th. III^a, q.65, a.1.
[699] Sum. th.'de Penitence bahsinde.
[700] Comment. t.XVIII, q.83, a.1.
[701] Bu kitabın ileri sayfalarına bakınız.
[702] Sum. th. III^a, q.8, a.1-4.
[703] İbid, a.3.

2. Doktrinel düzeyde o, kilisede tam bir otorite ve yanılmazlık görmektedir[704]. Bu otorite, dogmatik olaylara kadar uzanmaktadır. O, bunu azizlerin kanozisyonunu işlerken göstermektedir[705]. Papanın tam gücü vardır, yeni itizallere karşı gerekli olan sembol formülleri tespit hakkı vardır[706].

3. St. Thomas'ın Kilise-Devlet ilişkileri konusunda fikri, bedenle-ruhun klasik mukayesesinde belirtilmiştir. Sekulier iktidar, manevi iktidara boyun eğmelidir. Tıpkı bedenin, ruha boyun eğdiği gibi... Aynı şeyi St. Grègoire de Nazianze'de Orat. XVII'de söylemektedir[707]. O, kilisenin, inançsız prenslerin otoritesini iptal ve onları aforoz etme yetkisinin olduğunu kabul etmektedir[708]. Hatta bu istisnaların dışında o, net bir şekilde özel amacı nedeniyle kilisenin normal üstünlüğünü doğrulamaktadır: Prensler, papaya bizzat itaat etmek zorundadırlar, İsa'ya itaat ettikleri gibi. Papa, İsa-Mesihin vekilidir[709].

9. Mutluluk-Güzellik

St. Thomas, son amaçlar doktrini konusunu Somme'un sonunda işleyebilmiştir[710]. Fakat eseri boyunca, onun muhtelif unsurlarını vermiştir. Biz burada sadece güzellikle veya güzelliğin yapıcı ve temel eylemiyle ilgili unsurları vermekte yetineceğiz[711]. Bu nokta, Melek doktorun XIII. yüzyıl ilahiyatından ayrıldığı noktadır. Bu, iki büyük yetenek olan akla ve iradeye eşit değerde bir rol atfetmektedir. Bu ilahiyat, Duns Scot ilahiyatında üstün bir yer tutan irade doktrinini ithama yöneliyordu[712]. St. Thomas, bunun aksine güzelliğin, sadece akıl eyleminde olmasa bile Somme'un başında etüd ettiği Allah'ın görünmesinde temel olarak var olduğunu belirtmekkedir[713]. Orada irade eylemi sadece sonuç yoluyla vardır[714]. Fakat Melek doktor, bu kesin formüle ancak yavaş bir evrimle gelmektedir. O, menzilleri takip ederek eğiticidir[715].

---

[704] İbid, IIª-IIae, q.2, a.6, ad 3.
[705] Quodl, IX, a.16.
[706] Sum. th. IIª-IIae, q.1, a.10.
[707] İbid, q.60, a.6, ad 3.
[708] İbid, q.10, a.10, q.12, a.2.
[709] De Regimine Principum, 1, 14.
[710] Bkz: IIIª, Prologus.
[711] Bu eserin önceki sayfalarına bakılmalıdır.
[712] Bu eserin ileri sayfalarına bakılmalıdır.
[713] Sum. th. Iª, q.12.
[714] İbid, Iª-IIae, q.3, a.4.
[715] Bkz: P. Mandonnet, La Nature de La Bèatitude, p.497-505; S. Thomas, Créateur du Quodlibet, Art. de la Rev. Sc. ph, th. 1926, p.477-506.

İlk yazılarından itibaren akıl eylemi, çok büyük bir role sahiptir. Çünkü onda güzelliğin cevheri bulunmaktadır. Fakat irade eylemi, ona formel tamamlayıcılığıyla ortaktır, temeldir[716]. Contra Gentes, mutlak tatmin edici olmaksızın daha açıktır: Güzelliğin özü, irade eyleminden ziyade zekâdadır[717]. St. Thomas, özün görünmezliğini bilmektedir. Fakat o, bu iki eylemin geleneksel paralelliğini devam ettirmek istemektedir. Ancak o, eşitsizliğin farkındadır: Aklın eylemi temeldir[718]. İradenin eylemi eşlik etmektedir[719]. Benzer formüller, 1266 yılının tartışmalarında da bulunmaktadır[720]. Somme Théologique'le bu iki eylemin gerçek kopukluğu karşısında bulunmaktayız: Güzelliğin özünün, irade eyleminde bulunması imkânsızdır. Güzelliğin özü, akıl eyleminde bulunmaktan ibarettir[721]. İradeye, sadece şu zevk ait olmaktadır: Hedefe ulaşmak[722]. Son günlerin özet ilahiyatında, St. Thomas, aynı doktrini muhafaza eder ve şayet imkânı varsa, daha önce reddettiği bir kelimenin en iyi vizyonunu bir anlayış olarak adlandırarak baskın notu daha da artırır[723].

Sonuç olarak St. Thomas, Kilise Babalarını takip eden en büyük ilahiyatçılardan birisidir. Onun hızlı şekilde çizdiğimiz doktrinel sentezi, onun eskilere sistematikleştirerek ilave ettiği açıklamaları göstermektedir.

1. O, gelenek adamıdır. Onu mahfaza etme endişesine sahiptir. O, bu geleneği tedrici zenginleşmeleriyle, Kilise Babalarından özellikle St. Augustin'den almıştır.

2. Dahi yenilikçidir. O, Aristotelisme sayesinde, onu değiştirerek, bir nüfuz doktrin eseri, bir bilinç, kıyas kabul etmez bir emir meydana getirmiştir.

3. Onun orijinalitesi, Hıristiyan düşüncesinin üstadı olarak az değildir. Augustincilerden farklı olarak Allah aşkını, vahyedilmiş sonuçlarını metodla tasnifinden daha üstün tutmuştur. O, ilahiyatçıları kutsal doktrinin entelektüel açıklama yoluna angaje etmiştir[724]. O, kısıtlama olmadan tabii aklın

---

[716] In IV, Sent. D. XLIX, q.1, a.1, Sol.2.
[717] Contra Gentes, III, c.26.
[718] İbid, n.1.
[719] İbid, n.8.
[720] Sur la Beatitude, Editée Par Mandonnet, (Rev. Thom, 1918, p.50-55).
[721] Sum. th. I^a-II^{ae}, q.3, a.4.
[722] İbid, a.4, ad 3.
[723] Comp. th. c.165-166. Burada Comprehensin daha çok apprehension ve vizyon demektir. Şüphesiz burada Compréhension izafidir. St. Thomas Compréhension anlamını reddetmiştir. Quodl, X, a.17. cf. Sum. théol. I^a, q.12, a.7; III^a, q.10, a.1.
[724] cf. p.313.

hukukunu tanımaktadır. Fakat onu, imanın hizmetine kayıtsız şekilde vermektedir.

4. St. Thomas, St. Augustin gibi birçok noktada oldukça moderndir[725]. Onun gerçek alanı, ilahiyat öğretimidir. O, mükemmel bir üstaddır. O, etüdler rehberidir. S.S. Pie X'in ifadesine göre, o, yüzyıllardan beri geleneğin yüce yankısı, okul meleği Dominicain doktor diye adlandırılmaktadır[726].

---

[725] İkinci cilde bakılmalıdır.
[726] Encycl. Studiorum Ducem, 29 Haziran 1923.

ONBİRİNCİ BÖLÜM
VIII. YÜZYILDA THOMİSME KARŞISINDAKİ İLÂHİYATÇILAR

I. THOMİSME'E MUHALEFET[1]

St. Thomas'ın doktrini, oldukça yeniydi. Hatta ilahiyatın görünen temel noktaları üzerinde bile yeniydi. Bunun için önce, birtakım mukavemetlerle karşılaşmamıştır. Ancak 1270 yılından sonra, bazı sekulier üstadlar, onun doktrinini, Siger de Brabant'nın doktriniyle birlikte mahkûm etmeyi denemişlerdir. Bu konuda, 1277 yılında başarılı da olmuşlardır: 219 öneri üzerindeki[2] açıklamaların çoğu, İbni Rüşdçüydü. Paris piskoposu Etienne Tempier (7 Mart) tarafından bunların yirmi kadarı bulunmuştu. Bunlar, Thomist felsefenin önerileriydi[3]. Birkaç gün sonra 18 Mart 1277'de Oxford'a Cantorbéry arşeveki R. Kilwardby, otuz kadar öneriyi ortaya çıkarmıştı. Bunların arasında birkaçı Thomist önerilerdi ki bunlar özellikle şekiller birliğiyle veya genel olarak bedenlerin kompozisyonuyla ilgiliydiler[4]. Kilwardby, halefi olan John Peckam'ı mahkûm etmekte tereddüt etmemişti. Peckam, Fransiskendi. O, da aynı sertlikle, Kilwardby'e yanıt vermişti[5]. O, bizzat St. Bonaventure tarzında oldukça Augustinciydi ve zaten Paris'te St. Thomas'ya da mukavemet göstermişti[6]. 1284 yılında (29 Ekim) selefinin eylemini açık şekilde doğrulamış ve iki yıl sonra, 30 Nisan 1286 yılında, sekiz Thomist öneriye yeni mahkûmiyetler getirmiş ve hatta cevhersel birlik şeklinin birliği tezine, itizal muamelesi yapmaya kadar gitmiştir[7].

---

[1] P. Mandonnet, Siger de Brabant, Fribourg, 1899; P. Glorieux, Les Prémieres Polemiques Thomistes, 1. Le Correctorium Corruptori, Quare, Kâin, 1927; Fr. Ehrle, Der Augustinismus und Aristotelismus Gegen Ende Des 13 Jahr, Dans Arch. f. Litteratur u. Kircheng, 1889, p.603-635; L'Augustinisme e l'Aristotelismo nella Scol. Del. S.XIII, Dans Xenia Thom. III, (1925), p.517588, E. Portalié, Augustinisme, Dans Dict. Théol. Col. 2506-2514; A. D'Alés, Le Thomisme, Dans Dict. Ap. Col. 1675-1680.

[2] cf. Mandonnet, Op. Cit. Texte Chart. Univ. Par. 1, 544.

[3] Prop. 34, 77; Prop. 27, 81, 96, 97; Prop. 205-218, 219; Prop. 124, 125.

[4] Denifle, Chartul, 1, 558-559; Yine bu kitabın ikinci cildine bakınız.

[5] P. Gloneux, Comment les Thèses Thomistes Jurent Proscrites á Oxford, Dans Rev. Thom. 1927, p.259-291.

[6] O, 1285'de Lincoln piskoposuna da yazmıştı. Chart. Univ. Par. 1, p.634.

[7] O, bu doktrine karşı çıkmıştı. Hatta Frères Prècheurs'lerin yenilik ruhuna da karşıydı.

Hakikatte bu açık tezahürler, ilâhiyat okullarındaki iki tarikat arasındaki (Fransiskenler, Dominikenler) savaş olayından başka bir şey değildi. Fransiskenler, St. Thomas'ın yazdıklarını itiyadla okuyorlardı. 1278 yılına doğru, Guillaume de la Mare[8], düzeltme kataloğunu ortaya koymuştu. Bu Correctorium'du. Bunu Dominikenler, Corruptorium olarak vasıflandırdılar. Somme Théologique'de ve Sentences'in birinci kitabında tartışılan problemler, 118 veya 123 maddeyi düzeltmiş olarak göstermektedir[9]. Bunlar, tezler üzerinde olsun yanlış terimler üzerinde olsun gösterilmiştir. Şekil birliği özellikle yoktur. Fakat birçok nokta, acımasızca gösterilmiştir. Burada Peckam, Lincoln'a yazdığı meşhur mektubunda Peckam buna işarette bulunmuştur[10]. Guillaume'un insiyatifi çok başarılı olmuştur. 1282'de Strasbourg'da toplanan tarikatın genel bölümü, düzeltmesini talebelere NOTABİLİTER İNTELLİGEN olarak empoze etmişti. Özellikle zeki öğrencilere Somme'u okumalarına izin verilmişti: Yani, zehre karşı zehir verilecekti. Bu eser, Précheurs'lerin sert mukabelesini doğurmuştu[11]. Ancak bu eser Fransiskenlerin biricik hücum vasıtası değildi. Bunun yankısı bu dönemde yazılan birçok eserde olmuştu[12]. Strasbourg genel toplantısının eylemi, oldukça önemliydi. Böylece Fransisken tarikatı kesin bir doktrinel pozisyon almıştı. Bu sadece, St. Thomas'ın çizdiği yolda yürümeyi değil, onun felsefesine ve metoduna karşı da doğrudan bir muhalefeti teşkil ediyordu[13]. Fransisken tarikatının XIII. yüzyıldan beri düşüncesiyle bütünleşen ilahiyatçısı DUNS SCOT'du. Bu konuda ileride bilgi verilecektir.

1323 yılında, St. Thomas'ın Kilise Doktoru ve aziz ilan edilmesiyle onun doktrinine karşı ilk büyük saldırının da sonu oldu. E. Templier'nin eylemi, çoğu zaman melek doktorun hasımlarından mülhemdi. O, 1324 yılında Templier'nin halefi olan Etienne de Bourret tarafından geri çekilmişti. Fransisken okulu yolunda sabit olarak istikametini muhafaza ediyordu. Bunun karşısında, Dominicain okul, önce mütereddit davranmış, sonra kesin tavır alarak birçok sekulier veya başka ilahiyat üyelerine katılmıştı. Fakat bunların

---

[8] Bu kitabın ikinci cildine bakınız.
[9] P. Gloneux tarafından neşredilen reddiyenin muhteviyatında bunlar vardır. A. Alès, op. Cit. 1678-1679.
[10] Chart. U, Par. 1, 634.
[11] Bu kitabın ileri sayfalarına bakınız.
[12] P. Glorieux, Op. Cit. Dans Rev. th. 1927, p.286-287.
[13] Bu kitabın ilk kısımlarına bakınız.

yanında yine birkaç daha bağımsız düşünüre de işaret etmek gerekecektir. Bunlar herhangi bir okula bağlanmayı reddediyorlardı.

II. DOMİNİCAİN TARİKATI VE THOMİSME[14]

1. Oldukça hızlı şekilde Dominiken Tarikatı, Thomisme'in lehine gelişmişti. Şüphesiz Melek doktorun yenilikleri, başka metodlarla eğitilmiş olan birçok üstadı şaşırtmıştı. Ancak hepsi İngiltere'deki Kilwardby kadar bir açıklama yapmamışlardı. Fakat bu konudaki heyecan Paris'te Saint Jaques'da çok fazlaydı. Bunun için seksenlik Albert le Grand, onları teskin etmeye gelmişti. Dominiken Tarikatının genel toplantısı, 1278'den itibaren çok elverişli kararlar almıştı. 1278'de Milan'da Kilwardby'e ve İngiltere'deki taraftarlarına ve Paris'te (1279, 1286) ki Thomisme'in aldığı pozisyonu tehdit edenlere karşı tavır alınmıştı. Yine Saragosse'da (1309), üstadlara ve okuyuculara St. Thomas'ın doktrini empoze edilmiş ve onun doktrini, Dominicain ilahiyatçıların doktrini, birkaç istisnayla onların doktrini olmuştur.

Bu oldukça net olan aksiyonun yanında, St. Thomas'ın savunucularına da işaret etmek gerekecektir. Bunların eserleri de oldukça meşhurdu: En meşhuru CORRECTOİRE/Düzeltici, sahte Corruptorium'a karşı yazılmıştı. Bu Guillaume de la Mare'ındı. Bu tip yazıların dört tipi vardı[15]: Bunların en tamı Correctorium Corruptorii Quare idi[16]. Bunun tarihi, 1282-1286 yıllarını taşımakla ve İngiltere'de yazıldığını göstermektedir. Muhtemelen bu eser, Richard Clapwell tarafından yazılmıştır[17]. Paris'te Jean Quidort, O.P. ilahiyat üstadı olarak, bu konuda bir başka eser yazmıştı ancak bitirememişti[18].

Genelde tartışılan konular, felsefi veya ilahiyat konularıydı. Bu konuların arasında, güzellik vizyonu ile Mesihin ve havarilerin uyguladıkları fakirlik problemiyle ilgili olan tezler vardı. Bu doğrudan savunmacı eserlere,

---

[14] P. Mandonnet, Premiers Traveaux de Polémique Thomiste, Dans Rev. sc. Phil. th. 1923, p.48-70, 245-262; Frères Prêcheurs, Dans dict. Théol. Col. 886-897; M. Grabmann, De Summae D. Thom. A. Théologiae Studio in O. Fr. Praedicatorum Jam. Saec. XIII ve XIV Vigente, Dans Miscellanea Dominicana, Rome, 1923; A. Bacic, Ex Primordiis Scholae Thomisticae, Rome, 1928.
[15] Quare, Sciendum, Cirar, Questini.
[16] P. Glorieux, Le Correctorium Corruptorii Quare, Kâin, 1927.
[17] P. Glorieux, İbid, İntroduction, et Rev. th. 1927, p.282-291.
[18] M. Grabmann, Le "Corr. Corrapt." du Dominicain Johannes Quidort de Paris, Dans Rev. Néo. Scol, 1912, p.404-418; Jean Quidort (Dormiens) (1306); P.M. Schaff, Jean Quidort Dans Dictionnaire Théol. Col. 840-841; F. Lajard, Dans Hist. Litt le Fr, t.XXV, p.244-266; Bu kitabın ileriki sayfalarına bakınız.

Thomisme'in doktrinini inkâr eden birtakım özel eserler de ilave edebiliriz. Bunların ilki Gilles de Lessine'nin "şekil birliği" üzerine[19], Kilwardby'ye karşı yazdığı eserdi. Bu eser, XIII. yüzyılın sonunda oldukça bol olan edebiyatın arasında birinci planda yer almıştır. Ayrıca diğer Thomiste doktrinlerle de ilgili tartışmalar olmuştur: De İmmediata Visione Dei, De Differentia Esse et Essentie, De Eternitate Mundi, De İntellectuet Voluntate[20].

St. Thomas'nın ilk talebelerinin arasında Jean Quidort ve Gilles De Lessines'nin dışında birkaç talebesini daha zikredeceğiz:

a. Bernard de la Treille (1240-1292): Nimois kökenlidir, Paris'te Saint-Jaques'da üstaddır. İlk dönemden beri Thomisttir. O, özün ve varlığın reel ayrımını ve bilgi doktrinini derinleştirmiştir. O, felsefi eserlerin dışında, İncilin farklı açıklamalarıyla ilgili farklı eserler bırakmıştır.

b. Ptolémé De Lucques (1245-1327)[21]: Naples'da St. Thomas'ın dinleyicisidir. St. Thomas'ın eserlerinin bir listesini yapmış, onlara notlar düşmüştür. Bkz: Histoire Ecclesiastique (1. XXII, c.20-25, 29). Yine Annales'ı, XIV. yüzyılın başında kompoze etmiştir. O, Thomist doktrini, Hexaéméron üzerinde onun felsefi ve ilahiyat eserlerini takip etmiştir. O, De Regimine Principum'u tamamlamıştır. Avignon'daki papalık sarayında birçok yıl kaldıktan sonra Ptolémée, Torcello piskoposu olmuştur (1318). Bu şehir Viyana yakınlarındadır.

c. Hugues De Billon (+1298): Ostie piskoposudur. Çok farklı Thomist doktrini savunan eserler yazmıştır. Muhtemelen bir CONTRA CORRUPTORUM THOME yazmıştır. Fakat bu yayımlanmamıştır.

d. Guillaume De Hozun (+1297): Dublin arşevekidir. Birçok yayımlanmamış eserinde saf Thomisme'i savunmuştur.

2. Dominicainler içinde Yeni-Eflatuncular olarak adlandırılanlar, oldukça önemli bir grup oluşturmaktadırlar. Bunlar, St. Thomas'ınkinden başka bir yol tutmaktadırlar. Bu, özellikle, felsefede olmuştur. Daha çok Albert le Grandd'a[22] olsada, Guillaume De Moerbek'e (+1286) bağlanmaktadır. Bunlar, XIII. Yüzyılda, Yeni-Eflatuncular olarak geçmektedirler[23]. Hellenist bilgin, Conith arşeveki (1278'den beri) Guillaume, Batıda çok sayıda Grek eser

---

[19] Albert Le Grand'ın eski dostu. Gilles de Lessines, S. Thomas için birçok eser yazmıştır.
[20] M. De Wulf, Hist. Phil. Mèd. II, p.43.
[21] cf. P. Mandonnet, Ecrit Auth, p.55; E. Janssens, Op. Cit. (Önceki sayfalarda zikredilmiştir).
[22] Bu kitabın Albert le Grand ile ilgili bölümüne bakınız.
[23] M. De Wulf, Hist. De la ph. mèd, II, p.110-111.

tanıtmıştır. Bunu sadece Aristo için değil, diğer yazarlar için de yapmıştır. Meselâ, özellikle 1268 yılında PROCİUS'un ELEMENTATİO THEOLOGİCA'yı[24] ve bundan üç ay sonra da risalelerini tercüme etmiştir. Öyle görünüyor ki Yeni-Eflatunculuk derin bir sempatiye sahip olmuştur ve o, onu başkalarına da aktarmıştır.

XIII. yüzyılda Guillaume ve Albert'den sonra Yeni-Eflatuncu temayülde olanlar şunlardır:

a. Hugues Ripelin de Strasbourâg (+1268): Bu adam, orta çağın en iyi ilahiyat el kitabı yazan yazarıdıâr. Meselâ, 1265 yılına doğru Compendium Theologicae Veritatis'i yazmıştır[25].

b. Ulric De Strasbourg (+1277)[26] : Ondan yayımlanmamış büyük bir Summa de Bono kalmıştır. O, bu kitabı LİBER DE CAUSİS'den birçok Yeni-Eflatuncu eserlerden ilham alarak yazmıştır.

c. Thierry De Fribourg[27]: Bu adam, 1250 yılına doğru doğmuş, 1297'de Paris'te üstaddır, bilimsel birçok eser yazmıştır. Bu eserlerin çoğu felsefi ve mistik eserlerdir. Onun Eflatunculuğu çok itham edilmiş ve onun spritüal doktrinin, Eckart'ın ki ile benzerliği de belirtilmiştir.

Bu eserlerin yanında, St. Thomas'ın çağdaşı olan Dominicain edebiyatta, oldukça önemli eserler buluyoruz ki bunlar filozofik ekolün dışında kalmışlardır[28].

Bunlardan bazıları oldukça dikkat çekicidir. Bunların çoğu Apolojetik düzeydedir, Cathare'lara ve Vandois'lılara karşı yazılmışlardır. Yahudilere karşı da (Pugio Fidei-1278) olanlar vardı. Raymond Martin de 1256-1257 yılında bir başka **Cathéchisme** yazmıştır. Bu, St. Thomas'ın şifahi risalelerine benzerlik göstermektedir[29]. Diğer bir kitabı olan **"Somme Le Roi"** 1277 yılında Dominicain Philippe le Hardi tarafından yazılmıştır.

Diğer bir pratik ahlak kitabını da Raymond De Pannafort (+1275), Summa de Paenitentia (1235'den önce)'sında bırakmıştır. Ancak bu eserin tesiri,

---

[24] Bu konuda bu eserin önceki sayfalarına bakınız. Proclus'un bu eseri XIV. yüzyılın başında Dominicain, Berthold ve Mosburg tarafından şerh edilmiştir.
[25] cf. P. Mandonnet, Ecrits Auth. De S. th. d'aq, p.86.
[26] G. Théry, Dans Rev. Thom, 1922, p.376-397.
[27] cf. M. De. Wulf, Hist. De la ph. Mèd, II, p.113-117.
[28] P. Mandonnet. Frères Précheurs, Dans Dict. Théol. Col. 902-905.
[29] Bu kitabın önceki sayfalarına bakınız.

oldukça önemli olmuştur[30]. Daha sonra Jean De Fribourg (+1314), mükemmel bir "Summa Confessorum" yazmıştır. Diğer yazarlar da vaaz teorileri ve bu konuda model koleksiyonları yapıyorlardı[31]. Aynı amaçla azizlerin hayatları kaleme alınmıştı. Bunların en meşhurunu 1260 yılına doğru LEGENDA SANCTORUM'un yazarı olan Jaques de Voragine yazmıştı[32]. Onun bu eseri, oldukça başarılı olmuştu ve "Legende Dorée"=Altın Efsane olarak kabul edilmişti. Eğitim konusunda da eserler yazılmıştır. Meselâ, De Modo Decendi Pueros-1265 bunlardan birisidir. Yine prenseslerin eğitimi ve devletlerin yönetimi konusunda, De Regno'da ve De Eruditione Principum St. Thomas'ya atfedilmiştir. Daha çok St. Thomas'ın çalışma arkadaşı olan Vincent De Beduvais (1264) geniş ansiklopedi olan GRAND MİROİR (Speculcem Majus)[33]'ın yazarıdır. Bu kitapta orta çağdaki tabiatın özet doğuşu ve onun mistik özlemleri harika bir şekilde yansımaktadır.

III. XIII. ASRIN DİĞER İLAHİYATÇILARI[34]

1. Thomisme, çok hızlı şekilde Dominicain tarikatının dışında diğer dini tarikatlara çok hızlı şekilde nüfuz etmiştir. XIII. asırdan beri Thomisme'i, Cistercien Humbert De Brouilly (+1298)[35] benimsemişti. O, farklı felsefi tefsirler ve vaazlar bırakmıştı (Ancak yayımlanmadı). Diğer yandan Carme tarikatı mensubu Gérard De Bologne (+1317)'de bir **Théologia Summa** yazmıştır ve St. Thomas'yı kopyalamıştır. Augustincilerden Gilles De Rome (1247-1316), tarikatın gelecekte başkanı olacak olan bu adam daha sonra Bourges arşeveki olacaktır. Diğer yandan Jaques De Viterbe (1307)'de, 1293'de Paris'te üstaddı ve 1302 yılında da Bénévent arşevekiydi. Ancak Gilles'in kişiliği, doktrinel açıdan çok itham edilmiştir.

Gilles de Rome[36] (Aegidius Colonna), St. Augustin Ermitlerinin ilk üstadı olmuştur. Onların tarikatına gençken girmiştir. O zaman yaşı 21 idi. O, bu yaşta Paris'e, St. Thomas'ın derslerini dinlemek üzere 1269'dan 1272 yılına

---

[30] A. Teataert, "La Summa de Paenitentia" de S. Raym. De P. Dans Ephem. th. lov. 1918, p.49-72.
[31] Lecoy De La Marche, La Chaire Francaise au Moyen-Age, Paris, 1886.
[32] 1298 yılında Gênes Arşeveki olarak öldü.
[33] Bu kitap 4 kısımdır: 1. Speculum, 2. Naturelle, 3. Doctrinale, 3. Morale, 4. Historide.
[34] P. Feret, La Faculté de th. De Paris, t.II ve III. Passim. H. Hurter, Nomenclator Lit. T.II, Passim.
[35] Hist. Litt de la France, t.XXI, (1847), p.86-90.
[36] N. Gavardi, O.S.A. Scholo Aegidiana, Naples, 1683-1690; Ossimger, Bibliotheca Augustiniana, İngolstad, 1768, p.237-250; Lajard, Gilles de R. Dans Hist. litt. de Fr. t.30, p.421-550; N. Mattioli, Studio Crit, S. Aegidio R. Rome, 1896; Werner, Der Augustinismus d. Spateren Mittelalters, Viyana, 1883; N. Merlin, Gilles de Rome, Dans Dict. Théol. Col. 1358-1365.

kadar gönderilmişti. St. Thomas'ın öğretimine, ondan ayrıldıktan sonra da bağlanmıştı. 1277 yılında basit bir bakalorya öğrencisiyken E. Tempier kararlarına karşı söyleminden dolayı üniversiteden uzaklaştırılmış ve eğitimine 1285 yılına kadar ara vermişti. Bu tarihe doğru Philippe le Hardi'nin talebi üzerine onun oğlunun eğitimi için yani geleceğin Philippe IV Bel için[37] meşhur eseri olan DE REGİMİNE PRİNCİPUM'u yazmıştı[38]. O, bu kitapta prensin kişi olarak, aile reisi olarak, prens olarak vazifelerini açıklamaktadır. O, onun tarikatı konusunda zaten belli bir görüşü vardı ve 1287 yılındaki genel kurulda onun görüşlerini Augustin Ermitlerine empoze etmişti[39]. Böylece genç üstad, 1292'de süper general olarak tarikata atanmıştır. Böylece o, etüdlerini Ermit tarikatında uygulamıştı. İtalyan kökenli olmasına rağmen 1296 yılında Papanın ve prensin güvenini kazanmıştı. Bourges Arşeveki olmak o dönemde oldukça önemliydi. Krallığın onu himayesi, papalığın menfaatlerini savunmak için üç kitap yazmasına engel teşkil etmedi. Bu kitap DE ECCLESİASTİCA Potestate'dı[40].

Zikredilen iki kitap, Gilles'in edebi aktivitesini temsil etmekten uzaktı[41]. Ancak önemliydi. Ondan yayımlanmış veya manuskri olarak felsefi eserler Aristo'nun şerhleri ve muhtelif eserler kalmıştır. Onun piskopos olarak aksiyonu hakkında her şeyden önce, Philippe Bel'in krallık iddialarına karşı direnişiyle, Jean Quidort'un[42] Evharistik teorisine müdahalesini belirtelim. Yine o, Viyana konsiline katılarak Templier'lilere karşı çıkmıştı. Gilles Avignon'da papalık sarayında 22 Aralık 1316 yılında da ölmüştü.

Onun en karakteristik felsefi unsurlarını ele aldığımızda Gilles'in doktrini, talebeleri tarafından benimsenmiştir. Bunlar, ECOLE EGİDİENNE ismi altında toplanmışlardır. Bunlar mütereddit-samimi bir Thomisttiler. Kurucu doktor, üstadı St. Thomas'ın düşüncesini uygun hale getirmeyi denemişti. Bunlar, St. Augustin'in fikirleriydi: O, birinci tarafından gerçekleştirilen felsefi sentezin gücünü kesmeye varmanın faydasına da inanmıştı. Böylece o, yapının birçok taşlarını, tereddütsüz geri çekmişti. 1285 yılına doğru masteri

---

37 O, tahta 1285 yılında çıkmıştı. 1314 yılında ölmüştü.
38 O, Aristo'dan ve St. Thomas'nın De Regno'sundan ilham almıştır.
39 Analecta Augustiniana, t.III, p.275.
40 ch. Jourdain, Un Ouv. İnédit de Gilles de R. En Faveur de la Papanté, 1858.
41 Eserlerin listesi Dans M. Merlin, Op. Cit.
42 cf. Dict. th. Art. Evharistic, Col. 1309.

elde etmiş ve cevhersel birlik şekli problemi hakkında görüşünü belirtmişti. 1277 yılında bu fikrini, St. Thomas'yı Tempier piskoposuna karşı savunduğunda ortaya koymuştu[43]. Daha sonra bu birinci terke, başkaları da ilave olmuşlardır. Seminal nedenlere dönüş, aktif zekânın ve hasta zekânın tanımlanması vs. gibi konular. Birtakım özel teolojik tezler, Gilles'ın bağımsızlığını itham ediyorlardı: Ruh, özünden daha çok yetenekleriyle Allah'ın benzeridir. Allah vardır önerisi, per senota mükemmeller için olabilir. İlim ve hikmetin bilgisi ilahiyatın pratik ve sevgi karakteriyle manevi bilgiden ayrıdır[44]. Bu tavizler, yapıcı bir dehadan çok zayıf ruha isnat edilebilir[45]. Belki de bu hüküm biraz serttir. Gilles, iki büyük doktorun uyumunu biraz dar tasarlamakta haksızdır.

2. XIII. yüzyılın sonunun sekuliyer ilahiyatçıları arasında da kararlı Thomistleri bulmaktayız:

a. Pierre D'Auvergne, bunlardan birisidir.

b. Henri de Gand.

3. Godefroid de Fontaines.

Bunlardan Henri de Gand ve Godefroid ilahiyatı etkileyen iki isimdir:

a. **Henri de Gand**[46]: 1276'da Brages Arşevekidir, 1279'da Tournai'de Arşevekidir. 1277'de Paris'te üstaddır. Ölünceye kadar (21 Haziran 1293), Paris'te büyük tesir icra etmiştir. Özellikle o, XV. Quodlibetsleriyle ve bir Summa Theologicalarıyla tanınmıştır. Ancak bu kitabın sadece girişinde, Allah üzerine ilk eserini yazmıştır[47]. Onun tarihi önemi, savunmasını bildiği kişisel doktrinler serisinden kaynaklanmaktadır. Ancak yine de o, başarılı olamamıştır. Skolastik repertoire'da, devamlı gelen tercih edilmiş birkaç probleme bağlıdır. O, onları metafizik ve psikolojden almaktadır. Bunun için o, bir Augustinci olarak bilinmektedir. Aslında o, daha çok bir eklektik bir peripatesiyendir. O, eski skolastiklere rağbette olan bir teori blokunu, tekrar almakta, onlara özel bir şekil vermekte ve onları skolastiğine adapte etmekteydi. Bazı Thomist teoriler onu ciddi şekilde etkilemişti. Meselâ, "şekiller birliği" gibi...

---

[43] P. Mandonnet, la Carriere Scolaire de Gilles de Rome (1276-1291), Dans Rev. Sc. Phil. th. 1910, p.480-499.
[44] Özellikle bkz: Werner, Op. Cit.
[45] M. De Wulf, Hist. Phil. Mèd. II, p.61.
[46] M. De Wulf, Etudes Sur Henri de Gand, Louvain, 1895, Hist. de la Phil. en Belgique, Bruxelles, 1910, p.80-116; J. Forget, Henri de Gand, dans Dict. Théol. Col. 2191-2194.
[47] Yine ona Liber de Scriptoribus İllustribus atfedilmektedir. Forget, (Op. Cit.)

Tabii ki o,Dominicain üstadının bütün görüşlerine katılmıyordu. St. Thomas'ya karşı yöneltilen entrikalarda pozisyon almadı[48]. O, St. Thomas'dan felsefede birçok noktada ayrılmaktaydı: Meselâ, Ab Aeterno yaratılışının-nimkânsızlığı, bireyselleşme oluşumlarındaki çoğulcu var oluşlar, Corporèite şekli, bilgi teorisi, volontrarisme gibi konularda ayrı düşünmektedir. O, iradenin akıl ve diğer yetenekleri üzerindeki mutlak yüksekliğini geliştiren ilk kişiydi. Bunu Don Scot, ondan ödünç alacaktır[49]. Henri de Gand felsefeyle-ilahiyat ilişkilerini St. Thomas gibi tasarlamaktadır. Fakat onun Allah'ın sıfatları konusunda oldukça kişisel görüşleri de vardır. Augustincilerle beraber o exemplarisme'e özel bir önem atfetmektedir.

b. Godefroid de Fontaines[50] (+1306): Liège'de, Fontaines'de doğmuştu. 1286 yılında Paris'te üstaddır. XIV Quodlibets bırakmıştır. Bunlar, katı ve orijinal bir ruh yansıtmaktadır. Döneminin bütün ilahiyatçıları gibi o da, Dogmalarla, ahlakla, felsefe ve hukukla meşgul olmaktadı. Enerjiyle o, Thomisme'in mahkûmiyetine karşı tavır almıştır. "Dominicainlerin kararlı hasmı, kilise alanı konusunda filozof Thomas'ın muhteşem bir övgüsünü yapmıştır." Fakat Godefroid'ın Thomisme'i farklıdır: Bu farklılık önce anayasal olmayan problemler üzerinde özel çözümler serisiyle olmuştur. Daha sonra, çağdaş üstadlar olan Gilles de Rome'a, Jacques de Viterbe, Thomas Sutton'a ve özellikle Henri de Gund'a karşı yetenek görüşünde savaşçı tavrıyla olmuştur. En son da skolastiğe, Thomas tarafından sokulan yenilikler konusunda tereddütlerle ve itiyadlarla bu tavır kendini göstermiştir[51]. Onun özel doktrinleri, sırayla eleştirilmişlerdir. Özellikle bu eleştirileri Bernard 'Avuvegne yapmıştır[52].

---

[48] M. De Wuluf, Hist. Phil. Mèd, II, p.55-56.
[49] Bu kitabın Don Scot bölümüne bakınız.
[50] M. Wulf, Etudes Sur. G. de Fontaines, Louvain, 1904; Felzer, G. de F. Dans rev. Néo-Scol, 1913, p.365-389, 491-532; Féret, Op. Cit. III, p.215-220; Lajard, Hist. Litt. de France, t.21, p.550-556.
[51] İbid, p.54.
[52] Bu kitabın ileri sayfalarına bakınız.

ONİKİNCİ BÖLÜM
JEAN DUNS SCOT[1]

I. HAYATI VE ESERLERİ

Fransisken ailesinin gelecekte doktoru olacak olan Duns Scot, St. Thomas gibi münhasıran kendisini eğitime hasredecektir. Ancak hayatı, Melek Doktordan daha kısa olmuştur. 1274'de Ecosse'da, Duns'da doğmuşa benzemektedir. Ancak onun hayatı hakkında fazla bilgiye sahip değiliz[2]. Duns Scot, genç yaşta Fransiscain tarikatına girmiş ve tahsilini Oxford'da yapmıştır. Orada çok canlı bir tesire maruz kalmıştır. Yaşadığı çevre, ruhuna nüfuz etmiştir. Ancak buna reaksiyon kabiliyeti de vardı. Orada tarikatının ailevi ilahiyatını, sistematize etmiştir. Bunu Thomist yeniliklere karşı yapmıştır. Bunu yaparken birçok Aristotelesçi donneleri de kullanmamıştır. Önce, Oxford'da sonra da Paris'te hocalık yapmıştır. 1302 yılına doğru onu Paris'te görüyoruz. Onun Paris'teki ilk ikametinin 1293-1296 yıllarında olduğunu biliyoruz. 1302 yılından sonra ikinci masterini almış ve Paris'te 1307 yılına kadar kalmıştır. Duns Scot, Meryem'in lekesiz hamileliği konusunda açık tavır almıştır. Bu meşhur "actus sorbonicus" efsanesine yol açmıştır. Orada o, 200 delile cevap verecektir ve Paris'teki doktorların tamamını kazanacaktır[3]. 1307 yılında Cologne'a gönderilmiştir. Orada parlak şekilde ders vermiştir. Fakat 8 Kasım 1308'de aniden vefat etmişti. O, farklı çevrelerde, kutsal kabul edilmiştir[4].

---

[1] Opera Omnia, Lyon, 1639, 12. cilt, Capitalia Opera, Le Havre, 1908-1911; P. De Martigné, Le Scol et Les Trad. Francise, Paris, 1888; A. Pelzer, Le premier livre des Reportata, Par, Dans Ann. İns. Sup. Phil, Louvain, 1923, p.449-491; P. Minges, 1st. D. Scotus İmdeterminist? Munich, 1905, Die Gnadenlehre, Munster, 1906; B. Landry, La Phil. de D. Scot, Paris, 1922; A. Vacant, Essai Sur la ph. de D. Scot, Comparée a celle de S. Thomas, Paris, 1891; Pelster, S.J. Dans Franz. Studien, 1923; E. Longpré, Dans France Francisc, 1928; J. Klein, Der Gottesbegriff des J.D. Sc. Pederborn, 1913; P. Raymond, Dans Etudes Fr. 1909; Z. Van De Woestyne, Cursus Philosophicus, Malines, 1921; M. De Wulf, Hist. ph. Méd. II, 1925.

[2] Bazıları onun 1266 yılında doğduğunu söylemektedirler. Duns'da doğduğu için Duns ismini almıştır.

[3] X. Le Bachelet, İmmac. Concept. Dans dict. th. Col.1076.

[4] P. Raymond, Op. Cid. Col. 1866.

Duns Scot'un edebi mirası, tam olarak tespit edilmemiştir. Son eleştirilere göre, onun çalışmaları oldukça azaltılmıştır[5]. Onun özellikle felsefi eserlerinin birçoğu, başka ellere geçmiştir. Meselâ, Aristo'nun Phisique, Metaphisique[6], Logique, De l'Âme eserleri üzerindeki şerhleri böyledir. Hatta Speculatif Gramaire'den, De Rexum Principis'den[7], Théorémes[8]lerden, Conclusions Metaphisiques'den ve De Perfectione Statum[9]dan sarfı nazar edebiliriz.

Bu durumda, Scot'a saf felsefede Questions Metaphisiques[10], De Primo Principio, Architecture Mathématique ve Yüce Mistik Uçuşlar kalmaktadır. Bu eser, mükemmel bir Allah'ı murakabe ve St. Anselme'in tefekkürlerinin şifahi bir türüdür. Bu kitap, çok yüksek şifahi bir inayet altında kompoze edilmiştir[11]. Duns Scot'un temel eseri, Oxford'da yazdığı Sentences'lar şerhidir. Ona Opus Oxoniens unvanı bundan ve Paris'teki derslerinin meyvesinden (opus Parisiense) dolayı verilmektedir. Aslında Opus Parisiense, önceki tefsirin bir özetidir[12]. Aslında bu iki eser, Duns Scot'un şerefi için yeterlidir. Ancak buraya mevsukiyeti açık olan iki problemi de ilave etmeliyiz: **Collationes Parisiense'i** ve **Quodlibets'i** [13].

Opus Oxoniens[14], Duns Scot'un temel eseridir. Bu kitap, bir nevi onun okulunun el kitabı olmuştur. Bu eser, Sentences'ların bir tefsiridir. Bütün benzer eserleri takip ederek konu düzeni, P. Lombard'ın kitaplarındaki düzendir. Ancak kişisel tarzda düşünceyi geliştirerek o, bunu yazmıştır. Bu eserin özelliklerinden birisi, çok sık şekilde felsefi tartışmalara müracaat etmesidir. Duns Scot, böyle bir yöne halet-i ruhiyesinin eğilimiyle ve Oxford üniversitesinin gelenekleriyle gelmiştir. O, ilahiyat problemleri konusunda uzun felsefi parantezler açmaktadır[15]. Bu noktaya diğer doktorlarda gizlice dokunmaktadırlar. Duns Scot, bu konuya gönül rahatlığıyla yaklaşmaktadır. Tabii

---

5   Bkz: E. Longré, op. Cit. p.16.
6   T. I-IV, Wadding.
7   Bu konuda Antoine Andre'nin metinsel şerhine bakılmalıdır.
8   Bkz: E. Longré, op. Cit. p.22-29.
9   İbid, p.29-51.
10 İbid, p.20-22.
11 E. Longré, Op. Cit. p.17-18.
12 Pelster, Oxoniense'nin, Paris'teki eserden daha sonra olduğunu belirtmektedir.
13 Bu konu oldukça tartışmalıdır.
14 Questiones in Libros IV Sententiarum, Opera Omnia, t. V-X.
15 1. l, dist. III, bkz: P. Raymond, Op. Cit. Col. 1870.

ki metod sıkıntılıdır, birlikten uzaktır[16]. Bu tefsirlerdeki diğer ayırdedici bir karakter de Duns Scot'un itham edilen eleştirel bir rol almasıdır... İçinde bulunduğu şartlar onu, bu istikamete sürüklemektedir. En meşhur doktorlar ölmüşlerdi veya ölmek üzere idiler. Onların fikirleri, dikkate alınmaya değiyordu ve yeni doktor, formasyonunu tamamlamadan önce, onların duygularını öğrenme zaruretindeydi. İşte onun açıklamaya başlama alışkanlığı, bu kanaatleri temelde inceleme alışkanlığı ve ona yanlış gelen veya keyfi gelen şeyleri eleştirme zarureti bundan kaynaklanmaktadır[17]. Zaten o, söylemek gerekirse polemik için konuşmuyordu, onun hedefi, yeni bir sentez inşa etmekti. O, bu konuda bunu tamamlamaktaydı: Onun felsefesinin başka bir amacı da yoktu.

REPORTATA PARİSİENSA[18] (Opus Parisiense); Duns Scot tarafından yapılan SENTENCES'ların bir diğer tefsiridir. Muhtemelen bu eser, Oxford'un büyük eserinden sonra, 1302 yılından itibaren yazılmış olmalıdır[19]. Duns Scot'un bizzat metnine sahip değiliz, basit bir bildirisine sahibiz. Ancak bunu yazar gözden geçirmiş değildir. En azından birinci kitabı[20]... Üstelik III. kitap tamamlanmamıştır. Üstadın talebeleri, onu Oxford tefsirlerinin transkripsiyonunun özetleriyle tamamlamışlardır. Bu kitapta, birkaç hafif değişiklik hariç, özellikle 1.IV'de, aynı doktrini Opus Oxoniense'de buluyoruz[21]. Metodlarının kalitesi ona, Scotist bir Somme veçhesi vermektedir. Bu eser Fransisken ilahiyatçıları tarafından büyük tefsirden daha az kullanılmıştır. Bu durum şöyle açıklanabilir:

1. İlk yayımların yetersizliğinden,
2. Açıklamaların oldukça özet olmasından,
3. Tarikatın büyüklerinin önerilerinden.

---

[16] P. Raymond, Op. Cit. Col. 1870-1871.
[17] İbid, Col. 1870.
[18] Opera Omnia, t.XI, yine buna Lectura Parisiensis denmektedir.
[19] I. kitap, 1302; 1303'un 1.IV yazmalarına göredir. IV. kitap bilinmeyen nedenlerden dolayı II ve III'den önce şerh edilmiştir.
[20] Mgr. Pelzer, Op. Cit. Yayımlanan metnin sadece bir özet olduğunu ispat etmiştir. Guillaume Aenwick'in yaptığı tebliğ, Scot tarafından gözden geçirilmiş ve yayımlanmamıştır.
[21] P. Raymond, Op. Cit. Col. 1871. Birçok eski çözümler, yeni bir açıklama ile ortaya konmuştur. Yeni bakış açıları, işlenen konularda kendini göstermiştir. Bkz: Opus Oxoniense. Yine Duns Scot, ders verdiği muhitin tesirinde kalmıştır.

Yeni eleştiriler bu eski hükümleri doğrulamaktadır ve Opus Oxoniense'nin üstün otoritesini tebcil etmektedir.

II. İLÂHİYATÇILAR VE FİLOZOFLAR

A. İlâhiyatçılar

Duns Scot, Frnansisken okulunun muhteşem bir üstadıdır. Onun yumuşaklığı nedeniyle ona, yumuşak Doktor denmiştir. Bu durum onu, Thomisme yandaşlarının Fransisken okuluna karşı yaptıkları saldırıya karşı koyabilecek ilahiyatçılar yetiştirme konusunda onu, diğerlerinden daha yetenekli hale getirmiştir. Uzun zamandan beri, Duns Scot ile St. Thomas arasında zıtlıklar zaten vardı. Günümüzde onun okulunda bu gerginlikler daha hafifletilmiştir. Bu Oxford profesörünün eserinin birçok orijin yazısının veya şüpheli yazısının hafifletilmesiyle olsun, isterse o St. Bonaventure'un takipçisi olsun isterse o, Occam'ın habercisi ve yeni bir hareketin başlatıcısı olsun, bu hafifletme başlamıştır. Bu son noktada, sonuç ne olursa olsun geleneksel bağların, Scotisme'i, XIII. yüzyılın Fransisken doktrinal hareketine bağladığını bilmek gerekir. Ancak burada Doktor Sérafik ile Doktor Subtil'i karıştırmamak gerekiyor. Bonaventure'deki oldukça hararetli mistik hız, Scot'ta azdır. Ona felsefe hâkimdir; ancak denilebilir ki, XIII. yüzyıl Fransiskenlerin mistik çiçeklenmesi, onun kalemi altında bir Justification Métayphysique=Metafizik doğrulama, bulmuştur[22].

Duns Scot, üstün bir yapıcı ruha sahiptir. O, sağlamlığından şüphelendiği sistemlerin karşısındadır. Bir fikri reddetmeden önce eleştirmektedir[23]. Fakat o, yıkmak için, yıkmaz. Bunu onun tarzı ispatlamaktadır[24]. O, yıkmanın değil yapmanın peşindedir. O, gerçek bir ilahiyatçı olarak sadece İncil'e değil, Kilise Babalarına da dayanmaktadır: "Onun patrologies'i, XIII. yüzyıl doktorlarınkinden daha az zengin değildir. O, sık sık Anselme'i, St. Jean Damascène'i zikretmektedir. Onun tercih ettiği yazar, doktrinal otoritesi birinci sırada olan ve dehası özellikle aklını cezbeden yazar, kesin olarak St. Augustin'dir: Duns Scot, 1300 defa St. Lombard'ın tefsirinde ve diğer ilahiyat eserlerinde St. Augustin'i zikretmektedir. Duns Scot, Kilise Babaları için tenkit

---

[22] E. Longré, Op. Cit. p.273.
[23] O, St. Thomas'dan ve Henri de Gand'dan ayrıdır. E. Longré, Op. Cit. p.258-272, 280-286.
[24] İbid, p.263.

hakkını saklı tutmaktadır. Ancak bunda sağduyu hâkimdir[25]. Yine o, kendinden önce yaşayan Fransisken üstadlarının doktrinlerini fırsat buldukça eleştirmiştir. Ancak bütünü içinde onlara o, sadık kalmıştır[26]. Hatta onların çalışmalarını yaptığı ilginç sentezle tamamlamıştır. Çünkü onun uyumlu titiz şekilde toplanmış bir sistemi vardır. Bu sistem, sıkıntılı bir üslup içinde olsa da, fark etmez. Birkaç büyük fikirler teolojik ve metafizik yapılarını desteklemekte ve aydınlatmaktadırlar. Onları sağlamlaştırmanın ve zafere ulaştırmanın yolu, onun akıl çabası ve keskin diyalektiği olmuştur."[27]

Scotist sentezin özelliği, onun hazırlamasına yön veren bakış açısıdır: "Duns Scot, bütün Fransisken hareketine, her düzeyde aşk noktasından genel bir kavram vermeye çalışmıştır."[28] Aslında burada söz konusu olan sadece ahlak ve mistisizm değildi. Söz konusu olan metafizik düşünceydi. Yani bütün Fransisken düşünceyi güçlü şekilde organizeye imkân verecek ilahiyatta, mistisizmde, aşk nokta-i nazarından spekülatif bir sentezdi. Onun bütün zirvelerinde gerçekten aşk, Duns Scot'un dini ve metafizik sentezini düzenlemekte ve yönlendirmekteydi. O, Teslisin bütün yollarının başlangıcındaydı. Aynı şekilde, varlıkların ilk prensiplerine dönüşünü şartlandırmaktaydı. Böylece seçkinlerin ve Allah'ın ebedi birleşmeleri aşkta, nihayet bulacaktı. İşte Duns Scot'un aşk döngüsü böyleydi[29]. Bu St. Thomas'ın sentezinden tamamen ayrıdır. Çünkü Thomas, hakikati açıklamaktan başka bir şey yapmamıştır[30]. Bunun için Melek doktorun entelektüalizmi, Scot'un Volantarizmine muhaliftir. Bu formülleri anlamak oldukça önemlidir.

Voantarizm, Duns Scot'un en karakteristik tezlerinden birisidir. Bu tez, iyi fikrinin veya aşk fikrinin üstünlüğü konusunda geçen özel doktrinin bir uygulanışıdır. Volantarizm, öncelikli bir doktrindir ve iradenin akıl karşısındaki bağımsızlığıdır[31]. Burada söz konusu olan bizatihi, iradenin yüksekliği ve önceliğidir. Ancak bu yükseklik, izafi bir yükseklik değildir: St. Thomas, pratik ahlak düzeyinde, iradenin, akıl üzerinde, Allah aşkının bilgi üzerinde

---

[25] P. Raymond, Op. Cit. Col. 1940.
[26] E. Longré, İbid, p.242-255, 259-270.
[27] İbid, p.272-273.
[28] İbid, p.273.
[29] İbid, p.139-140.
[30] Bu kitabın önceki sayfalarına bakınız.
[31] P. Raymond, Op. Cit. Col. 1880. cf. Op. Ox. 1, IV, d. XLIX.

üstünlüğünü kabul etmektedir[32]. Fakat aklın bizzat üstünlüğünü savunmaktadır[33]. İşte Duns Scot bunu inkâr etmektedir. St. Thomas'ın hatırlattığı sebeplerden birisi, bilinen eşya karşısındaki iradenin bağımsızlığıdır. Ancak bu, mükemmel iyilik söz konusu olduğunda söz konusudur. Allah, buna katılanı sürüklemektedir. Scot, bunu bir tarafa bırakmakta ve ret etmemektedir. Bunu mükemmel iyilikte bile yapmaktadır. İrade, mutlak iyiliğin belirsizliğini korumakta ve bu belirsizliğe sadece iradeyi tahsis etmektedir. Onun eyleminin yegâne sebebi odur[34]. Bu tez, kesin olarak Scotist psikolojiye bağlıdır ki o, yeteneklere, iradeyi, St. Thomas'ın vermediğinden daha aktif olarak akkord etmektedir[35]. Bu tez, yankısını, ilahiyata ve ahlaka kadar yansıtmaktadır. İşte önemi de buradan gelmektedir. Ancak yine de terimlerde mübalağaya gitmeye gerek yoktur. Scot, zekânın bir istek durumundan daha çok şey olduğunu kabul etmektedir. O, nihai sebep olarak cazibe moduyla hareket etmektedir[36]. Zaten Volontarizmin, spekülasyona, en cesur şekilde muhalif olmadığı da görülecektir.

Her şeyden önce, Duns Scot'un yapıcı sentezi bir ilahiyat sentezidir, tıpkı St. Thomas'nın ki gibi... Onun bütün eseri, bunu ispat etmektedir. Onun spekülasyonda yaptığı çok büyük pay, onun felsefeye olan güveninden gelmektedir. Böylece o, akılla imanın ahengini göstermeye yetiyor[37]. Gerçekten o, bazen ilahiyatta, ilmin liyakatini inkâr etmektedir. Özellikle bunu, Opus Oxoniense'nin mukaddemesinde yapmaktadır (q.III, n.26-28). Aslında o, bununla, Aristotelisyen anlamda ilahiyatın beşeri ilimlerden ayrıldığına işaret etmek istemekte ve ilahiyatın özel bir ilim olduğunu belirtmektedir[38]. O, ilahiyatı pratik bir ilim olarak düşünmektedir. Çünkü onun incelediği imani hakikatler, Allah'ı sevdirmeye götürmektedir[39].

Zaten bütün doktrinal bünye, sentezin ruhu olan ve onu St. Thomas'tan ayıran metafizik prensiplerin yardımıyla az sistematize olmamıştır.

---

[32] Sum. th. I^a, q.82.
[33] R. Garrigou-Lagrange, Perf. Chret, et Contempt, p.164-173.
[34] Rep. Par. 1, II, d.25, q.1, n.20; cf. M. De Wulf, pp.cit.II, p.22-23; 77-79; E. Longpré, Op. Cit. p.201-226.
[35] İbid, p.203-205.
[36] İbid, p.219-224; İbid, p.222-224.
[37] P. minges, Das Verhaltniss aw. Glauben u. Wisten, Paderborn, 1908.
[38] P. Raymond, Op. Cit. 1872-1873.
[39] Op. Ox. IV, Prol. q.IV, n.31-32, 37-38, cf. P. Raymond, Op. Cit. Col. 1873.

B. Felsefi Prensipler

Duns Scot'un sentezini karakterize eden doktrinleri, W. Wulf ile birlikte dörde indirebiliriz: **Metafizik formalizm, Varlığın Birliği, Sezgicilik, Volontarizm.**

Formalis a part rei[40] veya formalleşme ayırımı, bütün sistemi ayırmaktadır. Bu, bireysel cevherin zenginliğini sergilemeye imkân vermekte, metafizik görüntüyü çoğaltmakta ve bireyselliğe sadık kalacak tarzda diğerinde bütünü korumaktadır. Bir bakış açısında, reeli karmaşıklaştırmaktadır. Çünkü o, dâhili bütünlüğe, Thomas'ın reddettiği bağımsızlık değerini sağlamaktadır. Bir başka görüş noktasında o, onu basitleştirmektedir. Çünkü o, onu homojen bir prensibe göre yorumlamaktadır: Özle-varlık arasındaki reel ayırım, ruhla-yetenekleri arasında kaybolmaktadır. Tıpkı güzelle-hakikat arasındaki virtüel ayırım ve ilahi sıfatlar arasındaki ayırım gibi[41].

Varlığın birliği, Scotizmin bir başka özelliğidir. Bu Allah'ın yaptığı, reel hiyerarşinin yeniden kurulma tarzıdır[42]. Bu teori sayesinde bu teori, bütün metafiziğe kumanda etmektedir (Op. Ox, 1, I, d.III, q.3). Burada derin benzerlikler reelin bütün bölümleri arasında temin edilmiştir. Akıl ve iradenin bütün genişliği içinde düşüncemiz Allah'a ulaşmaktadır. Bu birlik teorisi, tamamen Scot'a aittir ve tamamen orijinal bir düşüncenin meyvesidir[43].

Sezgiciliği, Scot icad etmemiştir. Ancak onu Scotizm, akredite etmiş ve kabul etmiştir. Occamisme'de XIV. yüzyılda onu kabul etmiştir. Epistomolojik noktada, aklın sahip olduğu varlığın sezgisi skolastik dogmatizmi güçlendirmektedir. Bu aklın tutulmasını Thomisme'ın izahından ayrı bir şekilde açıklamaktadır. Yine bu Scot'un akla olan bütün güvenini göstermektedir.

Volantarisme, Duns Scot bunu, Henri de Gand'dan[44] almıştır. Ancak aksiyonda bunun üzerinde durmuştur. Yani Duns Scot, ruhun aktif karakterini tamamen belirtmektedir[45]. Hatta onun için şöyle denmiştir: O, aktivite fikrini

---

[40] Scotist formel ayırım, diğer formaliteler arasında mevcuttur.
[41] Longpré, Scot'un teorisine 50 yıllık araştırmanın ve düşüncenin dâhice sistematizasyonu olarak bakmaktadır. p.240. Wulf, ise bunda aşırı bir realizme dönüşü görmektedir.
[42] Scot, yaratılmış varlık, Allah'la ilişkiyle benzerlik arz eder, demektedir. Bu konuda bkz: Op. Ox, 1.I, d.II, q.III, n.3.
[43] Bkz: P. mac. Dongah, Op. Cit.
[44] Bu kitabın önceki sayfalarına bakınız.
[45] M. De Wulf, Hist. Phil. Méd. II, p.82.

skolastikte restore etmiştir[46]. Onun bu noktada, diğerlerinden daha çok ısrarlı olduğunu itiraf edelim[47]. O, önceki yüzyılın büyük Augustincilerinin reklamını yapıyor ve bu tespitler, bizim sahip olduklarımızdan daha ilginçtirler[48]. Ancak bunlar, St. Augustin'i başka zamanlarda ve başka çevrelerde, muhalif anlamda fatalisme'e varacak kadar pasiflik içinde anlamışlardır[49].

İşte bu büyük prensiplerin uygulanmasının sonu yoktur. Bu da Duns Scot'a orijinalitesi için yetecektir. Fakat onun sisteminin bu ana-fikirlerine, onun okulunun doktrinini tamamlayan başka noktalar da ilave etmek gerekmektedir. Felsefenin bütün alanlarında hemen hemen o, bulunmaktadır. Metafizikte, formalizm ve varlığın birliğinden başka, maddenin Scotist kavramına[50] bireyselleşmeye[51], kişiliğe[52], aksiyona ve passiona, işarette bulunmak gerekmektedir. Psikolojide ise, sezgicilik ve Volontarisme'den başka, Thomisme'e oldukça yakın olan bilginin açıklamasının yerleştirdiği Bonaventure aydınlanmanın terkine işaret edebiliriz[53]. Scot, insana akıllı ruhtan başka, bedensel bir form yüklemektedir. Onun biricik realitesi, üç formalite ihtiva etmektedir. Ruh, ölümsüzdür. Fakat metafizik delillerle kesin bir delil verilememektedir[54]. Ahlak felsefesinde, entelektüel unsurları ihmal etmeden Scot, Volontarisme ile bütün nizamda iradeye büyük önem atfetmektedir. Bu sadece basitler pratik görüş açısından ve mevcut hayattan kaynaklanmamaktadır. Aksiyonun rolü, güçlü şekilde itham edilmiştir[55].

Duns Scot'un felsefesi, tartışmasız bir orijinaliyle kendisini takdim etmektedir. Bu felsefe, kuşkusuz, XIII. yüzyılın Augustinci felsefesinden mülhemdir. Fakat bu felsefe, tespit ettiği yeni teorilerle, Aristotelisme'in kullanılmasıyla Augustinci felsefeyi aşmış ve okullarda zikredilme hakkını elde etmiştir. Ancak, Aristotelisme, Scot'da bu düşüncelerle yeterince dondurulmuştur. O, St. Thomas'taki kadar bu konuda titiz değildir. St. Thomas, hakikatte ve

---

[46] E. Longpré, Op. Cit. p.275.
[47] İbid, p.276.
[48] İbid, p.268-292.
[49] Bu kitabın ileri sayfalarına bakınız.
[50] Op. Ox, II, d.XII, q.2; IV, d.XI, q.3, n.12.
[51] Op. Ox, II, d.III, q.2-3.
[52] İbid, III, d.1, q.1, n.5.
[53] Op. Ox. 1.d. III, q.3, n.24-25.
[54] M. De Wulf, Op. Cit. p.79-80.
[55] İbid, p.80.

reelde, temelde evrensel bir felsefe inşa etmenin peşindeydi. Scot felsefesi, daha çok güzele/iyiye doğru yönelmiştir. Ancak Scot, sağlam bir şekilde koordineli görünmemektedir ve onun yazarını, bir okulun şefi olarak göstermektedir. Tarikatı onu, St. Bonaventure'den önce rehber olarak kabul etmişti. O da bu tarikatın içindeydi. Zaten onun felsefesi, tamamen ilahiyatta kendini göstermiş ve bu felsefe, onun takdim ettiği özel sentezle dikkat çekmemekte fakat birkaç doktrinin kesin hazırlığında, savunucuların tarihi rolünde dikkat çekmektedir.

III. DUNS SCOT'UN İLÂHİYATI

A. Allah-Tabiatüstü ve Tabii İlâhiyat

1. Allah'ın varlığı a priori ortaya konmamıştır: Bunun için Duns Scot, St. Anselme'in delilini kabul etmemektedir. Anselme, teorisini renklendirmesine ve onu gözden geçirmesine rağmen, Scot, kabul etmemektedir[56]. Kozalite prensibiyle, reelden hareketle Allah, ispat edilmektedir. Bununla beraber o, varlığın fiziki özellikleriyle değil, metafizik prensipleriyle telakki edilmesini istemektedir. Öyle ki ispat, zaruri ve değişmez donnelere bağlanmaktadır: Duns Scot buna, **procedendo ex necessariis** demektedir[57]. İşte buradan a priorinin görünümünü delillerinde vermektedir. Ancak bu saf bir görünümdür. Onun devamlı müracaat ettiği ispatın temel prensiplerinden birisi, sebeplerin sonsuz serisinin tiksinti vermesidir: Bu konuda kontenjan zaruretle şartlanmıştır[58]. İşte bu temel prensip, diğer iki düzeydeki delillerle tamamlanmıştır. Bu deliller cause finale ile l'ordre d'eminence'dır. Bu üç yolda o, birinci zarurete (Primitas Necessaria) ex ordine essentiali'e (temel düzen fazileti) gelmektedir. Tesadüfen düzenlenmiş sebepler dizisinde bile[59].

İlahi tabiat, üç yolla tanınmıştır: Olumlu-olumsuz-üstün yolla[60]. Duns Scot, bu noktada Augustinizm'den iddia edildiği gibi ayrılmamaktadır. O, geleneksel analojizmi ve exemplarizmi devam ettirmektedir[61]. Scotist varlığın açıklığı teorisi, buna zıt görünmemektedir. Hakikatte, Scotistlerin bu

---

[56] Op. Ox, I, d.II, q.2.
[57] İbid, bkz: E. Longpré, Op. Cit. p.106.
[58] De Primo Princ. c.III. n.d; Op. Ox, L, d.II, q.2; cf. P. Raymond, Op. Cit. Col. 1874-1875.
[59] Longpré, bunun D. Scot'un bir özelliği olduğunu söylemektedir. O, bu konuda Thomas'dan ve G. Occam'dan ayrılmaktadır. İbid, p.107, n.4.
[60] Op. Ox, I, d.VIII, q.3, n.8; q.4, n.6.
[61] E. Longpré, Op. Cit. p.91-101.

eksik açıklığı, pozitif veçhesi altında sadece analoji olarak görünmektedir[62]. Aynı zamanda, Duns Scot sert şekilde sonsuz mefhumunu itham etmektedir. O, bu mefhuma net ve sert bir fikir vermektedir. Longpré'nin dediğine göre, Grek felsefesinin karıştırdığı, belirsiz mefhumlardan tamamen kurtulmuştur[63]. İşte, divines Perfections, Scotist teorisi, bu mefhum üzerine oturmaktadır. Bu teoriler, gerçek formalitelerde bile, farklıdırlar ve çok canlıdırlar. Zaten bunları Duns Scot, hararetle belirtmektedir ki bunlar ilahi sadeliğe zarar vermemektedirler[64]. Bu yeni teori[65]nin karşılaştığı muhalefetlere rağmen, kilisenin hiçbir kararı, Allah'ta formel ayırımı, mahkûm etmemiştir[66].

2. **Allahın sıfatları**: Bunlar, Scotist ilahiyatta iki grupta toplanmıştır. **Birinci grup**, yaratıkların noksanlıklarını bir nevi Allah'tan uzaklaştırmaktadırlar: Bunlar, içsel (intrinséques) modellerdir. Bunu Scot, beş şeyle belirtir: Sadelik, hareketsizlik, ebedilik, görünmezlik, masumiyet[67]. **İkinci grup**: Yaratıklarda oluşan basit olgunluklardır ki bunlar, Allah'ta sonsuz şekilde mevcuttur. Bunlara özel sıfatlar adı verilmektedir. Bunların tamamı, akılla ve iradeyle ilişkilidir[68]. Scot bu sıfatları, sadece iman desteğiyle değil, akıl noktasından da uzun uzun incelemektedir. Özellikle aklın, Allah'ın birliğini ve sonsuzluğunu ispat için olduğunu itiraf etmektedir. Onun hayatı, akıllı olması, iradesi, hakikati, adaleti, evrensel inayeti, sonsuz kudreti akılla ispat edilmektedir[69]. O, Aristocu felsefeyi inkâr etmektedir ve çok sert delillerle, Allah'ın hiçbir yardıma muhtaç olmadan yaratma gücünün ispat edilebileceğini veya Allah'ın her yerde hazır ve nazır olabileceğinin ispatı mümkündür[70].

3. **İlahi Hayat**: Bu temelde aklîdir ve iradidir. Buna rağmen ne akıl ne de irade, Allah'ta ilk sırada değildir: Bunlar, özde birbirine bağlıdırlar. Öz, realitede ilke konmuş olmalıdır. Bu tıpkı, Allah'ta tasarladığımız ilk akıl gibidir. Ondan sudur eden ilk eylem, akıldır. İradî operasyon sonra gelmektedir.

---

[62] İbid, p.98-100.
[63] İbid, p.111.
[64] Op. Ox, I, d.VIII, q.4.
[65] D. Scot, eskilere dayanmaktadır. Özellikle de S. Augustin'e cf. E. Longpré, Op. Cit. p.242-255.
[66] P. Raymond, Op. Cit. Col. 1876.
[67] P. Raymond, Op. Cit. Col. 1876-1878.
[68] İbid, Col. 1875.
[69] ibid, Col. 1875-1878.
[70] M. De Wulf, Op. Cit. p.73.

Buna göre Scot için Allah'ın temelde irade ve hürriyet olduğunu söylemek yanlıştır[71]. Tanrısal fikirler, onun ilahiyatında önemli bir yer tutmaktadırlar. Ancak bunları, Allah'ın özü ile karıştırmamak gerekiyor. Bunlar ayrı formalitelerdir. Örnek fikirler, ilahi akılda, yaratılışın objektif takdimleridir[72]. Bunlara rağmen Scot, Allah'taki iradeye talebelerinin Volontarisme dedikleri bir özellik vermektedir[73]. O, önce hürriyetin, ilahi iradede temel olduğunu belirtmektedir. O, eylemini mükemmelliği nedeniyle başka türlü olmadan gerçekleştirmesine rağmen, asla doğanın zorunluluğuyla hareket etmemektedir[74]. Tabii ki bu tespit nedeniyle, Scot'un Allah'a kaprisli ve despotik bir istek atfettiğini söylemek haksızlık olacaktır; o, iradesizliğin, imkânsız olduğunu söylemektedir[75]. Zaten eşyanın varlığını onun özleri itibariyle düşündüğü söylenmektedir[76]. Tabii ki bunu ilahi isteğin bağımsızlığından ve bu konuda ısrarından dolayı Thomisme'den ayrıldığından bahsettiğini de söylemektedir.

Duns Scot, kader konusundaki doktrininde St. Thomas'ın doktrinine oldukça yakındır. Seçkinlere zafer ve inayet verme kararında, liyakatlerin tahmini, engel teşkil etmez. Bu kararın ilahi istekten başka sebebi yoktur. O, Allah'ın iyiliğinde ilk nedeni ve yeterli nedeni bulmaktadır. Fakat tasvip, nihai günahın tahminini gerekli kılmaktadır. Zira o, sadece adaletin bir eylemi olarak tasarlanabilir[77].

4. Duns Scot'un Teslis İlahiyatı: Onun bu konudaki görüşü, ihmal edilmez birkaç özellik taşımaktadır. Kelimenin üretimi (La Génération Du Verbe), basit bir akıl işi değildir. Onunla Allah özünü bilmektedir. Fakat o, mantıkî olarak özel bir eyleme ve ilkinden ayrı bir formele atfedilmiştir. O, bunu DİCTİO/Dikte diye adlandırmaktadır. Bu eylem, Memoria Faecunda/Esas konusunda sahip olunan akıl tarafından meydana getirilmiştir. O, bizzat babalık ilişkisinin temelidir[78]. Kutsal-Ruhun suduru için Scot, Allah'ta iki aşk eylemini ayırmaktadır. **Birincisi,** Allah'ın takip ettiği temel

---

71 E. Longpré, Op. Cit. p.197-201.
72 M. De Wulf, Op. Cit. p.74.
73 Duns Scot'un ilahiyatı, psikolojisi gibi Volontarisme'le karakterleşmiştir.
74 P. Raymond, İbid, cf. Quod. XVI.
75 Op. Ox, IV, d.X, q.2; cf. E. Longpré, Op. Cit. p.56-60 ve 200.
76 M. De Wulf, Op. Cit. p.74.
77 P. Raymond, Op. Cit. Col. 1881.
78 P. Raymond, Op. Cit. Col. 1882.

bilgidir ki Allah ona, sıfatlarıyla ve başka şahıslarla sahiptir. Bu aşk, Kutsal-Ruhun ve kelimenin sudurundan öncedir[79]. **KELİME**, bu aşktan doğmamıştır. Çünkü o, **VİA NATURAE** olarak meydana gelmiştir ve **NON VİA VOLUNTATİS** değildir[80]. **İkinci aşk eylemi**, SPİRATİO adını almaktadır. O, Babada ve kelimede müşterektir ki Kutsal-Ruh vasıtasıyla meydana getirmektedir. Buna göre SPİRATİO iradenin tamamen özel eylemidir, hem de serbesttir. Temel hürriyet, iradenin özünü teşkil etmektedir ve gereklidir. Çünkü o, sonsuz öze sahiptir ki Baba ve kelime, sevmemeye müktedir değildir[81]. Duns Scot'un Teslis ilahiyatı, uknum kavramının başka farklılıklarından ve formel ayırıma yaptığı yeni çağrılar nedeniyle ayrılmaktadır[82].

B. İnsan-Allah-Meryem

Buraya kadar belirttiğimiz bütün prensipler, Scotizmin en karakteristik doktrinlerinin birinde uygulamalarını bulacaktır. Bu konuda Scot, sadece St. Thomas'dan değil; St. Bonaventure'den de ayrılmaktadır. Onu yönlendiren temel prensip, sonsuz rasyonel istek ve Allah'ın sonsuz hâkimiyetidir. Bu Scot'u birden "kıyas kabul etmez metafizikçi yapmaktadır."[83] Açıkça o, bu hakikati düşünmüştür. Yani akıl, nizam, hikmet, sonsuz isteğin kuralıdır. O, reali, aktüel nizamı, Bonaventure'un planı dışında tesis etmekte ve İsa'nın bedenleşmesini ad extra olarak Allah'ın bütün yollarının başına koymaktadır. Duns Scot'un bedenleşme, tabiatüstüne yükselme, vahiy, yaratma tezi, bu temel hakikatin üstüne oturmuştur[84].

Duns Scot'a göre, kelimenin bedenleşmesi, orijinal düşüşe ve kurtuluşa sıkı şekilde bağlanamaz. Bu durumda Mesihin kaderi, sadece tesadüfi olacaktır. Scot, bunu kabul etmemektedir[85]. Böyle bir doktrin, düzen istemenin sonunun önceliğini tam olarak tatmin edemez. Buna göre gerçekleşmesinde, bedenleşmiş kelimenin saygınlığı, diğer bütün tebcilleri bastırmamaktadır. Bundan şu sonuç çıkmaktadır: İlk ilahi istekler, Mesihin kalbinde ad extra'dır ve onların aşklarının hudutsuzluğu, geri kalan her şeyden bağımsız olarak,

---

[79] Rep. Par, I, d.VI, q.2.
[80] P. Raymond, İbid.
[81] İbidt, Col. 1882-1883.
[82] İbid, Col. 1883-1884.
[83] Op. Ox. III, d.XXXII, q.I, n.6.
[84] E. Longpré, Op. Cit. p.55; İbid, p.139-140.
[85] P. Raymond, Le Motif de l'İncarnation, Dans Etudes Franc, 1912, (t.XXVII), p.193-197.

onun kaderinin ilk nedenidir[86]. Görüldüğü gibi Duns Scot, doğrudan Mesihin, insanın günah işlemeyeceği durumda bedenleşmesinin bilinip bilinmediğini göz önünde bulundurmuyor[87]. Bu problem ona, sonuç yoluyla empoze edilmektedir. Scot'un doktrini, İnsan-Tanrıyı, layık olduğu yere yerleştirmek için çok büyük bir entelektüel gayret sarfetmektedir. Bunu da gerçekleşen dünyada liyakat düzeyine göre yapmaktadır. Bu düzeni, niyet düzeniyle aynı yapmak için, kutsal metinlerde biraz şiddete ihtiyaç duyulmasına rağmen tesis etmiştir[88]. Bu Scotist kavram, oldukça dindaranedir[89]. Ancak onun, geleneksel doktrinden daha fazla olduğu belirtilmeden yapılmıştır[90].

Bu hypostatique birlik açıklaması, Scot'un özel teorilerindendir. Özellikle uknum kavramındaki açıklamalardan, ona göre var olmak, tam tabiatla karışmaktadır. Buna sadece, bir başka realite karşısında bağımlı bir inkâr eklenebilir[91]. Duns Scot, İnsan-Tanrı'da Théandrique kompozisyonu çözme niyetinde değildir[92]. Her ne kadar onun teorisiyle, istenilen zor görünse de[93], beşerî tabiat, sadece ilahi tabiatın yanında değil, kelime ile yüklenilmiştir. Böylece cevhersel birlik devam etmiştir[94]. Diğer yandan Duns Scot, Mesihte sadece iki temel varlığı veya tabiatı ayırmıyor, iki existentielle varlığı ayırıyor: Yani yaratılmamış varlık ile yaratılmış varlığı ayırıyor. Birincisi, ilahi tabiatın imtiyazıdır. İkincisi de beşer tabiatının imtiyazıdır. Bu duygu konusunda, çok sayıda deliller getirilmiştir. Bunlar, temel bir prensibin üzerine oturmaktadırlar: Yani özle-varlığın reel ayrımı olmadan[95] bu olmaktadır.

Kurtuluş konusundaki Duns Scot'un doktrini, oldukça kişiseldir[96]. XIII. yüzyılın büyük doktorlarıyla birlikte o, kefaret olayının zaruretini inkâr etmektedir. Allah, bütün tatminlerden ve hatta kurtuluşun hypostase'ında bile hariçtedir. Diğer yandan, Allah benzer bir tatmin istemiş olsaydı, her insan

---

[86] E. Longpré, Op. Cit. p.142; İbid, p.139-147; cf. Déodat De Basly, Conférences Selon la Doctrine du Vén. Duns Scot, Paris, 1900.
[87] Daha sonra gelen ilahiyatçılar, onun bu teorisini takdim etmişlerdir.
[88] Yuhanna III, 16.
[89] Bu doktrin, François de Sales, Mgr Gay ve diğer spritüal yazarlarca benimsenmiştir.
[90] İnsan için Allah'ın aşkı, burada daha da itham edilmiştir. Özellikle İsa'nın çektiklerinin sırlarında Allah aşkı, sadece insanda daha büyük Allah aşkını canlandırmaktadır.
[91] A. Michel, Hypostase, Dans dict. th. Col. 411-413.
[92] L. Mahiel, Suarez, IV, p.252.
[93] Michel, İbid, Col. 413-415.
[94] İbid, Col. 415.
[95] P. Raymond, Op. Cit. Col. 1890.
[96] P. Raymond, İbid. Col. 1894-1896.

bunu kendi hesabına tamamlayabilirdi. Bunu da inayet vasıtası ile ve bütün insan ırkı için, yüce bir inayetle (Summa Gratia)[97] tamamlardı. Zira günah, sonsuz bir ağırlığa sahip değildir. Zaten Mesihin bizzat liyakatleri, dâhili hiçbir sonsuzluğa sahip değildir. Bu da Allah'ın, onun layık olan amellerini kabul edebilmesindendir. Belki de layık olduğundan değil, sonsuz bir değere sahip olmasındandır[98].

Meryem'in lekesiz hamileliğinin savunması, Duns Scot'un en güzel zaferlerinden birisi olarak kalacaktır. Bu doktrine, hem Batı kilisesi hem de Doğu kilisesi, uzun zaman inanmıştır. Bu konu, XII. yüzyılın ve XIII. yüzyılın Latin kilisesinde, bulutlu ve kavga döneminden geçmiştir[99]. Farklı sebeplerden özellikle kurtuluşun evrenselliğinde bir şeyi es geçmek korkusuyla, en büyük doktorlar, daima gelişecek olan bu dini inanca karşı, mütereddit veya düşman görünmüşlerdi. Oxford'lu Fransiscain Guillaume de Ware[100], bunun en hararetli savunucusu olmuştur. Fakat Duns Scot,[101] bizzat Meryem'in aslî günahı korumasını öğreterek, en mutlu tesire sahip olmuştur. Bu, Mesihin liyakatini azaltmak yerine, aksine artırıyordu[102]. O, bu konuda, itirazda bulunan ilahiyatçıların çok sayıdaki itirazlarına cevap vermiştir. Onun eleştirel zihniyeti, burada hakikatin nedenine fazlaca hizmet etmiştir. Tanrı annesinin imtiyazına elverişli olan cereyan, bu dönemde, ilahiyat çevresinde bile, özellikle Fransiscain tesiri altında hızlı şekilde gelişmiştir[103]. Bâle Konsilinin kararı (1439)'nın hukuki ve ilahiyat değeri her ne kadar inkâr edilse de bu karar, Duns Scot'un eseridir. Böylece o, canlı bir savaş dönemini kapatmış ve Meryem'in zaferinin kabulünü sağlamıştır[104].

C. İnsan-İnayet-İyilik

Burada, insanın etrafında tabii ve tabiatüstü düzeyde, Duns Scot'un doktrininin başka birkaç ayrı çizgilerini toplayacağız. Burada, Volontarisme,

---

[97] Op. Ox, III, d.XX, n.1, 2, 7, 8, 9, 12.
[98] P. Raymond, İbid. Col. 1896; J. Schwane, Hist. Dogm. IV, p.514-520; J. Rivière, Le Dogme de la Rèdemption, p.368-371.
[99] Ş. Le Bachelet, İmmaculée Concept. Dans dict. th. Col. 995-1073.
[100] İbid, Col. 1060-1062.
[101] İbid, Col. 1073-1078.
[102] Kurtuluş, en mükemmel şekilde uygulanmıştır. Şayet Meryem kurtuluşla sadece arındırılmamış, aynı zamanda bu kurtuluşla korunmuştur. Zaten Duns Scot'ta, St Thomas gibi, nikâhsız yaşama ile asli günah geçişi fikrini bir tarafa bırakmaktadır. İbid, 1075.
[103] İbid, Col. 1078.
[104] İbid, Col. 1108-1115.

tesirini açık şekilde hissettirmektedir. Bu sadece psikolojide değil, insanın ahlaki aktivitesinde de gerçekleşmektedir. Bunun objektif temeli olan kaidelere gelince, Duns Scot, bunların istisnai hakikatlerin konusu olabileceğini düşünmektedir. Bu konuda varılan sonuç, onların gözünde tabii hukuku göstermedikleridir[105]. İlahi emir, sadece onun otoritesini müeyyideleştirmeye gelmektedir[106]. Nasıl ki ahlaki düzen, Allah'ta keyfi telakki edilmemişse, insanda da öyledir. Çünkü irade rasyonel bir iştahtır. Duns Scot da St. Thomas gibi ilmi, açıklamakta ve entelektüel faziletlere, recta ratio/tedbiri koymaktadır[107]. Bütün bunlar, iradenin önceliğini kabule engel değildir.

İnsanın ahlaki güçleri üzerindeki ısrarı, Scotu, Pélagianisme'e ne de Yarı-Pélagianisme'e götürmemektedir. Onun inayet konusundaki doktrini, bunu zaten ispat etmektedir. O, aktüel inayetin zaruretinin ex professo'sunu işlememektedir. Onun düşüncesini tanımak için yazılarının oldukça ayıklanması yeterlidir. Hatta onun okulunun düşmanlarının çok kullandıkları, metinlerin kapalılığını dağıtmakta mümkündür[108]. Duns Scot'un sık sık bahsettiği "alışılmış inayet" budur[109]. Onun için öyle bir alışıklık ki onu Kutsal-Ruh meydana getirmiştir. Bu öyle bir armağandır ki, yaratılmış armağandan ayrıdır. O, hayırla ayrıdır. İşte inayetin, Scotist ilâhiyatının en karakteristik çizgisi burada bulunmaktadır[110]. Özleri noktasından reel olarak benzemesine karşın, inayet ve sadaka formel olarak ayrıdırlar. Onun için formel neden de başkadır. Alışıklıkta bile ruh sevmekte veya seve bilmektedir. Onun için neden başka neden, Allah'ı kabul etmek ve onun tarafından sevilmektedir. Burada bir passivite hali vardır. İşte aktivite prensibi buradadır. Bu benzerlik nedeniyle Duns Scot, bunu Siège de la Grâce olarak vermektedir, ruhun özü olarak vermemektedir. Fakat daha çok iradeyi bir yetenek olarak vermektedir[111]. Gerekli zaruretle gerçekleşen bu sonuç inayet, zafer ve iyilik arasında mevcuttur[112].

---

[105] E. Longpré, Op. Cit. p.80-81. Yazar burada Scot'un doktrininin yanlışlarına işarette bulunmaktadır.
[106] İbid, p.84, cf. Rep. Par. IV, d.XXXVI, q.2, n.5.
[107] İbid, p.208-210.
[108] P. Raymond, Op. Cit. Col. 1899; İbid, Col. 1899-1901; P. Minges, Die Gnadenlehre des D. Sc. Munster, 1906.
[109] İbid, Col. 1899.
[110] İbid, Col. 1901.
[111] Op. Ox. III, d.XXVII, Rep. Par. II, d.XXVI.
[112] P. Raymond, Op. Cit. Col. 1901.

Tabiatüstü organisme, Duns Scot tarafından basitleştirilmiştir. Öyle ki o, dâhili ahlaki faziletleri kabul etmemektedir. Çünkü inayetle, adaletin faziletlerinin iradenin gücün, sabrın, makamı, bu faziletlerin tabiatüstü eylemlerinin meydana getirmek için yeterince yükselmişlerdir[113]. O, ayrı tabiatüstü alışkanlıkları sadaka ile kabul etmemektedir. Ancak tek kelimeyle imanla ve üç teolojikal faziletle kabul etmektedir[114]. Hatta Kutsal-Ruhun bağışları bile ondan gerçekte ayrılmamaktadır[115]. Bu basitleştirme, ilahiyatçıları şaşırtmıştır. İlahiyatçı üstelik, formel varlıkları çoğaltmıştır. Bu sadeleştirme, aşkın rolünü veya iradenin rolünü ithama meyillidir. Her hâlükârda böyle bir iddia doğru olmayacaktır. Belki bazı boşluklar olabilir. Ancak Scotist ilahiyatın inayet doktrini, Lutherci ilahiyata oldukça yakındır[116].

İnayetin bize verdiği sakramentler konusunda[117], Scotist doktrini az da olsa St Thomas'ın kinden ayrılmaktadır. O, kozalite konusunda da ondan ayrılmaktadır. O, bütün fiziki enstrümantal kozaliteyi ve dispositive kozaliteyi kabul ettiğini söylemek de yanlıştır. O, onun Occasionnelle kozaliteyi kabul ettiğini söylemek de yanlıştır. O, üstelik modern anlamda, ahlaki kozaliteden de bahsetmez. P. Raymond şöyle demektedir: Duns Scot, sakramentlerin instrumental sebepler olduğunu söylemektedir ki bunlar, ahlaken, ruhlarda sonuçlar meydana getirir. Bu anlamda Allah var olmaya hazırdır ve sakramentel ritüelde hareket etmektedir[118].

Özel kanaatleri arasında tövbe sakramentinin özüyle ilgili olan kanaatine işaret edelim: Scot için o, mutlak olarak tektir. Tövbenin üç eylemi sadece birtakım şartlardır. Onlar gerçektirler ve zaruridirler. Ta ki doğru eylem, mümkün olsun veya tamamlansın. Onlar, sakramente bütünleştirici unsurlar olarak girmektedirler[119].

Makul yaratılışın güzelliği, akıl eyleminden daha çok irade eyleminde güçlü şekilde var olmalıdır. Şüphesiz iki yetenek, Allah'ın emrinde aktif bir role sahiptir. Her ikisi doğrudan Allah'a ulaşmaktadır. Fakat aklın üzerindeki iradenin üstünlüğü birinciye, eyleminde ön üstünlük sağlamaktadır[120].

---

[113] İbid, Col. 1905.
[114] İbid, Col. 1909.
[115] Op. Ox, III, d.XXXIV, n.20.
[116] E. Longpré, Op. Cit. p.151-160.
[117] Dict. th. Art. Cité, Col. 1909-1932.
[118] İbid, Col. 1909-1910; Rev Ang, 1910 (t.16), p.432-433.
[119] P. Raymond, Op. Cit. Col. 1921.
[120] P. Raymond, Col. 1935.

Sonuna kadar Duns Scot'un sadakatini, düşüncesinde, aşkta gösterdiğine şahit oluyoruz. Denildiği gibi, iyi bir Fransiscain olarak o, orada devam etmektedir. Fakat felsefede veya metafizikte, XIII. yüzyılın ahlakçıları ve mistikleri onu devam ettirmektedirler. Onun okulu, onun eserini uzatmıştır. Buna rağmen talebelerinden birisi şöyle demektedir: Dogmalarımızın gelişmesi ve ilahiyatçı sentezin hazırlanması, Scotist doktrinler, Thomist tespitlerde gelişme gösteremedi. Duns Scot'un ilahiyat eserinden hiçbir şey kalmadı veya şampiyon olan hiçbir doktrini yok oldu denilebilir mi?

Meryem'in lekesiz hamileliği kavramı istisna tutulsa bile, Duns Scot'un modern ilahiyat alanına girmediği söylenebilir mi? Elbette bunu söylemek bir tedbirsizlik ve haksızlıktır. Léon XIII'ün ve Pie x'in, St. Thomas'ın düşüncesine getirdikleri otoritenin imtiyazlı durumuna rağmen o, dogmaların felsefi kavramda bilinmesinin, henüz bitmediğinin bilinmesine imkân vermiştir. Bunun için dogmalar daima aklın önüne konmuş ve Duns Scot tarafından sunulan çözümler, değersiz olmamıştır[121].

---

[121] P. Raymond, Op. Cit. Col. 1941.

ONÜÇÜNCÜ BÖLÜM
XIV. YÜZYILDA İLÂHİYAT[1]

I. SKOLÂSTİK'İN GERİLEMESİ OCCAMİSME
A. XIV. Yüzyılda Genel Gerileme

Aslında, XIV. ve XV. Yüzyıl, orta çağ ile modern çağ arasında bir intikaller asrıdır. Her iki asırda, aydınlatılmak istenen noktalara göre, bu dönemleri tespit etmek mümkündür. Yine onları bölümlere ayırabiliriz ve XIV. yüzyılı onun gerilemesini belirten orta çağa bağlayabiliriz. Rönesansın doğuşuna şahit olan XV. yüzyıl, reformun doğrudan hazırlanmasını en iyi şekilde ortaya koymaktadır. Yine XIV. yüzyılda bunun, en negatif tarzda, her yerde kaybolduğuna şahit olunmuştur. Şüphesiz modern dönemi, ayıran bütün prensipler, orada, tohum halinde bulunmaktadır. Fakat bu tamamlanan yıkımlar, doktrinel bakış noktasından daha çok darbe vurmuşlardır. XIV. Yüzyıl, bunun için bir kriz asrıdır. En önemlisi, Batının büyük bölünmesidir ki bu ancak Constance (1414-1418) konsilinde çözüme ulaşmıştır. Bundan dolayı bizim için, orta çağın sonu buraya kadar uzanmaktadır.

XIV. yüzyılın ayırt edici özellikleri arasında, politik veya sosyal düzeyde farklı fenomenlere işaret edilebilir. Bunların önemi de, meçhul değildir: Burada yüzyıl savaşlarını, onun sonucundaki korkunç düzensizlikleri ve 1380 yılına doğru Avrupa'yı yıkan vebayı zikretmek yeterli olacaktır. Diğer bir noktadan, burjuvazinin, Devletin yönetimine birinci derecede girmesi de yine düşündürücüdür. Bu anlattıklarım, bizi konumuzdan uzaklaştırmayacaktır. Sadece bu konu, bizim açıklayacağımızdan oldukça farklıdır:

---

[1] H. Hurter, Nomenclator Lit. t.II, K. Werner, Die Scholastik des Spâteren Mittelaters, Vienne, 1881-1887; M. De Wulf, Hist, de la ph. Méd. II, p.147-242; Hist. de la Phil. en Belgique, Louvain, 1910; p.126; Féret, la Faculté de th. de Paris, t.III; Ph. Toreilles, Le Mouvement Théologique en Fr. Paris, S.D. p.35 Sq. L. Salembier, Le Grand Schisme d'Occident, Paris, 1921; J. Rivière, Le Prodeme l'Eglise et de l'Etat au Temps de Philippe le B. Paris, 1926; N. Valois, Le Pape et le Concile, 2. vol. Paris, 1909; L. Mahieu, François Suarez, Sa Philosophie, Paris, 1921.

1. **Hıristiyanlığın çözülmesi**: Bu ahlaki bağ, hukuktan öncedir. Bu, bütün Batı Hıristiyanlarını birbirine sağlamca bağlamaktadır. Onun yerine geçen milliyetçilik, aşırılıkta ayrışıma yönelmiştir.

2. **Katolik Avrupa'ya acı çektiren bağımsızlık ruhu**. Bu halkları, sadece dünyevi olarak otoriteyi sınırlamaya götürmemekte, manen de sınırlamaya götürmektedir: Philippe Bel'in hukukçuları, bu konuda en tehlikeli propagandacılar olmuşlardır.

3. **Paris'in ve Oxford'un dışında, üniversitelerin çoğalması:** (Prague, 1348, Viyana, 1365; Heidelberg, 1316, Cologne, 1389; Erfurt, 1392, Cracovie, 1397). Diğer birçok üniversite XV. yüzyılda kurulmuştur. İşte bu kuruluşlardan dolayı Paris üniversitesi, üniversitedeki etüd geriliğini yaşamamakla beraber, tahttan indirilmiştir[2].

Bilimsel düşüncelerin geriliği, XIV. yüzyılın en belirgin çizgilerinden birisidir: Felsefe ve ilahiyat, bazı üniversitelerde gelişmiştir. Fakat bu bilimlerde, önceki asrın büyük düşünürleri artık yoktur. Bunların çoğunda az orijinallik yoktu. Yeni felsefi sistem olan NOMİNALİSME veya TERMİNİSME, orada hâkimdi. Fakat onun prensipal yeniliği, yıkım ateşiydi. Bunun için, onun müellifine "**büyük ve uğursuz ihtilalci**" adı verilebilir[3]. Occam, Orta çağın düşünce gücünü ve büyüklüğünü değersiz bir kalpte, israf etmiştir: Hatta sadece akılla-iman arasındaki ahengi kırmamış, septisizme varan, aklın meydan okuması karşısında propaganda bile yapmıştır. O, pozitif bilimler için aşırı zevkle, sürüklenmiştir. Pozitif ilimlerin etüdü, XIV. yüzyılda başlamıştır. Fakat bu ilimler, Oxford hocalarının tercihli konusu olmuştur[4]. Asrın sonundan itibaren ekonomik ve ahlaki problemler, üniversite hocalarının tamamlanmış sosyal değişimler dikkatini çekiyordu. Kilisenin dâhili güçlükleri, ilahiyatçıların önüne en yüksek dini gücün doğası ve onun devletle ilişkisi sorununu ıstırap verici bir kesinlikle koymaktadır. Fakat üstadlar tarafından getirilen çözümler, onların ruhunda hâkim olan düzensizliği hissettirmekte[5] ve maddeye kumanda eden yüksek prensiplerin ihmaliyle azalmaktadır. Bilhassa en temel metafizik verilerin karşısında, tedavi edilmez

---

[2] M. De Wulf, Hist. de la Ph. Méd. II, p.150-153.
[3] L. Salembier, Op. Cit. p.117.
[4] Bu kitabın önceki sayfalarına bakınız.
[5] L. Lamebier, Op. Cit. p.114-115.

meydan okumalarıyla azalmaktadır[6]. Belki de bu entelektüel geriliğe, maneviyatın bazı şekillerinin gelişimini atfetmek gerekecektir.

B. Occamisme

Occam denilen İngiliz Fransisken Guillaume d'Occam[7], 1300 yılından az önce doğmuş ve 1312'den 1318 yılına kadar Oxford'da eğitim görmüştür. Daha sonra orada İnceptör[8] unvanı ile ders vermiş ve 1324 yılından önce "**Commentaires Sur Les Sentences**"ını yazmıştır. Bu eserinde ve diğer iki felsefe eserinde (Commentaires d'Aristote, Summa Totius Logicae, Quodlibet VII) veya ilahiyatta (Contiloquium Theologicum'da spekülatif ilahayıtın) 100 önerisine gönderme yapmaktadır. Onun kişisel doktrinini, bu eserlerde aramak gerekecektir. Hocalığının ilk yıllarından beri, cesur tezlerle Papayı kınamıştır. Bunun için 1324 yılında Avignon'a çağrılmış ve orada dört yıl kalmıştır. Her ne kadar şahsen mahkûm edilmemişse de, 51 önerisi 1326 yılında sansüre maruz kalmıştır[9]. 1328 yılında, kralın yanına gitmek için Baviere gitmiştir. Kral Louis IV'dur (1314-1347). Kraldan Papa Jean XXII'ye karşı şiddetli gösterilerde savunma elde etmiştir. 1328'de aforoz edilmiştir. Ancak kiliseyle uzlaşmayı düşünmemiştir. Ancak Louis de Bavière'in 1347 yılında ölümünden sonra uzlaşma sağlanmıştır. O, sansürün kaldırıldığından emin değildi. Occam, 1349 yılına doğru vefat etmiştir.

Occam'ın, kilisedeki aksiyonu ne kadar uğursuz olsa da felsefesi kadar zararlı olmamıştır[10]. Bu felsefe, eski skolastiğe karşı, şiddetli bir reaksiyonu temsil ediyordu. Bizzat ilahiyat konusunda, derin bir yankıya sahipti. Fransisken Occam, Duns Scot'un prensiplerinden bilgilenmek zorunda kalmıştır[11]. Ancak bu prensipleri büyük oranda reddetmiştir ve muhafaza ettiği uç noktalara kadar götürmüştür. İlk fikir, ona, Oxford'un hocaları tarafından

---

[6] E. Gilson, La Philosophie au M.A. II, p.83.
[7] Feret, Op. Cit. III, 339-380; Hurter, Op. Cit. II, 525-530; M. De Wulf, Op. Cit. p.163-174; J. Hofer Biographische Studien II. W. Von O, Dans Arch. Franc. Hist, 1913; J. Maréchal, le Point de Départ de la Métaphisique, 1, Louvain, 1922; E. Gilson, Philos Au, M.A, II, 1922, p.85-136; P. Doneoeur, Rév. Néo. Scol. 1920-1921; Rev. Sc. Phil. th. 1921; A. Pelzer, Le 51 Arhicles de C. D'O. Censurier á Avignon eu 1326, dans Rev. Hist. Eccl, 1922, p.240-270.
[8] Oxford'da ir unvandır.
[9] A. Pelzer, Op. Cit.
[10] Dialagus; Opus Nonaginta Dierum; Conpendium Errorum Joannis Papae XXII; Questiones VIII'de utoritate Summi Pontificis. De İmperatorum et Ponlificum Posettate (ed. Malder, 1924, Brampton).
[11] Onun talebesi değildir.

ilham edilmiştir ki sadece fizik ilmi veya matematik onun dikkatini tercihan çekiyordu[12]. Bundan dolayı, bu müşahhaslık, gariplik, onun doktrininde üstün bir yer tutmaktadır ve bu gerçek bir devrimdir.

Buna, Nominalisme veya terminisme adı verilmektedir. Bu Occam'ın ideolojik sistemidir. Daha doğrusu bu, Occanisme'dir. Çünkü o, XI. yüzyılın eski nominalistlerinden ve onda sadece bir sansasyon gören modern empirstlerden ayrılmaktadır. Bu sistem, Occam için bütün ideal değerini korumaktadır. O, realiteden yoksun, bir varlık nedenidir, bir işarettir. O, mücerret bilginin, ideal bilginin, irreel bilginin konusudur. Bireyden ve onun yakaladığından, entelektüel olarak olsa bile sezgiden başka bir şey yoktur. Buna göre ne etken akıl ne de entelektüel akıl türü yoktur: Sadece sezgi tarafından kavranan eşya vardır ve onda fikir bir işarettir.

Böylece,metafizik tahtan indirilmiş, özel konusundan mahrum edilmiş ve saf zihinsel bir oluşum olmuştur. Diğer yandan o, prensip itibariyle basitleştirilmiştir. Scot'un formalitelerine karşı reaksiyonla Occam, sadece eskilerin kabul ettiği formelleri değil, reelleri de reddederek farklılıkların çoğunu reddetmiştir. Ancak öz devam etmiştir. Fakat bu öz, tesadüflerle ya miktar olarak ya da kalite olarak karışmıştır. Ruh, yeteneklerden ayrılmaktadır, öz varlıkta benzerlik arz etmektedir. Ancak yine de madde şekille karışmamaktadır. Hatta bazı varlıklarda meselâ insanda çoğulcu cevhersel formlar vardır[13].

Occamien mantık, metafiziği ayırmıştır. Reel dünyada beyan edilen bu olay, diyalektik kombinezonda madde olmaktadır. G. d. Occam, mantığın lojik formunu artırmakta ve buna Omnium Artium Aptissimum İnstrumentum demektedir. Zihnin jimnastiği, bir çeşit spor olmaktadır. Venerabilis İnceptor'un talebeleri, bunu üstadlarından daha çok kullanmışlardır[14]. Ancak bu dialektik egzersizler boşa çıkıyor: Occam, çok sayıda ispatın nedenini bilmiyordu. Meselâ ruhunun manevi ispatlarını, Allah'ın bizzat varlığının ispatlarının nedenini bilmiyordu.

Bu psikoloji, bilgi söz konusu olduğunda, dengesizdir. İradeye dokunan bütün tasdikle bu psikoloji vardır. Occam, Volontarisme'in tamamını belirtmektedir. İrade, iyinin entelektüel takdimlerinden bağımsızdır. Bu durumda,

---
[12] Bu kitabın önceki sayfalarına bakınız.
[13] Forme Corporoité-Âme Sensitive âme İntellective.
[14] M. De Wulf, Hist. ph. Méd. II, p.158, 172-174.

bizim reel gidişimiz, amaç konusunda kavramlar kombinezonuyla nasıl etkilenecektir? Yani vasıtalar, moralite yani zihin tarafından yaratılan sembollerle nasıl etkilenecektir? İrade, otodeterminasyonun mutlak gücünün bir yatırımıdır. Rasyonel sebepleri aşan karar, kendiliğinden olan eylem, hür iradeyle karışmaktadır[15]. İstek ruhun, bizzat özüdür. Eyleminden itibaren daima serbesttir. Ancak iyiyi ve kötüyü sadece vahiyle tanıyabilmektedir. Çünkü iyi, münhasıran Allah'ın iradesine bağlıdır.

Occam'ın kısmi agnostizmi, tabiatüstü ilahiyatta geçici bir durum sergilemektedir[16]. Occam bunun sahasını genişletmektedir. O, akla önemli bir pay ayırmaktadır. Böylece, ruhun spritüalitesi, onun ölümsüzlüğü, Allah'ın varlığı, onun sıfatları bize, sadece imanla ulaşmaktadır. Fakat diğer yandan Occamisme, imanı, nefierle imkânsız kılmaktadır. Zira ilişki, reel değildir. Bunun için Kutsal Teslisin sırrı nasıl açıklanabilir? Orada var olan ilişkiler, ilahi uknumu (şahısları) oluşturmaktadırlar. Şayet şahıslar, negatif bir kip olsalardı ve ne varlık ne de kelimenin cevheri olmasaydı, reel şeyler olmazlardı. Hâlbuki bunlar kurtarıcı insana sahip olarak ve hâkim olarak, varlığın yerini ve beşeri varlığı işgal etmektedirler. Bunun için Mesihte, tabiatın ikiliğini gören Nestorius'un hatasından nasıl sakınılabilir? Yine şayet araz reel olarak cevherinden ayrılmazsa, nasıl açıklamak için değil de sadece başkalaşımın gizemini açığa çıkarmak için bunu söyleyebilirim?[17]

Ocaam'ın bütün bunlara bir cevabı var: Allah'ın iradesi. Fakat bu hiçbir şeye cevap vermez. Çünkü bu iradenin insanda imkân ölçüsünde açıklanması mümkündür. Duns Scot'tan sonra uzun vadede, Tanrının mutlak gücüne yapılan sürekli başvuru, sonsuz bilgelik ve iyilikle bağdaşmayan keyfilik ve tiranlık izlenimi bırakır[18]. Bunlarla uyum içinde olan sebep arayışı ilahiyatta ne kadar daha verimli olmuştur!

Ortaya konan prensiplerin sonuçları, ilahiyatın bütün alanlarında, hatta ahlakta bile bulunmaktadır. Aslında bizatihi ne iyi vardır ne de kötü. Her ikisi de Allah'ın yegâne iradesine dayanmaktadır. Bunların zıddını yaratmaya Allah'ın gücü yeter. Bu andan itibaren tabii kanunların önerileri ki

---

15 İbid, p.170.
16 Occom, metafiziği reddetmektedir. Onun çağırdığı imandır. O, şüphecilikten sakınmaktadır.
17 L. Mahieu, Op. Cit. p.497-498.
18 Bu eserin önceki sayfalarına bakınız.

bunlar, ahlakın temelidir. Bunları, şayet iman Allah'ın pozitif tarzla tasdikiyle göstermeseydi, hiçbir değeri olmazdı. Zaten Allah'taki bu irade gelişimi, bilakis, insandaki iradenin rolünü, sonuç olarak azaltmaktadır. Beşeri eylemlerin, bizzat tabii de olsalar Allah onları dilerse, bir değeri olacaktır. Her hâlükârda bizim lütfa hazırladığımız serapa tabii eylemler, asli günaha rağmen iyi olarak ortaya çıkmaları umulur. Çünkü bunlara, bizim aşağı güçlerimizce ancak ulaşılır. Hz. Âdem'in düşüşünden beri inayet olmadan bütün DECALOGUE kurallarını icra ediyoruz ve hatta her şeyin üstünde Allah'ı sevmeyi bile... Bunu, sadece tarzda değil; eylemin özünde bile icra ediyoruz[19]. Böylece Occam, yarı-pélagianisme'i yenilemektedir.

Occamisme'in temsil ettiği doktrinel gücü göstermeye bu yazılanlar yeterlidir. Çünkü bu doktrin, bir yandan tedrici olarak metafiziği, ilahiyatı ve tabii ilahiyatı kaldırırken, diğer taraftan diyalektizmi kaldırarak, sofistik ilahiyata dönmektedir. Eskilerin hakarete varan eleştirisi, sisteme bir üstünlük havası vermektedir. Böylece o, yarı septik değil; onun doktrini, en büyük uğursuz tesiri icra edecektir. Occam'ın doktrini, VİA MODERNORUM veya VİA MODERNA yolunu açmaktadır. Bu yol, eskilerin VİA ANTİQUA veya ANTİQUORUM dedikleri yola muhaliftir.

Occamisme'in hızlı yayılmasını açıklamak mümkündür[20]. O, Üniversitelerde hızlıca yayılmıştır. Özellikle sanat fakültelerinde. Buradaki onun hararetli taraftarları, onun doktrinini ve zihniyetini yaymışlardır. O, Oxford'da doğmuştur, orada çok hızlı şekilde rağbet görmüş ve egemen olmuştur[21]. Paris üniversitesi de Occamisme'i çok iyi karşılamıştır. Orada, akademik otoriteler tarafından alınan zıt tedbirlere rağmen, Paris'te, Occamisme, kararlı taraftarlar bulmuştur. Bunların arasında en liyakatli olanı Jean Buridan[22] (+1358)'dır. O, 1328'de ve 1340'da rektördür. O, Occamisme'i üniversiteye yerleştirmiştir. Diğer bir isim ise, Marsile d'Inghem'dir[23]. Onun talebesi de rektördür (1367-1371) ve onun eserini devam ettirmiştir. Paris üniversite-

---

[19] L. Mahieu, Op. Cit. p.9.
[20] M. De Wulf, Hist. Phil. Méd. II, p.174-192.
[21] İbid, p.175.
[22] Jean Buridan Aristo'nun birçok eserini şerh etmiştir. Volontarisme'i, Determinisme'e kadar götürmüştür. M. De Wulf, İbid, p.179-180.
[23] Marsile d'Inghem (1+1395). Bu adam, Heidelberg üniversitesinde Occamisme'i yaymıştır, oranın da ilk rektörüdür (1386).

sinden bir grup profesör, 1374 yılında bir manifesto yayımlayarak VİA MODERNA'nın savunmasını üstlenmişlerdir.

Occamisme'in savunucularından birisi de Pierre d'Ailly (1350-1420)'dir. O, Cambrai'nin gelecekte Arşevekidir. O, 1380'de doktor olmuş ve Jean Gerson'da bu tesire maruz kalmıştır[24]. O da XIV. yüzyılda kurulan üniversitelerde, birtakım muhalefetler olsa da Occanisme'i, ilahiyat fakültelerinde propaganda etmiştir. Dini tarikatlar, bizzat başlatmalarına rağmen kendi arzlarındaki mukavemet, dışardan daha çoktu. Papa Jean XXII, 1326'dan itibaren Occam'ın önerilerine sansürü başlatmıştı. Daha sonra Clément VI'da, 1340'da Parisli Occamcı ilahiyatçıları ifşa etmişti ve onları mahkûm etmişti[25]. Fakat bu otorite eylemlerinin, kısmi bir tesiri olmuştur. Sonuçta ilahiyat bütün eğitim merkezlerinde öğretilen bu yeni zihniyetten acı çekmiştir.

İstilacı Nominalisme'in sebep olduğu düzensizlik, büyük oranda yayılmalarına rağmen, Jean Huss'un ve Wiclef'in hataları da Occanisme'e benzetilebilir[26]. Yine Occam, Wiclef'e karşı (1324-1348) skandal isyanının yollarını hazırlamıştı. Wiclef, Papaların iddia ettikleri yüce otoriteyi savunmuştu. Kralın Chapelaine'i ve Oxford'da ilahiyat profesörü olan Wiclef, cesur bir ihtilalci olarak ilahiyatın bütün alanlarında kendisini bir reformatör olarak ortaya koymuştu. O, kiliseyi devlete boyun eğdiriyordu. Bununla beraber o, hiyerarşisiz, sakramentsiz, evharistiksiz bir maneviyat istiyordu. O, katılığı vaaz ediyordu ve katı tarikatlarla mücadele ediyordu. Meselâ, Bradwardine, hürriyeti inkâr ediyordu[27] ve kaderciliğe inanıyordu. Onun hataları, İngiliz piskoposu tarafından kınanmıştır (1382). Ancak o, fikirlerinden dönmeyerek, propagandaya devam etmiştir. Onun fikirleri, Orta Avrupa'ya girmiş ve Jean Huss'u (1369-1415) etkilemiştir. Huss, 1398'de Prague'da profesördür ve 1402'de üniversite rektörüdür. Huss, kiliseye karşı isyan ruhuyla propaganda yaparak, Böheme'i, Almanya imparatorluğunun baskısından kurtarmıştır. Ancak o da Constance konsilinde mahkûm edilmiştir[28].

---

[24] Bu yazar için bu kitabın ileri sayfalarına bakınız.
[25] 1346 ve 1347'de Sekulier Nicolas d'Autrecourt'u, Cistercienne, Jean de Mirewurt'u ifşa etmiştir. M. De Wulf, Op. Cit. II, p.223-229. Diğer bir profesör de gelecekte Cantorbéry arşeveki olacak olan Thomas Bradwardinè'dir (+1349). Bu adam oldukça katı bir determinisme yaratarak, hürriyeti kaldırmıştır. İbid, p.220-222; L. Mahieu, p.12.
[26] L. Mahieu, Op. Cit. p.13.
[27] Occam, aklı hakir görerek iradeyi tebcil ediyordu. Bütün Protestanlık fikirleri Wiclef'te vardı.
[28] Bkz: L'Enchirid, Sum. Denzinger, (n.581-689). Hem Huss'un hem de Wiclef'in hataları mahkûm edilmiştir.

II. İLAHİYAT OKULLARI

A. Fransiskenler

Bunları etkileyen dâhili krize rağmen[29], Fransisken tarikatı, XIV. yüzyılın başında hâlâ büyük bir entelektüel aktivite gösteriyordu. Fransisken ilahiyatçılarının tamamı, Scotist doktrini ikrar ediyorlardı. Duns Scot, artık resmen tarikatın doktoru olmadığı halde[30] ve bu dönemden itibaren birtakım muhalefetlerde kendini gösterdiği halde, Lombard'ın Sentences'larının Fransisken şerhcileri isteyerek, Duns Scot'un prensiplerinden ilham alıyorlardı ve onları sayıca ve formalite olarak çoğaltıyorlardı. Bu güçlü Scotisme, Occamist fraksiyona karşı koyuyordu.

XIV. yüzyılın, Scotist Sententiaires'lerinin en meşhuru François De MEYRONNES (+1325)[31] idi. O, **"Magister Acutus Abstractionum"** unvanına layık olmuştur. Bu arada Jean De Reading'e[32] de işaret edebiliriz. O, Oxford'da XIV. yüzyılın başında profdu. Jean De Bassolis (+1347) ki o, Scot'un tercihli talebesiydi. Pierre De Aquila (1348) ki o, Scotellus unvanını, Scotist Compendium nedeniyle hak etmiştir. Scot'un birçok talebesi, hocaları Scot'a atfedilen birçok eser yazmışlardır. Meselâ, Antoine André (+1320)'nın METAPHYSICA TEXTUALIS gibi. Başkaları da Scotist doktrinin safiyetini Occam'ın negatifliğine karşı savunmuşlardır. Meselâ, Walker Burleigh (+1342'den sonra) ve Gauthier De Catton (+1343) bunlardandır.

Zaten Duns Scot, tamamen St. Bonaventure'ü de unutmuş değildir. Bunu özellikle, Alexandre d'Alexandrie (+1314) ve bilhassa Jean D'Effurt ispat etmektedir. Bonaventure'den mülhem olan Compendium, Jean Fontaine'e nisbet edilmektedir. Bu adam, Montpellier'de rektördü. Bonaventure'ün Breviloquim'un özeti de Jean Rigaud (+1388) tarafından kullanılmıştır. Bu adam da Tréguier piskoposudur ve Compendium théologiae pauperis'in yazarıdır.

Birçok Fransisken ilahiyatçı, fakirlik konusunu işlemiştir. Bu konuda aşırılıktan kaçınmayanlar arasında Denys Foullechat vardır. Bunun çok sayıdaki önerileri, Papa Urbain V (1368) tarafından mahkûm edilmiştir. O da bu önerileri geri çekmiştir[33].

---

[29] Bu kitabın ileri sayfalarına bakınız.
[30] Bu unvan ona 1593'de verildi. Bkz: P. Ehrle, (Op. Cit, note 6).
[31] Bkz: Hurter, Op. Cit, t.II, p.521. Bu adama, 1. Actus Sorbonicur'un kuruluşu atfedilmektedir.
[32] E. Longpré, Jean de R. et le Bx D. Scot, Dans France Franc, 1924, p.99.
[33] Denzinger, B, Enchiridion, n.575-577.

Bütün bu yazarlar, gerçekçi geleneğe sadık kalmışlar ve onlar Nominalisme'e karşı mukavemet göstermişlerdir. Yüzyılın sonunda Fransiscain Pierre de Candie[34], Paris'te 1381 yılına doğru profesör olmuş ve Papa tarafından (Alexandre V), PİSE konsiliyle Nominalisme'le boyanmış bir Scotisme'ın doktrinel noktadan temsilcisi olarak belirlenmiştir[35].

Occamisme, Fransisken tarikatının içinde de birtakım mensuplar bulmuştur. Ancak bunların sayıları çok değildir. Bu konuda, Paris'te Scot'un talebesi olan Aquitaine'de ilahiyat profesörü ve Aix (1321)'de arşevek olan (1321), Pierre Auriole'un şahsında, Occam, bir haberciye sahip olmuştur. Bu adam, Thomisme'e ve Scotisme'e karşı yönelen yeni bir kavram yaratmıştı. Bu, Occam'dan alınmış ve onun tarafından tamamlanmış bir doktrindi. Occam'ın ilk talebeleri arasında[36], Adam Wodehan'a (+1358) işaret etmek gerekiyor. O, Oxford'da hocadır. 1332 yılından itibaren Oxford'da SENTENCES'ları şerh ediyordu. Brinkel'de onun izinden yürüyerek, asrın sonunda kendisini göstermiştir. Diğer Occamist Fransiskenlerin bazıları da İngiltere dışındaydılar. Meselâ, Jean de Ripa bunlardan biriydi ve Paris'te 1357 yılında hocalık yapıyordu. Bunun da Jean de Mirecourt'a[37] yakın bir doktrini vardı.

Fransisken ilahiyatının zaferlerinden birisi, Meryem'in lekesiz hamileliği inancına verdikleri imtiyaz ve bu konudaki savunmalarıydı[38]. XIV. yüzyılda, bu konuda Fransisken tarikatında görüş birliği hâkim olmuştur. Başlangıçta, çok sayıda Profesör, Bonaventure'e sadık kalmıştır. Fakat Duns Scot'un etkisiyle bu alanda Meryem'e verilen imtiyaza dayalı ruchaniyet hızlı şekilde yayılmıştı. Bunu savunanlar şunlardı: P. Auriol, bu konu için küçük bir risale yazmıştı: De Conceptione İmmaculatae Virginis-1314. Bunu kısa zaman sonra bir başka apolojetik takip etti: Repercussorium. Diğer yandan François de Meyronnes aynı dönemde, Tractatus de Conceptione B. M.V'ye yazmıştır. Bunların dışında birçok şey yazılmıştır. Bu hocaların tesiri altında, Meryem'in lekesiz hamileliği inancı Fransisken tarikatına iyice yerleşmiştir. XIV. yüzyılın

---

[34] Ehrle, Der Sentenzenkommentar Peter V. Candia, Münster, 1925.
[35] M. De Wulf, Hist. ph. méd. II, p.185; İbid, p.183-185; Alexandre için bkz: J. Salembier, Op. Cit. p.264.
[36] N. Valas, P. Auriol, Dans Hist. Litt de la France, t.33 (1901), R. Dreiling'in doktini için der Konzeptualismus des P. Aurioli, Münster, 1913; M. De Wulf, Op. Cit. P.161-163; Ehrle, Op. Cit; Dict. th. Art. Frères Mineurs, Col. 831.
[37] Bu kitabın önceki sayfalarına bakınız.
[38] P.X. Le Bachelet, İmmaculée Conception, Dans Dict. th. Col. 1078-1088.

sonunda bu konu, tartışmasız şekil almıştı. Paris üniversitesinde, bu konudaki iki kanaate de doktrinlerini serbestçe açıklama hürriyeti vardı. Ancak Fransiskenlerin Meryem konusundaki imtiyazları fikri, daima şampiyondu. 1387 yılına doğru İspanyol bir Fransisken olan Jean Vital, Defensorium B.M.V isimli kitabını, Dominiken Jean de Manzon'a[39] karşı yazmıştı. Bu dönemde 14 öneri, üniversite tarafından sansür edilmiştir. Ancak Papa Clément VII, Avignon'da, bu konularda bir şey söylememişti. Fakat Dominikenler üniversiteye dönmek için bunları öğretmekten vazgeçmek zorunda kalmışlardı[40].

B. Dominicainler[41]

Dominiken tarikatı, XIV. yüzyılın başından itibaren (1309), St. Thomas'ın doktrinini, resmi doktrin olarak benimsemiş ve genel bölümler sık sık suçluları hatırlatmıştır. Yine Dominiken ilahiyatçıların büyük bir çoğunluğu, o andan itibaren Thomisme'i dile getirmişlerdir. Bazıları, Thomisme'in savunmasını üstlenmişlerdir. Çünkü hâlâ bu doktrinin hasımları vardı. Hâlbuki Viyana konsili (1311) yılında, Thomisme'in Substansiel formun birliği büyük tezini onaylamıştı. Bu tez, Augustinciler tarafından tenkid edilse de konsil bu teze ciddi bir avantaj sağlamıştı.

Bu savunmacılar arasında, birtakım düzeltme kitapları yazanlar vardı: Thomas De Jora (+1330), Oxford'da hocaydı, kardinal oldu ve Liber Propugnatorius-Contra Scotum'u yazmıştı (Bu, Sentences'lar konusunda ilk kitaplardandı). Diğer yandan Hervé De Nédellec veya Noel (+1323), tarikatın başkanıydı 1318'de onun da Sentences'lar üzerinde Defensa Doctrina de Thomas isimli bir kitabı vardı. O, burada Somme'un planı konusunda Thomisme'i savunuyordu ve Capréolus'un içini hazırlamıştı. Yine Hervé, Henri de Gand'ı ve Durand de St. Pourçain'i reddetmişti. Pourçain, özellikle adaşı Durand D'Aurillac tarafından eleştirilmişti. Buna Durande (+1380) deniliyordu. Thomist ilahiyatçılar, Lambard'ın Sentences'larını okullarda şerh etmelerine rağmen, St. Thomas'ın yazılarını yardımcı olarak kullanıyorlardı. Bu XIV. yüzyılın başından itibaren diğer Somme Théologique özetlerin yazılmasını kolaylaştırmak için yararlıydı. Bu riske rağmen, Jean Dominici'nin Somme Théologique özeti, 1323'den sonra yazılmıştı.

---

[39] İbid, Col. 1083. Bx Raymond Lulle'un lekesiz hamilelik doktrini, İspanya'da Dominicein N. Eymerie tarafından XIV. yüzyılın sonunda geçersiz hale getirilmişti. İbid, Col. 1088-1089.
[40] P. Mandonnet, Frères Prècheur, Dans Dict. th. Col. 900.
[41] İbid, Co. 894-925; M. De Wulf, Histoire de la Philosophie Médiavale, II, p.176, 181, 197-200.

Yine XIV. yüzyılın başı, ilk Thomist Concordanece'ların tarihini taşımaktadır. Bunlar, Somme ve Sentence tefsirleri konusunda ortaya çıkan farklı iddiaları uzlaştırmaya yönelik çalışmalardı. Bunların ilki, geleceğin CÔME piskoposu olacak olan BENOÎT D'ASSIGNAND'ın (+1339) ve Thomas De Sutton'unkilerdi[42]. Bu adam, XIV. yüzyılın başında en hararetli Thomist savunucularından birisiydi. Daha sonra 1350-1360 yıllarında, Hervé De La Queue, ilk tabloyu kompoze etmiştir. Bu eser, müteakip yüzyıllarda kullanılacaktır. Bu eserler, Thomisme'in her eserinin genel indeksini gün yüzüne çıkaracaklardır.

Bazı Dominiken proflar ise, Thomisme'e sadık kalmamışlardır. Bunların arasında Durand De Saint-Pourcain[43] dikkat çekmektedir (+1334). O, Paris'te hocadır, sonra 1313'de Avignon papalık sarayındadır. Sonra da Limoux piskoposu olmuştur (1317). Sonra 1318'de Puy piskoposu olmuştur. Daha sonra da 1326 yılında Meaux'da piskopostur. O, antirealisttti. Akıl ajanını ve niyet türünü reddediyordu ve evrenselliğe, aklın saf nedeni olarak bakıyordu. Onun conceptualisme'i, tarikatın birçok bülümleri tarafından reddedilmişti. Sadece birkaç üniversitede öğretilmiş ve Occam'a yol hazırlamıştır[44]. Occamisme'in ayarttığı Dominiken proflar arasında, Armand de Beauvoire'ı (+1340); İngiliz Robert Holcut'u (+1349) görüyoruz. Bunlardan birincisi sarayda hocaydı, diğeri de Cambridge'de hocaydı. İkincisi olan, Bradwardine'den önce, Determinisme'i öğretmişti[45]. Ancak bunların sayısı, Dominiken doktorların arasında oldukça istisna teşkil etmektedir.

C. Augustinciler

St. Augustin keşişleri, St. Augustin'e samimiyetle bağlı olmakla beraber, Thomist doktrine de sadıktılar. Bunun örneğini, Gilles de Rome göstermiştir. Bu ekole, EGEDİENNE okulu denmekte ve XIV. yüzyılda parlak bir dönem yaşamıştır[46]. Bu okul, belli başlı iki alanda, önemli eserler meydana getirmiştir: Kilise hukukunu savunmada, ahlak veya zahitlik konularında. Yine

---

[42] Th. de Sutton'un Concordance'ı Mandonnet'ye göre Ecrits Aurh. p.156; Bkz: Wulf, Hist. ph. méd. II, p.44-47.
[43] J. Roch, Durandus de S.P. 8Beitrage), I Münster, 1927; cf. P. Mandonnet, Dans Bulletin Thom, 1928, p.349-355; Wulf, Op. Cit. II, p.159-161.
[44] Pierre de la Palud (+1342), XIV. yüzyılda Paris'te doktordur. Kudüs patriğidir. Durand'ın doktrinini sansür edenlerden birisidir. Bütün bu konu için bakınız: X. Le Bachelet, Benoit XII, Dans dict. Théol. Col. 657-696; O. Vatikan'ın hukukunu cesaretle savunmuştur.
[45] Dict. th. Art. Frèrer Pr. Col. 898.
[46] Bu kitabın önceki sayfalarına bakılmalıdır.

Gilles'in talebesi olan ve Gilles'den önce Jaques De Viterbe[47], kilise konusunda ilk kitabı yazmışa benzemektedir[48]. Ancak Augustin Triomphe (1243-1328) daha tanınmaktadır ve Summa de Potestate Ecclesiastica (1320) yazarıdır. O, bu kitabı Papa Jean XXII'ye[49] hediye etmiştir. O, İtalyan kökenliydi ve Paris'te kilise doktoruydu. Orada St. Thomas'ın talebesi olmuştur. Denildiğine göre, 1274'de St. Thomas'ın yerine geçmiştir. Yine o, Lyon konsiline davet edilmiştir. Prenslerin ve papaların danışmanlığını yapmış ve çok farklı konularda, çok farklı eserler yazmıştır: De Cognitione Animae, Super Missus est; De Salutatione Angelica, Novella de V et VI Decretalibus. Yine onun birçok yazısı, muhafaza edilmiştir[50]. Meselâ, Aristo'nun Métaphisique'i, Sentences kitapları, Yeni Ahit, Augustin'in Milleloquium'un doktrinel sentez denemesi gibi... Fakat bu kitapların hiçbiri, Somme'u kadar rağbet görmemiştir. O, bu eserinde muhteşem şekilde, kariyerinin sonunda, devrinin kilise problemlerini ele almıştır.

Bir başka Augustinci ise, Henri de Frimaria'dır (1340 veya 1357). Paris'te doktordur. Almanya'nın muhtelif şehirlerinde hocalık yapmıştır. Dindarlığı nedeniyle Doktor Seraphicus unvanına layık olmuştur. Yine o, birtakım dogmatik eserler bırakmıştır. Bunlar şunlardır: Additiones ad Libros Sententiarum, Pro Conceptione B.V. Mariae, De Quatuor İnstinctibus, De Spiritibus Eorum Que discretione, Expositio Triviaria Decem Praeceptorum, Passio D.N. Explanata, Birtakım Vaazlar. Bu dindar yazar, daima şöyle diyordu: İbadette Allah'la konuşuyorum. Fakat Allah benimle etüdde konuşmaktadır[51].

Egedienne Okulunun, XIV. yüzyılda en tanınmış ilahiyatçısı Alsaslı Thomas de Strasbourg'du (+1357). O, bu tarikatın başkanı olmadan önce bu şehirde hocalık yapıyordu (1345).

Grégoire de Rimini (+1358)[52]. Onun halefi de ondan sonra ölmüştü. O, tarikatta doktrinel bir bölünmeyi ortaya koymuştu. Çünkü o, Occamisme'in lehine bir durum sergiliyordu. Çünkü o, 1324'e doğru Paris'te eğitim gördüğü yıllarda, ideoloji konusunda en karakteristik prensipleri toplamıştı. Muhte-

---

[47] Bu kitabın önceki sayfalarına bakınız.
[48] Ayrıca bkZ. U. Mariani, O.S.A. Biografia di B. di Viterbo Dans Archioto d. Soc. Rom. di Storia Pat. 1926, p.137; İki makale için Giornale Dautesco, 1925 ve 1926.
[49] Bu kitabın ileri sayfalarına bakınız.
[50] Muhtemelen hepsi yayımlanmıştır.
[51] Hurter, Op. Cit. II, 541-542.
[52] N. Merlin, Grègoire de Rimini, Dans dict. Théol. Col. 1852-1854; Wulf, Hist. Phil. Méd. II, p.182.

melen 1348 Pavier'de bölümün yönelttiği savunma, ona hitap ediyordu. Çünkü o, Occam'ın mantığını öğretiyordu ve onun fikirlerini yayıyordu. Ancak o, bu kanuna boyun eğmemesine karşın tarikatın başkanlığına seçilememişti. Papa tarafından verilen Doctor Autenticus ismine de layık değildi[53].

Aynı temayülü, XIV. yüzyılda devam ettiren başka ilahiyatçılar da vardı. Bunlar şunlardı: Hugolin D'Orvieto (+1374). Bu adam 1368'de tarikatın lideridir ve Paris'te hocadır, Bologne üniversitesine, birtakım statüler kazandırmıştı. Jean de Bal (+1392), o da Paris'te hocadır. O, master sahibi olmadan Sentences'ların tefsirini yazmıştır (1371). O da Hugolin gibi, determinisme'i reddediyordu[54]. Augustinci proflar, çok geniş bir Thomisme'i, Occamisme dâhil olan Paris'te öğretilen felsefeye karşı belirtiyorlardı. Çünkü Augustinci doktrin, onları korumaya kâfi gelmiyordu[55].

D. Diğer Dini Tarikatlar

1. Carmeller[56]: XVII. yüzyılda Carmel tarikatı, Salmanticenses ilahiyatının meşhur yazarlarıyla oldukça temiz bir Thomist profesöre sahip olmuştur. Tarikat, başlangıçta oldukça mütereddittti. Wulf'a göre ekletizm, onun ilk üstadlarının prensiplerinden birisiydi. Daha önce, Gèrard de Bologne[57], 1295 yılında Paris'te hoca olarak bunlardan bir örnekti. Bütünlüğüyle, St. Thomas'ya bağlı olan bu adam, evrensel problemler konusunda Thomas'dan ayrılarak, Duns Scot'a yaklaşmıştır[58]. Buna rağmen o, formel ayırımları ve ruhlardaki maddenin varlığını reddetmiştir. Yine o, Thomisme'in özle-varlık veya madde ile bireyselleşme ayırımını reddetmiştir.

Yine benzer bir ekletizm'e, Guy Terré de (+1342) rastlıyoruz. Bu adamı, St. Thomas'ın azizleştirilmesi, oldukça heyecanlandırmıştır. Yine Sibert de Beck (+1332)'i Cologne'da, Paul de Pérouse'u (+1344) Paris'te (1339), aynı doğrultuda görüyoruz.

Görüldüğüne göre, Baconthorp[59] veya J. Bradwardine'nin arkadaşı olan Jean Bacon (+1346) haksız yere İbni Rüşdçülükle suçlanmıştır. Bacon,

---

53 O, Tortor Parvulorum diye isimlendirilmiştir.
54 De Jean de Mirecourt et Bradwareine, cf. p.663.
55 Bunlar, Jurantes in Verba S. Augustini idiler.
56 B. Xiberta, Analecta ordinis Carmelitarum, 1926, Dans Criterion, 1925; cf. G. Théry, Dans Rev. Sc. Ph. th, 1926, p.262 ve 1928, p.307; Wulf, Hist. ph. Méd. II, p.203-206, 219.
57 Bu kitabın önceki sayfalarına bakınız.
58 P. Servais, Gérard de B. Dans Dict. Théol. Col. 1289.
59 Wulf, İbid, p.219.

oldukça bağımsızdı ve özellikle, Auriol'a hücum ediyordu. Diğer doktorlardan daha çok o, St. Thomas'ya yakındı. Şahsen de münhasıran bağımsızdı. Onun adaşı François Bacon (+1372), 1360 yılında Paris'te Sentences'ları şerh etmişti ve o, Nominalisme'e meyilliydi. Onun tarikat arkadaşı Jean Brammart (+1407) her şeye nüfuz etmişti.

2. Cistersienler: Cistersienler, XIV. yüzyılda okullardaki tartışmada aktif değillerdi. Her hâlükârda, Jean de Mirecourt[60] da bu tarikatı layıkıyla temsil edememiştir. Bu tarikat, gerçek sözcülerini, İngiltere'de Wiclef'in hasımlarında bulacaktı. Meselâ, Royal-Lieu'nun başkanı olan Adam (+1368), bu konuda muhtelif eserler bırakmıştır: De Cavendo ab Haeresi, De ordine Monastico, Dialogus Rationis et Animae[61]; yine Henri Crump (+1382)'de Determinationes Scholasticae'yi[62] yazmıştır. Gelecek bölümlerde göreceğimiz gibi Cistercien Tarikatı, orta çağın maneviyatında önemli bir yer tutacaktır.

E. Seculier Olanlar

XIV. yüzyılda, üniversitelerin kendilerini Occamisme'e teslim ettikleri söylenmiştir. Sekulier proflar, diğerlerinden daha çok hızlı şekilde azalmıştı. Hatta en iyileri bile. Meselâ, Pierre d'Ailly ve Jean Gerson gibiler. Bunlar kendi zamanlarında büyük doktorlardı. Hatta onların eserleri, zamanın kilise tartışmalarına karışmıştı ve daha sonra bunlar etüd edilecekti[63]. Bunlardan önce, daha çok tartışılan birkaç başka hocanın eserleri mahkûm edilmiş ve birçok defa da kilise tarafından kınanmıştır:

1. Jean de Pavilly: XIV. yüzyılda Paris'te hocadır. Dilenci tarikatlarının amansız hasmıdır. Papa Jean XXII. tarafından bir kınanmaya muhatap olmuştur[64]. O, felsefede ve ilahiyatta St. Thomas'yı takip ediyordu. Ekletizmi benimsiyordu ancak, Godeforoid'in, Occam'ın görüşlerini kabul ediyordu[65].

2. Jean de Jandun[66]: Bu adam, XIV. yüzyılda Fransa'da İbni Rüşdçülüğün en gözde temsilcisidir. O, bir sanat ve ilahiyat profesörüdür. Aristo'yu, İbn

---

[60] Bu kitabın önceki sayfalarına bakınız.
[61] J. Besse, Cistercieus, Dans Dict. Théol. Col. 2540.
[62] İbid.
[63] Bu kitabın ileri sayfalarına bakınız.
[64] Denzinger, B. Enchir. Symh. n.491-493.
[65] Thouvenin, Jean de P. Dans Dict. th. Col. 797-799; N. Valois, Hist. Litt. Fr. t.34, p.220-281.
[66] J. Rivière, J. de Jandun, Dans Dict. Théol. Col. 764-765; N. Valois, Hist. Litt. Fr. t.33, p.528-633; Wulf, Op. Cit. II, p.216-219.

Rüşd tarzında Hıristiyan karşıtı şerh etmiştir. İnancından dönmemiş, aklın yanlışı ve doğruyu bilebileceğini yaymıştır. Padoulu Marsile ile uzlaşarak, 1326 yılında Bavierelı Louisnin desteğiyle Almanya'ya gitmiş ve onun hizmetine girmiştir. Orada o, Ferrare piskoposu olmuş ve fakat 1328 yılında vefat etmiştir.

3. **Marsile de Padoue**[67] **(+1327)**: Aslen Padou'ludur. 1316 yılında Papa Jean XXII tarafından Chanoine olarak atanmıştır (1312-1313 yılında Paris üniversitesi rektörüdür. Özellikle o, Papa XXII Jean'a olan isyanıyla ve bölücü teorileriyle tanınmıştır. O, 23 Ekim 1327 yılında bu teoriler için Jean de Jandun'la[68] Louis de Bavière, Milan arşeveki olarak atanmıştır. Ancak makama oturamamıştır. Louis de İtalya'yı terk etmiştir. Onun eseri gelecek paragrafta incelenecektir.

Parisli diğer bir doktor da Nicolas d'Autrecourt'dur. Bu da iman konusunda tehlikeli felsefe önerilerini desteklemiştir. Papa Clément VI, 1346'da[69], bu felsefelerin 61'ini mahkûm etmiştir.

Bu gözü pek profların yanında birçok prof, Ortodoks yolda devam etmişler ve ekletizme temayül göstermemişlerdir. Mesela, Thomas de Bailly (+1328), Paris Chancelier'sidir. Daha önce, Thomas Bradwardine'den[70] bahsedilmişti. Cantorbéry, başpiskoposuydu ve determinisme taraftarıydı.

III. KİLİSE İLAHİYATI
A. Kilise ve Devlet İlişkileri

1. Orta çağın sonunda, ilahiyatçılar, kilisenin iktidarının yaygınlaşması ve tabiatı konusunda doktrinlerini sistemize etmişlerdir. Bu dönemde ortaya çıkan özel güçlükler, bu teşebbüse geniş şekilde yardımcı olmuşlardır. Özellikle, Kilise-Devlet ilişkisi konusu dikkat çekmiştir. Bununla beraber, o zamana kadar bu konuda uzun teorik açıklamalar yoktu. Sadece birkaç prensibe dayanan geleneksel bir doktrin vardı. Papalar ve kilise doktorları bu prensiplere dayanıyorlardı ve bunlar müştereken kabul ediliyordu. Önce, maddi ve manevi iki iktidarın net olarak ayrılması kabul edilmişti, St.

---

[67] J. Rivière, Marsile de Padoue, Dans Dict. Théol. Col. 153-177.
[68] Denzinger-B, Ench. Symb. n.495-500.
[69] İbid, n.553-570.
[70] Bu kitabın önceki sayfalarına bakınız.

Ambroise ve St. Augustin[71] ve Papa Glase[72], St. Nicolas I, IX. yüzyılda bunu kabul etmişlerdi. Mesihin iradesine göre, iki iktidar iki sahada ayrıydı. Her birisinin kendisine özgü özellikleri vardı[73]. Daha sonra papalar, bir şeyde şüpheye yer bırakmadılar: Özellikle Grégoire VII'den beri, bir başka prensip olan "Subordination du Temporel an Spirituel= Cismani iktidarın manevi alana bağımlılığı" gibi bir prensiple ısrar etmişlerdir. Bu prensip, ruh karşısında beden gibi bir şeydi[74]. Bu bağımlılık, gerçek bir iktidarı temsil ediyordu ve kılıçla sembolize edilmişti. Buradan hareketle, St. Bernard'ın meşhur formülü kiliseye çift kılıç veriyordu: Birisi spritüal diğeri de maddiydi. Birinci kilisenindi. İkinci de kilise içindi ve onun tahriki içindi[75]. Papa Boniface VIII, meşhur bülteni olan UNAM SANCTUM'da (18 Kasım 1302), bu konudaki geleneksel doktrini resmen kaldırmıştır[76].

Bu temel unsurlar ele alınınca bu doktrin, ilahiyatın bugün davet ettiği; maddi iktidar konusunda maneviyatın endirekt iktidarına cevap vermektedir[77]. Burada iktidarın, itaate zorlanması söz konusudur. Fakat bu dolaylı olarak ahlakın ve dinin savunmasına yönelik emredilmiştir: Yani kilise, maddi iktidara müdahale etmektedir (Vatione Peccati)[78]. Bu son formul, Papa İnnocent IV tarafından bizzat kabul edilmiş ve dolaylı terimi, önceki bir kanoniste aittir ve bu 1216 yılına doğru yazılmıştır[79]. Burada itiraf edelim ki bu tez, kilisede, çok sonraları uygulanmıştır. Ancak bunun cevheri St. Thomas'da vardı[80].

Boniface VIII, Unam Sanctam'ı bülteni şiddetli muhalefetle karşılandığı bilinmektedir. Buna göre, dolaylı iktidar teorisinin modasının geçip geçmediği, ona refakat eden müşahedelerle, sorulabilir. Burada haklı veya haksız

---

[71] cf. t.II, p.523 ve 668.
[72] Bu kitabın II. cildine bakılmalıdır.
[73] Ep. 86; P.L. 119-960.
[74] İnnocent III, Decret, P.L. 216, 1163, 1183, cf. Sum. théol. II^a-II^{ae}, q.60, a.6, ad 3.
[75] De Consid, IV, 3, 7; P.L. 182, 776, S. Bernard, bkz: J. Rivière, Op. Cit. p.405-423.
[76] Denzinger-B, Enchiridion, n.468-469; J. Rivière, Le Problème de l7Eglise et de L'Etât au Temps de Philippe le Bel. Louvain-Paris, 1926, p.79-91.
[77] Maddi iktidar, manevi iktidara muhaliftir.
[78] Formule de Codex: c.1353, 1.2.
[79] İnnocent III; J. Rivière, Op. Cit. p.54.
[80] Journet, La Pensée Thomiste Sur le Pouvoir İndirect, Das la Vie İntellectuelle, Nisan, 1929, p.630-682; 645-655.

"Pouvoir Direct = Doğrudan iktidar"[81] bir ima görülmektedir. Bu sivil iktidarın, dini iktidar yararına bir azaltılmasıdır. Ancak bu açıkça yanlıştır. XIV. yüzyılda, papalığın savunucularının birçok eserinde bu teori bulunmakta ve hatta Grègoire VII'ye[82] kadar veya en azından taraftarlarına kadar çıkmaktadır. Şüphesiz bu papa ve onun dostları bu aşırı tavrı almamışlardı[83]. Gerçekte Grègorien karşıtları, ilahi hukukun mutlak kral egemenliğini övüyorlardı. Bunlar XIV. yüzyılda hukukçuların habercileriydiler. Çünkü bunlar, papalık iktidarına karşı önce Fransa'da sonra Almanya'da, Philippe le Bel'in (1285-1314) tahta çıkışında, sonra Louis de Bavière'ın (1314-1347) tahta çıkışında, savaş vermişlerdir. İşte bunların bu teşebbüsü, sadece Papa Boniface VIII ve Papa Jean XXII zamanında kiliseyi bulandırmamış, onlardan sonra da uzun müddet bulandırmaya devam etmiştir.

2. Bu tartışmaların uzak yankıları, onlara doktrinel bir karakter kazandırmıştır. Bu durumda ilahiyatçılar, filozoflar ve hukukçular, krallara, ilimlerinin desteğini vermişlerdir. Onların prensiplerini geliştiren çok yazı bilinmektedir[84]. Bunların arasındaki önemli nüansları belirtmek durumundayız.

Dört anonim eser konusundaki bu eserler, Fransızca yazılmışlardır. Bunların tarihi, tartışmanın başlarını göstermektedir. Bunlardan ikisi çok itham edilen regalienne temayülüdür:

a. Le Dialogue entre un Clerc et un Chevalier (1302'ye doğru)[85]: Bu eserde "Kilise Despotizmi" anlatılmaktadır. Ona göre, sivil iktidar yaşamalıdır. O, temelde kilisenin devlete boyun eğmesini savunmaktadır. Sivil iktidar, kullandığı hukukla, kilisenin temsil ettiği ahlaki gücü düzenlemeye yönelebilmelidir. Son noktada bu durum, milli ve kamu yararınadır ve bunu sağlamak devlete aittir. Bütün kanunlardan üstün en yüksek despotizme devlet sahiptir.

b. Rex Pacificus[86] da en geniş felsefi kapasiteyle ve sistemli bir şekilde buna benzer bir doktrini açıklamaktadır. Devletin ve kilisenin başının mukayesesi, önce iktidarların basit ayırımı ile kapanmıştır. Fakat birçok çizgilerde

---

[81] M. Rivière, Op. Cit. p.89; J. de la Servière, Boniface VIII, dans dict. Ap. Col. 430.
[82] M. Rivière, Op. Cit. p.9-13.
[83] Voosen, Papauté et Pouvoir Civil á l'Époque de Grègoire VII, Louvain, 1927. Bu yazar kilise iktidarının sivil iktidar üzerindeki üstünlüğünü yazmaktadır. p.224, n.3.
[84] M. Rivière, eserinin en büyük kısmını bu tezlere ve bu yazılara tahsis etmiştir.
[85] J. Rivière, Op. Cit. p.129-130 ve 253-261.
[86] İbid, p.279.

yazar, sivil iktidarın gerçek üstünlüğünü kabul etmekte ve onu İncil'le tesis etmektedir.

Çağdaş iki anonim yazıda daha ılımlı bir doktrin bulmaktayız: Bu yazılardan birisi "Questio in Utramque Partem"dir[87]. Bu yazıda kapalı bir ilahiyat tezi vardır ve iki iktidarın Allah'tan geldiğini açıklamaya yönelmiştir. Bu iki iktidar, temelde ayrıdır ve kilisenin otoritesi, maneviyat düzeyi ile sınırlıdır. Bununla beraber kilise, farklı unvanlarla belli bir üstünlüğe sahip olduğunu yazar, devletin bağımsızlığına dokunmadan belirtiyor[88]. Diğer yazı, bir Glose'dur. Unam Sanctum'dur. Bu da benzer bir doktrini açıklamaktadır[89].

Kilise-Devlet ilişkilerinin bu vasat kavramının en baştaki temsilcisi Dominicain Jean Quidort'tu[90]. Bu adam, De Potestate Regia et Papali isimli önemli bir eserin yazarıdır[91]. Yine o, sert bir ilahiyatçıydı ve bağımsızdı. Hiçbir gruba dâhil olmak istemiyordu. O, Vaudois'lılar arasında vasat pozisyonunu muhafaza etmiştir. Yine o, kilisenin dünyevi iktidara karşı bütün girişimlerini reddetmektedir. Doğrudan bir iktidarın taraftarlarının, onun için, kiliseyle dünyevi mülklere sahip olması meşrudur. Fakat bu, prensin bir tavizidir. Maddi ve manevi olarak iki toplum tamamen ayrıdır. Amacın ayrılığı, hükümetleri ve onların mülkiyetlerinin de ayırımını emretmektedir. İnsanlık için, bir tek manevi iktidar vardır. Fakat evrensel politik monarşi kaçınılmazdır. Bu iki toplum, kilisenin ahlaki yönetimi altında işbirliğine mecburdur ki devlete değil, prensin vicdanına göre hareket eden bir mecburiyettir bu. Bütün bu gelişmelerde, milliyetçi not oldukça keskindir. Jean, başka teorilerle bu özelliği ağırlaştırmaktadır. Hatta burada, Gallicanisme'i, tohum halinde bulmak mümkündür: Değersiz Papa'nın görevden alınması, konsilin üstünlüğünü en azından ima ile göstermektedir.

Jean Quidrot'un Fransa'daki tavrı, aynı dönemde imparatorluğa karşı, orta çağın büyük Hıristiyan şairi Dante'nin[92], De Monarchia'daki[93] (1311) tutumuna yakındı. Tamamen skolastik bir katılıkla, orada o, önce İncil'den

---

[87] İbid, p.153-155.
[88] İbid, p.303-305.
[89] İbid, p.148-150. Bu kitabın önceki sayfalarına bakınız.
[90] İbid, p.148-150.
[91] İbid, p.281-300.
[92] Dante (1265-1321). O, bir ilahiyatçı ve mistikti. Divine Comédi'nin yazarıdır (1300-1318). Bu eseri burada çift noktadan takdim edebiliriz. Fakat böyle bir şiirin önünde susmak tercih edilir.
[93] J. Rivière, İbid, p.329-340.

veya akıldan aldığı delillerle, imparatorluğun bağımsızlığını ortaya koymuştur. O, bütün dünyaya politik birliği temin eden bir monarşi istiyordu. Kilise ise, dini birliği temin etmeliydi. Dante, imparatorluğu tebcil ederken, kilisenin dini hâkimiyetini de tanımakta tereddüt etmiyordu. Bağımsız olarak, imparatora yönetme misyonu kalacaktır. Dante de, kilise-devlet ilişkilerini, Jean Quidrot gibi ve diğer Fransız okulunun ilahiyatçıları gibi tasarlamaktadır. **"Yani, herkes, papalıktan bağımsız olacak olan yönetimine boyun eğmelidir."**[94] Dante'nin emperyalist eğilimleri, eserinin şöhretine J. Quidrot'un açık milliyetçiliği gibi haksız yere onunkine de zarar vermiştir[95]. Aslında her ikisi de açık bir objektif atmosfer içinde fikirlerini açıklayamamışlardır. Onların doktrini, direkt iktidarı davet ediyordu[96] ve o zaten farklı olarak değerlendirilmişti[97].

Dante, XIV. yüzyılda büyük bir ılımlılıkla, emperyalist eğilimleri, temsil etmektedir. Onun bu tavrı, bu dönemin ilahiyatçılarının tavrıyla kıyaslandığında ilahiyatçılar, imparatordan, kiliseye hâkimiyetini kaldırmayı sadece Allah'a bağlamayı arıyorlardı[98]. Böylece onlar, hukukçulara yolları hazırlamışlardı. Hukukçular, Sezaropapisme'i oyalıyorlardı. Papa Jean XXII, nin saltanatında, teorisyenler, Louis de Bavière'in hizmetine girmişler ve kiliseye boyun eğdirmişlerdir. Bunların arasında en meşhuru Marsile de Padone idi[99]. O, Defansor Pacis (1324)[100] isimli temel eserinde, kilise düzeninde ihtilalci ve yenilikçi olarak görünmüştü. Denildiğine göre, o yine de Katolik olarak kalmış ve İncil'in doktrinine ve geleneğe sadık kalmıştır. O, şöyle bunu ifade etmektedir: Maddi ve manevi olarak hedefe ulaşmak için, insanın sosyal bir organizasyona ihtiyacı vardır. Bu organizasyon üç bünyeden oluşmaktadır: Kutsallık, ordu, adalet. İşte bunlar, Devleti oluştururlar. Devlet de seçilmiş olan şef, halktan gelen kanunla halkı yönetir. Kilise ilahi bir müessesedir, onun hukuku, saf maneviyata dayanır. Bütün inananlar ona iştirak ederler. Rahipler sınıfının, hiçbir mülkiyet hakkı yoktur. Hiyerarşi, beşeriyetin en

---

94 İbid, p.338.
95 De Monarchia, XVI. yüzyılda papalık indeksine konmuştur. Ancak bu, Léon XIII'ün saltanatında silinmiştir. İbid, p.339.
96 Burada Pouvoir Directif Plein söz konusudur. J. Rivière, Op. Cit. p.306.
97 M. Rivière için, "Pouvoir Directif" taraftarları, modern ilahiyatın yolunu açmışlardır.
98 J. Rivière, Op. Cit. p.308.317.
99 Bu kitabın önceki sayfalarına bakınız.
100 J. Rivière, Dict. Théol. Col. 155-165.

büyük kısmını teşkil eder. Bütün papalığın maddi ve manevi spritüal hukuku, Constantin'in DONATİON'undan çıkmıştır. Kilisenin merkezi yönetimi, konsile aittir. Laiklerde, rahipler ve piskoposlar gibi onun unsurlarıdırlar. İşte bu kitabın temel tezleri bunlardır. Buna emperyalizmin hizmetine konulan "Cehennem Makinesi" denilebilir[101].

3. Aşırı muhalefette, papalığın otoritesinin savunucularını da buluyoruz. Onlar, kutsal prensiplerin devamına kendilerini adadıklarının farkındadırlar. İşte, onların spekülasyonlarındaki gözü peklikleri buradan kaynaklanmaktadır. Oldukça katı olmakla beraber, onlar bu tabiatüstü idealin güzelliğiyle daha çok ayartılmışlar ve dışarıdan onu tehdit eden tehlikelerle çarpılmışlardır. Tek taraflı olan bu meşguliyetler, bazen onların net olarak görmelerini engellemiştir. Hatta öyle ki, onların prensipleri, kontenjan realitelerin yanına kadar uzanmışlardır. Bu halet-u ruhiyye, özellikle Gilles de Rome'da dikkat çekicidir. Ondan şöyle bahsedilmiştir: "Cemiyetin ilahi faktörünü açıklayarak, doktrinel tarzının karakteristiğine de dikkat ederek o, beşeri faktörün mütevazı olasılıklarına karşı dikkatsiz görünmektedir. Öyle ki şüpheli olmayan düşüncesi bir yana, onun açıklaması, değişmeden durmaktadır... Bu ateşli mistikler, Allah'tan başka bir şey görmüyorlar ve imanlarının giriş noktasına; akıllarının bütün gücünü uygulamaktadırlar[102]. Ancak mübalağadan sakınmak gerekmektedir. Çünkü bu gelişmeler, problemlerin bir başka görüş açısını dışarda bırakmamaktadırlar. Yazarlar, başka yazılarda bunu etüd etmektedirler. Meselâ, Gilles[103], bunlardan biridir. Hatta basitçe ima etmek veya ihmal etmek, genellikle öğretecek hiçbir şeyi olmayan eserlerde, her şeyi söylemek zorunda olmamak, durumunda bile...

Papanın savunucuları, orta çağda, onun için cismani iktidarın üzerindeki hukukunu savunmayı üstlenmişlerdir. Bunu da dinin büyük prensipleri adına yapmışlardır. Onların gözlerindeki tek şey, bu hakların açık tabiatının ne olduğunu bilmek sorunuydu. Geçen birtakım tedbirlere rağmen, onlara Pouvoir Direct, atfedilebilir mi? M. Rivière, bu konuda tereddütsüz şekilde bu ilahiyatçıların çoğuna cevap vermektedir. St. Grègoire VII'dan[104] beri,

---

[101] Papa Jean XXII, bunu mahkûm etmiştir. İbid, Col. 165-172; Denzinger-B, Enchirid, 495-500.
[102] J. Rivière, Op. Cit. p.226-227.
[103] De Regimine Principum, Aristo'dan mülhemdir. Bu eser Gilles'in politik ve sosyal düzeni bildiğini göstermektedir. İbid, p.225.
[104] J. Rivière, Op. Cit. p.11-60.

önceki yazarlar da bu radikal kavramın "tohumlarına" o, işaret etmişti. Fakat bu sistematik Gilles de Rome'da ve onun talebesi Jaques de Viterbe'de[105] bulunmaktadır. De Ecclesiastica Potestate'ın neşri[106], uzun zaman inanıldığı gibi,[107] Gilles de Rome'da bir husumet göstermemiştir. Fakat papanın haklarının sadece manevi olanda değil; cismani olanda da ateşli bir savunucusu olmuştur[108]. Hukukçulara karşı, oldukça serinkanlılıkla, polemiğe girmeden Gilles, dünyevi iktidarın ruhani iktidar karşısındaki bağımsızlığını ortaya koymuştur. Hatta her iki iktidarı karıştırmadan o, kilisenin sahip olma hakkını ve mülkiyet hakkını kabul etmektedir. Kilisenin, devletle ilişkisine gelince, onlar ilk neden ve ikinci neden olarak tasarlanmıştır: Papa, evrensel Tanrının bir aracısıdır ve onun aksiyonu, normal olarak manevi alanda kendini göstermektedir. Yine de onun cismani alanda da mutlak hakkı vardır[109]. Daha önce de belirttiğimiz gibi, Gilles'in bütün eserlerinde söylediği şey, Papa'nın bütün ayrıcalıklarının Tanrı ve Mesihle olan ilişkilerinde olduğu ve yine onun bir mistik olduğu kadar, bir hukukçu ve siyasetçiden çok, bir metafizikçi ve papa'nın vekili olduğunu belirtmiş olmasıdır[110]. İşte bu doktrin Bourges Arşevekini, Papa'ların dünyevi iktidarlarının "Pouvoir Direct"in ilk sırada teorisyeni olarak göstermektedir[111].

Gilles de Rome'un talebelerinden birisi olan Jaques de Viterbe (+1307), önce Bénévent'in sonra da Naples'ın (1302-1303 yılına doğru) arşevekiydi[112]. Gilles'den kısa zaman sonra, aynı konuda bir eser yazmıştır. Bu eser, kilise hakkında en eski eser olarak takdim edilmiştir. Bu eser şudur: DE REGİMİNİ CHRİSTİANA'dır[113]. Jaques'da hocası gibi polemikten sakınmakta ve daima doktrininin sakin zirvelerinde yer almaktadır. O, ruhanileştirmelerden daha çok, felsefeden ve ilahiyattan bahsetmektedir[114]. O da aynı doktrini, daha ölçülü şekilde açıklamaktadır. M. Rivière şöyle der: "O, net bir şekilde, tabii ve

---

[105] İbid, p.191-251.
[106] Parc ch. Jourdain, 1858.
[107] Onun eserinden birkaç sayfa önce bahsedilmiştir.
[108] Kitabının girişinden itibaren papalığın doktrinel ve hatta yanılmazlığına kadar bilgi verilmektedir.
[109] J. Rivière, Op. Cit. p.217-219.
[110] Dei Vicarius Carissimus (III. 9).
[111] Bu bir teokrasidir.
[112] Bu kitabın önceki sayfalarına bakınız.
[113] H.X. Arquillière, Le Plus Ancien Traité de l'Eglise, Jaques de Viterbe, De Regimine Christiano (1301-1302), Paris, 1926; J. Rivière, Op. Cit. p.145-148, 228-251.
[114] J. Rivière, Op. Cit. p.229.

tabiatüstünü ayırmaktadır. Bu planda, papalığın manevi iktidarını, dünyevi iktidara yaklaştırarak analiz etmektedir. Sonunda her iki iktidarı da Mesihin iktidarına bağlamaktadır[115]. Jaques de Viterbe'nin tezi, Gilles'inkinden biraz farklıydı. Ancak o, klasik bir doktrine bürünmüştü. Daha sonraki asırlar, uzun müddet, onun kalıcı olduğunu belirtmektedir[116]. Bununla beraber, eserin son müellifi, yine sert bir yorumun gücüne inanmamaktadır[117].

İki Augustinci Arşevek'in, tarikattaki büyükleri, Augustin Triomphe'du. O da yeteneğini ve ilmini, papalık davasının hizmetine vermiştir. O, özellikle diyalektiğinin aşırılıklarıyla meşhur olmuştur. 1308 yılına doğru, yazılan birçok risale onun mutlaklık eğilimlerini göstermektedir. Fakat onun karakteri, doktrinelden daha pratiktir[118]. Aynı doktrinde söylenilen tezler gelişerek "Summa de Potestate Ecclesiastica"nın (1320) 112 probleminde haklı sebep bulunacaktır. Bu eser, Papa Jean XXII'nin isteğiyle yazılmıştır. Her hâlükârda, hasımlarının teorilerine karşı yönelmektedir. Ancak o, ölçüyü muhafaza etmeyerek, papayı tanımıyor (q.1, a.1). Fakat Augustinciler, "karışık teolojiye" girmekte yalnız değillerdir. Bu teoloji, özellikle Boniface VIII'den itibaren, papanın hasımları ve taraftarları ile uğraşıyordu.

Henri de Crémone (+1312): Kanonistir. 1301 yılında Reggio'da piskopos olmadan "De Potentia Papae" isimli bir risale yazmıştır. Bu eserde papayı reddeden Gibelins'e ve diğerlerine karşı muhalefet göstermiştir[119].

Fransız Kardinal Jean Lemoine 1303 yılında, "Unam Sanctam" bültenini, papanın tam hâkimiyeti anlamında ortaya koymuştur[120].

Dominicain Ptolémée de Lucques'da benzer bir doktrini açıklamıştır. Bunu yazdığı, "De Vagimine Prencipum"da kısmen[121] ve "Determinatio Compendiosa"da açıklamıştır[122].

İspanyol Fransisken Alvarez Pelayo (+1352), Papa Jean XXII'nin yönetimi altında Avignon'da bulunuyordu. Papa onu, Achai piskoposu olarak

---

[115] Papa çift fonksiyonunda, Mesihin varisidir. Bu çift fonksiyon, kutsallaştırma ve krallık fonksiyonudur. De Reg. Cirrist, II, 9.
[116] J. Rivière, Op. Cit. p.251.
[117] X. Arquillière, Dans Rev. Apol. Déc. 1928, p.757-758.
[118] J. Rivière, Op. Cit. p.155-157; 350-357; 373-376.
[119] J. Rivière, Op. Cit. p.138-141; 165-170; 180-181.
[120] İbid, p.151-155.
[121] Bu kitabın önceki sayfalarına bakınız.
[122] J. Rivière, Op. Cit. p.322-327.

atamıştır. Birçok yazıyla tartışmalara aktif olarak katılmıştır. En meşhur eseri, 1330 yılına doğru yazdığı "De Planctu Ecclesiae"dir. Yazar bu kitapta, tamamen Apostolik bir hürriyetle, kilisenin, rahiplerin ve Hıristiyan müminlerin kederli halini sergilemektedir. Bunun tek ilacını, Vatikan'ın imtiyazlarını ve hukukunu genişletmektir. O, bu tezini kendisinden öncekilere dayandırmakta ve Jaques de Viterbe'in De Regimine Christiano'sunu çoğaltmakta tereddüt göstermemiştir.

Bütün bu yazarların gerçek değeri, imparatorluk ve diğer ilahiyatçıların düşüncelerine büyük oranda zarar veren, aşırı milli menfaatlerle meşgul olmadan, papalığın davasını savunmuş olmalarıdır. Fakat bu noktada, onların kullandıkları spritüal olsa da bunların arasında birçokları, dönemin sosyal şartlarından yeterince kendilerini kurtarmasını bilememişlerdir: Onların eserlerinde, Hıristiyan halkın hukuku ve feodal hukukun unsurları davasında bunlar, daima ve zaruri olarak teolojik düzeyin müşahedelerine karışmıştır[123]. Kilise için, dünyevi iktidar üzerinde doğrudan iktidarı isteyenler, oldukça açıktılar[124]: Ne Trente konsili ne de Papa Léon XIII, buna paralel hiçbir şey talep etmemişlerdi. Onlar sadece kilisenin üstünlüğünün Katolik kavramını açıklamışlardı[125]. Bu yazarlar, bu noktada, geleneğin daha fazla hakiki yorumcuları değillerdir. Bilhassa St. Augustin, bunun reklamını isteyerek yapmaktadır. Onun tarafından ortaya konulan prensiplerin uygulanması tasvip edilmemiştir[126]. Zaten bu maneviyatın aşırı savunucuları, çok da değillerdi. Şayet doktrinlerinin açıklamasında, onların mistik kaygıları dikkate alınırsa[127], bunlar hiçbir zaman onların spekülatif teorilerinin, ruhani ve dünyevi nizamı açıkça ihtiva eden hukuki formülleri ortaya koymaya imkân vermemektedirler[128].

---

[123] Y. De la Brière, Pouvoir Pontifical, Dans Dict. Apol. Col. 106.
[124] Kilisenin düşmanları tarafından işlenen kaçınılmaz yolsuzluklar nedeniyle, onların hataları çok kötüydü.
[125] Conc. De Trente, Sesl. XXV, De Reform, CXX; Léon XIII, Enc. İmmortale Oeil 1886, (Enchirid, Sym. de Denzinger, n.186).
[126] De Civ. Dei, V, 24 (P.L. 41, 170-171); Contra Cresconium, 111, 56 (P.L, 43, 527); Ep. 155 (á Macedonius, 10), 185 (á Boniface, 19) (P.L. 33, 670-671 ve 801) Bkz: G. Combès, Doctrine Politique de S. Augustin, Paris, 1927, p.322-324; İbid, 432-443.
[127] M. Rivière, p.224-227.
[128] Bu kitabın önceki sayfalarına bakılmalıdır.

B. Kilisenin Merkezi Yönetimi

1. Kilisenin merkezi yönetimi önceki tartışmalar sırasında oldukça çalkantılı olmuştur. Her şeye rağmen kilise, XIV. yüzyılın sonunda büyük bölünmenin (1378-1417)[129] karşısına, sert bir şekilde çıkmıştır. Ancak bu doktrin, uzun zamandan beri tanınmıyordu: İncil, bu doktrini net olarak takdim etmesinin ötesinde, gelenek de kilisenin yönetiminin ne bir demokrasi ne bir aristokrasi olmadığını ve onun mutlak bir monarşi olduğunu açıklamıştır. Pierre'in halefi olarak Papa bu monarşinin tek şefiydi ve yüce doktoruydu. Orta çağda, bu ittifakla öğretilmişti. Bu öyle bir temayüldü ki, papaların iktidarlarını daraltmaktan çok genişletiyordu. Batının büyük bölünmesi sadece papalığın dünyevi üstünlüğünü değil, manevi üstünlüğünü de şüpheye düşürmüştür. Constance konsili (1414-1418), birliği tesis için toplanmıştı ve bunda da başarılı olmuştu[130]. Fakat onun oturumlarının kararları, hiçbir zaman tasvip edilmemiştir[131]. Bu kararlar, konsilin papa üzerindeki üstünlüğünü belirtiyorlardı[132]. İşte uzun zamandan beri Gallicanisme doktrinleri, bunların üzerine dayanıyordu[133].

Konsil teorilerinin kökeni[134] yine de bu konsil ötesinde aranmalıdır. Bunun farklı çevrelerde büyük bölünmenin başından beri savunulduğu görülmektedir. Bunlar, kiliseye, bir grup yenilik aşığı ilahiyatçılar tarafından sokulmuşlardır. Yine bunlar, XIV. yüzyılın sonundan itibaren üniversitelerde de propaganda edilmiş ve savunulmuştur. Meselâ, Constance konsilini, Paris üniversitesi toplatmış veya buna yol hazırlamıştır[135]. Bu konuda ilk form ve onların kesin ifadeleri onlara ait olmasa da Salembier ile G. Occam bunun büyük sorumlularıdır. Çünkü bunlar, bu doktrinin yayılmasına en çok katkı sağlayanlardır[136]. Bunlar birçok engellerle takdim edilmişlerdir. Onların XIV. yüzyılın sonunda, en büyük savunucusu P. d'Ailly ve J. Gerson olmuşlardır.'

PİERRE D'AİLLY (1350-1420): Sarbonne üniversitesinin parlak bir doktorudur ve üniversitenin Chancelier'sidir (1389). Birçok konuda, Occamist'tir.

---

[129] Bkz: L. Salembier, Le Grand Schisme d'Occident, Paris, 1921.
[130] L. Salebier, Op. Cit. p.310.
[131] Özellikle IV. ve V. oturum kararları (3 Mart ve 6 Nisan 1415).
[132] V. oturumun 5. maddesi.
[133] 1682 beyanatı, sonradan elden geçirilmiştir.
[134] Konsilin papa üzerindeki üstünlüğü, diğer bunu destekleyen kavramlardan ayrılmamaktadır.
[135] L. Salembier, Op. Cit. p.119.
[136] L. Salembier, Dict. th. Col. 646.

1380 yılından itibaren, en iyi beyinleri istila eden birtakım şüphelerin sahibu oluyordu. O, kiliseyi bir monarşi değil, bir aristokrasi[137] olarak görüyordu: Ona göre konsil, papadan üstündü, papayı yargılayabilirdi ve suç işlerse görevden alabilirdi. Yüce pontif, zaruri olarak Roma piskoposu değildir. Papanın yanılmazlığı yoktur. Yanılmazlığı olan evrensel kilisedir. Bütün rahipler sınıfının gerilemesi mümkündür. Vahyin güvenliği, sadece birkaç temiz, dindar laiklerle muhafaza edilebilir. İşte geleceğin CAMBRAİ (1397), Arşevekinin fikirleri böyleydi. Ancak o, döneminin en etkili kişilerinden birisiydi. Avignon papası taraftarıydı. O, sebatla ve maharetli birlik terimi için çalışmıştı. Papa XXII Jean, onu 1411'de kardinal olarak atadı. Daha sonra Constance'da başkanlardan birisi oldu. "Super reformatione Ecclésiae" isimli eseri, XVI. yüzyıl Protestan çevresinde çok takdir edilmiştir. O, bu kitabı, konsil arifesinde yazmıştı ve çok güzel reform projeleri ihtiva ediyordu. Yine bu, Ailly'nin onun ilk kavramlarına kadar sadık kaldığını göstermektedir.

JEAN LE CHARLİER DE GERSON[138] (1363-1429): Bu adam, Paris'te Pierre d'Ailly'nin talebesidir ve 1395 yılında onun Chancelier'si olarak onun halefidir. Gerson, Puy piskoposu olarak atanmıştır. Onun XV. yüzyılın başlarındaki en ciddi olaylarda, çok büyük etkisi olmuştur [139]. Gerson'da Ailly'nin doktrini doğrultusunda doktrinel çalışmalar yapmıştır. Ancak demokratik eğilimi çok itham edilmiştir. Guillaume Occam'ın oldukça tesirinde kalmıştır ve XIV. yüzyılın en kötü dehasıdır. Onun pratik hayatı, genelde teorilerinden daha sağlıklıdır[140]. Gerson, Mesih tarafından tesis edilmiş tabiatüstü üstün bir monarşiyi kabul etmekteydi. Ancak bu monarşi, Roma kilisesine aittir, Roma piskoposuna değil. Roma piskoposunun Hıristiyanlar üzerinde doğrudan iktidarı yoktur[141] ve yanılmazlığa sahip değildir. Ona göre Papa, konsilden aşağıdadır ve konsil onu, yargılayabilir, mahkûm edebilir ve görevden alabilir. Zaten konsilde müzakereci sadece piskoposlar değil, Curieler ve diğer Hıristiyan inananlar da büyük konsil toplantısında müzakereci olarak bulunabilirler. Meselâ, Constance'da piskoposlar üzerinde, kilise

---

[137] Le Grand Schisme, p.112-130.
[138] L. Salembier, Gerson, Dans Dict. Théol. Col. 1313-1330; A. Baudrillart Constance, (Conc. de) Dans dict. Théol. Col. 1200-1330; A. Baudrillart, Constance, Dans, Dict. th. Col. 1200-1224.
[139] Daha sonra, Saint-Jean en Gréve'de Curé olmuştur ve üniversitedeki görevine de devam etmiştir.
[140] Onun gücü, sübjektif ve executivdir.
[141] O, sapık bir papanın cehenneme atılmasını, yargılanmasını ve hatta denize atılmasını kabul etmektedir.

doktorlarının üstünlüğü tarafı kabul edilmiştir. Orada Ailly, ilahiyat doktorlarının, kilise hukuku ve sivil hukukta, müzakereci ve belirleyici olarak konsilde bulunmalarını talep etmiştir. İşte bu onun demokratik ve mültitudinist temayüllerinin bir sonucuydu[142]. Onun kilisenin birliği için gösterdiği gayret, kesindi ve yaşadığı dönemin istisnai şartlarından oldukça mülhemdi[143].

Gerson'un[144] yazılı eseri, çok hızlı şekilde yayılmıştır. O, bu kitapta, ahlaki, spritüal ve pratik problemlerle öncelikle ilgilenmiştir. Reform veya kilise yönetimi ile ilgili eserleri, bu konulara cevap vermektedir. O, Somme'un ahlakı tamamlamasına imkân bırakmamıştır. Fakat o, şartlara göre çok sayıda farklı konularda teorik ve bilhassa pratik risaleler kaleme almıştır. Onun tercihan ilgilendiği gençlerdir ve yönettiği üniversite öğrencileridir. Yine o, Lectur'lerle, küçük çocuklarla ilgilenmiştir. O, bu konuda De Parvulis ad Christum Trahendis'i yazmıştır[145]. Onun şifahi eseri olan "Oratoire" o dönemdeki vaazlara zıddı ve aşırı samimiydi. Bu vaaz, Latince metnin yanında Fransızca vaaz metni ihtiva ediyordu. Onun kutsal kitap üzerindeki tefsirlerini ve şiirlerini belirtmesek de, maneviyatla ilgili yazılarının, en mükemmel edebi miras olduğuna işaret edelim[146].

Hayatının sonunu markalayan tecrübelerde Gerson, daha çok Allah'a dönmüştür. De Consulatione Theologique" Boèce'in şaheserini, bir başka planda yeniden ele almaktadır[147]. Bu eser, hakikat sevincinin, ümitle İncil'de sabırda ve dini etüdde bulunduğunu göstermektedir: Gerson, bu diyalogu 1418-1419 yılları ensasında, konsilden sonra kaleme almıştır. O, yılları Almanya'da bir Benedictine Abbaye'ında, Jean- Sans- Peur'ün öfkesinden kaçmak için geçirmek zorunda kalmıştır. Jean- Sans- Peur'ün o, dükün korkunç kinini, Paris'te hoca iken zalimliğin yasallığını kınayarak mahkûm etmişti[148]. Bourgogne dükünün ölümünden sonra Gerson, Fransa'ya döndü fakat Paris'e dönmeyerek Bourguignons'larla meşgul olmaya devam etmiştir. Daha

---

[142] L. Salembier, Gerson, Dans Dict. Théol. Col. 1319.
[143] Gerson'un bu konudaki eseri De Auferibilitate Papae ab Ecclesia; De Potestate Ecclesiastica.
[144] Richer Yayınları, (Paris, 1909, 4. cilt), Ellies-Dupin (Anvers, 1706, 5. vol.).
[145] Trad. Fr. Saubin, Paris, 1909.
[146] Gelecek bölümde bu konu işlenecektir.
[147] Bu kitap, beş bölümdür. Fakat tabiatüstü planda, düşünce hareket etmektedir.
[148] Denzinger-B. Enchirid, n.690. Orléan dükünün 1407 yılında, Jean, Sans, peur tarafından öldürülmesi, Jean Patit'yi zalim olarak ilan etmeye sevk etmişti. Gerson, bunu ifşa etti ve mahkûmiyete uğradı.

sonra, Lyon'a gelmiş ve orada 1420 yılında vefat etmiştir. Ölümüne herkes esef etmişti ve özellikle İncil'i öğrettiği çocuklar çok üzülmüşlerdi. Ölümünden az önce Jean d'Arc'in ilahi misyonuyla ilgili iki risale yazmıştır. Onun düzenli konsillerle, kilisenin genel yönetim projelerinin tespiti için, yeterince zamanı olmuştur.

2. Batının büyük bölünmesi, bizatihi papaya karşı bir isyan değildi. Burada söz konusu olan, papalığın iktidar gücüydü. Aslında bu noktada daha ciddi olan husus Doğunun bölünmesiydi. Bu kilisenin şefine karşı, bir boyun eğmeme idi. Fakat bölünmenin tahrik edicileri, maharetle zihinlerin dikkatini, başka noktalara çekmeyi başarmışlardı: Meselâ, ritüel farklılara ve Kutsal-Ruh konusundaki doktrinel yeniliklere çekmişlerdi[149]. Gerçekte bu konularda Bizanslı tartışmacılar, bitmeyen beyanatlarının konularını, CERULAİRE'den 1453 yılına kadar devam ettirmişlerdi[150].

Roma piskoposunun önceliği esnasındaki tartışmalarda, nadiren mücadele olmuştu, en azından ex professo'da = itiraf edilmişti. Bu, birçokları tarafından net bir şekilde öğretilmişti. Ancak bunlar, Papanın yanılmazlığına iftira ediyorlardı[151]. Bununla beraber XIII. yüzyıldan itibaren, tartışmaların merkezinde, Kutsal-Ruhun çıktığı yer konusu kalmıştı. Burada, Papalık merkezi Roma'nın üstünlüğüne karşı hücumlar sıklaşmıştı ve şiddetlenmişti. Hatta birtakım polemikçiler, Doğu-Batı bölünmesinin temelinin, Romalı Papalarının gururu olduğunu söylemişlerdir[152].

Her şeye rağmen, devamlı uzlaşma teşebbüsleri devam etmişti. Bu teşebbüsün yirmi kadar olduğu söylenir[153]. Bunlardan sadece ikisi, kısmi bir sonuç vermiştir. Ancak bunlar, en azından, bir defa daha geleneksel doktrini ilan etmek avantajını sağlamıştır. 1274 yılında Lyon'da belirtilen iman ikrarı, Roma'nın üstünlüğünün açık bir ifadesiyle tamamlanmıştır[154]. Michel VIII Paléologue (1259-1282), ölünceye kadar bu birlik paktının meşruiyetine sadık kalmıştır. Ancak bu konuda hem Doğuda hem de Batıda birtakım zorluklarla

---

[149] Bu kitabın önceki sayfalarına bakılmalıdır.
[150] Aslında bunlar boş polemiklerdi. Bu konuda, ilahiyat hiçbir ilerleme elde etmemiştir.
[151] M. Jugie, Theologia dogm. Christ, Orientalium, Paris, t.I, 1926, p.339.
[152] İbid, p.416.
[153] Bkz: S. Vailhé, Constantinoble (Eglise de), Dans, Dict. Théol. Col. 1375-1402, M. Jugie, Op. Cit. p.402-404, 406.
[154] Denzinger-B, Enchirid, n.466.

karşılaşılmıştır. Ancak Michel VIII'in ölümü her şeyi alt üst etmişti. XIV. yüzyılda antlaşma teşebbüsleri, Türklerin İstanbul üzerindeki her tehdidinde, yeniden başlatılmıştı. Bu Constance'a kadar devam etmişti. Ancak bu teşebbüsler, daha sonra 1439'da toplanan Florence'da sonuca ulaşmıştı[155]: Dominicain Jean de Raguse, Papanın önceliği doktrinini açıklamıştı. Yani Papanın yargılama ve manevi otoritesini açıklamıştı. Bu açıklama, piskoposların patriklerin ne de imparatorun hukuki alanına zarar vermiyordu[156]. Bu birlik kararı, yeniden Roma piskoposunun bu üstünlüğünün açıkça tasdikiyle tamamlanıyordu[157]. Ancak bu antlaşmada, öncekiler gibi geçici olmuştur.

Ancak her asırda, Bizans kilisesi bünyesinde, kiliselerin birliği konusu, üstün savunucular da bulmuştur. Biz burada özellikle üç kişiden bahsedeceğiz:

1. **Jean Veccos (+1296)**[158]: Bu adam, 1275'den 1282 yılına kadar, İstanbul patriğidir. O, önce birliğe karşıydı. Fakat Doğunun Roma'ya karşı boş yaygarasını tespit ettikten sonra patrikliğinde, birliğin ateşli bir taraftarı olmuştu. Hatta patriklikten alındıktan sonra da ölünceye kadar birlik davasına sadık kalmıştır. Ancak o, bu konuda sıkıntılar da çekmiştir. Böylece o, edebi eseriyle, imanın gerçek savunucusu olmuştur. Özellikle vatandaşlarının peşin yargılarını dağıtmakla meşgul olmuş ve sonuna kadar gerçek bir doktrinel tesir icra etmiştir. Ancak bu doktrinle, sürekli mücadele edilmiştir.

2. **Démétrius Cydonés**[159] **(1320-1400):** O, İstanbul'da Jean Cantacuzène'nin sekreteriydi ve St. Thomas'nın Somme Théologique'nin okuyucusuydu. Yine bir Dominicain'den Latince öğreniyordu. Bunun için Latin kilise babalarına sık sık müracaat ediyordu. Katoliklere karşı, Bizans tarafından yönetilen ithamların geçersizliğini çok çabuk anlamıştı. Bunun için bütün edebi aktivitesini, Katolik imanının yayılmasına tahsis etmişti. Birçok Apologetique eserde ona hücum edilmişti. Onun tartışma yazıları, oldukça çoktu. Ancak bunların çoğu, Latince'den Yunancaya çevrilmişti. Bunların içinde ilk

---

[155] A. Vogt, Florence (Concile de), Dans Dict. Théol. Col. 24-50; Yine bkz: Mgr. L. Petit, Dans P.O, t.15-17.
[156] İki ışık kaynağı vardı: Güneş ve Ay. Bunun için iki iktidar, herkesin iyiliği için birleşmeliydi. Bu büyük Roma doktriniydi. Vogt, İbid, Col. 43.
[157] Denzinger-B, Enchirid, n.694.
[158] Mgr. L. Petit, Jean Beccos ou Jean XI, Dans Dict. Théol. Col. 656-660, M. Jugie, Op. Cit. p.418-821.
[159] M. Jugie, Op. Cit. p.476-480, cf. E. Bouvy, Les Traducteurs Byzantinus de S. th. Dans la Revue Aug, 1910, (t.XVI), p.401-408.

sırayı, "**Somme Contre Les Gentills ve Somme Théologique**", işgal etmektedir (I^a, I^a-II^ae'nin büyük bir kısmı ve II^a-II^ae'nin tamamı).

3. **Bessarion (1395?-1472)**[160]: Trabzon asıllıdır. Hatiptir, rahiptir ve ilahiyatçıdır. Morée'de yaşamıştır. Sonra İstanbul'a gelmiştir. İstanbul'da Jean VII Paléologue yararına çalışmıştır. Paléologue, onu İznik metropoliti olarak atamıştır (1437). Florence müzakereleriyle aydınlanarak, kendisini samimi olarak Katolik kilisesine adamıştır. Bunun için birtakım zorluklarla karşılaşmıştır. Daha sonra Roma'ya sığınmıştır (1439). Orada kardinal olmuş ölünceye kadar da kilise birliği için çalışmıştır. Karakteri ve ilmi, papa üzerinde büyük bir tesir icra etmiştir (1455). İlahiyat, felsefe ve zahitlik üzerinde birtakım eserler yazmıştır. O, özellikle birlikle ve papalığın önceliğiyle meşgul olarak, etkili şekilde uzlaşma yollarını hazırlamıştır.

Bu adamların aksiyonu, sayıları oldukça çok olan anti-Latinlerin aksiyonu ile dengelenmiş ve onların şiddetleri XIV. yüzyılda artmıştır. Şüphesiz Grek kilisesi bünyesinde, aydın zihniyetler, barışçı bir tutum izlemişlerdir: Bunlara latinisants (latinophrones) muamelesi yapılmıştır. Onların aksiyonları, genelde yumuşaktı ve ülkenin bütününde hakikati karartan peşin hükümlere engel oluyorlardı[161].

---

[160] İbid, p.483-486; A. Palmier, Bessarion, Dans Dict. th. Col. 801-807.
[161] Bu yazarlar için bkz: M. Jugie, Op. Cit. P.404-490.

ONDÖRDÜNCÜ BÖLÜM
ORTA ÇAĞDA MANEVİYAT OKULLARI

I. GENEL MANEVİYAT OKULLARI[1]

Orta çağı belirleyen yoğun doktrinel hareket, şayet düşüncenin kalıplaştığı yer olan ilâhiyat okullarının yanına, maneviyat okulları konulmazsa, eksik olacaktır[2]. Bu maneviyat okulları, dâhili hayatın akışını kanalize etmektedirler. Aslında, her dönemde, doktrinler tarihinde, maneviyat konusu daima, çok büyük bir yer işgal etmektedir. Fakat orta çağda, her dönemden daha çok yer işgal etmektedir. Bu maneviyat, daima düşünceye bağlıdır. Çünkü teolojik metod, münhasıran spekülatiftir. St. Thomas'ın eserinde, maneviyat, doktrinel sentezde, incelenen konu olarak, anlamlı bir öneme sahiptir. Yine, dönemin tanıttığımız en büyük üstadlarında da aynı şey söz konusudur. Bundan sadece, St. Bernard müstesnadır. O, bize burada geçen bölümlerde açıklanan sentezde bunu gruplamıştır. Bu bütüncül bakış, birçok noktadan yeni bakışlarla tamamlanmıştır. Böylece bu, Hıristiyan maneviyatında müşahede ettiğimiz, maneviyat okullarını oluşturan farklı temayüllere işaret etme avantajı sağlayacaktır.

Ancak bu durumda, mübalağa etmeden, Katolik okullarındaki müşterek noktaları belirtmek önemlidir. Bu konuda, her şeyden önce, kilise otoritesine itaate işaret etmemiz gerekiyor. Bunu da gerçek Hıristiyan geleneğinden sahte manevi mezhepleri uzaklaştırmak için yapmak gerekmektedir. Çünkü bunlar orta çağda oldukça çoktular[3]. Meselâ bunlar, VAUDUİS'lar[4], Amouri-

---

[1] P. Pourrat, La Spiritualite Chrétienne, II, Paris, 1921; S.A. Saudreau, La Vie d'Union á Dieu d'Aprés Les Grands Maitres de la Spiritualité, Angers, 1921; F. Vernet, la Spiritualité Médiavale, Paris, 1929.
[2] Dördüncü cildin girişine bakılmalıdır.
[3] Bkz: Kilisenin genel tarihine.
[4] Bunlar, Pierre de Vaux'nun veya Pierre Valldo'nun öğrencileridir. Bunlar, fakirliği propaganda ederek, 1173 yılına doğru Lyon'dan yürümüşlerdir. Bu tarikat, 1184 yılında aforoz edilmiştir.

cien'ler[5], Joachimites veya apocalyptiques[6], Frères Apostoliques[7], Spirituels-ler[8], Fratricelles'ler[9] veya Beguins[10], Béghards'lar[11], "Tanrının dostlarıdır."[12]lar. Orta çağdaki Katolik maneviyatın müşterek çizgilerinden birisi mistikliğe dönmüş olmalarıdır. Sapık manevi hareketlerin hataları bile, bu özelliği bir kenara bırakamamışlardır. Bunu, bir kenara bırakmak, orta çağ maneviyatını tahttan indirmekle kalmayacaktı, aynı zamanda birçok şekillerini de anlaşılmaz kılacaktı[13]. Bu durumda zahit, esaslı rol oynamaktadır. Bütün okullarda, Hıristiyan faziletleri, ahlak, ilahiyat konuları büyük rağbet görmekteydi ve sağlam bir maneviyatın temelini oluşturuyordu. Onların icraatları oldukça farklıydı. Bunun içinde okullar, ayrılmakta idi. Ancak onların gereklilikleri ve samimi araştırmaları her biri için temel bir kanundu. Orta çağ maneviyatı, Apostolik aktiviteye doğru özel bir hızı, derûnî hayatı geliştirerek, itham etmekteydi. Şüphesiz, **Opus Dei,** liturjik ibadet, kalpteydi. Ancak bunlar, tarikatların büyük zorunluluklarından birisi olarak görülüyordu[14]. Fakat yeni tarikatlar olan Dominicain'ler ve Fransisken'ler, Hıristiyanlıkta, yeni bir maneviyatı, vaazlarıyla ve başka şeylerle meydana getiriyorlardı. Onların bizzat murakabeleri, Cistercien'ler gibi, bu meşguliyeti, uzlet hayatlarının türüne eklemektedirler. Şayet bunu yapamazlarsa, St. Bernard gibi, halkı Hıristiyanlaştırmaya teşebbüs etmekteydiler. Zaten bu aktivite, farklı şekiller altında gelişebiliyordu. İlahiyat bunlardan birisiydi. St. Thomas'ın ifadesine göre, O, murakabeden sudur ediyordu.

---

[5] Bunlar, Amaury de Bènes'nin talebeleridir. Bunlar Panteisttir. İnsanın, Kutsal-Ruhla tanrılaştığını savunmaktadırlar.
[6] Bunlar, Joachim de Flore'un (+1202) talebeleridir. Flore, Cistercien'di. O, Concordia Utriusque Testementi'yi ve Apocalypsis Nova'yı yazmıştır. O, daha çok XIII. yüzyılın sahte mistiklerinden ilham almıştır. Bunun teslisle ilgili hatası, 1215 yılında mahkûm edilmiştir. O, Allah'taki öz birliğini, iddia etmektedir.
[7] Frères Apostoliques'ler, Gerard Segarallimin talebeleridir. O, Dominicain'dir ve aşırı fakirliği vaaz etmiştir ve mahkûm edilmiştir. Aynı zamanda penteisttir.
[8] Sprituelles'ler. Bunlar, Fransiskendirler. Gerard de Borgo'nun farklı teorilerine sahip olmuşlardır. F. Vernet, Apostoliques, Dans Dict. th. Col. 1632-1634.
[9] Fratricelles'ler: XIV. yüzyılın çok aşırı bir manevi hareketidir. Bunlar, Jean XXII'ye isyan etmişlerdir. F. Vernet, Fratricelles, Dans Dict. th. Col. 770-784.
[10] Beguins'ler. Bunlar Fransiskendirler.
[11] Beghards'lar: Bunlar da heteredoxturlar.
[12] Bunlar Renan'ın mensuplarıdır. XIV. yüzyıldan itibaren, mistikliği propaganda etmişlerdir.
[13] Bu kitabın önceki sayfalarına bakınız.
[14] Bu konuda bu kitabın ileri sayfalarına bakınız.

Bu temel düşünce, bütün Katolik maneviyat şekillerinde vardı. Bunun için mutlaka ikinci derecede özel çizgilerde rahatça bulunabilir. Fakat okulların tasnifine temel olacak olanları da gözden uzak tutmamak gerekir. Bu konuda bazı şahıslar, ilâhî ruhla doludurlar, sadık mensuplarının aksiyonunda ilâhî aksiyon devam etmektedir. Bunlar, okullarının formasyonunu en iyi şekilde açıklamaktadırlar[15]. Fakat bunların karakterleri, onların maneviyatlarının tabiatını teşkil etmektedir. Şayet, hepsi bütün zahidane çabalarını, murakabeli hayata yöneltmiş olsalar da, hepsi bu mistik unsur konusunda eşit olmayacaklardı. XIV. yüzyılın DIONYSIENNE okulunun hocaları, bu konuda diğer hepsini geride bırakmışlardı ve özel bir unvanla, mistikler diye çağrılmaya layık olmuşlardır. Bizzat zahitliğe gelince o, kutsallaştırma vasıtalarının büyük bir farklılığını takdim etmektedir. Bunun birçok aksesuarı vardır. En azından belli bir şekli vardır. Ancak bunların hepsi kullanılmaz. Onlardan karakterine ve hedefine göre seçim yapmak meşrudur. İşte belirttiğimiz farklılıkların çoğu, buradan kaynaklanmaktadır. Bunlar, okulları birbirinden ayırmaktadır. Fakat derûnî hayattaki bu özellikler, onların derin köklerinden gelmektedir.

Aslında, onların doktrinlerinin pratik veya spekülatif karakterlerine göre, bu okulları ayırmak çok uygun görülmemektedir. Çünkü her maneviyat, kendi konusuyla uygulanmaktadır. Yani mükemmel Hıristiyan hayatıyla uygulanmaktadır. Fakat onun teorisi, zaruri olarak spekülatiftir. Yahut o, pratik bir yararlılık içinde bulunmaktadır. Bir okulda, her iki tür eserleri bulmak mümkündür. Meselâ, St. Thomas, II^a-II^{ae}'de Somme'da, maneviyatın teorik etüdünü incelemiştir. St. Vinant Ferrier, De Vita Spirituali'de tamamen pratik bir veçhe düşünmektedir. Bu yazar, tamamen muhalif eserlerinin yanında spekülatif eserler meydana getirmiştir. St. Bonaventure'da aynı şeyi yapmıştır[16]. Böyle bir cemiyetin, özel bir hedefi olmalıdır. Meselâ Dominicain'ler, özellikle spekülatif eserler meydana getirmişlerdir. Bu eserler, ilahiyat eserlerdir ki, mensuplarını, tamamen pratik anlam da bir başka şeye yönlendirmişlerdir. CHARTREUX'ler veya WİNDESHEİM Congrégation'ları gibi.

---

[15] Bu konuda bazen milli karakterin geçici tesiri üzerinde ısrar edilmiştir. Bizim için doktrinel ve pratik yönden kişisel aksiyonun aydınlatılması faydalıdır. Bunlar, farklı hareketlerden mülhemdirler.
[16] Bu kitabın önceki sayfalarına bakınız.

Ancak her iki grup için maneviyat pratiktir. O, bir hayır icraatı olsa da o, gerçek anlamda bir Hıristiyan ve Katolik icraatıdır.

II. XII. YÜZYILDA YENİLENMİŞ ESKİ OKULLAR

A. Bénédictin Okulu-Culuny

Orta çağın başında Cluny[17], Bénédictin idealinin en müşterek kavramını temsil ediyordu. Keşişler, burada en yüksek derecede Allah'la birleşmeye ve murakabeye yönelmişlerdir. Orada alınması gereken vasıtalar, St. Benoit'nın kurallarında belirtilmiştir. Diğer noktalar lafızdan çok, onun ruhunda bulunmaktadır. Bénédictin'in murakabe hayatının en karakteristik vasıtaları arasında şunlar vardır:

1. İbadet ve ezberden okunan ham ilahiler, keşişin özel ibadetidir.

2. Emekli hayatı, yoğun manastırlarda müştereken geçmektedir. Fakat oldukça iyi şekilde geçmektedir.

3. Ilımlı aktivite, düzenlidir ve sükûnet içindedir.

4. Dini etüd çalışması, el işlerine tercih edilir. Bu, onların buna kendilerini vermeleri içindir.

5. Reel katılık. Fakat ılımlı. Bu da iklime veya sağlığın gereklerine göre.

6. Dekoratif sanatlar kültü. Bu da ilahi hizmete yönelmeli ve ruhu, Allah'a yükseltmeye vasıta olmalıdır:

a. Pierre le Vénérable (+1156): Cluny'nin rahiplerinden en meşhurudur. Cistercien'lere karşı, Bénédictin idealini savunmuştur[18]. St. Bernard, daha sert bir hayatın taraftarıdır.

b. Robert de Deutz (+1135): Liège asıllıdır. Cologne yakınındaki Deutz manastırının rahibidir. Yeni ve Eski Ahit kitapları üzerinde çok sayıda tefsiri vardır. Yine o, Kutsal-Teslis konusunda çok derin bilgiye sahiptir. Onun bu çalışması, diğer eserlere ve özellikle 42 kitaplık dev esere ilham kaynağı teşkil etmiştir (De Trinitate et Operibus Ejus)[19].

---

[17] Bu manastır 1910 yılında S. Bernon (+1927) tarafından yönetilmiştir. Onun en meşhur halefleri S.O. Odon (+942), S. Mayeul (+994), S. Odilon (+1048), S. Hugues (+1109)'dur. Bunların eserleri P.L. t.133, 137, 142, 159'da bulunabilir. cf. Hurter, Nomenciater, t.1.

[18] Epist. 1, 28, P.L. 189, 112-159. Bunun mektuplarının dışında, Pierre le V. çok değerli apolejetik savunma yazıları bırakmıştır. P.L. t.189.

[19] Bkz: P.L. t.167-170.

c. Saint Anselme (1009): Orta çağın büyük Bénédictin doktorudur. Arşevek olmadan önce, BEC rahibidir. O, Bénédictin maneviyatını temsil etmektedir. Fakat Augustincilerden küçük bir nüansla ayrılmaktadır. Culinist'lerden daha çok Victorin'lere yaklaşmaktadır[20].

d. Sainte Hildegarde[21] (+1179): Bingen yakınlarındaki Rupersberg'in rahibidir. Prensler ve yöneticiler ona danışmaya geliyorlardı. Entelektüel kültürden yoksun olmakla birlikte[22], büyük eserler bırakmıştır[23]. Özellikle, Scivias isimli dogmaların açıklaması, ahlak konusundaki Liber Vitae Méritorum önemlidir. Bu eserler, bilimsel düzeydedir ve eşleri yoktur. Meselâ "Liber Divinorum Operum" zamanının çok ötesindedir. Bununla beraber, bu vahiyler, kilisenin özel bir tasvibinin konusu olmamışlardır. Birkaç ilginç kanaatlere rağmen doktrinin tamamı, büyük Katolik geleneği takip etmektedir[24].

e. Jean de Câstel: Castel manastırı rahibidir XIV. yüzyılda meşhur eseri olan DE ADHAERENDO DEO'yu yazacaktır. Bu kitap, uzun müddet Albert le Grand'a atfedilmiştir. Bu, eski Manuscriellerle sağlanmıştır[25].

B. Cistercien Okulu

St. Benoit'nın kuralının lafzi yorumu, Cistercien tarikatında, özel bir karakteri meydana getirmiştir. Bunu, onun maneviyatında bulabiliriz. Öyle ki St. Bernard'ın güçlü şahsiyeti onu, aksiyonunda daha çok hissettirmiştir. Murakabeye meyli, Allah'la mistik birliği orada, çok fazla itham edilmiştir[26]. Yine buna ulaşmak için kullanılan vasıtalar, Cluny'den daha katıdır. İbadet, keşişin en büyük meşguliyeti olarak kalmaktadır. Bu ibadetle o, sadece Allah'ı dudaklarıyla tebcil etmemekte, kalbini de Allah'a yükseltmektedir. Bu manevi yükselişi güçlendirmek için, en büyük katılık, kiliselerin dekorasyonunda mezmurlara riayet etmektir. Bu da ruhun iç gayretine, dâhili sevinçlerin engel olmaması korkusuyla yapılmalıdır. Aksine, buna Mesihin insaniyetine, en hızlı ve ruhu Allah'a sevk etmek için en emin yol olarak bakılmalıdır: Bu doktrin, bütün zamanlarda ve çevrelerde mevcuttur. Fakat bu, St.

---

20 Bu kitabın önceki sayfalarına bakınız.
21 F. Vernet, Hildegarde, Dans Dict. Théol. Col. 2468-2480.
22 O, sekreterine dikte ettiriyordu. Fakat bu çalışma bir keşiş tarafından gözden geçiriliyordu.
23 P.L. 197.
24 F. Vernet, Op. Cit. Col. 2477, M. De Wulf, Hist. Phil. Méd. II, p.203.
25 Mgr. Grabmann, Etudes Dans Bened. Monatschrift.
26 S. Bernard, yirmi yıla yakın bütün keşişlerine Neşideler Neşidesini ezberletmiştir.

Bernard tarafından müşterek bir heyecanla, Cistercien'lere takdim edilmiştir. Bu metod, çocukluk kültünü, Rab-İsa'nın çektiklerini ve Kutsal-Teslise karşı dindarlığı, her yerde canlandırmıştır. Kurtarıcının çektiklerini düşünmek, zahitlik hayatında, fakir manastırında keşişe hayatını sürdürme hararetı sağlamaktadır. Bu manastırda, çalışmanın büyük bir kısmı, el işleridir. Bu manastırda gıda maddeleri oldukça azdır ve müşterektir. İşte böyle bir hayat, Cistercien'lerce sadece tatlı olmaktan daha çok oldukça güçlü bir maneviyat sayesinde yaşanabilmektedir.

1. St. Bernard; bu maneviyatın en belli başlı öğreticisidir. Onun aydınlığı, asırlardan asırlara tesirini göstermiştir[27].

2. Guillaume de St. Thiery[28] (+1247): Önce Bénédictin'di. St. Thiery (1120-1135), manastır rahibi, sonra Signy'de Cistercien olmuştur. Çünkü o, Bernard'ın arkadaşıdır. Ona, Abélard'ın hatalarını açıklamıştır. Clairvaux rahibine atfedilen küçük bir risale yazarıdır. Bu risale, büyük bir rağbet görmüştür: Traité de la Vie Solitaire.

3. Joachim de Flore[29] (+1201): Cistercien'dir ve gerçek bir murakabe adamıdır. Samimi olarak inzivaya çekilmiştir. Arkasında bir azizin şöhretini bırakmıştır. O, Clairveaux rahibi olarak, büyük bir şöhrete sahiptir. Özellikle ölümünden sonra, şöhreti daha da artmıştır. Ancak o, öfkeli bir adamdı, apocaliptik spekülasyonu pek güvenli değildi. Onlar için orta çağdaki girişimlerden, onunkiler daha tehlikeliydi.

4. Ste Gertrude la Grande[30] (1256-1301): Bu da Cistercien'dir ve St. Bernard'ın tesiri altındadır[31]. Gördüğü bir Mesih vizyonundan sonra mükemmel bir hayat sürmeye karar vermiştir[32]. Böyle bir hayata, başkalarını da büyük dua desteğiyle sokmuştur. Özellikle onun gayretini, çok okunan iki yazısı göstermektedir: Exercices, Révélations. Birincisi yedi kitaptan, ikincisi, 5 kitaptan oluşmaktadır[33]. Bu eserin unvanı, LEGATUS DİVİNAE PİETA-

---

[27] Bu kitabın önceki bölümlerine bakınız.
[28] A. Adam, Guillaume de S. Thierry, Savie, Ses Oeuvres, Bourg, 1903.
[29] E. Jordan, Joachim de Fl. Dans dict. Théol. Col. 1425-1458.
[30] St. Gertrude de Nivelles (Belgique) ayırmak için böyle isimlendirilmiştir. Yine o, yanlışlıkla, Gertrude de Hackeborn'la karıştırılmıştır.
[31] Yine o, St. Augustin'i, St. Gragoire le Grand'ı, Hugues de S. Victor'u da zikretmektedir.
[32] Bu konuşma onu Ste. Thérèse'nin konuşmasına yakınlaştırmaktadır. cf. p.797.
[33] Sadece 2. onun tarafından yazılmıştır, 3, 4, 5. kitapları, o dikte ettirmiştir. Birinci kitap, onun ölümünden sonra yazılmıştır ve onun derlemesine bir girişi oluşturmaktadır.

TİS'dir[34]. Bu son eser, her yerde yükseklikleri ihtiva etmektedir: Azize, Allah'a, liturjiyle veya murakabeyle yükselmeyi sevmektedir. O, insanlık için ateşli bir dindarlığa sahipti. XII. yüzyıldan itibaren o, Sacré-Coeur kültünü yaymaya başlamıştır[35]. Onun maneviyatı sevgi ve pratik doluydu.

5. Sainte Brigitte de Sucéde[36] (1302-1373): Aile annesidir. Sonra dul kalmıştır ve 1363'de Alvastra'da bir manastır kurmuştur. Bu manastırda Cistercienne kuralları ve Augustin kuralları uygulanmıştır. O, papaları Curie'de reforma zorlamış ve Roma'ya gelmiştir. Fakat o, daha çok révélations'larla tanınmıştır[37]. Bu kitapta, Mesihin passionu'nun canlı tasvirleri vardır ve Meryem'i tebcil eden ilahiler vardır. Bu revelations'lar, kilise tarafından özel bir tasvibe mazhar olmuştur. Sainte Brigitte de, Ste. Gertrude'un karakterini aynen göstermektedir.

C. Saint-Victor Augustin Okulu

XIV. yüzyılda, Saint-Victor okulu, Augustinizmi, diğer okulların henüz yapmadığından daha mükemmel şekilde yenilemiştir: Saint Bernard, bilhassa zahitti ve mistikti. Victorinler ayrıca birtakım filozoflardı ve ilahiyatçıydılar. Onlar, her şeyi mistiğe göre düzenlemişlerdi. Onlarda, Augustin'in eserlerinden ilham alıyorlardı. Fakat onlara yeni ilaveler yapıyorlardı. Bu ilaveler, Denys l'Aréopagite'den geliyordu ve üstadın Eflatunculuğunu takviye ediyordu. Saint Anselme, onların gerçek habercisiydi. Bu okulun en gözde temsilcileri, daha önce incelediğimiz Hugues ve Richard'dı[38].

Eserlerine bakıldığında VİCTORİN'ler, gerçek mistiktirler. Onlar, tasvir ettikleri dâhili murakabeyi, aktivitelerinin sonuna koymaktadırlar. Onlar ve diğerleri için zahitlik yolu, faziletlerin icraatını ihtiva etmektedir. Dini hayat, feragatleriyle ve uygulamalarıyla, Augustin'in kuralına göre icra edilmekteydi ve liturjik dua, Chanoin'ların temel zorunluluklarındandı. Fakat etüd adamları olarak onlar, ilahiyat düşüncelerine zahidane bir karakter vermektedirler. Böylece onlarla, onlar murakabeye yönelmektedirler. İbadet amaçlı

---

[34] Azize muhtemelen bir başka rahibe ile Livre de la Grâce Spéciale de Sainte Midhtilde de Hackeborn'u yazmıştır. Bu manastırda okunan ilahidir.
[35] Ste Mechtild de Hackeborn (+1298). Onun hocasıydı, yazılarında aynı sofuluğu paylaşıyordu. Ste Mechtild de Magdebourg (+1280)'de Sacré-Coeur'u tebcil ediyordu ve o, manevi bir yazı bırakmıştı: La Lumière de la Divinité. Bkz: Mme Ancelet-Hustache, Mecht. de M. Paris, 1926.
[36] P. Pourrat, La Spirit. Chrèt. II, p.136-146.
[37] Bunlar sekiz kitaptır ve bir ilave vardır.
[38] Bu kitabın önceki sayfalarına bakınız.

etüdün bu kullanılması, spekülatif maneviyattan bahsettirmektedir. Bununla beraber, az mücerret olan spekülasyon, mistik olmaktadır. Bu durumda, temayülü ile ve bazen de yüksek aydınlıklarla murakabeden sudur edenler de buna ilave olmaktadır.

Bu mistik eğilim, Victorin'leri yüksek bir murakabe metodu yaratmaya sevk etmiştir. Bu metod, büyük hatlarla St. Bonaventure[39] ve St. Thomas[40] ile benimsenmiştir. Bu yol, St. Augustin'in dereceler yoludur[41]. Fakat bu yol, sistematize edilmiştir: Yani zihin, en mükemmel şekilde Allah'a yükselmektedir. Böylece o, eserinde yaratılmışlarda bizzat tabiatında, imanla tanınmış (V) veya onun şahıslarının Teslisinde tanınmış olarak onu tasavvur etmektedir[42]. Victorin'lerin düşüncesinde bu müşahedeler, sözel olmaktan çok sezgiseldir[43]. Bu işaretle murakabe, iki derecede görülmektedir. Buna, en yüksek inayetlerin müdahalesi denmektedir[44] hatta Extase'a (vecde) kadar. Fakat geçen derecelerin onlarla bağı yoktur. Çünkü yaratılmışların müşahedesi, murakabeye götürmektedir[45]. Aslında bu, gerçek mistiklerin daima orada aradıkları şeydir. Bu bazen popüler şekil altında olur, bazen de onların entelektüel kültürlerine adapte olmuş en bilgin metodla olmaktadır. Bu sezgisel dua, aktif şekil altında bile Hıristiyanlara yönelmiştir. Onların imanı, canlıdır ve aydınlıktır. Victorin'lerin en yüksek meşguliyetleri, bu murakebevi ibadetin sistemleştirmesini açıklamaktadır. Modern zahitler, onların eserlerini okumaya başlayanların meditasyonunu sistematize ederek tamamlayacaklar ve ruhlar bunda ilerleyecektir.

III. XIII. YÜZYILDA ORTAYA ÇIKAN YENİ OKULLAR

A. Franciscain Okulu

XIII. yüzyılda ortaya çıkan tarikatlar arasında, St. François'nın tarikatı, Dominicain tarikatıyla birlikte ortaya çıkan ilk tarikatlardan birisidir. Fransisken Okulu, başlangıcından beri, net olarak karakterleşen bir maneviyatın unsurlarıyla kendini takdim etmektedir. Murakabeye fazlaca meyli, oldukça

---

[39] Bu kitabın önceki sayfalarına bakılmalıdır.
[40] Bu kitabın önceki sayfalarına bakılmalıdır.
[41] Bkz. II. cilt.
[42] Richard De St. Victor, Benj. Maj.
[43] Sezgisel Meditation de P. Pourrat, Op. Cit. II, p.174.
[44] Bunlar, Allah'ın belli bir sezgisini meydan getirmektedir.
[45] S. Pourrat, Op. Cit. II, p.183.

itham edilmiştir. O, diğer okullardan daha fazla murakabe yer işgal etmemekle beraber, yinede itham edilmiştir: Assise SERAPHİN'leri, onun tarikatına mistik ruhu dâhil etmişlerdir, onunla o, dolmuştur[46]. Yine o, bu tabiatüstü sevinci, oldukça tavsiye ediyordu. Fakat ayırt edici çizgiler, bu ideali gerçekleştirmek için kullanılan vasıtalarda aranmalıdır. Yani bütün Katolik zahitlikte, müşterek olan temelin dışında aranmalıdır. Bunlar dört noktada gösterilebilir:

a. Mutlak fakirlik. Bu bizzat İncil'in lafzına uygundur.

b. İnsaniyeti içinde telakki edilen Mesihe olan aşk. Özellikle onun çocukluğunun sırlarında, çektiklerinde ve insaniyetine olan aşk. O, diğer yaratıklardan daha çok çekmiştir. Bunu Allah'ın iyiliği ve onun insan için olan aşkı ortaya koymaktadır.

c. Allah'ın eseri olarak telakki edilen tabiat aşkı ve onun güzelliği.

d. Exemplarisme[47] ve Allah'a yükselme: Bu, St. Bonaventure tarafından sistemleştirilen ve genel olarak Fransisken Okulu tarafından benimsenen Augustinci metoda göre olmaktadır.

1. Saint François d'Assise (1181-1226)[48]: St. François, gerek hayatıyla ve gerekse kurduğu tarikatla kilisenin manevi hayatının en büyük üstatlarından birisidir. Edebi eserleriyle de öyledir. Fakat onun eserlerinden ancak birkaçı kalmıştır[49].

2. Saint Bonaventure (+1274): Doktor Seraphik ismine çok layık olmuştur. Çünkü onu, her şey, Saint François'dan ayırmaktadır. O, ruhen doluydu. Onun ilahiyatı da sevgi dolu ve mistikti. Onun zahidane eserleri, dini hayatı işlemektedirler ve çok yüksek ve çok pratik bir doktrini açıklamaktadırlar[50].

MEDİTATİONES VİTAE CHRİSTİ[51]'nin anonim yazarı, İsa'nın çektiklerinin canlı tasvirleriyle, İsa'ya yapılan külte ve Meryem'in merhametine çok katkı sağlamıştır. Bunun yazarı, St. Bonaventure'un talebelerinden birisidir ve uzun zaman, meditasyonlar da buna atfedilmiştir.

---

[46] E. Gilson, La Philosophie de S. Bonaventure, p.71-75.
[47] Bu kitabın önceki sayfalarına bakınız.
[48] P. Pourrat, La Spiritualité Chrét. II, p.230-260; E. Longpré, Séraphique, Dans Dict. Apol. Col. 1309-1320.
[49] Opuscula, Edition Critique, Quaracchi, 1904.
[50] Bu kitabın önceki sayfalarına bakınız.
[51] P. Pourrat, İbid, p.278-283.

3. David d'Augsbourg (+1271): Manevi risaleler yazarıdır. Bunlar, St. Bonaventure'un eserinde kabul görmüştür. Bu risaleler şunlardır:

a. De Triplici Statu Religiosorum[52], b. De Septem Processibus Religiosi Status.

4. Bse Angèle de Foligno[53] (+1309): Genelde VİSİONS et REVELATİONS[54] isimli otobiyografi ve maneviyat kitabıyla tanınmıştır. O, önce dünyevi bir hayat sürmüş, dul kalmış ve bütün çocuklarının ölümüyle, hidayete gelmiş, malını, mülkünü terk etmiş ve Foligno Fransiskenlerinin içinde tövbe ederek yaşamıştır. O, kabul ettiği mistikleri tasvir etmiştir. Onun vizyonları özellikle entelektüeldir. O, Allah'ın aşkınlığını ısrarla belirtmektedir. Allah'la birleşmeyi o, varlığının çok özel duygusuyla karakterize etmiştir. Bu birleşmeye, tevazu, son yağlama refakat etmekte ve ruhun, Allah'la kucaklaşmasıyla mukayese edilmektedir. Angèle, İsa'nın çektiklerini çok realist sayfalarda yazmaktadır. Fakat bunlar, onun düşüncesine egemen olan ilahi sıfatlardır.

5. Le Bx Reymond Lulle (1315): Buna doktor illuminatus unvanı verilmiştir. Çok değerli maneviyat eserleri bırakmıştır: Bunlar şunlardır: Liber de Laudibus B.V. Mariae, Liber Contemplationum. Liber de Amico et Amato (Bütün bir yıl meditasyonları ihtiva etmektedir)[55].

B. Dominicain Okulu

Dominicain tarikatı, başlangıcından itibaren, net şekilde havari görüşünde etüde doğru yönelmiştir. Fakat bu durum, onun kurucusunun düşüncesinde murakabeye zarar vermemektedir. Zira onun kurucusu gerçek anlamda zahitti ve aynı zamanda büyük bir murakabeciydi. O, sadece Allah'tan bahsediyordu ve Allah'a konuşuyordu. İşte bundan dolayı tarikat mensuplarına oldukça katı pratikler yöneltiliyordu. Eski keşişlerin kalben ibadet ettikleri gibi... Bundan dolayı, özellikle Almanya'da XIV. yüzyılda büyük mistiklerin çiçeklendiği görülecektir. Fakat bu Alman Dominicainlerin, belli başı, ilham kaynakları Denys l'Aleopagite'dir. Ancak bunların tarikata tesirleri az

---

[52] Yine o, De İntorioris et Ext. Hominis Reformatione veya Formula Novitiorum olarak da isimlendirilmiştir.
[53] P. Pourrat, Op. Cit. p.288-292; cf. G. Delorme, Dans Dict. Hist. Col. 46-47.
[54] Hello, Paris, 868; P. Doncoeur, Paris, 1925; M. J. Ferre, Paris, 1927; Le Livre de l'Expérience des Vrais Fidèles, bu eser 1538'de Theologia Crucis unvanıyla yayımlanmıştır.
[55] Birkaç yazar daha, A. Saudreau tarafından zikredilmiştir. La Vie D'Union á Dieu, p.199-203.

olmuştur. Dominicain maneviyatın en karakteristik evrensel çizgileri arasında[56], daha çok şunları belirtmek gerekecektir:

1. Bilimsel karakterli etüd. Bu kutsallaştırmanın ve havariliğe hazırlanmanın ve bilhassa St. Thomas okulunda ilahiyatın spekülatif etüdünde vasıta olarak kullanılmıştır.

2. İnayetin Augustinci doktrini, bir yandan, insanı ilahi harekete boyun eğdirirken ve ondan bunu isterken; diğer yandan, faziletlerin pratiğini, Kutsal-Ruhun tatlılıkla doluluğuyla elde edilmiş olarak, bunların mükemmelliğini gerekli kılmaktadır.

3. Son olarak havarisel doktrin, ister ilahiyat eğitimiyle olsun ister vaazla âlimane veya halk seviyesinde olsun yapılmaktadır.

a. Saint Dominique (1170-1221): Dominik tarikatının kurucusudur. O, tek eser bırakmıştır: Bu da kurduğu tarikatın anayasasıdır.

b. Saint Thomas d'Aquin (1274): Dominiken tarikatı üzerinde etkili olmuştur. Onun bir ilahiyatçı olarak eseri, spekülatif ve teorik olarak doktrini açıklamıştır[57].

c. Le Bx Albert le Grand (+1280): Uzun bir süre, Paradisus Animae[58] ve De Aahaevendo Deo[59] onun zannedilmiştir. Fakat bu risaleler, ona ait değildir. O, maneviyatla ilgili başka yazılar bırakmıştır[60].

d. Sainte Catherine de Sienne[61] (1347-1380): Bu azizenin kilisede ve politikada büyük bir aksiyonu olmamıştır. Çünkü o, Kutsal-Ruhla hareket ediyordu. Buna, onun yazıları tanıklık etmektedir. Özellikle iki yazısı: Les Lettres ve Dialogue (1278). Bu yöneticisinin beyanatlarıyla ve Bx Raymond de Capou'nun[62] biyografisiyle tanınmıştır. İnayetle önlenmiş, çocukluğundan

---

[56] R. Garrigou-Lagrange, Le Caractère et les Principes de la Spiritualité Dominicain, Dans Vie Spirit, 1912 (t.IV), p.365-384.
[57] Bu kitabın St. Thomas bölümüne bakınız.
[58] Bu kitabın önceki sayfalarına bakınız.
[59] Bu risaleler, XIV. yüzyıla veya XV. yüzyıla aittir. Fransızcaya Çev. P. Vanhamme'dır, St. Maximin, 1921.
[60] P. Pourrat, Op. Cit. p.309-318; Özellikle şuna bakınız: Vie Spirituelle, 1923 (t.VIII), p.5-146, onun formation'u havariliği ve eserleri için bu kitapta verilen bibliyografyaya bakılmalıdır.
[61] Lettres, Fransızcaya tercüme, E. Cartier, 1860; Dialogue, Trad. P. Hurtand, 1913; Les oraisons (26 adet); O'nun vecd sırasında bunlar tespit edilmiştir.
[62] Raymond de Capou (1330-1399). O, Vita Sa Catharinus'un yazarıdır. Bune Leganda Major da denmektedir. Bu eser, doktrinel olduğu kadar da tarihidir. 1380'de tarikatın lideri olarak atanmıştır.

itibaren bakire kalmaya söz vermiştir. On altı yaşında Dominiken tarikatına girmiştir. Çok kısa zamanda, iç hayatının zirvesine yükselmiştir. 1270 yılına doğru, kilise reformu için ve ruhların kutsallaştırılması için apostolik aksiyonunu başlatmıştır. Onun bütün doktrini, bu çift hedefe yönelmiştir. Dialogue'da Allah, azizeyle konuşmaktadır. O, Allah'a ibadetle cevap vermekte ve ona, isteklerini beyan etmektedir. Onun istekleri, kötülüklerin yerine faziletlerin geçmesi ve en üst derecede meditasyondu. Onun açıklamasının hareket noktası, Allah'ı bilmektir. Onun açıklamaları, didaktik değildir. Ancak olgunluğa doğru giden yoldaki üç yürüyüş menzili, zahmetsiz görülmektedir. Bu dördüncü bir menzil oluşturmaktadır. İşte bunda, Allah'la birleşme samimi olarak gerçekleşmiştir. Bu durumda, ruh inayetle değişmiş, Allah'ın varlığını cevhersel olarak görmeden tecrübe etmektedir. Bu azizenin yazıları, Dominiken üstadlarının düşüncesine, ne kadar derinden etki ettiğini göstermektedir[63]. Fakat onun tarikattaki ve kilisedeki özel aksiyonu oldukça nüfuz edici olmuştur.

e. Saint Vincent Ferrier (1346-1419): Güçlü bir halk vaizidir. Belagati, çok güçlüdür. Tarikatının mensupları için yönlendirici bir şaheser yazmıştır. Bu eserin adı De Vita Spirituali'dir[64].

IV. XIV. YÜZYILIN DIONYSIENNE OKULU

A. Büyük Dionysienne Okulu

XIV. yüzyılda, Almanya'da ve Hollanda'da Denys l'Arepagite'ın tesiriyle ortaya çıkan bir maneviyat okuludur. Bunun için bu okula, Alman Okulu ismini vereceğiz. Bu tarikat, önce Dominican tarikatı içinde gelişmiştir. Görüldüğüne göre, bir grup filozof Yeni Eflatunculuğa, St. Thomas'dan sonra sadık kalmışlardır[65]. Bu düşünceler, XIV. yüzyılda farklı yazarlarla mistik bir veçhe kazanmıştır. Fakat bu tarikatın öncüsü olan Eckart'ın kullandığı dil tedbirleriyle, uzlaşmakta zorlanmıştır.

1. **Üstad Eckart**[66] **(1260-1327)**: Hochleim'de doğmuştur. Genç yaşta Dominicain tarikatına girmiş ve Paris'te kilise doktoru olmuştur. Orada iki defa

---

[63] Simme de St. Thomas, Da Dialoguce'dan bahsedilmiştir. P. Pourrat, Op. Cit. p.314.
[64] Trad. P. Rousset, 1899 ve P. Bernardol, 1918.
[65] Bu kitabın önceki sayfalarına bakınız.
[66] I. Vernet, Ecart, Dans Dict. Théol. Col. 2057-2081; G. Théry, Le Procès d'Eckart, Dans Vie Spir, 1923, (t.IX); O, Kevrer, Meister Eckchart, Das System Seiuer Religiösen Lehre u. Lebensweisheit, Münich, 1926, cf. G. Théry, Dans Dev. Sc. Phil. Théol. 1927, p.236-240.

hocalık yapmıştır ve XIV. yüzyılın başında büyük bir doktrinel aksiyon icra etmiştir. Latince, felsefi, manevi, mistik eserleri vardır. Onun muhafaza edilen eseri, vaazlarıdır[67]. O, kavramlarında cesurdur, 1326 yılında Cologne Arşevekini, 28 önerisini sansür ettiği için kınamıştır. Vatikan'a çağrılmış ve fakat bu arada vefat etmiştir. Papa Jean XXII, 1329 yılında Arşevekin kararını tasvip etmiş ve 17 önerisini, itizal olarak belirtmiş ve 11 önerisini de şüpheli bulmuştu. Bugün birçok bilim dalı,[68] Eckart'ın Ortodoksluğunu savunmaktadır. Onun niyetlerinin doğru olmasında şüphe yoktur. Fakat kullandığı formüller, belirsizdir ve ortaya koyduğu prensipler, panteizm tohumları içermektedir.

Eckart'ın Doktrini: Eckart'ın doktrini, henüz tam olarak tanınmamıştır. Ruhun Allah'la mistik birleşimini işleyen formüllerin felsefi ve tabiat anlamı yorumlanarak, onun gerçek bir panteist olduğu görülmektedir[69]. Eckart, bir mistiktir ve felsefesi, her ne kadar mistisizm üzerine tamamen kurulmamış da olsa etkili olmuştur[70]. Diğer yandan bu yapı çok sağlam değildir. Onun eserinin skolastik çerçevede olduğu iddialarında abartma vardır. Özellikle bu, yanlış bir örnektir. Mahkûm edilen öneriler, oldukça gerçektir[71]. Onlar, açık anlamlarında kınanmışlardır[72]. Bunlar, insanın Allah'a dönüşünü öğretmektedirler. Meselâ, ruhun bir kısmının inanılmazlığı, iyi adamın Allah'ın biricik oğluyla benzerliği gibi[73]. Ahlak noktasından, birçok öneri, sessizliğe götürmektedir: Allah'ın zaferi, günahta tezahür etmektedir, iyilikte olduğu gibi. Küfürbaz, günahı ile Allah'ı övmektedir[74]. Gerçek tövbekâr günah işlemeyi istemeyendir[75]. Cennet ve kutsallık karşısında ilgisiz olmak gerekmektedir[76].

---

67 Pfeifer tarafından yayımlanmıştır. deutsche Mystiker d. XIV 1, Leipzig, 1845, 1875, 2. cilt, 110 vaaz. Denifle, L'Opus Tripartitum'un 3. kısmını parçalar halinde yayımlamıştır (Opus Propositionum, Opus Questionum, Opus Expositionum), M.E. Lateinische Schriften, 1886.
68 Denifle, Karrer, Op. Cit. Le P. Théry, onun mahkûmiyetinin meşruiyetini devam ettirmektedir.
69 Eckart'ın, Alman karakteri belirtilebilir: Budda'nın torunu, Jacob Boeme'in Kant'ın, Fichte'in, Schelling'in, Hegel'in, Schopenhauer'in babası.
70 M. De Wulf, Op. Cit. II, p.118-125.
71 Yeni bir Dominiken eleştiri, yeni metinlerin doğruluğunu kontrol etmiştir.
72 Denzinger-B, Enchiridion, n.501-529, cf. F. Vernet, Op. Cit.
73 cf. 21-22.
74 Prop. 4, 5, 6.
75 Prop. 14.
76 Prop. 8.

2. Başka Dionysien büyüklerinin maneviyatı, daha hikmetlidir ve daha güvenlidir. Eckart'ın, Almanya'daki, Hollanda'daki, Ruysbroek'taki talebeleri, onun etkisinde kalanlardır. Bu maneviyat orijinalitesini korumuş ve hiçbir zaman da kilise tarafından mahkûm edilmemiştir. Onun birçok hasmı olmasına rağmen, böyledir. Orta çağdaki bütün okullardaki gibi, mistik eğilim, orada çok itham edilmiştir. Tauler ve Suso, bütün inananlara en yüksek derecede inayetleri vaaz etmişlerdir. Bunlar, ciddi tersliklere gitmemişlerdir. Bu mistik birliğe ulaşma vasıtalarına gelince, diğer Hıristiyan zahitlerinin dışında şunları tavsiye etmektedir:

a. Kendinden tam olarak feragat. Bu çarmıha gerilmiş İsa'nın feragati gibi olmalıdır[77].

b. Bilgi düzeyinde negatif metodda işe koyulma: Bu Allah'ı inkardan ibarettir. Yine bu yaratıkların mükemmelliğini inkâr demektir. Allah, tasavvur edemeyeceğimiz kadar büyüktür. İnsan, Allah'ı, aklın hiçliğinde daha iyi tanımaktadır. Bu karanlıklar içinde, dâhili ilahi aydınlık, tabiatüstü aydınlık parlamaktadır. İşte bu formülde, Dionysien doktrin tanınmaktadır[78]. Aslında, Union á Dieu[79] açıklamasında, Allah'ın imajında ruhun BİR'e dönüşü tasarlanmıştır: Bu birlik yeteneklerden çok ruhun özünde tamamlanmaktadır. Bu aracısızdır, ilahi özle, daha çok uknumlarla o, icraat yapmaktadır. Uknumlarla birleşme, inayetle değişen ruhta icra olunmaktadır. Onun en yüksek derecesi farksız birleşmedir. Bu formül, zikredilen başka yazarların düşüncesinde uknumun (şahısların) yıkımını içermemektedir.

1. Jean Tauler (1290-1361): Alsacelıdır. Strasbourg'da yaşamış ve orada ölmüştür. 18 yaşında Dominicain tarikatına girmiştir ve devrinin en büyük vaizlerinden birisidir, büyük bir ruh yöneticisidir. Vaazlarında[80] manevi doktrini bulunmaktadır. Onları, bir başka el sistemleştirmiştir. İnstitutions, onun ismini taşımaktadır[81].

---

[77] P. Pourrat, Op. Cit. p.346-354.
[78] İbid, p.354-361.
[79] Bu formülü anlamak zor değildir. Büyük yazarlardan Gerson, Bossuet, bunda abartma yapmışlardır.
[80] Trad. Latin, Serius, Cologne, 1603; Frânç, Noel, 8 vol. Paris, 1911-1913; E. Hugueny, La Doct. Myst. de T, Dans Rev. Sc. Ph. th. 1921, p.195-221.
[81] Nouv. éd. Paris, 1909; A. Saodreau, La Vie d'Union á Dieu, p.203-219.

2. Le Bx Henri Suso (1295-1365): Sonabe'da doğmuştur. Bir müddet Constance Dominicainleriyle ibadet yapmıştır. İlahi hikmet sofuluğuyla meşhurdur. O, büyük mistiklerin lütuflarını almıştır ve maneviyatın merkezi olmuştur. Onun belli başlı yazıları şunlardır: Le Livre de la Vèrité, Lettres et á Sa Vie. Bunlar l'Exemplaire'dir[82]. Suso, çok katı bir zühť hayatı yaşamıştır. Birçok tecrübelere maruz kalmıştır. Özellikle, Ortodoksluğa dokunan şüphelerde bu olmuştur.

3. Le Bx Jean Ruysbrock[83] (1293-1381): Bruxelles civarında doğmuştur. Elli yaşında, Soignes ormanlarına inzivaya çekilmiştir. St. Augustin düzenli Chanbinlarının, duacısı olmuştur. Bu onun manevi etkisini artırmıştır. Çok sayıda eser bırakmıştır. Dindarlığıyla ve derinliğiyle, mükemmel yazar unvanını almıştır. Onun en meşhur eseri, Ornement des Noces Éternelles'dir. Bu kitapta o, aktif hayatı tasvir etmekte (1.1). İç veya şefkat hayatını tasvir etmektedir (1.II). Ayrıca, supersinsiel murakabe hayatını tasvir etmektedir. Tebernade, ruhta, yedi makama ayrılmaktadır. Mistik birlik, Miroir du Salut Eternel'de ve Le Royaume des Amants de Dieu'de ve Le Livre de la Plus Haute Vérité'de açıklanmıştır.

Bunların arasında, murakabeyi yapanlar da vardır. Bunlar şunlardır: Le Livre de 7 Clôtures, Les Douze Vertus, Quatre Teritations, şiddetli şekilde "hür ruhlu kardeşlerin" panteizmini reddetmektedir[84].

B. Ilımlı Dionysienne Okulu

XIV. yüzyılın ortalarında İngiliz maneviyatından bahseden Denys'in Nuage De L'İnconnaissance[85] isimli eserinin yeniden neşredilmesinin[86] etkisi hâlâ bilinmektedir. Ancak onun mistisizmi, öncekilerden oldukça ılımlıdır. Onun orijinalitesi insanın, Allah'la birleşmesi için hazırlanarak ilahi aksiyona

---

[82] Edit. All. Denifle, Die Schriften des hl. H. Suso, Munich, 1876-1880: Bihlmeyer, 1907; Heller, 1926, Trad. Fr. P. Thiriot, Paris, 1899, 2. cilt.
[83] Mgr. Waffelaert, L'Union de l'âme Dieu (trad. R. hoornaert), Dom. J. Huyben, Le Bx J.r. Son Röle et Sa doctrine, Dans Vie Spirit, 1922; (t.VII), p.100-114; J. Pomerius, Dans Anal. Boll. 1885, (t.IV), p.263; P. O'sheridan, Ce Qui Reste de la.. Vie de R. Dans Rev. Hist. Eccl. 1925 82. madde), J. Huyren, Dans Vie Spir, 1925, (t.VII), p.226-240), A. Vauthier, D. Aygalliers, Ruysbroek, An Paris, 1923.
[84] P. Van Mierlo, S.J. 1926; P. Groult, Les Mystiques des Pays-Bas et la Litterature Espagnole, Louvain, 1927.
[85] Denys, Théol. Myst, 1, 3.
[86] Trad. Dom. Me Noetinger, Tours, 1925, İntroduction, p.5-48.

getireceği işbirliği üzerinde ısrar etmesidir. Bu konuda, onun okulunda hiç kimse bir şey söylememiştir[87]. Bilinmeyen yazar, Denys'i, St. Augustin'i, Ecole de Saint-Victor'u ve St. Bernard'ı takip etmektedir. O, Walter Helton'dan (+1396) öncedir. Muhtemelen onun talebesi Scoala Perfectionis'in[88] yazarıdır. Thugarlen'de St. Augustin düzenli Chanoine'ıdır. Buna yeterli sebep olmaksızın taklit isnat edilmiştir. Bu XIV. yüzyılın sonunda İngiltere'deki maneviyatı muhteşem bir şekilde temsil etmektedir[89].

V. ORTA ÇAĞIN SONUNUN OKULLARI

XIV. yüzyıl, bazı ülkelerde çok itham edilen mistik okulların yanında tamamen farklı birtakım okulların gelişmesine şahit olmuştur. Bu okullarda, murakabeyle ilgilenilmemiş fakat realiteye uzanan teoriler yapmakla ve onun tarifini yapmakla en güvenilir ve en pratik vasıtalarla ilgilenilmiştir. Onları ayıran, onların doktrinleri değildir, onların metodlarıdır. Onlar kısaca takdim edilecektir:

A. Windesheimin Okulu

Windesheim[90] denilen okul, L'İmitation denilen şaheseri, özellikle dünyaya kazandırmıştır. Bunu Gérard Groot (1340-1384) başlatmıştır. Bu adam, Hollanda asıllıdır, Paris'te sanat profesörüdür. Florent Radewijns yarışmalarıyla (1350-1400) Frères de la Vie Commune ve Chanoines Reguliersleri içine alan bir topluluk oluşturmuş ve bunun merkezini Windesheim yapmıştır. Parlak istinsahçılarla, okul dikkat çekici zahitler oluşturmuştur. Bunlar gönüllü olarak Sentence'larda belirtilmişlerdir: Yine bunlar, manevi bir sofuluğu pratik ve sevgiyle geliştirmek için, değerli derlemeleri teşkil etmekteydiler.

Bu yazıların en meşhuru, Gerlac Peters (1378-1411)'dir. Bu SOLİLOQUE'un[91], l'İmitation'una oldukça benzemektedir. Thomas a Kempis[92] (1379-1471), Windesheim'de alt duacıdır. 1413 veya 1414 yılında görevlendiril-

---

[87] Bu eser (Nuage), murakabevi eserin tabiatını işlemektedir (ch.1-25). Şartları (ch.26-44), sakınılması gerekenler (ch.45-75).
[88] Trad. Angl. Dom Guy. Londres, 1869.
[89] Asrın başında Richard Rolle (+1349)'a işaret edelim. O birçok maneviyat yazıları yazmıştır. cf. Hurter, Nomenclator, t.II, 564.
[90] Bu derlemeler, Rapiaria derlemeleridir.
[91] Trad. Fr. Par Dom E. Assemaine, Le Soliloque Enflammé.
[92] De Kempen, District de Dusseldorf.

miştir. Zahidane birçok yazı bırakmıştır[93]. O, bu okulun yazarlarının birincisidir. O, risalelerinde ve vaazlarında, manastır hayatını ve faziletlerini, deruni hayatı[94], Mesihin passion'unu işlemektedir[95]. Yine o, bakire Meryem'den ve nihayet mistik birlikten bahsetmektedir[96]. Onun eserlerinde hiçbir teori yoktur. Doktrin, daima sade bir tarzla nasihat ve sentence'lar altında açıklanmıştır[97].

İsa-Mesihin taklidi, directoire spirituel'dir. Bu bir adamın yazdığının en çok alınanıdır. Onun başlığı, birinci kitaptan alınmıştır. Ancak, muhtevaya az işaret vardır. Bu eser, dört kitaptır. Muhtemelen başlangıçta bağımsızdılar. Fakat hepsi bir kitabı ihtiva etmektedir. Üçüncü kitap, dâhili hayatı takdime benzemektedir: Liber İnternae Consolationis; ilk iki kitap takip edilmesi gereken nasihatleri ihtiva etmektedir: Admonitiones ad Spiritualem Vitam Utiles, 1.1. Derûni hayatla ilgili daha özel nasihatler: Adm. Ad İnterna Trahentas, 1, II'de vardır. Dördüncü kitap, daha özel kutsallaştırmalara tahsis edilmiştir. Ancak bu istisnai olarak önemlidir: La Communion Eucharistique[98]. Bu eserde kullanılan metod ve doktrin, tamamen Windesheim okulunda bilinenle uyum içindedir. Diğer yandan, en eski yazmalara (Bunlar 1421 ve 1424 tarihlerini taşımaktadır), Windésémien şaheserinin orijinalitesini tesis etmekte ve Thomas a Kempis'e atfetmektedir. Bu genelde kabul edilmiştir[99]. Önerilen yazarların hariç tutulması, yalnızca problematik Benedictin rahip Jean Gerson (XIII. yüzyıl)[100] değil, Şanselier Jean Gerson'dur[101]. Yazar tarafından eskilerden ve özellikle S. Bernard'dan alıntılar, onun işlediği konudaki tereddütlerini açıklamaktadır[102].

---

[93] Edit. Critiq. M.J. Pohl. Opera Amnia, 7. cilt, Fribourg, 1904-1910.
[94] Liber de Tribus Tabernaculis; Libellus Spiritualis Exercitii.
[95] De Verra Compuntione, De Solitudine et Silentio, Ect.
[96] Solliloquium Animae; Hurtulus Rosarum; Vallis Liliorum; De Elevatione Mentis; Cantica; Thomas A.K. Fevkalade güzel mistik aşkı terennüm etmektedir. Onun ilahileri imitation'unkileri ve XII. yüzyıldaki ilahileri hatırlatmaktadır, P. Pourrat, Op. Cit. p.391.
[97] P. Pourrat, İbid, p.387-388.
[98] Dumas, L'İmit de J.C., Paris, 1913.
[99] Amurt (+1775), kanaatidir. Funk, Spitaen, Pohl, Vacandard.
[100] Mabillon'un kanaati. Eski birçok Benedictin mensuplarının kanaati.
[101] Mgr. Puyol'un kanaati. O, bu konuda birçok eser yazmıştır.
[102] Orta çağda St. Bernard'dan ve St. Augustin'den mülhem, pratique karakterli anonim manevi yazılar oldukça çıktır. P. Pourrat, Op. Cit. p.440-466.

B. Carthusienn Okulu

Cartreu tarikatı, iki asır boyunca örnekle maneviyatı öğretmiş ve yeni bir yolla havariliği icra etmiştir. Bunu yazılı eserlerle, XIV. yüzyıldan itibaren devam ettirmiştir. Bu tarikatın aksiyonu da, mistik eğilimlidir. Bununla beraber, pratik meşguliyette zahitlik, egemendir. Bir geleneğe göre ki o, başlangıçlara kadar çıkmakta ve St. Bernard'le ilişki doğrulanmaktadır. Özellikle iki yazar, onların tesirini hissettirmektedir. Bunlar, Ludolfe ve Denys'dir. Denys, XV. yüzyıldandır. Fakat düşüncesiyle o, kayıtsız olarak orta çağa tahsis edilmiştir. "Denys, muhteşem şekilde orta çağ zahitliğini ve mistisizmini sonlandırmaktadır. O, onu cazip şekilde özetlemektedir. Çünkü o, büyük bir sevgi adamıdır."[103]

1. **Ludolf de Saxe (Chartreux) (1300-1370)**: Strasbourg Chartreuselerinin duacısıdır. "Notre Séigneur'un hayatı" isimli eseriyle popüler olmuştur. Bu eser, meditasyonlar ihtiva etmekte ve mesihin aşkını nakleden patristik yazılar ihtiva etmektedir. Bu eser, Protestanlığa karşı oldukça sert bir metod kullanmayı önerdiğinden biraz ihmale uğramıştır[104].

2. **Denys le Chatreux**[105] **(1402-1471)**: Okulun belli başlı yazarlarından birisidir. O, en yüksek murakabe hayatıyla, yoğun edebi bir aktiviteyi birleştirmiştir[106]. O, filozoftur, ilahiyatçıdır ve yorumcudur. O, Denys l' Aréopagite'i şerh etmiş ve gerçek mistik kitaplar yazmıştır: De Fonte Lucis et Semitis Vitae, De Contemplatione, De Discretione Spirituum gibi. Eskiler gibi o da hikmetin bağışında murakabeye bağımlıdır ve bu ibadetin aktif şekliyle ayrılmaktadır. Fakat Denys'in manevi eserinin en büyük kısmı, zahidanedir, kurtuluşun ve kutsallaştırmanın en müşterek vasıtalarını işlemektedir. Yani, işlediği konular, ihtida, ibadet, şeytani igvalar, deruni hazlar vs.dir. Yazar, yeni şeylerden ziyade eskilerin en iyi şeylerini çoğaltarak faydalı şeylerle meşgul olmaktadır[107].

---

[103] P. Pourrat, Op. Cit. p.477.
[104] İbid, p.470-473.
[105] Bu adama Denys de Rijckel de denmektedir. Onun asıl memleketi Belçika'da Limbourg'dur.
[106] Onun eserinin eski baskısı 44 cilttir. İn-1; Yeni yayım: 1896'da başlamıtır.
[107] Müteakip yüzyıldaki Chatreux manevi yazarları şunlardır: Jean Cansperge (1539). O, Entretiens de J.C. Avec l'Âme'ın yazarıdır. Sacré-Coeur, mensubudur. Ste. Gertrude'un ve L. Surius'un (1522-

C. Gersonienn Doktrini[108]

Gerson'dan bir okulun temsilcisi olarak bahsetmek doğru değildir. Onun manevi eseri ise oldukça ilginçtir. Ancak o da gerçek üstadların güçlü orijinalitesine sahip değildir. Ancak her şeye rağmen onun, onun zamanına kadar hiç kimsenin yapamadığı, geleneksel maneviyatı sistemleştirdiği söylenebilir. Yine o, sahte mistiklere karşı özellikle bir bekçidir. Bu sahte mistikler, onun döneminde[109] oldukça çoktular. Onun Ortodoks meşguliyetleri, bazen onu, cesur kavramların mübalağasını artırmaya sevk etmektedir. Fakat bunlar, Dionysienn okulun temelinde meşrudurlar. Yine de o, oldukça açık birtakım kuralların maneviyatını açıklamak için izahlar yapmıştır[110]. Onun manevi doktrininin temeli, Théologie Mystique[111] isimli eserinde bulunmaktadır. Fakat bu eser, diğer büyük iki başka eser tarafından ve önemli sayıda maneviyat risaleleriyle tamamlanmıştır[112]. Burada onun eserlerinin belli başlıcalarını takdim edeceğiz: Ancak bunu önce Partie Specula Tive'le yapacağız. Sonra da applications pratiques'le yapacağız.

Murakabe'nin teorisi, açık bir psikoloji üstüne dayanmaktadır. Ruh, beden gözüyle olsun, akıl gözüyle olsun, spritüal gözle olsun görmektedir. Ruh, duygusal iştahla makul iştahla ve yüksek iştahla veya Syndèrese iştahla hareket etmektedir[113].

Ruhun işleri, bu hiyerarşiye göre tasnif edilmektedir: Zihnin veya düşüncenin, meditasyonun veya aşkın işlerine göredir[114]. Mistik ilahiyat, aynı zamanda bilgidir ve aşktır. Çünkü mükemmellerde bu eylem bulunmaktadır. Aşksız murakabe olmaz. Mistik ilahiyat, birleşik aşkın kucaklamasıyla elde edilen Allah'ın experimental bir bilgisidir[115].

1578) tesiri altında, eski eserlerini büyük bir editörü olmamıştır aynı zamanda yetenekli Hagiograhe olmuştur. Onun eseri sağlam bir maneviyatın genişçe yayılmasına katkı sağlamıştır.
[108] L. Salembier, Gerson, Dans Dict. Théol. Col. 1324-1327; A. Saudreau, La Vie d'Union á Dieu, p.233-245; P. Pourrat, Spiritualite Chrét, II, p.403-429.
[109] P. Pourrat, Op. Cit. p.407-418.
[110] De Examinatione Doctrinarum, De Probatione Spirituum, De Distinctione Verarum Visionum A Falsis.
[111] Eclaircissement Scolastique de la Théologie Mystique et le Montagne de la Contemplation (Fransızca).
[112] Gerson için Théologie Mystique, murakabe anlamındadır.
[113] Gerson için Syndérése, bir iştah yeteneğidir. Birçok yazar için o, aklın bir alışkanlığıdır.
[114] Th. Myst. Spec, Consid, 26-27.
[115] İbid, c.31.

Bu Allah'ın tecrübeyle kavranan tecrübesi, bütün sözleri aşmakta ve muhakemeyle kurulan spekülatif ilahiyatı veya bilimsel ilahiyatı bile aşmaktadır. O, ruhu temizleyen aşkın faziletiyle elde edilmekte ve tedojikal faziletlerle onu aydınlatmaktadır. Kutlu faziletler, onu, mükemmelleştirmektedir[116]. Bu sadece ilahiyatçılara has değildir. Pekâlâ küçükler, mütevazıler de bilginlerden daha rahat onu, elde edebilirler. Çünkü bilginler, murakabenin zevkini tatmak için bazen yeteneklerinden çok gurur duymaktadırlar[117]. Bu aşkın sahipleri, Allah'ta olan ruhun hayranlarıdır[118] ve Allah'la birleşmişlerdir[119]. Onlar sakin ve derin bir neşe ile yetinmektedirler[120].

Daha karakteristik olan yön, Gersonien maneviyatın, pratik mistik yönüdür. Bu, mistik murakabenin hazırlık vasıtalarını ve şartlarını açıklamaktadır[121]. Gerson bu, vasıtaları industriae diye adlandırır. Bunlar tamamen yüksek bir zahitlik programını ihtiva etmektedir. Hakikatte, murakabe sadece yeni başlayanlara ve ileride olanlara uygun değil, bilakis, mükemmellere de uygundur (İndustrie-1). Yine onun mizacına dikkat etmek gerekiyor (İndustrie 2). Ayrıca, onun durumuna (ind.3)'da dikkat etmek gerekiyor. O, özellikle olgunluğa yönelenlere yönelmektedir (İnd.4). Her kim murakabeye sahip olmak isterse meşguliyetin çokluğundan sakınması gerekir (İnd.5), merakını düzeltmesi (İnd.6), sabırlı olması (İnd.7), şefkate dikkat etmesi (İnd.8) gerekmektedir. Yine uygun yerlerin, zamanın, ibadet için dikkatle seçilmesi (İnd.9) önemlidir. Yine gıdalar ve uyku konusunda da aşırı gitmekten sakınılması gerekir (İnd.10). Düşüncelerini, aşka yönlendirmesi (İnd.11) ve nihayet imanî görüşlerini Allah'a saf bir şekilde yükseltmesi için sadeleştirmesi gerekir (İnd.12)[122]. Bu mistik zahitlik, Hıristiyan faziletleriyle temeli atılan müşterek zahitliğe dayanmaktadır. Bununla beraber, onda tamamlayıcılar gereklidir. Çünkü başkan onu, dünyada kalan rahibelere tereddüt etmeden önermektedir[123].

---

[116] İbid, c.30.
[117] İbid, c.31.
[118] İbid, c.36-39.
[119] İbid, c.40-41.
[120] İbid, c.42.
[121] L. Salembier, Op. Cit. Col. 1326, d'Après la Théol. Myst. Pract.
[122] cf. De Simplificatione, Stabilitione Seu Mundificatione Cordis.
[123] Montagne de la Contemplation'da aynı doktrin belirtilmektedir. ch.37-39 sayfalarında, bu şaheserde meditasyon ve dua konusunda ilginç şeyler vardır.

Murakabeye hazırlanma vasıtaları arasında Gerson, meditasyonu önermektedir. Hatta bu konuya çok önemli bir risale tahsis etmiştir[124]. "Ona göre mistik meditasyon ilahi aşkı ve dindarlığı geliştirmeye yönelmelidir. Bu meditasyon, bilimsel meditasyondan tamamen ayrılmaktadır. O, ibadeti, düşünce ile birleştiren modern ibadetimize yaklaştırmaktadır. Gerson, murakabe için kurallar koymamaktadır. Herkes kendi mizacına göre bir meditasyon tarzı bulabilir, demektedir. Yine de ihtiyaç halinde yöneticiden yardım alabilir, demektedir. Meditasyon, murakabeye götürmektedir. Bunun için bu, gereklidir. O yapılmadan mucizeye ulaşılmamaktadır[125].

Gerson'un maneviyatı, döneminin aracı karakterini yansıtmaktadır. O, dönemde o hazırlanmıştır. O, geçmişin bir yansımasıdır. Gerson, kısmen S. Augustin'den, S. Bernard'dan, Vivctorin'lerden, S. Thomas'dan, S. Bonaventure'den, Guillaum'dan ilham almıştır[126]. Tabii ki Denys l'Aréopagite'i unutmamak gerekir. Bununla beraber o, zamanının Dionysienlerine karşı bir bekçi olmuştur[127]. Yine o, sahte mistiklere karşı şiddetle mücadele etmiştir. O, zihinlerin farklılık doktrinini hazırlamıştır. Bu doktrin, S. Ignace'ın kurallarını hatırlatmaktadır[128]. Böylece o, ilahiyatta sadece mistisizmi etüdle meşgul olmamış, aynı zamanda o, bir haberci olmuştur. Daha sonraki yüzyıllarda manevi üstadların parlaklığı, onu geride bırakmıştır.

---

[124] Tractatus Consolatorius de Meditatione.
[125] P. Pourrat, Op. Cit. p.427.
[126] İbid, p.420.
[127] Bu kitabın önceki bölümlerine bakınız.
[128] Bu kitabın önceki sayfalarına bakınız.

İKİNCİ KISIM

BİRİNCİ BÖLÜM
RÖNESANS VE REFORM[1]

I. HUMANİZM

Patristik edebiyatın sistemleştirmesi, orta çağda başlamış ve Rönesans ve Reform ismi altında bilinen fikir hareketinin etkisi altında XVI. yüzyılda da devam etmiştir. Onlardan çok uzak olan bazı kavramları, kilise babalarına atfetmekten sakınmak isteyen biri için, en azından bakış açısından bu fikir akımlarının neleri yeni getirdiklerini dikkatle not etmek önemlidir. Bu bakımdan, Rönesans, Reformdan daha az önemli değildir.

Aslında Rönesans, Hıristiyan kaynaklarına bir dönüşü belirtir. Rönesans bize, bunun ötesini bildirmekte, hatta Greko-Romen klâsik sanatını haber vermektedir. O, hakikate değil, güzelliğe ve Reform'a temelde bağlıdır. Bunun için Rönesans, orta çağın, bu noktada oldukça katı şekilde sahip olduğu formasyonu düzeltecektir. Sanatın kaynaklarını, tabiatın müşahedesiyle geliştirerek, o derin bir Hıristiyan düşüncesini ortaya koyacaktır. Çünkü orta çağ, fiziki tabiattan ve insandan yüz çevirerek, artistik maneviyatın kaynaklarını kurutmuştur. Sembolisme yolsuzluğu, sanatına, soğuk bir karakter vererek bitirmişti. İdealizm yolsuzluğu ve şekli hakir görme, onu hieratizmde ve çirkinlikte dondurmuştu[2]. İşte Rönesans, tabiatı, Antikite arasında yeniden bulduğunda, körü körüne Hıristiyan ilhamıyla mücadeleye girmemişti. Çok önce Pie II, tefsirlerinde Albains ve Amiata (dağlarının) manzaralarını

---

[1] J. Guiraud, L'Eglise et les Origines de la Renaissance, Paris, 1902; A. Baudrillart, L'Eglise Cath. la Renaissance, le Protestantisme, Paris, 1904; J. Janssen, Geschchte d. Deutschen Volkes, 1879; édit. Franç. L'Allemagne et la Réforme. 6. cilt, Paris, 1889-1902; H. Denifle, Luther e. Luthertum, 1904-1909 (trad. Franc. paquier, Paris, 4. cilt); H. Grisar, Luther, 3. cilt, Fribourg, 1911-1912; L. Cristiani, Luther et le Luthéranisme, Paris, 1908; J. Paquier, Luther, Dans dict. Théol. Col. 1146-1335; H. Brémond, Hist. Litteraire du Sentiment Religieux En France Depuis la Fin des Guerres de Religion Jusqu á jours, Paris, 1921; M. De Wulf, Hist. de la Philisophie, Médiavale, t.II, p.243-295.

[2] J. Guiraud, Op. Cit. p.288.

övmemiş de olsa, azizlerin kitapları, muhteşem şekilde, fiziki tabiatı tebcil ediyorlardı. Beşerî tabiata gelince, bütün psikolojik, metafizik ve ahlaki problemlerin ortaya çıkışı, kilise babalarını, açık ve dikkatli şekilde, Erasme'ın, Machiavel'in ve Guichard'ın Rönesans'ını etüd etmeye sevk etmiştir. Her şeye rağmen Hıristiyanlık, Pascal'ın beliğ şekilde tarif ettiği bedensel zevklerin, maneviyatın büyüklüklerini ve hayrın en yüksek hareketlerini tasvir ettiği, bu hiyerarşinin tabiatında onu, kabul etmeyi istemektedir[3].

Bütün sanatlardan daha çok Hümanizm, edebiyatı geliştirmiş ve dinle-ahlakla sıkı bir bağ oluşturmuştur. Felsefi idealde veya ahlaki idealde çekici olmaksızın fikirlere hoş bir şekil vermek mümkün olmamıştır ki bu fikirler, belirtilmiş olsun. Bu durumda, antik edebiyat, Hıristiyan idealine oldukça muhalif meyille sunuluyordu ancak bir tartışmayı da provoke etmiyordu. Antik edebiyat, zihinleri iyimserlikle putlaştırıyordu. Böylece o, Hümanistlerle oldukça işbirliği içindeydi. Hatta buna, papalık çevreleri de dâhildi. Ta ki kilise, insanın gerilemesini, onun tabii zayıflığını, ilahi bir yardım zaruretini vaaza başladığında, Hümanizm, putperest olmuştu, tabiatın güzelliğini ve insanın Tanrılaşmasını propaganda yapıyordu. Bu durumda kilise insan hayatına bir sebep ve tabiatüstü bir hedef atfediyordu ve Allah'a kaderimizin sonunu bağlıyordu. Hümanizm ise, putperest olarak, dünyayı ve insanı, hayat idealiyle sınırlandırıyordu[4]. Ancak bu prensipleri açıklamakla yetinilmiyordu, bunlardan pratik sonuçlar çıkarılıyordu. Pagan filozoflar, bütün ahlakı, şu kısa kurala indirgemişlerdi: **"Sequere naturam=Doğayı takip et"**. İşte Rönesans'ta bu kabul edilmişti. Artık, **"evrensel vicdani kanunlar"** ve **"Bireylerin asil içgüdüleri"** yoktu. Hümanistler, bunları, doğada buluyorlardı. Ancak bunlar, doğada içgüdüsel ve hatta kabaca bulunuyorlardı[5]. Böylece, gerçek bilginler, Hıristiyan maneviyatının en saf klasik edebiyat aşkına katılmış oluyorlardı[6]. Bununla beraber onlar, özellikle XV. yüzyılın sonunda müstesna bir duruma düşmüşlerdi. Bunun için Mesihin ahlaki için Rönesans'ın karmaşık karakterini gözden kaçırmamak gerekirdi. Fakat Rönesans'ın provoke ettiği beşerî ve tabii özlemler, tabiatüstü realiteleri, ihmal edilmez hale getiriyordu.

---

[3] J. Guiraud, Op. Cit. p.288-289.
[4] İbid, p.296.
[5] İbid, p.295-302.
[6] İbid, p.294, 314, 322.

Tabiatın bu tebcilinde, aklın payı oldukça fazlaydı. Okumuşlar, artık bu konuda sınır tanımıyorlardı. Çünkü sanat, onlara bütün şerefi sunuyordu ve bazı eleştirel araştırmalar onlara, sağlamca tesis edilmiş ve zapt edilemez görünen tarihi şartlara tutunmaya imkân veriyordu. Onlar, her şeye güçlerinin yettiğine inanarak, iman sahasına da girmişlerdi. Onların cüretleri o kadar ciddi oldu ki, Occamisme'in doktrini, üniversitelerde akıl ve iman ilişkilerinde oldukça güçlü şekilde yerleşmişti[7]. Onların gözlerinde akıl, eşsiz şekildedir ve akla, hiçbir şey empoze edilemezdi. Buna göre vahiy, bir engeldi ve saçmalıktı. Artık açık, gizli şekilde pozitif hücumlar, Hıristiyan doktrinine karşı başlatılmıştı. Daha önce Pétrarque, Hıristiyan imanının, pagan felsefesinin üstünde olduğunu belirterek aptallıkta ve cehalette ün kazanmıştı. Hümanistlerin arasında bazıları, Hıristiyanlığı hor görerek işliyordu ve bazıları da sessiz kalıyordu. Daha cesur olanlar, Hıristiyanlığı gülünçleştiriyordu ve dogmalarda, modası geçmiş fikirler, ilerlemeye engel olan şeyler ve redde layık olan şeyler görüyorlardı[8]. Bütün hümanistler, eski temelde Katolik ilahiyatı parça parça yıkıyorlardı[9]. Hararetle olmasa bile, dini tarikatlara hücum ediliyordu. Özellikle de Dilenci tarikatlarına. Onların kendilerine eziyet ideallerini, otoritelerini, doktrinlerini hor görülüyordu[10]. Tabii ki bu akılcılık, hümanizmden ayrılmıyordu. Bu akımın en üst temsilcileri, bunu kendi örnekleriyle gösteriyordu[11]. Fakat XV. yüzyılın temayüllerinde, rahipler sınıfında veya Papalık sekretaryaları arasında bile bu temayül vardı.

Felsefe bu gürültüde çok mesafe alamadı ve fikirlerin mayalanmasında şaşkındı. Tenkitte hızlı düşünenler, peripatesienlerin skolastiğinde onların epigramlarına işarette mahir olanlar, yeni bir şey inşa etmede güçsüz kalmışlardı. Ancak, M. De Wulf, onların çabaları gülünç olmuştur, demektedir. Onların felsefelerinin temel fikri, diyalektikte ve retorikte, felsefenin azaltılmasıydı. Onlar, ilimle, muhakeme edilen sanatı karıştırıyorlardı. Yahut muhakeme edilen sanatla-güzel sanatı karıştırıyorlardı. Onların gözlerinde en büyük filozof, Quintilien ve Cicéron'du. Çünkü onlar, en büyük hatiplerdi[12]. Böylece Rönesans'ın bütün filozofik çabası, bununla sınırlı değildi. Rönesans

---

[7] Bu kitabın önceki sayfalarına bakınız.
[8] A. Baudrillart, Op. Cit. p.23-24.
[9] İbid, p.24.
[10] J. Guiraud, Op. Cit. p.306.
[11] Bu kitabın ileri sayfalarına bakınız.
[12] M. De Wjulf, Hist de la Phil. Méd. II, p.248.

felsefesi, bize spekülatif yapılar da sunmuştur. Bunlar, oldukça farklı temayüllere sahiptiler.

Tabiatın etüdü, bazı zihniyetleri gerçek bir spekülatif tabiatçılığa doğru yöneltmiştir[13]. Léonard de Vinci (+1519) sanatkâr olduğu kadar da fizikçi bir dâhidir. O, kendisini maceracı teorilerden korumuştur. Fakat Paracles (+1541) gibiler, sanatlarını bir ilahiyat felsefesi ve kabalistik veya büyüsel bir doktrin üzerine kurmayı denemişlerdir. Yine Telesius (+1588), tabiatın fiziki kuvvetleri üzerine kurulmuş gerçek bir sistem meydana getirmiştir. Bu sistemde, soğuk ve sıcak, Aristocu şeklin yerine geçmiş ve bedenlerin kompozisyonunu, minerallerin oluşumunu, canlıların formasyonunu ve hatta beşerî ruhun oluşumunu ve tabiatın oluşumunu açıklamaya katkı sağlamıştır[14]. Diğer başkaları, bu sistemi farklı noktalardan tamamlamışlardır ve bazıları da saf bir panteizme ulaşmışlardır. Meselâ, Patrizzi (+1597); Giordano Bruno (+1600) bunlardandır. Daha kabası, François Bacon'ın (+1626) tabiatçılığıydı. O, ateist ve faydacı materyalizmin teorisyeniydi[15].

Eflatunculuk[16], Rönesans'ın yenilenme ateşinden yararlanmıştır. Cosme'un ve Laurent de Médicis'in saltanat döneminde Florence, platonculuğun merkezi haline gelmiştir. Onun en önemli habercisi bir Byzantin olan G. Gennistos'du ve ona Pleton (+1450) deniliyordu. O, Florence konsiline katılmıştı ve Médicis sarayında, Platoncu bir akademi kurmaya karar vermişti. Marcile Ficin (+1499) onun en meşhur hocalarındandı. O, Yunancadan, Latinceye bazı filozofları tercüme ediyordu. Meselâ, Platon, Plotin bunlardandı ve onların doktrinlerini, orijinal eserlerden özetliyordu. Bu çalışmalar, objektif değildi ve sürekliliğe de sahip değildi ve akademide Médicis'lerle[17] yok olmuştu. Bazı yakınlaştırmalara rağmen, Cartésien idaealisme'de; Rönesans'ın Eflatunculuğunun devamını görmek zordur.

Aristo taraftarları, Eflatun'un entelektüel öncülüğünü redde uyuşuyorlardı[18]. Ancak kendi aralarında bizzat üstadlarının düşüncesinden ayrılıyor-

---

[13] İbid, p.256-260.
[14] M. De Wulf, İbid, p.258.
[15] Bu ateizm, Voltaire tarafından isimlendirilmiştir.
[16] M. De Wulf, İbid, p.250-252.
[17] J. Pic de la Mirandole (+1494), Grek felsefesine yardım ediyordu, Yeni Eflatuncuydu. Conclusiones Nongenta in Omni Genere Scientiarum'larında Kabalistik teorilere destek veriyordu. Papa İnnocent VIII tarafından bunlar toptan reddedilmişlerdi (Denzinger, Ench. Symb. n.736), Hurter, Numencl. II, 1010-1014, Sur M. Frein, İbid, Col. 1014-1017.
[18] M. De Wulf, Op. Cit. II, p.253.

lardı[19]. Onlar, Padoue'da, Al. Achillinus (+1518), Aug. Nifhus (+1546) ve A. Zimara (+1532) ile birlikte, İbni Rüşdçü idiler. Bologne'daki Alexandristes'lerden Pomponazzi (+1525), İbn Rüşdçülerin otoritesine Alexandre d'Aphvodisias'ın (M.Ö. III, 442) otoritesiyle muhalefet ediyordu. Onların temel tartışma konusu, ruhun ölümsüzlüğü problemiydi. İbni Rüşdçüler için, ölümsüzlük, gayr-i müşahhastı. Alexandristler için ise, ruh, bedenle yok oluyordu.

Her ikisi için ne inayet vardı ne de hürriyet. Doğmayı muhafaza etmek isteyenler ise, azınlıktaydı. Onlar iki hakikatin teorisine müracaat ediyorlardı. 1513 yılında toplanan beşinci LATRAN[20] konsili, bu iki doktrini mahkûm etmişti. Aynı zamanda, beşerî akıl teorisini ve beşerî ruhun ölümlüğü teorisini de mahkûm etmiştir[21]. Padou'da ve Bélogne'da Dominicain üstadlar, Thomist Aristotelisme'i savunarak, muzaffer olmuşlardı[22].

Felsefi yaratılışlardan birisi, Rönesans ruhunun iyi şekilde bedenleşmiş olmasıdır. Bu felsefe, THEİZM felsefesidir. Bu spritüalizm üzerine oturan, aydınlanmış bir hümanisme'de taçlanan evrensel temayüllü, safileşmiş bir çeşit tabii dindi. XV. yüzyılın başından beri[23], Pléthon, onun havariliğini yapıyordu ve Eflatun'un yazılarında bir İncil buluyordu. İşte, ERASME'ın (+1536) kesin olarak temeli, burada görünüyordu: O, imanı muhafaza ediyordu ve kiliseye bağlıydı. Fakat onu, Dogmatisme korkutuyordu. O, bütün orta çağ ilahiyatından ve insan, eşya, esprit, şekil, metod ve yorumlarından korkuyordu. Onun için gerçek ilahiyat, Mesihin felsefesidir[24]. Yine o, Mesihin arınmış doktrinin, Platon'un, Çiçeron'un, Séneque'in dininin aynısıdır, diyordu[25]. Onun ahlak anlayışı, Stuacılardan mülhemdi. Bu ahlak ona göre, anti-Chrétien değildi. Fakat onu canlandıran zihniyet, tabiatüstülükten ziyade, daha insaniydi. İşte onun onarılmaz zayıflığı bu noktadaydı. Diğer meşhur hümanistlerden söz etmek gerekirse, Reuchlin (+1523)'den, Juste Lipse (+1606) bahsetmek gerekecektir. Mélanchton'da bizzat (+1560), Luther'in doktrinlerine benzer bir spritüalizm benimsemiştir[26].

---

19   Hurter, Op. Cit. II, p.1280-1283; M. De Wulf, Op. Cit. II, p.252-255.
20   Denzinger-B, Cnch. Sym. n.738.
21   M. De Wulf, Op. Cit. p.254.
22   Bu kitabın ileri sayfalarına bakınız.
23   Bu kitabın önceki sayfalarına bakınız.
24   P. Godet, Erasme, Dans. Dict. Théol. Col. 388-397. Bu kitabın ileri sayfalarına bakınız.
25   İbid. Col. 396; M. De Wulf, Op. Cit. II, p.264.
26   Bu kitabın ileri sayfalarına bakınız.

Rönesansın karmaşık karakteri, onun temsilcilerinin, kiliseden aldıkları lütufları ve suçlamaları açıklamaktadır. Birçok piskopos, özellikle papalar, XV. yüzyılın başında, geniş şekilde putperest ruhunun sızma tehlikesinden, hümanizmin iyi tarafına daha dikkatli davranarak kiliseyi korumuşlardır. Bu Katolik reaksiyon[27], bireysel ve XV. yüzyılda izole olan bu yolsuzluklara karşı, XVI. yüzyılda genel olarak olmuştur. Özellikle, bu reaksiyon Protestanlığa karşı gelişmişti. Bu durumda, Protestan reformu, Hümanisme'e karşı bir reaksiyon şekliydi. Bu bazı insanların tam da savaşta anormal antlaşmalar yapmalarına rağmen böyle idi. Zaten bu iki muhalif hareket de Rönesans'ın felsefi hümanizmine engel olamamışlardı. Hümanizm, iki büyük akım halinde var olmaya devam etmiştir: Bu akımlar, Fr. Bacon'un temsil ettiği [28] materyalist Hümanizm ile René Descartes'in[29] temsil ettiği sprituälist Hümanizmdi (1650). Descartes'in doktrini, hatalarına ve boşluklarına rağmen, belli bir zaman çok değerli hizmetler sunmuştur. Bu dönemde birçok zihin, daha açık prensiplere uyum sağlayamıyordu.

II. PROTESTAN REFORMU

Aslında Rönesans ile Reformu karıştırmak büyük bir hata olacaktır. Bu iki hareket, bazı noktalarda karşılaşsa da onları belirleyen çizgiler, birbirine köklü şekilde muhaliftirler. Reform, iyimserliğe (1. optimisme) karşı bir reaksiyondur. Bununla Rönesans, tabiatı ve insanın tabii güçlerini yüceltmiştir. Aynı zamanda Rönesans, kilisede olan gerçek yolsuzluklara karşı da bir başkaldırı hareketiydi. Bunun için Rönesans, geçmişe dönmeyi ilan ediyordu. Fakat İncil ve Hıristiyan geçmişine dönmeyi arzu ediyordu. Elbette Paganisme'e ve klasik edebiyata dönmeyi istemiyordu. Ancak skolastik ve Hıristiyan toplumunun ve orta çağın hümanistleri tarafından yapılan eleştiriler, Reformatörler tarafından geniş şekilde kendi amaçlarına göre kullanılmıştır. Bu arada Luther'ın teşebbüsü, beşerî bir iş değildi. O, dini bir işti, tabiata dokunuyordu. Fakat tabiatüstü mükemmel bir formda, Hıristiyan olan şeyi tesis amacını güdüyordu. Onun önerdiği felsefede değil, dini refermatörde, peygamberlikte, havarilikte idi. Tabii ki bu konuda hükmü tarih verecekti.

Luther'in gerçek habercileri, kesin olarak hümanistler değillerdi. Doktrinlerinin sadece olumsuz unsurlarını ödünç olarak orta çağın sonundan beri,

---

[27] Bu kitabın ileri sayfalarına bakınız.
[28] Bu kitabın önceki sayfalarına bakınız.
[29] A. Chollet, Descartes, Dans Dict. Théol. Col. 552-565.

tabiatı, tabiatüstünü tebcil ederek onlar, insan tabiatını kutsallaştırmışlardır. Occam, insana imanı o kadar yüksek yerleştirmişti ki, akıl sadece onu göstermekte değil, aynı zamanda tabii temellerini kurmakta güçsüzdü[30]. Bununla beraber kararlı, istekli, orta çağdaki Augustincilerin çoğu gibi, Fransisken üstad da, iradenin gücünü yarı-pélagianisme'e kadar yüceltmişti[31]. Fakat bu noktada, Oxford'un başka profları zıt şeyler söylüyorlardı. Meselâ Th. Bradwardine ve Mycleff[32], farklı noktadan hareket ederek aşırı muhalefet ucunda, iradeyi, irade-i cüziyyeyi yıkacak kadar ileri gidiyorlardı. Bunu da ilahi kozalitenin ve kaderin etkisi altında yapıyorlardı. Diğer yandan çok sayıda sapık maneviyat mezhepleri[33], kişisel dini tecrübeleri, kilisenin kontrolünü ve öğretisini dışarda bırakarak, yüceltmişlerdi. Bütün yeni doktrinler, onları yansıtmaktaydı ve bireysel ilham adına kiliseyi sakramentlerini ve onun hiyerarşisini reddediyorlardı. Wicleff'den sonra Jean Huss[34], bu zihniyetin Orta Avrupa'da yayılmasında çok büyük rol oynamıştır. İşte Jean Huss, Luther'in doğrudan doğruya, dini noktada habercisiydi. Onun etkisi ve doktrini, milli noktada, Germanisme'e tamamen zıt bir anlamda istismar edilmişti. İşte bununla XVI. yüzyılda Luther, tam olarak bütünleşmişti.

Luther, reformatris aksiyonunda St. Augustin'i reklam ediyordu. Bunun için onun Augustinciliğinin tabiatını anlamak önemliydi. Bu konuda önce, St. Augustin'in talebelerinin açıklamalarda bulundukları noktalarda hiçbir problem olmadığını belirtelim. Augustinci doktrinler, Exemplarisme-ilahi ve güzel hakikat-mistisisme'e bitişik ahlakçılıktı[35]. Burada söz konusu olan, sadece inayet ve doktrinin bütününden ayrı olan bitişik problemlerdi. Objektif olsa da bu metod, mutlak olarak meşru değildi. Ne yazık ki Luther aksine, tamamen sübjektif bir yol izlemiş[36] ve dini hayatının başlangıcından beri[37] ameller olmadan imanla doğrulanan temel doktrinini hazırlama yoluna

---

[30] Bu kitabın önceki sayfalarına bakınız.
[31] Bu kitabın önceki sayfalarına bakınız.
[32] Bu kitabın önceki ilgili bölümüne bakınız.
[33] Bu kitabın önceki sayfalarına bakınız.
[34] Bu kitabın Jean Huss bölümüne bakınız.
[35] Bu kitabın St. Augustin bölümüne bakınız.
[36] J. Paguier, Op. Cit. Col. 1295.
[37] Luther (1483-1546) Saxe bölgesinde Erfurt Augustincilerine girmiştir. O zaman yaşı yirmi ikiydi. Felsefede ve hukuk eğitimi aldıktan sonra, tam olgunlaşamamıştı. Bu büyük bir tehlikeydi. Şiddetli bir mizaca sahip olmuştu. Rahip olmuş ve 1506'dan 1508 yılına kadar ilahiyat eğitimi almış ve Wittemberg üniversitesine hoca olmuştur. Girmiş olduğu tarikatta da, kesin bir doktrin geleneği bulamamıştı. Wittemberg üniversitesindeki kürsüsünde 1546 yılında ölünceye kadar kalmıştır.

gitmiştir. Lutherci sentezin hareket noktasında, entelektüel sebeplere işaret etmek gerekir. Buradaki hatalar, bedene ve ruha muhalefeti içermektedir ve yanlış anlaşılan St. Paul'un metinlerine[38], nikâhsız evlilerin günahkârlığına, bazı Augustinci geleneğe[39] dayanarak onun tarafından yapılan abartmalara dayanmaktadır. Bir de 1510 yılında Roma'ya yaptığı seyahat, onun üzerinde sinirli bir tesir meydana getirmiştir[40]. Fakat onun düşüncesine etki eden ahlaki sebeplerdi. Roma dönüşünde Luther, dini kurallara hararetle bağlı olanlara karşı şiddetle karşı çıkmıştı ve onların kutsallıklarını iddia eden eserleri de hakir görüyordu[41]. Artık gittikçe dini hayatı ihmal ediyordu, bedenin isyanları ve tekrar edilen zayıflıkların önünde o, alt edilmez günahkârlığı beyan ediyordu[42]. 1515 yılında onun teorisi daha yeni tamamlanmıştı[43]. Görüldüğüne göre o, mukavemet edilecek kadar bozulmamıştı. Fakat teorisi, korkunun ve bir özlemin ifadesi olarak kısmen görülüyordu. Korkudan artık mukavemet edilemiyordu ve özlem, bütün engellerden kurtulmuştu. Théléme'in bir manastır keşişi gibi yaşıyordu. Çok dinlenen özlem, çok okşanan ve kısmen pratiğe konmuş bir teori[44]. Bu eğilim, gittikçe gelişerek Luther, kutsallığın hakir görülmesinde, kutsallık birliğine, isteklerin kırılmasında bir dindarlıkla karşı geliyordu. Bu ise, St. Augustin'inkine taban tabana zıttı. O, bedenin köleliğinden hareket etmişti, yüksek savaştan kurtulmuştu ve hidayete ulaştığından beri ölümlü bedende bir melek hayatı yaşamıştı. Bu basit tezad, her ciddi zekâya, Augustin'in[45] ve reformatörün iddia edilen doktrinin otoritesini yargılamak için kâfi gelecektir. Onun diğer teorileri, artık Augustinci teoriler değillerdir.

Luther, ilahiyatının temel noktası, imanın doğrulanmasıdır. Orijin günahla tamamen bozulmuş insan, hürriyetten yoksun olarak iyi bir amel yapamaz. Luther'e göre, ahlaki gidiş, imandan daha az önemlidir[46]. Önemli

---

[38] Romalılara, VIII/7; Galatyalılara, V/19-22; I. Yuhanna, 11/16.
[39] J. Paguier, Op. Cit. Col. 1190-1206 ve 1209-1212. Burada özellikle çok farklı geleneksel yorumlar söz konusudur. Luther, Augustin'in inayetle ilgili metinlerini okumamıştır.
[40] Bu seyahat için bkz: İbid, Col. 1204-1206. Luther Roma'da İtalyan Augustinci okulla temas kurmuştur.
[41] Grisar, Op. Cit. Denifle tarafından kabul edilmeyen bu noktada ısrar ediyordu. Bkz: J. Paguier, Op. Cit. Col. 1152.
[42] Denifle, sağlam şekilde bu tarihi noktayı tesis etmişti.
[43] J. Paguier, İbid, Col. 1218 ve 1254.
[44] İbid, Col. 1218.
[45] Böyle bir muhalefet, metinlerin anlaşılmasında tam bir farkı haber vermektedir.
[46] J. Paguier, Op. Cit. Col. 1243-1251.

olan sadece imandır. Bu doğru imanı tarif oldukça zordur. Bunun için Luther, bu konuda birçok tezad içindedir. O, bunun için önce, geleneksel unsuru ve zihnin Mesihin öğretilerine katılmasını dâhil etmekteydi. Fakat bu noktaya bir başka önemli şey, ilave olunmaktadır. Bu "Lutherien imandır." Bu her şeyden önce Allah'a güvenmek, ona gideceğimize güvenmektir. Bu dünyada ve öbür dünyada bu bizim için uygundur. Bu iman, yine bir ümittir[47]. En farklı duygular, bunda birleşmektedir, yine bu iman, korkuyu, tevazuyu, Allah'ın kolları arasında, ümitsizliği terktir. Günahla dolmuş olma kanaatini, yapılan her şeyin günah olduğunu terktir. Bütün bunlar, bize, Allah'ı doğrulamakta ve netice olarak onun bizi doğruladığını elde etmekteyiz. Biz, Allah'ı doğruluyoruz. Çünkü biz günahkârlar olarak tanınıyoruz. Biz, Allah'ın gerçekliğine, onun adaletine ve onun lütfuna saygı gösteriyoruz. Nihayet böyle bir iman, bizi doğrulamaktadır[48]. Bu iman, kurtuluşun doğruluğuna[49] ve bireysel kadere mutlak güvene, insanı, Allah'ın inayetindeki işbirliğinin bağımsızlığına kadar götürmektedir[50]. Doğru iman, sadakadan bahsetmez. Bu, Luther'in prensibidir. O, şöyle demektedir: İnan ve istediğini yap! Bu Augustin'in şu sözüyle karıştırılmamalıdır: "Sev! Ve istediğini yap!" Luther, kendi iman teorisinin, Augustinci olmadığını bilmektedir. O, Augustininkinde, doğru bir tarafın olmadığını söylemektedir[51].

Luther'in bu doktrini, yeni bir sözde mistikte gelişmiştir. İman ve kurtuluş garantisi, kısmen Augustin'e dayanıyordu. Fakat bu, onlara yeterli bir temel sağlamıyordu. Luther, Allah'a bireysel bir aydınlanma ile çıkıyordu. St. Paul'un[52] doğru iman üzerindeki ayetinin gerçek anlamı, onun İncil'in mesajı, onun doktrinini oluşturuyordu. Zaten onun bütün büyük teorileri, bu ilhamların meyvesiydi. Bunun için o, bütün taraftarlarını, Allah'ı tanık tutmaya davet ediyordu. Bu ruhun tanıklığıydı. Hıristiyan, kendinde bunu provoke etmek zorundaydı. Hıristiyan bunun için çalışmalı, mevcut inayetinin imanını kendisinde artırmalı onun gelecekte kurtuluşuna inanmalıydı[53]. Bu

---

[47] J. Paguier, İbid, Col. 1231.
[48] L. Cristiani, Cité İbid, 1231-1232.
[49] İbid, Col. 1232-1237.
[50] Protestan Seeberg, Lutherci imanın, Katoliklerin imanından ayrıldığını söylemektedir. Katolikler, insanın Allah'ın işiyle işbirliğinden bahsetmektedirler. Onlar, Allah'ın inayetine güvenmektedirlery. Luther ise, bunu sadece Allah'ın inayetine dayandırmaktadır.
[51] Propos de Table, n.1572.
[52] Romalılar, 1/17.
[53] J. Paguier, Op. Cit. Col. 1235.

dini duyguyu elde etmek için, eski mistiklere dayanıyordu. Özellikle, TAULER'e dayanıyordu. O, oldukça yanlış bir şekilde onun tarafından gözden düşürülen ve editörlüğünü yaptığı (1516-1518) Théologie Germanique'i yayımlamıştı[54]. Dahası, kendi kavramlarını desteklemek için, mistiklerin var saydığı çileciliği kasıtlı olarak ihmal ederek, Allah'ın iradesine sessiz bir terk edişe bağlı kalmak ve bu yazarların tanımladığı tabiatüstü dinsel duyguya sarhoş olarak, doktrini saptırdı[55]. Ayrıca serbest tecrübe (libere examen) teorisi aracılığıyla, bireysel duyguyu yücelten Lutherci mistisizm, Luther gibi doğrudan doğruya kiliseye karşı isyana ve enduljans problemlerindeki görüşleri, sapıklığa yol açmaktaydı.

Görüldüğü gibi Luther itizali oldukça karmaşıktır. Onun Dogmatikler açısından hataları şunlardır:

1. Asli günah[56] temelden insan tabiatını kirletmiştir. Bunun için insan, iradeden yoksundur ve iyilik yapmaktan uzaktır.

2. İnayetin yerini iman almıştır[57]. Şüphesiz mevcut inayet, tamamen yok değildir. Çünkü Luther, ruhumuzda Kutsal-Ruhun devamlı operasyonundan bahsetmektedir. O, burada Allah'ın doğrudan bir aksiyonunu görüyor. Aktüel inayetin yanında o, kesinlikle sadece püskürtme ile düşünmektedir. Bu yaratılmış hareket, daha çok insanidir ve oldukça soğuktur. Allah'la teması kaldırmaktadır[58]. Yine alışılmış inayet de kaybolmaktadır. Böylece bozulmuş insan, Allah'ın gözünde onu, aziz yapacak dâhili alışkanlıkla, değişime uğramayacaktır. Fakat mesihin liyakatleri, ona atfedilmiştir. Şayet insan, inanıyorsa, bu inayet onun Allah'la doğrudan birleşmesi için yetecektir.

3. Bu durumda, Sacramentlerin varlık nedeni yoktur. 1520 yılında Luther ayinin aleyhine vaaz etmiş ve sadece vaftizi, tevbeyi ve Evharistayı kabul etmektedir. Ona göre **tövbe**, günahları kaldıran basit bir beyandır. Zaten bütün dini kurallar, Captivité De Babylon'da[59]=Babil esaretinde bulunmaktadır. Burada Babil, kilisedir.

---

[54] J. Paguier, Op. Cit. Col. 1259-1261.
[55] İbid, Col. 1261-1274.
[56] Bu kitabın önceki sayfalarına bakınız.
[57] J. Paguier, Op. Cit. Col. 1237-1240.
[58] İbid, Col. 1248.
[59] Luther, burada sakramentler hakkındaki görüşünü açıklamaktadır. İbid, Col. 1297-1298.

4. **Luther'in bireyselliği:** Bu onu, kilisenin otoritesini onun doktrini[60] kutsallaştırmasını, kurbanını, geleneksel hiyerarşisini ve özellikle de papalığı redde götürmektedir. Dışardaki kilise, şeytanın kilisesidir. Mesihin kilisesi içimizdeki kilisedir. Sonuç olarak Luther, dünyevi iktidardaki manevi cemiyete boyun eğmektedir. Ona göre prens, mutlak patriktir. Luthercilikte bu evrim, 1525'den 1530 yılına kadar tamamlanmıştır: İşte o vakit, Protestanlık kesin olarak kurulmuştur[61].

Tabii ki Protestanlığın başarısının birçok sebepleri vardır. Önce Luther, kesin olarak sivil iktidara dayanmıştır ve sivil iktidarın kilisesine güveniyordu. Ona etki eden iç prensipler arasında onun dini duygulara verdiği kolaylıklara ve ona uygun ahlaka işaret etmek gerekir. Bu avantajlara, kilisenin gerçek ve hayali yolsuzluklarını da eklemek gerekecektir. Nihayet, Saxon reformatörlerinin faaliyetini birçok noktada tamamlayan ve Luther'in aşırı zihniyetiyle uyumlu birçok zıtlıkları kaldıran kişilerin tesirini de unutmamak gerekir[62]. Bu şahıslardan kısaca bahsedelim:

1. **Mélanchton**[63], Philipe Schwarzerd (1497-1560): O, Reuchlin'in küçük yeğenidir ve 1518 yılından beri Wittenberg'de profesördür. Orada önce Yunanca öğrenmiş ve 1519 yılından itibaren de bu fakültede öğretim üyesi olmuştur. Luther'in etkisi altındadır ve Luther onu sürüklemiştir. O, 1521 yılında çok başarılı olan bir ilahiyat el kitabı yayımlamıştır. O, yetenekli bir Hümanisttir. O, bilgisini, Lutheranisme'in hizmetine sunmuştur. 1530 yılında, AUGSBOURG CONTESSİON'unu kaleme almıştır. Kısa zaman sonra, l'Apologie de la Confession d'Augsbourg'u (1531) kaleme almıştır. Onun hafifleştirmelerinde, gerçek ikiyüzlülük görülmektedir. Ancak o, birçok noktada Luther'den ayrılmaktadır. O, imanın aklı tamamladığına, kurtuluş işinde Allah'la işbirliği yapan kişide hürriyetin olduğuna inanmaktadır. O da Luther gibi, Katolikliğe düşmandır ancak o daha yumuşaktır ve kaçamak tavır sergilemektedir. Bu durumda Mélanchton bizzat Luther'den daha tehlikelidir.

2. **Zwingle**[64] (1484-1531): 1518 yılından itibaren Zürih'te rahiptir. 1522 yılında Luther'in isyanını takip etmiş ve İsviçre Almanya'sını ona sevk etmiştir.

---

60 İbid, Col. 1299-1304.
61 Burada Babil, papalıktır. Papa, şeytandır ve Deccaldir. L'Odium Papae, Luther'in en karakteristik çizgilerinden biridir.
62 Bkz: L. Cristiani, Du Luthéranisme Protestantisme, Paris, 1911; cf. J. Paguier, Op. Cit. Col. 1316.
63 J. Paguier, Mélanchotn, Dans Dict. Théol. Col. 502-513.
64 Journet, Réform (en Suisse), Dans Dict. Ap. Col. 733-742.

O, Luther'inkinden başka prensiplerle hareket etmiştir ve onun en aşırı tezlerine o prensipleri dâhil etmiştir. Fakat başlangıçtan beri Devlete müracaat etmiştir. Öyle ki, onun vaaz ettiği Hıristiyanlık, bütün özel yapısından soyulmuş bir Hıristiyanlıktı[65]. Zwingle'i de hararetli bir hümanist olarak, Yeni-Eflatunculukla ve Stoicisme ile meşgul olmuştur. Onun İsviçre milliyetçiliği, her hâlükârda açıktır.

3. **Calvin (1509-1564)**[66]: Luther'in tesadüfen ortaya attığı prensipleri, acımasız bir sertlikle sistemleştirmiştir. Gayr-i insani bir Hıristiyanlığı, asli günahla yıkılmış, mutlak bir kaderciliğin hürriyetinin harabeleri üstüne tesis etmiştir. O, Allah'ı karanlık bir zalim olarak tasarlamıştır[67]. Ona göre, kilise, devlete boyun eğmez. O, katı bir teokrasi tesis etmektedir ve doktrinini şiddetle empoze etmektedir. Bu ideolojiyi yaymak için **Institution Chrétienue**'i yazmış ve Cenevre üniversitesini kurmuştur. Bu üniversite, Calvinisme'in ışıklarını saçtığı bir merkezdir. O, İncil'deki **TANRI SÖZÜ**'nün gücünden prestiğinden oldukça yararlanmıştır. "Bu noktada hiç kimse, peygamberin rolünü, Allah'ın iradesinin ve düşüncesinin yanılmaz yorumunu saptıramaz. Böylece Zwingle, dini terörle saltanat sürmüştür."[68] İskoçya Presbyterienleri, İngiltere püritenleri, Hollanda Calvinistleri, Fransa Huguenotları, Calvin'in en sadık dostları olarak görülmektedirler[69].

III. KATOLİK REFORMU

Luther'den ve XVI. yüzyıl reformatörlerinin iddialarından çok önce, orta çağın sonundan beri Kilisede, bir reform söz konusu oluyordu. Farklı yolsuzluklar, bu dönemde Hıristiyan sosyal hayatının farklı bünyelerinde karışıklıklara neden oluyordu ve birtakım faziletli insanlar, buna bir çözüm bulmaya çalışıyorlardı[70]. Ancak bunların başarısı sadece nisbi olmuştur. Daha çok birkaç Protestantisme'in[71] habercilerinin yeniliklerine ve onların eserlerini gürültüyle dolduran Hümanistlerin yeniliklerine onlar, dikkatleri çekmişlerdi.

---

[65] İbid, Col. 736.
[66] A. Baudrillart, Calvin, Calvinisme, Dans Dict. Théol. Col. 1372-1422; L. Christiani, reform (Calvin), Dans Dict. Apol Col. 622-647.
[67] Bugünde Calvinistler, Calvin'in Allah fikrine sahip olduğunu reddetmektedirler. Fakat bu Pessimist fikrin anahtarı olduğunu unutmasınlar.
[68] L. Cristiani, İbid. Col. 645.
[69] Protestanlık, başından beri belli bir unsurdaki prensip altında, birçok değişimden geçmiştir. Bu değişim, Roma'nın isteği dışında olmuştur.
[70] Bunların arasında Fransisken S. Jean Capistran'ı (+1456), S. Bernardin de Sienne'i (+1444), Dominican S. Antoinin de Florence (+1459), Jean Dominici (+1419), Jerôme Savonarale'u (1452-1498) sayabiliriz.
[71] Bu kitabın önceki sayfalarına bakınız.

Çok sayıdaki Hıristiyan Hümanistler, kilisenin reformundan endişe etmişler ve çokları, bu konuda tesirli olan eserler yazmışlardı.

Bunların en önemlisi ERASME (1464-1536)'dır[72]. Erasme, ENCHİRİDİON MİLİTİS CHRİSTİANİ ve DE CONTEMPTU MUNDİ[73] isimli eserleriyle Rönesans'ın pagan çürümesine karşı tepki göstermişti. **İlk yazısında** o, Hıristiyan'a, şeytanla, dünyalık kaprislerle, ibadetle, kutsal kitap bilgisiyle, Mesihi taklitle savaşmayı öğretmektedir. **İkinci yazısında,** inzivayı ve tam olarak feragati övüyor. Ölüme hazırlık üzerine, yazdığı küçük bir risale de buna yakındır[74]. Aynı zamanda o, Hristiyan'ı kötülükten korumakta ve Erasme, insanı, iç dünyasının geliştirmesine davet etmektedir. Bunu da, dini pratiklerle, fakat şekilcilikle yapmamalıdır. Yine o, özellikle Kitab-ı Mukaddesi okumayı tavsiye etmektedir. Kitab-ı Mukaddesi anlamak için, kilisenin tariflerini takip etmek gerekmektedir. Tabii ki, Kutsal-Ruhun aydınlıklarını rehber edinmek gerekmektedir. İşte bu durumda Hıristiyan, Allah tarafından bilgilendirilir[75]. Zaten ahlakında, hümanisme, asla onun haklarını göz ardı etmemektedir. Bunun için ERASME, mahkûm edilen azizlerin icra ettikleri katı uygulamaları düşünmektedir. Bunlar, kuşkusuz, ihtiraslarını küçük düşüren, dua eden, harici uygulamalara boyun eğen fakat asla zarif bir ılımlılığın sınırlarını aşmayan dürüst bir Hıristiyan idealine uymuyorlardı. Bunun için zamanlarının büyük reformatörleri olan azizlerin programı böyle değildi. Birtakım amatörler[76], asla gerçek aksiyon adamı olmayacaklardır. Ne Erasme ne de Lefèvre, gerçek reformatörlerin yapıldığı malzeme değillerdir[77].

Hıristiyan Hümanisme'i, pagan ruhuna ve onun ahlakileştirici tesirine karşı en farklı şekiller altında reaksiyonunu geliştirmişti. XV. yüzyılda, Almanya'da Rönesans'ın başlatıcılarından birisi Nicola de Cuse'du[78] (+1464). 1448 yılında

---

72 Bu kitabın önceki sayfalarına bakınız.
73 P. Pourrat, La Spiritualite Chret, III, p.76-95.
74 De Preparatione ad Mortem eut, Dit. M. Pourrat (p.82). Bunun l'İmitationunki gibi bir başarı olmuştur.
75 İbid, p.87; Hıristiyan mistiklerin, merkez noktası burasıdır. Hıristiyan mümin, Kutsal Kitabı okudukça, onu anlayacaktır.
76 Erasme, kitaplarında sofuluktan bahsediyordu ancak kendisi yapmıyordu. O da ayinin olmadığını, rahibin olmadığını söylüyordu. P. Pourrat, İbid, p.93, Erasme, Deventer'de eğitim almıştı (p.702). S. Augustin Chanoine'larına 1486 yılında girmişti. Ancak 1491 yılından itibaren bu tarikatın dışında yaşamıştır. O, 1412 yılından beri rahipti.
77 P. Pourrat, Op. Cit. p.93; Bu kitabın ileriki sayfalarına bakınız.
78 E. Van Steenberghe, Le Card, Nicolas de C, L'Action, La Pensée, Paris, 1920.

bu adam kardinal olmuştu. O da Hümanisme'e mistik meşguliyetlere ve teorilerinde Yeni-Eflatunculuğun ilhamlarına bağlıydı. Onun meşhur meslektaşı olan kardinal Bessarion, Roma'da Eflatun'un hayranıydı [79]. Nicola'nın Cuse'daki etkisi İtalya'da, Fransa'da büyük olmuştu. Fakat onun okulu devam etmemişti[80]. Fransız Hümanist olan Lefèvre D'Etaples (1456-1537) onun eserlerini yayımlamıştı ve Erasme'den daha dindardı. Fakat o, Erasme'dan daha çok, Ruhun Allah'la doğrudan iletişiminde Hıristiyan hayatının kurallarının araştırılmasında daha ısrarlıydı. Yine o, kilise hiyerarşisini ve onun doktrinal rolünü azaltırken, Lutheranisme'e yolları hazırlama şüphesi altında bulunuyordu[81]. Ondan onaylamadığı Lutherciliğin yolunu hazırladığından şüphelenilebilirdi. Onun talebesi Josse Clichtove de Nieport'un (+1543) 1524 yılında Paris'te yaptığı gibi [82] ve 1523 yılında İngiltere'de geleceğin şehidi (1535) Thoma More'un[83] yaptığı gibi. Bütün bu yazarlar Erasme ile beraber, Hıristiyan hümanizmini açıkça Protestan reformundan ayırıyorlardı[84].

Bu hareket, XVI. yüzyılın sonunda, her yerde artacaktı ve bazı yazarlarla çok itham edilen bir dindarlık şeklini alacak ve buna, M. Bremond **"Sofuluk Hümanizmi"**[85] adını verecekti. Aziz François de Sales, bunun en emin ve en değerli temsilcisiydi[86]. O, özenle doktrinel noktada, Hümanizmin bütün hatalarından sakınıyordu ve özellikle, orta çağın eleştirilerinden ve sofuluğun harici şekillerinden sakınıyordu. Çünkü bunlar, sansürü düşündürdüğü kadar, istihzaların kurbanlarını da düşündürüyordu.

Sofu Hümanizmi, belirttiğimiz gibi, her şeyden önce, kutsallaştırılmış bir kişilik okuluydu, bir doktrindi, bir ilahiyattı. Aynı zamanda sevgi pratiğe yönelmişti. O, daha çok iç hayatın ihtiyaçlarına, herkesin seviyesine göre Hıristiyan hümanizme'nin ruhi prensiplerini koruyordu[87]. Bu dindarlık, kendi tarzına göre, Protestan reformuna karşı bir reaksiyondu.

---

[79] Bu kitabın önceki sayfalarına bakınız.
[80] Her yerde Mistisizme, Rönesans'ın nefesiydi. Bkz: E. Amann, Le Fèvre d'E, Dans Dict. Théol.
[81] E. Amann, Le Fèvre d'E, Dans Dict. Théol. Col. 132-159.
[82] Par Son Antilutherus.
[83] Vindicatio Henrici VIII a Calumnils Lutheri.
[84] Hıristiyan hümanisme'ine, rahip Pierre Charron (1541-1603) eseri de eklenebilir. O, Protestanlığı üç hakikatte reddetmiştir. Hikmette, Montaigne'nin ahlakını, tabii ahlakı, en yüksek bir ahlakın temeli olduğunu gösteriyordu. Aynı Temelde, Gilaume Du Vair (1556-1621), Sainte Philosophie'de açıklamaktadır.
[85] Hist. du Sentiment Relig, I, p.1-17.
[86] Bremond'un zikrettiği yazarlar Cizvit Louis Richeome ve Etienne Biuet, J.P. Camus, Fransisken Yues de Paris idi. İbid, t.I, Passim.
[87] İbid, p.17.

Büyük Katolik reform hareketi, özellikle kilisenin otoritesi ve Trente konsiline (1545-1563) dayanmaktadır. Ancak bu konsilden burada bahsetmeyeceğiz. Onun yaptığı iş, oldukça büyüktür. Dogmatik açıdan[88] konsil, Protestanların saptırdığı ve inkâr ettikleri belli başlı noktalar üzerinde Katolik imanını muhteşem şekilde tarif etmiştir: Konsil, imanın kaynakları ile ilgili (IV. oturum), aslî günahla ilgili (V. oturum), meşrulaştırma ile ilgili (VI. oturum) oldukça önemli şekilde etüd edilmişti. Bunun için altıncı oturum, teolojik bir şaheserdi[89]. Daha az bir evrenselliğe sahip olmak için, Sakramentlerle ilgili oturumlar, VII, XIII, XIV, XXI, XXII, XXIII, XXIV[90] oturumlardır. Böylece, azizler kültü ve endüljanslar[91] Protestanlığa karşı, tam ve uyumlu bir muhalefet doktrin bütünlüğü teşkil ediyordu. Daha nazik olanı ve önemli olanı konsilde yapılan reformatris aksiyon disiplinle ilgili kararlar olmuştu[92]. Konsilin kararlarının çoğu, gerçek doktrinin öğretilmesiyle ilgili genel kararlardı (V. oturum) ve piskoposların ödevleri ve haklarıyla ilgiliydi (VI, VII, XIII, XIV, XXI oturumlar). Alt rahiplerle ilgili olanlar da vardı (XXII. Oturum). Birçok konu, son oturumlarda temelden etüd edilmişti (XXIII, XXIV, XXV). Bu son oturumlarda, Roma Vatikan meclisi konusunda açıklanmıştı. Ayrıca Hıristiyan müminlerle, evlilikle ilgili ve tarikatlarla ilgili birtakım özel kararlar da alınmıştı. Bütün bu konuların tamamı oldukça kalabalıktı ve papalar, politik muhalefetlere ve diğer karşılaşılan başka şeylere rağmen, onları, kilisenin büyüklüğüne layık olarak yöneteceklerdi. XVI. yüzyılın son papaları, onlara yardım edecekti ve onları uygulayacaklardı. Özellikle, Papa Pie V, bunu uygulayacaktı. Bu Papa, CATECHİSME DU CONCİLE DE TRENTE'ı (1566) yayımlamıştı[93]. Bu kateşizm, rahipler sınıfının, geleneksel ilahiyatın tamamını ve konsil kararlarını uygulamalarını gerektiriyordu.

---

[88] Denzinger-B, Enchirid, Sym. n. 782-1000, p.260-329 (12. éd). Konsilin 25. oturumundan sadece onbir ve onikinci oturumlar kazançlı olmuştur.
[89] İbid, n.793-843 (16 bölüm, 33 kanun) Bkz: J. Rivière, Justification, Dans Dict. Théol. Col. 2164-2192.
[90] İbid, n.844-982.
[91] İbid, n.983-989.
[92] Denzinger, dogmatik seviyede birkaç özet vermektedir. n.990-1000.
[93] Bu Catechisme, konsilin isteği üzerine S. Charles Borromée (1538-1584) başkanlığında bir komisyon tarafından hazırlanmıştı. Catechisme Romain, 1566 yılında Papa Pie V'in onayı ile yayımlanmıştı. İsmi, Catechisme Ex Decreto Concilii Tridentini ad Parochos, Pie V Jussu editus"dü. Bu Catechisme, sembolik bir kitap değildi veya bütün Hıristiyanlara empoze edilen bir iman ikrarı da değildi. Bu, bir doktrin kitabıydı. O, rahiplerin teolojik eğitimlerine yönelik ve Katechisme'in vaazına yönelik tam bir doktrindi. O, dört kısma ayrılmıştı ve Katolik doktrini özetliyordu. Böylece o, sembolü, sakramentleri, on emir ve ibadet konularını işlemektedir. E. Mangenot, Catèchisme, Dans Dict. Théol. Col. 1918.

İlahiyatçılar, konsil tutanaklarını hazırlamışlardı. Daha sonra onlar onu, bütün sonuçlarıyla uygulamışlardı. Böylece XVI. yüzyıl, bütün alanlarda, gerçek bir ilahiyat yeniliğini görmüş oldu[94]. Skolastik ilahiyat, oldukça tasvir edilmiş, geliştirilmiş ve metod yönünden olgunlaştırılmıştır. Bunu da Fransiskinlerle, Dominikenler yapmışlardır. Tabii ki Ciztvitler de yeni yollar açmışlardır. Böylece Prosetsanlığa karşı reaksiyonu, tartışmacılar, imanın pozitif temellerini, kutsal kitapları, geleneğe kadar götürmüştür: İşte bu tartışmaları ele alan teolojik De Ecclesia gibi bazı risalelerin, meselâ pozitif ilahiyatın bazı metodlarının sonraki yüzyıllarda, muhteşem gelişmelere yol açmasının nedeni burasıdır. Nihayet ahlak ilahiyatı da belirlilikle gelişmiş ve bilinmeyen bir anlamda, onu gayretle uygulayanların itişleri altında, Sakramentlerin çılgınca gelişmesi temin edilmiştir.

XVI. yüzyılda Katolik maneviyat, kıyas kabul etmez bir gayrete ulaşmıştır[95]. Protestanlığın sahte mistiğine karşı reaksiyon noktasında, ciddi bir gelişme olmuştur. Aziz Ignace, sözde reformatörlerin oldukça ihmal ettiği zahitlikle bütünleşmiş ve onun eseri klasik haline gelmiş ve mistik ilahiyatı, zirveye taşımıştır: St. Thérèse, St. Jean de la Croix ve St. François de Sales, farklı noktalarda, ilahiyatın bu kısmını tam olarak ve nezaketle aydınlatmışlardır. Böylece onlar, kilisenin mahkûm ettiği çok sayıdaki geçersiz teorileri bir kenara bırakmışlardır. Mesela İspanya'daki ALUMBRADOS gibilerini. Böylece onlar, eskilerin doktrinini tamamlayarak açıklamışlar ve kesin bir sistematisazyonun temelini atmışlardır.

---

[94] Müteakip beş bölüm ilahiyata tahsis edilmiştir. p.723-784. Bu beş bölüm, bazı insanlar tarafından icra edilen aksiyon üzerinde ısrar ederek, bu yeniliği açıklamaktadır.
[95] Bu kitabın son bölümlerinde bu konu işlenecektir.

İKİNCİ BÖLÜM
XVI. YÜZYILDA TEOLOJİK YENİLİK

I. ESKİ OKULLARIN İLÂİYATÇILARI

XVI. yüzyılda meydana gelen bu ilahiyatın yenilenmesi, Katolik Rönesans'ının zaferlerinden birisidir. Ancak o, bütünüyle XV. yüzyılda hazırlanmış değildi. Bazı reaksiyonlara rağmen, bu yenilik XIV. yüzyılda başlayan birçok gerileme noktasında devam etmiş ve çok olumsuz tesirlere maruz kalmıştı.

1. Üniversitelerde Occamisme'in üstünlüğü, bunun açık sebeplerinden birisidir[1]. Paris'te sanatlar fakültesi Nominalist hareketin merkeziydi. Ona karşı ilahiyat fakültesi tarafından Papa Louis XI'den (1474) alınan bir yasaklama kararı 1481'de geri çekilmişti. Asrın sonunda hâlâ Nominalisme yayılmaya devam etmişti. Bu hareket İspanya'ya, Salamanque'a yerleşmiş orada Occam, Scot'a veya St. Thomas'ya tahsis edilen komşu kürsülerde öğretiliyordu.

XV. yüzyılda Occamisme'in en meşhur temsilcisi GABRİEL BİEL'di[2] (1425-1495). Bu adam, meşhur bir vaizdir ve Tubingue'de profesördü. O, devrinde başarılıydı. Onun meşhur eseri, COLLECTORİUM'dur. Bu kitap, Sentence'ların 4 kitabı üzerinde derleme derslerdi. O, bu sistemin başka üyelerinden daha ılımlıydı. Onların hatalarından sakınıyordu. Onlar, Determinisme, Septisisme, Panteizm ve Papa'nın otoritesine karşı hücumlarından sakınıyordu. Aksine bunları savunuyordu. Bu konuda Mgr Ruch[3] şöyle demektedir: **"Şayet Nominalisme, bir Katolik sistem olmuşsa o, Biel sayesinde olmuştur."** Luther, Tubingue'li ilahiyatçıyı tanıyordu ve birçok kavramını ondan almıştır. Müteakip yüzyılda, okulun en gözde üstadı, Jean Major'du[4] (1478-1540). Parisli bir doktordu. Onu Rabelais, ilân ettiği Scolastis-

---

[1] M. De Wulf, Hist. Phil. Méd. II, p.268-271.
[2] Ch. Ruch. Biel, (Gabriel) Dans. Dict. Théol. Col. 814-825.
[3] İbid, Col. 817. Bkz: İbid, (Col. 817-824). Bu, Biel'in ilahiyatının bir özetidir.
[4] Buna, Jean Scot Major da denilmektedir. Ancak onu, Duns Scot'la karıştırmamak gerekir.

me'in temsilcisi yapmaktadır. Böylece, Occamisme, kesin olarak Hümanisme'in ve Reformun darbeleri altına düşmüştür.

2. Bu dönemde Occamisme, Nicolas de Cuse'un[5] (1401-1464) muhalifidir. Cuse, aynı zamanda bir aksiyon adamıdır, bir bilgindir ve bir düşünürdür. Bizi burada ilgilendiren onun düşünür olmasıdır.

Nominalist okulun aşırılıklarıyla çarpılmış olan Nicolas, mistikle, metafiziği kurtarmayı ve akılla-imanı ahenkleştiren yeni bir sentez meydana getirmeye çalışmıştır. Cari olan bütün sistemlerin verilerini toplamıştır. Fakat Yeni-Eflatunla ilişkileri, dikkat çekicidir ve ilginçtir. Varlıkların Allah'a dönüş teorisinde, bilgi teorisini not etmek gerekir. Ona göre hakikat, zihnin rasyonel operasyonu ile elde edilemez. Ona, sadece aklın sezgisiyle ulaşılabilir. İnsan, cehaletini itiraf ederek, gerçek ilme varabilir. İşte onun aşağıdaki büyük eserinin ismi buradan kaynaklanmaktadır. De la Docte Ignorance. Ondaki boşluklara ve tezatlara rağmen bu eser, denildiği gibi Panteizm'den, Septisizm'den sakınmaktadır. Her hâlükârda gerileyen skolastizmin yolsuzluklarına karşı bir reaksiyon denemesi olarak bu eser ilginçtir. O, başka kişisel düşünce çabalarını sezmektedir. Platon'dan ilham alanların arasında, Nicolas de Cuse ve Bessarion dışında, Augustin Gilles de Viterbe'i zikredebiliriz. Ondan ileride bahsedeceğiz.

Gilles de Rome'dan beri Thomist olan Augustinci tarikatlar da Nominalist tesirden uzak kalmamışlardır[6]. Onların Augustin için kültleri, onları Augustin'in bazı formüllerini almaya kadar götürmüştür. Orta çağdan itibaren ilahiyatçılar, bunu ihmal etmişe benzemektedirler. Böylece onlar, ruhta Allah'ın aksiyonu üzerinde başka şeyler konusunda daha ısrarla durmuşlar ve bunun payını da kapalı bırakmışlardır[7].

XV. yüzyılda bu temayüller, tarikatın başkanı olan Favaroni'ye (+1443 veya 1445)[8] yılına yönelik meşhur bir ilahiyatçının eserindeki farklı formüller, Luther'in formüllerine yakındır. Ancak Luther'inkiler seviyesinde değil-

---

[5] Bu yazar hakkında temel eser E. Van Steenberghe'in incelemesidir. Bu eserden önceki sayfalarda bahsedilmiştir.
[6] Bu kitabın önceki bölümlerine bakınız.
[7] J. Paguier, Luther, Dans. Dict. Théol. Col. 1202-1203.
[8] İbid, Col. 1198.

dir[9]. Bu kişi Roma'da ona fazla yaklaşmadan bile, tarikatın başkanı olan Gilles de Viterbé[10] tarafından doğrudan etkilenebilirdi. O, Aristotelesçi skolastiğe olan antipatisini gizlemiyordu ve Marcile Ficin'in[11] ona açıkladığı Platonisme'i tercihini belirtiyordu. Luther'in aşırılıkları önünde, tarikatın onları reddeden ilahiyatçıları artık eğilimlerini değiştirmiyorlardı: SERİPANDO[12] (1493-1563) o, 1539'dan 1551 yılına kadar tarikatın başkanıdır. Yine o, Trente konsili üyesidir. Orada o, Augustinci tarikatta cari olan doğrulama kavramını, oldukça sert şekilde açıklamıştır. Görünüşte Lutheranisme'den köklü şekilde ayrılmasına rağmen SERİPANDO, insanın Allah'a karşı sorumluluğunu ve ahlaki riayetin gerekliliğini belirtmiştir[13]. Onun takdimi, hafifletilmiştir. Fakat hiçbir zaman mahkûm edilmemiştir. 1561 yılında kardinal olarak atanmış ve SERİPANDO, Papa Pie IV'nin delegelerinden birisi olmuştur.

Fransisken okulu[14] tercihen, orta çağın sonundan itibaren, Duns Scot'u üstad kabul etmiştir. Ancak tarikatın bazı kolları, XVI. yüzyıldan itibaren St. Bonaventure'i takip etmiştir.

Duns Scot'un eserinin birtakım şerhleri, XV. yüzyılın ortalarından beri yapılmıştı[15]. Ancak müteakip yüzyılda bunlar çoğalmıştır. Bunların en meşhurları şunlardır:

1. P. Tartaret (+1494)[16]: Parisli doktordur. Özellikle, D. Scot'un Quodlibet'i ve L'Oxoniense'i üzerinde çalışmıştır.

2. Fr. Lychet[17] (+1520): L'Oxoniense, üzerinde genel müşahedeci.

3. Maurice Du Port (+1513)[18]: Oxford'da ve Padoue'da hocadır. İrlanda'da piskopostur. Felsefede ve doktrinin tamamı üzerinde eserleri vardır. Doktor

---

9 Burada insan, mükemmel adalete ulaşmakta yetersizdir. Yasa, sadece iyiler için değil, kötüler içindir. Bizim adaletimiz, bizdeki dâhili alışkanlıklarda değildir. Allah, bizim formel adaletimizdir. Sonuçta, cehennemi ve cenneti sadece Allah belirler. İbid.
10 İbid, Col. 1204-1205.
11 Bu kitabın önceki sayfalarına bakınız.
12 İbid, Col. 1199-1202, cf. J. Rivière, Justification Dans Dict. Théol. Col. 2166.
13 J. Pauguier, İbid. Col. 201.
14 P. Edouard D'Alencon, Frères Mineurs, Dans Dict. Théol. Col. 835-840; Hurter, Nomenclator, t.II, ve III (Passim).
15 M. De Wulf, Op. Cit. II, p.196.
16 Hurter, Op. Cit. II, Col. 995-996.
17 İbid, Col. 1105.
18 İbid, Col. 1104.

Subtille[19] sadık olan müşahedecilerdendir. Bundan birçok ilahiyatçı ilham almıştır. Bu konudaki hareket XVIII. yüzyılda yoğunlaşmış, Wadding'in Roma'da kurduğu meşhur St. İsidore (1625) kolejinden sonra, bu kolej Scotisme ocağının hararetli bir merkezi olmuştur[20].

Aziz Bonaventure'ün en meşhur propagandacısı Sixte-Quint'dir[21]. O, Roma'da on iki Havari adına kendi himayesinde bir kolej kurmuştur. Müteakip yıl, Sixte kilise doktorlarının arasına yazılmıştır. Papa onu, özellikle geleneksel etüdlere davet etmiştir. Bununla beraber, Fransiskenler arasındaki kapuçinler, doğan okulun şefi olarak Doktor Séraphique'i reklam etmişlerdir. "Başlangıçta onlar, toplantılarda birtakım etüdleri savunmuşlardı. Eğitime, özellikle kendilerini veriyorlardı. Trente koonsili sonrası, 1562'de toplanan genel kurulda, bütün eyaletlerde, topluluklar kurmayı emretmişti. Bunun için gecikmeden, Doktor Séraphique'in Sentences'lar konusundaki şerhlerinin bastırılmasına geçilmişti."[22] 1593 yılında, Kapuçin Pierre Trigosa, Cizvitlerle kaldığında St. Thomas'yı öğrettikten ve Doktor Séraphique'i öğrettikten sonra, Naples'da ölmüştü. Yine o, bir Summa Théologica'yı Sentence'ların şerhinden elde ettiği malzemeyle yazmıştı[23]. Ancak ondan sadece İnsigne Opus[24] kalmıştır[25]. Bonaventurist ve Scotist Fransiskenler geleneksel imanı, Protestanlara karşı savunmuşlardır ve tartışmada ayrılmışlardır.

İlahiyat eğitimine St. Thomas tarafından günümüzde verilen önem, Dominicain okulunu takip eden bölümlerde bizi, bunda ısrara mecbur edecektir. Öyle ki XVI. yüzyılda Citvitlerle kurulan ve St. Thomas'yı da reklam eden yeni ilahiyat okulu karşısında, onun pozisyonunu çok iyi belirlemek önemlidir. Burada belirteceğimiz yegâne nokta, Somme Théologique'ın sentences kitaplarında, derslerde açıklanacak metin kitabı olmasıdır. Bu değişiklik, çok yavaş icra edilecek ve P. Mandonnet'in[26] dediği gibi, Précheurs'lerin tarikatına bağımlı olacaktır. XV. yüzyılın sonundan itibaren bunun zikredilmiş

---

19 E. D'Alençon, Op. Cit.
20 Hurter, İbid, III, Col. 962.
21 P. Ed. "Alençon, Op. Cit. Col. 836.
22 Bu eserler 1569 yılında Papa Pie V'in himayesinde yayımlanmıştır. Diğerleri de onu takip etmişti.
23 Ed. D'Alençon, İbid.
24 Quaracchi editörleri böyle demektedir.
25 Trigoso'dan önce, E. Brülefer (+1496), Reportata'yı (1501-1507) Bonaventure'ün Sentences'larının şerhi konusunda yazmıştır.
26 Art. Frères Prècheurs, Dans. Dict. Théol. Col. 906-908.

olduğu görülmektedir. Böylece o, XVI. yüzyılın ortasında, birçok üniversitede Dominicain okullarına yerleşmiştir. Bu teşebbüsün neticesi, sözü edilen şerhlerin ortaya çıkması olacaktır. Bunları etüd etmeden önce, Katolik muhitlerde, Protestanlık tarafından teşvik edilen belli başlı tartışma eserlerine işaret etmemiz gerekmektedir.

II. TARTIŞMACILAR

Pretestan reformu, Doğu Avrupa ülkelerinde, canlı bir muhalefet meydana getirmişti. Hem Sekulier'ler hem de tarikatlar, bu yenilikçileri reddedenlerin merkezindeydiler. Her birinin kendine özgü metodları ve vasıtaları vardı. Bunun için, tartışma konuları oldukça farklı cinstendi. Bu durumda, yeni tezleri doğrudan redle beraber, imanın sade açıklamasını yapan eserlerin veya Protestanlar tarafından reddedilen geleneksel ve tarihi temellerin araştırılmasıyla ilgili dolaylı eserler de dikkat çekiyordu. Ancak burada, bütün bu görüş noktasında bunların hepsinden bahsedilmeyecektir. Yani XVI. yüzyılda bu konularda yazan bütün yazarlardan söz edilmeyecektir. Burada daha çok her ülkedeki Katolik ilahiyatın en gözde temsilcilerine işaret edilecek ve bu vesileyle kullanılan metodlar tanıtılacaktır. Böylece pozitif ilahiyata, tartışma olarak, düşünceye hazırlıkla bir kelime ilave edilecektir. Bu kelime, imanın savunucularının favori silahlarından birisi olacaktır.

A. Almanya'da

Şüphesiz, Luther'in ilk hasımlarına Almanya'da karşılaşıyoruz. Bunlar şunlardır:

1. **J. de Hooqstraeten'dir**[27] **(+1527)**: O, Brabant kökenlidir ve Dominiciaindir. Cologne'da duacıdır, Almanya'da enkizitörcüdür. Luther'in hatalarını ilk açıklayan ve ona karşı birçok eser yazan kişidir, oldukça sert tabiatlıdır. Onun enerjisinden Reuchlin'in davasında daha önce bahsedilmişti.

2. **Jean Eck**[28] **(1486-1543)**: Bu adam, İngolstadt'da ilahiyat profesörüdür. 1518 yılından itibaren OBELİSQUES'leriyle, Luther'in meşhur tezlerini tenkit etmiş ve konferanslarla ve birçok yazıyla bu tenkitleri devam ettirmiştir. Ölünceye kadar Almanya'da Ortodoksluğun yıkılmaz duvarı olmuştur.

---

[27] Hurter, Nomeel, II, Col. 1263-1265, cf. R. Coulon, Hochstraten, Dans Dict. Théol. Col. 11-17.
[28] Hurter, Op. Cit. II, 1396-1401; cf. A. Humbert, Eck, Dans Dict. Théol. Col. 204-205.

3. **Jean Dobneck (Cochlaeus)**[29] **(1489-1552)**: Frankfurt Sainte-Mané'de dekandır. Daha sonra Mayence'de Chanoine'dır. Augsbourg'da Mélanchton'a mukavemet göstermiş ve meşhur Protestan Coufession'unu reddetmiştir. Ölünceye kadar da Reformun şeflerinin prensiplerine karşı yazı yazmıştır. O, ilahiyatçıdan daha çok hatiptir. Yine o, tartışmacı olarak bilinmektedir.

4. **Jean Gropper**[30] **(1503-1559)**: Cologne'da piskopostur. Katolik Reformuna büyük katkı sağlamıştır ve tartışmalara çok önem vermemiştir. 1555 yılında kardinal olmuş fakat reddetmiştir.

5. **Frédéric Staphlus**[31] **(1512-1564)**: Wittenberg'deki on yıllık ikametinde Lutheranisme'i feth etmiştir. 1553'de reformu terk etmiş ve kilisede, Protestanlığa karşı sürekli yazdığı reddiyelerle büyük bir otoriteye sahip olmuştur. Daha sonra İngolstadt'a akademi rektörü olmuştur.

6. **Stanislas Hosius**[32] **(1504-1579)**: Colm'da piskopostur. Polonya'nın papalık delegesidir. Daha sonra Roma'da sefirdir. Polonya'da ve doğu Prusya'da imanın en güçlü savunucularından birisidir. Bu savunmaları, diplomatik, pastoral ve yazılarıyla yapmıştır.

7. **Saint Pierre Canisius**[33] **(1521-1597):** Protestanlıkla mücadelede çok önemli bir rol oynamıştır. Bunun için ona, modern Almanya'nın Havarisi ismi verilmiştir. Kilise doktorları arasına girmeyi hak etmiştir. Hollanda'nın Nimègue şehrinde doğmuştur. Canisius, Cologne'da edebiyat eğitimi görmüş yine orada, ilahiyat ve felsefe eğitimi almıştır. 1546 yılında, rahip olmuştur. Rahip olduğunda üç yıllık La Compagnie de Jesus (1543) teşkilatında üye idi. Mayence'de, Bx Le Fèvre'in yönetiminde Exercise'ler yapmıştır. O, Ciztvitleri, Cologne'a yerleştirmiştir. Ordre sakramentinden sonra, Kardinal Truchsess'e, Trente'da refakat etmiştir. Ancak orada silik bir rol icra etmiştir. Bir müddet Roma'da, Sicilya'da ikamet etmiştir. Nihayet 1549 yılında Saint Ignace tarafından Almanya'ya gönderilmiştir. Almanya'da otuz yıldan fazla kalmıştır. Önce İngolstadt (1549-1552) ve Viyana (1552-1556) üniversitelerinde çalışmıştır. Ciztvitlerin Almanya sorumlusu olmuştur (1556-1569). Bu

---

[29] Hurter, Op. Cit. II, 1411-1414; cf. C. Toussaint, Cochlèe, Dans Dict. Théol. Col. 204-205.
[30] Hurter, Op. Cit. 1419-1423; cf. A. Humbert, Gropper, Dans dict. Théol. Col. 1881-1885.
[31] Hurter, Op. Cit. III, 19-21.
[32] Hurter, Op. Cit. III, 44-47; cf. A. Humbert, Hosius, Dens dict. Théol. Col. 178-190.
[33] X. Le Bachelet, Canisius, Dans Dict. Théol. Col. 1507-1537; L. Christiani, le Bx. P. Canisius, Paris, 1925; Hurter, Nomenclator, III, 196-199.

ülkede Ciztvit tarikatını olağanüstü yayılmasını sağlamıştır. Cemaatin yönetimi başkalarına geçince, Dillingen kolejine çekilmiştir. Magdebourg Centuriateurüne karşı, Papa Pie V'in isteği üzerine, yazılar yazmıştır. Daha sonra İsviçre'nin Fribourg şehrine geçmiş, son yıllarını yeni bir kolejin kurulması için çalışarak geçirmiştir.

Canisius'un hayatının zirve noktasını onun Almanya'da geçirdiği otuz yıl teşkil etmektedir. İtalya'ya 1549'da dönüşünden sonra çok dolu yıllar geçirmiştir: Canisius, gençlerin eğitimi, vaiz, misyoner tarikatın organizatörü, destekçisi, prenslerin danışmanlığı, imparatorlukta Katolik şampiyonluğu gibi görevlerde bulunmuştur. Ayrıca sefirlik de yapmıştır. Fakat bu çok çeşitli hayatında ona daima ruh ve birlik fikri hâkim olmuştu. Kısaca, yenilerin reformu iddialarına karşı gerçek kurtarıcı dini reform hareketini ortaya koymuştur. Bunu da Roma'ya sadık kalan bölgelerde Katolik imanını sağlamlaştırmak için yapmıştır. Böylece bu bölgelerde, Protestanlığın istila tehdidine karşı bir sur inşa etmiştir. Bunun için Canisius'u hem Katolikler hem de Protestanlar, Contre-Reforme[34] = Reform karşıtı olarak adlandırmışlardır.

Pierre Canisius, prensip olarak tarikatta büyük tesir göstermiştir. Yani o, "Özellikle, üstün bir aksiyon adamı olmuştur."[35] O, ifa ettiği bütün görevlerde, kurduğu bütün işlerde, hep aynı hedefe yönelmiştir. Böylece, Katolikler arasında aktif bir iman hareketi meydana getirmiştir. Bu şekilde Protestanlığa karşı, etkili bir muhalefet oluşturmuştur[36]. Onun kurduğu kolejler, bu işte diğer teşebbüslerinden daha çok katkı sağlamıştır. Kısaca o, Lutherci reformun ilerlemesine karşı, aşılmaz bir duvar örmüştü.

Onun yazıları oldukça yayılmıştı ve aynı hedefe yöneliyordu[37]: Eski kitapların yeniden yayımında bile aynı hedef vardı. Bu yayımlar, İskenderiyeli Cyrille'in veya S. Léon le Grand'ın kitaplarıydı. Yine o, reddedilmez delillerle, sapıklığı reddediyordu veya rahipler sınıfını geçen bu büyük modellerle sağlamlaştırıyordu. Magdebourg'un Réfutation des Centriateur'unun faydalı olduğu kesindi. Büyükler, ikinci ciltten sonra[38] ara verildiğine inansalar da

---

34 Le Bachelet, Op. Cit. Col. 1509.
35 İbid, Col. 1535.
36 İbid.
37 Liste için bkz: İbid, 1523-1534, Edit. Des Lettres Par Braunsberger, Fribourg, 1912, sq. 7. vd. Yine S. Can. Doctor E. Dans Gregorianum, 1925.
38 De Verbi Dei Corruptelis, 1, De Maria Virg. İncomparabili, II, p.732.

İsviçre'de daha aktif bir görevde ve propaganda yayınlarında onun, onu kullandığını göreceklerdir. Gerçekten hayatının bu döneminde o, meşguliyetlerinin ve metodunun karakteristik çizgilerini belirten opuscules de Piété'yi yayımlamıştır. Fakat Canisius'u şöhrete ulaştıran ve etkili kılan CATÉCHİSMES'leri olmuştur. Bunlar, önce Latince, sonra da Almanca olarak üç kitap olarak yayımlanmıştır. "Fakat bu üç kitap, aslında bir tek kitaptır. Onlar, geliştirilerek ve farklı inananlara adapte edilerek takdim edilmiş aynı doktrindir. Küçük Catechisme olan Minimus, yeni başlayan çocuklar ve cahil halk içindir[39].

O, Luther'in küçük Catechisme'i gibidir Summa[40], Heroic Catechisme'e uygundur. Bu daha çok üniversiteye, kolejlere ve yüksek sınıflara yönelikti. CATECHİSMUS PARVUS CATHOLİCORUM[41] ise daha çok küçük sınıflardaki çocuklara hitap ediyordu[42].

Catechisme yazarının genel metoduna işaret etmek gerekir. Çünkü o, dogmadan bütün ataklardan, prensip olarak sakınmaktadır. Çünkü sadece Katolik imanını, sade şekilde açıklamakla tatmin olmaktadır. O, polemik ve tartışmayla büyük sonuçlar elde edecektir. Onun küçük kitabında göze çarpan sadece, planın netliği ve açıklaması değil; bu üsluba bitişik olan doktrin zenginliği, Patristik ve kutsal kitap zenginliğidir.

Luther'in hasımlarının âdet edindikleri acı polemik tonuna zıt olan ve belirtilmeye layık olan eğitimdeki bu güzel açıklıktır[43]. Bu eserin başarısı, muhteşem olmuştur ve Almanya'da Katolik imanını güçlendirmiştir. Bunun için Canisius 21 Mayıs 1925'de kilise doktorları arasına girmeye layık görülmüştür.

B. Almanya Dışında

1. **İngiltere'de,** Luther'e karşı girişilen ilk tartışmalar başlamış ve İngiliz reformatörlere karşı bu reaksiyon devam etmiştir:

a. **Le Bx John Fisher**[44] **(1459-1535):** O, Rochester piskoposudur. Önce Henri VIII ile Luther'e karşı yazmıştır. Daha sonra diğer yenilikçilere ve

---

[39] Summa Doctrinae Christianae... ad Captum Rudiorum Accommodate, 1556 (59. soru).
[40] Summa Doctrinae Christianae, İn Usum Christianae Pueritiae Nunce Porimum Edita, 1555 -(211 soru); ilk yayımlanandır- L'Opus Catechisticum, aynı eserin yeniden yayımlanmasını teşkiletmektedir. Ancak bu Canisius'un sevdiği kilise babalarının ve kutsal kitabın metinleriyle birliktedir (2. éd.).
[41] 1558 yılında çıkmıştır (122 soruluktur).
[42] X. Le Bachelet, İbid, Col. 1525.
[43] İbid, Col. 1526.
[44] A. Humbert, Fisher, Dans Dict. Théol. Col. 1555-1561, Hurter, Nomenlator, II, 1267-1269.

bizzat Henri VIII'e karşı yazmıştır. Hapse atılmış, birkaç gün ceza görmüş sonra kardinal olmuştur.

b. **Le Bx Thomas More**[45] **(1478-1535)**: Erasme'in dostudur ve parlak bir Hümanisttir. Cesur utopie'lerine rağmen samimi bir Hristiyan'dır. O da Luther'e karşı yazmıştır. 1529'da kralın büyük halk fonksiyonlarında görev yapmıştır. 1532'de bu görevden istifa etmiş ve Henri VIII'in kuşkusunu kazanmıştır. Bunun için kral, Fisher'den sonra onu da cezalandırmıştır.

c. **Réginald Pole**[46] **(1500-1558):** Meşhur bir İngiliz ailesine mensuptur ve kardinaldir. Henri VIII'in ve haleflerinin saltanatı altında, kilise birliği için yazmıştır.

Yine İngiltere'de G. Alténé'i[47] (1532-1558) görüyoruz. O, meşhur Douai kolejinin rektörüdür ve kardinaldir. Cizvit Edmond Campion[48] (1540-1581), İngiltere'de şehit edilmiştir. Th. Stapleton[49] (1545-1598), Louvain'de doktordur ve Douai'de profdur. Zikredilen her üçünün de tartışma yazıları vardır.

2. **Hollanda'da:** Erasme'ın dışında Luther'e karşı hürriyeti savunan meşhur tartışmacılar da olmuştur:

a. **Albert Pighi**[50] **(+1543):** Bu adam, Louvain'de ve Cologne'da doktordur. Resmi lejyonlarda, Protestanlıkla mücadele etmiştir bu konuda birçok yazı yazmıştır. Özellikle de inayet konusunda. Onun "âsli günah" doğrulama ve kader konularında şahsi teorileri bulunmaktadır.

b. **Jesse Clichtove**[51] **(1472-1543):** Nieport asıllıdır. Paris'te proftur. Chartres'de Chanoine'dır. İnanan bir hümanisttir. Aynı zamanda verimli bir ilahiyatçı ve 1520'den beri de yılmaz bir polemikçidir.

c. **J. Latomus (Masson)**[52] **(1475-1544):** Louvain Üniversitesi rektörüdür. Protestanlığa karşı oldukça serttir. Bütün yazıları, hemen hemen Protestanlığı tenkide yönelmektedir.

---

[45] Hurter, Op. Cit. II, 1466-1468.
[46] İbid, III, 172-175.
[47] İbid, 165-167.
[48] İbid, 175-178.
[49] De Libero Arbitrio.
[50] Hurter, Op. Cit. III, 1442-1444.
[51] İbid, 1444-1446. cf. A. Clerval. Clichtove, Dans Dict. Théol. Col. 236-243.
[52] Hurter, Op. Cit. 1447-1449; E. Amann, Latomus, Dans dict. Théol. Col. 2626-2628.

d. **G. Lindanus (Van der Linden)** [53] **(1525-1588)**: Kuremonde'da ve Gand'da piskopostur. Devrinde ilimle ve nadir bir ılımlılıkla tartışmalar icra etmiştir.

e. **Ruard Tapper**[54] **(+1559)**: Louvain'de doktordur. Trente konsilinde ilahiyatçıdır. Reformatörlerin ortaya koyduğu problemler konusunda muhtelif eserler yazmıştır.

3. **Fransa'da XVI.** yüzyılın ikinci yarısında, oldukça meşhur Fransız tartışmacılar görüyoruz:5

a. **Claude d'Espence**[55] **(1525-15191)**: Sorbon'da hocadır ve 1540'da üniversite rektörüdür. Kralın ve kardinal de Lorraine'nin danışmanıdır. O, bütün aşırılıkların düşmanıdır. Tartışmalarda ılımlı olmayı arzu etmrktrdir.

b. **Claude de Sainctes**[56]: Sorbon'da doktordur. Evrenx'de piskopostur. Özellikle Calvinisme'in Evharistiya anlayışını reddeden birçok reddiye yazmıştır.

c. **Du Perron (Jacyues Davy)**[57] **(1556-1618)**: Döneminin en meşhur tartışmacılarından biridir. Kalvinist bir aileden gelmektedir. Kalvinizmde yetişmiş, sonra Katolik olmuştur. Çok etkili bir devlet adamıdır ve diplomattır. Aynı zamanda Evreux piskoposudur (1591). Daha sonra Sens Areşevkidir (1606). 1604'de kardinal olmuştur. Kendisini, Hatipliğe ve kilise babaları etüdüne vermiştir. Protestanlarla tartışmada büyük başarı sağlamıştır. Özellikle, 1600 yılında Huguenotların papası Duplessy-Mornay'ın zaferini kazanmıştır. Yine onun o dönemde tartışılan kilise ve Evharistiya konusunda yazdığı birçok yazısı vardır. Onun metodu, Kutsal Kitabın ve kilise babalarının metinlerine dayanan tezlere bağlı olarak gelişmektedir. O, bu konuda olağanüstü bir bilgindir. Bossuet'nin istediği gibi bir deha olsa da, gerçekte onun dehası orta çaptaydı. O, hiçbir şeyde yeni bir şey ortaya koymamıştır.

d. **N. Coeffeteau**[58] **(1574-1623)**: Saint-Jaques duacısıdır, Dominikendir. Fransa'da Dominicain tarikatının başkan vekilidir. Metz yardımcı piskopo-

---

[53] Hurter, Op. Cit. III, 187-189; E. Amann, Lindanus, Dans Dict. Théol. Col. 772-776.
[54] Hurter, Op. Cit. 17-19. A. Humbert, Espence, Dict. Théol. Col. 603-605.
[55] İbid, III, 17-79. A. Humbert, Espence, Dict. Théol. Col. 603-605.
[56] Hurter, Op. Cit. III, 181-184.
[57] Hurter, Op. Cit. III, 405-411, C. Constantin, Du Perron, Dans Dict. Théol. Col. 1953-1960.
[58] Hurter, Op. Cit. III, 715-718; R. Coulon, Coeffeteau, Dans Dict. Théol. Col. 267-271.

sudur. Genelde kilise hiyerarşisi ve Evharistiya konusunda yazdığı eserleriyle tanınmıştır.

e. **Pierre Charron**[59] (1541-1603): Protestanlığa karşı "**Trois Vérités**" ismiyle yazdığı kitapla, Katolisizmin hakikatini olağanüstü ispat etmiştir.

f. **St. François de Sales'den** ileride geniş olarak bahsedilecektir.

4. **İspanya:** Protestan itizalinin merkezine oldukça uzak olmasına rağmen İspanya, XVI. yüzyılda bu konuda zikredilmeye değer birtakım tartışmacılar çıkarmıştır:

a. **Alphonse de Castro**[60] (1495-1558): Fransiskendir, Trente konsili ilahiyatçısıdır. Protestanlığa karşı sayısız önemli eser yazmıştır.

b. **Diego de Andrada**[61] (+1578): Portekizli ilahiyatçıdır. Trente'a davet edilmiştir. Yenilikçilerin inkâr ettikleri noktalar konusunda hacimli bir eser yazmıştır. Diğer İspanyol ilahiyatçılar hem Dominicain hem de Ciztvil olanlar, Katolik imanı için mücadele etmişlerdir.

c. **Andre de Vega**[62] (+1560): Castro'nun arkadaşıdır ve Trente'da onun meslektaşıdır. Özellikle, meşrulaştırma doktrini konusunda derinleşmiş ve kalvinist doktrini reddetmiştir.

5. **İtalya:** XVI. yüzyılın İtalya'sında en tanınmış tartışmacı, Le CARD BELARMİN'dir. Fakat onun eseri oldukça geniş teolojik seviyeye sahipti. O, ileride Ciztvit teşkilatıyla birlikte ele alınacaktır. Burada sadece Protestanlarla, Hıristiyan tarihi alanında mücadele eden Baronius'un eserini zikredeceğiz:

a. **Kardinal Baronius**[63] (1538-1607): Hatiptir, aziz Philippe de Néri'nin halefidir ve manevi oğludur. "Annales Ecclesiastici"[64] de çok sağlam belgelerle, Magdebourg'un[65] eğilimlerini ve yanlış iddialarını reddetmektedir[66]. Diğer

---

[59] Féret, Op. Cit. III, 384.
[60] Hurter, Op. Cit. II, 1395-1396; Ed D'Alençon, Castro, Dans Dict. Théol. Col. 1835-1836.
[61] İbid, III, 59-61; C. Toussaint, Adrada, Dans Dict. Théol. Col. 1179.
[62] Hurter, Op. Cit. II, 1390-1392.
[63] Hurter, Op. Cit. III, 59-62.
[64] Hurter, Op. Cit. III, 527-539.
[65] Onun eseri on iki cilttir. in Fol'dur. 1588-1607.
[66] Bu eser, Centuriateur de Magdebourg olarak adlandırılır. Bu kitabı, Protestan ilahiyatçılar, yüz yıllık periyodlarla bir kilise tarihi olarak yazmışlardır. Yani Centuacies: Ecclesiastica Historia, Bale, 13 cilt, in Fol, 1559-1574. Bu eser ilk on üç asırla ilgilidir ve Katolisizme'in ruhuna oldukça terstir. Yazarların hedefi Protestan doktrininin eski kilise ile uyumlu olduğunu göstermektir. Canisius'un yazdığı reddiyeyi, önceki sayfalarda görebilirsiniz.

yazarlar tarafından eser devam ettirilmiştir[67]. Daha sonra, Fransisken iki kardeş olan Antoine ve Farançis Pagi tarafından eleştirilmiş, hataları gösterilmiş ve 4 cilt düzeltme yapmışlardır. Bütün bu boşluklara rağmen, Baronius'un teşebbüsü, yine de çok etkili olmuştur. Tarih etüdünde yenilenmiş metoda göre o, bunun başlatıcısıdır.

Baronius, tarihi ilahiyata, yolları hazırlamıştır. Ancak o, zirveye müteakip yüzyılda Cizvit D. Pelau ile (1583-1632) hatip Thomassin (1619-1695) ve daha birçokları ile ulaşmıştır[68].

Pozitif ilahiyat kendi tarzında, apolojik bir formdur, spekülatif ilahiyata bir giriştir. Melchior Cano, Lieux Thèologiquesleriyle bu yolu açmıştır[69]. Ancak XVI. yüzyıldan itibaren, Ciztvitler bu yola en kararlı şekilde girmiş görünüyorlar. St. Ignace, onları bu yola davet etmiştir[70] ve bu devirden sonra, onların metodları, önceki dönemlerden daha yoğun derecede Alliance = İttifakla belirginleşmiştir. Yani St. Thomas tarafından temsil edilen skolastik unsurla ve kilise babaları tarafından beslenen pozitif unsurla belirginleşmiştir. Bunlar, birbirini tamamlayan ve yardımlaşan iki unsurdur. Ancak bu, savunma veya polemik bir zaruretle değil, prensip olarak teolojinin gerçek mefhumuna uygun olarak olmuştur. Bu ilahiyat, konu olarak vahyedilmiş hakikatlere (Principia Revelata Sibi a Deo) sahiptir (Sum. th. 1ª, q.1, a.2"[71]. İşte bu pozitif metodun ilerlemesi, SUAREZ'de[72] oldukça belirgindir.

---

[67] 1198'den 1585'e kadar 3 Oratorius ile Raynaldi XVII, s. 9. cilt. Liderchi, XVIII. yüzyıl, 3. Vol. A. Theiner, XIX, yüzyıl, 2. cilt, 1198'den 1572 yılına kadar Polonya Dominikenleri ile Bzovius (XVII). Yüzyıl, 9. cilt, 1198-1640'a kadar. XVII. yüzyılda Pamiers piskoposundan H. de Sponde ile gelmiştir.
[68] Bu kitabın giriş bölümüne bakınız.
[69] Bu kitabın ileriki sayfalarına bakınız.
[70] Règl. d'Orth, XI.
[71] X. Le Bachelet, Jesuites, Dans Dict. Théol. Col. 1044.
[72] Bu kitabın ileri bölümlerine bakınız.

ÜÇÜNCÜ BÖLÜM
TRENTE KONSİLİ ÖNCESİ RÖNESANS'IN DOMİNİCAİN İLÂHİYATÇILARI

I. RÖNESANS'DA TARİKATIN DOKTRİNEL HAYATI

Aslında, XV. yüzyılda Dominicain tarikatının doktrinel hayatı, oldukça kısıtlıdır. Felsefi ve teolojik gerilik o dönemde geneldi. Thomist okul ve Prècheurler tarikatı, geçmiştekileri, tarihi çevrenin genel şartlarından aşamamışlardır. Böylece ilahiyat üretimlerinin kalitesi ve kantitesi yönünden kırılmalara maruz kalmışlardır. Ancak her şeye rağmen Dominicain tarikatı, XV. yüzyılda, önemli bir doktrinel canlılığa sahiptir. Bu dönemde Prècheurs'ler, Jean Caprélous, St. Antonin de Florence ve Jean de Torquemada[1] gibi birtakım adamlar yetiştirmişlerdi. Bunların dışındaki ilahiyatçılar şunlardır:

a. Jean Cpréolus[2] (+1444): İbni Rüşdçü bir ilahiyatçıdır. Bir müddet Paris'te öğretim üyeliği yapmış ve özellikle Rodea manastırında yaşamış ve orada ölmüştür. Defensiones isimli dört ciltlik kitabıyla "Princeps Thomistarum" unvanına layık olmuştur. Bu eser, Lombard'ın bir tefsiri olarak telakki edilmiştir. Yine bu eser, St. Thomas'ın doktrinlerine bir nüfuz ve XIII. yüzyılın sonundan beri tarikat şeflerine hücum eden hasımlara karşı bir savunma olarak kabul edilmiştir[3].

b. Saint Antonin[4] (1389-1459): Florence Dominicainlerindendir. Florence'ın Arşevekidir. Birçok ahlakla ilgili eser yazmıştır. Özellikle, "Summa Théologica Moralis"i yazmıştır. Bu eser dört kitap halindedir. Kitapta ruh'tan, günahlardan, hayattan ve güçlüklerden ve faziletlerden bahsedilmektedir. Bu eser müthiş bir başarı elde etmiştir.

---

1. P. Mandonnet, Frères Prècheurs, Dans Dict. Théol. Col. 905.
2. Hurter, Nomenclator, II, 805-806; P. Mandonnet, Capreolus, Dans Dict. Théol. Col. 1694, cf. Pègus, Dans Rev. Thom. 1899-1900.
3. P. Mandonnet, İbid, Réédition des Defensiones, Par Paban et Pègues, 7. Vol. Tours, 1900-1908.
4. Hurter, Op. Cit. II, 957-959; P. Mandonnet, Antonin, Dans Dict. Théol. Col. 1450-1454, R. Morçay, Antonin, Dans Dict. Hist. Col. 856-860.

c. Jean de Torquemada (Turre-Cremata)⁵ (1388-1468): Sacré-Palais'de hocadır, büyük bir ilahiyatçıdır. Çok sayıdaki yazıları buna şahittir.

d. Jerôme Savonarde⁶ (1452-1498): O, birkaç risale ile Triumphus Crucis isimli çok önemli bir savunma eseri bırakmıştır.

Bu yazar bir dehadır ve kahramanca faziletleri yaşamıştır, bir aziz olma ihtimali büyüktür. Kelimenin en üstün anlamında, aydınlanmış biri olmasa da o bir kayıptır.

XV. yüzyılın sonundan itibaren doktrinel hayat, Prècheur'lerde yeni bir coşku kazanmıştır. Bu coşku, XVI. yüzyılda, kendini göstermiş ve müteakip iki asır devam etmiştir⁷. Bunun çok farklı sebepleri vardır: Oldukça sıkı bağlar, her yerde tarikatı üniversiteye bağlamıştır ve St. Thomas'ın Somme'u metin kitabı olarak kabul edilmiştir⁸. Bunlara ilaveten daha genel olarak Hümanizmin tesirini söyleyebiliriz⁹. Hümanizmin tesiri, özellikle İspanya'da Thomist yeniliğin habercileri üzerinde ve İtalya Dominicain ilahiyatçıları üzerinde belirgin olmuştur. CAJETON'un, bu Thomist yenilikte, ilk düzeyde paya sahip olduğu görülmekte ve oldukça az itham edilen hümanist aksiyonda olanların içinde yer almaktadır. Onun eseri, hala orta çağ açıklamaları metodundaydı. Şüphesiz o, bağımsız kişiliğiyle ve orijinalitesiyle bir geçiş ilahiyatçısıdır. Fakat lisanı gibi metodu da orta çağcıdır. Yeniçağın en büyük Thomistlerine karşı bile üstünlüğünü eşsiz yeteneğinden sonra buna borçludur¹⁰.

II. İSPANYA DIŞINDA DOMİNİCAİN İLÂHİYATÇILAR

A. Cajetan (1468-1534)¹¹

Thomas de Vio, Gaète'de doğmuştur ve bu şehrin piskoposu olmuştur. İşte CAJETANUS ismi buradan gelmektedir. Daha çok, bu isim altında tanınmıştır, genç yaşta Dominicain tarikatına girmiştir. Onun teolojik ve felsefi

---

5   Hurter, Op. Cit. II, 880-884. Bu adamı, ilahiyatçıyı Thomas de Torquemada (1420-1498) ile karıştırmamak gerekir. Ailesi Dominicaindir ve İspanya'da Engizisyoncudur. Engizisyon konusunda muhtelif kitaplar yazmıştır.
6   Hurter, Cop. Cit. II, 1096-1100, F. Vernet, Savonarale, Dans Dict. Apol. Col. 1214-1229.
7   P. Mandonnet, Op. Cit. Col. 905.
8   Bu kitabın önceki sayfalarına bakınız.
9   P. Mandonnet, İbid, Col. 908.
10 P. Mandonnet, İbid.
11 Hurter, Nomenclator, II, 1201-1209; P. Mandonnet, Cajeton, Dans Dict. Théol. Col. 1311-1329.

etüdleri vardır. O, Padoue'ya ilahiyat profu olarak çağırılmıştır. Orada, Livre Des Sentences'ı şerhe başlamıştır (1493). Bu tarihte Bakelorya'ya sahip olmuştur. Daha sonra metafizik okutmuştur. Bir açık oturumda, Pic de la Mirandole gibi bir Hümanistin iddialarını mağlup etme şerefine sahiptir. Yine o, St. Thomas'ın "Dente et Essentiasının şerhiyle, Padoue'da Scotisme'ın temsilcisi olan meşhur Trombetta, O.M. (+1518) ile ve İbni Rüşdçülükle mücadele etmiştir. Bu şehrin üniversitesinde onun taraftarları olmuştur. Pavie'de (1497), Milano dükünün lütfuna mazhar olmuş ve 1500 yılında, Dominicain tarikatının savcısı olarak atanmış ve Roma'yı ziyaret etmiştir. 1507 yılında Dominicain tarikatının genel yönetimiyle görevlendirildiği zamana kadar ders vermeye devam etmiştir. 1508 yılında Maitre Gènéral olarak atanmıştır. O zaman onun yaşı, kırktı. On yıl boyunca canlı şekilde etüdlere devam etmiştir. Aynı zamanda örnek bir vaizdi. Onun yönetim endişeleri, onun Somme'u şerh etmesine engel olmamıştır. O, papalığın haklarını savunmuştur ve 1511-1512 yılında PİSE'de toplanan konsilde tehdit edilmiştir. Onu, Jules II'nin düşmanlığı korumuştur. 1517 yılında, Papa Léon X, onu kardinal olarak atamış ve delege sıfatıyla Almanya'ya göndermiştir. Bu görev, diplomatik düzeydeydi ve 1518 yılından 1519 yılının Eylül ayına kadar dolu dolu geçmiş ve Luther'in karşısına 1518 yılında çıkmıştır. Küçümsemesine rağmen, o dönemde en tedbirli tutumdu bu, sapık keşişin karşısında, Cajetan geri çekilmemişti. Daha sonra GAETE'ye piskopos olan Cajetan, daha çok Roma'da ikamet etmiştir. Adrien VI'nin (1522-1523) saltanatında, orta Avrupa'da delege görevini devam ettiriyordu (1523-1524). Clément VII'nin (1523-1534) papalığı sırasında, daha çok kendisini etüde adamış, kenarda bir hayat yaşamış ve özellikle kendisini kutsal kitap etüdüne vermiştir. 1534 yılında da vefat etmiştir.

Cajetan'ın edebi aktivitesi, oldukça önemlidir. Ancak onun eserleri, tam bir yayım halinde gruplanmış değildir. Bu konuda, P. Mandonet şöyle demektedir:

a. **Felsefede**: O, farklı konularda yazmıştır. Bunlar, normal gençlik çalışmalarıdır. Bu çalışmalar, daha çok Aristo'nun ve St. Thomas'ın şerhlerini teşkil etmektedir.

b. **İlahiyatta**: Bu konuda 82 yazısı vardır. Bunlar, risale ve eserler şeklindedir. Bunların içinde dikkat çeken, Commentaire de la Somme Théologique'dir[12]. Cajetan'ın metni, sonsür edilen pasaj hariç, 1570'de Pie V'in yayım izni verdiği Somme'a eklenmiştir. Tamamı ise, LEONİNE'nin yayımında bulunmaktadır.

c. Yorumda: Genelde Eski Ahidin ve peygamberlerin birçok yazısını şerh etmiştir. Yeni Ahitin, yani Dört İncilin, Resullerin işlerinin, St. Paul'un mektuplarını şerh etmiştir. Bu kocaman eserde Cejetan, hayret verici bir şekilde kritik kaynaklardan yararlanmıştır.

Cajetan'da bizi ilgilendiren yön, felsefeci ve ilahiyatçı olmasıdır. Bu doktrinel noktada iki özellik bize onun karakterini özetlemektedir. Bu özellikler skolastik kültüre ve Thomist kültüre derince sahip olmasıdır. O, reformla az ilgilenmiştir, özellikle fikirle meşgul olmuş ve fikirleri, açıklıkla ve metodla izah etmiştir. Onda nadir bir yumuşaklık vardır ve Scotistlerle tartışmalarında ise oldukça serttir. Fakat öfke problemlerinin ortasında sahip olduğu yüksek görüş, onun soğukkanlılığını tamamlamaktadır. Bu durum onun, bir problemi bütünlüğü içinde kucaklamaya imkân vermektedir ve o, bir St. Thomas hayranıdır. O, onun düşüncesine o, inhisarcı olmadan bağımlıdır. Hakikatte, karakterinin ikinci özelliğiyle Cajetan açıkladığı bütün ilim dallarında, cesur yeni kanaat bizzat tarikat mensuplarının eleştirileriyle karşılaşmıştır.

Catharin özellikle onun şerhlerini kınamış ve onları iki defa 1533'de ve 1542'de Paris ilahiyat fakülteleriyle mahkûm ettirmiştir. Ancak Catharin, aşırı bir şahsiyetti. Melchoir Cano da ona, yeni bir anlam benimsediği için sitem etmiştir. Bunu da metne uygun olması, kutsal kitaba ve kilise doktrinine zıt olmaması için yapmaktadır. Ancak bu durumda Cajetan'ın, M. Cano'dan daha doğru olup olmadığını sorabiliriz[13]. Cajetan'ın bu cesur yumuşaklığı, Scot'un veya Occam'ın etkisi altında ruhun ölümsüzlüğünün ispat edilmeyeceği ve meleklerin atmosferik bedenlerinin olmadığını, imansız aklın varlığını kabule götürmüştür. Aynı şekilde, ilahiyatta, Evharistiya'nın sözlerinde gerçeğin bir delilini görmemektedir. Yine o, vaftiz konusunda, ebeveynlerin imanının tezahürü, bu sakramentin yerine geçebilir, demektedir. Bu yeni doktrinler hem cesurdur hem de yanlıştır. 1570 yılında Papa Pie V, bunların basılmasını yasaklamıştır. Ancak bunlar, Cajetan'ın otoritesine,

---

[12] Birinci şerh, Mayıs 1507'de; ikincisi 1517'de; üçüncüsü ise, 1522'de bitmiştir.
[13] M. Cano, De Locis Théol. 1. VII, c.3; P. Mandonnet, Op. Cit. Col. 1328. Ancak bugün Cajetan'ın metodunun, Katolik yorumun arasında, müşterek bir yorum olduğunu söyleyebiliriz.

genel seviyede Thomist okulda zarar vermemiş ve Papa Léon XIII, onu doğrulamış ve imkân ölçüsünde onu arttırmıştır.

Cajetan'ın popularize olmuş doktrinleri arasında, şahıs teorisine işaret etmek gerekmektedir[14]. O, onu cevhersel bir mod olarak telakki etmektedir. Bu tam tabiattan ayrıdır ve doğrudan bu, varlığı tasavvura hazırlamaktadır. Bu doktrin, üç realiteden oluşmaktadır. Bunlar; cevher, varlığın devamı, var olmaktır. Bu doktrinler, Thomistlerin arasında caridir. Bu doktrin, teslis ilahiyatında yankısını bulmuştur ve yazarını, Allah'ta üç izafi varlığın, aynı zamanda mutlak ve müşterek bir varlığın üç uknumda olduğuna inanmaya götürmüştür. Suarez, Substansiyel mod teorisiyle kuşatılmış ve bunu genelleştirmiştir. Bunu da terslikleri önlemek için yapmıştır. Bu, varlığın ve cevherin ayrımının temel teşkil etiği, menfi metafizikte, önemli bir yer işgal etmektedir.

B. Diğer Yazarlar

a. **Sylvestre de Ferrare**[15] **(1474-1526):** Cajetan'dan sonra Yeni Thomisme, muhtemelen, daha iyi bir şekilde onun açıklamasıyla kendini göstermiştir. O, uzun süre Bologne'da hocalık yapmış, 1525 yılında genel prof olmuştur. Fakat müteakip yıl, tarikat evini ziyareti sırasında Rennes'de vefat etmiştir. O, Aristo'nun muhtelif eserleri üzerinde, çok sayıda felsefi eser yazmıştır. Fakat onun şaheseri, **Commentaire de la Some Contre les Gentils'dir**[16]. Bu eser, klasik bir eser olmuştur.

b. **St. Thomas'ın şerhcisi olan Cejetan ve Ferrarai'yi CONRAD KÖLLİN'e (1476-1536) yakınlaştırabiliriz.** Conrad, uzun süre Hiedelberg'de ve Cologne'da hocalık yapmış 1512 yılında, I^a-II^{ae}'nin derin ve yararlı bir şerhini yapmıştır. Eserinin kalanı, yayımlanmamıştır. Muhtemelen Cajetan tarafından engellenmiştir. Köllin, hayatının sonunda Luther'e karşı çok aktif bir mücadeleye girişmiştir. Özellikle mürtedin evliliği[17] ve evlilik konusundaki yanlış doktrinleriyle mücadele etmiştir.

c. **Javelli**[18] **(1538'den sonra):** Javelli, hemen hemen bütün hayatını Bologne'da prof olarak ve etüdle geçirmiştir. Bu sırada Cajetan orada, genel

---

14 Bkz: A. Michel, Hypostase, Dans Dict. Théol. Col. 411-417, Léon Mahieu, F. Suarez, p.249.
15 Hurter, Nomenclator, II, 1212-1213.
16 Bu eser Léonine'nin yayımına eklenmiştir.
17 Par ex. Adversus Caninas M. Lutheri Nuptias, Tubingue, 1530.
18 Hurter, İbid, 1209-1201, M. D. Chenu, Javelli, Dans Dict. Théol. Col. 535-537.

başkan olarak tarikatın entelektüel hayatını yenilemekle meşguldü. Javelli de onunkine paralel bir eğilimi temsil ediyordu. Ancak 1533 yılında Kutsal Kitapla ilgili cesaretli yazıları nedeniyle ona karşı çıkmıştı. Ancak bu yazıların çoğu felsefiydi ve samimi bir Aristotelisme'i ifade ediyordu. Onun geniş fikirleri, meşhur prof olan İbni Rüşdçü Pomponazzi üzerinde çok etkili olmuştu. Böylece o, ruhun ölümsüzlük doktrinini kabul etmişti[19]. İlahiyatta, Javelli, 1a P. De La Somme, De Attributis De et De Trinitate'la daha az tanınmaktadır. De Dei Praedestinatione et Reprobatione daha çok tanınmakta ve bu risalede, Somme'un q.XXIII (1a p.) pasajında Molinisme'in en saf şeklinin mektuptan önce ifadesini bulduğunu belirtmiştir. Javelli, burada Luther'in kaderciliğine cevap vermeden başka bir şey görmüyordu. Dominikenler, hiçbir zaman bu hafifletmelerle ilgilenmemişler ve birçok Thomist, onu protesto etmeye kalkmışlardır.

d. **Ambroise Catharin (1487-1553)**: XVI. yüzyılda Hümanizmin, yenilikçiler olarak gösterdiği ilâhiyatçıların en önde gelen temsilcilerinden birisi CATHARİN'dir[20]. Bu ilâhiyatçılar, özellikle, inayet ve kader konusunda yazmışlardır. Bu ilahiyatçılara Mandonnet CATHARİNİSME adını vermektedir.

Catharin, parlak bir hukuk eğitimi aldıktan sonra Roma'da konsorsiyum avukatı olmuştur. Tahsilini hem İtalya'da hem de Fransa'da yapmıştır. 1517 yılında, otuz yaşında Dominicain tarikatına girince, Lanceletto Politi, onun önünde parlak bir kariyer açıldığını görüyordu. St. Ambroise'a ve St. Latherine'e olan dini bağlılığı onun Ambroise CATHERİN ismini almasına vesile olmuş ve bu isimle meşhur olmuştur. O, Luther'e karşı polemik yazılarla mücadele vermiştir (Apologia, 1520; Excusatio Disputationis, 1521; Speculum Haereticorum, 1532). 1530 yılından sonra Cajetan ile mücadeleye girişmiş ve mücadeleyi daha da ileri götürmek için 1534 yılında Paris'e gelmiştir. Ona karşı tek ciltlik ANNOTATİONES'i yazmış ve iâhiyat fakültesi tarafından mahkûm edilmiştir. Çoğu zaman, Dominikenlere karşı olmak üzere birçok polemiği desteklemiştir. Papa Paul III tarafından 1546 yılında piskopos atanmış ve 1552 yılında, Jules III tarafından Arşevek yapılmıştır. Eski talebesi, Trente konsilinde oldukça aktif bir rol oynamıştır. Yararlandığı yüksek

---

[19] Bu kitabın önceki sayfalarına bakınız.
[20] Hurter, İbid, 1378-1383; P. Mandonnet, Freres Prècheur, Dans Dict. Théol. Col. 909-916.

himayeler ona, cesur doktrinlere imkân vermiştir. Başkaları için böyle teoriler az tolere ediliyordu.

Catharin, 1553 yılında vefat etmiştir.

Catharin verimli bir zekâ ve bağımsızdı. O, orijinal ve yeni görüşlerini açıkladığı çok önemli kitaplar ve risaleler yazmıştır. Ancak bunlar, oldukça riskli fikirler ihtiva etmekteydi. Onun en tanınmış doktrinleri şunlardı:

a. İnsan, özel, Katolik olmayan ilahi imanı, vahiy olmadan, şayet inayet altında ise tanıyabilir[21].

b. Asli günah, Adem'in günahında vardır. Âdem nesline atfedilmiştir.

c. Görevlinin harici niyeti, bir sakramentin geçerliliğini yönetmek için yeterlidir.

Catharin, Dominicain okuluna karşı "Meryem'in lekesiz hamileliğini" savunuyordu. Yine o, incarnationun sebebi konusunda Scotist doktrini savunuyordu. Kader konusunda o, Javelli'nin tezini benimsiyordu. O, iki türlü kader kabul ediyordu. **Mutlak kader:** Bu kader, Allah'ın her türlü kurtarmak istediği insanların kaderidir. **Diğer kader, izafi kaderdir.** Bu da diğerlerinin kaderidir. Bunlar da kurtulabilirler. Fakat onların sayısı, Allah'ın iradesiyle tespit edilmiş değildir. Bu doktrin tuhaftır ve tutarsızdır. Ancak burada tamamen yazarının karakteri resmedilmektedir.

III. İSPANYOL OKULLARI

A. Salamanque ve Eski Thomist Okulu

XVI. yüzyılın Dominicainleri, İspanya'da, Hümanisme'in etkisi altında kalmışlardır. Bunun merkezi Salamanque olmuştur. Bunun da öncüsü Victoria idi. O, ilâhiyatı hararetle yenilemişti ve yenileştirmekten de korkmuyordu[22]. Hatta bunu, doktrinel alanda, Salamanque'da yüzyılın sonunda kendisine tepki gösteren Bannez'e karşı yapıyordu.

a. **François de Victoria**[23] **(1480-1546):** Paris üniversitesinde eğitim görmüş, İspanyol asılı bir Dominicain'dir. 1524 yılında, üniversitede ilk kürsüye sahip

---

[21] J. Van Der Meersch, Grâce, Dans dict. Théol. Col. 1619. Trente konsili, bu fikri mahkûm etmemiştir. O, sadece şunu ilave etmiştir: a. Hiçbir Hıristiyan meşru olan bir şeye inanmaya zorlanamaz, b. Her Hıristiyan korkabilir.
[22] P. Mandonnet devrimden bile bahsetmektedir: Op. Cit. Col. 908.
[23] Hurter, Nomenclator, II, 1367-1370; P. Mandonnet, Op. Cit. Col. 908.

olmuştur. St. Thomas'ın Somme'unu, el kitabı olarak ele almış ve yirmi iki yıl, kürsüde, güçlü bir entelektüel hizmet etmiş ve bütün İspanya'yı aydınlatmıştır. Hiçbir yayım yapmamıştır. Onun on iki Relectiones Théologica'sı ancak 1557 yılında yayımlanmıştır. Fakat öğretimi ve metodu bir ekol olmuştur. Saint Thomas'yı, P. Lombard'ın işlediği gibi işlemiştir. Ancak onun metnini cümle cümle takipten sakınarak, problemi kendi tarzında ele almakta ve genişce açıklamaktadır. İnanmış bir Thomist olarak Victoria, birçok noktalarda St. Thomas'dan ayrıldığını tereddüt etmeden belirtmektedir. Şüphesiz o, bu ekletizmi, Hümanizmin aksiyonuna, Paris'teki hocalara özellikle Bruxelli P. Crockaert'e atfediyordu. Crockaert, eski bir Nominalistti. Daha sonra Thomisme'e dönmüştü. Onun Dominicain tarikatına 35 veya 40 yaşında girdiği tahmin edilmektedir.

Victoria'nın en meşhur talebesi ve halefi Salamanque'da Melchoir Cano'dur[24] (1509-1560): O, orada 1546'dan 1552 yılına kadar üniversitede ilk kürsüyü işgal eden hocadır. Cano, 1527'den 1537'ye kadar Salamanque'da, Victoria'nın talebesidir. O, Tale Arşeveki olmadan önce ve sonra CARRANZA ile tarikat arkadaşıydı. Burada çözülmüş birtakım konulara işaret etmek yeterli olacaktır[25]. CANO, Philippe II'nin sarayında oldukça etkili olmuş ve İspanya'da Alumbrados'a[26] karşı ve bütün mistisizme karşı büyük bir doktrinel aksiyona sahip olmuştur[27]. Bütün bunlara rağmen, zarif olmakla beraber soğuk bir manevi eser yazmıştır: De La Victoire Sur Soi-Même[28]. Muhtemelen bu eseri, belli başlı yedi günaha karşı yazmıştır. Melchoir CANO, "**Lieux Theologiques**"de, bir ilahiyatçı ve bir Hümanist olarak görülmektedir. O, yeteneklerin orada başarılı olması endişesini taşımaktadır. O, eskilerin skolastik metodlarından fazla zevk almamaktadır. Zaten onların eserleri, Protestanlığı red için yeterli değillerdir. Bu boşlukların en sivri anlamından, onun yeni eser projesi doğmuştur. Bu projeyle o, ilahiyatı, vahyedilmiş temellerin en açık etüdüne doğru yönlendirmiştir. Ancak o, maalesef

---

[24] Hurter, İbid, 1370-1372; P. Mandonnet, Cano, Dans Dict. Théol. Col. 1537-1540; M. Jacquin, Melchoir Cano et la Théologie Moderne, Dans rev. Sc. Phil. Théol, 1920 (t.IX), p.121-141; A. Gardeil, Lieux Théol. Dans Dict. Théol. Col. 712-747.
[25] Bu kitabın ileriki sayfalarına bakınız.
[26] P. Pourrat, Op. Cit. P.163-168.
[27] Trad. Fr. M. Legendre, Paris, 1923.
[28] Cajetan bunları eleştirmektedir. St. Thomas'yı ise, mükemmel bir ilahiyatçı olarak görmektedir.

eserinin üzerine son defa elini koyamamıştır[29]. Onun 1560 yılındaki ani ölümü buna imkân vermemiştir. O, 1552'de Kanarya adalarına piskopos olarak atanmıştır. Fakat atanmasından bir ay sonra makamına oturmadan istifa etmiştir.

Le Lieux Thèologiques[30], ilahiyatta, delillerin kaynaklarını incelemeye tahsis edilmiştir. Bu tamamen ilahiyatta, bir metodoloji eseridir. CANO, bu alandaki kaynakları büyük bir maharetle bulmakta ve tasnif etmektedir. Bunlar 10'dan az değildir. O, birinci kitaptan sonra, bu kaynakları ayrı ayrı incelemektedir. Birinci kitap genel bir girişin özeti şeklindedir: Kutsal Kitap II; Gelenek III, Katolik Kilisesi IV; Konsiller V; Roma Kilisesi VI; Kilise Babaları VII, Skolastik İlahiyatçılar VIII; Akıl IX; Filozoflar X; Tarih XI. Biz burada sadece ilk yedisine işaret edeceğiz. İlâhiyata özgü takdim edilen yerler, son üçü yardımcıdırlar ve her gerçek ilimde bulunmaktadırlar. Bizzat birincilerin arasında, kutsal kitaba ve geleneğe büyük önem vermek gerekiyor. Çünkü bunlar, canlı şekil ve müteakip konuları ihtiva etmekte ve onları açıklamaktadır. Yazar, tamamlayıcı üç bölümde, ikinci kısım olarak, bu yerleri, skolastik düşüncede ve kutsal kitabın açıklamasında ve imanın bazı hasımlarına karşı tartışmada kullanacağını belirtmektedir. Ancak o, düşüncesini sadece XII. kitaptaki birinci nokta üzerinde geliştirebilmiştir. XII. kitap, klasik ilâhiyatçının işaret edilen her bir kaynakta sahip olduğu spekülatif ve pratik ilme tahsis edilmiştir.

Cano, Lieux Thèologiques'lerin ilmini meydana getirerek, modern ilahiyatın ilk ilham edicisi olmuştur. Kuşkusuz o, ilahiyatın geleneksel tarifini devam ettirmiştir. Hatta ona, skolastik mefhumuna veya spekülatif ilahiyata doğru cevap veren üçlü bir hedef tahsis etmiştir: Bu üçlü hedef şunlardır: **İman prensiplerinden, orada olan muhtevadan sonuçları çıkarmak, Heretiklere karşı onu savunmak, beşerî ilimlerin zenginliğiyle onu bütünleştirmek.** Nihayet o, insanın doğuştan özelliği olarak, vahyin sonuçlarıyla aklın temas yeteneğini ilan etmektedir.

O, her hâlükârda, St. Thomas'ın bir talebesidir[31]. Pratikte onun önerdiği metod, çok yenidir ve imanın donnelerinin araştırılmasında buna üstün bir

---

[29] Bu eser, 1563 yılında çıkmıştır. İkinci kısım önemlidir (Liv. XII).
[30] Aristo'nun Topiques'leri tarafından telkin edilen ifadedir. De Loc. th. 1. c.3.
[31] P. Gardeil tarafından işaret edilen etüde bakınız.

önem vermektedir. Eserinin sonunda verdiği örneklerde bu görülmektedir. "Onun açıkladığı şema şudur: İtirazlar, teolojik yerlerin her birinin farklı önerilerinin maddeye uygun delilleri, önerilen zorluklara cevap vermektedirler. Bu çalışmanın genel veçhesi, St. Thomas'ın eserlerinin takdim ettiğinden veya skolastiğin diğer üstatlarınkinden oldukça farklıdır. Burada, makuliyet varken, onda bilgi vardır. Mechoir Cano'nun yaptıkları, modern ilahiyatın başına konmaktadır[32]. İşte günümüzde benimsenen teolojik tezlerin gelişmesi buradan kaynaklanmaktadır. Bu üç delil dizisidir: Kutsal Kitap, Gelenek, Akıl. Cano'nun inisiyatifi verimlidir ve iyi olmuştur. Çünkü o, yapılan yolsuzlukların kesinlikle sorumlusu değildir[33]. Cano, metod konusunda yenilik yapsa da doktrinel yeniliklere sahip değildir[34].

b. **Dominique Soto**[35] **(1494-1560):** 1524 yılında Dominicain tarikatına girdiğinde, ilahiyat ve felsefe hocası olarak atanmıştır. 1545-1547 yıllarında Trente konsilinin birinci devresinde kendisini göstermiştir. Orada, Catharin'in karşısında önemli bir rol oynamıştır. Catharin ise, inayet probleminde St. Thomas'ın düşmanlarından oluşan grubun başıydı. Bu konsilde sadece St. Thomas mahkûm edilmemişti. Ayrıca önemli olan VI. oturumun kararının yazılmasında onda, doğrulama konusunda ilham alanlar da mahkûm edilmişti. Soto, açıkça inayetin doğruluğu konusundaki Catharin'in doktrinine hücum etmişti. 1552 yılında, M. Cano, konsil sonrası piskopos olarak atanmış, Salamanque ilahiyat kürsüsüne yerleşmiş ve ölünceye kadar (1560) orada kalmıştır. Orada büyük bir otorite elde etmiş ve diğer ilahiyat yazılarıyla namını uzaklara taşımıştır (De Nature et Gratia, 3 kitap, In Epistola ad Rom, Disceptationes; Comment. Sentence'ların 4 kitabı). Scot'a, Occam'a ve Catharin'e karşı çok kararlı bir mücadeleciydi. Dominik olan Soto, belli bir ekletizmden sakınmayı belli bir konuda bile bilemedi. O, özün gerçeğinin varlıktan ayrıldığını kabul etmeyerek, sorunun önemli olmadığını beyan ediyordu. Fakat De Nature et Gratis isimli Trente konsiline vakfedilen güzel

---

[32] M. Jacquin, Op. Cit. p.135.
[33] Otorite delillerine aşırı derecede önem vererek.
[34] Mahieu, onun yeni doğan Ciztvitlere karşı hücumlarını açıklamaktadır. F. Suarez, p.34-35. Bununla beraber **Cano**, bazı noktalar üzerinde yenilikler yapıyor. Meselâ, evlilik akdi, sakramentten ayrılabilir. Rahip, bunun görevlisidir. Loc. Théol. 1, V, c.8. Yine o, şu formülü ilk önerendir: Sonraki sakramenter ilahiyatta belli bir modaya çağrılan ahlaki nedensellik gibi. P. Pourrat, Op. Cit. 173.
[35] Hurter, Nomenclator, II, 1372-1374; A. Viel, D. Soto, Dans Rev. Thom. 1904, 1905, 1906.

kitabında, inayetin dâhili etkinliği fikrini devam ettirmiştir. O, ısrarla, ilahi yardımın fiziksel dürtüsünün, objektif ve ahlaki kadercilikten daha az olduğunu belirtmektedir[36].

c. Pierre de Soto veya de Sotomajır[37] **(1518-1563):** Dominique'in[38] adaşıdır ve onun Salamanque'da 1560 yılında halefidir. Pierre, bu yoldan ayrılmamıştır. Onun R. Tapper'e gönderdiği iki mektup, muhafaza edilmiştir. Yine o, Protestanlara karşı farklı tartışma yazıları yazmıştır. O, Dillingen'de proftur. Kraliçe MARİE'nin saltanatında İngiltere'de ikamet etmiştir.

d. Barthélemy de Medina[39] **(1528-1580):** Salamanque'da proftur ve 1576 yılından beri ilahiyat kürsüsünün ilk sahibidir. Birçok tefsir yayımlamıştır.

İlk planda ilahiyat alanında tanınmıştır ve Probabilisme teorisini formüle etmiştir. Tezlerinin birinde bu tezi kurmuştur: O, şöyle demektedir: "Bana öyle geliyor ki, şayet bir kanaat mümkünse, onu takip etmeye izin vardır. Hatta muhalif bir kanaat, daha mümkün olsa bile."[40] Bundan nispeten şüpheli anlamda veya bir konuda sadece Contingente anlamında "mümkün" kelimesi duyulunca, çok farklı sonuçlar çıkarılabilinir." Ancak konusunda, Probabilisme taraftarları, ilk anlamda Medina'nın tezinde, P. Soto'nun kabul etmeyi reddettiği gibi kabul etmediğini anlamışlardı. Hakikatte, Probabilisme'in hasımları, Medina'nın sadece ikinci anlamı kabul ettiğini ve ahlakçıların mutlak probabilisme'in başlatıcısı olarak görünmeyi, onun reddettiğini düşünmektedirler[41].

---

[36] Op. Cit. 1. c.15.
[37] Hurter, İbid, 1461-1463. Bu iki Soto, L. Sotomajor'dan (1526-1610) ve Dominicain olan Christophe Soto'dan (XVI. yüzyıl) ve F. de Sotomajır'den ayrıdır. Bu sonuncu, Histoire de la Légion Thébaine'nin yazarıdır.
[38] Bunlar, akraba değillerdir. Dominique fakir bir ailedendir, Pierre asil bir ailedendir.
[39] Huster, Op. Cit. III, 144; M. M. Gorce, Medina, Dans Dict. Théol. Col .481-485.
[40] Commentaire de la 1a-IIae, q.19, a.6. cf. Gorce, Op. Cit. 483.
[41] P. Gorce şöyle demektedir: Medina, Probabilisme'in babasıdır.

DÖRDÜNCÜ BÖLÜM
İNAYETİN THOMİST İLÂHİYATÇILARI

I. BANNEZ VE OKULU

XIV. yüzyılın Dominicain ilahiyatçıları, ST. Thomas'yı bir kenara bırakma eğilimine karşı ikinci noktada olsa bile şiddetle tepki göstermişlerdir. Onlar, inayet ilahiyatına dâhil edilen hafif görmeleri bu bir kenara bırakmada, Hümanizm'in etkisi altında olduğunun farkındadırlar. Yine Ciztvitlerin bunun öncüleri olduklarının da bilincindedir. Bu Dominicain ilahiyatçılar, mükemmel şekilde inayet ilahiyatçılarıdırlar. Bu grubun en önde gelen temsilcisi Bannez'dir.

a. **Dominique Bannez**[1]: 1546 yılında Salamanque'da Dominicain tarikatına girmiştir. Orada üç yıl boyunca kutsal ilimleri tahsil etmiştir. Salamanque'da sürekli olarak tarikatın manastırında ders vermiştir (1551-1561). Yine Avila okulunda da (1561-1566) yıllarında ders vermiş ve bu okul daha sonra üniversite düzeyine çıkmıştır. Alcala'da (1567-1573), Valladolid (1573-1577) okulunda dersler vermiştir. O, gelecekte bu yüksekokulda vekil proftur. O, daha sonra Salamanque'a (1577) yılında geri gelerek, hayatının geri kalan kısmını orada geçirmiştir. Bu arada, üniversitenin ikinci ilahiyat kürsüsünde çalışmış, sonra da birinci kürsüde çalışmıştır (1580'den 1604'e kadar) ve 1604 yılında vefat etmiştir. Onun Avila'da ikamet ettiği günlerde genç Profesör, St. Thérèse (1562-1566)'nin yardımcısı olmuş ve azize Thérèse, onun yönetimini takdir etmiştir ve ondan coşkuyla bahsetmiştir. Thérèse, ölünceye kadar onun aydınlıklarına, hayatının zorlu şartlarında, mektuplarla müracaat etmiştir.

Bannez'in Eserleri, Somme Théologique'in[2] tefsirleri veya Molinist tartışmalar vesilesiyle yazılanlardan ibarettir. Bunlar, genelde hayatının sonlarında yazılmışlardır. Bunlar şunlardır: Apologia Praedicatorum 1595; Libel-

---

[1] Hurter, Op. Cit. III, 389-391; P. Mandonnet, Bannez, dans Dict. Théol. Col. 140-145, E. Vansteenberghe, Molinisme, İbid, Col. 2097-2099.
[2] 1ª, en 1584 ve 1588; IIª-IIªᵉ, q.1-46, en 1584 ve q.57-78, en 1594.

lus Supplex á Clemeut VII, 1597; Res Ponsio ad 5 Questiones de Efficacia Gratica Divinae (Yayımlanmamış), Respuesta, Valladolid (1602) Ciztvitlerine karşı yazılmıştır. Bu eserlere, De Merito et Augmento Caritatis'i de eklemek gerekmektedir. Onun entelektüel kaliteleri ve karakteriyle, Trente konsilinden sonra Thomisme'in sıkı yorumuyla bütünleşmeye yönelen Bannez, Dominicain okuluna dâhil olmuştur. Bu olay, bir yandan Papa Pie V'in St. Thomas'yı 1567 yılında kilise doktoru ilan etmesiyle, diğer yandan da Hümanist ve Ciztvitlerin, Thomist ve Augustinci inayet doktrinini hafife almaları nedeniyle meydana gelmişti. Bunun için o, en teferruatlı problemlere kadar Doktor Anjelik'i takip etme niyetini açıklamıştır[3]. O, bütün seleflerindeki talihsiz ilaveleri göstermekte ve XVI. yüzyılın sonunda da Thomist okulun kâhini olmaktadır. Ona en acil görünen reaksiyon, inayet problemi olmuştur. O, bu konuyu alışılmadık bir sertlikle ileri götürmüştür. İşte o andan itibaren, Thomist okulun tamamı, onun istikametinde yürümüştür.

Bannez, Molina'nın tezine dayanarak, Prudence de Montemajor'a karşı tavır almış, Portekiz engizisyoncusu kardinale onun tezini kısmen, 1584'de yasaklanan doktrinlere uyduğunu beyan etmiştir. Ancak 1594 yılında, büyük tartışmalar başlamıştı. O zaman Vallodolidli Ciztvitler bir açık oturumda (5 Mart 1594), Molina'nın teorilerini savunmuşlardır. Onlara, Dominicainler, 17 Mayıs'ta aynı şehirde tezin muhteşem bir savunmasıyla cevap vermişlerdir. İşte o zaman, eginizisyoncu, iki muhalif gruptan doktrinleri konusunda bir rapor istemişti. Kısa zaman sonra, Madrid'deki Vatikan'ın elçisi, işi papanın mahkemesine havale ederek tartışılan konuları yasaklamıştı. Tarikatın icraatı, birtakım gecikmelere maruz kalmıştı ve 1556 yılında dava, Roma'da devam ediyordu. İspanya'nın ajite olmasından başka, bütün dünyanın sabırsızlıkla bunun çözülmesini beklediğini Herginroether söylemektedir. Congrégation de Auxiliis, buna rağmen, birinci oturumları 1598 yılından önce başlatamadı ve 1607 yılına kadar da devam etmişti. Bannez, doğrudan karıştırılmamıştı. Salamanque'da, onun gibi profesör olan Zumel'le, Bannez Castille engizisyonuna, 1594 yılından itibaren Molina tarafından ihbar edilmişti. Fakat onun Apologie'si[4], ona yöneltilen ithamlara yeterli cevabı vermişti. De Concordia, sadece Roma toplantılarının konusu olmuştu. Onun Libellus

---

[3] 1ª, q.24, a.6.
[4] Apologia Frat. Pradicatonim in Prov. Hispaniae, 1595.

Suplex'i (Ekim 1597) ile Clément VIII'dan inayet konusunda yeniden öğretme izni istemişti ve bu izin ona verilmişti. Cizvitler de aynı izni aşağı yukarı benzer şartlarda elde etmişlerdi. Bannez, Roma tartışmalarının sonucunu görememişti. 1604 yılında vefat etmişti. Onun bütün hayatı tarikatında ve hariçte doktrinel yenilikleri takiple geçmişti. Onun ismi, müşterek Thomisme'de oldukça sert çizgilerle, ebediyen sabitleşen birkaç açıklamalara bağlı kalmıştır.

Bannez'in talebeleri arasında özellikle De Auxiliis tartışmalarında onun sözcülüğünü yapanlara da işaret etmek gerekmektedir:

a. Diego Alvarez[5] (1635): Profesördür, 1596'da Roma'da millet vekilidir ve Molina ile mücadele etmiştir. İnayet üzerinde önemli sayıda eser yazmıştır. 1616 yılında, TRANİ'ye Arşevek tayin edilmiştir.

b. Thomas de Lemos[6] (1550-1620): 1602'den beri De Auxiliis, topluluğunda Thomisme'in belli başlı temsilcisidir. Parlak yeteneğiyle ve güçlü diyalektiğiyle, Moliniste'lerin amansız hasmıdır. Tartışmalar bitince o, Minnerve'ye çekilmiş ve orada meşhur PANOPLİA GRATİAE'yi yazmıştır. Bu eser, onun düşüncelerinin ve yoğun ilmi çabalarının bir meyvesi olarak, inayet ilahiyatının gerçek Somme'udur. Nihai sonuçlara göre, onlara Bannez ve Alvarez, Thomist prensipleri dâhil etmişlerdir[7].

Bu prensipler, aynı dönemde, diğer Dominicain ilahiyatçılar tarafından biraz farklı anlamda kullanılmışlardır. Onların açıklaması, St. Augustin'in ahlaki endişelerine daha iyi adapte olmaktadır. Zaten hem onlar hem de diğerleri köküne kadar Augustinci ve Thomistiçiydiler. Çünkü XVI. yüzyılda inayet konusundaki tartışmalar, St. Augustin'in ve St. Thomas'ın düşüncesi üzerine dayanmaktadır. Belirli sistemlerin hangi noktalarda bölündüğünü tam olarak anlamak için bu doktrinlerin unsurlarını akılda tutmak gerekmektedir.

II. XIV. YÜZYILIN TARTIŞMALARINDA AUGUSTİNİSME VE THOMİSME

Protestanlığın hataları, kader ve inayetle ilgili Augustin'in metinleri üzerine dikkatleri çekmişti. İmanı savunanlar, onlara verilecek cevaplar da bu

---

[5] Hurter, op. Cit. III, 659-660, P. Mandonnet, Alvarez, Dans Dict. Théol. 926-927.
[6] Hurter, İbid, 667-670, M. D. Chenu, Lemos, Dans Dict. Théol. 210-211.
[7] M. Chenu, İbid.

konuyu takip etmek zorunda kalmışlardı. Yine onlar, bu konuda yeni şeyler de ortaya koyuyorlardı. Böylece ortaya atılan birtakım sonuçlara, Hippon piskoposu açıkça cevap vermemişti. Özellikle skolastik problemler söz konusuydu. Çünkü ilahiyatçılar, sistemlerle ayrılmış da olsa yeni sapık hareketleri reddetmede uyum içindeydiler. Fakat yanlış doktrinler, dava konusu ve tartışma vesilesi oluyordu.

Belli başlı iki hata, Augustinci Katolikliğe muhalifti[8]. Bir tarafdan Pélagianisme[9], Augustin'e karşıydı. Çünkü Augustin, inayetin zaruretini savunmuştur. Aslî günah doktrini, bu tezi daha iyi yerleştirmek için fazla itham edilmemişti. Aslında bu, yumuşatılmış Pélagianisme'di (Daha sonra buna semî-Pélagianisme[10] denmiştir) ki tabiatüstü meccaniliğin ve kaderin reddine yöneliyordu. İşte Augustin'in ateşliliği ve talebelerinin bu noktaların her birinin tasdikinin nedeni bu noktaydı. Fakat diğer yandan, onların tarihi kontexten ayrı sözleri, XVI. yüzyılda Protestanları, hürriyeti inkâra ve kadercilik ve inayet adına Fatalisme'i övmeye sevk etmiştir[11]. Tabiatçı Pélagianisme'le, reformcuların sahte tabiatüstücülüğü arasında, St. Augustin'in yetkili geleneksel Katolik yorumu yer alıyordu: Thomisme'de ondan ilham alıyordu. O, inayetin okullarında, oldukça müşterek olan inayetin geleneksel kavramını temsil ediyordu. Reformcuların ortaya çıkardıkları polemiklerin etkisi altında, XVI. yüzyılın sonunda Katolik çevrelerde iki yeni doktrinel temayül belirmişti. Her iki temayülün habercileri, Ortodoks olduklarını iddia ediyorlardı.

Bunlardan bazıları, Augustin'in zihniyetinden daha çok, onun metinlerine bağlanarak Protestanlıkla-Thomisme arasında yer almışlardır. Fakat kısa zamanda mahkûm edilmişlerdir. **BAİANİSME**, kilise tarafından tasvip edilerek, daha yumuşak ve tehlike arz etmeden JANSÉNİSME'de devam etmiş ve daha sonra da elimine olmuştur[12].

Protestan hatalarına karşı daha emin şekilde tepki göstermek için, tamamen muhalif anlamda, başka ilahiyatçılar, inayet konusundaki St. Augustin'in metinlerini çok belirgin şekilde hafifletmişlerdir. Bunu yumuşatılmış

---

8 Bu konuda bu kitabın ikinci cildine bakınız.
9 İkinci cilde bakılmalıdır.
10 İkinci cilde bakınız.
11 Bu kitabın önceki sayfalarına bakınız.
12 Bu kitabın, ileri sayfalarına bakınız.

Pélagianisme, aşırı özentilerinden sakınarak yapmıştır. Bunlar, MOLİNİSTES'lerdir. Bunlar önce, Yarı-Pélagianist olarak itham edilmişler, bu ithamın haksız olduğunu ispat etmişler ve Vatikan, uzun tartışmalardan sonra[13], onların doktrinlerinin mahkûmiyetini reddetmiştir. İspanya'daki Thomistler, inayetin bu yeni kavramı karşısında şaşırmışlar ve onlara karşı sert şekilde reaksiyon göstermişler, yeni formüllere müracaat etmekte tereddüt göstermemişlerdir[14]. Onlar, bu doktrini tehlikeli olarak ve yanlış bulmuşlardır. Bu açıklamalarda, Thomisme, XVI. yüzyılda Bannez'in rolünü üstün şekilde kabul etmiştir. Bu konuyu çok iyi anlamak için, çıktıkları polemik meşguliyetleri gözden kaçırmamak gerekmektedir.

Aslında, inayet konusunda Augustinci ilahiyat okullarının sayısı, oldukça çoktur. Bütün Katolik ilahiyatçıları, St. Augustin'i reklam etmektedirler. Bizzat Molinistler, Augustin'in metinlerinde, hürriyetle ilgili çok sayıda delil bulmuşlardır. Onlar da haklı olarak St. Augustin'in reklamını yapmaktadırlar. Fakat Molinistler, Augustincilerden[15], inayetin etkinliği konusundaki ifadeleri hafifletme meylinde ayrılmaktadırlar. Augustin, bu etkinliği, daima Allah'ın yanında telakki ederken; Molinistler, onu, insanın rızasına atfetmektedirler. Onlara göre, inayet, insanı, önlemekte ve ona refakat etmektedir. Fakat onunla aynı inayet, serapa yeterli ve etkili olabilir. Etkililik, inayete ab extrinseco olarak gelir. İşte Molinisme'in spesifik unsuru budur. İşte bununla, Augustinci denilen okulları reddetmektedir. Onlar, ab extrinseco inayetini, bu inayetin özel fazîletiyle kabul etmektedirler.

Biz burada sadece üç Augustinci okula işaret edeceğiz. Bunlardan ikisi St. Thomas'ya bağlanmaktadır. XVI. yüzyıldan beri Somme'un tefsirlerinin birçoğunda açıklanan "müşterek Thomisme" bulunmaktadır ve Thomisme'in hafifletilmiş bir şekli vardır ki biz buna, Congruisme Augustinien diyoruz. XVII. ve XVIII. yüzyıllarda Augutinci tarikatın birkaç ilahiyatçısı tarafından inayet konusunda, Augustin'in metinlerinin özel yorumundan bunu ayırmak gerekmektedir. İşte, ona tahsis ettiğimiz AUGUSTİNİANİSME ismi buradan gelmektedir.

---

[13] Müteakip bölüme bakınız.
[14] Molinist sistem, Apolojetik meşguliyetlerden doğmuştur. Thomist açıklamalar, ilahiyatçıların geleneksel pozisyonları devam ettirme endişesinden mülhemdir. Her iki sistemde mükemmeldir ve meşrudur.
[15] Bu kitabın ileri sayfalarına bakınız.

AB İNTRİNSECO inayetinin etkinliği, bu farklı Augustinci okullar tarafından kabul edilen doktrinlerden birisidir. Onları ayıran en genel karakter, tabiatüstü iyimserliktir[16]. Orada, beşerî tabiatın, izafide olsa iyinin diğer yönlerinde o kadar ısrar edilmemektedir: St. Augustin, bazen zıt anlamda mübalağa etmiştir. Bunun da Julien d'Eclane'nın tabiatçılığını en iyi reddetmek için yapmıştır. Fakat orada iyi de sarsılmaz bir inanç, iman, gelişmiş ve ilahi merhamette, insanın kurtuluşu için Allah'ın yardımlarının etkisi ve bolluğu dikkat çekmiştir.

Bu inayetin rolü, evrenseldir ve her şeye yayılmıştır. O, iradeyi önlemekte ve yapılan bütün tabiatüstü eserlere refakat etmektedir. İnsanın yapması için, inayetin ifa ettiği üç fonksiyonu belirtebiliriz: 1. Yeteneği, tabiatüstü düzeye çıkarmak ve ona eylem yapmasına yardımcı olmak. 2. Bizzat onu, eyleme dönüştürmek. 3. Eyleme mâni olan, engelleri kaldırmak[17]. Şayet bütün okullar, bu üç etkiyi inayete atfediyorlarsa da onların hepsi, aynı açıklamayı yapmamaktadırlar. İnayetin, bir başka misyonu vardır: O, sadece genel olarak hareket etmez fakat iyi belirlenmiş bütün iyi eylemlerde hareket etmektedir ve Thomistler onu, önsezi anlamında önceden tespit etmişlerdir[18].

İrade üzerinde, inayetin çift aksiyonunu tasdikte, bütün Augustinciler, bunun nasıl olduğunda anlaşmaktadırlar. Önce iyinin takdimi ile icra edilen objektif bir aksiyon vardır. Onun cazibeleri, iradeyi araştırmada belirginleşmeye götürmektedir[19]. Üstelik iradede doğrudan meydana gelen bir modifikasyon ve dâhili pozisyonunu değiştiren bir durum vardı. Buna fiziki etki adı verilmektedir. Çünkü o, bizim irademizin aktivitesinde, Allah'ın fazilet aktivitesiyle bir çeşit temas icra etmektedir ki o, bir anlamda veya başka anlamda eğilim göstermektedir[20].

Bu iki tesir, dışlanmıyor fakat tamamlanıyor. Özel bir hedefi takip ederek, diğerinden daha çok bir veçhe üzerinde ısrar edilmektedir. St. Augustin, objektif tesiri, delectation kelimesiyle daha çok açıklamaktadır. O, bu kelimeyi kullanmayı sevmektedir Zaten bu Délectation, bizzat sübjektif hareketi ihtiva

---

[16] Bkz. 2. cilt.
[17] H. Guillermin, Rev. Thom. 1902, p.636.
[18] Onların gözlerinde iki formül de aynıdır.
[19] Bkz: H. Guillermin, Op. Cit. p.383-384.
[20] İbid, p.378.

eden cahili bir cazibede tamamlanmaktadır[21]. St. Thomas, metafizik bir ifade kullanarak, motion kelimesi üzerinde daha çok ısrar etmekte ve dikkati inayetin sübjektif etkisi üzerine çekmektedir. Ancak o, Motio ad Specificationem'i de gözden uzak tutmamaktadır. Çünkü o, öbürünü hazırlamakta ve ona refakat etmektedir. Onun talebeleri, "Prémotion Physique"den bahsederek, ona ihanet etmemişlerdir.

Yine Augustinciler, XVI. yüzyıldan önce konulan ayrımın tamamında, yeterli inayeti ve etkili inayeti[22] kabul etmektedirler. Onlar, bizzat Ab Extrinseco inayetinin etkinliği lehine çıkarmak istedikleri sonuçları, rıza göstererek bir yana bırakmaktadırlar. Böylece onlar, etkili inayete, ötekinin yoksun olduğu özel bir durum atfetmektedirler. O da rızanın prensibi olmaktadır. Etkili inayetin bu dahili spesifik unsurunun tabiatı, Augustinci okullara göre farklı anlaşılmıştır. Fakat hepsi prensip olarak[23] bunu kabul ederek, Molinisme'den ayrılmaktadırlar. Diğer farklılıklar, ilave problemlere verilen çözümlerde gelecektir. Meselâ, inayetten tam olarak ayrılmayan kader probleminde olduğu gibi.

III. DİĞER AUGUSTİNCİ OKULLAR
A. Thomisme Commun[24]

1. Thomisme'in özel temsilcisi Bannez ve Dominicain ilahiyatçılarının tamamı, her şeyden önce, etkili inayet üzerinde ısrar etmekteler ve onun aksiyonunun fiziki karakterini aydınlatmaktadırlar. Molinisme'e tepki için, buna etkinlik atfetmektedirler. Çünkü Molinisme, yeterli inayeti, etkili inayetten buna yabancı bir prensiple ayırmaktadırlar ve onların dâhili farklılıklarını itham etmektedirler. Yeterli inayet, yeteneğe sahiptir ve onu eyleme yetenekli kılmaktadır. Tek kelimeyle ona, güç vermektedir. Bizzat gerçek eylem, sadece etkili inayetle olmaktadır. O, iradeyi, fiziki bir itişle sürüklemektedir ve bütün engelleri kırmaktadır. Şüphesiz, bu sübjektif etki, objektif tesirden ayrı

---

[21] Délectation, ya objede olan neden veya yetenekte olan şeyi belirtmektedir.
[22] Çok geniş anlamda, La Gráce Suffisante iradenin eyleminden önce gelmektedir. "La Gráce Efficace", eylemi takip etmektedir.
[23] Hepsi infallibiliter, inimpedibiliter, insuperabiliter, indeclinabiliter kelimelerini kabul etmektedirler. Bunları eski yazarlar kullanmıştır ve hürriyete zarar vermemiştir. Rev. Thom. 1902, p.672.
[24] Thomisme ile ilgili yukarıda geçen bibliyografyaya ek olarak P. Guillermin, O.P. Sur La Gráce Suffisante, Dans la Revue thm. 1901, p.505-519; 1902, p.47-76; Yine bkz: R. Garrigou-Lagrange, Dieu, 1923, p.791-847; Rev. Thom. 1928, p.193-210.

olmamalıdır. O, olmazsa, orada ahlaki eylem olmayacaktır. Fakat birincisi olmadan da hiçbir eylemin gerçek oluşum olmayacaktır[25].

Bu fiziki tesir, hiçbir tarzda, iradeyi harekete geçirmemektedir. Hatta onu özel bir şekilde tespit etse bile... Çünkü o, yapılan şey gibi, iradeyi getirmektedir. Fakat kendi özel tabiatına göre, bizzat irade ile meydana gelen bir eylem gibi olmaktadır[26]. Hürriyet, sınırlı değildir. Zira ilahi hareket, iradenin, onda, iradi faziletinin sınırlayıcı bir eğilimini meydana getirmeyi belirtmemektedir[27]. Diğer yandan, Allah'ın karşısındaki bağımsızlık, hürriyetin temel şartlarından değildir: Eşyaların özü, ilk sebebin karşısında onların ilişkileri mülahaza edilmeden, sadece, onları içsel olarak oluşturan şeyle tarif edilmektedir[28]. İlahi müdahale, hiçbir şekilde akıl, irade ve komşu ile ilgili dava ile eylem ilişkilerini değiştirmemektedir[29]. Molinistler, iradeden, onun eylemiyle bahsedebilirler. Yani o, eylemi yaptığında, yapmadığında, yaptıktan sonra. Biz de şöyle diyoruz: Bir tek şey hariçtir. Yani mümkün veya reel olan şimdi veya gelecekteki rıza, ilk hareket ettirici olan Allah'tan bağımsız da olsa yine de sadece yaratılmış iradeye bağlı olmaktadır[30]. Fakat biz bunu asla söylemeyeceğiz. Çünkü biz, sebeplerin temel düzenini karıştırmaksızın ve Allah'a müracaat etmeksizin, onun söylenebileceğini düşünmüyoruz[31].

Etkili inayet, yeterli inayeti gerektirmekte veya en azından bütün hayatiyetleri en üstün şekilde ihtiva etmektedir. Belki de daha da ileriye gidebilecektir. Yeterli inayetin, diğeri tarafından tamamlanmaya ihtiyacı vardır. O ona, hareket gücü vermektedir ve o, temelde diğerinden aşağıdadır. Bunların aralarındaki ayrılık, eylemin gücünü ayırmaktadır. Eylem, meydana geldiğinde, irade ortaya çıkmakta, etkili inayet, yeterli inayeti tamamlamaya gelmektedir. Bunu tarif etmek için bir anlamda, diğerine temel karakterleri not etmek için muhalefet edilecektir. Fakat burada, genel olarak yeterli inayetle grace purement suffisante, serapa yeterli inayeti, karıştırmaktan sakınmak

---

[25] H.F. Gullermin, Op. Cit. (1902), p.383-384; İbid, p.384.
[26] İbid, p.387.
[27] İbid.
[28] İbid, p.388.
[29] İbid.
[30] R. Garrigou-Lagrange, Le Dilemme: Dieu Dédetminant ou Dieu Déterminé, Dans Rev. Thom. 1928, p.193-210.
[31] H.F. Guillermin, Op. Cit. p.389.

gerekmektedir³². Her ikisi de eylemi meydana getirmezler. Fakat "Saf yeterli inayet", ilk hedefine ulaşır. Yani eyleme gerçek gücü verir. O, harici amacından yoksundur. Çünkü ona ulaşmak için, etkili inayetle tamamlanması gerekmektedir ve ona, yolları hazırlamaktadır.

2. Yeterli inayetle-etkili inayet arasında olan fark üzerinde ısrar edildikçe, Thomist düşünce ciddi şekilde çarpıtılma zorluğu altında, daha çok birini diğerine birleştiren ilişkilere açıklıkla işaret edilmektedir³³. Bu ilişkiler, onların tariflerine girmemektedir. Çünkü onların kendilerine özgü, özellikleri vardır. Fakat bu özellikler, temel özelliklerdir. Hakikatte, bu iki inayeti, iki farklı düzeye ait olarak takdim etmemek gerekiyor. Onlar, bir tek şeye aittirler ve tabiatüstü aynı plandadırlar. Her ikisi de aynı hedefe yönelmektedir ve hür kurtarıcı eylemin oluşumudur. Yeterli inayet, normal olarak, etkili inayetten önce gelmekte ve etkili inayetin eylemdeki gücünü, meydana getirmektedir. Etkili inayet, ilahi merhamet planında, yeterli inayetin tabii tamamlayıcısıdır. Şayet yaratılış, onların karşılıklı ilişkilerine engeller koymazsa o, onu daima takip edecektir³⁴.

Yine yeterli inayetin rolü önemlidir. O, yetenekleri, tabiatüstü düzeye çıkarmaktadır ve onları, doğrudan eyleme koymaktadır. O, yolları etkili inayete hazırlamaktadır ve onunla, merhametin tesis ettiği bu kanunun faziletinde ve her gücün olgunlaşma anlamında geliştirdiği ilahi hikmette ve Allah'ın yeteneklerine uygun olarak tabiatları ve yetenekleri harekete geçirmesinde, onu yönlendirmektedir. Sonuç olarak onun, bizzat eylemi getirdiğini söyleyebiliriz. Şüphesiz bu doğrudan doğruya değil, belki bir defada ve onu takip eden etkili inayet vasıtasıyla olmaktadır. Tabii ki insan oraya engel koymazsa bu olmaktadır³⁵. Şayet, yeterli inayeti ayırmakla meşgul olan spekülatif ilahiyatçı, zahit ve mistik ilahiyatçı içinde yeterli inayetin ondan önce geldiği, onu eyleme hazırladığı ve etkili inayeti, onu meydana getirmesi bir zaruret olarak görülecektir.

---

32   İbid, p.396. Jansenistler, daima bu dar anlamı kullanmaktadırlar ve böylece ciddi karışıklıklara maruz kalmaktadırlar.
33   İbid, p.395.
34   İbid, p.396.
35   H.F. Guillermin, p.399.

3. Bu durumda, onun daima verilmediği nereden kaynaklanıyor? Engelleri, irade koymaktadır. Etkili inayeti almadan ve yeterli inayetle eşleştirmeden önce, bizim irademiz, tabii aktivitenin faziletinde uygulanmakta ve belirsiz sevgiler, zıt anlamda bizi çekmektedirler. Bu, bitmeyen acılara, vicdanımızdaki az veya çok düşüncelere, kendimizi bıraktığımız igvaya ve nihayet hür irademizin tercihan, yeryüzü güzelliğini ilahi güzelliğe ve ödeve tercihe yöneldiğinde bu olmaktadır[36]. Bu kötülüğe katılma, kesin olarak etkili inayete engeldir.

Etkili inayette temel engel, bizzat Thomistlere göre, kaderdedir ve Allah'ın onu herkese vermek istememesindendir[37]. Hayır! Gerçek icra düzeyindedir. Allah'ın asla hiç kimseden yeterli inayeti ve etkili inayeti esirgemediğini Alverez söylemektedir. Tabii ki bu yaratık tarafından muhalif bir suç engeli yoksa böyledir. Şayet Allah, herkese etkili inayeti pozitif olarak vermemeye karar vermişse, bunun önemi nedir ki? Evet, Allah insanın kusurunu bilerek onu yaratmak istemektedir ve bütün insanları kurtuluşa sevk etmemeye karar vermiştir. Bu, her şeyden önce gerçek hataları bilmemekten öncedir. Birtakım kederliler vardır ki, onların sayıları belirlenmiştir ki onlar, kurtuluş için gerekli etkili inayeti alacaklardır. Şayet Allah, gerçek anlamda bütün insanları kurtarmak isterse, onları kurtarır[38]. Ancak bu, sadece niyet düzeyinde ve sadece negatif anlamdadır. Her şeye rağmen, büyük sır burada bütün açıklığı ile ortadadır. Onu hiçbir ilahiyatçı, atlamamıştır[39]. En azından, bazı sistemler onda, zorluğu gizlemektedirler. Müşterek Thomisme, Allah'ın haklarını azaltma korkusuyla onu, örtbas etmemektedir.

4. Takdim edilen Thomisme'in bu yorumunun uygunluğu görülmektedir ki o, inayetin dâhili etkinliğine, azizleri ayıran pasiflikte uygun olsun... Bu pasiflik ki, onların aksiyonlarına engel olmaktan uzaktır ve onu provoke etmektedir ve olgunlaştırmaktadır. Bu, eylemlerde, aşk olarak bilinmektedir. Fakat en mükemmel eylemler[40], hür iradenin inisiyatife sahip olduğu şeyler değil; en yoğun ilahi itişin altında icra edilendir. Ayrıca, hangi cesaretler bir

---

[36] İbid, p.400.
[37] İbid, p.397.
[38] De Gent. ad Litt, II, c.9.
[39] P. Guillermin, İbid, p.398; Allah niçin bütün insanları kurtuluşa sevk etmiyor? Bu genel bir ilahiyat problemidir.
[40] St. Thomas için mükemmel eylemler, Kutsal-Ruhun meyveleridir.

ruha, sadece Allah'a dayanma şuurunu vermez? St. Paul'un şöyle dediğini P. Guillermin nakleder: Quisme Separabit a Caritate Christi? = Kim beni mesihin aşkından ayırır?[41] O, özel iradesinden daha çok, Allah'ın inayetinin tesiri üzerinde duruyordu. Zaten Azizler, mistik yazarlar, Hıristiyanlar, kendi zayıflıklarının az bilincindedirler, bunun için sadece aydınlanmayı değil; uyarılmış olmayı istemektedirler. Bu, onları geri kalanlardan daha çok endişelendirmektedir. Bu dayanıksızlıktır, kapristir. Kendi hür iradelerinden eylemsizliktir. Onlar, kilise ile Allah'a liturjide dua etmekteler, isteklerini yönetmektedirler ve teskin etmektedirler.

Özet olarak, her iyi eylem, aynı zamanda ilk sebep olarak Allah'tandır. İkinci sebep olarak da insandandır. Fakat Allah'a bağlı olarak. Bu bağlılık, aynı zamanda fiziki ve ahlaki bir determinasyonun meyvesidir. Hatta St. Thomas'ın sitilinde, ahlaki olmaktan ziyade fizikidir. Augustin'in ifadesinde, fiziki olmaktan ziyade ahlakidir. Onun bakış noktası diğer Thomistlerin açıkladıkları dâhili uyum noktası olarak görülmektedir.

B. Augustinci Congruisme[42]

"Congruisme" adını verdiğimiz teolojik sistem, temelde Thomist'dir. Çünkü bu sistem, bu konuda temelde inayetin dâhili etkinliği konusundaki Thomist temel sistemi devam ettirmektedir. Bu sistem, Thomist ilahiyatçılar tarafından, inayet konusundaki tartışmalar döneminden beri geliştirilmiştir. Bu akımın ilk resmi temsilcisi Gonzalez de Abdelda (+1622)'dir[43]. O, daha çok eski ilahiyatçıların duygusuna bizzat Bannez'in talebelerinkinden daha çok uyumlu yaklaşmaktadır. Çünkü o, onlara "Juniores Thomistae" adını vermektedir. Bu doktrin, melek doktorun düşüncesi ve ifadesi ile uyumluluktan başka bir şey değildir[44]. Bu doktrin, St. Augustin'in inayetin, ruha uyumun-

---

[41] Op. Cit. p.75-76.
[42] Toulouse ilahiyat fakültesi dekanı olan P. Guillermin, önceki sayfada zikredilen makalelerinde, bilimsel olduğu kadar da ılımlı olarak bunu takdim etmiştir. Revue Thomist. O, bu hafifletilmiş Thomismei benimsemektedir. Biz, bazı noktalarda dikkat çekerek onun açıklamasını veriyoruz.
[43] Commentaria in Sum. Théol. 1ª, q.19; Disp. 58; t.II, p.80; Guillermin, Op. Cit. p.658-660; Gonzalez, İspanyol ilahiyatçıdır, Roma'da ve Minerve'de öğretim üyeliği yapmış ve Minerve'de, 1608 yılında vekil olmuştur (cf. Coulon, Gonzalez, Dans Dict. Théol. Col. 1492-1493). Diğer Congruisme taraftarlarını P. Guillermin zikretmiştir. Gonzalez, Controversiae, 1708'in yazarıdır (O, bu kitapta Congruisme'i, St. Augustin'e bağlamaktadır. V.a, 6); J. Nicolai (1595-1673) Somme Théol üzerindeki kenar notta (çok sayıdaki eserler cf. Hurter, Nomenclator, p.39-43); A. Massolié (1632-1706), Jansénite'lerin diğer hasımları, Dans D. Thomas Sui İnterpres.
[44] H. Guillermin, Op. Cit. 1902, p.665-669.

dan bahseden metinlere oldukça güçlü cevap vermektedir[45]. Burada işlenen sistematizasyon, St. Augustin tarafından kesinlikle açıklanmamıştır. Zira o, yeni endişelere cevap vermektedir. Fakat onun bakış açısına uymaktadır:

1. Yeterli inayet kavramı konusundaki sistem, eskisinden ayrılmaktadır. Şüphesiz temel avantajı burasıdır. O, yalnızca, özgül iradeye, onu yararlı eylemle orantılı hale getirmek için, salt potansiyel düzeyde tamamlayan bir tamamlamayı getirmekle kalmamakta, aynı zamanda iradenin güçten eyleme geçebildiği ve fiilen işleme koyabildiği gerçek bir dürtü de getirmektedir[46].

O, gerçek bir fiziki önsezidir. Bunda, gerekli olan hiçbir şey, Allah yönünden eksik değildir. Kurtuluş eyleminin bütüncül aktif prensibi olması için böyledir[47]. O, gerçekten yeterlidir. Şayet gerçekten ve aktüel olarak etkili olmasaydı o, sanal şekilde ve dâhili faziletiyle, belli seviyede ve sadece onunla iyi amel gerçekleşmezdi. Çünkü bu noktada serbest ve hür irade, inayetin gerçek aktivitesinde bir mukavemete, bir engele sahiptir[48].

2. Yukarıda işaret edilen inayetin üç fonksiyonu burada yeterli inayetin ikisini doldurmaktadır: Etkili inayet, diğer yandan üçüncü şartı gerçekleştirmektedir: Bu iradeli mukavemetten uzaklaşmadır. O, buna dâhili faziletle ulaşmaktadır. Fakat yeni bir hareketle değildir...

İnayetin etkinliği, burada yeni bir tarzda açıklanmıştır. "Bu etkinlik, müşterek bir teoriye göre, oldukça karakterize olmuş motion/hareketten ibarettir."[49] O, her hâlükârda onunla aynıdır ve yeterli inayet tarafından hazırlanan yeteneği yanılmaksızın harekete geçirmektedir. Bundan böyle yeni açıklamalarımızla, bu etkinlik, izafi ve değişken birkaç şeyde, tabiatı takip ederek ve onun muzaffer olduğu engel derecesinden ibarettir. İşte bu özel teorinin savunucuları, isteyerek, inayetin etkinliğini belli oranda veya congruite (uyumda) da iradeyle savunmaya atfetmektedirler. Fakat onlara göre bu congruite, hareketlidir ve muzafferdir ki yanılmaz şekilde rızaya sebep olmaktadır. O, andan itibaren Suarez'in, Congrue inayetiyle hiçbir müşterek yanı yoktur. O, vasıtalı bir ilimle ön görülen rızanın etkinliğini ortaya çıkar-

---

[45] S. Augustin, Ad Simplicianum, III, q.II, 13.
[46] H. Guillermin, İbid, p.655.
[47] İbid.
[48] İbid.
[49] St. Thomas, bu noktada ısrar etmektedir. Onun okulu tercihen, Bannez tarafından hazırlanan sistemi takip etmektedir.

maktadır⁵⁰. Molinistlerin doktrininin aksine, Congruismeci Augustincilik bütüncül bir Congruisme'dir. Bu Congrue inayet, sadece evrensel iyiliği belirtmez, aynı zamanda bireysel iyiliği de belirtmektedir. Çünkü bu, sadece bir vasıtaydı. Böyle bir vasıta, sonun iradesinin ölçüsünde ve sonu isteyen bir eylemle istenmiştir⁵¹.

Bu kavramın büyük avantajları vardır. Bir yandan o, her inayetin nasıl bir hareket olduğunu göstermektedir ve terimin özel anlamında yeterli inayeti de göstermektedir⁵². Diğer yandan Molinisme, inayete mukavemette, iradenin sorumluluğunu canlı şekilde belirtmektedir. Molinistlerin dediği gibi bu, sadece inayette sadece tespite bağımlı olan bir rızayı ilaveyi reddetmek değil; bilakis, bu rızayı getiren inayet akımına da muhalefeti de reddetmektedir. Bu öyle bir aktif kuvvete muhalefet ki onun öteye gitmesine ve meydana gelecek sonuca engel olmaktadır⁵³. Burada, Congruiste sistemin iyi amelin meydana gelmesine müdahale eden unsurların karmaşıklığını daha iyi anlamaya imkân verdiğini ilave edebiliriz. Şüphesiz belirli bir hareketin zarureti, bireysel seviyede bile olsa, her inayette bulunmaktadır. Fakat burada bu hareketin karakteri üzerinde, onun her ruha özgü ve ona refakat eden zafer üzerindeki aktüel pozisyonlara uyumu konusundan daha az ısrar edilecektir⁵⁴. Buradaki tespit, daha çok onun temel sonucu içinde telakki edilmiştir. Yani aşkla gerçekleşen bir iyinin "ordination actuelle á la fin" = Sondaki aktüel düzenleme ile, telakki edilmesidir. Onda irade, en azından onu arzu etmektedir. Bu iyiyi isteme iradesi onun tesiri altına alacak, özel farklı tespitleri canlı şekilde içine alacaktır⁵⁵.

Bu sisteme başka itirazlar da yapılabilecektir. Burada temel olarak görülen, etkili inayet konusunda, ilahi hareketi biraz örtmektir. Böylece bu sebep için bütün içinde, Thomistler, Molinisme'i reddetmekteler ve St. Thomas'ın her zaman kullandığı metafizik formülleri devam ettirmektedirler ve bu sisteme biraz dikkat etmektedirler⁵⁶. Bununla beraber Melek doktor, ilahi

---

⁵⁰ H. Guillermin, İbid, p.658.
⁵¹ Sum. Th1)eol. 1ᵃ-IIᵃᵉ, q.8, a.24, İbid, a.3; İbid, q.9, a.4.
⁵² H. Guillermin, Op. Cit. p.665-666.
⁵³ İbid, p.663-665.
⁵⁴ H. Guillermin, Op. Cit. 1903, p.21-23.
⁵⁵ İbid, 1902, p.657. Bu sistemde yeterli inayetle-etkili inayet arasında canlı bir ayırım vardır. Yeterli inayet, gerçek bir ayırım ortaya koyar.
⁵⁶ P. Guilermin, diğer ilginç başka sebepleri değerlendirmektedir. Op. Cit. 1902, p.669-671.

hareketin altında, iyi aktivitenin başka yönlerini bilmemektedir: Sona ermekte olan iradenin, beyan ettiği metinler, özellikle, düşündürücüdürler[57]. İradenin bu tespiti, inayeti dışarda bırakmadığı gibi, Allah'la tespit hürriyeti dışarda bırakmamaktadır[58]. Congruisme'in avantajı, çoğu zaman ihmal edilen hareket konusundaki yönü ısrarla açıklamasındadır. Zaten inayetin yanılmazlığı onun dâhili faziletinin congruitesiyle orada temin edilmiştir. Allah'ın gelecekte sahip olduğu hür bilgi, vasıtalı ilmin üzerine oturmamaktadır. Bilakis, Allah'ın belirlediği kurallara oturmaktadır. O, iyi söz konusu olduğunda pozitif kuraldır, kötülük söz konusu olduğunda müsamahakâr kuraldır[59].

Görüldüğü gibi Thomist sistem, özel bir noktada, müşterek Thomisme'i tamamlamaktadır. Birleşen her ikisi, St. Thomas'ın ve St. Augustin'in bütünlüğünü ortaya koymaktadır. Bunun bakış noktası bize, Congruist sisteme en iyi cevap olarak görülmektedir. Ancak, bunu Noris'in ve Berti'nin Augustinisme'i ile karıştırmamak önemlidir.

C. Augustinianisme[60]

XVII. yüzyılda, Kardinal Noris (1631-1704) tarafından hazırlanan doktrine özellikle bu isim verilmektedir. Bu doktrin, daha sonra Laurent Berti (1696-1766) tarafından desteklenmiştir. Her ikisi de Augustincidir. Ancak, Jansenisme'cilikle itham edilmişler ve Roma'da ifşa edilmişlerdir. Ancak her ikisi de mahkûm edilmemişler hatta Noris, Papa Clément X tarafından (1695) kardinal olarak atanmış, Berti'ye ise, Benoit XIV, 13 Temmuz 1743 yılında Molinist ve Thomist sistemleri öğretme iznini vermiştir. Her ne kadar o, Jansenisme'e yakın görünse de hürriyet ve samimi tasdikle, ondan ayrılmaktadır. Onu, önceki sistemden ayırmak gerekmektedir. Meselâ, bu noktada onlarla karıştırılmasa da bazı unsurlarla ona yaklaşmaktadır.

---

57 Bkz: Revue Thom. 1927, p.72-79 ve 231-249 (A. d'Alés ve P. Synave9.
58 S. Thomas, kadere muhalefet etmekte ve tabii kanunlara boyun eğmektedir. O, şu formülü ortaya atmaktadır: Determinata Dispositione et Providenta Divina= Belirleyen, ilahi irade takdirdir. In Joan, c.XIII, 1.1; İbid, c.II, 1.1; Bkz: Revue Thom, 1927, p.248-249. Kader kelimesi de De Veritate'de kullanılmıştır: q.3, a.1 ve ád 7; q.8, a.12.
59 H. Guillermin, Op. Cit. 1903, p.23-30.
60 Daha sonraki bir sistem olmasına karşılık, burada bunu öncekinden ayırmak için zikrediyoruz. Bkz: E. Portalié, Augustinianisme, Dans Dict. Théol. Col. 2485-2492.

Noris için inayet, ruh üzerinde, lokum modunda hareket etmektedir. İnsan mevcut halinde, ya iyi veya kötü davranmaya yöneltilmiştir. Bu o, şehveti yenme gücü verdiğinde, etkili inayet olmaktadır. Yine o, bu konuda muzaffer olduğunda, etkili bir inayettir, aynı zamanda yanılmazdır ve alt edilmezdir. Fiziki determinasyon, burada bir çeşit ahlaki determinasyonla yerleşmiştir. Fakat o, bizzat ruhun aktif determinasyonunu yok etmiş olarak görünmektedir. Bu durumda o, her ikisine teşekkür edecektir.

Bu doktrin, başka noktalara da bağlıdır. Bunlarda, sistemin gerçek zayıflıkları bulunmaktadır:

1. Âdem'le Havva'nın lütfu ve diğer imtiyazları, adalet adına değil, eski destansı yaratılış gereği onlara aitti. Allah, hikmetle ve güzellikle hareket etmektedir.

2. Bunun için düşen insan, sadece meccani güzellikleri kaybetmez, tabiatıyla bizzat yaralanmış olur.

3. İşte bir inayetin mutlak zaruretinin fiziki hareketteki zaferi, buradan kaynaklanmaktadır. Fakat bu, muhteşem bir tatlılıkla, Âdem'de olandan daha yüksektir.

4. Allah, herkesin kurtuluşunu istemektedir fakat herkese, yeterli gerçek inayeti vermemektedir.

5. Nihayet, hayır/sadaka kanunu burada, diğer ilahiyat okullarından daha evrenseldir ve daha katıdır.

Bu kısa özet, bu yeni şekliyle, Augustinciliği, St. Augustin'in reklamını yapan birçok sistemlerden ve onun orta çağdaki en meşhur talebesinden ayırma imkânı vermektedir.

BEŞİNCİ BÖLÜM
XVI. YÜZYILIN CİZVİT İLÂHİYÂTÇILARI MOLİNİSME[1]

I. CİZVİT TOPLULUĞUNDA İLÂHİYAT[2]

Cizvit teşkilatı, Protestanlığa karşı doktrinel reaksiyonun başladığı bir dönemde ortaya çıkmıştır. Bu teşkilatı, eğitimde, özellikle kutsal ilimlerin eğitiminde, aksiyonun en güçlü vasıtalarından birisi olarak bulmak mümkündür. O, bu aksiyona, onu, en iyi karakterize eden havarilik ve hidayet ruhunu dâhil etmiştir. Bu ruhlarla doğrudan meşguliyet, onu, yeni yollar çizmek hariç, en azından bazı özel eğilimleri artırmaya ve onu, diğer tarikatlardan ayırmaya sevk etmiştir. Ahlak ilâhiyâtı, üstadlarıyla bu dereceye kadar tanımadığı gelişmeye ve pratiğe sahip olacaktır[3]. Diğer yandan Protestanlığa karşı verilen savaş, onların dikkatini pozitif ilahiyata çekmiştir ve bunu bizzat St. Ignace onlara tavsiye etmiştir[4]. Ancak bu spekülatif ilahiyatın veya skolastik ilahiyatın zararına olmaksızın belli oranda St. Thomas takip edilecektir[5]. Teşkilatın kurucusu, bu seçimle, doktrinin birliği ve güvenliğini takip etmek istediğini Le Bachelet belirtmektedir[6]. Fakat o, melek doktoru takip etmeyi bir zaruret olarak değil, genel olarak açıklamıştır. Bunun için şu prensibi koymuştu: Her fakültede, doktrin en emin ve en ortak şekilde takip edilecektir. O, böylece birliği, bu ılımlılık altında başlatmıştı. Yani imkân ölçüsünde (Quantum Fieri Polerit). Farklı eğilimler de ortaya çıkmıştı. Bu tarikattaki açık

---

[1] Hurter, Homenclator, t.III; E. Vansteenberghe, Molinisme, Dans Dict. Théol. Col. 2094-2187; X. Le Bachelet, Jesuite, Dans dict. Théol. Col. 1012-1108; G. Schneemann, S.J. Controversiarum de Divinae Gratiae Liberique Arbitrii Concordia İnitia et Progresses, Fribourg en B. 1881; Th. De Régnon, Banez et Molina, Histoire, Doctrines, Critique Métaphysique, Paris, 1883; Bannésianisme et Molinisme, Paris, 1890; A. D. Ales, Prédestination, Providence, Dans Dict. Apol. Col. 236-256; 445-474; Providence et Libre Arbitre, Paris, 1927; Diğer makaleler için: Rech. de Science Relig, 1917, p.1-35; Revue Thom, 1927, p.231; J. Stufler, S.J. Num S. Thomas Praedeterminationem Physicam Docuerit, Inspruck, 1920; Guillermin, La Grace Suffisante, Dans rev. Thom, 1902, p.60-70. Çağdaş Molinistler arasında şu isimleri zikredebiliriz: Mazella, Franzelin, Pesch, Billot.
[2] Bkz: X. Le Bachelet, Etc. Art. Signaté, Col. 1012.
[3] Bu kitabın ileri sayfalarına bakınız.
[4] X. L. Bachelet, İbid. Col. 1015; Bu kitabın önceki sayfalarına bakınız.
[5] İbid, Col. 1012-1015, 1020.
[6] İbid, Col. 1020.

olmayı ve doktrinel birliği sağlamak için, P. Aquaviva, 1582 ve 1598 yılları arasında RATİO STUDİORUM'u hazırlamıştı. Bu doğrudan St. Ignace tarafından verilen genel direktifleri belirtmektedir.

Cizvit teşkilatının St. Thomas için aldığı resmi tavrı, P. L. Bachelet şu müşahedede bulunmaktadır: Aquaviva zamanında tarikatta üç temayül bulunuyordu:

a. Bazı ilâhiyatçılar, "katı bir birlik kurmak için", St. Thomas'ın doktrininin "Saf ve sâde kabulünü" bir veya iki konu hariç öneriyorlardı (Meselâ, Meryem'in lekesiz hamileliği gibi).

b. Bazıları da St. Ignace'ın sözlerinden Somme'un metnini açıklama zaruretini çıkarıyorlardı. Fakat fakülte, onların iddialarını şöyle reddediyordu: "Aleyhlerine sağlam bir sebep veya saygın yazar gördüklerinde" bu oluyordu.

c. Diğerleri ise orta bir yol tutuyorlardı. Onların ilahiyatta üstadları St. Thomas idi. Onların iddialarının diğerleri tarafından müştereken kabulleri veya devrimize uygun olmadığı da aslında az doğru değildir. Bu nedenle, özellikle Dominikenler kendilerini buna mecbur etmedikleri için halkımızın hepsini bunu desteklemeye zorlamak da uygun değildir. Aquaviva tarafından getirilen yasa, St. Thomas için büyük bir saygıya ve onun doktrinine bağlılığın önemli bir delilidir. Vasat kanaat, muzaffer olmuştur. Fakat bazı tutumların yolsuzluğunu önlemek için yönelen sakıncalarla bu olmuştur ki bunların üstatlara bırakılmasına inanılıyordu[7].

İşte bu tutum, Cizvit teşkilatının ilâhiyatçılarının tartışılan inayet probleminde, oldukça yeni bir tutum almalarına imkân verecektir. St. Ignace'ın davetine uyanlar, insanın, tabiatüstü olayın oluşumunda hürriyetin ve insanın payını açıklamaya koyulmuşlardır. İşte tarikatın doktrinel yapısını oluşturan önerilerin tamamı, buradan kaynaklanmaktadır. P. Le Bachelet, onları şöyle özetlemektedir: Hakikatte, Cizvit ilahiyatçıları, şu noktalar üzerinde anlaşmışlardı: Fiziksel kaderciliğin reddi, mutlak hükümlerden bağımsız olarak gelecekteki özgür eylemlerin bilgisinin Allah'a atfedilmesi, Allah tarafından verilen lütfun önceden tanımlanmış özgür eylemin konumuyla formel veya

---

[7] İbid, Col. 1020-1026.

sanal olarak yanılmaz nesnel bağlantısı... Zaten bu noktalardaki antlaşma, sistemlerdeki[8] farklılığa engel olmayacaktır.

İnayet problemi, bütün ilahiyatçıların işlediği bir konu olarak, felsefenin etkisiyle ele alınmıştır. Felsefe, bütün dogmaların etüdünde, bir nüfuz vasıtasıdır. Cizvit ilahiyatçılarına, St. Thomas karşısında takınılan tutum, onlara, onun doktrinini, Scot ve Occam gibi başka doktorlar tarafından şüpheye düşürülen birçok noktalarda veya modern zamanlara uymayanlarda bırakmaya imkân vermektedir. Buradan skolastiğin oldukça kişisel bir kavramı doğmuştur ki bu, Cizvitlerde, yükselmiş ve en mükemmel ifadesini SUAREZ'de[9] bulmuştur. Ancak, tarikat SUAREZ'in doktrininin tamamını, bütün mensuplarına empoze etmemiş ve resmen de ona sahip çıkmamıştır. Hatta tarikat, başka hiçbir ilahiyatçınınkini kabul etmemişti. Papalar, direktiflerden sonra, Cizvitlerde "St. Thomas'ın daha geniş bir nüfuzu" üzerinde ısrar edilmiştir. Daha sonra gelen Papalar da buna muhalefet etmemişlerdir.

II. XVI. YÜZYILIN CİZVİT İLÂHİYATÇILARI

A. Genel İlahiyat

Cizvit teşkilatının üstatlarından en meşhuru Suarez'dir. O Scotisme'in, Thomisme'in karşısında bazı görüşlerde paralel genel teolojik bir sistem kurmuştur. Bu sistemden gelecek bölümde bahsedeceğiz. Şimdi burada, XVI. yüzyılın diğer büyük ilahiyatçılarını zikredeceğiz. Özellikle bunların arasında üç kişi dikkat çekmektedir.

1. **François Tolet**[10] **(1532-1596):** 1552'den 1568 yılına kadar Roma kolejinde profesördür. Daha sonra, 1598'de kardinal olmuştur. Cizvit teşkilatında skolastik ilahiyatın haklı olarak babası telâkki edilmiştir. Alexandre de Halès veya Albert le Grand da skolastik ilahiyatın babası olmuştur. Onun yazıları, önemli değildir. Fakat onun kilise babaları tarafından sağlanan pozitif unsuru, skolastik katılığa birleştiren metoduna işaret etmek gerekmektedir. Le Bachelet şu müşahedede bulunmaktadır: Pozitif unsurdaki, özellikle patristik olan payı, gerçekten özellikle skolastik ilahiyatçılarda, karakteristiktir.

---

[8] Bu kitabın ileri sayfalarına bakınız.
[9] Bu kitabın VI. Bölümüne bakınız.
[10] Hurter, Nomenclator, III, 247-256.

Onların pozitif bilgilerinde, bu ilahiyatçıların birçoğunun, açıkça belirtilmek zorunda kaldıkları derin diyalektleri, daha etkileyicidir[11].

2. Pierre de Fonseca[12] **(1528-1599):** Coimbre'da profesördür. Yazdığı birçok felsefi eserle meşhur olmuştur. Bu yazılarında, D. Scot'a ve St. Thomas'ya oldukça yakındır. O, La Science Moyenne = Orta ilim/vasıta ilim teorisini ortaya atmıştır. Bu teoriyi Cizvitler benimsemiştir ve özellikle Molina tarafından benimsenmiştir.

3. Louis Molina[13] **(1536-1600):** Cuenca'da doğmuştur. Alcala'da, Cizvit tarikatına girmiştir. Coimbre'da felsefe tahsili yapmıştır ve orada dört yıl hocalık yapmıştır. Evora'da ve Combre'de ilahiyat eğitimi almış, Evaro'da hocalığa davet edilmiş ve orada aşağı yukarı yirmi yıl kalmıştır. Bundan sonra üstleri ona, eserlerinin kompozisyonu için gerekli olan boş zamanı vermişlerdir. 1600 yılından az önce o, Madrid'e ahlak hocası olarak davet edilmişti ancak kısa zaman sonra vefat etmişti. Molina'nın eserleri şunlardır: Concordia (1588; Prémiere P. de La Somme Théologique'in (1592) tefsirleri; Le De Justitia et Jure (1593'de, 1596'da, 1600'de ölümünden sonra altı cilt yayımlanmıştır). Fakat onu şöhrete ulaştıran eseri üzerinde otuz yıl çalışmıştı, o da Concordia idi. Concordia'nın tam ismi, Liberi Arbitricum Gratiae Donis, Divina Praescientia, Providentia, Praedestinatione, Et Reprobatione'dir. Aslında bu eser, Prémiere P. de La Somme'un birkaç maddesi üzerindeki tezlerin bir derlemesidir. Özellikle, Quest. XIV. [Sekizinci madde ve 55. maddedeki tezler, 13. madde üzerinde; q.XIX; 3. tez, 6. madde üzerinde; q.XXII (de Procidentia), q.XXIII (de predestination] ki çalışmaları derlemesidir. Bu eser, 1588 yılında basılmıştır. Bu tarihte, **Bannez**, 1ere P. de la Somme tefsirini yayınlamıştır. Bu kitap, uzun yıllar Salamanque'da açıkladığı doktrini ihtiva ediyordu.

4. Grégoire de Valence[14] **(1551-1603):** İspanya'da doğmuş, Dillingen'de ve Angolstad'da öğretim üyeliği yapmış, Auxiliis tartışmaları sırasında Roma'ya gelmiştir. Bu dönemde, Molinisme'i savunmuştur. 1603 yılında vefat etmiştir. Cizvitlerin çalışmalarıyla, yorulmuştur. Onun yerine, önce Pr. Arrubal (+1608) sonra da P. de la Bastida[15] geçmiştir.

---

[11] X. Le Bachelet, Op. Cit. Col. 1044-1045.
[12] Hurter, İbid, 148ª. L. Mahieu, Suarez, p.41-42.
[13] Hurter, İbid, 148-151; E. Vansteenberghe, Molina, Dans Dict. Théol. Col. 2090-2092.
[14] Hurter, Nomenclator, III, 401-404.
[15] O, daha sonra Cizvitleri terk ederek, Valladolid üniversitesinin başkanı olmuştur. Hurter, İbid, 402.

5. **Gabriel Vasquez**[16] **(1551-1604):** Alcala'da ve Roma'da profesördür. Molina'nın kine yakın bir inayet doktrini taraftarıdır. O, Suarez ile çözümleriyle meşhur olmuştur. Birçok doktrinal konularda[17] ayrılarak onlar, uzun müddet mücadele etmişlerdir ve tarikatın başkanı, onlara sükutu empoze etmek için müdahale etmek zorunda kalmıştır. Orijinal bir düşünür olarak, Vasquez, Suarez'in tedbirine sahiptir. O da Cizvitlerde, Lessins gibi geniş bir meyli temsil etmektedir. G. **Gabriel Lessius**[18] **(1554-1623):** Belçikalı bir Cizvittir. Roma'da, Suarez'in talebesidir. Louvain'de skolastik profesörüdür (1585-1600). Derslerinin başından beri, otuz bir önerisi, Üniversite tarafından sansür edilen BAİUS'a karşı tavır almıştır: Papa Sixte- Quint, daha sonra bu önerileri kutsal beyanda bulunmuştur. İnayet konularında, Lessius Molinisme'i takip etmiştir. Ancak başkalarının ona getirdiği hafifleştirmeleri dikkate almamıştır. O, DE GRATİA Efficaci isimli eserinde (1610), 1586 yılından beri BANS'a karşı benimsenen formülü kullanıyordu[19]. Etkili inayetin tabiatı konusundaki doktrini o, hakikatte önceden telakki edilen yeterli inayetten ayırmamaktadır. Bu yaklaşım, Bellarmen ve Suarez, P. Aquaviva tarafından 1613 yılında tenkit edilmiş, etkili inayet olarak telakki edilenin izafi inayetin üstünlüğünü öğreten baskıcı bir karar ilan edilmiştir[20]. Fakat bu nazik konuların haricinde Lessius, çok yüksek değer de doktrinel eserler bırakmış ve bu eserler onun şöhretini artırmıştır. Bu eserlerin en meşhuru, ilahi olgunluklara tahsis edilenlerdir (De Perfectionibus Moribusque Divinis). Lessius haklı olarak, XVIII. yüzyılın en büyük ilahiyatçılarından birisidir. Papa Urbain VIII, ona büyük hayranlık duymaktadır. Ancak bu hayranlık onun yüksek faziletinden ziyade ilmiyle alakalıdır[21].

7. **Le Bx Robert Bellarmin**[22] **(1542-1621):** Florence yakınında asil bir ailede doğmuştur. 1560 yılında Cizvitlere girmiştir. Felsefe eğitimi almış önce, 1563'den 1567 yılına kadar güzel sanatlar eğitimi almıştır. Daha sonra, Padon

---

[16] Hurter, İbid, 385-389.
[17] Scheeben, Suarez'in karşısında, D. Scot'a, S. Thomas karşısındaki tutum atfedilmektedir.
[18] Hurter, İbid, 619-631; P. Bernard, Lessius veya Leys, Dans Dict. Théol. Col. 453-454.
[19] X. Le Bachelet, Jésuites, Dans dict. Théol. Col. 1031.
[20] İbid, 1032-1033.
[21] P. Bernard, Op. Cit.
[22] Hurter, Op. Cit. III, 678-595; X. Le Bachelet, Bellarmin, Dans dict. Théol. Col. 560-599, De La Servière, La Théologie de Bellarmin, Paris, 1909; J. Thermes, le Bx R. Bellarmin, (Coll. les saints), Paris, 1923.

(1567-1569)'da ve Louvain'de ilahiyat eğitimi görmüştür. 1570 yılında ilahiyat öğretimi vermeye atanmıştır (1570-1576) ve aynı zamanda vaizlik yapmıştır. 1576 yılında Alman ve İngiliz Protestan öğrencileri, havariliğe hazırlamak için kurulan Roma kolejinde 1576 yılında tartışma derslerine hoca olmuştur. 1576-1588 yılları arasında Bellarmin'in verdiği derslerin meyvesi bize, Disputationes de Controversis Christianae Fidei Adversus Hujus Temporis Haeretiuos'u bırakmıştır. Bu kitap, bu büyük ilahiyatçının ve tartışmacının en temel eseridir. Bellarmin'in diğer yazıları[23], genel polemik yazılarıdır[24] ve tefsir çalışmalarıdır[25]. Ayrıca ahlak ve pastoral eserleri de vardır[26]. Kardinalliğe atanınca (1599) ve tarikat işleriyle meşgulken bile yazmayı asla bırakmamıştır (1588'den sonra). Papa Clement VIII'in döneminde ve daha sonra Paul V'in döneminde önemli bir tesire sahip olmuştur. Bu tesir onun ilahiyat bilgisine, gayretine ve kutsallığına bağlıdır. 1621 yılında vefat etmiş ve Papa Paul V'den birkaç yıl sonra Papa Pie XI, tarafından 1923'de aziz ilan edilmiştir.

Tartışma[27]: Bx Bellarmin'in temel eseri, önceden din konusunda yapılan çalışmaları bir araya getirmeye yönelmiştir. Bu eser, dört bölümde toplanan on beş tartışmayı içermektedir[28].

1. İman kuralları, 2. kilise, 3. sakramentler, 4. inayet. Birinci grupta üç tartışma incelenmiştir: a. Yazılı Tanrı kelamı ve şifahi intikali, b. Kilisenin başı olarak mesih, c. Cismani ve ruhani olarak papanın yüceliği.

Kilise konusunda dört tartışma vardır:

a. Dünyada görülen konsiller ve kiliseler.

b. Kilisenin uzuvları. Bu konuda yazar, bağışıklıklardan, adaklardan ve sivil iktidardan bahsetmektedir.

c. Araf.

d. Cennet.

---

[23] Tam listesi için bkz: X. Le Bachelet, Op. Cit. Col. 577-587.
[24] 14 yazı vardır.
[25] Özellikle mezmurların tefsiridir.
[26] Burada Louvain tartışmalarını, iki din dersi kitabını, birkaç zahidane risaleyi ve De Scriptoribus Ecclesiasticis'i zikredebiliriz.
[27] 3 ciltlik, birinci baskı Ingoltadt, 1586, 1593. İkinci yayım Venise, 4. cilt, 1596.
[28] Venedik baskısına bakınız.

Üçüncü grupta, beş tartışma vardır: Buruda sakramentlerden bahsedilmektedir. Ayrıca endüljans ve jübileden bahsetmektedir. Nihayet, dördüncü grupta, inayetten bahsetmektedir. Bu konuda,

a. **İlk insan,**

b. **İnayetin kaybolması,**

c. **Dolu inayet. Bu konuda Bellarmin, hürriyetten, meşrulaştırmadan ve iyi amellerden bahsetmektedir.**

Apolojetik olan bu eserin yayılması ve metodu dikkat çekicidir. Bu eser, Protestanlara hitap etmektedir. Daha doğrusu, Protestanlara karşı geleceğin iman savunucularını silahlandırmaktadır. Hakikaten, tartışmacıdan hiçbir şey kaçmıyor, o dönemde mesihe, onun sıfatlarına, orun aracı rolüne ve Katolik kilisesine, onun yüce şefine, üyelerine, âdetlerine, kültüne, sakramentlerine, inayet konusundaki doktrinine, meşrulaştırılmasına ve iyi amellerine karşı olan heterodox'dan hiçbir şey kurtulmuyor. Bu eserin de türü, Somme türüdür[29].

Onun güzel sentezine, tasarlanan ve gerçekleştirilen Apolojetik sentez eklenmektedir. Onun metodu, basit bir metottur. Fakat yazarın amacına uygundur. O, önce her soruda, heretiklerin ve Katolik ilahiyatçıların duygularını karşılaştırıyor ve sonra kilise doktrinini ve kendisinin inandığı doktrini açıklamaktadır. Bu konuda, Kutsal Kitaba, konsillerin kararlarına, papalık beyanlarına, patristik delillere, kilise uygulamasına ve ilahiyatçıların görüşlerine dayanan delilleri sıralamaktadır. Burada spekülasyon, ikinci derecededir. Bellarmin, burada, ödünç aldığı prensibe sadık kalmaktadır. Bu prensip de ilahiyat, her şeyden önce ilahiyattır, metafizik değildir. Bu problem, güçlüklere cevap veren açıklamalarla sona ermektedir[30].

Bellarmin'in ilahiyatı[31], Controverses'in bütün muhtevasını içermektedir ve temelde pozitiftir. Zaruri olarak, hücum alanında Protestanları reddir. O, otoriter delillere müracaat etmektedir. O, skolastik metottan çok az zevk almaktadır. Ancak onu, Kalvinistlerin önünde savunmuştur. O, bazen bu konularda, akla müracaat etmektedir ancak onlar, metafizik olmaktan çok ahlaki düzeydedir. O, özellikle Protestanların prensiplerinin yıkıcı sonuçlarını

---

[29] X. Le Bachelet, Op. Cit. Col. 588-189.
[30] İbid, Col. 589.
[31] Bu konuda bkz: P.J. De La Sérvière, Op. Cit.

göstermekte oldukça başarılıdır[32]. Hakikatte, Bellarmin'in ilahiyatı "Orijinalite'den uzaktır"[33] ve onda büyük satırlarla açıklanacak bir yer yoktur. Ancak onun inayet problemi konusunda tespit ettiği pozisyon oldukça önemlidir. Bu konu, onun gözlerinin önünde Roma'da oldukça tartışılmıştır.

Bellarmin, Bannez'in[34] fiziki kaderciliğini ve Lessius'un Entegral Molinisme'ini reddetmektedir: Onun için etkili inayet, yeterli inayetten ayrıdır. O, etkilidir. Çünkü o, Congru'dur. Ön görülen şartlarda elverişlidir. CONGRUİSME, Bellarmin'in düşüncesine en iyi cevabı vermektedir[35]. Bilindiği gibi, bu muhterem, Aquaviva'nınkine ilham vermiştir (1613). Hatta bu doktrin, tarikatta zorunlu hale gelmiştir[36]. Aynı şekilde kader konusunda o, Molina'dan uzaklaşmaktadır. O, Molina'nın kaderin sebebini, kaderlerde aramadığını fakat sadece Allah'ın meccani iradesinde aradığını ispata çalışmaktadır[37]. Onun için sadece etkili inayet, Congrue inayet değildir. Fakat Allah, onu seçmektedir. Çünkü o, Congrue'dur ve onu verdiği kimseyi kurtarmaktadır. Onun seçiminin nedeni, zafere ulaştıran iradesidir[38]. Bellarmin'in Congruisme'i, vasıtalı ilme dayanmaktadır[39]. Bunu yukarıda zikrettiğimiz Augustinci Congruisme'le karıştırmamak gerekir.

B. Pratik Ahlak İlahiyatı[40]

Cizvit teşkilatı büyük ilahiyatçıları olan Tolet'in, Valencia'nın, Vasquez'in, Suarez'in yaptığı Somme Théologique'in (II^a-II^{ae}) genel tefsiriyle ahlak ilahiyatının gelişmesine, etkili tarzda katkı sağlamışlardır. Fakat belki de daha çok, onların çözümlerine uygulanan eserlerin çokluğu ve pratik vicdan halinin metodik tartışmalarıyla daha çok katkı sağlamıştır. Aslında Cizvitlerin orijinalitesi, Casuistique'i[41] icat etmeleri değil, yasaların tespitini ve önemini iyi göstermiş olmaları daha doğrusu probabilisme'i (olasılıklığı) ortaya koymalarıdır. Dönemin en üstün Casuiste'leri arasında şunları görüyoruz[42]:

---

[32] İbid, p.736-738.
[33] İbid, p.727.
[34] İbid, p.659-665.
[35] Suarez'e gibi. Bkz: p.781.
[36] Bu kitabın önceki sayfalarına bakınız.
[37] J. De la Servière, İbid, p.601.
[38] İbid.
[39] Normal olarak onlar birbirine zıttır. Bunu çok açık şekilde izah etmek gerekmektedir.
[40] J. De Blic, S.J. Jesuites, Théologie Morale, Dans Dict. Théol. Col. 1069-1092.
[41] İbid, Col. 1074.
[42] İbid, Col. 1089.

Tolet, Jean Azor (+1603), H. Henriquez (+1608) ve bilhassa Th. Sanchez (+1610). Sanchez, büyük bir Moralisttir, onun kocaman eseri eleştiriye kucak açmasına rağmen, ahlak ilminin güzel bir abidesi olarak kalmaktadır. Bu ilâhiyatçılar, Cizvit teşkilatında ve onun dışında bir ekol oluşturmaktadırlar[43]. Daha sonraki dönemlerde birkaç Casuistique reel yolsuzlukları, bizzat Casuistique'e ve probabilisme'e atfedilmemelidir.

PROBABİLİSME[44]: Şüpheli durumlarda mümkün olan kanaatlerin kullanılmasında elverişli bir doktrindir[45]. O, yeni bir formda görülebilmektedir. St. Augustin ve St. Thomas şu prensibin taraftarlarıdır: **İn Dubio Tutior Pars est Eligenda = Şüphesiz, daha güvenli olan kısım seçilmelidir**[46]. Fakat bu yazarlar, modern bakış açısı noktasına doğrudan konamazlar. Bu onlara muhalefete imkân vermemektedir.

Rönesans'ın Dominicain üstatları tarafından[47] probalist prensip, XVI. yüzyıldan itibaren, bütün kiliselere, Cizvit teşkilatına, Jansenisme'in muhalefetine rağmen, empoze edilmiştir. Bugün, ilahiyat okullarında bu ortak olarak okutulmaktadır. Ancak diğer Katolik sistemleri ortadan kaldırmaksızın okutulmaktadır. Bu Katolik sistemler, özellikle, Equiprobabilisme'dir. Bu sistemde diğer probabilisme gibi, St. Alphonse'u reklam etmektedir.

III. MOLİNİSME[48]

Molinisme, beşerî ve ilahi aktivitelerin ilişkileriyle ilgili teolojik bir sistemdir. İşte onun diğer kutsal ilim dallarıyla ilgili yankısı buradan kaynaklanmaktadır. Bu sistem, doğrudan Protestanlığa karşı hazırlanmıştır. Bunun için o, apolojotik noktada değerli kolaylıklar takdim etmektedir. Aynı zamanda, Pastoral ve pratik düzeyde birtakım avantajları, Allah'ın adaletiyle meşgul olan yaralı ruhları sakinleştirmektedir. Yine o, zahitliğin üstünlüğü ile karakterize olan ruhlara kuvvetli şekilde adapte olmuştur[49]. Bununla beraber onu bizzat, özel unsurları içinde, sadece iki noktada ele alacağız: Bir taraftan, Allah'ın ilmi ve kader yönünden, diğer taraftan, rızaya atfedilen ve bundan

---

[43] E. Dublanchy, Casuistique, Dans. dict. Théol. 1872.
[44] J. De Blie, Probalisme, Dans Dict. Apol. Col. 301-340.
[45] A. Vermeersch, İbid, Col. 340-361.
[46] J. De Blic, İbid, Col. 303-312.
[47] Bu kitabın önceki sayfalarına bakınız.
[48] Gerekli bibliyografya önceki sayfalarda verilmiştir.
[49] Bu kitabın ileriki sayfalarına bakınız.

dolayı etkinliğe davet edilen, inayetin etkinliği yönünden inceleyeceğiz. İşte burada Molinisme, Augustinci sistemlerden ayrılmaktadır. Şüphesiz onların çok sayıdaki savunucuları, St. Thomas ve St. Augustin lehine davetten vazgeçmemişlerdir.

Molina, onlardan birçok hassas konuda ayrıldığını ve melek doktora yüklenen modern yorumlarının birinden farklı düşündüğünü belirtmektedir[50] ve St. Thomas'da "Molinist sistemi" bulma niyetinde olmadığını beyan etmektedir. Yine o, kendisi için Thomist sistemde dalgalanan fikirlere bir vücud vermeye layık olmasını istemektedir[51].

1. Bütün yeni yapının dayanak noktası, hürriyetin belli bir beşerî kavramıdır. Hürriyetin varlığı, tartışmasız bir olay olarak kabul edilmiştir. O, bütün etkileri dışarda bırakarak, hatta ilahi olanları bile, kesin olarak ve dâhili faziletiyle, iradenin istemesini, başkasından daha çok bir konu olarak belirleyecektir. Bunun için Molinisme, özgürlüğün esasını, tam da evrensel ilgiye duyulan iştahla belirlenen yaratılmış iradenin kendisini belirli iyilerin seçimine göre belirlemesi olayına dayandırmaktadır[52]. O, vuku bulmadan önce iradede tasarlanacak kaderin reddiyle karakterize olmaktadır[53]. St. Thomas'ın özgür iradeden hariç tuttuğu metinler, özgür olmayan doğalara özgü, fiziksel tespiti kapsamaktadır. Öyle ki irade, Allah tarafından bu şekilde belirlenemez[54]. Prensip olarak ortaya konan hürriyetin bu kavramı, Dogma'ya onu adapte etmeye hazırlanmış geri kalan teolojik sistemin tamamına kumanda etmekte ve Pelagien veya uzlaşmacı yarı pelagien hataları dışarıda bırakmaktadır. Bu âlimane organizmin dişlileri ister ilahi hareketle olsun ister kaderle olsun onlarla ilgilidir.

İlahi hareket hem tabii hem de tabiatüstü olabilir:

a. Tabiat düzeyinde fiziki önsezi yoktur: Allah'ın etkisi, taşınan bir yarışmadır, icracı bir yetenek değildir. Fakat bizzat operasyon üzerinde ve doğrudan operasyonda vardır[55]. Sonuçta Allah meydana gelen sebep noktası

---

50 Bkz: De Concordia, q.23, a.4-5. Disip. Vet Memb. 1; p.548 = Molina'nın şöyle düşündüğünü belirtir: Şayet onun uzlaşmacılığı, antikitede bilinseydi Peleganisme de olmazdı, Protestanlıkta.
51 A.D. Alès, Providence, Dans. Dict. Apol. Col. 447.
52 İbid, Col.452.
53 İbid, Col.451.
54 İbid, Col.450-454.
55 Molina, De Concordia, q.14, a.13, disp. XXVI, p.152-158.

değildir: Sebep, Allah'la-yaratık tarafından paylaşılmıştır[56]. Bütün bu noktalar konusunda, Molina bilinçli olarak St. Thomas'dan ayrılmaktadır[57].

b. Tabiatüstü düzeyde, ilahi etki veya inayet, yeteneklerde tasarlanan tabiatüstü bir hareket değildir. Fakat hayati aktivitelerde doğrudan kavranmış bir yardımdır. Özellikle zihnin ve iradenin belirlenmemiş hareketleri, tabiatüstü eylemde hür iradeyi hazırlamakta ve onu mümkün kılmaktadır[58].

c. Ruhu, onu meydana getirmeye ve onu ortaya çıkmasına yardım eden, temelde biricik inayettir: Önce yeterli olmaktadır, iradenin rızasıyla etkili olmaktadır[59]. Gerekli ve icracı inayet, içsel olarak değişmeksizin ortak olmaktadır.

Kader, beşerî iradenin bağımlılığına en azından Allah'ın ilmiyle dâhil edilmiştir. Şüphesiz Molina, kaderin meccaniliğini devam ettirmektedir. Fakat yeni bir açı altında kaderi tek başına zafere götürecek bir alet hazırlamaktadır. "Onun orijinalitesi, geleneksel kavramın organizasyonuna, bu işçi ilmin mefhumunu dâhil etmekten ibarettir. O, bu ilmi orta ilim olarak adlandırmaktadır [60]. Seçkinlerin eylemleriyle aşağı yukarı aynileştirmeye, Vasquez'in yaptığı gibi[61] gitmeksizin, o, aklın rolünü itham etmektedir ki Suarez, akıllı bir reaksiyonla, doktrinini hafifletecek ve irade üzerinde[62] daha çok ısrar edecektir. Böylece o, bu nazik problemde, Bannez tarafından takınılan tavra yaklaşmaktadır.

2. Kaderin Molinistçi kavramı, temelde entelektualisttir. O, orta ilmin üzerine inşa edilmiştir ve o, bu temele layıktır.

Molina için orta ilim, tabii ilahi ilimle ve serbest ilim arasında bir aracıdır. Tabiiki Allah, onun gücünün neye uzandığını bilmektedir[63]. Serbest ilim ise, serbest eylemi takip etmekte onunla, varlıkta olmaya davet etmektedir[64]. Bu iki ilim, sade aklın ilmine ve vizyon ilmine oldukça yakındır. Thomistler, ondan bahsetmektedirler. İşte bunların arasına, bu vasıtalı ilim yerleştiril-

---

[56] İbid, p.158; İbid, dsp. XXX, p.178.
[57] Contra Gentes, I. III, c.67, 70.
[58] Concordia, q.14, a.13, disp, 45, p.256.
[59] Bkz. Molina, Concordia, q.23, a.4-5, disp. 1, memb. 6; p.462.
[60] A. D'Alès, Prèdest. Dans Dict. Ap. Col. 240.
[61] In Sum. Théol. 1ª, q.23, disp. 8, 9. Lessius'un doktrini, onunkine oldukça yakındır.
[62] Bu kitabın ileriki sayfalarına bakınız.
[63] Concordia, q.14, a.13, disp. 52, p.317.
[64] İbid.

melidir. Bu ilmin konusu, gelecektir veya gelecek şartlardır[65]. Bunlar iradenin eyleminden önce, Allah'ın aklıyla, inayetin farklı düzeyinde olunmaktadır ki bunlar mümkün olanlardan reele daha yakındırlar. Bunlar, şartlanmış Continginte varlıkta bir ilişkiye işaret etmektedirler[66].

Pratik ekonomiyi anlamak için, Molina'nın bu ilme atfettiği konuların detaylı olarak belirtilmesi özellikle faydalıdır. Gerçekte, yaratılışın içinde bulunduğu Providence'ın bütün düzeylerine göre, iradenin imkânlarının tespitidir bu. Çünkü bütün imkanları, basit akıl, ayrılmış olarak tasarlamakta, imkanların dâhili düzeylerinin oluşumuna[67] şu veya bu kısmın hür iradenin seçimine göre bağlamaktadır. Allah, sonsuz akılla, bütün seçimleri kavramakta ve onları ayrı ayrı bilmektedir. Öyle ki, inayetin her düzeyi, bizatihi bir bütünü teşkil etmektedir ve ideal düzeyde bireyselliğe sahip olmaktadır[68]. İlahi irade, orta ilimle yönetilmiş olarak, bir düzeni seçmektedir ki serbest bir kararla, ideal alandan, reel düzeye geçecektir: İcraata, vizyon ilmi bağlanmaktadır.

Gelecek şartların bu ilmi, oldukça esrarlıdır ve bu konuda sayısız açıklama denemelerine teşebbüs edilmiştir. Molina'nın düşüncesi, bizzat Molinistler tarafından aynı tarzda anlaşılmamıştır. Bazıları, her şeyden önce, metinler üzerinde ısrar etmektedirler. Burada De Concordia, temel olarak vasıtalı ilim (orta ilim) konusunda, hür iradenin anlaşılması konusuna işarette bulunmaktadır ki bu, onun eyleminde Allah'ın kesin olarak onun gelecekteki tespitlerini bildiğini göstermektedir. Diğer bazıları da Molina'nın vasıtalı ilminin (orta ilminin) Allah'ta, onun özünün sonsuz anlayışına dayandığını ve onu, evrensel bir örnek olarak telakki edildiğini düşünmektedirler: O, her ne kadar Comprebensio Liberi Abritri (İradenin serbest anlayışı) olsa da o, Allah'ta pasif anlamda bir operation değildir. Fakat bu aktif güçle, Allah, mümkünleri tasarlar ve onları inayetin farklı düzenlerinde toplar. Bu inayet, bir çeşit yaratıcı güçtür. Onunla ilahi akıl, onda görülen dünyaları tasarlamaktadır[69]. Bizim mefhumlarımız gibi, birtakım farklar olsa da vasıtalı ilimde, onun sırrını kaldırmaktan uzaktır. Özellikle ilimden, saf imkânları ayırmaktadır[70]. Diğer

---

[65] İbid.
[66] Bu durumda onlar, ne reeldirler ne de saf mümkündürler.
[67] A. D. Alès, verilen gelişmeler: Autour de Molina, Dans Rech. Sc. Relig, 1917, p.462.
[68] A. D. Alès, Providence, Dans Dict. Apol. Col. 448; Bkz. İbid, Col.447-459.
[69] A.D. Alès, Autour de Molina, Op. Cit. p.476; İbid.
[70] M. De la Taille, S.J. Sur diverses Classifications de la Science Divine, Dans rech. Sc. Rol, 1923, p.7-23, 529-542.

Molinistler de onun açıklamasında zayıflıklarını belirtmektedirler[71]. Başka Molinistlerde, Molinist anlayışlar konusundaki tezadları bularak, orta ilmin yeni bir kavramı üzerinde denemeye girmişlerdir[72]. Ancak onun prensibi, onlarca, tartışmasız olarak kalmaktadır.

3. Açıklanan bu teori, inayet ve kader ilahiyatında uygulamaya yönelik bir teoridir.

a. Gerçekleşmesi için Allah'ın seçtiği ideal düzeyde, inayete serbestçe uyacak birtakım elitler vardır ve onlar ödüllendirileceklerdir. Yine kötülükte sebat eden ve lanetlenen günahkârlar vardır. Allah onları, Science Moyenne=Ortalama ilim, aracı ilimle tanımaktadır. Yine seçilmişlerin kaderi, Post Praevisa Merita[73]=Öngörülmeyen değerlerden sonra; diğerlerinin mahkûmiyeti gibi, hatalarından sonradır. Hürriyet, mistik kurtuluştur: Şüphesiz belli bir inayet planı içinde Allah'ın seçtiği onun bunun kaderi belirlenmiştir fakat bu ideal düzeydedir: İcraatta, her biri belirlenmektedir.

b. Yine Allah, ortalama ilimle, herkese gerekli olan inayetleri belirli bir inayet düzeyinde bilmektedir. Fakat Allah onları, iradenin belirmesine bırakacak tarzda orantılamaktadır[74]. İradenin rızası ile inayetleri bu planda etkilidirler ve ortalama ilimle tanınmışlardır. Bu ideal düzeyde, irade bizzat belirlenmektedir: Molinistler için hürriyet, Allah'ın dışladığı yaratıkların sahip oldukları şeydir[75]. Ortalama ilim, bu tespiti tamamen ideal olarak kavramaktadır ki gerçekleşme düzeyinde, ilahi hareketle bile, iradenin özelliği olarak kalmaktadır.

4. Molinisme, kilisede serbestçe öğretilememiştir. Ancak, uzun tartışmalardan sonra öğretilebilmiştir. En azından onun, aşağıdaki safhalarla bilinmesi faydalıdır[76]. Bu teolojik sistem, XVI. yüzyılda çok yeniydi. Bazı yönlerden Thomist ve Augustinci geleneği, inayet doktrininde temsil eden ilahiyatçılarla karşılaşmamak için de çok sert değildi. Bu düşüncenin en kahramanı Bannez'di. O hem tarikatın içinde hem de dışında doktrinel yeniliklere yılma-

---

71 L. billot, De Deo Uno et Trino, t. 1.th. 22, p.207.
72 Bkz. Nonv. Rev. Théol. 1929, p.132-135.
73 Lessius'un formülüdür. Molina için bu önbakış, ortalama ilimdir.
74 A. D. Alès, Providence, Dans Dict. Apol. Col. 459-472.
75 A.D. Alès, Dans rech. Sc. Rel, 1917, p.9. cf. Dict. Ap. Loc. Cit. Col. 454. Bu doktrin S. Thomas'ya atfedilmiştir.
76 E. Vansteenbergque, Molinisme, Op. Cit. Col. 2154-2166.

dan devam ediyordu. 1589'dan itibaren o, Molina'nın eserini kınamıştı. O, düşüncesini üçüncü baskıda (Anvers, 1595) belirtmişti. Papa Clement VIII döneminde (1592-1605), kısmen Cizvitlerin yararına olan dönemde, önce Vallodolid'de, bir Dominicain'in vaaz kampanyasıyla (1593) ve müteakip senede, muhalif tezler, halkın desteğiyle, Cizvitlerde ve Dominicainlerde artmıştır. Roma'ya gelince, 1594'de dava ile ilgili kararı saklı tuttuğunda, Molina, boşuna Bannez'in doktrinine hücum etmişti. Bannez, 1596 yılında aksine, Roma'da sadece Molina'nın kitabının ele alınmasını elde etmişti.

DE AUXİLİS, denilen tartışmalar, Roma'da 1598'de başlamıştı ve 1607 yılına kadar devam etmişti. İfşa edilen şüpheli doktrinlerin incelendiği topluluklar, önce kardinaller tarafından yönetilmişlerdi (1598'den 1602 yılına kadar). Bu dönemden itibaren papalar, bizzat tartışmaları yönetmeyi ele almışlardır. Papalığa bağlı bu toplulukların sayısı 85'i buluyordu ve oldukça da önemliydiler[77]. Clement VIII, döneminde Molinist doktrin incelenmiştir. Hür iradenin tabii gücü ile ortalama ilimle, kaderle ve ilahi yardımların iyi kullanımı ile ilgili bütün konular ele alınmıştı. Devamlı, Molina'nın doktrini, St. Augustin'in doktriniyle kıyaslanıyordu. "**Augustin'in doktrinini, papa, âdeta Ortadoksluğun taş dokunuşu olarak değerlendiriyordu.**" Genel olarak bütün görüşler, DE CONCORDİA'nın yazarının aleyhineydi. Ancak bu konuda Clement VIII tarafından hiçbir mahkûmiyet verilmemişti[78] ve 1605 yılında da vefat etmişti. Aynı yılın sonunda, Papa Paul V, bu konuyu bitirmek arzusundaydı. Selefleri, aynı şartlarda çalışmaları yeniden başlatmıştı. Molinistler tarafından uzun zamandan beri açıklanan fiziki kaderinin incelenmesine izin verilmişti. Fakat sansürcüler, Dominicain doktrinin lehine beyanda bulunmuşlardı. Altı aylık tartışmanın sonunda Papa, oturumlara son vermişti ve toplulukların üyelerine, görüşlerini yazılı olarak bildirmelerini emretmiş ve döneminin nihai kararını vermeyi de saklı tutmuştur[79]. Ancak komisyon, Molina'nın 42. önerisine karşı sansürünü devam ettirmiştir. 28 Ağustos 1607 yılında, St. Augustin bayramında, Papa Paul V, son bir defa daha, orada olan kardinallere bu konuda danışmıştı. Onların görüşleri paylaşılmıştı. Böylece papa, her iki okulun Dogma üzerine anlaştıkları ve sadece

---

[77] Clément VIII, döneminde 68 (1602-1605); Paul V. döneminde (1605-1606), 17. idi.
[78] Kardinal Du Perron'un müdahalesiyle.
[79] E. Vansteenbergue, Op. Cit. Col. 2161-2162.

açıklamalarında ayrıldıkları, bunun için Papalığın doğrudan müdahaleye gerekli olmadığı sonucuna varmıştı. De Auxiliis tartışmasının sonucu böyle bitmişti. Böylece ciddi problemler konusundaki ilahiyat sisteminin seçiminde, hürriyet zafere ulaşmıştı. O zamandan beri kilise, bunu devam ettirmektedir ve Papa Benoit XIV'da 13 Temmuz 1748'deki yayımladığı bir kararname ile bunu tasdik etmiştir.

Bu çözümün hikmeti, çok açık görülmektedir. Bütün ilahi gücün ve hürriyetin uyumu, nüfuz edilemez bir sırdır. Onun olması, iki sistemin, problemin esrarının şu veya bu veçhesini açıklamasında faydalı olmuştur. Özellikle Calvinizm karşısında, hürriyeti kabullenmek oldukça uygun görülmektedir. Diğer yandan, Allah'ın haklarını tam olarak görmekten korkan ruhlar, bu noktada daha az katı olan sistemlere tutunarak avantajlı olacaklardır. Tartışmaların uzunluğu, yeni doktrinin incelenmesinin ciddiyetini göstermektedir[80]. Bunun için tartışmaların bir başka avantajı olmuştur. Molina'yı savunan P. Aquaviva, onun doktrinini Cizvitlere empoze etmemiştir. O, ona, daha çok inayet konusundaki Suarez'in (1610, 1613) Congruisme'ini resmi doktrin olarak takdim etmiştir. Suarez, Augustinci tezlerle önemli bağlantılar kurmuştur.

Bellarmin'in Conqruisme'i de Suarez'inkinden ayrı değildir[81].

---

[80] Bu kararda, S. François de Sales'in görüşü çok etkili olmuştur. Çünkü o, hürriyeti bırakma görüşündeydi.
[81] Bu kitabın önceki ve sonraki sayfalarına bakınız.

ALTINCI BÖLÜM
FRANÇOİS SUAREZ (1548-1617)[1]

I. SUAREZ'İN HAYATI VE ESERLERİ

Cizvit teşkilatının en meşhur ilahiyatçısı veya Bossuet'nin ifadesine göre, modernlerin en büyük kısmının[2] ilahiyatçısı François Suarez'dir. O, hayatının tamamını yani kırk yıldan fazlasını ilâhiyat öğretmekle geçirmiştir. Bunun son yirmi yılını COİMBRE Üniversitesinde ders vererek geçirmiştir. Bu üniversiteye o, minnet borçludur. Suarez, 1548 yılında Grenada'da doğmuştur ve 1564 yılında Cizvit teşkilatına girmiştir. Tahsilini Salamanque'da yapmıştır. Orada felsefe hocası bir cizvitti. Ancak o, ilahiyat eğitimi için bu şehirde Dominicain kurslarına devam ediyordu. O, başlangıçtaki zorluklardan sonra felsefede büyük bir ilerleme kaydetmişti. 1571 yılında, eğitimini tamamlamış ve SEGOVİE'ye prof olarak davet edilmişti. 1574 yılında ilahiyat dersleri vermekle görevlendirilmişti. O, önce 1574-1580 yıllarında, Valladolid'de sonra da Roma'da Roma kolejinde ders vermiştir (1580-1585). Orada Lessius onun talebesiydi. Alacala'da (1585-1593) ve nihayet Salamanque'da kısa bir ikametten sonra (1593-1597) Philippe II'nin emri üzerine (Aralık 1596) amirleri onu, Caimbre'a göndermişti. Orada, PRİME kürsüsünün sahibi olarak, ölünceye kadar (1617) kalmıştı. Ancak 1615 yılından sonra hocalıktan ayrılarak, Jubilaire'e profesör olmuştur.

Suarez'in bıraktığı yazılı eser, Hıristiyan edebiyatının en önemli eserlerinden birisidir. Bu eser, tamamen teolojiktir. Bu eserin tam baskıları[3] St. Tho-

---

[1] Hurter, Nomenclator, III, 376-385; R. De Scoraille, S.J. Fr. Suarez. L'Etudiant, Le Maitre, Le Docteur, Le Religieux, 2. cilt, Paris, 1911; L. Mahieu, Fr. Suarez, Sa Philosophie et Les Rapports Qu'est a Avec La Theologie, Paris, 1921; E. Hocedez, S.J. Suarez d'Aprés Un Thomist, Dans La Nouv. Rev. Théol. 1922 (t.49), p.85-97; P. Descoqs, Archives de Phil, t.II, Cahier, II, p.123-154; L'Mahieu, Rép, Au. P. Descoqs, Rev. Thom, 1925 (t.30), p.250-285; A. Vacant Angélologie, Dans Dict. Théol. Col. 1228-1248; H. Quiniet, Congruisme, İbid, Col. 1120-1148; X. Le Der Letzten Lahrhunderte, Ratisbonne, 1861, E. Conze, Der Begriff der Metaphysik, bei F. Suarez, Leipzig, 1928.
[2] Suarez, eserinin yarısını yayımlamıştır. Geri kalan kısım 1619 ve 1655 yıllarında Coimbre'da ve Lyon'da yayımlanmıştır. Bkz: Treface Sur l'İn Structron Pastorale du 15 Eylül 1697.
[3] Bu yayımlar eleştirel yönden tenkitten uzak değillerdir.

mas'ın Somme Théologique'nin konuları şeklindedir. Suarez'in eserini şöyle gruplandırabiliriz[4]: Suarez'in eserinin bu şekli talebesinin eserini, hocasının eseriyle kıyaslamaya imkân vermekte ve onun bütün ilahiyatı ele aldığının farkına varılmaktadır. Şayet bazı konular, başlıklarda takdim edilmese de (De Verra Religione, de Ecclesia, De Justitia ve Jure...) onların açıklanması, genelde başka form altında verilmiştir. Bu eserde, ilahiyata bir girişin olmayışına, tarikatın eserlerinin ve evlilikle ilgili kanunun olmayışına esef edilecektir.

Suarez, İncarnation (1590) ve La Vie du Christ (1592) isimli ilk eserlerini ALCALA'da yayımlamıştır. Le P. Aquaviva, Cizvitlerin, St. Thomas'ın bir tefsirine sahip olmasını arzu ediyordu. Bunun için Suarez'i teşvik ediyordu. Fakat ona, çok tedbirli olmasını da tavsiye ediyordu. Bunu da Dominicainlerin muhalefetini çekmemesi için yapıyordu[5]. Gerçekten zorluklar dışardan gelmemişti, içerden gelmişti.

Alcala'da eski bir ilahiyat profesörü olan G. Vasquez, 1585 yılında Suarez'le kürsüsünü takas yapmıştı. Böylece Roma'dan ayrılarak, sağlık nedeniyle 1591 yılında Alcala'ya gelmişti. Suarez de Roma'ya gitmişti. Vasquez, Alcala'da derste, Suarez'i çok şiddetle eleştirmişti. Barış olması için Suarez 1543'de Sallamanque'a gelmişti ve orada ders vermeye ve eserlerini yazmaya başlamıştı. Aslında bu iki ilahiyatçı arasındaki doktrinel ayrılıklar, birçok noktaya dayanıyordu. İkisi arasındaki tartışma, 1599 yılında, Allah'ın adaleti konusunda vukuu bulmuştu: Vasquez, Allah'ın yaratıklara yönelik bir adaleti olduğunu inkâr ediyordu. Aquavivo, müdahale etmek zorunda kalarak, her ikisine de insaf tavsiye etmişti[6].

Salamanque'daki ikametinde ilk eseri olan Sacraments'leri (1595) yazmış ve Disputationes Metaphysicae (1597)'yi yazmıştır. Bu eseri onun şöhretini çok uzaklara taşımıştır[7]. Yine o, Salamanque'da iken, inayet konusunda

---

[4] A. t. 1. De Deounoet Trino (1666); 2. De Angelis (1620), 3. de Anima (1621).
B. t. 4. De Fine Ultimo, Actibus et Peccatis (1628), t.5-6. De Ligibus (1612); t.7-10: De ratia (1619, 1651, 1655); t.11; İlahiyat Risalesi (I. serie, 1599; 2.serie, 1859), t.12: De Virtutibus Théologicus (1621); t.13-16: De Religione, 1608-1609; De Statu religioso et de Societate Jusn (1624-1625).
C. t. 17-18: De Incarnatione (1590); t.191: De Vita Christi (1592); t. 20-21: De Sacramentis, Baptismo, Confirm, Euch (1595); t.22: De Paenit, Extr. Unct. (1602).
D. t. 23: De Censuris (1603); t. 241: Definsio Fidei (1613); t. 25: Disputationes Metaphqile (1597).

[5] L. Mahieu, Op. Cit. p.52.
[6] R. De Scoraille, Op. Cit. 1, p.305.
[7] Suarez'in iki ciltlik bu eserinde, onun teolojik sentezinin prensiplerinin dayandığı felsefi prensipler vardır.

büyük tartışmalar da başlamıştı (1593-1594). O, bu devrede Dominicainlere karşı Cizvitleri tutuyordu. Ancak ılımlıydı. Bunun için doğrudan bu büyük tartışmaya katılmamıştı. 1599'da Molina'yı ve Cizvitleri, yakın görünen bir mahkûmiyetten sakındırmak için o, Opuscules Théologique risalelerini yayımlamıştı. O, bu risalelerde, orta ilmin / "vasıtalı ilmin" ve ilahi yardımın ve inayetin belli bir kavramının, Pélagianisme'in sitemine layık olmadığını göstermeye çalışmıştır[8]. Bilhassa Molinisme'in temeli olan "Système Congruiste" sisteminin hazırlığını da bitirmek üzereydi. Bu sisteme, Bannez'den alınan bazı tezleri de ilave ederek, ruhları tatmin etmişti. Fakat Dominicainlerin öfkesini daha çok tahrik etmişti. 1604 yılında Roma'ya yaptığı bir seyahatte Suarez doğrudan doğruya, P. de la Bastida'nın kullanımı için yazılan yazılarla (De Vera İntelligentia Anxilii Efficacis" 1655'de yayımlanmıştır) ve Papa Clément VIII ile özel görüşmeleriyle müdahale etmişti. Lessius, 1610 yılında küçük risalesi olan De Gratia Efficacii'yi yayımladığında ki bu risaleye De Concordia'nın[9] bahsetmediği Praedestinatio Post Praevisa Merita'nın açıklamasını ilave ederek, saf Molinisme'i açıklıyordu. İşte o zaman, Suarez, Bellarmin ve P. Aquaviva, 14 Aralık 1613 kararıyla hücum etmişti. Bu karar bütün tarikata, inayet konusundaki Suarez'in doktrinini empoze ediyordu.

Bu durumda SUAREZ eşsiz bir prestijden yararlanıyordu. 1604 yılında Bannez ve Vasquez vefat etmişti. Diğer yandan, Salamanque'da vaktiyle Suarez'in 1580 yılından önce yaşadığı ve 1593-1597 yıllarında, Cizvitlerle yaşadığı yenilikçilik sitemleri de artık geride kalmıştı. Vatikan Meclisi, 1603 yılında, onun uzaktan iman ikrarının geçerliliği doktrinini mahkûm etmişti. Bu doktrin, Penitenle (1602) kitabında bulunuyordu ve yazarın 1604 yılında Roma'da kişisel müdahalesine rağmen yürürlükteydi. Fakat burada çok özel bir nokta vardı[10]. Papa Paul V, 2 Ekim 1607 yılında onu, "Doctor Eximius ac Pius" olarak vasfeden kısa bir övgü yazısını, Vatikan meclisinin hakları lehine yazdığı bir tez vesilesiyle ödüllendirmişti. O vaktiyle DE CENSURİS (1603) yazdığı bu kitapta, bu hakları savunmuştu. Diğer yandan, DE DEO (1606), DE RELİGİONE (1608-1609), DE LEGİBUS (1612) gibi büyük eserleriyle, işlediği konuyu daha da derinleştirmiştir. 1613 yılında, Vatikan sefirinin isteğiyle bizzat İngiltere kralı Jaques I'le polemiğe girmiş ve kilise-devlet

---

[8] L. Mahieu, Op. Cit. p.59.
[9] Bu kitabın önceki sayfalarına bakınız.
[10] L. Mahieu, Op. Cit. p.61-64.

ilişkileri konusunda DEFENSİO FİDEİ isimli meşhur eserini yazmıştır[11]. Fakat SUAREZ'in benimsediği Tiranlığın meşruiyeti doktrini, ciddi sakıncalarıyla, İngiltere'deki ve Fransa'daki Cizvit teşkilatına karşı farklı tavırlara neden olmuştu. Bu güçlüklerin neden olduğu acılar, gayretli dindarın ruhunu temizlemeyi tamamlamış ve hayatını, hakikati savunmaya ve araştırmaya adamıştır. O, hakikati, akılla değil kalple aramıştır. Böylece o, Papanın ona verdiği DOCTOR PİUS[12] unvanını hak etmiştir.

II. SUAREZ'İN FELSEFESİ VE ETKİSİ

Suarez'in, Katolik düşüncesi üzerinde çok derin bir tesiri vardır. Sert ve açık metoduyla, çözümlerindeki vasat karakteriyle, kullandığı dilin belagati ve berraklığıyla, Cizvit teşkilatının belli başlı doktoru olarak, Cizvit tarikatında, Hıristiyan imanının savunması için ve itizallere karşı verilen mücadelede muhteşem hizmetler vermiştir[13]. Suarez'in eseri özellikle teolojiktir. Fakat onun felsefesi, onu çok güzel karakterize etmeye imkân vermektedir. Onun felsefesi bir yandan St. Thomas'nınkiyle, diğer yandan Scot ve Occam'ınkiyle ara bir yolu temsil etmektedir[14]. Aralarındaki büyük farklılıklara rağmen, bunlar birçok noktada beraberdirler. Bunların birlikte oldukları önemli nokta, St. Thomas'ın otoritesini redde anlaşmalarıdır. Suarez, onların karşılıklı eleştirilerinden yararlanmaktadır. O, özenle ve metotla onların delillerine işaret etmekte ve onlara kendi müşahedelerini ilave etmektedir. Böylece, yeni, tutarlı, eksik olmayan ve onu inceleyenlerin gözlerinde büyük bir sistem oluşturuyordu. Bu eserin güçlü orijinalitesi ancak St. Thomas'dan Suarez'in felsefe olarak ayrıldığı noktalarda daha iyi görünmektedir. Burada Suarez'in mahkûmiyeti değil, daha çok onun kişisel katılığını itham söz konusudur[15].

1. Suarez'in kişisel felsefesinin en temel özelliğinin, M. Mahieu, Modalisme olduğunu söylemektedir. Modes'ların fikri, onda kişisel değildir. O, bu fikri, CAJETAN'dan almış ve değiştirmiştir. Bu felsefe, onun metafiziğinde

---

[11] İbid, p.70-72.
[12] Suarez, hakikatin ve dindarlığın birliğini tavsiye ediyordu: Die Must. vitaechristi, Proem. cf. R. De Scoraille, Op. Cit. II, p.465-470.
[13] L. Mahieu, Op. Cit. p.XV.
[14] İbid, p.496-498.
[15] M. Mahieu şöyle demektedir: Onun eseri, S. Thomas'ın Somme'unun tefsiri olarak takdim edilmesine rağmen, bu eserde nadiren onun sonuçlarının kabul edildiği görülmektedir. Cop. Cit. p.499; Eclectisme Suarézien, p.278-280; İbid, p.281.

gerçek bir birliği devam ettirmekte[16] ve bu metafizik yeni de olsa, Thomist felsefeden ayrılmaktadır.

Varlıkların birliğinin devam ettirilmesi için **Mode,** benimsenmiş ve ayırımın Suarezien kavramıyla uzlaştırılmıştır. Burdaki ayırım, Separabilite'nin[17] Sinonimidir ve Puissance (güç), burada imajinatif ruhlar için yeterli değildir. Suarez, onları fiziki düzeyde ve metafizik düzeyde karıştırmaktadır. Fakat öyleyse, kompoze olan unsurlar ayrılabilir. Onlar, nüfuz edilecek yerde yan yana bulunabilirler. Birlik, yeni bir şey ilave olunmadan, **Mode** ile oluşmaktadır. **Mode,** bütün temel modifikasyonların temel prensibidir veya rastlantısal prensibidir. Onun konusu, onun özüne bağlıdır. Bu modifikasyonların ilk sırasında, kompoze olmuş varlıklarda farklı unsurların birliğine işaret etmek gerekir. İşte böylece, madde ve şekil birliği, cevher ve rastlantısal birliği, ruh ve beden birliği oluşmaktadır. İşte bu Mode'un sonucudur. **Suarez** bu modları aşırılıkta çoğaltmaktadır. Scot'u taklitte o, reel ayırımlarla ve Thomist mantık arasında, aracı bir ayırım tesis etmektedir. Bu ayırım, Scotist'lerin formel ayırımı değildi, **Modale** ayırımdır. Bu bir şeyle onun oluşum tarzı arasında mevcuttur.

2. Bu metafizik Modalisme'den başka, birçok şey ontolojinin temel noktalarıdır ki bunların üzerinde o, St. Thomas'dan ayrılmaktadır.

a. O, oraya uygun bir mode koymayarak, reel ayırımı ve özle onu eyleme koyan varlık arasındaki **Modale**'ı da inkar etmektedir[18]. Böylece özle-varlığın ayniliği, Allah'ın temel sıfatı olmaya devam etmektedir ki böylece yaratıklara yakınlaşmış bulunmaktadır.

b. Allah, onun analoji doktriniyle daha da yakınlaşıyor. Occam'ın Allah'la-yaratılmışların kavramı arasındaki birliği kabul etmeksizin, Thomistlerin benimsediği proportionalite analojisini yeterli bulmaktadır: O, orada bir proportion analojisi olmasını istemektedir. O, bu analojiyi, "dâhili aidiyet" olarak adlandırmaktadır[19].

c. Diğer yandan Thomist felsefenin temel doktrini olan eylem ve güç de Suarez tarafından, gücün kendi kişisel kavramı nedeniyle değiştirilmiştir. O, saf bir güç istememektedir. Çünkü güç ayrı olarak yoktur.

---

[16] L. Mahieu, Op. Cit. p.XIV.
[17] İbid, p.164.
[18] İbid, p.164.
[19] ibid, p.88-91. Yine bu kitabın önceki sayfalarına bakınız.

d. İşte o ondan itibaren onun için "ilk madde" vardır ve onunla entitatif bir eylem onu, varlığa koymaktadır ve Allah'a onu, bağımsız bir formda yapmaya imkan vermektedir[20]. Şayet maddenin belli bir aktüalitesi, belli bir entitatifi olsaydı, onda gizli olan şeklin rolü gizlenecekti[21]. Bu Suarez'i, birçok şeyde sayı ile yoğunluğu kaldırmaya götürebilecekti. Bununla beraber o, form birliğinin Thomist tezini devam ettirmektedir. Fakat sadece muhtemel bir doktrin olarak devam ettirmektedir[22].

3. Cevhersel ve rastlantısal mefhumlar, Suarez tarafından, oldukça kişisel tarzda anlaşılmışlardır[23]. Onların ayırımı oldukça belirgindir:

a. St. Thomas için rastlantı, oldukça noksandır. Çünkü St. Thomas onu bir varlığın varlığından daha varlık yapmaktadır. Suarez için, gerçek bir varlık cevhersel varlıkla basit orantılılığın değil, gerçek bir orantı analojisine sahiptir. Diğer yandan cevher, artmakta ve bedenlerde temel kısımların ötesinde, bütünleştirici kısımlar var olmaktadır. Artık o, miktarı kabul etmemektedir. Kantite, o andan itibaren ikinci derecede bir role sahiptir: Yani cevherin kısımlarını kendininkilere adapte ederek, onları geliştirerek ve bizzat onda onları bir araya getirerek yapmaktadır. Kantite'nin varlık nedeni artık yoktur ve onda, gerçek varlığı göstermekte oldukça zordur[24].

b. Bu sonuçlar Evharistiya'nın çok özel bir açıklamasıyla sonuçlanacaktır. Çünkü Suarez kendi tarzında, yeri tasarlamaktadır[25]. Yer, serapa dâhili bir orijinliğin yüzeysel gelişiminden gelen bir tespit değildir: Bu yer, muhteva ile, muhtevanın aktif gelişmesidir. O, cevhere Kantite'nin özeti olarak nüfuz etmekte ve kendi yerine sahip olmaktadır. Tıpkı spritüal cevherin kendi yerine sahip olduğu gibi... Sirconsctiptiv'de olsa yerin çoğalması, mümkündür ve St. Thomas bunu, haksız olarak zıt beyan etmektedir.

c. İlişki konusundaki Suarez'in teorisi de önemlidir[26]. Çünkü o, onu Tanrısal sularda uygulanan tezadlar prensibini beyan etmeye getirmektedir. İlişkide, cevhere bağlı maddenin izafi veçhesini temsil eden ilki tanımayı ayırmadan, onun formel şekli onu, özelleştirmektedir. Bunun için Suarez,

---

[20] İbid, p.501, cf. İbid, p.278-283.
[21] İbid, p.501.
[22] İbid, p.287.
[23] İbid, p.248, 291, 503.
[24] L. Mahieu, Op. Cit. p.306-307.
[25] İbid, p.386-404.
[26] İbid, p.354-357.

ilişkinin özel karakteriyle (l'esse ad), rastlantısal genel karakteri (l'esse in) aynı görmektedir. Rastlantısal konusu, Thomistlerde çok tutulmuştur. Suarez için hiçbiri değildir. Çünkü Suarez, Teslis sırrının karşısında, ilişkiye, özel bir olgunluk atfetmektedir.

d. Şimdi Teslis ve İncarnation ilahiyatına uygulanan genel metafizik tezine işarette bulunabiliriz. Suarez, İncarnation konusunda özellikle şunları tasarlamaktadır: Var olma (Subsistance) veya personnalité (kişileştirme)[27] tezi gibi... Onun için o, bir substanciel şeklidir. Fakat bu, Cajetan'ın aksinedir. Çünkü Cajetan onu, cevherle-varlık arasına koymaktadır. Suarez bunu, varlıkla belirlenmiş cevhere ilave etmektedir. Çünkü ona göre bunlar birdir. Fakat onun hakkında ne söylenirse söylensin, cevhersel varlığın zaten tamamen rastlantısal olarak oluşturulmasından sonra ortaya çıkan bir şekil değil midir? Beşeri birlik ve özellikle mesihin kompozisyon birliği, ciddi şekilde uzlaşmıştır. Sayısız varlıklara rağmen, Suarez bunu tesis etmektedir (Ruhta, bedende, her şeyde bütünleştirici parçalar vs.). Vasquez'in, bu şekillerin çokluğu ile alay etmesi de sebepsiz değildi.

Psikoloji konusunda da, Suarez'le-St. Thomas arasındaki başka ayrılıklarda gösterilecektir. Fakat bunlar daha çok felsefeyi ilgilendirmektedir[28]. En azından bunlar, Suarezien düşüncesinin yüksek orijinalitesini daha az ithama sevk etmektedir. Hatta bu, birinci derecede önemli problemlerde bile böyledir. Günümüzde 24 Thomist tezlerde yazılan doktrin[29]'nin, Suarez'in düşüncesiyle çoğu kez tezad teşkil etmesine hayret edilecektir.

III. TABİİ VE TABİATÜSTÜ İLÂHİYAT

Şüphesiz Suarez, modern zamanların en etkili ilahiyatçısıdır. Onun aksiyonu, ilahiyatın Dogma, ahlak ve spritüalite alanlarında kendisini hissettirmektedir. Onun ekletisme'i, başarısına büyük oranda katkı sağlamıştır. Fakat özellikle eserinin istisnai kalitelerine ve onun uygunluğuna katkı sağlamıştır. Aydınlanma ile meşgul olunan bir çağda, Protestanların karşısında, Suarez derin bilgisiyle, geleneksel doktrini empoze edecektir. Kendi özel düşüncesini açıklamadan önce Suarez, sadık şekilde, ilahiyat konusundaki teorileri, geniş bilgiyle ve yüzyıllar boyunca savunulan kanaatlerin kritik nüfuzuyla

---

[27] İbid, p.249-264, özellikle 257.
[28] cf. A. Vacant, Op. Cit.
[29] Bu kitabın önceki sayfalarına bakınız.

nakletmektedir. P. Le Bachelet[30], Suarez'den bahsederken "onda bütün bir ekol" görülmektedir, demektedir. Bu oldukça zengin bilgi birikimi, konulara nüfuza zarar vermemekte ve mahir ellerinin arasında güçlü bir silahın olduğu inkâr edilmemektedir. Onun kullandığı felsefe, bazen Thomisme'den ayrılsa da, durum böyledir. O, birçok noktada, teolojik spekülasyonda yeni yolların açılmasıyla, St. Thomas'yı taklit endişesini koruyarak, yeni kanaatleri formüle ediyordu: Burada hür alan, kanaatlere bırakılmıştır: "Ben örneği ve St. Thomas'ın hikmetini araştırdım. Dindarlığa, akla, geleneğe, daha uygun olarak görünenleri tercih ederek, geri kalanı ekarte ederek" bunu yaptım[31]. Burada Suarez'in doktrinel insiyatiflerinin en dikkat çekenlerini göstermekle yetineceğiz. Bu teoriler, birçok noktada kabul edilmektedir. Onun ilahiyatı, bütünü içinde St. Thomas'ın doktrininin sadık bir yankısıdır.

A. Allah

1. **Varlık:** Suarez, Thomist'lerin beş yol birliğini ancak şu prensibe indirerek devam ettirmektedir: "Çok, azla meydana gelemez veya yüksek, sadece, aşağıda olanı açıklar." O, dördüncü yolu tamamen çıkarmaktadır (varlık dereceleri) ve hareketle, Allah'a yükselen birinci yolla mücadele etmektedir. Çünkü o, bütün metafizik anlamı buna çekmektedir[32]. Onun Allah'ın varlığının ispatı iki etapta gelişmektedir: a. O, önce yaratılmış bir varlığı, etkili nedenler delili ile ispat etmektedir (İkinci Thomist yol)[33]. b. Nihayet bu varlığın birliğini, iki delille kuruyor. Bunlardan biri, dünyadaki nizamdan ve dünyanın[34] güzelliklerinden çıkarılan tecrübi delildir. Diğeri ise, zorunluluk fikrinin analizinden başka bir şey olmayan metafizik delildir (Burada St. Thomas tarafından yapılmış olan analizi, Suarez delillerle eleştirmektedir)[35]. Bu yaratılmamış varlık, Allah'tır.

2. **Sıfatlar:** Suarez, ilahi sıfatları üç kategoride tasnif etmektedir: Bunlardan bazıları, ilahi varlıkla aynıdır ve bunlar özü oluştururlar[36]. Diğer bazıları da yaratıkların müşahedesi sayesinde elde edilir. Fakat özellikle, selp yoluyla

---

[30] Op. Cit. Col. 1045.
[31] De İncarnatione Verbi, Pref. cf. R. De Scoraille, Op. Cit. II, p.456.
[32] L. Mahieu, Op. Cit. p.189-192.
[33] İbid, p.192-194.
[34] İbid, p.194-196.
[35] İbid, p.196-201.
[36] Bunlar zaruri olanlardır: Aseité, prelfection, souveraine, infinité, simplicite, verité, bonte.

ve elimine yoluyla elde edilmektedir. Bunlar immensité, immutabilite, invisibilite, incompréhensibilite'dir.

Nihayet Allah'a atfedilen son sıfatlar, yaratığa ait olan pozitif mükemmelliklerdir[37]. Bu sıfatlar, Allah'la-yaratık arasında serapa analojik olan bir benzerlik ortaya koymaktadır[38]. Daha önce not edildiği gibi, Suarez hissedilir şekilde Allah'ı yaratıktaki varlık ve öz ayniyet felsefesi teziyle yakınlaştırmaktadır. Allah'la, eseri arasında bildiği dâhili aidiyet analoji teziyle bunu yapmaktadır[39]. Bilakis o, hür yaratığın aksiyonunu, bir hareketten bahsedilmese de (en azından tabii düzeyde) Allah'la bağlayan bir bağı kabul etmektedir[40].

3. Teslis: Suarez, aşağı yukarı Cajetan gibi, Allah'ta mutlak bir varlık kabul etmektedir ve şahıslardan (uknumlardan) oluşan üç izafi varlığa inanmaktadır[41]. İlahi izafilikler, özden, sadece akılla ayrılmaktadırlar. Çünkü öz, onların mükemmelliklerine önemli şekilde dâhil olmuştur. Onlar zaten oldukça özeldirler. Zira izafiler, ilahi cevher değillerdir, Allah değillerdir[42].

B. İnayet ve Sakramentler

1. Grâce (İnayet): Suarez'in ilahiyattaki en büyük özelliklerinden birisi, Molinisme çerçevesi içinde, inayet konusunda, Molina'nınkinden daha farklı olan CONGRUİSME sistemini yaratmasıdır[43]. Önceki açıklamalar bunu burada, birkaç kelimeyle açıklamaya imkân verecektir. Suarez, inayetin etkili olduğunu, iradenin takdim edilen inayete verdiği rıza ile kabul etmektedir. Fakat bu inayetin Congrue olması şarttır. Bu Congruite, kalite veya dâhili yoğunluktan ziyade, inayette temel olmayan şartların bütününden ve sadece, Allah'taki onun sahip olduğu ilimle-inayet arasındaki sarsılmaz bağlantıdan meydana gelmektedir[44].

2. Suarez, kader ve tasvip doktriniyle Augustincilere daha çok yaklaşmaktadır[45]. O, her ikisini de kabul etmemektedir (Vasquez, Lessius ve Molina'nın kanaati). Onun için, Bannez'de olduğu gibi onlar Allah'ta, irade eylemleridir

---

[37] Bunlar; hayat, ilim, irade, kudrettir.
[38] L. Mahieu, Op. Cit. p.201.
[39] Bu kitabın önceki sayfalarına bakınız.
[40] L. Mahieu, İbid, p.431, 507.
[41] Deu Deo, t.III, 1. III, c.5, 9, 10.
[42] İbid, 1. IV, c.5, n.2-9. cf. L. Mahieu, Op. Cit. p.356.
[43] Quilliet, Congruisme, Op. Cit.
[44] Augustinci Congruisme'e ters olarak Augustin bölümüne bakınız.
[45] L. Mahieu, İbid, p.444-448.

ve geleceğin veya şartların eylemlerinin bütün tahmininden de bağımsızdır. **Tasvibi**, açıklamak için Thomist ilahiyatçılar, Antécédente denilen (objeye (in se) dayanan) ve Conséquente denilen (insanlara dayanan) çift ilahi iradeyi ayırmaktadırlar. Suarez, kaderi tasvipten ayırmaktadır. Çünkü kader, pozitif bir iradedir. Tasvip ise, pozitif olmaktan ziyade negatiftir. Diğer yandan, Bannez için etkili inayetleri Allah, verir veya reddeder. Çünkü etkili inayetler, fizikman belirlenmişlerdir. Bunlar, Suarez için etkili değillerdir. Sadece Conqruiteleriyle ve irade ile kesin olarak etkilidirler.

3. **Sakramentler:** a. Suarez, Thomistlerle birlikte sakramentlerde fiziki kozaliteyi kabul etmektedir. Fakat onu, oldukça kişisel bir teoriyle açıklamaktadır[46]: Vasıta/alet, prensipal nedenin etkisi altında, obédientielle active= aktif gücünü tahrik ederek hareket edecektir: O, tabii nedenle, tabiatüstü sonuçları meydana getirme gücünü tanımaktadır. Bunu ilahi yarış vasıtasıyla, mahir olduğu kadar cesur doktrinle yapmakta ve bu ona, Mesihin beşeriyetinin etkisini ve cehennem ateşinin etkisini açıklamaya hizmet etmektedir.

b. Onun Evharistiya açıklaması, Kantite'nin metafizik mefhumlarına, mekanın ortak cevherine oturmaktadır. O, orijinalitesiz değildir. Onun için Mesihin bedeninin sakramental varlığı, temelde bu bedenin varlığına ne de mekândaki tabii varlığa bağlı değildir. O, İncarnation'dan önce olabilir. Mesihin bedeni, cennette artık olmasa da o, devam edebilir[47]. Bu varlık, lokaldir. Mesihin bedensel varlığı anlamında, uzayı doldurmaktadır. Fakat o, tamamen tabiatüstüdür. Çünkü o, cevhersel bedeni tam olarak, bütün uzaya bölmeden ve kısımlarının her birine yerleştirmektedir. Bunu, uzayın bütün kısımlarında, her süjenin varlığının belli bir tekrarıyla yapmaktadır[48]. Bu varlığın, transubstansiyasyon nedeni vardır ki türlerin altında Mesihin bedeninin bir muhafazası olarak tasarlanmıştır. Bu öyle bir muhafazadır ki gerçek oluşumun bütün özelliklerine sahiptir[49]. Suarez, sonunda, ayinin özünün yeni bir açıklamasını vermiştir[50].

---

[46] İbid, p.410-418. cf. P. Pourrat, Théol. Sacram, p.169.
[47] De Euchar, Pisp. 48, Sect. 1-2.
[48] İbid, Sect. 1, n.11.
[49] İbid, Disp. 50, Sect. 4, n.10; cf. Sect. 5.
[50] M. Lepin, L'Idée du Sacrifice de la Messe, p.366-379.

C. Mesih, Kilise, ahlak, Spritüalite

1. **Mesih ve Meryem**: a. Bedenleşme (incarnation), aynı zamanda kurtuluşun ve evrenin olgunlaşmasıdır[51]. Fakat Suarez, insanın günah işlemese de bedenleşeceğini kabul etmektedir. Onun bu doktrini, kesin olarak Scot'unkine benzemektedir.

b. Hypostatik birlik, var olma teorisiyle, Mode Substansiyetle açıklanmıştır. Fakat cevhere ve varlığa ilave edilmiştir, Mesihin beşeri tabiatının bütünlüğünü açıklamaktadır. Fakat imkânsız olmasa da iki tabiatın reel birliğinin açıklamasını zorlaştırıyor[52].

c. St. Thomas, Mesihe üç ilim atfetmektedir. Mutlu visyon, melekiyet ilmi, beşeri ilim. Suarez, sonuncuya entelektüel ilim demektedir. Bu ilim Mesihe, ilahi aşılanma ile çok erken dönemde gelmiştir[53]. Bununla beraber o, bu ilmi biraz azaltma eğilimindedir.

d. Ölüm kuralıyla, Mesihin hürriyetini uzlaştırmak oldukça zordur. Suarez, Thomistlerin formel kuralını kabul etmeyerek, şartlı kuralı da kısmi kuralı da ne de arzuyu da kabul etmemektedir: O, Allah'ta mutlak bir iradeyi kabul etmektedir. Fakat Mesihin çarmıhtaki ölümüne nisbetle zorlayıcı değildir[54].

e. Suarez, ciddi şekilde Meryem'in lekesiz hamileliği konusunda Thomist okuldan ayrılmaktadır[55]. Zaten XVI. yüzyılda Meryem'in büyük imtiyazına yönelik doktrin, müşterek olmaya doğru yönelmiştir ve birçok Hıristiyan cemaati ve tarikatları bunu benimsemiştir. Hatta bu inanç Cizvit teşkilatının resmi inancı olmuştur (1593).

St. Canisius, Bx Bellarmin ve Suarez gibi ilahiyatçılar, otoritelerini bu geleneksel inancın hizmetine vermişlerdir[56].

2. **Kilise**: Mesihin eseri olarak kilise, mutlak hukuk misyonunu ifa etmiştir. Kilise, gerçek anlamda Protestanlığın ortaya çıktığında tanınmıştır. Suarez, hücum edilen bu hakları muhtelif eserleriyle savunmuştur. Özellikle, Devletin üzerinde kilisenin dolaylı iktidarı ve kilisenin masumiyetiyle ilgili

---

[51] A. Michel, İncarnation, Dans Dict. Théol. Col. 1456.
[52] L. Mahieu, Op. Cit. p.502.
[53] İbid, p.493-494.
[54] A. Michel, Jesus-Christ, Dans Dict. Théol. Col. 1306.
[55] XVI. yüzyılda birçok Dominicain bu inanca sahipti. Özellikle Catharin hariç, S. Louis Bertrand (+1581), cf. X. Le Bachelet, İmm. Concept. Dans Dict. Théol. Col. 1130-1133.
[56] İbid, Col. 1130-1140.

olarak Defensio Fidei'yi yazmıştır[57]. Onun büyük eseri olan DE LEGİBUS, yazarına büyük Kanonist olma şöhretini kazandırmıştır ve aynı zamanda bu eser bir ahlak eseridir.

3. Ahlak ve Sipritualite: Suarez, ahlakçı olarak şöhret bulmuş ve St. Thomas tarzında ve daha çok Casuistique'da teorik açıklamalarda bulunmuştur[58]. De Legibus, bu türde, onun temel eseridir. Somme'un 19 sorusunun geniş bir tefsiridir, oldukça hacimlidir ve nüfuz edicidir. De Religione'da bazı yönlerden önemlidir. Hıristiyan spritüalitesinin genel bir eserinden başka, Cizvitler konusundaki iftiralara cevap veren hacimli bir eserdir.

Suarez De Religione'da Hıristiyan mistiğiyle ilgili prensiplerini ve özellikle, murakabenin temeli üzerindeki prensiplerini yoğunlaştırmıştır[59]. O, özellikle eskilerden St. Thomas'dan ve Victorinlerden ilham almıştır. Onun için[60], murakabe dikkatli bir müşahededir ve onu tadan ve onu severek tadını çıkaran, ilahi hakikatin hareketsizidir. O, bizatihi muhakemeden önce olsa da basit bir harekettir. Onun oluşmasına, Kutsal-Ruhun üç yeteneği katkı sağlamaktadır: **Zeka**, hakikate nüfuz etmektedir. **Hikmet** ve **İlim** onu tattırmaktadır. Kısaca bu eylem, hamdi, minneti, hayranlığı ve saygıyı, fedakârlığı, itaati ve sevinci meydana getiren aşk aktivitene uzanmaktadır. Bu murakabe, seçkinlerin yegâne imtiyazıdır ve tek yoldur. O, vecdin kullanımını asorbe edebilmektedir. Bu doktrin, kendini tanıtacak ve oldukça dikkat çekici hale gelecektir. O, Suarez'in dindar ruhudur.

---

[57] Op. De İmmuniatate, Complétant Son De Censuris.
[58] Je de Blic, Jésuites, Dans Dict. Théol. Col. 1088.
[59] A. Saudreau, La Vie d'Union á Dieu, p.308-318.
[60] De Religione, 1.II, ch. 9, 10, 11.

YEDİNCİ BÖLÜM
RÖNESANS'TA SPRİTÜALİTE

I. FARKLI TEMAYÜLLER

Rönesans'ın geliştirdiği yoğun fikirler hareketi, derin ve karşı darbeye, spritüalitenin maruz kalmaması için oldukça karmaşıktı. Önce, birçok Hümanist Hıristiyan, çağdaşlarının üzerinde bir ahlaki aksiyon sahibi olmuşlardı. Onların eserleri, bunun şahitleridir. Meselâ, Erasme'ın eserleri böyledir[1]. Onlar tarafından takdim edilen ideal, nisbeten yüksekti. Fakat normalde onlara ortak olan beşerî meşguliyetler, oldukça canlıydı. Bu, onların hem ruhlarında hem de yazılarında tabiatüstü zihniyetin orayı güçlü şekilde aydınlatması söz konusuydu. Kısaca bu, mistik Humanistlerin ahlaktan daha az olan olaylarıydı. Onlar, çok ılımlı bir zahitliğe, pratikten çok daha spekülatif olarak yöneliyorlardı. St. François de Sales, saf mistisizmi, en hassas hümanisme'le birleştirmiştir. Onların çiçekleri örtülmesine rağmen, onun zahitlik doktrini, oldukça güçlüdür. Fakat Cenevreli piskopos bir istisnadır.

Beşerî temayüllerin aşırı ucunda, bu entelektüel heyecan asrında, sahte mistik mezheplerin olağanüstü çekiciliğini görüyoruz. Meselâ, Luthercilik bizzat bazı yönlerden sahte bir mistikti, sapıktı ve isyankârdı[2]. Bu hareket, bütün Almanya'da layık olduğu reddi görmüştü. İspanya gibi Protestan ülkelerden oldukça uzak ülkelerde bile, sahte mistisizm yayılmıştı ve ALUMBRADOS'lar veya İLLİMİNES'lerle büyük bir tehlike oluşturmuştu[3]. Bunlar, kendilerinden, XVI. yüzyılın başından itibaren Endülüs'te bahsettirmişlerdir. Bir asırdan fazla onlara karşı kilise, deklarasyonlar yayımlamıştır. Aslında bunların belirlenmiş bir doktrinleri de yoktu. Bununla beraber hepsi, bir mükemmelliğe ulaşma imkânından bahsediyorlardı. Bu ulaşılan noktada, artık günah yoktu, orada en azından günah, günah değildi. Sonuçta, bu rezil

---

[1] Bu kitabın önceki sayfalarına bakınız.
[2] Bu kitabın önceki bölümlerine bakınız.
[3] Mendez Y. Pelayo, Historia des Les Heterodoxos Esponoles, Madrid, 1881-1882; t.II, p.521-559; t.III, 403-408; G. Constant, Alumbrados, Dans Dict. Hist. Col. 849-853.

beklentiler, bazılarına cazip geliyordu. Bunlar, kilise hiyerarşisini ve resim kültünü reddediyorlardı ve eserlerin önemsiz olduğunu ilan ediyorlardı. Onların sofuluğu, orta çağın sahte mistiklerinden mülhemdi. Yine onların, Protestanlıkla sıkı bağları vardı ve onlara İspanya adasında yolları açıyorlardı. İspanyol Engizisyonu, kararlılıkla hareket ediyordu ve mistiği uzaktan yakından ilgilendiren bütün konular karşısında oldukça sert davranıyordu[4].

Anti-Mistik reaksiyon[5], sadece Engizisyon mahkemelerinde değil, gönüllü birtakım ilahiyatçılar tarafından da takip edilmişti. Özellikle hümanist ilahiyatçıların ilk sırasında MELCHİOR CANO vardı. İlluminisme'in bu ateşli hasmı, onu her yerde takip ediyordu ve peşin hükümleri nedeniyle, büyük Engizisyoncu Fernando de Valdis'in kötü dehası olmuştu[6]. Fernando, Seéville Arşevekiydi. O, Tolède Arşeveki ve Kardinali olan çalışma arkaaşı CARRANZA'yı ifşa etmiş ve onu büyük bir esarete maruz bırakmıştı[7]. Yine Louis de Grenade da, İlluminisme'le damgalanmıştır. St Ignace de loyala ve genel olarak Cizvitlerden nn l'Augustin Louis de Léon, yıllarca hapiste kalmıştı ve diğer olağanüstü yazarlar, eserlerini papalığın indekslerinde yasaklar arasında görmüşlerdi. Sahte Mistisizm'in yolsuzlukları, bu sert tedbirleri kısmen açıklamaktadır.

Sahte Mistisizme karşı gerçek reaksiyon XVI. yüzyılda Allah tarafından uyarılan büyük manevi ustatlar tarafından tamamlanmıştır. Onların yapıcı eserleri, bu sert tedbirleri, hazırlık safhasında tamamlamıştı. Ignatien, Mistik eser her yönüyle yapıcı unsurlarıyla bu konuda ilk sıraya konmalıdır, demektedir. Bu eser, mistik boyutta, Ekol CARME Reformée'nin iki kıyas kabul etmezlerin mistiğiyle tamamlanmıştı. Bunlar, St. Thérèse ile St. Jean de la Croix idi. İşte St. François de Sales, harika bir şekilde bu zahitliği, mistikliği ve spritüaliteyi "Sofu Humanisme"[8] ile bedenleştirmişti. Biz bu son üç üstadın oldukça orijinal ve kişisel olan, açık şekilde gelenek karakterine rağmen, doktrini takip ettiği metoda değil, açıkladığı düşünceyi takdim etmeye bağlayacağız.

---

4   İspanyolca yazılan ve spritüal doktrini yaymaya çalışan eser, özellikle şüphelidir.
5   A. Saudreau, Le Mouvement Anti-Mystique en Espagne au XVI, s. Dans. Rev. cl. Fr. 1917, t.(91), p.193-206.
6   P. Pourrat, La Spritualites Chrét, III, p.153.
7   Commentaires Sur le Cathichisme Chrétien, Bruxelle, 1558, nedeniyle bu olmuştu.
8   Bu kitabın önceki sayfalarına bakınız.

II. ESKİ OKULLAR

XVI. yüzyılda, spritüal doktrinlerin açıklamasının bütünlüğü, yeni şekilleri açıklamak için eski okulların tesirini gözardı etmek, yenilerin açıklanması için bir haksızlık olacaktır. Eski tarikatların birçoğu, büyük üstatlara sahiptir. Onlarda temsil ettikleri okul karakterleri, Rönesans'ın ayırt edici çizgilerinde birkaç derecede birleşmişlerdir. XVI. yüzyılın spritüal yazarlarının, tarikatlara ait olmaları oldukça nadirdir. Bundan sadece St. François de Sales hariçtir. En liyakatlilerinden birisi, JEAN D'AVİLA'dır[9]. O, Endülüs'ün havarisidir ve Papa Léon XIII tarafından 1894 yılında aziz ilan edilmiştir. O, döneminin azizlerinin birçoğuyla iletişim kurmuştur. Özellikle St. Thérèse ile kurduğu iletişimde, onun yolunu sağlamlaştırmıştır. O, spritüel ilimde oldukça derindi ve Exposition de Verset= Audi Filia et Vide (pl. XLIV) yazmıştı. Bu gerçek bir spritüalite eserdi.

A. Bénédictinler

Garcia de Cisneros[10] (1435-1510): Montserrat manastır başkanıdır ve keşişlere empoze ettiği spritüal egzersizlerle manastırını reforme etmiştir. Onun kitabı olan "Ejercitatorio de la Vide Espiritual", Dua'nın ilk metodik, sistematik denemesini teşkil etmekte ve St. Ignace tarafından da kullanılmıştır. Zaten bunun önemi de buradan gelmektedir. İlk üçü, ruhu hatalardan temizlemeyi hedefleyen tedrici bir murakabe dizisini (I), tabiatüstü realiteleri aydınlatmayı (II), olgunluklarla Allah'la birleşmeyi (III) takdim etmektedir. Dördüncüsü, murakabeyi ve mükemmel aşkın derecelerini işlemektedir. Her kısım, bir haftaya göre ayarlanmıştır, özellikle ilk üçü. Yazar orada, her gün için bir meditasyon konusu vermektedir. Öyle ki bunu yer, zaman, takip edilecek düzen, tarzında öngörmektedir. Böylece birçok hafta inziva organize edilmiş olmakta ve bu konuyu canlı tutmaktadır. Bunu icra için, CİSNEROS daha iyi okunan ofise güvenmektedir. Onun "Directoire des Heures Canoniales" isimli eseri buradan meydana gelmiştir. Bu egzersizleri sayesinde Montserrat manastır başkanı, kendisine minnet borcu olan St. Ignace'dan önce metodik meditasyonun en meşhur öncülerindendir[11].

---

[9] Hurter, Nomenclator, III, 135-137, cf. P. Pourrat, La Spirit. Chrèt. II, 159-163.
[10] P. Pourrat, La Spiritualité, Chrèt. III, p.28-33.
[11] P. Watrigant, Quelques Promoteurs de la Méditation Au X.V.S, Dans Bibliothèquades Exercises de S. Ignace, p,35-61; Cisneros'un ilham aldığı diğer kişi Jean Maubucnus veya Mombaer

Louis de Blois (1506-1566): Asil bir ailedendir ve Belçika'da Liessies Benedictinlerinin manastırına genç yaşta girmiştir. Pratiğiyle, manastırında bizat reform yapmıştır. Çok önemli spritüal risaleler bırakmıştır. Meselâ, l'Institutio Spiritualis bunlardan biridir. Bu risale, her şeyi sentezleştirmektedir. Luther'in kendisine başvurarak gözden düşürdüğü ve Jean Eck'in kolayca terk ettiği bu yazarı savunmak için Tauler'in bir Apolojisini bırakmıştır.

B. Dominicainler

1. Louis de Grenade[12] (1504-1588): XVI. yüzyılda Dominicain tarikatının belli başlı spritüal üstadlarından birisidir. Cajeton ve Cano daha çok ilahiyatçıdırlar. Grenade ise, her şeyden önce ruhlarla meşgul olmuştur. "Livre de l'Oraison et de la Mèditation" isimli eseri, halk arasında[13] en ortak duaların pratiğini yaymayı hedeflemektedir. O, bunun için bir metot açıklamaktaydı ve bir dizi konu önermekteydi. O, muhtemelen Cisneros'tan ve S. Ignace'dan ilham alıyordu. O, bizzat Cenevre piskoposu tarafından taklit edilmiş olmalıydı. Onun "Guide des Pècheurs" isimli eseri, daha meşhurdu. Bu eser, bütün Hıristiyanlara, günahla savaşma vasıtalarını ve sebeplerini öğretiyordu ve faziletleri, elde etmeyi, etmenin yollarını gösteriyordu. Çok sayıdaki bu yazılarıyla L. de Grenade, zamanının en mükemmel zahitlerinden birisiydi. Yine o, şayet şartlar bu maneviyatın yüksek konularda daha da derinleşmesine engel olmasaydı, muhtemelen o, büyük bir mistik olabilecekti.

2. Barthélemy des Martyrs[14] (1514-1590): Braga Arşevekidir. Trente konsilinin çok etkili bir üyesidir. Ruhaniyetle beslenmiş genel bir eser olan "Compendium Vitae Spritualis"i bırakmıştır.

Cajetan, Cano Bannez gibi birçok ilahiyatçı, spritüal doktrinin oldukça farklı noktalarıyla ilgilenmişlerdir. Bannez, İbanez ve Garcia de Toledo ile beraber rehberdir ve St. Thérèse'nin destekçisidir.

(+1502)'dir. O dé Livry, Manastır başkanıdır. "Rostum Exercitiorum Spiritualium et Sacrarum Meditationum'un" yazarıdır. cf. P. Debongnie, J. Mombaer de Bruxelles, Louvain, 1928, Mombaer, bizzat eğitim gördüğü Windesheim'in etkisinde kalmıştır. Orta çağdan itibaren ibadeti sistemleştirmeye çalışmıştır. Fakat bu teşebbüsler Rönesans'ta tamamlanmış ve metod, o zamana kadar bilinmeyen bir dereceye taşınmıştır.

[12] M.H. Lavocat, Louis de Grenade, Dans Dict. Théol. Col. 953-959; P. Pourrat, Op. Cit. p.131-132, 143-153.
[13] Bu eser İspanya Engizisyonu tarafından sürsüre maruz kalmıştır.
[14] P. Mandonnet, Barth. des M. Dans Dict. Théol. Col. 436-437.

C. Fransiscainler

1. François de Ossuna[15] (1540 yılına doğru) Frère Mineur'dur. Yerliler için genel Comissairdir. O, özellikle ruhaniyetin ve ABECEDHİRES'inin yazarı olarak tanınmıştır. Üçüncü Abécédaire'in birincisi 1527 yılında çıkmıştır. Bu büyük halk kesimine yönelik mistik bir eserdir. Yanlış, anlaşılmaktan korkmakta olan yazar, kısa zaman sonra "Premier Abécédaires'i yayımlamıştır. Bu eser, mesihin passion kültüne tahsis edilmiştir. İkinci Abécédaire ise, zahidane bir eserdir. Üçüncü Abécédaire ise, muhteva yönünden çok önemlidir ve St. Thérèse üzerinde mutlu bir tesir icra etmiştir. Çünkü bu eser, onun dâhili hayatını eğitmiştir[16].

2. St. Pierre d'Alcantara[17] (1499-1562): Frères Mineurs'un büyüklerindendir ve yeni ber reformun habercisidir, büyük bir ibadet adamıdır. "Traité de l'Oraison et de la Médiation" kitabı bunun meyvelerindendir. Bu eser, Louis de Grenade'ınkine benzemekte ve özeti gerçek anlamda özetidir. Çok hassas bir dönemde Ste Thérèse'nin değerli bir destekçisidir ve azizeyi ve onun çok sıkı fakirlik yolundaki reformunu desteklemiştir[18]. XVI. yüzyılın diğer birçok Fransiskeni, ilginç spritüal yazılar bırakmışlardır[19].

D. Augustinsler (Ermites De S.A.)

1. St. Thomas de Villeneuve (1488-1555): Valence Arşevekidir. Piskoposluğunun en gayretli reformcusudur ve önemli bir hatiptir[20]. Oldukça yüksek ve pratik manevi bir doktrin sahibidir. Bu doktrin, onun havarilik unvanını doğrulamaktadır. Kutsal Arşevek buna amelleriyle oldukça layıktır.

2. Louis de Léon[21] (1527-1591): Salamanque Augustincilerindendir. Tarikatın 1588'de genel başkan vekilidir. Daha sonra, Castille temsilcisidir. Tarikatte ve bütün ülkede edebi ve bilimsel bir şöhrete sahiptir. O, İspanya'nın en temiz yazarlarından birisidir. Onun şaheseri, engizisyon zindanlarında

---

[15] P. Pourrat, Op. Cit. III, p.133-137.
[16] Vie Écrite Par Elle-Méme, c.4.
[17] P. Pourrat, İbid, p.139-141.
[18] Vie Écrite Par Elle-Méme, c.30, 35.
[19] P. Pourrat, Op. Cit. p.138, 142.
[20] Edit. Latine, Salamanque, 1761-1764 (5. cilt). (1. Careme, 2. Les Mystères, 3. Saints, 4. Les Dimanches Sermons Pour l'Avent 1) traduit Française V. Ferrier, Paris, 1866-Nouv. édit. Latine Par les Augustins des Philippines en 6 vol. Manine 1881-Edition Special d'opuscules, Valladolid, 1885.
[21] P. Pourrat, Op. Cit. p.180-183.

tasarlanmıştır[22]. Les Noms du Christ isimli eseri Mesihin unvanlarının, büyüklüklerinin, fonksiyonlarının, ona karşı görevlerimizin, muhteşem bir açıklamasıdır. Bu eserin edebi güzelliği, bütün sayfalarda onu canlandıran dindarlık duygusunu ortaya koymaktadır.

3. Thomas de Jésus[23] (1530-1582): Portekizli'dir. Yukarıda zikredilen ilahiyatçı Andrada'nın kardeşidir[24]. "Les Souffrance de N.S. Jésus-Christ"i bırakmıştır. Bu eser, dini bir murakabe kitabıdır. O, bu kitabı Maures'larda maruz kaldığı, uzun ve zor esaret döneminde yazmıştır.

III. YENİ OKULLAR, ZAHİTLİK, IGNATİENNE OKULU

Yeni okullar, çabalarını, bütün maneviyatın üzerine dayandırmışlardır. Bununla beraber, Carmelitaine okulu, St. Ignace zahitliğini yenilerken, özellikle mistik üzerinde ısrar etmiştir. Her şeyden önce bizim burada meşgul olacağımız Cizvitlerin kurucusunun, toplumun bütün tabakalarına egzersizle yaydığı doktrinidir.

SAİNT IGNACE DE LOYALA[25] (1491-1556): Bu büyük dâhi, hayatında çok şey yazmamıştır[26]. Ancak onun ölümsüz "Exercices Spirituels"lerinden[27] bahsedilmemiştir. Onların ilk yazılmalarında onlar, halk için yazılan edebi bir eserdir. Bunlar mühtediyi kendi düşüncelerine uyarlıyordu. Bu andan itibaren o, ruhunda derin ve yoğun bir manevi hareket müşahede ediyordu. Gerçekten Ignace'ın mistik tecrübeleri, eserinin en parlak kaynaklarından birisidir. Hidayete geldiğinden beri elde ettiği aydınlıklar, oldukça çoktu.

---

[22] Louis Léon, 1561 yılında Cantique des Cantiques'lerin bir açıklaması tedbirsizliği yapmıştır. Bu eser, kaliteli olmakla beraber uygun değildir.

[23] P. Pourrat, Op. Cit. p.183-186.

[24] Bu kitabın önceki sayfalarına bakınız.

[25] J. Brucker, Ignace de Loyala (Saint), Dans Dict. Théol. Col. 722-731; A. Brou, La Spiritualite de S. Ignace, Paris, 1714; Les Exercices Spirituells de S. Ignace de L, Paris, 1922; Yine bkz: H. Joly, S. Ignace de L. Coll, Les Saints, Paris, 1899.

[26] Exerciceslerin dışında ona, Constitutions de la Compagnie de Jésus (1558), des Lettres. Sayıları 842'yi bulmaktadır. 1553-1558 yıllarında P. Gonadlez de Camara'ya dikte ettirilen Autobiographique'ler. Daha yeni Fransızcaya, P.E. Thibaut, (Recit du Pèlerin, Louvain, 1922).

[27] S. Ignace ve Exercises'lerle ilgili bkz: De Backer et Sommervogel, Bibliothèque de la Cie de J. Etla Colletion de la Bibliothèque des Exercices de S.1, du Watrigant, yeni bir abidevi yayın: Monumenta Historica Soc. Lesu, Madrid, 10. Section Monumenta Ignatiana, 15. cilt. Les Exercices Scot dans la 2. serie: Exerchitia Spiritualia et Eorum Directoria, I. Vol. Madrid, 1919; Sur Cette YEdition L. De Grandmaisen, Dans Rech. Sc. rel. 1920, (t.10), p.391-408; P. Pourrat, La Spiritualite Chret, III, p.35-74, H. Watrigant, La Genèse des Ex.de S. Ign. Dans Etudes, t.71, 72, 73; Dom Besse, Rev. des Questions hişt. 1897 (t.61), p.22; H. Brémond, S. Ignace et les Exercices (Voir, p.793, n.3).

Bunun için daha sonra kurtuluş ile ilgili her şey için buna yetinilen güç diyordu. Hatta kutsal imanımızın başka dokümanları ve yazıları kaybolmaya bile başlamıştı[28]. Gerçekte onun müracaat ettiği başka kaynaklar, oldukça azdı. Yine de onlar bir kenara bırakılamaz. Bilindiği gibi bunlar, 1521 yılında Loyala'ya hidayetinin hareket noktası olan Pampelune makamında aldığı yaraya müteakip, nekahat döneminde yaptığı dini okumalardı. O, o zaman "Via de Jésus-Christ" isimli Ludolphe le Chatreux" kitabı ile[29], Janes de Voragine'nin[30] "Légende Dorée" isimli eserini okumuştur. O, hiçbir edebi kültüre sahip değildi ve teolojik eseri ele almaya da tam olarak yeterli değildi. O, Barcelone yakınındaki MONTSERRAT Bènédict'in manastırına inzivaya çekildiğinde, Cisneros'un[31] "Livre d'Exercices"ini tanımıştı. İşte eserinin genel fikrine buradan gelmişti. Ancak onun metni hiçbir alıntı izi taşımamaktadır. Tabii ki bol miktarda taklit görülmektedir [32]. Montserret yakınındaki MANRÈSE'deki inzivasında, derin şekilde meditasyona ve duaya girmiş, bu eserler ona yeni hakikatler ve yüksek aydınlıklar ifşa etmiştir. İşte onun şaheseri olan eseri, insan ve Allah işbirliğinin meyvesidir.

EXERCİCES'ler, 1521 ile 1526 yılları arasında yazılmıştır. Bunların tamamı St. Ignace'ın 1526 yılına doğru Latinceden ilahiyata kadar, etüdlerine yeniden başladığında tamamlanmıştır[33]. Bu okullarla sıkı ilişkileri olduğu bu yıllarda, tesadüfen karşılaştığı talebelere, Exercices'lerini takip ettiriyordu ve böylece enstitüsünün ilk üyelerini toplamış oluyordu. Onun bu vakfı, 1534 yılında Montmark'da özel isteklerle hazırlanmış ve 1537 yılında kesin olarak karar verilmiş ve 1540 yılında seksen üyesi olmuştu. 1544 yılında Papa Paul III'un kısıtlaması da olmamıştı. Böylece tarikatını kurmuştu ve mensuplarını dünyanın dört bir yanına gönderiyordu. Yine St. Ignace, Exercices'leri son olarak düzeltiyordu ve Castillan[34] dilinden, Latinceye çevirtiyordu[35] ve 1548

---

[28] Monum. Ign. Série W, t.1.gaw.
[29] Bu kitabın önceki sayfalarına bakınız.
[30] Bu kitabın önceki sayfalarına bakınız.
[31] Bu kitabın önceki sayfalarına bakınız.
[32] Gerson'a atfedilmektedir. Esere verilen "Petit-Garçon" unvanı buradan kaynaklanmaktadır.
[33] A. Alcala et Salamanque, Paris, 1528'den itibaren.
[34] Exercices'lerin yazıldığı dil edebi bir dil değildi, diyor P. de Grandmaison. Bu dil, Basque bölgesinde yerli bir dildi. Ignace, Castillan dilini sonradan öğrenmişti. Ancak o dili doğru şekilde konuşuyordu ve yazıyordu.
[35] St. Ignace hayattayken exercices'lerin birçok Latince tercümesi çıkmıştı. Bkz: Monumanta.

yılında ilk baskısı yayımlanmıştı. Exercices'ler üzerinde 1540 yılından sonra birçok tamamlayıcı notlar eklenmiştir: Meselâ Ortodoksluk kuralları, rahipler üzerinde Ignace'ın gerçek otoritesini gerekli kılmaktadır.

Bu eser dört kısma ayrılmakta veya ayrı dört unsura ayrılmaktadır:

1. Annotations: Eserin başındadır ve Exercices'leri eline alan kişiye anlaşılmasını kolaylaştırmaktadır. Metne ilave edilen diğer notlar, Additions ismini almaktadır.

2. Exercices'lerin ikinci kısmı, eserin kalbini oluşturmaktadır. Dört haftalık bir uygulama söz konusudur[36]. Birinci kısımda, St. Ignace müritlerini, son noktaya (Principium veya Fundamentum) getirmektedir. Bundan sonra, meditasyonu öğretmektedir. Meditasyonda, günah ve cehennem üzerinde düşündürmektedir. İkinci hafta "Vie Sauveur" üzerinde dikkat toplanmakta, sonra İsa-Mesih'in saltanatı karşısına kendisini koymalıdır, ona hizmete karar vermelidir, onun sancağını takip etmelidir. Bu seçim, münzevinin temel egzersizidir ve o, ikinci haftanın sonuna konarak, sebata hazırlamaktadır. Bu, İsa'nın passionu konusundaki meditasyonlarla sağlanmaktadır (III. hafta) ve onun muhteşem sırlarının murakabesi icra edilmektedir. IV. hafta bu safhada özellikle Allah aşkı icra edilmektedir.

3. Üçüncü kısım, meditasyonun genel toplamıdır. Burada hayat, ölüm ve Mesihin dirilmesi üzerinde, esrarlı kelimeleriyle tefekkür icra edilir. Burada konulara sadece işaret edilmiş ve bölümlenmiştir. Dördüncü seri, eseri tamamlayan kurallardır: a. Bunlar zihinlerin sezgisidir (Bunun 15'i birinci hafta içindir, 81'i ikinci hafta içindir), b. Sadakaların dağılımı (Burada yedi kural vardır), c. Vicdan azabı (altı kural vardır), d. Ortodoksluk (18 kural vardır).

Ignace'ın müritlerinin ellerine bıraktığı harika apostolik enstrüman işte buydu. Bunlar, çok nadir bir mutlulukla ve fevkalade esnek bir yetenekle uygulanmışlardır. Ancak P. de Grandmaison'un müşahedesine göre, Ignace'ın gerçek düşüncesi zahmetsizce gerçekleşmemişti. O, şöyle demektedir: "Exercices'lerin yorumu, onların hudutsuz ve sürekli başarı olayı ile karma karışıktı."[37] Yazar onları anlamak isteyene, orijine çıkmasını ve daha sonra kullanılan eserin tamamından ve ilk hedefinden ayırmayı tavsiye etmektedir.

---

[36] Burada hafta geniş anlamda alınmıştır. Yani belirlenmiş günler demektir. İkinci hafta, on iki günlük bir exercicesdir.
[37] Op. Cit. p.398.

Exercices'lerin ilk hedefi açıktır. Onlar her şeyden önce, müşahhastır ve net olarak belirlenmiştir: Onların hedefi, bir adamı, hayatında serbestçe ve havarilik için yetenekli olarak, Allah'ın çağrısına sokmaktır. İşte St. Ignace'ın hipotezi budur. Onun amacının temel görüş noktası budur. Bu onun bütünüyle elde edilmesine imkân vermekte ve noksanlıkları ve mevcutları açıklamaktadır. Yazarın oraya koyduğu sahip olduğu, olmadığı ve istediği ve düşünmediği şeyleri de ihtiva etmektedir[38]. Özellikle bu temel ve çok sertlik gerektiren karışık eğitim, mükemmel şekilde açıklanmaktadır... Sonuna kadar gitmeye yönelen kişi, zahitliğin başında bilgilendirilmeye ihtiyacı vardır ve büyük kabiliyetli bir kalp, en değerli kurbanları gerekli kılmakta ve en yüksek İncil derslerini almaya yönelmektedir. Bu noktadan bakıldığından bu eserin ağırlığı ve orijinal kısmı açıklanmış olmaktadır. Bu, bir hayat tarzının seçimine götürmektedir[39]. Burası exercices'lerin kalbidir. Birinci hafta, bir hazırlıktır. Üçüncü ve dördüncü hafta, seçime tahsis edilen ikinci haftanın sonuçlarını tamamlamaya yönelmiştir. Problem, Mesihin saltanatının meditasyonu ile başlangıçtan beri, net olarak ortaya konmuş ve on ikinci gün seçimin kurallarıyla, tamamlanmıştır. Bu iki aşırı uç arasında bir çift egzersiz cereyan etmektedir ki bunların bazıları, Mesihin çocukluğunun sırlarında, apostolik hayatın şartlarında onları göstermeye yönelmişler, bazıları da Allah'a uygun gelen birtakım yetenekleri yumuşatmaya, canlandırmaya yönelmişlerdir[40]. Böylece yükseliş hızlandıkça cesaret ve tedbirle, Allah hacıyı daha yükseklere çıkmaya çağırmaktadır. Bu öyle bir yükseklik ki o, orada havarilerini seçmeye bile yeltenmez[41]. Ignace, muhtemelen sapmaları da denetlemektedir ve gerçek askerin iki sancağın (4. gün) meditasyonuyla, adayı Apostolik hayata davet etmekte ve iyiliklerin yüce kaptanı olan efendimiz Mesihin sancağı altında yer almasını istemektedir. Exercices'lerin sonunda "Allah'ın seçilmişi" açıkça ruhunda ilahi çağırının işaretlerini alacaktır. Artık geriye kulluk sadakati kalmaktadır: Bu ise son haftanın hedefidir. "Artık seçim yapılmıştır, hâla çok önemli olan ve çok sayıda olan Exercicces'lerin takibi, seçilmiş olanı, en acı sırların murakabesini tasdike kadar götürecek, hidayetini, sakin bir atmosfer içinde ve saf bir maneviyatta yıkayacak ve klasik yollarla, alışılmış

---

[38] İbid, p.400-401.
[39] İbid, p.401-402.
[40] İbid, 402.
[41] İbid.

ilahi birliğe doğru yol alacak ve Allah'la dost olacaktır. İşte bu nokta da bütün din, ruhta ve hakikatte özetlenmektedir[42].

St. Ignace'ın bu ilk niyetinin doğru anlayışı, Exercices'lerin yapılabilen başka uygulamalarıyla yönetilebilecektir. Bunlar da meşrudur: Hayatını, bilinen ve kabul edilen bir eğilimde değiştirmek için Exercices'leri kullanmak, yazarın niyetine ters değildir. Bu eserin orijinal tezinden bu çıksa da durum böyledir[43]. Zaten hayatlarına serbestçe sahip olma imkânına sahip olmayanlar için St. Ignace, küçük bir reform planı ve değişiklik önermektedir[44]. Exercices'lerin bütüncül bir planını, belli bir ruh halindeki sabit bir ruha, inzivasında ruh, Kutsal-Ruhun çağrısını takip ederek, yeni bir hayatı keşfeder[45]. İşte Ignatien eserin orijinal versiyonunun en doğru uygulanışı budur.

Dört asırdan beri, uzaktan veya yakından yapılan adaptasyonların sayısı oldukça çoktur. Bu hem şeklen hem de değer yönünden çoktur. Exercices'lerin pratik tesirini değerlendirmek için onları tanımak gerekmektedir. Manevi çalışmanın bu hayret verici âletine sahip olan Cizvitler ve bu yola girenler, her halukarda ondan yararlanma çabası göstereceklerdir. İşte uygulamaların, düzenlemelerin, uyarlamaların, sayısız hafifletmelerin sebebi budur. Yine münzevilerin, Manréses'lerin, Meditasyonların, Exercices'lerin metoduna göre çiçeklenmesinin kaynağı burasıdır: Hak inzivaları veya özel inzivalar, vaazlar veya yönetimler, bütün mensuplara açık veya gizli olarak, bireye telkin edilenler veya seçilen bir gruba telkin edilenler, Katoliklere, Anglikanlara hatta Protestanlara verilen, bir günlük, üç günlük, sekiz günlük, otuz günlük ve daha fazla inzivaları gibi... İşte bu çeşitlilik bu kategorik uygulamalar, oldukça eskidirler. Bunlar tarikatın resmi emirleridir[46]. Sonuna kadar Exercices'leri takip kabiliyeti olan nadir kişilerin yanında, pozitif olarak birtakım düzenli kişiler görülmektedir. Onların hazineden az veya çok birmiktar yararlanmaları uygundur. DİRECTOİRE, önceki Directoire'larda tavsiye edilen tecrübeleri özetlemekle yetinmektedir. Az veya çok bütün emirler, tarikatın ilk zamanlarına kadar çıkmaktadır. Bunların her biri St. Ignace'ın şahsına

---

[42] İbid, p.404; Exercices'lerin ilk anlamı üzerinde, H. Brémond'un ilginç notu görülecektir. P. de Grandmaison, Vie Spirituelle, 1929, (t.20), p[1-47], [73-111], J. (S. Ignace et Les Exercices). Bkz: İbid, Fèvrier et Avril 1930.
[43] İbid, p.401.
[44] İbid, not: 2.
[45] İbid, p.404.
[46] 1591'de yayımlanmıştır. Sekiz yıl sonra kesin.

aittir[47]. Exercices'lerin halka dağılımında kurucunun bir isteksizliği asla yoktur[48]. Daha yakınlarda, S.S. Pie XI, Hıristiyanlara, manevi uzleti tavsiye eden bir genelge yayımlamıştır [Mens Nostra=20 Aralık 1919]. Papa istisnai otoritesiyle, Exercices'lerin kullanılmasını belirtmiş ve bu dini pratiklerin dağıtılmalarına üstün bir katkı sağlamıştır[49].

Exercices'lerin doktrinel etkisi, inayetle ilgili şeylerde, en yüksek şekilde işaret edilmiştir[50]. Ignace, mensuplarını, vaazda, hürriyete ısrarla davet ederken o, uzaktan Molina tarafından hazırlanan yeni teolojik sistemin yaratılmasına teşvik ediyordu. İnsan hürriyetinin bu aydınlanmasıyla, Protestan pesimizmine karşı en iyi şekilde tepki hedefi içinde, hümanist olmaksızın o, tarikatını bu kararlı iyimserliğe gizlice yönlendiriyordu. Düşmüş tabiatın zayıflıkları üzerinde ısrara alışmış olan ilahiyatçılar karşısında, humanistler, bununla övünüyorlardı. Fakat kesin olarak, Exercices'lerin tesiri maneviyat konusunda, en çok hissedilmiştir. Onun doktrini temelde zahidanedir ve açık bir metotla, o vakte kadar olanların çoğunu excercices'lerin dış seyrinde ve yeteneklerin disiplininde geride bırakmıştır[51]. Konulan prensipler, St. Ignace'ın müritlerine, zahidane bir ilahiyat tesisine imkân vermiştir. Bununla beraber, bizzat exercices'ler, tam bir zahitlik el kitabı olarak telakki edilemez. Çünkü onlar, her hâlükârda detaylı emirleri ihtiva etmemektedirler. Yukarıda yazarın belirttiği ilk hedef zikredilmişti[52]. Mistik inayetler orada, bu yolların ve bu inayetlerin açık izlerini bulsa da exercices'ler bu yollara doğrudan açık bir girişi ihtiva etmemektedir, demektedir, P. Grandmaison. Fakat Ignace'ın sükûtu, sonucu mübalağalandıracak ve açık hedefini, söz konusu mistik inayetler olmaksızın, tam ve gerçek bir olgunluk halini tasavvur edecektir. Her hâlükârda onun eseri, uzak bir hazırlık karşısında, zaruri olduğu kadar emindi[53].

---

47 Bkz: Monumenta Ignatiana (önceki sayfaya bakınız).
48 De Grandmaison, İbid, p.398-400. Yazar şöyle devam etmektedir: Eserinin ilk hedefini ve silinme ve sonrakilerdeki hafifletme riskini dikkate almak gerekiyor (İbid, p.400). Ancak bu adaptasyonların yüksek değerini belirtmek gerekir.
49 J. Lebreton, Dans Etudes, 20 Ocak 1930, p.129-140.
50 Bkz: Bu kitabın önceki bölümlerine bakınız.
51 Meditasyonu, metot, en iyi şekilde karakterize etmektedir: Hazırlık duası, 3 veya 5 nokta müşahedeler, 3 yeteneğin, metodik uygulamasıyla icra edilmektedir: Hafıza, akıl, iradeden her biri saatinde objesine ulaşmaktadır. Bununla beraber, meditasyon, daha çok beş duyunun tatbikiyle yapılmaktadır. S. Ignace, ibadetin daha kolay iki tarzını öğretmektedir. O, bu bireysel exercices'lere çok önem veriyordu. Ignace, mensupları için kalp zorunluluğunu kaldırmıştır.
52 L. De Granmaison, İbid, p.404-405.
53 İbid, p.406-407.

Ignace'ın talebeleri, onun aksiyonunu, kararlılıkla, manevi hayatın zahidane veçhesi üzerinde devam ettirmişlerdir. Buşlangıçtan beri bunların birçoğu, mistik inayetler üzerinde ısrar etmişlerdir[54]. XVI. yüzyılda bunların arasında en tanınmışlarını belirtelim:

1. St. François de Borgia[55] (1510-1572): 1565 yılından beri Cizvitlerin başkanıdır. O, büyük bir murakabe adamıdır. O, küçük manevi risaleler ve bir Diarium bırakmıştır. Balthazar Alvaraz[56] (1533-1580), Avila'da kutsallaşmasını takip eden yıllardan itibaren Ste Thérèse'nin itirafçılarından birisi olmuştur. Daha sonra o, murakabevi duaya yükselmiştir. Bununla beraber onun bu konudaki öğretisi, tarikatın başkanı olan Mercurian tarafından kınanmıştır. O, Tolède'de vefat etmiştir.

2. Louis du Pont[57] (1554-1624): Kendisini ruhları yönetmeye adamıştır. Bu. Alvarez'in biyografisini yazmıştır. Çok sayıda manevi yazıları vardır: Meselâ Meditations, Guide Sprituel gibi... O, sadece zahitlikle ilgili değil, mistikle de ilgili yazmıştır.

3. St. Alphonse Rodriguez[58] (1531-1617): 1571'den itibaren Cizvit olmuştur. Majorgue'da oturmaktadır. Büyük bir murakabe adamıdır. Yirmi bir hatıra yazısı ve muhtelif risaleler bırakmıştır. Bunlar şunlardır: De l'Union et de la Transformation de l'Âme en Dieu, Explication des Demandes du Pater, trad. Fr. Lille, 1894.

4. Alphonse Rodriguez[59] (1526-1616): Uzun süre yeni gelenlere hocalık yapmıştır. Tarikatta, Exercices'lerin dua metodunu, başkalarına öğretmiştir. "Pratique de la Perfection" isimli eseriyle tanınmıştır. Bu eser evrensel olarak değerlidir. Fakat mistik duaya karşı, bazı önlemleri vardır. Bu eser, pratik açıdan faziletleri işlemektedir.

---

[54] B. Brémond, iki muhalif okuldan bahsetmektedir. Her ikisi de, Exercices'lerden bahsetmektedir. Bu konuda, bu kitabın sonuç bölümüne bakınız. Hist. du Sentiment Religieux, t.VIII, p.179.
[55] Hurter, Nomenclator, III, 136-137.
[56] P. Pourrat, Op. Cit. p.171-179; alverez'in hayatı L. Du Pont, Madrid, 1615 yazılmıştır. cf. H. Brémond, Op. Cit. p.228-269.
[57] P. Pourrat, O. Cit. p.320-325; A. Saudreau, La Vie d'Union á Dieu, p.318-324.
[58] P. Pourrat, İbid, p.326-328; A. Saudreau, İbid, p.305-308.
[59] P. Pourrat, İbid, p.315-319.

5. Alvarez de Paz[60] (1560-1620): De Vita Spirituali Ejusque Perfectione (3. cilt)'nin, Le Gaudier'nin (+1622) ve De Perfectione Vitae Spiritualis (3. Cilt)'in yazarıdır.

Yine büyük Cizvit ilahiyatçılarının manevi yazıları olarak Bellarmin'in, Suarez'in ve Lessius'un yazılarına daha önce işaret edilmiştir. Yine S. Canisius'un risaleleri de zikre değmektedir.

St. Ignace'ın etkisi, Combat Spirituel'de[61] bilinmektedir. Bu eser XVI. yüzyılın en harika zahidane yazılarından birisidir. Bu eser, Scupolis'nin (1530-1610) eseridir. Eserin ilk baskısı, 1589 yılında çıkmıştır. O, 24 bölümü ihtiva ediyordu. Daha sonra 70 bölüme kadar artırılmıştır. Ancak bu, eserin bütünlüğüne zarar vermiştir. Manevi hayatın genel mefhumundan sonra, sofu yazar olgunluğa aç ruhları, benliğe meydan okuyarak ve Allah'a güvenerek, kötülükle savaşmaya, yeteneklerin metodik kullanımı ile, dua ile davet etmektedir. Yazar bu savaşı, Ignace tarzında düzene koymaktadır. Taklide imkân vermeyen dindarlık vurgusu oldukça nüfuz edici olan "Combat Sprituel" büyük bir şöhrete sahip olmuş ve bunu da hak etmiştir. Uzun müddet bu eser, François de Sales'ın başucu kitaplarından birisi olmuştur.

---

[60] P. Pourrat, İbid, p.328-336.
[61] P. Pourrat, İbid, p.358-368.

SEKİZİNCİ BÖLÜM
SAİNTE THÉRÈSE[1]

I. SAİNT THÉRÈSE'NIN HAYATI (1515-1582) VE ESERLERİ
A. Sainte Thérèse'nin Bizzat Yazdığı Eserler

Öldüğü dönemde azize, Protestanlığa karşı Hıristiyan zahitliğinin yeni temellerini ortaya koymuştu. Böylece Allah, gölgede St. Thérèse'yi hazırlıyordu. 1556 yılında o, büyük adımlarla olgunlaşma yollarına giriyordu. Bir önceki yıl (1555), dini hayatının yirmi yaşlarında bir seçim inayetiyle, hidayetine karar vermişti. Bu durumu çok iyi anlamak gerekecektir. Hakikatte, bu durum, burada ne günahkâr bir hayattan Hıristiyan hayatına bir geçiş değildi ne de utanılan bir hayattan ateşli bir hayata geçiş değildi. Bu geçiş, faziletli ve ateşli bir hayattan tamamen olgun bir hayata kesin geçişti. Belki bu geçişe, birleştirici yolda, aydınlatıcı yolun geçişi diyebiliriz. Bu geçiş, onda yavaştı, duygusaldı, güçlü istisnai bir inayetin sonucu olarak, Ecce Homo ve St. Augustin'in[2] itiraflarını okuması vesilesiyle gerçekleşen bir durumdu. Bundan böyle artık her şey Allah'tadır. O sadece tabiatüstü bu yüksekliklerde bulunmayı devam ettirmeyecekti ve yorulmaz bir Havari olacaktı. O, önce devamlı ilerlemelerle vaaz edecekti. On yedi sene sonra (1572) bu değişim birliğini, Chateau'da tasvir edecek ve hayatının son on yılını daha kahraman ve kutsallık içinde geçirecekti. O, oraya başkalarını da çağıracak ve

---

[1] P. Silverio de Ste Terasa, Obras de S.T. Burgos, 9. Cilt, 1915-1917; Carmelites de Paris, Bruxelles, 6. Cilt, Paris; Oeuvres Complètes, 1907-1910; Lettres Trad. Par Grégoire de S .Josephe, 3. Cilt, 1902; Oeuvres Complètes de Ste. Thérèse, Tournai, 4. Cilt, 1928; H. Joly, Sainte Thérèse, Paris, 1901; Histoire de Ste. Thérèse, 2. Cilt, Paris, 1885; L. Bertrand, Ste Thérèse, Paris, 1927; R. Hoornaert, Ste Thérèse Ecrivain, Paris Lille, 1922; G. Etchegoven, L'Amour Divin. Essai Sur Les Sources de Ste Thérèse, Bordeaux-Paris, 1923; A. Poulain, S.J. Les Graces d'Oraision; A. Soudreau, La Vie d'Onion á Dieu, p.258-278; P. Pourrat, La Spiritualite Chretiene, III, Paris, 1925; p.187-268; A. Tanquerey, Pricis de Théol. Assetique et Mistique, Paris-Tournai, 1925; p.888-927; R. Garrigou-Lagrange, Doctrine de Ste Th. Caractères Essentials des Etats Mystiques, Dans Vie Spirit, Oct. 1927.

[2] Vie, c.9; itiraflar onun kendisini Allah'a tam olarak vermesine yardımcı olmuştur. Augustin'in dışında şu eserleri okumuştur: Lettres de Si Jerôme'u (Vie, 3, 11); Chateau, IV, 9), Moralia de Saint Grégoire (Vie, 5; Chemin, 12), Vie de J.C. de Ludolphe lech. (Vie, 98; Chat, VI, 4), Chemin, 38; Cheteau, V, 2.

onun 1562 yılında başlayan dini reformunun amacı, sadece elit ruhları Allah'la tam olarak birleşmeye getirmek olacaktır. O, bu dua hayatında idarecilerini, bizzat itirafçıları ve birçok büyük fazilet sahibi kişileri, hidayete getirecektir. Bunların arasında P.P. İbanez'i, Bannez'i ve Gracia'yayı görüyoruz. St. Thérèse'yi 1562 yılına doğru Dominicainler de desteklemiştir[3]. Bunları daha iyi tanımak ve bilgi edinmek için onu, yazmaya zorlamışlardı. Böylece o, istemese de büyük HAC'ını vaaz etmek için yazar olacaktır.

Onun ilk eseri, kendisinin yazdığı hayatıdır[4]. Bu eserin hedefi önce idarecilerini dâhili yolunda aydınlatmaktı. Bu eser, büyük günahları elde ettiği inayetlere muhalefete engel olamamıştı veya daha çok tabiatüstü aydınlıkta değerlendirdiği şeye mâni olamamıştı. Şimdi onun baskısı altındaydı. Bu eser, 1561-1562 yıllarına doğru yazılmıştı. Ancak 1565 yılına kadar birtakım düzeltmelere maruz kalmıştı. İşte bu tarihte Ste Thérèse, muhterem Jean d'Avila'ya kanaatini öğrenmek için bu eseri göndertmişti. Bu dönemde azize, küçük dua kitabını (c.11-12), hayat kitabı içinde sunmuştu. O, onun şaheserinin mücevherini oluşturuyordu. Hayat kitabı, kırk bölümdü ve dört kısma ayrılıyordu[5]. a. 1515-1555 yılları arasındaki hidayete ulaşma dönemi. b. Dua kitabı, c. 1555-1562 yılına kadarki hayatı, d. Saint-Josephe (1562) vakfı ve son inayetler.

I. kısımda (ch. 1-10) önce çocukluk dindarlığını (ch.2) ve gençliğinde koştuğu tehlikeler (2), hidayetini (3), ilk ateşli devreyi (c.4-6) anlatmaktadır. Ailesinden sadece babası Sanchez de Cepeda'nın ve annesi Beatrix de Ahmuda'nın asillik unvanlarına önem vermediğini ve faziletleri hatırlamaktadır. O, âdi okumaları ve toplumla namuslu fakat biraz serbest ilişkilerinden dolayı itham edilmekte ve kendinden bahsettirmektedir. Ancak o, asla Allah'ın yasasına karşı gelmediğini ve unutmadığını beyan etmektedir[6]. O, Carmelitlerin manastırına yirmi yaşında, Avula'da (1535) girdiğini söylemektedir. Ancak o, hastalanarak dört yıl gibi bir zaman özel manastırda veya dışarda özel bir itinaya muhtaç olmuştu[7]. Onun dini hayatının ilk yılları (ch. 4-5) en büyük ateşli devresiydi. Thérèse, kendini duaya vermişti ve bunda

---

[3] Bkz: La Vie, c.16, t. p.206.
[4] R. Hoornaett, Op. Cit. p.396-405.
[5] Şöyle bölümleniyordu: a. ch. 1-19; b. ch. 11-2; c. ch. 23-31; d. ch. 32-40.
[6] Vie, p.54-57.
[7] Hastalığı için bkz: L. Bernard, op. Cit. IIe p; H. Joly, Op. Cit. p.27; A. Poulain, Les Graces d'Oraisme, p.580.

tabiatüstü inayetlere sahip olmuştu. Özellikle bu hal, sükûnet ve Allah'la bir olma halinde oluyordu. Ancak onun duayı icra edeceği ve yirmi yıl boyunca kullanacağı kitaba ihtiyacı vardı. Bunu da konuşmamak ve hayal gücünü kullanmamak için istiyordu.

1540 yılında sağlığının iyileşmesi, 1555 yılına kadar devam edecek olan bir rahatlama dönemine rast geliyordu (ch. 7-8). Bir yıl boyunca duayı bırakmıştı. Fakat kendisini daha çok insani sevgiye vermişti. İnsani ilişkilerle dikkatini dağıtıyordu, manastır herkese açıktı fakat bu durum tehlikeliydi. İşte bunun için birtakım réel hatalar ve onu geciktiren inayete mukavemetler buradan kaynaklanıyordu. Bunun için, onun bu halinin çekiciliği konusunda aydınlanmayan itirafçılarına sitem edecekti. Zaten onun ılımlılığı konusunda mübalağaya gerek yoktu. O vakit o, büyük bir ateşli devreye sahipti ve bu hal bir yıl devam etmişti. Onun fazileti, takdir ediliyordu. O, dua yapıyordu ve duaya başkalarını da sevk ediyordu. Bunu, 1555 yılından önce yıllarca yapmıştı. Böylece o, birtakım manevi zevkler ve tatlar alıyordu. Kısaca o, manevi bir fazilet hayatı yaşıyordu fakat yaratıklara karşı bağlılığını da bırakmıyordu. Aksine, hidayete geldiğinden beri (ch. 9) özenle hatadan sakınıyordu ve her türlü iradi noksanlıkları terk etmişti. O, yüksek düzeyde tabiatüstü lütuflara mazhar oluyordu ve özellikle Allah'ın huzurundaki murakabelerin bilgisine sahip oluyordu. Allah, onun birlik hayatının özelliklerinden birisiydi (ch. 10).

Daha uzağa gitmeden Thérèse, küçük bir dua kitabını araya sokmuştu (Dua kitabın II. kısmıydı. ch. 11-12). Muhtemelen bu kısmı da yöneticilerine hitaben yazmıştı. Burada ruh, kol gücüyle bir kuyudan su çıkararak NORİA ile (tulumba ile) (II) yahut bir su kanalı ile sulanan bir bahçeyle (III) kıyaslanmıştı. Tabii ki bu, yağmur yağmadan önceki bir durumdu (IV). Bu ise, ideal bir rejimdi[8]. Ruhun sulanması ise dua ile dört türlü olmaktaydı.

1. Şifahi dua, 3. Sükûnet içinde dua, 3. Güçlülerin uykusu, 4. Birlik duası. Birinci dua aktif duadır. Diğer üçü, pasif veya dâhili duadır. İkinci ve üçüncü dua, sadece yoğunlukla fark edilmektedir. Güçlülerin duası, bir sükûnettir. Dördüncü dua, vecd halindeki yüksek derecede bir duadır.

---

[8] Dört türlü sulama vardı: kolla kuyudan su çıkarmak, tulumba vasıtasıyla su çıkarmak. Bu daha kolay bir işlemdir. Bir kanal vasıtasıyla sulamak. Bir de Allah'ın hiçbir çaba sarfetmeksizin bahçeyi sulaması vardır (Vie, c.II, p.147-148).

Ste Thérèsè, hidayete erdikten hemen sonra dördüncü dua olan Birlik duasına çok önem vermiştir: Burası, kitabının üçüncü kısmını (ch. 23-31) teşkil etmektedir. Bu bölüm, bunu ispata yönelmiştir. ch. 23'de o, sükûnetin, onun bir alışkanlığı olduğunu ve bunu sık yaptığını beyan etmektedir. Bu birlik, ch. 10'da işaret edilen Allah'ın varlığının üzerine dayanmaktadır. Fakat kısa zaman sonra o, bu birlik hayatının normal tabiatüstüne kitabının müteakip bölümlerinde tasvir ettiği çok sayıdaki istisna lütuflarını ilave etmektedir. Bunlar, tabiatüstü sözler (c. 25), Rab-İsa'nın (c. 27) entelektüel vizyonu veya muhayyel vizyonu (c. 28)'dur. Onun aktif feragati[9], Allah'ın onu temizlemeye imkân verdiği tecrübelerle tamamlanmıştır. İtirafçıların onu anlamaması, ona en ağır gelen işkencelerden birisidir[10]. O dönemde ona en yararlı olan direktörlerinin arasında, Cizvit olan ve Thérèse'yi 1558'den 1564 yılına kadar destekleyen P. Bathazar Alvarez bulunmaktadır. O, Thérèse'yi anlamış ve desteklemiştir. Fakat 25 yaşında, 1558'de genç yaşta rahip olmuş ve hürriyetini kısıtlamıştır. Bunun için o, daima tereddüt etmiştir ve dâhili genişlemenin eksik olduğu bu dönemde hep acı çekmiştir. St. François de Borgia'nın onu, 1557 yılında sakinleştirmesinden sonra, 1560 yılına doğru St. Pierre d'Alcantara ona en büyük yardımı yapmış ve onun pasifliği sona ermiştir. Yine bu arada o, P. Balthazar Alvarez'i[11] sakinleştirmiştir.

Böylece bu aziz, Ste thérèse'nin çok değerli bir yardımcısı olmuştur. O, reform eserinin temelidir. Thérèse, hayat (Vie) kitabının IV. kısmında (c. 32-40) bunu anlatmaktadır. 1560 yılına doğru cehennem vizyonunda (ch. 32) ve lutherienlerin hatalarıyla kaybolan ruhlardan sonra, Havarilik arzularının canlandığını görmektedir. O, elit bir azizeyi teşkil ederek Mesih-İsa'ya tazminat ödemek istiyordu. İşte oldukça katı bir kuralla, Carmel reformu fikri buradan kaynaklanmıştır. Bu reform, mutlak fakirlik ve çok yoğun bir dua hayatıydı. St. Pierre d'Alcantara'nın ve bu dönemde onu yöneten Dominicainlerin desteğiyle o, 24 Ağustos 1562 yılında Avila'da ilk manastırını kurmuştu ve onu, Carmelit olan St. Joseph'e vakfetmişti. Onun konu edindiği tabiatüstü lütuflar, ona yardım ediyordu. Hatta onun o vakit ortaya çıkan

---

[9] Bu dönemde onun en çok istediği şeydi.
[10] Vie, p.306, 364, 385.
[11] H. Joly, Op. Cit. p.210-216.

aşkında (ch. 40), hakikat olarak ilerliyordu. Bütün hakikat, ondan çıkıyordu ve onun ruhunda bir aynada olduğu gibi yansıyordu[12].

B. Diğer Eserleri

Onun ruhunu kaplayan bu aydınlıklar, ona bağlanan kızların olgunluğa ulaşmasına yardım etmiş ve bunlar için P. Bannez'ın isteğiyle "olgunluğun yolu" kitabını 1565 yılında kaleme almış[13] ve 1570'de gözden geçirerek reformun bütün yeni evlerine ve dışarıya dağıtılmıştır. Bu eser, girişten başka (ch. 1-3) 42 bölümden meydana gelmektedir:

a. Duanın gerektirdiği faziletleri uygulamaya yönelik zahitlik daveti (tabiatüstü hayır işleri 4-7 ve her şeyden feragat, 8-10, hatta şereften bile 11-15).

b. Zihinsel dua konusunda bilgi ch. 16-25 (Onun tabiatı, orada ilerlemeli).

c. Nihayet pasif dua konusunda küçük bir murakabevi eser. Bu Pater konusundaki müşahedeler şekli altında takdim edilmiştir (ch. 26-42): Thérèse, burada derleme dualarını (27-29) sükûnetten (30-31) ve birlikten (32-35) ayırmaktadır. O, daha sonra maneviyata dair özel tehlikelere işaret etmektedir. Bu eser, kararlı tavrı, ince psikolojisiyle, pratik karakteriyle, yazılmış olan en faydalı manevi eserler arasında yer almaktadır. Yine o, bu konuda en güzellerinden birisidir.

Azizeni n dâhili hayatı, onun dışarıyla aktivitesine engel değildi[14]. Aksine o, onu uyarıyordu ve güçlendiriyordu. 1567 yılından beri tesis ettiği on altı vakıf bunun bir deliliydi. Büyük reformcu Papa St. Pie V (1566-1572), Thérèse'nin bütün teşebbüslerine yardımcı olmuştur. Dört yılda (1567-1571) İki Cartilles'de yedi manastır kurmuştur. 1568'de Durvelo'da, P. Jean de la Croix ile ilk Carmel reformunu tesis etmiştir. Thérèse, 1571'den 1574 yılına kadar Avila enkarnasyonu esnasında pasif kalmış 1574 yılında yeniden Saint-Joseph duacısı olmuş, eserine yeniden başlamış 1574'den 1576 yıllarında dört yeni manastır kurmuştur. Bunlardan biri, uzak Endülüs'teki Séville manastırıdır. 1576-1580 yıllarında yeni bir ara vermiştir. Bu dönem, en doğru kelimeyle, **la guerne des mitigés**=karışık savaş[15] olarak adlandırılmıştır. 1575 yılında tarikatın bir kolu Plaisance'da toplanarak, reformların ilerlemesiyle

---

[12] Vie, c. 50 (t.II), p.144.
[13] R. Hoornaert, op. Cit. p.409-418.
[14] H. Joly, Op. Cit. p.121-189.
[15] H. Joly, İbid. p.173.

heyecanlanmış ve verilen yetkileri geri çekmiş, bu tür faaliyetlerin son bulması ve Ste Thérèse'yi yeni vakıflar kurmasından vazgeçiren birtakım tavizler empoze edilmiştir. Vatikan'ın elçisi ona, "endişeli kadın ve geveze" muamelesi yapmıştır. Saint Jean de la Croix, bir manastırda altı ay hapse çarptırılmıştır. Kral bizzat Thérèse lehine 1580 yılında müdahale ederek, reformla ve karışıklıkla belirlenen ayırımlar, onun başarısı olmuştur.

Hayatının son iki yılında beş yeni manastır kurarak bu gecikmeleri tazmin etmiştir. Thérèse, "Livre des Fondations" kitabında[16] (Bu kitabı yazmaya 1573'de başlamış ve 1582'de bitirmiştir). Bu vakıfların tarihini anlatmaktadır. Eskisinden daha çok o, burada canlı şekilde sanatını tasvir etmekte, yeteneğini ortaya koymakta ve havari gayretini belirtmektedir. Yine hayatının son yıllarında ve en hareketli yıllarında Sainte Thérèse, "Le Chateau İnterieur"[17] isimli şaheserini yazmıştır. Bu eser, 2 Haziran'dan 29 Kasım 1577 yılına kadarki zamanda büyülü ve itirafçısı olan P. Gratien'in isteği üzerine yazılmıştır. Thérèse, burada üçüncü defa, duanın derecelerini açıklamıştır. Burada bir şato'nun yedi basamağıyla, bu dereceler kıyaslanmıştır. Bu şato, Allah'ta ikamet eden ruhtan başkası değildir. İlk üç basamak, aktif duanın muhtelif dereceleridir. Diğer dört basamak, pasif duanın dört derecesidir. Yedinci basamak, değişim birliğidir. Burada Thérèse, ilk defa bunu takdim etmiştir. Bu son inayetlerden ve en yüksek tecrübelerden 1572 yılından beri o, yararlanmaktadır[18]. Bu belirttiğimiz dört büyük eserinden başka Sainte Thérèse, muhtelif eserler de bırakmıştır[19]. Bunlar şunlardır:

1. 66 Relations: Bunlar, onun 1560'dan 1580 yılına kadar aldığı inayetler veya dâhili haller konusunda bilgi vermektedirler.

2. Exclamations veya dualar (17) ve Pensées Sur le Cantique des Cantiques.

3. Constitutions des Carmélites ve la Maniere de Visiter les Couvents de Relgieuses; documents Divers Sur Les Manasteres.

4. Lettres (300'den fazla ve şiirler- 36 parça).

---

[16] R. Hoornaert, Op. Cit. p.431-437.
[17] R. Hoornaert, Op. Cit. p.419-430.
[18] Bkz: Relations 14, 15 (29 Mayıs ve 30 Haziran 1571). Üç tanrısal şahsın tezahürleri konusunda. Rel. 25 (Kasım 1572). Meşhur muhayyel vizyon kunusunda. Orada mesih, bundan böyle onun zevcesi olmasını istemiştir.
[19] R. Hoornaert, Op. Cit. p.437-473.

Sainte Théreè, hayatının son dönemlerinde, azizler tarihinde nadir bir dereceyle, en yüksek murakabe hayatını, en yoğun aktif hayatla birleştirmiştir. Chateau'nun bu yüce yazarı, aynı zamanda Fondations'ların da yazarıdır. Mektupları da o yazmıştır. Bunlar onun dolu bir kadın olduğunu göstermektedir. Onun sağlam sağduyusu ve latif kalbi, sağlam bir karaktere ve tabiatüstü ruhunun emniyetine sahip olduğuna bir işarettir. Tecrübeler, onun arınmasını tamamlamaktadır. Tanıdığımız dış güçlükler ve onun reformatris eserine sevk eden muhalefetlerden başka, Allah ona, bizzat müntesibi olan kızları tarafından acı çekmeye maruz bırakmıştır. Bir duacı kadın olan öz yeğeni onu, manastırlarından birinden kovacak kadar ileriye gitmiştir. Bu onun ölümünden birkaç hafta önceki bir olaydı[20]. O, eski Castille'de, Albe'e, Tormés'de, 4 Ekim 1582 yılında Avila'da, Bourgas'a girerken vefat etmiştir. Sainte Thérèse'nin 1592'de başlayan[21] kutsallaştırma çalışması, ölümünden kırk yıl sonra 1622'de azize ilan edilerek tamamlanmıştır.

II. MANEVİ DOKTRİNİ
A. Genel Bakış-Azize'nin Zahitliği

Sainte Thérèse'nin inayet misyonu, İspanya'nın aydınlanmalarının sahte mistisme'ine ve o dönemde Avrupa'yı yakıp yıkan Protestanlara karşı, bir tepki olarak görülmektedir[22]. Tarihçinin görevi, Thérèse'nin bu misyonu nasıl ifa ettiğini göstermektir. Thérèse, bu misyonu, geleneksel çerçeveye yerleşerek, oldukça göz kamaştıran aydınlıklar getiren bir doktrinle ifa ediyordu. Bunun için Thérèse, muhteşem bir Dua doktorudur. Bunun için biz bu konuda onun düşüncesinin temel çizgilerini tespit etmeye çalışacağız. O, bu konuda o kadar dikkat çekicidir ki Thérèse, okumalarından değil, kişisel tecrübelerinden yararlanmıştır[23]. Kilisenin ifadesine göre onun doktrini, "semavi bir doktirindi" Avila'lı azizenin, zahitlik veya mistiklik veya pastoral düzeyde icra ettiği tesir, daha çok apolojetik düzeyde açıklanmıştır: Bunun için herkesten daha iyi şekilde Thérèse, bir rahibe olarak dâhili hayattaki ilerleme yollarında, ruhları yönetme sanatını öğretmektedir.

---

[20] İt. Joly, Op. Cit. p.235.
[21] Onun eserleri 1588 yılında yayımlanmıştır.
[22] R. Hoornaert, Op. Cit. p.50-74.
[23] İbid, p.303-390; yine bkz: p.133-164.

1. Tabiat konusundaki duaların tasviriyle bu, bir tasnifi oluşturmaktadır. Yani bu kısım (mistik), azizenin eserinin en değerli kısmını teşkil etmektedir. Onun açıklama metodu, bir profesörden ziyade, çocuklarını çağıran ve onları eğiten bir annenin açıklama metodudur. Bu pratik nasihatler daima, dua inayetinin açıklamalarına refakat etmektedir. Bunun için o, onları hazırlayan veya onlara refakat eden "genel ruhun hali" açıklamalarından asla ayrılmamaktadır. Bunun için Ste Thérèse'nin eserlerinde, çok açık bir zahitlik doktrini bulmaktayız. Bu doktrin, tamamen onda olan en zengin mistik dualara yönelmiştir. Bunun için, onun zahitliği, mistikliği gibi, bir Allah aşkıdır. Onun sentezleştirdiği en iyi "olgunlaşma yoludur." Fakat orada, Thérèse'nin bütün eserlerinde çok değerli birtakım unsurlar bulunmaktadır.

Onun zahitliğinde üç temel fazilete verdiği güzel yere işaret edilecektir. Bunlar: Kardeşlik yardımlaşması, Feragat, Tevazudur[24]. Aslında bu, "Komşunun manevi aşkıdır." O, bunu rahibelerden istemektedir[25]. O, onlara şöyle demektedir. "Güçlü olunuz. Gevrek sözlerden sakınınız. Yaratıklar tarafından sevilmekte büyük tehlikeler vardır. Onları ancak Allah'ın istediği kadar sevmek gerekir. İşte böyle bir aşk, manevi bir aşktır. Bu Allah'ın bir bağışıdır. Burada, dostluğumuzu düzenleyen semavi bir hikmet ve yüksek bir Allah bilgisi gereklidir. Burada dünyanın faniliği bilinmelidir. Ancak bunların farkında olanlar oldukça azdır. Diğer yandan Thérèse, rahibelerinden en mükemmel bir feragat talep etmektedir[26]. Bunu da mutlak bir fakirlik, ailesinden feragat, acı çekmekten uzak olarak gerçekleştirmelerini istemekte ve onların bedeni ihtiyaçlardan ve sağlık sorunlarından uzaklaşmalarını talep etmektedir. O, özellikle onları tevazu ile dâhili acılar çekmeye davet etmektedir[27]. Tevazunun meyvelerinden birisi, doğru hüküm vermektir. Hatta bu ona, CARMEL'e girmek için gerekli görülmektedir.

Avilalı azizenin maneviyatının ruhu hayırseverliktir. Bu ilahi aşkın, ruhtaki kutsal tarihidir ki onu "Chateau İnténieur" anlatmaktadır. Bu konuda şayet ısrar edilmezse, açıklamanın orada anlaşılmadığı açıklanacaktır[28]. Bu

---

[24] Chemin de la Perf, c.4-15.
[25] İbid, c.4-7.
[26] İbid, c.8-11.
[27] İbid, c.12-15.
[28] Chetau'ya göre bu yardım severliğin bu analizi, François de Sales'in aynı konudaki doktriniyle mukayeseye imkân vermektedir. İlerdeki ilgili bölüme bakınız.

aşk, Hıristiyan olunur olunmaz doğmakta, Allah'ın çocuğunun tabiatüstü liyakatini bilerek, anlamlarına atlanması tatbik edilerek ve çok düzenli bir hayatla, fazilette ilerleyerek oluşmaktadır. Duygusal teselliler ve onun karşılaştığı güçlükler, başlangıçta sırayla onu sağlamlaştırmaktadır. Allah doğrudan ilk mistik inayetlerle müdahale ettiğinde, bu aşk gelişmekte, yayılmakta ve genişlemektedir. Ste Thérèse, bu inayetlerin, ruhu sakinleştirdiğini söylemekte ve Allah'ı doğrudan tattırmaktadır", demektedir.

Ruh onları, sağlam şekilde iradeyi, ilahi iradede sabitleştirmek için, kesin ve etkili bir kararla yararlı hale getirmekte ve bütün iradi hatadan sakınmakta ve uzaklaşmaktadır. Thérèse'nin bugüne geldiği gün o, en yüksek şekilde dünyaya hâkim olmayı bilmekte, yeni bir yolda ilerlemekte, Allah'la birleşmektedir. İşte bu birlik, aşkın meyvesidir veya daha doğrusu hayrın meyvesidir. Mükemmel aşk, yüksek ikametleri karakterize etmektedir. Gerçek bir samimiyet, Thérèse'nin kıyasladığı, ruhun Allah'la buluşması olan beşinci ikametin canlı aydınlıklarına hazırlamaktadır. O, manevi ateşlilikle artmakta ve bu ateş, aşkı canlandırmaktadır. Tecrübeler onu, arındırdıkça, VII. derecede mühürlenmektedir. Artık orada karşılıklı sevinç, tamamen benliği unutmak ve kalplerin birliği içinde, büyük tezahürlerin parlaklığı dışlanmakta ve özellikle amellere çağrılmaktadır. Ailenin yegâne çözülmez bağı, ruhun Allah'la bu mükemmel manevi birliği sembolize edebilmektedir.

Dua ile hayrın bu tedrici formasyonu doktrinine, bu tedrici olgunlaşma dereceleri bağlanabilir. Orada kolayca, üç yol veya menziller bulunabilir. Hıristiyan geleneği onları, azaltmaya sevketmektedir. Özellik not etmek gerekir: En yüksek mistik duaların tabiatüstü değerinin en güvenilir kriteri olan, fazilet ve kahramanlıktır. İlk iki makam, kesin olarak "pargatif yola" = temizleyici yola cevap vermektedir. Geri kalan üç makam (V-VII), birlik duasıyla karakterize edilir ve birleştirici yola cevap verir. Aydınlanma yolu, üçüncü makama bağlanır. Bu yol faziletlerde ilerlemeyi belirler. IV. makam onun zengin olduğu mistik inayetler, ne kadar değerli olursa olsun, net olarak birlik duasından ayrılmıştır. Bunların tabiatüstü etkinlikleri olmasına rağmen, Allah'ın iradesine bu kesin bağlılığı meydana getirmektedir. Allah'ın iradesi, birlik yolunu oluşturmaktadır. En azından, onlar bunun eşiğindedirler ve onların onları, ruhlara dâhil etme misyonu olduğunu söyleyebiliriz.

2. Sainte Thérèse'nin meşgul olduğu zahidane meşguliyetler, onun dua doktrininde bulunmaktadır. Şüphesiz onu, mistik inayetler çekmekte, onu aktif duadan uzaklaştırmamaktadır. O, bu konuyu birçok yazısında ele almıştır[29]. Bunu icra için bir metottan ziyade, bir espri vermeye ve tuzaklara karşı korumaya çalışmaktadır:

a. O, meditasyonun gerekli olduğunu, muhtelif şekilleri ayırmadan kabul etmektedir: Ruhun işleyişi eylemiyle sadece Allah onu tamamlayabilir ve kişinin kendisi olmadan yapmayı istemesinden gurur duyulur[30].

b. Hiçbir meditasyon konusu, Rab-İsa kadar yararlı değildir. Onun hayatı ve çektikleri, onunla konuşmayı bilenlere gerçek bir dindarlık vermektedir. Bu onda muhtelif ameller meydana getirmekte ve onun huzurunda sessizce durarak bunu elde etmektedir[31].

c. Yüksek düşünceler, oldukça faydalıdır. Bilhassa, onunla ilişki içinde olan ilahiyatçılar için. Allah'ın yüceliği ve büyüklüğü, onları yükseltecek fakat Mesihi gözden düşürmeyecektirler, kendilerini daima daha iyi tanımaya yönelteceklerdir[32].

d. Bütün bu müşahedelerin hedefi, sadece insanın kendisini bilmesidir[33]. Bu insanın anlamlardan vazgeçmesi ve ruhuna ve hayatına, faziletlerin egzersizini koyma düzenidir[34].

Sainte Thérèse'nin yaptığı zihinsel dua, oldukça basittir (Bu konuda bkz: Le Chémin, c.22-26). O, Allah'da olan bütün dini uygulamalara bu ismi vermektedir (c.22). Ancak onu sesli duadan ayırmamaktadır (c.24). Fakat N.S. uygulamasında ve tercihan geldiği sırlarında (c.24-26), onun fikri bu aktif recuitlementi (meditasyonu), tefekkür yapamayanlara tavsiye etmektedir (c.26). Meditasyon, bazen duygusal teselliyle ödüllendirilmektedir[35]. Fakat o, kuraklık testine tabi bir olaydır. Ste Thérèse, dua yoluna girenlerden büyük bir gayret istemektedir[36].

---

[29] Vie, c.11-23. Chemin, c.20-26; Chateau, Ie-IIIe Dem.
[30] Vie, c.12-13.
[31] İbid, c.12.
[32] İbid, Chateau, 1ce, D, c.2.
[33] Chateau, 1ce, D.2.
[34] İbid, Ie-IIe, D.
[35] İbid, III, D, c.2; IV, D, c.2.
[36] İbid, III, D, c.1; cf. Vie, c.11, 13; Chemin, c.20; 21, 23.

Sainte Thérèse, yeni başlayanlar konusunda aktif duadan bahsetmektedir. Onlar, bunu yapabilirler. O, bundan şu sonuca varmaktadır: Murakabeciler, artık buna asla müracaat etmemelidirler[37]. Bundan uzak olarak işlediği konunun tezatlarına rağmen onlar, bir meditasyon[38] bir eğilim düşüncesi icra etmelidirler. Bu düşüncede ruh, münhasıran dâhili olarak çok yüksek bir inayete mazhar olacaktır."

Rab-İsa'nın beşeriyeti konusunda açıklamalar yapmaktadır. Fakat azize, aynı zamanda Kutsal Meryem ve azizler örneğinde, ruhun uygulanan tatbikinden bahsetmektedir[39]. O, artık mükemmellerin, konuşamadıklarını[40] ancak hakikatleri düşünebildiklerini ve onları hafızada anladıklarını[41] veya sırlarda durduklarını ve düşüncesinde onları hatırladıklarını[42], özellikle kilisenin onları kutladığı dönemlerde[43] mükemmel ruhun, İsa-Mesihin gerçek veçhesini yakaladıklarını belirtmektedir. Yani sade bir bakışla o, İsa'nın çektiklerinin büyüklüğünü belirtmektedir. Hayatın zorlukları, çok çetindir: Bunlara dayanabilmek için İsa-Mesihi modelimiz olarak düşünmeye ihtiyacımız vardır. Yine havarilerin ve azizlerin kullandıkları gibi katlanmaya ihtiyacımız vardır[44]. Bu ruh, uygulaması gerekli bir egzersizdir ve dahili duayı engellemekten uzaktır. O, şöyle devam etmektedir: Azize kurtarıcının beşeriyetini, özellikle göz önünde tutmaktadır. Bu olmadan beşinci ikametten öteye geçmek ona imkânsız görünmektedir[45]. Yine o, yaratıklarla Allah'ı aramanın St. Augustin tarzında yararlı olduğunu belirtmektedir[46]. Kurtarıcının, özellikle çarmıhla ilgili olan bu aktif egzersiz için[47], ruh muhteşem bir aydınlığa sahip olmaktadır. Bu durumda Thérèse, bu sırları en mükemmel şekilde anlamaktadır[48]. İşte önce elde edilen aydınlıklar, ruh operasyonunu basitleştir-

---

[37] Bu paragraf Chateau, VIe D, c.7'ye göre düzeltilmiştir (Mesihin beşeriyetinin rolü konusunda). Hatta doktrin Dans Vie, c.22 (Entier).
[38] O, murakabecilerin artık sırlar konusunda düşünmemelerini reddemektedir. Chateau, VI, D. c.7, (p.230). Bu meditasyon aktif düşünceyi tamamlamaktadır. Chateau, c.26.
[39] İbid, p.237.
[40] İbid, p.231, 234.
[41] İbid, p.233, 235, 237.
[42] İbid, p.235.
[43] İbid, p.236.
[44] İbid.
[45] İbid p.232.
[46] İbid,. p.234.
[47] İbid, p.236. Onun bundan vazgeçtiğine inanıyorum.
[48] İbid p.236.

mede iradenin hizmetine sunmaktadır[49]. Şayet Allah'ın varlığı hissedilmezse ve iradede aşk ateşi yanmazsa, bu murakabeler eksik kalmaktadır. Onun mükemmelleşmesi ancak dâhili duada mümkün olacaktır. Yine onun mükemmelliği murakabenin verdiği Allah duygusu ile mükemmelleşecektir. Ancak bu değişmiş ruhlarda gerçekleşmektedir[50].

3. Bu mükemmellerin aktif duası, ilhamın en mistik duasıdır ve bu özellik azizenin bütün asetiğinde bulunmaktadır: Bunu kaldırdığınız zaman onun eseri anlaşılamaz. Onun için diyebiliriz ki mistik inayetler herkese önerilmiş ve onlar, assetizmin normal tamamlayıcısıdırlar. Bunlar, olgunluğa ve kurtuluşa ulaşmak için gereklidirler. Thérèse bunu prensip olarak bazı sakıncalara rağmen doğrulamaktadır.

Chemin[51] isimli eserinin ilk bölümlerinden itibaren o, Allah'ın bütün ruhları oraya çağırdığını birçok defa tekrar etmiştir. Hatta bezen kötü haldeki ruhları da çağırmaktadır. Şüphesiz murakabe, kurtuluş için ve onun için temel olan bu olgunluk için gerekli değildir. Bütün ruhlar, bu eyleme çağrılmış değillerdir: Allah'a giden birçok yol vardır (c.17). Her şeye rağmen bütün Carmelitler, oraya hazırlanmalıdırlar. Hepsi Allah'a teslim olmalıdırlar. Çünkü veren sadece o'dur (c.18). Murakabe, arındıran semavi bir sudur (c.19) ve Allah onu, herkese takdim etmektedir. Rabbimiz İsa, bütün dünyayı oraya davet etmektedir ve azize bunu gözetmektedir (c.20). Bu durum, onun yukarıda söylediği "murakabeye ulaşamayan kalpleri teselli için" sözüne tezad teşkil etmez.

"Chateau de l'Âme" doktrinin 3. basamağında, faziletli dünyanın şahıslarından bahsederek şöyle demektedir: Asla bu benzerlik, bu ruhların son basamağa kadar çıkmalarına mâni değildir. Şayet onlar bunu isterse, Rab, onların oraya girmelerini reddetmeyecektir[52]. Böylece sadece tarikat mensuplarını değil; dünyanın bütün insanlarını, onlar hiçbir şey almadan önce, en yüksek mistik inayetlere Ste Thérèse davet etmektedir. Beşinci basamakta o, bütün Carmelitlerin, duaya ve murakabeye çağrıldıklarını beyan etmektedir[53]. Bununla beraber o, herkesin lütuf kadar, etüd edilen birliğin lütfundan nasip

---

[49] İbid p.234.
[50] İbid.
[51] Chemin, c.16-20.
[52] Chateau, III, D, c.1.
[53] İbid, V, D, c, p.128.

kâr olmadığını; burada, daha uzun çok daha zor bir başka yolun olduğunu belirtmektedir. İşte buradan gücün askıya alınması söz konusu olmadan esas birliğe ulaşılmaktadır. Bu kusursuzdur ve söz konusu bağışları almayan ruhlarda, ümidi kesmeyecektir[54]. Burada kullanılan bütün terimlere göre, bu son yol Sainte Thérèse için birliğe ulaşmanın istisnai bir vasıtasıdır[55]. O, bu pratik amaçla teselli için, feragati teşvik için varsayıma ulaşmak için buna müracaat etmektedir[56]. Ste Thérèse, burada sadece birinci derecedeki birlikten bahsetmektedir. Bu makam, en yüksek kutsallı olarak kalmaktadır[57].

B. Genel Olarak Sainte Thérèse'nin Mistiği

1. Mistik inayetler üzerindeki eserleriyle, Sainte Thérèse, kilisede bir kadının eşsiz şekilde icra edeceği bir tesir oluşturmuş ve en saygın manevi üstatlar arasına onu yerleştirmiştir. Onun değerli prensibi, pasif duaların aşağı yukarı tam serisini metotla açıklamasıdır. Onun tesis ettiği ayrım, klasik bir ayrım olmuştur. O, onların her birini ayrı ayrı belirten çizgileri hemen hemen kesin şekilde tasvir etmekte ve onları rahat bir şekilde tanımaya imkân vermektedir. Saint Jean de la Cróix, özellikle transformant birlikle meşgul olmuş ve bu terimin fonksiyonu altında olan her şeyi yargılamıştır. Bu teşebbüs, ona derin ve pratik görüşleri telkin etmiştir. Fakat onu, Transforman duadan aşağıda olan pasif duaların arındırıcı rolüne tutunmaya getirmiştir[58]. Aksine Thérèse, her duada durmakta, onu değerlendirmekte ve tek kelimeyle onu tasvir etmekte, Allah'ın tedrici şekilde sahip olduğunu orada görmekten başlangıçtan beri çok özel şekilde varlığını tezahür ettirmekten memnun olmaktadır.

Onun tasvir ettiği dualar serisini, iki gruba ayırabiliriz. Ancak hepsinin Allah'ın birliğiyle ve birlik yoluyla sıkı bir ilişkisi vardır: Şayet, en yüksekler sadece birlik dualarından bahsediyorlarsa, diğerleri de kesin şekilde oraya hazırlamaktadır.

Birlikten aşağıda olan dualar, tefekkür, sükûnet hali ve büyüklerin uyku halidir. Thérèse, Vie isimli eserinde[59], sükûnet haliyle, büyüklerin uyku

---

[54] İbid, c.3, p.150-153.
[55] Bkz: A. Saudreau, La Vie d'Union á Dieu, p.261.
[56] Bkz: c.2.
[57] Diğer yazarlar daha çok bu rezervler üzerinde ısrar etmektedirler ve büyük Carmélit için mistik inayetler olmaksızın en yüksek kutsallığa ulaşılabildiği ve bu yolun kutsallığın normal yolu olduğu belirtilmiştir.
[58] Bu bakış açısı onun eseriyle Ste Thérèse'nin eseri arasında olan açık farklılıkları açıklamaktadır.
[59] Vie, c.14-15 (Quitnde, 2e eau), 16-17 (Sommeil des Puissances, 3e eau).

halini pasif duanın özel dereceleri olarak ayırmaktadır. O, tefekkür konusunda hiçbir şey söylememektedir. Chemin isimli eserinde[60], aksine "tefekkür" ve "sükûnet" birlikten önce belirtilen dualardır. Onlar, net olarak ayrılmışlardır. Chateau isimli eserinde[61] "tefekkür" hala vardır. Fakat o, sükûnete bağlanmıştır. Ste Thérèse'nin düşüncesine, iyi şekilde sahip olmak için, her üçünü de devam ettirmek gerekmektedir. Fakat onları daha çok aynı duanın az veya çok değişik kısımları olarak değerlendirmek daha doğrudur.

Sainte Thérèse tarafından belirtilen birlik duaları, Chateau'ya göre[62] üçtür. Bunlar, **sade birlik, yoğun birlik, transformant birlik**'tir. Ancak o, bu katı tasnifi pek benimsemişe benzemiyor. Çünkü "sade birlik" ve "yoğun birlik", Vie ve Chemin[63] kitabında ayrılmamıştır ve Chateau'da bile Thérèse bu iki makam (V-VI)'ın aynı olduğunu nakletmektedir[64]. Fakat diğer taraftan o, VI. mertebeyi VII. mertebeye yaklaştırmakta ve ikisini birleştirmektedir[65]. Bu tasdiklerin en iyi saygı tarzı, VI. mertebede bir geçiş inayetleri grubu görülebilmektedir. Bu inayetler, oldukça yoğundur. Fakat ya beşinci mertebe ile karakterize edilene (ki onlar sondurlar ve en güzel süslemelerdir) ya da onları hazırlayan yedinci mertebeye bağlamaktadırlar[66]. Transformant birlik, Chateau'da tasvir edilmiştir[67]. Orada tabiatüstü hayatın vecde ulaşan ruh hali belirtilmektedir.

2. Thérèse'nin dua doktrininin temel kaynakları aşağıdaki üç eserdir:

1. Sa Vie: Bizzat kendisi yazmıştır (c.11-22)

2. Chemin de la Perfection (c.21-32)

3. Chateau İnterieur (Tamamı)[68]

Thérèse, açıklamasında olgunlaşma ile ilgili dereceleri[69], genel duayı, aktif duayı ve pasif duayı birleştirmektedir. Biraz sonra vereceğimiz tablo, bütün bu unsurların ayırımına ve her paralel pasajda onları bulmaya imkân vere-

---

[60] Chemin, c.28-29 (Recueillement), c.30-31 (Quietude).
[61] Chateau, IV, D, c.1-3 Recueillement et Quietude.
[62] İbid, V^e-VIIe Demeure.
[63] Vie, c.18-22, Chemin, c.32.
[64] Chateaux, V^e, D, c.2, p.143.
[65] Chateau, V, D, c.2, p.143.
[66] Vie et Chemin'e göre aynı derece, V ve VI D.'ye uygundur.
[67] Chateau, VII, D.
[68] Bu eserlerin analiz bölümüne bakınız.
[69] Bu kitabın ileri sayfalarına bakınız.

cektir. Yine ileriki sayfalarda bölümün sonunda bir başka tablo, Sainte Thérèse'nin açıkladığı doktrinlerle, Jean de la Croix'nin doktrinleri arasında olan paralelliği belirtmektedir. Bu paralellik, dualarla ilgili değildir, manevi hayatın yüksek menzilleriyle ilgilidir.

Yollar	Aktif Dualar	Pasif Dualar
Purgative	Chateau, I ve II Demeure	
İlluminative	A [Vie, c.11-13; Chemin, c.21-26; Chateau, III, Dem Medititation Affective]	
	B [A. için metinler özellikle bkz: Chemin, 26] (Recuillement Actif)	Vie, c.14-15 (Quietude Sommeil des Puis) Chemin, c.28-29 (Recueillement) c.30-31 (Quietude) Chateau, IV, Dem, c.1-3 (Recueillement et Quietude)
Unitive	A [Vie, c.22; Chateau, IV, D, G.7 Meditation Contemplative[70]]	Vie, c.18-21 (Union infuse) Chemin, c.32 Chateau, V, D. (Union Simple) VI, D. (Union İntense)
	B [Chateau, VII, D; Meditation Contempl. Parfaite[71]]	Chatean, VI, D. (Union Transformante)

Pasif duaları açıklamamızda, Thérèse ile beraber onların birleştirici rolleri üzerinde ısrar edeceğiz[72]. Bununla beraber, onun bu açıklamalarında bulunan, aşkın yanındaki Allah bilgisini gözden uzak tutmamak gerekecektir. Onun için mükemmel Allah aşkına doğru gidiş, aynı zamanda Allah konusunda aydınlığa doğru bir gidiştir. Birleşmedeki aşağı dualarda yegâne irade şudur: Jean de La Croix[73]nın sert sükûneti gibi, Ste Thérèse'nin tatlı sükûneti de gizli bir gerçek murakabe ile açıklanmaktadır. Daha açık söylemek gerekirse, V. makamdan itibaren pasif birlikte bizzat ruh kavranmakta ve orada Allah birkaç tarzda görülmektedir. VI. basamakta da azizenin hayranlığın tabiatüstü realitelerinden verdiği kriterlerden birisi, hakikatin tezahürlerinden birisidir. O, buna muhtelif hakikatlerin en canlı, en yüksek akılların lütfu

---

[70] Bu kitabın önceki ve sonraki sayfalarına bakılmalıdır.
[71] Bu kitabın önceki sayfalarına bakınız.
[72] Yukarıdaki bu maneviyatın hayır bölümüne bakınız.
[73] Bu kitabın ileriki sayfalarına bakınız.

arasında işaret etmektedir[74]. Zaten bütün bu aydınlıklar, hayra yönlenmişlerdir. Fakat onda bunlar ayrıdırlar. Öyle ki Allah'ın varlığının aktüel duygusunun özel murakabeleri, aşk ateşiyle meydana gelmektedir[75]. Bunlar yine de yüksek sırlardır ve canlı zekâdırlar, alınan aydınlığın meyvesidirler ve dâhili yeni inayetlerde başkalarını da almaya yardım etmektedirler. Bunlarda entelektüel ve sevgi olarak iki unsur yan yana bulunmaktadır ve Thérèse'nin sevgi unsuru, tabiatüstü sükûnetin tatlı veçhesi ve birlik duası üzerinde ısrarla durmaktadır.

C. Birliğe Hazırlayan Mistik İnayetler

Bütünü içinde bu inayetler, sadece irade üzerinde hareket ederler. Burada esas olan sükûnettir. Fakat buna dâhili tefekkürle hazırlanılmalıdır. O, büyüklerin uykusunun yüksek şekli altında kendisini takdim etmektedir.

1. Aktif düşünceden farklı olarak orada ruh, dini bir konuda pasif tefekkür içinde,[76] güçlerini kuvvetle uygulamakta, güçlülerin bizzat çobanın ıslığıyla ağıla giren koyunlar gibi, arıların kovana döndükleri gibi, kaplumbağa ve kapanan kirpi gibi girmeleri ve aynı inayeti anlamları gerekmektedir[77]. Allah, ruhun aktivitesinde durmayan ruhu da aşağı şeyleri sükûnetle, şiddetsiz ve gürültüsüz uygulamaya böyle davet etmektedir. Burada zaten ruh, tabiatüstüne dokunmaktadır[78] ve sükûnetin başlangıcı vardır.

2. Sükûnet (sessizlik), ruhu istila eden veya en azından iradeyi kuşatan tatlı bir sevincin refakat ettiği derin bir barışla karakterize olmaktadır[79]. Onu, tabiatüstü bir istirahate koymakta, manevi güçlerini yeniden elde etmede ve aşkını genişletmektedir. Ruh, Allah'ı belli bir tarzda hissetmektedir. İşte Thérèse'nin bu duada verdiği "Gouts Spirituels" = manevi zevkler ismi, buradan kaynaklanmaktadır. İrade burada tutukludur[80]. Diğer günler bazen şenliğe iştirak ederler, bazen de onu bulandırırlar. Ruh için esas olan, çok düşünmemektir ve çok sevmektir. Ruhsal tesellilerle, sükûneti karıştırmamak gerekmektedir[81]. Bunlar güçlerin aktif operasyonuna sahiptir ve daima fiziki

---

[74] Chateau, VI, D, c.10.
[75] Vie, c.21.
[76] Chateau, VI, D, c.7, p.234, Vie, c.14; p.179; Chemin, c.28-29; Chateau, IV, D, c.3, p.114-120.
[77] S. François de Sales (Amour de D, VI, c.7).
[78] Vie, c.14.
[79] Vie, c.14-15, Chemin, c.30-31; Chat, IV, D, c.1-3.
[80] Chemin, İbid, p.224.
[81] Chateau, IV, D. c.1.

bir operasyon meydana getirmektedirler. Bunlarla ruh, kanallarla su gelen havuza benzemektedir. Sükûnette bu su, sakince, durgunca en samimi şekilde derinliğimizde akmaktadır[82].

3. Büyüklerin (güçlülerin) uykusu konusu, Vie isimli eserinde tasvir edilmiştir. Ancak ondan sonradan söz edilmemiştir. O, birlikle-sükûnet arasında aracı bir dua olarak takdim edilmiştir[83]. Bazı sayfalarda, Allah'la tam olan ruhun çok birliği olarak takdim edilmiştir[84]. Şüphesiz sadece irade, gerçekten, sevince, samimi bir coşkuyla sevince Allah'ın sevinci ve dünyanın boşluğu duygusuyla dalmıştır[85]. Fakat anlayış ve hafıza, muhayyile hariç olarak, oraya kısmen ortak olmakta, Marthe'nin duasını, Meryem'in duasıyla[86] birleştirerek ve harici eserlerde onların uygulamasına kadar barış içinde durarak bunu icra etmektedir. Aziz François de Sales bu duayı, sükûnetin bir değişikliği olarak telakki etmektedir[87].

Ste Thérèse'nin yazılarında, pratikte işaret edilen muhtelif sükûnet konusunda, onun büyük tecrübesinin meyvesini gösterebiliriz:

1. Bu yeterince ortak duadır. Birçok ruh, bir hale ulaşabilir, demektedir. Fakat çok azı, öteye geçebilir. Bu da gerçek aşkın kıvılcımı olan bu büyük inayeti yanlış tanımaktan olmaktadır. Bunun için onu, tanımak çok önemlidir[88].

2. V[e] ve VI. basamakların birliğinin inayetlerinin aksine, sükûnet (sessizlik) bazen bütün günlere yayılabilir[89]. Fakat onu inactionla yeniden elde etmek için uğraşmak boşunadır: Onu elde etmenin gerçek vasıtası, onun değersiz olduğuna inanmak, ona asla ulaşmak için hiçbir şey yapmamak, kendisini barış içinde faziletlere ve ödevine vermektir[90].

3. Zayıf ve hastalıklı bir şahıs, sükûnetten gelen tatlı heyecanla kendini yok olmaya götürebilir ve fiziki bir iflasa sevk edebilir. Bundan onlar sorumludurlar ve bir hayranlık elde edebilirler. Onlara, uyku ve besin gereklidir.

---

[82] İbid, c.2.
[83] Bu üçüncüsü manevi sudur Vie, c.16-17.
[84] İbid, p.211. cf. p.212, 213.
[85] İbid.
[86] İbid, p.201.
[87] İbid, p.212.
[88] Amour de Dieu, VI, c.8.
[89] Vie, c.15. cf. Clemin, c.30.
[90] Chateau, IV, D, c.2, p.11-113.

Az sert ve dua gereklidir. Şayet bu yeterli olmazsa, onlar münhasıran aktif hayata girmelidirler[91].

4. Tanrısal zevkleri alan ruhların bir başka tehlikesi, kendilerinin çok güçlü olduklarına inanmaları ve günahtan sakınmamalarıdır. Aslında bu gibilerin zayıflıkları, oldukça büyüktür[92].

D. Birliğin İlk İnayetleri

Şayet, Sainte Thérèse'ye göre, feragatle ve kişisel çaba ile[93], birliğin mistik inayetleri olmadan irade, Allah'ın iradesiyle gerçek birliğe ulaşabilirse, onun için bu yol, oldukça uzaktır ve inayetlerle bu uğraşı çok kısalmıştır. Bunlar yaratıklarla-yaratıcı arasında, Allah'ın kullarının bize takdim ettikleri, mükemmel modelleri tesis etmektedir. Bu samimiyet, sonuç olarak transformant birliğe sahiptir, inayetlerle, sade birliğe hazırlanmaktadır. Azize bunu bir mülakatla kıyaslamakta ve yoğun birliğin inayetleri manevi nişanlanmalarda asimile olmaktadır[94].

1. Sade birliğin inayeti[95], sükûnetten farklıdır, oldukça da kısa sürmektedir. Burada sadece irade doğrudan kavranmıyor fakat anlayış, harekete geçiriliyor: Onun operasyonu askıya alınmıştır. Tanrı, ona gerçek bilgeliği daha iyi yerleştirmek için zekânın ruhunu yoksun bırakmaktadır. O zaman Tanrı, kendisini bu ruhun en mahreminde öyle bir şekilde kurar ki ona geri döndüğünde kendisinin Tanrı'da olduğundan ve Tanrının da onda olduğundan şüphe etmesi imkânsızdır[96]. İşte o zaman o, Allah'ın bütün varlıklardaki varlığını, huzurla, güçle ve özle var olduğunu anlamaktadır[97]. Zaten burada bedensel hiçbir şey yoktur. Burada söz konusu olan Tanrısallıktır[98]. Ruh, sadece eşi için elde edeceğini, mistik şekilde görmektedir. Kısa zaman içinde onun böylece elde ettiği bilgiyi o, anlamlar vasıtasıyla ve güçle bin yıl elde edemeyecektir[99]. Çok açık bir formülde Ste Thérèse, Vie isimli eserinde, birlikte ruhun saf hakikatin zekâsıyla aydınlanmakta olduğunu açıklamaktadır[100]. Bu

---

[91] İbid, c.3, p.124-125.
[92] İbid, p.125.
[93] Bu kitabın önceki sayfalarına bakılmalıdır.
[94] Chateau V^e, D, c.4, p.161.
[95] Chateau V^e, D, c.1-4, cf. Vie, c.18-19 ve 21, Chateau, c.32.
[96] Chateau, c.1, p.194.
[97] İbid, cf. Vie, p.227.
[98] Chateau, p.135.
[99] İbid, p.161.
[100] Vie, c.21, p.270.

mükemmel murakabeye özgü Allah'ın yüksek zekâsı, işaret ettiğimiz bu birlik inayetinin bazı ayırt edici çizgilerini daha iyi açıklamaktadır. Hatta gerçek birliğin kriterlerinden birisi olan özellikle gerçekliği açıklamaktadır.

Yine onun meydana getirdiği, ahlaki düzenin güçlü sonuçları da bulunmaktadır: Kendinden ve dünyadan feragat, daha tamdır ve ilahi iradeye katılma sevinci, dünyada Allah'ta yaşamak için, ölü ruhun birliğinde, kanatlarla çıkmak için kendini kabuğuna kilitleyen solucan gibidir. Artık her şey değişmiştir. O, hararetle Allah'ını sevmektedir ve Allah için İsa-Mesihin çarmıhına uygun acı çekmeyi arzu etmektedir. Diğer taraftan o, ruhları kazanmak için yoğun bir gayretle ve özellikle onları, dua hayatına getirmek için parçalanmıştır. Ancak o, kendisine zarar vermeden komşuya iyiliği uygulamaktadır[101]. Aydınlıklar, onun Allah aşkında hata yapmamaktadır. Yeter ki samimi olduğu sürece hata yapmaması gerekir. Ancak onun daima uyanık ve gayret içinde olması gerekmektedir[102].

2. Yoğun Birliğin İnayetleri[103], bütün bu sonuçları geliştirecektir ve özellikle de Allah'la sevgi birliğini geliştirecektir. Çünkü semavi aydınlık, ona sevme seviyesini göstermiştir. O, büyüklüğüne rağmen, ona böyle bir güzelliği tanık yapmıştır. Yine de doğan bu dostluğu, daha yüksek bir samimiyete yükseltmek için yapılacak çok şey vardır. Mesafeler silindikçe, kalp kalpte tekrarlanan birtakım öncekilere paralel inayetler doğmakta ve yoğunluk artmakta, ruhta Allah'ın şefkati ispat edilmektedir. "Onunla yaptığı bu birliktelikle, bu ruhu kendisiyle aynı şey yapmakla yetinmeyip, ona aşinalıkla yaklaşmaya, onun sırlarını ona keşfettirmeye başlamakta, kendisini ona vererek, kazandığını bile ona göstermeyi sevmekte, ona hala sakladığı birkaç şeyi göstermekten hoşlanmaktadır."[104]

Sainte Thérèse, bu manevi lütufları, VI. mertebeye (dereceye) bağlamaktadır. Onlarla, Allah onu, bizzat daha yüksek samimiyete sevk etmektedir. O, onları dört prensibe bağlamaktadır. O, bunları Vie veya Relations isimli eserlerinde özetleyerek ve tamamlayarak çok güzel bir açıklıkla tasvir etmektedir[105]. Bu dört prensip şunlardır:

---

[101] Chateau, p.134.
[102] Chateau, VIe, D, c.2-3.
[103] Chateau, VIe, D, c.1, II, cf. Vie, c.20.
[104] Chemin, c.32, p.240.
[105] Chateau, VIe, D, c.9.

a. Aşka dahili çağrılar[106]: Nazik ve yüce itişlerdir. Bunlar ruhun derinliğinden hareket ederler.

b. Tabiatüstü sözler[107]: Bunlar, yüce bir etkinlikle, muhayilleden ve şeytandan gelenleri ayırt etmektedir.

c. Kendisinden geçme[108]: Kendisinden geçmelerle, Allah'a olan bu birlik Thérèse'nin nişanla kıyaslandığından daha sıkıdır. Onların normal formu vecddir[109]. Vecd, Allah'la samimi ve âni birlikte olmaktır. İşte bu vecd halinde, Allah'ın büyüklüğü konusunda yüksek hakikatler, ruhta belirirler[110]. Zihnin uçuşu[111], şiddetli bir kendinden geçmedir ki ruhta güçlü şekilde sonuçlar meydana getirmektedir. Şöyle ki, Tanrısal büyüklüğün hayranlığı, tevazu, feragat, ölüm ve ıstırabın acısı, arzu, manevi sevinç gibi...

d. Visionlar (görüşler): Bu kendinden geçmeye bazen visionlar refakat etmektedir. Onlar münferit olarak vardırlar, entelektüeller oluyorlar, yeterli ve muhayyeldirler[112]. 1560 yılına doğru duygusal bir şekilde Thérèse, kalbi parlatan bir melek görmüştür[113]. O, entelektüel bir vizyonla her şeyin Allah'ta olduğunu ve Allah'ın hakikat olduğunu anlamıştır[114]. Özellikle Rabbimiz-Efendimiz (İsa) kendisini böylece şu veya bu tarzda göstermektedir. Özellikle, önemli olan inayettir. Onunla o, bir ruhun yakınında olan varlığının entelektüel bir vahyini ulaştırmaktadır. Bu öyle bir inayettir ki, bir yıl sürebilir[115]. Zaten en yüksek vizyonlar, kendinden geçme olayından aşağıdadırlar ve bunlar sadece yoğun birlik inayetleridirler. Yoğunluk orada, kaybolmaya yönelen bir güç zayıflığıdır[116]. Diğer yandan, işaret edilenler birçok lütuf, istisna teşkil etmektedir. Onlar, ruhta meydana gelen manevi sonuçlardan başka arzu edilemezler.

Burada belirtmek gerekir ki St. Thérèse, ruhları olgunluğun zirvesine sevk ederek, onların Rab-İsa'nın beşeriyetine bağlı oldukları üzerinde ısrar etmek-

---

[106] İbid, c.2.
[107] İbid, c.2.
[108] İbid, c.4-8.
[109] İbid, c.4.
[110] İbid, p.205.
[111] İbid, c.5-6.
[112] İbid, c.8.
[113] Vie, c.29.
[114] Chateau, VIᵉ, D, c.10.
[115] İbid, c.8.
[116] ibid, c.8-10; VIIᵉ, D, c.3, p.300.

tedir. Hatta o, bu konuya, Vie ve Chateau isimli eserlerinde[117] iki bölüm tahsis etmiştir. Bu bölümler, Allah'ın samimiyeti ile, murakabede elde edilen aydınlıkları tanımaktır. İşte Aziz Bernard'ın bahsettiği manevi aşk böyle doğmaktadır. Fakat Thérèse, ruhun her şeyi gökten beklemediğini belirtmektedir. Fakat o, şiddetli şekilde muhtelif müşahedelerle, özellikle İsa-Mesihten hareketle Allah'a yükselmenin zaruretini hatırlatmaktadır[118].

Aynı zamanda Allah kendisini aşk ateşiyle yükselteceği ruha indirgemiştir. O, ruhu dostluğuna layık olması için arındırmıştır. Ancak, bütün bu işaret edilen aydınlıklara, büyük tecrübeler refakat etmektedir: İlahi büyüklük görüşü onu, mütevazı yapmakta, feragate sokmakta, bütün beşeri sevgilerini kırmakta ve ona, devamlı yapılması gereken takdimeleri göstermektedir. Yine ona hariçten başka güçlükler de gelmektedir.[119] Bunlar eleştirilerdir, övgülerdir, hastalıklardır, dahili güçlüklerdir, itirafçıların anlayışsızlığı ve şeytanın ortaya koyduğu güçlüklerdir. Nihayet[120], Allah'ı görme arzusu veya Thérèse'nin Arafla kıyasladığı terk tecrübesi gibi şeyler. Ruhun bu son arınmaları VII. mertebeye (derece) hazırlamaktadır. Bunlar, St. Jean de la Croix tarafından özellikle tasvir edilmiştir[121].

E. Transformant Birlik[122]-Mükemmel Tanrısal Dostluk

Bütün bu çabalar, bu aydınlıklar ve bu tecrübeler nihayet ruhu, bu dünyada olabilecek en yüksek Allah'la birleşmeye götürmektedir:

a. Allah, orada bir yaratığın bu dünyada bilebileceği kadar kendisini izhar etmektedir. Bu artık beşinci basamaktaki (kattaki) gibi Tanrısallık değildir. Burada tabiatüstü aydınlığın doğrudan bu konusudur. Bunlar üç ilahi şahıstır ki doğrudan ruhla, hakikatin belli bir temsili içinde iletişimdedirler[123]. Artık o, onları içinde olduklarını açıkça görmektedir ve onlar onu, asla terk etmemektedirler. Bununla beraber ikinci şahıs, onunla özel sıkı bir sözleşme yapmakta[124], onu gözetmektedir. Ta ki o, sadece menfaatlerinin peşine düş-

---

[117] İbid, VI, D, c.9; Vie, c.22; Chateau, VI, D, c.7.
[118] Vie, İbid, p.276; Bu kitabın önceki sayfalarına bakınız.
[119] Chateau, VIe, D, c.1.
[120] İbid, c.11.
[121] Nuit Passive de l'Esprit, cf. Nuit Obscure, c.11. Bu kitabın ileri sayfalarına bakınız.
[122] Chateau, VII, D, c.1-4.
[123] İbid, c.1, p.280.
[124] İbid, c.2.

müş olmasın. İşte bu tam bir murakabe ile bu birleşme olmaktadır. Birçok şartlardan oluşan bu birlik, Ste Thérèse için istisnai hallerdir[125].

b. Bu ruhun en samimi halidir[126]. Bundan böyle bu murakabe veya Teslisin yahut Rab-İsa'nın entelektüel vizyonu meydana gelmektedir. Bu olay, anlamların veya muhayyilenin doğrudan müdahalesi olmadan olmaktadır. Bununla beraber bu güçler, ilahi şölenden dışarda değillerdir. Önceki birlikteliklerde, onların operasyonları askıya alınmıştır. Burada Allah, ruhun gözlerinden damlalar akıtmaktadır. Bu da onun, anladığını müşahede etmesi içindir. Ancak bu fevkalade bir yolla olmaktadır. O onu, hararetli bir lütufla ödüllendirmektedir[127].

Bu inayetin çoğulcu sonuçları, sadeliğin ve gücün harikalarından birisidir. Barış ve lezzetler, şimdiye kadar verilen her şeyi aşmaktadır. Çünkü birlik, daha mükemmel bir haldir. "Ruh veya daha çok ruhun esprisi, verilen hükme göre Allah'la aynı şey olmaktadır."[128] Bu birlik, birbirine yakın olan iki müminin birlikteliğine benzemektedir. İki mum, sadece bir ışık ve bir alev vermektedirler. Aslında burada gerçekleşen St. Paul'un şu cümleleridir: "Rab'le ilişki kuran, O'nunla tek ruh olmuştur."[129]

İnsanın operasyonunun sırları, tamamen ilahidir ve büyük bir güce, parlak bir aydınlığa sahiptir ve bu aydınlık içerden gelmekte ve güçleri aydınlatmaktadır. Buradan gelen güç, yeni hayatında ona hayat vermektedir[130]. Bundan böyle, kendinden feragat, tamamlanmıştır ve bu evrensel bir kopuştur. Allah'a gitme arzusu, ıstırap arzusuyla ve şiddetli kendinden geçmelerle yumuşatılmıştır. Fakat bir barış ve alt edilmez bir rahatlık, barış ve iş ortamında bile olsa bu gerçekleşmektedir[131]. İşte Tanrısal kucaklaşmanın, büyük çizgilerinin sonuçları böyledir.

Bu daimî birliğin devamlılığını Thérèse, evlilikteki eşlerin birliğiyle kıyaslamaktadır. Bu onun özelliklerinin bir başka yönüdür[132]. O, sadece meydana gelen sonuçlar yönüyle değil onu, gerçekleştiren inayetle de daimidir. Bu

---

[125] Relation 23, Quevres, t.II, p.246.
[126] Chat. İbid, c.2.
[127] İbid, c.1, p.279.
[128] İbid, c.2, p.286-287.
[129] I. Korintos, VI/17.
[130] İbid, p.288-289; c.4, p.310.
[131] İbid, c.3.
[132] İbid, p.286-287.

yüksek ilahi murakabe, daimî şekilde ruh, çalışmasını durdurduğu anlamda ilahi toplulukta bulunmak için devam etmektedir. Bu varlık her zaman aynı açıklık derecesinde değildir. Fakat ruh, orada dikkatlidir ve kendisini Allah'la ve Allah'ta görmektedir[133]. Güçler ve anlamlar bir defa daha karıştırılmışlardır. Ruhun esprisi, onun Allah'ı ile derin bir barış içinde kalmaktadır[134].

Nihayet bu olup bitenden daha az dikkat çekmiyor. Güçlü bir aktivite, ilahi eseri taçlandırmakta ve Thérèse, Tanrısal pasif inayetlere tahsis edilen bir eseri tamamlayan baskıcı aksiyona çağırmaktadır[135]. Bunun hedefi, latif tanrısallıkları tattırmak değil fakat İsa-Mesih örneğinde ki gibi, ruhları acı çekmede güçlendirmek ve onun zaferini sağlayan eserler meydana getirmektir: İşte bu eserlerde, tekrar ediyorum ki gerçekte orada Allah'ın operasyonu ve O'nun lütfu vardır[136]. Artık ruh, Allah'la birleşmiştir ve de bütün eğlenceleri, güçlülere hem bedensel hem de anlamsal olarak yasaklamaktadır. Zaten bu ruh, Allah'la bu yüce birlikte manevi olarak bir olmuştur. Artık onun gücüne[137] iştirak etmez ve katılığını bizzat bedenine kadar hissettirmektedir. O'nun Allah'la birlik için peşin hüküm olmadan yararlandığı hürriyet ve manevi enerjiler ki onları bu ilahi topluluktan almaktadır o, ona tam bir aktivite icra etmesine izin vermektedir.

Marthe ve Meryem nihayet birleşmişlerdir ve kendilerini, Mesihin bakışı altında, onların özel eserlerine barış içinde takdim etmektedirler[138]. Bu kesin ve verimli ilahi dostluk, evlilik gibidir. Bu Allah'ta ruhun tam yok olmasını görmeden Ste Thérèse orada Allah'ta, Allah ile ve Allah için harici ve dâhili en büyük aktivitesinin prensibini bulmaktadır.

Bu nihai mutluluğa ruh, sadece, hikmete doğru daimî yürüyüşle ulaşabilmektedir. Bu yürüyüş, tabiatüstü aydınlığa, Allah aşkının yürüyüşüne paralel bir yürüyüştür[139]. Bu güçlü ve açık aydınlık, saf hakikatin aydınlığıdır ki bundan Thérèse, birliğin ilk inayetleri konusunda zaten bahsetmiştir. Bu

---

[133] İbid, p.281-282, 291.
[134] İbid, p.285, cf. Montée due Carmel, II, c.5.
[135] Chateau, İbid, c.4.
[136] İbid, p.307-308.
[137] İbid, p.310.
[138] İbid, p.322.
[139] Bu kitabın önceki sayfalarına bakılmalıdır.

aydınlık, burada, daha sade ve daha güçlü hale Kutsal-Ruhun operasyonuyla olmakta, imanı aydınlatmak için kâfi gelmekte ve merhameti alevlemekte, mükemmel aksiyonu geliştirmektedir. Bu noktaya ulaşan bakire Ste Thérèse, büyük Doktor St. Augustin'e yetişmektedir. Onların yolları her ne kadar ayrı da olsa, ruhları, mistik ruhları, onları aynı limana götürmektedir.

DOKUZUNCU BÖLÜM
AZİZ JEAN DE LA CROIX[1]

I. HAYATI (1542-1591) VE ESERLERİ

1. Aziz Jean de la Croix'nin derûni hayatını, onun harici hayatı izole edilirse, anlamak mümkün olmaz: Bu, azize Thérèse'nin aksiyon hayatına onun ne kadar yardımcı olduğunu göstermektedir. Başka hiç kimse onun kadar, onun tesirine maruz kalmamıştır. Diğer yandan Thérèse, onun doktrinel eserini aydınlatmış ve onun kişisel tecrübelerini sistemleştirmiştir. Onun kırk dokuz yıllık hayatını üç devreye ayırabiliriz:

1. Devre: Hazırlık devresidir ve aydınlığı bekleme dönemidir.

2. Devre: Yükselme ve realisasyon devresidir. Yani inziva ve aydınlığı alma devresidir.

3. Devre: Harici çalışmalarla ve yazılarla aydınlanma devresidir[2].

Aslında birinci devre hakkında, çok az bilgiye sahibiz. Onun, Fontiberas'da 1542'da, asil bir ailede doğduğunu biliyoruz. Genç Jean de Yepus muhtelif meslekler icra etmiştir (Dokumacılık, marangozluk, heykeltraşlık gibi). Daha sonra, gramer eğitimini ve beşerî ilimler eğitimini, Cizvitlerin Medina kolejinde (1556-1562) almıştır. Kısa zaman sonra bu şehirde ki CARMEL'lere katılmış ve üniversite eğitimi almıştır. 1567 yılında rahip olmuş, Medina şehrinde azize Thérèse ile görüşmüştür. Thérèse ona, Carmellerle ilgili reform projelerini anlatmıştır. Aziz Croix, bu teşebbüse hayran kalarak mükemmel bir yaşam türüne doğru bunların kendi özlemlerine uygunluğuna inanmıştır.

---

[1] P. Gerardo De San Juan de la Cruz, Obras del Mistico Doctor San Juan de la Croux, Tolède, 1912 (t.I-II), 1914 (t.III); Demimuid, S. Jean de la C., Paris, 1916; R. Hoorneart, L'Âme Ardente de S, J. de la Croix, Paris-Bruges, 1924; P. Bruno, S. Jean de la Croix, Paris, 1929; Berthier, S.J. Analyse Sommairen onze Lettres, Besançon, 1846; A. Poulain, S.J. la Mystique de la S.J. de la Meystiques de S.J. de la Croix, Paris, 1893; Wenceslas du S. Sacrament, Fisionomia de un Doctor, Salamanque, 1913; R. Garrigou-Lagrance, Perf. Chret. et Contemplation Selen S. Thomas et S.J. de la C. S. Maximin, 1923; Mgr. Landrieux, Sur les Pas de S.J. de la C, Paris, 1924; la Vie Spirituelle, 1927 (t.XVI), S. Croix hakkında makaleler (p.141-174); zahitliği hakkında, p.175-196.

[2] Vie Spirit, no cité, 1927, p.142.

Müteakip sene, genç rahip, hızla "Kutsallaşma yollarına" gidecektir. Böylece o, on yılda en yüksek zirveye ulaşmıştır. 1568 yılında genel başkanın izniyle, Durvelo, reformun ilk merkezi olarak açılmıştı. Onun bir parçası olan Medina duacısı P. Jean de Saint-Mathias, artık P. Jean de la Croix olmuştu. Burası ve ilk açılan merkezler bu reformu yerleştiriyorlardı. Croix, özellikle yeni başlayanların formasyonu ile meşgul oluyordu. Daha sonra kolejlerde tarikatın öğrencileri, zahiren mütevazı bir rolle gerçekte çok güçlü olarak etkili olmuşlardır. Azize Thérèse'nin isteğiyle, Avila İncarnation Carmelitlerinden bir itirafçı, 1472 yılının mayıs ayında buraya atanmıştır. O, burada 1577 yılına kadar kalmıştır. Orada önemli dâhili bir gelişmeye sebep olmuştur. Bunun yanında o, okullarda yöneticilik de yapmıştır. Bu itirafçı, 1572 yılının sonunda Transforant birliğe girmiştir.

Bu inziva yılları esnasında ve "Durgun Savaş" döneminde Jean de la Croix'nin etkisi olmadan İspanya'da tarikat hareket halindeydi. Fakat 1577 yılında 3 Aralığı 4 Aralığa bağlayan gecede o, inzivadan alınarak, Tolede'e götürülmüş ve komutanın emriyle yedi ay bir manastırda tutuklanmıştır. Maruz kaldığı fiziki işkenceler ve ahlaki sıkıntılar, tabiatüstü tecrübelerle birleşmiş, ruhunun temizliği tamamlanmış, onu Transformant birliğe dâhil etmiştir. O, ilham edilen kıt'aları(şiiri) yazmıştır ve onun eserlerinin birçoğu tefsirdir.

Tutukluktan çıktıktıktan sonra, bir reforme olmuş eyalete yerleşen Jean de la Croix, 1579-1581 yıllarında BAÉZA ilahiyat kolejinde rektör olmuş; 1581-1585 yıllarında Grenada duacısı olmuş, 1585-1587 yıllarında eyalet vekili olmuş, 185-1587 yıllarında yeniden Grenada duacısı olmuş, sonra da 1588-1591 yıllarında Ségovie duacısı olmuştur.

Ancak o hiçbir zaman ilk planda makamla meşgul olmamıştır. Bu ister, dâhili olarak çok meşgul olduğu için gereken dikkati idari problemlere veremeyeceğinden olsun, ister parlak insanların Ste Thérèse'nin reformunu dünyaya göre başarması gibi işler olsun gerekli müzakerelerde daha doğru değerlendirilmiştir. 1588 yılından beri o, Consulta üyesiydi. Bu meclis, ilk başkan P. DORA tarafından kurulmuştu. Fakat 1591 yılının ortasında o, bütün görevlerden uzaklaştırılmıştı. Jean de la Croix, bu yılın sonunda sade bir dindar olarak UBEDA (Endülüs'te) manastırında, 14 Aralık 1591 yılında vefat etmiştir. O, mesihten **"acı çekmek ve hakir olmak"** istemişti. İşte bu olmuştu. O, hayatıyla, kitaplarında bıraktığı doktrin mirasını aydınlatmıştır.

2. Aziz Jean de la Croix'nın yazıları, uzun müddet sadece Carmel tarikatında tanınmıştır. Fakat 1618 yılında bu yazılar yayımlanınca bütün kilislerde doktrinel olarak 1726 yılındaki Papalık yasasıyla tanınmıştır. 1927 yılında Papa Pie XI, tarafından kilise doktoru ilan edilmiştir. Onun temel eseri, "MONTEE DU CARMEL ve LA NUİT OBSCUR'dur. Her iki eserde bir ilahiyi sekiz kıt'ada, "ilk mısra olan" karanlık bir gece esnasında... (1579-1583'yı tefsir etmektedir. Diğer iki mısra, 1584 yılına doğru yazılmıştır. Bunlar Vive Flamme d'Amour ve Cantique Spirituel" dir. Bunlar da iki ilahiyi yorumlamaktadırlar. Birincisi, dört kıtadır. İkincisi de kırk kıtadır. Onların açıkladıkları hem konu yönünden hem de üslup yönünden, öncekilerden farklıdırlar. Onlar, her ne kadar yazar bu amaçla yazmamış da olsa, onları tamamlamaktadır[3].

Montée du Carmel'in genel konusu, ruhun aktif arınmasıdır[4]. Fakat birçok sayfada etüd edilen pasif unsurlara telmihte bulunulmaktadır[5].

Birinci kitap, "karanlık geceyi-aktif anlamları" işlemektedir. Kısaca, duygusal ruhu işlemektedir. Gece üzerinde (c.1-3) genel bilgiler verdikten sonra yazar, acıların gerekliliğini uzun uzun açıklamakta ve bunların Allah'ın ruhuna bir engel olduğunu belirtmekte (c.4-5) ve sayısız zararların ruha neden olduğunu ifade etmektedir: Yorgunluk (c.6), ıstırap (c.7), körlük (c.8), kirlilik (c.9), pasiflik (c.10) gibi... Bunun için ruhları acı çekmeye sevk etmek gerekmektedir (c.11-12) ve Jean de la Croix, burada çok güzel bir zahidane plan (c.13) önermektedir. Nihayet eserin sonuç kısmı gelmektedir (c.14-15).

İkinci ve üçüncü kitaplarda, "Karanlık Geceyi" yani ruhun aktifliğini işlemektedir. Yani rasyonel kısımda yer alan ruhu işlemektedir. Bu anlayışı, hafızayı[6] ve iradeyi içine almaktadır. Bu, imanla, ümitle ve hayırla olmaktadır. Bu yeteneklerin her biri, karşılıklı olarak arınmıştır[7]. İkinci kitap, özellikle imanla, anlayışın arındırılmasına tahsis edilmiştir. Yazar burada önce sebepleri ve avantajları (c.1-18) açıklamakta ve özellikle, imanın yegâne Allah'la birleşme vasıtası olduğunu göstermektedir (c.8). Bunu uygulamak için o,

---

[3] Yine ona "Traité des épines de l'esprit" ve "sur la connaissance obscure de Dieu" isimli yazılar atfedilmektedir.
[4] Gece normalde "arınma anlamında"dır. Kelimenin başka anlamları için bu kitabın ileriki sayfalarına bakınız.
[5] Özellikle, Nuit Obscure'da.
[6] Hafıza, anlayıştan ayrılmaktadır.
[7] Faziletin bu üç rolü, Monte'de açıklanmıştır. II, c.5. Nuit Obsc. Run sonunda özetlenmiştir.

resimler, kurallar (c.9-11) gibi alınan dış anlamlar bilgisinden vazgeçerek, sade imanı önermektedir ve bu prensipleri bizzat sözel meditasyonda kullanmaktadır. Bazı ruhlar onu terk etmektedir (c.12-13). Birliğe sevk eden mükemmel iman, zihni, tabiatüstü düzeyin farklı bilgilerinden ayrılmaya götürmelidir. Bu sadece muhayyel olmamalıdır (c.14-20), serapa manevi nüfuzla olmalıdır (c.21-30). Entelektüel vizyon (22), vahiy (23-25), dahili sözler (27-29), ruhsal duygular (30) şeklinde olmalıdır.

HAFIZA, ümitle temizlenir (1.III, c.1-14). Bu aşkın bir objeye dayanarak, tabii muhayyilenin kavramlarından (c.1-5) veya tabiatüstü (c.6-12) kavramlardan ve hatta özel spritüal bilgilerden (c.13) uzaklaşmayı gerekli kılmaktadır. Burada geçerli olan büyük kanun, ruhu boşaltarak, sevgiyle, Allah'a dönmesini sağlamaktır (c.14).

Merhamet (hayır yapmak), iradeyi Allah'la birleştirir. Fakat önce onun, onu temizlemesi gerekir (1.III, c.15-44). Çünkü bu faziletin özel objesi mutlak mükemmel güzeldir. Bunda mükemmel sevinç münhasıran aranmalıdır (c.16)[8]. Diğer tabii (c.17-28)[9] ve tabiatüstü güzelliklerden uzaklaşılmaktadır[10]. Her nokta, olağanüstü bir verimlilikle işlenmiştir. Ancak metin gelişmenin ortasında birden kesilmektedir. Acaba yazı burada bitiyor mu yoksa metin kaybolmuş mudur?[11]

La Nuit Obscure'un genel konusu, pasif arınmalardır ki bunları ruh, mükemmel birliğe ulaşmak için maruz kaldığında gerçekleştirmektedir.

Birinci kitap, anlamların pasif geçişini işlemektedir. Bunun zaruretini göstermek için aziz Jean de la Croix, dindar ruhların ve hararetli ruhların eksikliklerini incelikle ve nüfuzla analiz etmektedir. Genelde bunlar, mükemmel dindarlıklarla karışan genel tabii eğilimlerdir (c.1). Bunlar kibrin yüksek şekillerine götürmektedir (Gönül rahatlığı, istek arzusu vs. gibi) (c.2). Cimrilik (dini şeylerin yolsuzluğu) (c.3), şehvet (c.4), öfke (c.5), oburluk (c.6), kıskançlık (c.7), tecrübelerde uyuşukluk (c.7). Fark edilmeyen bu hataları yok

---

[8] Buradaki sevinçler: Neşe, ümit, acı, korkudur (Monte, 1, c.13). Bu kitabın ileriki sayfalarına bakınız.
[9] Bunlar zenginlikler, görevlerdir (17-19).
[10] Extraordinaire, 29-31.
[11] H. Hoornaert, Montée, II, p.110.

etmek için Allah, tabiatüstü tecrübeler göndermektedir ki bunlara anlamların pasif gecesi denilmiştir (c.8-10). Bunların Somme'ları çok hoştur (c.11-14)[12].

İkinci kitap, yirmi beş bölümdür ve zihnin pasif gecesini işlemektedir. İlk dört bölüm, doktrin konusunda genel bilgi vermektedir. Yani anlamlar gecesinden çıkan ruhların hali (c.1), onların noksanlıkları (c.2), yeni tecrübenin karakteri (c.3) ve sonuçları (c.4) gibi. Müteakip bölümler, bu tecrübenin tabiatını (c.5-18) açıklamakta ve sonuçlarını tasvir etmektedir (c.19-25)[13]. Ancak bu tasnifte sıkı bir durum aranmamalıdır. Çünkü her yerde karşılaşılan birtakım ıstıraplar veya alınanlar için yazar, ruhun ondan elde ettiği manevi avantajlara işaret etmektedir. Böylece transforme olan insan inayeti teslim olmakta ve bu dâhili yeniliğe boyun eğmektedir[14].

"La Vive Flamme d'Amour" beliğ bir tefsirdir, lirik bir eserdir ve Transformant birliğe ulaşmış ateşli bir ruhun duygularını belirten dört kıtadır[15]. Bu eser, daha çok bir murakabe kitabıdır ve onu analiz etmek oldukça zordur. **Birinci kıt'a**, Allah aşkına tutulmuş bir ruhun ebedi birlik arzusunu açıklamaktadır. **İkinci kıt'a**, bu aşkın sonuçlarını tasvir etmektedir. Bunlar dağlamalar, yaralanmalar, dokunmalar olarak belirtmişlerdir. **Üçüncü kıta**, sevgiliye sunulan aşk tezahürlerini terennnüm **etmektedir**. **Dördüncü kıt'a**, Ruha karşı Allah'ın tarifsiz dönüşünü anlatmaktadır. Didaktik olmayan bu eser, bize, transforme olmuş ruhların halini tanımamıza imkân vermektedir.

"La Cantique Sprituel" de aynı tarzda kırk kıtayı tefsir etmektedir. Bu şiir, Tole'de yazıldığında, oldukça yüksek bir ilhamla kaleme alınmış bir diyalog şiiridir. Bu tefsir, 1584 yılına doğru tutukluluktan çıktıktan sonra, Carmelit BÉAS'ın isteği üzerine kaleme alınmıştır. Anne de Jesus'de, mistik birliği işlemektedir: Önce, gerekli pozisyonları sonra da "Spritüal nişanlanmayı" işlemektedir. Bu bir hazırlanmadır, sonra da bizzat birleşmedir veya spritüal evliliktir[16].

---

[12] Bu kitabın ileri sayfalarına bakınız.
[13] Bu kitabın ileri sayfalarına bakınız.
[14] Bu kitabın ileri sayfalarına bakınız.
[15] Dict. Théol. Art, Col. 781-783.
[16] P. Gerardo, edisyon kritiğinde "Vive Flamme"ın tefsirine, "Montée du Carmel"in son kısmı olarak bakmaktadır ki bu transformant birliği işlemektedir. Cantiquelere gelince, orada diğer üç eserin özeti bulunmaktadır.

II. MİSTİK DOKTRİNİ

A. Aziz Jean De la Croix'nın Bakış Açısı

Aziz Jean de la Croix, büyük bir mistik doktordur. O, eserlerinde sadece fazilette daha önce ilerlemiş olanlara hitap etmekte ve onların olgunluğa gitmelerine yönelen üstün inayetlere ulaşmaları için yardım etmeyi istemektedir. Bunun için o, bu ruhları mistik yolların başına almakta ve onları Ste Thérèse gibi en yüksek zirvelere doğru yönlendirmektedir. Fakat o, Thérèse gibi aynı noktada değildir. Bu noktada, kelimeler ve Thérèse'ninkinden farklı açıklamalar, onunkiyle aralarında hiçbir bağın olmadığını göstermektedir. Her şeye rağmen aralarında mükemmel bir bağ vardır ve iki eser, harika şekilde birbirini tamamlamaktadır.

Aziz Jean de la Croix, Ste Thérèse gibi tabiatüstü lütuflar serisini tasvir etmemiştir. O, onları daha çok temel unsurlarda, murakabede telakki etmektedir. Bu "genel bir dikkat ve Allah sevgisi", "genel bir bilgi ve Allah aşkı"[17] olarak kavranmıştır. Bir yandan o, oldukça sadedir[18], aydınlatmaktadır ve imanı sağlamlaştırmaktadır[19]. Diğer yandan o, güçlü iradeyle oldukça dikkat çekicidir. Özellikle başlangıçta, orada oldukça kuraklık olmasına rağmen... İşte Aziz Jean de la Croix'nin doktrininin merkez noktası burasıdır: Diğerleri sadece düzenli gelişmelerdir veya teorik ve pratik uygulamalardır. Böylece murakabenin karakteristik çizgileri yerleştiği zaman, sözel meditasyonu terke izin vermemektedir[20]. O, ruhları takdimlerden ve manevi nüfuzdan uzaklaştırmıyordu. Çünkü onun için, lütufların esası, murakabevi bilgidedir ki o, onda esastır[21]. Bu doktrin onun eserlerinin ruhudur. Fakat özellikle iki eserinin ruhudur. Orada o, mükemmel birliğe hazırlanan ruhun temizlenmelerini açıklamaktadır: "La Montée du Carmel" ve "Nuit Observe". O, orada negatif veçhe altında murakabeyi göz önünde bulundurmakta ve onun pozitif rolü olan insanı sağlamlaştırmasını ve aydınlatmasını bilmeden onu, ruhun arındırıcı unsuru olarak müşahede etmektedir.

---

[17] Montée, II, c.12; Nuit, 1. c.8.
[18] Montée, II, c.12, trad. Hoornert, p.109.
[19] S. Jean de la Croix'nın maneviyatında bu fazilletin önemi buradan gelmektedir.
[20] Bu eserin ileri sayfalarına bakılmalıdır.
[21] Bu kitabın ileri sayfalarına bakılmalıdır.

Bahsedilen murakabe dâhili bir murakabedir. O, Kutsal-Ruhun özel bir operasyonuyla meydana gelmiştir. O, tamamen mistiktir[22]. Bu anlamda pasiftir. Buradan mistik ruhun pasifliğe indirgenemeyeceği sonucu çıkmaz. Aziz Jean de la Croix, işte bu temel prensip üzerine bütün zahitliğini kurmaktadır. Bu zahitlik, ruhun Allah'ın ona empoze ettiği pasif arınmalara hazırlanmak için gerçekleştirmek zorunda olduğu aktif arınmaları içine almaktadır.

Söz konusu zahitlik, harici bir zahitlik değildir. Bununla beraber, günaha karşı savaşta, yeni başlayanların zahitliğini geride bırakmaktadır. Söz konusu olan, yüksek zahitliktir. Onunla ateşli ruhlar, en yüksek inayetleri almaya hazırlanmaktadırlar. Bunlar lütufkârdırlar. Zaten murakabenin ilk aydınlıklarıyla aydınlanmış ruhlar, Allah'ın bağışlarına layıktırlar ve canlı aydınlıklarla aydınlanmaktadırlar. Bu aktif bakış açısının önemi, aziz Jean de la Croix'nın bizzat mistiğinde temel prensiptir. Onu, çok iyi anlamak gerekmektedir. Fakat onun eserini tamamlayan iki unsura dikkat etmeden onu tanımak mümkün değildir.

Daha sonra, aktif murakabeden bahsedilmiş ve onun için "Montée du Carmel'e" davet edilmişti. Aziz Jean de la Croix, orada insanın inayete sahip olması için sergilemek zorunda olduğu aktiviteyi geliştirmektedir. Bunun büyük bir kısmı, doğrudan duaya uygulanmakta, özellikle ikinci kitap tamamen zihnin aktif arınmasına tahsis edilmiştir. İmanın, ümidin ve hayrın aktif egzersiziyle ruhun arındırılması, zihnin, hafızanın, iradenin en yüksek seviyesinde gerçekleşmiştir[23]. Burada, yeni başlayanlardan daha mükemmel bir aktivite söz konusudur, oldukça kolay bir dizi aktiviteden ibarettir. Bu Allah'a ve onun olgunluklarına sade bakıştan ibarettir. Fakat özellikle zihinden ve hafızadan, temsilleri ve özel nüfuzları yok etmek[24] için çaba harcamayı gerektirmektedir. Aynı zamanda böylece duygularda arındırılmıştır. İşte bu, Denys l'Aréopagite'in[25] "negatif ilahiyat" metodudur[26].

Bu sade aktivite, gerçek bir sözel meditasyon değildir: Bunun zamanı geçmiştir. Onun yerine bahsedilen daha basit olan egzersiz geçmiştir. Bu

---

[22] Bu kitabın ileri sayfalarına bakılmalıdır.
[23] Bu kitabın önceki sayfalarına bakınız.
[24] Tabiatüstü ve spritüal.
[25] Bu kitabın ilk kısmına bakılmalıdır.
[26] Montée, 1.II, c.12-13.

egzersiz, ne kadar pasif olursa olsun, dâhili murakabeye sıkıca bağlıdır. Aziz Jean de la Croix, bu noktada formeldir: Meditasyon, bu imanın sadeleştirilmiş aktivitesinin yerine, murakabevi aydınlıklar kavrandığı ölçüde konamaz[27]. Bu inancın sade eylemleri, St. Jean da la Croix için sözelden daha sezgiseldir ki aktüel murakabenin varlığı hariç, en azından Allah'ın genel ve saf bilgisinin murakabesi burada temel bir unsurdur ve kısmen varlığını, en azından sonuçlarda devam ettirmektedir. Özellikle murakabenin inayeti geri çekildiğinde... Zaten imanın bu aktivitesi, büyük Carmel mistiğin açıkladığı zahitliğin şekillerinden başka bir şey değildir. Bu zahitlik, sadece mistiğe yönelmez, aynı zamanda ona bağımlıdır ve gereklidir.

Hakikatte, aziz Jean de la Croix'nın maneviyatında, paralel olan iki yolu ayırmaya gerek yoktur. Bu yollardan birisi zahitlik yolu, diğeri de mistik yoldur. Her ikisi de kendi vasıtalarıyla olgunluğa götürmektedir. Bundan aktif ve pasif olarak iki büyük eser bahsetmektedir. Bu eserler, iki ayrı halden bahsetmeyi temsil etmezler. Kutsallığın tek bir yolunun iki veçhesini temsil ederler[28]. Bu iki unsur, sadık bir ruhu, en yüksek birliğe yükseltmeye doğru koordine edilmişlerdir. Bu Transformant birliği, Jean de la Croix, olgunluğa doğru[29] normal yürüyüş olarak kabul etmektedir. Onu o, "birleştirici yol" olarak belirtmektedir. Böylece o, aydınlanmış yola gelmiştir ki bu yol, yüksek ruhların birtakım mistik inayetleri aldıkları haldir. Ancak bu hal, Transformant birlikten aşağıdadır[30]. "Purgative Yol" anlamlar gecesinin tecrübelerinde olanların halidir ve bu halde olanlar henüz oraya ulaşabilmiş değillerdir.

Fakat yolun menzillerini belirten derecelerden başka, orada tarza uygun başka şeyler de vardır. Onlar da, mistik bağışlara iştirak etmişlerdir[31]. Çünkü bir taraftan inayet, bütün ruhlarda, mağlup edecek aynı muhalefetle yani ifa edilecek aynı arınma ile karşılaşmazlar, diğer yandan herkes aynı eşit birliğe

---

[27] İşaretler (Montée, İbid), giriş murakabesine uygun olan meditasyonun terk edilmesine izin vermektedir. Bunu, la Nuit takdim etmektedir (1,9). Bu konuda bu kitabın ileri sayfalarına bakınız.
[28] Yol kelimesi vasıtaların tamamını belirtir. Onlarla ruh, olgunluğa sevk edilmektedir. Bazen yol kelimesi, menzil anlamında kullanılmıştır. İşte purgative-illuminative-unitive formüllerinin anlamı budur.
[29] Burası azizin doktrininde temel merkez noktadır, diyor P. Gabriel (Art. Cité, Dans Vie Spirit, p.225-243). Bu ruhun tam spritüal olgunluk halidir.
[30] "İlerleten yol", "Dâhili murakabe yolu" gibi terimlerle belirtilmtir. Nuit Obsc. t, c.14; II, c.1.
[31] Nuit Obsc. 1, Kıta 1.

sahip olmaya çağrılmazlar[32]. Açıkça pasif tecrübelerin süresi ve katılığı, ön görülen ve her biri için işlenen birliğin dereceleriyle orantılanmıştır[33]. Böylece başka hazırlık inayetleri olacaktır. Bu yeni bakış noktasında, mistik inayetlere iştirak modelleri çoğaltılacaktır. Biz burada iki prensip üzerinde duracağız:

1. Tatlı İştirak: Sakin ve barış içinde oldukça derin (Bu daima fark edilmez olarak kalmaktadır)dir[34].

2. Güçlü İştirak: Bu ruhu canlı ve yoğun aydınlıklarla yakalamakta ve bazen beden üzerinde tepki göstermektedir.

Aziz Jean de la Croix'nin doktrininde ruhun arınması olayı çok önemli bir yer tutmakta ve onu sık sık "**Nuit**"den veya "Nuit Obscure"den bahsetmeye sevk etmektedir. Gerçekte bu kelimenin anlamı "arınmadır". Bu ister "**anlamlarda olsun**" ister "**zihinsel**" olsun fark etmez[35]. Ancak diğer bazı kabullerde ona, oldukça bağlıdırlar. Gece (La Nuit), önce bir mahrumiyettir[36]. Tabii gece onların gözlerinde aydınlığın yok olmasıdır. Mistik gece, anlam veya zihinsel yönden ruhun arınmasına yönelmiş özel objelerinden uzaklaşmadır. Dâhili anlamda imajlarından ve saf ve sade imana indirgenen zihinden mahrum olmaktır. Bu bakış açısından **Gece**, karanlık anlamındadır. Bir başka anlamda o, aydınlıktır. Çünkü bu arınma, ilahi aydınlığa sahip olmaya sevk etmektedir. Bu dâhili yeteneklerde akılla kavranamaz. Bu yetenekler, karanlığın içinde kalırlar. Allah bizzat aşkın olarak ve birliğe çağrılmış ruh için anlaşılmaz olarak kalmaktadır: Bu durum hâla onun tarzında bir gecedir[37]. Bununla beraber zihni aydınlatan canlı ışıklar nedeniyle o, şafakla kıyaslanabilir[38]. Böylece birliğe götüren yol ve bizzat birlik, karanlıktır veya görüş nok-

---

[32] P. Gabriel'in zikredilen makalesine bakınız (p.243-254); Montée, II, c.4.
[33] Nuit Obsc. 1, c.14.
[34] Carmel ilahiyatçıları buna "Unio Sobria" demektedirler. Thom. De J, Orat. Div. IV, 5; Philip, De la Ste Tr. Sum. th. must. III, tr.1, d.1a.4.
[35] Bu kitabın önceki sayfalarına bakınız.
[36] Montée, 1. c.3.
[37] Ruhun tanrısal birliğe geçişinde üç sebepten dolayı gece denmiştir:
 1. Başlangıçtan beri gerekli olan feragatlerden dolayı.
 2. Vasıtalardan dolayıdır ki bu imandır.
 3. Bizzat terimden dolayı. Allah, anlaşılmaz varlıktır. Montée, 1. c.2.
[38] Belirtilen üç sebep, üç geceye cevap vermektedir. Yani bir gecenin üç kısmına: Alacakaranlık, gece, şafak.

tasına göre aydınlıktır. Böylece bu garip ifade şöyle değerlendirilebilir: Burada yazarın bakış açısından bakıldığında, düşüncede bir tezat yoktur.

B. Doktirininin Karakteristik Noktaları

Aziz Jean de la Croix'nın doktrini, daha önce faziletle sağlamlaşmış ve olgunluğa yönelmiş ruhlara hitap etmektedir. Bu doktrin, birliğe hazırlayan arınmalar konusunda özellikle yenidir. Fakat onun birlik konusundaki görüşleri de hatırlanmalıdır.

1. Arınmalar[39]: İki çeşit arınma veya gece vardır: Anlamlar arınması ve zihinsel arınma. Bunların her biri pasif ve aktiftir. Bu onun meydana gelişine veya insana maruz kalışına göredir. ANLAMLARIN GECESİ[40] ona gerekli olan ilktir ki önce, duygusal kısımda veya aştığı kısımda ruhu arındırmaktadır: O, ister aşağı işlemelerde olsun (Nuit Active)[41] ister ruhu sevgilerden ve duygusal tesellilerden kurtarmaya yönelen tabiatüstü birtakım tecrübelerden (Nufit Passive)[42] olsun fark etmez. ZİHİNSEL GECE, ruhun spritüal kısmını arındırmaktadır: Aktif[43]tir. O, teolojik faziletlerin basit egzersizlerinde ve özellikle imanın egzersizinde, anlamların pasif gecesine sıkıca bağımlıdır, pasiftir[44]. O, geniş anlamdadır. Yani ileri murakabelerin arınma tecrübelerinin tamamını içine almaktadır. Fakat dar anlamda Aziz Jean de la Croix onu böyle almaktadır. Bu durumda o, özellikle çarmıhtaki murakabesinin manevi tecrübeleridir ki ileri murakabeleri, Transformant birlikte meydana getirmektedir (Bu onun için gerçek birlik yoludur).

Anlamların pasif gecesi, mistik yollara girişi belirtmektedir: Buna, çorak durgunluk adı verilir. Bu hal, Ste Thérèse'nin tasvir ettiği, tatlı sükûnete paraleldir. Bunu Jean de la Croix, bu noktada tamamlamaktadır. Onun tarafından kullanılan "Voie Purgative" isme rağmen o, Voie İlluminative'le Voie Unitioe Simple arasında yer almaktadır (Jean de la Croix için). Zihnin pasif gecesi, bunun sonunda Transformant birliğin girişinde yer almaktadır[45].

---

[39] Montée du Carmel et Nuit Obscure.
[40] Montée, 1.1, c.1-12.
[41] İbid, ch.13.
[42] Nuit Obscure, 1.1, c.8-14; ch.1-7.
[43] Montée, 1, II-III.
[44] Nuit Obsc. 1.IXI.
[45] Jean de la Croix'nın manevi arınmalar konusundaki ısrarını "Voie Pourgative" formülü açıklamaktadır. Bu ruhun bütün önceki formasyonunu içine almaktadır.

a. Anlamların arınması, sadece mistik inayetlerle gerçekleşmez, zahitlikle gerçekleşir. İşte bu, Jean de la Croix'nın karakteristik metodudur.

i. Sebeplerin geniş açıklaması: Bu zahitliği empoze etmektedir. Buna "anlamların aktif gecesi" ismi verilir. O, oldukça beliğdir. Fakat o, pratikten daha da nettir. Onu, Carmelli doktor iki temel nasihate indirgemektedir: 1. Bütünüyle İsa-Mesihi taklit: Bu her şeyde, Mesihi taklit etme arzusudur. Yani hayatı, onun hayatına uydurmak onun gibi davranmak için her türlü şartta onu düşünmek gerekir.

ii. Zevklerini öldürmek ve onlara zıt davranmak: Bazı zevkler, anlamlara yönelir. Şayet o, serapa, zafere ve Allah'ın şerefine yönelmezse, ondan vazgeçiniz ve aşkla ondan acı çekiniz. Jean de la Croix şunu ilave etmektedir: "Bu metod, hızlı bir ilerlemeye götürmektedir." Uygulamayı kolaylaştırmak için, dört sıkıntıya işaret etmektedir ki bunar, özel dikkat gerektirmektedir. Bunlar sevinç, ümit, korku, acıdır. O, bunlar için maksimum kurallar koymaktadır[46]. "Özellikle çok kolay olmayanları tercih ediniz.", "Tatlı olanları değil, acı olanları tercih ediniz. Hoşunuza gideni değil, dikkatinizi çekmeyeni tercih ediniz." Üç günaha karşı savaşı önermektedir[47]. Sonuç olarak Mont Carmel uykusuna veya saf imanda Transformant birliğe ulaşmak için onların vasıtaları konusunda bütün zahidane doktrinde yoğunlaşmak gerekmektedir. Bu konuda, meşhur on iki kural vardır. Orada, bütün ve yokluk zıt kavramda çoğu kez muhalefet halindedirler[48]. Bütün mükemmel birlikte, tamamen Allah'a sahip olmaktır. Artık orada Mesih vahyetmektedir. Yokluk, Allah'ın yokluğudur ve Allah'la tam olarak birleşmek isteyen ruh, yokluğa tutunmamalıdır. İşte bu hiçlikte zihin, sükûneti bulmaktadır[49].

2. Bu sükûnet, kısmi de olsa oldukça etkili sert bir form altında elde edilemez ancak "anlamların pasif gecesiyle" elde edilir. O, dindar ruhları bilinçsiz kalıntılardan soyutlamakta ve onların en kutsal eserlerini kirlendiren belli başlı kötülüklerden temizlemekte ve yazar bunun acımasız bir analizini yapmaktadır[50]. O, özellikle manevi kuraklıkta geçerlidir ki o, sadece tesellilerin

---

[46] Montée, 1.1. c.4-12.
[47] Yuhanna'nın I. mektubu II/16.
[48] Bütünü sevmeye ulaşmak için yoklukta tatmini aramayınız.
[49] Montée, 1. c.13.
[50] Nuit Obsc. 1, c.1-7. Geçen eser analizine bakılmalıdır.

duygusal yeteneklerini mahrum etmiyor, zihnin düşünmesine ve önceki gibi konuşmasına da engel oluyor. Bu gecenin üç temel özelliği vardır:

i. Daimî manevi duygusuzluk. Bu tabii sebepsizdir.

ii. Allah'ın alışılmış hatırlanması. Buna belli bir anxiete karışmıştır.

iii. Duada konuşamama[51]. Bu haldeki ruh, paylaşılmış gibidir. O, bir yandan, daima onu meşgul eden oldukça canlı Allah aşkını, tecrübe eder ve kalbin belli başlı hareketlerini Allah'a doğru yönlendirir. Diğer yandan bu aşk, anxiete ile doludur, ona Allah'tan mahrum olma veya yeniden mevcut tecrübeyi ve kaybolmuş olandan yararlanmayı arzu etmektedir[52]. Bu, Allah'ta birleşme ihtiyacı, burada söz konusu olan duygusuzluğun tecrübesinden net olarak ayrılmaktadır. Duygusuzluk, neden olarak hastalıklı tabii bir pozisyon olacak veya günahın cezası olacaktır[53].

Bu durumda ruh sadece sabırla icraatta bulunmalıdır ve kendisini güvenle Allah'ın aksiyonuna bırakmalı, duada konuşmayı terk etmelidir[54]. Bunu inayetin onda sağladığı derin aşkı, daha iyi kavraması için yapmalıdır. Bu durum ise, henüz eksik olan gizli bir murakabe ile[55] olmaktadır. Buradan Jean de la Croix, bahsettiği ve avantajlarını gösterdiği tabiatüstü tecrübeyi açıklamaktadır.

Bu çorak sükûnetin meyveleri hakikatte olağan üstüdür[56]: Allah'ın bilgisinden başka o ilham aldığı hararetli aşkı da getirmektedir[57]. O, ruha kendisini daha da tanıma imkânı vermekte ve Allah'ın önünde daha feragat halinde, daha mütevazı ve itaatkâr yapmaktadır[58]. Yine o, manevi cimriliği veya diğer kötülüğün kalıntılarını tedavi etmekte ve ahlaki faziletleri geliştirmektedir[59]. Tek kelimeyle o, ruhu bu arınmanın başlangıcıyla[60] pasifleştirmektedir. Çünkü bu sadece bir başlangıçtır. Gerçek barış ancak duygusal ruhun,

---

[51] İbid, 1. c.9, cf. İbid, c.8-11.
[52] Burada, kaybolmuş duygusal teselliler ve tatlı sükûnetin mistik inayetleri söz konusudur. Son durumda tecrübe daha zordur.
[53] İbid, c.11; İbid, c.14.
[54] İbid, c.10.
[55] Thérèse'nin tasvir ettiği gibi sükûnet, sadece iradeyle elde edilir. O, bizatihi bir bilgi değildir. İbid, c.8. Bu kitabın önceki sayfalarına bakınız.
[56] İbid, c.11-14.
[57] İbid, c.11.
[58] İbid, c.12.
[59] İbid, c.13.
[60] İbid, c.14.

zihne itaat ettiğinde tamamlanacaktır. O, bizzat arındığında ancak bunu verecektir[61].

b. Zihnin temizlenmesi, anlamların temizlenmesini takip etmelidir. O, aktif ve pasif olacaktır fakat pasif arınma en sivri şekli altında bile, oldukça uzun bir zamanda ve belki de yıllar içinde ancak gerçekleşecektir[62]. İlk tecrübeden çıkan ruh, olgunlaşma yolunda daha da genişlemiş ve neşeli bir kalple ilerlemekte ve o, sık sık tatlı ve âşık, murakabede istirahat etmekte ve şimdi temizlenmiş anlamlara kadar yayılmaktadır[63]. O, yine dâhili tecrübelere de (karanlık, kuraklık, kaygı gibi) maruz kalmaktadır[64]. Bu zihnin dâhili tecrübeleri, uzaktan, mükemmel birliğe hazırlamaktadır: Bu dolaylı olarak, özel bir krizden öncedir ki o, zihnin pasif gecesidir ve ilerleme yolunun sonunda bu vuku bulmaktadır[65]. Bu ilerleme hali, hakikatte bir olgunlaşma halidir. Buna en yüksek mistik bağışlar ve bazen de olağanüstü haller refakat ederler[66]. Yine Jean de la Croix, ruha, özenle bundan ayrılmayı önermektedir ve onun Montée de Carmel'de sergilediği aktiflikten bahsetmektedir.

1. Bu hale özgü aktivite, Jean de la Croix tarafından üç ilahiyat faziletlerinin egzersizine götürülmüştür. Bu üç fazilet İMAN, ÜMİT, HAYIR YAPMAK'tır. O, talebesini daha da zirveye götürmekle meşguldür. Bunun için o, bu faziletlerin egzersizini, onun temizleyici veçhesi altında göz önünde bulundurmaktadır. Böylece o, ruhu Allah'a ait olmayan her şeyden uzaklaştırıyor ve ruhu Allah'la zihnin mükemmel ahlaki asimilasyonunu gerektiren Transformant birliği olmaya uygun hale getiriyor. Onun özel hedefi, Ste Thérèse'nin de yaptığı gibi, murakabevi duada, Mesihin beşeriyetinin rolü üzerinde ısrar etmemektedir. Genelde o, Ste Thérèse'nin çok yüksek birliğinin değerli modaliteleri olarak tasvir ettiği, manevî lütuflar birliğine engel olanları takdime kadar gitmemekte midir? Burada bir çelişki noktası yoktur ancak amaç çeşitliliği ve bakış açısı farkı vardır. Hâkim olan meşguliyet aziz Jean de la Croix'da metodunun açıklanmasıdır[67]. Teolojikal faziletler, onun

---

[61] Nuit Obsc, II, c.1, 3.
[62] İbid, c.1.
[63] İbid.
[64] İbid.
[65] İbid.
[66] İbid, cf. Montée, II, c.14-30; III, c.29-44.
[67] Montée, II, c.4.

için aktif temizlenme vasıtalarıdır[68]. Bunlar aynı zamanda Allah'la birleşmektedir.

Aslında bu, aynı zamanda arındırıcı role atfedilmiştir[69], özellikle duada[70]: O, bütün aydınlanmış ruhlar için muhayyel temsillerin yerini almaktadır, meditasyonda faydalıdır fakat onlar için engel olmaktadır[71]. Muhakemede yer alan yüksek aydınlıkların varlığının üç alametini biliyoruz:

- Sözel dua karşısındaki güçsüzlük.

- Nisbeten sakin olan bir muhayyilenin sabit olmayışı.

- Allah'a karşı barışla, sükûnetle ve istirahatle dikkatli sevgi[72]. Bu özellikler çorak sükûnetteki murakabenin özelliklerine uygundur[73]. Sadece çıraklığa işaret edilmemiştir. Çünkü meditasyona dönüş, şayet diğer şartlar gerçekleşirse, en azından ruh sağlamlaşır da, mükemmel tarzda murakabe alışkanlığını kazanırsa elde edilebilir[74]. Böylece sade iman, duada "hayır yapmayı" ateşleyebilir. Çünkü ruh, olağanüstü aydınlanmıştır artık. Bu arınmış inanç, Allah'ın karşısındaki kaba aracıları, çok sayıdaki şeyleri bir kenara bırakmaya razıdır. Hatta tabiatüstü özel temsillerden de bizzat ayrılmalıdır[75].

Zihnin bu arınması, Allah'tan aşağıda olan zihindeki bütün objeleri hakir gören mükemmel ümitle tamamlanmaktadır. Mükemmel hayırda olduğu gibi, iradenin Allah'ın iradesinde oluşmasına mâni olan her şeyden ayırmaktadır[76]. Teolojikal faziletlerin aktif egzersizi, zihni arındırmaya yönelerek Jean de la Croix için Allah'ın dışındaki bütün objelerin ekarte edilmesi çabasından ibarettir[77]. Bu aktivite, ona hedefinde gelenden başka limite sahip bulunmamaktadır: Yani ruhun, Kutsal-Ruhun yüksek aksiyonuna boyun eğmesidir. Çünkü dâhili murakabe nisbeten mükemmel olarak bütün bu aktivitenin ruhu olarak kalmaktadır.

---

[68] İbid, c.5.
[69] İbid, c.2-5, 6-8.
[70] İbid, c.11-13.
[71] İbid, c.5.
[72] İbid, c.11-12.
[73] Bu kitabın önceki sayfalarına bakınız.
[74] Montée, II, c.13.
[75] Montée, II, c.14-30.
[76] Montée'nin III. kitabına bakınız.
[77] Aktif murakabenin temellerinde bu prensipler bulunacaktır.

Zihnin bu aktif arındırılmasına, yukarıda belirtilen normal pasif arınmalar refakat etse bile, yeterince ondan ayırma alışkanlığı, ruhu en yüksek birliğe müsait hale getirmek için yeterli olmamaktadır. İnayet birliğiyle Transforme olmadan önce o, özellikle çarmıh tecrübesine boyun eğmelidir. İşte bu zihnin pasif gecesidir. Thérèse'den sonra Jean de la Croix[78] uzunca bunu tasvir etmektedir. O, birkaç alışılmış noksanlıktan ayrılmaktadır (Uyuşukluk, başıboşluk, dağınıklık) veya aktüel noksanlıktan (manevi bağışlara aşırı bağımlılık gibi)[79] ve bütün bu operasyonlarda tamamen maneviyatlaşmışlarda[80]. Bu dâhili bir murakabedir. Fakat ilk gecedekinden daha nüfuz edicidir ki bu zihnin temizleyici prensibi olacaktır. O, ruhu onda fark edilmeyen her çeşiti, aydınlatmakta ve onu ezen ilahi büyüklükle zıtları yok etmektedir[81]. İrade ise, manevi zevklerden mahrumdur[82] ve ibadete bağlı güçlerin tamamı pasiflikten acı çekmektedir. Fakat böylece o, manevileşmekte ve en yüksek şekilde aksiyona ortak olmaktadır[83]. Yine zihnin gecesi, gerçek bir araftır ki ruhu, aşk ateşiyle tüketir[84]. Allah, hikmetini tabiatüstü dokunmalarla ilettikçe aşkın kaygısı, anlamayı ve iradeyi yaralamaktadır[85]. Bu kaygılara ve onu istila eden karanlıklara rağmen[86], sadık olan ruh, derin bir sükûneti korur. Çünkü o, büyük bir istikrarla o, daha manevidir[87]. Bütün bu dâhili tecrübeler veya prensip olan murakabe, "gizli merdivendir." onunla Transformant birlikte tamamen Allah'ta yaşamak için benlikten çıkılmaktadır.

2. Transformant Birlik: Montée du Carmel'in sonunda, işlenen bu konu, kaybolmuştur. Yine de Jean de la Croix'nın düşüncesini, II. kitabın başında derlemelerden[88] ve özellikle zihnin pasif gecesinin tasvirinden öğrenmek mümkündür. Belli bir ısrarla o, ruhun tüm aktivitesinin maneviyatından bahsetmektedir: Yetenekler ve operasyonlar, insani olmaktan çok daha ilahidir-

---

[78] Nuit Obscure, 1.II; Cheteau Unit. VI, D, c.1, 11; Bu kitabın önceki sayfalarına bakınız.
[79] Nuit Obscure, II, c.2.
[80] İbid, c.3.
[81] Nuit Obsc. II, c.5-6.
[82] İbid, c.7.
[83] İbid, c.8; İbid, c.10.
[84] İbid, c.12.
[85] İbid, c.13.
[86] İbid, c.16.
[87] İbid, c.9; 3, 24; c.17-18.
[88] Montée, II, c.4.

ler[89]. Güçler aşağı veya yukarı düzeyde onlara takdim edilen her şeyi zahmetsiz bilme yeteneğine sahip olmaktadırlar[90]. Aşka bürünmüş irade, tamamen tanrısal olmakta ve Allah'ın iradesiyle aynı olmaktadır[91]. Teologal üç fazilet, olgunluklarını, onlara ulaştırmakta ve onlara ruh, yegâne görünmekteler ki bu Allah'ın hoşuna gitmektedir. Bu güç, Allah'ı, insanla birleştirmektedir[92]. Bu aşk çok ateşlidir ve saftır. O, insan bu dünyada gerçekleşebilen dokuzuncu derecenin sonuna ulaştığında artık mükemmel aşka (10. derece) çok yakındır[93].

Belirtmek gerekir ki bu özellikler, hemen hemen "Vive d'Amour"da ve "Cantique"lerde tasvir edilenlerle[94] aynıdır. Union Transformante, orada bağışlanan faziletlerin hayrın ve inayetin tam olgunluğuna uygundur[95]. Allah'ta asimilasyon ve tanrılaşma hali ruhun özünü ve güçleri taşırmaktadır. Bu hal, ruhun tanrılaşmasına kadar aksiyonda devam etmektedir[96]. Bu durumda ruh, Kutsal-Ruhla hareketlenmiştir[97]. Anlayış, irade, hafıza, motor prensibi olarak Allah'a sahiptir ve ruhun neşesi bizzat Allah'ın neşesidir[98]. Burada iradelerin tam uygunluğundan daha çok şey vardır. Uygunluk, istenen bir bağıştır. Union Transformante ise bir sevgi bağışıdır[99]. Bu ruhun Kutsal-Ruha tam ve reel boyun eğmesiyle gerçekleşmektedir[100]. Bunun yedi bağışı, engelsiz sürekli barış içinde gerçekleşmektedir[101]. Bu reel bağışın temeli bizzat Allah'ın hikmetini bir aşk kucaklaşmasında, ruha iletmesidir[102]. Bu her ne kadar transformante birliğin pratik ve teolojik kabulü olsa da, Carmelli doktorun büyük eserinin tamamına en iyi cevabı vermektedir. Aynı şeyi, Ste Thérèse de burada bulmaktadır.

---

[89] Nuit Obsc. II, c.3, 9, 11, 13, 19-21.
[90] İbid, c.3.
[91] İbid, c.8.
[92] İbid, c.13; İbid, c.21.
[93] İbid, c.19-20.
[94] Bu konuda P. Gabriel'in Union Transformante'ına bakınız.
[95] İbid, p.228.
[96] İbid, p.230, cf. Vive II, str.2.
[97] Cantiq, Str. 12,
[98] Vive fl. Str. 2.
[99] Birincisi Nişanlılara, ikincisi de manevi evliliğe cevap vermektedir.
[100] İbid, 21.
[101] Vive fl. Str. 3; Cantiq, Str. 22; Cantiq, 24.
[102] Cantiq, Str. 22.

YOLLARIN MUKAYESELİ TABLOSU

Müşterek Tasnif	Ste Thérèse Chateau[103]	St. Jean de la Croix
Voie Purgative Araf Yolu	I ve II. Basamaklar (Aktif Dua)	
Voie İlluminative Aydınlatıcı Yol	A. III. Derece; Aktif Dua .... B. IV. Derece: Sükûnet	.... Nuit des Sens (Araf Yolu)
Voie Unitive Birleştirici Yol	A. V. Derece: Basit birleşme VI. Derece	Nuit de l'Esprit (Voie İllum).
	B. VIII. Derece: Transformante Birlik	Union Transf. (Voie Unitive).

---

[103] Burada her derecenin en karakteristik duasına işaret edilmiştir.

ONUNCU BÖLÜM
AZİZ FRANÇOİS DE SALES[1]

I. AZİZİN HAYATI VE ESERİ

Aziz François de Sales, modernler arasında Ste Thérèse ve Saint Jean da la Croix ile birlikte manevi hayatın büyük doktoru olarak bulunmaktadır. O da onlara paralel bir doktrini açıklamıştır. Fakat François'yı özel bir yere koymak gerekmektedir. Çünkü o, bize çok yakındır ve burada daha insanidir. İşte onun eserinin istisnai yararlılığı buradan kaynaklanmaktadır. Onun doktrininin bu özelliği, kısmen azizin karakteriyle ve onun formasyonunu aldığı dönemlerde maruz kaldığı tesirlerle açıklanabilmektedir.

O, kelimenin tam anlamıyla bir hümanisttir, Savvie'li asil bir aileden gelmiştir. O, on dört yaşından itibaren (1581) Paris'e gönderilmiştir. Orada (1581-1588) yılları arasında yedi yıl kalmıştır. O, XVI. yüzyılda Hümanizmin muhteşem yenilikçilerinin öncüsü olan hocalara sahipti ki bunlar, Cizvitlerdi: O, o dönemde mektuplar ve felsefeden başka, İbranice ve Grekçe Kutsal Kitap ve ilahiyat öğreniyordu. Daha sonra İtalyan medeniyetinin çiçeği Venedik'in ve Florence'ın sentezi olan ve Paterque'ın[2] hatırasıyla dolu olan PADOUE'ya hukuk tahsiline gönderilmiştir. Orada dört yıl (1568-1572) kaldıktan sonra hukuk doktoru olarak dönmüştür. Ondaki Fransız açık gürbüzlüğüne, bundan böyle İtalyan zarafetinin değerli sevimliliği karışacaktır."[3]

---

[1] Dom B. Mackey, İntroduction Générale Dans Oeuvres (t.1) et Diverses İntroductions, bilhassa Controverses'ler için (t.1), La Vie Dévote (t.III), L'Amour de Dieu (t.IV-V), Les Entretiens (t.VI); Les Sermons (t.VII), M. Hamon, Vie de S. François de S. 2. cilt, Paris, 7. basım, 1909; A. De Marigerie, S. François de S. (Coll. Les Saints), Paris, 1902; F. Stroxsi, İntroduction á l'Histoire du Sentiment Religieux en Fr. (thése), Paris, 1898; S. François de Sales (Coll. la Pensée Chrèt), Paris, 1908; H. Brémond, Hist. Litt. du Sentiment Religieuse, t.1, (p.68-128), t.II, (p.537-584); t.VIII (p.5-162); F. Vincent, S. Franç de S. Drecteur d'Ames, L'Education de la Volonté, Paris, 1922; A. Saudreau, La Vie d'Union á Dieu, p.234-329; S. Fr. de Sales Contemplatif des sa Jeunesse, Dans Vie Spirit, 1927 (t.16), p.38-51; P. Pourrat, La Spirit. Chret. t.III, p.406-481; R. Permin, Fr. de Sales (Saint), Dans Dict. Théol. Col. 736-762) (en 1913), Mgr. Lavallée, Le Réalisme de S. Fr. de S, dans la Documentation Cth, 1923, 10 Mart, p.579-592.

[2] F. Vincent, Op. Cit. p.4.

[3] İbid, p.4-5.

Bütün bu hocaların aksiyonu onda, bir iyimserlik geliştirmiş ve tabiatımızın kaynaklarına güven kazanmıştır[4].

Diğer yandan, beşeri yönden o, hürriyetin ve kaderin esrarengiz uyumunu kavramayı seviyordu. Özellikle, 1586 yılına doğru maruz kaldığı psikolojik yıkımdan sonra o, düşüncesini ilahi adaletin ebedi tezahürüne yöneltmişti[5]. Onun okuma ihtirası, hiçbir zaman onun fazilette ilerlemelerine engel teşkil etmemiştir. O, 1593 yılında kendisini rahipler sınıfı içinde Allah'a vererek, parlak geleceğinden feragat etmişti.

O, çok hızlı şekilde, hiyerarşinin basamaklarını tırmanarak, piskoposluğa kadar yükselmişti. Kutsallığının ilk yılları olan (1593-1599) yılları, özellikle dikkat çekicidir. 1594'den 1598 yılları arası, "Evangélisation du Chablais" ile belirginleşmişti ve 1597 ve 1598 yıllarında kitleler halinde bu halk Hıristiyan olmuştu. O, Kalvinistlerin yanında, havari metoduyla Controverses'te[6] kalmaktadır. Bu Controverseslerde, onun ölümünden sonra, onun tarafından Protestanların hatalarını red için ve Katolik hakikati ispat için yazılan parçalar bir araya getirilmiştir: Bunlar, caddelerde halka dağıtılan veya ilan edilen birtakım kâğıt parçalarıydı (işte onlara verilen Placard ismi buradan gelmektedir). Yine o, bu göreve "Défence de l'Estendart de la Sanite Croix"da[7] da başlamıştı. Bu Kalvinist bir broşürün reddine yönelikti. Ancak bu, 1600 yılında ortaya çıkmıştı. Artık o, misyoner değildi. 1599 yılından itibaren Cenevre piskoposunun yardımcısıydı: Clément VIII, onu bu vesileyle Paris'te görmüştü ve onun ilahiyat bilgisini beğenmişti. Paris'te o, özel bir görevle sekiz ay kalmıştı (1602). O, orada dini dünyanın en büyük insanlarıyla bağ kurmuştu. Bu yılın sonunda piskopos olmuş, yirmi yıl boyunca, önemli bir nezaketle, fakirler için büyük bir hayırseverlikle ve hayranlıkla, azimli bir kararlılıkla papazlara yönetimde model olmuştur.

Pastoral aktivite şekilleri, onun tercihleri arasında görülmekteydi ve vaazda ve manevi yönetimde onu o, tamamlıyordu. "Le Ministère de la Parole" ona cazip geliyordu: O, sadece Annecy'de vaaz vermiyordu ve piskoposluğunun haricinde, Paris'te de vaaz veriyordu. Özellikle Paris'te 1602, 1609 yıllarında kaldığı uzun ikameti sırasında her gün vaaz kürsüsüne çıkmak

---

[4] İbid, p.25-97.
[5] Bkz: H. Brémond, Op. Cit. 1. p.86-92; F. Vincent, Op. Cit. p.37.
[6] Ouevres, t.I.
[7] İbid, t.II.

zorunda kalmıştı. O, metodunu "Lettre Sur la Prédication"nunda açıklamıştır. Bu eseri o, Bourges Arşevekine göndermişti[8]. O, kısaca yenileştirici ve kutsal belagatin üstadı olarak isimlendirilmeye layıktı. Onun kalan vaazları,[9] sadece meydana gelen aksiyon fikrinin çok zayıf bir kısmını vermektedir. Fakat inanmış ve tabiatüstü bir kutsallaşmaya nüfuz etmiş olarak...

Ruhların yönetimine, mesleki olarak ve harici olarak en mükemmel zamanını ayırmıştır. Piskoposluğa yükseltildikten sonra, sapıkların hidayeti işi onu az ilgilendirmiş ve kendisini tamamen ruhlarda Hıristiyan hayatının derinliklerindeki formasyona vermiştir. "Her şeyin üstünde o, bir vicdan yöneticisidir ve bir manevi hayat üstadıdır."[10] Onun mektuplarının büyük bir kısmı (sadece 2000'den fazlası), yönetim nasihatleridir ve bütün ihtiyaçlara uygundur. "Bunlarda aziz, bütün konuları eşit şekilde işlemekte ve bütün ruhlara derin bir saygı duymaktadır." Özellikle onlara dâhili üstadı usluca dinlemelerini öğretmektedir. Bu dâhili üstad, yegâne gerçek yöneticidir[11]. Özellikle onun aziz Jeanne de Chantal ile haberleşmesi oldukça değerlidir.

Bu manevi nasihatler, "dünyanın insanlarına" hitap etmektedir. O, bu insanlar için,[12] L'Introduction á la Vie Dévot"[13]yu kaleme almıştır. Bunun ilk yayımı, 1609'da yapılmıştır. Le Dérotion'a, aşk Philothée'siyle davet etmektedir. Bu Allah aşkıdır ve oldukça ateşlidir ve itina ile sık sık onu icra için oldukça güçlüdür. Buna erişebilmek için ruhu, "Voie Purgative"deki egzersizlerle arındırmak gerekir. Bu I. kısmın konusudur. Dindarlıkta ilerlemek, Voie İlluminative denilen egzersizlerle sağlanır. Bununla müteakip dört kitap ilgilenmektedir. İkinci kısım şöyle demektedir:

    a. Méditasyon: Sales'in metoduna göre şunları içine almaktadır:

        1. Hazırlık (Allah'ın varlığı, davet, sırların önerisi)

        2. Müşahedeler.

        3. Sevgiler ve kararlar.

        4. Manevi paket

    b. Manevi egzersizler.

    c. Sakramentler.

---

[8] Lettre 219, (t.XII).
[9] İbid, t.VII-X, (t.VII-VIII, 1X-X; Bkz: Pernin, Op. Cit. Col. 748-750.
[10] F. Vincent, Op. Cit. p.7.
[11] R. Pernin, Op. Cit. Col. 751.
[12] Bu eser Madame de Charmoisy'ye hitaben gönderilen mektupların bir derlemesidir.
[13] Oeuvres, t.III.

Üçüncü kısım, faziletlerin gerekli pratiğini vermektedir. Dördüncü kısım, şeytani igvalara karşı uyarmaktadır. Beşinci kısım, inzivayı önermekte ve güzel kararları yenilemeyi tavsiye etmektedir. Bu eser, büyük bir başarı kazanmıştır ve kilisede tarihte görülmeyen bir dindarlık yaratmıştır. Bu eserden tarikatçılardan daha çok laikler yararlanmıştır. Onun tesiri anlatılamaz. Philothèe cephesinde bulunan eksiklik, sadece onun nasihatlerinin hikmetini ortaya koymaktadır.

François de Sales gibi bir yönetici, sadece mistik hayatla meşgul olmamaktadır[14]. Onun bu ilme giriş tarihi, ancak piskoposluğunun ilk yıllarına ve Paris'te ikamet ettiği günlere rast gelmektedir. Çünkü Paris'te Madame Acarie, Bèrulle gibi birçok manevi şahsiyetle ilişki içinde olmuştur (1602). Ancak onun bu dâhili ilahiyata giriş pratiği, oldukça eskiye dayanmaktadır. Çünkü "Le Traité de l'Amour de Dieu" 1616 yılında yayımlanmıştır. Ancak bunu yazmaya 1607 yılında başlamıştır. Bu eser, yazarın nezdinde bir şaheserdir. Bu bir ilimden başka zamanın verdiği bir olgunluktu ve bir tecrübeydi. Zaten hiçbir ruh, ilahi itişi kavramaya müsait değildi. Bunu ancak dosdoğru bir ruh kavrayabilirdi. Bu ruh, manevi savaşa alışmış bir ruhtu. Bu ruh, aynı zamanda sakin, barışçı, sevgi dolu, güçlü, kalbin büyüleyici sadeliğiyle dolu bir ruhtu[15]. Böyle bir ruhta, hayır yapmak hızlı şekilde yayılır ve Kutsal-Ruhun aksiyonu egemen olur. Yine azizin ilk mektuplarından itibaren son mektuplarına kadar aynı metoda sahip olduğunu görmekteyiz. Azize Thérèse'nin eserlerini o, 1605'de okumuştur. Bunlar, onun için muhtemelen bir vahiy olmuştur. Ancak metodunun satırlarını değiştirmemişti. Az bir psikolojik nüfuz eksikliğiyle[16], çok açgözlü bir tedbirle, şimdi onu alçak vadilerde ve anayolda nasıl ılımlaştıracağını biliyordu. Fakat yavaş yavaş kendisini ruhsallaştırması için, tedrici şekilde yükselmesini sağladı. Onu tekrar icra etmeye yeltendi ve dikkatle incelenmiş bir yöntemle, yükseklere tırmandı. Adımlarının kesinliği ve mükemmel kontrolü bunun kanıtıydı. Ama belki de farkında olmadan tırmandığını, kendi için katlandığınıda az fark ediyordu[17]. Bu istikamet, Annecy'de (1620) Jeanne de Chantal'ın etrafına toplanan ziyaretçilerle devam etmiştir ve müşterek eserin en güzel meyvesi, bu büyük eser olmuştu.

---

14 Dom Mackey'in Traité de l'Amour de Dieu, t.IV, p.XXIX, H. Brémond, Op. Cit. II, p.537.
15 Oeuvres, t.XXI, p.CXXXIX.
16 Lettre. 339 (Nisan, 1606).
17 Lettre, 174 (Ocak, 1603), t.XII, p.167.

Bu eser, onun diğer bütün eserlerinden daha çok, yazarın kilise doktoru olmasını sağlamıştır.

"Traité de l'Amour de Dieu" eseri, aslında orijinal bir eserdir ve kıyas kabul etmez bir zenginliğe sahiptir[18]. Orada doktrinel açıklama oldukça boldur: On iki kitap, teorik bir kısım ihtiva etmektedir. Bu bir nevi spekülatif bir giriştir (V.I-IV). Pratik kısım, duada meydana gelen mükemmel aşkı incelemektedir (I, V-VII), bu kısım, eserin gerçek noktasıdır. Sonra mükemmel aşk, tam olarak meyvelerinde kavranmaktadır (I. XVIII-IX) ve özellikleri bilinmektedir (I. X-XI), XII. kitap bir nevi uygulamadır. Yazar, bu eserde murakabenin en yüksek zirvesine yükselmektedir. O, kendisine özgü mistik inayetleri, Thérèse'den ayrılan bir noktada göz önünde bulundurmaktadır. Burası önemlidir, Büyük Carmelit, tamamen mistiktir ve her yerde dâhili inayetlere dikkat çekmektedir. Ruhtaki Allah'ın varlığının, aktüel tezahürleri, aşkı ateşlemeye o kadar yakın ki tercihan diğer objelere dikkat çekmektedir. O, zahitlikte, faziletlerden, ifa edilmesi gereken görevlerde tevazudan, sürükleyici mistik-soluğa nüfuz eden nasihatlerden bahsettiğinde bu gerçekleşmektedir. Aziz François de Sales, aksine her şeyden önce bir ahlakçıdır ve mistikten bahsetse bile orada kalmaktadır[19]. O, Azize Thérèse ile beraber iç hayatın en yüksek hallerini incelemektedir. Fakat azizenin doktriniyle bütünleştikten sonra, onu bir nevi onun bakışına yerleştirmekte, onu pratik hedefinde kabul etmektedir[20]. Bir taraftan o, tarikat mensuplarına mistik inayetleri ziyaret etmelerini takdim ederken hatta bunlar Allah'la birleşm ideallerini kısıtlamadan en yüce şekilde, olağanüstü yolların sırlarını bir kenara bırakmamaktadır. Diğer yandan da onlara, Allah'ın bağışlarıyla iletişimi öğretmekte, onlara bunun için gerekli tutumu göstermektedir. Bunlar aşağı amellerle, Kutsal-Ruhun tabiatüstü aksiyonu ile daha iyi işbirliği yapmaktadır. Bizzat eserin planı bu hâkim olan ahlaki meşguliyeti itham etmektedir[21]. Thérèsien mistik, ikinci kısımda onu çerçeveleyen ve destekleyen[22] yüksek zahitliğe bağlı bulunmaktadır. Oldukça nazik bir konuda böyle bir adaptasyon, ön bir tecrübe

---

[18] Doktrinel bölüme bakılmalıdır.
[19] Ahalakçı ve mistik bize dışarda görülmemektedir (p.357 ve I. p.29).
[20] S. Jean de la Croix da benzer bir düşünceyi kabul etmektedir. O, bunu ruhun aktif arınmasından bu noktaya gelmektedir.
[21] İkinci kısımdaki analize bakılmalıdır.
[22] Günümüzde Fr. Vincent, Op. Cit. p.99-148'de, François de Sales'in Moralisme'i aydınlatılmıştır. Buna "ahlaki zahitlik" adı verilmiştir.

olmaksızın, hâkimiyetle Fr. de Sales tarafından yapılmamıştır. Bunun olmayışı, amacı kavramaya sahip olabilir mi? Zaten onun kişisel tecrüesi, azize Chantal'ın etrafında Annecy'de oluşturduğu ateşli grupta mutlu bir tamamlama bulmuştur. Bu grubun bütün üyeleri "aşk Akademisine" kayıt olmaya yönelmişlerdi ve bir gün THEOTİME diye isimlendirilmişlerdir[23].

1610 yılında Annecy'de tesis edilen ziyaret, "Traité de l'Amour de Dieu" kompozisyonunda çok büyük bir paya sahip olmuştur. Bu eser, azizin tercih ettiği ve hayatının sonuna kadar meşguliyetlerinin konusu olan bir eserdir. O, St. Augustin'in kuralı ile hikmetin, takdirin ve olağanüstü bir tatlılığın Coustitutions'larına yeni bir düzen, yeni bir âdet, spritüal bir yön veya pratik bir metod vermiştir. Bunu da Rabbimizin ve onun taklidinin bakışları altında bütün aksiyonları tamamlamak için yapmaktadır[24]. Bu yazılara, birtakım spritüal risalelere[25] ve dinleyiciler tarafından not edilen ve cemaate verilen yirmi bir konferansın derlemesi olan "Entretiens Spritueles"lerde[26] ilave edilebilir. Bu dini fazlletlerin ve müşahedelerin tam bir eseridir. Belki de bu "L'Amour de Dieu" kitabı için mütevazı dini bir hayatın ve ziyaretçi hayatının, bir aşk kitabıdır, denebilir. Çünkü o, sevimli, sade bir dilde en yüksek olgunluğun derin fikirleriyle dolu bir kitaptır[27].

Bu samimi konuşmalar, birtakım boşluklarda olsa[28], Salesienne maneviyatın en iyi kaynaklarından birisidir. Ancak bunlar, azizin hayatındaki ani ölümünden sonra (22 Aralık 1622) yayımlanmıştır. Papa IX, onu 1665 yılında aziz ve kilise doktoru olarak ilan etmiştir. Papanın ölüm tarihi (1777).

II. MANEVİ DOKTRİNİ

Aziz François de Sales, en mükemmel maneviyatın üstadıdır. Onu, tesir yönünden kimse geçememiştir. Onun aksiyonu, sadece pratik değil, doktrinel yönden de geçerlidir. Bunun için o, kilise babalarını takip edenlerin arasında en büyüklerinden birisidir. Bunun için onun eserlerini ve onun ismini, burada şeref listesine layık olarak zikredeceğiz.

---

[23] Amour de Dieu, 1. XII, c.13.
[24] R. Pernin, Op. Cit. Col. 752-753.
[25] İbid, 753-74, t.XXII.
[26] Qeuvres, t.VI, cf. R. Pernin, Op. Cit. Col. 746-748.
[27] İbid, 747.
[28] Bu metinler, onların varsayım yayımlarından derlenmişlerdir.

O, pederler kültüne bizzat layıktır ve sık sık zikrettiği eserleri patristik metinler arasına serpiştirilmiştir[29]. Onu tercih edenler, onu St. Augustin'e, St. Grègoire le Grand'a, St. Chrysostome'a yaklaştırmaktadırlar. St. Jerôme'un enerjik ifadele, onu, St. Bernard'ın dilinin tatlılığından daha az cezbetmiyor. Polemik kısım için Cyprien'i, Tertullien'i özellikle Vincent de Lérins'i ilave etmek gerekir[30]. Zaten onun metodu onu, skolastiklerden çok Kilise Babalarına bağlamaktadır. O, dogmatik ve ahlaki de olsa düşüncesine, iradi bir sevgi vermektedir. O, Hıristiyan hayatının ilişkilerinde, Allah'la olmayan ruhlar için ısrar etmektedir. Bunun için Allah aşkı için daima büyüyen bir dindarlığı vaaz etmektedir[31].

Dindarlık, Allah aşkı, olgunluğun iki büyük menzilini temsil etmektedirler: Birinde, hazırlanma vardır, diğerinde olgunlaşma. O, bunda, büyülü şekilde doktrinini ve tarzını açıklamaktadır. Öyle ki bu açıklama, bazen onu destekleyen oldukça açık prensipleri unutturmaktadır. Bunun için dindarlıktan ve salisien zahitlikten ve sonra Allah aşkından ve Cenevreli piskoposun mistiğinden bahsetmeden önce, bunları açıklamamız gerekmektedir.

A. Salesien Maneviyatın Teorik Temelleri

Aziz François de Sales, "Traité de l'Amour de Dieu" isimli eserinin ilk kitaplarında manevi doktrininin prensiplerini bizzat şöyle gruplandırmaktadır: Dört kitap ve diğerlerinin bazı bölümleri, kutsalın pratiğinden başka bir şey aramayan ruhların arzusuna konulmuşlardır. Fakat bütün bunlar, onlara, ona, sofuca baktıklarında yararlı olacaktır. Bununla beraber, birçokları semavi aşkın kitabına ait olan her şeyi görmeyeni kötü bulmuşlardır. Bizzat yazar tarafından temelleri üzerine konan mistik ve asetik parlak yapıyı bulmamaktan dolayı esef edilecektir. Bu yapı, ister tabii veya felsefi olsun ister tabiatüstü veya teolojik olsun fark etmemektedir.

Metafizisyenden daha çok psikolojide François de Sales, insan ruhunda ilahi aşkın tabii oturumlarını aramıştır. Bu konu, birinci kitabın konusudur. O, çok iyi tanınan bolluğu ve nüfuz edici niceliği ile sanatkârane etüd edilmiş bir plana göre sürekli konuşmaktadır: 1. Şayet irade, ruhun bütün güçlerini yöneten bir kraliçe ise o, bizzat onun aşkıyla yönetilmiş demektir[32]. 2. Aşk,

---

[29] Dom Mackey, İnt. Gén. t.1, p.LXI.
[30] İbid.
[31] K. Pernin, Op. Cit. Col. 755.
[32] Amour de D, 1.1, c.1-5.

iradenin, iyi ile uyumunu gerekli kılmaktadır. Buradan ona doğru meydana gelen bir gönül rahatlığı doğmakta ve birlikte tamamlanmaktadır: Gönül rahatlığı, temel bir unsurdur[33]. 3. Birlik, aşkla manevidir. O, öylesine aşkla sıkıdır ki bu az hissedilir[34]. 4. Ruhun olgunluğunun farklı derecelerinde, özelliklerin farklılığa göre veya eğilimlere göre o tanınacaktır ve orada özellikle spritüal yeteneğin üstün yüceliğine işaret edilmektedir. Bu sade bir anlayışın ve iradenin sade duygusuyla, hakikati ve Allah'ın iradesini elde ettirmektedir[35]. 5. Dostluk: Bu karşılıklı bir lütuf aşkıdır ki o, tanınarak ve ona refakat edilerek bilinmektedir. Sade dostlukta, seçilmiş dostluğu tercih etmek gerekir ki o, sade olabilir veya mükemmel üstün ve kıyas kabul etmez olabilir. İşte bu, ilahi aşktır veya merhamettir[36]. Nihayet Allah'la ilişkiler kalmaktadır: Burada sadece insanla yaratıcısı arasında harika bir uyum yok, aynı zamanda insanda, her şeyde Allah'ı sevme tabii eğilimi de vardır. Ancak bu eğilim, noksandır fakat çok yararlıdır[37].

Bu aziz doktorun müteakip üç kitapta geliştirdiği ilahi aşk ilahiyatıdır. O, formasyonunu (1.II)'de tahsis etmiş; (1.III)'de onların ilerlemesine ayırmış; (1.IV)'de onun tahribine tahsis etmiştir. Hayrın (merhametin) formasyonu, onu hazırlayan bir dizi eylemle açıklanmıştır. Önce Allah'ta[38], sonra insanda[39], imanla, ümitle, sabırla ve nihayet Mesihin cazibeli aşkı ile açıklanmıştır. Böylece merhametin güzel bir tasviri, bu açıklamayla taçlanmıştır[40]. Müteakip kitap, aşktaki ilerlemeyi göstermektedir. Ancak o, bu dünyaya izafi kalmaktadır[41]. O, ruhların farklı derecelerine göre olgunluğu gökte elde edecektir[42]. Dördüncü kitap, bir tek hata ile insanın nasıl kaybolacağını açıklamaktadır[43]. Bu sayfalarda doktorun, inayet ve kader konusundaki düşüncesini açıklayacağız[44].

---

[33] İbid, c.6-9.
[34] İbid, c.10.
[35] İbid, c.11-12.
[36] İbid, c.13-14.
[37] İbid, c.15-18.
[38] Amour de D.1. II, c.1-7.
[39] İbid, c.8-21.
[40] İbid, c.22.
[41] Amour de D, 1. III, c.1-8.
[42] İbid, c.9-15.
[43] Amour de D, 1.IV, c.5.
[44] M. Vincent, kader konusunu işlemektedir. Op. Cit. p.34-55.

İnayetin müdahalesi, gerçek aşkın gelişmesi için ve meydana gelmesi için zaruridir. Azizin muhteşem iyimserliği, daima müracaat edilen Augustin'in doktrinine göre aksiyonlarının bizzat gücüyle sonucu elde edecekler ve ondan sadece günahla mahrum olacaklardır[45]. Şüphesiz inayet, bir güçtür. Fakat o, bir minnettir ve şiddetsizdir: İrademiz, cazibeyi takip ettiğinde ve ilahi harekette yoğunlaştığında o, onu serbestçe takip etmekte o, mukavemet ettiğinde inayetteki rıza, iradeden daha çok inayete bağlıdır ve inayete mukavemet sadece iradeye bağlı bulunmaktadır[46]. Bu beliğ sayfalarda Aziz, ilerlemek isteyenlere şunu söylemektedir: Şayet inayet gelmezse ve kalbin operasyonuyla kalbini doldurursa o, asla hiçbir isteğe ve işbirliğine sahip olamaz. Direnişinle onu dışlamadığın için, Kutsal ve etkin olanı ilahi ilhama verdiğini düşünmek bir çılgınlık değil midir?[47]

Bununla beraber kaderin sırrını açıklamak için bu tercihan yerleşen insana aittir. Şayet o, "Post Praevisa Merita" formülünü kullanmıyorsa o, onu Lessius'a gönderdiği mektubunda tasvip etmektedir (26 Ağustos 1618)[48]. Gerçekten "Le Traité de l'Amour de Dieu" yeterince açıklanmış değildir. Nihai sebattan bahsederek o, artan ve eksilen bir düzen içinde, selametimize bakan inayetin etkileri serisini detaylandırıyor ve şu sonuca varıyor: "Şüphesiz Allah cenneti, sadece ön gördüğü kişilere hazırlamıştır. Onlar Allah'a aittirler. Öyleyse biz de onlardan olalım."[49] Buna göre o, mutlak şekilde inayetin kurallarına dokunan her şeyden sakınılmasını istemektedir[50]. Tanrının uzaklaşması için, kendisinden daha iyi bir neden bulunabileceğine inanmamaktadır. Bu onu, beyan ettiği boş kavgalardan biri olarak belirtir ve şöyle der: "Tabii bir eğilimle, Katolikler arasında olan bütün tartışmalardan nefret ediyorum. Bunlar sonuç itibariyle faydasızdır."[51] O zamandan beri, DE AUXİLİS'in tartışma konusunda o, Paul V'den tartışmaları sona erdirmesini ve bu konularda sessizliği hâkim kılmasını istemiştir[52]. Kesin olarak François de Sales,

---

[45] Amour de D. 1.II, c.10.
[46] İbid, c.12 (p.127).
[47] İbid, p.233.
[48] Bkz: İntrod. Au, t.IV, Des Oeuvres, p.XLI.
[49] Amour de Dieu. 1, III, c.5.
[50] İbid, 1.IV, c.7.
[51] Lett. 711 (1-5 Eylül 1611), t.XV, 95.
[52] Bu kitabın önceki sayfalarına bakınız.

inayet probleminde, hukuki bir ekletizmi ve tedbirliliği, Kilise Babalarının uzun araştırmalarına dayandırmış ve kendi pratik meşguliyetlerine uygunlaştırmıştır.

B. Salesien Zahitlik ve Dindarlık

1. Cenevre piskoposu, Hıristiyan hayatında, Allah aşkının istisnai rolünün açık sezgisine, sadece, Allah'a doğru içsel seyrin sonunda değil; fakat bütün yolda ve hareket noktasına kadar sahip olmaktadır. Ancak burada aşk, henüz noksandır fakat gerçektir o, insan kalbi, Allah'ı sevmeye tabii bir eğilime sahiptir, diye yazmaktadır[53]. Bununla beraber, bu Hıristiyan aşkı, tabiatüstüdür, inayetten ve imandan kaynaklanmaktadır. Onu Aziz François, geliştirmek istemekte ve onu dindarlığa sevk etmektedir. Bu ise mükemmel hayrın belli derecesinden ibarettir. Ancak o, bizi elverişli ve aktif yapmakla ve Allah'ın emirlerine riayete gayretli kılmamakta, bunun ötesinde, yapabileceğimiz en güzel amellere bizi sevk etmektedir. Bu ameller, henüz emredilmemişlerdir. Sadece nasihat edilmişlerdir[54]. "Le Traité de l'Amour de Dieu" kitabı merhameti olgunlaştırmak için yoğunlaşmaya uygulanacak, dâhili amelleri temizleyecek, onlarla o, Allah'la birleşecektir. "L'İntroduction á la Voie Dèvote" bizzat yeni başlayanlarda, farklı şekiller altında tanrısal aşkın aktivitesini provokeye bağlıdır: "Dindarlık, hiçbir zaman merhametin ateşine ekli değildir. Merhameti aktif yönden elverişli kılan hariçtir. Dindarlık, sadece Allah'ın emirlerine riayet değildir, dindarlık, nasihatlerin ve semavi ilhamların icrasıdır[55].

İlahi aşka bu hızı, iyiye ve fazilete doğru vermek, yeni başlayanların veya ileri ruhların özel ödevleridir. Bu, bütün üstadların doktrinidir. Ancak diğerlerinden daha fazla François de Sales, bu konuda ayırt edici karaktere sahiptir. O, aşkı bir terim olarak değil; bir ilerleme vasıtası olarak ve kötülüğün en etkilisi olarak ve kalpte fazileti meydana getiren olarak telakki etmektedir. Diğer yandan o, dini pratikleri, bizzat ruhta olan dindarlıktan ayırmaktadır. Böylece o, dindarlığı, dünyada karışmış çevrelere dâhil etmektedir[56]. Bununla beraber o, bunu bir ruha indirgemektedir. Yine de o, onun için bir

---

[53] Amour de Dieu, 1.1, c.15.
[54] Voie Dév. 1, c.1; İlahi aşk aynı zamanda kalbimizi güzelleştirdiğinden "inayet" olarak da adlandırılır.
[55] İbid.
[56] F. Vincent, Op. Cit. p.191-205.

ruhtur, o, onu, ruhların özel ihtiyaçlarına göre orada, onu, özellikle duada destekleyen egzersizlere adapte etmektedir. Öyle ki fazileti, hallere göre, uygulamanın farklı şekillerini kabul etmektedir.

2. Burada "l'İntroduction á la Oraison Métodique"[57]'in yaptığı önemli payı not etmek gerekir. İgnatien tesir burada açıktır ve François de Sales'a özgü tarz net olarak belirtilmemiştir. Birinci kitaptan itibaren, Philothée, meditasyon yapmaya ve böylece araf yoluna girmeye davet edilmiştir. Orada o, öldürücü günahtan ve günaha gösterilen eğilimden arınacaktır: Model olarak ona, on meditasyon verilmiştir. Bunlar onu, yaratıklardan cennete götürecek ve seçimle, dindarlık hayatında karar kılacaktır. Böylece ikinci kitabın başı (1-9), açıklamayı tamamlamaktadır[58].

Burada oldukça belirgin olan genel metod, Exercices'lerden[59] daha az serttir. Yine de bu çok açık değildir:

1. Hazırlık: a. Allah'ın varlığı, b. Çağrı, c. Konunun seçimi.

2. Entelektüel olan ilk kısım, muhayyile tarafından temsil edilen konu üzerinde farklı müşahedelere tahsis edilmiştir. Şayet orada, basit bir hakikat söz konusu ise yapılan bütün düşünceler iradeyi harekete getirmeye yöneliktir.

3. Meditasyonun ikinci kısmı, ruhu Allah'la birleşmeye yönelmektedir. Bu ise, samimi bir diyalogda, aşkı canlandırmakta ve karar vermeye sahip kılmaktadır.

4. Her dua, aksiyonla sonuçlanmalıdır. Bu da aşkın sonucu olmalıdır. Bunu ise kararlılıklar ve menü hazırlamaktadır: Her şey manevi bir şölenle sona ermekte, dini düşünce, aşk duygularını canlandırmakta ve duayı fışkırtmaktadır. Bu egzersizin bütün parçaları ise, daima gerekli değillerdir. Yeni başlayanların müşahedeleri, Allah'taki sevgide bulunmaktadır[60]. Aziz, metod için hazırlanmayı metod olarak almak istememektedir. İstisnai olarak o bulunsa bile durum böyledir[61].

---

[57] F. Vincent, Op. Cit. p.291-345.
[58] İkinci kitap ve sonrakiler, Voie İllumunantive'e uygundur.
[59] Bu kitabın ileri sayfalarında bu konuda bilgi verilecektir. Saint-Suplice buradaki metodun, Ignace ile François de Sales'in metodunun arasında ortada bulunduğunu söylemektedir. Bu konuda, M. Olier (1608-1657)'nin hazırlıklarına ve M. Tronson (1622-1700)'in, onu tamamlayan çalışmalarına bakılmalıdır. cf. A. Tanquerey, Précis de th. Asciet Mystique, p.448; P. Pourrat, La Spirit Chret. IV, p.378-379.
[60] Voie Dèv. II, p.c.8.
[61] Lettre, 581 (11 Mart 1610), t.XIV, p.266.

Aziz François de Sales bazı hallerde meditasyonun basit farklı şekillerini tavsiye etmektedir. Bazı kişiler için ve bazı hallerde en güzel metodun olmamasıdır. O, bu görüşünde ilerlemekte ve bu konuda toleranslı ve kolaylaştırıcı olmaktadır[62].

O, gelen dindar ziyaretçileri, metoda aşırı bağlılıklara ve yolsuzluklara karşı uyarmaktadır[63]. O, herkesi, İsa-Mesihi kavrayan olmaya getirmektedir. Bu ister, sırlarından birinin tasvirinde olsun (ölüm, hayat ve çektiği sıkıntılar)[64] ister İncilin ve iman sırlarının meditasyonu ile olsun fark etmemektedir. Ancak ikinci tarz, birinciden oldukça üstündür ve mükemmeldir[65].

Bu konuda aziz François, daha kolay bir duaya işaret etmektedir. Bu dua, "Simple Remise en Dieu" veya sadece "Allah'ın Varlığı" diye adlandırılır. Çünkü birtakım ruhlar vardır ki, onlar hiçbir sır üzerinde, zihinlerini meşgul etmezler. Onlar sadece, Allah'ın önünde onları sakince tutan her tatlı bazı kolaylığa dikkat etmektedirler. Onların, Allah'ın önünde olanları bilmekten ve onlara iyi olandan başka bir şeyi müdahaleden başka bir şey yoktur[66]. Bu dua, tamamen terk edilme noktasına itilmiş bir ruhu, itaate uygun umut Tanrısının huzurunda çok saf, ama oldukça gizli bir iman faaliyetine çekme olayıdır[67]. Bu dua, oldukça mistik eğilimlidir ve ruhu, Kutsal-Ruha boyun eğdirmekten ibarettir[68]. Aziz François bu duayı en azından ilerlemiş şahıslar için bizzat daha belirgin başka dualar içinde müdahale etmesini istemektedir. Tabii ki Allah'ın verdikleri hariçtir[69].

3. Visitation'un kurucusu, günümüzde, meditasyonla-liturjik ilahi ibadetin arasında kurulan muhalefeti düşünmemiştir. O, etrafındaki kızları, geleneksel manastır pratiklerini özellikle koro konusunu bir kenara bırakmadan dua yıllarında idare etmiştir[70].

Buna muhalefetten uzak olarak resmi liturji, meditasyonun normal tamamlayıcısıdır: O, muhteşem tapınmalarla, hamdlerle, dualarla Allah'a yö-

---

[62] F. Vincent, Op. Cit. p.299.
[63] Entret. Sp. XVIII, p.347-351.
[64] İbid, p.349.
[65] İbid, p.351.
[66] İbid, p.349-350.
[67] IIe Entretien, II, t.VI, p.29.
[68] Bu konuda bu kitabın önceki sayfalarına bakınız. Bu dua konusunda St. François, Jean de la Croix ile aynı kanaattedir.
[69] Entr, XVIII, p.351.
[70] S. Ignace, bunu mensuplarına zorunlu tutmuyordu. İbadette, bu konu ciddi bir problem teşkil ediyordu ve uzun zamandan beri tartışılıyordu. F. Vincent, Op. Cit. p.98-149.

neltilen bir murakabevi eğilimden doğmuştur. O, meyvelerini Allah'ın büyüklerine gerçekten nüfuz etmiş ruhlarda meydana getirmektedir. Böylece onun lütufları, merhameti[71], onda imanın oldukça mükemmel aktivitesiyle ve inayetin ve ümidin aktivitesiyle birleşmiştir. Bu faziletler ruhta, düşüncenin aktüel birliğini ve Allah duygusunu[72] yerleştirmektedir. İşte ibadetin bünyesi buradadır: Artık orada, dua okumaları esnasında, düşünecek konular yoktur[73]. Ancak orada düşünceyi ve Allah duygusunu canlandıracak vasıtalar ve fırsatlar vardır. Harici eserler, imanın canlandırdığı ruha imkân vermekte ve merhameti, yaratıcıya yükseltmektedir. İşte bu amaca dışardan ibadet katkı sağlamaktadır[74]. Fakat esas olan Allah'la birleşmede samimiyettir. Bu ruha, hikmetin ve aklın bağışları ilave edilince olgunlaşmakta ve kolaylaşmaktadır. Bu ister kelimelerin bilgisini kaldırmakla olsun ister onu kolaylaştırarak olsun fark etmemektedir. Tanrısal ibadet, böyle anlaşılınca, gerçek bir duadır, morelman da oldukça etkilidir[75]. O, murakabenin aktif şeklidir. Her dindar, belli bir tarzda onu icra etmeye çağrılmıştır[76].

St. François de Sales, geleneksel olarak sakramentlere bağlanmaktadır ve özellikle de Evharistiya ve tövbeye bağlanmaktadır[77]. O, elverişsiz bir isteğe karşı tepki göstermektedir. Dünyevi hümanizm, bu kutsal dini uygulamaları gözden düşürmüştür ve Protestanlık, cüretkâr inkârlarıyla Katolik muhitlerde kötülüğü artırmıştır. Katolik reaksiyon, kutsal yemeği ve dini yemeği kayırmaya yönelmiştir[78]. Ciztvitler, bunun en hararetli vaadedicileri olmuşlardır. François de Sales, tamamen onların görüşüne katılmış ve herkesten çok bir dindarlık hareketini yaratmaya çalışmıştır. Onu, JANSENİSME, uzun müddet zaferden alıkoymuştur ancak onu yıkamamıştır. Bugün bize aşırı görünen uygulamalara rağmen[79] o, haftalık Communion'un[80] kararlı bir taraf-

---

71 Bu Allah'a olan derin duygu, dini okumalarla, eski keşişler tarzında meditasyonla veya modern dua tarzıyla, Kutsal-Ruhun bağışıyla meydana gelmektedir.
72 İbadet böyle düşünülünce, bir dua değildir.
73 Bu metinlerin çoğu, düşündürücüdür. Ancak meditasyon öncedir. İbadet onda meyveler meydana getirir.
74 Entretiens, XVIII, t.VI, p.345-346.
75 Yüksek faziletli Hıristiyanlar için saf bir egzersizdir. Özellikle Allah aşkı için.
76 Kilise onu, zorunlu ibadet olarak empoze etmiştir.
77 F. Vincent, Op. Cit. p.373-396; İbid, p.363-373.
78 XVI. yüzyıldan beri kilisenin bir parçası olmuştur.
79 XVI. yüzyılda o, bir harekettir.
80 İntrod, II, c.20; İbid, c.21.

tarı olarak kalmıştır. O, yönettiği ruhları, oraya sevk etmiştir. O, sâfileştirmenin sübjektif şartlarıyla oldukça meşgul görünmektedir. Bu durum sakramenti daha hararetli hale getirmektedir. Yine o, tövbe içinde harekete geçmektedir ki, o geçmiş hatalar için affa yönelmiştir. Ancak yine ruhu aydınlıkla ve geleceğin güçlü görüşüyle silahlandırmaktadır[81]. İşte bu yüksek ahlaki çizgilerle tanınan kişi, Cenevre piskoposudur[82].

Kilisede Salesien zahitlik, bazı manevi egzersizleriyle şöhret bulmuştur. Bu, "tamamlayıcı egzersizler" olarak adlandırılmış ve onun karakteristik bir tarzıdır:

a. **ORAİSON JACULATOİRE**[83]: Bu, gün boyunca, ruhun kabul ettiği yenileşmenin kısa ve samimi bir çağrısıdır. Bu binlerce obje vesilesiyle ve özellikle tabiatın güzelliğiyle, Allah'ın güzelliğinin imajıyla olmaktadır. O, gerçek duayı uzatmakta ve orada bulunmaktadır. Bu olmaksızın, murakabevi hayat olmamakta, aktif hayat kötü olmaktadır[84].

b. **EXAMEN DE CONSCİENCE**[85]: Bu tavsiye edilmiştir. Fakat ona verilen başka şeyleri belirtmeksizin bu tavsiye edilmiştir[86]. Aziz Ignace'in Fransisken spontaneite hürriyetiyle St. Ignace'ın metodik esprisi arasında, François de Sales, orta yolu tutmaktadır[87]. O, araştırmaya sevgiyi hâkim kılmakta ve daha çok, geçmişten çok geleceği düşünmektedir[88].

c. Yıllık İnziva[89]: Bu dindar kişilere tavsiye edilmiştir. Ayrıca herkese... Bu inziva birkaç gün kendine kapanmaktır. Burada onlar, Allah'ın aşk yolundadırlar ve kararlarını yenilemektedirler[90].

d. Manevi yönetimin Philothée'ye tavsiye edilmesi[91]: François de Sales, bireysel ilhamları ekarte etmeyi önlemektedir. O, yöneticinin aksiyonunu Allah'ın aksiyonuna bağlamasını istemektedir. Yine o, yönetimin mizacına uymayı ve tedrici bir seyri istemektedir ki yönetim tatlı ve esnek, dolaylı ve

---

[81] İntrod, II, c.19.
[82] M. Vincent, Op. Cit.
[83] M. Vincent, Op. Cit. p.345-355.
[84] İntr. II, c.13.
[85] İbid, c.11.
[86] Özellikle S. Ignace de Loyola et M. Tronson.
[87] F. Vincent, Op. Cit. p.372.
[88] İbid, p.363-373.
[89] İntrod. V, p, c.1-16. Bu inziva, manevi inzivadan ayrıdır (bkz: II, p, c.12).
[90] Bütün giriş buna tahsis edilmiştir.
[91] İntrod. I^e, p, c.4.

kapsayıcı, her halükârda Allah aşkına yönelmelidir. Hatta yöneticinin belli bir aşkında bile böyle olmalıdır[92].

4. François de Sales gibi büyük bir moralistte faziletler, çok geniş bir yer tutmaktadır. Bunlar onun metodunda oldukça belirgindirler. Çünkü onun iyimserliği onu, kötülükle savaşmaya doğrudan hücumla değil, onda fazileti ve Allah aşkını geliştirerek gerçekleştirmektedir. Böylece o, kurbanı sevdirmektedir. Ancak bunda Hıristiyan katılığına onun kızdığı sonucuna varılmamalıdır. Belki onun bütün azizlerin en acı çekicisi olduğunu söyleyebiliriz[93]. En azından o, aşkla bu feragatte, başkalarının oldukça katı kurallarıyla elde edemedikleri şeyi elde etmektedir.

O, faziletlerin pratiğini, özel hallerin gerekliliklerine uydurmayı bilmektedir. Onun dünya insanlarına[94] ve tarikat mensuplarına takdim ettiği ideallerden başka[95] o, tek yanlı bir zahit değildir. O, insanı tam olarak eğitmekte ve bu arada ne ilmi ne de ruhu süsleyen sanatı kalbin hayatiyeti olan beşeri sevgileri ne de sağlığı veya bedenin görünüşünü ihmal etmemektedir[96]. Bununla birlikte onun şekillendirdiği insan, her şeyden önce Hıristiyandır ve Hıristiyan faziletiyle, mensubunun yeteneklerini yükseltmektedir. Bu meşguliyet, introduction'da güçlü şekilde hissedilmekte ve Entretiens'lerde münhasır hale gelmektedir. Onun kurduğu tarikat, karakterlere sahiptir. Orada, katılık yoktur, aşk vardır. Merhametin ateşi ve samimi bir dindarlığın gücü vardır[97].

Bu güç, aşkı kurtarmakta ve tarikat mensubunu ruh halinin en büyük faziletlerini pratiğe sevk etmektedir[98]. Bunu da yaparken ruh özel yargıdan feragatle, iffetliliğin çiçeği olan mütevazı kalbi her şeyden uzaklaştırıyor. İlk konuşmalar, bu ruhun temellerini[99] yerleştirmekte ve üç karakteristik güçlü kanunla sonuçlandırmaktadır: Terk, cömertlik, zihin eşitliği[100]. Bu ideal, sadece saf Allah aşkıyla mükemmelleşmektedir.

---

92 F. Vincent, Op. Cit. p.397-515.
93 M. Olier, Voir sa Vie, Paris, 1841 (t.II, p.180).
94 P. l'Introduction á la Vie Dévote'un III. kısmına bakınız.
95 Bkz: Entretiens Sprituels.
96 F. Vincent, Op. Cit. p.217-290.
97 Préface des Entretiens, p.XXX.
98 Entretiens, VIII-XII, XIV-XV.
99 Entretiens, II-VII; güven, kararlılık, samimiyet, cömertlik, ümit, spritüal büyük kanunlar.
100 Entretiens, VII.

C. Allah Aşkı ve Salesien Mistik

Hayır yapmanın dindarlıktan aldığı genel hız, ruhu, Allah'a hizmete götürmektedir. Onun olgunluğu, dâhili amellerin yoğunluğunda ve sâfiyetinde bulunmaktadır. Bunlarla ruh, doğrudan Allah'la birleşmektedir. Ona yardım için verilen üstün destekler, onları ortaya koyarlar: İşte bunlar, mistik inayetlerdir, François de Sales bu eylemleri işlemekte ve bu inayetleri üç kitabında (V-VII) açıklamaktadır. Bu bölüm, onun eserinin kalbidir ve orada mistik ilahiyatının temelini açıklamaktadır. Fakat müteakip dört kitap, onun tamamlayıcısıdır ve mükemmel aşkın (1. VIII-IX) ve propriétes'lerinin (1. X-XI) meyveleridir. Bunlar yazara mistiğe tamamen nüfuz etmiş yüksek bir zahitliği ve herkes için eşit olmayan önemli bir pratiği takdim etme imkânı vermektedir. Özellikle Allah'ın olgunluğa çağırdığı ruhlar için...

1. Dâhili eylemler, ruhu, Allah'la birleştiren aşk ve dostluktur. Bu konu, beşinci kitapta incelenmiştir:

a. Gönül rahatlığıyla[101] ruh, ilahi olgunlukların tadını almakta ve ondan yararlanmaktadır. Bu istirahat, hareketsiz olmak değil; harekete ihtiyacı olmamaktır. Çünkü Allah, her şeye sahiptir[102]. Fakat aşk, hâlâ arayacak bir şey bulmuştur. Belki onu elde etmek için değil, ondan yararlanmak için.

b. Mutluluk[103] bizim için, gönül rahatlığının devamıdır. Aksine Allah, yaratığına tanıklıkla başlamakta sonra eserini tamamlamaktadır. Gönül rahatlığı, hoşlanma arzusu ve faydalı olma arzusundan, Allah'ı övme ihtiyacından ve Allah'ı bütün yaratıklara sevdirmeden, cennetin ateşli özleminden ibarettir.

Bu eylemlerin egzersizi, VI. kitabın[104] başında belirtilen duanın belli başlı varlık nedenidir. Dua ile aziz, meditasyonu veya murakabeyi kastetmektedir. Ancak o, onları özenle ayırmaktadır. **Meditasyon**, dikkatli düşünmeden, iradeli olarak, zihne çekilmekten iradeyi kutsallara teşvik etmekten ibarettir[105]. **Murakabe**, âşık olmaktır. Zihnin daimî ilahi şeylerde dikkatidir[106]. Duanın bu yüksek şekli, meditasyondan ayrıdır. Çünkü murakabe, sadece aşkı arama yerine, aşkı gerektirir[107]. O, konusunu, analitikten daha çok genel ve sade

---

[101] Amour de D. 1. V, c.1-5.
[102] İbid, c.3; İbid. c.3, p.267.
[103] Amour de Dieu. 1.V, c.6-12.
[104] İbid, 1.VI, 1-6; Yazar için **dua**, mistik ilahiyatın sinonimidir.
[105] İbid, c.2.
[106] İbid, c.3.
[107] Kısaca meditasyon aşkın annesidir. Murakabe onun kızıdır. İbid, c.3, p.313.

bakışta telakki etmekte[108], bunu zahmetsiz ve zevkle, aşkın sonucu olarak gerçekleştirmektedir[109]. Burada tasvir edilen murakabe, ayrı bir murakabedir: O, ister bir tek ilahi perfeksiyonu gerektirsin ister farklı birçok perfeksiyonun global görüşüyle olsun isterse birkaç esere veya ilahi aksiyonlara dikkatle olsun[110], ruhta, çabasız, gönül rahatlığının veya mutluluğun tasvir edilen eylemlerini meydana getirmeye imkân vermektedir[111]. Burada söz konusu olan basit murakabedir fakat bu aktiftir ve oldukça mükemmeldir.

2. Mistik inayetler, murakabenin egzersizlerine bağlıdırlar ki murakabe, aşkın rolünde tasvir edilmiş, ilk plana konulmuş ve güçlü itham edilmiştir. Aziz François de Sales, burada, azize Thérèse'yi bir üstadın serbestliğiyle takip etmektedir ve o, onun görüş noktasına her şeyi getirmekte tereddüt etmemektedir.

a. Birlikten önceki dualar[112]: Carmelit azizenin onlara verdiği ismi muhafaza etmektedir:

- Tefekker[113]: Bu da aynı kıyaslamalarla tasvir edilmiş, başka şeylerle tamamlanmıştır.

- Sükûnet[114] veya kabul edilmiş ruhun istirahati. Bu konu uzunca işlenmiş ve "güçlülerin uykusu" ile aşağı yukarı aynı kabul edilmiştir[115].

b. Genel birlik duaları[116]. Bunlar özel isimlerle François de Sales tarafından ayrılmamaktadırlar ancak karakteristik sonuçlarla ayrılmaktadırlar. O, onlara "Écoulement de l'âme en Dieu"yi atfetmektedir. Çünkü onlarda ruh Allah'ta bir gönül huzuruna sahiptir. Öyle ki o, tatlı şekilde sıvı bir şey gibi, onun sevdiği Tanrısallığa akacaktır[117]. Aynı duada, ruhtaki Allah'tan bir nevi sıvı akımı olmaktadır[118]. Neşideler'deki V/6 cümlede bu şöyle ifade edilmiştir: Kapıyı açtım sevgilime, ama sevgilim gitmişti, kendimden geçmişim o konuşurken[119]. Bu gönül hoşnutluğunun meyvesidir. Aşk, ruhta, başka büyük sonuçlar meydana getirir ve en saf duyguları canlandırır ve aşk yarasına

---

[108] İbid, c.5.
[109] İbid, c.6.
[110] İbid, c.6.
[111] S. Jean de la Croix, Traité, 1518.
[112] Amour de Dieu. 1. VI, c.7-11.
[113] İbid, c.7.
[114] İbid, c.8-11.
[115] İbid, c.8, p.330.
[116] İbid, c.12-15.
[117] İbid, c.12, p.346.
[118] İbid, c.12.
[119] Neşideler, V/6.

kadar varır[120]. Bu, aşkın empoze ettiği ayrılıklarla, onun canlandırdığı arzularla, Allah'ın verdiği cazibelerle meydana gelmektedir[121]. Bunun en saf şekillerinden birisi, aşkın yaralı kalbinin âşık lisanıdır[122].

Birliğin özellikle yoğun olan diğer sonuçları, yedinci kitapta açıklanmıştır. Burada aziz doktor, ruhun aldığı en yüksek bazı aktivitelerin inayetlerini ayırmamada çok özen göstermektedir. Bu sadece çardağın üzerindeki asma gibi, Allah'a dayandırılmamalıdır. O, oraya bütün canlı güçlerini dâhil etmelidir tıpkı ağaca sarılan sarmaşık gibi. "O, onlara sıkıca sarılmakta, onların kabukları arasına nüfuz etmektedir." [123] Bu duada bu birlik tamamlanmakta[124] ve Birlik denilen mistik inayetlerin en yüksek sonuçları meydana gelmektedir. François de Sales, burada üç prensibe işaret etmektedir: **Vecdler, Allah'ta hayat, Aşkın ölümü.**

VECDLER, üç çeşittir[125]: **Anlama vecdi.** Bu ilahi hakikatin hayranlığı ile meydana gelmiştir. **Bu iradenin vecdidir.** Bu onun güzelliğinin aşkı ile meydana gelmiştir. Yine bu aksiyonun veya **eserlerin vecdidir.** Bu sonuncusu diğer ikisini belirleyen yegâne ve en iyi şeydir[126]. Fakat bu özellikle sözü edilen vecd değildir. İlk ikisi, müştereken vecdler veya kendinden geçmeler olarak isimlendirilirler. Fakat yanılmalardan korkmak gerekiyor. Yazar onları tasvir ettikten sonra[127] kendinden geçmenin iki işaretini vermektedir[128]:

a. O, kesinlikle anlamaya olduğu kadar iradeye de onu bağlamamaktadır[129]. Hatta birinci tür, diğerinden daha da aydınlatıcı olsa bile.

b. Denildiği gibi, eserlere refakat etmektedir.

Vecdi aşkla Allah'ta hayat[130] ve nihayet aşkın ölümü[131]. Bunlar birtakım parlak gelişmelere neden olmaktadırlar ve özel güçlükler takdim etmemektedirler. Bu sonuçlar, mistik inayetlerin meydana getirdiği en yükseklerinin

---

[120] İbid, c.13-15.
[121] İbid, c.13.
[122] İbid, c.15.
[123] Amour de D. 1. VII, c.1.
[124] İbid, c.1-3.
[125] İbid, c.4, p.21.
[126] İbid, c.6, p.27. Thérèse bundan yedinci derecede bahsetmektedir.
[127] İbid, c.1-4 ve 5.
[128] İbid, c.1-6.
[129] St. Thérèse, tamamen zıt bir kriter vermektedir. Chateau, VI, c.4, p.205.
[130] İbid, c.7-8.
[131] İbid, c.9-14.

arasındadırlar. Aziz Doktor, Union Transformant'dan bahsetmemektedir. Ancak onda birçok karakteri toplamıştır. Diğerleri, müteakip kitapların meşgul oldukları mükemmel aşkın en genel meyvelerinde bulunacaktır.

3. Mükemmel aşk, duanın dışında iradedeki ve karakterlerindeki meyveleriyle tanınmaktadır. Meyvelerle[132] burada irade üzerindeki Allah aşkının daimî sonuçlarını kastediyoruz. Bu, bu aşkın tabiatüstü değerini garanti eden stabil pozisyonlardır. Bunlar, duada, duygusal tarzda zaten icra olunmaktadırlar. Nihayet amellerde gösterilmelidirler.

Aşkın iki önemli meyvesi vardır:

a. Allah'ın iradesine uygunluk[133]: Bu mutluluğun ve gönül huzurunun sonucudur[134]. Bu Allah'ın insana verdiği pozitif amellere, insanın iradesiyle sahip olmasıdır[135]. Ancak bu sadece kurallarla değil[136], nasihatlerle[137] veya sâde ilhamla olmaktadır[138].

b. Allah'a boyun eğmek[139]: Bu da beşeri iradenin, Allah'ın iradesiyle birleşmesinin bir başka şeklidir. Bu durumda, acıları ve mahrumiyetleri kabul etme isteği bulunmaktadır. Bu kabul, sabrı veya feragati aşmalı ve ilgisiz azize ulaşmalıdır[140]. Hatta bu manevi sorunlarda bile olmalıdır[141]: Bu ilgisizlik, ruhun gerçek ölümüdür ve tam bir soyutlanmayı meydana getirmektedir[142].

Aşağıdaki özellikler, Allah aşkına atfedilebilirler. Ancak bunlar sadece tam olarak mükemmel aşk'ta bulunmaktadırlar:

1. Her şeyde Allah sevilmelidir[143]: O, bize bunu tavsiye etmektedir ve bu kaideye olgunluğun farklı derecelerine göre riayet edilmelidir[144]. Bu komşu aşkı için olan gayrette muhteşem bir uygulama bulmaktadır[145].

---

132 S. Thomas'ın Kutsal-Ruhun meyveleri ile mükemmel eylemleri aynı şeydir. Ancak gerçekte farklı problemler söz konusudur.
133 Amour de D. 1. VII.
134 İbid, c.1-2.
135 İbid, c.3-4.
136 İbid, c.5.
137 İbid, c.6-9.
138 İbid, c.10-13.
139 Amour de D. 1. IX.
140 İbid, c.1-3.
141 İbid, c.4.
142 İbid, c.5-10.
143 İbid, c.11-16.
144 İbid, 1. X.
145 İbid, c.4-5.

2. Allah aşkının rolü evrenseldir[146]: O, bütün faziletleri, en yükseklere kadar özetlemekte ve olgunlaştırmakta ve günahın[147] felaketlerini onarmaktadır[148]. Bu yüzden erdemlerin ve eylemlerin bütün uygulamalarını kutsal aşka indirgemeliyiz[149]. O, Kutsal-Ruhun bağışlarını anlamakta ve korkuyu yüceltmektedir[150]. O, mutluluğun ve Kutsal-Ruhun meyvelerini ihtiva etmekte[151], ruhun bütün ihtiraslarını ve sevgilerini, Allah'a itaate boyun eğdirmekte[152] ve kederi gidermektedir. Çünkü o, faydasızdır ve ilahi aşk servisinin tersidir[153]. François de Sales'in ahlaki meşguliyetleri, ruhu, kutsal aşkta ilerlemesi için, geniş açıklamasına birkaç pratik görüş daha ilave etmeye onu zorlamıştır[154]. O, orada niyetin yönetimini[155], aksiyonların takdimini[156] ve Mont de Calvaire'in gerçek aşk akademisi olduğunu sonuç olarak göstermektedir[157].

Ahlakçı François de Sales, talebesinin bütün yeteneklerini, ahenkli gelişimine, aktif, ateşli, aydınlanmış bir Allah aşkıyla yönetilmiş bir iradenin ve zihnin yüksek hayatına onları bağlamaya sevk etmektedir. Burada Hümanizm ve Mistisizm bu doktrinde birleşmiştir. Fakat mistik çiçeklenmede gelişen doğrudan Hümanizm değildir: Bizatihi, Allah aşkını olgunluğa kadar sevk eden, insanın kültürü değil, aksine en yüksek seviyeye onu olgunlaştıran aşka ulaşan insanın (VIII-IX. kitaplar), tam bir ölümle soyutlanmasıdır. Böylece görünürde birkaç tezad olsa da Hümanizmin eserini yıkma yerine, onu tamamlamaktadır.

---

[146] İbid, c.11-17.
[147] İbid, 1. XI.
[148] İbid, c.1-9.
[149] İbid, c.10-12; İbid, c.13-14.
[150] İbid, c.15.
[151] İbid, c.16-18.
[152] İbid, c.19.
[153] İbid, c.20.
[154] İbid, c.21.
[155] Amour de D. 1. XI.
[156] İbid, I. XI.
[157] İbid, c.8; İbid, c.13.

SONUÇ

Buraya kadar Kilise Babalarını ve onların büyük takipçilerini tanıtmış olduk. Kilise Babaları yani eski kilise yazarları, dehalarıyla veya kutsallıkla birleşmiş yüksek nitelikleriyle, Hıristiyan düşüncesinin üstadları olarak, tartışmasız bir otoriteden yararlanmışlardır. Bunlar, tek kelimeyle kilise doktorlarıdırlar. Onların büyük takipçileri olan ilahiyatçılar veya manevi üstadlar, kendi tarzlarında orta çağda veya Rönesans'ta, eskilerden alınan geleneksel hakikati meydana getirmişler ve yeni nesillere onu intikal ettirmişlerdir. Bunların arasında, bazıları üzerinde tercihan durduk. Çünkü bunlar Kilise Doktoru unvanıyla onore edilmişlerdir[1]. Bu konuyu, layıkıyla kapatan S. Farançois de Sales'in ölümüyle kapatacağız.

Modern üstadların eserleriyle, özellikle birinci yüzyılın üstadlarının eserleri arasında yapılacak doğrudan bir kıyaslama, bütünlüğü içinde asla mümkün değildir. Çünkü açık birçok tezad vardır. Fakat burada, çift tuzaktan sakınmak gerekmektedir. Önce bir devrim olan gelişmelerin tasdikine kadar olan farklılıkları suçlamak gerekir. Şüphesiz birtakım devrimler vardır. Fakat onların meydana getirdiği eserler kilise tarafından kınanmıştır ve onların tarihi, itizal tarihi olmuştur. Bunun için burada sadece Katolik gelenekle yazıları uyum içinde olan ve bazı noktalarda Katolikliği aydınlatan üstadlardan bahsedeceğiz. Bunun için diğer tuzaktan uzaklaşmak için, farklılıklar gözardı edilecektir. Çünkü bunlar meşru ve zorunlu bir evrimin tabii sonucu olduğu kadar, doktrinel ve edebi olarak da bazı kişileri ve doktrinleri kaldırmak riskine rağmen müşterek özelliklere tutunmak için gereklidir. Aynı tehlikeler,

---

[1] Kilise doktorlarının sayısı yirmi altıdır. Bunların çoğu, antikite Hıristiyanlığına ait bulunmaktadır. Sekizi Doğulu kilise babasıdır; S. Athanese, S. Basile, S. Grègoir de Nazianze, Jean Chrysostome, S. Ephrem, S. Cyrille de Jerusalem, S. Ciyrille d'Alexandrie, S. Jean Damascène. Latin kilise babaları ise şunlardır: S. Ambroise, S. Jerôme, S. Augustin, S. Gregoire le Grand. Bunlara Batının büyük dotorları denmektedir. Bunlara şunlar da eklenebilir: S. Hilaire, S. Léon, S. Pierre Chrysologne, S. İsidore, S. Bède. Daha sonraki devirlerde Batıda başka kilise doktorları görmekteyiz. Bunların sayıları dokuzdur ancak beşi orta çağa aittir. S. Pierre Damien, S. Anselme, S. Bernard, S. Bonaventure, S. Thomas d'Aquin. Dört kişi de modern döneme aittir: S. Jean de la Croix, S. Pierre Canisius, S. François de Sales, S. Alphonse de Liguori.

modern pazarlar ve ekoller için de söz konusudur. Bunun için, vasat bir yol izlenerek, bu yazarlarda onların doktrinel pozisyonlarını en iyi karakterize eden noktaları bir kenara bırakmak için büyük gayret sarfedilmiştir. Orta çağ kilise babaları ve kilise doktorları ile, modern çağın kilise babaları arasında, bir devamlılık söz konusudur: Bu konuda hiçbir Katoliğin şüphesi yoktur. Bunun için burada bu açıdan bunu ortaya koyma teşebbüsüne girmedik. Zaten Dördüncü kitabın başlığında, bu yüksekçe tasdik edilmiştir. Aslında bu tasdik ne kadar açık olsa da faydasız görünmemektedir. Bunun için gelişmelerde yeni eserlerin karakterleri özellikle aydınlatılmıştır.

Bu yeni eserler, yukarıda denildiği gibi, eski eserlerden normal olarak bazı sistem yönünden ayrılmaktadırlar. Bu ister konu yönünden olsun ister kullanılan metod yönünden veya ister büyük zihinlerin önemli bir gruba empoze ettikleri kişisel düşünceler olarak bir ekol olsun böyledir. Orta çağda ve Rönesans'ta ilahiyatta, spritüalitede oluşan okullara, çağdaş Katolik düşünürler bağlıdırlar, Herhangi bir gruptan uzak kalanlar istisnadır. Bu okulların ilk kurucuları, bir anlamda gerçek ilhamcılardır ve çağdaş Katolik düşünceye oldukça etki etmişlerdir. Aslında bunları ayrıca incelemek faydalı olacaktır. Onların halefleri, çizilen bu yollarda yürümüşlerdir. Onların doktrinlerinin temel unsurlarını tanımak için onları gruplarına bağlamak kâfi gelecektir.

1. Üç ekol ilahiyatta önemlidir. Bu okulların kurucuları şunlardır: St. Thomas'ın okulu, Duns Scot'un okulu ve Suarez'in okulu. Bu okullar XVI. yüzyıldan beri aktiftiler ve her bir okul, XVI. yüzyıldan beri kendi etkili doktorlarının bir listesini takdim etmektedir[2].

XVII. yüzyıl Scotist[3] okulun parlak bir gelişmesine tanık olmuştu. Özellikle bu gözlemciler ve gelenekçiler arasında, diğer Fransiskenlerden daha iyi bir şekilde, ekletizmde korunmuştur. Bu, bütün ülkelerde ve üniversite merkezlerinde bulunuyordu. Bu konuda François Hauzeur (+1676), Fr. Maudo'yu (+1681), Brancati de Lavria'yı (1682), Cl. Frassen'i (+1711), Barth Durand'ı (+1720) zikredebiliriz.

Diğer yandan Cizvit üstadlarının başarısı da az değildi[4]. Bunlar SUAREZ'den ilham alıyorlardı. Fakat gerçek bir bağımsızlıkla... Bu alanda şu

---

[2] Hurter, Nomenclatur, t.III-V; A. Tanquerey, Synopsise Théologiae Dogmaticae, t.II, 1926, p.31-67.
[3] M. De Wulf, Hist. ph. Mèd. II, p.278; Bkz: Dict. Théol. Art. Frères Nunèurs, Col. 840-862.
[4] Dict. Théol. Art. Jésuite, Col. 1043-1092.

isimleri hatırlatalım: A. Tanner (+1623), M. de Ripalda (+1648), Cl. Tiphaine (+1641), Ruys de Montoya (+1632), Lugo (+1660). Bu, P. Laymann (+1635) tarafından geliştirilen ahlak dogmasıyla oldukça şöhret bulmuştu. Diğer yandan H. Busenbaum (+1668), A. de Escobar (+1669), Cl. Lacroix (+1714), St. Alphonse'un gerçek habercisi olmuşlardır.

Diğer yandan Thomist okul[5], şu isimlerle oldukça öndeydi: Jean de Saint-Thomas (+1644), V. Contenson (+1674), J. Gonet (+1681), A. Goudin (+1695), A. Massoulié (+1706), Nuël Alexandre (+1724), Ch. R. Billuart (+1757). Bunlara, Salamanque Carmelle ilahiyatçılarını da ilave etmek gerekir. Çünkü bunlar elli yıla yakın meşhur CURSUS THEOLOGİUS'larının yazımı ile meşgul olmuşlardır.

Şüphesiz son yüzyılda bu değerli ilahiyat okullarının haricinde, laik, diğer tarikat mensupları ve bağımsız düşünen ilahiyatçıların da olduğunu biliyoruz. Ancak bunların hepsi, farklı derecelerde, işaret edilen bu okulların tesirinde kalmışlardır. İşte bunlardan birisi XIX. yüzyıl boyunca, özellikle Léon XIII'den beri diğerleri üzerinde önemli bir ilerleme kazanmıştı. Bu St. Thomas okuluydu. St. Thomas, seminerlerde ve üniversitelerde, felsefede ve ilahiyatta resmen öğretiliyordu[6]. Kilise melek doktorun eserlerine titiz bir yoruma sevk ediyor gibiydi[7]. Yine bu arzuya cevap vermek için St. Thomas'ın yazıları ve doktrinleri, mükemmel bir ilahiyatçı üstad olarak hayatta daha uzunca yayılması bir görev olarak inanılmıştı.

Aziz Augustin ismini, yukarı orta çağdan itibaren Batıda, bütün büyük fikir hareketlerine karışmış olarak buluyoruz. Hatta bunun son yüzyıllara kadar olduğunu görüyoruz. Maalesef bu dar görüşlü talebelerinin yaptığı yolsuzlukla uzlaşmıştı. Bunlar JANSÉNİSTES'lerdi.

JANSÉNİSME[8], Vatikan tarafından tekrar edilen mahkûmiyetlere rağmen kilisede kalmak isteyen oldukça garip bir itizal hareketiydi. Bu iddia, bugün kaybolan Jansenit düşüncenin nadir mirasçıları arasında oldukça hissedilir bir iddiaydı.

Onun tarihinde iki temel safha önemlidir: Birinci safhada Jansénisme, kader ve inayet konusunda teolojik bir sistemdir. Bazen çok canlı polemikler,

---

5   Dict. Théol. Art. Frères Précheurs, Col. 914-924.
6   Bu kitabın önceki sayfalarına bakınız.
7   X. Le Bachehet, Jésuites, Dans Dict. Théol. Col. 1038-1043.
8   J. Carreyre, Jansénisme, Dans Dict. Théol. Col. 318-529.

normal olarak doktrineldirler. Bu polemikler, devrin büyük Hıristiyanları tarafından Katolik reformu için gayretle belli sayıda düşünürler, bu büyük eserin canlandırılması için dogmatik alanda, Augustin'e bağlanan birtakım tez çalışmalarına ve Hıristiyan pratiği alanında, Hıristiyanlığın ilk asırlarının tövbe uygulamalarına, kendilerini vermişlerdir. Augustinus[9], birinci grubu canlandırmıştır. İkinci grup ise, Fréquente Communion[10] kitabında nadir bir yetenekle takdim edilmişlerdir. Böylece Jansénisme'in büyük isimleri ve Arnauld, La Paix de Clément IX (1669) barışı ile sona eren bir döneme hâkim olmuşlardır. İkinci safhada, Jansénisme, parlamenter, felsefi-dini bir muhalefet partisi olmuş ve XVII. yüzyılın sonlarında başlamış ve işitilmemiş bir şiddetle ve nisbi bir sükûnetle Fransız ihtilaline kadar devam etmiştir[11]. Ancak birinci grup Jansénisme, teolojik bakış açısına ilgi göstermiştir. Bilindiği gibi onun doktrini, insanın aslî günahla derin bozulmasıyla ifade edilmektedir. Bu bozulma, tabii yeteneklerinde özellikle muzaffer bir aşkla, insana günahı empoze eden bedensel aşk gibi, mukavemetsiz olmaktadır[12]. Bu sistem, hürriyetin inkârına dayanmaktadır ve pessimisme'in ithamını doğrulamaktadır. Hatta bu itham, bazen Augustin'e karşı yapılmıştır. Şüphesiz bu haksızlıktır. Çünkü Hippon piskoposunun ana tezleri unutulduğu için bu yapılmıştır: Bu tezler, tabiatüstü gerçek bir optimisme'i tesis etmektedirler. Özellikle onun doktrini, oldukça zengin ve hikmetin oldukça teselli edicisidir.

2. Dogmatik veya ahlak ilahiyatında olduğu gibi maneviyat alanında birtakım okullar vardır. Hıristiyan hayatının bu veçhesi ve bu yönü üzerinde ısrar, bu tasnife yeterli bir temel sağlayacaktır. Görüldüğü gibi orta çağın yazarlarında bunu buluyoruz. Rönesans'ın manevi üstadları tarafından getirilen mükemmel açıklamalar ister sofuluk egzersizlerinin metodunda olsun, ister doktrinin açıklamasında olsun bu gibi sistematizasyonların gelişmesini en iyi şekilde sağlamıştır. Böylece bütün yeni yazarları şu veya bu okula bağlayarak faydalı bir grup yapabiliriz[13]. Bu mükemmel grubun dışında kalanların birçoğu oldukça azdır. Ancak yine de bu çerçevelerde aşırı mübalağa yapmamak önemlidir. Bir okula ait olan yazarlar, başkalarının doktrinini

---

[9] Jansenius (+1638), İbid, Col. 319-329.
[10] Antoine Arnauld (1612-1694)'un eseri.
[11] J. Carreyre, İbid, Col. 318.
[12] Bu doktrin Augustinus'da açıklanmıştır. Bu eserin analizine bakınız: İbid, Col. 30-448.
[13] Bu konuda A. Tanqueneu, p.XXXIII-XLVIII'in Précis de Théologie Ascétique et Mystique kitabının başına bakılmalıdır.

kendilerinin özel tercihleri olmasına rağmen kabul etmektedirler. Takdim ettiğimiz XVI. yüzyıl üstadlarının tamamı için St. Ignace, St. Thérèse, St. Jean de la Croix, St. François de Sales, klasik üstadlar olarak ve mistik ve zahitlik doktorları olarak kalacaklardır.

Şüphesiz yeni manevi gruplar, Allah adamları ve bizzat azizler tarafından kurulmuşlardı. Bunlar, bütünü içinde büyük klasiklerin çalışmalarını yeni bir bakış açısıyla yapmadılar. Onların dikkatleri eserlerinin temeline koydukları birkaç hakikatle belirgin hale gelmiştir.

Kardinal Bèrulle[14] (+1629) özellikle dinin fazileti konusunda ısrar etmiştir. O, bedenleşmiş kelime olan İsa'nın büyüklükleriyle çarpılmıştır. O, İsa için ateşli bir dindarlık belirtiyordu. Oratorierine okul, Condren (+1641), Bourgoing (+1662), Thomassin tarafından temsil edilmiştir ve bu gelenek devam ettirilmiştir.

Buna en yakın okul, Saint-Sulpice okuludur. Bu okul, M. Olier[15] tarafından kurulmuştur ve M. Tronson tarafından devam ettirilmiştir. Bu okul, dini zihniyetle, mesihin dâhili duygularına mükemmel bir katılımla, dâhili bir feragati tavsiye etmektedi.

Bérulle'un bir başka talebesi St. Audes'tir[16]. O, Meryem'in ve İsa'nın Sacré-Marguerite ve Bx de la Colombière[17] sayesinde, Hıristiyan hayatında muhteşem şekilde yayılmıştır. St. Paul de la Croix (+1775) özellikle Passion kültünü propaganda yapmış ve Bx Grignion de Montfort (+1716) da Saniten Vierge (Kutsal Bakire) kültünü yaymıştır.

Diğer birçok dini grupların kurucuları olan azizler de önemlidir. St. Vincent de Paul (+1660), St. Jean Baptiste de Salle (+1719), St. alphonse de Liguori (+1787) gibiler, her şeyden önce pratik meşguliyetlerle uğraşmışlardır[18]. Onlar, belirttiğimiz üstadların doktrinlerinden ilham almışlardır. Manevi hayat, bunlardan sonra da devam etmiştir. Ancak onların aydınlığından yararlanılarak devam etmiştir. François de Sales'a kadar incelediğimiz yazarlar bizim için bir son değildirler, onlar sadece bir öncüdürler.

---

[14] H. Brémond, Hist. Litt du Sentiment Rol. t.III. L'Ecole Française, p.3-221, P. Pourrat, Op. Cit. t.III, p.491.
[15] H. Brémond, İbid, p.419-507; P. Pourrat, İbid, p.526-567.
[16] H. Brémond, p.583; P. Pourrat, İbid, p.586-596; D. Boulay, Vie, Paris, 1903-1908; Lebrun, Le Bx Eudes et le Culte P. Du S.C. Paris, 1917.
[17] J.V. Bainvel, La Dèv. Au Sacré-Cocur de J. Paris, 1917.
[18] P. Pourrat, Op. Cit. t.IV.

Onların tesirleri oldukça önemli olmuştur. Tabiatüstü büyüleme ile ve oldukça sıcak kanaatle Ste Thérèse, duanın inayetlerini tasvir etmiş ve ondan hararetli bir havari yapmış, böylece mistikte çok sayıdaki mensubu, fethetmiş, sahte reformatörlerin görüşlerini ve François de Sales'ın tatlı tedbirini bir kenara bırakarak birtakım belirsizlikleri elde ederek tamamlamıştır. Fakat bu mensupların arasında birçokları, başka tefsirlere kapılmıştır. Meselâ eski Alumbradoslar gibi. Onlar, sapık bir quietismede veya yarı-quietismede olsun sapıtmışlardır.

Bu asırlıkların hepsi, kesin yöntemlerle yenilenen zahitliği, en yüksek zirvelere götürecek yetenekte görülüyordu. Jansenist eğilimler entelektüel muhitlere nüfuz ederek, ruhların gelişmesine az elverişli olmuş ve tartışmanın daha da ağırlaşmasına sebep olmuştur. Molinos'a ve Fénelon'un yarı-quietisme'ine karşı gösterilen takipler, bu muhalefeti bütün açıklığıyla göstermektedir[19]. İşte o vakitten beri belli bir güvensizlik zihinlerde mistiklere karşı devam etmektedir. Bu gittikçe olağanüstü olarak telakki edilmiştir.

Bu dar görüşlere karşı XX. yüzyılın başından beri[20], bir reaksiyon yürütülmüş ve yavaş yavaş mistiklerin inayetleri, mükemmel hayatın gerekli yardımcıları olarak telakki edilmişlerdir. Bu kavram, bize eski geleneğe, özellikle orta çağa ve bilhassa Augustinci geleneğe daha uygun gelmektedir. Fakat bugün, mistik inayetlerin bir veçhesi üzerinde ısrar etmek gerekir: Bazı şartlarda, ılımlı zihin ve sakin bir aktiviteyle onların var olması mümkündür. Azize Thérèse'nin parlak tasvirleri faydalı olmasına rağmen, XVI. yüzyıldan beri ilahiyatçıların ve mistiklerin dikkati mistik inayetlerin pasif tarafına çekilmiş ve onun doktrini, tartışmasız bir otoriteden yararlanma konusunda murakabevi hikmetin, tabiatüstülüğün, Augustincilere daha alışık gelen alışkanlığın aktif veçhesi faydalı olarak kalmıştır[21]. Diğer kilise doktorlarının açıklamalarıyla kadük olmaktan uzak olan eski üstadların öğretisi, dolaylı olarak yeni güçlüklerin çözümüne katkı sağlamaktadır[22]. Hikmetin bu tezi,

---

[19] Bizim burada zikrettiğimiz tartışma, dikkatli Avrupa'nın, ilahiyattaki en hassas konularından birisi olan saf aşkın tabiatı konusudur. İnce ve ateşli bir mistisizmin esnek ve parlak savunucusu olan Fénelon ve Bossuet, Hıristiyan hayatının temellerini savunmada endişeli olarak iman, ümit ve merhametin uzlaşacağına hükmederek, her halükârda uygun şekilde tüm mistisizmin temelindeki ilk zorunluluğu hatırlatmaktadırlar.
[20] Bu kitabın önceki sayfalarına bakınız.
[21] Bkz: Genel Giriş 1. I, p.19-20.
[22] F. Cayré, Maitres Anciens et Problèmes Modernes en Spiritualité, Dans Vie Spirit, 1930, Ocak, t.22 [12]-[24]

aynı zamanda tabiatüstü imanda ve aktif imanda, basit bir tarih ilgisi olarak kalmamıştır. O, manevi eserlerin daha iyi anlaşılmasına yardım etmiş, evrensel bir seviyeye bütün çağlarda sahip olmuştur. Onların doktrinlerinin, muhalefet doktrinlerini hissedilir şekilde hafifletme avantajları olmuştur. Bunlara günümüzde, zahidane ve mistik eğilimler eklenmiştir[23]. St. Augustin'in modernitesi böylece artmış bulunmaktadır.

3. Burada görmek istediğimiz büyük avantaj, bu hayat devamlılığının daha çok aydınlatılmasıdır. Daima çok farklı modaliteler altında, duygusal ve yüksek görüşlü topluluklarda o, kilisenin ilk asırlarının yazarlarını, onların uzak varisleriyle birleştirmektedir. Bu aktüel tarihi tohum, büyük bir ağaç olmaktadır. Dogmatik konuda, orada o, mesafe alınabilirse, tecrübenin payının daha büyük olabileceği fakat orada ilerlemenin tamamlanacağı düşünülebilir. Bu büyük ilgiden dolayı, orada eski kilise babalarının yazılarında böyle bir gelişmenin prensipleri tekrar bulunacaktır.

Açıklamalarımız esnasında açıkça belirtmediğimiz bu devamlılık, bölümlerin devamından çıkarılabilir ve orada; eserin en parlak karakterlerinden birisini görmemiz mümkün olacaktır.

Bununla beraber verdiğimiz özetin ruhu, kilise adamlarında ve yazılarını tamamlayan oldukça geniş doktrinlerinde bulunduğuna inanıyoruz. Edebi eserlerden daha çok, Hıristiyanlık eserleriyle onların açıkladığı doktrinin zenginliği aydınlanacaktır. Büyük kültürün asırları veya oradaki Hıristiyan düşünürler, sözlerine daha sanatkarane bir şekil vermeyi bilmişler ve böylece özel bir prestij elde etmişlerdir. Ancak onlar, bizi diğerlerini ihmal ve hor görmeye sevk etmemelidirler. Onlarda vahyin kutsal birikiminin intikalinde oldukça önemlidirler. Burada sanat, ilahi hakikate temelli bağlı kalmaktadır. Onun Hıristiyan yazarı, Hıristiyanca konuşmak ve yazmak istemekte ve bununla meşgul olmaktadır. Hakikat kelimesiyle, sadece dogmayı değil, bütün vahyedilmiş hakikatleri kastediyoruz. Çünkü Hıristiyan hayatı ve sofuluğu bunların üzerine oturmaktadır.

Manevi doktrin üzerindeki bunca ısrar, özellikle bize, kutsal ruhlarda ve Allah'ın onlara verdiği iletişimlerde, Allah'ın sırları ile ilgili ilahi kelama, azizler tarafından getirilen tedrici zenginliği anlamamıza imkân vermektedir. Böylece onlar, dini duyguya dokunan birtakım kuralları temin etmek-

---

[23] Bu kitabın önceki sayfalarına bakınız (3. cilde).

tedirler ve haklı olarak günümüzde onunla ilgilenmektedirler. Bu tür her duygu, otantik bir mistisizm değildir[24]. Bunun için bunu, zıtlarından ayırmak için emin kriterlerlere daha çok ihtiyaç vardır: Onları bize üstadlar sağlamışlardır ki kilise onların otoritesini tanımıştır ve onları farklı görüş noktalarından tasvir etmiştir[25]. Bunları, ciddi boşluklar altında tanımak gerekmektedir. Mevcut eser, en azından bu üstadların seçiminde rehber olabilir ve onların doktrinlerinin bir özetini verebilir.

Bizim doktrin açıklamalarımız, çoklu bir eğilim karşısında bizi koymakta ve bazen de net olarak karakterize olmuş okullar karşısında bırakmaktadır. Onları birbirinin karşısına koymak niyetimiz yoktur. Fakat sadece her birinin hakikati arama yolunun nasıl olduğunu, insanların serbest tartışmalarda bıraktığı problemlerde göstereceğiz. Zaten bu tip noktalar, oldukça azdır. Genel olarak Hıristiyan düşüncesinin üstadlarının bu tarihi, onların ilerlemelerinin, güçlüklerinin ve fakat zaferlerinin aydınlık bir tarihidir. Diğer yandan bu tarih, kutsal bir tarihtir. Şüphesiz görüldüğü gibi, birçok noktada beşeridir de. Fakat kilise babalarını önce çıkararak, alınları tabiatüstü bir aydınlıkla aydınlatılmış olan erkeklere dikkat çektik. Onların düşüncelerini sadık olarak ortaya koymaktan başka endişemiz de yoktur. Onların hepsi bizim rehberimizdir. Bu bizim esnek irademizdi ve bu çalışmanın tek bir kelimesi bundan sapmış olsaydı, onu kayıtsız şartsız yeniden bu dünyada gerçeğin karizmasına sahip olanla ve bu dünyada, onun şanlı emanetçisi olan kişi ile bunu yeniden meydana getirirdik[26].

---

[24] Bu kitabın önceki sayfalarına bakınız.
[25] İbid, p.366.
[26] S. İrenée, Adv. Haer, 1. IV, XXVI, 2.

IV. CİLT İNDEKS

A

Achrida, 324, 325
Actus, 602
Agobard, 319, 321
Alcuin, 311, 312, 313, 314, 315, 319
Alumbrados, 682, 731
Amphiloque, 317
Angers, 325, 625
Aquaviva, 704, 707, 710, 717, 720, 721

B

Bacon, 426, 430, 434, 607, 650, 652
Bari, 335
Bec, 331, 333, 334, 335
Berenger, 309, 331
Berti, 297, 700
Boccace, 307
Bonaventure, 275, 289, 292, 294, 297, 304, 305, 352, 394, 402, 410, 411, 412, 423, 424, 429, 430, 431, 432, 433, 434, 435, 436, 437, 438, 439, 440, 441, 442, 443, 444, 445, 446, 447, 448, 449, 450, 451, 452, 453, 454, 455, 456, 457, 458, 459, 460, 461, 462, 467, 479,505, 511, 517, 549, 567, 580, 584, 585, 588, 602, 603, 627, 632, 633, 634, 645, 665, 666, 807
Boson, 341

C

Chartres, 309, 325, 330, 353, 354, 355, 417, 671
Citeaux, 361, 362
Cluny, 333, 335, 358, 362, 368, 628, 629
Collationes Parisien, 578
Corbeil, 356
Cornificius, 354

D

Dente, 677
Doctrine, 293, 353, 383, 440, 463, 589, 617, 745

Dogme, 309, 333, 341, 353, 361, 560, 590
Duns Scot, 275, 297, 349, 433, 435, 445, 454, 505, 515, 521, 526, 564, 577, 578, 579, 580, 581, 582, 583, 584, 585, 587, 588, 589, 590, 591, 592, 593, 599, 602, 603, 607, 663, 665, 808

E

Elipand, 319

F

Filioque, 315, 317, 340

G

Gaunilon, 335, 339, 348

H

Hexaeméron, 399
Hıncmar, 319, 321
Humanisme, 732

İ

İnayet, 373, 440, 455, 479, 496, 532, 533, 541, 542, 590, 689, 705, 707, 727, 783
İncarnation, 335, 454, 463, 558, 588, 720, 725, 728, 729, 770

J

Jansenisme, 700, 711

K

Kiersy, 319
Kilise, 275, 289, 290, 292, 298, 304, 306, 308, 309, 311, 317, 323, 324, 325, 327, 329, 342, 351, 371, 378, 384, 401, 438, 442, 469, 473, 479, 555, 561, 563, 564, 565, 568, 580, 605, 609, 611, 612, 613, 617, 668, 683, 708, 729, 793, 796, 799, 807, 809
Konsil, 355, 358, 618, 661

L

Leidrade, 319
Lombard, 275, 292, 305, 358, 399, 400, 401, 402, 404, 405, 408, 420, 430, 436,

439, 454, 455, 470, 543, 562, 578, 580, 602, 675, 682

M

Melun, 356, 405
Modalisme, 722, 723
Molinisme, 298, 463, 680, 687, 691, 693, 699, 703, 706, 707, 710, 711, 712, 715, 721, 727
Monologien, 338
Mont de Calvaire, 806

N

Nicolas II, 326
Nominalisme, 598, 601, 603, 608, 663
Noris, 297, 700, 701

O

Occamisme, 275, 583, 597, 600, 601, 603, 605, 606, 607, 608, 649, 663, 664
Opus Oxoniens, 578, 579, 582

P

Pallet, 356
Papa, 294, 315, 318, 322, 325, 329, 331, 363, 364, 367, 370, 378, 407, 417, 420, 425, 430, 438, 465, 469, 470, 472, 484, 511, 564, 601, 602, 603, 604, 606, 607, 608, 609, 610, 611, 612, 613, 614, 615, 616, 617, 618, 619, 637, 650, 657, 661, 663, 665, 666, 669,677, 678, 680, 688, 700, 707, 708, 716, 721, 733, 737, 741, 749, 771, 792
Petrarque, 308
Poulain, 300, 745, 746, 769
Probabilisme, 685
Proslogion, 338, 345, 352

Q

Quicumque, 400

R

Raban Maur, 311, 313, 321, 328
Rochelle, 429, 431

S

Sentences, 292, 305, 399, 404, 408, 428, 430, 436, 439, 442, 454, 465, 470, 475, 503, 510, 512, 568, 578, 597, 602, 604, 606, 607, 608, 666, 677

St. Anselmo, 293
St. Bernard, 290, 303, 305, 307, 353, 354, 356, 358, 361, 362, 363, 365, 366, 367, 368, 370, 372, 373, 374, 375, 376, 377, 378, 380, 381, 383, 390, 394, 442, 610, 625, 626, 628, 629, 630, 640, 641, 642, 793
St. Thomas, 289, 292, 294, 296, 297, 301, 303, 304, 305, 307, 327, 331, 345, 346, 348, 349, 387, 394, 409, 410, 416, 417, 419, 420, 426, 427, 432, 435, 436, 439, 442, 443, 444, 446, 447, 448, 449, 450, 452, 456, 458, 462, 464, 467, 468, 469, 470, 471, 472, 473, 474, 475, 476, 477, 478, 479, 480, 487, 488, 490, 491, 492, 493, 494, 495, 496, 497, 499, 501, 502, 503, 504, 505, 506, 507, 508, 509, 510, 511, 512, 513, 515, 516, 517, 518, 519, 520, 523, 524, 526, 527, 528, 529, 530, 531, 532, 533, 534, 535, 536, 537, 538, 539, 540, 541, 542, 543, 545, 548, 549, 550, 551, 552, 553, 554, 555, 556, 557, 558, 559, 560, 561, 562, 563, 564, 565, 566, 567, 568, 569, 570, 571, 572, 573, 575, 577, 580, 581, 582, 584, 587, 588, 591, 593, 604, 606, 607, 608, 610, 622, 625, 627, 632, 635, 636, 663, 666, 674, 675, 676, 677, 678, 679, 682, 683, 684, 688, 689, 691, 693, 696, 697, 698, 699, 700, 703, 704, 705, 706, 711, 712, 713, 720, 722, 723, 724, 725, 726, 729, 730, 735, 808, 809
Ste Thérèse, 735, 742, 745, 746, 750, 752, 753, 754, 756, 757, 758, 759, 761, 762, 766, 767, 768, 770, 774, 778, 781, 784, 785, 787, 812
Suarez, 276, 505, 517, 526, 557, 589, 595, 679, 684, 698, 705, 706, 707, 710, 713, 717, 719, 720, 721, 722, 723, 724, 725, 726, 727, 728, 729, 730, 743, 808

T

Tuzey, 320

U

Unam Sanctum, 612
Urgel, 319

www.ingramcontent.com/pod-product-compliance
Lightning Source LLC
LaVergne TN
LVHW011046100526
838202LV00078B/3325